春秋左傳正義譯注

第一册（序・隱公・桓公篇）

譯者序

經書が傳統的にどのように解釋されてきたのか。その最初に據るべきものが『五經正義』乃至『十三經注疏』であることは言を待たない。

しかしその『五經正義』の日本語完譯本としては、はるか七十餘年前の吉川幸次郎氏『尚書正義』（岩波書店　一九四〇～四三年）が唯一存在するばかりである。また『十三經注疏』にまで擴げても、『孝經正義』が宮本勝氏他によって『孝經注疏訓注』（北海道大學『中國哲學』14～18　一九八六年～八九年）として發表されたのみである。

その後に企畫された蜂屋邦夫氏『儀禮注疏』の翻譯は、『儀禮士冠疏』（汲古書院　一九八四年）・『儀禮士昏疏』（汲古書院　一九八六年）の兩書を以て終了し、岡村繁氏『毛詩正義譯注第一冊』（中國書店　一九八六年）、また公羊注疏研究会『公羊注疏譯注稿1～7』（汲古書院　一九八三年～九八年）は、いずれも未完のまま中止されたのは、まことに殘念なことであった。

二一世紀に入り、田中和夫氏『毛詩注疏譯注小雅（一）』（白帝社　二〇一〇年）・『毛詩注疏譯注小雅（二）』（白帝社　二〇一三年）、また田中麻紗巳氏『春秋穀梁傳楊士勛疏　自隱公至閔公二年』（汲古書院　二〇一六年）が刊行されたところであるが、もとより未だ部分譯の段階である。まことに完譯の困難さを痛感する。

筆者もまたこれまで『春秋正義』の譯注を部分的に發表したことがある。

・『春秋正義の世界』（溪水社　一九八九年）

・「譯注春秋左傳正義　巻二」「春秋左傳正義校定文　巻二」「春秋左傳正義校勘記　巻二」（『春秋正義の發展的研究』平成12～14年度科學研究費補助金基盤研究C2研究成果報告書　二〇〇三年）

・「譯注春秋左傳正義　巻三・四」「春秋左傳正義校定文　巻三・四」「春秋左傳正義校勘記　巻三・四」（『春秋正義の總合的研究』平成15～17年度科學研究費補助金基盤研究C研究成果報告書　二〇〇六年）

・「譯注春秋左傳正義　巻五・六・七」「春秋左傳正義校定文　巻五・六・七」「春秋左傳正義校勘記　巻五・六・七」（『五經正義の総合的研究』平成18～20年度科學研究費補助金基盤研究C研究成果報告書　二〇〇八年）

・「譯注春秋左傳正義　巻八・九・十・十一」「春秋左傳正義校定文　巻八・九・十・十一」「春秋左傳正義校勘記　巻八・九・十・十一」（『五經正義の総合的研究』平成21～23年度科學研究費補助金基盤研究C研究成果報告書　二〇一一年）

このたび圖らずも二松學舍大學創立一四〇周年の記念事業の一環として、『春秋正義譯注』全六十巻のうち、第一冊（自巻一至巻七）・第二冊（自巻八至巻十七）を刊行していただけることになった。關係各位に深く感謝申し上げる次第である。既發表の舊稿には修正を施し、今後未發表のものを加えた全六冊として、逐次刊行していく豫定である。讀者諸賢におかれては、ご批正を賜れば幸いである。

凡　例

一　本書は唐・孔穎達奉勅撰《春秋正義》を日本語に翻訳し、譯注を施したものである。本書には「春秋正義序」「春秋左氏傳序」と隱公・桓公の部を収める。

二　底本は嘉慶二十年（一八一五）江西南昌府學開雕のいわゆる「阮刻十三經注疏本」即ち『附釋音春秋左傳注疏』六十巻（藝文印書館影印本）を基本に、宋・慶元刊『春秋正義』三十六巻（續修四庫全書影印本・孔子文化大全本・中華再造善本）・『景鈔正宗寺本春秋正義』三十六巻（昭和八年東方文化學院影印本）・南宋刊『附釋音春秋左傳注疏』六十巻（足利學校遺蹟圖書館藏）、また南宋・魏了翁『春秋左傳要義』（四庫全書影印本）とを対校して作成した筆者の「校定文」を用いる。「校定文」ならびに「校定」の根拠となる「校勘記」は、後に併せて附載している。

三　《春秋正義》翻訳文の理解を助けるために、**【經】**（経文）・**【傳】**（伝文）・**【注】**（注文）を附している。経文・伝文は原文のみ、注文には原文の後の〔 〕内に訓読文を附した。

四　経文・伝文・注文の下の〔 〕内の数字は、「阮刻十三經注疏本」の巻数・葉数・表裏（a・b）を示している。

五　訳文中の書名には《 》、篇名およびこれに準ずるものには〈 〉を附した。引用文は「 」、引用文中の引用文は『 』によって表記するが、長文の場合は段落換えによって示す。

六　訳文中の（ ）は本文理解のために筆者が補った文章で、原文には該当する文章はない。これを飛ばして読んでも意味が通じるよう配慮したつもりである。また〔 〕は、**【譯注】**を施すまでもない簡単な注釈である。

七　**【譯注】**（①・②）の見出しは《春秋正義》即ち「疏文」の原文を用いた。見出し下の（ ）内の数字は、上記と同様「阮刻十三經注疏本」の巻数・葉数・表裏（a・b）、また行数（十行本として10行計算）を示している。

目次

春秋左傳正義譯注　春秋正義序

春秋正義序

①唐國子祭酒上護軍曲阜縣開國男臣孔穎達等奉／勅撰

そもそも《春秋》とは君主の行動の任務を記録したもので、（史官の中では）②左史が職掌とした書物である。（そして《春秋》に記載された）王とは天地人の③三才を統治して④九州全土を住まいとし、四季の運行に順って万物を治める人物である。（王の定めた暦法の）四時が（四季の運行とたがうことなく）順序通りであれば、⑤王の徳は天と調和し、三才が協調すれば、⑥天命は地上に盛んとなる。その結果、王が天から⑦国を享《う》けること永年に、⑧その善き誉れはとこしえに伝わるのである。そうだとすれば大事を成し遂げようとする君主の務めは、慎重にならざるを得ないであろう。

（いったい王が）⑨国家（を治めるにあたって）の大きな仕事といえば、祭祀と軍事である。祭祀には必ず敬意を尽くし、罪のない国には戦争を仕掛けない。同盟や会合は礼法に協《かな》い、事を起こし始めるにも常に節度に順う。これを守らなければ《春秋》はその悪事を貶責し、よく守るとその善事を褒賞する。これこそ《春秋》の大いなる主旨であり、皇王たるものが明らかな鑑として己の行動を写すべきものである。

かの⑩「五始」の項目〔元年・春・王・正月・公即位〕については黄帝軒轅氏の時代にすでに明らかにされており、六つの経書〔詩・書・楽・易・禮・春秋〕の道は⑪《禮記》にその明文がある。そうだとすれば、この《春秋》という書物の起源は極めて古いことになる。ただ年代が遠い昔のため、それを確言することはできない。【⑫第一段落】

①周の王室が（犬戎に追われて）東遷するという事態に陥ってからというもの、周王の政治の大綱は振るわなくなってしまった。②楚の荘王が北伐を敢行して、（王の権威の象徴である）神器の鼎が楚国に移るかと思われた（事件はその最たるものであった）が、しかしこれに先だっても、③鄭の荘公が周王を伐ち敗るという事件があったし、またこれ以後にも、④晋の文公が天子の喪礼である「隧《ずい》〔はかあなへの道〕」を周王に請求したことがあった。このように周の定めた地位の名称をぬすみ犯したりするのは、これら三国に限ったことであろうか。現実には諸侯の国々のすべてが（周の礼法を無視して）勝手に他国を征伐したのである。（かくして）⑤下位の者が成り上がり、上位の者は没落するという結果になり、また国内では反乱が起こるかと思えば、国外からは敵が侵入するというように、⑥九州全域が騒然として、⑦人倫道徳はついに絶え果ててしまった。

孔子は聖人の資質を持ちながら、このような時勢に巡り合わせたのである。（そのために）時の権力者に正しい法則《のり》を教示しようとしても然るべき地位がなく、彼らを武力で正そうとしても武器がない。利益で褒賞しようにも財力がなく、道徳を説こうとしても、採用されなかった。（天下太平の瑞祥である）洛書⑧をくわえた鳳凰が出現しないことをただ嘆くのみで、その様子は⑨「葬式のあった家の犬」に似てやつれていたという。

孔子は過去において天下を救済することはできなかったからには、その教⑩訓を後世の人々に残そうとしたのである。（その方法は）⑪魯の史官が記録した長所と短所とを併せもった史記に基づき、周公の残した礼経に依拠して（編集し直し）、褒貶の法則を正したのである。（完成した《春秋》の文章で）⑫ほんの一字であっても嘉賞されると、それは（王公の衣服である）華袞《かこん》を贈物にされるのと同じほどに名誉なことであったし、わずか一言であっても黜責《ちゅっせき》［しりぞけせめる］されると、それは鋭い斧で誅殺されるに等しいほどに恐るべきことであった。いわゆる⑬「怒らなくても人々は恐れ、賞を与えなくても人々は励む」ことであって、それは永遠にもわたる法則を制作したものであり、百代を経ても⑭朽ちない業績であった。【⑮第二段落】

①秦の焚書という暴挙によって多くの文献が絶滅し、聖人の大②いなる道はそのまま廃れてしまったが、漢が徳を（天から）与えられて興起してからというもの、儒学の教えは再興してもはや滅びることはなかった。前漢時代に《左氏伝》を伝えた者に、③張蒼・④賈誼・⑤尹咸・⑥劉歆、後漢時代には⑦鄭衆・⑧賈逵・⑨服虔・⑩許恵卿といった人々があり、彼らはそれぞれ注釈書を著作している。しかしながらこれらのほとんどが《公羊》《穀梁》の二伝の義例をまじえて《左氏伝》を解釈したものであり、これらはいわば頭にかぶる冠と足にはく靴とをいっしょくたにするというか、絹糸を麻糸の縦糸としてかけるというもので、そもそも⑪四角のほぞ穴に丸いほぞの入るわけがないのである。

これに対して晋の時代に杜預が《左氏集解》を著作したが、これは純粋に左丘明の《左氏伝》によって孔子の《春秋》経文を解釈したもの。いわゆる「子供が母親の気持ちに通じるように、あたかも⑫膠を漆の中に混ぜ合わせる」のと同様、ぴったりと適合して、離れようもないものである。いま先代の多くの学者の優劣を考察してみるに、杜預が最も優れている。それゆえにこそ晋宋以来、伝授されて今日に至っているのである。【第⑬三段落】

そして杜預《左氏集解》の「義疏」を作成した者に、①沈文阿・②蘇寛・③劉炫の三人がいる。しかしながら沈氏は《春秋》の義例に関しては見るべきものがあるけれども、経・伝の解釈については極めて疎漏の部分が多い。また蘇氏の場合は、ほとんど本文にのっとらず、ただ一方で賈逵・服虔の説を攻撃するのに終始しているので、後世の学者はとらえ所が無く、その説を仰ぎ④見るばかりで、なんの成果も挙げなくさせている。

この三人の中では劉炫が最も抜⑤きん出ている。しかし彼の頭脳が聡明で議論の広汎なことは並ぶものがないのだが、深⑥く隠れた道理を探し求めるという点では、まだまだ深淵なところまで極めてはいないといえよう。たとえば経文の注釈の容易な部分では、必ず文章を飾りたてているのに、理論的に難解な部分では、かえって根本的なところにまでは立ち入ろうとしない。また彼の意図は自分の才能を誇ることにあり、性格も他人を謗ることを好むところがあった。⑦杜預の説に誤りがあるとして、これを規正したものがおよそ百五十条ほど有る。杜預の学問を習得しながら杜預を攻撃するとは、蠹《きくいむし》が木から生まれていながら、今度はその木を食べて、木そのものを枯れさせてしまうようなもので、理屈に合わないことである。しかも杜預に過失があるとして規正した部分も、その意義は皮相的である。いわゆる「⑧前に蝉をつかまえようとして、後に黄雀がいるのに気がつかぬかまきり」のようなものである。【第⑨四段落】

（例えば次のような例がそれである。）僖公①三十三年の経文に「晋人 狄を箕に敗る」と言い、杜預の注に「郤缺に人を称するは、未だ卿と為らざればなり」と述べている。これを劉炫が規正して、「晋侯に人と称するは、殽の戦に同じきなり」と述べている。この説を検討してみるに、殽の戦は晋の文公を葬る以前にあるのだから、「喪に背《そむ》きて兵を用ひ、賤者を以て告ぐ」と言うことは可能である。しかし箕の戦は晋の文公を葬った後にあるのだから、これは喪に服さねばならぬという礼法に背いて戦争したのではない。どうして「殺の戦と同じ」だといえようか。これらは一年の経文の数行の間の出来事である。それなのに劉氏はまったくその上下を調べてみることもなく、妄りに杜預に過失があるとして規正しているのである。

また襄②公二十一年伝に「邾の庶其《しよき》漆・閭丘を以て来奔す。公の姑妹を以て之れに妻《めあは》す」とあって、杜預の注には「蓋し寡者〔やもめ〕二人ならん」と解説している。これを劉炫は、「是れ襄公の姑、成公の姉、只だ一人のみ」と規正する。この説を検討してみると、成公二年の伝に「成公の子の公衡〔襄公の兄弟〕質と為る。宋に及びて逃帰す」という記事がある。ところで《孔③子家語》本命篇には、「男子は十六にして化生〔成人〕す」と述べている。公衡が（人質として預けられていた楚から）逃げ帰ったことからすれば、その年齢は十六・七歳くらいであろう。もし公衡の年齢がこの通りだとすると、父親の成公の年齢は三十三・四歳というところ。計算上、成公が襄公二十一年まで生きていたとすれば七十歳は越えていよう。どうして成公に庶其に嫁がせることの可能な年齢の姉（すなわち襄公にとってはおば）がいるであろうか。

以上の例は事実の極めてはっきりしたものであるにもかかわらず、それでも妄りに杜預の誤りだと言うのだから、ましてやその他の、事実の錯綜する場合については、一層、妄説を逞しくさせることになる。まことに悲しむべき状態といえよう。【第④五段落】

しかしながらその他の義疏に比較すれば、やはり取るべきものが多い。そこで今、勅命を承り《春秋正義》を刪定するにあたり、①この書を基本にした。その疎漏のある部分については、沈氏の書でこれを補足した。もし二人の説がともに誤っている場合には、特に私の短見を申し述べた。それは凡庸ではあるかも知れないが、敢えて独断することは避けたつもりである。

謹んで朝②請大夫で国子博士の臣谷那律《こくなりつ》・もとの四③門博士の臣楊士勛《ようしくん》・四門博士の臣朱④長才等と、向かい合って一緒に考え定めた。貞観十六年に至って、かさねて勅命を奉り、以前から編集に参加していた学者、及び朝⑤散大夫で行太学博士・上騎都尉の臣馬嘉運《ばかうん》・朝散大夫で行太学博士・上騎都尉の臣王⑥徳韶・給⑦事郎で守四門博士・上騎都尉の臣蘇徳融・登⑧仕郎で守太学助教・雲騎尉の臣随徳素等とともに、勅使の趙⑨弘智に向かい合って、なんども繰り返して詳しく調べ直し、《春秋正義》を作成した。全三十六巻である。これを後世の学者に残し、わずかでも裨益するところが有ることを願うばかりである。【第⑩六段落】

春秋正義序終

【第一段落注】

①唐國子祭酒（序01a-2）――唐代の学制を掌る官署を国子監といい、その長官を「国子祭酒」（従三品）という。ちなみに次官は「国子司業」（従四品下）。そして国子監の中に儒学に関する学校として設けられたのが「国子学」「太学」「四門学」であり、それぞれに博士（教授）・助教（助教授）がいて、学生の教育に従事した。この三大学は、貴族の位階によってその子弟の入る学校を区別したもので、「国子学」は三品以上（高級官僚）の子弟、学生数三百人、「太学」は五品以上（中級官僚）の子弟、学生数五百人、「四門学」は七品以上（下級官僚）と庶民の子弟、学生数五百人、というのがその内訳である。孔穎達が国子祭酒を拝命したのは貞観十二年のことであった。

「上護軍」とは「勲官」のひとつ。「勲官」とは軍功を賞する官称であるが、特に職掌とするものはなく、「散官」ともいわれる。唐の「勲官」には以下の十二階がある。上柱国（正二品）・柱国（従二品）・上護軍（正三品）・護軍（従三品）・上軽車都尉（正四品）・軽車都尉（従四品）・上騎都尉（正五品）・騎都尉（従五品）・驍騎尉（正六品）・飛騎尉（従六品）・雲騎尉（正七品）・武騎尉（従七品）。

「開国」とは国家創業の功臣に与えられた封号であり、「男」は公・侯・伯・子・男の五等の爵位のひとつ。この爵位の上に「開国」の二字を加えたのは貞観十一年以降のことである。「曲阜縣」とは孔子の生国であり、孔穎達が孔子三十二世の子孫であることから、貞観の初めに「曲阜縣開國男」に封ぜられたのである。

②左史（序01a-4）――鄭玄《六藝論》に「春秋者國史所記人君動作之事。左史所記爲春秋、右史所記爲尚書」とあり、鄭玄のもとづくところは《禮記》玉藻篇「天子玉藻……玄端而居。同則左史書之、言則右史書之」という記事である。

③三才（序01a-5）――《周易》説卦傳に「立天之道曰陰與陽、立地之道曰柔與剛、立人之道曰仁與義。兼三才兩之、故易六畫而成卦」とある。すなわち「三才」とは天地人の意。

④宅九有（序01a-5）――《毛詩》商頌・玄鳥篇に「天命玄鳥、降而生商、宅殷土芒芒。古帝命武湯、正域彼四方、方命厥后、奄有九有」とあり、《毛傳》に「九有九州也」とある。

⑤玉燭調於上（序01a-6）――《爾雅》釋天に「四氣和謂之玉燭」とある。王の定めた暦法と四季とがずれることなく調和していることをいう。「玉燭」とは王の徳の美しさを玉の光にたとえた表現。

⑥寶命（序01a-7）――《尚書》金縢篇に「嗚呼、無墜天之降寶命。我先王永有依歸」とある。天命の美称。

⑦享國永年（序01a-7）――《尚書》無逸「肆高宗之享國五十有九年」の孔安國傳に「高宗爲政、小大無怨、故亦享國永年」とあり、また《公羊傳》僖公十年の条に「桓公之享國也長、美見乎天下」とあり、何休は「享食也」と注している。

⑧令聞長世（序01a-7）――《左傳》襄公三十一年の条に衛の北宮文子の言葉として、「君有君之威儀、其下畏而愛之、則而象之。故能有國家、令聞長世」とある。「令き名聞が世に長く伝わる」の意。また《國語》周語中にも周の劉康公の言葉として、「上任事而徹、下能堪其任、所以爲令聞長世也」と見える。

⑨國之大事（序01a-8）――《左傳》成公十三年の条に周の劉康公の言葉として、「國之大事、在祀與戎。祀有執膰、戎有受脤、神之大節也」とある。祭祀と軍事とが古代国家の最重要事であることをいう。

⑩五始（序01b-3）――《春秋》経文の「元年」「春」「王」「正月」「公即位」の五つの事を指すもので、これは公羊家の説である。《公羊傳》隱公元年の何休《解詁》に見えるが、いまここでは隱公元年《春秋正義》の次の記載を引用しておこう。「説《公羊》者云、元者氣之始、春者四時之始、王者受命之始、正月者政教之始、公卽位者一國之始。春秋緯稱、黄帝受圖有五始、謂此五事也」。したがって、原文の「帝軒」とは五帝の筆頭に挙げられる黄帝軒轅氏を指すことが分かる。《春秋正義》が以下に続けて「杜於左氏之義、雖無此文、而五始之理、亦於杜無害」と述べるように、本来は左氏学者の説くところではないが、杜預はこれを採用したのである。

⑪禮記（序01b-4）――《禮記》經解篇に「孔子曰、入其國其教可知也。其爲人也温柔敦厚、《詩》教也。疏通知遠、《書》教也。廣博易良、《樂》教也。絜靜精微、《易》教也。恭儉莊敬、《禮》教也。屬辭比事、《春秋》教也。故《詩》之失愚。《書》之失誣。《樂》之失奢。《易》之失賊。《禮》之失煩。《春秋》之失亂」とある。

⑫第一段落――私見により「春秋正義序」を六段落に分けた。この第一段落は《春秋》が王者の言動を記録したものであり、その来源は遠く黄帝以前に遡ること

を述べている。

【第二段落注】

①周室東遷（序01b-6）――《左傳》隠公六年の条に、周の桓公の言葉として「我周之東遷、晋鄭焉依」とあり、その《正義》の末文には「毛詩・尚書・國語・史記皆略有其事」という解説がある。周の平王が鎬京から東の洛陽に遷都したことをいう。

②楚子北伐（序01b-6）――《左傳》宣公三年の条に見える楚荘王が「鼎の軽重を問うた」という故事を指す。かつて聖天子禹が九牧［九方の諸侯］の献上した金で九つの鼎を鋳たという。後にこれが王者の権威を象徴する宝物とされ、夏・殷二代を経て周に伝えられたものとされている。

③鄭伯敗王（序01b-7）――《左傳》桓公五年の条に見える。周王が諸侯（しかも同姓の鄭国）に敗れるということは本来あってはならないことである。

④晋侯請隧（序01b-7）――《左傳》僖公二十五年の条に見える。「隧《ずい》」は棺を埋めるために、平地から斜めに墓穴に掘った通路で、王にのみ許された葬礼である。そして諸侯の場合は墓穴を掘るだけだと、《正義》は解説している。この葬礼を晋で使用することを文公が要求したのである。しかしこれを許せば、晋は周と対等になってしまうので、周王によって拒否された。

⑤下陵上替（序01b-9）――《左傳》昭公十八年の条に魯の閔子馬の言葉として、「於是乎下陵上替、能無亂乎」とあり、その《正義》では「於是在下者陵侮其上、在上者替廢其位、上下失分、能無亂乎」と解説している。いわゆる「下克上」である。

⑥九域（序01b-9）――「九州」の異称。《漢書》律曆志に「祭典曰、共工氏伯九域」、《後漢書》天文志に「在天成象、在地成形。天有九位、地有九域。天有三辰、地有三形」とある。

⑦三綱遂絶（序01b-9）――《白虎通》三綱六紀篇に、「三綱者何謂也。謂君臣・父子・夫婦也」とある。人倫道徳が地に墜ちたということ。

⑧虚歎銜書之鳳（序02a-3）――《論語》子罕篇に「子曰、鳳鳥不至、河不出圖、吾已矣夫」とあるのを指す。鳳鳥とは鳳凰のことであり、河図は洛書と並称されるが、いずれも太平の世にあらわれる瑞祥であるという。隠公元年の《春秋正義》所引の《春秋緯》にはまた「黄帝座於扈閣、鳳皇銜書至帝前。其中得五始之文」とある。これによれば鳳凰は洛書をくわえて出現する。

⑨喪家之狗（序02a-4）――《史記》孔子世家に「孔子適鄭、與弟子相失。孔子獨立郭東門。鄭人或謂子貢曰、東門有人、其顙似堯、其項類皐陶、其肩類子產。然自要以下不及禹三寸、若喪家之狗。子貢以實告孔子。孔子欣然笑曰、形状末也。而謂似喪家之狗、然哉、然哉」とあるのを指す。喪中の家では犬にまで手がまわらず、そのため餌を与えられず、犬がやせ衰えるところから、人のやつれた様子をいう意味となった。

⑩垂訓於後昆（序02a-5）――《尚書》仲虺之誥に「王懋昭大德、建中于民、以義制事、以禮制心、垂裕後昆」とあり、孔安國伝には「優足（ゆたかにたる）の道を垂れて、後世に示す」とある。「後昆」とは後世、あるいは子孫の意。

⑪因魯史之有得失（序02a-5）――魯の史官が書き残した史記は、そのままでは後世の模範とすべきものではないので、孔子は周公の礼経に基づいて、編集し直したのである。

⑫一字所嘉（序02a-6）――范甯《穀梁傳》序にも「一字褒寵、踰華袞之贈。片言之貶辱、過市朝之撻」とある。「華袞《かこん》」とは王公の服をいう。

⑬不怒而人威（序02a-9）――《禮記》中庸篇に「詩曰、奏假無言、時靡有爭。是故君子不賞而民勸、不怒而民威於鈇鉞」とあるのを指す。

⑭不朽（序02a-9）――《左傳》襄公二十四年の条に、晋の范宣子が魯の穆叔に質問した言葉に、「古人有言、曰死而不朽、何謂也」とある。穆叔は答えて、「大上有立德、其次有立功、其次有立言。雖久不廢、此之謂不朽」と述べる。同様

の説話が《國語》晋語四にも見えている。

⑮第二段落は、周室の東遷以後、周王の権威の衰えた乱世に生まれ合わせた孔子が、正しい教訓を後世に残そうとして、魯の春秋を編集し直したことを述べる。

【第三段落注】

①秦滅典籍（序02a-9）――始皇帝の焚書坑儒を指す。

②鴻猷（序02a-9）――「鴻」は「大」、「猷」は「みち」「はかりごと」。「鴻猷」とは古聖人の大いなる道の意。

③張蒼（序02b-2）――秦末から漢初にかけての人。その伝記は《史記》張丞相伝・《漢書》張蒼伝に見える。張蒼は漢初に度量を整え、律暦を序し、また五徳終始説を信じ、漢を水徳とみなしていたと伝えられる。彼に著書があったという記事は《史記》には無いが、《漢書》では本伝に、「著書十八篇、言陰陽之事」とあって、これが《漢書》藝文志・陰陽家者流に「張蒼十六篇　丞相北平侯」として見えている。また張蒼が《左傳》を伝えたという記載も、《漢書》儒林伝に至ってはじめて明記されている。また許愼《説文解字》序にも「北平侯張蒼献春秋左氏傳」とあるが、儒林伝の張蒼以後の《左傳》授受の記載は、従来問題視されてきたところでもある。

④賈誼（序02b-2）――漢初の人。文帝（前八七～前一五七在位）の初め、天下太平となったいま、正朔を改め、服色を易え、官名を定め、礼楽を興すべきであると奏上した。色は黄を尊んで（漢土徳説）、数は五を用い、秦の法を改めようとしたという。賈誼と《左傳》との関係を述べる記載は《史記》賈生列傳・《漢書》賈誼傳ともになく、儒林伝にはじめて見えること、先述の張蒼の場合と同様である。

⑤尹咸（序02b-2）――《漢書》儒林傳によれば、尹咸の父尹更始は蔡千秋から《穀梁春秋》を授けられ、また《左氏傳》を張禹から授けられ、これを子の尹咸に伝えたという。尹咸は成帝（前三三～前七在位）の時には大史令であって、劉向の秘書校定の事業に参画し、数術の書を担当したと〈藝文志〉は記している。また〈楚元王傳〉では、丞相史として、劉向の後を継いだ劉歆とともに經傳を校定し、同時に劉歆に《左氏傳》を授けたという。尹咸についてこれ以上のことは詳らかでない。

⑥劉歆（序02b-2）――《漢書》楚元王傳にその伝記がある。劉歆には《左傳》についての著述は存在しなかったようで、後述するように、歆から伝授された鄭興・賈徽によって彼の章句は伝承されたものと思われる。《隋書》經籍志に「春秋左氏傳條例二十五巻」として著録されているのがそれであろう。現在、清の馬國翰《玉函山房輯佚書》に輯録されている二十条は、ほとんどが《正義》所引の《春秋釋例》から孫引きしたもので、いずれも賈逵・穎容・許淑と並称されているものである。賈・潁・許三家が劉歆を祖述したものであろうと馬國翰は述べている。

⑦鄭衆（序02b-2）――《後漢書》巻二十六によれば、鄭衆、字は仲師。彼の父の鄭興は若い頃から《公羊春秋》を学び、後には《左氏傳》にもよく通じた。また王莽の天鳳年間（一四～一九）に門人を率いて劉歆の門下にあり、《左氏傳》の大義を学んでこれを正したが、劉歆はその才能を高く評価し、條例・章句・伝詁を撰定させ、さらに《三統暦》を校定させたという。そしてその子の鄭衆は、十二歳のときに父から《左氏傳》を受け継ぎ、《三統暦》に明通し、《春秋難記條例》を著作し、兼ねて《易》《書》にも通じて世に知られたという。鄭衆の《左氏傳》に関する著作は、《隋書》經籍志に「梁有春秋左氏傳條例九巻　漢大司農鄭衆撰」とあり、《舊唐書》藝文志では「春秋左氏傳條例章句九巻」として著録されている。完本としては現存せず、《玉函山房輯佚書》に四十三条が輯録されている。なお、後世、馬融が鄭衆・賈逵両者の《左氏傳》注を批評して、「賈君精而不博、鄭君博而不精」と述べたという。

⑧賈逵（序02b-2）――《後漢書》巻三十六によれば、賈逵、字は景伯。九世の祖が

先述の賈誼であるという。父の賈徽は劉歆より《左氏傳》を受け、兼ねて《國語》《周官》に習熟し、《古文尚書》《毛詩》を学び、《左氏條例》二十一篇の著作があった。その子の賈逵は父の学業をことごとく受け継いだというから、前述の鄭興・鄭衆父子の場合と類似する。賈逵の《左氏傳》に関する著作は、《隋書》經籍志に「春秋左氏長経二十巻・春秋左氏解詁三十巻・春秋釋訓一巻・春秋左氏經傳朱墨列一巻・春秋三家経本訓詁十二巻」として著録されている。いずれも完本としては現存しないが、清朝の李貽徳に《春秋左傳賈服注輯述》があり、また我が国にも重沢俊郎氏《左傳賈服注攟逸》がある。

⑨服虔（序02b-3）――《後漢書》儒林伝によれば、服虔、字は子愼。風雅の才能があり、善く文論を著わし、《春秋左氏傳解》を著作した。また《左氏傳》を根拠として、何休が駁した漢事を反駁すること六十条であったという。儒林伝の服虔の記事はこれだけで、極めて簡略なものであるが、彼の《左傳》注は後世広く通行した。六朝時代、杜預注が江南に盛行したのに対して、河北では専ら服虔注が行なわれたという。《春秋正義》が最も力をいれて解説するのが杜注の服注に対する優位性である。しかしその試みは半ば成功し、半ば失敗に終わっている、というのが後代の学者の見方である。服虔の《春秋》に関する著作は、《隋書》經籍志に「春秋左氏傳解誼三十一巻・春秋成長説九巻・春秋左氏膏肓釋痾十巻・春秋塞難三巻」として著録されている。いずれも完本として現存しないこと、前述の鄭衆・賈逵と同様である。

⑩許恵卿（序02b-3）――許淑、字は恵卿。《後漢書》范升伝によれば、光武帝の建武四年（二八）、時の尚書令韓歆が《費氏易》と《左氏春秋》を学官に立てるべきことを上疏して范升と論争した際、太中大夫許淑が列席したという。また律暦志には、建武八年に、大僕朱浮とともに太中大夫許淑が、暦朔を改更すべきだとして上書したという記載がある。許淑に関する《後漢書》の記事は以上に尽きる。時代が降って、杜預の《集解》序、《經典釋文》序録にその名が見える。許淑の書は《隋書》經籍志にも著録されておらず、書名・巻数ともに不明である。現在《玉函山房輯佚書》に輯録されている六条は、ほとんどが《正義》所引の《釋例》から孫引きしたもので、「劉・賈・許・潁」の如く並称されているものであること、先述の劉歆の場合と同様である。ここでも孔穎達等の唐人が直接見ることができたわけではない。

⑪方鑿圓枘不可入（序02b-5）――《楚辞》九辨に「圜鑿而方枘兮、吾固地其鉏鋙而離入」とある。「丸いほぞ穴」に「四角なほぞ」で、合う道理のないたとえ。ここでは「方鑿圓枘」であるから、「四角いほぞ穴」に「丸いほぞ」という意味になる。

⑫以膠投漆（序02b-5）――古詩十九首・第十八に「以膠投漆中、誰能別離此」とある。

⑬第三段落は、秦の焚書坑儒の後を承けた漢代において春秋の正統的な解説書である《左氏傳》を伝えた学者を列挙した後、最も優れた注釈書は晉・杜預の《春秋經傳集解》であることを述べる。

【第四段落注】

①沈文阿（序03a-1）――原文は「沈文何」に作るが、《陳書》《南史》儒林傳によれば、沈文阿が正しい。字は国衛、呉興武康の人。父の沈峻は梁の五経博士で、博く五経に通じ、特に三礼に長じた学者であった。また祖舅（父の舅）の太史叔明も国子助教であった。沈文阿は年少の頃から父の学業に習熟するとともに、太史叔明からも経術を伝授され、三礼・三伝、なかんづく《左氏傳》に精通していたという。梁武帝の太清中（五四七～五四九）に国子助教から五経博士となり、後に国子博士となっている。陳朝でも国子博士となり、朝廷の儀礼の整備に尽力した。彼の《左氏傳》に関する著作は、《隋書》經籍志に「春秋左氏經傳義略二十五巻　陳國子博士沈文阿撰」とあり、さらにつづけて「王元規續沈文阿春秋左氏傳義略十巻」とある。《經典釋文》序録に、「梁東宮學士沈文

阿撰春秋義疏。闕下袟。陳東宮學士王元規續成之」というのが、この間の事情を詳しく述べたものであろう。《玉函山房輯佚書》にその輯本がある。

②蘇寛（序03a-1）――蘇寛については一切が不明であり、本《正義》によってその存在が知られるのみである。その著書も《隋書》經籍志等に採録されていない。現在《玉函山房輯佚書》には《正義》所引の二十四条が輯録されている。沈文阿（陳〜梁）劉炫（周〜隋）と相前後する時代の人物であることは間違いないであろう。馬國翰は彼を北儒の賈思同・秦道静の流ではないかと推測している。なおこれについては拙稿「春秋正義源流小考」（《池田末利博士古稀記念東洋学論集》一九八〇年　後《五經正義の研究―その成立と展開―》研文出版　一九九八年所収）参照。

③劉炫（序03a-1）――『隋書』儒林伝によれば、劉炫、字は光伯、河間景城の人。彼は若い頃、信都の劉焯（五四四〜六一〇）とともに『詩』を劉軌思に、『左傳』を郭懋に、『礼』を熊安生より受けたが、業を終えずして去り、武強の蔵書家劉智海の家で劉焯と閉戸して読書すること十年、ついに儒学をもって名を知られたという。後世、劉焯・劉炫のふたりは「二劉」と称せられた。周武帝が北斉を平定した年（五七七）に一時周に仕えたが、のち隋の世となっては、文帝の開皇中（五八一〜六〇〇）、劉焯とともに著作郎の王劭の国史編纂の事業に参加した。また開皇六年に洛陽の石経が京師長安に運びこまれた際、これまた劉焯とともに石経の文字の校定をしている。さらに煬帝（六〇四〜六一八在位）の治政中には律令を修め、のちに太学博士となった。かつて或る人が劉炫にその学問の得意とするものを問うたところ、彼は「周禮・禮記・毛詩・尚書・公羊・左傳・孝經・論語、孔・鄭・王・何・服・杜等の注、凡そ十三家、義に精粗有りといへども、並びに講授するに堪ふ。周易・儀禮・穀梁は、功を用ふること差や少なし」と答えたという。その博学ぶりと自信のほどが伺えるであろう。

ただ、本伝に「炫の性は燥競〔人にゆずらない〕にして頗る俳諧〔こっけい〕を好み、自ら矜伐〔ほこる〕すること多く、好んで当世を軽侮す」と言い、孔穎達「春秋正義序」に「又た意は矜伐に在りて、性は非毀を好む」と述べるように、当時、その人格については否定的な評価がなされていたようである。それを物語る逸話がある。隋朝の初め、牛弘が天下に遺逸の書物を求めた際、劉炫は『連山易』『魯史記』といった書物百余巻を偽造して賞金を獲得したが、訴える人があって事が露見し、あやうく死罪となるところであったという。そのため後に『古文孝經』が劉炫の『孝經述議』の盛行によって顕彰された際にも、『古文孝經』は劉炫の偽作であるとする見方が有力であったほどである。劉炫のこうした行動は、公的にはさしたる官職に就くこともなかった在野の学者としての、時の権威に対する批判精神の表れと考えられなくもない。

彼の著作は本伝に『論語述議』十巻・『春秋攻昧』十巻・『五經正名』十二巻・『孝經述議』五巻・『春秋述議』四十巻・『尚書述議』二十巻・『毛詩述議』四十巻・『注詩序』一巻・『算術』一巻が記載されており、いずれも当時に盛行したという。現在ではそのほとんどが亡佚しているが、幸いにも『孝經述議』の巻一・巻四が我が国に写本として伝えられており、彼の『述議』の一斑を伺うことができるのである。『北史』儒林伝の序文が述べるように、南北の学の統一は劉炫・劉焯の二劉によって最初になされたものであり、『五經正義』の基礎は実に二劉によって築かれたといっても過言ではない。

なお『春秋述議』の輯本には清・馬國翰『玉函山房輯佚書』・王謨『漢魏遺書鈔』・黄奭『黄氏逸書考』等に収録されているが、蒐佚に詳細な解説を施したものに以下の書がある。

○邵瑛『劉炫規杜持平』六巻（南菁書院叢書第七集）
○陳熙晋『春秋規過考信』三巻（廣雅書局叢書）
○陳熙晋『春秋述義拾遺』八巻付河間劉氏書目考（廣雅書局叢書）

④鑽仰（序03a-3）――《論語》子罕篇に「顔淵喟然歎曰、仰之彌高、鑽之彌堅。瞻之在前、忽焉在後。夫子循循然善誘人。博我以文、約我以禮。欲罷不能。既竭吾才。如有所立卓爾。雖欲從之、末由也已」とある。聖人を仰ぎ見るの意。

⑤翹楚（序03a-4）――《毛詩》周南・漢廣篇に「翹翹錯薪、言刈其楚」とある。《毛傳》によれば、「翹翹薪貌」、《鄭箋》によれば、「楚雜薪之中、尤翹翹者」とある。群を抜いて秀でるの意。

⑥探賾鉤深（序03a-5）――《周易》繫辭上伝に「備物致用、立成器以爲天下利、莫大乎聖人。探賾索隱鉤深致遠、以定天下之吉凶、成天下之亹亹者、莫大蓍龜」とある。「探賾索隱」とは深く隠れて明らかでないものを探し求める意。

⑦規杜氏之失凡一百五十餘條（序03a-8）――杜氏の過失を規した百五十余条が、後に唐人によって《春秋規過》という一書にまとめられた、というのが清儒劉文淇の説である。つまり劉炫の著書には《春秋述議》の他に《春秋規過》なる書物があったのではないということ。おそらくこれが事実に近いであろう。

⑧捕鳴蟬於前（序03b-1）――《韓詩外傳》巻十に、「楚王將興師伐晉、告士大夫曰、敢諫者死無赦。……於是遂進諫曰、臣園中有楡。其上有蟬。蟬方奮翼悲鳴、欲飲清露、不知螳螂之在後、曲其頸欲攫而食之也。螳螂方欲食蟬、而不知黃雀在後、擧其頸欲啄而食之也。黃雀方欲食螳螂、不知童子挾彈丸在下、迎而欲彈之。童子方欲彈黃雀、不知前有深坑、後有窟也。此皆言前之利、而不顧後害者也。非獨昆蟲、衆庶若此也」とあるのを指す。蟬を捕らえようとするかまきり、そのかまきりをねらう黃雀、その黃雀を撃ち落とそうとする子供、子供の前後の穴という図式である。目前のことにのみ熱中して、背後への注意を怠る意。

⑨第四段落は、杜預の《春秋經傳集解》の義疏を作成した者の中で、隋・劉炫の《春秋述議》が最も優れているが、杜預を批判した部分が多いのがその欠点であると述べる。

【第五段落注】

①僖公三十三年（序03b-2）――ここで問題とされていることを説明するため、先ず関連する《春秋》経文（Ⅰは僖公三十二年・Ⅱ以下は三十三年）と杜預注（括弧内）を左に抜き書きしてみよう。

Ⅰ　冬十有二月、己卯、晉侯重耳卒

Ⅱ　夏四月、辛巳、晉人及姜氏敗秦師于殽〔晉侯諱背喪用兵、故通以賤者告。〕

Ⅲ　癸巳、葬晉文公

Ⅳ　晉人敗狄于箕〔郤缺稱人者、未爲卿。〕

杜注Ⅱの主張は次のようになる。晉の文公の葬式を済ませていないうちに戦争を引き起こした非礼の行動を諱んだ晉国では、実際には晉侯（襄公）が軍を指揮したけれども、身分の低いものが将帥であったと魯に報告した。だから経文では「晉人」と記録したのである、と。また杜注Ⅳでは、箕の戦いの将帥は郤缺であり、彼が経文にその名を記録されるべき卿の身分ではないため、賤者の記録法である「晉人」と表現した、というのである。

これに対して劉炫は、Ⅳの「晉人」も同じく晉侯であると主張している点が杜預と異なる。《左傳》の記事による限り、箕の戦いの将帥が郤缺であったという根拠は薄弱で、劉説の方が正しいというのが清・陳熙晋《春秋規過考信》の判断である。またこれは杜預の「短喪説」とも関わる問題であるが、今はこれ以上は述べない。

②襄公二十一年（序03b-9）――ここで問題とされていることは「姑姊」をいかに解釈するかということである。杜預は、襄公の父成公の年齢からすれば、襄公に未婚の「おば」、すなわち成公の姉がいるはずがないから、多分、未亡人が二人であろうというのである。これに対して劉炫は、「姑姊妹」とは「姑」を意味するから、ここにいう「姑姊」とは、襄公の「姑」で成公の「姊」一人だと解釈する。なお襄公二十一年正義所引の劉説では、「案十二年傳云、無女而有

姉妹及姑姉妹、則古人謂姑爲姑姉妹也。而知此姑姉是襄公父之姉、止一人耳。不得云寡者二人」とあって、この序よりやや詳しい。ちなみにここの場合も後世の学者の解釈の多くは劉説を正解とみなしている。

③孔子家語（序04a-4）――《孔子家語》本命解に「人始生而有不具者五焉。目無見、不能食、不能行、不能言、不能化。及生三月而微煦、然後有見。八月生齒、然後能食。三年顋合、然後能言。十有六而精通、然後能化」とある。

④第五段落では劉炫の杜預批判の具体例を挙げて、その説の誤りであることを説明している。

【第六段落注】

①據以爲本（序04b-2）――《春秋正義》とは、劉炫の《春秋左氏傳述義》を基本にして、その不足を沈文阿の《春秋左氏經傳義略》で補い、両者がともに誤っている場合に限って唐人が加筆したものである、という事実を認識しておかねばならない。

②朝請大夫（序04b-4）――「朝請大夫」とは文官の散官（官名のみで職掌がないもの）で、位階は従五品下。「国子博士」（正五品下）とは国子学（高級官僚の子弟の入る大学）の教授。国子学をはじめとする唐代の学制については第一段落注①を参照。谷那律は魏州昌楽の人。貞観中に国子博士に任ぜられた。彼の博学ぶりを 遂良が「九経庫」（九経のことならなんでも揃っている倉庫）と称したという逸話が伝えられている（《舊唐書》儒学上傳）。

③四門博士（序04b-5）――「四門博士」（正七品上）とは四門学の教授。「四門学」の名称は、太学（中級官僚の子弟のための大学）の四方の門の側に建てられたことに由来する。下級官僚と庶民の中の俊秀に開かれた学校である。楊士勛については、《舊唐書》にその伝が無いが、《穀梁疏》の著者として知られる人物である。

④朱長才（序04b-6）――朱長才については、《舊唐書》にその伝が無いが、《尚書正義》の覆審にも参加している。

⑤朝散大夫（序04b-8）――「朝散大夫」（従五品下）は文官の散官。「太学博士」（正六品上）は太学の教授。大官が小官の職を兼ねることを「行」という。ちなみに小官が大官の職を兼ねることを「守」という。「上騎都尉」（正五品上）は勲官のひとつ。勲官については第一段落注①を参照。馬嘉運は魏州繁水の人。もと僧侶であったが、還俗して儒学を修め、もっとも論難に長じたという。彼自身も《五經正義》の撰定に参画して、《尚書正義》を担当したのであるが、第一次（貞観十四年か？）の《五經正義》の内容に不満を表明し、第二次の覆審がなされたのである。彼が《春秋正義》の覆審に関与しているところからすると、あるいはこの《春秋正義》が主として問題とされたのかも知れない。後に十九年、国子博士に昇進している（《舊唐書》巻七三）。

⑥王德韶（序05a-1）――王德韶については《舊唐書》にその伝が無いが、第一次の《尚書正義》《毛詩正義》の撰定にも参加している。

⑦給事郎（序05a-1）――「給事郎」（正八品上）は文官の散官。蘇德融については《舊唐書》にその伝が無いが、《周易正義》《尚書正義》の覆審にも参加している。

⑧登仕郎（序05a-2）――「登仕郎」（正九品下）は文官の散官。隨德素については《舊唐書》にその伝が無いが、《尚書正義》の覆審にも参加している。

⑨趙弘智（序05a-4）――趙弘智は洛州新安の人。武徳年間に《藝文類聚》編纂の事業にも参画している。後に国子祭酒となった。

⑩第六段落は、《五經正義》撰定（一次・二次）に従事した学者の名前を列挙したもの。以下にこれらの学者の官位と職名と合わせて表にしてみた。以上の注の補足となるであろう。なお職名の下の算用数字はその定員数である。

従三品	国子祭酒（1）	孔穎達
従四品下	国子司業（2）	朱子奢
正五品上	国子博士（2）	谷那律
正六品上	太学博士（3）	馬嘉運・王徳韶・賈公彦
従六品上	国子助教（2）	李善信
正七品上	四門博士（3）	齊威・朱長才・蘇徳融・楊子勛（故）
従七品上	太学助教（3）	趙乾叶・随徳素・周玄達
	太常博士（3）	柳士宣
	魏王東閣祭酒	范義頵
従八品上	四門助教（3）	李子雲（前）・王士雄・賈普曜・趙君賛
	魏王参軍事	張権

春秋左傳正義校定文　春秋正義序

春秋正義序

唐國子祭酒上護軍曲阜縣開國男臣孔穎達等奉／勅撰

夫《春秋》者紀人君動作之務、是左史所職之書。王者統三才而宅九有、順四時而治萬物。四時序則玉燭調於上、三才協則寶命昌於下。故可以享國永年、令聞長世。然則有爲之務、可不愼與。國之大事在祀與戎。祀則必盡其敬、戎則不加無罪。盟會協於禮、興動順其節。失則貶其惡、得則褒其善。此春秋之大旨、爲皇王之明鑒也。若夫五始之目章於帝軒、六經之道光於禮記。然則此書之發、其來尚矣。但年祀縣邈、無得而言。

曁乎周室東遷、王綱不振。楚子北伐、神器將移、鄭伯敗王於前、晉侯請隧於後。竊僭名號者、何國不然。專行征伐者、諸侯皆是。下陵上替、内叛外侵、九域騷然、三綱遂絕。夫子内韞大聖、逢時若此。欲垂之以灋則無位、正之以武則無兵。賞之以利則無財、說之以道則不用。虛歎銜書之鳳、乃似喪家之狗。既不救於已往、冀垂訓於後昆。因魯史之有得失、據周經以正褒貶。一字所嘉、有同華衮之贈、一言所黜、無異蕭斧之誅。所謂「不怒而人威、不賞而人勸」、實永世而作則、歷百王而不朽者也。

至於秦滅典籍、鴻猷遂寢、漢德既興、儒風不泯。其前漢傳《左氏》者、有張蒼・賈誼・尹咸・劉歆、後漢有鄭衆・賈逵・服虔・許惠卿之等、各爲詁訓。然雜取《公羊》《穀梁》以釋《左氏》。此乃以冠雙屨、將絲綜麻、方鑿圓枘、其可入乎。晉世杜元凱又爲《左氏集解》、專取丘明之傳、以釋孔氏之經。所謂「子應乎母、以膠投漆」、雖欲勿合、其可離乎。今校先儒優劣、杜爲甲矣。故晉宋傳授、以至於今。

其爲義疏者、則有沈文阿・蘇寬・劉炫。然沈氏於義例粗可、於經傳極疎。蘇氏則全不體本文、唯旁攻賈・服、使後之學者鑽仰無成。劉炫於數君之内、實爲翹楚。然聰惠辯博、固亦罕儔、而探賾鉤深、未能致遠。其經注易者、必具飾以文辭、其理致難者、乃不入其根節。又意在矜伐、性好非毀。規杜氏之失凡一百五十餘條。習杜義而攻杜氏、猶蠹生於木而還食其木、非其理也。雖規杜過、義又淺近。所謂捕鳴蟬於前、不知黃雀在其後。

案僖公三十三年經云「晉人敗狄于箕」、杜注云「郤缺稱人者未爲卿」。劉炫規云「晉侯稱人、與殽戰同」。案殽戰在葬晉文公之前、可得云背喪用兵、以賤者告。箕戰在葬晉文公之後、非是背喪用兵。何得云「與殽戰同」。此則一年之經數行而已。曾不勘省上下、妄規得失。又襄公二十一年傳云「邾庶其以漆閭丘來奔。以公姑姊妻之」、杜注云「蓋寡者二人」。劉炫規云「是襄公之姑、成公之姊只一人而已」。案成公二年、成公之子公衡爲質。及宋逃歸。案《家語》本命云「男子十六而化生」。公衡已能逃歸、則十六七矣。公衡之年如此、則於時成公三十三四矣。計至襄二十一年、成公七十餘矣。何得有姊而妻庶其。此等皆其事歷然、猶尚妄說、況其餘錯亂。良可悲矣。

然比諸義疏、猶有可觀。今奉勅刪定、據以爲本。其有疎漏、以沈氏補焉。若兩義俱違、則特申短見。雖課率庸鄙、仍不敢自專。謹與朝請大夫國子博士臣谷那律、故四門博士臣楊士勛、四門博士臣朱長才等、對共參定。至十六年、又奉勅、與前脩疏人及朝散大夫行大學博士上騎都尉臣馬嘉運、朝散大夫行大學博士上騎都尉臣王德韶、給事郎守四門博士上騎都尉臣蘇德融、登仕郎守大學助教雲騎尉臣隨德素等、對勅使趙弘智、覆更詳審、爲之正義。凡三十六卷。冀貽諸學者、以裨萬一焉。

春秋正義序終

春秋左傳正義校勘記　春秋正義序

凡例

○本「春秋左傳正義校勘記」は阮元『春秋左傳注疏校勘記』の「疏」部分のほぼ全文を収録し、これに南宋・慶元刊『宋本春秋正義』（續修四庫全書影印本・孔子文化大全本・中華再造善本　「宋本」と略称）、『景鈔正宗寺本春秋正義』（昭和八年東方文化學院影印本　「正本」と略称）、南宋刊・足利學校遺蹟圖書館藏『附釋音春秋左傳注疏』（「足利十行本」と略称）、また南宋・魏了翁『春秋左傳要義』（四庫全書本　「要義本」と略称）との異同を記したものである。
○『春秋正義』の底本には嘉慶二十年江西南昌府學開雕のいわゆる「阮刻十三經注疏本」（影印本）を用い、本文中括弧内の数字はその巻数・葉数・表裏（a・b）・行数（10行計算）を示している。
○阮元『春秋左傳注疏校勘記』は、もとより「經」「傳」「注」「疏」文の全体に及んでいるが、本「春秋正義校勘記」での校勘は主として「疏」文（「正義」）の文章に限定される。「・」印を付した部分がそれである。ただし対照の便のため、「經」「傳」、そして「注」の部分（一段下げ）も阮元校勘記を収録している。なお「疏」文も含めて、阮刻本以前の諸版本の誤りを指摘する部分は削除した。あくまでも出発点は阮刻本である。
○阮元校勘記の本文は、皇清經解所収本・續修四庫全書本を用い、これに「阮刻十三經注疏本」附錄の盧宣旬摘錄本の補遺の文章を挿入している。經解本・摘錄本それぞれの誤刻についても言及することがある。
○阮元校勘記が指摘していない、というよりは指摘し得ない「阮刻十三經注疏本」自体の誤刻も記した。また「阮刻十三經注疏本」には道光丙戌六年の重刊本が有り、ここで訂正されている箇所についても言及することがある。
○以上の筆者の校記は「◎」印以下の部分である。

・春秋正義序（序−01a−1）嘉善浦鏜注疏正誤「春秋」下増「左氏傳」三字。◎正本は「春秋正義序」の前に長孫無忌の「上五經正義表」を冠している。

・國子祭酒上護軍曲阜縣開國子臣孔穎達等奉／勅撰（序−01a−2）此本前著銜名如此。上空一格、勅字提行。南宋慶元刊本「奉」上有「等」字。閩本脱「臣」字。毛本刪「臣奉勅」三字。以下凡慶元刊本則稱宋本。◎宋本に従い「等」字を補う。なお正本にはこの二十一字の一文無し。

・但年祀緜邈（序−01b−5）餘姚盧文弨校本「祀」改「紀」。案盧文弨書多本之浦鏜正誤及七經孟子考文補遺。後凡與二書同者不錄。◎浦氏十三経注疏正字に「祀、文苑英華作紀」とあるが、考文補遺に言及は無い。今「祀」字に従う。

・欲垂之以法則無位（序−02a−1）宋本「法」作「灋」。◎正本は「法」字に作って、宋本に異なる。今「灋」字に従う。

・鴻猷遂寖（序−02a−9）「寖」當作「寑」。宋本作「寑」。◎正本も宋本に同じく「寑」字に作る。今「寑」字に従う。

・以膠投漆（序−02b−7）宋本・監本「漆」字並誤作「潻」。後凡監本不誤、而重修本本誤者、稱重修監本。二本俱誤者、則稱監本、不分列也。〔阮刻十三經注疏本附校勘記（以下「附校勘記」と略称）では「漆」「潻」を誤倒して刻する。〕◎正本は「漆」字に作って、誤らず。

・今校先儒優劣（序−02b−8）毛本「校」作「挍」、避明熹宗諱。全書皆然。◎正本は「校」字に作る。以下同じ。

・以至于今（序−02b−9）宋本・毛本「于」作「於」。按經多作「于」、傳・注・正義多作「於」。此正義當用「於」字。後人因簡省、改作「于」也。◎正本は「于」字に作って、宋本に異なる。要義本は「於」字に作る。これが正しい。

・則有沈文何（序−03a−1）按隋書經籍志作「文阿」。◎今「阿」字に従う。

・言後之學者（序−03a−3）宋本・監本・毛本「言」作「使」。◎正本も「使」字に作る。これが正しい。足利十行本の段階で「言」字に誤る。

・而探賾鉤深（序−03a−5）宋本「賾」作「賾」。◎正本・足利十行本・要義本、そして宋本も「賾」字に作る。ただし「賾」字が正字体である。

・其經注易者（序−03a−6）監本・毛本「注」改作「註」非。案賈公彦儀禮疏云「言注者注義於經下、若水之注物」是也。下準此。

・案僖公三〔附校勘記では「二」字に誤刻する。〕十三年經云（序−03b−2）毛本「案」作「按」。宋本以下皆作「案」。◎正本・足利十行本も宋本に同じく「案」字に作る。

・以公姑姊妻之（序−04a−1）宋本「姊」作「姉」、下同。唐宋人从「市」是也。◎正本・足利十行本、そして実は宋本も「姊」字に作る。「姊」字が正字体である。

・計至襄二十一年（序−04a−7）浦鏜正誤「襄」下増「公」字非。

・何得有姊而妻庶其（序−04a−8）宋本「姊」誤「子」。◎正本・足利十行本「姊」字に作って、誤らず。

・況其餘錯亂（序−04a−9）閩本・監本「況」作「况」。下放此。按「况」俗「況」字。

・謹與朝請大夫國子博士臣谷那律（序−04b−4）浦鏜正誤據文苑英華、「大夫」下增「守」字。

・與前脩疏人（序−04b−9）毛本「脩」作「修」。案經典「修」字多作「脩」。宋本以下皆作「脩」。下準此。◎正本は「修」字に作る。以下同じ。

・春秋正義序終（序−05a−7）◎正本にはこの六字無し。

春秋左傳正義譯注　巻一（春秋左氏傳序）

附釋音春秋左傳注疏卷第一

國子祭酒上護軍曲阜縣開國子臣孔穎達等奉／勅撰

春秋左氏傳序

【疏】 正義に曰う。この序の表題については、文字に異同が多い。或るものは〈春秋序〉、或るものは〈左氏伝序〉、或るものは〈春秋経伝集解序〉、或るものは〈春秋左氏伝序〉だといっている。調べてみるに、晋宋①の古本〔古いテキスト〕及び今定本がともに〈春秋左氏伝序〉といっているので、今はこれに依拠して用いることとする。

（これに対して）南人②の多くは、「これはもともと《釈例》の序であったのを、後世の人がここ〔《春秋経伝集解》冒頭〕に移したのだ」といっており、しかも〈春秋釈例序〉と題して、これを《釈例》の冒頭に置いているものもあるが、今はこの説を採用しない。（なぜなら）晋の大尉劉寔《りゅうしょく》③は杜預と同時代人であり、宋の大学博士賀道養④もまた杜預に近い時代の人物であって、この二人はともにこの序のために注釈を作成しているが、いずれも〈釈例序〉を表題としてはいないのだから、明らかに《釈例》序ではない。また晋宋の古本では、序が《集解》の冒頭にある。さらに徐邈《じょばく》⑤は晋代に《五経》の音訓を定めており、この序のために音韻（の書）を作っている〔《釈例》は五経ではないということ〕。しかもこの序（自体）に「年を分かちて相附し、随ひて之れを解す。名づけて《経伝集解》と曰ふ」と称しているのは、《集解》のために序を作ったことを述べたもの、「又た別に諸例を集め、従ひて之れを釈す。名づけて《釈例》と曰ふ。異同の説は《釈例》にて之れを詳かにす」とあるのは、《集解》を根拠として《釈例》を指したものである。どうしてこれが《釈例》の序でありえようか。

「序」は「叙」と発音・意義ともに同じである。《爾雅》⑥釈詁に「叙は緒なり」と述べている。つまり、綱要〔ようてん〕を挙げること、あたかも繭《まゆ》より緒《いと》を引き出すようなものだということ。孔子が《書》に〈序〉を作り、《易》に〈序卦〉を作り、子夏が《詩》に〈序〉を作っているので、杜預もまた「序」と称し、《春秋》の名義や経・伝の体例、そして自身が《集解》をつくった意図を序〔叙述〕したのである。

この序の構成は全部⑦で十一段から成る。《春秋》はこの書の総名であり、先ず（《春秋》と）名づけた理由を解説することから意義を明らかにしていく。「春秋」より「所記之名也」までは、史官が事柄を記録した書物を《春秋》と名づけた意味を明らかにしている〔一節〕。「周禮有史官」より「其実一也」までは、天子・諸侯にはすべて史官があり、必ず事柄を記録すべきことの意味を明らかにしている〔二節〕。「韓宣子適魯」より「旧典礼経也」までは、周の史官が事柄を記録するにあたり、その（事柄の）得失を褒貶するのに、大いなる法則があることの意味を述べている〔三節〕。「周徳既衰」より「従而明之」までは、周の典礼が廃止されて欠損し、（物事の）善悪の規準が明らかでなくなったため、仲尼がこの経を修めた理由について述べている〔四節〕。「左丘明受経於仲尼」より「所修之要故也」までは、丘明が伝文を作成した目的は経を解釈することにあるのだが、しかし伝文の無い場合もあることについて述べている〔五節〕。「身為国史」より「然後為得也」までは、経の主旨が自明であり、伝文を必要とせずに経の意義が了解できる場合のあることを述べている〔六節〕。「其発凡以言例」より「非例也」までは、左丘明の作成した伝に三種類の基本的体裁があることを述べている〔七節〕。「故発伝之体有三」より「三叛人名之類是也」までは、仲尼が経を修めるのに、五種類の基本的体裁があることを述べている〔八節〕。「推此五体」より「人倫之紀備矣」までは、聖賢の大いなる趣旨は、あまねく人道を尽くすに充分であり、説くところの経・伝の道理はこれに尽きることをまとめて述べているため、この言葉で結んでいるのである〔九節〕。「或曰春秋以錯文見義」より「釈例詳之也」までは、自身の考えが先儒に異なることを述べ、自ら《集解》《釈例》を著作した意義を明らかにしている〔十節〕。「或曰春秋之作」より以下「亦無取焉」までは、《春秋》が記述した時期、つまり隠公に始まり獲麟に終わることについて、先儒の説が錯謬していることを大いに明らかにしている〔十一節〕。

（《左氏伝》の伝授について）賈逵[8]が次のように述べている。

大史公の〈十二諸侯年表〉序に「魯の君子左丘明、伝を作る」と述べており、劉向《別録》に「左丘明 曽申に授く。申 呉起に授く。起 其の子の期に授く。期 楚人鐸椒に授く。鐸椒 《抄撮》八巻を作り、虞卿に授く。虞卿 《抄撮》九巻を作り、荀卿に授く。荀卿 張蒼に授く」と述べているのに拠れば、この経は秦の焚書に遭遇した結果、廃滅してしまったのである。

その後[9]、魯の共王が孔子の旧宅を壊した際、その壁の中から古文〔先秦の文字〕の書物を手にいれた。《逸礼》が三十九篇、《書》が十六篇あったという。天漢年間（前一〇〇～前九七）以後になって、孔安国がこれを（朝廷に）献上したが、[10]巫蠱《ふこ》のあわただしい災難に遭遇して、いまだ施行されるには至らなかった。《春秋左氏》については左丘明が修めたもので、いずれも古文の旧書である。多いもので二十余篇があり、秘府〔宮中の書庫〕に蔵められて公けにされず、世間に発表されなかった。

漢の武帝の時に、河間国（の献王）から《左氏》及び《古文周官》が献上された。

光武の世に《左氏》の学を学官〔大学の講座〕に立てることが議論されたが、《公羊》の学者が上書して《公羊》を訟えて《左氏》を抵ったため、《左氏》の学は立てられなかったのである。

成帝（前三三～前七在位）の時、劉歆[11]が秘府の書物の校訂をした際、府中の《古文春秋左氏伝》を見、大いにこれを好んだ。当時、丞相史の尹咸[12]が《左氏伝》をよく修得していたので、歆とともに伝を校訂した。歆は咸及び丞相の[13]翟方進《てきほうしん》からほぼ伝授され、その大義を質問した。はじめ《左氏伝》には古字・古言が多かったため、学者は訓詁を伝えるにすぎなかったが、歆が《左氏伝》を修得したときには、伝文を引いて経文を解釈したので、（経と伝が）つぎつぎとたがいに発明しあい、これによって章句の正しいすじみちが備わったのである。歆が思うよう、「左丘明は好悪を聖人と同じくして、親しく孔子に見えた人物であるが、これに対して公羊子・穀梁子は孔門七十二弟子の後輩であり、伝聞するのと親しく見えるのとでは、詳略が同じではない」と。[14]そこで歆はしばしば（その父の穀梁学者であった）劉向を問難したが、向もそれに反対することはできなかったのである。歆が帝に親近されるに及んで、《左氏春秋》及び《毛詩》・《逸礼》・《古文尚書》を建立してみな学官に列ねたいと願った。そこで哀帝は歆に命じて、五経博士とともにその義を講論させたが、諸儒博士の中には相対して議論するのを承服しない者もいた。そこで歆は太常博士に書簡を送って、これを責めたことであった。

和帝[15]（八八～一〇五在位）の元興十一年、鄭興[16]父子及び歆がはじめて（《左氏春秋》の）大義に通じた。そして《左氏伝》を奏上して、ここに初めて学を立てることができ、遂に世に行われることとなったのである。

章帝（七五～八八在位）の時に至り、賈逵が《春秋》の大義四十条を奉り、《公羊》・《穀梁》の非を抵《そし》った。これに対して帝は賈逵に布五百匹を賜わったのである。（賈逵）はまた《左氏》のために《長義》を著作した。

鄭康成[17]〔鄭玄〕に至り、（何休の）《左氏膏肓》を箴《ただ》し、《公羊墨守》を発《あば》き、《穀梁廢疾》を起こした。これより以後、二伝はそのままふるわなくなり、《左氏》が顕学となったのである。

【譯注】

①晋宋古本及今定本（01-01a-6）――《春秋正義》中でテキストの異同に言及する場合、晋宋古本・俗本・王肅本・服本、そして定本を挙げるが、中でも定本の引用がいちばん多い。この定本を五經正義に先立つ顔師古の校定本と見なす説が一般的であるが、唐代以前のものと考える方が妥当である。拙稿「五經正義所引定本考」（『日本中國学会報』第三十七集　一九八五年　『五經正義の研究』研文出版　一九九八年所収）参照。

②南人（01-01a-7）――隋唐に先立つ南北分裂の時代に、河北の学者が江南の学者を指した表現。南北が統一されて久しい唐代の用法ではない。したがってこの部分は六朝義疏の残存したものである可能性が大きい。なお陸徳明《經典釋文》から類推すると、ここに言う「南人」とは沈文阿を指すらしい。

③劉寔（01-01a-8）――《隋書》經籍志に「劉寔等集解春秋序　一巻」として著録されているものを指す。劉寔の伝記は《晋書》巻四十一に見えており、彼は最も三伝に精通していたという。《隋志》にはまた「春秋條例　十一巻　晋大尉劉寔撰。梁有春秋公羊達義三巻　劉寔撰　亡」という記載がある。

④賀道養（01-01a-8）――《隋書》經籍志には「春秋序一巻　賀道養注」として著録されている。賀道養には独立した伝記がない。《隋志》にはまた「宋有賀氏述言　十巻　宋太學博士賀道養撰　亡」とある。

⑤徐邈（01-01a-9）――徐邈（三四四～三九七）については、《晉書》儒林傳に「雖不口傳章句、然開釋文義、標明指趣、撰正五經音訓、學者宗之」とあり、その著書は《隋書》經籍志に「周易音一巻・古文尚書音一巻・毛詩音二巻亡・禮記音三巻亡・春秋左氏傳音三巻・論語音二巻亡・五經音十巻・莊子音三巻・楚辭音一巻」として著録されている。

⑥爾雅釋詁（01-01b-1）――《爾雅》釋詁上「舒、業、順、敘、緒也」。

⑦凡有十一段（01-01b-6）――このように科段を切って説明するのは、通説では仏教式の釈経の方法だといわれるが、儒家の伝統的方法でもあったことについては。拙稿「義疏學から五經正義へ―科段法の行方」（『東洋古典學研究』第33集　二〇一二年　『五經正義研究論攷』研文出版　二〇一三年所収）を参照されたい。

⑧賈逵大史公十二諸侯年表序（01-01b-9）――阮校に「浦鏜正誤云、逵下脱云字」とあり、また殿版考証にも同様の指摘がある。さらに殿版考証は〈十二諸侯年表〉《別錄》ともに賈逵所引と見なしている。今これに従い「云」字を補う。また私見により、賈逵の言葉を「此經既遭焚書而亦廢滅」までとする。ただ筆者案ずるに、「賈逵」二字は衍字の可能性が高いが、今はこのままとする。なお後述するように、この「賈逵」以下の文章は時代の先後が錯雑しており、事実誤認も有る。

⑨及魯共王壞孔子舊宅（01−02a−1）――これより「伏而未發」に至るまでは《漢書》藝文志の記載に基づくものである。

⑩巫蠱倉卒之難（01−02a−2）――漢武帝末年の征和二年（前九一）の内乱を指す。

⑪劉歆校祕書（01−02a−3）――これより「大常博士責讓之」に至るまでは《漢書》楚元王伝の記事に基づいた文章である。

⑫丞相尹咸（01−02a−4）――阮校所引の斉召南説（殿版考証）に従って「史」字を補う。なお尹咸については「春秋正義序」第三段落注⑤参照。

⑬翟方進（01−02a−4）――《漢書》巻八十四翟方進伝によれば、字は子威、汝南上蔡の人。元帝時代（前49－前33）に丞相となった。《春秋》に関しては、「方進雖受穀梁、然好左氏傳・天文星暦」という記述が見える。

⑭歆因移書於大常博士（01−02a−7）――この書簡の全文は《漢書》楚元王伝に見える。また《文選》にも採録されている。

⑮和帝元興十一年（01−02a−2）――和帝はこの後の文章に出てくる章帝の子であり、しかも元興は元年の一年のみであるから、この部分には事実の上から問題がある。そしてこれについてはすでに宋・王応麟《困學紀聞》の指摘するところであった。そこで阮校所引の盧文弨の説では、この七字を「建武初元」に作るべきだと言う。その根拠は《後漢書》陳元傳の「建武初、元與桓譚・杜林・鄭興倶爲學者所宗。時議立左傳。博士范升謂不當。元乃上疏言當立。帝爲立左氏學」と言う記事にある。従うべきであろうが、今は原文のままに訳しておいた。

⑯鄭興父子及歆（01−02a−8）――ここにいう「歆」とは劉歆ではなく、後漢の韓歆を指す（《後漢書》范升傳）。

⑰鄭康成（01−02a−9）――後漢の経学の大家鄭玄（127−200）の注釈書は、経書のほとんどのみならず、緯書にまで及んでいるが、なぜか《春秋》に関してはそれが無い。鄭玄の《春秋》観は、彼と同時代の公羊学者何休（129－182）の春秋学を批判するという形で著わされた《箴左氏膏肓》《發公羊墨守》《起穀梁癈疾》の三書からその大体を伺うことができる。ただしいずれも亡佚して現存しない。鄭玄個人の輯佚書《鄭氏遺書》・《通德遺書所見錄》が便利である。

○この条の正義の構成を概観してみよう。先ずこの序の表題は「春秋左氏傳序」とするのが正しいこと、また「釋例序」であるとする説があるが、これは間違いであることを論じた後、「序」の訓詁を述べ、ついで「春秋左氏傳序」を十一段に分けてその大要を説明する。そして最後に左氏学の展開の歴史の概略を述べるという構成になっている。ところがこの「左氏学の展開」の部分は殿版考證が詳しく指摘するように、論旨に通じ難いところが多い。以下にこれを紹介しよう。齊召南の筆に成るものである。

疏「賈逵大史公十二諸侯年表云云」至末○臣召南按、所言時代先後錯雜、疏文從未有如此舛誤者。但宋儒王應麟《困學紀聞》已言「和帝元興十一年」數句之謬、則刊本舛誤、其來久矣。既無善本可正、摘記其訛於後。

斉氏は以上のように概説した後、八条にわたってこの疏文の錯雑・誤認等を指摘するのである。今そのうちの七条を引用する。

○「賈逵大史公十二諸侯年表序云」句、似引賈逵所作〈春秋序〉。中引《大史公十二諸侯年表》及《劉向別錄》也。「賈逵」之下、脱一「曰」字、便不可解。○「魯共王壞孔子舊宅、於壁中得古文逸禮有三十九篇、書十六篇。天漢之後、孔安國獻之、遭巫蠱倉卒之難、未及施行。及春秋左氏丘明所修、皆古文舊書、多者二十餘通、藏於祕府、伏而未發」一段、推尋文義、當云「魯共王壞孔子舊宅、於壁中得古文逸禮有三十九篇、書十六篇、及古文春秋。左氏丘明所修、皆古文舊書、多者二十餘通。天漢之後、孔安國獻之、遭巫蠱倉卒之難、未及施行」。疏於「書十六篇」之下、卽接「天漢云云」、遂不可解。○「漢武帝時、河間獻左氏及古文周官」一段、上文「天漢」卽是武帝年號、此又另記不可解。○「光武之世、議立左氏學、公羊之徒上書訟公羊抵左氏、左氏之學不立」一段、上既言「武帝時未施行」、當直接下文所云「成帝時、劉歆校祕書」、至「歆因移書、責讓大常博士」矣。文反以光武不立左氏、序於成帝・哀帝之前、時代倒置、其誤無疑。○「成帝時」句、至「歆因移書於大常博士責讓之」一段、全用《漢書》歆傳及儒林傳之文。但不應敘於光武之後。○「丞相尹咸」句、脱「史」字。尹咸爲丞相史、未嘗爲丞相也。○「和帝元興十一年、鄭興父子及歆創通大義、奏上、左氏始得立學、遂行於世。至章帝時、賈逵上春秋大義四十條」一段、《困學紀聞》曰「和帝元興止一年、安得有十一年。一誤也。鄭興子衆終於章帝建初八年、不及和帝時、二誤也。章帝之子爲和帝、先後失序、三誤也。《釋文序錄》亦云元興十一年、皆非也」。臣攷王應麟所言三誤甚精。（以下省略）

右の齊氏の考証を手がかりにして、「賈逵」以下の疏文を【a】～【h】に分節すると、以下のようになる。時代を示す言葉や帝名を四角で囲んでいる。

【a】賈逵云大史公十二諸侯年表序云魯君子左丘明作傳據劉向別錄云左丘明授曾申申授呉起起授其子期期授楚人鐸椒鐸椒作抄撮八巻授虞卿虞卿作抄撮九巻授荀卿荀卿授張蒼此經既遭焚書而亦廢滅

【b】及魯共王壞孔子舊宅於壁中得古文逸禮有三十九篇書十六篇天漢之後孔安國獻之遭巫蠱倉卒之難未及施行及春秋左氏丘明所修皆古文舊書多者二十餘通藏於祕府伏而未發

【c】漢武帝時河間獻左氏及古文周官

【d】光武之世議立左氏學公羊之徒上書訟公羊抵左氏左氏之學不立

【e】成帝時劉歆校祕書見府中古文春秋左氏傳歆大好之時丞相尹咸以能治左氏與歆共校經傳歆略從咸及丞相翟方進受質問大義初左氏傳多古字古言學者傳訓詁而已及歆治左氏引傳文以釋經轉相發明由是章句義理備焉歆以爲左丘明好惡與聖人同親見夫子而公羊穀梁在七十二弟子後傳聞之與親見其詳略不同歆數以問向向不能非也及歆親近欲建立左氏春秋及毛詩逸禮古文尚書皆列於學官哀帝令歆與五經博士講論其義諸儒博士或不肯置對歆因移書於大常博士責讓之

【f】和帝元興十一年鄭興父子及歆創通大義奏上左氏始得立學遂行於世

【g】至章帝時賈逵上春秋大義四十條以抵公羊穀梁帝賜布五百匹又與左氏作長義

【h】至鄭康成箴左氏膏肓發公羊墨守起穀梁癈疾自此以後二傳遂微左氏學顯矣

既述のように、【b】は《漢書》楚元王傳に引用する劉歆の書簡文の一部であり、【e】は同じく《漢書》楚元王傳に基づいている。そして齊召南が指摘するように、時代が先後していることが分かる。今これらを勘案して【a】→【c】→【b】→【e】→【d】→【g】→【f】→【h】のように並べ替えてみると、この疏文がほぼ無理なく意味が通るのではなかろうか。一仮説として提示しておく。ただし翻訳は疏文の順序通りである。

春秋者魯史記之名也。〔春秋は魯の史記の名なり。〕　〔01–02b〕

【疏】「春秋」[1]より「名也」に至るまで。

○人臣が主君に奉仕する場合の、（その官職の）名前は同じではない。事柄を掌るのを「司」と言い、文書を掌るのを「史」と言う。「史官」は事柄を記録するが、その書物に名前をつけるにあたり、「春秋」の二字で事柄を記録した書物の名前としたのである。

○正義に曰う。これより以下、「所記之名也」までは、史官が事柄を記録した書物を「春秋」と名づけた意味を明らかにしている。

「春秋」という名称は経書には見られず、伝・記〔経書以外の古典文献〕に記述が有るばかりである。昭公[2]二年に晋の韓起が魯国を訪問した時、「魯の春秋を見る」と称しており、また《外伝》[3]晋語に司馬侯が晋の悼公に答えて、「羊舌肸 春秋を習ふ」と言い、〈楚語〉[4]で申叔時が太子の傅《ふ》〔教育係〕になる方法を論じた際、「之れに教ふるに春秋を以てす」と述べており、また《禮記》⑤坊記にも「魯の春秋に晋の喪を記して、其の君の子奚斉を殺すと曰ふ」と言い、またさらに《経解》⑥にも「属辞比事《しょくじひじ》は春秋の教なり」と述べている。総じてこれら諸文が説いているのは、すべて孔子以前のことなので、孔子が（《春秋》を）修める以前から、もともと「春秋」という名称があったことが分かる。（ただ）その名称の起源は遠い昔のため、詳細は明らかにし難い。

（ところで）《禮記》⑦内則には、五帝の時に史官が有ったと称しており、すでに史官が有ったからには、きっと事柄を記録したはずである。しかし、必ずしもこれを「春秋」とは名づけなかったのである。

周代の法制によれば、国ごとに史記〔史官の記録〕があったから、当然同じように「春秋」と名づけたはずなのに、ここでただ「魯の史記」とだけ言うのは（なぜかといえば）、仲尼が魯国の史官の記録したものを修めて《春秋》を著作したのであり、ここではこの仲尼の修めた《春秋》を解説しただけであるから、「魯の史記」と限定したのであって、魯史の「春秋」を修めて、褒貶の法を作成したという意味である。

【譯注】

①春秋至名也（01-02b-1）――「春秋」より「名也」までの解説であることを意味する。《正義》が解釈しようとする経文・伝文・注文、ここでは序文の範囲を表すもので、これを「標起止」という。《五經正義》は本来単疏本であったから、経文・伝文・注文を伴っていなかった。そのためにこういう形で表題としたのである。標起止は普通「□□至□□」というように五字に統一されているが、これは宋代に写本から印刷本として刊行された以後の形式のようで、原形は必ずしも五字ではない（吉川幸次郎「舊鈔本禮記正義を校勘して」）。現にこの部分、正宗寺本では「春秋者魯史記之名也」に作る。思うに本来の姿をとどめたものであろう。以下はおおむね阮刻本に従う。

②昭二年（01-02b-3）――昭公二年伝「春、晋侯使韓宣子來聘、且告爲政、而來見、禮也。觀書於大史氏、見《易象》與魯《春秋》、曰、周禮盡在魯矣、吾乃今知周公之德與周之所以王也」。

③外傳晉語（01-02b-3）――《國語》晉語七。

悼公與司馬侯升臺而望曰「樂夫」。對曰「臨下之樂則樂矣、德義之樂則未也」。公曰「何謂德義」。對曰「諸侯之爲、日在君側、以其善行、以其惡戒、可謂德義矣」。公曰「孰能」。對曰「羊舌肸習于春秋」。乃召叔向使傅太子彪。

④楚語（01-02b-4）――《國語》楚語上。

莊王使士亹傅太子箴、辭曰「臣不才、無能益焉」。曰「賴子之善善之也」。對曰「夫善在太子、太子欲善、善人將至。若不欲善、善則不用。故堯有丹朱、舜有商均、啓有五觀、湯有太甲、文王有管・蔡。是五王者、皆有元德也、而有奸子。夫豈不欲其善、不能故也。若民煩、可教訓。蠻・夷・戎・狄、其不賓也久矣、中國所不能用也」。王卒使傅之。問于申叔時、叔時曰「教之《春秋》、而爲之聳善而抑惡焉、以戒勸其心。教之《世》、而爲之昭明德而廢幽昏焉、以休懼其動。教之《詩》、而爲之導廣顯德、以耀明其志。教之禮、使知上下之則。教之樂、以疏其穢而鎭其浮。教之《令》、使訪物官。教之《語》、使明其德、而知先王之務用明德于民也。教之《故志》、使知廢興者而戒懼焉。教之《訓典》、使知族類、行比義焉」。

⑤禮坊記（01-02b-4）――《禮記》坊記篇「故魯《春秋》記晉喪曰、殺其君之子奚齊及其君卓。以此坊民、子猶有弑其父者」。

⑥經解（01-02b-4）――《禮記》経解篇。

孔子曰、入其國、其教可知也。其爲人也。温柔敦厚、《詩》教也。疏通知遠、

《書》教也。廣博易良、《樂》教也。潔靜精微、《易》教也。恭儉莊敬、《禮》教也。屬辭比事、《春秋》教也。故《詩》之失愚。《書》之失誣。《樂》之失奢。《易》之失賊。《禮》之失煩。《春秋》之失亂。

⑦禮記内則（01-02b-5）——《禮記》内則篇「凡養老、五帝憲、三王有乞言。五帝憲、養氣體而不乞言、有善則記之爲惇史。三王亦憲、既養老而後乞言、亦微其禮、皆有惇史」

記事者以事繫日、以日繫月、以月繫時、以時繫年。所以紀遠近別同異也。

〔事を記する者は、事を以て日に繫け、日を以て月に繫け、月を以て時に繫け、時を以て年に繫く。遠近を紀し、同異を別かつ所以なり。〕　〔01-02b〕

【疏】「記事」より「異也」に至るまで。

○すでに《春秋》の名称について明らかにしたので、次に（史官が）事柄を記録した方法を述べる。

「繫」とは、下を上に綴り、末を本に連ねるという意味の言葉である。（すなわち）この日にこれこれのことがあったから、「事を以て日に繫け」、月は日を統べるので、「日を以て月に繫け」、時は月を統べるので、「月を以て時に繫け」、年は時を統べるので、「時を以て年に繫け」るのであり、この方法によって年月の遠近を整理し、事柄の同異を分別したのである。たとえば隠公の「三年、春、王二月、己巳、日有食之」、「二年、秋、八月、庚辰、公及戎盟于唐」といった例は、その下に事柄を記録すべき年・時・月・日の四者がすべて具わった表現である。史官が記録したものは、すべて（年・時・月・日の）四者を具備しているはずなのに、経文の多くがそうではない。或る場合は時が有って月の無いもの、月が有って日が無いもの、また日が有って月に繫から無いもの、月が有って時の無いものなどがあり、さまざまである。史官が記録したものには、日は必ず月に繫かり、月は当然時に繫かっていたはずであるが、《春秋》二百四十二年の間に、日が有って月の無いものは十四例、月が有って時の無いものが二例ある。これについては、或いは史記の文がはじめから欠けていたのに、仲尼が改めなかったものか、或いは仲尼は文を備えていたのに、後代の者が脱誤したものか（の二通りが考えられる）であろう。

四時が必ず具備してはじめて年となるはずであるのに、桓[2]公十七年五月には「夏」が無く、また昭公十年十二月には「冬」が無いというように、この二例にはともに、月はあるが時が無いのである。（しかしながら）月が分かっているからには、その時は自明である。だから仲尼がことさらにその時を闕いて、その月だけを記録したはずはないから、仲尼以後の書写した者が脱漏したものに違いない。

日を月に繫けない例については、或いは史記に初めから闕文があったものであろう。たとえば僖公二十八年の例の場合、「冬」の下に「月」が無く、「壬申」・「丁丑」（という「日」だけ）が有る。ところが計算上、一時〔四箇月〕のうちにこれらの日は二回あるから、（仲尼が）改正しようとしても、なんでその月を知ることができようか。仲尼とても知りようがないものであり、こういう例は本文に闕文があったはずのもので、その闕文にそのまま依拠しないわけにはいかず、「日」だけを記録して、「月」を空白にしたものに違いない。こういう例はおそらく「史文先闕」の例で、必ずしも後人が脱誤したものではなかろう。

時は有っても月が無く、月は有っても日が無い（というように異同のある）のは、史官が文章を書く際にも、やはり各自に詳細にする場合と簡略にする場合とがあるからである。その理由は、経文を調べてみるに、朝聘・侵伐・執殺大夫・土功の例は、時を書くもの、月を書くものは有るが、日を書くものは無い。一方、要盟・戦敗・崩薨・卒葬の例は、すべてに日を書くというわけではないが、日を書く場合が多く、つまりは本来詳略があったからである。

事柄を記録する最初のことを考えてみるに、日月は当然備わっていたであろうが、国の史官がこれらの事柄を編集して策書に記録する段階で、その精粗を調べ、その同異を合わせ考え、事（の大小）を量って法則《きまり》を制定し、その人の考えに従って文章を収約した。（ところが）史官は一人ではないから、その表現には定まった形式は無いところから、日月が不揃いとなり、均等にすることができなかったのである。仲尼が修改するにあたり、魯国の史記の既に完成している文章に因ったわけであるが、その史記の文章に詳略があるからには、日が具わっているものとそうでないものがあっても、そのままに従って採用せざるをえなかったのである。

経・伝を調べてみるに、「日」を書くものは全部で六百八十一例。文公より以前（の六公）に「日」を書くのが二百四十九例で、宣公以後もまた同じく六公ではあるが、「日」を書くのは四百三十二例有り、計算すると年数はほぼ同じであるのに、日数については（後半が）前半の倍近くも有ることになる。これは（文公以前の時代が）遠い昔のために（記録が）遺落し、近代（の六公）と同じにならなかったためである。しかも（これ以外に）他国からの（魯の国に告げて来る）告げ方にも詳略があった。もし「日」を告げてこなかったなら、魯の史官もその日を知って書きようがないであろう。こういう場合は、その当時の史官からしてもまた「日月」を具備させることはできなかった。当時からしてすでに備わらなかったのだから、仲尼が後世これを修めた際に、旧典が不揃いで「日月」が等しくなくても、どうしてその「日月」の尽くを知り得て、すべてに統一性をもたせることができようか。「日月」がなければ、時代の先後が不明確となるけれども、「日月」を備えようとすれば、古史に記載の無いものが有るというわけで、おのずと元から「日」のあるものはこれをそのまま書いた結果、詳しいものとなり、元から「日」の無いものは（書きようがないから）、そのまま略した書き方になったのであろう。このように本来的に詳略があるからには、（これをもって）褒貶することはできない。それゆえ《春秋》に記載された事柄は、すべて「日月」を以て義例としていない。

「日月」を以て（《春秋》の）義例とするものは、ただ「卿卒」（魯の大臣の死亡記事）と「日食」の二例のみである。だから隠公元年の「冬、十有二月、公子益師卒」の伝に「公 小斂に与らず、故に日を書せず」と述べ、また桓公十七年「冬、十月、朔、日有食之」の伝に、「日を書せざるは、官之れを失へるなり」と述べており、左丘明が（「日月」に関して）伝例を書き起こしたのはただこの二条だけである。（そうだとすれば）明らかにこの二条以外にはすべて義例が無いことになる。

（それでは）「日月」を以て義例としないことが前提でありながら、この二条においてのみ義例を示すのは（なぜかといえば）、君主の卿佐は股肱③になぞらえられる。股肱の損なわれることがあれば、これ以上の痛手はないであろう。（だから君主は卿佐に）病いがあるときは親ら訪問し、（葬儀の）斂《れん》［遺骸に衣を着せる小斂と、棺に納める大斂］には親らこれに関与するのである。したがって卿佐の葬儀のうち公が小斂に関与しなければ、公の恩沢の薄いことが分かる。しかしこれは公にとっては事の小さな過失にすぎないので、人君を貶するほどの事でもない。（さりとて）君が臣下の葬式に臨まないからといって、これまた死者の罪でもない。（仲尼が）後世に戒めを残そうと意図しても、文辞に表しようがない。しかし人臣は身分が君より軽く賤しいので、死んだ日を省略することができるというわけで、特に「日」にかこつけて義例を示したのである。

「日食」は天の変異、「甲乙」は暦の記録法、「朔」は日月の会合することであり、日食は必ず朔日に起きるので、史官が日食を記録するときには必ず「月朔」を書く。朔には甲乙（の日付）が有って、はじめてその日を推測して知ることができるので、「日有食之」には必ず「朔」と「日」とを書く。「日」を書くのと書かないのと（が問題となるの）はこの二例のみである。「月」を書くのと書かないのとに関しては、《左伝》には本来義例は無い。（これに対し）《公羊》《穀梁》の両書は、道に聴き途に説くような（ききかじりの）学問であり、或いは日について、或いは月について、いいかげんに褒貶の義例を捏造している。（そして《左伝》の）先儒はこの二伝に惑溺して、《左伝》に勝手に日月褒貶の例を作っているのである。だからこそ杜預は（《春秋釈例》の）「大夫卒例」④において、詳しくその説（の誤りであること）を解説している。

仲尼が（《春秋》を）刊定した際には、日月に褒貶は無かったにもかかわらず、この序に「史官 事を記するに、必ず日・月・時・年を繋く」といっているのは（なぜかといえば）、記事の体裁上、当然繋けるべきところがあることを述べているのであって、（日月を）繋けることの有る無しのすべてに義例があることを言っているのではないのである。

⑤《春秋感精符》に「日は陽の精であり、耀魄《ようはく》〔北斗星〕光明〔ひかりかがやく〕、下を察する所以である」と述べ、⑥《淮南子》には「陽気を積んだ熱気が火を生じ、火気の精なるものが日となる」と言い、劉熙の⑦《釈名》には「日は実である。光明が盛実なさまをいう」と述べているのは、「日」の意義を説明したものである。日は天上にあって、天を転運《めぐ》っている。日が出ると昼となり、入ると夜となる。だから一度出るごとに、これを「一日」と言う。この一日一日の先後に区別は無いので、聖人が「甲乙」の日付けを作って区別したのである。⑧《世本》に「容成が暦を作り、大橈が甲子を作った」とあり、宋忠の注に「二人とも黄帝の史官である」と述べている。

《春秋感精符》に「月は陰の精であり、地の理である」と述べ、《淮南子》に「陰気を積んだ寒気の久しいものが水となり、水気の精なるものが月となる」と言い、劉熙《釈名》に「月は闕である。満ちて闕缺けることをいう」と述べているのは、「月」の意義を説明したものである。月は天上を運行するが、日よりも十三倍あまり疾《はや》く、二十九日過半を積むと日に追い付き、ここで日月が相い会する。⑨張衡の《霊憲》には「日は火にたとえ、月は水にたとえる。火は光を外にし、水は景《かげ》を含む。だから月光は日の照らすところに生じ、魄〔月の光の無い部分〕は日の蔽うところに生じる。日に当たるときは光が盈《み》ち、日に就くときは明が尽きる」と述べている。そうだとすると、明がひとたび尽きるのを「一月」と言い、そうすることで諸々の日をまとめて秩序づけているのである。三月ではじめて一時となり、四時ではじめて一年となるということで、（これら日・月・時・年が）互いに統合しあい、万事を秩序立てているのである。

「遠近を紀す」について、前年は後年よりも遠く、後月は前月よりも近いが、その年月を区別すると、遠近が明らかとなるわけである。「同異を別かつ」について、共通の月の下に記載されたものは、同月の事柄であり、別々の月の下に記録したものは、異月の出来事であり、その月を見れば異同がはっきりすることになる。

そうだとすると、正月・二月といえば、春だということは了解され、四月・五月といえば、夏だということは自明のことであり、月を時に繋けるまでもなく、遠近同異は充分に明白なはずであるのに、必ず「月を以て時に繋く」る必要があるのは（なぜかといえば）、日・月・時・年のそれぞれに統べる属があり、史官が事柄を記録する際には、必ず順序立てて記録する必要があるからで、時が月を包含している以上、月を時に繋けざるを得ないからである。

経文を調べてみるに、「月」を重ねて記載した例は無いが、「日」にはその例が有る。桓公十二年の経文に「冬、十有一月、丙戌、公会鄭伯盟于武父。丙戌、衛侯晋卒」とあるのがそれで、同じ日を再度書いているのは（なぜかといえば）、これは旧史がもともと表現を異にしており、仲尼もそのまま従って改めなかったものであろう。それゆえ杜預は「重ねて丙戌を書するは、義例に非ず。史の成文に因るなり」と注釈している。

【譯注】

①記事至異也（01-02b-9）――正宗寺本では「記事者以事繫日至別同異也」に作る。

②桓十七年五月無夏（01-03a-4）――実は「夏」を欠くのは《公羊傳》の経文であり、《穀梁傳》の経文には「夏」字が有る。そして阮刻本《左傳》にもまた「夏」字が有るのである。これについては阮校は「石經・宋本無夏字。與序疏合」と解説している。

③君之卿佐（01-03b-7）――この一節は《春秋釋例》大夫葬例、また隱公元年「公子益師卒」の杜注の文章に基づく。なお「君之卿佐、是謂股肱。股肱或虧、何痛如之」と言うのは、昭公九年伝にみえる晋の屠蒯の言葉である。

④大夫卒例（01-04a-1）――《春秋釋例》大夫葬例。隱公元年正義に見える。

⑤春秋感精符（01-04a-2）――《春秋感精符》は緯書のひとつで、現在ではもちろん佚書となっているが、本疏以外に引用する例が無い場合は、これ以後の注では取り挙げない。ちなみに《春秋正義》が緯書に対して否定的であることについては、拙稿「引書からみた五經正義の成り立ち―所引の緯書を通して―」（哲學第40集　一九八八年　『五經正義の研究』研文出版　一九九八年所収）を参照されたい。

⑥淮南子（01-04a-3）――《淮南子》天文訓「積陽之熱氣生火、火氣之精者爲日。積陰之寒氣爲水、水氣之精者爲月。日月之淫爲精者爲星辰。天受日月星辰、地受水潦塵埃」。ちなみに《春秋正義》中に、《淮南子》の引用は、ここの二例を含めて僅かに五例のみである。

⑦劉熙釋名（01-04a-3）――《釋名》釋天「日實也。光明盛實也。月缺也。滿則缺也」。

⑧世本（01-04a-5）――《世本》とその宋忠の注も佚書であるが、《尚書》舜典疏や《史記》暦書の〈索隱〉にも引用されている。「索隱按、系本及律暦志、黄帝使羲和占日、常儀占月、臾區占星氣。伶倫造律呂、大橈作甲子、隷首作算數、容成綜此六術而著調暦也」。

⑨張衡靈憲（01-04a-9）――後漢の張衡の《靈憲》も佚書。《隋書》經籍志に「靈憲一巻　張衡撰」として著録されている。《玉函山房輯佚書》子編天文類。ちなみに《春秋正義》中に、もう一例の引用がある（06-02a）。

○ここで《正義》が力説するのは、《公羊》《穀梁》両伝が日・月・時・年、特に「日」を書くと否とに《春秋》の義例を読み取ろうとする、いわゆる「日月褒貶の例」に対する批判である。《春秋》経文が書かれた時点ですでに詳略があったし、後世の伝写の際における脱誤もあったであろうとして、その詳略・欠落の理由を極めて合理的に説明している。《左傳》そして杜預の基本的な立場を鮮明にした一段である。

故史之所記、必表年以首事。年有四時、故錯擧以爲所記之名也。〔故に史の記する所は、必ず年を表して以て事を首《はじ》む。年に四時有り、故に錯《まじ》へ擧げて以て記する所の名と爲すなり。〕　〔01-04b〕

【疏】「故史①」より「名也」に至るまで。

○《春秋》と名づけた意味を解説しようということで、先ず記事が当時の出来事を記録することを主としたものであることを説明する。

それぞれの事柄には先後があるから、必ずその事柄があった年を明記すべきである。「表」は顕［あきらか］、「首」は始めの意。事柄は「日」の下に繋け、「年」は（その年の）事柄の発端であるから、「故に史の記する所」は、必ず先ずその「年」を明記して、事柄の初始《はじめ》とするのである。「年に四時が有」るけれども、（春・夏・秋・冬の）四字をすべて挙げて書名とするわけにはいかないので、交錯して互いに挙げ、「春秋」の二字を取って、「以て記する所の名と為」したのである。春は夏に先んじ、秋は冬に先んじるので、先を挙げれば後に及ぼすことができる。春をいえば夏を兼ねるし、秋をいえば冬を表すことができるので、二字を挙げて四時を包含するのである。「春秋」の二字はこの書の総名で、「春秋」の二字のみを挙げるけれども、実際には「冬夏」を併せた四時の意味をも包《か》ねている。四時の内には、一切の万物の生殖孕育《よういく》［うみそだてること］のすべてがその中にある。《春秋》の書は、あらゆるものを包《か》ねて、すべての事柄を記載していること、あたかも四時とその意味が同じである。それゆえにこの書を《春秋》と名づけたのである。《孝経》②に「春秋に祭祀して、時を以て之れを思ふ」と言い、また《詩》③魯頌に「春秋解《おこた》るに匪《あら》ず。享祀忒《たが》はず」とあり、その鄭箋には「春秋とは猶ほ四時と言ふがごとし」と注している。これらは、「春秋」を挙げると四時を包含するに充分であることを述べたものである。

年・歳・載・祀は時代によって名称を異にしているが、実際のところは同一である。《爾雅》④釈天に「載は歳なり。夏には歳と曰ひ、商には祀と曰ひ、周には年と曰ひ、唐虞には載と曰ふ」と述べ、李巡が「夏は歳、商は祀、周は年、唐虞は載というように各時代ごとに（異なった名称で）事柄を記録するのは、堯・舜・三代［夏・殷・周］が（制度を）踏襲しないことを示すのである」と注し、また孫炎が「載は始である。物事が終わってまた始まることに取る。歳は歳星［木星］が一次めぐることに取る。祀は四時の祭祀がひととおり訖ることに取る。年は年穀［こくもつ］がひとたび熟することに取る」と注しているのは、名称は異なるけれども、その実際は同じであることを述べたものである。

この四者はそれぞれの時代の好みによって使われたわけであるが、しかしそれぞれの名称の起源は遠い。夏代に初めて「歳」の名称ができたわけでもなく、また、周代に初めて「年」の名称が生まれたというのでもない。その理由は、〈堯典〉⑤に「期は三百有六旬有六日。閏月を以て四時を定めて歳を成す」という記載があり、また〈禹貢〉⑥に「作すること十有三年、乃ち同じ」とあることからすれば、唐虞の時代にすでに「年」「歳」の語が有ったのである。事柄を記録する者が各自に当時の好むところに従ったということではあるが、普通に話す場合には通じて用いたのである。だから虞の世にもまた「年」と言い、周代にも「歳」と称していた。周代の詩である〈唐風〉⑦に「百歳之後」とあるのは、周に「歳」の語を使用した例である。

四時の名の春・夏・秋・冬は、みなその季節の物事にちなんで名付けたものである。《禮記》⑧郷飲酒義に「春の言為《た》る蠢《しゅん》なり。夏の言為る仮なり。秋の言為る揫《しゅう》なり。冬の言為る中なり。中は蔵なり」と言い、《漢書》⑨律暦志には「春は蠢なり。物蠢《うごめ》き生ずるなり。夏は仮なり。物 仮大［おおきい］なるなり。秋は䋺《しゅう》⑩［即由反］なり。物 䋺斂《しゅうれん》［あつめおさめる］するなり。冬は終なり。物 之れを終蔵［おさめこむ］するなり」と述べているのは、四時の名称が異なる意味を解説したものである。

史官が事柄を記録する場合、一月《ひとつき》に記録すべき事柄の無いときには、その「月」だけを空しく挙げるということはないのに、一時［三箇月］に事柄が無くても、必ず空しくその「時」を記載するのは（なぜかといえば）、思うに四時が具備しなければ歳にならないからであろう。だから一時に事柄が無い場合にも、必ず虚しく首月〔春の正月・夏の四月・秋の七月・冬の十月〕を書く。「時」の記載の無い例があるのは、すべて旧史の文章の闕文である。隠公六年に空しく「秋七月」だけを書いてあり、注に「事無しと雖も、而も首月を書するは、四時を具《そな》へて以て歳を成せばなり」と述べているのがその例。桓公四年に秋・冬の記載が無いことについて、注に「国史の記するや、必ず年を書して以て此の公の事を集め、首時を書して以て此の年の歳を成す。故に《春秋》に空しく時して事無き者有り。今、秋・冬の首月を書せざるは、史の闕文なり」と述べているのが、その説明である。

そうだとすると、一時に事柄が無ければ首月を書くということだが、荘公二十二年には「夏五月」と書いていること（つまり「夏四月」となっていないこと）については、杜預はそこで注釈をしていないが、《釈例》[11]ではこれを「闕謬」と見なしている。

《春秋》という名称は、（春・秋を）交錯して挙げただけであるのに、後代の儒者の中には、いいかげんに華や葉をくっつけたような（余計な説を作りだした）者もある。（たとえば）賈逵[12]は「法を陰陽の中に取る。春は陽の中為り。万物以て生ず。秋は陰の中為り。万物以て成る。人君の動作をして中を失はざらしめんと欲するなり」と述べている。また賀道養[13]は「春は陽の始めを貴び、秋は陰の初めに取る」と主張している。（これらの説の当否を）考えてみるに、《春秋》の名は、その原理が（天地人の）三統を包含しているはずである。周朝が建子[14]の月を正月としていることに拠っていえば、「春は陽の中」ではないし、「秋は陰の中」ではない。夏朝が建寅の月を正月としていることに拠っていえば、「春は陽の始め」ではないし、「秋は陰の初め」ではない。おおかたこれらの説は、いわば混沌[15]を竅ったり、蛇足[16]を画くようなもので、必ずや性命を天絶させたり、匽酒〔酒瓶の酒〕を失わせる結果になるであろう。

【譯注】

①故史至名也（01-04b-4）——正宗寺本では「故史之所記至所記之名也」に作る。

②孝經（01-04b-8）——《孝經》喪親章「爲之宗廟、以鬼享之。春秋祭祀、以時思之」。

③詩魯頌（01-04b-8）——《毛詩》魯頌・閟宮「周公之孫、莊公之子、龍旂承祀、六轡耳耳、春秋匪解、享祀不忒」、毛傳「周公之孫、莊公之子、謂僖公也。耳耳然至盛也」、鄭箋「交龍爲旂。承祀謂視祭事也。四馬故六轡。春秋猶言四時也。忒變也」。

④爾雅釋天（01-04b-10）——《爾雅》釋天「載、歳也。夏曰歳、商曰祀、周曰年、唐虞曰載。歳名」、郭璞注「取歳星行一次。取四時一終。取禾一熟。取物終更始」。

李巡は後漢の人。《隋書》經籍志には「爾雅三巻　漢中散大夫樊光注。梁有漢劉歆、犍爲文學、中黄門李巡爾雅各三巻、亡」とあって、《五經正義》が撰定された唐初に、李巡注はすでに亡逸しているから、少なくともこの部分は唐人の手に成るものではなかろうというのが、劉文淇《左傳舊疏考正》巻一の指摘である。《春秋正義》中に李巡注の引用は六十六例である。

孫炎は三国魏の人。《隋書》經籍志に「爾雅七巻　孫炎注」として著録されているが、現在では佚書。《春秋正義》中の引用は六十八例である。ちなみに郭璞注は六十四例で、この三人はほぼ同数引用されていることになる。

⑤堯典（01-05a-2）——《尚書》堯典「帝曰、咨。汝義暨和、期三百有六旬有六日、以閏月定四時成歳」。

⑥禹貢（01-05a-3）——《尚書》禹貢「濟・河惟兗州。九河既道、雷夏既澤、……作十有三載、乃同」。阮校には浦鏜が「載」字を「年」字に改めるべきだとする説を紹介するが、是非の判定を下していない。浦鏜《十三經注疏正字》には、

「『載』當作『年』。故下云『唐虞之世、已有年歳之言』。案《釋文》『馬・鄭本作年』。後人不知妄改、遂與疏意不相値耳」と述べており、文脈すれば、浦説が妥当である。今「年」字に改める。もっとも浦氏は《尚書》禹貢篇の当該箇所では〈馬鄭本〉に言及せず、《尚書正義》もまた「十有三載」に作る。〈孔安國傳〉に「治水十三年乃有賦法、與他州同」とあるところからすると、或いは《尚書正義》も「十有三年」であったかも知れない。

⑦唐風（01-05a-4）——《毛詩》唐風・葛生「夏之日、冬之夜、百歳之後、歸于其居、冬之夜、夏之日、百歳之後、歸于其室」。

⑧禮記郷飲酒義（01-05a-5）——《禮記》郷飲酒義「東方者春、春之爲言蠢也。産萬物者聖也。南方者夏、夏之爲言假也。養之、長之、假之、仁也。西方者秋、秋之爲言愁也。愁之以時察、守義者也。北方者冬、冬之言中也。中者藏也」。

⑨漢書律厤志（01-05a-5）——《漢書》律暦志「大陽者南方。南任也、陽氣任養物、於時爲夏。夏假也、物假大、乃宣平。火炎上。禮者齊、齊者平、故爲衡也。少陰者西方。西遷也、陰氣遷落物、於時爲秋。秋⿱艹⿱雔灬也、物⿱艹⿱雔灬斂、乃成孰。金從革、改更也。義者成、成者方、故爲矩也。少陽者東方。東動也、陽氣動物、於時爲春。春蠢也、物蠢生、乃動運」。

⑩卽由反（01-05a-6）——原文では「卽由反」は双行に書かれている。《春秋正義》にはこのような漢字音を「反切」で説明したものが二十例弱見出される。なお《五經正義》の釈音例については、拙稿「讀五經正義札記(三)」（『東洋古典學研究』第10集　二〇〇〇年　『十三經注疏の研究』研文出版　二〇〇五年所収）を参照されたい。

⑪釋例（01-05a-10）——これは《春秋長暦》を指すものと思われるが、莊公二十二年《正義》にもやはり《釋例》として引用されている。

釋例曰「年之四時、雖或無事、必空書首月、以紀時變、以明歴數。莊公獨稱『夏五月』、及經四時有不具者、丘明無文、皆闕繆也」。（09-22a）

⑫賈逵（01-05a-10）——《公羊傳》序疏に「案三統暦云、春爲陽中、萬物以生。秋爲陰中、萬物以成。故名春秋。賈・服依之、以解春秋之義」とあるのによれば、賈逵の説は《三統暦》に基づいたものであることが分かる。

⑬賀道養（01-05b-1）——19頁既出。注④参照。

⑭建子・建寅（01-05b-1）——この場合の子・寅とは北斗星の斗柄が暮れ方に指す方位をいう。夏朝の暦、すなわち夏正では建寅の月（陰暦の正月）、周正では建子の月（陰暦の十一月）を正月としたといわれている。これを「三統暦」という。

⑮竅混沌（01-05b-2）——混沌はまた渾沌とも書く。《莊子》應帝王篇に見える渾沌説話を踏まえた表現である。

⑯畫蛇足（01-05b-2）——《史記》楚世家・《戰國策》齊策に見える蛇足説話を踏まえた表現。「巵酒」は御神酒どっくりであるが、わが国のそれよりは大きい。蛇足を描いた人物はそれを他人に奪われたのである。

○最後の段落は、賈逵と賀道養の説を批判したもので、おそらく《正義》撰定時に追加補足されたものであろう。

周禮有史官、掌邦國四方之事、達四方之志。諸侯亦各有國史。〔《周禮》に史官有り、邦國四方の事を掌りて、四方の志を達す。諸侯にも亦た各おの國史有り。〕　〔01-05b〕

【疏】「周禮」①より「國史」に至るまで。

○前節においてすでに《春秋》と名づけた意義を解説したので、さらに事柄を記録した人（すなわち史官）について説明する。〈春官〉②宗伯の属には、大史の下大夫二人、小史の中士八人、内史の中大夫一人、外史の上士四人、御史の中士八人がいて、それぞれに職務があるわけだが、いずれも文書を掌る官名である。

○正義に曰う。《周禮》[3]春官・小史の職に「邦国の志を掌る」と言い、また〈内史〉[4]の職に「凡そ四方の事の書、内史 之れを読む」と言い、さらに〈外史〉の職に「四方の志を掌り、書名を四方に達するを掌る」と述べている。今この杜氏の序には「邦国四方の事を掌る」と言うことについて、先ず「邦国を掌る」とは、〈小史〉の職の文章から取ったものであり、次の「四方の事」とは、〈内史〉の職の文章から取ったもので、杜預は両史をひとまとめにして、この文章を合成したことになる。

諸侯の官名職掌については、（天子の官職を記録した《周禮》のようなまとまった文献が無いので）詳細には知り難いけれども、伝・記〔古書〕を調査してみると、つねに諸侯の史官について述べているから、「諸侯にも亦た各々国史有り」ということが分かる。

《周禮》に「邦国」と言うのは、これは畿外の諸侯の国を意味する。国は四表〔四方のはて〕にあるから、「四方」と言う。（〈内史〉の職に）「凡そ四方の事の書、内史 之れを読む」と言うのは、四方の国から文書が来たり告げることがあった場合、内史がこの文書を読んで王に報告することをいうもの。王に告げた後は小史が主として掌るので、（〈小史〉に）「邦国の志[5]を掌る」と言ったもの。〈内史〉に「四方の事の書を読む」と言うが、実際のところ国内の史策はすべて内史が掌るので、その職掌として八柄と策命のことを司るのである。そうだとすると、内史・小史は国内のことを主管とするうえに、さらに四方の国々からの来告のことをも主管とすることになるので、僖公二十三年の杜注に「国史 告を承けて書す」と言うのが、そのことである。

杜預のこの序に「四方の志を達す（達四方之志）」と言うのは、〈外史〉の職の文章から取ったもの。ところで〈外史〉の職を調べてみるに、ここには「四方の志を掌り、書名を四方に達するを掌る（掌四方之志、掌達書名四方）」とある。今、この序では「達」字を「四方の志」の上に移していることについては、杜預の考えでは、外史がこの自国内の意志を四方の国々に通達して告げるのである。だから僖公二十三年の杜注に「同盟して然る後に名を告ぐるは、赴ぐる者の礼なり」と言っているのが、そのことである。そうだとすると、（この序に）「邦国四方の事を掌る」と言うのは、これによって他国の赴告を受けるのであり、「四方の志を達す」とあるのは、自国に生じた事柄を他国に赴告することを述べたものである。《春秋》に内外の二種類あるので、杜預は（《周禮》の）天子の史官から抜粋し、〈外史〉・〈内史〉の両文より取ったのである。

《周禮》の諸史はみな文書を掌るのだが、しかし記録する《春秋》がはたしてどの史官（によって記録されるの）かは分からない。おそらく天子の場合は内史が主で、外史がその補佐であろうし、諸侯の場合もおそらく同様であろう。しかし春秋時代は、礼法に依拠することができず、諸侯の史官にも多く廃止されて闕けたものがあり、内史を置かないこともあって、策命のことは大史によったものが多いので、大史が主であり、小史がこれを補佐したことになる。

劉炫[6]の考え。《尚書》では、周公が康叔を封じた際、《酒誥》[7]を戒めたが、その経文に「大史友」「内史友」の語がある。かしこに言うとおりだとすれば、諸侯にも大史・内史が有るかのようである。しかし、記・伝〔古書〕をあまねく調べてみるに、諸侯に内史の文は無い。そのわけは、《周禮》内史の職に「凡そ諸侯及び孤卿大夫に命ずるときは、則ち之れに策命す」と言い、[8]僖公二十八年伝には「襄王 内史叔興父をして晋侯に策命して侯伯為らしむ」と説いており、これによると天子が臣下に命ずるときは、内史がこれを掌るのである。また[9]襄公三十年伝に「鄭 大史をして伯石に命じて卿と為らしむ」と称しているのは、諸侯が臣下に命ずるときは、大史がこれを掌ることである。つまり諸侯の大史が天子の内史の職に相当するのは、諸侯の場合には官職を兼ねるため、内史が無いからである。

鄭[10]の公孫黒が強引に薫隧の盟に与かり、大史に自分の名を書かせた例があり、斉[11]の大史が「崔杼 其の君を弑す」と書き、晋[12]の大史が「趙盾 其の君を弑す」と書いた例などからすれば、諸侯の場合は大史が事柄を記録する仕事を担当していることが分かるのである。南史が、大史の尽くが死んだことを聞き、簡策を執って現場に赴いたという記事からすると、明らかに南史は大史を補佐するもので、天子の小史に相当するものであろう。

もしもそうであるとすると、襄[13]公二十三年の伝に「季孫 外史の悪臣を掌るものを召す」と称して、外史というからには、内史が有るようにも考えられるのに、諸侯に必ず内史が無いというのは（なぜかといえば）、閔[14]公二年の伝では、史華龍滑と礼孔が「我は大史なり」といっており、また文[15]公十八年の伝には、魯に大史克がいると言い、哀[16]公十四年伝では、斉に大史子余がいると称しており、諸国に皆な大史と言うからには、どうして内史が有りえようか。（前述の）季孫が外史を召したというのは、おそらく史官自身が外にいて、季孫が内から召したことから、「外の史」と表現したのであろう。それはあたかも史官で南に居る者を「南史」と称したのと同様であり、南史[17]・外史が官名だというのではないのである。

〈藝文志〉[18]に「古の王者には代々史官が有って、君主の行動は必ず記録した。君主の言行を慎み、法戒〔いましめ〕を昭らかにする所以である。その場合、左史が言葉を記録し、右史が事柄を記録した。事柄は《春秋》となり、言葉は《尚書》となる。帝王はすべてこのようにした」と述べており、《禮記》[19]玉藻には「動くときは則ち左史 之れを書し、言ふときは則ち右史 之れを書す」と述べて、左右の記するところが、両文献では入れ変わっているが、要するに二書が左史・右史の存在を述べることに相違はない。

《周禮》にはこの左史・右史の名が無いのに、ここで左右を称することができるのは（なぜかといえば）、これはただ当時の国君の意図に出るものであって、史官を左右にはべらせて、それぞれ事に当たらせたので、そのことからこの名称をつけたのである。だからこそ《左伝》[20]に左史倚相が見えており、左の事柄を記録することを掌るので、これを左史と言ったまでで、左右が史官の名称だというのではない。

左は陽道で、陽気は生に施すので行動を記録させ、右は陰道で、陰気は静に安んずるので言葉を記録させたものであるから、〈藝文志〉に「左史が言を記し、右史が動を記す」というのは誤りである。

（この序の）上文の「魯の史記」という記事からすれば、諸侯の各国に史官の有ったことは明白であるのに、またここで「諸侯に各おの国史有り」と言うのは、まさしく諸侯に各おの《春秋》が有ることを説明しようとして、繰り返して詳しく述べたからである。

【譯注】

①周禮至國史（01-05b-4）——正宗寺本では「周禮有史官至亦各有國史」に作る。

②春官宗伯之屬（01-05b-4）——《周禮》春官・序官「大史、下大夫二人、上士四人。小史、中士八人、下士十有六人。府四人、史八人、胥四人、徒四十人」、「内史、中大夫一人、下大夫二人、上士四人、中士八人、下士十有六人。府四人、史八人、胥四人、徒四十人」、「外史、上士四人、中士八人、下士十有六人。府四人、胥四人、徒四十人」、「御史、中士八人、下士十有六人。其史百有二十人、府四人、胥四人、徒四十人」。

③周禮春官小史職（01-05b-6）——《周禮》春官・小史職。

小史掌邦國之志、奠繋世、辨昭穆。若有事、則詔王之忌諱。大祭祀、讀禮灋、史以書敘昭穆之俎簋。大喪・大賓客・大會同・大軍旅、佐大史。凡國事之用禮灋者、掌其小事。卿大夫之喪、賜謚、讀誄。

④内史職（01-05b-6）――《周禮》春官・内史職。
内史掌王之八柄之灋、以詔王治、一曰爵、二曰祿、三曰廢、四曰置、五曰殺、六曰生、七曰予、八曰奪。執國灋及國令之貳、以考政事、以逆會計。掌敘事之灋、受納訪、以詔王聽治。凡命諸侯及孤卿・大夫、則策命之。凡四方之事書、内史讀之。王制祿、則贊爲之、以方出之。賞賜、亦如之。内史掌書王命、遂貳之。

⑤外史職（01-05b-6）――《周禮》春官・外史職。
外史掌書外令、掌四方之志、掌三皇五帝之書、掌達書名于四方。若以書使于四方、則書其令。

⑥劉炫以爲（01-06a-6）――劉炫の言葉がどこまでかが問題となるところであろう。《玉函山房輯佚書》にはこれを遺失して輯録しないが、《漢魏遺書鈔》・《漢学堂経解》では、「天子の小史に相当するものであろう」までとする（原文では當是小史也）。ところが劉文淇は、これ以後はすべて劉炫の語とし、前半部分は劉炫に先立つ旧疏だと見なしている。その理由は、旧疏が諸侯にもまた内史があると見なすのに対し、劉炫は諸侯の官は兼ねるから内史は無いと考えており、旧疏に充分に説明しないことを詳説しているからである。説得力のある分析といえよう。

⑦酒誥（01-06a-6）――《尚書》酒誥「予惟曰、汝劼毖殷獻臣、侯・甸・男・衛。矧太史友・内史友、越獻臣百宗工、矧惟爾事、服休服采」。

⑧僖二十八年傳（01-06a-7）――僖公二十八年伝「王命尹氏及王子虎内史叔興父策命晉侯爲侯伯、賜之大輅之服戎輅之服、彤弓一彤矢百、玈弓矢千、秬鬯一卣、虎賁三百人」。

⑨襄三十年傳（01-06a-8）――襄公三十年伝「伯有既死、使大史命伯石爲卿、辭。大史退、則請命焉。復命之、又辭。如是三、乃受策入拜」。

⑩鄭公孫黒（01-06a-9）――昭公元年伝「鄭爲游楚亂故、六月、丁巳、鄭伯及其大夫盟于公孫段氏。罕虎・公孫僑・公孫段・印段・游吉・駟帯私盟于閨門之外、實薫隧。公孫黒強與於盟、使大史書其名、且曰七子」。

⑪齊大史（01-06a-9）――襄公二十五年伝「大史書曰、崔杼弑其君。崔子殺之。其弟嗣書、而死者二人。其弟又書、乃舍之。南史氏聞大史盡死、執簡以往。聞既書矣、乃還」。

⑫晉大史（01-06a-9）――宣公二年伝「乙丑、趙穿攻靈公於桃園。宣子未出山而復。大史書曰、趙盾弑其君、以示於朝。宣子曰、不然。對曰、子爲正卿、亡不越竟、反不討賊、非子而誰。宣子曰、烏呼、我之懐矣、自詒伊慼、其我之謂矣。孔子曰、董狐、古之良史也、書法不隱。趙宣子、古之良大夫也、爲法受惡。惜也、越竟乃免」。

⑬襄二十三年傳（01-06a-10）――襄公二十三年伝「將盟臧氏、季孫召外史掌惡臣而問盟首焉」。

⑭閔二年傳（01-06b-1）――閔公二年伝「狄人囚史華龍滑與禮孔、以逐衛人。二人曰、我、大史也、實掌其祭。不先、國不可得也」。

⑮文十八年傳（01-06b-1）――文公十八年伝「季文子使大史克對曰、先大夫臧文仲教行父事君之禮、行父奉以周旋、弗敢失隊」。

⑯哀十四年傳（01-06b-2）――哀公十四年伝「大史子餘曰、非不利也、將除害也」。

⑰南史外史非官名也（01-06b-3）――襄公二十三年伝の《正義》では、「周礼外史掌書外令、掌四方之志。今季孫召外史、蓋魯亦立此官也」とあって、外史を官名と見なしており、ここの主張と矛盾する。「彼此互異」と評される《正義》の性格が表われた箇所である。

⑱藝文志（01-06b-3）――《漢書》藝文志「古之王者世有史官、君舉必書。所以愼言行、昭法式也。左史記言、右史記事、事爲春秋、言爲尚書、帝王靡不同之」。

⑲禮記玉藻（01-06b-4）――《禮記》玉藻「動則左史書之、言則右史書之」、鄭玄注「其書春秋・尚書其存者」。
⑳傳有左史倚相（01-06b-5）――昭公十二年伝「左史倚相趨過。王曰、是良史也、子善視之。是能讀三墳・五典・八索・九丘」。

大事書之於策、小事簡牘而已。〔大事は之れを策に書し、小事は簡牘にするのみ。〕　〔01-06b〕

【疏】「大事」①より「而已」に至るまで。
○すでに尊〔天子〕卑〔諸侯〕ともに史官のあることを述べたので、次いでその史官が記録するときに使用した「簡」「策」の違いについて論ずる。《釈器》②に「簡 之れを畢と謂ふ」と述べており、郭璞が「今の簡札なり」と注し、許慎③《説文》に「簡は牒なり」、「牘《とく》は書版なり」と言い、蔡邕④の《独断》に「策は簡なり。其の制、長さ二尺。短き者は之れを半にす。其の次は、一は長く、一は短し。両《ふたつ》ところに編みて下に附く」と言い、鄭玄⑤も《中庸》に注釈してまた、「策は簡なり」と述べている。以上の文献からすれば、簡・札・牒・畢は同物にして異名のものであり、単に一札を執るときにはこれを「簡」と言い、たくさんの簡をとじあわせる場合に、これを名づけて「策」という。そのため「策」字を「冊」字に作ることもあるのは、その簡を編む形に象どったのである。簡を編んで策を作るので、「策は簡なり」と述べた。鄭玄⑥は《論語》序に注釈する際に、《鉤命決》に「《春秋》は二尺四寸にて之れを書き、《孝経》は一尺二寸にて之れを書く」と言うのにもとづいて、「六経の策はすべて長さ二尺四寸だと称している」と考えている。蔡邕が「二尺」だと言うのは、漢代の天子の策書に使用されるもののことなので、六経と相違するのである。

「簡」は一行を容れるだけであるが、「牘」の場合は方形であり、方形は簡より広いので、並べて数行を容れることができる。いったい文書を書く際には、その字数が多いこともあり、また少ないこともある。一行で事が足りる場合は簡に書き、数行でやっと書けるというときは、これを方形に書き、方形のものでも足りない場合に、はじめて策に書くのである。《聘禮記》⑦に「若《も》し故《こと》有れば則ち書を加へて命を将《いた》す。百名〔百字〕以上のときは策に書し、百名に及ばざるときは方に書す」と言い、鄭玄が「名は書文なり。今之れを字と謂ふ。策は簡なり。方は版なり」と注しているのは、字数の少ないときは簡に書き、多いときは策に書くことである。

この序に「大事」「小事」と言うのは、記録すべき事柄に大小があることを意味しているのであって、字数の多少を意味するのではない。「大事」とは、君主の行動を宗廟に告げること、及び隣国からの赴告を意味するもので、経文に書くべきものが皆なこれに該当する。「小事」とは、物事の（異変ではあるが）災いを為さないもの、及び（人物の）言葉・文章を意味するもので、伝文に記載されたものが皆なこれに相当する。

「大事」はあとで「策」に記載されるのであるが、その初めはやはり「簡」に記録される。なぜならば、君を弑することは（大事中の）大事であろう。（ところが）南史⑧は崔杼の名を記録しようとして、「簡を執りて往」ったし、また董狐⑨が既に趙盾の名を書いたうえで、朝廷でこれを示したのは、「簡を執」って示したのであり、策を挙げて示したのではないから、明らかに大事も最初は皆な簡に記録し、後ではじめて策にきちんと記録し直したのである。

「小事」のなかでも、その文辞が多いものがある。例えば呂相⑩が秦に絶交を申し渡したもの、声子⑪が楚王に説いた言葉など、その字数が数百字を超えるもので、一牘一簡に収容することのできない場合は、多くの簡牘に順番に記録したものと思われる。杜預がこのように理解したわけは、隠公十一年の[12]伝例に「滅ぶれども敗を告げず、勝てども克を告げざれば、策に書せず」と言っているからで、明らかに「大事」が告げられて来たときは策書に記載したのである。策書に載せないものは、丘明が（他の文献から）得たもので、明らかに「小事」は左丘明が伝聞したものを簡牘に記録したのである。以上のことからすれば、仲尼が経文を修めた際には、これらの策書を集約して文を作成したのであり、丘明が伝文を作ったときには、すべて博く簡牘やら衆くの記録から採用した、ということが分かる。だから隠公十一年の注に、「其の告辞を承けて、史 乃ち之れを策に書す。若し伝聞する所の行言、君命を将《おこな》ふに非ざれば、則ち記して簡牘に在るのみにて、典策に記するを得ず。此れ蓋し周礼の旧制なり」と述べているのである。

なお荘[13]公二十六年の経文には（これに対応する）伝文が無く、伝文もまた経文を解釈していない。これについて注は、「此の年の経・伝の各おの自ら其の事を言ふは、或は策書 存すと雖も、簡牘は散落し、其の本末を究めず。故に伝は腹た申ねて解かず」と述べているのは、経文は策書に拠り、伝文は簡牘に依るもので、経の言うところは大事、伝の言うところは小事であることを言うものである。したがって「小事は簡に在り、大事は策に在る」ことが分かる。

【譯注】

①大事至而已（01-06b-9）――正宗寺本では「大事書之於策小事簡牘而已」に作る。

②釋器（01-06b-9）――《爾雅》釋器「簡、謂之畢」、郭璞注「今簡扎也」。

③許愼説文（01-06b-10）――《説文解字》「簡、牒也。从竹閒聲」、「牘、書版也。从片賣聲」。許愼《説文解字》は初出であるが、《春秋正義》のみならず《五經正義》では、《爾雅》に次いで権威有る辞書として、その引用数は極めて多い。まま現行本と異なる場合も有る。

④蔡邕獨斷（01-06b-10）――後漢の蔡邕（一三三～一九二）は、経学分野では熹平石経の書写者として知られる。その著書《獨斷》は、《春秋正義》中に三例の引用がある。本疏所引は現行本《蔡中郎外集》巻四に「策書、策者、簡也。禮曰、不滿百文、不書于策。其制長二尺、短者半之、其次一長一短、兩編下附篆書」とある。

⑤鄭玄注中庸（01-07a-1）――《禮記》中庸「哀公問政。子曰、文武之政、布在方策。其人存則其政擧、其人亡則其政息」、鄭玄注「方板也。策簡也。息猶滅也」。

⑥鄭玄注論語序（01-07a-2）――鄭玄の《論語》注は佚書。何晏《論語》所引を中心とした輯佚書があるが、近年、敦煌やトルファンからまとまった部分が発見された。王素《唐寫本論語鄭氏注及其研究》（文物出版社　一九九一年）参照。ただし《論語》序の部分は闕いている。

なお鄭玄が拠った《鉤命決》は《孝経緯》のひとつ。ちなみ安井香山・中村璋八《重修緯書集成巻五》に「鄭康成注　春秋二尺四寸書之、孝經一尺二寸書之」（七五頁）として輯録するが、これは《鉤命決》の本文で、鄭玄注は「六經之策、皆稱長二尺四寸」と見なすべきであろう。

⑦聘禮記（01-07a-5）――《儀禮》聘禮記「久無事則聘焉。若有故則卒聘、束帛加書將命。百名以上書於策、不及百名書於方」、鄭玄注「故謂災患及時事相告請也。將猶致也。名書文也。今謂之字。策簡也。方板也」。

⑧南史（01-07a-7）――襄公二十五年伝。前節注⑪。

⑨董狐（01-07a-7）――宣公二年伝。前節注⑫。

⑩呂相（01-07a-9）――成公十三年伝「夏、四月、戊午、晉侯使呂相絶秦、曰、昔逮我獻公及穆公相好、戮力同心、申之以盟誓、重之以婚姻……」。呂相の言葉は伝文で七〇九字から成る。

⑪聲子（01-07a-9）――襄公二十六年伝に記載された蔡の聲子が楚の令尹子木に語

った言葉は、六五九字から成る。

⑫隱十一年傳例（01-07b-1）――隠公十一年伝「凡諸侯有命、告則書、不然則否。師出臧否、亦如之。雖及滅國、滅不告敗、勝不告克、不書于策」、杜預注「承其告辭、史乃書之於策。若所傳聞行言、非將君命、則記在簡牘而已、不得記於典策。此蓋周禮之舊制」。

⑬莊二十六年（01-07b-2）――荘公二十六年は経と伝とが対応していない。

経　春、公伐戎。夏、公至自伐戎。曹殺其大夫。

秋、公會宋人・齊人伐徐。冬、十有二月癸亥朔、日有食之。

伝　春、晉士蔿爲大司空。夏、士蔿城絳、以深其宮。

秋、虢人侵晉。冬、虢人又侵晉。

○ここでは《左傳》が《公羊傳》《穀梁傳》とは異なり、経文とは直接関係が無いと思われる史実を豊富に記載している理由を、

策書――経文――孔子

簡牘――伝文――左丘明

という形で説明したものである。

なお、我が国最初の《左傳》の全現代語訳本を完成した竹内照夫氏にはまた『春秋』（日本評論社・東洋思想叢書　一九四二年）という、春秋・三伝の概説書がある。その中に次のような「経文は、言はば訴訟裁判の判決文の如く、それのみに由って物事の是非善悪を察せんとして、判決に至るまでに集積された審理調書の山を無視するならば、人生の奥底や社会生活の内面を詳悉することができないのであり、そして此の調書の山に該当するものが、実に左氏春秋なのである」という指摘がある。この条の《正義》の内容に一脈通じる議論である。ちなみに竹内氏はさらに「此の譬の中に割込ませれば、公穀二伝は、あたかも摘発論告の一方的宣言たる如く、人々それのみに耳を傾けて事柄当事者らの陳弁を聞かず、弁護人の情状論を黙殺したのでは、判決文の客観的当否を評する資材を得ないのである」と述べている。

孟子曰、楚謂之檮杌、晉謂之乘、而魯謂之春秋、其實一也。〔孟子曰く、楚之れを檮杌と謂ひ、晉之れを乘と謂ひ、而して魯之れを春秋と謂ふも、其の實は一なり、と。〕　〔01-07b〕

【疏】「孟子曰」①より「一也」に至るまで。

○すでに「簡」と「策」の違いについて論じたので、次に諸国の（史記の）別名について説明する。

「孟子」の姓は孟、名は軻、字は子輿、鄒邑の人である。六国時代の人で、孔子の孫の子思に師事して儒学の道を修得し、七篇の書を著作した。その第②四〈離婁〉篇に「王者の迹息《や》みて詩亡ぶ。詩亡びて然る後に春秋作《おこ》る。晋之れを乗と謂ひ、楚之れを檮杌《たうこつ》と謂ひ、魯之れを春秋と謂ふ。一なり」と述べている。その文章がこの序とやや異なるのは、杜預が「其実」の二字を足して作文したことである。かしこの趙岐の注釈に「乗とは、田賦〔土地に対する税金〕・乗馬の事に興り、因りて以て名と為す。檮杌《とうこつ》とは、嚚凶《ぎんきよう》〔わるもの〕の類、悪を記する戒めに興り、因りて以て名と為す。春秋は二始を以て四時を挙げ、万事を記するの名なり」と述べている。これによれば、三者の名の付け方は異なるけれども、事柄を記録するという点では同じなので、「其の実は一なり」と言ったのである。序の冒頭に「春秋は魯の史記の名なり」と言っているので、この《孟子》の一文を引用して証拠とした。しかも同時に、諸侯の国に各おの史記が有り、そこで魯にも春秋が有って、仲尼がこれに依拠して修めることができたことを明らかにしている。

《外伝》③を調べてみるに、申叔時・司馬侯は晋・楚の国の人物であるけれども、彼らは「春秋」と言って、「乗」とか「檮杌」とか言っていない。そ

うだとすれば、「春秋」は総名〔普通名詞〕であることが分かる。晋・楚は私的に別の名称を付けたが、魯にはそれが無く、そのため本名を守ったのであろう。（ところが）賈逵は「周礼 尽く魯に在り、史法 最も備はる。故に史記は周礼と名を同じうするなり」と述べている。そうだとすると、なんで晋・楚の両国が自らその不備を知りつつ、ことさらに別の悪名を付けたりすることが有ろうか（不当な解釈である）。

【譯注】

①孟子至一也（01-07b-7）——正宗寺本では「孟子曰至其実一也」に作る。

②第四離婁篇（01-07b-8）——《孟子》離婁下篇「孟子曰、王者之迹熄而《詩》亡、《詩》亡然後《春秋》作。晉之《乘》・楚之《檮杌》・魯之《春秋》、一也。其事則齊桓・晉文、其文則史。孔子曰、其義則丘竊取之矣」、趙岐注「此三大國史記之異名。乘者興於田賦乘馬之事、因以爲名。檮杌者嚚凶之類、興於記惡之戒、因以爲名。春秋以二始擧四時、記萬事之名。其事則五霸所理也。桓文五霸之盛者、故擧之。其文史記之文也。孔子自謂竊取之、以爲素王也。孔子人臣、不受君命、私作之、故言竊、亦聖人之謙辭爾」。

③外傳（01-07b-8）——既出。22頁注④。

韓宣子適魯、見易象與魯春秋曰、周禮盡在魯矣。吾乃今知周公之德與周之所以王。〔韓宣子、魯に適き、易象と魯の春秋とを見て曰はく、周禮盡く魯に在り。吾は乃ち今にして周公の徳と周の王たる所以とを知れり、と。〕［01-08a］

【疏】「韓宣」①より「以王」に至るまで。

○すでに諸国に（史官の）書物があることを述べたので、（次に）魯の国のそれが最も完備したものであることを明らかにしようとして、この（韓宣子の）言葉を引用したのである。

○正義に曰う。これは昭公二年②の伝文である。「宣子」は晋国の卿、名は起、韓の地を領地としていたので、これに因んで氏とした。「宣子」と諡《おくりな》〔死後の呼び名〕したのは、これが有徳の称③であるからである。昭公が新たに即位し、（宣子）自身も新たに政治を実行にうつすというので、（その挨拶のために）魯に来聘した、そのついでに大史氏の所で書物を見学したが、そのときこの書物を見て、この言葉を発したのである。杜預はかしこに注して、「易象は即ち今の《周易》上下経の象辞なり。魯の春秋とは、魯の史記の策書を謂ふ。春秋は周公の典に遵《したが》ひて以て事を序す、故に『周礼尽く魯に在り』と曰ふ」と述べている。「易象」「春秋」は文王・周公が制作したものであるから、「春秋」を見れば周公の徳がいかなるものであったかが分かり、「易象」を見れば周の王となった理由が分かるというのである。

文王がこの典範を制作することができたのは、とりもなおさず彼自身に聖徳があったからである。聖人は意味もなく生まれることはなく、必ずや天下に王となるはずである。周室が王となったのは、文王の功績であるから、その書物を見れば、周が天下に王者となりえた理由が分かるのである。文王の場合、彼自身が王位に在ったので、「王」という語を用いたが、周公は王ではなかったので、「徳」の語を用いたのであり、人が異なれば表現も違うのである。

伝文に「書を大史に観る」と言うからには、見学した文献は一書ではないはずなのに、ここでただ「易象」「魯春秋」だけを言うのは（なぜかといえば）、韓子が主として文王と周公を賛美したので、特にこう述べたのである。

「易象」については、魯でこれを増改することは無かったので「魯の易象」とは言わない。（これに対して）「春秋」（の記録の仕方）は周法ではあるが、記録されているのは魯国の事柄であるので、「魯の春秋」と言ったのである。

「春秋」「易象」は晋国にも当然あるはずなのに、韓子が魯国にやってきて、そこで始めてこの賛嘆の言葉を発したのは（なぜかといえば）、（そこに記録された事柄の）意義を玩味したり、（記録された）人物を善《ほ》める方法など、それまでに了解していないことであったので、「今にして始めて知る」と言って、その深く嘆美したことを示したもので、もともと（これらの書物を）見たことが無かったというのではない。

《易》④下繫辞に「易の興るや、其れ殷の末世、周の盛徳に当たり、文王と紂との事に当たる」と述べているのは、「易象」・爻・彖の辞のことである。（そこで）鄭玄⑤はこの文章に依拠して、《易》は文王が制作したと考えている。これに対して鄭衆⑥・賈逵⑦・虞翻⑧・陸績⑨といった学者は、《易》に「箕子の明夷《やぶ》る」⑩とか「⑪東隣に牛を殺す」とかの文句があることによって、《易》の爻辞は周公が作ったものだと考えている。杜預にははっきりした解釈がないのであるが、鄭玄の説と同様に思える。

【譯注】

①韓宣至以王（01–08a–6）――正宗寺本では「韓宣子至所以王」に作る。

②昭二年傳文（01–08a–6）――昭公二年伝「春、晉侯使韓宣子來聘、且告爲政、而來見、禮也。觀書於大史氏、見《易象》與魯《春秋》、曰、周禮盡在魯矣。吾乃今知周公之德與周之所以王也」、杜預注「易象上下經之象辭、魯春秋史記之策書。春秋遵周公之典以序事、故曰周禮盡在魯矣。易象・春秋、文王・周公之制。當此時儒道廢、諸國多闕、唯魯備故、宣子適魯而説之」。

③有德之稱（01–08a–7）――宣子という謚が有徳の称だということ。《逸周書》謚法解に「善聞周達曰宣」とある。

④易下繫辭（01–08b–3）――《周易》繫辭傳下「易之興也、其當殷之末世、周之盛德邪。當文王與紂之事邪」、王弼注「文王以盛德蒙難、而能亨其道、故稱文王之德、以明易之道也」。

⑤鄭玄（01–08b–4）――《隋書》經籍志に「周易九卷　後漢大司農鄭玄注」とあるが、佚書。

⑥鄭衆（01–08b–4）――《隋書》經籍志に「漢初又有東萊費直傳易、其本皆古字、號曰古文易。以授琅邪王璜、璜授沛人高相、相以授子康及蘭陵毋將永。故有費氏之學、行於人間、而未得立。後漢陳元・鄭衆、皆傳費氏之學。馬融又爲其傳、以授鄭玄。玄作易注、荀爽又作易傳」とあるが、鄭衆《周易》注を著録しない。

⑦賈逵（01–08b–4）――《後漢書》卷三十六賈逵本伝には、賈逵の《周易》注を記載しない。

⑧虞翻（01–08b–4）――《隋書》經籍志に「周易九卷　呉侍御史虞翻注」とあるが、佚書。

⑨陸績（01–08b–4）――《隋書》經籍志に「周易日月變例六卷　虞翻、陸績撰」とあるが、佚書。

⑩箕子之明夷（01–08b–4）――《周易》明夷卦「六五。箕子之明夷。利貞」。

⑪東鄰殺牛（01–08b–5）――《周易》既済卦「九五。東鄰殺牛、不如西鄰之禴祭。實受其福」。

○本疏文とほぼ同様の内容が、昭公二年伝にも見える。

注易象春秋文王至而説之○正義曰、「易象」文王所作、「春秋」周公垂法、故杜雙舉釋之云「易象春秋文王周公之所制」也。易繫辭云「易之興也、其當殷之末世、周之盛德邪。當文王與紂之事邪」、鄭玄云「據此言、以易是文王所作、斷可知矣。且史傳讖緯皆言文王演易。演謂爲其辭以演説之、易經必是文王作也」。但易之爻辭、有「箕子之明夷、利貞」、箕子明傷、乃在武王之世、文王不得言之。又云「王用亨于岐山」、又云「東鄰殺牛、不如西鄰之禴祭、實受其福」、二者之意、皆斥文王。若是文王作經、無容自伐其德。故先代大儒鄭衆・賈逵等、或以爲「卦下之彖辭、文王所作、爻下之象辭、周公所作」。雖復紛競大久、無能決當是非。杜今雙擧並釋、以同鄭説也。（42-02a/b）

また《周易正義》序の「第四論卦辭爻辭誰作」にも、《易》の文王制作説を挙げた後、爻辞には文王以後のことがあるとして、明夷と既済の爻辞を引用し、「又左傳韓宣子適魯、見易象云、吾乃知周公之德。周公被流言之謗、亦得爲憂患也。驗此諸説、以爲卦辭文王、爻辭周公。馬融・陸績等同此説。今依而用之」と述べている。なお「箕子」とは殷の最後の王である紂王のおじであるという。また「東鄰」が紂王、「西鄰」が文王を指すというのが通説である。

韓子所見、蓋周之舊典禮經也。〔韓子の見し所は蓋し周の舊典・禮經ならん。〕 [01-08b]

【疏】「韓子[1]」より「經也」に至るまで。

○この序では史官が記録するものにはもともと成法〔定まった法則〕があったことを述べるので、韓子の故事を引用して、この言葉で結んだのである。「韓子の見し所」の魯の春秋は、おそらく周の旧日の正典〔ただしいおきて〕、礼の大経〔おおいなるのり〕であったろう、というのである。

韓子の言葉は、併せて「易象」をも賞賛したのであるが、ここで「見し所」が、ただ「春秋」だけだというのは、「春秋」を指して説明すれば、「易象」を言う必要が無いからである。

これが「旧典礼経」であることが分かるのは、伝の、隠公七年[2]の名を書く例に「之れを礼経と謂ふ」と言い、また十一年[3]の不告の例に「策に書せず」と言っており、策書に書くのには必ず定まった礼法があり、（仲尼が）修める以前に、もともとこの法則が有ったことが分かるからである。韓子が見て悦んだものが、つまりは周の旧典であった。明記した文献が無いので、「蓋し」と言って、疑問の言葉としたのである。

礼楽を制作したのが周公その人であるから、明らかに策書の礼経もやはり周公の制作したものであり、それゆえ下文では事ごとに「周公」を言うのは、まさしく「五十発凡」が周公の旧制であることを意味するからである。

史官の記録するものに周公の旧制が有ったことが必ず分かるのは（なぜかといえば）、聖人の行為には、しばしばすべてに法則が有るからで、官職を立て事柄を記録することができるのに、どうして全く憲章〔法則〕の無いことがあろうか。定公四年[4]の伝に「備物典策、以て伯禽に賜ふ」と称しており、この「典策」は史官が事を記録する際の法則である。もしも記録するものに法則が無ければ、どうして（備物典策を）諸侯に賜うことができ、また諸侯もこれを手に入れて光栄とし、子魚がこれを美談であると称賛したりしようか。しかも仲尼はこの「春秋」を修めて、一つの経書としたもので、もし周公に法則が無く、史官が勝手に説いたものであるなら、どうして仲尼が依拠すべきものであろうか、またこの文章をどうして典範とすることができて、《書》《礼》《楽》《詩》《易》などの諸書と並んで経書と称することができようか。以上のことからしても、周公が作成した史記にもともと定まった制度があり、「韓子の見し所」がそれであったことが分かるのである。

【譯注】

①韓子至經（01-08b-6）――正宗寺本では「韓子所見蓋周之舊典礼經也」に作る。

②隱七年（01-08b-8）――隱公七年伝「春、滕侯卒。不書名、未同盟也。凡諸侯同盟於是稱名。故薨則赴以名、告終嗣也。以繼好息民。謂之禮經」。

③十一年（01-08b-9）――隱公十一年伝「凡諸侯有命、告則書。不然、則否。師出臧否亦如之。雖及滅國、滅不告敗、勝不告克、不書于策」。

④定四年傳（01-09a-1）――衛の子魚（祝佗）が魯国封建の事情を述べた言葉の一

部に、「分之土田陪敦・祝宗卜史・備物典策・官司彝器」とあって、「備物典策」について杜預は「典策、春秋之制」と注釈するのみである。《正義》では、服虔注を引用した後、「杜不解備物、則與典策爲一也。備物典策、謂史官書策之典、若傳之所云發凡之類。賜之以法、使依法書時事也」と解説している。

○この三節は《春秋》の義例が周公に淵源する史官の書法であるという杜預の主張を述べたもの。《左傳》のいわゆる「五十凡」が周公の旧典礼経であるという考え方は、杜預が初めて提唱したものである。

周德既衰、官失其守、上之人不能使春秋昭明。赴告策書、諸所記注、多違舊章。〔周德既に衰へて、官 其の守りを失ひ、上の人は春秋をして昭明ならしむる能はず。赴告の策書、諸もろの記し注する所は、多く舊章に違へり。〕

〔01-09a〕

【疏】「周德」より「舊章」に至るまで。

○正義に曰う。ここでは仲尼が《春秋》を修めた事由を明らかにするにあたり、それに先だって史官の策書が事宜を失っていたことを論じる。

考えてみるに、周公の垂れた法則が典策に具体的に現存しているのなら、どうして仲尼の手を借りてさらに筆削〔書き加えたり削り取ったりすること〕を加える必要があろうか。ところが「官が其の守りを失った」ため、褒貶の仕方が中正を失い、「赴告の策書」が旧典に違反することが多くなった。そのために仲尼がこの周公の法則を修め直して完成し、後世に範を垂れ示したのである。

[1]襄公三十一年の伝に「卿大夫 能く其の官職を守る」と称し、また[2]昭公二十年の伝に「道を守るは、官を守るに如かず」と述べているのは、人臣が官職を治めるには、各自その守るべきものが有ることを言ったものであるが、「周の徳が既に衰え」てしまい、諸国に法則が無く、群小の者どもが高位に在職しているがために、官人〔役人〕がその守るべきことを失っているのである。多くの官人が職として守るべき仕事を失ったことを広く述べてはいるが、その本意を要約すると、史官が職掌を失っていることを言ったものである。

[3]昭公三十一年の伝に「春秋の称は、微にして顕、婉にして弁。上の人 能く春秋をして昭明ならしむ」と言い、注に「上の人とは、位に在る者を謂ふなり」と述べている。かしこの一文では、賢く徳ある人が天子・諸侯の位に在り、《春秋》の褒貶・勧戒を昭明にすることができたことをいう。（ところが）「周の徳が既に衰え」、（史記を）掌る官がもはやその守るべきしきたりを失い、為政者もまた賢聖の人ではないため、《春秋》の褒貶・勧戒を昭明にすることができず、赴告の言葉や記録の文章が、「多く旧章に違ふ」こととなったのである。

[4]文公十四年の伝に「崩薨は赴げず、禍福は告げず」と述べている。そうだとすると、隣国どうしが凶事を報告しあうのを「赴」と言い、他の事は「告」と言うことが分かる。（しかし）これは[5]双方並べた場合に違うのであり、離して書けば同じである。[6]昭公七年の伝に「衛の斉悪 喪を周に告ぐ」とあるのは、凶事にもまた「告」と称している例である。

赴告のうちの「旧章に違ふ」ものとは、たとえば[7]隠公三年の、平王が壬戌に崩じたのに、庚戌を以て赴げてきたもの、[8]桓公五年に陳侯鮑が卒したが、甲戌の日と己丑の日というように二度赴げてきたもの、さらに、[9]非同盟国から実名で赴げてきたもの、同盟国でありながら名を赴げてこなかったもの、といった例がこれである。

「策書」「記注」が「多く旧章に違ふ」とは、仲尼がすでに修改しているからには、（どういう点で旧章に違反しているのか実際には）そのことをもはや知ることはできないけれども、まさしく仲尼が修めたからこそ、「多く違えていた」ことが分かるのである。

【譯注】

①襄三十一年傳（01-09a-7）――襄公三十一年伝に衛の北宮文子の言葉として、「君有君之威儀。其臣畏而愛之、則而象之。故能有其國家、令聞長世。臣有臣之威儀。其下畏而愛之。故能守其官職、保族宜家」とある。

②昭二十年傳（01-09a-8）――昭公二十年伝に仲尼の言葉として、「守道不如守官。君子韙之」とある。

③昭三十一年傳（01-09a-9）――昭公三十一年伝「故曰、春秋之稱微而顯、婉而辨。上之人能使昭明、善人勸焉、淫人懼焉、是以君子貴之」、杜預注「上之人謂在位者。在位者能行其法、非賤人所能」。

④文十四年傳（01-09b-1）――文公十四年伝「崩薨不赴、則不書。禍福不告、亦不書。懲不敬也」。

⑤對文・散文（01-09b-2）――「対文・散文」という用法は《五經正義》、さらには《九経疏》にも見える常套句である。《九経疏》に共通する例としては、たとえば「衣・装（上衣下装）」については、《毛詩正義》東方未明・襄公二十六年《春秋正義》・《儀禮疏》郷射禮にその用法が見えるし、また「獄・訟」については、《毛詩正義》行露・僖公二十八年《春秋正義》・《禮記正義》曲礼上・《周禮疏》大司寇に同様な指摘がある。なおこの用法については拙稿「五經正義讀解通論（一）」（『東洋古典學研究』第20集 二〇〇五年 『五經正義研究論攷』研文出版 二〇一三年所収）を参照されたい。

⑥昭七年傳（01-09b-3）――昭公七年伝「衛齊惡告喪于周、且請命」。

⑦隱三年（01-09b-3）――隱公三年経「三月、庚戌、天王崩」、伝「春、王三月壬戌、平王崩。赴以庚戌、故書之」。

⑧桓五年（01-09b-3）――桓公五年経「春、正月甲戌、己丑、陳侯鮑卒」、伝「春、正月甲戌、己丑、陳侯鮑卒。再赴也。於是陳亂、文公子佗殺太子免而代之。公疾病而亂作、國人分散、故再赴」。

⑨不同盟者而赴以名（01-09b-3）――隱公七年「滕公卒」の伝に「不書名、未同盟也。凡諸侯同盟於是称名。故薨則赴以名」とある。すなわち同盟国はその国君が薨ずると実名を告げて来るが、非同盟国の場合は名を告げない、というのが《左傳》の大原則である。しかし実はこの凡例自体に問題があるようで、この大原則にのっとらず、非同盟国でありながら国君の名を告げる（すなわち経文に名前を書いた）例の極めて多いのが実際である。しかし杜預はこういう例に対しても、煩を厭わずいちいち「未同盟而赴以名也」（35例）と注釈している。

仲尼因魯史策書成文、考其眞僞、而志其典禮。上以遵周公之遺制、下以明將來之灋。〔仲尼は魯史の策書の成文に因りて、其の眞僞を考へ、其の典禮を志《しる》す。上は以て周公の遺制に遵《したが》ひ、下は以て將來の灋を明らかにす。〕

〔01-09b〕

【疏】「仲尼」より「之灋」に至るまで。

○ここでは仲尼が依拠して資料としたもの（すなわち魯の史記）、並びに（《春秋》を）制作した意図を明らかにする。

修めた経文は魯の国を主としているのだから、「魯史の策書」の、すでに成定された旧文に「因」ったのである。「考」とは校勘することであり、「志」とは記録することを意味する。「其の真偽を考ふ」とは、真実であるものはこれに因り、虚偽であるものはこれを改めること。「其の典礼を志す」とは、典法に合うものはこれを褒め、礼度に違うものはこれを貶する〔けなす〕のである。「上は以て周公の遺制に遵《したが》」い、旧典を再興させ、

「下は以て将来の法を明らか」にして、後世の人々に法則を持たせようとし、こういう意図から《春秋》を修めたのである。

前代も後代も、事実は一つの道に落ちつくから、賞罰すべき道理は必ず一致するはずである。仲尼が《春秋》の文を刊定し、治国の法則を制定したからには、（《春秋》の）文が褒めたものは賞すべき人々であり、文が貶したものは罰すべき連中である。後代の人主たるものが、本当によく《春秋》の文を観察し、当代の事に当てはめて考え、悪とすべきところを避けて善とすべきところを行い、褒貶の義に順って賞罰を施すことができたならば、法則は必ず明らかとなって国家は必ず治まるはずであるから、「下は以て将来の法を明らかにす」と述べたのである。

その当時を教導しないで、将来のために法則を制定したのは（なぜかといえば）、孔子の生きた時代は、道徳が用いられず、（孔子自身も）退けられるであろうことを予知したので、将来に模範を示そうとしたのである。将来とその当時と、その法則にまた何の変わるところがあろうか。ただしかし、当時に採用されなかったから将来を指向したまでで、実際にはその当時をも教導したのである。

【譯注】

○この部分の《正義》の構成は三段に分けてみることが可能である。最初の段は序文の逐条的解釈、続いて二段は「下以明将来之法」についての更に詳しい説明、最後の三段は「下以明将来之法」についての別の問題点の解説である。このように「本幹から枝葉末節へ」というのが《五經正義》の論旨の展開のひとつの型であるが、ここの場合、前二段では「仲尼」、三段では「孔子」というように、呼称にも違いがみられる。《五經正義》は累層的に形成されてきたものの成果であるという事情を示す一例である。

其教之所存、文之所害、則刊而正之、以示勸戒。〔其の教への存する所にして、文の害ある所は、則ち刊《けづ》りて之れを正し、以て勸戒を示す。〕［01-10a］

【疏】「其教」より「勸戒」に至るまで。

○ここでは仲尼がもとの史記の文章を改めた意味を述べる。

「教への存する所」とは、名教〔名分に関する教訓〕の善悪の意義がその事柄・事柄に存在することである。もしも文章に褒貶することが無ければ、（悪を）懲らし（善を）勧めることのできないもの、これが①「文の教へに害ある」ものである。

たとえば僖公②二十八年の「天王 河陽に狩す」の伝に、「晋侯 王を召し、諸侯を以て見《まみ》え、且つ王をして狩せしむ。仲尼曰はく『臣を以て君を召すは、以て訓とすべからず』と。故に書して『天王 河陽に狩す』と曰ふ」と述べている。杜預はこれを次のように考える。晋の文公の意図は、本来周を尊んで、諸侯を率いて共に天子に朝貢しようとしたのであるが、みずからその強大であることの嫌疑を恐れ、敢て周都にまでは至らず、王に周都を出て狩猟することを勧め、（その結果）臣下としての礼を尽くすことができたことは、その行為のあとさきを考えてみるに、晋の文公の意図は是《ぜ》であるが、（結果的に諸侯が王を召びよせたという）事績は非《ひ》である。

また昭公③十九年の「許の世子止 其の君の買を弑す」の伝に、「許の悼公瘧《おこり》あり。五月戊辰、大子止の薬を飲みて卒す。書して曰はく『其の君を弑す』と。君子曰はく『心力を尽くして以て君に事《つか》ふれば、薬物を舎《お》きて可なり』」と述べている。許止は薬を進める際に医者の手を経ないで、その父がこれを飲んで、そのため死んでしまった。

名教の善悪（の意義）はまさにここに存するはずである。もしもここで許止に罪有りと判断せず、また晉文の名を隠さなければ、簒逆の端緒をつみとり、主君に仕える礼を勧めることができないこととなってしまうということで、王を召した者の名を隠し、君を弑した悪事を明言したのである。こういった例は、すべて「文の教へに害ある」ものであるから、もとの策書を刊削〔けずる〕して改正して、後世の人々に示し、善を聞けば勧めることを知り、悪を見れば自戒するというようにした。諸々の仲尼が改めた「新意」とは、すべて「刊りて之れを正」したものである。

【譯注】

①文之害教（01-10a-4）――《春秋》の文章に教訓を盛り込まなければ、勧善懲悪することができないもの、すなわちもとの史記にはそれがなされていないから、「文の教へに害ある」ものだというのである。

②僖二十八年（01-10a-4）――僖公二十八年経「天王狩于河陽。壬申、公朝于王所」、伝「是會也、晉侯召王、以諸侯見、且使王狩。仲尼曰、以臣召君、不可以訓。故書曰天王狩于河陽、言非其地也、且明德也」、杜預注「使若天王自狩以失地、故書河陽。實以屬晉、非王狩地」。

③昭十九年（01-10a-6）――昭公十九年経「夏、五月戊辰、許世子止弑其君買」、伝「夏、許悼公瘧。五月、戊辰、飲太子止之藥卒。太子奔晉。書曰弑其君。君子曰、盡心力以事君、舍藥物可也」、杜預注「止獨進藥不由醫。藥物有毒、當由醫、非凡人所知。譏止不舍藥物、所以加弑君之名」。

其餘則皆卽用舊史。史有文質、辭有詳略、不必改也。〔其の餘は則ち皆な卽《っ》きて舊史を用ふ。史に文質有り、辭に詳略有るも、必ずしも改めざるなり。〕

〔01-10a〕

【疏】「其餘」より「改也」に至るまで。

○ここでは仲尼がもとの史記の文章を改めなかった意味について述べる。

「其の余」とは、新意のほかの「皆な即きて旧史を用」いるものである。隠公に始まり獲麟に終わる二百余年の間に、史官は遷り代わっており、その人数は甚だ多い。人の心は同じではないので、言葉を属《つら》ねるその仕方も必ずや異なるはずで、おのずから史官[1]にも文飾好みと質朴好みがあって、その文章表現に詳略の違いを生じさせることとなった。もとより（《春秋》の義として）さしさわりはないので、「必ずしも改めない」のである。

「史に文質有り」とは、史官になった人（の好み）を言い、「辞に詳略有り」とは、書策の文章のことである。史官が文飾好みであれば、その表現は華やかとなり、質朴好みであれば、その表現は素直である。華やかであれば詳細であることが多く、素直であれば簡略なることが多いので、《春秋》の文章表現はその詳略が等しくないのである。

[2]螟・螽・蜚・蜮はすべて事物に実害のある虫である。蜚・蜮には「有り」と言い、[3]螟・螽には「有り」と言わない。諸侯が本国に帰国したときには、或いは「自某帰」と言い、或いは「帰自某」と言う。[4]「晉伐鮮虞」・[5]「莒入鄆」の例は、ただ国名を挙げるだけで、将帥〔軍隊を率いる将軍〕の名を言わない。また[6]「郊」と「用郊」とには皆な（伝文を）書き起こすところが無い。諸侯が出奔する場合、或いは名を言い、[7]或いは名を言わない。このように、明らかに文章の書き方に違いが有るのは、史官に本来詳略が有ったからで、義例がここに存するわけではないので、（仲尼は）必ずしもことごとくは改めなかったのである。

【譯注】

①史有文質（01-10b-2）――《論語》雍也篇の「質勝文則野。文勝質則史。文質彬

彬、然後君子」とあるのに基づいた表現。

②螟・螽・蜚・蜮（01-10b-3）――荘公二十九年に「秋、有蜚」、荘公十八年に「秋、有蜮」とあるのに対して、隠公五年に「螟」、桓公五年に「螽」とあって、ここでは「有」字が無いことをいう。

③自某歸・歸自某（01-10b-4）――一例づつ挙げると、桓公十七年に「秋八月、蔡季自陳帰于蔡」とあり、成公十六年に「曹伯帰自京師」とある。

④晉伐鮮虞（01-10b-4）――昭公十二年経「晉伐鮮虞」。

⑤呉入郢（01-10b-4）――定公四年経「冬、十有一月庚午、蔡侯以呉子及楚人戰于柏舉、楚師敗績。楚囊瓦出奔鄭。庚辰、呉入郢」。

⑥郊與用郊（01-10b-4）――「郊」と「用郊」とについて、《公羊》《穀梁》の二伝は区別があるものと見なし、「用者、不宜用也」として、その行為の非礼であることを述べている。これに対して《左傳》には伝文が無く、杜預はこれを単に史官の記事の仕方が異なるものだと見なすのである。

⑦或名或不名（01-10b-5）――一例づつ挙げると、桓公十六年には「十有一月、衛公朔出奔斉」とあり、僖公二十八年には「衛公出奔楚」とある。

故傳曰「其善志」。又曰「非聖人孰能脩之」。〔故に傳に曰はく「其れ善き志なり」と。又た曰はく「聖人に非ざれば孰か能く之れを脩めんや」と。〕

〔01-10b〕

【疏】「故傳」より「脩之」に至るまで。

○上の伝は昭公[1]三十一年の条で、《春秋》の書が優れた記録であることを言ったもの。下の伝は成公[2]十四年の条で、その意味は、もし聖人でなければ誰が《春秋》を編集して五例を作りえようか、という意味である。

下の伝は上と同年のものではないのに「又」と言ったのは、その意味は、「又」とは上の事を重ねる言葉であり、ただ伝文を重ねたまでで、その年を重ねたわけではないということ。

【譯注】

①昭三十一年（01-10b-7）――昭公三十一年伝「是以《春秋》書齊豹曰『盜』、三叛人名、以懲不義、數惡無禮、其善志也。故曰《春秋》之稱微而顯、婉而辨。上之人能使昭明、善人勸焉、淫人懼焉、是以君子貴之」。

②成十四年（01-10b-7）――成公十四年伝「故君子曰、《春秋》之稱、微而顯、志而晦、婉而成章、盡而不汚、懲惡而勸善、非聖人、誰能修之」。なお「五例」については後文に詳細である。

蓋周公之志、仲尼從而明之。〔蓋し周公の志にして、仲尼 從ひて之れを明らかにせしものならん。〕

〔01-10b〕

【疏】「蓋周」より「明之」に至るまで。

○「蓋」を疑問詞としていながら、この事が必ずそうだと分かるのは（なぜかといえば）、伝を調べてみるに、君子が《春秋》の美点を論じて「善志」だと述べており、《春秋》がこの書の旧名であるからには、明らかに旧記が善であることを称したものであるところから、上の伝の言葉は「蓋し」「周公の志」を言うものであろうことが分かるのである。

「修」とは、旧いものを治めることであり、伝は聖人を称賛して「旧を修む」と言っているから、明らかに前聖の道を修めたところから、下の伝文の言葉は、「蓋し」仲尼が周公（の志）を明らかにしたことを言ったものであろうことが分かる。

上文にすでに「蓋し周の旧典礼経」と言っているのに、ここにまた重ねて

「蓋し周公の志ならん」と言うのは（なぜかといえば）、上文は、《春秋》の記事の法則は、旧史が周公の法に遵ったものであることを明らかにしたものであり、ここでは、仲尼が旧史の文に因り、さらにまた周公の法を修めたことを明らかにしているので、そのため重ねて「蓋」と言ったのである。

　以上に述べてきたことは経文について論じたもので、これより以下は伝文についての議論である。


【譯注】
○四節では、周の徳が衰えて、史官がその守るべき筆法を失ってしまったため、孔子が周公の遺制に従ってこれを正したことを述べている。その際、孔子が将来のために教訓を盛り込むべく史記の文章を書き改めた部分があるが、その他は旧史記のままにしたという。杜預のこの見解によれば、春秋制作に果たした孔子の役割は、《公羊傳》《穀梁傳》の主張するほどには大きくない、ということになるであろう。

左丘明受經於仲尼、以爲經者不刊之書也。故傳或先經以始事、或後經以終義、或依經以辯理、或錯經以合異、隨義而發。

［左丘明は經を仲尼に受けて、以爲《おも》へらく經は刊《けづ》るまじきの書なりと。故に傳或は經に先だちて以て事を始め、或は經に後れて以て義を終へ、或は經に依りて以て理を辯じ、或は經に錯へて以て異を合はせ、義に隨ひて發するなり。］　［01-11a］

【疏】「左丘」より「而發」に至るまで。
○正義に曰う。丘明は経のために伝を作成したのであるから、「経を仲尼に受く」と言うが、必ずしも（仲尼が）目のあたりに親しく授受して、伝を作らせたわけではない。ここでは、伝を作って経を解説したとはいうものの、伝文（の書き方）が同じではないことの意味を論じる。
　丘明の考えでは、経は聖人の制定したものであるから、あれこれと手を入れてはならぬ書物であり、伝が乱すことのできるものではない。（だから）たとえ伝文が経文に先んじたり後れたりしたとしても、経文がそれによって混乱させられる恐れはない。それゆえ伝文を「経に先んじ」て書いて、後の経文に書かれた事柄の（発端を）書き始めることもある。また或いは伝文を「経に後れ」て配置して、前の経文の意味を書き終えることもある。或いは経文の表現にそのまま依拠して、その経文に込められた道理をよりはっきりさせることもある。或いは伝文が経文の表現に錯《たが》えた言い方をして、その経文との異同をあわせ考えることもある。すべては（《春秋》の）義理のあるところに随って伝を書き起こすもので、いずれも経文の意義を解釈し尽くすことを期したものであるから、伝文の立てかたは一定ではないのである。

　大史公[1]の〈十二諸侯年表〉序に「孔子が史記を論じて《春秋》を編次して以来、七十子の徒はその伝旨を口受した〔文献として伝えられたのではないということ〕。魯の君子の左丘明は、弟子が各おの勝手に私意・私見を生んで、（孔子の）真意を失うことがあるのを懼れたため、具体的にその歴史記録を論じて、《左氏春秋》を作成した」と述べている。

　沈氏[2]の説。《厳氏春秋》[3]に引用する〈観周篇〉[4]に、「孔子は《春秋》を修めようとするにあたり、左丘明と車に同乗して周に行き、周の史官の所で書物を参観した。（魯に）帰って《春秋》の経を修め、丘明がその伝を作った。共に表裏を為すものである」と述べており、また〈藝文志〉[5]に「左丘明は魯の史なり」と述べているのは、丘明が伝を作ったが、彼の姓が左であったので、これを《左氏伝》と名づけたことを説明するものである。

　「先経」とは、たとえば、隠公[6]（の元年）には即位したことが書いていないが、これに先だって、「仲子 我に帰《とつ》ぐ」という（隠公が即位しなかった事情を述べた）伝を書き起こしているもの、また「衛⑦の州吁 其の君完を弑す」の経の前に、先ず荘公が斉に娶ったという伝を書き起こしているもの、このような例が「経に先んじて以て事を始む」るものである。

「後経」とは、昭⑧公二十二年に「王室乱る」とあり、（伝文では）定⑨公八年になってやっと「劉子 盂《う》を伐ちて以て王室を定む」と言っているもの、また哀⑩公二年に「晋 蒯聵《かいがい》を戚に納る」とあり、（伝文では）哀⑪公十五年ではじめて「蒯聵 戚より衛に入る」と言っているもの、このような例が「経に後れて以て義を終ふ」るものである。

「依経」とは、経文にその事があり、伝文がその事の詳細を明らかにするものである。（たとえば）隠⑫公（の元年）に即位を書かず、公は友好を邾に求めたがために蔑の盟をなした。その経文に記された事柄を調べて、（伝文は）その結果を明らかにする。このような例が「経に依りて以て理を弁ず」である。

「錯経」とは、たとえば土⑬地に二つの名があり、経・伝が互いにそれぞれを挙げたもの、また、経⑭は「侵」で伝は「伐」、経は「伐」で伝は「侵」というように、表現は異なるけれども、道理の上では合うもの、このような例が「経に錯《たが》へて以て異を合はす」ものである。伝文は多いとはいうものの、この四つの形式を出ないので、この四句［先経・後経・依経・錯経］で明らかにしたのである。

【譯注】

①大史公十二諸侯年表序（01-11a-9）――《史記》十二諸侯年表序。

是以孔子明王道、干七十餘君、莫能用。故西觀周室、論史記舊聞、興於魯而次春秋、上記隱、下至哀之獲麟、約其辭文、去其煩重、以制義法、王道備、人事浹。七十子之徒口受其傳指、爲有所刺譏褒諱挹損之文辭、不可以書見也。魯君子左丘明懼弟子人人異端、各安其意、失其眞、故因孔子史記具論其語、成左氏春秋。

②沈氏云（01-11a-10）――文阿の言葉がどこまでであるかが問題となるであろう。《玉函山房輯佚書》では「共に表裏を為すものである（共爲表裏）」までと見なしているが、劉文淇はこれ以後をすべて沈氏の言葉だと考えている。すなわち孔序のいわゆる「其有疎漏以沈氏補焉」に相当するものと見なすのである。「先経」「後経」「依経」「錯経」それぞれの具体例を挙げて、前半より詳しい説明となっている。妥当な主張であると考えるので、劉説に従う。

③嚴氏春秋（01-11a-10）――漢の厳彭祖の《公羊傳》注を指す。《隋書》経籍志では「春秋公羊傳十二巻厳彭祖撰」として著録されているが、現存しない。厳彭祖は漢宣帝の時の五経博士。顔安楽とともに 孟から《公羊傳》を授けられ、後に「厳顔の学」と称されたという（《漢書》儒林傳）。

④觀周篇（01-11a-10）――現行本《孔子家語》の一篇に〈観周篇〉があるが、あるいはその佚文であるかも知れない

⑤藝文志（01-11b-1）――《漢書》藝文志・六藝略・春秋類「左氏傳三十卷。左丘明、魯太史」。

⑥隱公不書卽位（01-11b-2）――隠公元年経は「元年、春、王正月」から始まるが、そこには「公書卽位」の記事が無く、伝はこれに先立ち、「惠公元妃孟子。孟子卒、繼室以聲子、生隱公。宋武公生仲子。仲子生而有文在其手、曰爲魯夫人、故仲子歸于我。生桓公而惠公薨、是以隱公立而奉之」という記事が有り、そこではじめて「春、王周正月、不書卽位、攝也」という元年の伝文が続くということ。

⑦衛州吁弑其君完（01-11b-2）――隠公四年経「戊申、衛州吁弑其君完」に先立ち、隠公三年伝に「衛莊公娶于齊東宮得臣之妹、曰莊姜、美而無子、衛人所爲賦碩

人也。又娶于陳、曰厲嬀、生孝伯、早死。其娣戴嬀、生桓公、莊姜以爲己子。公子州吁、嬖人之子也。有寵而好兵、公弗禁。莊姜惡之」という記述が有るということ。

⑧昭二十二年（01-11b-2）——昭公二十二年経「六月、叔鞅如京師、葬景王。王室亂。劉子・單子以王猛居于皇。秋、劉子・單子以王猛入于王城。冬、十月、王子猛卒」。

⑨定八年（01-11b-3）——定公八年伝「二月己丑、單子伐穀城、劉子伐儀栗。辛卯、單子伐簡城、劉子伐盂、以定王室」。

⑩哀二年（01-11b-3）——哀公二年経「晉趙鞅帥師納衛世子蒯聵于戚」。

⑪哀十五年（01-11b-3）——実は哀公十六年経に「春、王正月、己卯、衛世子蒯聵自戚入于衛、衛侯輒來奔」とある。

⑫隱公不書卽位而求好於邾（01-11b-4）——注⑥に続く経文と伝文は以下の通り。

経　三月、公及邾儀父盟于蔑。

伝　三月、公及邾儀父盟于蔑、邾子克也。未王命、故不書爵。曰儀父、貴之也。公攝位而欲求好於邾、故爲蔑之盟。

⑬地有兩名（01-11b-5）——たとえば隱公八年経「春、宋公衛侯遇于垂」、伝「春、齊侯將平宋・衛、有會期。宋公以幣請於衛、請先相見。衛侯許之、故遇于犬丘」、杜預注「犬丘垂也。地有兩名」。

⑭經侵傳伐・經伐傳侵（01-11b-5）——たとえば僖公二年経「楚人侵鄭」、伝「冬、楚人伐鄭、鬭章囚鄭聃伯」、杜預注「經書侵、傳言伐、本以伐興、權行侵掠。爲後年楚伐鄭、鄭伯欲成張本」。

○四節までで経文の説明を終え、以下は伝文の解説へと進む。そしてここでは、左丘明の伝文の書き表し方として、四つの形式が有ることを述べている。

「先経」　経文に書かれた事柄の発端を、経文に先んじて書き始めるもの。

「後経」　経文より後にその事柄の後日談を付け加えて、経文の意味を書き終えるもの。

「依経」　経文の表現にそのまま依拠しつつ、その意味をより明確にするもの。

「錯経」　伝文が経文と表現を違えることにより、同じ事実を別の方面から説明するもの。

『左傳』は以上の四形式に分類できるという。

其例之所重、舊史遺文、略不盡擧。非聖人所脩之要故也。〔其の例の重なる所は、舊史の遺文なれば、略して盡くは擧げず。聖人の脩むる所の要に非ざるが故なり。〕　[01-11b]

【疏】「其例」より「故也」に至るまで。

○ここでは経文は有っても伝文の無い場合のあることの意味を述べる。

「例の重なる所」とは、たとえば桓公元年①の「秋、大水あり」の伝に「凡そ平原 水を出だすを大水と為す」と述べている。そして荘公七年②にも「秋、大水あり」と言うが、これが「例の重なる所」である。すべて旧史が遺した策書の文で、丘明が省略して、二度と伝を書き起こさなかったのは、それが「聖人の修むる所の要に非ざる故」である。

「遺」と言うのは、旧史はすでに没してはいるが、策書は遺留しているということで、そこで「遺文」と言ったもの。

【譯注】

①桓元年（01-11b-8）——桓公元年経「秋、大水」、伝「秋、大水。凡平原出水爲大水」。

②莊七年（01-11b-8）——莊公七年経「秋、大水」、杜預注「無傳」。

身爲國史、躬覽載籍、必廣記而備言之。其文緩、其旨遠。將令學者原始要終、尋其枝葉、究其所窮。〔身は國史爲りて、躬《みづか》ら載籍を覧、必ず廣く記して備さに之れを言ふ。其の文は緩くして、其の旨は遠し。將《まさ》に學ぶ者をして始めを原《たづ》ね終りを要《もと》め、其の枝葉を尋ねて、其の窮まる所を究めしめんとす。〕

〔01-11b〕

【疏】「身爲」より「所窮」に至るまで。

○ここでは経文は無くて伝文が有るものの意味を説明する。

○正義に曰う。《説文》①に「籍は部書なり」と言い、また張衡②の〈東京賦〉に「多く前世の載を識る」と述べているが、「載」もまた書物の意味である。

（左丘明）自身が載籍（すなわち書物）を閲覧し、その見聞するところが広く、（《春秋》の）義として取るべきものがあれば、必ず「広く記して備さに之れを言」ったもの。直接に経文を解説したものではないから、「其の文は緩」く、遥かに離れて聖人の意図を明らかにするので、「其の旨は遠い」。まさに学者をして、物事の始めに本づき原《たず》ね、その物事の終わりを要《もと》め截《き》りとり、その枝葉を尋ね、その根本を尽くさせるならば、聖人の趣旨が高遠ではあっても、その奥深いところまで見ることができる。そういうわけで経文にその事が無くとも、伝がそれを言うのは、このためである。

「始めを原ね終りを要む」とあるもの、また「其の旨は遠し」とあるのは、ともに《易》③下繋辞の文である。「其の枝葉を尋ぬ」とは、樹木を以てたとえたもの。「究」もまた「窮」の意で、その窮まるところまで窮め尽くすことをいう。

【譯注】

①説文（01-12a-3）――《説文解字》「籍、簿書也。从竹耤聲」。

②張衡東京賦（01-12a-3）――張衡〈東京賦〉は《文選》所收。《春秋正義》ではもう一例の引用がある（44-10a）。

③易下繋辭（01-12a-5）――《周易》繋辭傳下「易之爲書也、原始要終、以爲質也」、「夫易、彰往而察來、而微顯闡幽。開而當名、辨物正言、斷辭則備矣。其稱名也小、其取類也大。其旨遠、其辭文。其言曲而中、其事肆而隱。因貳以濟民行、以明失得之報」。

○六節では、《左傳》に経文とは直接には関係しない伝文が多い理由を説明する。

優而柔之、使自求之、饜而飫之、使自趨之。若江海之浸、膏澤之潤、渙然冰釋、怡然理順、然後爲得也。〔優にして之れを柔《やす》くし、自ら之れを求めしめ、饜《えん》にして之れを飫《あ》かしめ、自ら之れに趨《おもむ》かしむ。江海の浸《ひた》し、膏澤《かうたく》の潤すが若《ごと》く、渙然《くわんぜん》として冰《こほり》のごとくに釋《と》け、怡《い》然として理は順《したが》ひ、然る後に得たりと爲すなり。〕

〔01-12a〕

【疏】「優而柔之」より「然後爲得也」に至るまで。

○ここではさらに（対応する）経文の無い伝に利点のあることを、重ねて述べる。

「優にして之れを柔《やす》くし、自ら之れを求めしむ」については、《大戴礼》①子張問入官学の篇に、この文章がある。その「饜にして之れを飫かしむ」については、その出典は分からない。

「優」「柔」はともに「安」と訓《よ》み、寛舒〔のびやか〕の意味であり、「饜」「飫」はともに「飽」と訓み、饒裕〔あきたる〕の意味である。丘明が、その文章を富博〔ゆたかにひろい〕にし、学者の心を優遊〔ゆったり〕にさせ、自らその高遠な意義を求めさせ、その大義を精華〔すぐれてうるわしい〕にし、学者の好みを飽き足らせ、自らその深致〔ふかきかんがえ〕に奔り赴かせることをいう。「広く記して備《つぶ》さに言」い、楽しんで倦むことの無いようにさせようとしたことを言う。

「江海」は水が深いところまであり、浸すところは遠大であり、「膏沢〔おおきなさわ〕」は雨水によって多くなるから、潤すところは博大である。伝文の「広く記して備さに言」うことを、経文を浸し潤して、義理をあまねくゆきわたらせようとすることに喩えた。このようにして求めるならば、そこではじめて「渙然《かんぜん》」として解け散ずることあたかも春の氷がとけるようであり、また「怡《い》然」として心が愉悦して、衆くの道理がすべて順い、その結果として《春秋》の意義を解し得るのである。

「江海」は水の大なるものであるから、挙げて比喩としたもの。脂のとけたものを「膏」というので、雨が物を潤すこと脂膏のようであるので、「膏沢」と称したのである。

【譯注】

①大戴禮子張問入官學之篇（01-12a-10）——阮校に「盧文弨校本云學字衍」と指摘するように、現行本《大戴禮》では〈子張問入官〉篇であるが、今は原文のままにした。

其發凡以言例、皆經國之常制、周公之垂灋、史書之舊章。仲尼從而脩之、以成一經之通體。〔其の凡を發して以て例を言ふは、皆な經國の常制、周公の垂灋、史書の舊章なり。仲尼從ひて之れを脩め、以て一經の通體を成す。〕

〔01-12b〕

【疏】「其發」より「通體」に至るまで。

○正義に曰う。これより「非例也」〔七節の五の終わり〕までは、伝文の三種類の基本的体裁を区別して説明する。

この一段は旧来の義例を説き起こしたものを説明したもので、その意味は、「凡」①と書き始める五十例が、すべてが周公の旧法だというもの。先儒で《春秋》を説くものは多いが、すべて「丘明が自分の考えで伝を作り、仲尼の経を説明したもので、『凡』を書くか書かないかに新旧の例は無い」と述べている。（これに対して）杜預が、「凡」と書き始めて例を言うものが「周公の垂れたる法にして史書の旧章」であると理解したのは（なぜかといえば）、諸々の「凡」と書き始めたものが、すべて国家経営の大典であり、ただに経文の義例だけではないからである。隠公七年に始めて凡例を書き始めて、特に「之れを礼経と謂ふ」と述べ、十一年にはまた「策に書せず」と言って、この二つの文章を諸々の例の最初に建てているところからすると、明らかに策書に書くものはすべてが「経国の常制」であり、仲尼が始めて策書を造り、自らこの礼を制定したのではないのである。

その理由は、「天災には牲無し」、「卒哭して主を作る」、「諸侯 朝会に薨ずれば一等を加ふ」、「夫人 寝に薨ぜざれば、則ち致さず」（という諸例）があるが、どうして仲尼が始めてこれらの言葉（に表現されたような礼法）を作成したりしようか。また「公の行くときには廟に告ぐ」、「侯伯は災を分かつ」の二つ凡例の末句にともに「礼なり」と言っており、なんで丘明が自ら礼を制作したりしようか。またさらに、公女が嫁入りするときにこれを送り届ける人の尊卑、諸侯に哭するときの親疎の等級、王の葬式に小童と称すること、分至〔春分・夏至・秋分・冬至〕に雲物〔雲の気の色〕を書くことなどは、すべて経文にそのことが無いのに、これにも伝文がまた「凡」例を書き起こしている。もし（先儒の言うように）丘明が自分の考えで伝文を作り、主として仲尼の経文を説いたものであるならば、これらには経文が無いのだから、どうして伝文を書き起こす必要があろうか。以上のことからしても、「凡を発して例を言ふ」ものは、すべてが「周公の垂れたる法にして史書の旧章、仲尼 従ひて之れを修め、以て一経の通体〔基本的体裁〕を成す」ものであったことが明らかとなるのである。

　国家に史官が有るのは大昔からのことで、ただ周公だけが法則を立てた結果、史官に始めて文章ができたというわけではないのに、これが「周公の垂法だ」と指して言ったのは（なぜかといえば）、（夏・殷・周の）三代が制度を異にし、文化が等しくないので、周公は必ずその恒常的な部分に従って（法度を）作り、その変化する部分を改正したのであって、ことごとくその恒常的なものを変えたのではない。ただしかし（周代）一世の大典は周公の定めたものであるから、《春秋》の義例についても、史官は必ず常法に主眼を置き、周公（の法度）でこれを正したのである。以上のことからすれば、「凡」例は周公の礼経である。

　今（周公の作った）《周禮》を調べてみるに、ついぞ凡例は見当たらない。あるいは周の礼の外に別に「凡」があるのであろうか、はたまた「凡」は礼の内にあるのであろうか。今の拠るところは、礼内に「凡」がある（という考えである）。そのことが分かるのは、《周禮》②大宰の職を調べてみるに、「八法」のなかに「官成」「官法」が有り、その鄭衆の注に「官成は官府の成事品式〔しきたり〕有るを謂ふ。官法は職の主る所の法度を謂ふ」と述べている。そうだとすると、この「凡」例は史官の策書の成事法式〔記録方法〕であることになる。

　《釈例》③終篇に「凡を称するもの五十、其の別には四十有九」と述べている。思うに「母弟」の例の二凡は、その意味するところが異ならないからであろう。

　考えてみるに、周公が後世に垂れた大典は、それぞれの事柄ごとに法度を設けるべきなのに、経文に拠れば義例は有るが、伝文で「凡」例の無いものが多い。《釈例》の四十部のうち、「凡」例の無いものが十五である。そうだとすると、周公が凡例を立てたのは、ただに五十だけであったのではない。思うに（丘明が）伝文を作成したときにすでに遺落があって、丘明が採用しようとしても得られなかったからであろう。しかも「凡」例が旧例であるとはいっても、その全文ではない。丘明が（古典籍から）採集して引用したのである。《終篇》に「諸もろの凡は、是れ周公の旧典なりと雖も、丘明 其の体義を撮《と》り、約して以て言を為す。純《もっぱ》ら故典の文を写すには非ざるなり。蓋し古文に拠り、覆逆〔かくれたものを言いあてる〕して之れを見《しめ》す。此れ丘明が会意〔こころにかなう〕の微致なり」と述べているのが、その説明である。

　しかしながら、丘明が「凡」例を撮って述べる、その述べ方は一通りではなく、一つの凡例の中でも、その事の意義が同じではない。経文に有るものに因って、続けて経文に無いものまで解釈するものがある。「王には小童と曰ひ、公侯には子と曰ふ」とあるのがその例である。また、経文に無いものは省略して、直接経文に有るものを解釈するものがある。「凡そ祀は、啓蟄にして郊し、龍 見《あら》はれて雩す」の例が「雩祀」を言わないのは、経文に無いからで、この類がそれである。

　このようである理由は、思うに旧凡の語が少ない場合は、経文にその事柄が無くても、続けて引用したものであろう。「王には小童と曰ふ」を兼ねて引用した理由である。もし旧凡の語が多いときには、経文に無いものは省略し、経文に有るものを記載したのである。「雩祀」を略して、ただ「郊雩」だけを挙げた理由である。それゆえ荘公十一年の「王師 某に敗績す」の杜注に、「事 経に列すれば、則ち因りて其の義を申べざるを得ず」と述べているのは、旧凡の多くはただ経文（に有るもの）だけを挙げたことである。

発凡〔凡と書き始めること〕の仕方に二通りがある。ひとつは、特に策書の為めにするもの、ひとつは、兼ねて国事〔国の重要な行事〕を記載するものである。特に策書の為めにするものとは、「凡そ告ぐるに名を以てすれば、則ち之れを書す」の類がそれである。兼ねて国事を記載するものとは、「凡そ女を敵国に嫁す」の類がそれである。国事の為めとはいっても、ただし他書にその記載が有るものは、凡例には入れない。「天子は七月にして葬る」④の例は、すでに礼の文献に備わっているので、丘明が伝文を作る際には、凡例の中に置かなかったのである。

これらの諸々の「凡」例は、本来天下の大例であって、その言葉はただに魯の国のためのものばかりではない。だから「諸侯に哭する」の条で、すでに凡例を書き起こしていながら、なおも「故に魯の諸姫の為めに」と言っているのであり、まさしく「凡」の言うところが、ただに魯の事に止どまらないことが明白に分かる。さらにいえば、「送女」の例に、「天子に於ては、則ち諸卿皆な行く」とあるが、魯の国は（周と同姓なので）公女を天子に嫁入りさせる道理が無い。「祭祀」の例に、「啓蟄にして郊す」と言うが、魯の国以外には、（天子の礼である）郊天の事があるわけがない。明らかに（左丘明が）いろいろな古典籍から採集し、裁約して伝文を作ったのである。

【譯注】

①發凡五十（01-12b-7）――《左傳》の発する五十凡は以下の通り。

隱公07 凡諸侯同盟、於是稱名、故薨則赴以名、告終稱嗣也、以繼好息民、謂之禮經。

隱公09 凡雨自三日以往爲霖、平地尺爲大雪。

隱公11 凡諸侯有命、告則書、不然則否。師出臧否、亦如之。雖及滅國、滅不告敗、勝不告克、不書于策。

桓公01 凡平原出水爲大水。

桓公02 凡公行、告于宗廟。反行、飲至・舍爵・策勳焉、禮也。特相會、往來稱地、讓事也。自參以上、則往稱地、來稱會、成事也。

桓公03 凡公女嫁于敵國、姊妹、則上卿送之、以禮於先君。公子、則下卿送之。於大國、雖公子、亦上卿送之。於天子、則諸卿皆行、公不自送。於小國、則上大夫送之。

桓公05 凡祀、啓蟄而郊、龍見而雩、始殺而嘗、閉蟄而烝。過則書。

桓公09 凡諸侯之女行、唯王后書。

莊公03 凡師、一宿爲舍、再宿爲信、過信爲次。

莊公11 凡師、敵未陳曰敗某師、皆陳曰戰、大崩曰敗績。得俊曰克、覆而敗之曰取某師、京師敗曰王師敗績于某。

莊公25 凡天災、有幣、無牲。非日月之眚不鼓。

莊公27 凡諸侯之女、歸寧曰來、出曰來歸、夫人歸寧曰如某、出曰歸于某。

莊公28 凡邑、有宗廟先君之主曰都、無曰邑。邑曰築、都曰城。

莊公29 凡馬、日中而出、日中而入。

莊公29 凡師、有鐘鼓曰伐、無曰侵、輕曰襲。

莊公29 凡物、不爲災、不書。

莊公29 凡土功、龍見而畢務、戒事也。火見而致用、水昏正而栽、日至而畢。

莊公31 凡諸侯有四夷之功、則獻于王、王以警于夷。中國則否。諸侯不相遺俘。

僖公01 凡侯伯、救患・分災・討罪、禮也。

僖公04 凡諸侯薨于朝・會、加一等。死王事、加二等。於是有以衮斂。

僖公05 凡分・至・啓・閉、必書云物、爲備故也。

僖公08 凡夫人、不薨于寢、不殯于廟、不赴于同、不祔于姑、則弗致也。

僖公09 凡在喪、王曰小童、公侯曰子。

僖公20 凡啓塞、從時。

僖公23 凡諸侯同盟、死則赴以名、禮也。赴以名、則亦書之、不然則否、辟不敏也。

僖公26 凡師、能左右之曰以。

僖公33 凡君薨、卒哭而祔、祔而作主、特祀於主、烝・嘗・禘於廟。

文公01 凡君卽位、卿出并聘、踐修舊好、要結外援、好事鄰國、以衛社稷、忠信卑讓之道也。忠、德之正也。信、德之固也。卑讓、德之基也。

文公02 凡君卽位、好舅甥、修婚姻、娶元妃以奉粢盛、孝也。孝、禮之始也。

文公03 凡民逃其上曰潰、在上曰逃。

文公07 凡會諸侯、不書所會、後也。後至、不書其國、辟不敏也。

文公14 凡崩薨、不赴、則不書。禍福、不告、亦不書。懲不敬也。

文公15 凡勝國、曰滅之。獲大城焉、曰入之。

文公15 凡諸侯會、公不與、不書、諱君惡也。與而不書、後也。

宣公04 凡弑君、稱君、君無道也。稱臣、臣之罪也。

宣公07 凡師出、與謀曰「及」、不與謀曰「會」。

宣公10 凡諸侯之大夫違、告於諸侯曰「某氏之守臣某、失守宗廟、敢告」。所有玉帛之使者則告。不然、則否。

宣公16 凡火、人火曰火、天火曰災。

宣公17 凡太子之母弟、公在曰公子、不在曰弟。凡稱弟、皆母弟也。

宣公18 凡自内虐其君曰弑、自外曰戕。

成公08 凡諸侯嫁女、同姓媵之、異姓則否。

成公12 凡自周無出、周公自出故也。

成公15 凡君不道於其民、諸侯討而執之、則曰「某人執某侯」、不然則否。

成公18 凡去其國、國逆而立之、曰「入」。復其位、曰「復歸」。諸侯納之、曰「歸」。以惡曰「復入」。

襄公01 凡諸侯卽位、小國朝之、大國聘焉、以繼好・結信・謀事・補闕、禮之大者也。

襄公12 凡諸侯之喪、異姓臨於外、同姓於宗廟、同宗於祖廟、同族於禰廟。是故魯爲諸姬、臨於周廟。爲邢・凡・蔣・茅・胙・祭、臨於周公之廟。

襄公13 凡書取、言易也。用大師焉曰滅。弗地曰入。

昭公04 凡克邑、不用師徒曰取。

定公09 凡獲器用曰「得」、得用焉曰「獲」。

②周禮大宰職（01-13a-6）――《周禮》大宰「以八法治官府。一曰官屬、以擧邦治。二曰官職、以辨邦治。三曰官聯以會官治。四曰官常、以聽官治。五曰官成、以經邦治。六曰官法、以正邦治。七曰官刑、以糾邦治。八曰官計、以弊邦治」、鄭玄注「百官所居曰府。弊斷也。鄭司農云、官屬謂六官其屬各六十。……官成謂官府之成事品式也。小宰職曰、以官府之八成經邦治。一曰聽政役以比居。二曰聽師田以簡稽。三曰聽閭里以版圖。四曰聽稱責以傅別。五曰聽祿位以禮命。六曰聽取予以書契。七曰聽賣買以質劑。八曰聽出入以要會。官法謂職所主之法度」。

③釋例終篇（01-13a-7）――《釋例》終篇の名称は本正義に見えるが、現行輯佚本には、分類の不明な佚文を最後に〈終篇〉としてまとめている。

④天子七月而葬（01-13b-6）――隱公元年伝「秋、七月、天王使宰咺來歸惠公仲子之賵。緩、且子氏未薨、故名。天子七月而葬、同軌畢至。諸侯五月、同盟至。大夫三月、同位至。士踰月、外姻至。贈死不及尸、弔生不及哀、豫凶事、非禮也」

○七節より以下は《左傳》の春秋義例説の解説であり、この部分は五十凡を周公の作だとする杜預独自の主張を説明したものである。《春秋》制作に果たした孔子の役割の相対的な低下と並行するのが、周文化の建設者周公の地位の上昇である。

其微顯闡幽、裁成義類者、皆據舊例而發義、指行事以正褒貶。〔其の顯《あきらか》な

るを微《かすか》にし幽なるを闡《あきらか》にし、義類を裁成する者は、皆な舊例に據りて義を發し、行事を指して以て褒貶を正す。」　〔01-13b〕

【疏】「其微」より「褒貶」に至るまで。

〇これより以下「曲而暢之」までは、「新意」について説明する。

「顕《あきらか》なるを微《かすか》にし幽なるを闡《あきらか》にす」とは《易》①下繋辞の文章である。「微」とは纖隠《せんいん》〔かぼそくかくれる〕なるを言い、「闡《せん》」とは著明〔あきらか〕なるをいう。

②旧説に以下のように述べている。下文に「経に義例無し」と言っているので、ここでは経に義例の有るものを説明して、孔子が経文を修めた方法は、経文の顕なる事柄を微にし、その幽《かく》れた道理を闡《あきらか》にし、経文の上下を裁節〔ほどよく整理する〕して、義の類例を完成させたことを述べているのである。その善事の「顕」なるものとは、たとえば秦の穆公③が過ちを後悔したため、四国の大夫を貶して、（貶した場合は「某人」と表現するという）例に従って「人」と称するものなど、経文を見ても普通の文章と異なるところがない。悪事の「顕」なるものとは、たとえば「諸侯が縁陵に城き」④、叔孫豹⑤が君命に背いたものなどがそれで、縁陵に城壁を築くのには、義例に従って「諸侯」と称して無罪の文と同じにし、叔孫豹には氏を取り去って未だ族を賜わらない者と同様にしているのは、すべてその「顕」なることを「微」にした例である。

「幽なるを闡にす」とは、その幽れた道理を闡明にして宣著〔あきらか〕にさせることである。たとえば晋の趙盾⑥・鄭の帰生⑦・楚の比⑧・斉の陳乞⑨、及び許の大子止⑩等の人物は、すべて自身が手をくだして主君を弑したのではなく、その罪は幽隠〔ふかくかくれる〕であるが、孔子が経文を修めるや、「弑」の字を加えて、罪状を明らかにした、これが「幽を闡にす」である。諸々の《春秋》の褒貶の義例とはすべてこのようである。

（以上の旧説は）思うに、「皆拠旧例而発義」以下が丘明の伝を論じ、「微顕闡幽」こそが経文についての事だと見なしているようで、それゆえ賀（道養）・沈（文阿）といった諸儒は、ことごとくこれに同調しているのである。

劉炫の考えでは、「微顕闡幽」とあるのは、すべて伝文を作った意図を説明したものである。経文の「顕」なるものは、伝を作る際にはその纖微〔かすか〕なるものに本づき、経文の「幽」なるものは、伝を作る際には闡《ひら》いて明著〔あきらか〕にしたのである。「顕」なるものとは、たとえば「天王⑪河陽に狩す」の場合、経文を見れば、王とは天子であり、狩とは（国都を）出でて狩猟をすることであることは充分に分かることであるが、天子が何故に畿外に出て狩をしたのかが分からない。それゆえ伝が、「晋侯、王を召す」と書き起こしたのは、その「顕なるを微にす」ることである。「幽」なるものとは、たとえば「鄭伯⑫、段に鄢に克つ」の場合、経文を見るだけでは、段が何者で、何故に（国と国との勝敗に使う用語の）「克」と称するかが分からない。だから伝は（その母の）武姜が段を溺愛した伝文を書き起こしたのであり、これがその「其の幽なるを闡にす」るものである。

丘明が伝文を作成する際、経文の顕を微にし、経文の幽を闡にし、はかり定めてその義理の類例を完成させたわけであるが、これらはすべて旧典の凡例に拠って経の義例を起発したもので、その人の行為・仕事の是非を指摘し、そのことで経の褒貶を正（しく解釈）したのである。

⑬例に「雋《しゅん》を得るを克と曰ふ」と称し、伝に⑭「二君の如し。故に克と曰ふ」と言うのは、「旧例に拠りて義を発す」るものである。晋侯が王を召して狩をさせ、鄭伯がその弟を教育しなかったことについて、仲尼が（晋文の）王を召した事実を没《かく》し、鄭伯の名を顕らかに称したので、丘明が正しくその事柄を記述し、先ず経文を解説したのが、「其の行事を指し、以て褒貶を正す」ことである。この二つの事は最も明らかな例であって、その他はす

べて（後述する）「新意」である。

序のこの部分は主として作伝に関する議論であるのに、賀（道養）・沈（文阿）といった諸儒はみな経文の為めに解説したものと考えているが、これは文脈文勢を理解しないで、杜預の主旨を謬まって解釈したというべきものである。

【譯注】

①易下繫辭（01-14a-1）――《周易》繫辭傳下「夫易、彰往而察來、而微顯闡幽。開而當名、辨物正言、斷辭則備矣。其稱名也小、其取類也大。其旨遠、其辭文。其言曲而中、其事肆而隱。因貳以濟民行、以明失得之報」。

②舊説（01-14a-1）――劉文淇はこの「旧説」を劉寔説だと推定している。そして、この劉寔説に賛同するのが賀道養・沈文阿で、これを劉炫が批判したのが後半であるから、この疏全体が劉炫《春秋述議》として首尾一貫するというのである。ちなみに旧説では「孔子」と言い、「劉炫」以下の文章では「仲尼」というように表現も異なるのは、劉文淇説をある程度裏付けるであろう。劉文淇《左傳舊疏考正》巻一を紹介する。

文淇案ずるに、これはすべて光伯の《述議》の文章である。「劉」字は唐人が増したもので、前を自己の説のごとく見せたに過ぎない。なぜ前が唐人所引の「旧説」ではなく、光伯所引のものであることが分かるのかといえば、おもうに「賀・沈」・「旧説」が劉炫所引であるからこそ、（最後尾で）劉炫が「賀・沈は杜預の主旨を謬まって解釈した」と述べたのであり、文章が首尾一貫していること、自明のことだからである。さらにまた、「旧説」の「微顕」の解釈は光伯と異なり、《疏》冒頭の「微とは纎隠であることをいう」とあるのが、光伯の「その纎微なるものに本づく」という説と合致するからで、それゆえ光伯の文章だと分かるのである。

《疏》中では「旧説」について、それが誰であるかの記載が無い。しかし「賀・沈といった諸儒は、ことごとくこれに同調している」と言うからには、必ずや賀・沈以前である。賀氏・沈氏以前に〈春秋序〉に注釈した人物を調べてみると、劉寔がいる。

下文の「故発伝之体有三」の《疏》に、次のような記述がある。

「伝の体に三有り」とは、つまり上文の「発凡の正例」・「新意の変例」・「帰趣の非例」がこれである。この「伝を発するの体に三有り」とは、上文の三箇所に「其」と言って区別しており、その文章を見れば容易に理解できることである。（ところが）劉寔は、変例と新意とを分けて二つの事としているのである。《釈例》終篇に言う、「丘明の伝に、周の礼を称して常文を正すものがある。諸々の『凡』を称して例を説き起こすものがそれである。経が立てた新意を明らかにするものがある。諸々の義例を明らかにして、『凡』を称していないもの、これがそれである」と。（周公の）旧典を称するときは、「凡」例を立ててこれを明らかにし、変例を解釈するときは、それぞれの文章表現に随ってこれを明らかにする。（このように）杜預の言葉はきわめて明瞭である。それにもかかわらずなお（劉寔が）そのことを理解できないとは、その道理に暗いことたるや、なんとも甚だしいことではなかろうか。

これによれば、劉寔は「新意」「変例」「非例」でもって「伝の三体」を解釈していることになる。おそらく「微顕闡幽」が経の事を解釈していると見なしたことにより、上文の「発凡の正例」は三者の区分の中に無いと見なしたのであろう。なぜ劉寔が「帰趣の非例」が三体の中にあると見なすのに、「発凡の正例」をこれに数えていないことが分かるのかといえば、《疏》が下文に《釈例》を引用して劉寔を駁して、「周の礼を称して常文を正すものがある。諸々の『凡』を称して例を説き起こすものがそれである」と言うのは、劉寔が「発凡正例」を数えていないことを駁したもの、「経が立てた新意を明らかにするものがある。諸々の義例を明らかにして、『凡』を称していないもの、これがそれである」と言うのは、劉寔が「変例新意」を分けて二事としたことを駁したものだからである。「帰趣の非例」を重ねて言わないから、劉寔もまた「非例」を三体の中に列して、「微顕闡幽」が経を解釈するものだと見なしたことも、やはりはっきりするであろう。

③秦穆悔過（01-14a-4）――僖公三十三年経に「夏、四月、辛巳、晉人及姜戎敗秦師于殽」とあり、伝にはこの敗戦を反省した秦の穆公についての詳細な文章がある。そして二年後の文公二年経の「冬、晉人宋人陳人鄭人伐秦」の伝文には、四国の卿の名前を列挙した後に、「卿不書、爲穆公故。尊秦也。謂之崇德」と述べている。旧説はこれを善事の「顕」なるものの例として引用したのである。

④諸侯城縁陵（01-14a-4）――僖公十四年経「十有四年、春、諸侯城縁陵」の伝には、「十四年、春、諸侯城縁陵而遷杞焉。不書其人、有闕也」とある。

⑤叔孫豹違命（01-14a-4）――襄公二十七年経に「夏、叔孫豹會晉趙武・楚屈建・蔡公孫歸生・衛石惡・陳孔奐・鄭良霄・許人・曹人于宋」、「秋、七月、辛巳、豹及諸侯之大夫盟于宋」とあるのは、晋楚両大国がそれぞれの同盟国を従えて宋で会合をもった春秋史上の有名な「弭兵の会」で、《左傳》は長文でその会合の模様を記述している。そして「秋」の経文に魯の大夫である「叔孫豹」の氏族名が書かれていないことについて、伝は叔孫豹が公命に違反したからであると説明する。

⑥晉趙盾（01-14a-4）――宣公二年経「秋、九月乙丑、晉趙盾弑其君夷皐」。その伝文は以下の通り。

乙丑、趙穿攻靈公於桃園。宣子未出山而復。大史書曰「趙盾弑其君」、以示於朝。宣子曰「不然」。對曰「子爲正卿、亡不越竟、反不討賊、非子而誰」。宣子曰「烏呼。『我之懷矣、自詒伊戚』、其我之謂矣」。孔子曰「董狐、古之良史也、書法不隱。趙宣子、古之良大夫也、爲法受惡。惜也、越竟乃免」。

⑦鄭歸生（01-14a-4）――宣公四年経「夏、六月乙酉、鄭公子歸生弑其君夷」。その伝文は左の通り。

楚人獻黿於鄭靈公。公子宋與子家將見。子公之食指動、以示子家、曰「他日我如此、必嘗異味」。及入、宰夫將解黿、相視而笑。公問之、子家以告。及食大夫黿、召子公而弗與也。子公怒、染指於鼎、嘗之而出。公怒、欲殺子公。子公與子家謀先。子家曰「畜老、猶憚殺之、而況君乎」。反譖子家。子家懼而從之。夏、弑靈公。書曰「鄭公子歸生弑其君夷」、權不足也。君子曰「仁而不武、無能達也。凡弑君、稱君、君無道也。稱臣、臣之罪也」。

⑧楚比（01-14a-4）――昭公十三年経「夏、四月、楚公子比自晉歸于楚、弑其君虔于乾溪。楚公子棄疾殺公子比」。その伝文は以下の通り。

楚公子比・公子黑肱・公子棄疾・蔓成然・蔡朝呉帥陳・蔡不羹・許・葉之師、因四族之徒、以入楚。……夏、五月、癸亥、王縊于芋尹申亥氏。申亥以其二女殉而葬之。

⑨陳乞（01-14a-4）――哀公六年経「齊陳乞弑其君荼」、伝「使毛遷孺子於駘。不至、殺諸野幕之下、葬諸殳冒淳」。なお経の杜預注「弑荼者朱・毛與陽生也。而書陳乞、所以明乞立陽生而荼見弑、則禍由乞始也。楚比劫立、陳乞流涕、子家憚老、皆疑於免罪。故春秋明而書之以爲弑主」。

⑩許大子止（01-14a-4）――昭公十九年経「夏、五月戊辰、許世子止弑其君買」。その伝文は以下の通り。

夏、許悼公瘧。五月、戊辰、飲大子止之藥卒。大子奔晉。書曰「弑其君」。君子曰「盡心力以事君、舍藥物可也」。

⑪天王狩于河陽（01-14a-7）――僖公二十八年経「天王狩于河陽。壬申、公朝于王

所」、伝「是會也、晉侯召王、以諸侯見、且使王狩。仲尼曰、以臣召君、不可以訓。故書曰天王狩于河陽、言非其地也、且明德也」、杜預注「使若天王自狩以失地、故書河陽。實以屬晉、非王狩地」。

⑫鄭伯克段于鄢（01-14a-8）――隱公元年経の「夏、五月、鄭伯克段于鄢」は、鄭国のお家騒動を記録したものであるが、注⑬に引用する荘公十一年の伝例によれば、「克」とは二国間に用いる語で、国内の騒動に用いるものではない。そのことを元年伝では、「書曰、鄭伯克段于鄢。段不弟、故不言弟。如二君、故曰克。稱鄭伯、譏失教也」と説明している。

⑬例稱得儁曰克（01-14a-9）――荘公十一年伝に「凡師敵未陳曰敗某師。皆陳曰戰。大崩曰敗績。得儁曰克。覆而敗之、曰取某師。京師敗、曰王師敗績于某」とある。

⑭傳言如二君故曰克（01-14a-9）――注⑫。

諸稱書・不書・先書・故書・不言・不稱・書曰之類、皆所以起新舊發大義。謂之變例。〔諸もろの書す、書せず、先づ書す、故に書す、言はず、稱せず、書して曰はく、と稱するの類は、皆な新舊を起こして大義を發する所以なり。之れを變例と謂ふ。〕 〔01-14b〕

【疏】「諸稱」より「變例」に至るまで。

○上文ですでに「旧例に拠りて義を発す」ることを説明したので、ここではさらに「義を発する」くだりを（具体的に）指摘する。

諸もろの伝に言うところの「書す」「書せず」「先づ書す」「故に書す」「言はず」「称せず」、そして「書して曰はく」と称する七つの用法は、ともに新旧の義例を区別し、人々に発凡が旧例、七者が新例であることを認識させ、そのことによって大義を発し明らかにする手段である。「之れを変例と謂ふ」のは、「凡」例が正例であることから、これを「変例」としたもので、《詩》①に変風・変雅が有るようなものである。杜預より以前には、この新旧の区別が有ることは知られていなかったが、今ここで「之れを変例と謂ふ」と述べているのは、杜預自身がこの事を説明して、人々に悟らせようとしたのである。

「書す」と称するのは、たとえば文公二年の「士穀を書するは、其の事に堪へたればなり」、襄公二十七年の「書して晋を先にするは、晋に信有ればなり」のような、こういった例を指す。

「書せず」とは、たとえば隠公元年の「春正月、即位を書せざるは、摂なればなり」、「邾子克は未だ王命あらず。故に爵を書せず」のような、こういった例を指す。

「先づ書す」とは、たとえば桓公二年の「君子、督を以て君を無みするの心有りと為す。故に先づ其の君を弑するを書す」、僖公二年の「虞師・晋師下陽を滅ぼす。先づ虞を書するは、賄の故なり」のような、こういった例を指す。

「故に書す」とは、たとえば隠公三年の「壬戌、平王崩ず。赴ぐるに庚戌を以てす。故に之れを書す」、成公八年の「杞の叔姫卒す。杞より来帰す。故に書す」のような、こういった例を指す。

「言はず」とは、たとえば隠公元年の「鄭伯、段に鄢に克つ。出奔を言はざるは、之れを難しとすればなり」、荘公十八年の「公、戎を濟の西に追ふ。其の来たるを言はざるは、之れを諱めばなり」のような、こういった例を指す。

「称せず」とは、たとえば僖公元年の「即位を称せざるは、公出づるが故なり」、荘公元年の「姜氏を称せざるは、絶ちて親と為さざればなり」のような、こういった例を指す。

「書して曰はく」とは、たとえば隠公元年の「書して曰はく、鄭伯 段に鄢に克つ」とあり、隠公四年の「書して曰はく、衛人 晋を立つとは、衆ければなり」のような、こういった例を指す。

考えてみるに、襄公元年に「宋の彭城を囲む。宋の地に非ず。追書せるなり」、隠公元年に「鄭伯を称するは、教を失ふを譏るなり」と言い、昭公三十一年に「公 乾侯に在りとは、外内する能はざるを言ふなり」とある。「先書」と「故書」が新意であるからには、「追書」もまた新意であろう。「書」と「不書」がともに新意であるならば、「称」と「不称」、「言」と「不言」もまたともに新意であろう。どうして「不言」「不称」だけが新意であって、「言」とか「称」とかがそうでないことがあろうか。《釈例》終篇には「諸もろの雑称、二百八十有五」と言い、ただその数のみを挙げて、その名目を述べていない。それぞれの文章について数えてみても、その数え方によってまちまちになる。自分だけの考えであるが、「追書」も「言」も、そして「称」もまた新意である。この序で言及しないのは、思うに七つの例の中に包含できるからであろう。

（ところが）田僧紹②なるものがあり、彼もまたこの序に注釈して、次のように考えている。序（の冒頭の部分）に「諸もろの称す」と言う、この「称」もまた新意であり、以下の七例と合わせて八名目である、と③。しかしこれは間違いである。考えるに「書」と「不書」は文字が連続している。もし「称」字が新意であるならば、「称」と「不称」もまた連続させるべきであって、どうして分割して別々の文章にしたりしようぞ。明らかに杜預が「諸もろの称す」と言ったのは、おのずから「諸伝に称する所」をいうのであって、（冒頭の）「称」を新意としたものではないことが分かる。ただ理論的に言うならば、「称」もまた新意であるはずだというだけである。

【譯注】

①猶詩之有變風變雅也（01-14b-5）――《毛詩》大序「至于王道衰、禮義廢、政教失、國異政、家殊俗、而變風・變雅作矣。國史明乎得失之迹、傷人倫之廢、哀刑政之苛、吟詠情性、以風其上。達於事變、而懷其舊俗者也。故變風發乎情、止乎禮義。發乎情、民之性也。止乎禮義、先王之澤也。是以一國之事、繫一人之本、謂之風」。

②田僧紹（01-15a-5）――田僧紹の名は《隋書》經籍志に「喪服經傳二巻齊東平大守田僧紹解・逆降義一巻田僧紹撰」として見えているが、さらにまた「春秋序一巻田元休注」とあるのも、ここにいう田僧紹と同一人物であろう。田氏はこの部分を、諸「稱・書・不書・先書・故書・不言・不稱・書曰」之類と読むわけで、これに対して《正義》は、諸稱「書・不書・先書・故書・不言・不稱・書曰」之類と読むのである。《正義》の方が杜預の旨に合うことはいうまでもない。

③斯不然矣（01-15a-5）――「斯不然矣」という表現は《毛詩正義》に最も多く、全部で一六例、《春秋正義》に五例、そして《尚書正義》に二例見出せるが、他の《九經疏》中には見えず、かえって劉炫《孝經述議》中に四例見えることからすると、あるいは劉炫《五經述議》に特徴的な表現であったかも知れない。拙稿「五經正義讀解通論（二）」（『東洋古典學研究』第21集　二〇〇六年『五經正義研究論攷』研文出版　二〇一三年所収）参照。なお喬秀岩氏《義疏學衰亡史論》（白峰社　二〇〇一年）にすでにその指摘が見える。

○ここは《左傳》の「凡例」以外の春秋義例について解説したもの。「書・不書・先書・故書・言・不言・稱・不稱・書曰」というような例を、杜預は「変例」と命名し、これを周公の「凡例」（旧例でもある）に対して孔子による「新意」と見なすのである。

然亦有史所不書、卽以爲義者。此蓋春秋新意。故傳不言凡、曲而暢之也。

〔然れども亦た史の書せざる所にして、卽《つ》きて義と爲す者有り。此れ蓋し春秋の新意ならん。故に傳に凡を言はずして、曲《つぶさ》にして之れを暢《の》ぶるなり。〕 [01-15a]

【疏】「然亦」より「之也」に至るまで。

○ここでは旧文にそのまま従って新意とした例について説明する。

仲尼が《春秋》を修めたのは、上は周制を遵守し、下は世教を明らかにしようとしたもので、旧史の錯失については、これを刊正して変例とすることもできるが、旧史が書かなかったことについては、刊正のしようがないというところから、ここでさらにそのことを区別して論じたのである。

「亦た史の書せざる所有り」て、仲尼の考えにぴったり合うものであれば、仲尼は「即きて義と為し」た。だから旧史を改めたものと、史官が記録しなかったもの（で仲尼の考えにたまたま一致したもの）の二つは、思うに「《春秋》の新意」といえるので、伝文もやはりこれを「凡」例とは言わず、それぞれの事柄について解説し、具体的に通し暢《の》べたのである。「此れ蓋し《春秋》の新意ならん」とは、上の「変例」と、別に「書せざるもの」とを通じてまとめて述べたものである。

一つの「凡」例を挙げて事柄の同類のものは、諸もろの道理がすべて表現されるというのが、「直」である。「凡」例を言わずに、事ごとに伝文を書き起こすものが、（直に対して）「曲暢」である。「暢」の訓は「通」であるから、「曲《つぶさ》にして之れを暢《の》ぶ」と言ったのである。

もしそうだとするなら、隠①公は実際には即位していないので、史官は即位を書きようがなく、邾①の克は実際には未だ爵位が無いので、史官はその爵位を書きようがない。したがって伝に「書せず」と言うのは、当然旧史に書かなかったものであるのに、この「書せず」と言うものを仲尼の新意と見なすのは（なぜかというえば）、《釈例》終篇に杜預自身が自問自答して、以下のように述べている。

丘明が伝文を作成したのは、仲尼の《春秋》を解釈するためであった。仲尼の《春秋》はすべて旧史の策書に基づいたものであり、義の存在するところについては、時には増損することもあるし、或いは旧史の無いままに従ったこともあり、或いはまた旧史に書かれたものを改めることもあって、旧文に因ったとはいうものの、もとよりこれは仲尼の書である。丘明が書き起こしたものは、もとより仲尼の考えである。したがって旧文に書いていないことでも、事柄が仲尼の考えに合うものであるなら、仲尼はそのまま従って採用したのであって、すなわちこれもまた仲尼の新意である。たとえば宣②公十年の「崔氏 衛に出奔す」の伝に、「書して崔氏と曰ふは、其の罪に非ざるなり。且つ告ぐるに族を以てし、名を以てせず」と述べているのは、名を告げてこなかったので、旧史には名が無かったことが分かるが、仲尼が経文を修めるに際して、その人に罪が無いのに追放された場合には、例として名を称しないのであり、これは旧史の文がたまたま孔子の考えに一致したので、旧史の文をそのまま採用せざるをえなかったのである。旧文に因りて新意を為すとは、すべてこういう例のことである。

そうすると、杜預がただ「史の書せざる所にして、即《つ》きて以て義と為す」と述べて、「史の書する所を義と為す」と言わないのは（なぜかといえば）、夫子は史記を集約して《春秋》を修めたが、史記の文はすべて昔の史官が書いたものであるから、これに因って褒貶する場合、その道理が容易に分かるものについては、ことさらに言う必要がなかったのである。しかし、旧史に記録しなかったものは、夫子も採用しなかったかと思われる恐れがあったから、特にこのことを言ったのである。

【譯注】

①隱公・邾克（01-15b-2/3）――「不書」の例として既出。45頁注⑥・46頁注⑫。

②宣十六年（01-15b-6）――宣公十六年経「己巳、齊侯元卒。齊崔氏出奔衛」、伝「夏、齊惠公卒。崔杼有寵於惠公、高・國畏其偪也、公卒而逐之、奔衛。書曰崔氏、非其罪也。且告以族、不以名」、杜預注「典策之法、告者皆當書以名。今齊特以族告、夫子因而存之、以示無罪。又言且告以族、不以名者、明春秋有因而用之、不皆改舊史」。

其經無義例、因行事而言、則傳直言其歸趣而已。非例也。〔其の經に義例無く、行事に因りて言へるは、則ち傳に直《たた》其の歸趣を言ふのみにて、例に非ざるなり。〕 [01-15b]

【疏】「其經」より「例也」に至るまで。

○この一段は、経文に義例の無いものについて述べる。

　国家に大事があれば、史官は必ずこれを記録する。その事柄に得失が無い場合には、その文章には善悪を著さないので、伝にはただその指帰趣向〔結果〕を言うだけであり、これは褒貶の義例ではない。《春秋》にはこのような例が最も多い。それゆえ隠公元年の「宋人と宿に盟ふ」の伝に、「始めて通ずるなり」と述べて、杜注は「経に義例無し。故に伝は直《ただ》其の帰趣を言ふのみ。他は皆な此れに放《なら》へ」と述べている。このような例が、すべて「例に非ざる」ものである。

【譯注】

○ここでは経文に義例の無いものが存在することを説明したもの。以上の七節では杜預のいわゆる「伝の三体」を説明したものであるが、「凡例」「変例」「非例」のうち、この「非例」がいちばん多いのだから、《公羊》《穀梁》二伝の主張する春秋よりも、もとの魯の史記であった春秋に近い姿に引き戻されたものとなるであろう。つまり周公以来の史官の延長線上に孔子が位置づけられたことになる。「周公――魯の史官――孔子――左丘明」という図式である。

故發傳之體有三。而爲例之情有五。〔故に傳を發するの體に三有り。而して例を爲すの情に五有り。〕 [01-16a]

【疏】「故發」より「有五」に至るまで。

○正義に曰う。「伝の体に三有り」とは、つまり上文の「発凡の正例」・「新意の変例」・「帰趣の非例」がそれである。「例を為すの情に五有り」とは、下文の五つの「曰」がそれである。（孔子が）経文を書くにあたってこの五情が有り、（左丘明が）経文に順ってその意義を求めて例としたもの。その意味は、伝は経の為めに例を書き起こすが、その基本的体裁としてこの五事が有るということである。

　以下の五句は成公十四年の伝文である①。かの伝について考察してみるに、その上文に「春秋の称」と言い、下文に「聖人に非ざれば、誰か能く之れを修めむ」と言っている。この「聖人」とは孔子を指して言うもので、孔子の修めたものがこの五事を成し、五事が包摂したもので、諸もろの例はすべて尽きるということを賛美したもの。そしてそれぞれの下句にその顕著な例を解釈して、文章を続けたのである。

　この「伝を発するの体に三有り」とは、上文②の三箇所に「其」と言って区別しており、その文章を見れば容易に理解できることである。（それにもかかわらず）劉寔は変例と新意とを分けて二つの事としているのである。（このことについて）《釈例》終篇に以下のように述べている。

丘明の伝に、周の礼を称して常文を正すものがある。諸々の「凡」を称して例を説き起こすものがそれである。経が立てた新意を明らかにするものがある。諸々の義例を明らかにして、「凡」を称していないもの、これがそれである。

（周公の）旧典を称するときは、「凡」例を立ててこれを明らかにし、変例を解釈するときは、それぞれの文章表現に随ってこれを明らかにする。（このように）杜預の言葉はきわめて明瞭である。それにもかかわらずなお（劉寔が）そのことを理解できないとは、その道理に暗いことたるや、なんとも甚だしいことではあるまいか。

【譯注】

①成十四年傳（01-16a-5）――成公十四年の伝文を杜注とともに左に引用しよう。

故君子曰、春秋之稱、微而顯、〔辭微而義顯。〕
志而晦、〔志記也。晦亦微也。謂約言以記事、事敍而文微。〕
婉而成章、〔婉曲也。謂曲屈其辭、有所辟諱、以示大順、而成其篇章。〕
盡而不汙、〔謂直言其事、盡其事實、無所汙曲。〕
懲惡而勸善、〔善名必書、惡名不滅、所以爲懲勸。〕
非聖人、誰能修之。

以下の八節は、この伝文の詳細な解説となっている。

②上文三言其以別之（01-16a-7）――上文の「其發凡以言例」「其微顯闡幽」「其經無義例」の「其」を指す。

一曰微而顯。文見於此、而起義在彼。稱族尊君命、舍族尊夫人、梁亡、城緣陵之類是也。〔一に曰はく、微なれども顯はる。文 此に見ゆるも、而も義を起こすこと彼に在り。「族を稱するは君命を尊べばなり」、「族を舍《す》つるは夫人を尊べばなり」、「梁亡ぶ」、「緣陵に城く」の類是れなり。〕［01-16a］

【疏】「一曰」より「是也」に至るまで。

○「文 此に見ゆ」とは、かしこの注に「辞は微なれども義は顕《あら》はる」と言うのがそれである。

「族を称するは君命を尊べばなり」「族を舎つるは夫人を尊べばなり」とは、成公十四年の伝で、叔孫僑如のために書き起こしたものである。経文に「秋、叔孫僑如 斉に如《ゆ》きて女を逆《むか》ふ。九月、僑如 夫人婦姜氏を以て、斉より至る」と述べており、「叔孫」はその族の名称である。（《春秋》の例としては）褒賞するときにはその族を称し、貶責するときにはその氏を取り去る。（だから）君命を奉じて国を出て使いする際に、その族を称するのは、光栄とすべきことであり、夫人とともに帰国するときに、その氏を去るのは、恥辱とすべきことである。出国するときに「叔孫」と称してその栄名を挙げるのは、「君命を尊ぶ」ためであり、入国するときに「叔孫」を捨ててその尊称を替えたのは、「夫人を尊ぶ」ためである。「族」とは本来、卿の家の氏族名であり、「称」したり「舎」てたりするのは、別に尊ぶべき者がいるからであり、これが「文 此に見ゆるも、而も義を起こすこと彼に在り」ということである。

①僖公十九年の経に「梁亡ぶ」と書いているが、これは（実は）秦が亡ぼしたものである。伝には「其の主を書せざるは、自ら之れを取ればなり」と述べている。②僖公十四年の経に「諸侯 緣陵に城く」と書いているが、これは斉が諸侯を率いてこの地に城塁を築き、杞の国を遷したものである。伝には「其の人を書せざるは、闕くること有ればなり」と述べている。秦人が梁を滅ぼしたのに「梁亡ぶ」と言うのが、「文 此に見ゆ」である。「梁亡ぶ」

とは、取った者には罪が無いことを示すもの。斉の桓公が杞の地に築いたのに「諸侯 縁陵に城く」と書いているのが、「文 此に見ゆ」である。「縁陵に城く」とは、諸侯の仕事に欠陥があったことを示すもので、これがまた「文 此に見ゆるも、而も義を起こすこと彼に在り」ということである。すべて言葉遣いは微妙であるがその意味は顕著であるので、この三事をここに続けたのである。

【譯注】

①僖十九年經（01-16b-5）――経文の杜預注には「以自亡爲文、非取者之罪、所以惡梁」、伝文の杜注には「不書取梁者主名」とある。

②僖十四年經（01-16b-5）――伝文の杜預注には「闕謂器用不具。城池未固而去、爲惠不終也」とある。

○ここに言う「文 此に見ゆ」云々とは、経文の表現では明確ではないが、伝文にその意義が明示されているものをいう。

二曰志而晦。約言示制、推以知例。參會不地、與謀曰及之類是也。〔二に曰はく、志《しる》せども晦《くら》し。言を約《つづ》めて制を示し、推して以て例を知る。「參《み》たり會すれば地せず」、「與《とも》に謀るを及と曰ふ」の類 是れなり。〕 [01-16b]

【疏】「二曰」より「是也」に至るまで。

○かしこの注に「志は記なり。晦も亦た微なり。言を約《つづ》めて以て事を記し、事 叙して文 微なるを謂ふ」と述べている。

桓公二年の「秋、公 戎と唐に盟ふ。冬、公 唐より至る」とあり、伝例に「特《ひと》り相会するときは、往来に地を称す。事を譲ればなり。参より以上は、則ち往には地を称し、来には会を称す。事を成せばなり」と述べている。①その意味は、会合には必ず主人がおり、二人がともに会合する場合、敢て主人とならず、お互いが譲りあって、その会合が成り立たないことになるため、「地を以て致す」②のである。三国以上のときは、一人が主人となり、二人が命を聴くことで、会合の事が成り立つから、「会を以て致す」③のである。

宣公七年の「公 斉侯に会して莱を伐つ」の伝の例に、「凡そ師の出づるや、与《とも》に謀るを及と曰ひ、与に謀らざるを会と曰ふ」と述べている。その意味は、同志の国がともに征伐する際に、彼と我とが共同で謀議し、合意が成って後に師を出すときには、相い④連及〔ともにする〕した表現にする。彼が我と謀らず、こちらがやむを得ずして往って彼の命令に応じるときには、相⑤い会合する表現にするのである。

この二つの事例の場合は、意味の違いはわずかに一字である。その言葉を約少〔つづめすくなくする〕して法則を示し、その事柄を推し尋ねて（はじめて）義例が分かるものであり、記録された事柄は順序だってはいるが、その文章は晦微〔かすか〕なものである。

【譯注】

①其意言（01-17a-1）――「其意言」とは、広く『五經正義』が引用した文献の意味をかいつまんで説明したり、敷衍して述べる際、その発端に用いる表現である。また「其意謂」「其意以爲」とも表現される。前掲拙稿「五經正義讀解通論（二）」『五經正義研究論攷』研文出版 二〇一三年所収」参照。

②故以地致（01-17a-1）――引用した例でいえば、桓公二年の「公及戎盟于唐。冬、公至自唐」のように、どこから帰国したかを記録する際、地名を明記するものをいう。

③故以會致（01-17a-2）――一例を挙げる。僖公十五年「三月、公會齊公宋公陳侯衛侯鄭伯許男曹伯盟于牡丘」「九月、公至自會」のように、ここでは地名の記

載が無く、「会合」から帰国したという表現になっている。

④以相連及爲文（01-17a-3）――このような例は極めて少ない。いま一例を挙げる。僖公四年「秋、及江人・黄人伐陳」。

⑤以相會及爲文（01-17a-3）――引用した例でいえば、宣公七年の「公會齊侯伐萊」がそれである。

○「二曰」は、事柄は書き記されているが、その表現が簡約であるため、同類の記事から類推して義例が分かるようにしたものをいう。

三曰婉而成章。曲從義訓、以示大順。諸所諱辟、璧假許田之類是也。〔三に曰はく、婉にして章を成す。曲げて義訓に從ひて、以て大順を示す。諸もろの諱み辟《さ》くる所、璧もて許田を假《か》るの類 是れなり。〕　〔01-17a〕

【疏】「三曰」より「是也」に至るまで。

○かしこの注に「婉は曲なり。其の辞を屈曲するを謂ふ。辟《さ》け諱む所有りて、以て大順を示し、篇章を成すを謂ふ」と述べている。「諸もろの諱み辟くる所」と言うのは、その事が一通りではないので、「諸」と言って、これを総べたのである。

たとえば僖公十六年に、公は諸侯と淮の地で会合したのであるが、そのまま帰国しないで項の国を取ってしまったため、斉人は（魯が罪の無い国を）討伐したものと見なして公を抑留した。十七年の九月になって釈放され、公はやっと帰国することができたのであるが、執え止められた恥辱は諱んで、避けて公言せず、経文はかえって「公 会より至る」と書いている。諸もろのこのような類が、「諱み辟くる」事である。

諸侯の中で（周室に）大きな功績のあるものは、京師〔みやこ〕で領地を受けるが、これは周王に朝貢しようとするときに、ここで宿泊するためのもので、これを「朝宿の邑」という。方岳〔四方の名山〕の下でもまた領地を受けるが、これは天子の巡狩〔狩猟の名目で行なわれた全国の視察旅行〕に諸侯が随行する際、湯水を備えて沐浴に共するためのもので、これを「湯沐の邑」という。魯は（先祖が）周公であるから、朝宿の邑を京師に受けており、「許田」がそれである。鄭は（先君）武公の勲功があるので、湯沐の邑を泰山に受けており、「祊田」がそれである。（しかし）隠公・桓公の世にはすでに周の徳が衰えたため、魯は周都に朝貢せず、王も巡狩をしなくなり、二邑ともに無用のものとなった。（そこで魯・鄭の二国は）地勢の便利により、互いに交換しようとしたが、祊邑は地味が薄いため、許田とつりあわないので、鄭人は璧玉を加えることによって許田と交換したのである。（しかし）諸侯が勝手に天子の田邑を取り替えることは許されないので、（《春秋》の）文章ではその事実を諱み、桓公元年の経には「鄭伯 璧を以て許の田を仮る」と書いたのは、璧玉を進呈して田邑を一時借用したもので、永久的に交換したものではないかのような表現にしたということである。

（君父の）悪行を掩い善行を揚げるのは、臣子の義務であり、後世にその教訓を垂れることができるので、この二事は、ともにその言辞を屈曲させて、その義訓〔正義として守るべき教え〕に従って大順の道を示したもので、その言葉は婉曲に表現して文章を構成することである。

【譯注】

○「三曰」は、表現は婉曲ではあるが、そこに臣子が順い守るべき大道を示しているものをいう。主として君主の行為について諱みはばかる場合である。

四曰盡而不汙。直書其事、具文見意。丹楹刻桷、天王求車、齊侯獻捷之類是

也。〔四に曰はく、盡《つ》くして汙《ま》げず。其の事を直書し、文を具へて意を見《しめ》す。「楹《えい》に丹《に》ぬり桷《かく》に刻す」、「天王の車を求む」、「齊侯の 捷《えもの》を獻ず」の類 是れなり。〕 [01-17b]

【疏】「四曰」より「是也」に至るまで。

○かしこの注に「其の事を直言し、其の事実を尽くし、汙曲〔まげる〕する所無きを謂ふ」と述べている。

礼法では、（諸侯の）宮廟の飾りを制限して、楹《えい》〔はしら〕には丹を塗らず、桷《かく》〔たるき〕には彫刻しない。（ところが）荘公二十三年に「秋、桓宮の楹を丹ぬる」、二十四年に「春、桓宮の桷に刻す」とある。

礼法では、諸侯は車とか衣服を天子への貢物としないし、天子も私事では財物を諸侯に求めることはしない。（ところが）桓公十五年に「天王 家父をして来たりて車を求めしむ」とある。

礼法では、諸侯は俘虜を遣《おく》りあうということはしない。（ところが）荘公三十一年に「斉侯 来たりて戎の捷を献ず」とある。

この三者はともに非礼でありながら行動したもので、ただその事実を書いて、隠すことはせず、具体的に文を作り、譏る意志を表現したのは、その事実を尽くして汙曲することが無いことである。

【譯注】

○「四曰」は「三曰」とは反対に、事実をありのままに書いて譏る意を率直に表現したものをいう。

五曰懲惡而勸善。求名而亡、欲蓋而章。書齊豹盜、三叛人名之類是也。〔五に曰はく、惡を懲らして善を勸《すす》む。名を求めて亡《うしな》ひ、蓋《おほ》はんと欲して章《あらは》る。齊豹を「盜」と書し、三叛人に名いふの類 是れなり。〕 [01-17b]

【疏】「五曰」より「是也」に至るまで。

○かしこの注に「善名をば必ず書し、悪名をば滅ぼさざるは、懲勧を為す所以なり」と述べている。

昭公二十年の「盗 衛侯の兄縶《ちう》を殺す」、襄公二十一年の「邾の庶其 漆・閭丘を以て来奔す」、昭公五年の「莒の牟夷 牟婁及び防茲を以て来奔す」、昭公三十一年の「邾の黒肱 濫を以て来奔す」とあるのが、「盗と三叛人に名いふ」ものである。

「斉豹」は衛国の卿〔大臣〕であり、《春秋》の例では、卿はみなその名氏を（経文に）書く。斉豹が衛侯の兄に怒り、行動を起こしてこれを殺してしまったのは、威勢あるものを畏れないという美名を望んだのである。しかし《春秋》はこれを抑制して「盗」と書いた。「盗」とは賤人でしかも罪人の呼称である。

邾の庶其・黒肱・莒の牟夷の三人は、ともに小国の家臣であり、いずれも命卿〔天子から命ぜられた卿〕ではないから、その名は《春秋》の例からすれば経文に表されるべきではない。土地を盗んで魯に出奔し、魯の地で食禄を求めただけで、その名が世間に聞こえることを望んだのではない。（しかし）《春秋》はことさらに彼らの名前を書き、悪名が滅びないようにした。

もしも悪事を働いて善名を求め、その名が章れ徹《とお》るということがあるならば、争いごとを起こそうとする人間のうち、誰がそれをしないことがあろうか。もしも領地を盗んで利益を求めても、その悪名が世間に聞こえなければ、利を貪ぼる人間のうち、誰が窃盗しないことがあろうか。それゆえ斉豹のことを書いては「盗」と言い、三叛人の名をば明言し、善名を求めてもそれを滅ぼし、悪事を蓋いかくそうとしても悪名を明らかにさせたのは、悪人を懲創〔こらしめる〕して善人を勧奨〔すすめる〕するためである。① 昭公三十一年伝に具体的にこのことを説明しているが、それはこういう意味である。

この「盜」と「三叛人」はすべて悪人であり、この二事を書いたのは、ただ「悪を懲らす」ことができるだけであるのに、ここで「善を勧む」と言ったのは（なぜかといえば）、悪を懲らせば善が勧むということで、連言したのである。

【譯注】

①昭三十一年傳（01-18a-6）――昭公三十一年経「冬、黒肱以濫來奔」の伝は以下の通り。

冬、邾黑肱以濫來奔。賤而書名、重地故也。

君子曰「名之不可不愼也如是、夫有所有名而不如其已。以地叛、雖賤、必書地、以名其人、終爲不義、弗可滅已。是故君子動則思禮、行則思義。不爲利回、不爲義疚。或求名而不得、或欲蓋而名章、懲不義也。齊豹爲衛司寇、守嗣大夫、作而不義、其書爲「盜」。邾庶其・莒牟夷・邾黑肱以土地出、求食而已、不求其名。賤而必書。此二物者、所懲肆而去貪也。若艱難其身、以險危大人、而有名章徹、攻難之士將奔走之。若竊邑叛君以徼大利而無名、貪冒之民將寘力焉。是以《春秋》書齊豹曰「盜」、三叛人名、以懲不義、數惡無禮、其善志也。曰《春秋》之稱微而顯、婉而辨。上之人能使昭明、善人勸焉、淫人懼焉、是以君子貴之」。

○「五曰」は、名声を求めようとして悪事をはたらいた人には、その名前を経文から抹殺し、これとは反対に悪事を隠蔽しようとする人には、その名前を経文に明記して勧善懲悪を実行しようとするものをいう。以上の八節は成公十四年の伝文に基づいた議論である。

推此五體、以尋經傳、觸類而長之、附于二百四十二年行事、王道之正、人倫之紀備矣。〔此の五體を推して、以て經傳を尋ね、類に觸れて之れを長じ、二百四十二年の行事に附くれば、王道の正、人倫の紀 備はれり。〕 [01-18a]

【疏】「推此」より「備矣」に至るまで。

○正義に曰う。上文に「情に五有り」と言い、ここで「五体」と言うのは、その意味からいえば「情」〔実情〕であり、その状態からいえば「体」〔実体〕であって、体・情は同一であるから、互いに表現したもの。

「一に曰はく、微なれども顕」とは、夫子が旧文を修改して新意を作成したもので、修めた《春秋》は新意を主とするので、五例の第一としたのである。「二に曰はく、志せども晦し」とは、周公の旧凡、「経国の常制」である。「三に曰はく、婉にして章を成す」とは、夫子が旧史の大順の道に従ったもので、義として君親を安泰にするもの、（君親の）善を挙げ悪を蓋うものは、夫子はそのまま依拠して改めない。「四に曰はく、尽くして汙《ま》げず」とは、これまた夫子が旧史に因ったもので、正直の士がいて、君に直言極諫し、君の悪事を蓋い隠さず、またその美行を成そうとするものがあれば、夫子はそのまま採用する。この「婉にして章を成す」と「尽くして汙げず」はともに、旧史に因ったものではあるが、それは夫子がこれをそのまま《春秋》の義としたもので、まとめて言うと、これもまた新意の中に入るので、伝はあるいは「書して曰はく」とか、あるいは「書せず」とか言っているのである。

「五に曰はく、悪を懲らして善を勧む」とは、上の「微なれども顕」の例と異ならないけれど、勧戒することの緩やかなものは、「微なれども顕」の条にあり、貶責することの甚だしいものは、「悪を懲らし善を勧む」の例に入れるのである。だから「微なれども顕」は五例の初めにあり、「悪を懲らし善を勧む」は五例の末に配したである。

この五者は《春秋》（の筆法）の要諦〔かなめ〕であるから、これを推し及ぼして経・伝を尋ね、同類のものに従ってこれを援用し、二百四十二年間の人々の行為に附属してその善悪を観察し、その褒貶を用いるならば、王道の正法・人理の紀綱はすべて備えることができる。最初からここまでで経・伝の理を説明し終えたので、この言葉でしめくくったのである。

「類に触れて之れを長ず」とは、《易》①上繋辞の文である。

「二百四十二年」とは、獲麟より以前、これ②以後の経文は魯史の旧文であり、この伝文は（獲麟より）以前の事柄の結末を述べているが、この文章には褒貶は無いので、これは数えない。

「類に触れて之れを長ず」とは、たとえば隠公四年経の「翬 師を帥ゐる」の伝に、「羽父固く請ふ。故に書して、翬 師を帥ゐると曰ふは、之れを疾めばなり」と称している。十年の経にもまた「翬 師を帥ゐる」とある。伝は「書して曰はく」とか、「故に書す」と言ってはいないが、（ここまた）上文と同じく新意であることが分かるのである。また隠公元年の伝に、「儀父とは、之れを貴べばなり」と述べている。そうすると桓公十七年に「儀父」と言うのも、これを貴んで言ったものであり、（「類に触れて之れを長ず」と言うのは）こういうことを指す。


【譯注】
①易上繋辭（01-18b-6）――《周易》繋辭傳上「是故四營而成易。十有八變而成卦。八卦而小成。引而伸之、觸類而長之、天下之能事畢矣」。
②以後經則魯史舊文（01-18b-6）――《公羊》《穀梁》二伝は哀公一四年の「春、西狩獲麟」で経文を終えるが、《左傳》はさらに続けて、哀公十六年の「夏、四月、己丑、孔丘卒」にまで及んでいる。しかしこれは孔子の手を経ていない、魯の史官が記録したままの文章だということ。これを続経という。
○以上、七節から九節にかけては、『左傳』の春秋義例説の具体的解説であった。

或曰、春秋以錯文見義。若如所論、則經當有事同文異、而無其義也。先儒所傳皆不其然。

〔或ひと曰はく、春秋は文を錯《たが》ふるを以て義を見《しめ》せり。若《も》し論ずる所の如くんば、則ち經には當《まさ》に事同じくして文異なるも、而かも其の義無きもの有るべきなり。先儒の傳ふる所は皆な其れ然らず、と。〕　[01-18b]

【疏】「或曰」より「其然」に至るまで。
○正義に曰う。これより「釈例詳之」に至るまでは、（杜預）自身が注解を著作した意図を述べる。経・伝について論じたあとで、すぐさま自分の考えを述べるのは、文章の流れからして不自然であり、言葉の起こしようがないので、仮りに「或る人が質問した」と称して、これに答えるという形〔自問自答形式〕で説明したものである。
《春秋》経文の、侵・伐・会・盟、及び戦・敗・克・取の類は、文章が異なればその意義も殊なるのであり、文字表現にいろいろに変化をもたせて義を表示する。先儒はそうだということを理解しており、そこで彼らは、ほんの少しでも文字表現が異なれば、これらのすべてに意義がある、と考えるのである。（しかし）杜預は、仲尼が述作したものは、史官の旧文に拠ったものであり、文字表現に差し障りがあるものはこれを刊正し、差し障りのないものについては、旧文に詳略のあるままにした、と考える。これが杜預の先儒に異なるところなので、そこで或る人が、上文の杜預の特異な意見について、先儒の学説を執るという形で、以下のように質問して、
《春秋》は文字表現にいろいろ変化をもたせることで（《春秋》の）義を表示しているから、文字表現が異なれば、必ずやそこに義が存するは

ずである。もし（あなた）論じるとおり、文字表現に詳略が有っても必ずしも改めないのであるならば、経文には事柄が同じで文章は異なり、しかも意義の無いものが、当然有るはずである。しかし先儒の伝えるものは、すべてそうではない。今どうしてあなた独りだけが異なるのか。」と述べて、（或る人は）杜預自身にこれをはっきりと弁解させようとしたのである。

【譯注】

○ここからは、杜預が自問自答形式によって自らの春秋学の真髄を詳述していくという形式である。

答曰、春秋雖以一字爲褒貶、然皆須數句以成言。非如八卦之爻、可錯綜爲六十四也。固當依傳以爲斷。〔答へて曰はく、春秋は一字を以て褒貶を爲すと雖も、然れども皆な數句を須《ま》ちて以て言を成せり。八卦の爻の、錯綜して六十四と爲すべきが如きには非ざるなり。固《もと》より當《まさ》に傳に依りて以て斷を爲すべしと。〕

〔01-19a〕

【疏】「答曰」より「爲斷」に至るまで。

○荘公二十五年の「陳侯 女叔をして来聘せしむ」の伝に、「之れを嘉《よ》みするが故に名いはず」と述べており、襄公二十五年の「衛侯燬《き》、邢を滅ぼす」の伝に、「同姓なり。故に名いふ」と述べているように、褒めるときには「字」を書き、貶するときには「名」を称しているから、褒貶は一字に在る。（しかし）褒貶が一字に在るとはいっても、単に一字を書くだけで褒貶を表現するということはできない。そこで或る人に答えて言うことには、「《春秋》は一字を以て褒貶するとはいうものの、すべて数句が有ってはじめて文章が構成されるのであり、八卦の爻が錯綜して六十四卦を作ることができるものとは違うのである」と。卦の爻の場合は、一爻が変ずると（別の）一卦となる。しかし《春秋》の経文の場合は、一字が異なっても一義となることはできない。だから経文は必ず「数句を須《ま》ちて以て言を成す」のであり、《春秋》の義は伝文の説明を頼りとしてはじめて了解されるのであって、経文をあれこれ照らし合わせて義理を求めることはできないのだから、「当《まさ》に伝に依りて以て断を為すべ」きなのである。

文章表現の異なるもので丘明が伝文を書き起こしていないものは、仲尼にも必ずその義が無かったものであり、どうして伝文の主旨の外に、妄りに経文を説くことができようか。これからしても、経文には「事が同じくして文章表現が異なり、しかもその義の無いものが有る」ことが分かるのである。

「数句」とは、隠公元年の「秋七月、天王 宰咺をして来たりて、恵公・仲子の賵を帰《おく》らしむ」とか、昭公十三年の「夏四月、楚の公子比 晋より楚に帰りて、其の君虔《けん》を乾谿に弑す」といった例のことで、これらはいずれも三句以上である。しかし《春秋》全体がすべてこのようなわけではない。杜預の意図としては、賈（逵）・服（虔）の一字（に褒貶があるという説）を完全に破ろうとして、その多い例を挙げたのであろう。①或る人の説では、「其の文句を数ふ」と見なしているが、これでも意味は通じる。

「其の数を錯綜す」とは、《易》上繋辞の文である。いりまじらせ、統べ合わせることをいう。

【譯注】

①或以爲（01-19b-4）――既述の劉寔・賀道養・田僧紹のうちのいずれかの説であろう。

○十節では、《春秋》経文が一字でも異なれば、そこに異なった褒貶の義があるとする「一字褒貶」説、主として《公羊》・《穀梁》二伝の《春秋》解釈に対する杜預の批判である。あくまでも《左傳》の凡例、すなわち周公の旧凡と孔子の新意の変例をもって判断すべきだと杜預は主張するのである。

古今言左氏春秋者多矣。今其遺文可見者十數家。〔古今、《左氏春秋》を言ふ者多し。今其の遺文の見るべき者は十数家あり。〕　〔01-19b〕

【疏】「古今」より「數家」に至るまで。

○《漢書》儒林伝に、

漢興りて、北平侯張蒼及び梁の大傅賈誼・京兆尹①張敞・大中大夫②劉公子は、皆な《左氏傳》を修む。誼《左氏傳訓詁》を為り、趙人③貫公に授く。公 子の④長卿に伝ふ。長卿 清河の⑤張禹に伝ふ。禹 ⑥尹更始に授く。更始 子の咸及び丞相翟方進に伝ふ。方進 清河の⑦胡常に授く。常 黎陽の⑧賈護に授く。護 蒼梧の⑨陳欽に授く。而して劉歆は、尹咸及び翟方進に従ひて受く。是に由りて、《左氏》を言ふ者は、之れを賈護・劉歆に本づく。

と述べているのが、前漢時代の「《左氏》を言ふ者」である。

漢の武帝が五経博士を置いたが、《左氏》は学官に立てられなかった。平帝の時に至って、王莽が政事を輔佐し、そこで初めて学官に立てられたが、後漢にはまた廃止されてしまった。しかしながら、これを学ぶものは次第に多くなっていく。中興（後漢）以後は、⑩陳元・鄭衆・賈逵・⑪馬融・⑫延篤・⑬彭仲博・許恵卿・服虔・⑭潁容といった人々が《左氏春秋》を伝えた。魏の世では、⑮王肅・⑯董遇がこれに注釈を作った。これらの人々の説は、杜預の時代になる頃には、或るものは存在したが、或るものは滅亡してしまったので、杜預が見たという「十数家」が、一体誰を指すのかは不明である。

【譯注】

①張敞（01-19b-7）――《漢書》巻七十六によれば、宣帝に召されて大中大夫となり、後に京兆尹となった。「敞本治春秋、以經術自輔。其政頗雜儒雅」とあるが、彼に《春秋》に関する著作があったかどうかは不明である。

②劉公子（01-19b-7）――劉歆のこと。

③貫公（01-19b-7）――《漢書》儒林傳では、「爲河間獻王博士」の一句があるが、彼についてこれ以上の事は不明である。

④長卿（01-19b-7）――《漢書》儒林傳では、「爲蕩陰令」の一句があるが、また毛公から《詩》を授けられたという。それ以上の事は分からない。

⑤張禹（01-19b-7）――《漢書》儒林傳では、「清河張禹長子」に作る。如淳注に「非成帝師張禹也」というが、それ以上の事は詳かでない。

⑥尹更始（01-19b-8）――《漢書》儒林傳によれば、諫大夫尹更始はまた蔡千秋から《穀梁春秋》を授けられたという。

⑦胡常（01-19b-8）――《漢書》翟方進傳によれば、翟方進と交友関係があったという。儒林傳によれば、《左傳》のほかに、庸生から《古文尚書》を授けられ、また《穀梁春秋》に通じていることで博士となったという。

⑧賈護（01-19b-8）――《漢書》儒林傳では、「哀帝時待詔爲郎」の一句があるが、それ以上の事は分からない。

⑨陳欽（01-19b-8）――《後漢書》陳元傳（巻三十六）に、「父欽、習左氏春秋、事黎陽賈護、與劉歆同時而別自名家。王莽從欽受左氏學、以欽爲厭難將軍」と見える。《漢書》中では、儒林傳のこの記事以外には、厭難將軍としての陳欽が散見するのみである。

⑩陳元（01-19b-10）――《後漢書》陳元傳に、「建武の初め、桓譚・杜林・鄭興と倶に学者の宗とする所為り」と見える。彼は父の陳欽より《左氏春秋》を受け、

その訓詁を作ったという。《經典釋文》序錄には「司空南閣祭酒陳元作左氏同異」と言うが、しかし《隋書》經籍志にはその書は収録されていない。

⑪馬融（01-19b-10）——古文学の通儒馬融の《春秋》に関する著述については、《後漢書》馬融傳の、「嘗欲訓左氏春秋、及見賈逵・鄭衆注、乃曰、賈君精而不博、鄭君博而不精。既精既博、吾何加焉。但著三伝異同説」という記載から知られるように、《三傳異同説》だけであるが、この書は既に《隋志》にも著録されていない。《玉函山房輯佚書》には諸書から二十一条が輯録されている。

⑫延篤（01-19b-10）——《後漢書》（巻六十四）によれば、延篤、字は叔堅。年少のころ唐渓典より《左氏傳》を受け、後には馬融にも業を受けたという。《經典釋文》序錄には、「京兆尹延篤、字叔堅、南陽人。受左氏於賈逵之孫伯升、因而注之」とみえる。《隋書》經籍志には「戰國策論一巻漢京兆尹延篤撰」のみが著録されて、《左傳》注はみえない。昭公十二年疏に僅かに一例引用されるのみである。吉川幸次郎「春秋正義書後」（《支那學》六―一　一九三二年　全集第六巻）は、《隋志》に著録しない馬融・延篤・彭汪の注は、服虔の《春秋左氏傳解誼》に引用されて残ったものだと断じている。従うべき見解であろう。

⑬彭仲博（01-19b-10）——《經典釋文》序錄に「汝南彭汪、字仲博。記先師奇説及旧注」とみえるのがその人。襄公十九年と昭公二十七年疏の二条の引用があるのみで、前述の馬融・延篤と同様に、唐人のみならず、六朝人も直接に見得たわけではない。

⑭潁容（01-19b-10）——《後漢書》儒林傳によれば、潁容、字は子厳。博学多通にして、《春秋左氏》を善くし、《春秋左氏條例》五万余言を著わしたという。《隋書》經籍志に「春秋釋例十巻漢公車徴士潁容撰」とあるのがそれである。杜預《春秋釋例》もこの書に負うところが多いことが予想される。現存しないが、《玉函山房輯佚書》では二十七条が輯録されている。

⑮王肅（01-20a-1）——三国魏の人。《三國志》王朗傳（巻十三）にその伝記が見える。王朗は王肅の父である。「初、肅善賈・馬之學而不好鄭氏。采會同異、爲尚書・詩・論語・三禮・左氏解。及撰定父朗所作易傳、皆列於學官」とあるように、彼の学問は後漢の大儒鄭玄批判に終始したようである。王肅の《春秋》に関する著述については、《隋書》經籍志に「春秋左氏傳三十巻王肅注・春秋外傳章句一巻王肅撰梁有二十二巻」として著録されている。なお「春秋左氏傳十二巻魏司徒王朗撰」とあるが、あるいは王肅の注釈はこれを含むのかも知れない。現在いずれも佚して伝わらない。《玉函山房輯佚書》にその輯本がある。

⑯董遇（01-20a-1）——三国魏の人。既述の《三國志》王朗傳に附されて、「明帝時大司農董遇等、亦歴注經傳、頗傳於世」という一文が記載されているが、その裴松之注に引用する《魏略》にやや詳しい伝記がある。（ちなみに「讀書百遍、義自ら見はる」という言葉はここに見えるものである）。彼の《左傳》注は《隋書》經籍志に「春秋左氏傳三十巻董遇章句」としてみえる。現在《玉函山房輯佚書》に十条が輯録されている。

大體轉相祖述、進不成爲錯綜經文以盡其變、退不守丘明之傳。於丘明之傳有所不通、皆没而不説。而更膚引公羊穀梁、適足自亂。［大體轉《うた》た相祖述し、進んでは爲めに經文を錯綜して以て其の變を盡くすを成さず、退いては丘明の傳を守らず。丘明の傳に於て通ぜざる所有れば、皆な没して説かず。而して更に《公羊》《穀梁》を膚引するは、適《まさ》に自ら亂るに足れり。］　［01-20a］

【疏】「大體」より「自亂」に至るまで。

○《禮記》①中庸に「仲尼 堯舜を祖述す」と述べており、「祖」は始の意で、昔の人を始めとして、これを述べ修めることである。

経文に詳略があるのは、本来そのことで《春秋》の義を表現しているのではないのに、強いて説明しようとすれば、道理が通じないので、（先儒の多くが）「進んでは経文を互いに照らし合わせて、さまざまな変化を残らず解こうとはしない」で、伝文の外に別に異端の説をうち立てるため、「退いては丘明の伝を守らず、伝に通じない所があれば、そのことを捨てて説明しない」とは、諸家の注にこういった例が多いことを言ったものである。

しかし多くの注釈書もはや亡んでしまったので、（そのことを具体的に）指摘することはできない。服虔・賈逵の注を見ると、「すべて捨てて説かない」ものが多い。たとえば、②文公二年に「僖公の主を作る」とあるが、伝ではすでに②僖公三十三年で「主を作るは非礼なり。凡そ君薨ずれば、卒哭して祔し、祔して主を作る」と記載しているもの、及び襄公九年の「閏月戊寅、陰阪を済る」とあるもの（これらには賈・服の注釈は無い）、これがその例である。

「膚」とは皮膚を意味し、浅近に皮相的に引用することをいう。《公羊》・《穀梁》は口伝によって伝授されてきたもので、③それぞれの事柄に因って問いを起こすという形式で、その意義は《左氏》と同じではない。それゆえこれを引用して《左氏》を解釈すると、「適《まさ》に以て自ら錯乱するに足る」という結果になるのである。

【譯注】

①禮記中庸（01-20a-5）――《禮記》中庸篇「仲尼祖述堯舜、憲章文武、上律天時、下襲水土」、鄭玄注「此以春秋之義說孔子之德。孔子曰、吾志在春秋、行在孝經。二經固足以明之。孔子述堯舜之道、而制春秋、而斷以文王武王之法度。春秋傳曰、君子曷爲爲春秋。撥亂世反諸正、莫近諸春秋。其諸君子樂道堯舜之道與、末不亦樂乎堯舜之知君子也。又曰、是子也繼文王之體守、文王之法度。文王之法無求而求、故譏之也。又曰、王者孰謂、謂文王也。此孔子兼包堯舜文武之盛德、而著之春秋、以俟後聖者也。律述也。述天時謂編年四時具也。襲因也。因水土謂記諸夏之事山川之異」。

②文二年・襄九年（01-20a-7/8）――この両年には詳しい杜預注がある。特に襄公九年では、彼の作成した《春秋長暦》から計算して、この年に「閏月戊寅」という日が無いことについて、長文の注釈を施している。

③因事起問（01-20a-8）――《公羊傳》隱公元年の条に「元年者何、君之始年也。春者何、歲之始也。王者孰謂、謂文王也。曷爲先言王而後言正月、王正月也。何言乎王正月、大一統也」とあるように、経文を問答体によって解説していくのが、《公羊》《穀梁》二伝の主たる経文解釈の形式である。

○杜預の見ることのできた左氏学者の十数家を具体的に挙げてはいないが、彼らに共通する欠点として最も顕著なことは、《公羊》《穀梁》二伝の義例を皮相的に引用することである、と杜預は主張する。

預今所以爲異、專脩丘明之傳以釋經。經之條貫必出於傳、傳之義例揔歸諸凡。推變例以正褒貶、簡二傳而去異端。蓋丘明之志也。〔預が今 異を爲す所以は、專ら丘明の傳を脩めて以て經を釋せるなり。經の條貫は必ず傳より出で、傳の義例は揔《す》べて諸《これ》を凡に歸す。變例を推して以て褒貶を正し、二傳を簡《えら》びて異端を去る。蓋し丘明の志ならん。〕　〔01-20a〕

【疏】「預今所以」より「之志也」に至るまで。

①○丘明は聖人（孔子）と恥を同じくする人物で、経文の為めに伝文を作成したのであり、経文に何かの意義が有れば、これを説き尽くさないはずはないから、「専ら丘明の伝を修めて、以て経を釈す」るのである。伝文を作成して経文を解説した結果、経文の意義は伝文に在るはずだから、「経の条貫

〔すじみち〕は、必ず伝に出づ」るのである。「凡」と書き始めて《春秋》の義例を述べた結果、義例は必ず「凡」例の中に在るはずだから、「伝の義例は、総べて諸《これ》を凡に帰す」るのである。もし義例が有って「凡」例の無いときには、伝に変例が有る。このような場合は「変例を推尋して、以て褒貶を正す」のである。もし《左氏》が解説していなくて、二伝にその解説が有る場合には、是なるもの非なるものが有って、これを捨て去ることができるし、採取することもできる。このような場合は「二伝を簡選〔えらぶ〕」して、その義が（《左氏》に）合うものを取って、「其の異端を去る」のである。杜預自身がこういうことで説を立てたと述べているが、これが「思うに丘明の本意であろう」。

昭公三年の「北燕伯款 斉に出奔す」の伝に、「書して、北燕伯款 斉に出奔すと曰ふは、之れを罪するなり」と述べていることからすると、昭公二十一年の「蔡侯朱 楚に出奔す」もまた、蔡侯を罪有るものと見なしたものである。《釈例（王公夫人出奔例）》に「朱には罪無しと雖も、位を失ふに拠りて出奔すれば、亦た其の咎なり」と述べているのがその説明である。

宣公十年の「崔氏 衛に出奔す」の伝に、「書して崔氏と曰ふは、其の罪に非ざるなり」と述べており、名を書かない場合が無罪であるなら、名を書いた場合は罪が有ることになる。襄公二十一年の「晋の欒盈 楚に出奔す」の杜注に、「名を称するは、之れを罪す」と言っている。このような例が、「変例を推し（及ぼし）て以て褒貶を正す」ものである。

荘公十九年の「公子結、陳人の婦を鄄に媵〔みおくる〕す」の杜注に、「《公羊》《穀梁》は皆な以為へらく、魯の女、陳侯の婦を媵す」と述べており、また僖公九年の「伯姫 卒す」の杜注に、「公羊・穀梁に曰はく、未だ人に適《ゆ》かず。故に国を称せず」と述べているもの、このような類が「二伝を簡ぶ」である。先儒の中には二伝から取る者は多い。しかし杜預が採用しなかったのは（《左傳》の義に合わなかったもので）、「異端を去る」ものである。

【譯注】

①丘明與聖同恥（01-20b-3）――《論語》公冶長篇に、「子曰、巧言令色足恭、左丘明恥之、丘亦恥之。匿怨而友其人、左丘明恥之、丘亦恥之」とあることを踏まえる。

○左氏先儒が公・穀二伝を皮相的に引用することを批判した後で、ここでは、《春秋》はあくまで《左傳》の「凡例」と「変例」をもとにその大義を求めるべきではあるが、《左傳》に解説が無い場合、《公羊》《穀梁》二伝の中から《左傳》の主張に合うものを選択して採用することも有ると述べる。しかしこうなると杜預と左氏先儒との区別が曖昧となってくるであろう。

其有疑錯、則備論而闕之、以俟後賢。〔其の疑錯有るは、則ち備《つぶ》さに論じて之れを闕《か》き、以て後賢を俟《ま》つ。〕　〔01-20b〕

【疏】「其有」より「後賢」に至るまで。

○《集解》と《釈例》とには、錯誤したものを論じて、疑わしいものをそのままにしたものがあり、それは一・二に止どまらない。（このことについて）《釈例》終篇に以下のように、

聖人を去ること久しく、古文・篆隷といった書体は時代を経過するうちに変化し、当然のことながら錯誤を生じることとなったが、その文字に拘泥して真意を害うことはできない。それゆえ聖人は「一[①]を聞いて二を知る」ことを貴ぶのであり、これこそが賢明なる史官の闕文（の態度）である。いま《左氏》には伝文の無い経文が有り、また経文の無い伝文

が有る。経文の無い伝文は、或いは（左丘明が）文章を広く（諸文献から採集）したものであろう。しかし伝文の無い経文は、その事実を（左丘明が）知らなかったものである。また事柄が魯に関わることで、魯の君が直接関与したことでありながら、これを書いていないものも有る。これについて先儒の或るものは強いて説を為そうとする者があり、捨てて説かない場合もあり、闕文の疑いが有る場合も有って、まことに憶測の理屈で推測することは難しい。
と述べているのが、「備《つぶ》さに論じて之れを闕《か》く」と言うことの説明である。

【譯注】

①聞一而知二（01-21a-2）――《論語》公冶長篇に、「子謂子貢曰、女與回也孰愈。對曰、賜也何敢望回。回也聞一以知十。賜也聞一以知二。子曰、弗如也。吾與女弗如也」とあるのを踏まえたもの。「一を聞いて十を知る」態度はえてして勇み足となるというのであろう。

然劉子駿創通大義、賈景伯父子許惠卿皆先儒之美者也。末有潁子嚴者。雖淺近亦復名家。故特擧劉賈許潁之違、以見同異。〔然れども劉子駿は創《はじ》めて大義に通じ、賈景伯父子、許惠卿は皆な先儒の美なる者なり。末に潁子嚴なる者有り。淺近なりと雖も、亦た復た名家なり。故に特に劉賈許潁の違《たが》へるを擧げて、以て同異を見《しめ》す。〕〔01-21a〕

【疏】「然劉」より「同異」に至るまで。

○《漢書》楚元王伝に、

劉歆、字は子駿。劉徳の孫、劉向の少子である。哀帝の時、歆は秘書を校定し、古文の《春秋左氏伝》を見、大いにこれを好んだ。初め《左氏伝》には古字・古言が多く、学者は訓詁を伝えるだけであった。歆が《左氏》を修得するにあたっては、伝文を引いて経文を解釈したので、経・伝がつぎつぎと発明しあい、これによって章句の正しいすじみちが備わった。

と述べているのが、（劉歆の）「大義に創《はじ》めて通ず」という事情である。後漢の賈逵は、字は景伯、扶風の人である。父の徽は、字は元伯と言い、業を歆より受け、《春秋條例》を著作した。逵は父の業を伝え、《左氏伝訓詁》を著作した。許恵卿は、名は淑、魏郡の人である。潁子厳は、名は容、陳郡の人である。《春秋》に注釈して、一家の学を成した。劉歆・賈逵といった連中と比較すれば、その学識は浅近ではあるが、しかし杜預が思うに、先儒の中では、この四家がやや長じているので、特にそれらの違いを挙げて異同を示したのである。その他の服虔①といった学者は、この四家に比べて甚だ見劣りがするので、棄てて論じない。

【譯注】

①服虔（01-21b-2）――杜預が服虔に何ら言及しないことについては、従来から問題視されてきたところである。杜預の《經傳集解》が服虔の注釈に負うところが多いことは、《春秋正義》を読めば明らかであるからだ。もっとも、加賀栄治《中国古典解釈史　魏晋篇》（勁草書房　一九六四年）には、「杜預の集解では、先儒の注解を拠用摂取しながらも、一つとしてその名を示さない形をとっている。先儒の注解を折衷統合して、集注・集解のかたちをとる魏晋の伝注においては、拠用した注解の著者名を記す記さないは、価値判断の問題にならないことであったから、杜預の集解が先儒の名を記さないからといって非難するのは当らない」という見解もある。

○ここに「特に劉・賈・許・潁の違へるを擧げて、以て同異を見す」とあるのは《經傳集解》のことを言うのではなく、《春秋釋例》のことを説明したものである。したがってこの序が《春秋釋例》の序であるという説があるのも故無しとしない。

分經之年與傳之年相附、比其義類、各隨而解之。名曰經傳集解。〔經の年と傳の年とを分けて相附け、其の義類を比べ、各々隨ひて之れを解す。名づけて經傳集解と曰ふ。〕　[01-21b]

【疏】「分經」より「集解」に至るまで。

○丘明が伝文を作成した際、聖言（である経文）との混乱を避けようとつとめたので、経文と別行させたのであるが、これは丘明だけに止どまろうか。《公羊》《穀梁》、そして①毛公・韓嬰が《詩》に伝を制作したときも、そうしないものは無かったのである。しかし経・伝が別々であると、省覧〔しらべる〕するのに煩わしいので、杜預は年②ごとに分けてひとまとめにし、経と伝を分別したうえで、（これを年ごとに）集めて解釈したのである。杜預が《集解》と名づけたのは、経③・伝を集めて解を作成したことをいう。（これに対し）何④晏の《論語集解》は、諸家の解釈を集めて《論語》を解説したもので、言葉は同じでも意味は異なるのである。

【譯注】

①毛公韓嬰（01-21b-5）――《漢書》藝文志に「詩經二十八巻　魯・齊・韓三家」とあって、これは「今文経」であるという。当時の通行字体で書かれた経文である。そして韓嬰の「伝」と思われるものが、「韓故三十巻・韓內傳四巻・韓外傳六巻・韓説四十一巻」として、「経」とは別に著録されている。また「毛詩二十九巻」とあるのが「古文経」と呼ばれるもので、続けて毛亨の「毛詩故訓傳三十巻」が著録されている。

②分年相附（01-21b-5）――従来は経文「隱公元年・二年・三年…」、伝文「隱公元年・二年・三年…」とあるのを、「隱公元年経・伝・隱公二年経・伝・隱公三年経・伝…」という形式に編集し直したということ。

③聚集經傳（01-21b-6）――唐・陸徳明の《經典釋文》春秋經傳集解の項にも「夫子之經與丘明之傳各巻。杜氏合而釋之。故曰經傳集解」という同様な指摘がある。

④何晏論語集解（01-21b-6）――何晏《論語集解》序に「前世傳授師説、雖有異同、不爲訓解。中間爲之訓解、至于今多矣。所見不同、互有得失。今集諸家之善、記其姓名、有不安者、頗爲改易、名曰論語集解」と述べている。

又別集諸例及地名譜第厤數、相與爲部、凡四十部十五巻。皆顯其異同、從而釋之、名曰釋例。將令學者観其所聚異同之說。釋例詳之也。〔又た別に諸例及び地名・譜第・厤數を集め、相與に部を爲し、凡て四十部十五巻とす。皆な其の異同を顯《あき》らかにし、從ひて之れを釋す。名づけて《釋例》と曰ふ。將《まさ》に學ぶ者をして、其の聚む所と、異同の説を観しめんとす。《釋例》に之れを詳かにせり。〕　[01-21b]

【疏】「又別」より「之也」に至るまで。

○《春秋》は事実を記録した書物であり、前代の人と後代の人の行なった事柄は似たようなものであるから、その行動と事実を記録した場合、同じような例が必ず有るはずである。しかしながら他の年に散在しているので、相い比較校合しなければ、その事柄の善悪は章らかにならず、（したがって孔子の）褒貶も明らかにならない。そこで杜預が「別に諸例を集め、従ひて之れを釈」したのは、「まさに学者がこの集めたものを見せ、その同異を観察させようとした」もので、そうすれば学んで明らかにし易いからである。「諸例及び地名・譜第〔氏族の系譜表〕・暦数〔こよみ〕」と言う、（下の）三者は《春秋》に関する事柄とはいっても、経・伝の中では例の無いものがかなり多く、特に篇巻にしても「諸例」と同じ性質のものではないので、「及」と言ったのである。

事柄が同じであればひとつの部と為し、小異であれば附けたりで出し、経文に関連しなくて例とするには及ばないものは、〈終篇〉に集めたので、「相与に部を為す」と言ったのである。

その「四十部」の次第は、隠公の〈即位〉を最初とし、先にその事柄があれば、これを〈即位〉の次にした。ただ〈世族〉〈土地〉だけは、事が例ではないので、後部に退けた。〈終篇〉は当然最後に置くべきなので、この二篇を〈終篇〉の前に置き、〈終篇〉を終りに置いたのである。

〈土地の名〉は「宋・衛 垂に遇ふ」〔隠公八年〕から始め、〈世族譜〉は「無駭卒す」〔隠公八年〕から始めた。「無駭卒す」は「垂に遇ふ」の後にあるので、〈地名〉は〈世族〉の前に置いた。

【譯注】

○この部分は杜預《春秋釋例》について解説したものである。なお《春秋釋例》は明代にすでに亡佚して完本は伝わらない。現行本は《永樂大典》に採録されたものを基本に、この《春秋正義》を始めとする諸書に引用されたものを資料として、清代に復元された輯佚書である。《武英殿聚珍版書》・《叢書集成初篇》（以上は清・紀昀等校）・《古經解彙函》・《岱南閣叢書》（以上は清・莊述祖・孫星衍校）に収録されている。いま参考までに《古經解彙函》本（京都中文出版社影印 一九七〇年）の目次を左に引用してみよう。

公即位例第一・會盟朝聘例第二・戰敗例第三・母弟例第四・弔贈葬例第五・大夫卒例第六・滅取入例第七・氏族例第八・爵盟例第九・内外君臣逆女例第十・内女夫人卒葬例第十一・侵伐襲例第十二・災異例第十三・崩薨卒例第十四・書弑例第十五・及會例第十六・蒐狩例第十七・廟室例第十八・土工例第十九・歸獻例第二十・歸入納例第二十一・班序譜第二十二・公行至例第二十三・郊雩烝嘗例第二十四・王侯夫人出奔例第二十五・執大夫行人例第二十六・書諡例第二十七・書叛例第二十八・書次例第二十九・遷降例第三十・以歸例第三十一・夫人内女歸寧例第三十二・大夫奔例第三十三・逃潰例第三十四・殺世子大夫例第三十五・作新門廐例第三十六・作主 例第三十七・得獲例第三十八・執諸侯例第三十九・喪稱例第四十・告朔例第四十一・ 殺例第四十二・土地名第四十三・世族譜第四十四・經傳長歷第四十五・終篇第四十六

或曰、春秋之作、左傳及穀梁無明文。説者以爲、仲尼自衛反魯、脩春秋立素王、丘明爲素臣。言公羊者亦云、黜周而王魯、危行言孫、以辟當時之害。故微其文、隱其義。公羊經止獲麟、而左氏經終孔丘卒。敢問所安。〔或るひと曰はく、《春秋》の作は《左傳》及び《穀梁》に明文無し。説く者以爲へらく、仲尼 衛より魯に反り、《春秋》を脩めて素王を立て、丘明を素臣と爲す、と。公羊を言ふ者も亦た云ふ、周を黜《しりぞ》けて魯を王とし、行ひを危《たか》くして言は孫《したが》ひ、以て當時の害を辟《さ》く。故に其の文を微にし、其の義を隱す、と。《公羊》の經は獲麟に止まり、而して《左氏》の經は孔丘の卒に終る。敢て安んずる所を問ふ、と。〕 [01-22a]

【疏】「或曰」より「所安」に至るまで。

○正義に曰う。上の一問一答で、注釈を著作した道理を説明し終えたので、次に《春秋》の著作時期、及び仲尼の述作の大意を問うた。先儒の学説は全てが誤っており、必ずここでそれを明らかにすべきであるが、ここでもまた文章の流れが不自然であるので、再び問いを借りて、これに答えるという形をとって、明らかにしていく。

この一問の中に四つの意味がある。その一つは、著作の時期を問うもの。二つめは、先儒が、孔子自ら素王〔無冠の帝王〕となったという、その事の虚実を問うもの。三つめは、《公羊》の説に、孔子が周を黜《しりぞ》けて魯を王としたという、その言葉の是非を問うもの。四つめは、《左氏》には「獲麟」の後にまだ余経があることについて問うもので、杜預に対してその考えの落ち着くところを問うたのである。

杜預が「《左伝》及び《穀梁》には明文無し」と言うことに拠ると、《公羊》にははっきりとした説明があることになるが、しかし今、何休の注釈した《公羊伝》を調べてみるに、これにも①《春秋》の著作に関する記事は無い。調べてみるに、②孔舒元の《公羊伝》本に、

十有四年、春、西に狩りして麟を得たり。何を以てか書する。異を記せるなり。今　麟は非常の獣なり。其の非常の獣為ること奈何。王者有るときは則ち至り、王者無きときは則ち至らず。然らば則ち孰《いづ》れの為めにして至れる。孔子の《春秋》を作るが為めなり。

と述べており、これが明らかに文章と成ったものである。

（これに対して）《左伝》及び《穀梁》には（《春秋》著作に関する）明文が無い。そこで《左氏》を説く者は、「孔子は衛より魯に帰ったので、《春秋》を撰述したが、三年で完成したところ、そこで始めて麟を得たのである」と述べている。孔子がこの書を著作した結果、麟がこの書の為めに来たり応じたとは、麟が孔子のために到来したことを意味する。

そして「麟」は帝王の瑞祥〔めでたいしるし〕であるので、「素王」の説が生まれた。その意味は、孔子が自身を素王と見なしたので、《春秋》を著作して素王の法を確立したし、丘明も自身を（素王の臣下としての）素臣と見なしたので、素王の為めに《左氏》の伝を著作した、と言うのである。漢魏の諸儒はすべてこのような考え方をしている。

③董仲舒の〈対策〉に「孔子　《春秋》を作り、王を正すを先にして繫くるに万事を以てし、素王の文を見《あらは》す」と言い、賈逵の《春秋》序に「孔子　史記を覧、是非の説に就きて、素王の法を立つ」と言い、④鄭玄の《六芸論》に「孔子　既に西に狩りして麟を獲たれば、自ら素王と号し、後世の受命の君の為めに、明王の法を制す」と言い、⑤盧欽の《公羊》序に「孔子　自ら魯の《史記》に因りて《春秋》を修むるは、素王の道を制するなり」と言うように、先儒のことごとくが「孔子　素王を立つ」と述べているのである。⑥《孔子家語》に「斉の大史子余　孔子の言葉を嘆美して云ふ、天　其れ之れを素王とせるか」と述べている。「素」は「空」で、その意味は、位が無くして空しく〔実質の伴わない〕王となることをいう。かの子余は、孔子が深く上天の真意にもとづいていることを賛美したから、この言葉を述べたまでで、孔子が自ら素王と号したのではない。たぶん先儒はこの記載によって謬り、そのまま「《春秋》が素王の法を立て、左丘明が仲尼の道を述べたのでまた素臣となった」と言ったのであろう。「丘明　素臣と為る」と言うことについては、誰が説いているのか分からない。

「公羊を言ふ者」とは、何休といった連中のことである。「周を黜《しりぞ》けて魯を王とす」とは、《公羊》の本文ではない。《公羊》を説く者がその意図を推測して理論づけたまでである。杞国は二王の後〔夏朝の後裔〕であるから、本来その爵は上公であるのに、経文に「杞伯」と称しているところから、孔子がこれを黜けたのだと考えるのである。宣公十六年の「成周の宣榭に火あり」の《公羊伝》に、「外災は書せざるに、此に何を以てか書する。周を新たにすればなり」と述べている。その意味は、周は王者の後であり、宋〔殷

の後裔」に比べると新であるので、これらを根拠として、《春秋》は王を魯に託し、周・宋を二王の後として、杞を黜《しりぞ》けて庶国と同じにした、というのである。何休の隠公元年の注に「唯だ王者にして然る後に元を改め号を立つ。《春秋》は新王の、命を魯に受くるに託す」と言い、また宣公十六年の注に「孔子《春秋》を以て新王に当て、上は杞を黜け、下は周を新たにして宋を故にし、周を黜けて王者の後と為す」と言っているのが、「周を黜けて魯を王とす」るという説である。

定公元年の《公羊伝》に「定・哀に微辞多し。主人 其の読を習ひて其の伝を問ふときは、則ち未だ己の罪有るを知らざるのみ」と言い、何休が「此れ仮設して之れを言ふ。主人とは定・哀を謂ふなり。其の経を習ひて之れを読む。其の伝の解詁を問ふときは、則ち己《おのれ》〔定公・哀公〕に是《ここ》に罪有るを知らず。此れ孔子 時君を畏れ、上は以て尊を諱み恩を隆《さかん》にし、下は以て害を辟け身を容《い》る。慎の至りなり」と注しているのが、「言は孫《したが》ひて害を辟け、文を微にし義を隠す」という説である。

「衛より魯に反る」、「行ひを危《たか》くし、言は孫《したが》ふ」とは、ともに《論語》⑦の文章である。鄭玄が「時に拠り、言を高くし行ひを高くするものは、皆な危を見る」と見なしているのは、高行〔行いを高邁にすること〕が危行であることをいう。何晏は「危」を厲とみなし、言行を厲《はげ》しくして、俗世に従わないものだという。二人のうち誰の説が杜預の主旨に該当するのか、分からない。

《公羊》の経文は「獲麟」でそのまま止まるが、《左氏》の経文は（その二年後の）「孔子卒す」で終わっている。先儒の或る者は、麟の後の経文もまた孔子の書いたものだと考えている。そこでその意義の落ち着くところを問うたのである。

【譯注】

①無作春秋之事（01-22b-4）――《公羊傳》哀公十四年の「獲麟」の条に、「（前略）…春秋何以始乎隱、祖之所逮聞也。所見異辭、所聞異辭、所傳聞異辭。何以終乎哀十四年、曰、備矣。君子曷爲爲春秋、撥亂世反諸正。…（後略）」とある。《春秋》の著作に関する明文と言えるものであるが、この序に言う明文とは、著作時期を明言するものを意味するのであろう。

②孔舒元（01-22b-4）――《晉書》儒林傳によれば、孔衍、字は舒元、魯国の人、孔子二十二世の子孫である。その著述については「凡所撰述、百餘万言」とあるのみで、具体的な書名は記されていない。《隋書》經籍志には《春秋》に関する著述として、「梁有春秋公羊傳十四巻孔衍集解・春秋穀梁傳十四巻孔衍撰」として著録されており、《舊唐書》經籍志では「春秋公羊傳集解十四巻孔氏注・春秋穀梁傳十三巻孔衍訓注」とある。いずれも現存しない。「孔舒元公羊傳本云」とあるので、《公羊傳》に異本が存在したのであろうか。

③董仲舒（01-22b-8）――前漢の景帝時代（前一五七～前一四一在位）に博士となり、武帝（前一四一～前八七在位）に対策〔天子の策問に対える〕して、いわゆる儒教の国教化に貢献した。前漢の《公羊傳》の盛行は彼の力によるところが大きい。その著作《春秋繁露》は《公羊傳》の詳細な解説書である。なおここに引用した〈対策〉は《漢書》董仲舒伝に見える。

④鄭玄六藝論（01-22b-9）――《隋志》に「六藝論 一巻 鄭玄撰」として著録されているが、佚書である。《後漢書》鄭玄傳にはその書名は見えないが、《公羊傳》序疏に「鄭君先作六藝論訖、然後注書」という記述が見える。《春秋正義》中の引用はこの一例だけであるが、《毛詩正義》《禮記正義》には多数引用されている。

⑤盧欽（01-22b-9）――《晉書》巻四四によれば、盧欽、字は子若、杜預と時代を同じくする人物である。代々儒学者として有名であったという。その著書につ

いては、「詩賦論難数十巻」とあるのみで、《春秋》に関する著述が有ったかどうかは不明である。

⑥孔子家語（01-22b-10）――現行本《孔子家語》では〈本姓解〉篇に見える。

齊太史子與適魯、見孔子。孔子與之言道。子與悦曰「吾鄙人也。聞子之名、不覩子之形久矣。而求知之寶貴也、乃今而後知泰山之爲高、淵海之爲大。惜乎夫子之不逢明王、道德不加于民、而將垂寶以貽後世」。遂退而謂南宮敬叔曰「今孔子先聖之嗣。自弗父何以來、世有德讓、天所祚也。成湯以武德王天下、其配在文。殷宗以下、未始有也。孔子生於衰周、先王典籍、錯亂無紀、而乃論百家之遺記、考正其義、祖述堯舜、憲章文武。刪詩述書、定禮理樂、制作春秋、讚明易道。垂訓後嗣、以爲法式。其文德著矣。然凡所教誨、束脩已上、三千餘人。或者天將欲與素王之乎、夫何其盛也」。敬叔曰「殆如吾子之言。夫物莫能兩大。吾聞聖人之後、而非繼世之統、其必有興者焉。今夫子之道至矣、乃將施之無窮、雖欲辭天之祚、故未得耳」。子貢聞之、以二子之言告孔子。子曰「豈若是哉。亂而治之、滯而起之、自吾志。天何與焉」。

⑦論語（01-23a-8）――《論語》子罕篇「子曰、吾自衛反魯、然後樂正、雅頌各得其所」、集解「鄭玄曰、反魯、哀公十一年冬。是時道衰樂廢。孔子來還、乃正之。故雅頌各得其所」、また〈憲問〉篇「子曰、邦有道、危言危行。邦無道、危行言孫」、集解「危、厲也。邦有道、可以厲言行也。孫、順也。厲行不隨俗、順言以遠害」。鄭玄注は佚文であるが、「危行言孫」「微文隠義説」は時の権力者をはばかって言動を慎重にし、春秋の文章を微にして大義を隠したというものであろう。

○本節では、春秋著作の時期、公羊学者の言うところの「孔子素王」説、「黜周王魯」説、「危行言孫、微文隠義」説の是非、《左傳》の「獲麟」以後の経文の意味、といった問題に答えるという形で杜預の考えを述べている。

荅曰、異乎余所聞。仲尼曰、文王既没。文不在茲乎。此制作之本意也。歎曰、鳳鳥不至、河不出圖、吾已矣夫。蓋傷時王之政也。〔荅へて曰はく、余の聞く所に異なれり。仲尼曰はく、文王既に没す。文茲に在らざらんや、と。此れ制作の本意なり。歎じて曰はく、鳳鳥は至らず、河は圖を出さず、吾れ已んぬるかな、と。蓋し時王の政を傷《いた》めるならん。〕　〔01-23b〕

【疏】「荅曰」より「政也」に至るまで。

○これより最後に至るまでは、上の問いの四つの考えに答える。しかし答えがあれこれ先後して、順序どおりではない。先ず根拠とするところが有ったうえで、そこで互いに相い発明させようとしたので、質問の順番どおりに答えることができなかったのである。

質問者は、先ず著作の時期を問うた。杜預の考えでは、必ずや「獲麟」があってはじめて作ったはずだから、「仲尼曰」より「所以為終」に至るまでは、著作の時期を明らかにし、同時に（仲尼の）の本意は、自ら制作しようとする意欲があって、麟に感じて始めて著作したのであり、先に《春秋》を著作して、その後ではじめて麟を致したのではない、ということを明白にしたのである。

すでに麟に止まる意義を述べたうえは、次には必ず隠公に始まる理由を説明すべきであり、かつ平王の周正〔周の暦法〕を根拠として、「周を黜けて魯を王とす」るという説の誤りである証拠を示そうとしたのである。しかし終わりを言ったうえで、さかのぼって始めを言うのは、文章が順序だっていないということから、前の問いに答えるその意味がまだ終了していないが、さらに一問を起こしたのである。「曰然則」より以下、「此其義也」に至るまでは、《春秋》が隠公に始まる意味を明らかにし、「周を黜けて魯を王とす」という言葉に答えたのである。

すでに「魯を王とす」ることの間違いであることを述べたからには、そのまま続けて《公羊》の誤りをはっきりさせる。「若夫制作」より「非隠之也」に至るまでは、「文を微にし義を隠す」ということの間違いであることに答える。「聖人包周身之防也」より「非所聞也」に至るまでは、「言は孫《したが》ひて害を辟《さ》く」ということの虚偽について答える。

先儒は、未だ麟を獲ないうちにすでに《春秋》を作り、獲麟を過ぎてもまだ経文が終了しない、と考えているので、《公羊》の謬りに答えたうえで、その後でしりぞいてまた「素王」説の虚偽をはっきりさせ、併せて経を（哀公十七年の孔子の卒まで）引くことの虚妄であることを説く。「子路欲使門人」より「又非通論也」に至るまでは、「素王素臣」の問いに答える。「先儒以為」より「得其実」に至るまでは、経が獲麟に止まる意味に答える。「至於反袂」より以下は、その説の採用すべきでないことを言う。この章の段落分けの大意について、その論旨は以上の通りである。

質問者は自分がこれまでに聞いたことで問うた。その「余の聞く所に異なり」の一句は、依拠したところが道理に合わないことを慨嘆したため、「余の聞く所に異なり」と言ったのである。

「仲尼曰はく」と「歎じて曰はく」の二句は、ともに《論語》[①]の文章である。孔子が（諸国放浪の旅の途中）匡の町を通り過ぎたとき、匡の人々が武器を持って（孔子一行を）遮り脅迫した。これに従者が驚き怖れたので、孔子はこの言葉を発して勇気づけたのである。文王は、その肉体はすでに滅んだとはいえ、文王の道を実践することについては、なんで我が身に無いことがあろうか。孔子は、自らその身になぞらえて、自分が文王の道を保持していることを宣言したのである。その下文にさらに、「天の将に斯文を喪ぼさんとするや、後《おく》れて死する者、斯文に与《あづか》るを得ざるなり。天の未だ斯文を喪ぼさざるや、匡人 其れ予を如何せん」と言った。その意味は、天がもし未だ文王の道を喪ぼさないのであるならば、必ずや自分に（《春秋》を）制作させようとするはずだから、匡人が天の意志に違いて自分に危害を加えることはできない、ということである。これは制作の意志が有ることを言ったものである。

聖人が天命を受けて王者となると、鳳鳥が至り、河が図書〔予言の書〕を出だすという。仲尼が歎じて、「鳳鳥至らず、河 図を出ださず。吾れ已んぬるかな」と言ったこの言葉は、思うに当時の周王の政治がこの瑞祥をもたらすことができないのを嘆いたものであろう。先ず制作しようとする意志は有ったが、その当時に嘉瑞が無いことを残念に思っていたとすれば、この嘉瑞を得た結果、ただちに制作したことは明白である。杜預は、麟を得たうえで《春秋》を制作したということを説明しようとして、先ずこの二句を引用したのである。

鄭玄が「河図・洛書は、亀・龍 銜《ふく》み負ひて出づ。《中候》[②]の説く所の如くば、龍馬 甲を銜《ふく》む。赤文緑色なり。甲は亀の背に似て、袤横《たてよこ》九尺。上に列宿斗正の度有り。帝王 興亡の数を録紀す。是れなり」と見なし、孔安国は「河図は即ち八卦、是れなり」と見なしている。二人のうち、どちらの説が杜預の主旨に相当するのかは分からない。

【譯注】

①論語（01-24a-2）——《論語》子罕篇「子畏於匡。曰、文王既沒、文不在茲乎。天之將喪斯文也、後死者不得與於斯文也。天之未喪斯文也、匡人其如予何」、集解「孔安國曰、茲此也。言文王雖已死、其文見在此。此自謂其身。文王既沒、故孔子自謂後死。言天將喪此文者、本不當使我知之。今使我知之、未欲喪也」。また「子曰、鳳鳥不至、河不出圖。吾已矣夫」、集解「孔安國曰、聖人受命、則鳳鳥至、河出圖。今天無此瑞。吾已矣夫者、傷不得見也。河圖八卦是也」。

なお敦煌写本《論語》鄭玄注では「有聖人受命、則鳳鳥至、河出圖。今天無此瑞。吾已矣夫者、傷不得見用也」と言い、孔安國注と一致して、本疏所引とは異なる。

②中候（01-24a-2）――《中候》は《尚書緯》のひとつ。安井香山・中村璋八《重修緯書集成巻二》では、本疏から採録している。

麟鳳五靈王者之嘉瑞也。今麟出非其時。虚其應而失其歸。此聖人所以爲感也。絶筆於獲麟之一句者、所感而起、固所以爲終也。〔麟鳳の五靈は王者の嘉瑞なり。今 麟の出でたるは其の時に非ず。其の應を虚しくして其の歸を失へり。此れ聖人の感を爲せる所以なり。筆を獲麟の一句に絶つ者は、感ずる所にして起こせば、固《もと》より終りと爲す所以なり。〕　〔01-24a〕

【疏】「麟鳳」より「終也」に至るまで。

○麟・鳳と亀・龍・白虎の五者は神霊の鳥獣で、「王者の嘉瑞〔めでたいしるし〕」である。今、麟が衰乱の世に出現したのは「其の時に非ざる」ことであり、人に獲えられたのは「其の帰を失ふ」ことである。そもそもこの聖人にして、しかも生まれたのがその時節ではなく、道徳は行なうべき対象が無く、功績も成しようが無いということが、ちょうどこの麟と同様だということで、「感を為す所以」なのである。先ず制作しようとする意図があり、またそのうえに外物に感歎させられ、もはや道徳が当時に屈せられることを承知していたので、功徳を未来に及ぼそうとしたのであり、こういう理由で《春秋》を制作したのである。

「筆を獲麟の一句に絶つ所以の者」は、麟こそは仲尼が慨嘆したものであり、《春秋》の書は麟に感じたがために制作したものであり、すでに「感ずる所にして起こす」ものである以上、「固《もと》より終りと為す所以」である。これは、上の「春秋の作、《左伝》に明文無し」の問いに答えるものであり、また（杜預）自身の麟を獲たがために作ったという意図を述べたものでもある。

ただ「麟鳳」を挙げただけなのに「五霊」と言い、この二獣以外が亀・龍・白虎であることが分かるのは（なぜかといえば）、鳥獣で瑞祥となるものがこの五以外には無く、経伝・讖緯すべてそうでないものが無いからである。（たとえば）《禮記》①礼器に「中を天に升《あ》げて、鳳皇 降り、亀龍 仮《いた》る」と言い、〈詩序〉②に「〈麟趾《りんし》〉は〈關雎《かんしょ》〉の応、〈騶虞《すうぐ》〉は〈鵲巣《じゃくそう》〉の応なり」と述べており、騶虞とは白虎であるから、亀・龍・白虎はともに瑞応である。

ただ「麟鳳」と言うだけなのに、そのまま続けて「五霊」と言うのは（なぜかといえば）、「鳳」を挙げて「麟」に配当すれば、一句を完成するのに充分なので、あとの三者を省略して「五霊」と言ったのである。その「五霊」の語は《尚書緯》③に出るものである。《禮記》④礼運に「麟・鳳・亀・龍、之れを四霊と謂ふ」と述べて、五と言わないのは（なぜかといえば）、かしこに「四霊以て畜と為す、故に飲食由《もち》ふること有るなり」と称しており、その意味は、四霊は羞物〔食料となる動物〕と群れをなしており、四霊が擾《な》れしたがうと、羞物がすべて備わることになる。「龍」は魚鮪《ぎょい》の長であり、「鳳」は飛鳥の長であり、「麟」は走獣の長であり、「亀」は甲虫の長であり、飲食に用いるのはこの四物だけである。この四物の中から、おのおのその長を挙げたのである。虎・麟はともに走獣であるから、一方を略して「四霊」と言ったもの。杜預はあまねくすべての瑞獣を挙げようとしたから、詳しく「五霊」と言ったのである。

ただ「筆を獲麟に絶つ」と言えば、文勢文脈からしてもはや充分であるのに、「之一句」と言ったのは（なぜかといえば）、《春秋》は編年の書であり、必ず一年を尽くしてその年を終えるべきであるが、（哀公十四）年に入ってただこの一句だけであるから、はっきり「之一句」と言って、この一句が感歎したところであることを明らかにしたのである。

【譯注】

①禮記禮器（01-24b-6）——《禮記》禮器篇「是故因天事天、因地事地、因名山升中于天、因吉土以饗帝于郊。升中于天、而鳳凰降・龜龍假。饗帝於郊、而風雨節・寒暑時。是故聖人南面而立、而天下大治」、鄭玄注「功成而太平、陰陽氣和而致象物」。

②詩序（01-24b-7）——《毛詩》大序「然則關雎・麟趾之化、王者之風、故繫之周公。南言化自北而南也。鵲巢・騶虞之德、諸侯之風也。先王之所以教、故繫之召公・周南・召南、正始之道、王化之基」。

③尚書緯（01-24b-7）——《尚書緯》の種類は不明。《春秋正義》中、「尚書緯」としての引用はこの一例のみ。

④禮記禮運（01-24b-7）——《禮記》禮運篇「四靈以爲畜。故飲食有由也。何謂四靈。麟・鳳・龜・龍、謂之四靈。故龍以爲畜、魚鮪不淰。鳳以爲畜、故鳥不獝。麟以爲畜、故獸不狘。龜以爲畜、故人情不失」、鄭玄注「由用也。四靈與羞物爲羣」。

○ここでは春秋著作の時期に対する杜預の考えを述べている。「麟」は孔子の春秋著作を祝福して出現したものではない。出現すべき時機を逸した瑞獣「麟」に慨嘆して春秋制作を決意したのである。したがって春秋は「獲麟」の一句で筆を絶つはずである、と杜預は主張する。

曰、然則春秋何始於魯隱公。荅曰、周平王東周之始王也。隱公讓國之賢君也。考乎其時則相接、言乎其位則列國、本乎其始、則周公之祚胤也。若平王能祈天永命、紹開中興、隱公能弘宣祖業、光啓王室、則西周之美可尋、文武之迹不隊。是故因其麻數、附其行事、采周之舊、以會成王義、垂灋將來。〔曰はく、然らば則ち春秋は何ぞ魯の隱公に始まるや、と。荅へて曰はく、周の平王は東周の始王なり。隱公は讓國の賢君なり。其の時を考ふれば則ち相接し、其の位を言へば則ち列國、其の始めを本《もと》づくれば、則ち周公の祚胤《そいん》なり。若し平王能く天の永命を祈めて、紹《つ》いで中興を開き、隱公能く祖業を弘く宣《の》べ、王室を光《おほ》いに啓《ひら》かば、則ち西周の美は尋ぬ可く、文武の迹は隊《お》ちざらん。是の故に其の麻數《れきすう》に因り、其の行事を附け、周の舊を采《と》りて、以て王の義を會成し、灋を將來に垂る。〕　〔01-25a〕

【疏】「曰然」より「將來」に至るまで。

○上文ですでに麟に終わることの意味を解説したが、まだ隱公に始まる理由をはっきり述べていないので、さらに問いを借りて説明する。

「或ひと問ふ」と言わずにただ「曰はく」と言うのは、（杜預の）前問に答えることがまだ終了していないのに、（質問者が）更にこの問いを起こす必要があり、質問者がやはり前に質問した人で、しかもすでに「絶筆」の意味を理解したうえで、そのまま「初めて起こすこと」を問うというようにして、今度は「或」と言わず、二問がともに同一人物のものであることを示そうとしたからである。「然」とは上の語をそうだと認めるもの。「則」とは下の事柄を陳述するのに、前文の勢いに乗って後文を起こす用法である。

質問者が言う、「筆を獲麟に絶つ」ということについては、以上に解説されたとおりだとして、そうだとすると、《春秋》の初めて起こすことが、どうして魯の隱公だけに始まるのか、他の国のほかの公に始まらないのは何故か、と。

「答えて曰はく、周の平王は東周の始王である」とは、洛邑に遷居したのは、平王が最初だから、「始王」である。そして「隠公は譲国の賢君である」とは、順序次第からいえば当然隠公が即位すべきであるが、位を委ねて桓公に譲ったので、「賢君」である。「其の時を考ふれば則ち相接す」るとは、隠公〔前七二二〜前七一二在位〕の初めは平王〔前七七〇〜前七二〇在位〕の末年に相当するから、「相接」である。「其の位を言へば則ち列国」とは、魯の爵は侯爵であり、その土地は広大であるので、大国〔列国〕である。「其の始めに本づくれば、則ち周公の祚胤《そいん》」であるとは、魯は周公の後を承けるから、福祚〔さいわい〕の後胤〔子孫〕である。もしも平王がよく下民を撫しみ養い、天の長命を求め、先王の烈《いさおし》を紹《つ》ぎ、中興の功績を開くことができ、また隠公がよく聖祖〔周公〕の業績を大いに宣《の》べ、周王の室を光啓〔おおいにゆたかに〕することができ、君臣〔平王と隠公と〕が心を同じくして天下に照臨したとしたならば、西周の美風はまだまだ継承することができ、文武のかがやかしい足跡が地に墜ちるということはなかったはずである。しかるに平王・隠公は、ともにそれが可能な地位に居りながら、またそれが可能な資質を持ちながら、とうとうそうすることができなかったのは、ただただ（のっとるべき）法則が無かったがためである。仲尼はこのような現実を残念に思い、ために法則を作成したのである。その意味は、もし我が道を採用することができたなら、なんでこういう事態になろうか、ということ。そういうわけで年月の暦数〔こよみ〕に依拠し、その時々の人々の行動事跡を附加し、周公の旧典から採録して、合わせて一王の大義を完成したのである。前事已往は二度と追うことはできないけれども、法則を将来に垂れることができて、後世の人々に見習わせようと希望し、こういう意図から、この《春秋》を制作したのである。この序の一段は、《春秋》制作の深意を大いに明らかにしたもの。

質問者がただ「隠公」とだけ言わないで、「魯隠公」と言ったのは、「魯」を言うことで、他国に始まらないことを区別し、「隠」を言うことで、他公に始まらないことを区別したものであり、この二つの意味を持つので、「魯」を併せて言ったのである。その答えでは「隠公」とだけ言って、「魯」を言わないのは、魯の《春秋》は、すでに韓起〔韓宣子〕に喜ばれたもので、よく知られたものだからである。

周は武王が紂を伐って天下を定めてより以来、常に鎬の地に居住したが、これが西都である。周公は摂政をして、洛邑を天下の中心に営んだので、これを東都という。成王は暫く洛邑に居たが、また鎬京に帰った。幽王が西周に滅ぶに及んで、平王は洛邑に東遷し、そのことから洛邑を東周と言い、鎬京を西周と言う。平王は始め東周に居たので、「東周の始王」と言ったのである。平王の四十九年にして、隠公が即位した。そして隠公の三年に平王が崩じた。これがその「相接」である。

《詩》①既酔に「永く祚胤《そいん》に錫《たま》ふ」と述べているのは、、福祚が後胤に及ぶことを言う。《尚書》②召誥に「用て王の能く天に永命を祈るに供す」と述べているのは、善徳を用いて人民を治め、天の長命を得ることを言う。襄③公十年伝に「而して偪陽を以て、寡君を光啓にす」と述べ、《論語》④に「文武の道、未だ地に墜ちず」と述べているが、これらは杜預が採用した文章である。《春秋》は魯を本拠として制作したものだから、とりもなおさずこれは諸侯の法であるのに「王の義を会成す」と言うのは（なぜかといえば）、《春秋》に記録した事柄には、尊卑の尽くが備わっているからである。王の使者が来聘して、命を賜い、賵《ぼう》〔葬式のおくりもの〕や含〔死者のふくみだま〕を贈るのは、天子が邦国を撫しむ礼法が有るからである。公が京師に行き、賜わりものを拝したり会葬したりするのは、諸侯が王に仕える礼法が有るからである。魯の史記に依拠して経文を制作したものではあるが、王者の義を成すに足るのである。「王の義を会成す」るから、「法を将来に垂れ」ることができるのであり、これは天子をして（《春秋》に）法《のっと》り用いさせようとしたもので、ただに将来の諸侯に遺しただけではないからである。

【譯注】

①詩既酔（01-26a-1）――《毛詩》大雅・既酔「君子萬年、永錫祚胤」、毛傳「胤嗣也」、鄭箋「永長也。成王女有万年之壽、天又長予女福祚、至于子孫」。

②尚書召誥（01-26a-1）――《尚書》召誥篇「我非敢勤、惟恭奉幣。用供王能祈天永命」、孔安國伝「我非敢獨勤而已、惟恭敬奉其幣帛、用供待王能求天長命、将以慶王多福、必上下勤恤、乃與小民受天永命」。

③襄十年傳（01-26a-2）――襄公十年伝「向戌辭曰、君若猶辱鎮撫宋國、而以偪陽光啓寡君、羣臣安矣、其何貺如之」。

④論語（01-26a-2）――《論語》子張篇「衞公孫朝問於子貢曰、仲尼焉學。子貢曰、文武之道、未墜於地、在人」。

○ここでは春秋が隠公に始まる意味を述べる。隠公は東周の初めの平王にその時代が近く、しかも譲国の賢君である。平王・隠公ともに周の文化を再興できるチャンスがあったからだ、と杜預は説明する。

所書之王卽平王也。所用之厤卽周正也。所稱之公卽魯隱也。安在其黜周而王魯乎。子曰、如有用我者、吾其爲東周乎。此其義也。〔書する所の王は卽ち平王なり。用ふる所の厤は卽ち周正なり。稱する所の公は卽ち魯の隱なり。安《いづく》んぞ其れ周を黜《しりぞ》けて魯を王とするに在らんや。子曰はく「如し我を用《も》ふる者有らば、吾れは其れ東周を爲さんか」と。此れ其の義なり。〕［01-26a］

【疏】「所書」より「義也」に至るまで。

○すでに《春秋》を作った意味を述べたので、その次に「周を黜《しりぞ》けて魯を王とす」るという説について答える。

（隠公元年の）経文に「春、王の正月」と書いている、その「王」とは周の「平王」であり、その「月」とは「周正」〔周の暦法〕である。「公邾の儀父に及ぶ」と言う、その「公」は「魯の隠公」である。魯が周正を使用しているからには、魯は周に臣下として仕えているのである。天子には「王」と称し、諸侯には「公」と称するもので、魯がここでもやはり「公」と称しているのだから、（周の定めた）称号を改めてはいない。《春秋》の文章が「安んぞ周を黜けて魯を王とするに在らんや」。もし周を黜けて魯を「王」とするのであるならば、当然、魯は「王」を称するはずだし、周は「公」を称するはずである。しかしここでは、周は「王」、魯は「公」と言うのだから、周を黜けて魯を王としたものではないことが分かる。

孔子が《春秋》を制作したのは、本来、周を興そうとしたもので、周を黜けようとしたのではない。そのため《論語》①を引用してこれを明らかにする。公山弗擾が孔子を招待したので、孔子は応じようとしたが、これを弟子の子路が快く思わなかったため、夫子がこの言葉を述べて弁解したのである。その意味は、公山弗擾が自分を召そうとするからには、まさか無意味にそうするのではなかろう。必ずや自分に賢能の徳が有ると判断したからである。自分に賢徳が有ると彼が判断したからには、或いは自分の言葉を採用してやろうというのかも知れない。もしも私の言葉を採用することができる者ならば、私は東方の周を治めようか、と。つまり周道を東方に興そうとしたことを言う。この意味の本源をたずねてみるに、周を黜けたものではないから、「此れ其れ周を興すの義」だということが分かる。《論語》②の注釈者の多くがその意味に解している。ただ鄭玄③だけがこれと異なり、東周を成周としているが、これは杜預が採用したものではない。

【譯注】

①論語（01-26b-1）――《論語》陽貨篇「公山弗擾以費畔。召。子欲往。子路不說。曰、末之也已。何必公山氏之之也。子曰、夫召我者、而豈徒哉。如有用我者、吾其爲東周乎」、集解「興周道於東方、故曰東周」。

②注論語者（01-26b-3）――たとえば梁・皇侃《論語義疏》には、「若必不空然而用我時、則我當爲興周道也。魯在東、周在西。云東周者、欲於魯而興周道、故云吾其爲東周也。一云、周室東遷洛邑、故曰東周。王弼云、言如能用我者、不擇地而興周室道」とある。

③鄭玄（01-26b-3）――ちなみに《毛詩正義》王風・黍離では鄭玄説に従っている。

○箋宗周至風焉○正義曰、鄭先爲箋、而復作譜、故此箋與譜大同。周語云「幽王三年、西周三川皆震」、是鎬京謂之西周也、卽知王城謂之東周也。論語孔子曰「如有用我者、吾其爲東周乎」、注云「據時東周」、則謂成周爲東周者、以敬王去王城而遷於成周、自是以後謂王城爲西周、成周爲東周。故昭二十二年「王子猛入于王城」、公羊傳曰「王城者何、西周也」。二十六年「天王入于成周」、公羊傳曰「成周者何、東周也」。孔子設言之時、在敬王居成周之後。且意取周公之教頑民、故知其爲東周據時成周也。（04-1-04a）

○ここでは「黜周王魯」説の間違いであることを説明する。春秋では必ず、「春王正月」・「春王二月」・「春王三月」というように、魯国が周王の暦を使用していることを明言しているし、魯の君は「公」と称して「王」を名乗らないのであるから、「周を黜けて魯を王とする」ものではないというのである。

若夫制作之文、所以章往考來、情見乎辭。言高則旨遠、辭約則義微。此理之常、非隱之也。〔若し夫れ制作の文は、往を章《あきら》かにし來を考ふる所以にして、情は辭に見《あら》はる。言の高きときは則ち旨は遠く、辭の約なるときは則ち義は微なり。此れ理の常にして、之れを隱すには非ざるなり。〕〔01-26b〕

【疏】「若夫」より「之也」に至るまで。

○この一段は「《公羊》を説く者」が「其の文を微にし、其の義を隱す」と述べるその考えに対して答える。

「若夫」というのは、発端の文辞である。すでに「王魯」（の説の誤りであること）について答えたうえで、さらに言葉の端著を起こすので、「若夫」と言ったのである。

聖人の制作した文章は、過去の事実を明らかにし、将来に起こり得ることを考察する手段となるものであり、将来の人に既往の事柄を鑑《かがみ》として見せようとしたものであって、聖人の真情は、その言葉遣いに表現されている。もしも言葉を説き起こすことが卑近で雑然としたものであれば、その情趣はありふれたものになり、言葉を述べることが高く簡略であれば、その旨意は遠大である。文章が煩多であると、その事情は表現しやすく、言葉が約少であると、その意義は微略な表現となる。これは理屈のうえから言ってもやはり普通のことであり、ことさらに隠し立てしたものではないのである。

文王が《易》を演繹したときも、「文は高く旨は遠く、辞は約に義は微」であり、なんで言葉を（現実に）孫《したが》わせて危害を避けるものであろうか。文王の場合に避けるところが無くてもその文章が微略であることからすれば、これは道理の一般的なことであり、隠すところがあったからではないことが、分かるのである。

その「往を章らかにして来を考ふ」、「情は辞に見《あら》はる」とは、ともに①《周易》繋辞下伝の文章である。かしこでは「往を彰らかにして来を察す」に作るが、意味は変わらない。

【譯注】

①易下繫辭（01-26b-9）――《周易》繫辭傳下「夫易、彰往而察來。而微顯闡幽」、また「功業見乎變、聖人之情見乎辭」。

○ここでは「微文隱義」説の間違いであることを述べる。《易》の文辞が微略であることを根拠として、孔子の《春秋》がことさら義を隠したものではないと説明する。

聖人包周身之防。既作之後、方復隱諱以辟患、非所聞也。〔聖人は周身の防を包《か》ねたり。既に作りし後、方《はじ》めて復た隱し諱みて以て患ひを辟くとは、聞く所に非ざるなり。〕〔01-26b〕

【疏】「聖人」より「聞也」に至るまで。

○この一段は、「言を孫《したが》はせ害を辟く」という考えに答える。①成湯が夏台に繋がれ、②文王が羑里《ゆうり》に囚われ、③周公が東都に留滞《とど》められ、④孔子が陳蔡で食糧を絶ったというように、昔から聖人が幽囚されたり困窮するということは有ったが、殺害された者の有ることは聞かない。「周身の防を包《か》ぬ」とは、聖人の防衛に対する配慮が、必ずその身に十全であることを意味する。自身が患いの無いことを知ったうえで、そこで始めて《春秋》を制作したのである。「既に作りし後に、方《はじ》めて復た隠し諱みて以て患害を辟く」とは、この事はまことに「聞く所に非ざる」ものである。「聞く所に非ず」と言うのは、以前の解釈にも無いことを言う。

【譯注】

①成湯（01-27a-2）――《史記》夏本紀に「夏桀不務徳、而武傷百姓。百姓弗堪。迺召湯而囚之夏臺」とあるのを指す。

②文王（01-27a-2）――《史記》殷本紀に「崇侯知之以告紂。紂囚西伯羑里」とあるのを指す。

③周公（01-27a-2）――《尚書》金縢篇に「周公居東二年」とあるのを指すのであろうが、その解釈については諸説がある。これを周公の東征と見なすのが、《偽孔傳》《尚書大傳》《毛傳》（豳風・東山序）・王肅であり、これに対し鄭玄は「居東とは、出でて東国に居り、罪を待ちて、君の己を察せんことを待つ」と解釈する。したがって《春秋正義》のこの部分は鄭玄説を取っていることになる。なお〈七月〉序の《毛詩正義》には、「周公避居東都、史傳更無其事」と述べているから、この疏とは「彼此互異」の関係にある。

④孔子（01-27a-2）――《論語》衛靈公篇に「在陳絶糧、従者病莫能興。子路慍見曰、君子亦有窮乎。子曰、君子固窮。小人窮斯濫矣」とあるのを指す。なおこの《正義》の文章に似たものとして、《史記》大史公自序に「昔西伯拘羑里、演周易。孔子戹陳蔡、作春秋。屈原放逐、著離騷。左丘失明、厥有國語。孫子臏脚、而論兵法。不韋遷蜀、世傳呂覽。韓非囚秦、説難、孤憤」という記載がある。

○ここでは「危行言孫」説の間違いであることを述べる。聖人とは自身を守る配慮は万全であるから、ことさら危害を避けたりはしない、というのである。

子路欲使門人爲臣、孔子以爲欺天。而云仲尼素王、丘明素臣、又非通論也。〔子路 門人をして臣爲《た》らしめんと欲するに、孔子 以て天を欺くと爲せり。而るに仲尼は素王、丘名は素臣と云ふは、又た通論に非ざるなり。〕〔01-27a〕

【疏】「子路」より「論也」に至るまで。

○この一段は①「素王素臣」という考えの誤りについて答える。考えるに、《論語》に「孔子の疾、病《へい》なり。子路 門人をして臣為《た》らしむ。

病間《いゆ》るときに曰はく、久しいかな、由〔子路〕の詐《いつは》りを行なふや。臣無くして臣有りと為す。吾れ誰をか欺かん。天を欺かんか」と称している。その意味は、子路は孔子が死ぬかもしれぬと思い、門人を臣下といつわり、臣下の礼を以て（孔子を）君として葬ろうとし、夫子を顕栄〔位がたかくさかえる〕にしようと願ったのである。夫子は病気が癒えたのち子路を責めた。自分には実際には臣下がいないのに、なんで臣下が有るかのようしたのか。私は他人に対して、今まで誰を欺いたことがあろうか。私は人間すらあえて欺こうとしなかったのに、どうして私に天を欺かせるのか、と。子路が門人を臣下としたのは、わずかに大夫の礼を僭《おか》したにすぎないのに、孔子はこのことすら天を欺くものと考えたのだから、ましてや神器〔天子の位〕の重大なることは、人臣がとやかく議論すべきことがらではない。しかるに「仲尼は素王と為り、丘明は素臣と為る」と言うのは、道理に通じた議論ではない。

　聖人の一生は、時運とともに隆替〔盛衰〕するもので、時運が通じるときは、その功績が当時に成るものであり、時運が閉がるときは、道はその人の身の（没した）後に存するのである。天下を富として領有したとしても、尭舜にとっては無益であり、賤しいこと一人の庶民となろうとも、仲尼にとって何の損なわれるものがあろうか。道が昇降するのは、おのずから聖と不聖とに由るのであり、言葉の立つと否とは、思うに賢と不賢とに関わるものであって、大位を借りて風教〔人民を教化すること〕を宣揚し、虚名を借りて世の中に範を垂れるものではないのだから、王を称したり臣を称したりすることは、そのことに何の取るべきものがあろうか。もしも位も無くしかるべき人もいないのに虚しく王号を称し、爵位も俸禄も無いのに妄りに臣の名を竊《ぬす》むとするならば、これは、富貴を羨んで貧賤を恥じることになり、僭踰《せんゆ》〔分際を越えること〕を長じて乱逆（の道）を開くことになる。聖人が教えを立てるのに、どうしてこのようでありえようか。臧文仲②が節〔柱の上のますがた〕に山を彫り、梲《せつ》〔梁の上の短い柱、うだつ〕に藻の模様を描いたことを、（孔子は）知者ではないと言った。また、管仲③が（祭器の）簋《き》に鏤〔彫刻〕し、朱色の紘〔かんむりの紐〕があったことを、その（人物としての）器が小さいと称した。さらに、季氏④が八佾〔天子が行なう八列の舞い〕を舞わすのを見て、「これほど忍ぶことのできないものがあろうか」と言った。もし仲尼が王号を竊むというのであれば、その罪は誅殺を免れないであろう。しかるに「素王素臣」などと言うのは、大賢を誣いて聖人に背くものである。ああ、孔子が誣いられて久きに及んでしまったが、杜預を頼りとして始めてその誤解を雪ぐことができたのである。

【譯注】

①論語（01-27a-6）――《論語》子罕篇「子疾病。子路使門人爲臣。病間曰、久矣哉、由之行詐也。無臣而爲有臣。吾誰欺、欺天乎。且予與其死於臣之手也、無寧死於二三子之手乎。且予縦不得大葬、予死於道路乎」、集解「鄭玄曰、孔子嘗爲大夫、故子路欲使弟子行其臣之禮」。

②臧文仲（01-27b-2）――《論語》公冶長篇「子曰、臧文仲居蔡、山節藻梲、何如其知也」。

③管仲（01-27b-3）――《論語》八佾篇に「子曰、管仲之器小哉」とあって、以下管仲の非礼の行為が孔子によって非難されているが、「鏤簋朱紘」についての記載は無く、これは《禮記》禮器篇の「管仲鏤簋朱紘、山節藻梲、君子以爲濫矣」を指すのであろう。

④季氏（01-27b-3）――《論語》八佾篇「孔子謂季氏、八佾舞於庭。是可忍也、孰不可忍也」。

○孔子は君臣の名分を正すことを第一の目標とした。臣下でありながら自ら「素王」を号したとは、とんでもない暴論である、と主張する。《正義》は、杜預に至ってはじめてこの説の非が明確にされたのだと述べる。

先儒以爲、制作三年、文成致麟。既已妖妄。又引經以至仲尼卒、亦又近誣。
〔先儒以爲へらく、制作すること三年、文成りて麟を致す、と。既に已に妖妄なり。又た經を引きて以て仲尼の卒するに至るも、亦た又た誣《し》ひたるに近し。〕
〔01-27b〕

【疏】「先儒」より「近誣」に至るまで。

○これより以下「爲得其實」に至るまでは、すべて麟の後の経文が仲尼の修めたものではないことを明らかにする。

ただ「先儒①」とだけ言うが、これについては調べようがないもので、誰が最初にこの考えを出したのかは、はっきりとは分からない。考えてみるに、今の《左氏》の経文も、やはり「孔丘の卒」に終わっており、杜氏の注釈もまたこの経文を存続させているのに、しかもなお先儒が「経を引きて仲尼の卒に至る」ことを非難するのは（なぜかといえば）、思うに先儒の考えでは、夫子が衛より魯に帰り、ただちに《春秋》の著作に取りかかり、それから三年後に完成して麟をもたらしたが、麟を得てから後もなお止めず、「孔丘の卒」に至るところまで、すべて仲尼が修めた、と。そこでこれと区別して、「誣《し》ひたるに近し」と言うのだから、明らかに先儒にこの説が有ったのである。服虔が「夫子が哀公十一年に衛から魯に帰って《春秋》を作ったが、約するに礼を以てしたがために、麟がこれに応じて至ったのである」と述べているのは、その旧説を引き継いだものである。

服虔はさらに、

《春秋》は獲麟に終わっているので、「小邾射」は三叛人の中に入っていない。弟子は夫子が《春秋》を作ったことを明らかにし、彼らの師を顕彰しようとしたため、「小邾射」より以下、「孔子の卒」に至るまでを書いた。

と述べている。考えるに杜預がこの下文と哀公十四年の注で、すべて服虔の解釈を取って説明していることからすれば、服氏はこの部分ではすでに先儒の説を改めていたのであろう。

麟は王者の瑞祥であるから、制作したがために来たのではないのに、「仲尼がこれを致した」と言うのは、それは「妖」でしかも「妄」なる説である。経文は魯史の旧文であって、仲尼が述べたものではない。しかるに「仲尼がこれを修めた」と言うのは、誣罔〔いつわり〕に近いものである。「誣《し》ひたるに近し」と言うのは、心にその非を悟らないので、その結果誣いることになるところから、「誣ひたるに近し」と述べたのである。

【譯注】

①先儒（01-27b-7）——参考：哀公十四年伝疏「賈逵・服虔・潁容等皆以爲、孔子自衛反魯、考正禮樂、脩春秋約以周禮、三年文成、致麟麟感而至。取龍爲水物、故以爲脩母致子之應」。

○先儒が「獲麟」以降の経文も孔子の手を経たものだとすることについては、服氏もすでにこれを改めており、その点に関しては杜預も服虔の説を継承しているのであるが、服氏が「春秋を制作して三年にして麟を獲た」と考える点が杜預と異なる、というのが《正義》のこの部分の言わんとするところである。

據公羊經止獲麟、而左氏小邾射不在三叛之數。故余以爲、感麟而作。作起獲麟、則文止於所起、爲得其實。〔《公羊》の經は獲麟に止り、而して《左氏》の小邾射は三叛の數に在らざるに據る。故に余以爲へらく、麟に感じて作り、作

ること「獲麟」に起これば、則ち文の起こる所に止るは、其の實を得たりと爲す、と。〕

〔01-28a〕

【疏】「據公」より「其實」に至るまで。

○《穀梁》の経文もまた「獲麟」で終わるのに、ただ「《公羊》に拠る」のは（なぜかといえば）、《春秋》の制作について、《穀梁伝》には明文が無く、また杜預は、麟を獲たうえで著作したという考えを《公羊》から取っているので、ただ《公羊伝》だけに拠ったのである。

（哀公十四年経の）「小邾射 句繹を以て來奔す」は、黒肱といった連中と、その義は異なるところがないのに、（昭公三十一年）伝に「三叛人の名を書す」と言って、この射を通算して四叛人としていないことからすれば、（哀公十四年経については）伝の例に入れていないことが分かる。麟以下の経文を伝が例に入れていないところから、この経文はもはや孔子の主旨ではないことが分かる。それゆえ余〔杜預〕が思うに、（孔子は）麟に感ずるところが有って《春秋》を著作したが、その意志が「獲麟」に起こるものであるならば、その文は起こる所で終わるはずであり、このことから議論するのが、実情を得たものである。経文が「獲麟」に終わることを重ねて明らかにし、あわせて（《春秋》著作の動機についての）自説の「麟から起こした」意味を説明したのである。

【譯注】

○《春秋》には

襄21　邾庶其以漆閭丘來奔
昭05　夏、莒牟夷以牟婁及防茲來奔
昭31　冬、黒肱以濫來奔
哀14　小邾射以句繹來奔

という同形式の記事があるが、《左傳》は昭公三十一年の条で、前記の三人を「三叛人」と称するだけで、小邾射を数えていない。だから「獲麟」以後の経文を、《左傳》は孔子の手を経た文章とは見なしていない、と主張するのである。

至於反袂拭面、稱吾道窮、亦無取焉。〔袂《たもと》を反《かへ》して面《おもて》を拭《ぬぐ》ひ、吾が道窮まれりと稱するに至りては、亦た取ること無し。〕

〔01-28a〕

【疏】「至於」より「取焉」に至るまで。

○①《公羊伝》に「孔子 麟を獲たるを聞き、袂《たもと》を反《かへ》して、面《おもて》を拭《ぬぐ》ひ、涕《なみだ》袍《えり》を沾《うるほ》して曰はく、吾が道は窮まれり」と述べている。杜預はすでに《公羊》の、経文が「獲麟」に止どまるという説を採用しており、《公羊》には「獲麟」の下にすぐにこの伝文が有るから、併せて（杜預が）この説をも取ったかと疑われるので、「亦た取ること無し」と言ったのである。

この説を採用しなかったのは、聖人とは②性を尽くして神を窮め、③天を楽しんで命を知る者であり、生まれたことをことさらに喜ばず、死ぬことをことさらに憂慮しないからである。（孔子が）④陳蔡に困窮したときは、琴を引き寄せて歌い、⑤両つの楹《はしら》の間に奠《てん》〔棺に供え物をする〕せられる夢を見ては、杖を負うて詠じたのだから、なんでまた死亡することを畏れようか。涙が下り衿を潤すという泣き方は、性命を愛惜して、道が窮まったことの歎きを発したものである。もしも本当にこのようであったとすれば、どうして（孔子が）凡夫俗人と異なって、聖人と称することができようか。

《公羊》の書は、片田舎の取るに足らぬ弁舌であり、遠い先を究めるという場合には、その説はたちまち滞るので、取る所は無いのである。これは、上文に謂わゆる「二伝を簡《えら》びて異端を去る」例である。どうして「袂《たもと》を反して表を拭い、涕《なみだ》が下って衿《えり》を潤す」というようなことが有ろうか。嘘偽にして不合理なものなので、採用しなかったのである。

【譯注】

①公羊傳（01-28a-1）――哀公十四年《公羊傳》。
有以告者曰、有麕而角者。孔子曰「孰爲來哉。孰爲來哉」。反袂拭面、涕沾袍。顔淵死。子曰「噫、天喪予」。子路死。子曰「噫、天祝予」。西狩獲麟。孔子曰「吾道窮矣」。

②盡性窮神（01-28b-1）――《周易》説卦傳に「窮理盡性、以至於命」とある。

③樂天知命（01-28b-1）――《周易》繋辭上傳に「樂天知命、故不憂」とある。

④困於陳蔡（01-28b-1）――既引の《論語》衛靈公篇を指すであろうが、これには「援琴而歌」に相当する語が無い。あるいは《史記》孔子世家の「於是乃相與發徒役、圍孔子於野、不得行。絕糧、從者病莫能興。孔子講誦、弦歌不衰」とあるのに基づくのであろうか。なお同様の説話は《呂氏春秋》愼人篇・《莊子》讓王篇・《韓詩外傳》七・《孔子家語》在厄篇・《風俗通》窮通篇等にもみえる。

⑤夢奠兩楹（01-28b-2）――《禮記》檀弓上篇に「而丘也殷人也。予疇昔之夜、夢坐奠於兩楹之間」とあるのを指す。

○《公羊傳》のように「獲麟」に終わるのが正しいが、しかし《公羊傳》の説くところをそのまま採用することはできないとして、最後にこの一句を付け加えたのである。

春秋左傳正義校定文　卷一（春秋左氏傳序）

春秋左傳正義卷第一

國子祭酒上護軍曲阜縣開國子臣孔穎達等奉／勑撰

春秋左氏傳序

正義曰、此序題目、文多不同。或云「春秋序」、或云「左氏傳序」、或云「春秋經傳集解序」、或云「春秋左氏傳序」。案晉宋古本及今定本並云「春秋左氏傳序」、今依用之。南人多云「此本釋例序、後人移之於此」、且有題曰「春秋釋例序」、置之釋例之端、今所不用。晉大尉劉寔與杜同時人也。宋大學博士賀道養去杜亦近。俱爲此序作注、題並不言「釋例序」、明非釋例序也。又晉宋古本序在集解之端。徐邈以晉世定五經音訓、爲此序作音。且此序稱「分年相附、隨而解之、名曰經傳集解」、是言爲集解作序也、「又別集諸例、從而釋之、名曰釋例。異同之説、釋例詳之」、是其據集解而指釋例、安得爲釋例序也。

「序」與「敍」音義同。爾雅釋詁云「敍緒也」。然則擧其綱要、若繭之抽緒。孔子爲書作序、爲易作序卦、子夏爲詩作序、故杜亦稱「序」、序春秋名義、經・傳體例、及己爲解之意也。

此序大略、凡有十一段、明義以春秋是此書大名、先解立名之由。自「春秋」至「所記之名也」、明史官記事之書名曰春秋之義。自「周禮有史官」至「其實一也」、明天子諸侯皆有史官、必須記事之義。自「韓宣子適魯」至「舊典禮經也」、言周史記事褒貶得失、本有大法之意。自「周德既衰」至「從而明之」、言典禮廢缺、善惡無章、故仲尼所以脩此經之意。自「左丘明受經於仲尼」至「所脩之要故也」、言丘明作傳、務在解經、而有無傳之意。自「身爲國史」至「然後爲得也」、言經旨之表、不應須傳、有通經之意。自「其發凡以言例」至「非例也」、言丘明傳有三等之體。自「故發傳之體有三」至「三叛人名之類是也」、言仲尼脩經有五種之例。自「推此五體」至「人倫之紀備矣」、摠言聖賢大趣足以周悉人道、所説經・傳理畢、故以此言結之。自「或曰春秋以錯文見義」至「釋例詳之也」、言己異於先儒、自明作集解釋例之意。自「或曰春秋之作」下盡「亦無取焉」、大明春秋之早晚、始隱終麟、先儒錯謬之意。

賈逵云「大史公十二諸侯年表序云『魯君子左丘明作傳』。據劉向別録云『左丘明授曾申、申授吳起、起授其子期、期授楚人鐸椒、鐸椒作抄撮八卷、授虞卿、虞卿作抄撮九卷、授荀卿、荀卿授張蒼』、此經既遭焚書而亦廢滅」。及魯共王壞孔子舊宅、於壁中得古文逸禮有三十九篇、書十六篇。天漢之後、孔安國獻之、遭巫蠱倉卒之難、未及施行。及春秋左氏丘明所修、皆古文舊書、多者二十餘通、藏於祕府、伏而未發。漢武帝時、河間獻左氏及古文周官。光武之世、議立左氏學、公羊之徒上書訟公羊抵左氏、左氏之學不立。成帝時、劉歆校祕書、見府中古文春秋左氏傳、歆大好之。時丞相史尹咸以能治左氏、與歆共校經・傳。歆略從咸及丞相翟方進受、質問大義。初左氏傳多古字古言、學者傳訓詁而已。及歆治左氏、引傳文以釋經、轉相發明、由是章句義理備焉。

歆以爲左丘明好惡與聖人同、親見夫子、而公羊・穀梁在七十二弟子後、傳聞之與親見、其詳略不同。歆數以問向、向不能非也。及歆親近、欲建立左氏春秋及毛詩・逸禮・古文尚書、皆列於學官。哀帝令歆與五經博士講論其義、諸儒博士或不肯置對。歆因移書於大常博士責讓之。和帝元興十一年、鄭興父子及歆創通大義、奏上、左氏始得立學、遂行於世。至章帝時、賈逵上春秋大義四十條、以抵公羊穀梁、帝賜布五百匹。又與左氏作長義。至鄭康成、箴左氏膏肓、發公羊墨守、起穀梁癈疾。自此以後二傳遂微、左氏學顯矣。

(01-01a/01b/02a)

春秋至名也〇人臣奉主、品目不同。掌事曰司、掌書曰史。史官記事、爲書立名、以「春秋」二字爲記事之書名也。

〇正義曰、從此以下至「所記之名也」、明史官記事之書名曰春秋之意。春秋之名、經無所見、唯傳・記有之。昭二年、韓起聘魯、稱「見魯春秋」、外傳晉語司馬侯對晉悼侯云「羊舌肸習於春秋」、楚語申叔時論傅太子之法云「教之以春秋」、禮坊記云「魯春秋記晉喪曰、殺其君之子奚齊」、又經解曰「屬辭比事、春秋教也」。凡此諸文所說、皆在孔子之前、則知未修之時、舊有春秋之目。其名起遠、亦難得而詳。禮記内則稱「五帝有史官」、既有史官、必應記事、但未必名爲春秋耳。

據周世法、則每國有史記、當同名春秋、獨言「魯史記」者、仲尼脩魯史所記、以爲春秋、止解仲尼所脩春秋、故指言魯史、言脩魯史春秋以爲褒貶之法也。

(01-02b)

記事至異也〇既辨春秋之名、又言記事之法。「繫」者以下綴上、以末連本之辭。言於此日而有此事、故「以事繫日」、月統日、故「以日繫月」、時統月、故「以月繫時」、年統時、故「以時繫年」、所以紀理年月遠近、分別事之同異也。若隱三年「春、王二月、己巳、日有食之」、二年「秋、八月、庚辰、公及戎盟于唐」之類、是事之所繫年・時・月・日四者皆具文也。史之所記、皆應具文、而春秋之經、文多不具。或時而不月、月而不日、亦有日不繫月、月而無時者。史之所記、日必繫月、月必繫時、春秋二百四十二年之間、有日無月者十四、有月無時者二。或史文先闕、而仲尼不改、或仲尼備文、而後人脫誤。

四時必具、乃得成年、桓十七年五月無夏、昭十年十二月無冬、二者皆有月而無時。既得其月、時則可知。仲尼不應故闕其時、獨書其月、當是仲尼之後、寫者脫漏。其日不繫於月、或是史先闕文。若僖二十八年「冬」下無「月」、而有「壬申」「丁丑」。計一時之間再有此日、雖欲改正、何以可知。仲尼無以復知、當是本文自闕、不得不因其闕文、使有日而無月。如此之類、蓋是史文先闕、未必後人脫誤。

其時而不月、月而不日者、史官立文、亦互自有詳略。何則、案經朝聘・侵伐・執殺大夫・土功之屬、或時或月、未有書日者。其要盟・戰敗・崩薨・卒葬之屬、雖不盡書日、而書日者多、是其本有詳略也。計記事之初、日月應備、但國史摠集其事、書之於策、簡其精麤、合其同異、量事而制法、率意以約文。史非一人、辭無定式、故日月參差、不可齊等。及仲尼脩改、因魯史成文、史有詳略、日有具否、不得不即因而用之。

案經・傳書日者、凡六百八十一事。自文公以上、書日者二百四十九、宣公以下亦俱六公、書日者四百三十二、計年數略同、而日數向倍。此則久遠遺落、不與近同。且他國之告有詳有略。若告不以日、魯史無由得其日而書之。如是則當時之史、亦不能使日月皆具。當時已自不具、仲尼從後脩之、舊典參差、日月不等、仲尼安能盡得知其日月、皆使齊同。去其日月、則或害事之先後、備其日月、則古史有所不載。自然須舊有日者、因而詳之、舊無日者、因而略之。亦既自有詳略、不可以日月爲褒貶。故春秋諸事、皆不以日月爲例。

其以日月爲義例者、唯卿卒・日食二事而已。故隱元年「冬、十有二月、公子益師卒」、傳曰「公不與小斂、故不書日」、桓十七年「冬、十月朔、日有食之」、傳曰「不書日、官失之也」、丘明發傳、唯此二條、明二條以外皆無義例。既不以日爲例、獨於此二條見義者、君之卿佐、是謂股肱。股肱或虧、何痛如之。病則親問、斂則親與。卿佐之喪、公不與小斂、則知君之恩薄。但是事之小失、不足以貶人君。君自不臨臣喪、亦非死者之罪。意欲垂戒於後、無辭可以寄文。而人臣輕賤、死日可略、故特假日以見義也。日食者天之變、甲乙者厤之紀、朔是日月之會、其食必在朔日、是故史書日食、必記月朔。朔有甲乙、乃可推求、故日有食之、須書朔日。日與不日、唯此而已。月與不月、傳本無義。公羊・穀梁之書、道聽塗説之學、或日或月、妄生褒貶。先儒溺於二傳、橫爲左氏造日月褒貶之例。故杜於大夫卒例備詳説之。仲尼刊定、日月無褒貶、而此序言「史官記事、必繫日・月・時・年」者、自言記事之體須有所繫、不言繫之具否皆有義例也。

春秋感精符曰「日者陽之精、耀魄光明所以察下也」、淮南子曰「積陽之熱氣生火、火氣之精者爲日」、劉熙釋名曰「日實也。光明盛實」、是説日之義也。日之在天、隨天轉運。出則爲晝、入則爲夜。故每一出謂之一日。日之先後、無所分別、故聖人作甲乙以紀之。世本云「容成造厤、大橈作甲子」、宋忠注云「皆黄帝史官也」、感精符曰「月者陰之精、地之理也」、淮南子曰「積陰之寒氣久者爲水、水氣之精者爲月」、劉熙釋名曰「月闕也。滿而闕缺」、是説月之義也。月之行天、其疾於日十三倍有餘、積二十九日過半而行及日、與日相會。張衡靈憲曰「日譬火、月譬水。火外光、水含景。故月光生於日之所照、魄生於日之所蔽。當日則光盈、就日則明盡」。然則以明一盡謂之一月、所以揔紀諸日也。三月乃爲一時、四時乃爲一年、故遞相統攝、紀理庶事。

「紀遠近」者、前年遠於後年、後月近於前月、異其年月、則遠近明也。「別同異」者、共在月下、則同月之事、各繫其月、則異月之事、觀其月、則異同別矣。若然言正月・二月則知是春、四月・五月則知是夏、不須以月繫時、足明遠近同異、必須「以月繫時」者、但以日・月・時・年各有統屬、史官記事、唯須順敍、時既管月、不得不以月繫時。案經未有重所月者、日則有之。桓十二年「冬、十有一月丙戌、公會鄭伯盟于武父。丙戌、衛侯晉卒」、一日再書者、史本異文、仲尼從而不改。故杜云「重書丙戌、非義例、因史成文也」。

(01-02b/03a・b/04a・b)

故史至名也〇將解名曰「春秋」之意、先説記事主記當時之事。事有先後、須顯有事之年。「表」顯也、「首」始也。「事」繫「日」下、「年」是事端、「故史之所記」、必先顯其「年」、以爲事之初始也。「年有四時」、不可徧擧四字以爲書號、故交錯互擧、取「春秋」二字、以爲所記之名也。春先於夏、秋先於冬、擧先可以及後。言春足以兼夏、言秋足以見冬、故擧二字以包四時也。「春秋」二字是此書之揔名、雖擧「春秋」二字、其實包冬夏四時之義。四時之内、一切萬物生殖孕育盡在其中。春秋之書、無物不包、無事不記、與四時義同、故謂此書爲春秋。孝經云「春秋祭祀、以時思之」、詩魯頌云「春秋匪解、享祀不忒」、鄭箋云「春秋猶言四時也」、是擧春秋足包四時之義。年・歲・載・祀、異代殊名、而其實一也。爾雅釋天云「載歲也。夏曰歲、商曰祀、周曰年、唐虞曰載」、李巡曰「夏歲、商祀、周年、唐虞載、各自紀事。堯舜三代示不相襲也」、孫炎曰「載始也。取物終更始也。歲取歲星行一次也。祀取四時祭祀一訖也。年取年穀一熟也」、是其名別而實同也。此四者雖代有所尚、而名興自遠、非夏代始有歲名、周時始有年稱。何則、堯典云「期三百有六旬有六日、以閏月定四時成歲」、禹貢「作十有三年、乃同」、是於唐虞之世已有「年」「歲」之言。記事者則各從所尚、常語者則通以爲言、故虞亦稱「年」、周亦稱「歲」。周詩唐風稱「百歲之後」、是周之稱「歲」也。四時之名、春・夏・秋・冬、皆以時物爲之號也。禮記鄉飲酒義曰「春之爲言蠢也。夏之爲言假也。秋之爲言揫也。冬之爲言中也。中者藏也」、漢書律厤志曰「春蠢也。物蠢生也。夏假也。物假大也。秋䝤［卽由反］也。物䝤斂也。冬終也。物終藏之也」、是解四時異名之義也。

史之記事、一月無事、不空擧月、一時無事、必空擧時者、蓋以四時不具、不成爲歳。故時雖無事、必虚錄首月。其或不錄、皆是史之闕文。隱六年空書「秋七月」、注云「雖無事而書首月、具四時以成歳」。桓四年不書秋・冬、注云「國史之記、必書年以集此公之事、書首時以成此年之歳。故春秋有空時而無事者。今不書秋冬首月、史闕文」、是其説也。然一時無事、則書首月、莊二十二年書「夏五月」者、杜雖於彼無注、釋例以爲闕謬。

春秋之名錯擧而已、後代儒者妄爲華葉。賈逵云「取法陰陽之中。春爲陽中、萬物以生、秋爲陰中、萬物以成、欲使人君動作不失中也」。賀道養云「春貴陽之始、秋取陰之初」。計春秋之名、理包三統。據周以建子爲正言之、則春非陽中、秋非陰中。據夏以建寅爲正言之、則春非陽始、秋非陰初。乃是竅混沌而畫蛇足、必將夭性命而失巵酒。 (01-04b/05a・b)

周禮至國史○旣解名曰春秋之意、又顯記事之人。春官宗伯之屬有大史下大夫二人、小史中士八人、內史中大夫一人、外史上士四人、御史中士八人、雖復各有所職、俱是掌書之官。

○正義曰、周禮春官小史職曰「掌邦國之志」、內史職曰「凡四方之事書、內史讀之」、外史職曰「掌四方之志、掌達書名于四方」。今杜氏序云「掌邦國四方之事」者、「掌邦國」取小史職文、「四方之事」取內史職文、杜揔括兩史、共成此語。諸侯官屬雖難備知、要傳記每説諸侯之史、知「諸侯亦各有國史」也。

周禮言「邦國」者、乃謂畿外諸侯之國也。國在四表、故言「四方」。云「凡四方之事書、內史讀之」者、謂四方有書來告、內史讀以白王也。告王之後、則小史主掌之、故云「掌邦國之志」。內史雖云「讀四方之事書」、其實國內史策、皆內史所掌、故其職掌八柄及策命之事也。然則內史・小史旣主國內、又主四方來告之事、故僖二十三年杜注云「國史承告而書」是也。

杜此序又云「達四方之志」、取外史職文。案外史職云「掌四方之志、掌達書名四方」、今移「達」字於「四方之志」上、如杜之意、外史達此國內之志、以告四方。故僖二十三年杜注云「同盟然後告名、赴者之禮」是也。然則「掌邦國四方之事」者、據此承受他國之赴也。「達四方之志」者、據己國有事赴告他國也。春秋旣有內外二種、故杜翦撮天子之史、取外史・內史兩文。

周禮諸史雖皆掌書、仍不知所記春秋定是何史。蓋天子則內史主之、外史佐之、諸侯蓋亦不異。但春秋之時不能依禮、諸侯史官多有廢闕、或不置內史、其策命之事多是大史、則大史主之、小史佐之。

劉炫以爲、尚書周公封康叔、戒之酒誥、其經曰「大史友」「內史友」。如彼言之、似諸侯有大史內史矣。但徧檢記傳、諸侯無內史之文。何則、周禮內史職曰「凡命諸侯及孤卿大夫、則策命之」、僖二十八年傳説「襄王使內史叔興父策命晉侯爲侯伯」、是天子命臣、內史掌之。襄三十年傳稱「鄭使大史命伯石爲卿」、是諸侯命臣、大史掌之。諸侯大史當天子內史之職、以諸侯兼官無內史故也。

鄭公孫黒強與薰隧之盟、使大史書其名、齊大史書崔杼弑其君、晉大史書趙盾弑其君、是知諸侯大史主記事也。南史聞大史盡死、執簡以往、明南史是佐大史者、當是小史也。若然襄二十三年傳稱「季孫召外史掌惡臣」、言外史則似有內史矣、必言諸侯無內史者、閔二年傳稱「史華龍滑與禮孔曰、我大史也」、文十八年傳稱「魯有大史克」、哀十四年傳稱「齊有大史子餘」、諸國皆言大史、安得有內史也。季孫召外史者、蓋史官身居在外、季孫從內召之、故曰外史。猶史居在南、謂之南史耳、南史外史非官名也。

藝文志云「古之王者世有史官、君擧必書。所以愼言行、昭法戒。左史記言、右史記事。事爲春秋、言爲尚書。帝王靡不同之」、禮記玉藻云「動則左史書之、言則右史書之」、雖左右所記二文相反、要此二者皆言左史右史。周禮無左右之名、得稱左右者、直是時君之意、處之左右、別史掌之事、因爲立名、故傳有左史倚相、掌記左事、謂之左史、左右非史官之名也。左是陽道、陽氣施生、故令之記動、右是陰道、陰氣安靜、故使之記言、藝文志稱「左史記言、右史記動」誤耳。上言「魯史記」、則諸侯各有史可知、又言「諸侯各有國史」者、方説諸侯各有春秋、重詳其文也。 (01-05b/06a・b)

大事至而已○既言尊卑皆有史官、又論所記簡策之異。釋器云「簡謂之畢」、郭璞云「今簡札也」、許愼説文曰「簡牒也。牘書版也」、蔡邕獨斷曰「策者簡也。其制、長二尺、短者半之。其次一長一短、兩編下附」、鄭玄注中庸亦云「策簡也」。由此言之、則簡・札・牒・畢同物而異名、單執一札、謂之爲簡、連編諸簡、乃名爲策。故於文「策」或作「冊」、象其編簡之形。以其編簡爲策、故言策者簡也。鄭玄注論語序、以鉤命決云「春秋二尺四寸書之、孝經一尺二寸書之」、故知「六經之策、皆稱長二尺四寸」。蔡邕言二尺者、謂漢世天子策書所用、故與六經異也。

簡之所容一行字耳、牘乃方版、版廣於簡、可以並容數行。凡爲書字有多有少。一行可盡者、書之於簡、數行乃盡者、書之於方、方所不容者、乃書於策。聘禮記曰「若有故則加書將命。百名以上書於策、不及百名書於方」、鄭玄云「名書文也。今謂之字。策簡也。方版也」、是其字少則書簡、字多則書策。此言「大事」「小事」、乃謂事有大小、非言字有多少也。「大事」者、謂君舉告廟及鄰國赴告、經之所書皆是也。「小事」者、謂物不爲災及言語文辭、傳之所載皆是也。「大事」後雖在策、其初亦記於簡。何則、弑君大事、南史欲書崔杼、執簡而往、董狐既書趙盾、以示於朝、是執簡而示之、非舉策以示之。明大事皆先書於簡、後乃定之於策也。其有「小事」、文辭或多。如呂相絶秦、聲子説楚、字過數百、非一牘一簡所能容者、則於衆簡牘以次存錄也。杜所以知其然者、以隱十一年傳例云「滅不告敗、勝不告克、不書于策」、明是「大事」來告、載之策書也。策書不載、丘明得之、明是「小事」傳聞、記於簡牘也。以此知仲尼脩經、皆約策書成文、丘明作傳、皆博采簡牘衆記。故隱十一年注云「承其告辭、史乃書之于策。若所傳聞行言、非將君命、則記在簡牘而已、不得記於典策。此蓋周禮之舊制也」。又莊二十六年經皆無傳。傳不解經。注云「此年經・傳各自言其事者、或策書雖存、而簡牘散落、不究其本末、故傳不復申解」、是言經據策書、傳憑簡牘、經之所言其事大、傳之所言其事小、故知「小事在簡、大事在策也」。 (01-06b/07a・b)

孟子曰至一也○既言簡・策之異、又説諸國別名。「孟子」姓孟、名軻、字子輿、鄒邑人也。當六國之時、師事孔子之孫子思、脩儒術之道、著書七篇。其第四離婁篇云「王者之迹息而詩亡、詩亡然後春秋作。晉謂之乘、楚謂之檮杌、魯謂之春秋、一也」。其言與此小異、是杜足「其實」二字使成文也。彼趙岐注云「乘者興於田賦乘馬之事、因以爲名。檮杌者嚚凶之類、興於記惡之戒、因以爲名。春秋以二始舉四時、記萬事之名」、是三者立名雖異、記事則同、故云「其實一也」。序發首云「春秋者魯史記之名也」、故引此以爲證。且明諸侯之國各有史記、故魯有春秋、仲尼得因而脩之也。

案外傳申叔時・司馬侯乃是晉・楚之人、其言皆云「春秋」、不言「乘」與「檮杌」。然則「春秋」是其大名、晉楚私立別號、魯無別號、故守其本名。賈逵云「周禮盡在魯矣、史法最備。故史記與周禮同名」。然則晉楚豈當自知不備、故別立惡名。 (01-07b/08a)

韓宣至以王○既言諸國有書、欲明魯最兼備故云此。

○正義曰、此昭二年傳文也。「宣子」晉卿、名起、食邑於韓、因以爲氏。謚曰宣子者、有德之稱。爲昭公新立、身新爲政、故來聘魯、因觀書於大史氏、見此書而發言。杜注彼以爲「易象卽今周易上下經之象辭也。魯春秋謂魯史記之策書也。春秋遵周公之典以序事、故曰周禮盡在魯矣」。「易象」「春秋」是文王・周公之所制、故見春秋知周公之德、見易象知周之所以王也。

文王能制此典、卽是身有聖德。聖不空生、必王天下。周室之王、文王之功、故觀其書、知周之所以得王天下之由也。文王身處王位、故以王言之、周公不王、故以德屬之、人異故文異。傳言「觀書大史」、則所觀非一、而獨言「易象」「魯春秋」者、韓子主美文王・周公、故特言之。「易象」魯無增改、故不言魯易象。春秋雖是周法、所記乃是魯事、故言「魯春秋」也。春秋・易象、晉應有之、韓子至魯、方乃發歎者、味其義、善其人、以其舊所未悟、故云「今始知」、示其歎美之深、非是素不見也。

易下繫辭云「易之興也、其當殷之末世、周之盛德、當文王與紂之事」、則謂易象爻象之辭也。鄭玄案據此文、以爲易是文王所作。鄭衆・賈逵・虞翻・陸績之徒、以易有「箕子之明夷」「東鄰殺牛」、皆以爲易之爻辭周公所作。杜雖無明解、似同鄭說。(01-08a・b)

韓子至經也○序言史官所書、舊有成法、故引韓子之事、以此言結之。「韓子所見」魯春秋者、蓋是周之舊日正典、禮之大經也。韓子之言、并歎易象、此之所見、唯謂春秋者、指說春秋、不須易象故也。知是「舊典禮經」者、傳於隱七年書名例云「謂之禮經」、十一年不告例云「不書于策」、明書於策必有常禮、未脩之前、舊有此法。「韓子所見」而說之、卽是周之舊典。以無正文、故言「蓋」爲疑辭也。

制禮作樂、周公所爲、明策書禮經亦周公所制、故下句每云「周公」、正謂五十發凡是周公舊制也。必知史官所記有周公舊制者、以聖人所爲、動皆有法、以能立官紀事、豈得全無憲章。定四年傳稱「備物典策以賜伯禽」、典策則史官記事之法也。若其所記無法、何足以賜諸侯、諸侯得之、何足以爲光榮、而子魚稱爲美談也。且仲尼脩此春秋以爲一經、若周公無法、史官妄說、仲尼何所可馮、斯文何足爲典、得與諸・書・禮・樂・詩・易並稱經哉。以此知周公舊有定制、「韓子所見」是也。(01-08b/09a)

周德至舊章○正義曰、此明仲尼脩春秋之由、先論史策失宜之意。計周公之垂法典策具存、豈假仲尼更加筆削。但爲「官失其守」、褒貶失中、「赴告策書」、多違舊典。是故仲尼脩成此法、垂示後昆。襄三十一年傳稱「卿大夫能守其官職」、昭二十年傳曰「守道不如守官」、是言人臣爲官、各有所守、「周德既衰」、邦國無法、羣小在位、故官人失其所守也。雖廣言衆官失職、要其本意、是言史官失其所掌也。

昭三十一年傳曰「春秋之稱、微而顯、婉而辨、上之人能使春秋昭明」、注云「上之人謂在位者也」。彼謂賢德之人在天子諸侯之位、能使春秋褒貶勸戒昭明。「周德既衰」、主掌之官已失其守、在上之人又非賢聖、故不能使春秋褒貶勸戒昭明、致令赴告記注「多違舊章」也。文十四年傳曰「崩薨不赴、禍福不告」。然則鄰國相命、凶事謂之「赴」、他事謂之「告」。對文則別、散文則通。昭七年傳「衛齊惡告喪于周」、則是凶亦稱告也。

赴告之中「違舊章」者、若隱三年、平王以壬戌崩、赴以庚戌。桓五年、陳侯鮑卒、再赴以甲戌・己丑。及不同盟者而赴以名、同盟而赴不以名之類、是也。策書記注「多違舊章」者、仲尼既已脩改、不可復知。正以仲尼脩之、故知其「多違」也。(01-09a・b)

仲尼至之法○此明仲尼所因并制作之意。所脩之經、以魯爲主、是「因魯史策書」、成定之舊文也。「考」謂校勘、「志」謂記識。「考其眞僞」、眞者因之、僞者改之。「志其典禮」、合典法者褒之、違禮度者貶之。「上以遵周公之遺制」、使舊典更興、「下以明將來之法」、令後世有則、以此故脩春秋也。前代後代、事終一揆、所賞所罰、理必相符。仲尼定春秋之文、制治國之法、文之所褒、是可賞之徒、文之所貶、是可罰之類。後代人主誠能觀春秋之文、揆當代之事、辟所惡而行所善、順褒貶而施賞罰、則法必明而國必治。故云「下以明將來之法」也。

不教當時而爲將來制法者、孔子之時、道不見用、既知被屈、冀範將來。將來之與今時、其法亦何以異。但爲時不見用、故指之將來、其實亦以教當代也。(01-09b)

其教至勸戒○此說仲尼改舊史之意。「教之所存」、謂名教善惡義存於此事。若文無褒貶、無以懲勸、則是「文之害教」。若僖二十八年「天王狩于河陽」、傳云「晉侯召王、以諸侯見、且使王狩。仲尼曰、以臣召君、不可以訓、故書曰天王狩于河陽」。杜以晉文之意本欲尊周、將率諸侯共朝天子、自嫌彊大、不敢至周、喩王出狩、得盡臣禮。尋其蹤緒、心是跡非。又昭十九年「許世子止弑其君買」、傳云「許悼公瘧。五月戊辰、飲大子止之藥卒。書曰弑其君。君子曰、盡心力以事君、舍藥物可也」。許止進藥、不由於醫、其父飲之、因茲而卒。名教善惡須存於此也。若不罪許止、不没晉文、無以息篡逆之端、勸事君之禮、故隱其召王之名、顯稱弑君之惡。如此之例、皆是「文之害教」、則刊削本策、改而正之、以示後人、使聞善而知勸、見惡而自戒。諸仲尼所改新意、皆是「刊而正之」也。(01-10a)

其餘至改也○此說仲尼不改舊史之意。「其餘」謂新意之外「皆卽用舊史」也。始隱終麟、二百餘載、史官遷代、其數甚多。人心不同、屬辭必異、自然史官有文有質、致使其辭有詳有略。既無所害、故「不必改也」。「史有文質」、謂居官之人、「辭有詳略」、謂書策之文。史文則辭華、史質則辭直。華則多詳、直則多略。故春秋之文詳略不等也。螟・螽・蜚・蜮、皆害物之蟲。蜚・蜮言「有」、螟・螽不言「有」。諸侯反國、或言「自某歸」、或言「歸自某」。「晉伐鮮虞」、「吳入郢」、直擧國名、不言將帥。及「郊」與「用郊」、皆無所發。諸侯出奔、或名、或不名。明是立文乖異、是其史舊有詳略、義例不存於此、故不必皆改也。(01-10b)

故傳至脩之○上傳昭三十一年、言春秋之書、其是善志記也。下傳成十四年、言若非聖人誰能脩春秋使成五例也。下傳既非同年而云「又」者、言又重上事之辭、止又其傳、非又其年也。(01-10b)

蓋周至明之○既以「蓋」爲疑辭、而知事必然者、案傳君子論春秋之美而云「善志」、春秋既是舊名、明稱舊記爲善、故知上傳之、言「蓋」言「周公之志」也。「脩」者治舊之名、傳善聖人而言脩舊、明脩前聖之道、故知下傳之言、「蓋」仲尼之明周公也。

上已言「蓋周之舊典禮經」、此復重云「蓋周公之志」者、上明春秋記事之法、舊史之遵周公也。此明仲尼因舊史之文、還脩周公之法、故重言「蓋」。敘此以上論經、以下論傳。(01-10b/11a)

左丘至而發○正義曰、丘明爲經作傳、故言「受經於仲尼」、未必面親授受使之作傳也。此說作傳解經而傳文不同之意。丘明以爲經者聖人之所制、是不可刊削之書也、非傳所能亂之。假使傳有先後、不畏經因錯亂。故傳或「先經」爲文、以始後經之事。或「後經」爲文、以終前經之義。或「依經」之言、以辨此經之理。或「錯經」爲文、以合此經之異。皆隨義所在而爲之發傳、期於釋盡經意而已、是故立文不同也。

大史公十二諸侯年表序云「自孔子論史記次春秋、七十子之徒口受其傳。魯君子左丘明懼弟子各有妄其意、失其眞、故具論其語、成左氏春秋」。沈氏云、嚴氏春秋引觀周篇云「孔子將脩春秋、與左丘明乘如周、觀書於周史、歸而脩春秋之經、丘明爲之傳、共爲表裏」、藝文志云「左丘明魯史也」、是言丘明爲傳、以其姓左故、號爲左氏傳也。

「先經」者、若隱公不書卽位、先發「仲子歸于我」、「衞州吁弑其君完」、先發「莊公娶于齊」、如此之類、是「先經以始事」也。「後經」者、昭二十二年「王室亂」、定八年乃言「劉氏伐盂、以定王室」、哀二年「晉納蒯聵于戚」、哀十五年乃言「蒯聵自戚入衞」、如此之類、是「後經以終義」也。「依經」者、經有其事、傳辯其由。隱公不書卽位、而求好於邾、故爲蔑之盟。案其經文、明其歸趣、如此之類、是「依經以辯理」也。「錯經」者、若地有兩名、經・傳互擧、及經侵傳伐、經伐傳侵、於文雖異、於理則合、如此之類、是「錯經以合異」也。傳文雖多、不出四體、故以此四句明之也。

(01–11a・b)

其例至故也○此説有經無傳之意。「例之所重」者、若桓元年「秋大水」、傳云「凡平原出水爲大水」、莊七年「秋大水」、此則「例之所重」、皆是舊史遺餘策書之文、丘明略之、不復發傳、「非聖人所脩之要故也」。言「遺」者、舊史已没、策書遺留、故曰「遺文」。(01–11b)

身爲至所窮○此説無經有傳之意。○正義曰、説文云「籍部書也」、張衡東京賦曰「多識前世之載」、「載」亦書也。「躬覽載籍」、所見者博、以義有所取、「必廣記而備言之」。非直解經、故「其文緩」、遙明聖意、故「其旨遠」。將令學者本原其事之始、要截其事之終、尋其枝葉、盡其根本、則聖人之趣雖遠、其賾可得而見。是故經無其事、而傳亦言之、爲此也。

「原始要終」及「其旨遠」、並易下繫辭文也。「尋其枝葉」、以樹木喩也。「究」亦窮也。言窮盡其所窮之處也。(01–11a)

優而柔之至然後爲得也○此又申説無經之傳有利益之意。「優而柔之、使自求之」、大戴禮子張問入官學之篇有此文也。其「饜而飫之」、則未知所出。

「優」「柔」倶訓爲安、寛舒之意也。「饜」「飫」倶訓爲飽、饒裕之意也。謂丘明富博其文、優游學者之心、使自求索其高意、精華其大義、飽足學者之好、使自奔趣其深致。言其「廣記備言」、欲令使樂翫不倦也。

「江海」以水深之、故所浸者遠、「膏澤」以雨多之、故所潤者博。以喩傳之「廣記備言」、亦欲浸潤經文、使義理通洽。如是而求之、然後渙然解散、如春冰之釋、怡然心説、而衆理皆順、然後爲得其所也。

「江海」水之大者、故擧以爲喩。脂之釋者爲膏、言雨之爲潤若脂膏然、故稱「膏澤」也。(01–12a・b)

其發至通體○正義曰、自此至「非例也」、辯説傳之三體。此一段説舊發例也、言發凡五十皆是周公舊法。先儒之説春秋者多矣、皆云「丘明以意作傳、説仲尼之經、凡與不凡無新舊之例」。杜所以知發凡言例是「周公垂法、史書舊章」者、以諸所發凡皆是國之大典、非獨經文之例。隱七年始發凡例、特云「謂之禮經」、十一年又云「不書于策」、建此二句於諸例之端、明書於策者皆是「經國之常制」、非仲尼始造策書、自制此禮也。何則、「天災無牲」、「卒哭作主」、「諸侯薨于朝會、加一等」、「夫人不薨于寢、則不致」、豈是仲尼始造此言也。「公行告廟」、「侯伯分災」、二凡之末皆云「禮也」、豈是丘明自制禮乎。又公女嫁之送人尊卑、哭諸侯之親疎等級、王喪之稱小童、分至之書雲物、皆經無其事、傳亦發凡。若丘明以意作傳、主説仲尼之經、此既無經、何須發傳。以是故知「發凡言例」、皆是「周公垂法、史書舊章」、仲尼從而脩之、以成一經之通體」也。

國之有史、在於前代、非獨周公立法、史始有章、而指言「周公垂法」者、以三代異物、節文不同、周公必因其常文而作、以正其變者、非是盡變其常也。但以一世大典周公所定、故春秋之義、史必主於常法、而以周公正之。然凡是周公之禮經。

今案周禮竟無凡例、爲當禮外別自有凡、爲當凡在禮內。今者所據、禮內有凡。知者、案周禮大宰職於八法之内有官成・官法。鄭衆注云「官成者謂官府之有成事品式、官法者謂職所主之法度」。然則此「凡」者是史官之策書成事法式也。釋例終篇云「稱凡者五十、其別四十有九」、蓋以母弟二凡、其義不異故也。

計周公垂典、應每事設法、而據經有例、於傳無凡多矣。釋例四十部、無凡者十五。然則周公之立凡例、非徒五十而已。蓋作傳之時、已有遺落、丘明采而不得故也。且凡雖舊例、亦非全語、丘明采合而用之耳。終篇云「諸凡雖是周公之舊典、丘明撮其體義、約以爲言、非純寫故典之文也。蓋據古文覆逆而見之、此丘明會意之微致」、是其說也。

然丘明撮凡爲言、體例不一、於一凡之內、事義不同。亦有因經所有、連釋經之所無。如「王曰小童、公侯曰子」是也。亦有略其經之所無、直釋經之所有。如「凡祀啓蟄而郊、龍見而雩」、不言礿祀、以經無故也。如此之類是也。所以然者、蓋以舊凡語少、經雖無事、則亦連文引之。所以兼引「王曰小童」。若舊凡語多、經無者則略之、經有者則載之。所以略其礿祀獨舉郊雩。故莊十一年「王師敗績于某」、杜注云「事列於經、則不得不因申其義」、是舊凡多者唯舉經文也。

發凡之體、凡有二條、一是特爲策書、一是兼載國事。特爲策書者、「凡告以名則書」之類是也。兼載國事者、「凡嫁女于敵國」之類是也。雖爲國事、但他書有者、亦不在凡例。如「天子七月而葬」、既於禮文備有、故丘明作傳、不在凡例也。

此諸凡者、自是天下大例、其言非獨爲魯。故哭諸侯之條、既發凡例、乃云「故魯爲諸姫」、明知正凡所言非止魯事。且送女例云「於天子、則諸卿皆行」、魯無嫁女於天子之理。祭祀例云「啓蟄而郊」、自非魯國不得有郊天之事。明是采合故典、裁約爲文也。（01-12b/13a・b）

其微至褒貶○此下盡「曲而暢之」、説新意也。「微顯闡幽」、易下繋辭文也。「微」謂纖隱、「闡」謂著明。舊説云、下云「經無義例」、此釋經有義例、謂孔子脩經、微其顯事、闡其幽理、裁節經之上下、以成義之般類。其善事顯者、若秦穆悔過、貶四國大夫、以例稱「人」、觀文與常文無異。惡事顯者、若「諸侯城縁陵」、叔孫豹違命、城縁陵、依例稱「諸侯」、與無罪文同。叔孫豹去氏、與未賜族者文同、皆是微其顯事。「闡幽」者謂闡其幽理、使之宣著。若晉趙盾・鄭歸生・楚比・陳乞及許大子止、皆非親弑其君、是其罪幽隱、孔子脩經、加「弑」使罪狀宣露、是「闡幽」也。諸春秋褒貶之例並是也。蓋以爲「皆據舊例而發義」以下、論丘明之傳、「微顯闡幽」、乃是經事、故賀・沈諸儒皆悉同此。

劉炫以「微顯闡幽」、皆説作傳之意。經文「顯」者、作傳本其纖微、經文「幽」者作傳闡使明著。「顯」者若「天王狩于河陽」、觀經文足知王是天子、狩是出獵、但不知天子何故出畿外狩耳。故傳發「晉侯召王」、是其「微顯」也。「幽」者若「鄭伯克段于鄢」、觀經不知段是何人、何故稱「克」。故傳發武姜愛段、是「闡其幽」也。丘明作傳、其有微經之顯、闡經之幽、以裁制成其義理比類者、皆據舊典凡例而起發經義、指其人行事是非、以正經之褒貶。例稱「得雋曰克」、傳言「如二君故曰克」、是其「據舊例發義」也。晉侯召王使狩、鄭伯不教其弟、仲尼没其召王、顯稱「鄭伯」、丘明正述其事、先解經文、是「指其行事以正褒貶」也。此二事尤明者耳、其餘皆是新意也。

此序主論作傳、而賀・沈諸儒皆以爲經解之、是不識文勢、而謬失杜旨。

(01-14a・b)

諸稱至變例○上既言「據舊例而發義」、故更指發義之條。諸傳之所稱「書」「不書」「先書」「故書」「不言」「不稱」及「書曰」七者之類、皆所以起新舊之例、令人知發凡是舊、七者是新、發明經之大義、「謂之變例」、以「凡」是正例、故謂此爲「變例」、猶詩之有變風・變雅也。自杜以前、不知有新舊之異、今言「謂之變例」、是杜自明之以曉人也。

稱「書」者、若文二年「書士穀堪其事」、襄二十七年「書先晉、晉有信」、如此之類是也。「不書」者、若隱元年「春正月、不書卽位、攝也」、「邾子克未王命、故不書爵」、如此之類是也。「先書」者、若桓二年「君子以督爲有無君之心、故先書弑其君」、僖二年「虞師晉師滅下陽。先書虞、賄故也」、如此之類是也。「故書」者、若隱三年「壬戌、平王崩、赴以庚戌、故書之」、成八年「杞叔姫卒、來歸自杞、故書」、如此之類是也。「不言」者、若隱元年「鄭伯克段于鄢、不言出奔、難之也」、莊十八年「公追戎于濟西、不言其來、諱之也」、如此之類是也。「不稱」者、若僖元年「不稱卽位、公出故也」、莊元年「不稱姜氏、絕不爲親」、如此之類是也。「書曰」者、若隱元年「書曰鄭伯克段于鄢」、隱四年「書曰衛人立晉、衆也」、如此之類是也。案襄元年「圍宋彭城、非宋地、追書也」、隱元年「稱鄭伯、譏失教也」、昭三十一年「公在乾侯、言不能外内也」。「先書」「故書」既是新意、則「追書」亦是新意、「書」與「不書」俱是新意、則「稱」與「不稱」、「言」與「不言」亦俱是新意。豈得「不言」「不稱」獨爲新意、「言」也「稱」也便卽非乎。釋例終篇云「諸雜稱二百八十有五」、止有其數、不言其目、就文而數、又復參差。竊謂「追書」也「言」也「稱」也、亦是新意、序不言者、蓋諸類之中足以包之故也。

有田僧紹者、亦注此序、以爲序言「諸稱」、「稱」亦卽是新意、與下七者合爲八名、斯不然矣。案「書」與「不書」、其文相次、若「稱」字卽是新意、但當言「稱」與「不稱」相次、何以分爲別文。明知杜言「諸稱」、自謂諸傳所稱、不以「稱」爲新意。但以理而論之、「稱」亦當是新意耳。

(01-14b/15a)

然亦至之也○此說因舊爲新也。仲尼脩春秋者、欲以上遵周制、下明世教、其舊史錯失、則得刊而正之、以爲變例、其舊史不書、則無可刊正、故此又辯之。「亦有史所不書」、正合仲尼意者、仲尼「卽以爲義」。改其舊史及史所不書、此二者蓋是「春秋新意」、故傳亦不言「凡」、每事別釋、曲而通暢之也。「此蓋春秋新意」、其言摠上通變例與不別書也。擧一凡而事同者、諸理盡見、是其直也。不言凡而每事發傳、是其「曲暢」。「暢」訓通、故言「曲而暢之」也。

若然、隱公實不卽位、史無由得書卽位、邾克實未有爵、史無由得書其爵。

然則傳言「不書」、自是舊史不書、而以「不書」爲仲尼新意者、釋例終篇杜自問而釋之云「丘明之爲傳、所以釋仲尼春秋。仲尼春秋皆因舊史之策書、義之所在、則時加增損、或仍舊史之無、亦或改舊史之有、雖因舊文、固是仲尼之書也。丘明所發、固是仲尼之意也。雖是舊文不書、而事合仲尼之意、仲尼因而用之、卽是仲尼新意。若宣十年『崔氏出奔衛』、傳稱『書曰崔氏、非其罪也、且告以族不以名』、是告以不以名、故知舊史無名、及仲尼脩經、無罪見逐、例不書名、此舊史之文、適當孔子之意、不得不因而用之。因舊爲新、皆此類也」。然杜唯言「史所不書、卽以爲義」、不云史所書爲義者、但夫子約史記而脩春秋、史記之文皆是舊史所書、因而襃貶、理在可見、不須更言。但恐舊史不書、而夫子不用、故特言之。 (01-15a・b)

其經至例也○此一段說經無義例者。國有大事、史必書之。其事既無得失、其文不著善惡。故傳直言其指歸趣向而已、非褒貶之例也。春秋此類最多。故隱元年「及宋人盟于宿」、傳曰「始通也」、杜注云「經無義例、故傳直言其歸趣而已。他皆放此」、是如彼之類、皆非例也。 (01-16a)

故發至有五〇正義曰、「傳體有三」、卽上文發凡正例、新意變例、歸趣非例是也。「爲例之情有五」、則下文「五曰」是也。書經有此五情、縁經以求義爲例。言傳爲經發例、其體有此五事。下文五句、成十四年傳也。案彼傳上文云「春秋之稱」、下云「非聖人誰能脩之」、聖人指謂孔子。美孔子所脩、成此五事、五事所攝、諸例皆盡。下句釋其顯者以屬之耳。

此「發傳之體有三」、上文三言「其」以別之、觀文足可知耳。劉寔分變例・新意以爲二事。釋例終篇曰「丘明之傳有稱周禮以正常者、諸稱凡以發例者是也。有明經所立新意者、諸顯義例而不稱凡者是也」。稱古典則立凡以顯之、釋變例則隨辭以讚之。杜言甚明、尚不能悟、其爲暗也、不亦甚乎。

(01-16a)

一曰至是也〇「文見於此」。謂彼注云「辭微而義顯也」。「稱族、尊君命」、「舍族、尊夫人」、成十四年傳爲叔孫僑如發也。經曰「秋、叔孫僑如如齊逆女。九月、僑如以夫人婦姜氏至自齊」、「叔孫」是其族也。褒賞稱其族、貶責去其氏。銜君命出使、稱其族、所以爲榮、與夫人俱還、去其氏、所以爲辱。出稱「叔孫」、擧其榮名、所以「尊君命」也。入舍「叔孫」、替其尊稱、所以「尊夫人」也。族自卿家之族、稱舍別有所尊、是「文見於此、而起義在彼」。

僖十九年経書「梁亡」、是秦亡之也。傳曰「不書其主、自取之也」。僖十四年經書「諸侯城縁陵」、是齊率諸侯城之、以遷杞也。傳曰「不書其人、有闕也」。秦人滅梁、而曰「梁亡」、文見於此。「梁亡」、見取者之無罪。齊桓城杞、而書「諸侯城縁陵」、文見於此。「城縁陵」、見諸侯之有闕、亦是「文見於此、而起義在彼」。皆是辭微而義顯、故以此三事屬之。 (01-16b)

二曰至是也〇彼注云「志記也、晦亦微也。謂約言以記事、事敍而文微」。桓二年「秋、公及戎盟于唐。冬、公至自唐」、傳例曰「特相會、往來稱地、讓事也。自參以上、則往稱地、來稱會、成事也」。其意言、會必有主、二人共會、則莫肯爲主、兩相推讓、會事不成、故以地致。三國以上、則一人爲主、二人聽命、會事有成、故以會致。

宣七年「公會齊侯伐萊」、傳例曰「凡師出、與謀曰及、不與謀曰會」。其意言、同志之國、共行征伐、彼與我同謀計議、議成而後出師、則以相連及爲文。彼不與我謀、不得已而往應命、則以相會合爲文。此之二事者、義之所異、在於一字。約少其言、以示法制、推尋其事、以知其例、是所記事有敍而其文晦微也。 (01-16b/17a)

三曰至是也〇彼注云「婉曲也。謂屈曲其辭、有所辟諱、以示大順、而成篇章」。言「諸所諱辟」者、其事非一、故言「諸」以摠之也。若僖十六年、公會諸侯于淮、未歸而取項。齊人以爲討而止公。十七年九月、得釋始歸、諱執止之恥、辟而不言、經乃書「公至自會」。諸如此類、是諱辟之事也。

諸侯有大功者、於京師受邑、爲將朝而宿焉、謂之朝宿之邑。方岳之下、亦受田邑、爲從巡守備湯水以共沐浴焉、謂之湯沐之邑。魯以周公之故、受朝宿之邑於京師、許田是也。鄭以武公之勳、受湯沐之邑於泰山、祊田是也。隱・桓之世、周德既衰、魯不朝周、王不巡守、二邑皆無所用。因地勢之便、欲相與易。祊薄不足以當許、鄭人加璧以易許田。諸侯不得專易天子之田、文諱其事、桓元年經書「鄭伯以璧假許田」、言若進璧以假田、非久易也。

掩惡揚善、臣子之義、可以垂訓於後、故此二事皆屈曲其辭、從其義訓、以示

大順之道。是其辭婉曲而成其篇章也。 (01-17a・b)

四曰至是也〇彼注云「謂直言其事、盡其事實、無所汙曲」。禮、制宮廟之飾、楹不丹、桷不刻。莊二十三年「秋、丹桓宮楹」、二十四年「春、刻桓宮桷」。禮、諸侯不貢車服、天子不私求財。桓十五年「天王使家父來求車」。禮、諸侯不相遺俘。莊三十一年「齊侯來獻戎捷」。三者皆非禮而動、直書其事、不爲之隱、具爲其文、以見譏意、是其事實盡而不有汙曲也。 (01-17b)

五曰至是也〇彼注云「善名必書、惡名不滅、所以爲懲勸」。昭二十年「盜殺衛侯之兄縶」、襄二十一年「邾庶其以漆閭丘來奔」、昭五年「莒牟夷以牟婁及防茲來奔」、昭三十一年「邾黑肱以濫來奔」、是謂「盜與三叛人名」也。「齊豹」衛國之卿、春秋之例、卿皆書其名氏。齊豹忿衛侯之兄、起而殺之、欲求不畏彊禦之名。春秋抑之、書曰「盜」。盜者賤人有罪之稱也。邾庶其・黑肱・莒牟夷三人皆小國之臣、並非命卿、其名於例不合見經。竊地出奔、求食而已、不欲求其名聞。春秋故書其名、使惡名不滅。

若其爲惡求名、而有名章徹、則作難之士誰或不爲。若竊邑求利、而名不聞、則貪冒之人誰不盜竊。故書齊豹曰「盜」、「三叛人名」、使其求名而名亡、欲蓋而名章、所以懲創惡人、勸奬善人。昭三十一年傳具説此事、其意然也。「盜」與「三叛」俱是惡人、書此二事、唯得「懲惡」耳、而言「勸善」者、惡懲則善勸、故連言之。 (01-18a)

推此至備矣〇正義曰、上云「情有五」、此言「五體」者、言其意謂之「情」、指其狀謂之「體」。體情一也、故互見之。

「一曰微而顯」者、是夫子脩改舊文、以成新意、所脩春秋、以新意爲主、故爲五例之首。「二曰志而晦」者、是周公舊凡、經國常制。「三曰婉而成章」者、夫子因舊史大順、義存君親、揚善掩惡、夫子因而不改。「四曰盡而不汙」者、夫子亦因舊史、有正直之士、直言極諫、不掩君惡、欲成其美、夫子因而用之。此「婉而成章」、「盡而不汙」、雖因舊史、夫子卽以爲義。揔而言之、亦是新意之限、故傳或言「書曰」、或云「不書」。「五曰懲惡而勸善」者、與上「微而顯」不異、但勸戒緩者在「微而顯」之條、貶責切者在「懲惡勸善」之例。故「微而顯」居五例之首、「懲惡勸善」在五例之末。五者春秋之要、故推此以尋經・傳、觸類而增長之。附於二百四十二年時人所行之事、觀其善惡、用其襃貶、則王道之正法、人理之紀綱、皆得所備矣。從首至此、説經・傳理畢、故以此言結之。

「觸類而長之」、易上繫辭文也。「二百四十二年」、謂獲麟以前也。以後經則魯史舊文、傳終説前事、辭無襃貶、故不數之也。「觸類而長之」者、若隱四年經書「翬帥師」、傳稱「羽父固請、故書曰翬帥師、疾之也」、十年經亦書「翬帥師」、傳雖不言「書曰」「故書」、是知與上同爲新意。又隱元年傳曰「儀父貴之也」、則桓十七年云「儀父」、亦是貴之、是也。 (01-18b)

或曰至其然〇正義曰、自此至「釋例詳之」、言己爲作注解之意。論經・傳之下、卽是自述己懷、於文不次、言無由發、故假稱「或問」而荅以釋之。先儒知其春秋之經、侵伐・會盟及戰敗・克取之類、文異而義殊、錯文以見義。先儒知其如是、因謂苟有異文、莫不著義。杜以爲仲尼所述、據史舊文、文害者則刊而正之、不害者因其詳略。此其異於先儒、故或人據上文杜之異旨、執先儒以問曰、春秋以錯文見義、其文異者、必應有義存焉。若如所論、辭有詳略、不必改也、則經當有事同文異、而無其義意者也。先儒所傳、皆不其然、今何以獨異。欲令杜自辯之。 (01-19a)

荅曰至爲斷〇莊二十五年「陳侯使女叔來聘」、傳曰「嘉之、故不名」、僖二十五年「衛侯燬滅邢」、傳曰「同姓也故名」、褒則書字、貶則稱名、褒貶在於一字。褒貶雖在一字、不可單書一字以見褒貶。故荅或人曰、「春秋雖以一字爲褒貶、皆須數句以成言語、非如八卦之爻可錯綜爲六十四也」。卦之爻也、一爻變則成爲一卦。經之字也、一字異不得成爲一義。故經必「須數句以成言」、義則待傳而後曉、不可錯綜經文、以求義理、故「當依傳以爲斷」。文異者、丘明不爲發傳、仲尼必無其義、安得傳旨之表妄説經文。以此知經「有事同文異、而無其義」者也。

「數句」者、謂若隱元年「秋七月、天王使宰咺來歸惠公仲子之賵」、及昭十三年「夏四月、楚公子比自晉歸于楚、弑其君虔于乾谿」、此皆三句以上。春秋一部、未必皆然。杜欲盛破賈・服一字、故擧多言之。或以爲數其文句、義亦得通。

「錯綜其數」、易上繫辭文、謂交錯綜理之。（01-19a・b）

古今至數家〇漢書儒林傳云「漢興、北平侯張蒼及梁大傅賈誼京兆尹張敞大中大夫劉公子皆脩左氏傳。誼爲左氏傳訓詁、授趙人貫公、公傳子長卿、長卿傳清河張禹、禹授尹更始、更始傳子咸及丞相翟方進、方進授清河胡常、常授黎陽賈護、護授蒼梧陳欽。而劉歆從尹咸及翟方進受。由是言左氏者、本之賈護・劉歆」、是前漢言左氏者也。

漢武帝置五經博士、左氏不得立於學官。至平帝時、王莽輔政、方始立之、後漢復廢。雖然學者浸多矣。中興以後、陳元・鄭衆・賈逵・馬融・延篤・彭仲博・許惠卿・服虔・潁容之徒、皆傳左氏春秋。魏世則王肅・董遇爲之注。此等比至杜時、或在或滅、不知杜之所見「十數家」定是何人也。（01-19b）

大體至自亂〇禮記中庸云「仲尼祖述堯舜」、「祖」始也、謂前人爲始而述修之也。經之詳略、本不著義、強爲之説、理不可通、故「進不成爲錯綜經文以盡其變」、於傳之外、別立異端、故「退不守丘明之傳、傳有不通、則没而不説」、謂諸家之注多有此事。但諸注既亡、不可指摘。若觀服虔・賈逵之注、「皆没而不説」者衆矣。謂若文二年「作僖公主」、傳於僖三十三年云「作主非禮也。凡君薨、卒哭而祔、祔而作主」、及襄九年「閏月戊寅、濟于陰阪」之類是也。

「膚」謂皮膚、言淺近引之也。公羊・穀梁口相傳授、因事起問、意與左氏不同。故引之以解左氏、適足以自錯亂也。（01-20a）

預今所以至之志也〇丘明與聖同恥、爲經作傳、經有他義、無容不盡、故「專脩丘明之傳以釋經」也。作傳解經、則經義在傳、故「經之條貫、必出於傳」也。發凡言例、則例必在凡、故「傳之義例、摠歸諸凡」也。若有例無凡、則傳有變例。如是則「推尋變例以正褒貶」。若左氏不解、二傳有説、有是有非、可去可取。如是則簡選二傳、取其合義而去其異端。杜自言以此立説、蓋是丘明之本意也。

昭三年「北燕伯款出奔齊」、傳云「書曰北燕伯款出奔齊、罪之也」、則知昭二十一年「蔡侯朱出奔楚」、亦是罪之也。釋例曰「朱雖無罪、據失位而出奔、亦其咎也」。宣十年「崔氏出奔衛」、傳云「書曰崔氏、非其罪也」、不書名者非其罪、則書名者是罪也。襄二十一年「晉欒盈出奔楚」、杜注云「稱名、罪之」。如此之類、是「推變例以正褒貶」也。

莊十九年「公子結媵陳人之婦于鄄」、杜注云「公羊・穀梁皆以爲魯女媵陳侯之婦」、僖九年「伯姫卒」、杜注云「公羊穀梁曰、未適人、故不稱國」、如此之類、是「簡二傳」也。先儒取二傳多矣、杜不取者、是「去異端」也。

（01-20b）

其有至後賢〇集解與釋例每有論錯闕疑之事、非一二也。釋例終篇云「去聖久遠、古文篆隷、歷代相變、自然當有錯誤、亦不可拘文以害意。故聖人貴聞一而知二、賢史之闕文也。今左氏有無傳之經、亦有無經之傳。無經之傳、或可廣文。無傳之經、則不知其事。又有事由於魯、魯君親之而復不書者。先儒或強爲之說、或沒而不說、疑在闕文、誠難以意理推之」、是「備論闕之」之事也。（01–21a）

然劉至同異〇漢書楚元王傳稱「劉歆、字子駿、劉德孫、劉向少子也。哀帝時、歆校秘書、見古文春秋左氏傳、大好之。初左氏傳多古字古言、學者傳訓詁而已。及歆治左氏、引傳文以解經、經・傳相發明、由是章句義理備焉」、是其「創通大義」也。

後漢賈逵、字景伯、扶風人也。父徽、字元伯、受業於歆、作春秋條例。逵傳父業、作左氏傳解詁。許惠卿、名淑、魏郡人也。潁子嚴、名容、陳郡人也。比於劉・賈之徒、學識雖復淺近、然亦注述春秋、名爲一家之學。杜以爲先儒之內、四家差長、故特舉其違、以見異同。自餘服虔之徒、殊劣於此輩、故棄而不論也。（01–21a・b）

分經至集解〇丘明作傳、不敢與聖言相亂、故與經別行、何止丘明。公羊・穀梁及毛公・韓嬰之爲詩作傳、莫不皆爾。經・傳異處、於省覽爲煩、故杜分年相附、別其經・傳、聚集而解之。杜言「集解」、謂聚集經・傳、爲之作解。何晏論語集解、乃聚集諸家義理以解論語、言同而意異也。（01–21b/22a）

又別至之也〇春秋記事之書、前人後人行事相類、書其行事、不得不有比例。而散在他年、非相比校則善惡不章、褒貶不明。故杜「別集諸例、從而釋之」、將令學者觀其所聚、察其同異、則於其學易明故也。言「諸例及地名譜第厤數」、三者雖春秋之事、於經・傳無例者繁多、以特爲篇卷、不與「諸例」相同、故言「及」也。事同則爲部、小異則附出、孤經不及例者、聚於終篇、故言「相與爲部」也。

其四十部次第、從隱卽位爲首、先有其事則先次之。唯世族・土地、事既非例、故退之於後。終篇宜最處末、故次終篇之前、終篇處其終耳。土地之名起於「宋・衛遇于垂」、世族譜起於「無駭卒」。「無駭卒」在「遇垂」之後、故地名在世族之前也。（01–22a）

或曰至所安〇正義曰、上一問一荅、說作注理畢、而更問春秋作之早晚及仲尼述作大意。先儒所說、並皆辟謬、須於此明之、亦以於文不次、故更假問荅以明之。一問之間、凡有四意。其一問作之早晚。其二問先儒言孔子自爲素王、其事虛實。其三問公羊說孔子黜周王魯、其言是非。其四問左氏獲麟之後乃有餘經、問杜於意安否。

據杜云「左傳及穀梁無明文」、則指公羊有其顯說、今驗何休所注公羊、亦無作春秋之事。案孔舒元公羊傳本云「十有四年春、西狩獲麟。何以書、記異也。今麟非常之獸、其爲非常之獸奈何。有王者則至、無王者則不至。然則孰爲而至、爲孔子之作春秋」、是有成文也。「左傳及穀梁則無明文」、故說左氏者言、「孔子自衛反魯、則便撰述春秋、三年文成、乃致得麟」。孔子既作此書、麟則爲書來應、言麟爲孔子至也。

「麟」是帝王之瑞、故有「素王」之說。言孔子自以身爲素王、故作春秋、立素王之法。丘明自以身爲素臣、故爲素王作左氏之傳。漢魏諸儒皆爲此說。董仲舒對策云「孔子作春秋、先正王而繫以萬事、見素王之文焉」、賈逵春秋序云「孔子覽史記、就是非之說、立素王之法」、鄭玄六藝論云「孔子既西狩獲麟、自號素王、爲後世受命之君、制明王之法」、盧欽公羊序云「孔子自因魯史記而脩春秋、制素王之道」、是先儒皆言孔子立素王也。孔子家語稱「齊大史子餘歎美孔子言、云天其素王之乎」。「素」空也。言無位而空王之也。

彼子餘美孔子之深原上天之意、故爲此言耳、非是孔子自號爲素王。先儒蓋因此而謬、遂言「春秋立素王之法、左丘明述仲尼之道、故復以爲素臣」。其言「丘明爲素臣」、未知誰所説也。

「言公羊者」、謂何休之輩。「黜周王魯」、非公羊之正文、説者推其意而致理耳。以杞是二王之後、本爵爲上公、而經稱「杞伯」、以爲孔子黜之。宣十六年「成周宣榭火」、公羊傳曰「外灾不書、此何以書、新周也」。其意言、周爲王者之後、比宋爲新、縁此故謂春秋託王於魯、以周宋爲二王之後、黜杞同於庶國。何休隱元年注云「唯王者然後改元立號、春秋託新王受命於魯」、宣十六年注云「孔子以春秋當新王、上黜杞、下新周而故宋、黜周爲王者之後」、是「黜周王魯」之説也。

定元年公羊傳曰「定・哀多微辭、主人習其讀而問其傳、則未知己之有罪焉爾」、何休云「此假設而言之。主人謂定・哀也。習其經而讀之、問其傳解詁、則不知己之有罪於是、此孔子畏時君、上以諱尊隆恩、下以辟害容身、愼之至也」、是其「孫言辟害、微文隱義」之説。

「自衛反魯」、「危行言孫」、皆論語文也。鄭玄以爲「據時高言高行者皆見危」、謂高行爲危行也。何晏以危爲厲、厲言行不隨俗也。未知二者誰當杜旨。

公羊之經獲麟卽止、而左氏之經終於孔子卒。先儒或以爲麟後之經亦是孔子所書、故問其意之所安也。（01-22b/23a）

荅曰至政也○此盡末以來、荅上問四意。但所荅或先或後、而其文不次。欲令先有案據、乃得遞相發明、故不得以次而荅。問者先問作之早晩。杜意定以獲麟乃作、故從「仲尼曰」至「所以爲終」、明作之時節、兼明白本意自欲制作、感麟方始爲之、非是先作春秋之後致麟也。

既言止麟之意、須説始隱之由、且欲取平王周正、驗其非「黜周王魯」之證。但既言其終、倒言其始、則於文不次、故荅前義未了、更起一問。自「曰然則」以下盡「此其義也」、明春秋始隱之意、荅「黜周王魯」之言。

既言「王魯」爲非、遂并辯公羊之謬。自「若夫制作」盡「非隱之也」、荅「微文隱義」之爲非也。自「聖人包周身之防」盡「非所聞也」、荅「孫言辟害」之爲虚也。

先儒以爲未獲麟而已作春秋、過獲麟而經猶未止、故既荅公羊之謬、然後却辯素王爲虚、并説引經爲妄。自「子路欲使門人」盡「又非通論也」、荅「素王素臣」之問。自「先儒以爲」盡「得其實」、荅經止獲麟之意。「至於反袂」以下、言其不可采用。此章分段大意、其文旨如此。

問者以所聞而問、其「異乎余所聞」一句、歎其所據非理、故言「異乎余所聞」。「仲尼曰」與「歎曰」二者、皆論語文也。孔子過匡、匡人以兵遮而脅之、從者驚怖、故設此言以強之。文王雖身既没、其爲文王之道、豈不在茲身乎。孔子自比其身、言己有文王之道也。其下文又云「天之將喪斯文也、後死者不得與於斯文也。天之未喪斯文也、匡人其如予何」。其意言、天若未喪文王之道、必將使我制作、匡人不能違天以害己。此言是有制作之本意也。

聖人受命而王、則鳳鳥至、河出圖。仲尼歎曰「鳳鳥不至、河不出圖、吾已矣夫」、此言蓋傷時王之政不能致此瑞也。先有制作之意、而恨時無嘉瑞、明是既得嘉瑞、卽便制作。杜欲明得麟乃作、故先表此二句。

鄭玄以爲「河圖洛書、龜龍銜負而出、如中候所説、龍馬銜甲、赤文緑色、甲似龜背、袤廣九尺、上有列宿斗正之度、帝王錄紀興亡之數、是也」。孔安國以爲「河圖卽八卦是也」。未知二者誰當杜旨。（01-23b/24a）

麟鳳至終也○麟・鳳與龜・龍・白虎五者神靈之鳥獸、「王者之嘉瑞」也。今麟出於衰亂之世、是「非其時」也、上無明王、是「虚其應」也、爲人所獲、是「失其歸」也。夫此聖人而生非其時、道無所行、功無所濟、與麟相類、故「所以爲感」也。先有制作之意、復爲外物所感、既知道屈當時、欲使功被來世、由是所以作春秋。「絕筆於獲麟之一句」者、麟是仲尼所感、而書爲感麟而作、既以「所感而起、固所以爲終也」。荅上「春秋之作、左傳無明文」之問、又言己所以爲獲麟乃作之意。

獨擧麟・鳳而云「五靈」、知二獸以外爲龜・龍・白虎者、以鳥獸而爲瑞、不出五者、經傳・讖緯莫不盡然。禮記禮器曰「升中于天而鳳皇降、龜龍假」、詩序曰「麟趾關雎之應、騶虞鵲巢之應」、騶虞卽白虎也、是龜・龍・白虎並爲瑞應。只言「麟鳳」、便言「五靈」者、擧鳳配麟、足以成句、略其三者、故曰「五靈」。其「五靈」之文出尚書緯也。禮記禮運曰「麟・鳳・龜・龍、謂之四靈」、不言五者、彼稱「四靈」、以爲畜則飲食有由也。其意言、四靈與羞物爲羣、四靈既擾、則羞物皆備。龍是魚鮪之長、鳳是飛鳥之長、麟是走獸之長、龜是甲蟲之長。飲食所須、唯此四物、四物之內、各擧一長。虎・麟皆是走獸、故略云「四靈」。杜欲偏擧諸瑞、故備言「五靈」也。

直云「絕筆獲麟」、則文勢已足、而言「之一句」者、以春秋編年之書、必應盡年乃止、入年唯此一句、故顯言之、以明一句是其所感也。（01-24b）

曰然至將來○上既解終麟之意、未辯始隱之由、故又假問以釋之。不言「或問」而直言「曰」者、以荅前未了、須更起此問、若言問者猶是前人、且既解絕筆、卽因問初起、以此不復言「或」、欲示二問共是一人故也。「然」者然上語、「則」者陳下事。乘前起後之勢。

問者言、「絕筆於獲麟」、既如前解、然則春秋初起、何獨始於魯隱公、不始於他國餘公何也。「荅曰、周平王東周之始王也」、遷居洛邑、平王爲首、是「始王」也。「隱公讓國之賢君也」、於第當立、委位讓桓、是「賢君」也。「考乎其時則相接」、隱公之初當平王之末、是「相接」也。「言乎其位則列國」、其爵爲侯、其土則廣、是「大國」也。「本乎其始、則周公之祚胤也」、魯承周公之後、是其福祚之胤也。若使平王能撫養下民、求天長命、紹先王之烈、開中興之功、隱公能大宣聖祖之業、光啓周王之室、君臣同心、照臨天下、如是則西周之美猶或可尋、文武之迹不墜於地。而平王・隱公居得致之地、有得致之資、而竟不能然、只爲無法故也。仲尼愍其如是、爲之作法。其意言、若能用我道、豈致此乎。是故因其年月之厤數、附其時人之行事、采周公之舊典、以會合成一王之大義。雖前事已往不可復追、冀得垂法將來、使後人放習、以是之故、作此春秋。此序一段大明作春秋之深意。

問者不直云「隱公」而言「魯隱公」者、言「魯」決其不始於他國、言「隱」決其不始於餘公、挾此二意、故并「魯」言之也。其荅直言「隱公」、不云「魯」者、以魯之春秋、已爲韓起所說可知故也。

周自武王伐紂定天下、恒居鎬地、是爲西都。周公攝政、營洛邑於土中、謂之東都。成王雖暫至洛邑、還歸鎬京。及幽王滅於西周、平王東遷洛邑、因謂洛邑爲東周、謂鎬京爲西周。平王始居東周、故云「東周之始王」也。平王四十九年而隱公卽位、隱公三年而平王崩、是其「相接」也。

詩既醉云「永錫祚胤」、言福祚及後胤也。尚書召誥云「用供王能祈天永命」、言用善德治民得長命也。襄十年傳曰「而以偪陽光啓寡君」、論語曰「文武之道未墜於地」、是杜所用之文也。

春秋據魯而作、卽是諸侯之法、而云「會成王義」者、春秋所書、尊卑盡備。王使來聘、錫命賵含、有天子撫邦國之義、公如京師、拜賜會葬、有諸侯事王者之法。雖據魯史爲文、足成王者之義也。以其「會成王義」、故得「垂法將來」、使天子法而用之、非獨遺將來諸侯也。（01-25a・b/26a）

所書至義也○既言作春秋之意、然後荅「黜周王魯」之言。經書「春王正月」、「王」卽周平王也、「月」卽周正也。「公及邾儀父」、「公」卽魯隱公也。魯用周正、則魯事周矣。天子稱王、諸侯稱公、魯尚稱公、則號不改矣。春秋之文「安在黜周王魯乎」。若黜周王魯、則魯宜稱王、周宜稱公。此言周王而魯公、知非黜周而王魯也。
孔子之作春秋、本欲興周非黜周也。故引論語以明之。公山弗擾召孔子、孔子欲往、子路不説、夫子設此言以解之。其意言、彼召我者、而豈空然哉、必謂我有賢能之德故也。既謂我有賢德、或將能用我言。如其能用我言者、吾其爲東方之周乎。言將欲興周道於東方也。原其此意、知非黜周、故云「此其興周之義」也。注論語者、其意多然。唯鄭玄獨異、以東周爲成周、則非杜所用也。
(01-26a・b)

若夫至之也○此一段荅説公羊者言「微其文隱其義」之意。「若夫」者發端之辭、既荅王魯、更起言端、故云「若夫」。聖人制作之文、所以章明已往、考校方來、欲使將來之人鑒見既往之事、聖人之情、見乎文辭。若使發語卑雜、則情趣瑣近、立言高簡、則旨意遠大、章句煩多、則事情易顯、文辭約少、則義趣微略、此乃理之常事、非故隱之也。文王演易、則亦文高旨遠、辭約義微、豈復孫辭辟害。以彼無所辟、其文亦微、知理之常、非所爲隱也。其「章往考來」、「情見乎辭」、皆易下繫辭之文、彼作「彰往而察來」、意不異耳。
(01-26b)

聖人至聞也○此一段荅「孫言辟害」之意。若成湯繫於夏臺、文王囚於羑里、周公留滯於東都、孔子絕糧於陳蔡、自古聖人幽囚困厄、則嘗有之、未聞有被殺害者也。「包周身之防」者、謂聖人防慮必周於身、自知無患、方始作之。「既作之後、方復隱諱、以辟患害」、此事實非所聞也。云「非所聞」者、言前訓未之有也。 (01-27a)

子路至論也○此一段荅「素王素臣」爲非也。案論語稱「孔子疾病。子路使門人爲臣。病間曰、久矣哉由之行詐也。無臣而爲有臣。吾誰欺、欺天乎」。其意言、子路以孔子將死、使門人爲臣、欲令以臣禮葬君、冀其顯榮夫子。夫子瘳而責之。我實無臣、何故而爲有臣。吾之於人也、於誰嘗欺。我尚不敢欺人、何故使吾欺天乎。子路使門人爲臣、纔僭大夫禮耳、孔子尚以爲欺天、況神器之重、非人臣所議。而云「仲尼爲素王、丘明爲素臣」、又非通理之論也。
聖人之生、與運隆替、運通則功濟當時、運閉則道存身後。雖復富有天下、無益於堯舜、賤爲匹庶、何損於仲尼。道爲升降、自由聖與不聖、言之立否、乃關賢與不賢、非復假大位以宣風、藉虚名以範世、稱王稱臣、復何所取。若使無位無人、虚稱王號、不爵不祿、妄竊臣名、是則羨富貴而恥貧賤、長僭踰而開亂逆。聖人立教、豈當爾也。臧文仲山節藻棁、謂之不知。管仲鏤簋朱紘、稱其器小。見季氏舞八佾、云孰不可忍。若仲尼之竊王號、則罪不容誅。而言「素王素臣」、是誣大賢而負聖人也。嗚呼、孔子被誣久矣、賴杜預方始雪之。
(01-27a・b)

先儒至近誣○此下至「爲得其實」、皆明麟後之經非仲尼所脩之意。直言「先儒」、無可尋檢、未審是誰先生此意。案今左氏之經、仍終孔丘之卒、雖杜氏之注、此經亦存、而尤責先儒「引經至仲尼卒」者、蓋先儒以爲夫子自衛反魯、卽作春秋、作三年而後致麟、雖得麟而猶不止、比至孔丘之卒、皆是仲尼所脩。以是辯之、謂之「近誣」、明先儒有此説也。服虔云「夫子以哀十一年、自衛反魯而作春秋、約之以禮、故有麟應而至」、是其宗舊説也。
服虔又云「春秋終於獲麟、故小邾射不在三叛人中也。弟子欲明夫子作春秋、以顯其師、故書小邾射以下至孔子卒」。案杜於此下及哀十四年注、皆取服義爲説、則服氏於此一事、已改先儒矣。麟是王者之瑞、非爲制作而來、而云「仲尼致之」、是其妖且妄也。經是魯史之文、非仲尼之所述、而云「仲尼脩之」、是其近誣罔也。言「近誣」者、心所不悟、非故誣之、故云「近誣」也。
(01-27b/28a)

據公至其實〇穀梁之經亦止「獲麟」、而獨據公羊者、春秋之作、穀梁無明文、杜以獲麟乃作、義取公羊、故獨據之耳。「小邾射以句繹來奔」、與黒肱之徒、義無以異。傳稱「書三叛人名」、不通數此人以爲四叛、知其不入傳例。麟下之經、傳不入例、足知此經非復孔旨。「故余以爲感麟而作」春秋、其意「起於獲麟、則文止於所起」、自此而談、「爲得其實」。重明經止「獲麟」、并自成己說、起「獲麟」之意也。（01–28a）

至於至取焉〇公羊傳稱「孔子聞獲麟、反袂拭面、涕沾袍、曰吾道窮矣」。杜旣取公羊經止「獲麟」、而公羊「獲麟」之下、卽有此傳、嫌其并亦取之、故云「亦無取焉」。不取之者、以聖人盡性窮神、樂天知命、生而不喜、死而不戚。困於陳蔡、則援琴而歌、夢奠兩楹、則負杖而詠、寧復畏懼死亡。下沾衿之泣、愛惜性命、發道窮之歎。若實如是、何異凡夫俗人、而得稱爲聖也。公羊之書、鄉曲小辯、致遠則泥、故「無取焉」。此則上文所謂「簡二傳而去異端」。豈有「反袂拭面、涕下沾袍」。以虛而不經、故不取也。（01–28b）

春秋左傳正義校勘記　巻一（春秋左氏傳序）

附釋音春秋左傳注疏卷第一（01-01a-1）閩本・監本・毛本刪「附釋音」三字、後同。分卷與此相合。監本此行下有「晉杜氏注唐孔穎達疏陸德明釋文」十四字。閩本・毛本「晉杜氏注」在第二行、「唐孔穎達疏」在第三行。每巻同。上空八九字不一。監本因刻校刊官銜擠刻毎巻第幾之下。「陸德明釋文」五字、閩本在第二行之末、以下不著。監本以下亦不著。○宋本作「春秋正義巻第一」。◎正本も「春秋正義巻第一」に作る。なお宋本は「春秋左傳正義巻第一」に作る。阮校の失校。

・國子祭酒上護軍曲阜縣開國子臣孔穎達等奉／勅撰（01-01a-2）是銜在第二行。第三行、此本以下不著。宋本毎巻同、上空二字。◎正本も宋本と同様毎巻にこの一文を冠する。また上に二字分空格すること宋本に同じ。なお宋本は「孔潁達」に誤る。

・國子博士兼大子中允贈齊州刺史呉縣開國男臣陸德明釋文（01-01a-4）◎正本は單疏本であり、宋本は附釋音ではないから、当然この一文は無い。本校勘記でも削除する。

春秋序（01-01a-5）此本三字頂格在第五行。淳熙本・岳本・纂圖本亦頂格在第一行。閩本・監本・毛本在第四行、低二格。唐石經及宋本並作「春秋左氏傳序」。石經此行初書。今體改書八分。宋本亦頂格在第四行。案孔氏正義云「晉宋古本及今定本並云春秋左氏傳序。今依用之」、是正義本有「左氏傳」三字。此作「春秋序」、承陸氏釋文所題也。◎正本は宋本に同じく「春秋左氏傳序」に作る。今これに従う。

・且有題曰春秋釋例序（01-01a-7）宋本「且」誤「其」。◎正本・足利本は「且」字に作って、誤らず。ただし宋本は「具」字に誤る。阮校の失校。

・徐邈以晉世言五經音訓（01-01a-9）宋本「言」作「定」、「音」誤「奇」。◎正本は「定」字、「音」字に作り、ともに誤らず。つまり「定五經音訓」が正しい。

・名義以春秋是此書大名（01-01b-2）宋本「名義」作「明義」是也。與下文「明史官記事之書」「明天子諸侯皆有史官」三「明」字一例。○今訂正。◎正本・足利本は宋本に同じく「明義」に作る。

・先儒錯繆之意（01-01b-9）閩本・監本・毛本亦作「繆」。按古「錯謬」字多作「繆」。◎正本・宋本は「謬」字に作る。今これに従う。

・賈逵大史公十二諸侯年表序（01-01b-9）浦鏜正誤云、「逵」下脱「云」字。後凡浦鏜正誤以己意增改字句、及據俗本以校正義者、不錄。◎今浦鏜説に従い、「賈逵」の下に一「云」字を補う。

・藏於祕府（01-02a-2）閩本・監本・毛本「祕」字作「秘」。案「秘」俗「祕」字。下準此。◎正本は「秘」字、宋本は「祕」字に作る。今「祕」字に従う。後の「祕書」も同じ。

・時丞相尹咸以能治左氏（01-02a-4）天台齊召南云、尹咸爲丞相史、未嘗

爲丞相也。「相」下脱「史」字。◎今齊召南説に従い、「丞相史」に改める。

・與歆共校傳（01-02a-4）浦鏜正誤「校」下增「經」字。◎浦説に従う。

・歆略従咸（01-02a-4）日本西條掌書記山井鼎七經孟子考文無「略」字。今按山井鼎所云宋本、即附釋音本也。凡與是本相符者不錄。所云古本・異本、即釋文・正義及唐宋人類書中之同異。雖錄其説、鮮致是非。◎正本・宋本には「略」字が有る。これに従う。

・和帝元興十一年（01-02a-8）案宋王應麟困學紀聞云、愚考和帝元興止一年、安得有十一年。一誤也。鄭興子衆終於章帝建初八年、不及和帝時。二誤也。章帝之子爲和帝、先後失序。三誤也。盧文弨云、此七字改作「建武初元」便可通。◎今はこのままとする。

・起穀梁廢疾（01-02a-9）按「廢疾」之「廢」、當作「癈」。説詳襄七年校勘記。◎正本も誤って「廢」字に作る。今「癈」字に従う。

・春秋至名也（01-02b-1）凡序中某至某也、宋本無。下並同。◎正本は「春秋者魯史記之名也」に作る。阮刻本がほぼ「〇〇至〇〇」の形式の五字に統一するのに対し、正本では特に巻一において長文の標起止が多い。以後もほぼ阮刻本に従う。

・記事至異也（01-02b-9）◎正本は「記事者以事繫日至別同異也」に作る。

・日無襃貶（01-04a-2）段玉裁云「日」下有「月」字。◎今段説に従う。

・劉熙釋名（01-04a-3）◎正本・宋本・足利本は「熙」字を「熈」字に作る。以下同じ。

・容成造厤（01-04a-5）◎正本は「厤」字を「歷」字に作る。

・大橈作甲子（01-04a-5）宋本・監本・毛本「橈」作「撓」◎正本・足利本、そして宋本も「橈」字に作る。阮校の失校。

・宋忠注云（01-04a-5）浦鏜正誤「忠」作「衷」。

・滿而闕缺（01-04a-6）浦鏜正誤「缺」作「也」。

・積二十九日過半而行及日與月相會（01-04a-6）宋本・閩本・監本・毛本「月」作「日」非也。◎正本・足利本・要義本も「日」字に作る。阮校は「日」字を誤りとするが、主語は「月」であるのでこれが正しい。

・月譬水水火外光（01-04a-7）宋本・閩本・監本・毛本無次「水」字。◎正本にも「水」字無し。削除する。

・所以揔紀諸月也（01-04a-8）浦鏜正誤「月」作「日」。◎正本も「月」字に作るが、傍注に「日」字に作る異本を紹介する。「日」字が正しい。

・故史至名也（01-04b-4）◎正本は「故史之所記至所記之名也」に作る。

・一切萬物生植孕育（01-04b-8）宋本「植」作「殖」。◎正本・足利本は「植」字に作って、宋本と異なる。左伝昭公二十五年「爲温慈惠和、以效天之生殖長育」に拠り、「殖」字に従う。

・商曰祀（01-04b-10）宋本・監本・毛本「商」作「商」是也。此別一字。〇今訂正。◎正本・足利本が「商」字に作るのは誤り。

・年取年穀一熟也（01-05a-1）按詩補傳引孫炎云「季取禾穀一熟」

・作十有三載乃同（01-05a-3）浦鏜正誤云、釋文・馬・鄭書注「載」作「年」、故下云「唐虞之世、已有年歳之言」。◎文脈からすると浦説が妥当である。今「年」字に従う。

・秋𥝩也物𥝩斂也（01-05a-6）按「𥝩」字書所無。漢書律歴志作「秋摶也物。摶斂乃成」。説文韋部「摶〔附校勘記は「掏」字に誤刻する〕収束也」。玉篇「摶」亦作「掏」。諸本作「𥝩」疑「掏」之訛。宋本「𥝩也」之間有「卽由反」三字。細注分作二行。正義作音、例多如是。◎正本は「𥝩」字に作る。また釈音は細字二行に表記する。以下同じ。

周禮至國史（01-05b-4）◎正本は「周禮有史官至亦各有國史」に作る。

・○正義曰周禮春官（01–05b–4）宋本○作陰文大「疏」字。下並同。◎正本には「疏」字無し。以下同じ。
・劉炫以爲尚書（01–06a–6）◎正本は「尚書」を「商書」に誤る。
・鄭公孫黒强（01–06a–9）宋本・閩本「强」作「強」。按説文作「強」。下準此。◎正本・足利本も「強」字に作る。
大事書之於策（01–06b–8）釋文亦作「策」。宋本・淳熙本・岳本・纂圖本・閩本・監本・毛本「策」作「策」。釋文云「本又作冊、亦作筴」。案策・筴古通用。國語魯語「使書以爲三筴」、莊子駢拇篇「挾筴讀書」、管子海上篇「謹正鹽筴」、皆爲書策之策。顔氏家訓云「簡策字竹下施朿。末代隷書似杞宋之宋、亦有竹下遂爲夾者。徐仙民春秋禮音以筴爲正字、以策爲音、殊爲顚倒」。石經凡「策」字皆作「策」。◎実は宋本も正本も「策」字に作るが、正字体の「策」字に従う。
・大事至而已（01–06b–9）◎正本は「大事書之於策小事簡牘而已」に作る。
・及鄰國赴告（01–07a–6）◎正本は「鄰」字を「隣」字に作る。以下同じ。今「鄰」字に従う。
・少事者謂物不爲災（01–07a–7）宋本・閩本・監本・毛本「少」作「小」不誤。◎正本は「小」字に作って誤らず。足利本は「少」字に誤る。
・傳馮簡牘（01–07b–3）宋本「馮」作「憑」。案五經文字云「馮義與憑同」。◎正本・足利本は「馮」字に作る。今「馮」字に従う。
・孟子曰至一也（01–07b–7）◎正本「孟子曰至其實一也」に作る。
・鄹邑人也（01–07b–7）宋本「鄹」作「郰」。◎正本は「鄹」字に作る。足利本は「郰」字に作る。今「郰」字に従う。
與周之所以王（01–08a–5）按文選「王」下有「也」字、與昭二年傳合。
・韓宣至以王（01–08a–6）◎正本は「韓宣子至所以王」に作る。
・故云此○（01–08a–6）宋本○作「疏」。◎正本は一空格有るのみ。

・謚曰宣子者（01–08a–7）宋本・毛本「謚」作「諡」。説詳隱八年傳。◎正本、そして宋本も「謚」字に作る。阮校の失校。
・韓子至經也（01–08b–6）◎正本は「韓子所見蓋周之舊典禮經也」に作る。
諸所記注（01–09a–5）閩本・監本・毛本「注」作「註」。釋文云「字或作註」。按記註字當從言。通俗文云「記物曰註」。方言・廣雅皆有註字、乃俗字之冣古者也。◎宋本は「注」字に作る。これが正しい。
・周德至舊章（01–09a–6）◎正本は「周德既衰至多違舊章」に作る。
・然則鄰國相命（01–09b–1）毛本「鄰」作「隣」。唐唐元度九經字様云、作「隣」者訛。下準此。◎正本は「鄰」字を「隣字」に作る。以下同じ。
・仲尼至之法（01–09b–6）◎正本は「仲尼因魯史策書成文至將來之法」に作る。
・其教至勸戒（01–10a–3）◎正本は「其教之所存文之所害則刊而正之以示勸戒」に作る。
・自嫌彊大（01–10a–6）宋本・監本・毛本「彊」作「疆」誤。◎正本は「彊」字に作って、誤らず。実は宋本も「彊」字に作る。阮校の失校。
・須存於此若也（01–10a–8）閩本・監本・毛本「若」作「者」。案十行本初刻「若」。後剜改作「者」不誤。◎宋本・正本・足利本は「若」字に作る。今、私見により、文字を入れ替え「須存於此也若」に改める。
・其餘至改也（01–10b–1）◎正本は「其餘則皆卽用舊史至不必改也」に作る。
・故傳至脩之（01–10b–6）◎正本は「故傳曰其善志又曰非聖人孰能脩之」に作る。
・蓋周至明之（01–10b–9）◎正本は「蓋周公之志仲尼從而明之」に作る。
或依經以辯理（01–11a–5）文選「辯」作「辨」。五經文字云「辯理也。辨別

也。經典通用」。◎疏文に合わせて「辨」字に改める。
・左邱至而發（01–11a–5）閩本・監本・毛本作「左邱至發」。◎正本は「左丘明受經於仲尼至隨義而發」に作る。
・以辨此經之理（01–11a–8）閩本・監本・毛本「辨」作「辯」。◎宋本・正本・足利本は「辨」字に作る。
・懼弟子各有妄其意（01–11a–9）按史記十二諸侯年表序「妄」作「安」、無「有」字。盧文弨校本「有」作「自」字。按如今本史記作「安其意」爲善。◎今はそのまま「各有妄其意」に従う。
・左邱明魯史也（01–11b–1）按漢書藝文志「魯」下有「大」字。
・是錯經以合異也（01–11b–5）宋本・監本・毛本「異」誤「義」。◎正本、そして宋本も「異」字に作って、誤らず。阮校の失校。
・其例至故也（01–11b–7）◎正本は「其例之所重至所脩之要故也」に作る。
其㫖遠（01–11b–10）纂圖本・毛本作「𣅀」。石經「㫖」作「𣅀」。宋本・岳本・閩本・監本作「旨」。説文云「旨從匕從甘」。下凡作旨者、準説文改也。◎今「旨」字に従う。なお宋本は「㫖」字に作る。

尋其枝葉（01–12a–1）監本「葉」作「葉」。唐石經・淳熙本作「𦯧」。毛本作「葉」亦誤。顧炎武金石文字記云「唐石經避大宗諱、凡從世字作云」。
◎正字体の「葉」字に従う。
・身爲至所窮（01–12a–2）◎正本は「身爲國史至究其所窮」に作る。
・○正義曰（01–12a–2）宋本「○」作「䟽」。◎正本は一空格有るのみ。
・説文云籒部書也（01–12a–3）按今本説文作「籒簿書也」。
・優而柔之至然後爲得也（01–12a–9）◎正本も「優而柔之至然後爲得也」に作る。この例では附釈音本もまた本来の標起止の形を残しているものである。
・子張問入官學之篇（01–12a–10）盧文弨校本云「學」字衍。

周公之垂法（01–12b–5）宋本「法」作「灋」。按「灋」「法」古今。字鄭氏注禮・箋詩皆以今字證古字。如周禮經文「灋」字、注文多作「法」。蓋一代有一代之字。陳樹華云、淳化本左傳「灋」字尚存一二。此勝於石經處、其實非也。○元和陳樹華有春秋内傳考證。後凡稱陳樹華者是。◎宋本に従う。
・其發至通體（01–12b–6）◎正本は「其發凡以言例至一經之通體」に作る。
・夫災無牲（01–12b–10）宋本「夫」作「天」、「灾」作「災」。按「災」與「灾」同。◎正本は「天災无牲」に作る。今「天災無牲」に従う。
・其微至褒貶（01–13b–10）◎正本は「其微顯闡幽至褒貶」に作る。
・是闡幽也（01–14a–5）按「也」下、浦鏜正誤云、當脱「其栽成義類」五字。
・諸稱至變例（01–14b–3）◎正本は「諸稱書不書至謂之變例」に作る。
・故書者隱三年（01–14b–8）宋本「者」下有「若」字。◎正本・要義本にも「若」字が有る。これが正しい。
・然亦至之也（01–15a–9）◎正本は「然亦有史至曲而暢之也」に作る。
・其經至例也（01–15b–10）◎正本は「其經無義例至非例也」に作る。
・故傳直言其指歸而已（01–16a–2）按杜序「歸」下有「趣」字。宋本不脱。
◎正本にも宋本と同様「趣」字が有って、脱せず。
・故發至有五（01–16a–4）◎正本は「故發傳之體有三而爲例之情有五」に作る。
・劉實分變例新意（01–16a–7）宋本「實」作「寔」。按晉劉寔字子眞、平原人。浦鏜「實」疑「炫」字誤非。◎正本は宋本に同じく「寔」字に作る。これが正しい。
・一日至是也（01–16b–1）◎正本は「一日微而顯至城縁陵之類是也」に作る。

・二日至是也（01–16b–9）◎正本は「二日志而晦至及之類是也」に作る。
・三日至是也（01–17a–6）◎正本は「三日婉而成章至許田之類是也」に作る。
・四日至是也（01–17b–6）◎正本は「四日盡而不汙至獻捷之類是也」に作る。
・五日至是也（01–17b–10）◎正本は「五日懲惡而勸善至三叛人名之類是也」に作る。
・而有名章徹則作（01–18a–4）◎正本はこれより以下、阮刻本の「趙人貫公」（19b–7）までが缺落している。安井小太郎氏の手に成る『影鈔正宗寺本春秋正義並缺佚考』〔以下『缺佚考』と略記〕には、「則作の下。三十六行の缺文あり。彰考館本。嘉業堂本同じ。以下皆同」と述べている。
・是知與上同爲新意（01–18b–8）盧文弨校本「是」作「足」。
若如所論（01–18b–9）案文選「如」作「此」。
・言無由發（01–19a–2）監本・毛本「言」作「爲」。
・誼爲左氏傳訓詁（01–19b–7）按漢書儒林傳「詁」作「故」。説文云、詁訓故言。凡傳注之書、有以「故」名者。如漢藝文志、書有大小夏侯解故、詩有魯故、齊后氏故、齊孫氏故、韓故、毛詩故訓傳。後漢書、賈逵作周官解故。「故」卽「詁」也。
・方進授清河胡常（01–19b–8）按漢書儒林傳云「更始傳子咸及翟方進胡常」。
・大體至自亂（01–20a–4）◎正本は「大體轉相祖述至適足自亂」に作る。
・若觀服虔賈誼之注（01–20a–7）齊召南云、賈誼解詁、晉時未必尚有其書。杜於服虔・賈逵、時多駁正。此當作「賈逵」。◎今齊召南に従い、「賈逵」に改める。
・袝而作主（01–20a–8）毛本「作」誤「則」。
揔歸諸凡（01–20b–1）監本・毛本「揔」作「總」。案九經字様云「揔、説文作總。經典相承通用」。監本・毛本作「總」轉寫之異。下放此。石經誤作「揔」。
・預今所以至志也（01–20b–2）◎正本は「預今所以爲異至蓋丘明之志也」に作る。
・邱明與聖同恥（01–20b–3）宋本・監本・毛本「恥」作「時」。◎正本、そして宋本も「恥」字に作る。阮校の失校。
・其有至後賢（01–21a–1）◎正本は「其有疑錯則備論而闕之以俟後賢」に作る。
・然劉至同異（01–21a–8）◎正本は「然劉子駿至以見同異」に作る。
・父徽字元伯授業於歆（01–21a–10）浦鏜正誤云、「授」當「受」誤。按後漢書賈逵傳云、父徽從劉歆受左氏春秋。◎今浦説に従い、「受」字に改める。
・逵傳父業作左氏傳訓詁（01–21a–10）按逵傳云「逵尤明左氏傳、爲之解詁」。此本「訓」當作「解」。◎正本は「訓」字に作る。
・分經至集解（01–21b–4）◎正本は「分經之年至集解」に作る。
・又別至之也（01–21b–10）◎正本は「又別集諸例至詳之也」に作る。
説者以仲尼自衛反魯（01–22a–6）石經・宋本・淳熙本・岳本・足利本「以」下有「爲」字。文選引同。◎「爲」字を補う。

危行言孫（01–22a–8）諸本作「孫」。釋文云「本亦作遜字」。按愻順字當从心。「孫」者叚借也。
・或曰至所安（01–22a–10）◎正本は「或曰春秋之作至所安」に作る。
・是素王之文焉（01–22b–8）山井鼎云、漢書元文「是」作「見」。◎今「見」字に従う。
・荅曰至政也（01–23b–4）◎正本は「荅曰異乎至時王之政也」に作る。
・然後刦辯素王爲虛（01–23b–9）監本・毛本「辯」作「辨」。按「刦」當作「卻」。諸本作「却」。五經文字云、「却」俗字。或作「郄」乃「郤」字。與此不同也。◎正本・宋本は「然後却辯素王爲虚」に作る。

・麟鳳至終也（01–24b–1）◎正本は「麟鳳五靈至所以爲終也」に作る。

・升中于天而鳳皇降（01–24b–6）閩本・監本・毛本「皇」作「凰」。按「凰」俗「皇」字。◎正本・宋本・足利本は「皇」字に作る。

・編年之書（01–24b–10）◎正本が「徧」字に作るのは誤り。

垂法將來（01–25a–8）宋本「法」作「灋」。◎今「灋」字に従う。

・曰然至將來（01–25a–8）◎正本は「曰然則春秋何始於魯隱公至垂法將來」に作る。

・還歸鎬京（01–25b–10）宋本「鎬京」下有「爲幽王滅於西周平王東遷洛邑因謂洛邑爲東周謂鎬京」廿三字。乃是完本。◎正本は「及幽王滅於西周平王東遷洛邑因謂洛邑爲東周謂鎬京」に作る。廿三字の冒頭「及」字のみが宋本と異なる。あるいは正本が正しいか。

・所書至義也（01–26a–8）◎正本は「所書之王至此其義也」に作る。

・若夫至之也（01–26b–6）◎正本は「若夫制作之文至非隱之也」に作る。

・非爲所隱也（01–26b–9）浦鏜正誤疑「爲所」二字誤到。盧文弨云、「所」字衍。

・聖人至聞也（01–27a–1）◎正本は「聖人包周身之防至非所聞也」に作る。

・孔子絕粮於陳蔡（01–27a–2）宋本・閩本・監本・毛本「粮」作「糧」。案五經文字云、作「粮」訛。◎正本・足利本も宋本等に同じく「糧」字に作る。これが正しい。

・子路至論也（01–27a–6）◎正本は「子路欲使門人爲臣至又非通論也」に作る。

・乃聞賢與不賢（01–27b–1）宋本「聞」作「闕」是也。◎正本・足利本、そして宋本も「聞」字に作るが、これは誤り。「闕」字が正しい。

・直當爾也（01–27b–2）宋本「直」作「豈」。◎正本・足利本は宋本に同じく「豈」字に作る。これが正しい。

・先儒至近誣（01–27b–6）◎正本は「先儒以爲制作三年至亦又近誣」に作る。

・此下至爲得其實（01–27b–6）◎正本はこれ以下を缺く。安井氏『缺佚考』には、「其實の下。二十行の缺文あり」とある。

・并自成己説起麟之意也。（01–28a–8）「起」下、浦鏜正誤增「獲」字。◎浦鏜説に従い、「獲」字を補う。

・以聖人盡聖窮神（01–28b–1）宋本・閩本・監本・毛本「盡聖」作「盡性」。◎実は宋本も「盡聖」に作るが、「性」字が正しい。

春秋左傳注疏巻一校勘記

春秋左傳正義譯注　巻二

附釋音春秋左傳注疏卷第二　　隱元年盡二年

杜氏注　　孔穎達疏

春秋經傳集解隱公第一　[02–01a]

【疏】正義に曰う。五経の題名のつけ方は、すべて注釈者の意図に出るもので、人にはそれぞれ考えがあるから、題名づけに一定の基準というものは無い。この書物はもともと経と伝とが別行していたので、経・伝にそれぞれ題名が有ったが、注釈者①がそれぞれの意図から決定したため、その本来の形はもはや知りがたい。

いま服虔②の注釈で、題して「隠公左氏伝解誼第一」と言うのによれば、「春秋」の二字を題としていない。そうだとすると「春秋」の二字がおそらく経の題であろう。服（虔）が「左氏伝」の三字を言うことからすれば、多分これがこの伝の題であろう。杜③（預）は経・伝を「集めて解し」、「春秋」がこの書の総名であるところから、「春秋」をその上に冠し、《（経伝集解）序》で「左氏」を説明する、その言葉が充分に備わっているということで、「左氏」を省略してこの題をつけた。（そして）「経伝集解」の四字は杜預が加えたもので、そのほかはすべて旧本のままである。

「経」は「常《つね》」である。ものごとには典法〔きまり〕が有り、常に遵用することができるという意味。「伝」は「伝える」である。ひろく経の意味を解釈し、後世の人に伝え示すということ。年を分かちてひとまとめにし、（経・伝を）集めて解したので、これを「経伝集解」と言う。

「隠公」は魯の君、侯爵である。

杜君は《大史公書》④〔司馬遷《史記》〕や《世本》⑤から（史料を）採り、また一方ではその他の文献を引いて《世族譜》⑥を著作し、諸国の興起滅亡について略記している。その《譜》に、

魯は姫姓、文王の子 周公旦の後なり。周公 周室を股肱《ここう》〔手足となって助ける〕す。成王 其の子の伯禽《はくきん》を曲阜《きょくふ》に封じて魯君と為す。今の魯国、是れなり。哀（公）より以下九世、二百一十七年にして楚 魯を滅す。

と述べている。

《魯世家》⑦によれば、伯禽から隠公に至るまで全部で十三人の君、兄弟相続をした者は五人である。

「隠公」、名は息姑、伯禽七世の子孫で、恵公弗皇《ふっこう》の子、母は声子《せいし》である。（周の）平王の四十九年に即位した。この年、歳星⑧〔木星〕は豕韋《しい》（の方角）に在った。

《禮記》⑨檀弓（上）に「死して謚《おくりな》するは周道なり」と述べている。周法では、天子より大夫に至るまで、死んだ後、その人の（生前の）徳行を総合したうえで謚をつくる。《周書》⑩謚法《しほう》に「隠拂《いんふつ》〔おおいかくす〕して成さざるを隠と曰ふ」とある。

魯国は実際には侯爵であるのに（ここで）「公」と称するのは（なぜかといえば）、⑪五等の爵が尊卑その称号を異にするとはいっても、臣子は君父を尊んで、いずれも「公」と称するのであり、これが礼制の普通であるからだ。⑫《字書》に「第《だい》の訓は次［次第］なり」と述べている。「一」は数の始めで、この巻は次第からいってその一番目に当たるということである。

【譯注】

①注者以意裁定（02-01a-6）——二〇世紀末から二一世紀初頭にかけて、大陸・台湾双方から「十三經注疏」の標点本が公刊された。《十三經注疏》整理委員会（李學勤主編）《標點本十三經注疏(簡體版)》（北京大学出版社　一九九九年十二月）・同「繁體版」（二〇〇〇年十二月）と、國立編譯館（周何）主編《十三經注疏分段標點本》（新文豐出版公司　二〇〇一年六月）がそれである。ただ筆者が瞥見するところ、遺憾ながら本文校定や句読の点で問題少なしとしない。たとえばこの箇所、原文は

「此本經傳別行、則經傳各自有題。注者以意裁定、其本難可復知」

と句読すべきところ、李學勤標点本・分段標点本ではそれぞれ、

「此本經傳別行、則經傳各自有題注者、以意裁定其本、難可復知」

「此本經傳別行，則經傳各自有題，注者以意裁定其本，難可復知」

のように誤る。ちなみに清代の武英殿版は正しく句読しているのである。本訳注では、以下、両標点本の誤読等については、必要と思われる箇所以外、いちいち言及しない。なおこの両標点本の概要・評価に関しては、以下の拙稿を参照していただければ幸いである。

・「讀五經正義札記(四)李學勤主編『標點本十三經注疏(簡體版)』管見」
・「讀五經正義札記(五)李學勤主編『標點本十三經注疏(繁體版)』管見」
・「讀五經正義札記(六)國立編譯館主編『分段標點本十三經注疏』管見」
・「讀李學勤主編之《標點本十三經注疏》」
（中國哲學第24輯「經學今詮三編」遼寧教育出版社　二〇〇二年）

前三者は《東洋古典學研究》の第11集より第13集（二〇〇一・二〇〇二年）に連載したものであり、最後のものは前三者を併せたうえで、若干の資料を追加した中文訳である。拙著《十三經注疏の研究　その語法と傳承の形》（研文出版　二〇〇五年）所収。

②服虔（02-01a-6）——《後漢書》儒林伝によれば、服虔、字は子愼。風雅の才能があり、善く文論を著わし、《春秋左氏傳解誼》を著作した。また《左傳》を根拠として、何休が駁した漢事を反駁すること六十条であったという。儒林伝の服虔の記事はほぼこれに尽きる極めて簡略なものであるが、後漢時代の《左傳》の諸注釈を集大成した彼の《春秋左氏傳解誼》は後世広く通行した。六朝時代、杜預注が江南に盛行したのに対して、河北では専ら服虔注が行なわれたという。

そして《春秋正義》が最も力をいれて解説するのが、杜注の服注に対する優位性である。しかしその試みは半ば成功し、半ば失敗に終わっている、というのが後代の学者の見方である。服注の《左傳》注釈史上の意義等については、拙著《春秋正義の世界》（溪水社　一九八九年）二十九頁以降を参照されたい。

服虔の《春秋》に関する著作は、《隋書》経籍志に「春秋左氏傳解誼三十一巻・春秋成長説九巻・春秋左氏膏肓釈痾十巻・春秋塞難三巻」として著録されている。いずれも完本としては現存しないが、清代の輯佚書にはおおむね収録されている。《漢魏遺書鈔》經翼第三冊・《玉函山房輯佚書》經編春秋類・《鄭氏佚書》。また清朝の李貽徳に《春秋左傳賈服注輯述》（皇清經解續編）があり、我が国にも重沢俊郎氏《左傳賈服注攟逸》（東方文化学院京都研究所研究報告第八冊　一九三五年）がある。

服虔注の佚文のほとんどが《春秋正義》所引であるため、以下の譯注では、

必要と思われるもの以外は、取り挙げない。ただし他書所引のものが有る場合には、言及するであろう。

なお、佚書の範囲の確定の問題については、拙稿「讀五經正義札記」（『東洋古典學研究』第8集　一九九九年）で、服虔注を例として、その引用部分の確定の困難さについて論じているので、参照されたい。拙著《十三經注疏の研究》所収。

③杜既集解經傳（02-01a-7）——このあたりの《疏》文は杜預《春秋經傳集解》序を根拠にした文章である。

④大史公書（02-01a-9）——司馬遷《史記》のこと。杜預が《世族譜》を作成するに当たり参考にした文献として《史記》を挙げているわけである。ただ《五經正義》全体としては、《史記》に対する評価はあまり高いものではない。拙稿「五經正義の史記評価—讀五經正義札記(十)」（『東洋古典學研究』第26集　二〇〇八年　《五經正義研究論攷》研文出版　二〇一三年所収）を参照。

⑤世本（02-01a-9）——《漢書》藝文志に「世本十五篇〔古史官記黃帝以來訖春秋時諸侯大夫〕」として著録されているように、《史記》に先立つ史書であるが、現在では亡佚して伝わらない。《春秋正義》中には約一〇〇例が引用されている。清代の輯本が何種類か有るが、これらを集成した活字校点本《世本八種》が便利である。

⑥世族譜（02-01a-9）——《春秋經傳集解》序に杜預自身が「又た別に諸例及び地名・譜第・暦數を集め、相與に部を爲し、凡て四十部十五卷とす。皆な其の異同を顯らかにし、從ひて之れを釋す。名づけて釋例と曰ふ」と述べているように、《春秋經傳集解》を補翼するものとして、彼には《春秋土地名》《春秋長暦》《春秋世族譜》等の著作があった。《春秋世族譜》は、いわば経伝の登場人物事典である。これらの諸著作が《春秋釈例》四十部十五巻としてまとめられていたのであるが、明代にはすでに亡佚したらしく、完本は伝わらない。

現行本は《永樂大典》中に採録されたものを基本に、この《春秋正義》を始めとする諸書に引用されたものを資料として、清代に復元された輯佚書である。《四庫全書》・《武英殿聚珍版書》・《叢書集成初篇》（以上は清・紀昀等校）・《古経解彙函》・《岱南閣叢書》（以上は清・莊述祖・孫星衍校）に収録されている。いま参考までに《古経解彙函》本（京都中文出版社影印本　一九七〇年）の目次を左に引用してみよう。

巻一　公卽位例第一・會盟朝聘例第二・戰敗例第三・母弟例第四・弔贈葬例第五・大夫卒例第六

巻二　滅取入例第七・氏族例第八・爵盟例第九・内外君臣逆女例第十・内女夫人卒葬例第十一・侵伐襲例第十二

巻三　災異例第十三・崩薨卒例第十四・書弑例第十五・及會例第十六・蒐狩例第十七・廟室例第十八・土工例第十九・歸獻例第二十・歸入納例第二十一・班序譜第二十二・公行至例第二十三・郊雩烝嘗例第二十四・王侯夫人出奔例第二十五

巻四　執大夫行人例第二十六・書諡例第二十七・書叛例第二十八・書次例第二十九・遷降例第三十・以歸例第三十一・夫人内女歸寧例第三十二・大夫奔例第三十三・逃潰例第三十四・殺世子大夫例第三十五・作新門廐例第三十六・作主禘例第三十七・得獲例第三十八・執諸侯例第三十九・喪稱例第四十・告朔例第四十一・戕殺例第四十二

巻五～七　土地名第四十三　巻八・九　世族譜第四十四

巻十～十五　経伝長歴第四十五・終篇第四十六

なお《春秋世族譜》に関して言えば、《春秋正義》中の引用では、《世族譜》としてよりは《譜》とのみ表記されることが多い。

⑦魯世家（02-01b-1）——《史記》魯周公世家によると、開祖伯禽より隱公に至るまでの世系は以下の通りである。

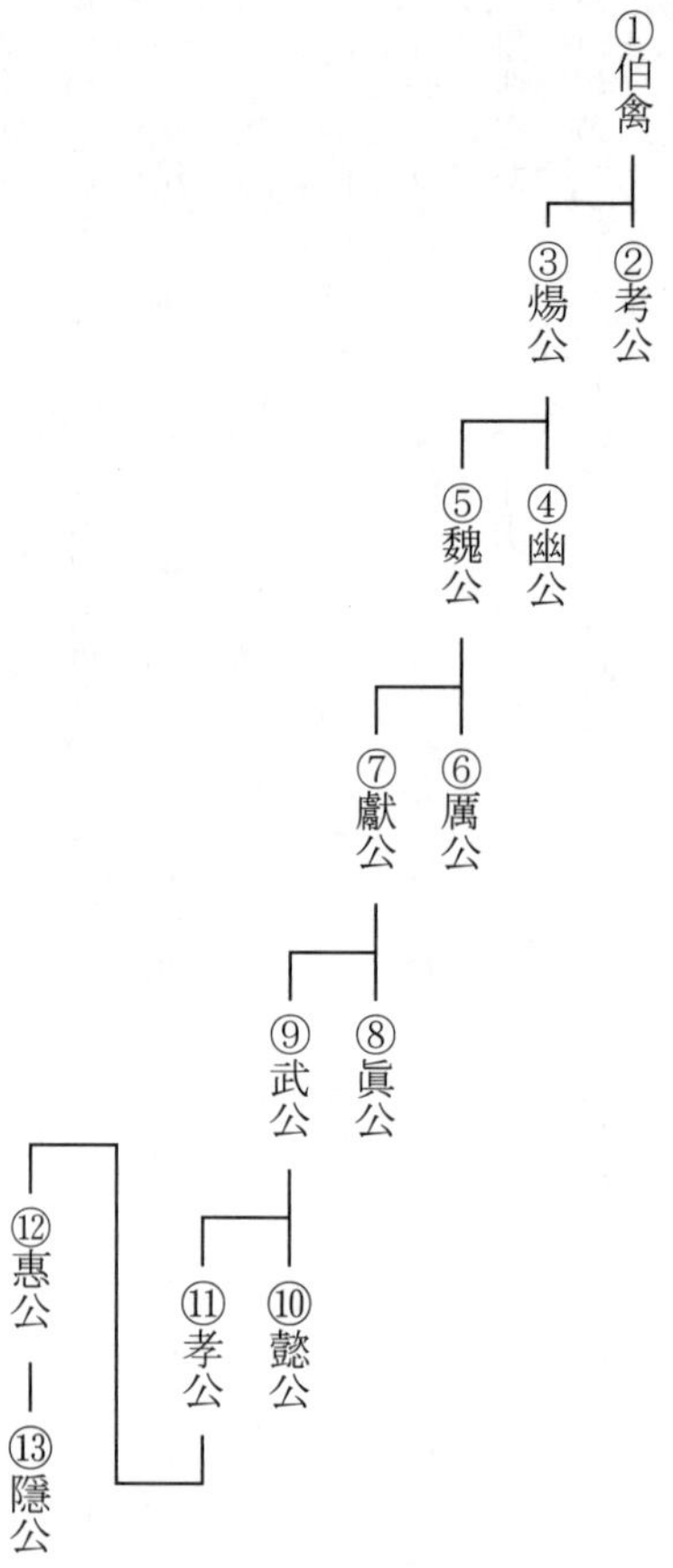

　ちなみに、《公羊傳》莊公三十二年の条に見える公子牙（叔牙）の言葉によれば、魯国の公位は「一生一及」の制によって継承されていたということである。何休注によれば、「生」とは父子相続、「及」とは兄弟相続を意味するという。右の如き世系を背景にしたものであろう。

　なお、春秋各国の興滅・公室世系については、清の顧棟高《春秋大事表》（皇清經解續編）があり、今人陳槃《春秋大事表列國爵姓及存滅譔異》（中央研究院歴史語言研究所專刊之五十二）はさらに詳細である。また経伝に登場する人物の系譜等については、清の陳厚耀《春秋世族譜》（鶴壽堂叢書）が参考になる。稀覯書ではあるが、常茂徠《增訂春秋世族源流圖考》・范照藜《春秋左傳釋人》がさらに便利である。この両書は《續修四庫全書》（上海古籍出版社）の「経部春秋類」第一四八冊・一二四冊にそれぞれ収録された。

⑧歳（02-01b-1）――歳星（木星）のこと。歳星は十二年で天を一周するため、古代では紀年法として利用されたという。この歳星紀年法をめぐって古くは新城新蔵・飯島忠夫両氏の論争が有名であるが、両者の見解をまとめた鎌田正氏《左傳の成立と其の展開》（大修館書店　一九六三年）が参考になる。また平勢隆郎氏《中國古代紀年の研究》（汲古書院　一九九六年）・《左傳の史料批判的研究》（汲古書院　一九九八年）等は、従来の説に根本的反省を促すものである。

⑨禮記檀弓（02-01b-2）――《禮記》檀弓上篇に「幼名、冠字、五十以伯仲、死諡、周道也（幼にして名づけ、冠して字し、五十に伯仲を以てし、死して諡するは、周道なり）」とある。

⑩周書諡法（02-01b-3）――《逸周書》諡法解のこと。《春秋正義》中で「諡」号を説明する場合、《逸周書》を用いる。〈諡法解〉はその第五十四。「不顯尸國曰隱、隱拂不成曰隱（顯《あきら》かに國を尸《つかさど》らざるを隱と曰ふ、隱拂して成さざるを隱と曰ふ）」とある。《逸周書》は《漢書》藝文志に「周書七十一篇〔周史記〕」として著録されているもので、顔師古注は「劉向云『周時誥誓號令也。蓋孔子所論百篇之餘也。』今之存者四十五篇矣」と述べている。《逸周書彙校集注》（黄懷信等撰　上海古籍出版社　一九九五年）の注釈が詳細である。

　なお、《逸周書》は《春秋正義》中では「周書」と表記され、また以後、諡を説明する場合、「諡法」とのみ表記されている。

⑪五等之爵（02-01b-3）――周の封建諸侯が公・侯・伯・子・男の五等の爵位によってランクづけられていたことについては、《周禮》典命職や《禮記》王制篇といった礼文献の記述を除くと、《孟子》萬章下篇に見えるのが早いものであろう。《春秋》《左傳》中においても、諸侯は五等の爵位によって秩序づけられている。ただ、近時の金文資料を踏まえた研究によれば、右のごとき五等の爵位は、後代からの整理を経たものであるという。春秋時代の爵制の実態の研究として、たとえば吉本道雅氏「春秋五等爵考」（東方学第八十七輯　一九九四年）等を参照されたい。

⑫字書（02-01b-3）――この「字書」を普通名詞とみなすことも可能であるが、清の任大椿輯《小學鉤沈》、黄奭輯《漢學堂經解》では《字書》として本疏から採録している。ちなみに《春秋正義》中には《字書》として九例の引用がある。

杜氏　[02-01b]

【疏】正義に曰う。「杜氏」、名は預《よ》、字は元凱《げんがい》、杜畿《とき》の孫、杜恕《とじょ》の子である。

①陳寿の《魏志》に、

杜畿、字は伯侯、京兆杜陵の人なり。漢の御史大夫 杜延年の後。文帝の時、尚書僕射《ぼくや》と為り、楽亭侯に封ぜらる。舩《ふね》を試みて溺死し、太僕を追贈せられ、戴侯と諡《おくりな》す。子の恕、字は務伯。官は幽州刺史に至る。預は司馬宣王の女壻《じょせい》〔むすめむこ〕なり。

と述べている。（また）王隠の②《晋書》には、

預の知謀は深博にして、治乱に明らかなり。常に称すらく、徳は企て及ぶ所に非ず、言を立て功を立つるは預の庶幾《ねが》ふ所なり、と。群典を大観して謂《おも》へらく、《公羊》・《穀梁》は詭辯《きべん》の言なり、と。又た先儒の《左氏》を説くこと、未だ丘明の意を究めず、横《ほしいまま》に二伝を以て之れを乱るを非とし、乃ち微言を錯綜して《春秋左氏経伝集解》を著はす。又た衆家を参考して之れが《釈例》を為《つく》り、又た《盟会図》・《春秋長暦》を作り、一家の学を備成し、老に至りて乃ち成る。預 晋室に大功名有りて、位は征南大将軍・開府に至り、当陽侯に封ぜられ、荊州刺史《しし》たりて、邑八千戸を食《は》む。時人 号して武庫《ぶこ》〔武器ぐら＝あらゆるものが有る〕と為す。

と述べている。

（杜預と）名を言わずに「氏」と言うのは（なぜかといえば）、注釈をする人は、道義のうえから謙譲するもので、自身が名を言うのを望まなかったため、ただ「杜氏」とだけ言ったのである。

③毛君・④孔安国・⑤馬融・⑥王粛といった人々は、その注釈した書物をすべて「伝」と称しており、⑦鄭玄の場合はこれを「注」といっているのに、ここの「杜氏」の下に⑧なんらの呼び名も無いのは（なぜかといえば）、上文で「集解」の名称をすでに題しているので、ただ「杜氏」とだけ言ったのである。（このことについて）⑨劉炫は、「名を言わずに氏を言うのは、漢は（秦の）焚書の後を継承したわけであるが、諸儒がおのおの学名を載せる際、敢て天下に公表しようとはせず、ただこれを自分の私族にだけ伝えようとして、自らその氏を題とし、謙譲の表現としたのだ」と述べている。

【譯注】

①陳壽魏志（02-01b-4）――陳壽（二三三―二九七）は晋の巴西安漢（四川）の人。字は承祚。《晉書》巻八十二に伝がある。その著《三國志》（《魏志》三十巻・《蜀志》十五巻・《呉志》二十巻）は現在正史の一つに数えられる。《春秋正義》中には、ここに《魏志》として一例、また《蜀志》（05-10b）、《呉志》（10-21a）もそれぞれ一例の引用がある。本疏所引《魏志》は巻第十六魏書十六〈杜畿〉伝であるが、抜粋した引用となっている。ただし「預司馬、宣王女壻也」は裴松之の注の中に見える。

②王隠晉書（02-01b-4）――王隠は晋の陳郡陳（河南省）の人。字は處叔。唐・房玄齢等撰《晉書》巻八十二にその伝がある。彼の著作《晉書》は《隋志》に「晉書八十六巻　本九十三巻、今殘缺。晉著作郎王隱撰」として著録されるものであるが、本伝では「文體混漫、義不可解」と評されている。現在では亡佚して伝わらず、輯本として《玉函山房輯佚書補篇》《漢學堂叢書》《九家舊晉書》等に採録されている。

さて唐初に編纂された《春秋正義》中に現行正史中の房玄齢等撰《晉書》が引用されるはずはなく、本疏所引をはじめ、後掲の「晉書杜預傳」（02-24a）、また「晉書武帝紀」（後序正義）は、いずれも王隠《晉書》である。

ちなみに〈杜畿〉傳の裴松之注所引では、以下の通り。

王隱晉書稱、預智謀淵博、明於理亂、常稱「徳者非所以企及、立功立言、

所庶幾也」。大觀羣典、謂公羊穀梁、詭辨之言。又非先儒説左氏未究丘明意、而横以二傳亂之。乃錯綜微言、著春秋左氏經傳集解、又參考衆家、謂之釋例、又作盟會圖 、春秋長曆、備成一家之學、至老乃成。尚書郎摯虞甚重之、曰「左丘明本爲春秋作傳、而左傳遂自孤行。釋例本爲傳設、而所發明何但左傳、故亦孤行」。預有大功名於晉室、位至征南大將軍・開府、封當陽侯、食邑八千戸。子錫、字世嘏、尚書左丞。

また以下に現行本《晉書》杜預傳を抜粋しよう。

杜預字元凱、京兆杜陵人也。祖畿、魏尚書僕射。父恕、幽州刺史。預博學多通、明於興廢之道、常言「德不可以企及、立功立言可庶幾也」。初、其父與宣帝不相能、遂以幽死、故預久不得調。文帝嗣立、預尚帝妹高陸公主、起家拜尚書郎、襲祖爵豐樂亭侯。在職四年、轉參相府軍事。鍾會伐蜀、以預爲鎭西長史。及會反、僚佐並遇害、唯預以智獲免、增邑千一百五十戸。……

預身不跨馬、射不穿札、而每任大事、輒居將率之列。結交接物、恭而有禮、問無所隱、誨人不倦、敏於事而愼於言。既立功之後、從容無事、乃耽思經籍、爲春秋左氏經傳集解。又參攷衆家譜第、謂之釋例。又作盟會圖春秋長曆、備成一家之學、比老乃成。又撰女記讚。當時論者謂預文義質直、世人未之重、唯祕書監摯虞賞之、曰「左丘明本爲春秋作傳、而左傳遂自孤行。釋例本爲傳設、而所發明何但左傳、故亦孤行」。時王濟解相馬、又甚愛之、而和嶠頗聚斂、預常稱「濟有馬癖、嶠有錢癖」。武帝聞之、謂預曰「卿有何癖」。對曰「臣有左傳癖」。……

③毛君（02-01b-10）――古文《詩》を伝えた漢初の毛公（《後漢書》儒林伝以降は「毛萇」と称される）のこと。その《詩》の注釈書は《毛傳》と呼ばれ、後漢の鄭玄がこれに《箋《せん》》を附した。すなわち唐初の《毛詩正義》が依拠した注釈である。

④孔安國（02-01b-10）――孔安國は前漢武帝の時の人、孔子十二世の孫という。孔子の旧宅の壁中から発見された古文《尚書》を武帝に献上したと言い伝えられる。この古文《尚書》が一旦亡佚したのち再び出現し、晋の梅賾《ばいさく》によって献上された。これには孔安國の《傳》が附されており、これが唐初の《尚書正義》の依拠した注釈である。ところが、清朝になって梅賾献上本が晋代の偽作であることが証明されたため、《僞孔傳》と称されることとなったのである。

なお孔安國の注釈と伝えられる古文《孝經》もまた《孔安國傳》と称される。

⑤馬融（02-01b-10）――後漢の馬融（七九～一六六）、字は季長、扶風茂陵（陝西省）の人。《後漢書》巻六十上に伝がある。経書の注釈として、《周易馬融傳》（《經典釋文》序錄）、《尚書馬融傳》（《後漢書》儒林伝）、《周官傳》（自序）のごとき《傳》で呼ばれるものがある。

⑥王肅（02-01b-10）――魏の王肅（一九五～二五六）、字は子雍、東海郯（山東省）の人。《三國志》魏書巻十三に伝がある。諸経の注釈書を著作しているが、《傳》と名づけられたものは伝えられていない。あるいは本疏の誤解であろうか。

⑦鄭玄（02-01b-10）――後漢の鄭玄（一二七～二〇〇）、字は康成、北海高密（山東省）の人。《後漢書》巻三十五に伝がある。今文学古文学の集大成者として、経学史上における存在は巨大である。彼はほとんどの経書に注釈を施しているが、いずれも鄭玄《注》と呼ばれ、《詩》のみ《箋》と称する。

⑧更無（02-01b-4）――否定の強調表現で、「まったく無い」の意。《五經正義》中に見える否定の強調表現として、この他に「更無」「更不」「全無」「全不」「都無」「都不」「並無」「並不」「竟無」「竟不」「曾無」「曾不」「悉無」「悉不」「絶無」「絶不」「元無」「元不」「固無」「固不」「了无」等があることについては、拙稿「五經正義語彙語法箚記(四)」（広島大学文学部紀要第59巻　一九九九年拙著《十三經注疏の研究》所収）を参照されたい。

⑨劉炫（02-02a-1）――本書「春秋正義序」第四段落注③参照。なお本疏所引の劉

炫は、「杜氏」とのみ書いて名を書かぬ理由につき、前半の「義在謙退」という説に対し、異説を主張したのではあるまいか。すなわち秦の焚書の後を承けた諸儒が、天下にその名を公表しなかったのがその理由だとするもの。したがって私見によれば、原文「爲謙之辭」は「非謙之辭」の誤りではないかと思うが、そのように作るテキストは無いので、訳文では「爲謙之辭」のままに訳した次第である。

【傳】傳、惠公元妃孟子、　[02–02a]

【注】言元妃明始適夫人也。子宋姓。〔元妃と言ふは、始適の夫人なるを明らかにせるなり。子は宋の姓なり。〕

【疏】伝の「惠公元妃孟子」。

○正義に曰う。「恵公」、名は弗皇、孝公の子である。〈諡法〉①に「民を愛《いつくし》み与ふるを好むを恵と曰ふ」とある。〈釈詁〉②に「元は始《はじめ》なり」「妃は匹《つれあい》なり」と述べているから、「（元妃＝）始匹」とは、それ以前には娶《めと》っていなくて、この人が始めて匹となったということ。だから注に「元妃と言ふは、始適の夫人〔最初でかつ正夫人〕なるを明らかにせるなり」と述べた。

「妃」とは適・妾を通じた表現だから、（昭公八年）伝③に「陳の哀公の元妃鄭姫 悼大子偃師を生み、二妃 公子留を生み、下妃 公子勝を生む」と述べている。「元」は始であり、長である。一「元」の字が始・適の両義を兼ねているので、（注に）「始適の夫人」と述べたのである。

そうだとすると、「始」ではあるが「適」ではない夫人がいることになる。孟④任〔魯荘公夫人〕がその例。あるいはまた「適」ではあるが「始」ではない夫人がいることになる。哀⑤姜〔魯荘公夫人〕がその例である。

「妃」とは配偶者の意味であり、そこに尊卑の違いが有るのではない。その尊卑の称謂〔呼び方〕の違いについては、〈曲礼〉⑥に「天子の妃を后と曰ふ。諸侯を夫人と曰ふ。大夫を孺人《じゅじん》と曰ふ。士を婦人と曰ふ。庶人を妻と曰ふ」と述べているのがそれである。（〈曲礼〉注で）鄭玄は「后《コウ》の意味は後《コウ》である」と見なしている。おもうに家庭内の事をとりしきり、夫の後にひかえるということであろう。（また鄭玄の）「夫《フ》の意味は扶《フ》である」とは、人君の徳を扶《たす》け成すことができるということ。（また鄭玄の）「孺《ジュ》の意味は属《ゾク》である」とは、人に繋属するということ。（また鄭玄の）「婦《フ》の意味は服《フク》である」とは、人に服事する〔つかえる〕ということ。（また鄭玄の）「妻《サイ》の意味は斉《サイ》である」とは、夫と斉等〔ひとしい〕ということ。庶人は身分が賤しいので、（夫と妻が）斉等であることを示したのである。

以上（に述べてきたこと）は、爵位の尊卑によって別号を立てたものであるが、実際には、すべて夫に配していう場合、通じて「妃」と称する。（たとえば）〈少牢饋食礼〉⑦に「某妃を以て某氏に配す」と述べているのは、（士大夫の礼制であるから）大夫の妻もまた「妃」を称している例である。

「孟」・「仲」・「叔」・「季」は兄弟姉妹の長幼の名称の別である。「孟」・「伯」はともに長であるが、《礼緯》⑧に「庶長を孟と称す」と述べている。そうだとすると、適妻の子の長者を「伯」と称し、妾の子が（適）妻の子より年長であれば、「孟」と称したのであろう。つまり適庶を別かつ所以である。だから杜⑨（預）は文公十五年の注と《釈例⑩（母弟例）》でともに、「慶父は長庶為《た》り、故に或は孟氏と称す」と述べている。沈⑪（文阿の説）もまた同様である。

（しかし）伝⑫を調べてみるに、趙荘子の妻は晋の景公の姉であるから、（その子の）趙武は適妻の子であるが、しかし武は趙孟と称している。（あるいはまた）荀偃⑬の臨終の場で、士匃《しかい》が（荀偃の）後継ぎを請うたところ、（荀偃は）「鄭甥《ていせい》がよい」と言ったところからすると、荀呉（鄭甥）は妾の子である。

ところが荀呉は知伯と称している。どうして知氏が常に適であって伯を称し、趙氏が常に庶であって孟を称する、ということがあろうか。これはおそらく趙氏が趙盾の後で、盾が庶長であったため、子孫が常に孟と称したのであろう。それは（魯の）公子慶父の場合と同様である。⑭これから類推するに、知氏は荀首の後であり、（成公二年）伝に⑮「（荀首は）中行伯〔荀林父〕の季弟」と述べていることからすると、（荀林父も荀首も）ともに適妻の子であるが、荀林父・荀首ともに分家を立てたので、荀首の子孫が適長に従って伯を称したことが分かる。

⑯あるいは、春秋時代には礼制通りには実行できなくて、孟・伯の名称には適庶の別が無かったのかもしれない。たぶんそのときの当人の欲求のままに自称したのであろう。

（殷の始祖）⑰契《せつ》の姓は「子」であり、宋は殷の後裔だから、「子」は宋の姓である。そして婦人は字《あざな》を姓に配するから、「孟子」と称した。

【譯注】

①謚法（02-02a-5）――《逸周書》謚法解に「柔質慈民曰惠、愛民好與曰惠（質を柔らげ民を慈《いつく》しむを惠と曰ふ、民を愛《いつく》しみ與《あた》ふるを好むを惠と曰ふ）」とある。

②釋詁（02-02a-5）――《爾雅》釋詁上篇に「初、哉、首、基、肇、祖、元、胎、俶、落、權輿、始也」「敆、郃、盍、翕、仇、偶、妃、匹、會、合也」とある。

③傳（02-02a-6）――昭公八年伝「陳哀公元妃鄭姬生悼大子偃師、二妃生公子留、下妃生公子勝。二妃嬖、留有寵、屬諸司徒招與公子過。哀公有廢疾、三月甲申、公子招・公子過殺悼大子偃師而立公子留」。

④孟任（02-02a-7）――莊公三十二年伝「初、公筑臺、臨黨氏、見孟任、從之。閟。而以夫人言、許之、割臂盟公。生子般焉」。

⑤哀姜（02-02a-7）――莊公二十四年経に「夏、公如齊逆女」、「秋、公至自齊」、「八月、丁丑、夫人姜氏入」とあり、伝に「秋、哀姜至、公使宗婦覿、用幣、非禮也。御孫曰、男贄、大者玉帛、小者禽鳥、以章物也。女贄、不過榛・栗・棗・脩、以告虔也。今男女同贄、是無別也。男女之別、國之大節也。而由夫人亂之、無乃不可乎」とある。哀姜は莊公夫人である。ちなみに莊公を中心とする世系は次の通り。

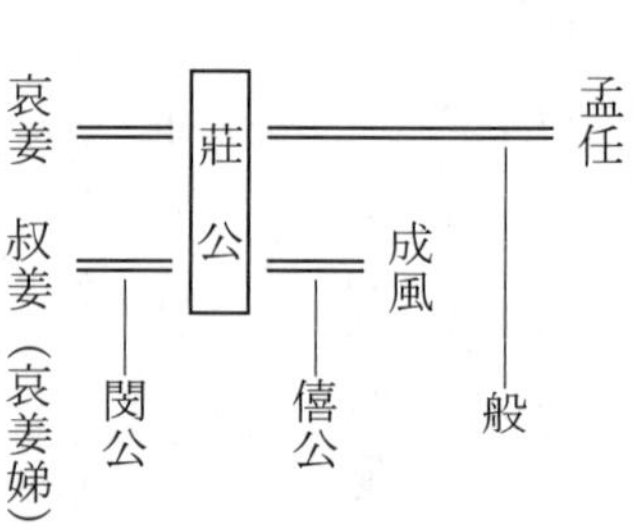

⑥曲禮・鄭玄（02-02a-8）――《禮記》曲禮下篇に以下のように見える。〔 〕内は鄭玄注。

天子之妃曰后。〔后之言後也。〕諸侯曰夫人。〔夫之言扶。〕大夫曰孺人。〔孺之言俗。〕士曰婦人。〔婦之言服。〕庶人曰妻。〔妻之言齊。〕

《疏》文は鄭玄注の後に解説文が挿入された構成となっている。《五經正義》中にまま見られる引用の仕方である。李學勤標点本では、そのことへの配慮が無い。国立編訳館本では、そもそも引用符を施さないから、当然そのことは不明である。なお鄭玄の注釈は、文字の意味を同音もしくは類字音で説明する、いわゆる「声訓」と呼ばれる解釈法である。

⑦少牢饋食禮（02-02a-10）――《儀禮》少牢饋食《きし》禮篇「少牢饋食之禮。日用丁巳。筮旬有一日、筮於廟門之外。主人朝服、西面于門東。史朝服、左執筮、右抽上韇、兼與筮執之、東面受命于主人。主人曰、孝孫某、來日丁亥、用薦歲事于皇祖伯某、以某妃配某氏。尚饗。史曰諾。西面于門西、抽下韇、左執筮、右兼執

韇以擊筮、遂述命曰、假爾大筮有常、孝孫某來日丁亥、用薦歲事于皇祖伯某、以某妃配某氏。尚饗。乃釋韇立筮、卦者在左坐、卦以木。卒筮、乃書卦于木、示主人、乃退占。吉則史韇筮。史兼執筮與卦、以告于主人、占曰從。乃官戒宗人命滌、宰命為酒、乃退。若不吉、則及遠日又筮日、如初」。

ちなみに《儀禮》の十七篇は士禮中心である。ここでは士・大夫を同一の礼制と見なしたのであろう。

⑧禮緯（02–02b–1）――《禮》の緯書のひとつ《禮緯含文嘉》の文章。「緯書」は前漢末期に経書を補翼する意図を以て作成された予言書。六朝時代にしばしば禁止されたため、その多くは早くに亡佚している。輯本としては安井香山・中村璋八両氏の労作《重修緯書集成》（明徳出版社）が最も詳細である。本疏所引の一文を、《曲禮》上篇疏所引では「嫡長稱伯、庶長稱孟」に作る。

なお、《五經正義》の緯書に対する評価については、拙稿「引書からみた五經正義の成り立ち―所引の緯書を通して―」（哲学第40集　一九八六年　《五經正義の研究》）を参照。

⑨杜注文十五年（02–02b–2）――文公十五年伝「齊人或爲孟氏謀」の杜預注に「孟氏公孫敖家、慶父爲長庶、故或稱孟氏」とある。

⑩釋例（02–02b–2）――《釋例》母弟例に見える。後の伝文「生桓公而惠公薨」の《疏》文には、「釋例曰、今推案傳之上下、羽父之弑隱公、皆諮謀於桓。然則桓公已成人也。傳云『生桓公而惠公薨』、指明仲子唯有此男、非謂生在薨年也。桓已成人而弑隱、卽位乃娶於齊、自應有長庶、長庶故氏曰孟」という長文の引用がある。

⑪沈氏（02–02b–3）――梁の沈文阿《しんぶんあ》のこと。本書「春秋正義序」第四段落注①参照。

⑫傳（02–02b–3）――成公四年・八年伝を指す。人物関係は以下の通り。

晉成公 ─┬─ 景　公（弟）
　　　　└─ 趙莊姬（姉）

趙盾 ―― 趙朔（趙莊子）＝ ― 趙武（趙孟）

⑬荀偃（02–02b–3）――襄公十九年伝に見える。伝文と人物関係は以下の通り。

荀偃癉疽、生瘍於頭。〔杜預注：癉疽惡創。〕濟河及著雍病目出。大夫先歸者皆反。士匄請見、弗內。請後、曰「鄭甥可」。〔士匄中軍佐、故問後也。鄭甥荀吳、其母鄭女。〕

荀林父―○―荀偃（中行宣子・中行伯）――荀吳（鄭甥・中行獻子・中行伯）

荀吳が荀偃の適夫人の子であれば、士匄がわざわざ後を請う必要がないということ。

⑭推此言之（02–02b–5）――《五經正義》中、特に《禮記正義》に常見の語。「これから類推していえば」の意味。同類のものとして「推此而言」「以此推之」「以此言之」がある。《春秋正義》では「以此知」という表現が多い。

⑮傳（02–02b–5）――成公二年伝。伝文と人物関係は以下の通り。

（屈巫）對曰、其信。知罃之父、成公之嬖也、而中行伯之季弟也。〔知罃父荀首也。中行伯荀林父也。邲之戰、楚人囚知罃。〕

荀息 ―○―┬ 荀林父（中行伯）
　　　　　└ 荀首（知莊子）―― 荀罃（知罃・知武子）

⑯或可（02–02b–6）――「あるいは～であるかもしれない」の意。《五經正義》中に常見の語。《疏》文が注の妥当性を力説した後、別説を追加して述べる際に用いる用法である。拙稿「五經正義讀解通論（二）」（『東洋古典學研究』第21集　二〇〇六年　《五經正義研究論攷》研文出版　二〇一三年所収）参照。

⑰契（02–02b–6）――契《せつ》は殷の始祖。《史記》殷本紀冒頭に「殷契、母曰簡狄、有娀氏之女、爲帝嚳次妃。三人行浴、見玄鳥墮其卵、簡狄取呑之、因孕生契。契長而佐禹治水有功。帝舜乃命契曰「百姓不親、五品不訓、汝爲司徒而敬敷五教、五教在寬」。封于商、賜姓子氏」と見える。宋は殷の滅亡後、殷の紂王の庶兄

微子開が封建された国である。

【傳】孟子卒。

【注】不稱薨、不成喪也。無謚、先夫死、不得從夫謚。〔薨《こう》を稱せざるは、喪《さう》を成さざればなり。謚無きは、夫に先立ちて死し、夫の謚に從ふを得ざればなり。〕 [02-02b]

【疏】注①の「不稱」より「夫謚」に至るまで。

○正義に曰う。魯の夫人（が死んだ場合）には、すべて「薨《こう》じた」と称し、その謚《おくりな》を挙げるのが通例であるのに、この「孟子」にだけ謚が無くて「卒」と言うので、特にこれを解説したもの。

②定公十五年の「姒氏卒す」の伝に「喪《さう》を成さず〔喪礼が不備であった〕」と述べていることからすると、ここに「薨を称しない」のもやはり「喪を成さなかった」ものであること分かる。調べてみるに、伝例③に「赴げざれば則ち薨を称せず」とある。そうだとすると、この注に「喪を成さず」と述べているのは、まさしく諸侯に赴告しなかったことを意味する。

《周禮》④小史（の職）は「卿大夫の喪には謚を賜ひ、誄《るい》〔弔辞〕を読む」のであり、ただ卿大夫に与えるばかりで、婦人には与えないのだから、婦人は法制上、謚すべきではない。したがって（死後の）号《よびな》は夫に繫属させるべきである。《釈例（書謚例）》に、

謚は周の始王に起源する。（殷の）質を（重んじる制度を）変じて（周の）文（を重んじる制度）に従ったわけで、ここに諱《いみな》〔生前の名を諱むこと〕が生じた。伝に⑤「周人は諱を以て神に事《つか》ふ。名終れば将《まさ》に之れを諱まんとす」と述べているが、そのため諱に易《か》えて謚《おくりな》を用いた。ところが（周の）末世になるとこの制度がはびこり、下って匹夫にまで及び、ついにはここに婦人にまで及んだ。婦人には外行〔表向きの行動〕は無いから、礼制では夫の謚に繫けてその所属を明らかにすべきである。《詩》⑥に荘姜とか宣姜とか称しているのが、すなわちその義である。

と述べているのは、婦人は法制上、謚が無いので、その夫の謚を取ってその姓の上に冠することを言ったものである。

（夫の）生前には夫の国名をこれに冠する。韓⑦姞・秦姫がその例。（夫の）死後は夫の謚を冠する。荘⑧姜・定姒がその例である。それはただ、その人が某公の妻であるからその夫の謚に従ったまでで、この謚はその婦人の行績（の結果）ではない。夫の謚がすでに定まっているので、妻はそのままこれに従うのである。夫に先立って死んだ場合、夫にまだ謚が無い。あるいはそのまま字を称すべきであるので、（この注で）「謚無し」と言ったのは、婦人には法制上、謚が無いことを述べたもの。「夫の死に先んずれば、夫の謚に従ふを得ず」とは、（孟子に）「恵」を称しなかったことを解説したのである。（ただし）これはその正法を述べたまでである。末世には（だんだんと下へと）滋蔓《じまん》〔はびこる〕し、婦人のためにも謚を作ることになった。景王がまだ崩御していないのに、その妻が穆后⑨と称している。このような例は、すべて非礼である。

（「恵公元妃孟子孟子卒」というように）「孟子」を重ねて言うことについては、服虔が、「恵公と一緒に卒したかと疑われるので、重ねて言ったのである。下文の『仲子』の場合も同様である」と述べている。

【譯注】

①注不稱至夫謚（02-02b-7）――この《正義》が〈注〉の「不稱」より「夫謚」までの解説であることを意味する。つまり《正義》が解釈しようとする経文・伝文・注文、ここでは注文の範囲を表すもので、これを「標起止《ひょうきし》」という。《五経

正義》は本来《疏》文のみで単行していたいわゆる「単疏本」であるから、経文・伝文・注文を伴っていなかった。そのためにこういう形で表題としたのである。

なお標起止は普通「□□至□□」というように五字に統一されているが、これは宋代に写本から印刷本として刊行された以後の形式のようで、原形は必ずしも五字ではない。現にこの前文の《正義》の標起止は「傳惠公元妃孟子」であり、そこでは伝文の全文を挙げている。ちなみに《周易正義》では、経・伝文が短文のため、標起止として全文を挙げる場合が多い。このことを以て、《周易正義》は当初から経・伝文を伴っていたとする見解があるが、これは誤解であろう。

②定十五年（02-02b-8）――定公十五年経「秋、七月壬申、姒氏卒」、「丁巳、葬我君定公、雨不克葬。戊午、日下昃、乃克葬。辛巳、葬定姒」、伝「秋、七月壬申、姒氏卒。不稱夫人、不赴、且不祔也。葬定公、雨不克襄事、禮也。葬定姒、不稱小君、不成喪也」。

③傳例不赴則不稱薨（02-02b-9）――文公十四年伝に「十四年、春、頃王崩。周公閲與王孫蘇爭政、故不赴。凡崩薨、不赴則不書。禍福不告、亦不書。懲不敬也」とあるのを踏まえた表現。《左傳》の春秋解釈例のうちの「五十凡例」のひとつである。

④周禮小史（02-02b-9）――《周禮》春官・小史職「小史掌邦國之志、奠系世、辨昭穆。若有事、則詔王之忌諱。大祭祀、讀禮法、史以書敘昭穆之俎簋。大喪、大賓客、大會同、大軍旅、佐大史。凡國事之用禮法者、掌其小事。卿大夫之喪、賜謚、讀誄」。

⑤傳曰周人以諱事神（02-02b-10）――桓公六年伝に魯の申繻の言葉として、「周人以諱事神、名終將諱之。故以國則廢名、以官則廢職、以山川則廢主、以畜牲則廢祀、以器幣則廢禮」として見える。

⑥詩稱莊姜宣姜（02-03a-1）――《毛詩》衛風・碩人の詩は、《詩序》によると衛の莊公夫人莊姜のことを歌ったものであるという。「碩人閔莊姜也。莊公惑於嬖妾、使驕上僭、莊姜賢而不荅、終以無子。國人閔而憂之」。

また宣姜は《毛詩》鄘風・鶉之奔奔の《詩序》に見える。「鶉之奔奔刺衛宣姜也。衛人以爲宣姜鶉鵲之不若也」。衛宣公の夫人である。

⑦韓姞秦姫（02-03a-2）――韓姞は《毛詩》大雅・韓奕の詩に「蹶父孔武、靡國不到、爲韓姞相攸、莫如韓樂。孔樂韓土、川澤訏訏（蹶父《けつほ》孔《はなは》だ武、國として到らざるは靡《な》し、韓姞の爲《ため》に攸《ところ》を相《み》る、韓の樂《たの》しきに如《し》くは莫《な》し。孔だ樂し韓の土、川澤は訏訏《ここ》たり）」と歌われている。周の宣王の命を受けた韓侯の夫人である。

また秦姫は昭公二十五年伝に見える。魯の秦遄の妻である。

初、季公鳥娶妻於齊鮑文子、生甲。公鳥死、季公亥與公思展與公鳥之臣申夜姑相其室。及季姒與饔人檀通、而懼、乃使其妾抶己、以示秦遄之妻、曰「公若欲使餘、餘不可而抶餘」。又訴於公甫曰「展與夜姑將要餘」。秦姫以告公之。……

⑧莊姜定姒（02-03a-2）――莊姜は既出。隱公三年伝に「衛莊公娶于齊東宮得臣之妹、曰莊姜、美而無子、衛人所爲賦碩人也」とある。定姒もまた既出。魯の定公夫人である。

⑨穆后（02-03a-4）――昭公十五年伝に「秋、八月、戊寅、王穆后崩」とあるのがその人。周の景王の夫人である。

【傳】繼室以聲子、生隱公。 [02-03a]

【注】聲謚也。蓋孟子之姪娣也。諸侯始娶、則同姓之國以姪娣媵。元妃死、則次妃攝治内事、猶不得稱夫人、故謂之繼室。〔聲は謚なり。蓋し孟子の姪娣ならん。諸侯 始めて娶らば、則ち同姓の國は姪娣を以て媵す。

元妃 死せば、則ち次妃 内事を攝治するも、猶ほ夫人と稱するを得ず、故に之れを繼室と謂ふ。」

【疏】注の「聲謚」より「繼室」に至るまで。

○正義に曰う。〈謚法〉①に「其の国に生まれざるを声《せい》と曰ふ」とあるから、「声」は謚《おくりな》である。

襄公②二十三年伝に「臧宣叔 鑄《ちう》に娶り、賈《こ》及び為《い》を生みて死す。之れを継ぐに姪《てつ》を以てす」と称していることからすると、姪③〔めい〕と娣《てい》〔いもうと〕とはともに「室を継ぐ」ことができる。この伝文にはそのことを記していないので、疑問の表現にして「蓋し孟子の姪娣《てってい》ならん」と言ったのである。

成公④八年伝に「凡そ諸侯 女《むすめ》を嫁《か》〔よめいり〕すれば、同姓之れを媵《よう》し、異姓は否《しか》ず」と言う。また荘公⑤十九年《公羊伝》に「諸侯 一国に娶れば、則ち二国往きて之れを媵し、姪娣を以て従はしむ。姪とは何ぞ。兄の子なり。娣とは何ぞ。弟なり。諸侯壱《ひと》たびに九女を聘《へい》す〔むかえる〕」と述べている。そうだとすると、諸侯が三国に娶ると、国⑥ごとに各おの三女がいることになるのに、ここに「諸侯始めて娶らば、則ち同姓の国は、姪娣を以て媵す」と言うのは（なぜかといえば）、媵者にもまた姪娣がいることを言おうとしたためで、省略して述べたのである。実⑦際のところは、夫人と媵者には皆な姪娣がいる。ただこの「声子」が孟子の姪娣なのか、あるいは同姓の国の媵者の姪娣なのか、それが明らかにしがたいので、杜預は二通りの解釈をした。最初に「孟子の姪娣」と述べ、さらに「同姓の国は姪娣を以て媵す」と述べているのがそれである。それゆえ《釈⑧例（内外君臣逆女例）》に、

古《いにしへ》者諸侯の娶るや、適夫人及び左右の媵に各々姪娣有り。皆な同姓の国なり。国ごとに三人、凡て九女なり。骨肉の至親を参《まじ》ふるは、陰訟《いんしょう》〔男女間のもめごと〕を息《や》ましむる所以なり。陰訟息むは、継嗣を広むる所以なり。

と言うのは、その意味である。

そうすると、宋の同姓の国は《世本》⑨によれば、「子姓は、殷・時・来・宋・空同・黎・比・髦・目夷・蕭」である。ただ《春秋》にはこれらの諸国を記載していないので、はたして宋の同姓の国がどれかは分からない。

〈釈言〉⑩に「媵《よう》は送なり」と述べているのは、妾は適（夫人）の行くのを（一緒に）送っていくので、夫人の姪娣もまた「媵」と称することを述べたもの。

経・伝の説くところでは、諸侯にはただ「継室」の文辞は有るが、重ねて娶るという礼制は無いので、「元妃死せば、則ち次妃 内事を摂治す」ることが分かる。「次妃」とは、姪娣と媵者といった諸妾のうちで最も貴い者を言う。

《釈例（内外君臣逆女例）》に、「夫人薨ずるも、更に聘せず。必ず姪・娣・媵を以て室を継ぐ」と述べていることからすると、夫人の姪娣と二媵者はすべて室を継ぐことができるのである。

適庶がお互いに争うというのは、禍いの大きなものである。礼⑪とは嫌疑を弁別して明らかにし、禍いが微《かす》かな兆《きざし》のうちに未然に防御するためのものである。だから「内事を摂治する」けれども、「猶ほ夫人を称するを得ない」し、その他の妾とも異なるので、これを「継室」と名づける。

妻は夫の室に居るので、文⑫献では普通、妻を「室」といっている。元妃を「継」続して夫の「室」に居るという意味である。

【譯注】

①謚法（02-03a-8）――《逸周書》謚法解に「不生其國曰聲（其の國に生まれざるを聲と曰ふ）」とある。〈謚法解〉には他の「聲」の用例が無い。

②襄二十三年傳（02-03a-8）――襄公二十三年伝「初、臧宣叔娶于鑄、生賈及爲而

死。繼室以其姪、穆姜之姨子也、生紇、長於公宮。姜氏愛之、故立之。臧賈臧爲出在鑄」。

③姪之與娣（02-03a-8）――「姪と娣とは」の意。《五經正義》中では「A之與B」という表現は、「A與B」に同じで、頻出の用語。ちなみに「AのBに対する関係は」の意味ではない。

④成八年傳（02-03a-9）――成公八年伝「衛人來媵共姬、禮也。凡諸侯嫁女、同姓媵之、異姓則否」。

⑤莊十九年公羊傳（02-03a-9）――《公羊傳》莊公十四年「媵者何、諸侯娶一國則二國往媵之。以姪娣從。姪者何、兄之子也。娣者何、弟也。諸侯壹聘九女、諸侯不再娶。媵不書、此何以書、爲其有遂事書。大夫無遂事。此其言遂何。聘禮、大夫受命不受辭。出竟、有可以安社稷利國家者、則專之可也」。

⑥國別（02-03a-10）――「国ごとに」の意。「～ごとに」を「毎～」ではなく、「～別」と表現するのは北朝の用法であることについては、拙稿「五經正義語彙語法箚記(三)」（『広島大学文学部紀要』第58巻　一九九八年）、また「讀五經正義札記(四)」（『東洋古典學研究』第11集　二〇〇一年　拙著《十三經注疏の研究》所収）を参照されたい。したがって、この《疏》文が北朝系のものであることを示す一例となるであろう。そういう事情によるものと思われるが、この用例は特に《周禮疏》に頻出する。

⑦其實（02-03b-1）――「本当のところをいえば」、「実際には」、「現実としては」の意。上文疏で厳密な区別や相異を説明してきた後を承け、「実際のところ、常にそれほど厳密に区別するというわけではない」という場合に使用する。《五經正義》中に常見の用語。いわば「ぼかし」の働きを持つ。拙稿「五經正義讀解通論（一）」（『東洋古典學研究』第20集　二〇〇五年　《五經正義研究論攷》研文出版　二〇一三年所収）参照。

⑧釋例（02-03b-2）――《釋例》内外君臣逆女例に見える。夫人・媵・姪・娣の関係を図示すれば以下の通り。

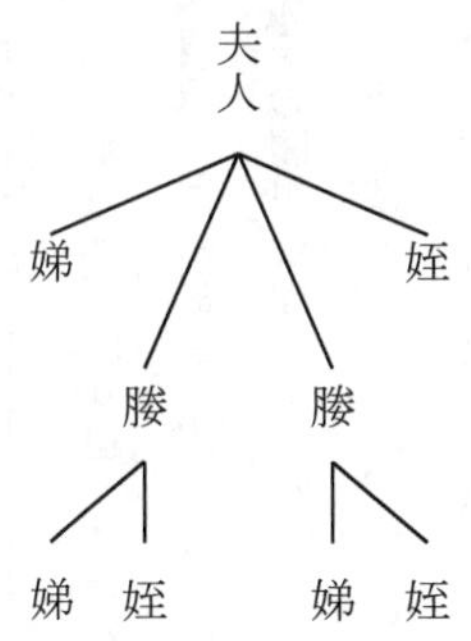

⑨世本（02-03b-4）――《世本》氏姓篇によると思われる。輯本では本疏が出典。

⑩釋言（02-03b-4）――《爾雅》釋言篇に「媵、將、送也」とある。

⑪禮所以別嫌明疑、防微杜漸（02-03b-7）――ここらあたりの《疏》文は《禮記》曲禮上篇の「夫禮者所以定親疏、決嫌疑、別同異、明是非也」を踏まえた表現であろう。

⑫書傳（02-03b-7）――原文「書傳」は「文献」「古典」の意。ただ、《五經正義》中に見える「書傳」が《尚書大傳》を意味する場合もあることについては、拙稿「引書からみた五經正義の成り立ち―書傳・書傳略說・洪範五行傳を通して―」（新居浜工業高等専門学校紀要第二五巻　一九八九年　《五經正義の研究》所収）、また「讀五經正義札記(二)」（『東洋古典學研究』第9集　二〇〇〇年《十三經注疏の研究》所収）を参照されたい。

【傳】宋武公生仲子。仲子生而有文在其手、曰爲魯夫人。故仲子歸于我。

【注】婦人謂嫁曰歸。以手理自然成字、有若天命、故嫁之於魯。〔婦人嫁《とつ》ぐを謂ひて歸と曰ふ。手理の自然に字を成し、天の命ずるが若《ごと》き有るを以て、故に之れを魯に嫁がしむ。〕　[02-03b]

【疏】「宋武」より「于我」に至るまで。

○正義に曰う。宋国は公爵である。《譜》に、宋は子姓なり。其の先の契《せつ》は唐虞を佐《たす》けて司徒と為り、商に封ぜらる。成湯 命を受け、天下を王有す。紂の無道なるに及び、周の武王 之れを滅して、其の子の武庚を封じ、以て殷の後を紹《つ》がしむ。武庚 乱を作《な》す。周公 伐ちて之れを誅し、更に紂の兄帝乙の元子の微子啓を封じて宋公と為し、商丘に都せしむ。今の梁国睢陽県 是れなり。微子卒し、其の弟微仲 代はりて立つ。穆公の七年は魯の隠公の元年なり。景公の三十六年は魯の哀公の十四年、獲麟の歳なり。昭公得の元年に《春秋》の伝終はる。其の後五世、百七十年にして斉・魏 共に宋を滅す。

と記述している。

〈宋世家〉①によると、微子よりこの「武公」に至るまで全部で十二人の君があり、兄弟相続した者は二人である。したがって「武公」は微仲の九世の孫に当たる。

〈諡法〉②に「克《よ》く禍乱を定むるを武と曰ふ」とある。

○注の「婦人」より「於魯」に至るまで。

○正義に曰う。「婦人 嫁《とつ》ぐを謂ひて帰と曰ふ」とは、隠公二年③の《公羊伝》の文章である。

その手の文様が自然に字の形となっており、それがあたかも天が命じて魯の夫人とならせるかのようであったので、これを魯に嫁がせたのである。成季④・唐叔にもまた手のひらに文様があり、それぞれ「友と曰ふ」、「虞と曰ふ」とあり、「曰」の下に「為」を言っていないのに、この伝に「為魯夫人」と言うのは（なぜかといえば）、宋女でありながら他国の妻となったので、伝は「為」の字を加えてその異常を示したまでで、手のひらの文様に「為」字があったがために「魯夫人」の上に「為」字が有るというわけではない。「仲子」の手のひらにこの文様があり、自然と字の形を成していた。あたかも天が命じてそうさせるかのようであったので、「天の命ずるが若《ごと》き有り」と述べたのである。

隷書は秦代の末に起源があるから、手のひらの文様は決して隷書ではない。石経⑤の古文では「虞」は「夶」に、「魯」は「㐆」に作る。手のひらの文様もこれに似たものがあった⑥はずである。「友」とか「夫人」とかも、当然⑦これに似た文様があったのであろう。

伝に重ねて「仲子生」と言うのは、詳しく述べたもの。上文に重ねて「孟子卒」と言ったのと、その意味は同じである。

旧説⑧では、「河図・洛書のごときは天神の言語そのものであり、これは本当に天の命令である。この場合は、手のひらに文様が有るとはいっても、まったく霊験（証拠）は無いし、また天を夢みたわけでもないので、『有若（若《ごと》き有り）』と言ったのだ」と述べている。

【譯注】

①宋世家（02-04a-4）――《史記》宋微子世家によると、微子より武公に至るまでの世系は以下の通り。

微子開
微仲衍―宋公―丁公
　　　　　　　　├煬公
　　　　　　　　└湣公―厲公―釐公―惠公―哀公―戴公―武公

②諡法（02-04a-4）――《逸周書》諡法解「剛彊理直曰武、威彊叡德曰武、克定禍亂曰武、刑民克服曰武、夸志多窮曰武」。

③隱二年公羊傳（02-04a-5）――隠公二年「冬、十月、伯姫歸于紀」の《公羊傳》に「伯姫者何、内女也。其言歸何、婦人謂嫁曰歸」とある。

④成季唐叔（02-04a-6）――成季は魯の桓公の公子、名は友、後の三桓氏の筆頭季孫氏の開祖となった人物。閔公二年伝には、その誕生の状況を「成季之將生也、桓公使卜楚丘之父卜之、曰、男也、其名曰友、在公之右。間于兩社、爲公室輔。季氏亡、則魯不昌。又筮之、遇大有之乾、曰、同復于父、敬如君所。及生、有

文在其手曰友、遂以命之」と記述している。

　唐叔は周の武王の子、成王の弟、名は虞。唐に封ぜられた。昭公元年伝に鄭の子産が、その誕生の状況を次のように述べている。「昔高辛氏有二子、伯曰閼伯、季曰實沈、居于曠林、不相能也、日尋干戈、以相征討。後帝不臧、遷閼伯于商丘、主辰。商人是因、故辰爲商星。遷實沈于大夏、主參、唐人是因、以服事夏商。其季世曰唐叔虞。當武王邑姜方震大叔、夢帝謂己『餘命而子曰虞、將與之唐、屬諸參、而蕃育其子孫』。及生、有文在其手曰虞、遂以命之。及成王滅唐、而封大叔焉、故參爲晉星」。

⑤石經（02-04a-8）――石に刻した経書の本文を「石経」といい、後漢の霊帝の熹平四年に刊刻を始めた「熹平石経」を嚆矢とする。これは蔡邕《さいよう》の筆に成るといわれ、書体は隷書で、洛陽に建てられた。後漢末の戦乱と永嘉の乱で大部分が破損されたという。次いで魏の廃帝の正始中に古文・篆文・隷書の三書体による石経が刊立された。「正始石経」がそれで、また「三体石経」「三字石経」とも呼ばれる。本疏に「石経古文」とあることからも、ここにいう「石経」とはこの「三字石経」を指すであろう。

⑥容或（02-04a-8）――「あるいは～かもしれない」の意。劉淇《助字辨略》に「容、或也。容或、重言也」とあるように、同意の文字を重ねた言い方。拙稿「五經正義語彙語法箚記(三)」（広島大学文学部紀要第58巻　一九九八年《十三經注疏の研究》所収）を参照。

⑦固當（02-04a-8）――「固當」は「きっと～のはずである」の意。《五經正義》中に見える「当然・義務」を示す二音節の用語として、この他に「當須」「須當」「必須」「宜須」「應須」「當合」「合當」「當應」「應當」「必當」「必應」「宜應」「固應」「固當」「固宜」「正當」等があることについても、拙稿「五經正義語彙語法箚記(三)」を参照されたい。

⑧舊說（02-04a-9）――後漢から六朝時代にかけての先儒の説であろうが、この場合、誰の説であるのかは不明。杜預注「有若天命」の解釈として、前半の説明とは若干異なる説を《疏》文が追加していることになる。

【傳】生桓公而恵公薨。　［02-04a］

【注】言歸魯而生男、恵公不以桓生之年薨。〔言ふこころは魯に歸《とつ》ぎて男を生めるにて、恵公 桓生まるるの年を以て薨ぜざるなり。〕

【疏】注の「言歸」より「之年薨」に至るまで。

○正義に曰う。「（恵公が）桓の生まるる年を以て薨ぜざる」ものであることが杜預に分かるのは、元年伝に①「恵公の薨ずるや、宋の師有り。大子少《をさな》し。葬故に闕《か》くること有り」という記述があり、「少」とは未成年を意味しており、生まれたばかりだという意味ではないからである。さらに、恵公を改葬した際に隠公は臨席せず、桓公を喪主としている。もし（恵公が）薨じた年に生まれたのであれば、やっと二歳になったばかりで、喪主の任には堪えないであろう。またさらに、羽父が②隠公を弑しようとした時、桓公と謀議した。もしこの年に十二歳になったとするなら、これまた弑君の謀議を定めることはできないであろう。以上の事から、桓公の誕生の年が恵公の薨じた年ではないことが分かる。

　年の長幼は（自明のことだから）、理屈のうえで特に問題にすべきものはない。（それなのに）杜預がこのことを（わざわざ）述べたのは、慶父が③荘公の庶兄であることを明らかにしようとして、このことを明言して張本④〔伏線〕としたのである。（このことについて）《釈例⑤（母弟例）》に、

今、伝の上下の文章から推して判断するに、羽父が隠公を弑しようとしたとき、すべて桓公に相談して計画している。そうだとすると桓公はすでに成人であろう。伝に「桓公を生みて恵公薨ず」と述べているのは、

仲子にはただこの男子が有るばかりで、その生年が恵公の薨年に在ることを意味するものではない、ということを指し明らかにしたのである。桓公がすでに成人したのち隠公を弑し、位に即いてからはじめて斉国より（正夫人を）娶っているから、当然、（それ以前に）長庶が有ったはずである。つまり（慶父は）長庶だということで、氏を「孟」と言う。と述べているのが、杜預の張本の意味である。

【譯注】

①元年傳（02-04b-1）――隠公元年伝「冬、十月、庚申、改葬惠公。公弗臨、故不書。惠公之薨也、有宋師、大子少、葬故有闕、是以改葬」。

②羽父弑隱（02-04b-2）――桓公を殺すように隠公に進言し、それによって隠公に取り入ろうとして失敗した羽父が、今度は逆に桓公と謀って隠公を弑した顚末については、隠公十一年伝に詳しい。

③慶父爲莊公庶兄（02-04b-3）――莊公二年の経文「夏、公子慶父帥師伐於餘丘」の杜預注に、「無傳。於餘丘國名也。莊公時年十五、則慶父莊公庶兄」と述べている。

④張本（02-04b-4）――「本を張る」と訓読するが、「伏線とする」、「前もって記述する」の意。後述するように、杜預の注釈の型として、「爲～張本」「爲～起本」「爲～起」「爲～傳」という用法がある。《左傳》の本となったいわば原《左傳》は、元来編年体の史書ではなかったことが想像されるが、《春秋》の伝として編年体に編集し直した結果、一連の事件が各年に分断されてしまった。杜預はこれら分断された諸伝文を関連付けるため、前もってこのような注釈を施したのである。

⑤《釋例》（02-04b-4）――この《釋例》母弟例は、《疏》文直前の「張本」の意味を説明するために引用されたものであり、《疏》文としては二次的な説明である。《正義》の累層性を示しているように思われる。

【傳】是以隱公立而奉之。　［02-04b］

【注】隱公繼室之子、當嗣世、以禎祥之故、追成父志。爲桓尚少、是以立爲大子、帥國人奉之。爲經元年春不書卽位傳。〔隱公は繼室の子なれば、當《まさ》に世を嗣ぐべきも、禎祥の故を以て、父の志を追成す。桓尚《な》ほ少《をさな》きが爲めに、是《ここ》を以て立てて大子と爲し、國人を帥《ひき》ゐて之れを奉ず。經元年の春に卽位を書せざるが爲めの傳なり。〕

【疏】注の「隱公」より「卽位傳」に至るまで。

○正義に曰う。「継室」は正夫人ではないけれども、諸妾よりは貴い。恵公は大子を立てていなかったので、母の身分が高ければ、（その子は）当然君となるはずであり、隠公は父の世を嗣《つ》ぐべきであったが、仲子の手のひらに「夫人」の文様が有ったという禎祥《ていしょう》〔めでたいきざし〕により、父君が仲子を娶り、仲子を夫人にしようとする意志が有ったため、「父の意志を追成し」、未だ君位を桓公に譲ろうとした。しかし「桓公はまだ幼少であったため」、多難に堪えないということから、桓公を大子に立て、国人を率いて桓公を奉じ、自分はしばらく君位を摂《と》り、桓公の成長を待ったため、年頭に君位に即かなかったのである。

伝が（経の）元年の記事の前に、あらかじめ以上の言葉を述べたのは、これが「経に公の即位を書せざるが為めの伝」であり、（《集解序》のいわゆる）①「経に先だちて以て事を始む」②ることである。

そもそも（杜預が）「（～の為めの）伝」と称しているものは、すべて（後の）「経」の為めにするものである。ただ③文公五年（伝）の「霍伯《くわくはく》・臼季《きうき》等卒す」の注にだけ、「六年の『夷に蒐《しう》〔狩猟〕す』るが為めの伝なり」と述べているのは、「夷に蒐す」る(という伝文)とこれ〔=文公五年伝〕と文章が相接しているので、「張本」と言うことはできなかったからである。(杜預は)あるときには「張本④〔～の為めに本を張る〕」、あるときには「起本〔～の為めに本を起こす〕」、またあるときには「起〔～の為めに起こす〕」と言っている。その上下の文章を検証してみると、事柄は同じであるのに表現が(右のように)異なっているので、たぶん杜預がそのときの便宜⑤に従って述べたのであろう。

鄭衆⑥は「隠公は摂立して君となり、桓公を奉じて大子とした」と見なしている。考えるに、伝に「立而奉之」と言うのは、先ず立てて後に奉じたことである。もしも隠公が先ず立ち、その後で桓公を奉じたのであれば、隠公が立ったときには、まだ大子がいなかったことになり、隠公が君となっても、摂政するどんな相手が有ろうか。もしも大子を奉じて、その後で摂立したのであれば、「立ちて之れを奉ず」と言うことはできない。これが鄭衆の誤謬である。

賈逵⑦は「隠公は桓公を立てて大子とし、奉じてこれを君とした」と見なしている。隠公は即位はしなかったものの、「公」を称して改元し、臣子に号令し、宗廟に朝正〔正月に参拝すること〕している。だから桓公を立てて大子とした、と言うのはよいが、なんで桓公を奉じて君としたと言えようか。これが賈逵の誤謬である。

襄公⑧二十五年に斉の景公が立ったが、その伝に「崔杼 立てて之れに相《しやう》たり〔崔杼立而相之〕」と述べている。これからすると、「立而奉之」とは、「立てて大子とし、国人を率いてこれを奉ずる」ことであり、まさしくこれを奉じて大子とする、という意味である。元年伝⑨に「大子少《をさな》し」と言うのは、「立てて大子とした」文章である。

「大子」とは父が生存しているときの呼び名である。いま恵公はすでに薨じているのに、「立てて大子と為す」と言うのは、まだ君となることに堪えず、そのまま大子の位にいるからである。《禮記》⑩曾子問に「君 薨じて世子生まる」と述べているのは、君が薨じた後でも、まだ「大子」と称することができる、という例である。

【譯注】

①是謂先經以始事也(02-05a-1)――杜預《春秋經傳集解》序に、《左傳》の叙述を四種に分類している。本書44頁参照。

②凡稱傳者皆是爲經(02-05a-1)――これ以降の《疏》文には文気が続かない箇所があるように思う。そのためでもあろうか、阮校には陳樹華の「『經』下當有『張本』二字」という説を引用している。ただし阮元は是非の判断をしていない。杜預注の「爲經不書公卽位傳(經に公即位を書せざるが爲めの傳)」を説明したものであるが、後に文公五年伝の注を引用して「爲～傳」と「爲～張本」との区別を説明する部分と相応じないし、「張本」の語の出現も唐突である。この《疏》文には脱文があるように思う。

③文五年(02-05a-1)――文公五年伝の最後の伝文は以下の通りである。

晉趙成子、欒貞子、霍伯、臼季皆卒。〔杜預注:成子趙衰、新上軍帥、中軍佐也。貞子欒枝、下軍帥也。霍伯先且居、中軍帥也。臼季胥臣、下軍佐也。爲六年蒐於夷傳〕

そして文公六年伝の冒頭は以下の通り。

傳、六年、春、晉蒐于夷。〔舍二軍。僖三十一年、晉蒐清原作五軍。今舍二軍、復三軍之制。夷晉地。前年四卿卒、故蒐以謀軍帥。〕

つまり、伝文としては本来連続していたものが、杜預が経・伝を集めて解した際に、伝が経によって分断されたわけで、こういう場合、杜預は「爲～傳」と注釈したようである。

④張本起本起（02–05a–2）——上述の通り、「爲～傳」が連続する伝文の説明であるのに対し、「爲～張本」は年を隔てて関連する経・伝文を指摘したものだというのが、ここらあたりの《疏》文の主旨であるようだ。しかし「故不得言張本也」の表現は、やはり唐突である。あらかじめ「張本」の引用ないし説明の部分があったはずである。

⑤隨便而言（02–05a–3）——「そのときの便宜に従って述べた」と訳したが、「自由に言葉をあてた」でもよいであろう。《五經正義》中にまま見られる用法。「隨文便而言耳」（50–02b–2）という表現もある。

⑥鄭衆（02–05a–3）——鄭衆については、「春秋正義序」第三段落注⑦参照。なお以下の鄭衆の《左傳注》もおおむね本疏所引であるので、「訳注」では他書の所引にかかるもの以外は、特には言及しない。他の《左傳注》も同様。

⑦賈逵（02–05a–4）——賈逵については、「春秋正義序」第三段落注⑧参照。

⑧襄二十五年（02–05a–6）——襄公二十五年伝に、斉の崔杼が霊公を弑して（経「夏、五月、乙亥、齊崔杼弑其君光」）、魯の叔孫宣伯の娘の生んだ景公を立てた事情を、以下のように記述している。

叔孫宣伯之在齊也、叔孫還納其女於靈公、嬖、生景公。丁丑、崔杼立而相之、慶封爲左相、盟國人於大宮。

⑨元年傳（02–05a–6）——隱公元年伝「冬、十月、庚申、改葬惠公。公弗臨、故不書。惠公之薨也、有宋師、大子少、葬故有闕、是以改葬」。

⑩禮記曾子問（02–05a–8）——《禮記》曾子問篇「曾子問曰、君薨而世子生、如之何。孔子曰、卿大夫士從攝主、北面、於西階南。大祝裨冕、執束帛、升自西階盡等、不升堂、命毋哭」。

【經】經、元年、春、王、正月。　[02–05a]

【注】隱公之始年、周王之正月也。凡人君即位、欲其體元以居正。故不言一年一月也。隱雖不即位、然攝行君事。故亦朝廟告朔也。告朔朝正例、在襄二十九年。即位例、在隱莊・閔・僖元年。〔隱公の始年、周王の正月なり。凡そ人君 位に即けば、其の元を體《たい》して以て正に居らんことを欲す。故に一年一月と言はざるなり。隱は即位せずと雖も、然れども君事を攝行す。故に亦た廟に朝し朔を告ぐるなり。告朔・朝正の例は、襄二十九年に在り。即位の例は、隱・莊・閔・僖の元年に在り。〕

【疏】經の「元年春王正月」。

○正義に曰う。

この「経」字ならびに下文の「伝」字もまた杜氏が題したもの。年を区分して経・伝をまとめた際、もしも「経」字がなければどうやって「伝」と区別しようか、「伝」字がなければどうやって「経」と区別をつけようか。また《公羊》①・《穀梁》の二伝には、「年」の上に「経伝」の字が無いことからしても、これは杜預が題したものだということが分かる。

〈釈詁〉②に「元は始〔はじめ〕なり」、「正は長〔をさ〕なり」と述べている。この公の始年であるから「元年」と称し、この年の長月であるから「正月」と称した。「王正月」と言うのは、王者が前代（の制度）を革《あらた》めて天下を治めるにあたり、必ず正朔〔こよみ〕を改め、服色〔王の衣服車馬等の色〕を易《か》えて、それによって人々の視聴見聞を変えるものであるからだ。

夏③は建寅《けんいん》の月を正月とし、殷は建丑《けんちゅう》の月を正月とし、周は建子《けんし》の月を正月とするように、三代は制度を異にし、正朔は同じではない。だから《禮記》④檀弓に「夏后氏は黒を尚《たっと》び、殷人は白を尚び、周人は赤を尚ぶ」と述べており、鄭康成⑤〔鄭玄〕は緯候⑥の書に依拠して、「正朔が三たび改まっているので、昔から代ごとにみな変化したのだ」と考え、孔安国⑦は、「古来すべて建寅を正月としていたのであり、ただ殷が夏の命を革《あらた》めて建丑を用い、周が殷の命を革めて建子を用いただけだ」と考えている。杜預には明確な説明が無いので、どの説に従ったかのかは分からない。

「正」は時の王者の建てるものであるから、「王」字を上に冠したのであり、これが「今の王の正月」だという意味である。

「王」が「春」の上に位置しないのは、月が改まると春は移り、春は王が改めるものではないので、「王」は「春」に先んじないし、「王」は必ず「月」に連なるので、「王」は「春」の下に位置するのである。

周は建子の月を以て正月としているから、周の二月・三月はともに前世〔夏・殷〕の正月である。そこで春には毎月「王」と書く。「王二月」とは、我が王の二月であり、また殷暦では正月だという意味。「王三月」とは、我が王の三月であり、夏暦では正月だという意味である。すでに正朔の違いが有るからには、毎月に「王」と称して区別する。

（ところが）何休[8]は、

> 二月・三月にすべて「王」が有るのは、二月は殷の正月であり、三月は夏の正月である。王者は二王の後を存し、その正朔を統《す》べ、その服色を服し、その礼楽を行わせる。先聖を尊び、三統に通ずるためであり、師法の義、恭譲の礼である。

と述べ、服虔もまた「孔子が《春秋》を作り、春に於て毎月に王を書くのは、それによって三王の正を統べるためである」と述べている。[9]その意味は、「王二月」・「王三月」の「王」は夏・殷の王で、大禹・成湯を指すと見なすことになる。（しかし）周室の臣民でありながら夏・殷の旧主を尊んで、毎月に「王」を書いて前代を敬い奉るというのは、これを世間の常識にはかり考えても妥当とは思えない。杞・宋の二王の後が、各おの自分の祖の正朔を行い、宋は夏暦を行わず、杞は殷暦を行わないで、天下の諸侯をあまねく二代になぞらえさせようというのは、これを古典籍に考察してみても、そういうことが有るのを聞かない。杞・宋が周正を奉じないで、周人がことごとく夏・殷を尊ぶとすると、これは過去を重んじて当今をないがしろにし、亡国を尊んで当今の主を慢《あなど》るということになり、その本末転倒すること、なんと甚だしいものではないか。しかも、経文の「王二月」・「王三月」がもし夏・殷の王ならば、当然みな「正月」と言うべきで、なんで「王二月」・「王三月」と言ったりしようか。これを「二月」・「三月」と言うからには、その王は周の王であって、夏・殷の王などではありえない。もし《公羊》[10]の説のように、《春秋》が周を黜《しりぞ》けて魯を王とするのであれば、杞は王の後ではなく、夏も尊ぶべき理由がないのに、それでも夏正に通じるのは何ということであろう。

ただ、春の三箇月中には、必ずしも月ごとにすべて事件が有るわけではない。もし年に入ってすでに「王正月」が有るときには、二月にもういちど「王」を書くということはしない。またすでに「王二月」が有るときには、三月にもういちど「王」を書くということもしない。その上月が「王」の月であるなら、下月もそれによって知ることができるからで、毎年の春に、ただいちど「王」を言うだけである。

《春秋》の例では、一時〔三箇月〕を終えて事件が無いときには、首月を書いて時〔春・夏・秋・冬〕を記録する。今年は下の「三月」に会盟の事が有るので、（このように「春王正月」と）空しく首月を書くことはできないはずなのに、「正月」に事件が無いのに空しく首月を書いているのは（なぜかといえば）、人君はその始年の初月においては、必ず廟に朝見して朔日を告げ、そのことによって人君の位に即き、臣子の心を〔先君から〕継承するのだから、君の始年には必ず[11]「元年、春、王正月、公即位」と書く、これが史策の正法だからである。（ところが）隠公は君事を摂行〔代行〕したので、即位はしなかったものの、やはりまた元を改めて廟に朝見し、人々のために（物事を）更《あらた》め始めたのであるが、普通の年の正月と異なるので、史官が特にその事を書いて、この月に公が当然即位すべきであるのに、自らは即位しなかったことを表現した。

荘・閔・僖の元年にすべて「春、王正月」と書いているのは、この場合と同じである。

⑫定公元年に「正月」を書いていないのは、正月の時には定公がまだ立たず、即位したのは六月であって、歳首にはいまだ朝正〔正月の廟への参拝〕することができず、公の即位は別に下文に見え、「正月」に表現しようがないので、書いていないのである。

そうだとすると、定公は六月に即位し、即位してそこではじめて改元できるはずなのに、「正月」にすでに「元年」と称しているのは（なぜかといえば）、未だ改めていない日は必ず前君の年に乗っかかり、既に改めた後にはじめて元年の事を記録する。（しかし）史官が策書〔公式記録〕を定める時点では、そこに統一した形が有るべきで、半年は前に従い、また半年は後に従うということはできない。年初の事とはいえども、やはりこの歳に統一して、年⑬に入ってすぐ「元年」と称する。（これについて）《釈例（公即位例）》に、

「癸亥、公の喪 乾侯より至る。戊辰、公 即位す」とある。喪〔なきがら〕が外国に在り、年を踰えてやっと入国したので、五日改殯の節《ふしめ》に因り、国史〔国の史官〕は元年即位の礼を用い、そのことによってこの年を以て元年と見なすのである。古法がそうであったので、漢魏以来、秋・冬に改元したとしても、史官は春・夏に於てそのまま元年を以て冠するのは、古に因ることが有るからである。

と述べているのがそれである。

受命の王は必ず正朔を改め、継世の王は奉じてこれを行い、毎歳これを諸侯に頒布し、諸侯は王より正朔を受けるから、「春、王正月」と言う。「王」とはその当時の王である。〈序⑭〉に「書する所の王は即ち平王」と言うのがこの事である。（しかるに）《公羊伝⑮》には、「王とは孰《いづ》れをか謂ふ、文王を謂ふなり」と述べている。初めて正朔を改めたのは、もちろん文王がなした事であるが、諸侯に毎年頒布する暦は⑯もはや文王のそれではなく、今王の暦を受けるのだから、文王の正などと称するのは、正しい意味ではない。

【譯注】

①公羊穀梁二傳（02-05b-2）――《春秋正義》の見た《公羊伝》《穀梁伝》の体裁を現在では確認することはできないが、参考までに現行「十三経注疏本」についてみると、両伝ともに「經」「傳」の表記は無い。

②釋詁（02-05b-2）――《爾雅》釈詁上篇に「初、哉、首、基、肇、祖、元、胎、俶、落、權輿、始也」、《釋詁》下篇に「育、孟、耆、艾、正、伯、長也」とある。

③夏以建寅之月爲正（02-05b-4）――「建」とは北斗星の斗柄が夕刻に指す方角を意味し、これを規準として暦が作られたという。夏・殷・周三代では暦法を異にしていたと伝えられる、後世、これを「三統暦」と呼称する。

	節気	夏正	殷正	周正	秦正	建正	易卦
孟春	立冬 小雪	10	11	12	正月	亥	坤
仲春	大雪 冬至	11	12	正月	2	子	復
季春	小寒 大寒	12	正月	2	3	丑	臨
孟夏	立春 雨水	正月	2	3	4	寅	泰
仲夏	驚蟄 春分	2	3	4	5	卯	大壯

季夏	清明 穀雨	3	4	5	6	辰	夬
孟秋	立夏 小満	4	5	6	7	巳	乾
仲秋	芒種 夏至	5	6	7	8	午	姤
季秋	小暑 大暑	6	7	8	9	未	遯
孟冬	立秋 處暑	7	8	9	10	申	否
仲冬	白露 秋分	8	9	10	11	酉	觀
季冬	寒露 霜降	9	10	11	12	戌	剥

④禮記檀弓（02-05b-4）――《禮記》檀弓上篇に以下のように見える。

夏后氏尚黑。〔鄭玄注：以建寅之月爲正、物生色黑。〕大事斂用昬。〔昬時亦黑。此大事謂喪事也。〕戎事乘驪。〔戎兵也。馬黑色曰驪。爾雅曰、騋牝驪牡玄。〕牲用玄。〔玄黑類也。〕殷人尚白。〔以建丑之月爲正。物牙色白。〕大事斂用日中。〔日中時亦白。〕戎事乘翰。〔翰白色馬也。易曰、白馬翰如。〕牲用白。周人尚赤。〔以建子之月爲正。物萌色赤。〕大事斂用日出。〔日出時亦赤。〕戎事乘騵。〔騵駵馬白腹。〕牲用騂。〔騂赤類。〕

⑤鄭康成（02-05b-4）――鄭玄〈檀弓〉注は以上の通りであるが、ここに言う「鄭康成」とは、直接この〈檀弓〉注を指したものではなさそうである。後掲の「孔安國」同様、その主旨をまとめたものであろうか。出典未詳。

⑥緯候（02-05b-4）――「緯候」とは七経の緯書と《尚書中候》とを併せた称謂であり、ここでは《春秋緯元命包》の以下の文章を指すであろうか。参考までに杜佑《通典》巻五十五所引を挙げよう。

夏后氏尚黑。【以建寅爲正。此時物生色黑。禮三正記云「正朔三而改、文質再而復」。又書傳略説云「天有三統、物有三變、故正有三生三死、士有三王、王有一生一死」。故元命苞云「夏以十三月爲正、息卦受泰、其色尚黑、以平明爲朔。古者易姓而王、示不相襲、明受之於天也」。】大事斂用昬、【昬時亦黑。此大事謂喪事也。】戎事乘驪、【戎、兵也。馬黑色曰驪。】牲用玄、【玄、黑類也。】以黑爲徽號。【崔靈恩云「徽謂旌旗也」。盧植云「徽、章也。號所以書之於綏。若夏、則書其號爲夏也」。】朝燕服收冠而黑衣。宮室之制、屋。【詩云「夏屋渠渠」。】十寸爲尺。【白虎通曰「夏法日、日數十也。日無所不照、至尺所度、無所不極、故以十寸爲尺」。】

殷人尚白。以建丑月爲正。物芽色白。元命苞曰「殷以十二月爲正、息卦受臨、其色尚白、以雞鳴爲朔」。大事斂用日中、【日中、時亦白也。】戎事乘翰、【翰、白色馬。】牲用白、以白爲徽號。朝燕服冔冠而縞衣。宮室之制、屋。【韓詩曰「殷商屋而夏門也」。】十二寸爲尺。【白虎通云「法十二月、言歳中無所不成」。】

周人尚赤。以建子之月爲正。物萌色赤。【元命苞曰「周以十一月爲正、息卦受復、其色尚赤、以夜半爲朔」。】大事斂用日出、【日出時亦赤。】戎事乘騵、【騵、駵馬白腹。騵音原。牲用騂、騂、赤類。】以赤爲徽號。朝燕服冕冠而玄衣。宮室之制、屋。【傳曰「周夏屋而商門」。】八寸爲尺。【白虎通云「周據地而生、地者陰、以婦人爲法、婦人大率奄八寸、故以八寸爲尺。王者改正朔、本天有三統、謂三微之月也。周以十一月、殷以十二月、夏以十三月也」。崔靈恩云「若以書傳中候文、依三正記推之、則三皇五帝之所尚、可得而知也。以周人代殷用天正而尚赤、殷人代夏用地正而尚白、夏以人正代舜而尚黑、則知虞氏之王當用天正而尚赤、陶唐氏當用地正而尚白、高辛氏當用人正而尚黑、高陽氏當用天正而尚赤、少皞氏當用地正而尚白、黄帝當用人正而尚黑、炎帝當用天正而尚赤、共工氏當用地正而尚白、太皞當用人、正而尚黑也」。】

⑦孔安國（02-05b-5）――《尚書》舜典「正月上日」の《疏》文に以下のような記述が見える。本疏と同主旨であるが、孔安國の直接の出典は、上の「鄭康成」と同様不明。

月之始日、謂之朔日。毎月皆有朔日。此是正月之朔、故云「上日」。言一歳日之上也。下云「元日」亦然。鄭玄以爲「帝王易代、莫不改正。堯正建丑、舜正建子。此時未改堯正、故云『正月上日』。卽位乃改堯正、故云『月正元日』。故以異文」。先儒王肅等以爲「惟殷周改正、易民視聽。自夏已上、皆以建寅爲正。此篇二文不同、史異辭耳」。孔意亦然。

⑧何休（02-05b-8）――隱公三年「春、王二月」の《公羊解詁》に「二月、三月、皆有王者、二月殷之正月也。三月夏之正月也。王者存二王之後、使統其正朔、服其服色、行其禮樂、所以尊先聖、通三統、師法之義、恭讓之禮、於是可得而觀之」とある。

⑨其意以爲（02-05b-10）――前に引用した文献・人物の言葉を要約して以下に述べる表現で、《春秋正義》中に見えるもの。同様のものとして「其意謂」「其意言」がある。特に「其意謂」は《尚書正義》《毛詩正義》にも頻出する。拙稿「五經正義讀解通論（二）」（『東洋古典學研究』第21集　二〇〇六年　《五經正義研究論攷》研文出版　二〇一三年所収）参照。

⑩公羊之説（02-06a-4）――《公羊傳》にその明文は無いが、何休注に頻見する考え方である。

⑪元年春王正月公卽位（02-06a-8）――春秋魯十二公の元年経冒頭の記事は以下の通り。

隱公　元年、春、王正月　　［伝］不書卽位、攝也
桓公　元年、春、王正月、公卽位
荘公　元年、春、王正月　　［伝］不稱卽位、文姜出故也
閔公　元年、春、王正月　　［伝］不書卽位、亂故也
僖公　元年、春、王正月　　［伝］不稱卽位、公出故也
文公　元年、春、王正月、公卽位
宣公　元年、春、王正月、公卽位
成公　元年、春、王正月、公卽位
襄公　元年、春、王正月、公卽位
昭公　元年、春、王正月、公卽位
定公　元年、春、王三月、晉人執宋仲幾于京師
　　　夏、六月、癸亥、公之喪至自乾侯、戊辰、公卽位
哀公　元年、春、王正月、公卽位

⑫定公元年（02-06a-9）――定公は亡命先で死亡した父君昭公の遺骸が帰国した後に卽位（の儀式を）したため、元年正月に「卽位」の記事が無い。

⑬入年卽稱元（02-06b-2）――先公の没年に新公が卽位して「元年」を称するのが「立年称元」、先公の没した翌年に新公が卽位して「元年」を称するのが「踰年称元」である。そして《春秋》はすべて「踰年称元法」で統一されている。

ところでこの称元法に関し、平勢隆郎氏は《新編史記東周年表》（東京大学東洋文化研究所・東京大学出版会　一九九五年）以後、《中国古代紀年の研究》（東京大学東洋文化研究所・汲古書院　一九九六年）・《左傳の資料批判的研究》（東京大学東洋文化研究所・汲古書院　一九九八年）・《『史記』二二〇〇年の虚実》（講談社　二〇〇〇年）・《中国古代の予言書》（講談社現代新書　二〇〇〇年）・《よみがえる文字と呪術の帝国》（中公新書　二〇〇一年）等の一連の業績の中で、司馬遷《史記》の先秦の記事中に見える膨大な年代矛盾の存在を指摘したうえで、かかる年代矛盾は、君主の卽位年の呼び方＝「称元法」を司馬遷が誤解したことに起因するという注目すべき新説を提示された。すなわち戦国中期、より具体的には紀元前三三八年、斉国において「立年称元法」から「踰年称元法」に切り替えられ、順次他の諸国もこれに倣ったが、前漢武帝期

に編纂された《史記》では、司馬遷が立年称元法によって記録されていた年代を、すべて踰年称元法によるものと誤解して記述したため、年代矛盾を生じさせることになったという。そして《春秋》は踰年称元法によって記録されているから、その成書年代は、早くとも紀元前三三八年以降であると結論づけられ、これと関連して《公羊伝》・《穀梁伝》・《左氏伝》の三伝の成立事情についても、前人未発の見解を開示されている。いずれも従来の経学研究の成果とは全く異なる新説である。

⑭序（02-06b-5）――杜預《經傳集解》序。

⑮公羊傳（02-06b-5）――《公羊傳》隠公元年の条「元者何、君之始年也。春者何、歳之始也。王者孰謂、謂文王也。曷爲先言王而後言正月、王正月也」。

⑯非復（02-06b-5）――劉淇《助字辨略》が「～復」のごとき「復」字を「語助」と見なしているように、中古初期からにわかに活発化する現象だと指摘する語学研究者がいる一方で、依然として「復」字に「もう一度」の意味を持たせる見解もある。この「～復」という表現については、拙稿「五經正義語彙語法劄記(二)」(広島大学文学部紀要第57巻　一九九七年《十三經注疏の研究》所収)に、「雖復」・「豈復」・「寧復」・「或復」・「無復」・「非復」・「不復」・「亦復」・「又復」・「猶復」・「更復」・「且復」・「還復」・「當復」・「將復」・「況復」等の用例を挙げたので、参照されたい。

○注の「隠公」より「元年」に至るまで。

○正義に曰う。伝に「王、周の正月」と言うので、「周王の正月」であることが分かる。(このことについて)①《公羊》を説く者は

「元」は気の始め、「春」は四時の始め、「王」は受命の始め、「正月」は政教の始め、「公即位」は一国の始めである。②《春秋緯》に「黄帝　図《と》を受けて五始あり」と称しているのは、この五事をいう。

と述べている。杜預は、《左氏》の義にはこの表現が無いけれども、「五始」の原理は、また杜預の考えにも抵触しないと考える。これが《左氏》の褒貶の要《かなめ》ではなく、本来史官の記事の体裁であるので、晋・宋の諸史がすべて「元年、春、王の正月、帝即位す」と言うのがこれである。

「元年正月」とは、実際のところ「一年一月」であるのに、別にこう名づけているので、これを解釈して、「凡そ人君の即位するや、其の元を体して以て正に居らんと欲す。故に一年一月と言はざるなり」と述べた。「其の元を体して以て正に居らんことを欲す」の、「元正」とは実際は「始長」の意味であるが、「元正」と名づけたことから、これを敷衍して説明したのである。(すなわち)「元」は気の本であり、善の長である。人君は大本を執り、万物を成長させ、元の気と一体になろうとするので、そのため年に「元」と称する。「正」③は直〔まっすぐ〕と方〔ましかく〕と両方の意味をもつ語である。その行いを真直《まっすぐ》にし、その義を方正《ましかく》にするの意。人君は直心を執り、大義に依り、常に正道に居ることを欲すべきであるから、月に「正」と称するのである。

その君の始年にして歳の始めの月であるので、特にこの名を仮りて意義を示した。その他の月はすべてそのまま順序に従い、改めたりはしない。《書(舜典)》に「月正元日」と称しているのは、この場合と同じ。

また、(杜預は)事が無いのに「正月」と書く意味を解説する。「隠は即位せずと雖も、然れども君事を摂行し」、そして「亦た廟に朝し朔を告げ」、改元して政事を布《し》くので、首年の始月を書くことによって、当然に即位すべきでありながら、それをしなかったことを明らかにしたのである。

天子が諸侯を封建する際、土地を割譲し、臣民を分け与え、これを専有させるわけだから、諸侯はその封域内では、各自が改元することができる。伝に④鄭国の事を説いて、「僖の元年、晋に朝す」・「簡の元年、士子孔卒す」と

述べていることからしても、諸侯はすべて改元しており、これは魯国だけだというわけではない。

劉炫⑤が規過して、「『元正』は始長の義を取るだけで、『体元居正』の意味ではない」と述べ、杜預が「其の元を体して正に居らんことを欲す」と言うのを規《ただ》して解釈し、「人君はこの元長を体して正位に居り、下位の者が陵奪したり、位に居りて終えないのを欲しない」と述べているが、これは劉が杜の意を妄解して、「元善を体して正道に居る」としないで杜氏を規《ただ》したもので、その理屈は誤っている。

劉炫はまた、何休⑥が「唯だ王者にして然る後に改元立号す。《春秋》は新王の受命を魯に託す。故に因りて即位を録す」と述べているのを非難する。⑦もしそうであるとすると、新王が受命すると必ず正朔を改めるはずで、魯が元を称することができるなら、当然に正朔を改めるべきであるのに、依然として周正を使用しているのはどういうわけであろうか。もはや王を魯に託しているからには、これは文王に仕えていないはずなのに、いまだに王正を奉じているのは、これまたどういうことであろう。諸侯が改元するのは本来普通のことであるのに、「王に託して改元す」るなどと言うのは、妄説である。

《公羊》を説く者は、

「元」は気の始め、「春」は四時の始め、「王」は受命の始め、「正月」は政教の始め、「公即位」は一国の始めである。《春秋緯》に「黄帝 玄扈閣に坐す。鳳皇 書を銜《ふく》みて帝前に致《いた》す。其の中に五始の文有り」と言うのは、この五事のことである。

と述べている。何休⑧はさらに、

公の即位は一国の始めにして、政は始を正すより大なるは莫《な》し。故に《春秋》は元の気を以て天の端を正し、天の端を以て王の政を正し、王の政を以て諸侯の即位を正し、諸侯の即位を以て竟内の治を正す。諸侯 王の政を上奉せざれば、則ち即位するを得ず、故に先づ「正月」を言ひて後に「即位」を言ふ。政 王由《よ》り出でざれば、則ち政を為すを得ず。故に先づ「王」を言ひて後に「正月」を言ふ。王は天を承けて以て号令を制せざれば、則ち法無し、故に先づ「春」を言ひて後に「王」を言ふ。天 其の元を深く正さざれば、則ち其の化を成すこと能はず、故に先づ「元」を言ひて後に「春」を言ふ。五者同日に並見して、相い須《ま》ちて体を成す。

と述べている。しかし、これでは理屈が通らない。何休自身が「諸侯は改元することを得ず」と言っているのだから、「元」は王の元年であって、公の元年ではない。公の即位は王の元年に在るのではないのだから、どうして「同日に並見して共に体を成す」ことができようか。もし王を魯史の改元に託するのであれば、「元」はもはや魯の改めることとなり、政は王から出てないのだから、どうして「王の政を以て諸侯を正す」ことができようか。「元」は尊で「王」は卑、「年」は大で「月」は小であるのに、「年」に「元」が有って、これを改めて忌みはばかることなく、王の政治を行うにあたっては、必ずこれを奉ずべしと言う。(これは)その大を捨てて小を事とし、卑しむべきものを敬い、尊ぶべきものを慢《あなど》ることである。こういうことで政教を実行したとしても、必ずや実行不可能であろう。聖人の制作したものに、どうしてこんなことが有りえようか。

黄帝が五始を作ったのは、天子の法であろうか、それとも諸侯の法であろうか。「諸侯は改元することができない」のだから、決して諸侯の法ではない。もし諸侯の法でないならば、どうして「公即位」(の規定)が有りえようか。「公即位」が無ければ一始を欠くことになり、どうして五始とすることができようか。もしこれが天子の法であるならば、「王正月」・「王即位」と言うことはできない。何休は「王の政を以て諸侯の即位を正す」と言うが、しかし王者がなんで己の政を以て己の即位を正したりしようか。通じ難いことと以上の通りであるから、どのように実行できようか。（しかるに）《左氏》を説く者で、これを取って説をなすものがあるとは、「狂人を逐うて東に走る」⑨ようなものである。

⑩隠・荘・閔・僖の四公の元年伝には、すべて「即位」を書いていない理由を述べているので、これを指して例とした。隠公は即位の礼を行わず、また、謙譲して「至る〔外国に出かけて帰国する〕」ことを廟に告げないけれども、歳首に告朔〔朔日の報告〕朝正〔正月の参拝〕するのは、祖考〔先祖〕を尊敬するからである。もし即位の礼を行わず、また朝正しなかったら、これは臣子と区別が無くなってしまい、君とは成りえないから、朔を告げ廟に朝するのである。

【譯注】

①説公羊者（02-06b-6）——後にもほぼ同文が見える（02-07a-8）が、そこでは以下に何休説を引用しているから、何休に先立つ《公羊》説であろう。ちなみに《公羊傳》隠公元年「歳之始也」の《疏》文に、

問曰、「元年、春、王正月、公卽位」、實是春秋之五始、而傳直於「元年春」之下發言始、而「王正月」下不言始何。荅曰、「元」是天地之始、「春」是四時之始、「王正月、公卽位」者人事之始。欲見尊重天道、略於人事故也。

また《穀梁傳》隠公元年「元年春王正月」の《疏》文に以下のように見える。

釋曰、何休注公羊、取春秋緯「黃帝受圖、立五始」、以爲「元者氣之始、春者四時之始、王者受命之始、正月者政教之始、公卽位者一國之始、五者同日並見、相須而成」。又云「惟王者然後改元立號。春秋託新王受命於魯、故因以錄卽位」。

②春秋緯（02-06b-7）——緯書の輯佚書類はこれを《春秋緯元命包》の逸文として採録している。

③正者直方之間語（02-07a-1）——《禮記》玉喪篇「士前後正」の鄭玄注に「士賤與君同不嫌也。正直方之間語也。天子之士則直、諸侯之士則方」とある。

④鄭國之事（02-07a-4）——襄公七年伝の「鄭僖公之爲大子也、於成之十六年與子罕適晉、不禮焉。又與子豐適楚、亦不禮焉。及其元年朝于晉、子豐欲愬諸晉而廢之、子罕止之」、また襄公十九年伝に「僖之四年、子然卒。簡之元年、士子孔卒」とあるのを指す。いずれも鄭国の紀年である。

⑤劉炫爲規過（02-07a-5）——《春秋正義》が劉炫《春秋述議》を稿本にしていることは、《春秋正義》序に明言するところであるが、その具体的な関係については不明というほかはない。ただ清儒劉文淇はその綿密な分析の結果、《春秋正義》はほぼ《春秋述議》であり、唐人の手に成るのは、杜預説に異を唱えた劉炫説に反駁を加えた箇所に過ぎないという仮説に到達した。この《疏》文に対する劉文淇の分析を紹介しよう。拙著《春秋正義を読み解く——劉文淇『左傳舊疏考正』を通して——》からの引用である。以下も同様。

文淇案ずるに、「劉炫爲規過」以上はすべて「旧疏」の文章で、以下最後までは光伯の文章である。そして「これは劉炫が杜預の意を妄解して(是劉妄解杜意)」から「杜氏を規したもの(以規杜氏)」までが沖遠の語であり、「その理屈は誤りである(其理非也)」とは、やはり光伯が杜預を規した文章であるが、孔沖遠はこれをそのままに用いて劉炫を駁したものである。「爲規過」三字、「規釈」二字、「劉炫又難」四字はすべて唐人が増した語である。

《隋書》劉炫伝・經籍志には《春秋述議》・《春秋攻昧》の記載はあるが、いわゆる《規過》なる書物の記載はない。ところが《新唐書》藝文志では、《春秋攻昧十二巻》と、さらに《規過三巻》の記載がある。《唐志》は《開元目録》に依拠したものであるが、おそらく後人が《疏》の中から杜預説を駁した箇所を摘録して編集したのであろう。光伯が杜預の過失を規した部分は

《疏》中に備わっており、これより他に一書があったわけではない。つまり「規過」二字は孔氏の語なのである。

必ずそうだと分かるのは、《隋書》は魏徴・孔穎達等の撰であるが、《隋書》經籍志の著録はすべて当時現存していた書物に拠ったもので、亡佚書についてもその下に列した。《隋書》劉炫伝・經籍志ともに《規過》の記載が無いのだから、本来この書は存在しなかったのである。

「唯だ王者にして然る後に改元立号す。《春秋》は新王の受命を魯に託す。故に因りて即位を録す」とは、何休の注釈の文章である。下文の「若然新王受命正朔必改」とは、劉炫が何休を非難した文章である。しかるに孔穎達は「何休云」の上に「劉炫又難」の四字を挿入して、「唯王者然後立號」等の語を劉炫の非難の語のように見せたのである。すると下文の「若然」といって一転するのは、一体誰の文章だというのであろうか。おもうにここに「何休云」と言うから、下文で「何休又云」と述べたのである。

また「旧疏」は《公羊》の「五始」の原理を、「杜預の考えにも抵触しない（於杜無害）」と考えたから、この説を捨てなかった。しかし光伯が「言左氏者、或取爲説、是逐狂東走」と述べているのは、「旧疏」を非難したものである。もしも前半が唐人の文章であるなら、なんで光伯の語を後に引用して自らの説を駁したりしようか。本来はそうでなかったことが分かる。

右のような、「劉炫には《春秋規過》なる著書は無かった」と言う劉文淇の指摘は前人未発の卓見であろう。したがって《春秋正義》中で、劉炫説をどこまでだと考えるべきか、なかなか難しい問題である。本訳注ではおおむね劉文淇の分析に従って翻訳している。また、劉文淇はここでは説明していないが、「説公羊者」が重複して見えるのは、異なる別人の文章である可能性がある。

⑥何休（02-07a-6）——隠公元年伝「君之始年也」条。

⑦若然（02-07a-7）——「上述してきたことを前提にすると、以下の如き不都合が生じるが、如何？」という文脈に表れる常套語。

⑧何休（02-07a-10）——隠公元年伝「公何以不言即位」条。

元者氣也。無形以起、有形以分。造起天地、天地之始也。故上無所繫、而使春繫之也。……春者天地開辟之端、養生之首、法象所出、四時本名也。……即位者一國之始。政莫大於正始、故春秋以元之氣正天之端、以天之端正王之政、以王之政正諸侯之即位、以諸侯之即位正竟内之治。諸侯不上奉王之政、則不得即位、故先言正月、而後言即位。政不由王出、則不得爲政、故先言王而後言正月也。王者不承天以制號令、則無法。故先言春而後言王。夫不深正其元、則不能成其化、故先言元而後言春。五者同日並見、相須成體、乃天人之大本、萬物之所繫、不可不察也。

⑨逐狂東走（02-07b-8）——《韓非子》説林上篇に「慧子曰、狂者東走、逐者亦東走、其東走則同、其所以東走之爲則異。故曰、同事之人、不可不審察也」とある。《韓非子》では「狂者が東に走る、追う者も東に走る。東に走ることは同じだが、東に走るわけは違う」の意味であるが、ここでは狂者にそのまま従うの意味で使われている。

⑩隠荘閔僖（02-07b-8）——この四公に「公即位」の記事の無い魯公について、《左傳》はそれぞれ以下のように説明する。

隠公「元年、春、王周正月、不書即位、攝也」
荘公「元年、春、不稱即位、文姜出故也」
閔公「元年、春、不書即位、亂故也」
僖公「元年、春、不稱即位、公出故也」

[02-07b]

【經】三月、公及邾儀父盟于蔑。

【注】附庸之君、未王命、例稱名。能自通于大國、繼好息民。故書字貴

之。名例在莊五年。邾今魯國鄒縣也。蔑姑蔑、魯地。魯國卞縣南有姑城。〔附庸の君は、未だ王命あらざれば、例として名を稱す。能く自ら大國に通じ、好《よしみ》を繼ぎ民を息《いこ》はしむ。故に字を書して之れを貴ぶ。名の例は莊五年に在り。邾《ちゅ》は今の魯國鄒《すう》縣なり。蔑《べつ》は姑蔑、魯地なり。魯國卞《べん》縣の南に姑城有り。〕

【疏】「三月」より「于蔑」に至るまで。

○正義に曰う。「公」とは隠公である。「及」は「与《と》（ともに）」である。かの邾《ちゅ》の君で字《あざな》が儀父なる者と蔑《べつ》の地で盟うたのである。（邾については）《譜》に次のように述べている。

邾は曹姓。顓頊《せんぎょく》の後に六終《りくしう》なるもの有りて六子を産む。其の弟《だい》五子を安と曰ふ。邾は即ち安の後なり。周の武王 其の苗裔の邾俠を封じ、附庸と為して邾に居らしむ。今の魯国鄒県 是れなり。安より儀父に至るまで十二世にして、始めて《春秋》に見ゆ。斉桓の霸を行ふや、儀父附従し、爵を進めて子を称す。文公 繹《えき》に徙《うつ》る。桓公より以下、《春秋》の後八世にして、楚 之れを滅す。

諸侯はいずれも王命を受けると、各おのが寰宇《かんう》〔領地〕を保有し、上は天子に仕え、傍ら隣国と交わる。天子が諸侯に不信をもった場合、あるいはまた諸侯のお互いが不信をいだく場合には、盟うことによって（友好関係を）要《かた》める。凡そ盟の礼は、犠牲を殺してその血を歃《すす》り、誓いを神に告げる。もしこれに違反するものが有れば、神に殃咎《おうきゅう》〔とがめ〕を加えさせて、この犠牲の動物のようにするというのである。

〈曲礼〉①に「信を約するを誓と曰ひ、牲に涖《のぞ》むを盟と曰ふ」と言い、《周禮》②天官・玉府の職に「若し諸侯を合すれば、則ち珠槃《しゅばん》・玉敦《ぎょくたい》を共にす」と言い、〈夏官〉③戎右の職に「盟には則ち玉敦を以て辟《ひら》き盟ひ、遂に之れに役《えき》し、牛耳・桃茢《れつ》を贊《たす》く」と言い、〈秋官〉④司盟の職に「盟載の法を掌《つかさど》る。凡そ邦国に疑ひ有りて会同するときは、則ち其の盟約の載〔ことば〕及び其の礼儀を掌り、北面して明神に詔《つ》ぐ」と述べており、（これに注した）鄭玄⑤の考えでは、「槃《ばん》・敦《たい》はともに器の名で、珠玉で装飾したものである。諸侯を集合させると、必ず牛耳を割《さ》き、その血を取り、これを歃《すす》って盟う。敦には血を盛り、槃には耳を盛る」、「まさに歃ろうとするとき、戎右がその器を執り、衆のために載辞〔ちかいのことば〕を陳述して、心を開かせる」、「司盟の官は、そこで北面してその載書を読み、日月山川の神に告げる。告げ終わると、尊卑が順序にしたがって血を歃る」、「戎右は敦の血を取って、歃るべきものに伝え授け、その血を含ませる。歃り終わると、犠牲を穴に入れ、盟載の書をその上に加えてこれを埋める」のである。以上が、天子が諸侯に会したり、諸侯を集めて盟わせたりする礼である。

凡そ天子が諸侯と盟う場合、十二年に一度、方岳〔東岳の岱宗、南岳の衡山、西岳の華山、北岳の恒山〕の下で実施するので、伝⑥に「再会して盟ひ、以て昭明を顕《あきら》かにす」と述べている。もし王が巡守せず、また諸侯に事が有って王に朝見する場合は、「時⑦見を会と曰ひ、殷見を同と曰ふ」のがそれで、このときも盟礼を行う。

その盟の方法は、調べてみるに、〈観礼〉⑧に、

壇《だん》の十有二尋、深さ四尺を為《つく》り、方明を其の上に加ふ。方明とは木なり。方四尺にして六玉を設く。上は圭、下は璧、南方は璋、西方は琥、北方は璜、東方は圭。

とある。諸侯を壇に朝見させ、終わればそこで方明を壇に加えてこれを祀り、諸侯を庭に列《なら》べるのである。玉府は「珠槃・玉敦を共に」し、戎右は「玉敦を以て辟《ひら》き盟ひ、遂に之れに役し、牛耳・桃茢を贊《たす》」け、司盟は「北面して明神に詔《つ》」げ、諸侯は順序にしたがって血を歃る。そして鄭玄⑨が〈観礼〉に注して、「王の盟 其の神は日を主とす。王官の伯の盟 其の神は月を主とす。

諸侯の盟 其の神は山川を主とす」と述べているのが、盟礼の概略である。

⑪諸侯の盟の場合にもやはり壇が有る。⑩それが分かるのは、もとの柯《か》の盟の《公羊伝》に「曹子 手剣を以て桓公を壇に 劫《おびやか》す」と称しているからである。その盟の神については、なにも定まったきまりはない。襄⑫公十一年伝に「司慎・司盟・名山・名川・羣神・羣祀・先王・先公・七姓・十二国の祖」と称しているのがそれである。

その盟には牛牲を使用する。襄公二十六年伝に「歃《あなほ》りて牲を用ふ」と言い、また哀公十七年伝に「諸侯の盟、誰か牛耳を執る」と述べているのがそれである。牛を殺す場合は必ず血と耳を取り、手で玉敦の血を執り、これを口に進める。そのことが分かるのは、定公八年に「涉佗《せふた》 衛侯の手を捘《お》して捥《うで》に及ぶ」とあり、襄公九年伝に「大国と盟へば口血未だ乾かず」と述べているのがそれである。

すでに盟った後には、犠牲と余血、さらに盟載の書を犠牲の上に加え、穴を掘ってこれを埋める。僖公二十五年伝に「宵に血を 坎《あなうめ》 して書を加ふ」と述べているのがそれである。

春秋時代は、天子の命によらず、諸侯が互いに同盟しあうのであるが、その場合は大国がその言辞を制定し、小国がその仕事をつかさどる。官職は小異であるが、その礼は大同である。だから、《釈例（会盟朝聘例）》に「盟は、牲を殺し書を載す。大国 其の言を制し、小国 其の事を尸《つかさ》どる。珠槃・玉敦以て流血を奉じて歃を同じうす」と述べているのがそのことである。

その盟載の言辞については、伝に多数の例が有る。

この時、公が好《よしみ》を邾に求めたため、邾君が蔑の地までやって来て、公も出国してこれと盟うた。史官は魯の事を記録するのだから、公を主体として、「公及」と言う。「及」とは「此より彼《あいて》に及ぶ」という意味で、魯を主体とした書き方である。

桓公十七年に「公 邾の儀父に会して、趡《すい》に盟ふ」とあり、かしこでは「会」と言い、ここで「及」と言うのは（なぜかといえば）、かしこでは会礼を行い、ここでは会礼を行なわなかったからである。それゆえ劉炫⑬は、

策書の例では、先ず会して後に盟う場合、上に「会」を言い、下に「盟」を言う。盟うのみで会しない場合は、ただ「及」と言う。ここでは会礼を行なわなかったため、「及」と言ったのである。

と述べている。

或いはこれは史官が表現を異にしたものであり、先ず会して後に盟うために「会」と称したものではないかも知れない。それが分かるのは、文公七⑭年の「公 諸侯・晋の大夫に会し、扈《こ》に盟ふ」の伝に、「公 後《おく》れて至る」と述べているから、これは会に及んでいないのに経に「会」と称しているので、「盟」に「会」を称するのが、必ずしも先ず会礼を行なったものとは限らないのである。

【譯注】

①曲禮（02-08a-6）――《禮記》曲禮下篇「諸侯未及期相見曰遇、相見於郤地曰會。諸侯使大夫問於諸侯曰聘、約信曰誓、蒞牲曰盟」。

②周禮天官玉府（02-08a-7）――《周禮》天官・玉府の職は以下の通り。

若合諸侯、則共珠槃玉敦。〔鄭玄注：敦槃類。珠玉以爲飾。古者以槃盛血、以敦盛食。合諸侯者、必割牛耳、取其血、歃之以盟。珠槃以盛牛耳、尸盟者執之。故書珠爲夷。鄭司農云、夷槃或爲珠槃、玉敦歃血玉器。〕

③夏官戎右（02-08a-7）――《周禮》夏官・戎右の職は以下の通り。

盟則以玉敦辟盟、遂役之。〔鄭司農云、敦器名也。辟法也。玄謂、將歃血者、先執其器、爲衆陳其載辭、使心皆開辟也。役之者、傳敦血授當歃者。〕贊牛耳桃茢。〔鄭司農云、贊牛耳。春秋傳所謂執牛耳者。故書茢爲滅。杜子春云、

滅當爲厲。玄謂、尸盟者割牛耳取血、助爲之、及血在敦中、以桃茢沸之、又助之也。耳者盛以珠盤、尸盟者執之。桃鬼所畏也。茢苕帚、所以掃不祥。〕鄭注によれば、「桃茢」とは桃の木と葦の穂で作った「ほうき」であり、不祥をはらうものだという。

④秋官司盟（02–08a–7）――《周禮》秋官・司盟の職は以下の通り。

司盟掌盟載之灋。〔載盟辭也。盟者書其辭於策、殺牲取血、坎其牲、加書於而埋之、謂之載書。春秋傳曰、宋寺人惠牆伊戾、坎用牲加書、爲世子痤與楚客盟。〕凡邦國有疑會同、則掌其盟約之載、及其禮儀。北面詔明神、既盟則貳之。〔有疑不協也。明神神之明察者。謂日月山川也。覲禮加方明于壇上、所以依之也。詔之者、讀其載書以告之也。貳之者寫副當以授六官。〕

⑤鄭玄以爲（02–08a–8）――右の《周禮》諸処に施された鄭注を集めたものである。ちなみに「以爲」という表現は、直接引用ではなく、主旨を要約ないし敷衍した場合に用いられることが多い。

⑥傳（02–08b–1）――昭公十三年伝に、晋の叔向の言葉として、「是故明王之制、使諸侯歳聘以志業、間朝以講禮、再朝而會以示威、再會而盟、以顯昭明。志業於好、講禮於等、示威於衆、昭明於神。自古以來、未之或失也。存亡之道、恒由是興」として見える。

⑦時見曰會（02–08b–2）――《周禮》天官・太宰の職に「春見曰朝、夏見曰宗、秋見曰覲、冬見曰遇、時見曰會、殷見曰同、時聘曰問、殷覜曰視」とあるのを踏まえたもの。

⑧覲禮（02–08b–2）――《儀禮》覲禮に以下のように見える。

諸侯覲于天子、爲宮方三百歩、四門壇十有二尋、深四尺、加方明于其上。方明者木也。方四尺、設六色、東方青、南方赤、西方白、北方黑、上玄下黃。設六玉、上圭下璧、南方璋、西方琥、北方璜、東方圭。

⑨鄭注覲禮（02–08b–4）――《儀禮》覲禮の「祭天燔柴、祭山丘陵升、祭川沈祭地瘞」の鄭注に次のように見える。

升、沈必就祭者也。就祭則是謂王巡守及諸侯之盟祭也。其盟、愒其著明者。燔柴、升、沈、瘞、祭禮終矣、備矣。郊特牲曰「郊之祭也、迎長日之至也。大報天而主日也」。宗伯職曰「以實柴祀日月星辰」。則燔柴祭天謂祭日也。柴為祭日、則祭地瘞者、祭月也。日月而云天地、靈之也。王制曰「王巡守、至于岱宗、柴」、是王巡守之盟、其神主日也。春秋傳曰「晉文公爲踐土之盟」、而傳云「山川之神」、是諸侯之盟、其神主山川也。月者大陰之精、上爲天使、臣道莫貴焉。是王官之伯、會諸侯而盟、其神主月與。古文瘞作殪。

⑩知者（02–08b–5）――「そのことが分かるのは」の意で、上述したことの根拠を以下の《疏》文で説明する場合に用いられる《五經正義》中常見の用語。

⑪公羊傳稱（02–08b–5）――荘公十三年伝には、斉の桓公と魯の荘公が柯の地で盟約した際、荘公に同行した曹子の武勇を伝えている。壇上で脅迫された盟約といえども、盟約は盟約だとして実行した斉桓公の信を賞賛する伝文である。

さて本疏では「公羊傳稱」と表現されているが、《五經正義》中の「稱」の用法は、「曰」や「云」が文献をそのまま引用するのと異なり、引用する文献の要約である場合が多い。ちなみにここの場合、《公羊傳》には「於是會乎桓。荘公升壇、曹子手劍而從之」という表現が見える。

⑫襄十一年傳（02–08b–6）――襄公十一年伝に、亳の盟の際の盟約の辞（載書）を以下のように記録している。

秋、七月、同盟于亳。范宣子曰「不愼、必失諸侯。諸侯道敝而無成、能無貳乎」。乃盟。載書曰「凡我同盟、毋蘊年、毋壅利、毋保奸、毋留慝、救災患、恤禍亂、同好惡、奬王室。或間茲命、司愼・司盟、名山・名川、群神・群祀、先王・先公、七姓十二國之祖、明神殛之、俾失其民、隊命亡氏、踣其國家」。

⑬劉炫（02–09a–2）――劉炫の言葉は、とりあえず「故言及也」までと見なした。あるいは以下の全文であるかもしれない。

⑭文七年（02-09a-4）――文公七年「秋、八月、公會諸侯・晉大夫、盟于扈」の伝に

「秋、八月、齊侯・宋公・衛侯・陳侯・鄭伯・許男・曹伯會晉趙盾、盟于扈、晉侯立故也。公後至、故不書所會。凡會諸侯、不書所會、後也。後至、不書其國、辟不敏也」とある。

○注の「附庸」より「姑城」に至るまで。

○正義に曰う。伝に「未だ王命あらず」と言うので、郳が「附庸」であることが分かる。荘公五年の「郳《げい》の犂来《りらい》来朝す」の伝に、「未だ王命あらず」と述べ、名を称する意味を解説していることから、「附庸の君は、例として名を称す」るものであることが分かる。

①《禮記》王制に「天子に合せず、諸侯に附するを附庸と曰ふ」と述べており、鄭玄が「合せずとは、朝会せざるを謂ふ。小城を附庸と曰ふ。附庸とは、国事を以て大国に附し、未だ其の名を以て通ずる能はざるものなり」と注しているのは、「附庸」の意味を説明したものである。

〈王制〉にまた「天子の元子は附庸に視《なぞら》ふ」と述べている。そうすると、附庸の貴賤（の順位）は天子の元子と同じであり、②その礼は四命である。それが分かるのは、（〈王制〉に言うごとく）「天子の大夫は子男に視《なぞら》へ、卿は伯に視へ、三公は公侯に視」えるからで、視《なぞら》えられるものがいずれも一命多いことからすれば、明らかに附庸は元子より一命多いことが分かる。また《周禮》典命に言うごとく）、諸侯の世子が未だ誓わないで皮帛を執る場合、小国の君に視え、公の孤の四命であるものも皮帛を執り、附庸の場合もまた皮帛を執ることからすると、四命であることが分かるのである。

そうすると、天子の大夫は四命で字を称するのに、附庸に名を称するのは（なぜかといえば）、大夫が王朝の臣であるから、特にこれを尊んで字《あざな》を称したのである。（このことについて）《釈例（会盟朝聘例）》に、

名は字より重い。そのため君父の前では自ら名を言う。朋友の交わりには自ら字を言う。そういうわけで《春秋》の義では、貶責する場合にその名を書くのは、重んずべき名を名指しするのである。褒賞するのにその字を明言するのは、諱むべき名を避けるのである。

と述べている。そうだとすると、字を言うべきところで名を言うのは貶したのであり、名を言うべきところで字を言うのは貴んだのである。そういうわけで、宰咺には名を書いてこれを貶し、儀父には字を書いてこれを貴んだのである。

伝文にはただ「之れを貴《とうと》ぶ」と言うのみで、その貴ぶべき理由を説いていない。このことについて賈・服は、

儀父は隠公に至孝謙譲の義が有るのを嘉《よ》みして、これと好《よしみ》を結ぼうとしたので、貴んで字したのである。その賢者を慕い謙譲を悦ぶことを善みした。

と見なしている。③そうでないことが分かるのは、考えるに、伝に「公は位を摂りて好《よしみ》を邾に求めんと欲す」と述べていることからすれば、公の方が先ず邾に求めたのであり、邾が先に公を慕うたのではないのだから、どうしてまた貴ぶに足ろうか。しかも、書して「儀父」と言うのは、これこそ「新意」であり、仲尼は事に善みすべきものが有って、そこではじめて字を書いてこれを善みし得るのであって、魯の意志に従って褒貶するのではないのだから、なんで賢者を慕うことがそのまま貴ぶに足ることでありえようか。また桓公十七年に「公 邾の儀父と趡に盟ふ」とあるが、桓公は賢者でもなく、謙譲の君でもないのに、そこの経でもやはり「儀父」と書いているのだから、「之れを貴ぶ」と言う表現は、「賢者を慕い謙譲を悦ぶ」ためではないことが分かるのである。附庸の国は自身の力で他国に通じることはできず、盟会に関与しない。今、「能く自ら大国に通じ、好を継ぎ民を息《いこ》はし」めたので、こ

れがために貴んで字したことが分かる。

来朝したことを貴ばないで、盟うたことを貴ぶのは（なぜかといえば）、大国に朝事するのは附庸の常道であるが、盟を斉《ひと》しくして好を結ぶことは、附庸の国ができることではないので、盟のところで貴んで、来朝したことは常法に従ったのである。

【譯注】

①禮記王制（02-09a-6）――《禮記》王制篇に次のようにある。

天子之田方千里。〔鄭玄注：象日月之大、亦取暑同也。此謂縣內、以祿公卿大夫元士。〕公侯田方百里、伯七十里、子男五十里、不能五十里者、不合於天子、附於諸侯曰附庸。天子之三公之田視公侯、天子之卿視伯、天子之大夫視子男、天子之元士視附庸。〔皆象星辰之大小也。不合謂不朝會也。小城曰附庸。附庸者以國事附於大國、未能以其名通也。視猶比也。元善也。善士謂命士也。此地殷所因、夏爵三等之制也。殷有鬼侯梅伯、春秋變周之文、從殷之質、合伯子男以爲一、則殷爵三等者、公侯伯也。異畿內、謂之子。〕

②其禮則四命（02-09a-7）――これ以降の《疏》文は、附庸の王制におけるランクが「四命」であることを証明するものであるが、前提となる「命」の説明が求められるところであろう。あるいは自明のこととして論じているのかもしれないが、後の《疏》文の内容からして、《周禮》典命職の引用が必要ではなかろうか。あるいは脱文があったかもしれない。

「命」とは天子の命令がその原義であるが、それは天子が諸侯以下に爵位官服を賜うときの命令であり、その命令を書き付けた書でもあり、また爵命の際に用いる品物でもある。要するに周封建制のランクを意味する。その具体的内容は《周禮》典命職に記述されている。

典命掌諸侯之五儀、諸臣之五等之命。上公九命爲伯、其國家、宮室、車旗、衣服、禮儀、皆以九爲節。侯伯七命、其國家、宮室、車旗、衣服、禮儀皆以七爲節。子男五命、其國家、宮室、車旗、衣服、禮儀皆以五爲節。王之三公八命、其卿六命、其大夫四命。及其出封、皆加一等、其國家、宮室、車旗、衣服、禮儀亦如之。

凡諸侯之適子、誓於天子、攝其君、則下其君之禮一等。未誓、則以皮帛繼子男。公之孤四命、以皮帛視小國之君、其卿三命、其大夫再命、其士壹命、其宮室、車旗、衣服、禮儀各視其命之數。侯伯之卿、大夫、士亦如之。子男之卿再命、其大夫壹命、其士不命、其宮室、車旗、衣服、禮儀各視其命之數。

注①〈王制〉篇とこの〈典命〉職の主旨を図表化すると、以下のようになる。

九命	上公（伯）			
八命		王之三公		
七命	侯伯			
六命		王之卿		
五命	子男			
四命		王之大夫	公之孤（敵子）	附庸
三命		天子之元士	公之三卿	
再命			公之大夫	子男之卿
一命			公之士	子男之大夫

③知不然者（02-09b-2）――「なぜそうでないことが分かるのかといえば」の意で、前文に引用した文献や人物の説に対して異論を述べる際の、発語の言葉。《春秋正義》中に頻出する。

【經】夏、五月、鄭伯克段于鄢。〔02-09b〕

【注】不稱國討而言鄭伯、譏失教也。段不弟、故不言弟。明鄭伯雖失教、

而段亦凶逆。以君討臣、而用二君之例者、言段強大雋傑、據大都以耦國。所謂得雋曰克也。國討例在莊二十二年。得雋例在莊十一年。母弟例在宣十七年。鄭在滎陽宛陵縣西南。鄢今潁川鄢陵縣。〔國を稱して討たずして「鄭伯」と言ふは、教を失ふを譏るなり。「段」は不弟なり、故に「弟」と言はず。鄭伯は教を失ふと雖も、而れども段も亦た凶逆なるを明らかにす。君を以て臣を討ずるに、而も二君の例を用ふるは、段は強大雋傑、大都に據りて以て國を耦にするを言ふ。謂はゆる「雋《しゅん》を得るを克と曰ふ」なり。國討の例は莊二十二年に在り。「得雋」の例は莊十一年に在り。母弟の例は宣十七年に在り。鄭は滎陽宛陵縣の西南に在り。鄢は今の潁川鄢陵縣なり。〕

【疏】「夏五月」より「于鄢」に至るまで。

○正義に曰う。鄭国は伯爵である。《譜》に、

　鄭は姫姓、周の厲王の子、宣王の母弟、桓公友の後なり。宣王 友を鄭に封ず。今の京兆鄭県 是れなり。幽王の無道なるに及び、友 其の民を虢《くわく》・鄶《そう》に徙《うつ》す。虢・鄶の君 其の地を分かち、遂に焉《ここ》に都す。今の河南新鄭県 是れなり。莊公の二十二年は魯の隠公の元年なり。声公の二十年は獲麟の歳なり。三十三年にして春秋の伝終はる。声公は三十七年にして卒す。声公より以下、五世八十七年にして、韓 鄭を滅す。

と記述している。

　この「鄭伯」は荘公である。〈謚法〉[①]に「敵に勝ち壮に克《か》つを荘と曰ふ」とある。

○注の「不稱」より「陵縣」に至るまで。

○正義に曰う。「国討」とは「国」もしくは「人」を称すること。「国」を称したり「人」を称すると、（討たれた人が）賊であることは明らかである。国中の人が討つことを求めたという意味である。いま「鄭伯」と称して、君が自ら弟を殺したと明言し、弟には罪が無いかのようにしたのは、その兄としての教育を怠り、早くから（弟の）処遇を決めることをあえてしなかったことが、かえって弟に悪行を重ねさせたのであり、弟が反乱を起こすに及んで、必ずこれを殺そうとしたことを譏ったもの。そういうわけで「鄭伯」と称するのは、鄭伯を罪する理由である。

　伝例[②]では、母弟を（経文では）「弟」と称する。段は実際には母弟であるが、弟としての行いをしなかったことで、「弟」という表現をはずして段を罪したのである。（このように）双方を罪したのは、兄が教育を怠ったけれども、弟の方もまた凶悪な反逆者だということを明らかにしたもの。（そのことについて）《釈例（母弟例）》に、

　兄でありながら弟を害する場合は、「弟」と称して兄の罪を明らかにする。また弟が兄を害すれば、「弟」という表現を去って弟の身を罪する。その意味をまとめて論ずると、兄弟二人がたがいに殺害しあうのは、それぞれに曲直が有る。「弟」を存するのは兄の曲を示すことである。「鄭伯」は教育を怠っているので、もしも例に依って「弟」を存するとすると、段を善みしたかの疑いがある。そういうわけで特に「弟」を去って、両つながらその意義を表現したのである。

と述べているのは、その説明である。

　襄公三十年[③]「天王 其の弟佞夫《ねいふ》を殺す」の伝に、「罪は王に在り」と述べているところからすると、この鄭伯と同じ譏りであるが、しかし佞夫に「弟」をはずさないのは（なぜかといえば）、《釈例（母弟例）》に、

　佞夫に弟を称するのは、反乱の謀議を聞かなかったからである。鄭段に弟を去るのは、自身が謀首となったからである。

と述べている。そうだとすると、佞夫は反乱の謀議に加わらなかったので、

王を罪して佞夫を罪しなかったため、「弟」を称しているのである。

④伝例では「戦」・「敗」・「克」・「取」は両つの国同士に用いる表現である。段は実際には鄭の臣下でありながら「段に克つ」と言うので、伝の意味を詳しく説明して解釈した。「雋《しゅん》を得るを克と曰ふ」とは荘公十一年の伝例である。

「国討の例は荘⑤二十二年に在り」について。かしこの経文には「陳人 其の公子御寇を殺す」と記述しているが、実際には君が大子を殺したのに、「陳人」と称しているのは、(君が) 大子を殺したという表現を陳人が悪んだために、君父を称しないで、国が公子を討ったと (諸国に) 告げたからである。伝に「陳人 其の大子御寇を殺す」と称しているのは、事実を述べたもので、経文に記述する「国討」の例を明らかにしたのである。

彼《かしこ》には「凡例」が無いのに、ここに「例」と言うのは、まさしくこの伝文に「鄭伯を称するは、教を失ふを譏るなり」と述べて、「称⑥す」と言うのが仲尼の変例だからである。

⑦君を称することが君を罪することであるなら、「人」を称するのが「国討」であることが分かる。〈序⑧〉に「変例を推して以て褒貶を正す」と述べているのがこの類である。推して例とするから、「例は彼《かしこ》の年に在り」と言う。諸注に「例在」と言うのは、必ずしも全てに凡例があるというのではない。

⑨〈地理志〉では、河南郡に宛陵県があり、また新鄭県がある。漢代には宛陵・新鄭それぞれが県である。晋の世には河南を分けて滎陽《けいよう》県を立て、新鄭を廃して宛陵県に入れているから、「鄭は宛陵の西南に在る」。また⑩〈地理志〉では、潁川郡に鄢陵県が有る。

【譯注】

①諡法（02–10a–3）――《逸周書》諡法解には「兵甲亟作曰莊、叡圉克服曰莊、勝敵志強曰莊、死於原野曰莊、屢征殺伐曰莊、武而不遂曰莊」とあって、この「勝敵克壯曰莊」は見あたらない。《經典釋文》所引では「勝敵克亂曰莊」に作る。あるいは「敵に勝ち志強きを荘と曰ふ」の異文であろうか。

②傳例（02–10a–5）――宣公十七年伝に「公弟叔肸卒、公母弟也。凡大子之母弟、公在曰公子、不在曰弟。凡稱弟、皆母弟也」という凡例が見える。

③襄三十年（02–10a–7）――襄公三十年経「天王殺其弟佞夫」、伝「初、王儋季卒、其子括將見王、而嘆。單公子愆期爲靈王御士、過諸廷、聞其嘆、而言曰『烏乎。必有此夫』。入以告王、且曰『必殺之。不慼而願大、視躁而足高、心在他矣。不殺、必害』。王曰『童子何知』。及靈王崩、儋括欲立王子佞夫。佞夫弗知。戊子、儋括圍蔿、逐成愆。成愆奔平畤。五月、癸巳、尹言多・劉毅・單蔑・甘過・鞏成殺佞夫。括・瑕・廖奔晉。書曰、天王殺其弟佞夫、罪在王也」。

④傳例（02–10a–9）――荘公十一年伝に「宋爲乘丘之役故、侵我。公禦之。宋師未陳而薄之、敗諸鄑。凡師、敵未陳曰敗某師、皆陳曰戰、大崩曰敗績。得儁曰克、覆而敗之曰取某師、京師敗曰王師敗績于某」、また昭公四年伝「九月、取鄫、言易也。莒亂、著丘公立而不撫鄫、鄫叛而來、故曰取。凡克邑、不用師徒曰取」という凡例が見える。

⑤莊二十二年（02–10a–10）――荘公二十二年「陳人殺其公子御寇〔宣公大子也。陳人惡其殺大子之名、故不稱君父、以國討公子告也〕」の伝に、「春、陳人殺其大子御寇〔傳稱大子以實言也〕。陳公子完與顓孫奔齊。顓孫自齊來奔。齊侯使敬仲爲卿」とあって、経伝が齟齬している。〔 〕内は杜注。

⑥言稱是仲尼之變例也（02–10b–2）――杜預が《左傳》に見える《春秋》の義例として、「凡例」・「変例」・「非例」の三種に分類したことについては、本書55頁を参照。

⑦稱君爲罪君（02–10b–2）――「稱君爲罪君、則知稱人爲國討」の一句は、本来「國討之例也」の後に有ったかもしれない。

⑧序（02-10b-2）——杜預《集解》序。

⑨地理志（02-10b-3）——《漢書》地理志の「河南郡」の条に、「河南郡、戸二十七萬六千四百四十四、口一百七十四萬二百七十九。縣二十二。雒陽、滎陽、偃師、京、平陰、中牟、平、陽武、河南、緱氏、巻、原武、鞏、穀成、故市、密、新成、開封、成皋、苑陵、梁、新鄭」の二十二の県名が列挙され、最後の「新鄭」の班固自注に「詩鄭國、鄭桓公之子武公所國、後爲韓所滅、韓自平陽徙都之」とある。

⑩地理志（02-10b-4）——《漢書》地理志の「潁川郡」の条に、「潁川郡、戸四十三萬二千四百九十一、口二百二十一萬九百七十三。縣二十。陽翟、昆陽、潁陽、定陵、長社、新汲、襄城、郾、郟、舞陽、潁陰、崈高、許、傿陵、臨潁、父城、成安、周承休、陽城、綸氏」とある。

【經】秋、七月、天王使宰咺來歸惠公仲子之賵。　[02-10b]

【注】宰官、咺名也。咺贈死不及尸、弔生不及哀、豫凶事。故貶而名之。此天子大夫稱字之例。仲子者桓公之母。婦人無謚。故以字配姓。來自外之文、歸者不反之辭。〔宰は官、咺《けん》は名なり。咺は死に贈るに尸に及ばず、生に弔するに哀に及ばず、凶事を豫《あらかじめ》す。故に貶して之れに名《な》いふ。此れ天子の大夫の字《あざな》を稱するの例なり。仲子は桓公の母なり。婦人には謚《おくりな》無し。故に字を以て姓に配す。來は外よりするの文、歸とは反らざるの辭なり。〕

【疏】「秋七月」より「之賵」に至るまで。

○正義に曰う。「天王」は周の平王である。《譜》に、

周は黄帝の苗裔、姫姓后稷の後なり。后稷、邰《たい》に封ぜらる。夏の衰ふるに及びて、后稷の子不窋《ふくつ》、其の官を失ひ、西戎に竄《かく》る。大王に至りて、狄の逼《せま》る所と為り、邠を去りて岐《き》に居る。文王 命を受け、武王殷に克ち、而して天下を王有す。幽王 犬戎の殺す所と為り、平王 王城に遷都す。今の河南県 是れなり。平王の四十九年は、魯の隠公の元年なり。敬王又た成周に遷る。今の洛陽 是れなり。敬王の三十九年は獲麟の歳なり。四十三年にして敬王 崩ず。敬王の子の元王九年に春秋の伝終はる。元王より以下十一世、二百二十六年にして周亡ぶ。

と述べている。①〈周本紀〉では、武王より平王まで全部で十三人の王があり、兄弟相続したものが一人、平王は武王の十一世の子孫である。

恵公の薨じたのは昨年であり、明年になってから仲子は薨ずる。おそらく仲子は当時病気にかかっており、王は病気であることを聞いて、すでに薨じたものと思いこんだため、大宰で大夫の咺《けん》という者に、魯に行って恵公と仲子の賵《ぼう》を併せて贈らせたのであろう。

「賵《ぼう》」は葬儀を助ける品物である。②文公五年の注に「車馬を賵と曰ふ」と言い、③〈士喪既夕礼〉に「公の賵は玄纁《げんくん》〔赤黒い絹〕・束帛〔たばねた絹〕・両馬」と述べている。士の制度ではただ二頭立ての馬車に乗るだけなので、「賵両馬」と言う。大夫以上はすべて四頭立ての馬車に乗る。ここで宰咺が来て賵したのは、たぶん四馬を用いたものであろう。④《公羊伝》に「喪事に賵有り。賵は蓋し馬を以てす。乗馬・束帛・車馬を以てするを賵と曰ふ」と言い、⑤《穀梁伝》に「乗馬を賵と曰ふ」と言うのは、ともに宰咺が乗馬を用いて魯にやってきたことを述べたものである。

⑥「恵公仲子」とあって「及」（「恵公及仲子」）と言わないのは、二賵を一緒に致したからである。あるいは史官の表現の違いかもしれない。おそらく二人にそれぞれ乗馬〔四頭の馬〕を贈ったもので、一乗の馬を二人に賵したはずはあるまい。

服虔は「賵とは覆である。天王が臣子を覆被〔おおう〕する所以である」と述べている。考えるに⑦〈士喪既夕礼〉では、「兄弟の知る所」はすべて賵

を贈るから、君が臣下に賵するばかりでない。（したがって）「賵」を「覆」と見なすことはよいが、「臣子を覆被する」と言うのは間違いである。何休もまた「賵は猶ほ覆のごときなり」と述べている。たぶん亡くなった人を覆被するという意味であろう。

○注の「宰官」より「之辭」に至るまで。

○正義に曰う。伝に⑧「緩〔時期遅れ〕なり。且つ子氏は未だ薨ぜず、故に名いふ」と述べているのは、名前を言うべきでないのに言ったものである。貶すると名前を書くのだから、（《春秋》の）書法では字《あざな》を書くべきことが分かる。そのため「此れ天子の大夫の字を称するの例」だと述べたもの。伝に明らかな例が無いため、これから推《お》して例としたのである。

《周禮》⑨の天官の職には、大宰に卿一人、小宰に中大夫二人、宰夫に下大夫四人がいる。宰夫・小宰はともに大夫であるが、この「宰咺」がどの宰であるかは分からない。

〈宰夫〉⑩の職に「凡そ邦の弔事には、其の戒令と其の幣器・財用を掌《つかさど》る」と述べており、鄭玄は「弔事とは諸侯・諸臣を弔するなり。幣は用ふる所の賻《はく》なり」と注している。弔事を掌るからには、あるいはそのまま使者に充てられたかもしれないので、これはおそらく宰夫であろう。

「仲子」⑪は「恵公」の妾にすぎないのに、王がこれに賵を贈らせたのは（なぜかといえば）、隠公が桓公を立てて大子とし、桓公の母を夫人とした、その事情を天王が知ったので、恵公に賵を贈らせ、そのことに因って仲子にも賵を贈ったのである。杜預が「仲子は桓公の母なり」と述べたのは、まさしくこの意味を示したもの。そうでなければ、仲子が桓公の母であることは、伝文に明文が有って、わざわざ解説する必要はないからである。

男子に謚号〔おくりな〕を付ける際に、人君の場合は「王」に配し、「公」に配し、大夫の場合は「子」に配したり、あるいは「字」に配して、いずれも「字」を「姓」には配しない。法のうえで「婦人には謚が無いので、字を姓に配する」とは、正しい法がそうだと述べたのである。《釈例（書謚例）》に「婦人に外行無し。礼に於いては当《まさ》に夫の謚に繋けて、以て属する所を明らかにすべし」と述べているのは、婦人に謚《おくりな》⑫すべきでないことを述べたものである。

夫の謚に繋けるのは夫人だけで、衆妾は夫に繋けるべきではなく、まさしく「字を姓に配す」べきである。（したがって）声子⑬とか戴嬀⑭〔隠公三年伝〕に謚号が有るのは、ともに礼を越えてかってにつけたものである。

【譯注】

①周本紀（02-10b-10）――《史記》周本紀によって、文王より平王に至るまでの世系を示すと、以下の通り。

①武王―②成王―③康王―④昭王―⑤穆王┬⑥共王―⑦懿王―⑨夷王―⑩厲王―⑪宣王―⑫幽王―⑬平王
　　　　　　　　　　　　　　　　　　└⑧孝王

②文五年注（02-11a-2）――文公五年伝「五年、春、王正月、王使榮叔歸含、且賵」の杜預注に「珠玉曰含。含口實。車馬曰賵」とある。

③士喪既夕禮（02-11a-2）――《儀禮》既夕禮篇のこと。現行本《儀禮》では〈士喪禮〉篇に続くもので、劉向《別錄》では〈士喪禮下篇〉と名づけられていた。《春秋正義》でも「士喪既夕禮」のほかに「士喪禮下篇」（25-18a）とか「士喪禮」（03-04b等）と表記されている。いずれも六朝時代の古い用法である。

「公賵玄纁束馬兩」の鄭注には、「公國君也。賵所以助主人送葬也。兩馬士制也。春秋傳曰、宋景曹卒、魯季康子使冉求賵之以馬、曰其可以稱旌繁乎」とある。

④公羊傳（02-11a-3）――《公羊傳》隱公元年の条に、「宰者何、官也。咺者何、名也。曷爲以官氏、宰士也。惠公者何、隱之考也。仲子者何、桓之母也。何以不稱夫人、桓未君也。賵者何、喪事有賵。賵者蓋以馬、以乘馬束帛。車馬曰賵、貨財曰賻、衣被曰襚。〔何休注：此者春秋制也。賵猶覆也。賻猶助也。皆助生送死之禮。襚猶遺也。遺是助死之禮。知生者賵賻、知死者贈襚〕桓未君則諸侯曷爲來賵之、隱爲桓立、故以桓母之喪告于諸侯。然則何言爾、成公意也。其言來何、不及事也。其言惠公仲子何、兼之、兼之非禮也。何以不言及仲子、仲子微也」とある。

⑤穀梁傳（02-11a-4）――《穀梁傳》隱公元年「母以子氏、仲子者何、惠公之母、孝公之妾也。禮、賵人之母則可、賵人之妾則不可。君子以其可辭受之、其志、不及事也。賵者、何也、乘馬曰賵、衣衾曰襚、貝玉曰含、錢財曰賻」。

⑥惠公仲子（02-11a-4）――経文に「天王使宰咺來歸惠公及仲子之賵」と書いていないことについて論じる。ちなみに《公羊傳》《左傳》は「惠公及び仲子（桓公の母）」と解するが、《穀梁傳》は「惠公（の母である）仲子」の意味に解する。この《穀梁傳》の解釈を是とするのが顧炎武《日知錄》の説である。

⑦士喪既夕禮（02-11a-5）――《儀禮》既夕禮篇に「凡將禮、必請而后拜送。兄弟賵奠可也、所知則賵而不奠。知死者贈、知生者賻。書賵於方、若九若七若五、書遺於策、乃代哭如初」とあるのを踏まえる。

⑧傳（02-11a-8）――本年伝「秋、七月、天王使宰咺來歸惠公仲子之賵。緩、且子氏未薨、故名。天子七月而葬、同軌畢至。諸侯五月、同盟至。大夫三月、同位至。士踰月、外姻至。贈死不及尸、弔生不及哀、豫凶事、非禮也」とある。

⑨周禮天官（02-11a-8）――《周禮》天官の〈序官〉に「治官之屬、大宰、卿一人。小宰、中大夫二人。宰夫、下大夫四人、上士八人、中士十有六人、旅下士三十有二人、府六人、史十有二人、胥十有二人、徒百有二十人」とある。

⑩宰夫職（02-11a-8）――《周禮》天官・宰夫職「凡邦之弔事、掌其戒令、與其幣器財用凡所共者」。鄭玄注「弔事弔諸侯諸臣。幣所用賻也。器所致明器也。凡喪、始死弔而含襚、葬而賵贈、其間加恩厚、則有賻焉。春秋譏武氏子來求賻」。

⑪仲子（02-11a-10）――惠公と夫人・諸妾との関係は以下の通り。

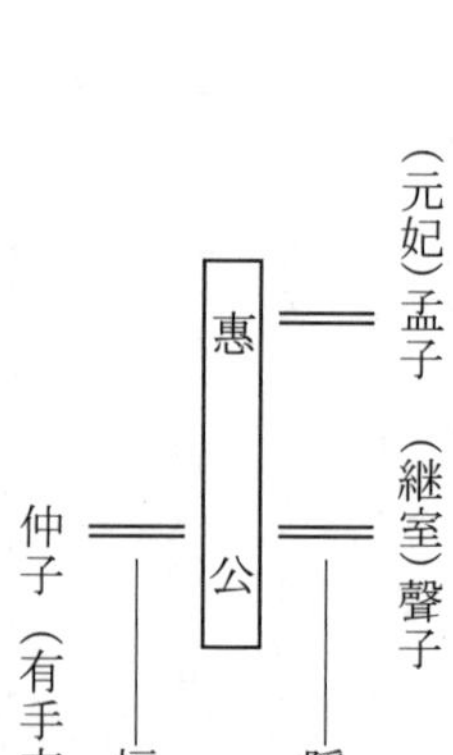

⑫不合（02-11b-2）――《助字辨略》《古書虚字集釋》等には「合」を「應」「當」（まさに～べし）に解する。もっとも、「應」「當」ほどには当然の意味が強くないようである。

⑬聲子（02-11b-3）――④参照。惠公在世中に声子と呼ばれたということ。

⑭戴嬀（02-11b-3）――戴嬀は衛莊公夫人で、陳女。隱公三年伝に「衛莊公娶于齊東宮得臣之妹、曰莊姜、美而無子、衛人所爲賦《碩人》也。又娶于陳、曰厲嬀、生孝伯、早死。其娣戴嬀、生桓公、莊姜以爲己子」とあり、杜預は「嬀陳姓也、厲・戴皆諡」と注している。

【經】九月、及宋人盟于宿　[02-11b]

【注】客主無名者、皆微者也。宿小國、東平無鹽縣也。凡盟以國地者、國主亦與盟。例在僖十九年。宋今梁國睢陽縣。〔客・主に名無きは、皆な微者《びしゃ》なればなり。宿は小國、東平無鹽縣なり。凡そ盟に國を以て地する者は、國主も亦た盟に與《あづか》る。例は僖十九年に在り。宋は今の梁國睢陽縣なり。〕

【疏】注の「客主」より「陽縣」に至るまで。

○正義に曰う。《春秋》の例では、もしも命卿〔天子から命を受けた卿〕であればその名を経に書く。この盟に「客・主に名が無」いので、「皆な微者《びしゃ》（身分の低い者）」であることが分かる。《公羊伝》①に「孰《いづ》れか之れに及べる。内の微者なり」と述べ、《穀梁伝》②に「及とは何ぞ。内の卑者なり。宋人は外の卑者なり」と述べている「卑」「微」とは、卿でないことを述べたもの。「客」とは宋を指し、「主」とは魯を指す。

ただ「及」と言う（だけで主語が無い）のは（なぜかといえば）、他国には「某人」と言うことができるが、魯の史官が自ら「魯人」と言うことはできないし、ただ「彼に及ぶ」とだけ言っても、魯が及んだことは分かるからである。微人が他国と集会する場合にも、やはりただ③「会」とだけ言うのは、ここの場合と同じである。

会盟の地には、必ずその土地の主人がいる。（経文に会盟の）地名を挙げる場合、地主の国は、（その会盟に）関与することもあるし、そうしないこともあるから、（関与したときには）地主の国もまたその列に序する。

経文に国名を挙げて盟地とする場合、その国の主人は関与してその中にいるので、列に序することはしないのは、そのことが自明だからである。

「例は僖十九年④に在り」について。その経文には「陳人・蔡人・楚人・鄭人盟于斉（陳人・蔡人・楚人・鄭人に会して斉に盟ふ）」と記述され、伝には「陳の穆公 好を諸侯に修めて、以て斉桓の徳を忘るる無からんことを請ふ。冬、斉に盟ひ、桓公の好を修む」と述べている。「桓公の好を修める」と言うからには、斉人が必ず関与していることは自明である。斉人が列に序せられていないで、しかも斉を盟の地としているのだから、その「盟に国を以て地するは、国主も盟に与《あづか》る」と言う例である。これまた推して例としたもので、凡例ではない。

⑤そうだとすると、桓公十四年⑥の「公会鄭伯于曹（公 鄭伯に曹に会す）」と言うのもまたこの例であるのに、遠く僖公十九年を指したのは（なぜかというと）、これが「盟」であるから、盟の例としたまでで、実際のところ「会」も同様である。だからその注で、「曹を以て地すれば、曹も会に与《あづか》る」と述べているのである。

僖公二十七年⑦に「楚人・陳侯・蔡侯・鄭伯・許男囲宋。公会諸侯盟于宋」とあり、宋は盟に関与していないのに、宋を盟地としていることについては、そこの注で「宋は方《まさ》に囲まるれば、盟に与《あづか》るに嫌《うたがひ》無し。故に直《ただ》宋を以て地す」と述べている。

そうだとすると、宣公十四年⑧に「楚子囲宋」とあり、十五年に「公孫帰父会楚子于宋」とあるのもまた宋が関与した疑いは無いから、宋を会地として記録したのである。

〈地理志〉⑨では「梁国睢県は故《もと》の宋国、微子の封ぜられし所」である。

【譯注】

①公羊傳（02-11b-6）――《公羊傳》隠公元年の条に、「孰及之、内之微者也」とあり、何休が「内者謂魯也。微者謂士也。不名者略微也」と注している。

②穀梁傳（02-11b-6）――《穀梁傳》隠公元年の条に、「及者何、卑者也。宋人、外卑者也。卑者之盟不日。宿、邑名也」とあり、范甯は「卑者謂非卿大夫也。凡非卿大夫盟、信之與不、例不日」と注している。

③直言會（02-11b-7）――荘公十六年経に「冬、十有二月、會齊侯・宋公・陳侯・衛侯・鄭伯・許男・滑伯・滕子、同盟于幽」とあり、杜預注に「書會、魯會之也。不書其人、微者也」とある。

④僖十九年（02-11b-9）――僖公十九年「冬、會陳人・蔡人・楚人・鄭人、盟于齊」の伝に「陳穆公請修好於諸侯、以無忘齊桓之德。冬、盟于齊、修桓公之好也」とあり、杜預は経文の注で、「於齊、齊亦與盟」と述べている。

⑤然則（02-12a-1）――ここでは、「以上の通りであるとすると、以下の述べるよう

な矛盾が生じるが、それについて以下のように説明できる」という場合に用いられる発語の言葉としての用法。

⑥桓十四年（02-12a-1）――桓公十四年経に「春、正月、公會鄭伯于曹」とあり、杜預注に「脩十二年武父之好。以曹地、曹與會」という。

⑦僖二十七年（02-12a-2）――僖公二十七年経に「冬、楚人陳侯蔡侯鄭伯許男圍宋。十有二月、甲戌、公會諸侯盟于宋」とあり、杜預注に「無傳。諸侯伐宋、公與楚有好、而往會之、非後期。宋方見圍、無嫌於與盟、故直以宋地」と言う。

⑧宣十四年（02-12a-3）――宣公十四年経「秋、九月、楚子圍宋」、宣公十五年経「春、公孫歸父會楚子于宋」。

⑨地理志（02-12a-4）――《漢書》地理志の「梁國」の条に、「梁國、戸三萬八千七百九、口十萬六千七百五十二。縣八。碭、甾、杼秋、蒙、已氏、虞、下邑、睢陽」とあり、「睢陽」の班固の自注に「故宋國、微子所封。禹貢盟諸澤在東北」と述べている。

【經】冬、十有二月、祭伯來　［02-12a］

【注】祭伯諸侯爲王卿士者。祭國、伯爵也。傳曰非王命也、釋其不稱使。

〔祭伯は諸侯にして王の卿士と爲る者なり。祭は國、伯は爵なり。傳に「王命に非ざるなり」と曰ふは、其の使と稱せざるを釋せるなり。〕

【疏】注の「祭伯」より「称使」に至るまで。

○正義に曰う。①僖公二十四年伝で富辰が、周公が親戚〔同姓の一族〕を封建して周の蕃屏《はんぺい》〔かきね〕としたことを説明して、「邢・茅・胙・祭」と述べていることからすれば、「祭」の初封は畿外の国であった。そして穆王の時に②祭公謀父なるものがおり、いま「祭伯」がいて、代々王朝に仕えていることからすれば、おそらく本封は絶滅して、采を王畿に食《は》んでいたのであろう。③荘公二十三年の「祭叔来聘す」の注に、「祭叔は祭公為《た》り。魯に来聘す。天子の内臣は外交するを得ず」と見なしているのは、祭がこの時に畿内の国で、依然として封爵を有していたため、「諸侯にして王の卿士と為るもの」と言ったのである。（このことについて）《釈例（会盟朝聘例）》に、

王の公卿はすべて爵を書く。④祭伯・⑤凡伯がその例。大夫は字を称する。⑥南季・⑦栄叔がその例。元士・中士は名を称する。⑧劉夏・⑨石尚がその例。下士は人を称する。「⑩公 王人に洮に会す」がその例。「祭公」と称する場合が有るのは、官を挙げて言ったものである。

と述べているが、これはその定例である。

しかしながら春秋時代には、王の卿士で采地の無いものが有り、⑪王叔陳生・伯輿といった連中がそれである。しかしこれらを経文にどの称謂で書いたのかは分からない。

杜預がすでに「公卿は爵を称す」と述べているのに、⑫王子虎・⑬劉巻が卒した際に名を称しているのは（なぜかといえば）、この例は天王が赴告をするときに、名を以て魯に告げたからであり、それはちょうど⑭諸侯の例で薨ずれば名を称するのと同様である。ここで杜預が「公卿は爵を称す」と言うのは、聘使〔外交の使者〕の往還する場合のことであって、かの例とは異なる。

さらにまた⑮襄公十五年の注に「天子の卿は字《あざな》を書す」と述べているのは（なぜかといえば）、思うに伝に「劉夏 王后を斉に逆《むか》ふ。卿の行かざるは非礼なり」と述べているのは、劉夏が卿でないから名を書いたのであり、もし卿であったなら当然字《あざな》を書くべきであって、名・字を相対照させたところから、字を挙げて言ったものであり、実際には卿は爵を書くのである。

この「祭伯」が、もし王のよこしたものならば、「天王 祭伯をして来聘せしむ」と言うはずで、それはまた「⑯天王 凡伯をして来聘せしむ」と同様のはずである。いま自身で来たという表現であるから、これは明らかに王命で

はなく私行である。

劉⑰炫が以下のように述べている。卿で爵の無い者もまた字を書くことがあり、大夫で爵の有る者もまた爵を書くことがある。伝に「王叔陳生 伯輿と政を争ふ」と称している、その二人はともに卿士であるが、爵を言っていない。また、滕⑱侯の先祖は周のト正であったし、《書⑲》に「斉侯・呂伋 虎賁氏と為る」と称しているから、大夫にも爵の有ることが有る。そうだとすると、大夫の爵有る者を、爵を捨《お》いて字を書くということはありえないし、卿であって爵の無い者を、字を越えて名を書くということはありえない。おそらく卿士にも字を書き、大夫にも爵を書くことが有るのであろう。

王臣で経文に見える者は多い。祭伯・凡伯・毛⑳伯・単㉑伯・召㉒伯・尹㉓子・単㉔子・劉㉕子がそれで、これらの中に大夫がいないわけではなかろう。栄叔・南季・家㉖父・叔㉗服のうち、卿がいないはずのものでもなかろう。ただ明証が無いために、通例によって解したのである。（したがって、）襄公十五年の注に「天子の卿は字を書す」と言うのは、天子の卿にも字を称する道理があることを述べたものである。

【譯注】

①僖二十四年傳（02-12a-6）――僖公二十四年伝に、周の富辰が、周初に周の同姓の一族を封建した状況を説明した言葉の中に、「臣聞之、大上以徳撫民、其次親親、以相及也。昔周公弔二叔之不咸、故封建親戚以蕃屏周。管・蔡・郕・霍・魯・衛・毛・聃・郜・雍・曹・滕・畢・原・酆・郇、文之昭也。邘・晉・應・韓、武之穆也。凡・蔣・邢・茅・胙・祭、周公之胤也」とある。

②祭公謀父（02-12a-7）――昭公十二年伝に、楚の子革が楚霊王に語った言葉の中に、「臣嘗問焉、昔穆王欲肆其心、周行天下、將皆必有車轍馬跡焉。祭公謀父作《祈招》之詩以止王心」とあり、杜預は「謀父周卿士。祈父周司馬、世掌甲兵之職、招其名。祭公方諫遊行、故指司馬官而言」と注している。

③莊二十三年（02-12a-7）――莊公二十三年経「祭叔來聘」、杜注「無傳。穀梁以祭叔爲祭公。來聘魯。天子内臣不得外交、故不言使、不與其得使聘」。

④祭伯（02-12a-9）――本年経「冬、十有二月、祭伯來」。

⑤凡伯（02-12a-9）――隠公七年経「冬、天王使凡伯來聘。戎伐凡伯于楚丘以歸」。

⑥南季（02-12a-9）――隠公九年経「九年、春、天子使南季來聘」。

⑦榮叔（02-12a-9）――莊公元年経「王使榮叔來錫桓公命」。

⑧劉夏（02-12a-9）――襄公十五年経「劉夏逆王后于齊」。杜注「劉采地、夏名也。天子卿書字。劉夏非卿、故書名。天子無外、所命則成、故不言逆女」。また伝には「官師從單靖公逆王后于齊。卿不行、非禮也」とある。

⑨石尚（02-12a-9）――定公十四年「天王使石尚來歸脤」。

⑩公會王人于洮（02-12a-9）――僖公八年経「春、王正月、公會王人・齊侯・宋公・衛侯・許男・曹伯・陳世子款、盟于洮。鄭伯乞盟」。

⑪王叔陳生伯輿（02-12a-10）――襄公五年伝「王使王叔陳生愬戎晉」、また襄公十年伝「王叔陳生與伯輿爭政、王右伯輿。王叔陳生怒而出奔。及河、王復之、殺史狡以説焉。不入、遂處之。晉侯使士丐平王室、王叔與伯輿訟焉」。采地が無いから両者は争ったわけである

⑫王子虎（02-12b-1）――文公三年経「夏、五月、王子虎卒」。杜注「書爵者天王赴也。翟泉之盟、雖輒假王命、周王因以同盟之例爲赴」。

⑬劉卷（02-12b-1）――定公四年経「劉卷卒」。杜注「无傳。卽劉蚠也。劉子奉命出盟、召陵。死則天王爲告同盟、故不具爵」。

⑭諸侯之例（02-12b-1）――隠公七年伝「凡諸侯同盟、於是稱名、故薨則赴以名、告終稱嗣也、以繼好息民、謂之禮經」。

⑮襄十五年注（02-12b-2）――注⑧参照。

⑯天王使凡伯來聘（02-12b-2）――注⑤参照。

⑰劉炫（02-12b-4）——劉炫の言葉の引用がどこまでかが問題である。馬國翰《玉函山房輯佚書》は「或亦書爵」までのわずか十六字と見なす。これに対して劉文淇は前半が旧疏、「劉炫」以下はすべて劉炫説と見なしている。

文淇案ずるに、これは光伯《述議》の文章で、前半が「旧疏」の原文である。それは劉炫説が「旧疏」の文章の流れを相承けているので、前半が「旧疏」であることが分かるわけである。襄公十五年注に「天子の卿は字を書す」とあり、「旧疏」はこれを引用して、「名・字を相対照させたため、字を挙げて言ったのであり、実際には卿は爵を書くのである」と述べている。劉光伯もまたこの注を引用するが、「卿に字を書く道理のある」ことを証明したもので、旧説には従っていない。なお襄公十五年の「旧疏」と劉炫説は、ともにこの《正義》とほぼ同じである。

以上の劉文淇の分析が正しいことは言うまでもない。

⑱滕侯（02-12b-5）——隠公十一年伝「春、滕侯薛侯來朝、爭長。薛侯曰、我先封。滕侯曰、我、周之卜正也。薛、庶姓也、我不可以後之」。

⑲書（02-12b-5）——《尚書》周書・顧命篇「越翼日乙丑、王崩。太保命仲桓、南宮毛、俾爰齊侯呂汲、以二干戈、虎賁百人、逆子釗於南門之外」。

⑳毛伯（02-12b-6）——文公元年経「天王使毛伯來錫公命」。

㉑單伯（02-12b-6）——莊公元年経「夏、單伯送王姫」。

㉒召伯（02-12b-6）——文公五年経「王使召伯來會葬」。また成公八年経「秋、七月、天子使召伯來賜公命」。

㉓尹子（02-12b-6）——成公十六年経「公會尹子・晉侯・齊國佐・邾人伐鄭」。

㉔單子（02-12b-6）——成公十七年経「公會尹子・單子・晉侯・齊侯・宋公・衛侯・曹伯・邾人伐鄭」

㉕劉子（02-12b-7）——昭公十三年経「秋、公會劉子・晉侯・齊侯・宋公・衛侯・鄭伯・曹伯・莒子・邾子・滕子・薛伯・杞伯・小邾子于平丘」。

㉖家父（02-12b-7）——桓公八年経「天王使家父來聘」。

㉗叔服（02-12b-7）——文公元年経「天王使叔服來會葬」。

【經】公子益師卒。　[02-12b]

【注】傳例曰、公不與小斂、故不書日、所以示薄厚也。春秋不以日月爲例。唯卿佐之喪、獨託日以見義者、事之得失、既未足以褒貶人君、然亦非死者之罪、無辭可以寄文、而人臣輕賤、死日可略、故特假日以見義。〔傳例に曰く、「公 小斂《れん》に與《あづか》らず、故に日を書せず」とは、薄厚を示す所以なり。《春秋》は日月を以て例と爲さず。唯だ卿佐の喪のみ、獨り日に託して以て義を見《しめ》すは、事の得失は、既に未だ以て人君を褒貶するに足らず、然れども亦た死者の罪に非ざれば、辭の以て文を寄すべき無く、而して人臣は輕賤なれば、死日は略すべし、故に特に日を假《か》りて以て義を見すなり。〕

【疏】注の「傳例」より「見義」に至るまで。

○正義に曰う。伝文の上下で例となるものは、注ではすべてこれを「伝例」という。《釈例（大夫卒例）》に、

君主の卿佐は股肱〔てあし〕になぞらえられる。股肱の損《そこな》われることがあれば、これ以上の痛手はないであろう。（だから君主は卿佐に）病があるときは親ら訪問し、葬式には親ら（遺骸に衣を着せる）小斂《れん》と（棺に納める）大斂に与る。これは（《論語》に言うところの）「終りを慎しめば厚きに帰する」意味である。だから仲尼が《春秋》を修めるに際し、卿佐の葬式に公が小斂に与らなければ、（葬式の）日付を書かないことで（公の恩徳の）薄厚を示し、将来を戒めたのである。もし死去したばかりの小斂（に関与したかどうか）で表現することからすれば、ただ大斂に臨むだけとか、またその葬式に臨まない場合にも、やはり同じように日付

は書かない。

と述べている。また襄①公五年の「冬、十二月、辛未、季孫行父 卒す」の伝に、「大夫入りて斂す。公 位に在り」と述べているのは、公が小斂に与った場合に日付を書くことである。

翬②・柔③・溺④等の場合、生前に経・伝に見えているのに、死去に際してその「卒」の記事が無いのは、彼らがともに卿の礼をもって葬儀を終えなかったからである。

文⑤公十四年の「秋、九月、甲申、公孫敖 斉に卒す」について、彼はすでに卿位を絶たれている以上、公は小斂に関与していないのに、日付と「卒」の記事があるのは（なぜかといえば）、《釈例（大夫卒例）》に、

公孫敖は情欲をほしいままにして公の命令を放棄し、すでに卿位を絶たれているからには大夫ではない。それにもかかわらずきちんと経文に記録されているのは、その子の恵叔が（服喪中で）毀《やつ》れたまま朝廷に請い、（公が）子に感動して父を赦《ゆる》したためで、これは公族の恩義を敦《あつ》くし、仁孝の教えを尊崇したものである。だから伝に、「孟氏、且つ国の為めの故なり」と言っている。

と述べており、これは斂に与らなくても、恩実が厚きに過ぎたため、日付を書いたことを説明したものである。

荘⑥公三十二年の「秋、七月、癸巳、公子牙卒す」の場合、当時、公は病気の最中であった。昭⑦公二十五年の「冬、十月、戊辰、叔孫婼卒す」、二十⑧九年の「夏、四月、庚子、叔詣卒す」の場合、当時、公は亡命して外国にいた。成⑨公十七年の「冬、十一月、壬申、公孫嬰斉 貍脤に卒す」るのは、外国で死去したもの。これらはすべて公が斂に与ったものではないのに日付があるのは（なぜかといえば）、《釈例（大夫卒例）》に、

公が病気であったり、あるいは外国にいたり、また大夫が国内で死去したのでなくても、それでも日付を書くのは、君子（すなわち孔子）は「十分に備えることができないことで人を責めない」からであって、（なにも公の）臨席を欲しないわけではない。

と説明している。そうだとすると、それなりの理由があって、公を責めることはできないため、これらのすべてに日付を書いたのである。

公孫嬰斉には卒した場所の記録が有り、その他にはすべてそれが無いことについては、《釈例（大夫卒例）》に、

魯の大夫が国内で死去した場合には、その場所を書かない。伝⑩に、「季平子 東野に行きて房に卒す」と言うのがそれである。

と述べている。

⑪ところが先儒の中には、卿の礼で葬儀を終えたとしても、（公が）その葬儀に臨席しなければ、すべてを没して「卒」の記事そのものを書かない、と見なすものがある。（これに対して）杜預が、その葬儀に臨席しない場合でも、やはり（小斂に与らないのと）同様にその日付を書かないだけだと理解したことについて。慶⑫父の死去の際を考えてみるに、卿の礼で終えないことで経文に書かないのだから、ただ卿の礼で終えない者にして、はじめて経文に書かないことが分かる。（そうすると）明らかに卿の礼で終えた場合、（公が）まったく葬儀に臨席しなくても、同じように「卒」は記録し、ただ日付を書かないだけである。

《春秋》の諸々の記事で、日付が有るものと無いものについて、伝はいずれもそのことを説明してはおらず、ただ⑬ここだけに伝文を作成しているので、特に（杜預は）これを解説して、「《春秋》は日月を以て例と為さず。唯だ卿佐の喪のみ、日月に託して、以て義を見《しめ》す」と述べたのである。

「事の得失は、未だ以て人君を褒貶するに足らず」と述べたのは、《春秋》の文章で「褒」めることは厚賞であり、「貶」することは大罰である。そし

て君主の臣下に対する関係は、恩愛が有るのが当り前のことであり、賞賛するほどのことではないし、また恩愛が無い場合も、過失の小さいもので、罰を与えるほどのことでもないので、「未だ以て人君を褒貶するに足らず」と述べたのである。

ただ死者を貶責するだけにしようとすると、君自身に恩愛が無く、だからといってこれは死者の罪でもない。（孔子が後世を）勧め戒めようとしても、それを文辞に託しようが無い。ところが人臣は君主と比較すれば身分が軽く賤《いや》しいから、死去の日付を省略することができるということで、この一条において、特に日付に仮りて義を示した。その他は日月を例としないので、伝文は無い。

【譯注】

①襄五年（02-13a-3）――襄公五年経「十有二月、公至自救陳。辛未、季孫行父卒」。伝「季文子卒。大夫入斂、公在位。宰庀家器爲葬備、無衣帛之妾、無食粟之馬、無藏金玉、無重器備。君子是以知季文子之忠於公室也、相三君矣、而無私積、可不謂忠乎」。

②翬（02-13a-3）――隠公四年経「秋、翬帥師會宋公・陳侯・蔡人・衛人伐鄭」。隠公十年経「夏、翬帥師會齊人・鄭人伐宋」。桓公三年経「公子翬如齊逆女」、伝「秋、公子翬如齊逆女、脩先君之好、故曰公子」。

③柔（02-13a-3）――桓公十一年経「柔會宋公・陳侯・蔡叔盟于折」。

④溺（02-13a-3）――荘公三年経「三年、春、王正月、溺會齊師伐衛」、伝「春、溺會齊師伐衛、疾之也」。

⑤文十四年（02-13a-4）――魯の公孫敖は文公八年に莒に出奔しており、文公十四年経に「九月、甲申、公孫卒于齊」とあることからすると、亡命先で死亡したことになる。杜預注は「既許復之、故從大夫例書卒」と述べる。また文公十五年経に「齊人歸公孫敖之喪」とあり、伝に「齊人或爲孟氏謀、曰、魯、爾親也、飾棺寘諸堂阜、魯必取之。從之。卞人以告。惠叔猶毀以爲請、立於朝以待命。許之。取而殯之。齊人送之。書曰、齊人歸公孫敖之喪、爲孟氏、且國故也」と言う。杜預は経文の注で「大夫喪還不書。善魯感子以赦父、敦公族之恩、崇仁孝之教、故特錄敖喪歸、以示義」と述べる。後の《釋例》と同様の主旨である。

⑥荘三十二年（02-13a-6）――荘公三十二年経「秋、七月、癸巳、公子牙卒」。杜預注「慶父同母弟、僖叔也。飲酖而死。不以罪告、故得書卒。書日者、公有疾、不責公不與小斂」。

⑦昭二十五年（02-13a-6）――昭公二十五年経「冬十月、戊辰、叔孫婼卒」。杜預注に「公不與小斂、而書日者、公在外、非無恩」とあるのは、同年の「九月、乙亥、公孫于齊、次于陽州」を指す。つまり昭公はこの年の九月に齊に出奔していた。

⑧二十九年（02-13a-7）――昭公二十九年経「夏、四月、庚子、叔詣卒」。

⑨成十七年（02-13a-7）――成公十七年経「壬申、公孫嬰齊卒于貍脤」。

⑩傳（02-13a-9）――定公五年経「六月、丙申、季孫意如卒」。伝「六月、季平子行東野。還、未至、丙申、卒于房」。

⑪而先儒以爲（02-13a-10）――この文章は、一段落前の「故皆書日也」の直後に続いていたかもしれない。すなわち「公孫嬰齊書所卒之地」以下の文章は、《正義》の文章としては、後次の追加文の疑いがある。

⑫慶父之死（02-13a-10）――閔公二年伝に「初、公傅奪卜齮田、公不禁。秋、八月、辛丑、共仲使卜齮賊公于武闈。成季以僖公適邾。共仲奔莒、乃入、立之。以賂求共仲于莒、莒人歸之。及密、使公子魚請。不許、哭而往。共仲曰、奚斯之聲也。乃縊。閔公、哀姜之娣叔姜之子也、故齊人立之。共仲通於哀姜、哀姜欲立之。閔公之死也、哀姜與知之、故孫于邾。齊人取而殺之于夷、以其尸歸、僖公請而葬之」とあるように、慶父（共仲）は莒に出奔した後に自殺しているが、

経文にその死亡記事は見えない。

桓公 ─ 莊公 ─ 僖公（母＝成風）
　　　　　　└ 閔公（母＝叔姜）
　　 ─ 公子慶父（共仲）…………孟孫氏
　　 ─ 公子牙（叔牙）…………叔孫氏
　　 ─ 公子友（成季）…………季孫氏

⑬唯此發傳（02-13b-2）――本年伝の「衆父卒、公不與小斂、故不書日」を指す。

【傳】傳、元年、春、王周正月　[02-13b]

【注】言周以別夏・殷。〔周と言ひて以て夏・殷に別かつ。〕

【傳】不書卽位、攝也　[02-13b]

【注】假攝君政、不脩卽位之禮、故史不書於策。傳所以見異於常。〔假りに君政を攝《と》り、即位の禮を脩めず、故に史は策に書せず。傳の常に異なるを見《しめ》す所以なり。〕

【疏】傳の「不書卽位攝也」。

○正義に曰う。「摂」の訓は「持《もっ》」である。隠公は桓公が幼少であるため、しばらく国政を摂持し、桓公が成長するのを待ったわけで、これが即位の礼を行わなかった理由である。史官が「即位」を記録しておらず、仲尼はそのまま依拠して（経文を）改めなかったので、（左丘明は「不書即位攝也」と言う）伝を作ってそのことを解説したもの。公が実際に即位しなかったから、史官はもともと書きようがない。莊公・閔公・僖公に即位の記事が無いのも、その意味はやはり同様である。（ところが）①旧説の賈逵・服虔といった連中が、「四人の魯公はすべて実際に即位している。孔子が経文を修める段階で、はじめて書かなかったのである」と見なしているので、杜預は（彼らとの違いを）詳しく説明した。（このことについて）《釈例（公即位例）》に、

（前君）の喪〔死去〕に遭遇して位を継承する者は、つねにその新年の正月に必ず改元して位を正し、そのことで百官は秩序づけられるので、国の史官はすべてその即位を策書に記録して、そのことを表現する。隠公は継室の子である以上、次第からいって当然位に立つべきであるのに、父君が仲子を娶った気持ちを察し、位を委ねて桓公に譲ろうとした。天子がすでに定め、諸侯がすでに正し、国民がすでに君と認めているのに、隠公には最後まで国を譲って桓公に授けたいとの気持ちがあった、これが即位の礼を行わなかった理由である。隠公・莊公・閔公・僖公は、君位に居たのであるが、それぞれに理由があって即位の礼を修めなかった。あるいは譲ってしなかった〔隠公の場合〕、あるいは痛んでそうするに忍びなかった〔莊公の場合〕、あるいは乱れていてできなかった〔閔公・僖公の場合〕というように、（即位の）礼が廃《す》たれたその事情は異なるが、国の史官はもとより記録すべき事柄は無いのであって、その礼を行ったのに文章に記録しなかった、というのではないのである。（ところが）潁②氏の説では、「魯の十二公、すべて国史はその即位を記録したが、仲尼がこれを修めるのに際し、はじめてそこで書かなかった」と見なしている。もしも実際に即位したのであれば、隠公に譲位（の気持ち）が無かったことになるし、もしも実際に譲位（の気持ち）が有ったのであれば、史官が事実と異なって（即位を）書くはずが無い。

と述べているのは、実際に即位しなかったために、史官が記録しなかったということの説明である。

③伝文が、隠公・閔公では「不書即位」と述べ、莊公・僖公では「不称即位」と述べて（その表現が異なって）いることについては、《釈例（公即位例）》に、

丘明が四公に伝を発する際に、「不書」「不称」という語で文章を書き起

こしているが、その意味は同一である。（ところが）劉④（歆）・賈（逵）・潁（容）は伝文のために例を捏造し、「恩が深くて書くに忍びない場合には、伝は不称と言う。恩が浅く忍ぶことができる場合には、伝は不書と言う」と述べている。しかし広く伝の文章を根拠とすれば、ことに通用しない例が多い。調べてみるに、たとえば「殺欒盈⑤」には「不言大夫」と言い、「殺⑥良霄」には「不称大夫」と言い、「君氏卒⑦」には「不日薨、不言葬、不書姓」と言い、「鄭伯克段⑧」には「称鄭伯」と述べているが、これら（不言・不称・不日・不書・称）はすべて同じ意味なのに、表現を別にしたことの明らかな例である。伝の本来の意図は経文を解釈することにあるのであって、文章を曲げて例を捏造することではない。

と説明している。これは「不書」「不称」の意味は同じであることを言ったものである。

また《膏肓⑨》で何休が、

むかしの制度では、諸侯が幼弱である場合、天子は賢大夫に命じて輔相《たすけ》て政治をさせるのであって、摂代するという義は無い。むかし周公が居摂したときには、その死去に際しては（天子の死亡記事用語である）「崩」とは記録しなかった。いまこの隠公は生前には「侯」を称し、死去に際しては（魯君の用語である）「薨」を称している。どういう根拠で「摂」だといえようか。

と見なしていることについては、周公が摂政した際には、依然として成王が君主であって、周公はただその政務を摂《と》ったにすぎない。生じた大事については、王命を稟《う》けて実行した。政事を返還した後になって死去したので、その卒には「薨」を称して「崩」と称しなかった。（これに対して）隠公が摂ったのは、その位も摂ったのであり、桓公を大子とし、生じた大事はすべて自分で実行した。（そして）位を摂ったまま殺され、在位のまま死去したから、生前には「公」と称し、死去には「薨」と称したのであり、つまり周公とは事情が異なるのである。しかも何休⑩は、「諸侯には摂が無い」と考えている。（しかし）鄭康成⑪が《公羊伝⑫》を引用して（何休を）非難し、

宋の穆公が「吾れ此に立つは摂なり」と言っている。これからすると（《公羊伝》にも摂の語があるではないか）、どうして《左氏》を非とすることができようか。

と述べており、鄭玄の考えでも何休説に従ってはいない。

下の伝に「公 位を摂りて好を邾に求めんと欲す」と述べているが、位もまた摂ったのである。さらに「恵公の薨ずるや、大子少《をさな》し」と述べている。こういうわけで桓公を大子としたのである。

（隠公が）正式の君と異なるところは、元年に即位しなかったこと、外国への行き帰りを宗廟に報告しなかったこと、恵公⑬の葬儀に臨席しなかったこと、（自分の母である）声子⑭の葬儀を（正夫人として）実行しなかったこと、（桓公の母である）仲子⑮を貴んで夫人とし、その薨を諸侯に赴告し、さらに彼女のために宗廟を立てたこと等がそれで、これらが（隠公）の謙譲の実態である。（すなわち）隠公が譲位の賢君であるので、《春秋》の最初（の君）としたのである。

（そのような賢君であるなら、当然《詩》の〈頌〉に入れるべきであるのに）〈頌〉に入れていないのは（なぜかといえば）、魯の僖公⑯の時、周王が歳二月に東のかた巡守して岱宗《たいそう》〔泰山〕に至り柴《さい》（の祭祀）をした際に、季孫行父が僖公のために周に請い、大史克が僖公のために頌詩を作ったため、〈頌〉に入ることができた〔〈魯頌〉四篇の詩〕。ところが隠公には請求してくれる人が無かったため、〈頌〉に入れなかったのである。

【譯注】

①舊説賈服之徒（02-13b-9）――以下の《釋例》によれば、潁氏説も同様である。

②潁氏説（02-14a-3）――後漢の潁容については、本書67頁参照。

③傳（02-14a-4）――「公即位」の記事の無い魯公について、《左傳》はそれぞれ以下のように説明する。

隱公「元年、春、王周正月、不書卽位、攝也」

莊公「元年、春、不稱卽位、文姜出故也」

閔公「元年、春、不書卽位、亂故也」

僖公「元年、春、不稱卽位、公出故也」

④劉賈潁（02-14a-5）――劉歆（子駿）・賈逵・潁容（子厳）のこと。この三人に許叔（惠卿）を加えた「劉賈許潁」という表現は、《釋例》中に頻出する。杜預が批判する「先儒」をまとめた言い方である。

⑤殺欒盈（02-14a-6）――襄公二十三年伝「書曰、晉人殺欒盈、不言大夫、言自外也」。

⑥殺良霄（02-14a-6）――襄公三十年伝「書曰、鄭人殺良霄、不稱大夫、言自外入也」。

⑦君氏卒（02-14a-6）――隱公三年伝「夏、君氏卒、聲子也。不赴於諸侯、不反哭于寢、不祔于姑、故不曰薨。不稱夫人、故不言葬、不書姓。爲公故、曰君氏」。

⑧鄭伯克段（02-14a-7）――本年伝「書曰、鄭伯克段于鄢。段不弟、故不言弟。如二君、故曰克。稱鄭伯、譏失教也、謂之鄭志。不言出奔、難之也」。

⑨膏肓何休（02-14a-7）――《後漢書》儒林伝によれば、何休（一二九～一八二）、字は邵公、任城樊（山東省）の人。《春秋公羊解詁》がその主著であるが、《春秋》三伝に関し、公羊学の立場から《公羊墨守》《左氏膏肓》《穀梁癈疾》の三書を著した。そしてこの三書それぞれに駁論を加えたのが、鄭玄の《發公羊墨守》《箴左氏膏肓》《起穀梁癈疾》の三書である。

いずれも完本は伝わらないが、《漢魏遺書鈔》や鄭玄注輯本（《鄭氏佚書》《通德遺書所見錄》）の類に鄭玄説とセットにされて収録されている。また《左氏膏肓》に関していえば、劉逢祿《箴膏肓評》（皇清經解）・王樹枏《續左氏膏肓》（紹邵軒叢書）が清末公羊学の立場から何休説を続成している。さらにまた清の皮錫瑞に《發公羊墨守疏證》一巻・《箴左氏膏肓疏證》一巻・《起穀梁癈疾疏證》一巻が有る。なお《春秋正義》中には、《左氏膏肓》二十六条、《箴左氏膏肓》十八条の引用が見える。

ところで本疏所引の何休説は、一応「何因得爲攝」までと見なしたが、直後の「者」字では文章が結ばれない。おそらく原形は後出の鄭康成説と連動したものであったろう。唐人の手が加わったため、本来の文章は不明となった。

ちなみに《禮記正義》明堂位には、以下のように《箴左氏膏肓》が引用されており、鄭玄の主張は本疏のそれと近い内容である。

正義曰、「周公攝王位」者、「攝」代也。以成王年幼、周公代之居位、故「攝王位」。然周公攝位而死、稱薨不云崩。魯隱公攝諸侯之位而稱薨、同正諸侯者、鄭箴膏肓云「周公歸政、就臣位乃死、何得記崩。隱公見死於君位、不稱薨云何」。又玄發墨守云「隱爲攝位、周公爲攝政、雖俱相幼君、攝政與攝位異也」。

⑩何休（02-14a10）――阮元校勘記に「浦鏜正誤公羊作何休」と言う。文脈から考えて、浦鏜説に従い、阮刻本の「公羊」は「何休」に訂正すべきであろう。

⑪鄭康成（02-14b-1）――鄭玄《箴左氏膏肓》の文章。したがって上記の通り、前半は何休説でなければならない。

⑫公羊（02-14b-1）――《公羊傳》隱公三年の条に、以下のように見える。

宣公謂穆公曰、「以吾愛與夷、則不若愛女。以爲社稷宗廟主、則與夷不若女。盍終爲君矣」。宣公死、穆公立。穆公逐其二子莊公馮與左師勃。曰、「爾爲吾子、生毋相見、死毋相哭」。與夷復曰、「先君之所爲不與臣國而納國乎君者、以君可以爲社稷宗廟主也。今君逐君之二子而將致國乎與夷。此非先君之意也。且使子而可逐、則先君其逐臣矣」。穆公曰、「先君之不爾逐、可知矣。吾立乎此、攝也」。終致國乎與夷。莊公馮弑與夷。故君子大居正、宋之禍、宣公爲之也。

⑬不臨惠公之葬（02-14b-3）――本年伝「冬、十月、庚申、改葬惠公。公弗臨、故不書。惠公之薨也、有宋師、大子少、葬故有闕、是以改葬」

⑭不成聲子之喪（02-14b-3）――隱公三年伝。既出。

⑮尊仲子爲夫人（02-14b-3）――隱公二年経「十有二月、乙卯、夫人子氏薨」、隱公五年経「九月、考仲子之宮。初獻六羽」。

⑯魯僖公之時（02-14b-4）――《詩》魯頌・駉序に「駉、頌僖公也。僖公能遵伯禽之法、儉以足用、寬以愛民、務農重穀、牧于坰野、魯人尊之。於是季孫行父請命于周、而史克作是頌」とあるように、《詩》中に僖公を称賛する詩が採録された事情を説明している。この他の〈魯頌〉の〈有駜〉〈泮水〉〈閟宮〉三篇はともに、僖公を頌〔称賛〕した詩である。

【傳】三月、公及邾儀父盟于蔑、邾子克也。　[02-14b]

【注】克儀父名。〔克は儀父の名なり。〕

【傳】未王命、故不書爵。曰儀父、貴之也。　[02-14b]

【注】王未賜命以爲諸侯。其後儀父服事齊桓、以奬王室、王命以爲邾子。故莊十六年經書「邾子克卒」。〔王は未だ命を賜ひて以て諸侯と爲さず。其の後、儀父 齊桓に服事し、以て王室を奬《たす》け、王 命じて以て邾子と爲す。故に莊十六年の經に「邾子克 卒す」と書す。〕

【疏】注の「王未」より「克卒」に至るまで。

○正義に曰う。①莊公十三年に、斉の桓公が諸国を北杏に会合させた際、邾人もその中にいたが、②十六年になって「邾子克 卒す」と書かれているから、「斉の桓公に服事し」たことによって、はじめて王命を受けたことが分かる。（ところが）賈逵・服虔は「北杏の会合の時にすでに王命を得ていた」と見なしている。おそらく北杏の会合に邾人が諸侯の列に加わっていることから、すでに命を得ていたものと考えたのであろう。（しかしながら）列に加えるか否かについては、会合主催者の考えひとつにあるのであって、爵命が有ると否とには関わりが無い。（たとえば）③襄公二十七年の宋の盟に、斉人が邾に、宋人が滕に、それぞれ請求し、邾・滕の二国は会合に列席しなかったので、（経には）邾・滕を書いていない。（逆に）④襄公五年の戚の会では、穆叔が鄫を（自国に）付属させることを不利だと考え、鄫の大夫を会合で命を聴かせたため、経には鄫を書いている。そうだとすれば、他国の属国となれば会合に列席しないし、属国とならなければ会合に列席するのであり、会合に列⑤席すると否とを根拠として、爵位の有無を明らかにすることはできないのである。⑥昭公四年の申の会合に、淮夷が列席しているが、（夷狄の）淮夷に爵位が有るわけではない。したがっていま邾に爵位が無くても、魯と会盟することはできるのであり、北杏で斉に会合するのに、どうして爵位が無ければならないであろうか。

⑦荘公十五年の「會于鄄（鄄《けん》に会す）」の伝に、「斉 始めて霸為り」と述べていることからすると、斉の桓公が霸者となったのは鄄の会合からである。北杏の会合の時点では、諸侯はまだ従ってはおらず、霸業の功績もまだ成立していなかったし、桓公はまだ（王室に）殊勲は無かったのだから、儀父に何の記録するに足ることがあろうか。しかも斉の桓公はまだ王室に功績が無いのだから、どうして王に命じさせることができようか。（邾が）王命を得たのは、必ずや北杏の会より以後のことであろう。⑧ただそれがはっきりと何年のことだということが分からないだけである。

服虔が（爵の意味について）「爵は醮《せう》〔つくす〕なり。其の材を醮尽する所以なり」と述べている。

【譯注】

①莊十三年（02-14b-8）――莊公十三年経「十有三年、春、齊侯・宋人・陳人・蔡人・邾人會于北杏」。

②十六年（02-14b-8）――莊公十六年経「（十二月）邾子克卒」。

③襄二十七年（02-14b-10）――襄公二十七年経「夏、叔孫豹會晉趙武・楚屈建・蔡公孫歸生・衛石惡・陳孔奐・鄭良霄・許人・曹人于宋」、「秋、七月、辛巳、豹及諸侯之大夫盟于宋」。伝に邾・滕二国が列せられていない事情を以下のように述べている。

季武子使謂叔孫公命曰「視邾・滕」。既而齊人請邾、宋人請滕、皆不與盟。叔孫曰「邾・滕、人之私也。我、列國也、何故視之。宋・衛、吾匹也」。乃盟。故不書其族、言違命也。

④襄五年（02-14b-10）――襄公五年経「公會晉侯・宋公・陳侯・衛侯・鄭伯・曹伯・莒子・邾子・滕子・薛伯・齊世子光・呉人・鄫人于戚」。伝にその模様を、「九月、丙午、盟于戚、會呉、且命戍陳也。穆叔以屬鄫爲不利、使鄫大夫聽命于會」と記述している。

⑤列會以否（02-15a-1）――「～以否」は「～するのかそうしないのかについては」の意。上文の「～與否」と同じ用法である。「以」「与」通用の例。

⑥昭四年（02-15a-2）――昭公四年経「夏、楚子・蔡侯・陳侯・鄭伯・許男・徐子・滕子・頓子・胡子・沈子・小邾子・宋世子佐・淮夷會于申」。夷狄には爵位は無い。

⑦莊十五年（02-15a-2）――莊公十五年経「十有五年、春、齊侯・宋公・陳侯・衛侯・鄭伯會于鄄」。伝「十五年、春、復會焉、齊始霸也」。

⑧但未知定是何年耳（02-15a-4）――「未知定是」とは「はたして～であるかどうかは分からない」の意。「定是」の用法については拙稿「五経正義語彙語法箚記」（広島大学文学部紀要第56巻　一九九六年《十三經注疏の研究》所収）を参照。

【傳】公攝位而欲求公於邾、故爲蔑之盟。　[02-15a]

【注】解所以與盟也。〔盟に與《あづか》る所以を解するなり。〕

【傳】夏、四月、費伯帥師城郎。不書、非公命也。　[02-15a]

【注】費伯魯大夫。郎魯邑。高平方與縣東南有郁郎亭。傳曰、君擧必書。然則史之策書皆君命也。今不書於經、亦因史之舊法、故傳釋之。諸魯事傳釋不書、他皆倣此。〔費伯は魯の大夫なり。郎は魯の邑なり。高平方與縣東南に郁郎亭有り。傳に曰はく、「君の擧は必ず書す」と。然らば則ち史の策書は皆な君命なり。今 經に書せざるは、亦た史の舊法に因る、故に傳は之れを釋す。諸もろの魯の事の傳に「不書」を釋するもの、他は皆な此に倣《なら》へ。〕

【疏】注の「費伯魯大夫」より「倣此」に至るまで。

〇正義に曰う。「史の策書は皆な君命なり」とは、君が命じて実行した事柄にしてはじめて策書に書くことができることをいうもので、君が書くよう命じてはじめて書くという意味ではない。また、史策に書いていないことは、経文にも書かないことの意味を解説したもの。（すなわち）仲尼が経文に書いたものは、「亦た史の旧法に因」ったもので、旧史に記録していないものは、（経文でも）やはり書かないので、伝はこの事（「不書、非公命也」）を発して、経文に書かないことの意味を説明した。

「諸もろの魯の事の、伝に不書を釈するもの、他は皆な此に倣《なら》へ」とは、下文の「翼に盟ふ」、「南門を作る」といった例がそれである。

【傳】初、鄭武公娶于申、曰武姜。　[02-15b]

【注】申國今南陽宛縣。〔申國は今の南陽宛縣なり。〕

【疏】「初鄭武公娶于申曰武姜」。

○正義に曰う。杜①（預）は「(伝が）およそある事件の本にさかのぼって叙述する場合、すべて『初』と言う」と見なしている。賈逵は「凡そ『初』と言うのは、その年を隔てて、後に禍福が有って、その決着がつく場合は、ここで『初』と言う」と述べている。

○注の「申國今南陽宛縣」。

○正義に曰う。《外伝》②が伯夷の子孫を説明して「申・呂は衰へたりと雖も、斉・許は猶ほ在り」と述べていることからすると、申・呂と斉・許はともに伯夷から出自し、同じく姜姓である。《国語》③に「斉・許・申・呂は大姜由《よ》りす」と述べているのは、大姜に由りて封建され得たことを言ったものである。

　そうだとすると、申が始めて封建されたのは、やはり周の興起した当初であるが、その後は中絶し、宣王の時代になって、申伯が王の舅だということで、改めて謝に封建されたのである。《詩》④大雅・崧高の篇に、宣王が申伯を褒賞したことを美として、「王 召伯に命じ、申伯の宅を定めしむ」と述べているのが、その間の事情である。

　《地理志》⑤では「南陽郡の宛県は、故《もと》の申伯の国」である。「宛県」とは、宣王が改封した後の地名をいうものであり、それより以前の地名については分からない。

【譯注】

①杜以爲（02-15b-2）――杜預注・《釋例》中には、この表現そのものは見あたらないようである。《正義》が杜預の考えをまとめたものであろう。

②外傳（02-15b-3）――《國語》周語下篇に大子晉の言葉として、「申・呂雖衰、齊・許猶在」とあり、韋昭注に「申・呂、四嶽之後、商・周之世或封於申、齊・許亦其族也」と述べる。なお《國語》を《春秋外傳》とか《外傳》と呼ぶのは後漢時代に始まるようで、その例は《漢書》律暦志に見え、また《論衡》案書篇に「國語左氏之外傳也。左氏傳經、辭語尚略、故復選錄國語之辭以實。然則左氏國語、世儒之實書也」とある。

　さて本疏では先ずここに「外傳」とあり、直後に「國語」と表記されており、同一文献が同一箇所で称謂を異にしているのはいささか奇異である。《疏》文の累層性を示すものであろう。

③國語（02-15b-4）――《國語》周語中篇に富辰の言葉として「齊・許・申・呂由大姜」とあり、韋昭注に「四國皆姜姓也、四岳之後・大姜之家也。大姜、太王之妃・王季之母也」と述べる。つまり「大姜」とは、周の文王の祖母に当たる。

④詩大雅崧高之篇（02-15b-5）――《毛詩》大雅・崧高篇「亹亹申伯、王纘之事、于邑于謝、南國是式、王命召伯、定申伯之宅、登是南邦、世執其功」。〈詩序〉には「崧高、尹吉甫美宣王也、天下復平、能建國親諸侯、褒賞申伯焉」とある。

⑤地理志（02-15b-5）――《漢書》地理志の南陽郡の条に、「南陽郡、秦置。莽曰前隊。屬荊州。戸三十五萬九千三百一十六、口一百九十四萬二千五十一。縣三十六。宛、故申伯國。有屈申城。縣南有北筮山。戸四萬七千五百四十七。有工官、鐵官。莽曰南陽」とある。

【傳】生莊公及共叔段。　[02-15b]

【注】段出奔共、故曰共叔。猶晉公在鄂、謂之鄂侯。〔段は共に出奔す、故に共叔と曰ふ。猶ほ晉公の鄂に在りて、之れを鄂侯と謂ふがごとし。〕

【疏】注の「段出奔共故曰共叔猶晉公」より「之鄂侯」に至るまで。

○正義に曰う。賈逵・服虔は「共」を謚と見なしている。（しかし）〈謚法〉①では「長を敬い上に事《つか》ふるを共と曰ふ」のであるが、（共叔段は）反乱を起こして出奔したのであって、称讃すべき「共」の徳が有るわけでもないし、四②方の国々で養われており、彼のために謚をつける人もいない。だから（杜預は）段は共に出奔したから「共叔」と称したのであり、あたかも下文の晋侯③が（鄂にいて）、これを鄂侯と称するようなものだと理解したのである。

【譯注】

①謚法（02-15b-8）――《逸周書》謚法解に「敬事尊上曰恭、尊賢貴義曰恭、尊賢敬讓曰恭、既過能改曰恭、執事堅固曰恭、愛民長弟曰恭、執禮御賓曰恭、芘親之闕曰恭、尊賢讓善曰恭」とある。本疏所引は「敬事尊上曰恭（事を敬《つつ》しみ上を尊ぶを恭と曰ふ）」の異文であろう。

②餬口四方（02-15b-9）――隱公十一年伝に鄭伯の言葉として、「寡人有弟、不能和協、而使糊其口於四方、其況能久有許乎」とある。

③晉侯之稱鄂侯（02-15b-9）――隱公六年伝「翼九宗五正・頃父之子嘉父逆晉侯于隨、納諸鄂、晉人謂之鄂侯」。

【傳】莊公寤生、驚姜氏。故名曰寤生。遂惡之。　［02-15b］

【注】寐寤而莊公已生、故驚而惡之。〔寐寤《びご》して莊公已に生まる、故に驚きて之れを惡《にく》む。〕

【疏】「莊公寤生驚姜氏故名曰寤生遂惡之」①

○正義に曰う。武姜が寐《ね》ている時に莊公を生み、寤《ねざめ》るに及んではじめて生まれたことを知ったことを意味するから、杜預は「寐寤して莊公已に生まる」と述べた。

【譯注】

①莊公寤生…（02-16a-1）――校勘記でも指摘したが、阮刻本の一五葉から一六葉にかけての標起止のうち、宋本や正本より長文の例が六カ所ある。いったい阮刻本の標起止はおおむね「□□至□□」というように五字に統一されており、既述の通り、これは宋代に写本から印刷本として刊行された以後の形式である。しかしかかる例が存在するところからすると、阮刻本が底本とする「十行本」の原拠が必ずしも直接に「八行本」や「單疏刊本」につながるものでもないようである。

【傳】愛共叔段、欲立之。　［02-16a］

【注】欲立以爲大子。〔立てて以て大子と爲さんと欲す。〕

【傳】亟請於武公。公弗許。及莊公卽位、爲之請制。公曰、制巖邑也。虢叔死焉。佗邑唯命。　［02-16a］

【注】虢叔東虢君也。恃制巖險而不脩德、鄭滅之。恐段復然、故開以佗邑。虢國今滎陽縣。〔虢叔は東虢の君なり。制の巖險なるを恃みて德を脩めず、鄭 之れを滅す。段も復《ま》た然らんことを恐る、故に開くに佗邑を以てす。虢國は今の滎陽縣なり。〕

【疏】注の「虢叔」より「陽縣」に至るまで。

○正義に曰う。僖公五年の伝に「虢仲・虢叔は王季の穆なり」と言い、〈晉②語〉に「文王 二虢を敬し友とす」と称していることからすると、虢の国はもともと二つ有った。晋が滅ぼした方は、その国が西に在ったので、これを「東虢」と見なしたのである。

〈鄭語〉④によれば、史伯が桓公のためにはかりごとを設けた際、「虢叔はその多勢を頼み、虢仲はその険阻を頼み、ともに驕侈［おごり］と怠慢［おこたり］の心が有ります。君が成周の衆を率い、（王の）辞《ことば》を奉じて有罪を伐つのですから、勝てないはずがありません」と述べ、桓公がこれに従ったというが、これが（注に言う）「其の険を恃《たの》みて徳を修めず、鄭 之れを滅ぼし」た事情である。

賈逵⑤が「虢叔は西に封ぜられ、虢仲は東に封ぜらる」と述べているのに、ここで「虢叔は東虢の君」だと言うのは（なぜかといえば）、滅ぼされた君の字《あざな》が「叔」であることを述べたもの。伝⑥に「虢仲 其の大夫を譖《しん》す［そしる］」と言うのは、「叔」の子孫で字《あざな》が「仲」であるものを意味している。

伝を調べてみるに、燕国⑦に二つ有って、ひとつを北燕と称しており、邾国⑧に二つ有って、ひとつを小邾と称している。この虢国にも二つ有って、経・伝で東西を言わないのは（なぜかといえば）、その当時には東虢はすでに滅んでいたから、西虢に「西」を称しなかった。二国が並存していた当時は、やはり東西でもって区別していたはずである。

〈地理志〉⑨に「河南郡に滎《けい》陽県あり」と述べ、応劭《おうしょう》が「故《もと》の虢国、今の虢亭。是れなり」と注釈している。

【譯注】

①僖五年傳（02-16a-6）――僖公五年伝に虞の宮之奇の言葉として、「大伯・虞仲、大王之昭也。大伯不從、是以不嗣。虢仲・虢叔、王季之穆也。爲文王卿士、勛在王室、藏於盟府」とある。「穆」とは昭穆制度の「穆」で、王季の孫の世代、つまり周の文王の子の武王と同世代であることを意味する。

②晉語（02-16a-6）――《國語》晉語四に胥臣の言葉として、「孝友二虢、而惠慈二蔡」の語があり、韋昭注に「善兄弟爲友。二虢、文王弟虢仲・虢叔」とある。

③晉所滅者（02-16a-6）――僖公五年経「冬、晉人執虞公」、伝「冬、十二月、丙子、朔、晉滅虢。虢公醜奔京師。師還、館于虞、遂襲虞、滅之」。

④鄭語（02-16a-7）――《國語》鄭語「桓公爲司徒、甚得周衆與東土之人、問於史伯曰、王室多故、余懼及焉、其何所可以逃死。史伯對曰、王室將卑、戎・狄必昌、不可偪也。當成周者、南有荊蠻・申・呂・應・鄧・陳・蔡・隨・唐。北有衛・燕・狄・鮮虞・潞・洛・泉・徐・蒲。西有虞・虢・晉・隗・霍・楊・魏・芮。東有齊・魯・曹・宋・滕・薛・鄒・莒。是非王之支子母弟甥舅也、則皆蠻・荊・戎・狄之人也。非親則頑、不可入也。其濟・洛・河・潁之間乎。是其子男之國、虢・鄶爲大、虢叔恃勢、鄶仲恃險、是皆有驕侈怠慢之心」とある。

⑤賈逵（02-16a-8）――「阮元校勘記」に従って「賈逵」二字を補った。根拠は僖公五年伝疏の「賈逵云、虢仲封東虢、制是也。虢叔封西虢、虢公是也」である。

⑥傳（02-16a-9）――桓公十五年伝「虢仲譖其大夫詹父於王。詹父有辭、以王師伐虢。夏、虢公出奔虞」。

⑦燕國（02-16a-9）――燕国の初見は経文では桓公十二年「秋、七月、丁亥、公會宋公・燕人盟于穀丘」、伝文ではそれより早く隱公五年「四月、鄭人侵衛牧、以報東門之役、衛人以燕師伐鄭」。

北燕国の初見は経文では襄公二十九年「齊高止出奔北燕」、伝文ではそれよりやや早く襄公二十八年「夏、齊侯・陳侯・蔡侯・北燕伯・杞伯・胡子・沈子・白狄朝于晉、宋之盟故也」。

⑧邾國（02-16a-9）――邾国の初見は本年すなわち隱公元年、小邾国の初見は経文では僖公七年「夏、小邾子來朝」。

⑨地理志（02-16a-10）――《漢書》地理志の河南郡の条に、「河南郡、故秦三川郡、高帝更名。雒陽戸五萬二千八百三十九。莽曰保忠信鄉、屬司隸也。戸二十七萬六千四百四十四、口一百七十四萬二百七十九。有鐵官・工官。敖倉在滎陽。縣二十二。雒陽、周公遷殷民、是爲成周。春秋昭公三十二年、晉合諸侯于狄泉、以其地大成周之城、居敬王。莽曰宜陽。滎陽、卞水・馮池皆在西南。有狼湯渠、

首受泲、東南至陳入潁、過郡四、行七百八十里」とあり、後漢の應劭注に「故虢國、今虢亭是也」とある。

【傳】請京。使居之。謂之京城大叔。 [02-16b]

【注】公順姜請、使段居京、謂之京城大叔。言寵異於衆臣。京鄭邑、今滎陽京縣。〔公は姜の請に順ひ、段をして京に居らしめ、之れを京城大叔と謂ふ。寵 衆臣に異なるを言ふ。京は鄭の邑、今の滎陽京縣なり。〕

【傳】祭仲曰、都城過百雉、國之害也。 [02-16b]

【注】祭仲鄭大夫。方丈曰堵、三堵曰雉。一雉之牆、長三丈、高一丈。侯伯之城方五里、徑三百雉。故其大都不得過百雉。〔祭仲は鄭の大夫なり。方丈を堵《と》と曰ひ、三堵を雉《ち》と曰ふ。一雉の牆《しゃう》は、長さ三丈、高さ一丈なり。侯伯の城は方五里、徑は三百雉。故に其の大都は百雉を過ぐるを得ざるなり。〕

【疏】注の「祭仲」より「百雉」に至るまで。

○正義に曰う。（杜預が）諸々の「大夫」と注釈しているのは、その人物の名・氏が伝にはっきりと表現されており、いささかも卑賤の証拠がない者を、すべて「大夫なり」と表記したもの。（しかし）実際のところ、その人物が大夫であるのかどうかは、やはり詳細には分からないのである。

①定公十二年の《公羊伝》に「雉《ち》とは何ぞ、五板《ばん》にして堵《と》、五堵にして雉なり」と述べており、何休は「堵は四十尺、雉は二百尺」だと見なしている。（これに対して）許慎②《五経異義》には、

③《戴禮》や《韓詩》説では、八尺を板とし、五板を堵とし、五堵を雉とする。板の広さは二尺、五板を高く積み上げて一丈とし、五堵を雉とし、雉の長さは四丈となる。古文の《周禮》説と《左氏》説では、一丈を板となし、板の広さは二尺、五板を堵となしている。すると一堵の牆《しょう》〔土塀〕は、長さ高さともに一丈である。三堵を雉となし、一雉の牆は、長さ三丈高さ一丈となる。その長さを計るには長いものを用い、その高さを計るには高いものを用いる。

とある。（このように）諸説は同じではないのに、必ず「雉の長さ三丈」を正解と見なすのは（なぜかといえば）、鄭国は伯爵であり、その（国の）都城は五里四方、その（地方都市である）大都は国都の三分の一で、その都城は「百雉に過ぎない」ことからすると、百雉が大都の定められた制度である。これによって三倍してみると、侯伯の城は三百雉に相当し、計算すると、五里は積むこと千五百歩、歩の長さは六尺であるから、九百丈である。九百丈が三百雉であるから、「雉の長さは三丈」となる。④賈逵・馬融・鄭玄・王肅といった古学を修めた連中が、すべて「雉の長さは三丈」だと述べているので、杜預はこれに依拠したのである。

「侯伯の城は方五里」についても、歴⑤とした文献に記述が有るわけではない。⑥《周禮》冬官・考工記に「匠人は国を営む。方九里、旁に三門あり」とあるのは、天子の都城のことを言ったもの。天子の都城が九里四方であるなら、諸侯は礼制では段階を追って数を減らすから、公が七里、侯伯が五里、子男が三里であることが分かるので、これを定説としたもの。ところが⑦〈春官〉典命の職では「上公は九命、侯伯は七命、子男は五命、其の国家・宮室・車旗・衣服・礼儀は皆な命数を以て節と為す」と称しており、鄭玄は「国家とは国の居する所、城の方なるを謂ふ」と見なしている。〈典命〉の言うとおりだとするなら、公は九里、侯伯は七里、子男は五里に当たる。そこで鄭玄は二通りの解釈をしている。その一つ、⑧《尚書大伝》に注釈しては、天子九里を正しい説と見なし、さらに「或は天子の城は方十二里」と述べ、⑨《詩》文王有声の〈箋〉では「文王は城方十里、諸侯より大、天子の制より小なり」

と言い、《論語》⑩の注では「公の大都の城は方三里」と見なし、すべて天子は十二里、公は九里と見なしているわけである。その二つ、《駁五経異義》ではまた「鄭伯の城は方五里」と述べている。〈匠人〉〈典命〉ともに（《周禮》の）本文であり、その説が同じでないままに因ったため、二通りの説明をしたのである。

いま杜預には二通りの解釈が無く、「五里」を正解と見なしたのは、おそらく〈典命〉に言う「国家」が、本来国家を治める方法・礼儀の度数を述べたものであり、必ずしも都城（の制度）について述べたものではないからであろう。

【譯注】

①定十二年公羊傳（02-16b-6）――《公羊傳》定公十二年の条に次のように見える。

雉者何、五板而堵、〔何休注：八尺曰板。堵凡四十尺。〕五堵而雉、〔二百尺。〕百雉而城。〔二萬尺。凡周十一里三十三歩二尺、公侯之制也。禮、天子千雉。蓋受百雉之城十。伯七十雉、子男五十雉。天子周城、諸侯軒城。軒城者、缺南面以受過也〕。

なお本疏理解のため、「里」「雉」「歩」等の長さの単位の関係を示せば以下の通り。

1里＝60雉＝300歩
1雉＝5歩＝3丈
1歩＝6尺

②許愼五經異義（02-16b-6）――《後漢書》儒林伝によれば、許愼、字は叔重、汝南召陵（河南省）の人。その著《説文解字》は《五經正義》中で、《爾雅》と同様に権威有る字書として大いに利用されている。本伝に「愼、五經の傳説の臧否《ぞうひ》〔よしあし〕同じからざるを以て、ここにおいて撰して《五經異義》を爲《つく》る」と記述するように、《五經異義》は五經の諸説（特に今文説と古文説との異同）に対する見解を述べたものであろう。《隋書》經籍志に「五經異義十卷、後漢太尉祭酒許愼撰」として著録されているが、唐末にはすでに完本は失われたようである。

そしてこの《五經異義》に対して鄭玄が駁論を加えた書《駁許愼五經異義》のあることが鄭玄の本伝（《後漢書》巻三十五）に見える。ただ《隋書》經籍志に著録が無く、《舊唐書》經籍志に「五經異義十卷、許愼撰、鄭玄駁」とあるところから、鄭玄の駁論は許愼の原本内に附見していて、別書ではなかったのであろう、とは《四庫提要》の説である。

現在、輯本としては、既述の《左氏膏肓》と同様、《漢魏遺書鈔》や鄭玄注輯本（《鄭氏佚書》《通德遺書所見錄》）の類に鄭玄説とセットにされて収録されている。清儒陳壽祺《五經異義疏證》（皇清經解）や皮錫瑞《駁五經異義疏證》（國學集要）が詳細な注釈を施している。

なお本条の《五經異義》の引用範囲に関し、輯本のうち《漢魏遺書鈔》のみが「諸説不同」までとするが、これは誤り。ちなみに《春秋正義》中に、許愼《五經異義》が九条、鄭玄《駁五經異義》が十条、引用されている。

③戴禮及韓詩説（02-16b-7）――《五經異義》所引の諸説について、現在では確認できないものが多い。「戴禮」は戴徳（《大戴禮記》）戴聖（《小戴禮記》）の流れを汲む学説であろう。「韓詩説」について、《公羊傳疏》によると、「八尺爲板」という一句は、《韓詩内傳》の文章であるという。

④賈逵馬融鄭玄王肅之徒（02-17a-1）――鄭玄説については、《毛詩》小雅・鴻鴈疏所引の《駁五經異義》に、

左氏傳説、鄭莊公弟段居京城。祭仲曰、都城過百雉國之害也。先王之制、大都不過三國之一、中五之一、小九之一。今京不度、非制也。古之雉制、書傳各不得其詳。今以左氏説鄭伯之城方五里、積千五百歩也。大都三國之一、則

五百歩也。五百歩爲百雉、則知雉五歩、五歩於度長三丈、則雉長三丈也。雉之度量、於是定可知矣。

とあり、《禮記》坊記篇「故制國不過千乘、都城不過百雉、家富不過百乘」の鄭玄注に、

古者方十里、其中六十四井、出兵車一乘。此兵賦之法也。成國之賦千乘。雉度名也。高一丈長三丈爲雉。百雉爲長三百丈。方五百歩、子男之城。方五里百雉者、此謂大都三國之一。

と述べている。

⑤無正文（02-17a-1）――拠るべき正典（経書・史書）にその記述が無い、の意。特に《毛詩正義》《周禮疏》《儀禮疏》に頻出する評語である。《春秋正義》ではこの他の「無明文」「無明證」「無所出」という評語の方がより多く用いられている。拙稿「五經正義讀解通論（三）」（『東洋古典學研究』第22集　二〇〇六年）参照。

⑥周禮冬官考工記（02-17a-1）――《周禮》考工記・匠人の職「匠人營國。方九里、旁三門。國中九經九緯、經涂九軌。左祖右社、面朝後市、市朝一夫」。

⑦春官典命職（02-17a-2）――《周禮》春官・典命職「上公九命爲伯、其國家・宮室・車旗・衣服・禮儀、皆以九爲節。侯伯七命、其國家・宮室・車旗・衣服・禮儀皆以七爲節。子男五命、其國家・宮室・車旗・衣服・禮儀、皆以五爲節」。その鄭玄注「上公謂王之三公有德者加命爲二伯。二王之後、亦爲上公。國家、國之所居、謂城方也。公之城、蓋方九里、宮方九百歩。侯伯之城、蓋方七里、宮方七百歩。子男之城、蓋方五里、宮方五百歩。大行人職、則有諸侯圭藉・冕服・建常・樊纓・貳車・介牢禮・朝位之數焉」。

⑧注尚書大傳（02-17a-4）――秦の博士で「今文尚書」を漢の世に傳えたとされる伏勝（伏生）にはまた《尚書大傳》の著述があって、この書は《漢書》藝文志には、「尚書古文經四十六巻　爲五十七篇。經二十九巻　大小夏侯二家　歐陽經三十二巻」のあとに続けて「傳四十一篇」として著録されているが、のちに後漢の大儒鄭玄によって注釈が施されて「八十三篇」に整理されたという。そして時代は降って唐の陸徳明《經典釈文》敍録には、「尚書大傳三巻　伏生作」とあり、また《隋書》經籍志では、「尚書大傳三巻　鄭玄注。大傳音三巻　顧彪撰」として著録されている。後世、宋代にはすでに善本がなく、明代にはついに亡佚したものらしい。現在では、清儒によって作成された多くの輯佚書の中で、陳壽祺《尚書大傳定本》が最も完備したものだといわれる。その他の輯本としては、王謨《漢魏遺書鈔》本・王仁俊《經籍佚文》本・盧文弨「雅雨堂」本・孫之騄《晴川八識》本・本等がある。

本疏で取りあげられているのは、また《毛詩》文王有聲疏・《周禮》典命疏にも引用されている。以下に二条とも挙げよう。その注は言うまでもなく鄭玄の手に成るもの。

書傳云「古者、百里之國、九里之城。七十里之國、五里之城。五十里之國、三里之城」。註云「玄或疑焉。周禮匠人營國方九里謂天子之城。今大國九里、則與之同。然則大國七里之城、次國五里之城、小國三里之城、爲近耳。或者天子實十二里之城、諸侯大國九里、次國七里、小國五里」。是鄭兩解之事也。以匠人典命倶是正文、故不敢執定。典命註毎言「蓋」。匠人註云「立王國若邦國」者、皆爲疑辭、以見二塗之意也。（《毛詩》文王有聲疏16-5-12b）

案書無逸傳云、「古者百里之國、九里之城」。「玄或疑焉。周禮匠人營國方九里、謂天子之城。今大國與之同非也。然則大國七里、次國五里、小國三里之城、爲近可也。或者天子實十二里之城、諸侯大國九里、次國七里、小國五里」。如是鄭自兩解不定。鄭必兩解者、若案匠人營國方九里、據周天子而言、則公宜七里、侯伯宜五里、子男宜三里爲差也。若據此文、九命者以九爲節、七命者以七爲節、五命者以五爲節。又案文王有聲箋云「築城伊洫、適與成方十里等、小於天子、大於諸侯」。以其雖改殷制、仍服事殷、未敢十二里。據此二

文而言、則周之天子、城方十二里、公宜九里、侯伯宜七里、子男宜五里也。若周天子十二里、則匠人云「九里」、或據異代法。以其匠人有夏殷法故也。鄭不言異代者、以其無正文、不敢斥言也。是以隱公元年「祭仲云、都城不過百雉」。雉長三丈、百雉、五百步、大都三之一、則鄭是伯爵、城有千五百步、爲五里、是公七里、侯伯五里、子男三里矣。此賈服杜君等、義與鄭玄一解也。鄭又云「鄭伯之城方七里。大都三之一、方七百步、實過百雉矣。而云『都城不過百雉』、擧子男小國之大都以駁京城之大。其實鄭之大都過百雉矣」。又是天子城十二里而言也。（《周禮》典命疏21-02ab）

⑨詩文王有聲箋（02-17a-5）――《毛詩》大雅・文王有聲篇「築城伊淢、作豐伊匹、匪棘其欲、遹追來孝、王后烝哉」、鄭玄箋は以下の通り。

方十里曰成。淢其溝也。廣深各八尺。棘急、來勤也。文王受命而猶不自足、築豐邑之城、大小適與成偶、大於諸侯、小於天子之制。此非以急成從己之欲、欲廣都邑、乃述追王季勤孝之行、進其業也。

⑩論語注（02-17a-5）――鄭玄の《論語》注は、魏・何晏《論語集解》が登場するまで最も流布した注釈書であったが、唐末五代の頃には亡佚したらしい。清朝の諸もろの輯佚書の中に採録されており、また袁鈞《鄭氏佚書》・孔廣林《通德遺書所見錄》もあるが、月洞讓氏《輯佚論語鄭氏注》（自家版　一九六三年）は、亡佚した鄭玄の《論語注》の輯佚の万全を期したもので、その博捜の範囲は写本残巻（敦煌本など）はもとより、我が国の古文献にまで及び、諸輯佚書をはるかに凌ぐ労作である。もとより一九六九年のトルファン「卜天寿本」の発見より以前の著作であるため、これをも収めた金谷治氏《唐抄本鄭氏注論語集成》（平凡社　一九七八年）に及ばない部分が有るのはやむを得ないものの、他の諸文献に引用された鄭玄注を輯佚網羅しているという点で、いまだにその存在価値を減じていない。遺憾なことに著者自印本のため、現在では入手がはなはだ困難である。

ところでトルファンからは、「卜天寿本」以外の鄭玄注も発見されていることが、王素《唐寫本論語鄭氏注及其研究》（文物出版社　一九九一年）によって明らかにされた。なお本疏所引は、月洞氏によれば、袁鈞《鄭氏佚書》のみが、〈公冶長〉篇第八章「千室之邑」の鄭玄注として採録するのみ。

○本疏前半の内容理解のために、次頁の図を参照されたい。ただし本疏の説明の順序ではなく、杜預のもとづいた古周禮・左氏説を最初に示している。何休は戴礼・韓詩説にもとづくが、「雉」の解釈が異なっている。戴礼・韓詩説が「堵」を上に重ねるのに対して、何休は横に並べるのである。

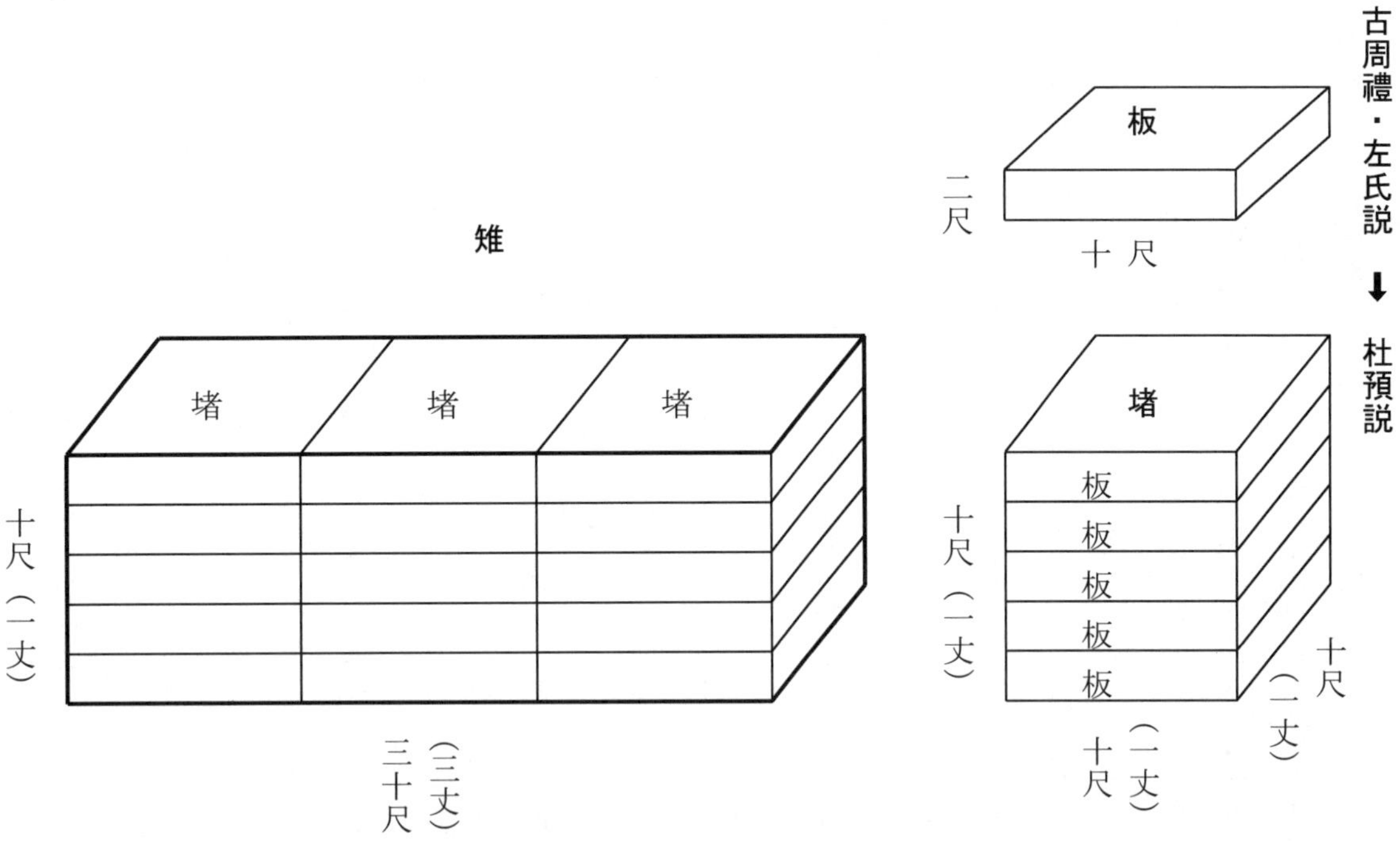
古周禮・左氏説
板
二尺
十尺
杜預説
雉
堵 堵 堵
十尺（二丈）
三十尺（三丈）
堵
板 板 板 板 板
十尺（二丈）
十尺（二丈）
十尺（二丈）

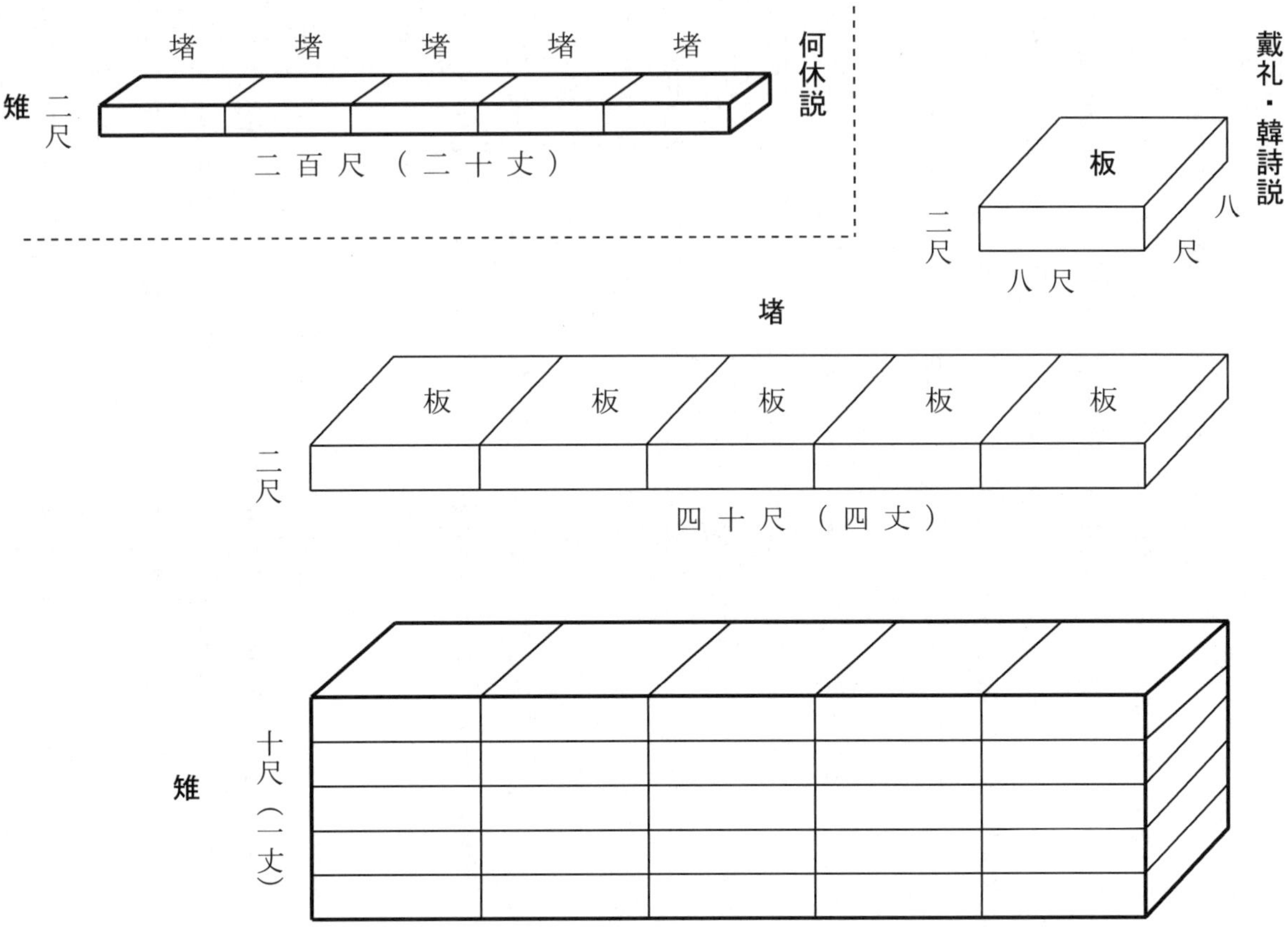
何休説
堵 堵 堵 堵 堵
雉 二尺
二百尺（二十丈）
戴礼・韓詩説
板
二尺
八尺
八尺
堵
板 板 板 板 板
二尺
四十尺（四丈）
雉
十尺（二丈）

【傳】先王之制、大都不過參國之一、　[02-17a]

　【注】三分國城之一。〔國城を三分するの一なり。〕

【傳】中五之一、小九之一。今京不度、非制也。　[02-17a]

　【注】不合方度、非先王制。〔方度に合はざるは、先王の制に非ず。〕

【疏】「大都」より「九之一」に至るまで。

○正義に曰う。王城が九里四方であることを定制とし、この数値をもとに計算すると、王城は長さは五百四十雉、その大都は三里四方、長さ一百八十雉、その中都は一里と二百四十歩四方、長さ一百八雉、その小都は一里四方、長さ六十雉である。

　公の城は七里四方、長さは四百二十雉、その大都は二里と一百歩四方、長さ一百四十雉、中都は一里と一百二十歩四方、長さ八十四雉、小都は二百三十三歩二尺四方、長さ四十六雉と二丈である。

　侯・伯の城は五里四方、長さは三百雉、その大都は一里と二百歩四方、長さ百雉、中都は王の小都の規模に相当する。小都は一百六十六歩四尺四方、長さ三十三雉と一丈である。

　子男の城は王の大都に比べられ、その大都は侯伯の中都に比べられる。その中都は一百八十歩、長さ三十六雉、小都は百歩四方、長さ二十雉である。

〈考工記〉①に、

　王宮・門阿〔門の棟木の高さ〕の制は五雉、宮隅の制は七雉、城隅の制は九雉、門阿の制は以て都城の制と為し、宮隅の制は以て諸侯の城制と為す。

と述べている。そうだとすると、王の都の城隅の高さは五丈、城蓋〔屋根?〕の高さは三丈、諸侯の城隅の高さは七丈、城蓋の高さは五丈である。三丈以下ではもはや城とはなりえない。その都の城蓋もまた高さ三丈である。

《周禮》②で「四県を都と為す」のは、周公の設けた法にすぎない。ただ土地の形状は図のように平面でしかも方形というわけにはいかず、その邑の境界の広狭には定まった基準は無い。人口の多寡に従ってその都邑を作るので、大都・小都の別が生じるのである。

（国城以外の）下邑③を「都」と言うが、「都」もまた「邑」と言うことがある。荘公二十八年伝④に「宗邑に主無し」と言い、閔公元年伝⑤に「之れに都城を分かつ」と述べている。これはともに曲沃のことを論じて「都」・「邑」を互いに言っているから、その名称は相い通用するのである。

【譯注】

①考工記（02-17b-4）――《周禮》考工記・匠人職「王宮門阿之制五雉、宮隅之制七雉、城隅之制九雉。經涂九軌、環涂七軌、野涂五軌。門阿之制、以爲都城之制。宮隅之制、以爲諸侯之城制。環涂以爲諸侯經涂、野涂以爲都經涂」。

②周禮（02-17b-6）――《周禮》地官・小司徒職「乃經土地而井牧其田野。九夫爲井、四井爲邑、四邑爲丘、四丘爲甸、四甸爲縣、四縣爲都、以任地事而令貢賦」。

③下邑（02-17b-7）――荘公二十八年経「冬、築郿」、杜預注「郿魯下邑。傳例曰、邑曰築」、《正義》「國都爲上、邑爲下、故云、魯下邑」。《左傳》中では、諸侯の居住する邑を「國」、それ以外を「都」「鄙」といい、「國」に対して「下邑」と呼ぶ。

④荘二十八年傳（02-17b-8）――荘公二十八年伝に晋の驪姫の言葉として、「曲沃、君之宗也。蒲與二屈、君之疆也。不可以無主。宗邑無主、則民不威。疆場無主、則啓戎心。戎之生心、民慢其政、國之患也」とある。

⑤閔元年傳（02-17b-8）――閔公元年伝「爲大子城曲沃、賜趙夙耿、賜畢萬魏、以爲大夫。士蔿曰、大子不得立矣。分之都城、而位以卿、先爲之極、又焉得立」。

○本疏前半の都城の制を整理し直すと次頁のようになる。

大都不過三國之一

	1里	＝60雉	＝300歩＝180丈	1歩＝6尺
王城	9里	＝540雉	＝2700歩	
大1/3	3里	＝180雉	＝900歩	
中1/5	1里240歩	＝108雉	＝540歩	
小1/9	1里	＝60雉	＝300歩	
公城	7里	＝420雉	＝2100歩	
大1/3	2里100歩	＝140雉	＝700歩	
中1/5	1里120歩	＝84雉	＝420歩	
小1/9		46雉2丈	＝233歩2尺	（2丈＝2/3雉　2尺＝1/3歩）
侯伯城	5里	＝300雉	＝1500歩	
大1/3	1里200歩	＝100雉	＝500歩	
中1/5	1里	＝60雉	＝300歩＝王の小都	
小1/9		33雉1丈	＝166歩4尺	（1丈＝1/3雉　4尺＝2/3歩）
子男城	3里	＝180雉	＝900歩＝王の大都	
大1/3	1里	＝60雉	＝300歩＝侯伯の中都	
中1/5		36雉	＝180歩	
小1/9		20雉	＝100歩	

【傳】君將不堪。公曰、姜氏欲之、焉辟害。對曰、姜氏何厭之有。不如早爲之所。 [02-17b]

【注】使得其所宜。〔其の宜しき所を得しむるなり。〕

【傳】無使滋蔓。蔓難圖也。蔓草猶不可除、況君之寵弟乎。公曰、多行不義必自斃。子姑待之。 [02-17b]

【注】斃踣也。姑且也。〔斃《へい》は踣《たふる》なり。姑は且《しばらく》なり。〕

【疏】「無使滋蔓」。

○正義に曰う。これは草を比喩にしたもの。草が成長して蔓《つる》がはびこると、刈り取って除くことは難しい。共叔段の威勢が次第に大きくなって、（除こうと）図るのが困難なことに譬えたものである。

○注の「斃踣也」。

○正義に曰う。〈釈言〉①の文章である。孫炎②は「前覆〔まえにたおれる〕するを踣《ほく》と曰ふ」と注釈している。

【譯注】

①釋言（02-18a-4）――《爾雅》釋言篇に「斃踣也。〔前覆。〕僨僵也。〔卻偃。〕」とある。〔 〕内は郭璞注。

②孫炎（02-18a-4）――魏の孫炎、字は叔然、樂安（山東省）の人。鄭玄の門人。《隋書》經籍志には、「禮記三十卷魏秘書監孫炎注」「爾雅七卷孫炎注」「梁有爾雅音二卷孫炎郭璞撰」の三書が著録されるが、いずれも亡佚した。孫炎《爾雅注》は《玉函山房輯佚書》《漢学堂叢書》に収録されている。

【傳】既而大叔命西鄙北鄙貳於己。 [02-18a]

【注】鄙鄭邊邑。貳兩屬。〔鄙は鄭の邊邑。貳は兩屬なり。〕

【傳】公子呂曰、國不堪貳。君將若之何。 [02-18a]

【注】公子呂鄭大夫。〔公子呂は鄭大夫なり。〕

【疏】「國不堪貳」。

○正義に曰う。両国に附属すると賦役《ふえき》〔租税と夫役〕が倍になる。賦役が倍になると国人は堪えられない。

【傳】欲與大叔、臣請事之。若弗與、則請除之。無生民心。 [02-18a]

【注】叔久不除、則擧國之民、當生他心。〔叔をば久しく除かざれば、則ち擧國の民、當《まさ》に他心を生ずべし。〕

【傳】公曰、無庸。將自及。 [02-18a]

【注】言無用除之、禍將自及。〔之れを除くを用ふること無きも、禍將《まさ》に自ら及ばんとするを言ふ。〕

【傳】大叔又收貳以爲己邑。 [02-18a]

【注】前兩屬者、今皆取以爲己邑。〔前に兩屬せる者、今皆な取りて以て己が邑と爲す。〕

【傳】至于廩延。 [02-18a]

【注】言轉侵多也。廩延鄭邑。陳留酸棗縣北有延津。〔轉じて侵すこと多きを言ふなり。廩延は鄭の邑。陳留酸棗縣の北に延津有り。〕

【傳】子封曰、可矣。厚將得衆。 [02-18a～02-18b]

【注】子封公子呂也。厚謂土地廣大。〔子封は公子呂なり。厚とは土地の廣大なるを謂ふ。〕

【傳】公曰、不義不暱、厚將崩。 [02-18b]

【注】不義於君、不親於兄、非衆所附、雖厚必崩。〔君に不義、兄に不親なるは、衆の附する所に非ざれば、厚しと雖も必ず崩れん。〕

【疏】「厚將崩」

○正義に曰う。牆根《かきね》と家屋を比喩としたもの。厚くても基盤がなければ必ず崩壊する。民衆が支持しなければ、やがて自滅するであろうことに譬えた。高くて大きいものが壊れることを「崩」と言う。

【傳】大叔完聚、 [02-18b]

【注】完城郭、聚人民。〔城郭を完うし、人民を聚《あつ》む。〕

【疏】注の「完城郭聚人民」。

○正義に曰う。服虔は「聚」を「禾黍《かしょ》〔こくもつ〕を聚《あつ》める」ことだと見なしている。しかし共叔段は軽装備で鄭を襲撃しようとして、固く守る（長期戦の）物資を備えなかったのだから、「聚」とは「人を聚める」ことで、「食糧を聚める」ことではないことが分かる。

「完城」とは人を聚めて（城の工事を）完工することであって、城を守ろうとすることではない。

【傳】繕甲兵、具卒乘、 [02-18b]

【注】歩曰卒、車曰乘。〔歩を「卒」と曰ひ、車を「乘」と曰ふ。〕

【傳】將襲鄭。夫人將啓之。 [02-18b]

【注】啓開也。〔啓は開なり。〕

【傳】公聞其期、曰、可矣。命子封帥車二百乘以伐京。 [02-18b]

【注】古者兵車一乘、甲士三人、歩卒七十二人。〔古者、兵車一乘に、甲士三人、歩卒七十二人なり。〕

【傳】京叛大叔段。段入于鄢。公伐諸鄢。五月、辛丑、大叔出奔共。

【注】共國今汲郡共縣。〔共國は今の汲郡共縣なり。〕

【傳】書曰、鄭伯克段于鄢。段不弟、故不言弟。如二君、故曰克。稱鄭伯、譏失教也。謂之鄭志。不言出奔、難之也。 [02-18b]

【注】傳言夫子作春秋、改舊史以明義。不早爲之所、而養成其惡、故曰

失教。段實出奔、而以克爲文、明鄭伯志在於殺、難言其奔。〔傳は夫子 春秋を作るに、舊史を改めて以て義を明らかにするを言ふ。早く之が所を爲さずして、其の惡を養成す、故に「失教」と曰ふ。段は實に出奔するに、而も「克」を以て文を爲すは、鄭伯の志は殺に在りて、其の奔と言ふを難しとするを明らかにす。〕 [02-19a]

【疏】「如二君故曰克」。

○正義に曰う。実際には二君ではないものの、人並み優れて強盛なさまがあたかも二君のようだということ。伐ちてこれに勝ち、その後に「克」と称しているので、本当に二君だというのではない。もしも本当に二君であるならば、「戦」・「襲」・「敗」・「取」といった表現をするものである。

そうだとすると、二君ではないのに、杜預が経文に注釈して、「君を以て臣を討じて、二君の例を用ふ」と述べ、あたかも本当に二君のようにしたのは（なぜかといえば）、杜預は彼《かしこ》で「君を以て臣を討じて、二君の如きの例を用ふ」と言うべきところを、「如」字を省略して、ただ「二君を用ふ」と言ったに過ぎない。

獲麟以後の史官の文章に準拠すれば、夫子が未だ修めない以前の文章では、「鄭伯の弟段 共に出奔す」と言うべきところであり、それは「①秦伯の弟鍼《しん》晋に出奔す」と同じである。しかし（段が）不弟であるので「弟」を言わず、（鄭伯の）意志が殺すことにあるので「奔」を言わない。

そうだとすると、「鄭伯」（と記しているの）もまた旧史が書いた文章であるのに、これを（孔子の）新意だとみなし得るのは（なぜかといえば）、「段」に「弟」を去って貶するのであれば、当然に国討を以て表現すべきであるが、なお「鄭伯」を残して、鄭伯の「失教」を表現したので、その文章は旧史であるが、これがそのまま仲尼の新意となるのである。

○注の「伝言」より「其奔」に至るまで。

○正義に曰う。経文はすべて孔子の書いたものなのに、この事件について特に「書して曰く」と言うからには、きっと旧文がそうではなかったが、夫子が改めてそうしたもので、伝文のこの表現は、「夫子《春秋》を作るに、旧史を改めて以て義を明らかにするを言」ったものだということが分かる。

「克」とは、戦いに勝ち賊を獲えるという意味。鄭公が段を鄢の町に伐ち、段はすぐさま共に出奔したのだから、交戦したのではないうえに、段を獲えたものでもなく、段は実際は出奔したのに「克」と表現したのは（なぜかといえば）、これは夫子の考えではなく、鄭伯の本心がその「出奔」を言うのを欲しなかったもので、「其の奔を言ふを難し」とし、（鄭伯の）「志は殺に在」るので、夫子は鄭伯の本心を承けて「克」と書いたという意味である。

鄭伯の段に対する態度は、母が段を溺愛するので、母の私情に順い、これに大邑を分け与え、その寵愛をほしいままにさせたもので、実際に殺そうとする気持ちは無かった。ところが大叔（段）は道義心が無く、寵愛を恃《たの》んで驕盈《きょうえい》〔おごってほしいまま〕であったが、もしひそかに裁きを加えようとすると、母の気持ちを傷つけることを恐れた。そのため祭仲が「早く之れが所を為さんと欲」し、子封が「往きて之れを除かんことを請」うたけれども、鄭公がすべて許さなかったのは、（鄭伯に）殺す気持ちが無かったからである。「必ず自ら斃《たふ》れん」とか、「厚ければ将《まさ》に崩れんとす」と言うのは、ただ段自らがその身を損なうであろうことを述べたもので、その悪業が国を害《そこな》いうることを述べたのではない。段が謀って鄭を襲撃しようとし、禍いが身に迫ろうとするに及んで、みずから深く親愛の情を思うたが、そのまま痛切なる恨みの気持ちを起こし、これによって、「志は必殺に在りて、出奔を言ふを難し」としたのである。（つまり）この時に始めて殺意をいだいたのだから、それ以前に殺意はなかった。

伝に「公曰く、姜氏之れを欲す。焉《いづ》くんぞ害を辟《さ》けん」と称し、また《詩》②

序〔鄭風・将仲子〕に「其の母に勝《た》へず、以て其の弟を害す」と言い、その本文に「父母の言、亦た畏《おそ》る可きなり」と述べていることからすれば、母の命に迫られて弟を裁くことができなかったのであり、その悪業の成るのを待ったうえで、そこで誅戮を加えようとしたものではない。（しかるに）服虔が、

　公はもともと彼の悪を養成して誅を加え、生きたままで出奔することができないようにしようとした。これが鄭伯の意志である。

と述べているのは、鄭伯にもともと殺意が有ったので、その悪を養成したと解しているわけであるが、③しかしこれは決してそうではない。伝に「鄭伯を称するは、教を失ふを譏るなり」と言うのは、ただ鄭伯が教誨の道を失ったことを責めるだけで、鄭伯に元来殺害しようとする心が有ったことを意味するものではない。もしも本から殺害しようと謀っていたのならば、これこそことさらに殺し合うことであり、なんで「失教」だけに止まるであろうか。しかも君が臣下を討ずるのは、その萌漸〔めばえきざす〕するのを止め、悪事が未だ生じていなくとも、これを誅することができるのだから、どうして悪事が成るのを待って、そこではじめて殺害する必要が有ろうか。服虔が「もともとから殺そうとした」と言うのは、かえって鄭伯を誣《し》いるものである。

　劉炫が次のように述べている。

　「克」と言う表現は実状を述べたものではないので、伝がこれを解説して、「之れを鄭志と謂ふ」と言ったもの。仲尼の意図では、「克」と書いたのが鄭伯の本志である、という意味である。注がかさねて伝の意を解説して、「鄭伯の志は殺に在り」と言うのは、心から克つことを欲し、「其の奔を言ふを難し」としたため、仲尼は「克」と書いて、「奔」と書かず、鄭伯の意志であるかのように表現したのであり、これは鄭伯を悪む所以でもある。

【譯注】

①秦伯之弟（02-19a-6）——昭公元年経「夏、秦伯之弟鍼出奔晉」。その伝は以下の通り。

　秦后子有寵於桓、如二君於景。其母曰「弗去、懼選」。癸卯、鍼適晉、其車千乘。書曰「秦伯之弟鍼出奔晉」、罪秦伯也。

②詩序（02-19b-3）——《毛詩》鄭風・將仲子「將仲子兮、無踰我里、無折我樹杞、豈敢愛之、畏我父母、仲可懷也、父母之言、亦可畏也」。その〈詩序〉は以下の通り。

　將仲子刺莊公也。不勝其母、以害其弟。弟叔失道、而公弗制。祭仲諫而公弗聽。小不忍以致大亂焉。〔鄭玄注：莊公之母謂武姜。生莊公及弟叔段。段好勇而無禮。公不早爲之所、而使驕慢〕

③斯不然矣（02-19b-5）——「決してそうではない」の意。前に引用した説を否定する際に用いられる用語。《尚書正義》《毛詩正義》《春秋正義》と、劉炫《孝經述議》中に頻見するところからすると、あるいは劉炫に特徴的な表記であるかもしれない。拙稿「五經正義讀解通論（二）」（『東洋古典學研究』第21集　二〇〇六年　《五經正義研究論攷》研文出版　二〇一三年所収）参照。

【傳】遂寘姜氏于城潁。　[02-19b]

【注】城潁鄭地。〔城潁は鄭の地なり。〕

【傳】而誓之曰、不及黄泉、無相見也。　[02-19b]

【注】地中之泉、故曰黄泉。〔地中の泉なり、故に黄泉と曰ふ。〕

【傳】既而悔之。潁考叔爲潁谷封人。　[02-19b]

【注】封人典封疆者。〔封人は封疆を典《つかさど》る者なり。〕

【疏】注の「封人典封疆者」。
○正義に曰う。①《周禮》封人は「畿封〔境界の堤〕を為《つく》りて之れに樹する〔木を植える〕」を掌《つかさど》る」が、鄭玄は「畿の上に封有り。今時の界の若《ごと》きなり」と注釈している。天子の封人の職が「封疆を典《つかさど》る」のであれば、諸侯の封人もまたそうだということが分かる。
伝に「②祭仲足は祭の封人為《た》り」とか、「③宋の高哀は蕭の封人為り」と言い、また④《論語》にも「儀の封人」が見え、そしてここに「潁谷封人」と言っており、すべて土地を封人（の上）に名付けている。おそらく「封人」の職掌は「封疆を典る」のだから、地方の邑に居住しているのであろう。潁谷も儀も祭もすべて国の地方の邑である。

【譯注】
①周禮封人（02-20a-2）――《周禮》地官封人職「封人掌設王之社壝、爲畿封而樹之。凡封國、設其社稷之壝、封其四疆。造都邑之封域者亦如之」。鄭玄注「壝謂壇及堳埒也。畿上有封、若今時界矣。不言稷者、稷社之細也」。
②祭仲足（02-20a-3）――桓公十一年伝「初、祭封人仲足有寵於莊公、莊公使爲卿。爲公娶鄧曼、生昭公。故祭仲立之」。
③宋高哀（02-20a-3）――文公十四年伝「宋高哀爲蕭封人、以爲卿、不義宋公而出、遂來奔。書曰、宋子哀來奔、貴之也」。
④論語（02-20a-3）――《論語》八佾篇「儀封人請見。曰、君子之至於斯也、吾未嘗不得見也。從者見之。出曰、三子何患於喪乎。天下之無道也久矣、天將以夫子爲木鐸」。
ちなみに北宋時代に邢昺によって編纂された《論語正義》の、この一章の《疏》文は以下の通り。参考までに本《疏》文をその後に列挙しよう。御覧の通り、本疏とほぼ同文であることが分かる。《論語正義》と《五經正義》との関係については、拙稿「論語正義源流私攷」（広島大学文学部紀要第51巻特輯号一一九九一年《五經正義の研究》所収）を参照されたい。

《論語正義》	《春秋正義》
云「儀蓋衛邑」者、以左傳「衛侯入於	
夷儀」、疑與此是一、故云「蓋衛邑	
也」。云「封人官名」者、	
周禮封人「掌爲畿封而樹之」、鄭玄云	周禮封人「掌爲畿封而樹之」、鄭玄云
「畿上有封。若今時界也」。	「畿上有封、若今時界也」。
天子封人職典封疆、則知諸侯封人亦	天子封人職典封疆、知諸侯封人亦
然也。	然也。
左傳言「潁谷封人、祭仲足爲祭封人、	傳言「祭仲足爲祭封人」、
宋高哀爲蕭封人」、此云「儀封人」、	「宋高哀爲蕭封人」、論語有儀封人、
皆以地名封人。	此言「潁谷封人」、皆以地名封人。
蓋 職典封疆、居在邊邑。	蓋封人職典封疆、居在邊邑。
潁谷・儀・祭皆是國之邊邑也。	潁谷・儀・祭皆是國之邊邑也。

【傳】聞之、有獻於公。公賜之食。食舍肉。公問之。對曰、小人有母。皆嘗小人之食矣。未嘗君之羹。請以遺之。　[02-20a]
【注】食而不啜羹、欲以發問也。宋華元殺羊爲羹饗士。蓋古賜賤官之常。
〔食《くら》ひて羹《あつもの》を啜《すす》らざるは、以て問を發せんと欲するなり。宋の華元も羊を殺して羹を爲《つく》り士を饗す。蓋し古への賤官に賜はるの常ならん。〕

【疏】注の「食」より「之常」に至るまで。
○正義に曰う。①《禮》公食大夫や②曲礼に記するところでは、大夫・士が賓客と宴会する際には、すべて牲体〔いけにえ〕の骨つき肉と切身が有り、ただ羹《こう》

〔肉汁〕を設けるばかりではない。この例と華元③が士を供応した際に、ただ羹が有ることを言うだけなので、「古の賤官に賜はるの常」であろうかと推測したのである。

【譯注】

①禮公食大夫（02-20a-3）――《儀禮》公食大夫禮は、主君である公が大夫に食を与える儀礼を記述したもの。「戴體進奏」「大羹湆不和」「以西牛胾醢牛鮨」等の語句が経文中に見える。

②曲禮（02-20a-7）――《禮記》曲禮上篇「凡進食之禮、左殽右胾、食居人之左、羹居人之右。膾炙處外、醯醬處內、蔥渫處末、酒漿處右。以脯脩置者、左朐右末。客若降等執食興辭、主人興辭於客、然後客坐。主人延客祭。祭食、祭所先進。殽之序、遍祭之。三飯、主人延客食胾、然後辯殽。主人未辯、客不虛口」等。

③華元（02-20a-7）――宣公二年伝「將戰、華元殺羊食士、其御羊斟不與。及戰、曰、疇昔之羊、子爲政。今日之事、我爲政。與入鄭師、故敗」。

【傳】公曰、爾有母遺。繄我獨無。 [02-20a]

【注】繄語助。〔繄《えい》は語助なり。〕

【傳】潁考叔曰、敢問何謂也。 [02-20a]

【注】據武姜在設疑也。〔武姜在るに據りて疑を設くるなり。〕

【傳】公語之故。且告之悔。對曰、君何患焉。若闕地及泉、隧而相見、其誰曰不然。 [02-20a]

【注】隧若今延道。〔隧《ずい》は今の延道の若し。〕

【傳】公從之。公入而賦、大隧之中、其樂也融融。 [02-20b]

【注】賦賦詩也。融融和樂也。〔賦は詩を賦するなり。融融は和樂なり。〕

【疏】注の「賦賦」より「樂也」に至るまで。

○正義に曰う。「詩を賦す」とは自ら詩を作ることである。「中」「融」と「外」「洩」とがそれぞれ韻を踏んでいるから、おそらく賦した詩にこの（韻に協う他の）言葉が有ったが、伝はこれを省略して言ったものであろう。

「融融は和樂なり」「洩洩は舒散なり」とは、ともに楽しむ状態であるが、（杜預の解釈は）憶測①でそう言ったまでである。

服虔は「『入る』には公を言い、『出づ』には姜を言うが、明らかにふたりともに出入してお互いが会見したのである」と述べている。

【譯注】

①以意言之耳（02-20b-5）――「憶測で言ったまでである」の意。確たる証拠となる訓詁の書があるわけではないということ。《五經正義》の論証では、なによりも根拠が求められる。その根拠となるのは、先ず第一に経書（「經典」「傳記」「書傳」「祀典」等とも表記）であり、次いで史書（「史傳」「史籍」等とも表記）であり、また文字の訓詁では《爾雅》《說文解字》である。これらにもとづかない解釈は「以意言之耳」と表現され、《疏》文では批判的な意味合いを持って評価される。類似のものとして「以意言之」「以意言耳」「以意訓耳」がある。また《儀禮疏》には「以意解之」という表現が見られる。拙稿「五經正義讀解通論（三）」（『東洋古典學研究』第22集　二〇〇六年　《五經正義研究論攷》研文出版　二〇一三年所収）参照。

【傳】姜出而賦、大隧之外、其樂也洩洩。 [02-20b]

【注】洩洩舒散也。〔洩洩《えいえい》は舒散なり。〕

【傳】遂爲母子如初。君子曰、潁考叔、純孝也。 [02-20b]

【注】純猶篤也。〔純は猶ほ篤のごときなり。〕

【疏】注の「純猶篤也」〇正義に曰う。《爾雅》①釈詁に「純」を「大」と訓《よ》んでいることからすれば、「純孝」・「純臣②」とは大孝・大忠の意味である。この注の「純は猶ほ篤〔あつい〕のごとし」とは、孝の篤厚であることを言うもの。

【譯注】

①爾雅釋詁（02-20b-7）――《爾雅》釋詁上篇「弘、廓、宏、溥、介、純、夏、幠、厖、墳、嘏、丕、弈、洪、誕、戎、駿、假、京、碩、濯、訏、宇、穹、壬、路、淫、甫、景、廢、壯、冢、簡、箌、昄、晊、將、業、席、大也」。

②純臣（02-20b-7）――隠公四年伝「君子曰、石碏、純臣也。惡州吁而厚與焉。大義滅親、其是之謂乎」。

【傳】愛其母、施及莊公。詩曰、孝子不匱。永錫爾類。其是之謂乎。 [02-20b]

【注】不匱純孝也。莊公雖失之於初、孝心不忘、考叔感而通之。所謂永錫爾類。詩人之作、各以情言。君子論之、不以文害意。故春秋傳引詩、不皆與今説詩者同。後皆倣此。〔不匱とは純孝なり。莊公 之れを初めに失ふと雖も、孝心をば忘れず、考叔 感じて之れを通ず。謂はゆる「永く爾《なんぢ》が類に錫《たま》ふ」なり。詩人の作るや、各おの情を以て言ふ。君子の之れを論ずるや、文を以て意を害《そこな》はず。故に春秋傳に詩を引くは、皆なは今の詩を説く者と同じからず。後は皆な此に倣へ。〕

【疏】詩曰」より「謂乎」に至るまで。

〇正義に曰う。《詩毛伝①》や《爾雅②》の訓では、「匱《き》は竭〔つくす〕」「永は長」「錫は予〔あたふ〕」「爾は女〔なんぢ〕」である。この「詩③」は〈大雅〉既酔の五章で、孝子が孝行するのに、竭《つ》くし極まる時はなく、そのためこの孝道を長く汝の族類に賜予することができる、と言うもの。至って孝行である者は、他人にまで及ぼすことができることを述べたもので、潁考叔の行為はこのことを言うものであろうか。

「族類」とは、ともに孝行の心があるなら、その一族の仲間であることを言うものである。

〇注の「不匱」より「倣此」に至るまで。

〇正義に曰う。潁考叔には純孝の行いがあって、よく荘公にまで錫《たま》うことができた。「荘公は之れを初めに失ふと雖も、孝心をば忘れず」であるから、潁考叔とおなじく孝行の般類〔たぐい〕である。いま「考叔は」能く「感じて之れを通じ」たが、これこそいわゆる「永く爾の類に錫ふ」ものである。

「詩人の作るや、各おの情を以て言ふ。君子の之れを論ずるや、文を以て意を害《そこな》はず」とは、《孟子（万章上）④》の文章が出典である。

ここで「春秋伝が《詩》を引く場合、今の《詩⑤》を説くものと全てが同じというわけではない」と注釈しているのに、どうして昭公八年⑥の注で（わざわざ）「叔向の時、詩の義此《かく》の如し」と述べて、同じではないのかということについては、ここの例では丘明が伝を作る際に、「君子」の言葉として述べているのだから、あるいは⑦《詩》を引用するのに断章し、（事件の）得失を評論してもよいかもしれない。（これに対して）彼《かしこ》の例は叔向の言葉であり、その事柄は（詩の作られた）前代に近く、当時において譏刺したのだから、「叔向の時、詩の義此《かく》の如し」と述べたのである。

《詩》の注の意味では、「類」とは子孫の族類であり、この伝の意味では事柄の種類である。

【譯注】

①詩毛傳（02-21a-1）――「爾女也」という訓詁は〈毛傳〉・《爾雅》には見あたらないが、鄭箋には頻見する（〈邶風〉雄雉等）。あるいは《正義》の誤解か。

②爾雅（02-21a-1）――《爾雅》釋詁上篇「賚、貢、錫、畀、予、貺、賜也」、「永、羕、引、延、融、駿、長也」。

③詩大雅既醉（02-21a-2）――《毛詩》大雅・既醉篇「威儀孔時、君子有孝子、孝子不匱、永錫爾類」。その〈毛傳〉に、「匱竭、類善也」、〈鄭箋〉に「永長也。孝子之行、非有竭極之時、長以與女之族類、謂廣之以教道天下也。春秋傳曰、潁考叔純孝也」とある。

④孟子（02-21a-5）――《孟子》萬章篇上「故説詩者、不以文害辭、不以辭害志。以意逆志、是爲得之」。傍線部は「一つの文字にかかわって一句の言葉の意味を誤ることがない」の意。

⑤何以（02-21a-5）――この《疏》文の「此云……、何以昭八年注云、叔向時詩義如此、所以不同者、此是……、彼是……、故云、叔向時詩義如此也」とあるのは、舌足らずな表現である。思うに《春秋正義》が基づいた六朝義疏の「問答体」の残滓ではあるまいか。あるいは「或問云、此云……、何以昭八年注云、叔向時詩義如此。答曰、所以不同者、此是……」と言うのが、本来の《疏》文であったかもしれない。

⑥昭八年注（02-21a-5）――昭公八年伝「詩曰、哀哉不能言、匪舌是出、唯躬是瘁。哿矣能言、巧言如流、俾躬處休、其是之謂乎」の杜預注「哿嘉也。巧言如流、謂非正言而順敍、以聽言見荅者。言其可嘉、以信而有徵、自取安逸。師曠此言、縁問流轉、終歸于諫。故以比巧言如流也。當叔向時、詩義如此。故與今説詩者小異」。

⑦容可（02-21a-6）――劉淇《助字辨略》「容」字の項に《顏氏家訓》の文章を引いて、「此容字、可辭也。容之爲可者、容有許意、轉訓爲可也」と述べるように、「容」は「可」の意。したがって「容可」は同意字を連用したものであろう。「許容」のニュアンスを持った可能性を示す。特に《春秋正義》中に多く見られる用法である。

【傳】秋、七月、天王使宰咺來歸惠公仲子之賵。緩、且子氏未薨、故名。

【注】惠公葬在春秋前、故曰緩。子氏仲子也。薨在二年。賵助喪之物。［02-21a］

〔惠公の葬は春秋の前に在り、故に緩と曰ふ。子氏は仲子なり。薨は二年に在り。賵は喪を助くるの物なり。〕

【疏】「天王」より「故名」に至るまで。

○正義に曰う。恵公に賵を贈るのが緩《おそ》く、生きているのに仲子に賵を贈った、その事柄は王に由るものであって、咺《けん》の過失ではないのに、（ここで）咺を貶責する理由は（何かといえば）、天王は至尊であって、貶責することはできないし、王の使者を貶することで、王の非を示すに充分だからである。

しかも恵公に賵を贈るのが緩くなったことは、すべて王の過失ではあるが、生きているのに仲子に賵を贈ったことについては、咺にもまた過失が有る。（なぜなら）使者は①（君から）命令は受けるが、（その場に応じた具体的な）使者の口上までは受けないもので、それは場合に遭遇しては適宜の行動をし、時機に臨んではそれぞれの変化に応じさせようとの意図からである。王は仲子がすでに薨じたものと考え、咺に恵公と併せてその賵を贈らせたのであるが、仲子がまだ生存していたのだから、賵の事は中止すべきである。ところが宰咺はその未だ薨じていないことを知りながら、それでも賵を致したのだから、これこそ時宜に達しないで、君命を辱めたもの。（この場合）王はしかるべき人物ではない人物に任じたのであり、晅は君命を辱めた使者であるわけで、君臣は一体、その好悪をともにするものだから、晅を貶責することは、同時に王を貶責することでもある。②文公五年の「王 栄叔をして含《がん》［ふくみだま］し、且つ賵を帰《をく》らしむ」という記事では、賵すべき人物を指していないのに、ここで「恵公・仲子」と指して言うのは（なぜかといえば）、彼《かしこ》では成風がまだ葬られていないので、言わなくても分かるけれども、ここでは恵公はすでに葬られているが、子氏（仲子）はまだ薨じていないため、もしもその人を言わなければ、誰のために使者が来て賵するのか分からないからである。③文公九年に「秦人 来たりて僖公・成風の襚《すい》［死者の衣服］を帰《をく》る」と言うのも、やはり年月がすでに経っているので、その襚すべき人物を指摘したもので、ここの場合と同じである。
④季文子が喪に遭ったときの礼を求めて出かけたことも、凶事を予測したものであるのに貶責しないのは（なぜかといえば）、宰晅の場合は、喪が無いのに賵を致したのであり、季文子の場合は、時宜を量《はか》り、「予め不測の事態に備えた」もので、これこそ「いにしえの善教」であって、この場合とは同じではない。

【譯注】

①使者受命不受辭（02-21a-10）――《公羊伝》荘公十九年の条の、「聘禮、大夫受命不受辭。出竟、有可以安社稷利國家者、則專之可也」を踏まえた表現。「聘問の礼では、大夫は君命を受けて行くが、その応対の言葉までは受けていない。したがって国境を一旦出た際、社稷を安んじ国家に利益をもたらすという状況下では、専行してもよいのである」という主張は、《公羊伝》に特徴的な「権」の思想へと連なる。拙著《春秋学―公羊伝と穀梁伝―》（研文出版　二〇〇一年）一二四頁以降を参照。ところで、ここでこの言葉が《公羊伝》にもとづくことを明言しないのは、《左伝》の《疏》としての《春秋正義》の立場を示すものであろう。

②文五年（02-21b-2）――文公五年経「五年、春、王正月、王使榮叔歸含、且賵。三月、辛亥、葬我小君成風。王使召伯來會葬」。

③文九年（02-21b-3）――文公九年経「秦人來歸僖公・成風之襚」。伝「秦人來歸僖公・成風之襚、禮也。諸侯相弔賀也、雖不當事、苟有禮焉、書也、以無忘舊好」。

④季文子（02-21b-4）――文公六年伝「秋、季文子將聘於晉、使求遭喪之禮以行。其人曰、將焉用之。文子曰、備豫不虞、古之善教也。求而無之、實難。過求、何害」。

【傳】天子七月而葬、同軌必至。［02-21b］

【注】言同軌以別四夷之國。〔同軌と言ひて以て四夷の國に別かつなり。〕

【傳】諸侯五月、同盟至。［02-21b］

【注】同在方嶽之盟。〔同じく方嶽の盟に在るなり。〕

【傳】大夫三月、同位至。［02-21b］

【注】古者行役不踰時。〔古者《いにしへ》 行役は時を踰《こ》えざるなり。〕

【傳】士踰月、外姻至。［02-21b］

【注】踰月度月也。姻猶親也。此言赴弔各以遠近爲差、因爲葬節。〔踰月とは月を度《わた》るなり。姻は猶ほ親のごときなり。此れ赴弔は各おの遠近を以て差と爲し、因りて葬の節と爲すを言ふなり〕。

【疏】「天子」より「姻至」に至るまで。

○正義に曰う。天子・諸侯・大夫・士は、その位が同じでない以上、礼もまたその数を異にする。弔を赴《つ》げるその遠近（の範囲）にはそれぞれ差等が有り、その弔問応答に因って葬儀の節度とする。しかも、位が高ければ礼は大に、爵が卑《ひく》ければ事は小。大礼は時〔三箇月〕を踰《こ》えることではじめて備わるが、小事は月を累《かさ》ねるとすぐに成り立つ。聖王がこの常規を制作することによって、民に規範を示し、各おのにその典礼を修め、決してたがうことがないようにさせたもの。（このことについて《釈例》弔贈葬例に次のように述べている。）

①父に資《と》りて君に事《つか》ふるは、生民の極むる所、死を哀しみ終りを贈るは、臣子の尽くす所なり。是《ここ》を以て未だ期に及ばずして葬むる、之れを不懐と謂ひ、期を過ぎて葬むる、之れを緩慢と謂ふ。《春秋》は実に従ひて録し、以て是非を示す。

「天子七月」・「諸侯五月」とは、死月と葬月と両方ともにて数えたものである。②文公八年に「八月、天王崩ず」とあり、九年に「二月、襄王を葬る」とあるのが、天子の「七月」である。③成公十八年に「八月、公 路寝に薨ず」とあり、「十二月、我が君成公を葬る」とあるのが、諸侯の「五月」である。④宣公八年伝に「礼に葬を卜するに遠日を先にするは、不懐〔懐《おも》はざる〕を辟《さ》くるなり」と述べているのは、（吉日の中の）遠い日を卜して不吉であって、そこではじめて（吉日の中の）近い日を卜するのは、親を思わないとかの嫌疑を避けるものだから、未だ時期に及ばないで葬る者が、その親を思わないという道理は容易に分かるので、伝はすべてそのことは言わないで、ただ期を過ぎてやっと葬る場合にのみ、伝は「緩なり」と述べて、（その怠慢を）譏る意を示すのである。

⑤桓王は桓公十五年に崩じ、荘公三年になってやっと葬られているから、七年が経過している。⑥僖公はその三十三年十一月に薨じ、文公元年四月になってやっと葬られ、薨と葬との間に閏月があるから、七箇月が経過している。この二つの例はともに期限を過ぎたものなので、伝にはともに「緩なり」と述べて、これを譏っているのである。

⑦衛の桓公は隠公四年三月に州吁《しゅうく》に弑され、五年四月にやっと葬られているから、十四箇月が経っている。また⑧荘公はその三十二年八月に薨じ、閔公元年六月にやっと葬られているから、十一箇月が経っている。この二例はともに期限を過ぎているのだけれども、国に事変が有ったため、伝はともに「乱あるが故なり。是《ここ》を以て緩なり」と述べて、その怠慢ではないことを考慮し、臣子を責めてはいないのである。

そうだとすると、「諸侯は五月にして葬る」のはもとより正式な法であり、これが礼を得たものであることは自明であるから、いちいち伝を発する必要はないものだが、「⑨成公を葬る」の下文に伝が特に、「順なるを書す」と述べたことについては、《釈例（弔贈葬例）》が、

魯君の薨・葬には制度に順わないものが多い。ただ成公だけが（薨ずべき場所である）路寝に薨じ、五月にして葬られており、国家が安静であって、嫡子が後を承け嗣いでいる。そういうわけで伝は荘公の緩を表し、成公の順を書くことによって、薨・葬の制度を包含したのである。

と説明している。そうだとすると、特にこの伝を発して、群公の得失を包もうとした。つまり荘公では「乱の故」に緩《おく》れたことを示し、僖公では理由無くして緩れたことを示し、成公では礼に順ったことを示したものであり、伝がこの三例を発することで、その他の例はすべて知ることができる。

「士は踰月」とは、死月を数えるとやはり三箇月である。⑩襄公十五年に「十一月、晋侯周 卒す」とあり、十六年に「正月、晋の悼公を葬る」とあって、杜預が「踰月にして葬るは速し」と述べていることからすれば、この踰月もやはり三箇月である。ここの注に「踰月は月を度《わた》るなり」と述べているのは、死月から葬月に至るまで、その間に一月《ひとつき》を渡るという意味である。

「士」と「大夫」とは（同じく三箇月で）異ならないのに、別の表現にした

のは（なぜかといえば）、大夫と士の名・位が異なる以上、その名称の違いに因って差等づけることを示すために、その表現を変えたまでで、実のところ月数は同じである。

「同軌」「同盟至る」とは、使者を派遣して来させることをいうもので、諸侯自身が来るのではない。（このことについて）《釈例（弔贈葬例）》に、

万国の数は至って衆く、封彊の守は至って重い。それゆえ天王の喪にも、諸侯は国境を越えて赴くことはできず、喪服を自国内で修め、卿が弔葬の礼を共にする。魯侯が行けない事情が無いのに、「穆伯⑪ 周に如《ゆ》きて弔」しているが、これは天子が崩じた場合、諸侯が卿を派遣して弔葬を共にすることを示した経・伝である。

と述べているのは、礼制では、天子の喪に諸侯自身が奔葬しないことを述べたものである。諸侯どうしがお互いに弔問することについては、昭⑫公三十年伝に「先王の制、諸侯の喪には、士 弔し、大夫 葬を送る」と言うのが、その正礼である。

「同位至る」とは、（大夫が）使いして還《かえ》るのを待つのである。「外姻至る」とは、親戚がことごとく集まるのである。

天子には「畢《ことごと》く至る」と言って、（諸侯）以下に「畢」を言わないのは（なぜかといえば）、天子の貴いことは尊の極みにあり、海内を家としており、天下がその喪を聞くや、決してやって来ない者は無いから、「畢」と表現する。諸侯の場合は、同盟国で来るものも有り、そうでないものも有り、大夫が出国して使いする場合、本来は君命を奉ずるものであるから、喪を聞くことが有ったとしても、すべての大夫がやって来られるものではないので、「畢」を言わない。

これも例であるのに、「凡」と言わないのは、《序》⑬（の正義）ですでに解説ずみだからである。

さて何休は《膏肓》で「礼⑭制では、士は三月にして葬る。今ここで踰月と言うのは、《左氏》の欠点である」と見なしている。これに対し鄭康成は、

人君の殯《ひん》〔かりもがり〕は来日を数え、葬〔埋葬〕は往月を数える。大夫の殯・葬はみな来日・来月を数える。士の殯・葬はみな往日・往月を数える。士の三月は大夫の踰月である。

と述べている。鄭玄がここで「天子・諸侯の葬は往月を数える」と言うのは、《左氏》においてもさしさわりは無いが、「大夫の葬は来月を数える」と言うのは、恐らく杜預の主旨ではないであろう。

蘇⑮寛の考えでは、「古礼では、大夫以上の殯・葬はすべて来日・来月を数え、士の殯・葬は往月・往日を数える」ということである。しかしこれは根拠もなく「古礼」と言ってはいるが、その出典が無いもので、これに依拠して用いることはできない。

劉⑯炫が次のように述べている。

これもまた例であるのに、「凡」と言わないのは、諸もろの発する「凡」はすべて経文のために例を張るものであり、ここでは葬の大期を挙げて、宰咺の緩れたことを譏ったもので、葬のために例を発したものではないから、「凡」と言わないのである。

【譯注】

①資父事君（02-21b-10）――「資父事君」から「以示是非」までの《疏》文は、《釋例》弔贈葬例の文章を踏まえたものである。あるいはこの前に脱文が有ったかもしれない。

②文八年・九年（02-22a-1）――文公八年経「秋、八月、戊申、天王崩」、文公九年経「二月、叔孫得臣如京師。辛丑、葬襄王」。

③成十八年（02-22a-2）――成公十八年経「八月、邾子來朝。筑鹿囿。己丑、公薨

于路寢」、「十有二月、仲孫蔑會晉侯・宋公・衛侯・邾子・齊崔杼、同盟于虚打。丁未、葬我君成公」。

④宣八年傳（02-22a-2）――宣公八年伝「冬、葬敬嬴、旱、無麻、始用葛茀。雨、不克葬、禮也。禮、卜葬、先遠日、避不懷也」。

⑤桓王（02-22a-4）――桓公十五年経「三月、乙未、天王崩」、荘公三年経「五月、葬桓王」、伝「夏、五月、葬桓王、緩也」。

⑥僖公（02-22a-4）――僖公三十三年経「十有二月、公至自齊。乙巳、公薨于小寢」、文公元年経「夏、四月、丁巳、葬我君僖公」。

⑦衛桓公（02-22a-5）――隠公四年経「春、王二月、莒人伐杞、取牟婁。戊申、衛州吁弑其君完」、隠公五年経「夏、四月、葬衛桓公」、伝「夏、葬衛桓公。衛亂、是以緩」。

⑧莊公（02-22a-6）――荘公三十二年経「八月、癸亥、公薨于路寢」、閔公元年経「夏、六月、辛酉、葬我君莊公」、伝「夏、六月、葬莊公。亂故、是以緩」。

⑨葬成公（02-22a-7）――成公十八年伝「丁未、葬我君成公、書順也」。

⑩襄十五年（02-22a-10）――襄公十五年経「冬、十有一月、癸亥、晉侯周卒」、十六年経「春、王正月、葬晉悼公」。

⑪穆伯（02-22b-3）――文公八年経「秋、八月、戊申、天王崩」、「（冬）公孫敖如京師、不至而復。丙戌、奔莒」、伝「穆伯如周弔喪、不至、以幣奔莒、從己氏焉」。

⑫昭三十年傳（02-22b-4）――昭公三十年伝に鄭の游吉の言葉として、「先王之制、諸侯之喪、士弔、大夫送葬。唯嘉好・聘享・三軍之事、於是乎使卿」とある。

⑬序（02-22b-6）――《經傳集解》序「其發凡以言例、皆經國之常制、周公之垂法、史書之舊章。仲尼從而脩之、以成一經之通體」の《疏》文で説明している、の意。

⑭禮（02-22b-6）――《禮記》雜記篇下「天子飯、九貝、諸侯七、大夫五、士三。士三月而葬、是月也卒哭。大夫三月而葬、五月而卒哭。諸侯五月而葬、七月而卒哭。士三虞、大夫五、諸侯七」。

⑮蘇寛（02-22b-8）――蘇寛なる人物については一切が不明であり、本《正義》によってその存在が知られるのみである。本書「春秋正義序」第四段落注②参照。

⑯劉炫（02-22b-9）――ちなみに劉文淇《左傳舊疏考正》は本疏文を以下のように分析している。

文淇案ずるに、「序已解訖」と言うのは、杜預〈序〉の「其発凡以言例」の《疏》において、

発凡〔凡と書き始めること〕の仕方に二通りがある。一つは特に策書の為めにするもの、一つは兼ねて国事〔国の重要な行事〕を記載するものである。国事の為めとはいっても、他書にその記載が有るものは、凡例には入れない。『天子は七月にして葬る』〔隠元年〕の例は、すでに礼の文献に備わっているので、丘明が伝文を作る際には、凡例の中におかなかったのである。

と述べるものを指しているが、この劉炫説とは異なっている。ここは劉光伯の《述議》の文章であり、前半は「旧疏」の原文である。もしも前半が唐人の語であるとすると、すでに「序已解訖矣」と述べたからには、なんでまた劉炫説を後に引用して自らの説を駁したりしようか。

以上の劉文淇の分析は妥当と見るべきであろう。

○注の「言同」より「之国」に至るまで。

○正義に曰う。①鄭玄・服虔ともに「軌」を車の轍《わだち》と見なしている。王者が天下を治めるに当たっては、必ず車は軌《わだち》の幅を同一にし、文字は書体を同一にさせる。「同軌畢《ことごと》く至る」とは、海内のものがすべてやって来ることである。四方の夷狄は風俗を異にしているため、文字・車軌を同一にすることはできないし、天子の喪に、日時を守って弔問に赴《おもむ》くこともできないから、

「同軌と言ひて以て四夷の国を別かつ」のである。《周禮》②巾車に「木路は以て蕃国《ばん》を封ず」とある「蕃国」が、すなわち「四夷」である。（四夷は）王命を受けたからには、車もまた当然軌を同じくすべきであるのに、「四夷を別かつ」と言うのは（なぜかといえば）、四夷が天子に来朝すると、天子はこれに車服を賜うわけで、中国を往行する際にはおのずと軌を同じくするけれども、きっと本国ではその軌は同じではない。もしもこの〈巾車〉の文を根拠に、ただちに華夏と同軌であると言うとするなら、どうして文字もまた同一にすることができようか。

【譯注】

①鄭玄（02-22b-10）――《周禮》考工記・匠人「匠人營國。方九里、旁三門。國中九經九緯、經涂九軌。左祖右社、面朝後市、市朝一夫」の鄭注に「國中城内也。經緯謂涂也。經緯之涂、皆容方九軌。軌謂轍廣。乘車六尺六寸、旁如七寸、凡八尺、是謂轍廣。九軌積七十二尺、則此涂十一歩也。旁如七寸者輻内二寸半、輻廣三寸半、綆三分寸之二、金轄之間、三分寸之一」とある。

②周禮巾車（02-23a-2）――《周禮》春官・巾車職「木路、前樊鵠纓、建大麾、以田、以封蕃國」。ちなみに、この「周禮巾車」以降の《疏》文は、杜預が「同軌畢至」を「別四夷之國」と解したことにつき、これが《周禮》巾車職の文章と矛盾するのではないか、とする考え方に対してあらかじめ予防線を張ったものである。否、というよりはむしろ、そのような主張に対して反論したものであろう。相手の問いが見えない、いわば隠されてしまった問答体というべきものである。

○注の「同在方嶽之盟」。

○正義に曰う。《周禮》①司盟は「凡そ邦国に疑ひ有りて会同するときは、則ち其の盟約の辞を掌る」。そうだとすると、天子が諸侯を会合させる場合、諸侯に盟を共にさせる礼が有ることになる。（そして）王が諸侯を会合させるのには、ただ巡守〔天子の諸国視察〕が有るだけで、それが巡守でない場合には、事件が有ったときに会する。その会合する回数の多少は、ただ王の命ずるままであって、同盟の常礼は有りえず、礼制上の同盟は、ただ方嶽〔四方の名山〕の盟だけである。だから《左氏》②の旧説に、

十二年に三考して黜陟《ちゅっちょく》〔昇進と退任をさせること〕すれば、幽明既に分かる。③天子は義《の》を展べて巡守し、④柴《さい》・望《ぼう》既に畢《おは》れば、諸侯遂に朝し、退きて相与《とも》に盟ひ、好悪を同じくし、王室を奨《たす》く。

とあり、その方角に当たる諸侯には、同じように方嶽の盟が有るわけである。同盟すれば感情的に親しくなり、（それぞれの国の）吉凶は告げあうから、使者を派遣して会葬させるのである。

【譯注】

①周禮司盟（02-23a-4）――《周禮》秋官・司盟職「司盟掌盟載之法。凡邦國有疑會同、則掌其盟約之載及其禮儀、北面詔明神、既盟、則貳之」。

②左氏舊説（02-23a-5）――具体的に誰の説であるのかは不明。《禮記》王制「天子五年一巡守」の《疏》文所引の《五經異義》に以下のように見えるところからすると、あるいはこの文章は《五經異義》所引のものであったかもしれない。

異義云、「公羊説、諸侯比年一小聘、三年一大聘、五年一朝天子。左氏説、十二年之間、八聘四朝再會一盟。許愼謹按、公羊説虞夏制、左氏説周禮傳曰、三代不同物、明古今異説」。鄭駁之云「三年聘、五年朝、文襄之霸制。周禮大行人、諸侯各以服數來朝。其諸侯歳聘間朝之屬、説無所出。晉文公強盛諸侯耳、非所謂三代異物也」。是鄭以歳聘間聘朝、文無所出。不用其義也。

なお、《尚書》舜典に「三載考績、三考、黜陟幽明」とある。

③天子展義（02-23a-6）——荘公二十七年伝に「天子非展義不巡守、諸侯非民事不擧、卿非君命不越竟」とある。

④柴望（02-23a-6）——天子の祭祀の名。柴を焚いて天を祭り、四方の山川を望んで神を祭る。

○注の「古者」より「踰時」に至るまで。

○正義に曰う。「同位」とは、同じく大夫となって、共に列位に在る者をいう。その大夫が来たりて至るのを待つのであるが、三箇月待つので、「古者《いにしへ》」、法のうえでは、「①行役は時〔三箇月〕を踰えない」ことが分かる。②隠公五年の《穀梁伝》に「伐は時を踰えず」と述べているので、明らかに行役・聘問もまた時を踰えないのである。

【譯注】

①行役（02-23a-7）——大夫が君命を帯びて土木工事等に従事したり、軍役に就くことをいう。

②隠五年穀梁傳（02-23a-8）——《穀梁傳》隠公五年の条に、「伐不逾時、戰不逐奔、誅不塡服」とある。

【傳】贈死不及尸、　[02-23a]

【注】尸未葬之通稱。〔尸は未だ葬らざるの通稱なり。〕

【疏】注の「尸未葬之通稱」。

○正義に曰う。〈曲礼下〉①に「牀〔寝台〕に在るを尸《し》〔死骸〕と曰ひ、棺〔ひつぎ〕に在るを柩《きう》と曰ふ」と述べているのは、（尸と柩を）対照させて言ったまでである。いまここでは既に葬った後になってやって来て、「尸に及ばず」と言うのだから、「尸」とは「未だ葬らざるの通称」であることが分かる。「葬」には尸をもはや見ることができないが、葬っていなければまだ見ることができる。そこで「葬」を区切りとしたのである。

（ところで）《釈例（弔贈葬例）》に、

喪贈の幣〔葬儀の贈物〕は、車馬を賵といい、貨財を賻《はく》といい、衣服を襚《すい》といい、珠玉を含《がん》〔ふくみだま〕という。そしてまとめてこれを贈という。それゆえ伝に「死に贈りて尸に及ばず」と言う。

と述べている。そうだとすると、この伝の文章は賵のために書き起こされたものだけれども、実際には、賵・賻・含・襚をまとめて「贈」と名づける。しかし未だ葬らない段階では、すべて譏るべきものはない。襚は尸に着せ、含は口中に実《み》たすもので、大斂《たいれん》〔遺骸を棺に納めること〕の後には用いようがない。既に殯《ひん》〔かりもがり〕した後になっても、まだこれを致したのは、（贈り主の）恩好を存することを示したもので、これを充《あ》て用いたのではないのである。

今讃②に言う、〈雑記③〉では、弔する際の含・襚・賵・臨の類は、未だ葬っていなければ葦席《ゐせき》〔あしで編んだ敷物〕が有り、既に葬れば蒲席《ほせき》〔がまで編んだ敷物〕が有るから、これは「葬」の後に行うことができる。（しかるに）いまここで「緩」と言うのは（なぜかといえば）、《禮記》④は後人の雑録であって、伝と同じように論じることはできないからである。

あるいは葬った直後はよくて、久しくなると許されないのかも知れない。

【譯注】

①曲禮下（02-23a-9）——《禮記》曲禮下篇「天子死曰崩、諸侯曰薨、大夫曰卒、士曰不祿、庶人曰死。在床曰尸、在棺曰柩。羽鳥曰降、四足曰漬。死寇曰兵」。

②今讃（02-23b-2）——「今讃」が書名ではなく、《五經正義》の元の名《五經義讃》

にもとづく表記であることについては、劉文淇《左傳舊疏考正》（また拙著《春秋正義を読み解く》東洋古典學研究會　一一三頁）を参照されたい。

③雑記（02-23b-2）――《禮記》雑記下篇「諸侯使人弔、其次、含襚賵臨、皆同日而畢事者也、其次如此也」、〈雑記上〉篇「含者坐委于殯東南、有葦席。既葬、蒲席。降、出、反位」。

④禮記後人雜錄（02-23b-3）――《春秋正義》中では、同じ「五経」のひとつである《禮記》に対する評価が、意外にもあまり高くない。本疏の「禮記後人雜錄、不可與傳同言也」を初め、「禮記後人所錄。其言或中或否、未必所言皆是正禮」。(06-13a)・「禮記後人所錄、聞於所聞之口、其事未必實也」(09-04a) 等が見えるが、《尚書正義》《毛詩正義》もほぼ同様の評価である。これは実は後掲の杜預《釋例》の見方を継承するものであり、さらに溯れば鄭玄（《鄭志》に見える）にたどり着く考え方でもある。

・禮記明堂位云「有虞氏官五十、夏后氏官百」者、禮記是後世之言、不與經典合也。（《尚書正義》周官18-03b）

・玉藻「日少牢」、與周禮「日一擧」不同、者鄭志荅趙商云「禮記後人所定。或以諸侯同天子、或以天子與諸侯等、所施不同、故難據也。王制之法、與周異者多。當以經爲正」。然則爲記有參差、故不同也。（《毛詩正義》小雅・鴛鴦 14-2-10a）

なお《五經正義》の《禮記》評価については、拙稿「五經正義の禮記評価―讀五經正義札記(十一)」(『東洋古典學研究』第27集　二〇〇九年　《五經正義研究論攷》研文出版　二〇一三年所収）を参照。

【傳】弔生不及哀。　[02-23b]

【注】諸侯已上、既葬則縗麻除、無哭位、諒闇終喪。〔諸侯已上は、既に葬れば則ち縗麻《さいま》は除き、哭位無く、諒闇《りやうあん》して喪を終《と》ぐ。〕

【疏】注の「諸侯」より「終喪」に至るまで。

○正義に曰う。①昭公十五年伝に「穆后崩ず。王既に葬り、喪を除く。叔向曰く、三年の喪は、貴しと雖も服を遂ぐるは禮なり」と称しており、杜預は「天子・諸侯　喪を除くは、当《まさ》に卒哭《そつこく》に在るべし。今　王は既に葬りて除く、故に其の遂げざるを譏るなり」と述べている。

調べてみるに、②僖公二十三年伝の「卒哭して祔す」の杜注に、「既に葬りて反虞すれば、則ち喪を免る、故に卒哭と曰ふ。哭止《や》むなり」と述べている。杜預のこの言葉からすると、卒哭と葬〔埋葬〕とはあまり離れてはいないで、同じ一月中《ひとつき》にある。③《儀禮》では「士は三虞」であるから、天子・諸侯もみなこれと同様にする。④必ずそうだと分かるのは、「卒哭」は葬儀の余事であり、ともに一月中にあるので、杜預は「既に葬れば則ち衰麻《さいま》除く」と述べたのである。

⑤或説では、既に葬り卒哭して衰麻が除かれるのは、それらが相い接近しているからである、と述べる。

もしも⑥〈雑記〉に「諸侯は五月にして葬り、七月にして卒哭す」という記述によれば、中間（に二ヶ月）があって離れているから、（その間に）国の大事が有れば、それを何と呼ぶのであろうか。このことからも葬と卒哭は相連なっており、その間には何事も無いことが分かる。そうだとすれば、〈雑記〉に「諸侯は五月にして葬り、七月にして卒哭す」というのは（なぜかといえば）、調べてみるに、《釈例》に「⑦《禮記》は後人の作る所なれば、《春秋》と同じからず」と述べている。つまり杜預が採用しなかったのである。

「既に葬れば喪を除く」について、（実は）ただ杜預だけがこの説を主張している。まさしく《春秋》の例で、すべて葬ってしまえば君と成っているところからすると、明らかに「葬」は人君の大節である。

昭⑧公十二年伝に「斉侯・衛侯・鄭伯 晋に如《ゆ》く。晋侯 諸侯を享す。子産 鄭伯を相《たす》けて享を辞し、喪を免れて後に命を聴かんことを請ふ。晋人 之れを許す。礼なり」と述べている。その当時、鄭には簡公の喪が有って未だ葬っていなかったので、喪を免れることを請うたのである。そしてその下の伝にさらに、「六月、鄭の簡公を葬る」と述べている。丘明が伝文を作成するに当たっては、未だかつてただ経文だけを引用することはしないのに、ここにこの（鄭の簡公の）「葬」だけを言うのは、おそらく「免喪」の言葉に決着を与えるためであろう。このことから諸侯が既に葬れば喪を免れ、喪服が除かれた以上、哭位も無いことが分かる。諸侯がそうである以上、天子もまた同じだということが分かるのである。

《尚書⑨（無逸）》の「高宗亮 陰《りゃうあん》、三年言《ものい》はず」、《論語⑩（憲問）》に「何ぞ必ずしも高宗のみならん。古の人は皆な然り」と述べているのは、天子・諸侯が喪服を除いた後は、いずれも諒陰して喪を終えることをいうものである。

（このことについて）《晋書⑪》杜預伝に、

大始十年に元皇后が崩御せられた。漢魏の旧制度にのっとって、既に葬った後、帝及び群臣はすべて喪服を除いた。皇太子もまた除くべきや否やを尚書に諮問し、僕射《ぼくや》の盧欽とともにこれを議論させた。杜預だけが、昔は天子・諸侯の三年の喪は、始め斉《し》（衰《さい》）斬《ざん》（衰《さい》）に服し、既に葬って喪服を除いたあとは、諒闇して居り、心喪して制を終えるもので、士や庶人と礼を同じくしない、と考えた。そこで盧欽や魏舒が杜預にその証拠を問うたところ、杜預は次のように答えたのである。

「《春秋（左伝）》によると、晋侯が諸侯を供応した際、子産が鄭伯を補佐したが、当時、鄭の簡公の埋葬が終わっておらず、（鄭伯が）喪を免れたうえで命令を聴くことを請い、君子はこれを礼を得たものだと評した。また、宰咺が恵公・仲子の賵を贈った際、伝は『生を弔して哀に及ばず』と述べている。これらはいずれも既に葬れば服を除いて諒闇するという証拠である。文献でこれを説いているものは多いのに、学者がこれを深く考えなかったに過ぎない。〈喪服⑫〉では、諸侯は天子のために斬衰に服するが、どうしてこれが三年の喪に服して終えることを意味するものだといえようか」。

杜預はさらに奏議を作って言う。

「周の景王に后・世子の喪が有り、既に葬ったあと喪を除いて宴楽した。晋の叔向はこれを譏って、『三年の喪は、貴しと雖も服を遂ぐるは礼なり。王 遂げずと雖も、宴楽するは以て早し』と言った。これもまた天子の喪事の古文献に見えるものである。高宗のことを称賛するのに、『喪服三年』と言わないで、『亮陰三年』と言うのは、喪服を釈《と》いて心喪するという表現である。景王を譏るのに、その喪を除いたことを譏るのではなく、その宴楽の早いことを譏るのだから、既に葬れば喪服を除くべきであるが、諒闇の節に違うたのである。堯の喪に舜は諒闇すること三年であったから、『八音を遏密《あつみつ》す〔音曲を停止する〕』⑬と称した。これらのことから結論すれば、天子が喪に居るのは斉・斬の制で、菲杖《ひじょう》〔ぞうりにつえ〕に経帯《てったい》〔麻のおび〕して、その服を遂げるべきである。既に葬ったあとは喪服を除き、諒闇してこれを終える。『三年⑭ 父の道を改むること無し』であるから、『百官は己を総《すべ》て冢宰《ちょうさい》〔総理大臣〕に聴く』のである。喪服が既に除かれるので、さらに不言の美徳を称する。明らかにもはや苫《せん》⑮〔こも〕に寝て凷《くわい》〔つちくれ〕を枕にし、大政を荒らすということはしない。《禮記⑯》に『三年の喪は天子より達す』とか、『父母の喪は貴賤無く一なり』とか、さらに『端衰・喪車は皆な等無し』と言うのは、天子の喪に居ること、衣服の節は凡人に同じである事を通じて述べたもの。心喪の礼は三年に終わるが、服喪三年という文章は無い。天子の位は至尊であり、万機の政は至大、群臣の多きことは至広であって、凡人とは同じでありえない。それゆえ大行〔天子の崩御〕して既に葬り、廟に祔祭すれば、疏に因ってこれを除く。天子自身が除かなければ群臣は除きようがない。そこで己を屈して除き、諒闇して制を終える。天下の人々はみな『我が王の仁なり』と言い、己を屈して宜に從うから、『我が王の孝なり』と言う。既に除いて心喪し、我が王でさえこのように篤いのだから、およそ我が臣子もまたどうして自ら勉めて礼を崇《たっと》ばないでおられようか。これこそ聖人の制度、易風易俗の本である」。

この議が奏されて、皇太子はそのまま衰麻《さいま》を除いて諒闇して喪を終えた。当時、国の内外で杜預の議を聞いたものには、この議論を怪しむものが多く、これは礼に違反して時世に合わせようとしたものだと考えた。そこで杜預は郷人の段暢に、

「この事は問題が大きい。もともと古典を宣明しようとしたもので、いまだ当今には合わないことを知っている。博く典籍から材料を採用して証拠とすべきであり、全てが大いに明らかとなれば、将来に範を垂れるに足るであろう」。

と述べた。そこで段暢はあまねく疑問点を通じ、その趣旨を広めた。その議論はすべて残っている。

と言う記事がある。

杜預の奏議の中で引用する《尚書伝》⑰に「亮は信なり。陰は黙なり」と述べる。冢宰に聴いて、信《まこと》に黙して言わないことである。鄭玄⑱は「諒闇」を「凶廬《きょうろ》〔喪中に起居するいおり〕」と見なすが、これは杜預の採用しないところである。

【譯注】

①昭十五年傳（02-23b-5）――昭公十五年伝とその杜預注は以下の通り。

六月、乙丑、王大子壽卒。〔周景王子。〕秋、八月、戊寅、王穆后崩。〔大子壽之母也。傳爲晉荀躒如周葬穆后起。〕……十二月、晉荀躒如周、葬穆后、籍談爲介。既葬、除喪、以文伯宴、樽以魯壺。……叔向曰「王其不終乎。吾聞之、所樂必卒焉。今王樂憂、若卒以憂、不可謂終。王一歲而有三年之喪二焉、於是乎以喪賓宴、又求彝器、樂憂甚矣、且非禮也。彝器之來、嘉功之由、非由喪也。三年之喪、雖貴遂服、禮也〔天子諸侯除喪、當在卒哭。今王既葬而除、故譏其不遂〕。王雖弗遂、宴樂以早、亦非禮也。禮、王之大經也。一動而失二禮、無大經矣。言以考典、典以志經。忘經而多言、舉典、將焉用之」。

②僖三十三年傳（02-23b-6）――僖公三十三年伝「葬僖公、緩作主、非禮也。凡君薨、卒哭而祔、祔而作主、特祀於主、烝・嘗・禘於廟」、杜預注「既葬反虞則免喪、故曰卒哭。哭止也。以新死者之神、祔之於祖。尸柩已遠、孝子思慕、故造木主立几筵焉、特用喪禮、祭祀於寢、不同之於宗廟。言凡君者、謂諸侯以上、不通於卿大夫」。

③儀禮（02-23b-7）――《儀禮》士虞禮「始虞、用柔日、曰、哀子某、哀顯相、夙興夜處不寧、敢用絜牲剛鬣、香合、嘉薦普淖、明齊溲酒、哀薦祫事、適爾皇祖某甫、饗。再虞皆如初、曰、哀薦虞事。三虞、卒哭。他用剛日、亦如初」。ここに言う「虞」とはたまやすめの祭で、埋葬して帰宅した後、死者の霊を殯宮に安んじ祭ること。天子は九度虞祭をする。以下、諸侯は七虞、卿大夫は五虞、士は三虞である。

④必知然者（02-23b-7）――「必ずそうであることが分かるのは」の意で、以下にその説明・論証を続けるための、いわば枕詞である。既述の「知者」よりはやや意味が強い。《五經正義》中、とりわけ《禮記正義》に多く見られる用法である。拙稿「五經正義讀解通論（二）」（『東洋古典學研究』第21集 二〇〇六

年《五經正義研究論攷》研文出版 二〇一三年所収）參照。

⑤或云（02-23b-8）――「或説」の意味に解した。これ以降の《疏》文について、本来問答体であったものが、平叙文に書き直されたものではないかと思われる。

⑥雜記（02-23b-8）――《禮記》雜記下篇「天子飯、九貝、諸侯七、大夫五、士三。士三月而葬、是月也卒哭。大夫三月而葬、五月而卒哭。諸侯五月而葬、七月而卒哭。士三虞、大夫五、諸侯七」。

⑦釋例曰禮記後人所作（02-23b-9）――《釋例》會盟朝聘例に見える語。《五經正義》の《禮記》評価については前節注④。

⑧昭十二年傳（02-23b-10）――昭公十二年伝とその杜預注。

齊侯・衛侯・鄭伯如晉、朝嗣君也。公如晉、至河、乃復。取郠之役、莒人愬于晉、晉有平公之喪、未之治也、故辭公。公子慭遂如晉。晉侯享諸侯、子産相鄭伯、辭於享、請免喪而後聽命。晉人許之、禮也。……六月、葬鄭簡公。〔傳終子産辭享。明既葬則爲免喪。經書五月誤。〕

⑨尚書（02-24a-3）――《尚書》周書無逸篇「作其卽位、乃或亮陰、三年不言」。「亮陰」とは天子の忌中を意味するが、以下の《疏》文所引の諸文献に見えるように、「諒闇」「諒陰」「亮闇」とも表記される。

⑩論語（02-24a-3）――《論語》憲問篇「子張曰、書云、高宗諒陰、三年不言、何謂也、子曰、何必高宗、古之人皆然、君薨、百官總己以聽於冢宰三年」。

⑪晉書杜預傳（02-24a-4）――現行本の唐・房玄齢等撰《晉書》ではなく、王隱《晉書》である。なお現行本《晉書》では、〈禮志〉中篇に、本疏引《晉書》に類似した記述が以下のように見える。

泰始十年、武元楊皇后崩、及將遷于峻陽陵、依舊制、既葬、帝及羣臣除喪卽吉。先是、尚書祠部奏從博士張靖議、皇太子亦從制俱釋服。博士陳逵議、以爲「今制所依、蓋漢帝權制、興於有事、非禮之正。皇太子無有國事、自宜終服」。有詔更詳議。

尚事杜預以爲「古者天子諸侯三年之喪始同齊斬、既葬除喪服、諒闇以居、心喪終制、不與士庶同禮。漢氏承秦、率天下爲天子修服三年。漢文帝見其下不可久行、而不知古制、更以意制祥禫、除喪卽吉。魏氏直以訖葬爲節、嗣君皆不復諒闇終制。學者非之久矣、然竟不推究經・傳、考其行事、專謂王者三年之喪、當以衰麻終二十五月。嗣君苟若此、則天子羣臣皆不得除喪。雖志在居篤、更逼而不行。至今世主皆從漢文輕典、由處制者非制也。今皇太子與尊同體、宜復古典、卒哭除衰麻、以諒闇終制。於義既不應不除、又無取於漢文、乃所以篤喪禮也」。

於是尚書僕射盧欽尚書魏舒問杜預證據所依。

預云「傳稱『三年之喪、自天子達』、此謂天子絶朞、唯有三年喪也。非謂居喪衰服三年、與士庶同也。故后世子之喪、而叔嚮稱有三年之喪二也。周公不言高宗服喪三年、而云『諒闇三年』、此釋服心喪之文也。叔嚮不譏景王除喪、而譏其燕樂已早、明既葬應除、而違諒闇之節也。春秋、晉侯享諸侯、子産相鄭伯、時簡公未葬、請免喪以聽命、君子謂之得禮。宰咺來歸惠公仲子之賵、傳曰『弔生不及哀』。此皆既葬除服諒闇之證、先儒舊説、往往亦見、學者未之思耳。喪服、諸侯爲天子亦斬衰、豈可謂終服三年邪。上考七代、未知王者君臣上下衰麻三年者誰。下推將來、恐百世之主其理一也。非必不能、乃事勢不得、故知聖人不虛設不行之制。仲尼曰『禮所損益雖百世可知』、此之謂也」。

於是欽舒從之、遂命預造議、奏曰、

侍中尚書令司空魯公臣賈充侍中尚書僕射奉車都尉大梁侯臣盧欽尚書新沓伯臣山濤尚書奉車都尉平春侯臣胡威尚書劇陽子臣魏舒尚書堂陽子臣石鑒尚書豐樂亭侯臣杜預稽首言、禮官參議博士張靖等議、以爲「孝文權制三十六日之服、以日易月、道有汚隆、禮不得全、皇太子亦宜割情除服」。博士陳逵等議、以爲「三年之喪、人子所以自盡、故聖人制禮、自上達下。是以今制、將吏諸遭父母喪、皆假寧二十五月。敦崇孝道、所以風化天下。皇太子至孝著于內、而衰服除于外、非禮所謂稱情者也。宜其不除」。

臣欽臣舒臣預謹案靖逵等議、各見所學之一端、未曉帝者居喪古今之通禮也。自上及下、尊卑貴賤、物有其宜。故禮有以多爲貴者、有以少爲貴者、有以高爲貴者、有以下爲貴者、唯其稱也。不然、則本末不經、行之不遠。天子之與羣臣、雖哀樂之情若一、而所居之宜實異、故禮不得同。易曰「上古之世喪期無數」、虞書稱「三載四海遏密八音」、其後無文。至周公旦、乃稱「殷之高宗諒闇三年不言」。其傳曰「諒、信也。闇、默也」。下逮五百餘歲、而子張疑之、以問仲尼。仲尼答云「何必高宗、古之人皆然、君薨、百官總己以聽於冢宰三年」。周景王有后世子之喪、既葬除喪而樂。晉叔嚮譏之曰「三年之喪、雖貴遂服、禮也。王雖弗遂、宴樂已早、亦非禮也」。此皆天子喪事見於古文者也。稱高宗不云服喪三年、而云諒闇三年、此釋服心喪之文也。譏景王不譏其除喪、而譏其宴樂已早、明既葬應除、而違諒闇之節也。堯崩、舜諒闇三年、故稱遏密八音。由此言之、天子居喪、齊斬之制、菲杖絰帶、當遂其服。既葬而除、諒闇以終之、三年無改父之道、故百官總己聽於冢宰。喪服已除、故稱不言之美、明不復寢苫枕塊、以荒大政也。禮記「三年之喪、自天子達」。又云「父母之喪、無貴賤一也」。又云「端衰喪車皆無等」。此通謂天子居喪、衣服之節同於凡人、心喪之禮終於三年、亦無服喪三年之文。然繼體之君、猶多荒寧。自從廢諒闇之制、至令高宗擅名於往代、子張致疑於當時、此乃聖賢所以爲譏、非譏天子不以服終喪也。秦燔書籍、率意而行、亢上抑下。漢祖草創、因而不革。乃至率天下皆終重服、旦夕哀臨、經罹寒暑、禁塞嫁娶飲酒食肉、制不稱情。是以孝文遺詔、斂畢便葬、葬畢制紅禫之除。雖不合高宗諒闇之義、近於古典、故傳之後嗣。于時預修陵廟、故斂葬得在浹辰之內、因以定制。近至明帝、存無陵寢、五旬乃葬、安在三十六日。此當時經學疏略、不師前聖之病也。魏氏革命、以既葬爲節、合於古典、然不垂心諒闇、同譏前代。自泰始開元、陛下追尊諒闇之禮、愼終居篤、允臻古制、超絕於殷宗、天下歌德、誠非靖等所能原本也。天子諸侯之禮、當以具矣。諸侯惡其害己而削其籍、今其存者唯士喪一篇、戴聖之記雜錯其間、亦難以取正。天子之位至尊、萬機之政至大、羣臣之衆至廣、不同之於凡人。故大行既葬、祔祭于廟、則因疏而除之。己不除則羣臣莫敢除、故屈己以除之。而諒闇以終制、天下之人皆曰我王之仁也。屈己以從宜、皆曰我王之孝也。既除而心喪、我王猶若此之篤也。凡等臣子、亦焉得不自勉以崇禮。此乃聖制移風易俗之本、高宗所以致雍熙、豈惟衰裳而已哉。若如難者、更以權制自居、疑於屈伸厭降、欲以職事爲斷、則父在爲母朞、父卒三年、此以至親屈於至尊之義也。出母之喪、以至親爲屬、而長子不得有制、體尊之義、升降皆從、不敢獨也。禮、諸子之職、掌國子之倅。國有事則帥國子而致之大子、唯所用之。傳曰、「君行則守、有守則從、從曰撫軍、守曰監國」、不無事矣。喪服母爲長子、妻爲夫、妾爲主、皆三年。內宮之主、可謂無事。揆度漢制、孝文之喪、紅禫既畢、孝景卽吉於未央、薄后竇后必不得齊斬於別宮、此可知也。況皇太子配貳至尊、與國爲體、固宜遠遵古禮、近同時制、屈除以寬諸下、協一代之成典。君子之於禮、有直而行、曲而殺。有經而等、有順而去之、存諸內而已。禮云非玉帛之謂、喪云唯衰麻之謂乎。此既臣等所謂經制大義、且卽實近言、亦有不安、今皇太子至孝蒸蒸、發於自然、號咷之慕、匍匐殯宮、大行既奠、往而不反、必想像平故、徬徨寢殿。若不變從諒闇、則東宮臣僕、義不釋服。此爲永福官屬、當獨衰麻從事、出入殿省、亦難以繼。今將吏雖蒙同二十五月之寧、至於大臣、亦奪其制。昔翟方進自以身爲漢相、居喪三十六日、不敢踰國典、而況於皇太子。臣等以爲皇太子宜如前奏、除服諒闇制。

于是大子遂以厭降之議、從國制除衰麻、諒闇終制。于時外內卒聞預異議、多怪之。或者乃謂其違禮以合時。時預亦不自解說、退使博士段暢博採典籍、爲之證據、令大義著明、足以垂示將來。暢承預旨、遂撰集書傳舊文、條諸實事成言、以爲定證、以弘指趣。其傳記有與今議同者、亦具列之、博擧二隅、明其會歸、以證斯事。文多不載。

⑫喪服（02-24a-7）――《儀禮》喪服篇の斬衰の条に、「諸侯爲天子（諸侯は天子の為に斬衰の喪に服する）」とある。

⑬遏密八音（02-24a-10）――《尚書》舜典「二十有八載、帝乃殂落、百姓如喪考妣、三載、四海遏密八音」。

⑭三年無改於父之道（02-24b-1）――《論語》学而篇「子曰、父在觀其志、父沒觀其行、三年無改於父之道、可謂孝矣」。

⑮寢苫枕凷（02-24b-2）――《儀禮》喪服篇の斬衰の条に、「外納、居倚廬、寢苫枕塊、哭晝夜無時、歠粥、朝一溢米、夕一溢米」とある。

⑯禮記（02-24b-2）――《禮記》王制篇「三年之喪、自天子達、庶人縣封、葬不爲雨止、不封不樹、喪不貳事、自天子達於庶人」、〈中庸〉篇「三年之喪、達乎天子。父母之喪、無貴賤、一也」、〈雜記〉上篇「端衰、喪車、皆無等」。

⑰尚書傳（02-24b-8）――杜預は、いわゆる《僞孔傳古文尚書》が出現する前の人であるから、ここに言う「尚書傳」はもとより《孔安國傳》ではない。あるいは《尚書大傳》か馬融《尚書傳》を指すのかもしれない。陳壽祺は古文家の説であろうと推測する。現行本《晉書》禮志中篇の当該箇所では、「至周公旦、乃稱『殷之高宗、諒闇三年不言』。其傳曰『諒信也。闇默也』」とある。ちなみに現行本《尚書》無逸篇とその《孔安國傳》、並びに《疏》文は以下の通り。

作其卽位、乃或亮陰、三年不言。〔武丁起其卽王位、則小乙死。乃有信默三年不言。言孝行著。〕○傳武丁起至行著○正義曰、以上言「久勞於外」、爲父在時事、故言「起其卽王位、則小乙死」也。「亮」信也。「陰」默也。「三年不言」、以舊無功而今有、故言「乃有」。説此事者、言其「孝行」著也。禮記喪服四制引書云「高宗諒闇、三年不言、善之也。王者莫不行此禮、何以獨善之也。曰、高宗者武丁。武丁者殷之賢王也。繼世卽位、而慈良於喪。當此之時、殷衰而復興、禮廢而復起、故載之於書中而高之、故謂之高宗。三年之喪、君不言也」。是説此經「不言」之意也。（16-11a）

また現行本《尚書》説命篇「王宅憂亮陰三祀」の《孔安國傳》に「陰默也。居憂信默、三年不言」とある。

⑱鄭玄（02-24b-8）――鄭玄の《尚書》注を指す。「諒闇轉作梁闇。楣謂之梁、闇廬也。小乙崩、武丁立、憂喪三年之禮、居凶廬柱楣、不言政事」（《毛詩》商頌譜疏引）。また《禮記》喪服四制篇注「諒古作梁。楣謂之梁。闇讀如鶉鶴之鶴。闇謂廬也。廬有梁者、所謂柱楣也」。

【傳】豫凶事、非禮也。 [02-24b]

【注】仲子在而來贈、故曰豫凶事。〔仲子 在りて而も來たり贈る、故に凶事を豫《あらかじめ》すと曰ふ。〕

【傳】八月、紀人伐夷。夷不告、故不書。 [02-24b]

【注】夷國在城陽莊武縣。紀國在東莞劇縣。隱十一年傳例曰、凡諸侯有命、告則書、不然則否。史不書於策、故夫子亦不書于經。傳見其事、以明春秋例也。他皆倣此。〔夷國は城陽莊武縣に在り。紀國は東莞劇縣に在り。隱十一年傳例に曰く、「凡そ諸侯 命有りて、告ぐれば則ち書し、然らざれば則ち否《しかせ》ず」と。史 策に書せず、故に夫子も亦た經に書せず。傳は其の事を見《しめ》し、以て春秋の例を明らかにするなり。他は皆な此に倣へ。〕

【疏】「紀人伐夷」

○正義に曰う。《世族譜》に「紀は姜姓、侯爵。莊四年に斉 之れを滅す」とある。また《世本》では「夷は妘《うん》姓」であるが、伝にその人物が見えないので、誰に滅ぼされたのかは分からない。

《釈例》土地名では「夷国は城陽莊武県に在」る。（一方）莊①公十六年の「晉

の武公 夷を伐ち、夷詭諸を執ふ」について、杜預は「詭諸は周の大夫、夷は采地の名なり」と注釈しており、《釈例》土地名の注では「闕《けつ》」としているから、ふたつの「夷」は別国である。ところが《世族譜》では「夷詭諸」の下に「妘姓」と注釈しており、そのほかに夷国は無いのだから、ここでは二つの夷国を同一としていることになる。

考えるに、荘武県は遠く東垂に在るから、周の大夫の采邑とはなりえないのに、晋がその土地を取ったのだから、これは《世族譜》②が誤りである。

【譯注】

①荘十六年（02–25a–3）――荘公十六年伝「初、晉武公伐夷、執夷詭諸〔夷詭諸周大夫。夷采地名〕。蔿國請而免之。既而弗報、故子國作亂、謂晉人曰、與我伐夷而取其地。遂以晉師伐夷、殺夷詭諸。周公忌父出奔虢。惠王立而復之」。

②世族譜（02–25a–4）――同じく杜預の手に成る《釋例》土地名と《世族譜》とが齟齬するのは、おそらくそれぞれが基づいた資料が異なるからであろう。

【傳】有蜚。不爲災、亦不書。　［02–25a］

【注】蜚負蠜也。莊二十九年傳例曰、凡物不爲災不書。又於此發之者、明傳之所據、非唯史策、兼采簡牘之記。他皆倣此。〔蜚《ひ》は負蠜《ふばん》なり。荘二十九年の傳例に曰く、「凡そ物 災を爲さざれば書せず」と。又た此に於いて之れを發するは、傳の據る所は、唯に史策のみに非ず、兼ねて簡牘《かんとく》の記を采るを明らかにす。他は皆な此に倣へ。〕

【疏】注の「蜚負」より「倣此」に至るまで。

○正義に曰う。〈釈虫〉①に「蜚《ひ》は蠦《ろ》蜰《ひ》なり」と述べており、舎人②・李巡③ともに「蜚《ひ》蠦《ろ》は一名蜰《ひ》なり」と述べている。（これに対して）郭璞は「蜚は即ち負盤《ふばん》、臭虫なり」と述べている。また《洪範五行伝》④には「蜚は負蠜《ふばん》、夷狄の物、越の生ずる所なり。其の虫為《た》るや臭悪、南方淫女の気の生ずる所なり」と述べている。さらに《本草》⑤では「蜚は厲《れい》虫〔害虫〕なり」と言う。そうだとすると「蜚」は臭悪の虫で、人を害するものであるから、災となることも有り、災とならないことも有る。

経・伝にはすべて「蜚有り」と記載しているから、この虫はただ「蜚」と名付けただけで、「蜚蠦」と名付けたのではない。したがって《爾雅》を解釈するには、「蜚は一名蠦蜰なり」と言うべきである。《爾雅》の注釈家〔舎人・李巡〕が「蜚蠦は一名蜰なり」と言うのは誤りである。

この虫はまたの名を「負盤」と言う。《漢書》⑥やこの注で「負蠜」に作るものが多いのは（なぜかといえば）、〈釈虫〉⑦に「草虫に負蠜あり」と述べており、この虫は毎年いつもいる虫で、害虫ではない。おそらくこれとの混同によって誤り、「蠜」と見なしたものであろう。

また明らかに下文に成例が有って、ここで書くべきではないのに、伝がここで例を発しているのは（なぜかといえば）、伝が依拠したものは正史の策書〔史官の記録〕ばかりではなく、さらに簡牘《かんとく》⑧に記載が有るものからも兼ねて採集したことを明らかにしたもの、そこでこの伝でそのことを述べた。

考えるに、上文の伝の「紀人 夷を伐つ」の注に、「伝は其の事を見《しめ》し、以て春秋の例を明らかにす」と述べていることからすると、この「蜚有り」もまた明らかに春秋の例である。ここ（の注）に「伝の拠る所は、唯に史策のみに非ず、兼ねて簡牘を采る」と述べていることからすれば、上文の「紀人伐夷」もまた簡牘から兼ね採集したものである。（それなのに注の表現が異なることについては）、しかし「紀人伐夷」は、他国が告げてこなかったため、「明例」という言葉で解釈した。（これに対して）「蜚」⑨は魯国に生じたものであるため、「兼采簡牘」で解釈した。実のところ、二つの注は、互いに通じ合う。そのほかもこれと同類である。

【譯注】

①釋蟲（02-25a-7）――《爾雅》釋蟲「蜚、蠦蜰」、郭璞注「蜰卽負盤、臭蟲」。東晉の郭璞（二七六～三二四）、字は景純、河東聞喜（山西省）の人。完存する最古の《爾雅》注の作者である（《晉書》卷七十二）。《隋志》によれば、このほかに《爾雅音》一卷、《爾雅圖》十卷、《爾雅圖讃》二卷があったというが、これは佚している。

②舍人（02-25a-7）――《隋志》に《爾雅》注のひとつ「犍爲文學三卷亡」として著録されているものを指すという。《經典釋文》敍錄に「一云犍爲郡文學卒史臣舍人、漢武帝侍詔」とある。「犍爲」は蜀の郡名、「舍人」は官職名である。《春秋正義》中に「舍人」として三十数例引用されている。輯本として《玉函山房輯佚書》《漢學堂叢書》等がある。

③李巡（02-25a-7）――《隋志》に《爾雅》注のひとつ「中黃門李巡爾雅注三卷亡」として著録されている。李巡は汝南（河南省）の人、後漢の宦官で、熹平石経の発案者といわれる（《後漢書》宦者呂強傳）。《春秋正義》中に約七十例引用されており、輯本としては《玉函山房輯佚書》《漢學堂叢書》等がある。

④洪範五行傳（02-25a-7）――《五經正義》中で「洪範五行傳」として引用されるものに二種類ある。ひとつは《尚書大傳》中の一篇としての〈洪範五行傳〉、もうひとつは前漢末の劉向撰《洪範五行傳（論）》である。両者の関係については、拙稿「引書からみた五經正義の成り立ち—書傳・書傳略説・洪範五行傳を通して—」（新居浜工業高等専門学校紀要第二五卷　一九八九年　《五經正義の研究》所収）を参照されたい。いずれも完本としては伝わらないが、本疏所引は劉向《洪範五行傳》である。なお輯本として《漢魏遺書鈔》《黃氏逸書考》《左海全集》等がある。

⑤本草（02-25a-8）――神農の作と伝えられる博物学の書。梁の《七錄》（書名目録）に「神農本草三卷」に著録されるのを最初とするというが、その後多くの注解・増補が行われた。本疏所引がどの注解であるのかは、特定できない。現在では、明・李時珍《本草綱目》五十二卷を利用することが多い。《春秋正義》中には本疏以外に二例（23-24b・35-17a）の引用がある。

⑥漢書（02-25a-9）――《漢書》五行志は《尚書大傳》洪範五行傳や劉向《洪範五行傳》を承けるものだという。〈五行志〉第七中之下に以下のように見える。

嚴公二十九年「有蜚」。劉歆以爲負蠜也、性不食穀、食穀爲災、介蟲之孼。〔師古曰、蜚音伏味反。蠜音煩。〕劉向以爲蜚色青、近青眚也、非中國所有。南越盛暑、男女同川澤、淫風所生、爲蟲臭惡。〔師古曰、蜚者、中國所有、非南越之蟲、未詳向所說。〕是時嚴公取齊淫女爲夫人、旣入、淫於兩叔、故蜚至。天戒若曰、今誅絕之尚及、不將生臭惡、聞於四方。嚴不寤、其後夫人與兩叔作亂、二嗣以殺、〔師古曰、二嗣、謂子般及閔公也。〕卒皆被辜。〔師古曰、謂二叔哀姜皆不得其死也。已解於上。〕董仲舒指略同。

⑦釋蟲（02-25a-10）――《爾雅》釋蟲「草螽、負蠜」、郭璞注「詩云、喓喓草蟲、謂常羊也」。

⑧簡牘（02-25b-1）――「策」「簡」「牘」いずれも書写材料である。

⑨二注（02-25b-3）――上経の注「隱十一年傳例曰、凡諸侯有命、告則書、不然則否。史不書於策、故夫子亦不書于經。傳見其事、以明春秋例也。他皆倣此」と本注「莊二十九年傳例曰、凡物不爲災不書。又於此發之者、明傳之所據、非唯史策、兼采簡牘之記。他皆倣此」とを指す。

【傳】惠公之季年、敗宋師于黃。　[02-25b]

【注】黃宋邑。陳留外黃縣東有黃城。〔黃は宋の邑なり。陳留外黃縣の東に

黄城有り。〕

【傳】公立而求成焉。九月、及宋人盟于宿、始通也。 〔02–25b〕

【注】經無義例、故傳直言其歸趣而已。他皆倣此。〔經に義例無し、故に傳は直《た》だ其の歸趣を言ふのみ。他は皆な此に倣へ。〕

【傳】冬十月、庚申、改葬惠公。公弗臨、故不書。 〔02–25b〕

【注】以桓爲大子、故隱公讓而不敢爲喪主。隱攝君政、故據隱而言。〔桓を以て大子と爲す、故に隱公は讓りて敢て喪主と爲らず。隱は君政を攝る、故に隱に據りて言ふ。〕

【傳】惠公之薨也、有宋師。大子少。葬故有闕。是以改葬。 〔02–25b〕

【疏】「有宋」より「改葬」に至るまで。

○正義に曰う。上文に「恵公の季年〔末年〕に、宋師を黄に敗る。公立ちて成《たひらぎ》を求む」と述べていることからすると、隠公が即位する前に、恵公が宋師を敗っている。いま「恵公の薨ずるや、宋師有り」と述べているのは、たぶん宋は黄の敗戦の報復としてやって来て魯を伐ったものであろう。隠公は兵を率いて宋軍を防御しようとし、葬儀の事を大子に委ねたため、葬儀に「闕《か》くることが有った」のである。

服虔は「宋師とは黄の師のことである。このとき宋がやって来て魯を伐ったため、隠公みずから戦った」と見なしているが、そうだとすると、隠公はみずから宋師を敗り、帰国してみずから和平を求めたことになるから、伝がどうして「敗」を恵公に属し、さらに別に「公立つ」と述べるはずがあろうか。しかも「薨」と「葬」とは時間が離れているのだから、どうして宋師が（恵公の）「薨」の時にすでに来襲しており、「葬」の時になってもまだ立ち去っていないことがあろうか。

【傳】衞侯來會葬、不見公、亦不書。 〔02–26a〕

【注】諸侯會葬非禮也。不得接公成禮、故不書於策。他皆倣此。衞國在汲郡朝歌縣。〔諸侯の會葬するは禮に非ざるなり。公に接して禮を成すを得ず、故に策に書せず。他は皆な此に倣へ。衞國は汲郡朝歌縣に在り。〕

【疏】「衞侯來會葬」

○正義に曰う。衛国は侯爵である。《譜》に、

姫姓、文王の子の康叔の封ぜられし後なり。周公 既に禄父を誅し、其の地を以て康叔を封じて衛侯と為し、殷虚に居らしむ。今の朝歌是れなり。狄 衛を滅ぼし、文公 楚丘に居る。成公 帝丘に徙《うつ》る。今の東郡濮陽 是れなり。桓公の十三年は魯の隠公の元年なり。出公輒の十二年は獲麟の歳なり。悼公の二年に春秋の伝終はる。悼公は三年に卒す。悼より以下十一世二百五十五年にして秦 衛を滅ぼす。

と述べている。〈衛世家〉[1]によれば、桓公は康叔十一世の子孫である。《尚書》[2]顧命では康叔を「衛侯」と称しているから、初封は侯爵である。（ところが）〈衛世家〉では康叔の子は「伯」を称し、頃侯に至ってまた「侯」を称している。したがって今の桓公は侯爵である。

○注の「諸侯」より「倣此」に至るまで。

○正義に曰う。昭公三十年伝[3]に「先王の制、諸侯の喪には、士 弔し、大夫 葬を送る」と述べ、昭公三年伝[4]に「文・襄の覇たるや、君薨ずれば大夫 弔し、卿 葬事を共にす」と称しており、双方で諸侯自身が会葬することを言わないのは、「諸侯の会葬するは非礼」であり、「公に接して礼を成すを得ざるが故に書せざる」ものだからである。

ここに「公に見《まみ》えざれば書せず」と述べているが、介[5]の葛盧もまた公に会

見しなかったのに書いているのは（なぜかといえば）、この年の場合、公は国内にいて衛侯と会見しなかったため書かなかったが、かしこの年の場合、公自身が会合に出席していて、（代わりに）国人が賓客としてもてなしたのであり、また（葛盧自身が）一年のうちに二度もやって来たことを表そうとしたため、そのことを書いたのである。

【譯注】

①衛世家（02-26a-6）――《史記》衛世家によって世系を示すと以下の通り。

康叔封―康伯①―考伯②―嗣伯③―疌伯④―靖伯⑤―貞伯⑥―頃侯⑦―釐侯⑧―武公⑨―莊公⑩―桓公⑪

②尚書顧命（02-26a-6）――《尚書》周書顧命篇は、〈書序〉によれば、「成王まさに崩ぜんとして、召公・畢公に命じ、諸侯を率《ひき》ゐて康王を相《たす》けしむ」るために作ったものとされるが、その諸侯の中に「衛侯」が見える。「惟四月、哉生魄、王不懌。甲子、王乃洮頮水、相被冕服、憑玉几。乃同召太保奭・芮伯・彤伯・畢公・衛侯・毛公・師氏・虎臣・百尹・御事」。

③昭三十年傳（02-26a-7）――昭公三十年伝「先王之制、諸侯之喪、士弔、大夫送葬。唯嘉好・聘享・三軍之事於是乎使卿」。

④昭三年傳（02-26a-8）――昭公三年伝「昔文・襄之霸也、其務不煩諸侯、令諸侯三歳而聘、五歳而朝、有事而會、不協而盟。君薨、大夫弔、卿共葬事。夫人、士弔、大夫送葬。足以昭禮・命事・謀闕而已、無加命矣」。

⑤介葛盧（02-26a-9）――僖公二十九年経「二十有九年、春、介葛盧來」、「冬、介葛盧來」、伝「二十九年、春、介葛盧來朝、舍于昌衍之上。公在會、饋之芻米、禮也」、「冬、介葛盧來、以未見公故、復來朝。禮之、加燕好。介葛盧聞牛鳴、曰、是生三犧、皆用之矣。其音云。問之而信」。

【傳】鄭共叔之亂、公孫滑出奔衛。 [02-26a]

【注】公孫滑共叔段之子。〔公孫滑は共叔段の子なり。〕

【傳】衛人爲之伐鄭、取廩延。鄭人以王師・虢師、伐衛南鄙。 [02-26b]

【注】虢西虢國也。弘農陝縣東南有虢城。〔虢は西虢國なり。弘農陝縣の東南に虢城有り。〕

【傳】請師於邾。邾子使私於公子豫。 [02-26b]

【注】公子豫魯大夫。私請師。〔公子豫は魯の大夫。私《わたくし》に師を請ふ。〕

【傳】豫請往。公弗許。遂行、及邾人・鄭人、盟于翼。 [02-26b]

【注】翼邾地。〔翼は邾の地なり。〕

【傳】不書、非公命也。 [02-26b]

【傳】新作南門。不書、亦非公命也。 [02-26b]

【注】非公命不書三見者、皆興作大事、各擧以備文。〔公命に非ざれば書せざること三見するは、皆な大事を興作すれば、各おの擧げて以て文を備ふればなり。〕

【傳】十二月、祭伯來、非公命也。 [02-26b]

【傳】衆父卒。 [02-26b]

【注】衆父公子益師字。〔衆父は公子益師の字なり。〕

【傳】公不與小斂、故不書日。 [02-26b～02-27a]

【注】禮卿佐之喪、小斂大斂、君皆親臨之、崇恩厚也。始死情之所篤、禮之所崇、故以小斂爲文。至於但臨大斂、及不臨其喪、亦同不書日。〔禮に卿佐の喪、小斂・大斂には、君は皆な親《みづか》ら之れに臨むは、恩の厚きを崇べばなり。始めて死するときは情の篤《あつ》き所、禮の崇ぶ所、故に小斂を以て文を爲す。但だ大斂に臨むのみ、及び其の喪に臨まざるに至りては、亦た同

じく日を書せず。」〕

【疏】「禮卿」より「書日」に至るまで。

○正義に曰う。〈喪大記〉①の君が臣下の喪に臨む礼に、「君は大夫に於ては大斂《たいれん》す。之れに賜ふときは則ち小斂す」と述べている。卿は大夫のうちの尊者であるから、明らかに「小斂・大斂に、君は皆な之れを親《みずか》らす」るのは、「恩の厚きを崇ぶ」からである。

小斂・大斂ともに親ら関与すべきであるのに、「小斂」だけで表現しているので、「始めて死するは情の篤き所」だということが分かる。

賈逵が「大斂に与らなければ、卒を書かない」と述べている。そうだとすれば、殯《ひん》〔かりもがり〕の時に君が行かなかった場合には、どのように裁定しようとするのであろうか。しかも伝にはその事実が無いのだから、妄りに説くべきではない。だから杜預は「但だ大斂に臨むのみ、及び其の喪に臨まざるも、亦た同じく日を書せず」と見なしたのである。

【譯注】

①喪大記（02–26b–9）――《禮記》喪大記篇「君於大夫世婦大斂焉。爲之賜則小斂焉」。

【經】經、二年、春、公會戎于潛。 [02–27a]

【注】戎・狄・夷・蠻、皆氐羌之別種也。戎而書會者、順其俗以爲禮。皆謂居中國、若戎子駒支者。陳留濟陽縣東南有戎城。潛魯地。〔戎・狄・夷・蠻は皆な氐羌《ていきやう》の別種なり。戎にして會を書するは、其の俗に順ひて以て禮を爲せばなり。皆な中國に居ること、戎子駒支の若き者を謂ふ。陳留濟陽縣の東南に戎城有り。潛は魯の地なり。〕

【疏】注の「戎狄」①より「魯地」に至るまで。

○正義に曰う。〈曲礼〉に「東夷・西戎・南蠻・北狄」という記事がある。そうだとすると四者は九州の外の区別した呼び名である。《詩》②商頌に「彼の氐羌よりす」と言う「氐羌」とは西戎の国名である。杜預は「戎」が遠方の地に在ることを明らかにしようとして、形容のしようがないので、「氐羌の別種」だと述べたもので、それは類似した例を挙げたまでで、四者が羌内の別種だと主張しているのではない。実際には氐羌は戎内の別種である。

「戎子駒支」③が、「我が諸戎は、飲食衣服は華〔中華〕と同じからず、贄幣《しへい》〔礼物のやりとり〕は通ぜず、言語は達せず」〔襄公十四年〕と述べており、このことから考えるに、（戎は中国の諸侯と）会盟の礼を行うことはできないはずだから、このことを解説して、「其の俗に順ひて以て礼を為す」と述べたのである。

沈氏④は以下のように述べている。「会」は公が出かけて往くから、戎が主人となるので、主人の俗に従って「会」の礼を行うことができる。「朝」は戎がやって来るから、魯が主人となるが、戎は主人の俗に従うことはできないから、「朝」の礼は成就しないことになる。

「戎」は西方の夷で、決して遠くからやって来て魯に会するということはない。だから「中国に居ること、戎子駒支の若《ごと》き者を謂ふ」ものだということが分かる。駒支のことは襄公十四年に見える。

【譯注】

①曲禮（02–27a–5）――《禮記》曲禮下篇「九州之長入天子之國、曰牧。天子同姓、謂之叔父。異姓、謂之叔舅。於外曰侯、於其國曰君。其在東夷・北狄・西戎・南蠻、雖大、曰子」。

②詩商頌（02–27a–5）――《毛詩》商頌・殷武篇「昔有成湯、自彼氐羌、莫敢不來

享、莫敢不來王、曰商是常」。

③戎子駒支（02-27a-7）――襄公十四年伝に、晉の范宣子の詰問に答えた戎子駒支の反論の言葉を次のように記述している。

昔秦人負恃其衆、貪于土地、逐我諸戎。惠公蠲其大德、謂我諸戎、是四岳之裔冑也、毋是翦棄。賜我南鄙之田、狐狸所居、豺狼所嗥。我諸戎除翦其荊棘、驅其狐狸豺狼、以爲先君不侵不叛之臣、至于今不貳。昔文公與秦伐鄭、秦人竊與鄭盟而舍戍焉、於是乎有殽之師。晉禦其上、戎亢其下、秦師不復、我諸戎實然。譬如捕鹿、晉人角之、諸戎掎之、與晉踣之。戎何以不免。自是以來、晉之百役、與我諸戎相繼于時、以從執政、猶殽志也、豈敢離逖。今官之師旅無乃實有所闕、以攜諸侯而罪我諸戎。我諸戎飲食衣服不與華同、贄幣不通、言語不達、何惡之能爲。不與於會、亦無瞢焉。

④沈氏（02-27a-8）――沈氏の言葉の引用がどこまでかが問題となる。《玉函山房輯佚書》は「故朝禮不成」までだと見なすが、恐らくは最後までであろう。

【經】夏、五月、莒人入向　[02-27a]

【注】向小國也。譙國龍亢縣東南有向城。莒國今城陽莒縣也。將卑師少稱人。弗地曰入。例在襄十三年。〔向は小國なり。譙國龍亢縣の東南に向城有り。莒國は今の城陽莒縣なり。將の卑《いや》しく師の少きを「人」と稱す。地せざるを「入」と曰ふ。例は襄十三年に在り。〕

【疏】「莒人入向」

○正義に曰う。《世本》では、「莒は己姓、向は姜姓」①である。この伝に「莒人 向に入りて、姜氏を以《ゐ》て還《かへ》る」と述べており、文公八年伝に「穆伯 莒に奔り、己氏に従ふ」と称しているのは、莒が己姓、向が姜姓であることの、伝文に見えるものである。《譜》に、

莒は嬴姓、少昊の後なり。周の武王 茲輿を莒に封ず。初め計に都し、後に莒に従る。今の城陽莒県 是れなり。《世本》にては、紀公より以下己姓と為る。誰の之れに姓を賜ひし者なるかを知らず。十一世の茲丕公にして方《はじ》めて《春秋》に見ゆ。共公より以下は微弱にして、復《ま》た見えず。四世にして楚 之れを滅す。

と述べている。「向」については、ただここで経文に見えるのみで、その終始を知ることはできない。

○注の「向小」より「三年」に至るまで。

○正義に曰う。「将卑《いや》しく師少きを人と称す」について。《周禮》②では「万二千五百人を軍と為す。二千五百人を師と為す。五百人を旅と為す」とあり、用兵の多少は、その数に一定のものが無い。大事を挙行し、大衆を動かすことを重くみて、「師」を満たせばこれを書き、満たさなければ書かない。人数が少ないことを軽んずるので、経文にはすべて「旅」を書かない。

「師」とは「衆《おお》い」という意味である。五軍・三軍であっても、すべて「師」と名づけるのは、その「衆」の義を取るので、そのため経文には「軍」もまた書かない。《釈例（侵伐襲例）》に「《春秋》に軍・旅を書かず、おしなべて師と言うのは、衆辞に従うからである」と述べているのはその意味である。

経の大例では、君が自ら将となる場合、「君」を言って「師」を言わない。卿が将となる場合、師を満たせば「師」「将」ともに書き、満たさなければただ「将」の名を挙げるのみ。大夫が将となる場合、師を満たせば「師」を称し、満たさなければ「人」と称する。その理由は、定公四年伝に③「君 行けば師 従ひ、卿 行けば旅 従ふ」と言うことからすれば、「君行」には必ず「師」が有り、「卿行」には必ず「旅」が有るわけで、文章表現にそれが見えなくとも、その道理は明白である。君が将となって「師師」を言わず、卿が将となって「師旅」を言わないのは、（言わなくても）知ることができるか

らである。

「卿行」に「師」の従うことは有りえないが、今ここで一師を帥領しているのに、もし「師」を言わなければ、「師」の文の表現のしようが無いし、卿は尊いから当然「名」を書くべきであるが、「師」の文も別に表現すべきである。そういうわけで「師」「将」を並挙して、「某帥師（某 師を帥《ひき》ゐる）」と表現するのである。師の少ない場合も、卿は当然表現すべきだから、ただ将の「名」を挙げるだけで、「帥旅」とは言わない。人数が少なくて記録するに足りないという意味である。

大夫の爵位は卑《ひく》く、名氏は経文に表現できない。しかし、帥《ひき》いるものが師を満たした場合、「師」は表現すべきだから、「師」を言って「将」を言わない。もしも師を満たさなければ、一旅の人数は例としては書かないし、大夫の位は卑いので、名もまた表現すべきではないから、ただその「将」だけを挙げて、これを「人」と言う。「人」とは大夫自身のことである。

「将尊師少」と「将卑師衆」との場合、これに序列をつけるとすれば、「将卑師衆」が上位である。④襄公二年の「晋師・宋師・衛甯殖 鄭を侵す」とあるのがそれである。

⑤隠公五年の《公羊伝》に、

曷為《なんす》れぞ或は率師を言ひ、或は率師を言はざる。将 尊く、師 衆きときは、「某 師を率ゐる」と称す。将 尊く、師 少きときは、「将」を称す。将 卑く、師 少きときは、「人」と称す。君 将たりて率師を言はざるは、其の重きを書するなり。

と述べており、《釈例（侵伐襲例）》に、

大夫が将となった場合、師を満たせば「師」を称し、満たさなければ「人」を称するのみ。卿が将となった場合、師を満たせば両方とも書き、満たさなければただ名氏を書くのみ。君が将となった場合、帥師を言わない。卿が将となった場合、帥旅を言わないのは、これが史策記注の常例である。

と言うのは、《公羊伝》を用いて説をなしたものである。

劉炫が次のように述べている。

盟会の例では、卿は名氏を書き、卿でなければ「人」と書き、「人」が名氏の位置に相当するのは、ちょうど「将 卑しく、師 少きを人と称す」るのと同じで、（将帥も）やはり盟会の場合と同じである。

【譯注】

①文八年傳（02-27b-2）――文公八年伝「穆伯如周弔喪、不至、以幣奔莒、従己氏焉」。

②周禮（02-27b-4）――《周禮》夏官序官「凡制軍、萬有二千五百人爲軍。王六軍、大國三軍、次國二軍、小國一軍。軍將皆命卿。二千有五百人爲師、師帥皆中大夫。五百人爲旅、旅帥皆下大夫。百人爲卒、卒長皆上士。二十五人爲兩、兩司馬皆中士。五人伍、伍皆有長。一軍則二府・六史・胥十人・徒百人」。

③定四年傳（02-27b-8）――定公四年伝に衛の子魚の言葉として、「且夫祝、社稷之常隷也。社稷不動、祝不出竟、官之制也。君以軍行、祓社釁鼓、祝奉以從、於是乎出竟。若嘉好之事、君行師從、卿行旅從、臣無事焉」とある。

④襄二年（02-28a-2）――襄公二年経「（六月）晉師・宋師・衛甯殖侵鄭」。

⑤隱五年公羊傳（02-28a-3）――《公羊傳》隱公五年の条「秋、衛師入盛。曷爲或言率師或不言率師。將尊師衆、稱某率師。將尊師少、稱將。將卑師衆、稱師。將卑師少、稱人。君將不言率師、書其重者也」。

【經】無駭帥師入極。　[02-28a]

【注】無駭魯卿。極附庸小國。無駭不書氏、未賜族。賜族例在八年。〔無駭は魯の卿なり。極は附庸の小國なり。無駭に氏を書せざるは、未だ族を賜はらざればなり。賜族の例は八年に在り。〕

【疏】注の「無駭」より「八年」に至るまで。

○正義に曰う。《春秋》の例では、卿であってはじめて経文に（その名が）示される。いま経文に名を書き、伝で「司空」と述べているので、「無駭」が「魯の卿」であることが分かる。名が経に書かれている諸々のものは、すべて卿であるので、ここで一度注するだけで、以下ではもはやそのことを再言しない。

また〈王制〉①に「上大夫は卿なり」と述べていることからすると、卿もまた大夫である。だから注では「大夫」という表現で「卿」を説明することが多い。下②の（経文の）注で「裂繻は紀の大夫なり」と述べているが、こういった例はすべて卿のことである。その名が伝に表現されて、注で「大夫なり」と述べているのは、その爵位もほんとうに大夫である。

《穀梁伝》③では「極」を国名と見なしているのに、杜預が「附庸」だと述べているのは（なぜかといえば）、沈氏が「費伯④が師を帥いて郎に城を築き、そのことで極に勝つことができたことからすれば、極は国境内にあるので、附庸だと述べた」と説明している。

およそ卿が国を出て使者となる場合、必ずその（経文に）名氏を具えるのは、君命を尊ぶからである。いま「氏」を書いていないので、「未だ爵を賜はらず」と解釈したもので、それは称すべき族が無いからである。

賈（逵）は「極は戎の邑なり」と述べている。（しかし）極が戎の邑であることは、伝にその明文が無い。戎は魯に対して、もともと怨恨は無い。（伝に）「恵公の好《よしみ》を修む」と言うところからすれば、これは戎が求めて魯に親しもうとしたもの。公がいまだ戎の意図を信用していなかったので、盟約を辞退したまでで、秋になるとすぐに盟約し、再び戎の好を修めた。（賈逵の主張するように）もしもすでに戎と会合したうえで、ことさらに盟約に与《あずか》らず、ついで軍隊をその国都に侵入させ、その後で友好関係を結ぼうとするとは、その悪行であることこれに過ぎるものはないであろう。譲位の賢君（たる隠公）⑤が当然そのようなことはするはずが無いし、（もしそうであれば）良史は直書するから、どうしてこれを譏ることが無いであろうか。（したがって賈逵の極戎邑説は誤りである。）

（経では無駭が主語であるが、）伝では勝利の由来にもとづいて、その功績を費伯に帰したのである。

【譯注】

①王制（02-28a-8）――《禮記》王制篇「王者之制祿爵、公侯伯子男、凡五等。諸侯之上大夫卿、下大夫、上士中士下士、凡五等」。

②下注（02-28a-8）――隱公二年経「九月、紀裂繻來逆女」の杜預注。

③穀梁（02-28a-9）――《穀梁傳》隱公二年の条「入者、内弗受也。極、國也。苟焉以入人爲志者、人亦入之矣。不稱氏者、滅同姓、貶也」。

④費伯（02-28a-10）――隱公元年伝「夏、四月、費伯帥師城郎。不書、非公命也」。

⑤固應（02-28b-2）――「固應」は「もとより～であったろう」の意。《五經正義》中に見える「当然・義務」を示す二音節の用語として、「當須」「須當」「必須」「宜須」「應須」「當合」「合當」「當應」「應當」「必當」「必應」「宜應」「固應」「固當」「固宜」「正當」等があることについては、拙稿「五經正義語彙語法箚記(三)」（広島大学文学部紀要第58巻　一九九八年《十三經注疏の研究》研文出版所収）を参照。

【經】秋、八月、庚辰、公及戎盟于唐　[02-28b]

【注】高平方輿縣北有武唐亭。八月無庚辰。庚辰七月九日也。日月必有誤。〔高平方輿縣の北に武唐亭有り。八月には庚辰無し。庚辰は七月九日なり。日月に必ずや誤り有らん。〕

【疏】注の「高平」より「有誤」に至るまで。

○正義に曰う。杜預は経伝上下の月・日を調査して《長暦》を作製している。（それによると）この年は八月は壬寅が朔、その月の三日が甲辰、十五日が丙辰、二十七日が戊辰で、この月には庚辰は無い。七月は壬申が朔であるから、九日にして庚辰が有る。杜預は（経文の）上下を調べた上で、もしも月に誤りが無いとすれば、日の誤りを指摘し、もしも日に誤りが無いとすれば、月の誤りを指摘する（というのが通例である）。この例の場合、上文に「秋」があり、下文に「九月」が有るので、日月ともに誤りの可能性が有るため、「日月に必ずや誤り有らん」と述べたのである。

【經】九月、紀裂繻來逆女。　[02-28b]

【注】裂繻紀大夫。傳曰卿爲君逆也、以別卿自逆也。逆女或稱使、或不稱使、昬禮不稱主人、史各隨其實而書、非例也。他皆倣此。〔裂繻は紀の大夫なり。傳に「卿 君の爲めに逆《むか》ふるなり」と曰ふは、以て卿自ら逆ふるに別かつなり。逆女に或は使を稱し、或は使を稱せざるは、昬禮にては主人を稱せず、史は各おの其の實に隨ひて書するにて、例に非ざるなり。他は皆な此に倣へ。〕

【疏】注の「裂繻」より「倣此」に至るまで。

○正義に曰う。ここに「逆女（女を逆《むか》ふ）」と書き、伝には「卿 君の為めに逆ふ」と述べ、[1]宣公五年の「斉の高固 来たりて叔姫を逆ふ」の伝に、「書して叔姫と曰ふは、卿自ら逆ふるなり」と述べているのは、君のために逆えるときには「女」と称し、自ら逆えるときは「字《あざな》」を称することであるから、「以て卿自ら逆ふるに別かつ」と注したのである。（このことについて）《釈例（内外君臣逆女例）》に、

　天子が娶るときは、「逆王后」と称する。卿が君のために逆えるときは、「逆女」と称する。自身が逆えるときは、逆える女の字《あざな》を称する。これが尊卑の別である。

と述べている。

ここで「紀侯使裂繻」と言わないのに、[2]成公八年の経文には「宋公使公孫壽来納幣」と記述しており、ともに昏礼でありながら表現が異なるので、これを解説したのである。「昏礼には主人を称せず」と述べたことについて、「主人」とは婿《むこ》のこと。（当人には）廉恥の心があるため、自ら婦人を娶るというのをはばかる。そのため卿が君の婚姻のために出かける場合、必ず君母の命令を受ける。（ところが）婦人の命令は隣国に通ずることができないので、卿がそのまま自らの意志でやって来たというようにする。君が命じたものではないので、裂繻に「使」を言わなかったのである。母がいない場合は、臣下は受けるところが無いから、君命を称しないわけにはいかないということで、公孫壽には「宋公使」と記述したのである。（このことについて）史官はその事実の通りに記録したもので、これは褒貶の例ではない。（このように）[3]《公羊伝》が、

　何を以て使を称せざる。昏礼には主人を称せざればなり。然らば則ち曷《なに》をか称する。諸父兄・師友を称す。宋公 公孫壽をして来たりて納幣せしむるに、則ち其の主人を称するは何ぞ。辞の窮すればなり。辞の窮すとは何ぞ。母無ければなり。然らば則ち紀に母有りや。曰く、有りと。有らば則ち何を以てか母を称せざる。母は通ぜざればなり。

と述べているのは、婦人の言葉は外国に通じないので、「君使」と言わず、また「母命」とも言わず、自ら来た表現にしたことである。《公羊伝》に「母がいない場合には諸父兄・師友を称する」と言うのに、宋公が父兄を称していないのは、諸侯はその父兄を臣下とするため、これを称することができないからである。

[4]〈昏礼記〉に「宗子に父無ければ、母之れを命ず。親皆な没すれば、己《おのれ》躬《みづか》ら之れを命ず」と述べている。諸侯の場合はなおさらである。宗子の（程度の）尊であっても、やはり父兄を称しないのだから、諸侯の場合はなおさらである。（したがって《公羊伝》が）「父兄・師友を称する」と称しているのは、大夫以下の宗子でない者の場合を言ったものである。〈昏礼記〉に「支子は則ち其の宗を称し、弟は其の兄を称す」と述べているのがそれである。

【譯注】

①宣五年（02-28b-9）――宣公五年経「秋、九月、齊高固來逆叔姫」、伝「秋、九月、齊高固來逆女、自爲也。故書曰、逆叔姫、卿自逆也」。

②成八年經（02-29a-1）――成公八年経「夏、宋公使公孫壽來納幣」。

③公羊傳（02-29a-4）――《公羊傳》隱公二年の条「紀履綸者何、紀大夫也。何以不稱使、婚禮不稱主人。然則曷稱、稱諸父兄師友。宋公使公孫壽來納幣、則其稱主人何、辭窮也。辭窮者何、無母也。然則紀有母乎、曰、有。有則何以不稱母、母不通也。外逆女不書、此何以書、譏。何譏爾、譏始不親迎也。始親迎放於此乎、前此矣。前此則曷爲始乎此、託始焉爾。曷爲託始焉爾、春秋之始也。女曷爲或稱女、或稱婦、或稱夫人。女在其國稱女、在塗稱婦、入國稱夫人」。

④昬禮記（02-29a-7）――《儀禮》士昬禮記「宗子無父、母命之。親皆沒、己躬命之。支子則稱其宗、弟稱其兄」。なおこの「支子」とは父の没した庶昆弟、「弟」とは宗子の弟を指す。

【經】冬、十月、伯姫歸于紀。 [02-29a]

【注】無傳。伯姫魯女、裂繻所逆者。〔傳無し。伯姫は魯の女、裂繻《れつじゅ》の逆ふる所の者なり。〕

【經】紀子帛莒子盟于密。 [02-29a]

【注】子帛裂繻字也。莒魯有怨。紀侯既昬于魯、使大夫盟莒以和解之。子帛爲魯結好息民。故傳曰魯故也、比之内大夫而在莒子上、稱字以嘉之也。字例在閔元年。密莒邑。城陽淳于縣東北有密鄉。〔子帛は裂繻の字《あざな》なり。莒・魯には怨有り。紀侯既に魯に昬し、大夫をして莒に盟ひて以て之れを和解せしむ。子帛は魯の爲めに好《よしみ》を結び民を息《いこ》はしむ。故に傳に『魯の故なり』と曰ひ、之れを内大夫に比して莒子の上に在らしめ、字を稱して以て之れを嘉みするなり。字の例は閔元年に在り。密は莒の邑。城陽淳于縣の東北に密鄉有り。〕

【疏】注の「子帛」より「密鄉」に至るまで。

○正義に曰う。杜預が「此れ(紀子)を内大夫に比して莒子の上に在らしむ」と述べていることについては、諸々の経文を調べてみるに、魯の大夫が出国して他国で会合する場合、すべて魯の大夫を先頭に書き、下に「及某人」と記述している。いま「子帛」の下に「及」を言わないのは、全てが魯の大夫と同様にする、というわけにはいかないからである。

【經】十有二月、乙卯、夫人子氏薨。 [02-29b]

【注】無傳。桓未爲君、仲子不應稱夫人。隱讓桓以爲大子、成其母喪、以赴諸侯。故經於此稱夫人也。不反哭、故不書葬。例在三年。〔傳無し。桓の未だ君と爲らざるとき、仲子は應《まさ》に「夫人」と稱すべからず。隱は

桓に譲りて以て大子と爲し、其の母の喪を成し、以て諸侯に赴ぐ。故に經は此に於いて「夫人」と稱するなり。反哭せず、故に葬を書せず。例は三年に在り。」

【疏】注の「桓未」より「三年」に至るまで。

○正義に曰う。妾の子が君となれば、その母は夫人と定められる。敬嬴①・斉②帰の例がそれである。この仲子は実際は妾であり、（その子の）「桓公は未だ君と為らざるとき」は、（本来なら）「仲子は応《まさ》に夫人と称すべからざる」ものなのに、いま「夫人薨ず」と称しているのは（なぜかといえば）、隠公が夫人と成したもので、「桓に譲りて大子と為し、其の母の（夫人としての）喪を成し」たからである。

伝例③に「赴げざれば則ち薨を曰はず」と述べているから、ここに「薨」を称しているのは、「諸侯に赴ぐるが故に経は此に於て夫人を称す」るものであることが分かる。

五年④の「考仲子之宮（仲子の宮を考す）」の《公羊伝》に、「桓未だ君と為らざるに、則ち曷《なん》すれぞ仲子を祭る。隠 桓の為《ため》に立つ、故に桓の為に其の母を祭るなり。然らば則ち何ぞ爾《しか》言ふ。公の意を成せばなり」と言うのが、隠公が仲子を夫人と成した事情を述べたものである。

【譯注】

①敬嬴（02-29b-5）――文公十八年伝「文公二妃敬嬴生宣公。敬嬴嬖而私事襄仲。宣公長、而屬諸襄仲。襄仲欲立之、叔仲不可。仲見于齊侯而請之。齊侯新立、而欲親魯、許之。冬、十月、仲殺惡及視、而立宣公」、宣公八年経「戊子、夫人嬴氏薨」、「冬、十月、己丑、葬我小君敬嬴。雨、不克葬。庚寅、日中而克葬」。文公の二妃であった「敬嬴」が、「夫人」として薨じ、「小君」として葬られている。

②齊歸（02-29b-5）――襄公三十一年伝「己亥、孟孝伯卒。立敬歸之娣齊歸之子公子裯。穆叔不欲、曰、大子死、有母弟則立之、無則立長。年鈞擇賢、義鈞則卜、古之道也。非適嗣、何必娣之子。……。武子不聽、卒立之。比及葬、三易衰、衰衽如故衰。於是昭公十九年矣、猶有童心。君子是以知其不能終也」、昭公十一年経「五月、甲申、夫人歸氏薨」、「九月、己亥、葬我小君齊歸」。敬歸の娣であった齊歸が、「夫人」として薨じ、「小君」として葬られている。

③傳例（02-29b-6）――隠公三年伝「夏、君氏卒、聲子也。不赴於諸侯、不反哭于寢、不祔于姑、故不曰薨。不稱夫人、故不言葬、不書姓。爲公故、曰君氏」。

④五年（02-29b-7）――隠公五年経「九月、考仲子之宮。初獻六羽」、《公羊傳》「考宮者何、考猶入室也。始祭仲子也。桓未君則曷爲祭仲子。隱爲桓立、故爲桓祭其母也。然則何言爾、成公意也」。

【經】鄭人伐衛 [02-29b]

【注】凡師、有鍾鼓曰伐。例在莊二十九年。〔凡そ師、鍾鼓有るを伐と曰ふ。例は莊二十九年に在り。〕

【傳】二年、春、公會戎于潛、脩惠公之好也。戎請盟。公辭。 [02-29b]

【注】許其脩好而不許其盟。禦夷狄者不壹而足。〔其の好を脩むるを許すも、而も其の盟を許さず。夷狄を禦ぐには壹にして足らず。〕

【疏】注の「許其」より「而足」に至るまで。

○正義に曰う。戎は貪欲で信用がおけないから、盟約してもこれに背《そむ》くことが有るので、公はいまだ戎の意図が了解できず、この友好関係も長くは続かないかと恐れ、そのため盟約を許さなかった。

【注】治元年取麇延之亂。〔元年の麇延を取るの亂を治むるなり。〕

「夷狄を禦《ふせ》ぐは壱《いつ》にして足らず」とは、文公九年《公羊伝》①の文章である。夷狄を制御する際には、漸次これを教化し、一度だけですぐに充足させることをすべきではない、という意味である。

【訳注】

①文九年公羊傳（02-30a-1）――《公羊傳》文公九年の条「冬、楚子使椒來聘。椒者何、楚大夫也。楚無大夫、此何以書。始有大夫也。始有大夫、則何以不氏、許夷狄者不一而足也」。

【傳】莒子娶于向。向姜不安莒而歸。夏、五月、莒人入向、以姜氏還。 [02-30a]

【注】傳言失昏姻之義。凡得失小、故經無異文、而傳備其事。案文則是非足以爲戒。他皆倣此。〔傳は昏姻の義を失ふを言ふ。凡そ得失は小なり、故に經には異文無くして、傳は其の事を備ふ。文を案ずれば則ち是非は以て戒《いましめ》と爲すに足る。他は皆な此に倣へ。〕

【傳】司空無駭入極。費庈父勝之。 [02-30a]

【注】魯司徒司馬司空皆卿也。庈父費伯也。前年城郎、今因得以勝極。故傳於前年發之。〔魯の司徒・司馬・司空は皆な卿なり。庈父は費伯なり。前年に郎に城き、今 因りて以て極に勝つを得。故に傳は前年に於いて之れを發す。〕

【傳】戎請盟。秋、盟于唐。復脩戎好也。 [02-30a]

【傳】九月、紀裂繻來逆女。卿爲君逆也。 [02-30a]

【傳】冬、紀子帛莒子盟于密、魯故也。 [02-30a]

【傳】鄭人伐衛、討公孫滑之亂也。 [02-30a]

春秋左傳正義校定文　卷二

春秋經傳集解隱公第一〇正義曰、五經題篇、皆出注者之意、人各有心、故題無常準。此本經・傳別行、則經・傳各自有題、注者以意裁定、其本難可復知。據今服虔所注、題云「隱公左氏傳解誼第一」、不題「春秋」二字。然則「春秋」二字、蓋是經之題也。服言「左氏傳」三字、蓋本傳之題也。杜既集解經・傳、「春秋」此書之大名、故以「春秋」冠其上、序說「左氏」、言已備悉、故略去「左氏」而爲此題焉。「經傳集解」四字是杜所加、其餘皆舊本也。「經」者常也。言事有典法可常遵用也。「傳」者傳也。博釋經意、傳示後人。分年相附、集而解之、故謂之「經傳集解」。「隱公」魯君、侯爵。杜君采大史公書・世本、旁引傳・記、以爲世族譜、略記國之興滅。譜云「魯姬姓、文王子周公旦之後也。周公股肱周室、成王封其子伯禽於曲阜爲魯侯。今魯國是也。自哀以下九世二百一十七年而楚滅魯」。依魯世家、伯禽至隱公凡十三君、兄弟相及者五人。「隱公」名息姑、伯禽七世孫、惠公弗皇子、聲子所生。平王四十九年卽位。是歲歲在豕韋。

禮記檀弓曰「死謚、周道也」。周法、天子至於大夫、既死則累其德行而爲之謚。周書謚法云「隱拂不成曰隱」。魯實侯爵而稱「公」者、五等之爵、雖尊卑殊號、臣子尊其君父、皆稱爲「公」、是禮之常也。字書云「第訓次也」。「一」者數之始、此卷於次第當其一也。(02-01a・01b)

杜氏〇正義曰、「杜氏」名預、字元凱、幾之孫、恕之子也。陳壽魏志云「杜畿、字伯侯、京兆杜陵人也。漢御史大夫杜延年之後。文帝時爲尚書僕射、封樂亭侯。試舩溺死、追贈太僕、謚戴侯。子恕、字務伯、官至幽州刺史。預司馬、宣王女壻也」。王隱晉書云「預知謀深博、明於治亂、常稱德者非所企及、立言立功、預所庶幾也。大觀羣典、謂公羊・穀梁詭辯之言。又非先儒說左氏、未究丘明之意、横以二傳亂之、乃錯綜微言、著春秋左氏經傳集解。又參考衆家、爲之釋例、又作盟會圖春秋長曆、備成一家之學、至老乃成。預有大功名於晉室、位至征南大將軍開府、封當陽侯、荊州刺史、食邑八千戶。時人號爲武庫」。

不言名而言「氏」者、注述之人、義在謙退、不欲自言其名、故但言「杜氏」。毛君・孔安國・馬融・王肅之徒、其所注書皆稱爲「傳」、鄭玄則謂之爲「注」、而此於「杜氏」之下更無稱謂者、以「集解」之名已題在上、故止云「杜氏」而已。劉炫云「不言名而云氏者、漢承焚書之後、諸儒各載學名、不敢布於天下、但欲傳之私族、自題其氏、爲謙之辭」。(02-01b)

傳惠公元妃孟子〇正義曰、「惠公」名弗皇、孝公之子也。謚法「愛民好與曰惠」。釋詁云「元始也」、「妃匹也」。始匹者言以前未曾娶、而此人始爲匹。故注云「言元妃、明始適夫人也」。「妃」者名通適妾、故傳云「陳哀公元妃鄭姬生悼大子偃師、二妃生公子留、下妃生公子勝」。「元」者始也、長也。一「元」之字、兼始適兩義、故云「始適夫人也」。然則有始而非適、若孟任之類是也。

亦有適而非始、若哀姜之類是也。

「妃」者配匹之言、非有尊卑之異。其尊卑殊稱、則曲禮所云「天子之妃曰后、諸侯曰夫人、大夫曰孺人、士曰婦人、庶人曰妻」是也。鄭玄以爲「后之言後」、蓋執治内事在夫之後也。「夫之言扶」、言能扶成人君之徳也。「孺之言屬」、言其繋屬人也。「婦之言服」、言其服事人也。「妻之言齊」、言與夫齊等也。庶人之賤、見其齊等也。以上因其爵之尊卑爲立別號、其實皆配夫、通以「妃」爲稱。少牢饋食禮云「以某妃配某氏」、是大夫之妻亦稱「妃」也。

孟・仲・叔・季、兄弟姊妹長幼之別字也。孟・伯倶長也。禮緯云「庶長稱孟」。然則適妻之子長者稱「伯」、妾子長於妻子、則稱爲「孟」、所以別適庶也。故杜注文十五年及釋例皆云「慶父爲長庶、故或稱孟氏」。沈氏亦然。案傳趙莊子之妻、晉景公之姊、則趙武適妻子也、而武稱趙孟。荀偃之卒也、士匄請後、曰「鄭甥可」、則荀呉妾子也、而呉稱知伯。豈知氏常爲適而稱伯、趙氏恒爲庶而稱孟者也。蓋以趙氏趙盾之後、盾爲庶長、故子孫恒以孟言之、與慶父同也。推此言之、知知氏荀首之後、傳云「中行伯之季弟」、則倶是適妻之子、但林父荀首並得立家、故荀首子孫亦從適長稱伯也。

或可春秋之時、不能如禮、孟伯之字無適庶之異。蓋從心所欲而自稱之耳。

契姓子、宋是殷後、故「子」爲宋姓。婦人以字配姓、故稱「孟子」。

(02-02a・02b)

注不稱至夫謚○正義曰、魯之夫人皆稱「薨」擧謚、此獨無謚言「卒」、故特解之。

定十五年「姒氏卒」、傳曰「不成喪」、則知此「不稱薨」亦「不成喪」也。案傳例「不赴則不稱薨」。然則此云「不成喪」者、正謂不赴於諸侯也。

周禮小史「卿大夫之喪、賜謚讀誄」、止賜卿大夫、不賜婦人、則婦人法不當謚、故號當繋夫。釋例曰「謚者興於周之始王。變質從文、於是有諱焉。傳曰『周人以諱事神、名終將諱之』、故易之以謚。末世滋蔓、降及匹夫、爰曁婦人。婦人無外行、於禮當繋夫之謚以明所屬。詩稱莊姜・宣姜、卽其義也」、是言婦人於法無謚、故取其夫謚冠於姓之上。

生以夫國冠之、韓姞・秦姫是也。死以夫謚冠之、莊姜・定姒是也。直見此人是某公之妻、故從夫謚、此謚非婦人之行也。夫謚已定、妻卽從而稱之。先夫而死、則夫未有謚、或隨宜稱字、故云「無謚」、言婦人法無謚也。「先夫死不得從夫謚」、解其不稱「惠」也。此言其正法耳。其末世滋蔓、則爲之作謚。景王未崩、妻稱穆后、如此之類、皆非禮也。

重言「孟子」者、服虔云「嫌與惠公倶卒、故重言之。下仲子亦然」。

(02-02b/03a)

注聲謚至繼室○正義曰、謚法「不生其國曰聲」、是「聲」爲謚也。襄二十三年傳稱「臧宣叔娶于鑄、生賈及爲而死。繼室以其姪」、則姪之與娣皆得繼室。此既無文、故設疑辭云「蓋孟子之姪娣也」。

成八年傳曰「凡諸侯嫁女、同姓媵之、異姓則否」、莊十九年公羊傳曰「諸侯娶一國、則二國往媵之、以姪娣從。姪者何、兄之子也。娣者何、弟也。諸侯壹聘九女」。然則諸侯娶於三國、國別各有三女、此言「諸侯始娶、則同姓之國以姪娣媵」者、欲言媵者亦有姪娣、省略爲文耳。其實夫人與媵皆有姪娣。但聲子或是孟子姪娣、或是同姓之國媵者姪娣、以其難明、故杜兩解之。初云「孟子之姪娣」、又云「同姓之國以姪娣媵」是也。故釋例曰「古者諸侯之娶、適夫人及左右媵各有姪娣、皆同姓之國、國三人凡九女。參骨肉至親、所以息陰訟。陰訟息所以廣繼嗣」、是其義也。

然宋之同姓國、依世本「子姓、殷・時來・宋・空同・黎・比・髦・目夷・蕭」、但春秋不載其國、未知宋之同姓者是何。

釋言云「媵送也」、言妾送適行、故夫人姪娣亦稱「媵」也。經・傳之説、諸侯唯有「繼室」之文、皆無重娶之禮、故知「元妃死、則次妃攝治内事」。次妃謂姪娣與媵、諸妾之最貴者。釋例曰「夫人薨不更聘、必以姪娣媵繼室」、是夫人之姪娣與二媵皆可以繼室也。

適庶交爭、禍之大者。禮所以別嫌明疑、防微杜漸。故雖「攝治内事、猶不得稱夫人」、又異於餘妾、故謂之「繼室」。妻處夫之室、故書傳通謂妻爲室、言繼續元妃在夫之室。(02-03a・03b)

宋武至于我○正義曰、宋國公爵。譜云「宋子姓、其先契佐唐虞爲司徒、封於商。成湯受命、王有天下。及紂無道、周武王滅之、而封其子武庚、以紹殷後。武庚作亂、周公伐而誅之、更封紂兄帝乙之元子微子啓爲宋公、都商丘。今梁國睢陽縣是也。微子卒、其弟微仲代立。穆公七年魯隱公之元年也。景公三十六年魯哀公之十四年、獲麟之歳也。昭公得之元年春秋之傳終矣。其後五世百七十年、而齊魏楚共滅宋」。

依宋世家、微子至武公凡十二君、兄弟相及者二人、武公是微仲九世孫。謚法「克定禍亂曰武」。(02-04a)

○注婦人至於魯○正義曰、「婦人謂嫁曰歸」、隱二年公羊傳文也。以其手之文理自然成字、有若天之所命使爲魯夫人然、故嫁之於魯也。成季・唐叔亦有文在其手、「曰友」「曰虞」、「曰」下不言「爲」、此傳言「爲魯夫人」者、以宋女而作他國之妻、故傳加「爲」以示異耳、非爲手文有「爲」字、故「魯夫人」之上有「爲」字也。仲子手有此文、自然成字、似其天命使然、故云「有若天命」也。

隸書起於秦末、手文必非隸書。石經古文虞作㐺、魯作𡗝、手文容或似之。其「友」及「夫人」固當有似之者也。

傳重言「仲子生」者、詳言之、與上重言「孟子卒」、其義同也。舊説云「若河圖・洛書天神言語、眞是天命。此雖手有文理、更無靈驗、又非夢天、故言有若」。(02-04a)

注言歸至年薨○正義曰、杜知「不以桓生之年薨」者、以元年傳曰「惠公之薨也、有宋師。大子少、葬故有闕」、「少」者未成人之辭、非新始生之稱。又改葬惠公而隱公不臨、使桓爲主。若薨年生、則纔二歳、未堪爲喪主。又羽父弑隱、與桓同謀、若年始十二、亦未堪定弑君之謀。以此知桓公之生非惠公薨之年也。

年之長幼、理無所異、杜言此者、欲明慶父爲莊公庶兄、故顯言此以張本也。釋例曰「今推案傳之上下、羽父之弑隱公、皆諮謀於桓。然則桓公已成人也。傳云『生桓公而惠公薨』、指明仲子唯有此男、非謂生在薨年也。桓已成人而弑隱、卽位乃娶於齊、自應有長庶、長庶故氏曰孟」、是杜張本之意也。(02-04b)

注隱公至位傳○正義曰、「繼室」雖非夫人、而貴於諸妾。惠公不立大子、母貴則宜爲君、隱公當嗣父世、正「以禎祥之故」、仲子手有夫人之文、其父娶之、有以仲子爲夫人之意、故「追成父志」、以位讓桓。但「爲桓尚少」、未堪多難、「是以立桓爲大子、帥國人而奉之」、己則且攝君位、待其年長、故於歳首不卽君位。

傳於元年之前、預發此語者、「爲經不書公卽位傳」、是謂「先經以始事」也。凡稱「傳」者、皆是爲經。唯文五年「霍伯・臼季等卒」、注云「爲六年蒐於夷傳」者、以「蒐於夷」與此文次相接、故不得言「張本」也。或言「張本」、或言「起本」、或言「起」、檢其上下、事同文異、疑杜隨便而言也。

鄭衆以爲「隱公攝立爲君、奉桓爲大子」。案傳言「立而奉之」、是先立後奉之也。若隱公先立、乃後奉桓、則隱立之時、未有大子、隱之爲君、復何所攝。若先奉大子、乃後攝立、不得云「立而奉之」。是鄭之謬也。賈逵以爲「隱立桓爲大子、奉以爲君」。隱雖不卽位、稱公改元、號令於臣子、朝正於宗廟。言立桓爲大子、可矣、安在其奉以爲君乎。是賈之妄也。襄二十五年「齊景公立」、傳云「崔杼立而相之」。以此知「立而奉之」、謂「立爲大子、帥國人奉之」、正謂奉之以爲大子也。元年傳曰「大子少」、是立爲大子之文也。「大子」者父在之稱。今惠公已薨、而言「立爲大子」者、以其未堪爲君、仍處大子之位故也。禮記曾子問曰「君薨而世子生」、是君薨之後、仍可以稱大子也。(02-04b/05a)

經元年春王正月○正義曰、此「經」字并下「傳」字亦杜氏所題。以分年相附、若不有「經」字、何以異「傳」、不有「傳」字、何以別「經」。又公羊・穀梁二傳、「年」上皆無「經傳」字、故知杜所題也。

釋詁云「元始也」、「正長也」。此公之始年、故稱「元年」、此年之長月、故稱「正月」。言「王正月」者、王者革前代、馭天下、必改正朔、易服色、以變人視聽。

夏以建寅之月爲正、殷以建丑之月爲正、周以建子之月爲正。三代異制、正朔不同。故禮記檀弓云「夏后氏尚黑、殷人尚白、周人尚赤」、鄭康成依據緯候以「正朔三而改、自古皆相變」、如孔安國以「自古皆用建寅爲正。唯殷革夏命而用建丑、周革殷命而用建子」。杜無明說、未知所從。

「正」是時王所建、故以「王」字冠之、言是今王之正月也。「王」不在「春」上者、月改則春移、春非王所改、故「王」不先「春」、「王」必連「月」、故「王」處「春」下。周以建子爲正、則周之二月三月皆是前世之正月也。故於春每月書王。「王二月」者、言是我王之二月、乃殷之正月也。「王三月」者、言是我王之三月、乃夏之正月也。既有正朔之異、故每月稱「王」以別之。

何休云「二月三月皆有王者、二月殷之正月也、三月夏之正月也。王者存二王之後、使統其正朔、服其服色、行其禮樂、所以尊先聖、通三統、師法之義、恭讓之禮」、服虔亦云「孔子作春秋、於春每月書王、以統三王之正」。其意以爲、「王二月」「王三月」、「王」是夏・殷之王、謂大禹・成湯也。爲周室之臣民、尊夏・殷之舊主、每月書「王」、敬奉前代、揆之人情、未見其可。杞・宋二王之後、各行己祖正朔、宋不行夏、杞不行殷、而使天下諸侯徧視二代、考諸典籍、未之或聞。杞・宋不奉周正、周人悉尊夏・殷、則是重過去而忽當今、尊亡國而慢時主、其爲顚倒、不亦甚乎。且經之所言「王二月」「王三月」、若是夏・殷之王、當自皆言正月、何以言「王二月」「王三月」乎。謂之二月・三月、其王必是周王、安得以爲夏・殷王也。若如公羊之說、春秋黜周王魯、則杞非王後、夏無可尊、復通夏正何也。

但春之三月、不必月皆有事。若入年已有「王正月」者、則二月不復書「王」、若已有「王二月」者、則三月不復書「王」。以其上月已是此王之月、則下月從而可知、故每年之春唯一言「王」耳。

春秋之例、竟時無事、乃書首月以記時。此下「三月」有會盟之事、則不得空書首月也。正月無事而空書首月者、以人君於始年初月必朝廟告朔、因卽人君之位、以繼臣子之心、故君之始年必書曰「元年、春、王正月、公卽位」、史策之正法也。隱公攝行君事、雖不卽位、而亦改元朝廟、與人更始、異於常年之正月、故史特書其事、見此月公宜卽位、而不卽位。莊・閔・僖元年皆書「春、王正月」、與此同也。定公元年不書「正月」者、正月之時、定公未立、卽位在於六月、歲首未得朝正、公之卽位、別見下文、正月無所可見、故不書也。然則定以六月卽位、卽位乃可改元、正月已稱「元年」者、未改之日、必乘前君之年、既改之後、方以元年紀事。及其史官定策、須有一統、不可半年從前、半年從後。雖則年初、亦統此歲、故入年卽稱「元」也。釋例曰『「癸亥、公之喪至自乾侯、戊辰、公卽位」。喪在外、踰年乃入、故因五日改殯之節、國史用元年卽位之禮、因以此年爲元年也。古法既然、故漢魏以來、雖秋冬改元、史於春夏卽以元年冠之、是有因於古也」。

受命之王、必改正朔、繼世之王、奉而行之、每歲頒於諸侯、諸侯受王正朔、故言「春、王正月」。王卽當時之王、序云「所書之王卽平王」、是其事也。公羊傳曰「王者孰謂、謂文王也」。始改正朔、自是文王所爲、頒於諸侯、非復文王之厤、受今王之厤、稱文王之正、非其義也。(02-05b・06a・b)

○注隱公至元年○正義曰、傳云「王周正月」、知是「周王之正月」也。說公羊者云「元者氣之始、春者四時之始、王者受命之始、正月者政教之始、公卽位者一國之始。春秋緯稱、黃帝受圖有五始、謂此五事也」。杜於左氏之義、雖無此文、而五始之理、亦於杜無害。此非左氏褒貶之要、自是史官記事之體、故晉宋諸史皆言「元年春王正月帝卽位」是也。

「元年正月」實是一年一月、而別立名、故解之、云「凡人君卽位、欲其體元以居正、故不言一年一月」也。言「欲其體元以居正」者、「元正」實是始長之義、但因名以廣之。「元」者氣之本也、善之長也。人君執大本、長庶物、欲其與元同體、故年稱「元」也。「正」者直方之間語也。直其行、方其義。人君當執直心、杖大義、欲其常居正道、故月稱「正」也。以其君之始年、歲之始月、故特假此名以示義。其餘皆卽從其數、不復改也。書稱「月正元日」、意同於此。

又解無事而書「正月」之意。隱雖不卽位、然攝行君事、而亦朝廟告朔、改元布政、故書首年始月、以明其應卽位而不爲也。天子之封諸侯也、割其土壤、分之臣民、使之專爲己有、故諸侯於其封內、各得改元。傳說鄭國之事云「僖之元年、朝於晉」、「簡之元年、士子孔卒」、是諸侯皆改元、非獨魯也。

劉炫爲規過云「元正唯取始長之義、不爲體元以居正」、規釋杜云「欲其體元居正」、謂「人君體是元長、以居正位、不欲在下陵奪、處位不終」。是劉妄解杜意、不爲體其元善、居於正道、以規杜氏、其理非也。劉炫又難何休云「唯王者然後改元立號、春秋託新王受命於魯、故因以錄卽位」。若然、新王受命、正朔必改、是魯得稱元、亦應改其正朔、仍用周正何也。既託王於魯、則是不事文王、仍奉王正何也。諸侯改元、自是常法、而云「託王改元」、是妄說也。說公羊者云「元者氣之始、春者四時之始、王者受命之始、正月者政教之始、公卽位者一國之始。春秋緯云、黃帝坐於玄扈閣、鳳皇銜書致帝前、其中得五始之文、謂此五事」。何休又云「公卽位者一國之始、政莫大於正始、故春秋以元之氣正天之端、以天之端正王之政、以王之政正諸侯之卽位、以諸侯之卽位正竟內之治。諸侯不上奉王之政、則不得卽位、故先言正月而後言卽位。政不由王出、則不得爲政、故先言王而後言正月。王者不承天以制號令則無法、故先言春而後言王。天不深正其元、則不能成其化、故先言元而後言春。五者同日並見、相須成體」、此非辭也。何休自云「諸侯不得改元」、則「元」者王之元年、非公之元年。「公卽位」不在王之元年、安得「同日並見、共成體」也。卽以託王於魯史之改元、「元」旣爲魯所改、則政不由王出、安得「以王之政正諸侯」。元尊而王卑、年大而月小、年之有元、改而無忌、王之立政必云須奉、舍其大而事其細、敬所卑而慢所尊、以此立教、必不可行。聖人有作、豈當爾也。黃帝之作五始者、爲天子法乎、爲諸侯法乎。諸侯不得改元、必非諸侯法。若非諸侯法、安得有「公卽位」乎。無「公卽位」則闕一始、何得爲五始也。若是天子法、不得言王正月、王卽位。何休云「以王之政正諸侯之卽位」。然王者豈復以己之政正己卽位。不通若此、何以行之。言左氏者、或取爲說、是逐狂東走也。

隱・莊・閔・僖四公、元年傳皆說不書卽位之由、故指以爲例。隱不行卽位、又謙不告至、而歲首告朔朝正、所以尊敬祖考也。若不行卽位、又不朝正、則與臣子無別、不成爲君、故告朔朝廟也。(02-06b/07a・07b)

三月至于蔑○正義曰、「公」隱公也。「及」與也。與彼邾君字儀父者、盟于蔑地。譜云「邾曹姓、顓頊之後有六終、産六子。其弟五子曰安。邾卽安之後也。周武王封其苗裔邾俠爲附庸居邾。今魯國鄒縣是也。自安至儀父十二世、始見春秋。齊桓行覇、儀父附從、進爵稱子。文公徙於繹。桓公以下、春秋後八世而楚滅之」。

諸侯倶受王命、各有寰宇、上事天子、旁交鄰國。天子不信諸侯、諸侯自不相信、則盟以要之。凡盟禮、殺牲歃血、告誓神明。若有背違、欲令神加殃咎、使如此牲也。曲禮曰「約信曰誓、涖牲曰盟」、周禮天官玉府職曰「若合諸侯、則共珠槃玉敦」、夏官戎右職曰「盟則以玉敦、辟盟、遂役之、贊牛耳桃茢」、秋官司盟職曰「掌盟載之法。凡邦國有疑會同、則掌其盟約之載及其禮儀、北面詔明神」、鄭玄以爲「槃・敦皆器名也、珠玉以爲飾。合諸侯者、必割牛耳、取其血、歃之以盟。敦以盛血、槃以盛耳」、「將歃則戎右執其器、爲衆陳其載辭、使心皆開辟」、「司盟之官、乃北面讀其載書、以告日月山川之神。既告乃尊卑以次歃」、「戎右傳敦血以授當歃者、令含其血、既歃乃坎其牲、加書於上而埋之」。此則天子會諸侯、使諸侯聚盟之禮也。

凡天子之盟諸侯、十二歳於方岳之下。故傳云「再會而盟、以顯昭明」。若王不巡守、及諸侯有事朝王、卽「時見曰會、殷見曰同」、亦爲盟禮。其盟之法、案覲禮「爲壇十有二尋、深四尺、加方明于其上。方明者木也。方四尺、設六玉。上圭下璧、南方璋、西方琥、北方璜、東方圭」。朝諸侯於壇、訖乃加方明於壇而祀之、列諸侯於庭。玉府「共珠槃玉敦」、戎右「以玉敦辟盟、遂役之、贊牛耳桃茢」、司盟「北面詔告明神」、諸侯以次歃血。鄭注覲禮云「王之盟、其神主日。王官之伯盟、其神主月。諸侯之盟、其神主山川」、是盟禮之略也。若諸侯之盟亦有壇。知者、故柯之盟、公羊傳稱「曹子以手劒刧桓公于壇」是也。其盟神則無復定限。故襄十一年傳稱「司愼司盟名山名川羣神羣祀先王先公七姓十二國之祖」是也。其盟用牛牲。故襄二十六年傳云「歃用牲」、又哀十七年傳云「諸侯盟、誰執牛耳」是也。其殺牛必取血及耳、以手執玉敦之血、進之於口。知者、定八年「涉佗捘衛侯之手及捥」、又襄九年傳云「與大國盟、口血未乾」是也。既盟之後、牲及餘血并盟載之書、加於牲上、坎而埋之。故僖二十五年傳云「宵坎血加書」是也。

春秋之世、不由天子之命、諸侯自相與盟、則大國制其言、小國尸其事。官雖小異、禮則大同。故釋例曰「盟者殺牲載書、大國制其言、小國尸其事。珠槃玉敦、以奉流血而同歃」、是其事也。其盟載之辭、則傳多有之。

此時公求好於邾、邾君來至蔑地、公出與之盟。史書魯事、以公爲主、言「公及」。「及」者言自此及彼、據魯爲文也。桓十七年「公會邾儀父盟于趡」、彼言「會」、此言「及」者、彼行會禮、此不行會禮故也。故劉炫云「策書之例、先會後盟者、上言『會』、下言『盟』。唯盟不會者、直言『及』。此爲不行會禮、故言『及』也」。或可史異辭、非先會而盟則稱「會」。知者、文七年「公會諸侯晉大夫盟于扈」傳云「公後至」、則是不及其會而經稱「會」、故知盟稱「會」者、未必先行會禮也。(02-08a・08b/09a)

○注附庸至姑城○正義曰、傳言「未王命」、知是「附庸」也。莊五年「郳犂來來朝」、傳曰「未王命」、解其稱名之意、是知「附庸之君、例稱名」也。禮記王制云「不合於天子、附於諸侯曰附庸」、鄭玄云「不合謂不朝會也。小城曰附庸。附庸者以國事附於大國、未能以其名通」、是説附庸之義也。

王制又云「天子之元士視附庸」。然則附庸貴賤、與天子之元士同也、其禮則四命。知者、「天子大夫視子男、卿視伯、三公視公侯」、所視皆多一命、明知附庸多於元士一命。又諸侯世子未誓執皮帛、視小國之君、公之孤四命亦執皮帛、及附庸亦執皮帛、故知四命也。然則天子大夫四命稱字、附庸稱名者、以王朝之臣、故特尊之而稱字。釋例曰「名重於字、故君父之前自名、朋友之接自字。是以春秋之義、貶責書其名、斥所重也。褒厚顯其字、辟所諱也」。然則應字而名則是貶、應名而字則是貴。故宰咺書名以貶之、儀父書字以貴之。傳文唯言「貴之」、不説可貴之状。賈服以爲「儀父嘉隱公有至孝謙讓之義、而與結好、故貴而字之。善其慕賢説讓」。知不然者、案傳云「公攝位而欲求好於邾」、是公先求邾、非邾先慕公、復何足貴。且書曰「儀父」、乃是新意、仲尼以事有可善、乃得書字善之、不是縁魯之意以爲褒貶、安得以其慕賢便足貴之。又桓十七年「公及邾儀父盟于趡」、桓公不賢不讓、彼經亦書「儀父」、故知「貴之」之言、不爲慕賢説讓也。附庸不能自通、不與盟會、今「能自通大國、繼好息民」、故知爲此貴而字之。

不貴來朝而貴其盟者、朝事大國、則附庸常道、齊盟結好、非附庸所能、故盟則貴之、朝從常法。(02-09a・09b)

夏五月至于鄢〇正義曰、鄭國伯爵。譜云「鄭姫姓、周厲王子、宣王母弟、桓公友之後也。宣王封友於鄭、今京兆鄭縣是也。及幽王無道、友徙其民於虢・鄶、虢・鄶之君分其地、遂國焉。今河南新鄭縣是也。莊公二十二年魯隱公之元年也。聲公二十年獲麟之歳也。三十三年而春秋之傳終矣。聲公三十七年卒、自聲公以下、五世八十七年而韓滅鄭」。此「鄭伯」莊公也。謚法「勝敵克壯曰莊」。(02-09b・10a)

〇注不稱至陵縣〇正義曰、「國討」者謂稱「國」若「人」。稱「國」稱「人」、則明其爲賊。言一國之人所欲討也。今稱「鄭伯」、指言君自殺弟、若弟無罪然、譏其失兄之教、不肯早爲之所、乃是養成其惡、及其作亂、則必欲殺之、故稱「鄭伯」、所以罪鄭伯也。

傳例、母弟稱「弟」。段實母弟、以其不爲弟行、故去「弟」以罪段也。兩罪之者、明兄雖失教而段亦凶逆也。釋例曰「兄而害弟者、稱弟以章兄罪。弟亦害兄、則去弟以罪弟身。統論其義、兄弟二人交相殺害、各有曲直。存弟則示兄曲也。鄭伯既失教、若依例存弟、則嫌善段。故特去弟、兩見其義」、是其説也。

襄三十年「天王殺其弟佞夫」、傳曰「罪在王」、則與鄭伯同譏、而佞夫不去弟者、釋例曰「佞夫稱弟、不聞反謀也。鄭段去弟、身爲謀首也」。然則佞夫不與反謀、罪王而不罪佞夫、故稱「弟」也。

傳例、戰・敗・克・取、兩國之文。段實鄭臣而言「克段」、故申明傳意以解之。「得儁曰克」、莊十一年傳例也。「國討例在莊二十二年」者、彼經書「陳人殺其公子御寇」、實君殺大子、而稱「陳人」者、陳人惡其殺大子之名、故不稱君父、以國討公子告也。傳稱「陳人殺其大子禦寇」、以實言之、明經所書國討之例也。彼無凡例而言「例」者、正以此傳云「稱鄭伯、譏失教也」、言「稱」是仲尼之變例也。稱君爲罪君、則知稱「人」爲國討。序云「推變例以正褒貶」、卽此類也。推以爲例、故言「例在彼年」。諸注言「例在」者、未必皆有凡例也。

地理志河南郡有宛陵縣、又有新鄭縣。於漢則宛陵新鄭各自爲縣。晉世分河南而立滎陽、廢新鄭而入宛陵、故「鄭在宛陵西南」也。又地理志潁川郡有鄢陵縣。(02-10a・10b)

秋七月至之賵〇正義曰、「天王」周平王也。譜云「周黄帝之苗裔、姫姓后稷之後也。后稷封於邰。及夏之衰、后稷之子不窋失其官、竄於西戎。至大王爲狄所逼、去邠居岐。文王受命、武王克殷、而王有天下。幽王爲犬戎所殺、平王遷都王城。今河南縣是也。平王四十九年魯隱公之元年也。敬王又遷成周、今洛陽是也。敬王三十九年獲麟之歳也。四十三年而敬王崩。敬王子元王九年春秋之傳終矣。元王以下、十一世二百二十六年而周亡也」。周本紀、武王至平王凡十三王。兄弟相及者一人。平王是武王十一世孫也。

惠公薨在往年、明年仲子始薨、蓋於時有疾、王聞其疾、謂之已薨、故使大宰大夫名咺者來至於魯、并歸惠公仲子之賵。賵者助喪之物。文五年注云「車馬曰賵」、士喪既夕禮云「公賵玄纁束帛兩馬」。士之制只得駕兩馬、故云「賵兩馬」。大夫以上皆駕四馬。此宰咺來賵、蓋用四馬也。公羊傳曰「喪事有賵。賵者蓋以馬、以乘馬束帛。車馬曰賵」、穀梁傳曰「乘馬曰賵」、皆謂宰咺用乘馬來也。

「惠公仲子」不言「及」者、是并致二賵。或是史異辭。蓋二者各以乘馬、不宜以一乘之馬賵二人也。

服虔云「賵覆也。天王所以覆被臣子」。案士喪既夕禮「兄弟所知」、悉皆致賵、非獨君之賵臣。以賵爲覆則可矣、其言「覆被臣子」則非也。何休亦云「賵猶覆也」、蓋謂覆被亡者耳。(02-10b/11a)

注宰官至之辭○正義曰、傳言「緩。且子氏未薨、故名」、是不應名而名之也。貶乃書名、知法應書字、故云「此天子大夫稱字之例」。傳無明例、故推此以爲例也。

周禮天官、大宰卿一人、小宰中大夫二人、宰夫下大夫四人。宰夫小宰皆是大夫、未知宰咺是何宰也。宰夫職曰「凡邦之弔事、掌其戒令與其幣器財用」、鄭玄云「弔事弔諸侯諸臣。幣所用賻也」。既掌弔事、或卽充使、此蓋宰夫也。「仲子」乃「惠公」妾耳、王使賵之者、隱立桓爲大子、成桓母爲夫人、天王知其然、故遺賵惠公、因卽賵之。杜言「仲子者桓公之母」、正見此意。不然仲子爲桓母、傳有明文、不須解也。

男子之有謚者、人君則配王配公、大夫或配子或配字、皆不以字配姓。「婦人於法無謚、故以字配姓」、言其正法然也。釋例曰「婦人無外行、於禮當繫夫之謚、以明所屬」、是言婦人不合謚也。繫夫謚者夫人而已、衆妾不合繫夫、正當以字配姓也。其聲子・戴嬀有謚者、皆越禮妄作也。(02-11a・11b)

注客主至陽縣○正義曰、春秋之例、若是命卿、則名書於經。此盟「客主無名」、故知「皆是微者」。公羊傳曰「孰及之。內之微者也」、穀梁傳曰「及者何。內卑者也。宋人外卑者也」、「卑」「微」言非卿也。「客」謂宋、「主」謂魯。直言「及」者、他國可言「某人」、魯史不得自言「魯人」、直言「及」彼、是魯及可知。其微人與他國聚會、亦直言「會」、與此同也。

會盟之地、地必有主。舉地者、地主之國、或與或否、故地主之國、亦序於列。其經舉國名以爲盟地者、國主與在其中、不復序之於列、以其可知故也。「例在僖十九年」者、彼經書「會陳人・蔡人・楚人・鄭人盟于齊」、傳曰「陳穆公請脩好於諸侯、以無忘齊桓之德。冬、盟于齊、脩桓公之好也」。言「脩桓公之好」、齊人必與可知也。齊人不序於列、而以齊爲盟地、是其盟以國地者、國主與盟之例。此亦推以爲例、非凡例也。

然則桓十四年「公會鄭伯于曹」、卽亦是例、而遠指僖十九年者、此既是盟、故取盟爲例、其實會亦然也。故彼注云「以曹地、曹與會」是也。僖二十七年「楚人・陳侯・蔡侯・鄭伯・許男圍宋、公會諸侯盟于宋」、宋不與盟亦地以宋者、彼注云「宋方見圍、無嫌於與盟、故直以宋地」。然則宣十四年「楚子圍宋」、十五年「公孫歸父會楚子于宋」、亦是不嫌宋與、故地以宋也。地理志「梁國睢陽縣故宋國、微子所封也」。(02-11b/12a)

注祭伯至稱使○正義曰、僖二十四年傳富辰說周公封建親戚以蕃屛周、而云「邢・茅・胙・祭」、則「祭」之初封畿外之國也。穆王之時有祭公謀父、今有祭伯、世仕王朝、蓋本封絕滅、食采於王畿也。莊二十三年「祭叔來聘」、注以爲「祭叔爲祭公。來聘魯。天子內臣不得外交」、是祭於此時爲畿內之國、仍有封爵、故言「諸侯爲王卿士」也。釋例曰「王之公卿皆書爵。祭伯・凡伯、是也。大夫稱字、南季・榮叔、是也。元士中士稱名、劉夏・石尚、是也。下士稱人、『公會王人于洮』是也。其或稱祭公、舉官而言之」、此其定例也。然春秋之世有王之卿士無采地者、若王叔陳生・伯輿之屬、是也。但未知書經其稱云何。杜既云「公卿稱爵」、而王子虎及劉卷卒稱名者、彼是天王爲赴、以名告魯、如諸侯之例、薨則稱名。此云「公卿稱爵」者、謂聘使往還、與彼爲異也。又襄十五年注云「天子卿書字」者、以傳云「劉夏逆王后于齊。卿不行、非禮也」、以劉夏非卿書名、若卿則應書字、以名字相對、故舉以言焉、其實卿書爵也。此「祭伯」若王使來、當云「天王使祭伯來聘」、又如「天王使凡伯來聘」。今以自來爲文、明非王命而私行也。劉炫云、卿而無爵、或亦書字、大夫有爵、或亦書爵。傳稱「王叔陳生與伯輿爭政」、俱是卿士、並不言爵。又滕侯之先爲周卜正、書稱「齊侯呂伋爲虎賁氏」、則大夫或有爵也。然則大夫有爵、不可舍爵而書字、卿而無爵、不可越字而書名。蓋有卿士亦書字、大夫亦書爵也。王臣之見經者衆。祭伯・凡伯・毛伯・單伯・召伯・尹子・單子・劉子、其間未必無大夫。榮叔・南季・家父・叔服、其間未必無卿。但無明證、故依例解之。襄十五年注云「天子卿書字」、是言天子卿有書字之理。(02–12a・12b)

注傳例至見義○正義曰、傳文與上下作例者、注皆謂之「傳例」。釋例曰「君之卿佐、是謂股肱。股肱或虧、何痛如之。疾則親問焉、喪則親與小斂・大斂、愼終歸厚之義也。故仲尼脩春秋、卿佐之喪、公不與小斂、則不書日、示厚薄戒將來也。卽以新死小斂爲文、則但臨大斂及不臨其喪、亦同不書日也」。襄五年「冬十二月、辛未、季孫行父卒」、傳曰「大夫入斂、公在位」、是公與小斂則書日之事也。其翬・柔・溺等生見經・傳、死而不書卒者、皆不以卿禮終也。文十四年「秋九月、甲申、公孫敖卒于齊」、已絕卿位、公不與小斂、而書日卒者、釋例曰「公孫敖縱情棄命、既已絕位、非大夫也。而備書於經者、惠叔毀請於朝、感子以赦父。敦公族之恩、崇仁孝之教。故傳曰『爲孟氏、且國故也』」、是言雖不與斂、恩實過厚、故書日也。莊三十二年「秋七月、癸巳、公子牙卒」、時公有疾。昭二十五年「冬十月、戊辰、叔孫婼卒」、二十九年「夏四月、庚子、叔詣卒」、時公孫在外。成十七年「冬十一月、壬申、公孫嬰齊卒于貍脤」、在外而卒。皆公不與斂而書日者、釋例曰「其或公疾在外、大夫不卒於國、而猶存其日者、君子不責人以所不得備、非不欲臨也」。然則爲其有故、不得以責公、故皆書日也。公孫嬰齊書所卒之地、餘皆不書地者、釋例曰「魯大夫卒其竟內、則不書地。傳稱『季平子行東野、卒于房』是也」。而先儒以爲、雖以卿禮終、而不臨其喪、皆沒而不書。杜知不臨其喪亦同不書日者、案慶父之死、不以卿禮終而經不書、足知唯據不以卿禮終者經始不書。明以卿禮終、雖全不臨喪、亦同書卒、但不書日耳。春秋諸事、日與不日、傳皆不發、唯此發傳、故特解之、云「春秋不以日月爲例。唯卿佐之喪、獨託日以見義」也。

言「事之得失未足以褒貶人君」者、春秋之文、褒爲厚賞、貶爲大罰。君之於臣、有恩則常事、不足以加賞、無恩則小失、不足以致罰、故云「未足以褒貶」也。止欲貶責死者、君自無恩、然亦非死者之罪。意欲以爲勸戒、無辭可以寄文。而人臣對君爲輕賤、死日可略去、故於此一條特假日以見義。其餘則不以日月爲例、故無傳也。(02–12b/13a・13b)

傳不書卽位攝也○正義曰、「攝」訓持也。隱以桓公幼少、且攝持國政、待其年長、所以不行卽位之禮。史官不書卽位、仲尼因而不改、故發傳以解之。公實不卽位、史本無可書。莊・閔・僖不書卽位、義亦然也。舊說賈・服之徒以爲「四公皆實卽位、孔子脩經、乃有不書」、故杜詳辨之。釋例曰「遭喪繼位者、每新年正月、必改元正位、百官以序、故國史皆書卽位於策以表之。隱既繼室之子、於第應立、而尋父娶仲子之意、委位以讓桓。天子既已定之、諸侯既已正之、國人既已君之、而隱終有推國授桓之心、所以不行卽位之禮也。隱莊・閔・僖雖居君位、皆有故而不脩卽位之禮。或讓而不爲、或痛而不忍、或亂而不得、禮廢事異、國史固無所書、非行其禮而不書於文也。潁氏說以爲『魯十二公、國史盡書卽位、仲尼脩之、乃有所不書』。若實卽位、則爲隱公無讓、若實有讓、則史無緣虛書」、是言實不卽位、故史不書也。傳於隱・閔云「不書卽位」、於莊・僖云「不稱卽位」者、釋例曰「丘明於四公發傳、以不書不稱起文、其義一也。劉・賈・潁爲傳文生例云『恩深不忍、則傳言不稱、恩淺可忍、則傳言不書』。博據傳辭、殊多不通。案『殺欒盈』則云

『不言大夫』、『殺良霄』則云『不稱大夫』、『君氏卒』則云『不日薨、不言葬、不書姓』、『鄭伯克段』則云『稱鄭伯』、此皆同意而別文之驗也。傳本意在解經、非曲文以生例」、是言「不書」「不稱」義同之意也。

膏肓何休以爲「古制、諸侯幼弱、天子命賢大夫輔相爲政、無攝代之義。昔周公居攝、死不記崩。今隱公生稱侯、死稱薨、何因得爲攝」者、周公攝政、仍以成王爲主、直攝其政事而已。所有大事、稟王命以行之。致政之後乃死、故卒稱「薨」、不稱「崩」。隱公所攝、則位亦攝之、以桓爲大子、所有大事、皆專命以行。攝位被殺、在君位而死、故生稱「公」、死稱「薨」、是與周公異也。且何休以爲「諸侯無攝」。鄭康成引公羊難云「宋穆公云『吾立乎此、攝也』。以此言之、何得非左氏」、是鄭意亦不從何説也。下傳曰「公攝位而欲求好於邾」、是位亦攝也。又曰「惠公之薨也、大子少」、是以桓爲大子也。

所以異於正君者、元年不卽位、行還不告廟、不臨惠公之葬、不成聲子之喪、尊仲子爲夫人、薨則赴於諸侯、又爲之立廟、此是謙之實也。隱公讓位賢君、故爲春秋之首。

所以不入頌者、魯僖公之時、周王歲二月、東巡守至于岱宗柴。季孫行父爲之請於周、大史克爲之作頌、故得入頌。隱公無人爲請、故不入頌也。

(02-13b/14a・14b)

注王未至克卒〇正義曰、莊十三年齊桓會諸國于北杏、邾人在焉、及十六年而書「邾子克卒」、故知由事齊桓乃得王命也。賈・服以爲「北杏之會時、已得王命」。蓋以北杏之會邾人在列、故謂其已得命也。列與不列在於主會之意、不由有爵與否。襄二十七年宋之盟、齊人請邾、宋人請滕、邾・滕不列於會、故不書邾・滕。襄五年戚之會、穆叔以屬鄫爲不利、使鄫大夫聽命于會、故經書「鄫人」。然則爲人私屬、則不列於會、不爲人私屬、則列於會。不可據列會以否以明有爵也。昭四年申之會、淮夷列焉、未必有爵也。邾今無爵得與魯盟、北杏會齊、何須有爵。莊十五年「會于鄄」、傳曰「齊始霸」、則齊桓爲霸、自鄄會始耳。北杏之時、諸侯未從、霸功未立、桓尚未有殊勳、儀父何足可紀。且齊桓未有功於王、焉能使王命之。其得王命、必在北杏之後。但未知定是何年耳。服虔云「爵者醮也。所以醮盡其材也」。(02-14b/15a)

注費伯魯大夫至倣此〇正義曰、「史之策書、皆君命」者、謂君所命爲之事乃得書之於策、非謂君命遣書方始書也。又解史策不書、經亦不書之意。仲尼書於經者、「亦因史之舊法」、舊史不書則亦不書、故傳發此事、釋經不書之意。「諸魯事傳釋不書、他皆倣此」、謂下「盟于翼」、「作南門」之類、是也。

(02-15a)

初鄭武公娶于申曰武姜〇正義曰、杜以爲「凡倒本其事者、皆言初也」。賈逵云「凡言初者、隔其年後、有禍福、將終之、乃言初也」。

〇注申國今南陽宛縣〇正義曰、外傳説伯夷之後曰「申・呂雖衰、齊・許猶在」、則申・呂與齊・許、倶出伯夷、同爲姜姓也。國語曰「齊・許・申・呂由大姜」、言由大姜而得封也。然則申之始封、亦在周興之初、其後中絶、至宣王之時、申伯以王舅改封於謝。詩大雅崧高之篇、美宣王褒賞申伯云「王命召伯、定申伯之宅」、是其事也。地理志「南陽郡宛縣故申伯國」。「宛縣」者謂宣王改封之後也、以前則不知其地。(02-15b)

注段出奔共故曰共叔猶晉侯至之鄂侯〇正義曰、賈・服以「共」爲謚。謚法「敬長事上曰共」。作亂而出、非有「共」德可稱、餬口四方、無人與之爲謚、故知段出奔共故稱「共」、猶下晉侯之稱鄂侯也。(02-15b)

莊公寤生驚姜氏故名曰寤生遂惡之○正義曰、謂武姜寐時生莊公、至寤始覺其生、故杜云「寐寤而莊公已生」。(02–16a)

注虢叔至陽縣○正義曰、僖五年傳曰「虢仲・虢叔王季之穆也」、晉語稱「文王敬友二虢」、則虢國本有二也。晉所滅者、其國在西、故謂此爲「東虢」也。鄭語、史伯爲桓公設謀云「虢叔恃勢、鄶仲恃險、皆有驕侈怠慢之心。君以成周之衆、奉辭伐罪、無不克矣」、桓公從之、是其「恃險而不脩德、爲鄭滅之」之事也。賈逵云「虢叔封西、虢仲封東」、而此云「虢叔東虢君」者、言所滅之君字叔也。傳云「虢仲譖其大夫」、謂叔之子孫字曰仲也。案傳燕國有二、則一稱北燕。邾國有二、則一稱小邾。此虢國有二、而經・傳不言東西者、於時東虢已滅、故西虢不稱西。其並存之日、亦應以東西別之。地理志云「河南郡熒陽縣」、應劭云「故虢國、今虢亭是也」。(02–16a)

注祭仲至百雉○正義曰、注諸言「大夫」者、以其名氏顯見於傳、更無卑賤之驗者、皆以「大夫」言之。其實是大夫以否、亦不可委知也。

定十二年公羊傳曰「雉者何、五板而堵、五堵而雉」、何休以爲「堵四十尺、雉二百尺」。許愼五經異義「戴禮及韓詩説、八尺爲板、五板爲堵、五堵爲雉、板廣二尺、積高五板爲一丈、五堵爲雉、雉長四丈。古周禮及左氏説、一丈爲板、板廣二尺、五板爲堵、一堵之牆、長丈高丈、三堵爲雉、一雉之牆、長三丈高一丈、以度其長者用其長、以度其高者用其高也」。諸説不同、必以「雉長三丈」爲正者、以鄭是伯爵、城方五里、大都三國之一、其城「不過百雉」、則百雉是大都定制。因而三之、則侯伯之城當三百雉、計五里積千五百歩、歩長六尺、是九百丈也。以九百丈而爲三百雉、則「雉長三丈」。賈逵・馬融・鄭玄・王肅之徒爲古學者皆云「雉長三丈」、故杜依用之。

「侯伯之城、方五里」、亦無正文。周禮冬官考工記「匠人營國、方九里、旁三門」、謂天子之城。天子之城方九里、諸侯禮當降殺、則知公七里、侯伯五里、子男三里、以此爲定説也。但春官典命職乃稱「上公九命、侯伯七命、子男五命、其國家宮室車旗衣服禮儀、皆以命數爲節」、鄭玄以爲「國家國之所居、謂城方也」。如典命之言、則公當九里、侯伯七里、子男五里、故鄭玄兩解之。其注尚書大傳、以天子九里爲正説、又云「或者天子之城方十二里」、詩文王有聲箋言「文王城方十里、大於諸侯、小於天子之制」、論語注以爲「公大都之城方三里」、皆以爲天子十二里、公九里也。其駁異義又云「鄭伯城方五里」。以匠人・典命俱是正文、因其不同、故兩申其説。今杜無二解、以「侯伯五里」爲正者、蓋以典命所云「國家」者、自謂國家所爲之法、禮儀之度、未必以爲城居也。(02–16b/17a)

大都至九之一○正義曰、定以王城方九里、依此數計之、則王城長五百四十雉、其大都方三里、長一百八十雉。中都方一里又二百四十歩、長一百八雉也。小都方一里、長六十雉也。

公城方七里、長四百二十雉、其大都方二里又一百歩、長一百四十雉也。中都方一里又一百二十歩、長八十四雉也。小都方二百三十三歩二尺、長四十六雉又二丈也。侯伯城方五里、長三百雉、其大都方一里又二百歩、長百雉也。中都比王之小都。其小都方一百六十六歩四尺、長三十三雉、又一丈也。子男城比王之大都、其大都比侯伯之中都。其中都方一百八十歩、長三十六雉也。小都方百歩、長二十雉也。

考工記曰「王宮門阿之制五雉。宮隅之制七雉。城隅之制九雉。門阿之制、以爲都城之制、宮隅之制、以爲諸侯之城制」。然則王之都城隅高五丈、城蓋高三丈。諸侯城隅高七丈、城蓋高五丈也。三丈以下、不復成城、其都城蓋又高三丈也。周禮「四縣爲都」、周公之設法耳。但土地之形不可方平如圖、其邑竟廣狹無復定準、隨人多少而制其都邑、故有大都小都焉。

下邑謂之「都」、「都」亦一名「邑」。莊二十八年傳曰「宗邑無主」、閔元年傳曰「分之都城」、倶論曲沃而「都」「邑」互言、是其名相通也。(02-17a・17b)

無使滋蔓○正義曰、此以草喩也。草之滋長引蔓、則難可芟除。喩段之威勢稍大、難可圖謀也。(02-18a)

○注斃踣也○正義曰、釋言文也。孫炎曰「前覆曰踣」。(02-18a)

國不堪貳○正義曰、兩屬則賦役倍、賦役倍則國人不堪也。(02-18a)

厚將崩○正義曰、以牆屋喩也。厚而無基必自崩、喩衆所不附將自敗也。高大而壞謂之「崩」。(02-18b)

注完城郭聚人民○正義曰、服虔以「聚」爲聚禾黍也。段欲輕行襲鄭、不作固守之資、故知聚爲聚人、非聚糧也。「完城」者謂聚人而完之、非欲守城也。(02-18b)

如二君故曰克○正義曰、謂實非二君、儁傑彊盛如似二君。伐而勝之、然後稱「克」、非謂眞是二君也。若眞是二君、則以戰・襲・敗・取爲文。然既非二君、而杜注經云「以君討臣而用二君之例」、又似眞二君者、但杜於彼應云「以君討臣而用如二君之例」、略其「如」字、但云「而用二君」耳。

準獲麟之後史文、夫子未脩之前、應云「鄭伯之弟段出奔共」、與「秦伯之弟鍼出奔晉」同也。以其不弟、故不言「弟」、志在於殺、故不言「奔」。然則「鄭伯」亦是舊史之文、而得爲新意者、段以去「弟」爲貶、宜以國討爲文、仍存「鄭伯」、見其「失教」、其文雖是舊史、卽是仲尼新意也。(02-19a)

○注傳言至其奔○正義曰、經皆孔子所書、此事特言「書曰」、必是舊文不然、夫子始然、故知傳之此辭、「言夫子作春秋、改舊史以明義」也。

「克」者戰勝獲賊之名。公伐諸鄢、段卽奔共、既不交戰、亦不獲段、段實出奔而以「克」爲文者、此非夫子之心、謂是鄭伯本志不欲言其出奔、「難言其奔」、「志在於殺」、故夫子承其本志而書「克」也。鄭伯之於段也、以其母所鍾愛、順母私情、分之大邑、恣其榮寵、實無殺心。但大叔無義、恃寵驕盈、若微加裁貶、則恐傷母意。故祭仲「欲早爲之所」、子封「請往除之」、公皆不許、是其無殺心也。言「必自斃」、「厚將崩」者、止謂自損其身、不言惡其能害國。及其謀欲襲鄭、禍將逼身、自念友愛之深、遂起切心之恨、由是「志在必殺、難言出奔」。此時始有殺心、往前則無殺意。傳稱「公曰、姜氏欲之、焉辟害」、詩序曰「不勝其母、以害其弟」、經曰「父母之言、亦可畏也」、是迫於母命、不得裁之、非欲待其惡成、乃加誅戮也。服虔云「公本欲養成其惡而加誅、使不得生出、此鄭伯之志意也」、言鄭伯本有殺意、故爲養成其惡、斯不然矣。傳曰「稱鄭伯、譏失教也」、止責鄭伯失於教誨之道、不謂鄭伯元有殺害之心。若從本以來卽謀殺害、乃是故相屠滅、何止失教之有。且君之討臣、遏其萌漸、惡雖未就、足得誅之、何須待其惡成、方始殺害。服言本意欲殺、乃是誣鄭伯也。

劉炫云「以『克』爲文、非其實狀、故傳解之、『謂之鄭志』。言仲尼之意、書『克』者謂是鄭伯本志也。注又申解傳意、言『鄭伯志在於殺』、心欲其克、『難言其奔』、故仲尼書『克』不書『奔』、如鄭伯之志爲文、所以惡鄭伯也」。(02-19a・19b)

注封人典封疆者○正義曰、周禮封人「掌爲畿封而樹之」、鄭玄云「畿上有封、若今時界也」。天子封人職典封疆、知諸侯封人亦然也。傳言「祭仲足爲祭封人」、「宋高哀爲蕭封人」、論語有儀封人、此言「潁谷封人」、皆以地名封人。

蓋封人職典封疆、居在邊邑。潁谷・儀・祭皆是國之邊邑也。(02-20a)

注食而至之常○正義曰、禮公食大夫及曲禮所記、大夫士與客燕食、皆有牲體殺胾、非徒設羹而已。此與華元饗士、唯言有「羹」、故疑是「古賜賤官之常」。(02-20a)

注賦賦至樂也○正義曰、「賦詩」謂自作詩也。中・融、外・洩、各自爲韻、蓋所賦之詩有此辭、傳略而言之也。「融融和樂」、「洩洩舒散」、皆是樂之狀、以意言之耳。服虔云「入言公、出言姜、明倶出入互相見」。(02-20b)

注純猶篤也○正義曰、爾雅釋詁訓「純」爲「大」、則「純孝」「純臣」者、謂大孝大忠也。此「純猶篤」者、言孝之篤厚也。(02-20b)

詩曰至謂乎○正義曰、詩毛傳及爾雅之訓、「匱竭」、「永長」、「錫予」、「爾女」也。此詩大雅既醉之五章、言孝子爲孝、不有竭極之時、故能以此孝道長賜予女之族類。言行孝之至、能延及旁人、其是此事之謂乎。「族類」者、言倶有孝心、則是其族類也。(02-21a)

○注不匱至倣此○正義曰、潁考叔有純孝之行、能錫莊公。「莊公雖失之於初、孝心不忘」、則與潁考叔同是孝之般類也。今考叔能「感而通之」、是謂「永錫爾類」也。「詩人之作、各以情言。君子論之、不以文害意」、出孟子文也。此云「春秋傳引詩、不皆與今説詩者同」、何以昭八年注云「叔向時詩義如此」、所以不同者、此是丘明作傳、稱君子之言、容可引詩斷章、評論得失。彼是叔向之語、事近前代、當時識刺、故云「叔向時詩義如此」也。詩注意「類」謂子孫族類、此傳意以爲事之般類也。(02-21a)

天王至故名○正義曰、緩賵惠公、生賵仲子、事由於王、非咺之過、所以貶咺者、天王至尊、不可貶責、貶王之使、足見王非。且緩賵惠公、專是王過、生賵仲子、咺亦有愆。使者受命不受辭、欲令遭時設宜、臨機制變。王謂仲子已薨、令咺并致其賵、仲子尚存、賵事須止。宰咺知其未薨、猶尚致賵、是則不達時宜、恥辱君命。王則任非其人、咺爲辱命之使。君臣一體、好惡同之、貶咺亦所以責王也。

文五年「王使榮叔歸含且賵」、不指所賵之人、此指言「惠公仲子」者、彼成風未葬、不言可知、此則惠公已葬、子氏未薨、若不言其人、則不知爲誰來賵。文九年「秦人來歸僖公成風之襚」、亦爲年月已遠、故指其所襚、與此同也。季文子求遭喪之禮以行、亦豫凶事不貶者、宰咺無喪致賵、文子乃量時制宜、「備豫不虞、古之善教」、與此不同。(02-21a・21b)

天子至姻至○正義曰、天子・諸侯・大夫・士、位既不同、禮亦異數。赴弔遠近、各有等差、因其弔荅以爲葬節。且位高則禮大、爵卑則事小。大禮踰時乃備、小事累月卽成。聖王制爲常規、示民軌法、欲使各脩其典、無敢忒差。資父事君、生民之所極、哀死送終、臣子之所盡。是以未及期而葬、謂之不懷、過期而葬、謂之緩慢。春秋從實而錄、以示是非。

「天子七月」、「諸侯五月」者、死月葬月、皆通數之也。文八年「八月、天王崩」、九年「二月、葬襄王」、是天子之七月也。成十八年「八月、公薨于路寢」、「十二月、葬我君成公」、是諸侯之五月也。宣八年傳云「禮、卜葬先遠日、辟不懷也」、是卜遠日不吉、乃卜近日、辟不思親之嫌也、則未及期而葬者、不思其親、理在可見。故傳皆不言其事、唯過期乃葬者、傳言「緩」以示譏耳。桓王以桓十五年崩、莊三年乃葬、積七年也。僖公以其三十三年十一月薨、文元年四月乃葬、薨葬中有閏、積七月也。二者並過於期、故傳皆言「緩」以譏之也。衛桓公以隱四年三月爲州吁所弑、五年四月乃葬、積十四月也。莊公以其三十二年八月薨、閔元年六月乃葬、積十一月也。二者雖亦過期、而國有事難、故傳皆言「亂故、是以緩」、原其非慢、不以責臣子也。

然則「諸侯五月而葬」、自是正法、得禮可知、不假發傳、而「葬成公」之下、傳特云「書順」者、釋例曰「魯君薨葬、多不順制。唯成公薨于路寢、五月而葬、國家安靜、世適承嗣、故傳見莊之緩、擧成書順以包之」。然則特發此傳、欲以包羣公之得失、於莊見「亂故」而緩、於僖見無故而緩、於成見順禮、傳發三者、則其餘皆可知也。

「士踰月」者、通死月亦三月也。襄十五年「十一月、晉侯周卒」、十六年「正月、葬晉悼公」、杜云「踰月而葬速」、是踰月亦三月也。此注云「踰月度月」者、言從死月至葬月、其間度一月也。士與大夫不異、而別設文者、以大夫與士名位既異、因其名異、示爲等差、故變其文耳、其實月數同也。

「同軌」「同盟至」者、謂遣使來至、非諸侯身至。釋例曰「萬國之數至衆、封疆之守至重。故天王之喪、諸侯不得越竟而奔、脩服於其國、卿共弔葬之禮。魯侯無故而穆伯如周弔、此天子崩、諸侯遣卿共弔葬之經・傳也」、是言禮天子之喪、諸侯不親奔也。其諸侯相弔、則昭三十年傳云「先王之制、諸侯之喪、士弔、大夫送葬」、是正禮也。「同位至」、待其使還也。「外姻至」、親戚畢集也。

於天子言「畢至」、以下不言「畢」者、天子貴在尊極、海内爲家、天下聞喪、無敢不至、故言「畢」也。諸侯同盟、或來或否、大夫出使、本奉君命、雖或聞喪、未必盡來、故不言畢也。此亦例而不言凡者、序已解訖。

何休膏肓以爲「禮、士三月葬。今云踰月、左氏爲短」。鄭康成云「人君殯數來日、葬數往月。大夫殯葬、皆數來日來月。士殯葬、皆數往日往月。士之三月大夫之踰月也」。鄭之此言「天子諸侯數往月」、於左氏無害。云「大夫葬數來月」、恐非杜旨。蘇寛之意以「古禮大夫以上殯葬皆數來日來月。士殯葬數往日往月」。空云「古禮」、事無所出、不可依用也。

劉炫云「此亦例、不言凡者、諸所發凡、皆爲經張例、此擧葬之大期、以譏宰咺之緩。非是爲葬發例、故不言凡也」。(02-21b/22a・22b)

○注言同至之國○正義曰、鄭玄・服虔皆以「軌」爲車轍也。王者馭天下、必令車同軌、書同文。「同軌畢至」、謂海内皆至也。四夷異俗、不可同其文軌、天子之喪、不能以時赴弔、故「言同軌、以別四夷之國」也。周禮巾車「木路以封蕃國」、蕃國卽四夷也。既受王命、車亦應同軌、而言「別四夷」者、四夷來朝天子、天子賜之車服、行於中國、自然同軌、其在本國、軌必不同。若以巾車之文、卽言與華夏同軌、豈亦能同文也。(02-22b/23a)

○注同在方嶽之盟○正義曰、周禮司盟「凡邦國有疑會同、則掌其盟約之載」。然則天子之合諸侯、有使諸侯共盟之禮也。王合諸侯、唯有巡守、其非巡守、則有事而會。會之多少、唯王所命、不得有同盟常禮、禮之同盟、唯方嶽耳。故左氏舊說「十二年三考黜陟、幽明既分、天子展義巡守、柴望既畢、諸侯遂朝、退相與盟、同好惡、奬王室」、是其當方諸侯、同有方嶽之盟。同盟情親、吉凶相告、故遣使會葬也。(02-23a)

○注古者至踰時○正義曰、「同位」謂同爲大夫、共在列位者。待其來至、三月待之、故知「古者」於法「行役不踰時」也。隱五年穀梁傳曰「伐不踰時」、明行役聘問、亦不踰時也。(02-23a)

注尸未葬之通稱○正義曰、曲禮下云「在牀曰尸、在棺曰柩」、是其相對言耳。今以既葬乃來、而云「不及尸」、知「尸」是「未葬之通稱」也。葬則尸不復見、未葬猶及見之、故以葬爲限也。

釋例曰「喪贈之幣、車馬曰賵、貨財曰賻、衣服曰襚、珠玉曰含。然而摠謂之贈、故傳曰『贈死不及尸』也」。然則此文雖爲賵發、其實賵賻含襚、摠名爲「贈」。但及未葬、皆無所譏也。襚以衣尸、含以實口、大斂之後、無所用之、既殯之後猶致之者、示存恩好不以充用也。

今讃曰、雜記弔含襚賵臨之等、未葬則葦席、既葬則蒲席、是葬後得行、此言「緩」者、禮記後人雜錄、不可與傳同言也。或可初葬之後則可、久則不許。

(02-23a・23b)

注諸侯至終喪○正義曰、昭十五年傳稱「穆后崩、王既葬、除喪。叔向曰、三年之喪、雖貴遂服、禮也」、杜云「天子諸侯除喪、當在卒哭。今王既葬而除、故譏其不遂也」。案僖三十三年傳云「卒哭而祔」、杜云「既葬反虞則免喪、故曰卒哭。哭止也」。如杜此言、則卒哭與葬相去非遠、同在一月。儀禮「士三虞」、則天子諸侯皆同於此。必知然者、以卒哭是葬之餘事、共在一月之中、故杜云「既葬則衰麻除」。或云、既葬卒哭衰麻除、以其相近故也。

若據雜記云「諸侯五月而葬、七月而卒哭」、中間既賒、或有國事、稱號云何。是知葬與卒哭相連、間無事也。然雜記云「諸侯五月而葬、七月而卒哭」者、案釋例曰「禮記後人所作、不與春秋同」、是杜所不用也。

既葬除喪、唯杜有此說。正以春秋之例、皆既葬成君、明葬是人君之大節也。昭十二年傳曰「齊侯・衛侯・鄭伯如晉、晉侯享諸侯、子産相鄭伯、辭於享、請免喪而後聽命。晉人許之、禮也」。於時鄭有簡公之喪未葬、故請免喪。其下傳又云「六月、葬鄭簡公」。丘明作傳、未嘗虛擧經文、而虛言此葬、得非終前「免喪」之言也。以此知諸侯既葬則免喪、喪服既除則無哭位。諸侯既然、知天子亦爾。尚書「高宗亮陰、三年不言」、論語云「何必高宗、古之人皆然」、是天子諸侯除服之後、皆諒陰終喪也。

晉書杜預傳云「大始十年、元皇后崩。依漢魏舊制、既葬、帝及羣臣皆除服。疑皇太子亦應除否、詔諸尚書、會僕射盧欽論之。唯預以爲、古者天子諸侯三年之喪、始服齊斬、既葬除喪服、諒闇以居、心喪終制、不與士庶同禮。於是盧欽・魏舒問預證據。預曰『春秋、晉侯享諸侯、子産相鄭伯、時簡公未葬、請免以聽命。君子謂之得禮。宰咺歸惠公仲子之賵、傳曰、弔生不及哀。此皆歸葬除服諒闇之證也。書傳之說既多、學者未之思耳。喪服、諸侯爲天子亦斬衰、豈可謂終服三年也』。預又作議曰『周景王有后世子之喪、既葬除喪而宴樂。晉叔向譏之曰、三年之喪、雖貴遂服、禮也。王雖不遂、宴樂以早。此亦天子喪事見於古也。稱高宗不言喪服三年、而云亮陰三年、此釋服心喪之文也。譏景王、不譏其除喪、而譏宴樂早、則既葬應除、而違諒闇之節也。堯喪、舜諒闇三年、故稱遏密八音。由此言之、天子居喪、齊斬之制、菲杖絰帶、當遂其服。既葬而除、諒闇以終之。三年無改於父之道、故曰百官總己以聽冢宰。喪服既除、故更稱不言之美。明不復寢苫枕凷以荒大政也。禮記云、三年之喪、自天子達。又云、父母之喪、無貴賤一也。又云、端衰喪車皆無等。此通謂天子居喪衣服之制同於凡人。心喪之禮、終於三年、亦無服喪三年之文。天子之位至尊、萬幾之政至大、羣臣之衆至廣。不得同之於凡人。故大行既葬、祔祭於廟、則因疏而除之。己不除則羣臣莫敢除。故屈己以除之、而諒闇以終制。天下之人皆曰、我王之仁也。屈己以從宜、皆曰我王之孝也。既除而心喪、我王猶若此之篤也、凡我臣子亦安得不自勉以崇禮。此乃聖制、移風易俗之本也』。議奏、皇太子遂除衰麻、而諒闇終喪。於時内外卒聞預議、多怪惑者。乃謂其違禮以合時。預謂鄕人段暢曰『茲事體大、本欲宣明古典、知未合於當今也。宜博采典籍、爲之證據、全大分明、足以垂示將來』。暢遂敷通危疑、以弘指趣。其論具存焉」。

杜議引尚書傳云「亮信也。陰默也」。爲聽於冢宰、信默而不言。鄭玄以諒闇爲凶廬、杜所不用。(02-23b/24a・24b)

紀人伐夷○正義曰、世族譜「紀姜姓、侯爵。莊四年、齊滅之」。世本「夷妘姓」、傳無其人、不知爲誰所滅。釋例土地名「夷國在城陽莊武縣」、莊十六年「晉武公伐夷、執夷詭諸」、杜云「詭諸周大夫、夷采地名」、釋例土地名注爲「闕」、則二夷別也。世族譜於「夷詭諸」之下注云「妘姓」、更無夷國、則以

二夷爲一。計莊武之縣、遠在東垂、不得爲周大夫之采邑、而晉取其地、是譜誤也。(02-25a)

注蜚負至倣此〇正義曰、釋蟲云「蜚蠦蜰」、舍人李巡皆云「蜚蠦一名蜰」、郭璞云「蜚卽負盤、臭蟲」。洪範五行傳云「蜚負蠜、夷狄之物、越之所生。其爲蟲臭惡、南方淫女氣之所生也」、本草曰「蜚厲蟲也」。然則「蜚」是臭惡之蟲、害人之物、故或爲災、或不爲災也。經・傳皆云「有蜚」、則此蟲直名「蜚」耳、不名蜚蠦。爾雅所釋、當言「蜚一名蠦蜰」。説爾雅者言「蜚蠦一名蜰」非也。此蟲一名「負盤」、漢書及此注多作「負蠜」者、釋蟲云「草蟲負蠜」、彼則歲時常有、非災蟲也。蓋相涉誤爲「蠜」耳。

又明下有成例、此不合書、而傳發之者、明傳之所據、非獨正史之策、亦兼采簡牘所有、故傳據而言之。案上傳「紀人伐夷」、注云「傳見其事、以明春秋例」、則此「有蜚」亦明春秋例。此云「傳之所據、非唯史策、兼采簡牘」、則上「紀人伐夷」、亦是兼采簡牘。但「紀人伐夷」、他國不告、故以「明例」解之。「蜚」是魯國之有、故以「兼采簡牘」言之。其實二注互以相通。他如此類。(02-25a・25b)

有宋至改葬〇正義曰、上云「惠公之季年、敗宋師于黄、公立而求成焉」、則隱公未立之前、惠公敗宋師也。今云「惠公之薨也、有宋師」、蓋是報黄之敗來伐魯也。隱公將兵禦宋、委葬事于大子、故「有闕」也。服虔以爲「宋師卽黄之師也。是時宋來伐魯、公自與戰」、然則隱自敗宋、還自求成、傳何當屬敗於惠公、而別言「公立」也。且薨之與葬、相去既遠、豈有宋師薨時已來、葬時未去。(02-25b/26a)

衞侯來會葬〇正義曰、衞國侯爵。譜云「姫姓、文王子康叔封之後也。周公既誅祿父、以其地封康叔爲衞侯、居殷虚。今朝歌是也。狄滅衞、文公居楚丘。成公徙帝丘。今東郡濮陽是也。桓公十三年魯隱公之元年也。出公輒十二年獲麟之歳也。悼公二年春秋之傳終矣。悼公三年卒。自悼以下、十一世二百五十五年而秦滅衞也」。衞世家桓公康叔十一世孫。尚書顧命稱康叔爲「衞侯」、則初封侯爵也。世家康叔子則稱「伯」、至頃侯復爲「侯」、故今桓公爲侯爵。(02-26a)

〇注諸侯至倣此〇正義曰、昭三十年傳云「先王之制、諸侯之喪、士弔、大夫送葬」、昭三年傳稱「文襄之霸、君薨、大夫弔、卿共葬事」、皆不言諸侯親會葬、是「諸侯會葬非禮」也。「不得接公成禮、故不書」。此云「不見公不書」、介葛盧亦不見公而書者、此則公在國而不與衞侯相見、故不書、彼則公身在會、國人賓禮之、又欲見其一年再來、故書之也。(02-26a)

注禮卿至書日〇正義曰、喪大記君臨臣喪之禮云「君於大夫大斂焉、爲之賜則小斂焉」。卿是大夫之尊者也、明小斂大斂君皆親之、所以崇恩厚也。小斂・大斂皆應親之、獨以小斂爲文、故知「始死情之所篤」故也。賈逵云「不與大斂、則不書卒」。然則在殯又不往者、復欲何以裁之。且傳無其事、不宜妄説。故杜以爲「但臨大斂及不臨其喪、亦同不書日」也。(02-26b/27a)

注戎狄至魯地〇正義曰、曲禮云「東夷・西戎・南蠻・北狄」。然則四者是九州之外別名也。詩商頌曰「自彼氐羌」、氐羌西戎之國名也。杜欲明其在遠、無以相形、故云「氐羌之別種」、謂是相類之物耳、非謂四者是羌内之別也。其實氐羌乃是戎内之別耳。

戎子駒支云「我諸戎、飲食衣服不與華同、贄幣不通、言語不達」、計應不堪會盟、故解云「言順其俗以爲禮」也。

沈氏云「會據公往、戎爲主人、故得隨主人之俗、以爲會禮。朝據戎來、魯爲主人、戎不能從主人之俗、故朝禮不成。戎是西方之夷、必不遠來會魯、故知『謂居中國若戎子駒支者』也。駒支事見襄十四年」。(02-27a)

莒人入向○正義曰、世本「莒己姓。向姜姓」。此傳云「莒人入向、以姜氏還」、文八年傳稱「穆伯奔莒、從己氏」、是「莒」己、「向」姜、見於傳也。譜云「莒嬴姓。少昊之後。周武王封茲輿於莒。初都計、後徙莒。今城陽莒縣是也。世本自紀公以下爲己姓。不知誰賜之姓者。十一世茲丕公方見春秋。共公以下微弱、不復見。四世楚滅之」。「向」則唯此見經、不能知其終始。(02-27b)

○注向小至三年○正義曰、「將卑師少稱人」者、周禮「萬二千五百人爲軍、二千五百人爲師、五百人爲旅」、用兵多少、其數無常。重其擧大事動大衆、滿師則書之、不滿則不書。輕其衆少、故經皆不書「旅」也。「師」者衆也。雖復五軍三軍、悉皆以「師」爲名、取其「衆」義、故經亦不書「軍」也。釋例曰「春秋不書軍旅、壹皆曰師、從衆辭」、是其義也。

經之大例、君自將者、言君不言「師」。卿將者、滿師則「師」「將」並書、不滿則空擧將「名」。大夫將者、滿師則稱「師」、不滿則稱「人」。所以然者、定四年傳曰「君行師從、卿行旅從」、則君行必有「師」、卿行必有「旅」、文雖不見、理足可明。君將不言「帥師」、卿將不言「帥旅」、以其可知故也。卿行不合師從、今乃帥領一師、若不言「師」、則「師」文不見、卿尊自合書「名」、「師」文又須別見、故「師」「將」並擧、言「某帥師」也。其師少者、卿自須見、唯擧將「名」、不云「帥旅」、言衆少不足錄也。

大夫爵位卑下、名氏不合見經。但所帥滿師、師自須見、故言「師」不言「將」也。若不滿師者、一旅之衆、則例所不書、大夫位卑、又名不當見、則空擧其將、謂之爲「人」。「人」卽大夫身也。其將尊師少、及將卑師衆、若其序列、則將卑師衆者在上。襄二年「晉師・宋師・衛甯殖侵鄭」是也。

隱五年公羊傳曰「曷爲或言率師、或不言率師、將尊師衆稱某率師、將尊師少稱將、將卑師衆稱師、將卑師少稱人、君將不言率師、書其重者也」、釋例曰「大夫將、滿師稱師、不滿稱人而已。卿將、滿師則兩書、不滿則直書名氏。君將不言帥師、卿將不言帥旅、此史策記注之常」、此用公羊爲說也。劉炫云「盟會例、卿則書名氏、非卿則書人、人當名氏之處、由是將卑師少則書人、亦與盟會同」。(02-27b/28a)

注無駭至八年○正義曰、春秋之例、卿乃見經。今名書於經、傳言「司空」、故知無駭是「魯卿」。諸名書於經、皆是卿也、故於此一注、以下不復言之。又王制云「上大夫卿」、則卿亦大夫也。故注多以「大夫」言卿。下注云「裂繻紀大夫」、如此之類、皆是卿也。其名見於傳、而注云「大夫」者、則其爵眞大夫也。

穀梁以極爲國、杜云「附庸」者、沈云「以費伯帥師城郎、因得勝極、則極是竟內、故云附庸」。凡卿出使、必具其名氏以尊君命。今不書氏、故解云「未賜族」、無族可稱故也。

賈云「極戎邑也」。極爲戎邑、傳無文焉。戎之於魯、本無怨惡。言「脩惠公之好」、則是求與魯親。公未信戎心、故辭其盟耳、秋卽與盟、復脩戎好。若已共戎會、故不與盟、旋令師入其都、然後結好、其爲惡行、亦不是過。讓位賢君、固應不爾、良史直筆、焉得無譏。傳乃本其勝之所由、而歸功於費伯也。(02-28a・28b)

注高平至有誤○正義曰、杜勘檢經・傳上下月日、制爲長歷。此年八月壬寅朔、其月三日甲辰、十五日丙辰、二十七日戊辰、其月無「庚辰」也。七月壬申朔、則九日有庚辰。杜觀上下、若月不容誤、則指言日誤、若日不容誤、則指言月誤。此則上有「秋」、下有「九月」、則日月倶得有誤、故云「日月必有誤」也。(02-28b)

注裂繻至倣此〇正義曰、此書「逆女」、傳曰「卿爲君逆也」、宣五年「齊高固來逆叔姫」、傳曰「書曰叔姫卿自逆也」、是爲君逆則稱女、自逆則書字、故云「以別卿自逆」也。釋例曰「天子娶、則稱逆王后。卿爲君逆、則稱逆女、其自爲逆、則稱所逆之字、尊卑之別也」。此不言「紀侯使裂繻」、而成八年經書「宋公使公孫壽來納幣」、俱是昏禮、而立文不同、故解之也。

言「昏禮不稱主人」者、「主人」謂壻也。爲有廉恥之心、不欲自言娶婦、故卿爲君昏行者、必稟君母之命。婦人之命不得通於鄰國、若言卿輒自來。非君所命、故裂繻不言「使」也。其無母者、臣無所稟、不得不稱君命、故公孫壽言「宋公使」也。史皆隨其實事而書之、非褒貶之例也。公羊傳曰「何以不稱使。昏禮不稱主人。然則曷稱。稱諸父兄師友。宋公使公孫壽來納幣、則其稱主人何。辭窮也。辭窮者何。無母也。然則紀有母乎。曰有。有則何以不稱母。母不通也」、是婦人之言不通外國、故不言君使、亦不言母命、作自來之文也。公羊言「無母者稱父兄師友」、宋公不稱父兄者、諸侯臣其父兄、故不得稱也。昏禮記曰「宗子無父、母命之、親皆没、己躬命之」。以宗子之尊、尚不稱父兄、況諸侯也。其「稱父兄師友」、謂大夫以下非宗子者耳。昏禮記所云「支子則稱其宗、弟稱其兄」是也。(02-28b/29a)

注子帛至密鄉〇正義曰、杜云「比之内大夫、而在莒子上」者、案諸經文、魯大夫出會他國、皆先書魯大夫、下卽云「及某人」。今「子帛」之下不云「及」者、不可全同魯大夫故也。(02-29b)

注桓未至三年〇正義曰、妾子爲君、其母成爲夫人。敬嬴・齊歸是也。仲子實妾、「桓未爲君」、故「仲子不應稱夫人」也、今稱「夫人薨」、是隱成之、讓桓爲大子、成其母喪。傳例曰「不赴則不曰薨」、故知稱「薨」是「赴於諸侯、故經於此稱夫人」也。五年「考仲子之宮」、公羊傳曰「桓未君、則曷爲祭仲子。隱爲桓立、故爲桓祭其母也。然則何言爾。成公意也」、是言隱公成仲子爲夫人也。(02-29b)

注許其至而足〇正義曰、戎貪而無信、盟或背之、公未得戎意、恐好不久成、故不許其盟也。「禦夷狄者不壹而足」、文九年公羊傳文。言制禦夷狄、當以漸教之、不一度而卽使足也。(02-30a)

春秋左傳正義校勘記　巻二

附釋音春秋左傳注疏卷第二　隱元年盡二年（02-01a-1）宋本「春秋正義卷第二」◎正本は宋本に同じく「春秋正義卷第二」に作る。

杜氏注　孔穎達疏（02-01a-2）按「頴」當作「穎」、「逹」當作「達」。此六字在第二行。「杜氏」上空四字。「疏」字下空三字。每卷標題同。石經作「杜氏盡十一年」六字、在第二行。纂圖本在第三行。淳熙本在第四行。款式卷數與釋文合。岳本「氏」下增「注」字、在第三行。◎正本には「杜氏注孔穎達疏」の七字は無く、別に「國子祭酒上護軍曲阜縣開國子臣孔穎達等奉／勅撰」の二十一字が有る。宋本も同じ。ただし「潁」字に作る。

春秋經傳集解隱第一（02-01a-3）此九字在第三行。閩本・監本・毛本在第四行、低一格。石經・淳熙本・岳本・纂圖本「第」上有「公」字、與釋文合、在第一行。案正義當有「公」字。石經此行八分、後卷同。纂圖本「春秋」上增「監本纂圖」四字、後卷同。宋本正義「春秋經傳集解」六字爲一條、「隱公第一」四字跳行、頂格爲一條。「杜氏」二字爲一條、不跳行、亦與釋文・石經合也。◎正本には宋本に同じく「公」字が有る。ただし正本は「春秋經傳集解隱公第一」を一行に表記するが、宋本は「春秋經傳集解」と「隱公第一」とを分ける。

・故題無常準（02-01a-5）宋本・毛本「準」作「凖」。案五經文字云、從水傍隹字。按閩・監・毛三本自此節至經元年以前正義、低二格、以後低一格、失宋板舊式矣。◎正本も「準」字に作る。

・隱公魯君侯爵（02-01a-9）宋本無「隱公」二小字。上有「隱公第一」四大字。大陰文「疏」字及「正義曰」三小字、下接「魯君侯爵」云云。

・伯禽至隱公凡十三君（02-01b-1）宋本「凡」下有「一」字。◎正本には「一」字が無く、宋本と異なる。後文「凡十二君」の例から推すと、無いのが正しい。

・惠公弗皇子（02-01b-1）史記十二諸侯年表作「弗王」、魯周公世家作「弗湟」、盧文弨校本改作「湟」。按文十六年釋文引魯世家作「皇」。疏引同。盧本不改。史記律歷志亦作「皇」。

・漢御史大夫杜延年之後（02-01b-5）按此十字乃裴松之注引傅子、非陳壽魏志原文。

・封樂亭侯（02-01b-5）案魏志「封」下有「豊」字。

・謚戴侯也（02-01b-6）浦鏜正誤「也」改作「子」是也。◎浦鏜説に従う。

・當稱徳者非所企及（02-01b-6）閩本・監本・毛本「當」作「嘗」。盧文弨校本改作「常」字。按明末避諱多改「常」爲「嘗」。◎正本・宋本は「當」字に作る。ここは盧氏校訂に従い、「常」字に作るべきであろう。なお要義本は「嘗」字に作る。

傳

明始適夫人也（02-02a-3）釋文「適」本又作「嫡」。案「適」與「嫡」字通。此本注文雙行細字、宋本同。閩本始以注文改爲單行、加「注」字於上、非復宋本舊式。監本・毛本同。

・傳惠公元妃孟子（02–02a–4）宋本無「傳」字。以下正義七節摠入「是以隱公立而奉之」注下。◎阮刻本は「妃」字を「配」字に誤刻する。

・一元之字（02–02a–7）浦鏜正誤疑作「元之一字」、或「之」字衍。

無謚先夫死不得從夫謚（02–02b–7）宋本・岳本・毛本「謚」作「諡」非也。

・注不稱至夫謚（02–02b–7）◎正本は前節正義の最後「故稱孟子」以下「成喪則知此不稱薨」に至るまでを缺いている。安井氏『缺佚考』に「稱孟子以下。三十字缺文あり」と述べているように、阮刻本でいえば、標起止を含めると三十九字分の缺字が有る。

・公卒故特解之（02–02b –8）宋本「公」作「言」。閩本・監本・毛本作「先公卒」。「故」毛本作「此」非。◎要義本も「言」字に作る。これが正しい。正本は缺字。

・以其所屬（02–03a–1）宋本「其」作「明」是也。◎正本も宋本と同様「明」字に作る。

・注聲謚至繼室（02–03a–7）各本「室」下有「○」。宋本凡標起訖處上下並空一字。◎正本も宋本と同様、一字空ける。

・自夷（02–03b–4）◎阮刻本の「自夷」は「目夷」の誤刻。正本・宋本も「自夷」に誤る。『史記』周本紀・大史公自序「有殷氏・來氏・宋氏・空桐氏・稚氏・目夷氏」を参照。

仲子生而有文在其手（02–03b–8）陳樹華云、王充論衡雷虛篇紀妖篇竝作「文在其掌」。唯自然篇仍作「手」。

・皆諮謀於桓然則桓公已成人也（02–04b–4）浦鏜正誤「然」作「公」。

・桓已成人（02–04b–4）宋本「已」作「以」。案「已」「以」古多通用。◎正本も宋本と同様「以」字に作る。今は「已」のままとする。

是以立爲太子（02–04b–7）宋本・岳本・毛本「太」作「大」是也。釋文云、舊「太」字皆作「大」。後放此。説詳釋文校勘記。

・其父愛之（02–04b–9）宋本「愛」作「娶」是也。◎正本・足利十行本も宋本と同様「娶」字に作る。これが正しい。要義本は「愛」字に作る。

・但爲桓年少（02–04b–10）宋本「年」作「尚」。◎正本・足利十行本・要義本も「尚」字に作る。これが正しい。

・凡稱傳者皆是爲經（02–05a–1）陳樹華云「經」下當有「張本」二字。

經元年

・此下二月有會盟之事（02–06a–6）考文云「二」作「三」、與宋本合。◎正本も「三」字に作る。これが正しい。

・雖有一統（02–06b–1）◎正本・宋本・足利十行本は「雖」字を「須」字に作る。これが正しい。要義本や定公元年疏引の釋例でも「須」字に作るのがその補証。阮校で宋本に言及しないのは遺漏である。

・雖非年初（02–06b–2）武進臧禮堂據定元年疏引釋例改「非」作「則」。◎宋本・正本も「非」字に作る。この部分を「則」字に作るものは無いが、文脈からすれば「則」字が正しい。「雖則」は常見の語。

・故年稱元年（02–07a–1）宋本「年」作「也」。◎正本・足利十行本は「年」字に作って、宋本と異なる。「也」字が正しい。

・規過云元正爲取始長之義（02–07a–5）◎阮刻本の「爲」字を諸本は「惟」字に作る。正本・宋本・足利十行本は「唯」字に作る。これが正しい。阮校は宋本に言及しない。

・黄帝坐於扆閣鳳皇銜書致帝前（02–07a–9）宋本「於」下有「元」字、「銜」字作「衘」。毛本「致」字作「至」。◎正本は「於」字の下を空格。なお宋本は「元」ではなく、「玄」字に作る。阮校は失校。「黄帝坐於玄扆閣鳳皇銜書致帝前」が正しい。

・王者不承天以制號令（02–07a–2）閩本・監本・毛本「承」作「奉」。○補十

行本初刻「承」、後改作「奉」。◎正本は「承」字に作る。

・非此辭也（02-07a-3）閩本・監本・毛本「此」作「比」。◎正本は「此」字に作る。思うにこれは「此非辭也」の誤りであろう。書疏（11-03a）に同様の表現が見える。

・其成體也（02-07b-4）◎阮刻本の「其」字は「共」字の誤刻。諸本は「共」字に作る。

・卽以託王於魯史之改元（02-07b-4）浦鏜云「史」疑作「使」。◎浦鏜説に従う必要はない。

・何休言（02-07b-7）閩本・監本・毛本「言」作「云」。◎正本・宋本は「言」字に作るが、「云」字が適当である。阮刻本は訂正済み。

三月公及邾儀父盟于蔑（02-07b-10）陳樹華云、漢書鄒陽傳引作「義父」。師古曰「義」讀爲「儀」。元和惠棟春秋左傳補注云、「蔑」本「姑蔑」。定十二年傳「費人北、國人追之、敗諸姑蔑」是也。隱公名息姑、而當時史官爲之諱。

能自通于大國（02-08a-1）宋本「于」作「於」。

卞縣南有姑城（02-08a-2）釋文「卞」或作「弁」。按「卞」俗「弁」字。杜氏釋例土地名「姑」下有「蔑」字。史記孔子世家正義引杜注亦作「姑蔑城」。

・自安至儀父十二世（02-08a-4）各本作「安」。釋例作「俠」。

・齊桓行霸（02-08a-4）各本同。釋例「行霸」作「公伯」。

・曰邦國有疑（02-08a-8）宋本「曰」作「凡」、與周禮合。◎正本・足利十行本は「曰」字に作るが、「凡」字が正しい。要義本も「凡」字に作る。

・知者故柯之盟（02-08b-5）浦鏜正誤「故」作「於」。

・故襄二十六年傳云歃用牲（02-08b-7）宋本「歃」作「歙」、不誤。◎宋本に従う。

・以奉流血而同歃（02-08b-10）釋例「奉」作「承」。

・附庸者以國附於大國（02-09a-6）宋本「以國」下有「事」字。◎正本も宋本に同じく「附庸者以國事附於大國」に作る。

夏五月鄭伯克段于鄢（02-09b-6）陳樹華引趙匡集傳云「鄢」當作「鄔」。鄭地也。史記正義作「鄔」、云舊作「鄢」。漢書地理志作「傿」。按舊作「鄢」是也。昭二十八年釋文云、在周者烏戸反。隱十一年「王取鄔劉」。在鄭者音偃。成十六年「戰于鄢陵」。此鄭地當從「鄢」。國語鄭語、史伯曰「鄢弊補丹依鞣歷華、君之土也」。

言段強大儁傑（02-09b-7）宋本・淳熙本・纂圖本・閩本・監本・毛本作「大雋」。下同。陳樹華云、莊十一年傳「得儁曰克」。已作「儁」字、不必定作「雋」也。

鄭在鄢陽宛陵縣西南（02-09b-8）釋文云「熒」本或作「滎」非。案「熒陽」「熒澤」字古無從水者。陸氏音義全書皆作「滎」是也。

・方遷其民於虢鄶（02-10a-1）宋本・閩本・監本・毛本「方」作「友」。宋本「遷」作「徙」、釋例同。○補十行本初刻「方」、後改作「友」。◎正本・足利十行本は宋本に同じく「友徙其民於虢鄶」に作る。これが正しい。

・二十三年而春秋之傳終矣（02-10a-2）◎阮刻本の「二十三年」は「三十三年」の誤刻。

・自聲以下（02-10a-2）宋本「聲」下有「公」字、釋例同。◎正本も宋本に同じく「公」字が有る。これが正しい。

・地理志河南郡有宛陵新鄭（02-10b-3）宋本「有」下有「宛陵縣又有新鄭縣於漢則」十一字。按漢志「宛」作「苑」。◎正本も宋本に同じく右の十一字が有る。これが正しい。

・去邠居岐（02-10b-8）釋例「去」作「至」。

・元王九年春秋之傳終矣（02-10b-10）釋例作「十年」。

獨記日以見義者（02-12b-9）宋本・岳本・纂圖本・足利本「記」作「託」。釋例同。◎宋本に従う。

・喪則親與小斂大斂（02-13a-1）釋例「喪」作「死」、「與」作「其」。

・卽以新死小斂爲文 (02-13a-2) 釋例「以」作「親」

傳元年

・不書卽位攝也 (02-13b-8) 宋本「不」上有「傳」字。◎正本にも宋本と同様「傳」字有り。

・而隱終有推國授桓之心 (02-14a-2) 閩本・監本・毛本「推」作「讓」。

・顏氏説以爲魯十二公 (02-14a-3) 宋本「顏」作「潁」。案潁容之「潁」、後漢書亦作「潁」。王應麟姓氏急就篇同。不得因廣韻潁水字下不言姓而疑之也。◎正本も宋本と同様「潁」字に作る。これが正しい。

・且公羊以爲諸侯無攝 (02-14a-10) 浦鏜正誤「公羊」作「何休」。◎「何休」に作るものは無いが、文脈から考えて、浦鏜説に従うべきであろう。

其後儀父服事齊桓以獎王室 (02-14b-7) 毛本「桓」誤「侯」。「獎」宋本・淳熙本・岳本作「奬」。釋文亦作「奬」字。按説文作「獎」、从犬。各書或从大、或从廾。

・注王未至克卒 (02-14b-8) 宋本此節正義在「公攝位」節注下。

注費伯魯大夫至倣之 (02-15a-8) 正本・宋本ともに「注費伯放之」に作る。阮刻本の標起止の方が長文の例である。

・初鄭武公娶于申曰武姜 (02-15b-2) 宋本作「初鄭至武姜」。以下正義廿節在「其是之謂乎」注下。◎正本も宋本と同様「初鄭至武姜」に作る。

・杜以爲凡倒本其事者 (02-15b-2) 宋本・毛本「倒」作「例」。◎正本は「倒」字に作る。これが正しい。

・注申國今南陽宛縣 (02-15b-3) 宋本作「申國至宛縣」。◎正本も宋本と同様「申國至宛縣」に作る。

・注段出奔共故曰共叔猶晉侯至之 (02-15b-8) 宋本作「注段出至鄂侯」。◎正本も宋本と同様「注段出至鄂侯」に作る。

・莊公寤生驚姜氏故名曰寤生遂惡之 (02-16a-1) 宋本作「莊公至惡之」。◎正本も宋本と同様「莊公至惡之」に作る。阮刻本の標起止の方が長文である六例目。

佗邑唯命 (02-16a-4) 石經・宋本・岳本・足利本「佗」作「他」。

故開以佗邑 (02-16a-5) 宋本・岳本「佗」作「他」。

・史伯爲桓公詐謀云 (02-16a-7) 宋本・監本・毛本「詐」作「設」。◎正本は「誤」字に作る。「設」字が正しいであろう。

・鄶仲恃險 (02-16a-7) 監本・毛本「鄶」誤「鄫」。

・云虢叔封西 (02-16a-8) 浦鏜正誤據僖五年正義、上增「賈逵」二字是也。◎今「賈逵」二字を補う。

都城過百雉 (02-16b-3) 水經注濟水篇引作「京城過百雉」。仁和趙一清云、此句祭仲泛言先王建侯之制、故曰「都城」。酈道元刪去「今京不度」句、直改「都城」爲「京城」也。

・大都三國之二 (02-16b-9) ◎阮刻本の「三國之二」は「三國之一」の誤刻。

・論語注以爲公大都之城方三里 (02-17a-5) 浦鏜正誤「三」作「九」。

・中都方一里又一百二十歩 (02-17a-10) 閩本・監本・毛本「一」誤「二」。元和李鋭云、王城方九里、中都合五分取一、置九里以五除之、得一里又五分里之四。又以里法三百歩乘之四、得一千二百歩、復以五除之、得二百四十歩。故曰「中都方一里又一百二十歩」也。

・長一百八雉也 (02-17b-1) 浦鏜正誤云「八」上脱「六十」二字。◎計算上からすると、浦鏜説は誤り。「一百八雉」でよい。

・莊三十八年傳曰 (02-17b-8) ◎阮刻本の「三十八」は「二十八」の誤刻。

必自斃 (02-18a-2) 釋文「斃」本又作「獘」字。按説文作「獘」从犬。諸書改从大从廾。而又別造「斃」字訓死。

・如是二君 (02-19a-4) 宋本・監本・毛本「是」作「似」。◎正本・足利十行本は宋本と同様「如似二君」に作る。

・與秦伯之君鍼出奔晉同也（02–19a–6）◎阮刻本の「秦伯之君」は「秦伯之弟」の誤刻。

・夫子始然（02–19a–8）閩本・監本・毛本「然」作「改」。◎正本・宋本・足利十行本は「然」字に作る。これが正しい。

・實其殺心（02–19b–1）◎阮刻本の「其」字は「無」字の誤刻。

・遂起初心之恨（02–19b–3）◎阮刻本の「初」字は「切」字の誤刻。

食而不啜羹（02–20a–6）宋本「而」作「至」。

後皆倣此（02–21a–1）宋本・淳熙本・岳本・足利本「後」作「他」。「倣」宋本・岳本作「放」字。正義同。按作「放」爲古、「倣」乃俗字。他例此。

・天王至故名（02–21a–9）宋本以下正義七節摠入「非禮也」注下。

・周禮司盟（02–23a–4）◎阮刻本の影印本の中には、「司盟」を誤って「同盟」に補正したものが有る。

・𢍰王室（02–23a–6）閩本・監本・毛本「𢍰」作「獎」。◎宋本・正本は「𢍰」字に作る。しかし「獎」字が正字体である。

・示有恩好（02–23b–2）◎阮刻本の「有」字は「存」字の誤刻。

・今讃曰（02–23b–2）閩本・監本・毛本並作「合讃」。按「今讃」正義屢引之。浦鏜正誤改作「令蓋」皆非是。襄傳元年正義「讃」作「贊」。◎「今讃」が書名ではなく、『五經正義』の元の名『五經義讃』にもとづく表記であることについては、劉文淇『左傳舊疏考正』（また拙著『春秋正義を読み解く』）を参照されたい。

・昭公二年傳曰（02–23b–10）宋本「公」作「十」是也。◎正本・足利十行本も宋本と同様「十」字につくる。これが正しい。

・既葬則免喪（02–24a–3）◎阮刻本の影印本の中には、「免喪」を誤って「負喪」に補正したものが有る。

・大始十年（02–24a–4）按「大」當作「泰」。

・明不復寢苫枕凷（02–24b–2）閩本・監本・毛本「凷」作「塊」。按「凷」古「塊」字。◎正本・宋本は「凷」字につくる。

夷國在城陽莊武縣（02–24b–10）齊召南云、城陽有壯武無莊武。漢封宋昌、晉封張華皆以「壯武」。各本誤作「莊」。

他皆倣此（02–25a–1）宋本・岳本「倣」作「放」。

・注蜚負至倣此（02–25a–7）◎正本・宋本は「注蜚負至放此」に作る。

・非灾蟲也（02–25a–10）◎正本・宋本は「灾」字を「災」字に作る。

故傳直言其歸趣而已（02–25b–6）宋本・淳熙本・岳本・足利本「宿」作「趣」。按作「趣」與杜序合。◎今「趣」字に改める。

・是時宋來伐隱（02–25b–10）宋本作「伐魯」是也。◎正本・足利十行本も宋本と同様「是時宋來伐魯」に作る。これが正しい。

・猶言公立也（02–26a–1）宋本・監本・毛本「猶」作「別」。◎正本・足利十行本も「別」字に作る。これが正しい。

・豈有宋師薨時已來成而後去（02–26a–2）宋本「成而後」作「葬時未」是也。監本・毛本「未」亦誤「後」。◎正本・足利十行本も宋本と同様「豈有宋師薨時已來葬時未去」に作る。これが正しい。

・悼公二年卒（02–26a–5）◎正本・宋本は「悼公三年卒」に作る。いま正本・宋本に従う。ちなみに史記衛世家では「悼公五年卒」に作る。

・諸侯至放此（02–26a–7）毛本「諸侯」誤「桓公」、「放」作「倣」。◎阮刻本は「注諸侯至倣此」に作り、正本・宋本は「注諸侯至放此」に作る。

及不臨喪（02–26b–9）宋本・岳本・纂圖本・足利本「臨」下有「其」字。◎今「其」字を補う。

・經傳無其事（02–27a–2）宋本「經」作「且」。◎正本は宋本に同じく「且」字に作る。これが正しい。

・亦同不書日也（02–27a–2）◎正本はこの後に「春秋正義卷第二／計一万

八千三百一十七字」の表記が有る。

経二年

（02–27a–3）宋本「春秋正義卷第三」。◎正本は「春秋正義卷第三　隱公／國子祭酒上護軍曲阜縣開國子臣孔穎達等奉／勅撰」に表記する。

・須己氏（02–27b–2）宋本・閩本・監本・毛本「須」作「從」是也。◎正本・足利十行本も「從」字に作る。これが正しい。

・周武王封茲與於莒（02–27b–3）宋本「與」作「輿」。◎正本も「輿」字に作る。これが正しい。

・卿尊自合書各（02–27b–9）宋本・毛本「各」作「名」。◎正本も「名」字に作る。これが正しい。

・由是將卑師少（02–28a–5）浦鏜正誤「由是」疑「猶似」。案「由」與「猶」古多通用。

・其名見於傳（02–28a–9）各本作「名」。此誤「各」。今訂正。◎阮刻本の影印本には「各」字のものが有る。

傳二年

他皆倣此（02–30a–4）淳熙本「他」作「佗」。宋本・岳本「倣」作「放」。

費庈父勝之（02–30a–5）石經・宋本・淳熙本・岳本・纂圖本・足利本「庈」作「𠩄」是也。釋文亦作「𠩄」、音琴。

附釋音春秋左傳注疏卷第二（02–30b–1）

春秋左傳正義譯注　巻三

附釋音春秋左傳注疏卷第三　隱三年盡五年

杜氏注　孔穎達疏

【經】三年、春、王二月、己巳、日有食之　[03-01a]

【注】無傳。日行遲、一歳一周天。月行疾、一月一周天。一歳凡十二交會。然日月動物、雖行度有大量、不能不小有盈縮。故有雖交會而不食者。或有頻交而食者。唯正陽之月、君子忌之。故有伐鼓用幣之事。今釋例以長暦推經傳、明此食是二月朔也。不書朔、史失之。書朔日例、在桓十七年。〔傳無し。日の行くこと遲く、一歳に一たび天を周《めぐ》る。月の行くこと疾《はや》く、一月に一たび天を周る。一歳に凡て十二たび交會す。然れども日月は動く物なれば、行度に大量有りと雖も、小《すこ》しくは盈縮《えいしゅく》有らざる能はず。故に交會すと雖も食せざる者有り。或は頻交して食する者有り。唯だ正陽の月のみ、君子は之れを忌む。故に鼓を伐ち幣を用ふるの事有り。今釋例にて長暦を以て經・傳を推すに、明らかに此の食は是れ二月の朔なり。朔を書せざるは、史 之れを失ふなり。朔日を書する例は、桓十七年に在り。〕

【疏】注の「日行」より「七年」に至るまで。

○正義に曰う。古今の暦に言及するものは、いずれもおおむね一周天は三百六十五度四分の一だと見なしている。「日」の運行は「月」より遅く、毎日に一度を移行する。だから一年でやっと一周天を移行する。（これに対して）「月」の運行は「日」よりも早く、毎日十三度十九分の一を移行する。そのため一月以内で一周天を移行し、さらに二十九度過半を移行すると、そこで「日」に追いつく。（したがって杜預が）「一月に一たび天を周《めぐ》る」と言うのは、その大略を述べたまでで、実際には「日」に追いついた時点では、ただ天を一周しただけではないのである。

日月は一緒に天を運行するとはいっても、それぞれにその通り道がある。二十九日過半を積むごとに、その行道が交錯して相い集まる。その一会合が「一月《ひとつき》」である。一年間に全部で十二会が有るから、一年を十二月とする。

「日食」とは月が日を覆《おお》うもの。日月の行道は互いに出入し、あるときには月が日の表に在り、外から内に入る。あるときには月が日の裏に在り、内から外に出る。その行道が交錯するから「日食」が起こるのである。

（さきほど述べたように）「二十九日過半で月が日に追いつく」のは、暦家が一日を分割して九百四十分にすることから計算すると、四百七十分が半ばである。そして月が日に追いつくのは、二十九日と四百九十九分であるから、これは半ばを二十九分過ぎていることになる。

①「日有食之〔日 之れを食すること有り〕」とは、ある物がやって来て日を食する、という意味である。日月が同じ位置にあると、日が月に覆われて形が見えなくなる。聖人が「日が月に食われる」と言わず、「日有食之（日を食うものが有る）」と表現するのは（なぜかといえば）、食うその月を見ることができで

きないから、（食うものが何であるか）分からない表現にしたのである。《穀梁伝》に「其の之れを食する者を言はざるは何ぞや。其の知るべからざるを知ること、知《チ》なればなり」と称しているのは、疑わしきことには慎重な態度をとるから「月」を言わなかった、という意味である。

朔日になると日月が交会するから、食は必ず朔日にある。そうすると毎朔に会するのなら、毎月に常に食するはずなので、そのことを解説して、「日月は動く物なれば、行度に大量有りと雖も、小《すこ》しくは盈縮《えいしゅく》有らざる能はず。故に交会すと雖も食せざる者有り。或は頻交して食する者有り」と述べた。隠公の元年から哀公二十七年に至るまで二百五十五年、すべて三千百五十五箇月、この間にわずか三十七食であるから、「交はると雖も食せざる」ものである。襄公二十一年に九月・十月と頻食〔続けて日食が起きる〕し、二十四年に七月・八月と頻食している。これは「頻交して食する」ものである。

「食」には定まった月はない。「唯だ正陽の月のみ、君子 之れを忌む」のは、日食とは陰が陽を侵食するものだからである。陽の盛んな月に当たっては（陽が）弱陰に侵食されるべきではないので、「故に鼓を伐ち幣を用ふるの事が有」るが、その他の月はそうしない。

日食が起きると、例としてはすべて「朔」を記載するのであるが、（この年の）「己巳」の下に、経文に「朔」字が無い。《長暦》②で推算してみると、この「己巳」は実際に「朔」であるのに、「朔を書せざるは、史の之れを失ふ」ものだからである。

この注は（日食の原理を）大まかに述べたまでである。戦国から秦代にかけては、暦の紀年がすべて廃れてしまったが、漢代よりこのかた、次第に天時を観測する経験を積んで、始めて（日食を推算する）術を作った。劉歆③の《三統暦》では、「五箇月と二十三分の二十箇月で日食がある」と見なしているが、ただ日食の「日」を得るだけで、時刻が分からない。漢末の会稽都尉であった劉洪④が《乾象暦》を作って、始めて月行の遅速を推算して、日食の時刻を求めた。それ以後はこれを修訂し、次第に精密度を増していった。現在、暦を作るもので、日食を推算して符合しないものはいない。

しかしながら頻月に日食があるという暦法はない。それゆえ漢初以来ほとんど千年になろうとしているが、暦を作る者はいずれも百七十三日余りで始めて一交会し、頻月に食するという例はまだないと見なしている。ところが今（《春秋》では）頻月に食しており、これが正経である以上、錯誤であると言うことはできない。暦術を代々にわたって調べてみると、いずれも根拠が有るので、暦術が間違っているとも言えない。そういうことで注は決定することができないため、そのことに言及しなかったのである。さらに《漢書》⑤高祖本紀では、高祖即位の三年の十月と十一月の晦《みそか》に「日」が頻食していることからすると、「日」に頻食する道理が有る。その⑥ことについての解説は襄公二十四年で示した。

《穀梁伝》に「日を言ひて朔を言はざるは、晦日《みそか》に食するなり」、「朔・日並びに言はざるは、晦夜《みそかのよる》に食するなり」、「朔・日並びに言ふは、正朔に食するなり」、「朔を言ひて日を言はざるは、既朔に食するなり」と述べている。

【譯注】

①日有食之（03-01b-2）――《春秋》経文に記載された日食の記事は以下の三十七例である。これに《公羊傳》が三例、《穀梁傳》が五例、そして《左傳》が十例、それぞれ伝を付している。日付の有無、「朔」の記載の有無、「既（皆既日食）」「鼓用牲于社」等、表記の違いについての解説は、《穀梁傳》が詳細である。これに対して《左傳》からは、日食をもとにした災異思想が濃厚に伺える。

隠03　春、　王二月、己巳、　　日有食之　　【公Ⅰ】【穀Ⅰ】
桓03　秋、　　七月、壬辰、朔、日有食之、既　【公Ⅱ】【穀Ⅱ】

桓17　冬、十月、朔、日有食之　【穀Ⅲ】【左Ⅰ】
莊18　春、王三月、日有食之　【穀Ⅳ】
莊25　六月、辛未、朔、日有食之、鼓用牲于社　【公Ⅲ】【穀Ⅴ】【左Ⅱ】
莊26　冬、十有二月、癸亥、朔、日有食之
莊30　九月、庚午、朔、日有食之、鼓用牲于社
僖05　九月、戊申、朔、日有食之
僖12　春、王三月、庚午、日有食之
僖15　夏、五月、日有食之　【左Ⅲ】
文01　二月、癸亥、日有食之　【左Ⅳ】
文15　六月、辛丑、朔、日有食之、鼓用牲于社
宣08　秋、七月、甲子、日有食之、既
宣10　夏、四月、丙辰、日有食之
宣17　六月、癸卯、日有食之
成16　六月、丙寅、朔、日有食之
成17　十有二月、丁巳、朔、日有食之
襄14　二月、乙未、朔、日有食之
襄15　秋、八月、丁巳、日有食之
襄20　冬、十月、丙辰、朔、日有食之
襄21　九月、庚戌、朔、日有食之
襄21　冬、十月、庚辰、朔、日有食之
襄23　春、王二月、癸酉、朔、日有食之
襄24　秋、七月、甲子、朔、日有食之、既
襄24　八月、癸巳、朔、日有食之
襄27　冬、十有二月、乙卯、朔、日有食之　【左Ⅴ】
昭07　夏、四月、甲辰、朔、日有食之　【左Ⅵ】
昭15　六月、丁巳、朔、日有食之　【左Ⅶ】
昭17　夏、六月、甲戌、朔、日有食之
昭21　秋、七月、壬午、朔、日有食之　【左Ⅷ】
昭22　十有二月、癸酉、朔、日有食之
昭24　夏、五月、乙未、朔、日有食之　【左Ⅸ】
昭31　十有二月、辛亥、朔、日有食之　【左Ⅹ】
定05　春、王三月、辛亥、朔、日有食之
定12　十有一月、丙寅、朔、日有食之
定15　八月、庚辰、朔、日有食之
哀14　五月、庚申、朔、日有食之

【公Ⅰ】何以書、記異也。日食則曷爲或日或不日、或言朔或不言朔。曰、某月某日朔日有食之、食正朔也。其或日或不日、或失之前、或失之後。失之前者、朔在前也。失之後者、朔在後也。

【公Ⅱ】既者何、盡也。

【公Ⅲ】日食則曷爲鼓用牲于社、求乎陰之道也。以朱絲營社。或曰脅之。或曰爲闇。恐人犯之、故營之。

【穀Ⅰ】言日不言朔、食、晦日也。其日有食之何也。吐者外壤、食者内壤。闕然不見其壤、有食之者也。有、内辭也。或外辭也。有食之者、内於日也。其不言食之者何也。知其不可知、知也。

【穀Ⅱ】言日言朔、食正朔也。既者盡也。有繼之辭也。

【穀Ⅲ】言朔不言日、食既朔也。

【穀Ⅳ】不言日、不言朔、夜食也。何以知其夜食也。曰、王者朝日。故雖爲天子、必有尊也。貴爲諸侯、必有長也。故天子朝日、諸侯朝朔。

【穀Ⅴ】言日、言朔、食正朔也。鼓、禮也。用牲、非禮也。天子救日、置五麾、陳五兵、五鼓。諸侯置三麾、陳三兵、三鼓。大夫擊門。士擊柝。言充其陽

也。

【左Ⅰ】冬、十月、朔、日有食之。不書日、官失之也。天子有日官。諸侯有日御。日官居卿以底日、禮也。日御不失日、以授百官于朝。

【左Ⅱ】夏、六月、辛未、朔、日有食之。鼓用牲于社。非常也。唯正月之朔、慝未作、日有食之、於是乎用幣于社、伐鼓于朝。

【左Ⅲ】夏、五月、日有食之。不書朔與日、官失之也。

【左Ⅳ】六月、辛丑、朔、日有食之。鼓用牲于社。非禮也。日有食之、天子不舉、伐鼓于社。諸侯用幣于社、伐鼓于朝。以昭事神、訓民事君、示有等威。古之道也。

【左Ⅴ】十一月、乙亥、朔、日有食之。辰在申、司歷過也。再失閏矣。

【左Ⅵ】夏、四月、甲辰、朔、日有食之。晉侯問於士文伯曰「誰將當日食」。對曰「魯衛惡之。衛大魯小」。公曰、「何故」。對曰「去衛地如魯地、於是有災。魯實受之。其大咎、其衛君乎。魯將上卿」。公曰「詩所謂『彼日而食、于何不臧』者、何也」。對曰「不善政之謂也。國無政、不用善、則自取謫于日月之災。故政不可不愼也。務三而已。一曰擇善、二曰因民、三曰從時」。

【左Ⅶ】夏、六月、甲戌、朔、日有食之。祝史請所用幣。昭子曰「日有食之、天子不舉、伐鼓於社、伐鼓於朝、禮也」。平子禦之曰「止也。唯正月之朔、慝未作、日有食之、於是乎有伐鼓用幣、禮也。其餘則否」。大史曰「在此月也。日過分而未至、三辰有災、於是乎百官降物、君不舉辟移時、樂奏鼓、祝用幣、史用辭。故夏書曰『辰不集于房、瞽奏鼓、嗇夫馳、庶人走』。此月朔之謂也。當夏四月是謂孟夏」。平子弗從。昭子退曰「夫子將有異志、不君君矣」。

【左Ⅷ】秋、七月、壬午、朔、日有食之。公問於梓愼曰「是何物也。禍福何爲」。對曰「二至二分、日有食之、不爲災。日月之行也、分同道也、至相過也。其他月則爲災。陽不克也。故常爲水。於是叔輒哭日食」。昭子曰「子叔將死。非所哭也」。八月、叔輒卒。

【左Ⅸ】夏、五月、乙未、朔、日有食之。梓愼曰「將水」。昭子曰「旱也。日過分而陽猶不克、克必甚。能無旱乎。陽不克、莫將積聚也」。

【左Ⅹ】十二月、辛亥、朔、日有食之。是夜也、趙簡子夢童子嬴而轉以歌。旦占諸史墨曰「吾夢如是。今而日食、何也」。對曰「六年、及此月也、吳其入郢乎。終亦弗克。入郢必以庚辰。日月在辰尾。庚午之日、日始有謫。火勝金、故弗克」。

②長歷（03-01b-8）――《釋例》經傳長暦によれば、

隱公三年癸酉　正月己亥大　二月己巳小　三月戊戌大　四月戊辰小
五月丁酉大　六月丁卯小　七月丙申大　八月丙寅小
九月乙未大　十月乙丑小　十一月甲午大　十二月甲子小

である。つまり二月の朔日は己巳となる。

③劉歆三統（03-01b-9）――《左傳》表章に貢献した劉歆に《三統曆》の著述の有ることが、《漢書》楚元王（劉歆）伝に以下のように記述されている。

會哀帝崩、王莽持政、莽少與歆倶爲黄門郎、重之、白太后。太后留歆爲右曹太中大夫、遷中壘校尉、羲和、京兆尹、使治明堂辟雍、封紅休侯。典儒林史卜之官、考定律曆、著《三統曆》《譜》。

贊曰、仲尼稱「材難不其然與」。自孔子後、綴文之士衆矣、唯孟軻・孫況、董仲舒・司馬遷・劉向・揚雄。此數公者、皆博物洽聞、通達古今、其言有補於世。傳曰「聖人不出、其間必有命世者焉」、豈近是乎。劉氏《洪範論》發明《大傳》、著天人之應。《七略》剖判藝文、總百家之緒。《三統曆》《譜》考步日月五星之度。有意其推本之也。

現在、佚して伝わらないが、《漢書》律曆志の以下の記事、並びにその顔師古注によれば、〈律曆志〉は劉歆説を襲うもののようである。

至孝成世、劉向總六曆、列是非、作《五紀論》。向子歆究其微眇、作《三統曆》及《譜》以說《春秋》、推法密要、故述焉〔師古曰、自此以下、皆班氏所述劉歆之說也〕。

④劉洪作乾象歷（03-01b-10）――劉洪は後漢の人。《後漢書》には伝が立てられていないが、〈律曆志〉注に引用された《袁山松書》に次のような記述が有る。

劉洪字元卓、泰山蒙陰人也。魯王之宗室也。延熹中、以校尉應太史徵、拜郎中、遷常山長史、以父憂去官。後爲上計掾、拜郎中、檢東觀著作《律曆記》、遷謁者、穀城門候、會稽東部都尉。徵還、未至、領山陽太守、卒官。洪善筭、當世無偶、作《七曜術》。及在東觀、與蔡邕共述《律曆記》、考驗天官。及造《乾象術》、十餘年、考驗日月、與象相應、皆傳于世。

彼の著述《乾象曆》の概要については、《後漢書》以下歷代の正史の〈律曆志〉に見える。《隋書》經籍志に、

乾象曆三卷　吳太子太傅闞澤撰。梁有乾象曆五卷、漢會稽都尉劉洪等注。又有闞澤注五卷、又乾象五星幻術一卷。亡。

また《舊唐書》經籍志に、

三統曆一卷　劉歆撰。

乾象曆三卷　闞澤注、闞洋撰。

乾象曆術三卷　劉洪撰。

とあるから、唐代までは伝存していたようである。現在、輯佚本として《漢学堂叢書》子史鉤沈が有る。

⑤漢書高祖本紀（03-02a-2）――《漢書》高帝紀上に「三年、冬、十月、韓信・張耳東下井陘擊趙、斬陳餘、獲趙王歇。置常山・代郡。甲戌、晦、日有食之。十一月、癸卯、晦、日有食之」とある。実は《漢書》文帝紀にも「三年、冬、十月、丁酉、晦、日有食之。十一月、丁卯、晦、日有蝕之」とある。

⑥其解在襄二十四年（03-02a-3）――襄公二十四年経「秋、七月、甲子、朔、日有食之、既」の疏文には以下のように述べる。

正義曰、《漢書》律厤志載劉歆三統之術、以爲「五月二十三分月之二十、乃爲一交」。以爲「交在望前、朔則日食、望則月食。交在望後、望則月食、後月朔則日食。交正在朔、則日食既、前後望不食。交正在望、則月食既、前後朔不食」。而二十一年九月・十月頻月日食、此年七月・八月頻月日食。凡交前十五度、交後十五度、並是食竟。去交遠、則日食漸少。去交近、則日食漸多。正當交、則日食既、若前月在交初一度日食、則至後月之朔日、猶在交之末度、未出食竟。月行天既帀、來及於日、或可更食。若前月日在交初二度以後、則後月復食無理。今七月日食既、而八月又食。於推步之術、必無此理。蓋古書磨滅、致有錯誤。

劉炫云「漢末以來八百餘載、考其注記、莫不皆爾、都無頻月日食之事。計天道轉運、古今一也。後世既無其事、前世理亦當然。而今有頻食、於術不得有交之所在。日月必食、日食在朔、月食在望。日月共盡一體、日食少、則月食多、日食多、則月食少。日食盡、則前後望月不食。月食盡、則前後朔日不食。以其交道既不復相揜故也。此與二十一年、頻月日食、理必不然。但其字則變古爲篆、改篆爲隸。書則縑以代簡、紙以代縑。多歷世代、年數遙遠、喪亂或轉寫誤失其本眞。先儒因循、莫敢改易、執文求義、理必不通。後之學者、宜知此意也」。（35-21b・21a）

頻月の日食に対し、右の疏文では前半に《漢書》律歷志所引の劉歆「三統之術」を紹介し、結論として「推步の術に於て、必ずや此の理無し。蓋し古書磨滅し、錯誤有るを致す」と述べ、これが伝承の過程での誤字だと見なし、次いで劉炫が転写の誤りとする説を追加している。というよりは、旧疏が《漢書》を引用したうえで、曆法としては有り得ず、「古書磨滅」による「錯誤」だとする説を受けて、劉炫が曆法を再確認し、誤写が生じる理由として、書体と書写材料の変遷に言及し、文字にとらわれて説明しようとする非を詳説しているのである。

そうすると、本疏の「其の解は襄二十四年に在り」とは、頻月の日食が有り得ないことを説明する文脈である。したがって、本疏の「今頻月而食、乃是正經、不可謂之錯誤。世考之厤術、事無不驗、不可謂之疏失。由是注不能定、故未言之也。又漢書高祖本紀、高祖卽位三年十月十一月晦日頻食、則日有頻食之理」は、《正義》編纂時に挿入された可能性が大きい。

なお劉文淇《左傳舊疏考正》巻五の襄公二十四年の条では、以下のように考証している。

文淇案ずるに、これは光伯《述議》の文章で、前半は旧疏の原文である。旧疏は「二十一年にはもう一度日食があったのかもしれない」と見なしているが、劉炫は「この年と二十一年では頻月に日食しているが、理論上あり得ないことである」と見なし、旧疏とは少し異なっている。その「古書が磨滅して」と「転写の際にその本来の姿を失った」と言うのは同じ。ただ劉炫説の方が比較的詳しい。

【經】三月、庚戌、天王崩　[03-02a]

【注】周平王也。實以壬戌崩、欲諸侯之速至、故遠日以赴。春秋不書實崩日而書遠日者、卽傳其僞、以懲臣子之過也。襄二十九年傳曰、鄭上卿有事、使印段如周會葬。今不書葬、魯不會。〔周の平王なり。實は壬戌を以て崩ずるも、諸侯の速《すみや》かに至らんことを欲し、故に日を遠くして以て赴《つ》ぐ。春秋に實に崩ずる日を書せずして遠日を書するは、卽《つ》きて其の僞を傳へ、以て臣子の過《あやまち》を懲《こ》らすなり。襄二十九年傳に曰はく、「鄭の上卿に事有り、印段をして周に如《ゆ》きて會葬せしむ」と。今「葬」を書せざるは、魯會せざればなり。〕

【疏】「天王崩」

○正義に曰う。〈曲禮〉①に「天子の死するを崩と曰ひ、諸侯を薨と曰ひ、大夫を卒と曰ひ、士を不禄と曰ひ、庶人を死と曰ふ」と述べ、鄭玄が「死の名を異にするは、人の其の知ること無きに褻《な》るるが為《ため》に、猶ほ同じからざるが若《ごと》く然《しか》するなり。上より顚壊《てんくわい》するを崩と曰ふ。薨は顚壊するの声なり。卒は終なり。不禄は其の禄を終へざるなり。死《シ》の言たる澌《シ》なり。精神澌尽するなり」と注釈しているのは、天子が尊《たか》いこと、山が崩れるかのようであり、諸侯は卑しいため、その崩れる音を取るのであり、これによって尊卑の差等をつけたのである。

天王の名を書かないのは、海内の主は至尊の極みであるから、敬してあえて名を言わないからである。（このことについては）《穀梁伝》②に「高きを崩と曰ひ、厚きを崩と曰ひ、尊きを崩と曰ふ。天子の崩ずるや、尊を以てす。其の民の上に在るを以て、故に之れを崩とす。其の名いはざるは何ぞや。大上なるが故に名いはざるなり」と述べている。

蘇氏は「王后の崩や大子の卒を書かないのは、赴告が魯に及ばなかったからだ」と主張する。③今ここでは、これを省略したもので、例として書かないはずのものだと考える。

喪④を告げる礼に、「王の喪を告ぐるに、天王登仮《とか》せりと曰ふ」と述べているのに、ここで「崩」と言うのは（なぜかといえば）、魯の史官が省略して表現したのであり、当時の赴告のままに従わず、「登仮」とは言わなかったからである。

○注の「周平」より「不會」に至るまで。　[03-02b]

○正義に曰う。⑤いま杜預注を調べてみると、「葬」の記事が無いものには、すべてその「謚《おくりな》」を（「卒」の記事の注で）明言している。この場合にも「葬」が無いので、「周の平王なり」と述べたもの。

仲尼が経文を修めた際には、その記事の真偽を改正して褒貶をなしたはずである。(ところがこの例の場合) 周人が事実を告げて来なかったのに、孔子がその偽りのままに書いたのは (なぜかといえば)、周人が諸侯の速やかにやって来ることを願ったため、崩御の日付をもっと前の日付にして告げたからである。その実際の日付を書かないで、その偽りのままに従ったのは、人々がその偽りであることを知れば、周の過《あやま》ちが充分に明らかになることを表現したものであり、それゆえ「即《つ》きて其の偽を伝へ、以て臣子の過を懲創」したもの。このことについて《釈例（崩薨卒例）》が次のように述べている。

天王が偽りて赴げ、(魯史) がそのままその虚を用いているところからすると、日月が闕《か》けているものとそうでないものも、やはり赴辞に従うことが分かる。君子〔孔子〕がその表現を変えないのは、疑しいことに慎重な態度をとるからである。しかも虚実が相い生じ、そのままこれを長ずるなら、その真偽の実情を両方とも示すことができる。赴告を承けて記録することも、やはり将来に (誡《いましめ》を) 示す方法である。

【譯注】

①曲禮下 (03-02a-6) ——《禮記》曲禮下篇「天子死曰崩、諸侯曰薨、大夫曰卒、士曰不祿、庶人曰死〔鄭玄注：異死名者、爲人褻其無知、若猶不同然也。自上顚壞曰崩。薨顚壞之聲。卒終也。不祿不終其祿。死之言澌也。精神斯盡也。〕。在床曰尸〔尸陳也。言形體在〕、在棺曰柩〔柩之言究也〕。羽鳥曰降、四足曰漬〔異於人也。降落也。漬謂相瀸汙而死也。春秋傳曰、大災者何、大漬也〕。死寇曰兵〔異於凡人、當饗祿其後〕」。

②穀梁傳 (03-02a-9) ——本年の《穀梁傳》の文章。「高曰崩、厚曰崩、尊曰崩。天子之崩、以尊也。其崩之何也、以其在民上、故崩之。其不名何也、大上、故不名也」。

③今以爲 (03-02a-10) ——《春秋正義》中には「今刪定以爲」あるいは「今刪定知不然者」として、以下に反論を述べるという形式が頻見する。唐人の筆に成ると思われる部分である。この「今以爲」もこの用法の省略形であろう。

④告喪禮 (03-02a-10) ——《禮記》曲禮下篇に「君天下、曰天子。朝諸侯、分職授政任功、曰予一人。踐阼臨祭祀。内事曰孝王某、外事曰嗣王某。臨諸侯、畛於鬼神、曰有天王某甫。崩、曰天王崩。復、曰天子復矣。告喪、曰天王登假〔告赴也。登上也。假已也。上已者、若僊去云耳〕。措之廟、立之主、曰帝。天子未除喪、曰予小子。生名之、死亦名之」とあるのを指す。

⑤今檢杜注、無葬者皆顯言其謚 (03-02b-1) ——以下に「卒」の記事が有って「葬」の記事が無い例を挙げる。〔 〕内は杜預注。

隠07　滕侯卒。〔傳例曰、不書名、未同盟也。〕

隠08　辛亥、宿男卒。〔無傳。元年宋魯大夫盟于宿、宿與盟也。……傳例曰、赴以名則亦書之、不然則否、辟不敏也。今宿赴不以名、故亦不書名。〕

桓12　八月、壬辰、陳侯躍卒。〔無傳。厲公也。〕

荘16　邾子克卒。〔無傳。克儀父名。稱子者、蓋齊桓請王命、以爲諸侯。再同盟。〕

荘25　夏、五月、癸丑、衛侯朔卒。〔無傳。惠公也。〕

荘28　夏、四月、丁未、邾子瑣卒。〔無傳。未同盟而赴以名也。〕

荘31　夏、四月、薛伯卒。〔無傳。未同盟也。〕

僖09　春、王三月、丁丑、宋公御説卒。〔四同盟也。〕

僖09　甲子、晉侯佹諸卒。〔未同盟而赴以名也。〕

僖14　蔡侯肸卒。〔無傳。未同盟而赴以名也。〕

僖23　夏、五月、庚寅、宋公茲父卒。〔三同盟。〕

僖23　冬、十有二月、杞子卒。〔傳例曰、不書名未同盟。杞入春秋稱侯、莊二十七年絀稱伯、至此用夷禮貶稱子。〕

僖24　晉侯夷吾卒。〔文公定位而後告。未同盟而赴以名。〕

僖28　陳侯款卒。〔無傳。凡四同盟。〕
僖32　夏、四月、已丑、鄭伯捷卒。〔無傳。文公也。三同盟。〕

【經】夏、四月、辛卯、君氏卒　[03-02b]

【注】隱不敢從正君之禮、故亦不敢備禮於其母。〔隱は敢て正君の禮に從はず、故に亦た敢て禮を其の母に備へず。〕

【疏】「君氏卒」

○正義に曰う。「君氏」とは隱公の母の声子《せいし》である。これを「君氏」と言うのは、君の「母氏」だという意味。母と子とは氏族が必ず異なるので、経典①では一般に「母」・「舅《きゅう》〔母の父〕」を「母氏」・「舅氏」と呼んでいる。自分と氏を異にするという意味である。

【譯注】

①經典（03-02b-6）――経書中に、「母氏」は《毛詩》邶風・凱風篇に一例、

凱風自南。吹彼棘心。棘心夭夭。母氏劬勞。
凱風自南。吹彼棘薪。母氏聖善。我無令人。
爰有寒泉。在浚之下。有子七人。母氏勞苦。
睍睆黄鳥。載好其音。有子七人。莫慰母心。

「舅氏」も《毛詩》秦風・渭陽篇に一例、

我送舅氏。曰至渭陽。何以贈之。路車乘黄。
我送舅氏。悠悠我思。何以贈之。瓊瑰玉佩。

そして、《左傳》に四例見える。ただしそのうちの二例は別の用法。

【經】秋、武氏子來求賻。　[03-02b]

【注】武氏子天子大夫之嗣也。平王喪在殯、新王未得行其爵命、聽於冢宰。故傳曰王未葬、釋其所以稱父族、又不稱使也。魯不共奉王喪、致令有求。經直文以示不敬、故傳不復具釋也。〔「武氏子」は天子の大夫の嗣なり。平王の喪は殯《ひん》に在りて、新王は未だ其の爵命を行ふを得ず、冢宰《ちょうさい》に聽く。故に傳に「王未だ葬られず」と曰ふは、其の父族を稱し、又た「使」を稱せざる所以を釋するなり。魯は王喪を共奉せずして、求むる有らしむるを致す。經は直文して以て不敬を示す、故に傳は復た具《つぶ》さには釋せざるなり。〕

【疏】注の「武氏」より「釋也」に至るまで。

○正義に曰う。「武氏」とは天子の大夫の姓である。ただ「武氏の子」と言うだけで、その字《あざな》を書いていないから、この人はまだ大夫の身分になっていない。もしその人が上士であれば、例としては名前を書くべきところであり、また父の族に繫《か》けるべきではない。これを「子」と呼ぶからには、明らかに大夫の子息である。

また王の使者が魯にやってきた場合、いずれも「天王使某」①と言う。ここで「王使」を言わないのは、使者が王命を称していないことを明らかにしたもの。このことから、この人物は父の喪がすでに終わっているので、当然父の位を嗣ぐべきところ、平王がそれを命じる前に崩御し、新王が喪に服していて、いまだ爵命を行うことができず、そのため政事は冢宰《ちょうさい》〔総理大臣〕にまかされ、冢宰が魯に行くことを命じたのであるが、冢宰は王命を専らにすることはできないという事情から、自らの意志でやって来たという表現にした、ということが分かる。

伝に「王未だ葬らず」と言うのは、二つの事を兼ねる意味がある。王の喪〔なきがら〕が殯《ひん》〔かりもがり〕にあるときは、新王は臣下に爵位を加えることはできないので、この人はまだ父の族に繫《か》けた（ことがひとつ）。また王

は臣下に出て使いすることを命じることができない。そのためこの人は「王使」を称していない（ことがひとつ）。いまだ葬っていないことで、この二つの事を闕《か》くため、伝は「未葬」という表現で解説したのである。

【譯注】

①天王使某（03-03a-1）――「天王使某」という表現は以下の十二例。

隱01秋七月、天王使宰咺來歸惠公仲子之賵。
隱07冬、天王使凡伯來聘。
隱09春、天子使南季來聘。
桓04夏、天王使宰渠伯糾來聘。
桓05　天王使仍叔之子來聘。
桓08　天王使家父來聘。
桓15春二月、天王使家父來求車。
僖30冬、天王使宰周公來聘。
文01　天王使叔服來會葬。
文01　天王使毛伯來錫公命。
宣10秋、天王使王季子來聘。
定14　天王使石尚來歸脤。

【經】八月、庚辰、宋公和卒。［03-03a］

【注】稱卒者、略外以別内也。元年大夫盟於宿、故來赴以名。例在七年。〔「卒」と稱するは、外を略して以て内に別かつなり。元年に大夫 宿に盟ふ、故に來たり赴ぐるに名を以てす。例は七年に在り。〕

【經】冬、十有二月、齊侯・鄭伯盟于石門。［03-03a］

【注】來告故書。石門齊地。或曰、濟北盧縣故城西南濟水之門。〔來たり告ぐるが故に書す。石門は齊地なり。或は曰はく、濟北盧縣の故城の西南の濟水の門なりと。〕

【經】癸未、葬宋穆公。［03-03a］

【注】無傳。魯使大夫會葬故書。始死書卒、史在國承赴、爲君故惡其薨名、改赴書也。書葬則擧謚稱公者、會葬者在外、據彼國之辭也。書葬例在昭六年。〔傳無し。魯 大夫をして會葬せしむるが故に書す。始めて死するに「卒」と書するは、史は國に在りて赴を承くるも、君の爲めの故に其の薨の名を惡《にく》み、赴を改めて書するなり。「葬」を書するときには則ち「謚」を擧げて「公」と稱するは、會葬する者は外に在りて、彼の國の辭に據ればなり。「葬」を書する例は昭六年に在り。〕

【疏】注の「魯使」より「六年」に至るまで。

○正義に曰う。文公九年の「叔孫得臣 京師に如《ゆ》きて襄王を葬る」、昭公三年の「叔弓 滕に如きて滕成公を葬る」といった例は、卿を派遣したもので、いずれもその使者の名前を書いているが、ここではその名前を書いてはいないので、「大夫」の行ったことが分かる。大夫が君命を奉じて出使する場合、位が低いので名前を書くことはできないため、ただその使いの目的を書くだけである。つまり「盟」①には「及某盟」と言い、「会」②には「会某人」と言い、「葬」③には「葬某公（某公を葬る）」と言うように、使者のしたことを挙げれば、明らかに使者が派遣されたことが分かるというわけである。

《釈例（弔贈葬例）》に、

先王の制度では、諸侯の喪には、士が弔（問）し大夫が送葬する。その礼制が失われるに及んで、その礼が重きに過ぎた。そこで（晉の）文公④・襄公が霸者となったとき、これを抑制した。諸侯の喪には、大夫が弔し卿が喪事を共にする。夫人の喪には、士が弔し大夫が送葬する。それでもまだ古制からすると過剰であった。そのため⑤「公子遂が晋に如《ゆ》きて襄公を葬る」に際し、伝では「礼なり」とは言わなかった。⑥秦の景公を葬る際に、伝に「大夫 秦に如きて景公を葬る」と言い、特に「礼なり」と称した。これによって一つには古制を示し、二つには他国の葬を書くのは、必ず魯の会葬が必要であることを示し、三つには奉使する際に、卿でなければ経に書かないことを示した。これが丘明の微文である。

と述べている。これは大夫の行くのが正しく、卿は礼制に過ぎたものであることを述べたものである。

諸侯（の死去）を「薨」と言うのが、礼制での正しい表現である。魯の史官は当然に君の死を「薨」と記録する。（しかし）もし隣国の場合にも同じく「薨」と書いたら、自国の君と区別が無くなってしまう。国史は当然、自国にあって他国の赴告を承けるが、自国の君と同じ表現になるため、その「薨」の表現を嫌う。赴告では「薨」と称しているけれども、すべて改めて「卒」と書くというのは、外を簡略にして内と区別するからである。

「葬」を記録する段階では、五等の爵制について（そこに違いが有っても）、すべて謚を挙げて「公」と称するのは（なぜかといえば）、会葬する者が外国におり、「その国の表現に従う」からである。相手の国では臣子がその君を「公」と称しているのだから、使者が行ったことを記録する際に、「公」と称せざるを得ないのである。

また「其の薨名を悪《にく》むが故に赴を改めて書す」るということについては、《釈例（崩薨卒例）》に、

天子を崩と言い、諸侯を薨と言い、大夫を卒と言うのが、古の制度である。《春秋》で称するのは、くわしく魯史の義を存するもの。内に「公」と称し「薨」と書くのは、自らの君を尊ぶためであるから、外の諸侯を略して「卒」と書いて、それによって自ら異にせざるを得ないのである。葬る段階では、邾・許といった子・男の君であっても、すべて謚を挙げて「公」と言うのは、各々臣子の表現に順い、両方ともにその義に通ずる。

と述べているのが、その説明である。

考えるに《禮記》⑦雑記の赴告の辞に、「君 他国の君に訃《つ》ぐるに、寡君は不禄、敢へて執事に告ぐ、と曰ふ」と述べている。そうだとすると赴告の辞には本来「薨」の表現はないのに、「其の薨名を悪む」といったのは（なぜかといえば）、夫人の薨例〔本年伝〕に「諸侯に赴《つ》げざれば則ち薨を曰はず」と述べていることからすると、明らかに「薨」と言う表現で人に告げるから「薨」と書く。このことから王侯の喪は、それが国命を通ずるもので、すべて「崩」「薨」と言う表現で相い告げることが分かる。《禮記》に称するのは、主人の質問に答える際に、その表現を修飾した場合を述べたまでである。もしも《禮記》に「薨」の表現が無いことから、すぐさま「薨」を以て告げなかったかと疑うのなら、（たとえば）《禮記》に大夫・士の（死亡を）人に赴げる辞を称する際に、すべて「不禄」と言うことになるのであり、どうして大夫に「卒」の名が無いであろうか。以上の事から、相い赴げると、策書には必ず「薨」で表記したことが分かる。

ただ擯者〔使者〕が口頭で伝える赴辞は、その道義として謙譲するものなので、士の「不禄」に従うのであり、そのため《禮記》はそのことを言ったもの。つまり赴げるには必ず「薨」、ただしその赴を改めて「卒」と書いたのである。

史官が事件を記録する場合、必ず本国に居り、会葬者は当然ながら外国に居るのであって、策書に記録する者が国内で記録するのに、「彼の国の辞に拠る」と言うのは（なぜかといえば）、使者の行ったことを記録するのは、使者がこの事のために行ったことを言うのだから、表現は相手の称謂に従うの

であり、記録する者が本国に居ないことを意味するものではない。

卿が君のために（夫人を）逆える際に、これを「逆女」⑧と言うのも、やはり自国の使者を記録するのに、相手の国の称謂に拠って「女《むすめ》」と称するのが、この場合と同じである。

【譯注】

①盟則云及某盟（03-03a-10）――以下の四例が該当する。

隱01　九月、　及宋人盟于宿。
莊22秋七月、丙申、及齊高傒盟于防。
文02　三月、乙巳、及晉處父盟
文10　　及蘇子盟于女栗。

②會則云會某人（03-03a-10）――主語を明記しないのは以下の二例である。

僖19冬、　會陳人・蔡人・楚人・鄭人、盟于齊。
僖29夏六月、會王人・晉人・宋人・齊人・陳人・蔡人・秦人、盟于翟泉。

③葬則云葬某公（03-03a-10）――弔問の使者を派遣した記事が無い諸侯（そして周王）の葬儀の記事は以下の通り。

隱03　　癸未、葬宋穆公。
隱05夏、四月、　葬衛桓公。
隱08　八月、　葬蔡宣公。
桓05　　葬陳桓公。
桓10夏、五月、　葬曹桓公。
桓11秋、七月、　葬鄭莊公。
桓13　三月、　葬衛宣公。
桓15夏、四月、己巳、葬齊僖公。
桓17　　癸巳、葬蔡桓侯。
莊02春、王二月、　葬陳莊公。
莊03夏、四月、　葬宋莊公。
莊03　五月、　葬桓王。
莊09秋、七月、丁酉、葬齊襄公。
莊21冬、十有二月、葬鄭厲公。
莊24　　葬曹莊公。
莊30　八月、癸亥、葬紀叔姬。
僖04　　葬許穆公。
僖07冬、　葬曹昭公。
僖13夏、四月、　葬陳宣公。
僖18秋、八月、丁亥、葬齊桓公。
僖25　　葬衛文公。
僖27秋、八月、乙未、葬齊孝公。
僖33　　癸巳、葬晉文公。
文06六年、春、　葬許僖公。
文06　　葬晉襄公。
文09　　葬曹共公。
宣03　　葬匡王。
宣03　　葬鄭穆公。
宣12十有二年、春、葬陳靈公。
宣14　　葬曹文公。
宣17　夏、　葬許昭公。
宣17　　葬蔡文公。
成03　　辛亥、葬衛穆公。
成03　　乙亥、葬宋文公。
成04　　葬鄭襄公。
成09冬、十有一月、葬齊頃公。
成13冬、　葬曹宣公。

成15春、王二月、　葬衛定公。
成15秋、八月、庚辰、葬宋共公。
襄02春、王正月、　葬簡王。
襄04　　　　　　　葬陳成公。
襄06秋、　　　　　葬杞桓公。
襄08夏、　　　　　葬鄭僖公。
襄16春、王正月、　葬晉悼公。
襄19　　　　　　　葬曹成公。
襄19冬、　　　　　葬齊靈公。
襄23　　　　　　　葬杞孝公。
襄26　　　　　　　葬許靈公。
襄29秋、九月、　　葬衛獻公。
襄30冬、十月、　　葬蔡景公。
昭01　　　　　　　葬邾悼公。
昭03　五月、　　　葬滕成公。
昭06　　　　　　　葬秦景公。
昭06　　　　　　　葬杞文公。
昭07十有二月、癸亥、葬衛襄公。
昭08　　　　　　　葬陳哀公。
昭11　　　　　　　葬宋平公。
昭12　五月、　　　葬鄭簡公。
昭13冬、十月、　　葬蔡靈公。
昭14秋、　　　　　葬曹武公。
昭16冬、十月、　　葬晉昭公。
昭18秋、　　　　　葬曹平公。
昭19冬、　　　　　葬許悼公。
昭21春、王三月、　葬蔡平公。

昭24　　　　　　　葬杞平公。
昭26春、王正月、　葬宋元公。
昭28春、王三月、　葬曹悼公。
昭28　六月、　　　葬鄭定公。
昭28冬、　　　　　葬滕悼公。
昭30秋、八月、　　葬晉頃公。
昭31秋、　　　　　葬薛獻公。
定03秋、　　　　　葬邾荘公。
定04　六月、　　　葬陳惠公。
定04　　　　　　　葬杞悼公。
定04　　　　　　　葬劉文公。
定08　　　　　　　葬曹靖公。
定08　九月、　　　葬陳懷公。
定09　六月、　　　葬鄭獻公。
定09冬、　　　　　葬秦哀公。
定12夏、　　　　　葬薛襄公。
哀02冬、十月、　　葬衛靈公。
哀04　　　　　　　葬秦惠公。
哀04冬、十有二月、葬蔡昭公。
哀04　　　　　　　葬滕頃公。
哀05　閏月、　　　葬齊景公。
哀09春、王二月、　葬杞僖公。
哀10　　　　　　　葬齊悼公。
哀10秋、　　　　　葬薛惠公。
哀11冬、十有一月、葬滕隱公。
哀13　　　　　　　葬許元公。

④文襄之伯（03-03b-1）――鄭の游吉（子大叔）が晉の少姜の葬儀に赴いた際に述べた言葉の中に見える（昭公三年伝）。

三年、春、王正月、鄭游吉如晉、送少姜之葬。梁丙與張趯見之。梁丙曰「甚矣哉、子之爲此來也」。子大叔曰「將得已乎。昔文・襄之霸也、其務不煩諸侯、令諸侯三歲而聘、五歲而朝、有事而會、不協而盟。君薨、大夫弔、卿共葬事。夫人、士弔、大夫送葬。足以昭禮・命事・謀闕而已、無加命矣。今嬖寵之喪、不敢擇位、而數於守適、唯懼獲戾、豈敢憚煩。少姜有寵而死、齊必繼室。今茲吾又將來賀、不唯此行也」。張趯曰「善哉、吾得聞此數也。然自今子其無事矣。譬如火焉、火中、寒暑乃退。此其極也、能無退乎。晉將失諸侯、諸侯求煩不獲」。二大夫退。子大叔告人曰「張趯有知、其猶在君子之後乎」。

⑤公子遂如晉葬襄公（03-03b-2）――文公六年経「冬、十月、公子遂如晉、葬晉襄公〔卿共葬事、文襄之制也。三月而葬速〕」。

⑥葬秦景公（03-03b-2）――昭公六年伝「大夫如秦葬景公、禮也〔合先王士弔大夫送葬之禮〕」。

⑦禮雜記赴告之辭（03-03b-8）――《禮記》雜記上篇に次のように見える。

凡訃於其君、曰「君之臣某死」。〔訃或皆作赴。赴至也。臣死、其子使人至君所告之。〕父母妻長子、曰「君之臣某之某死」。〔此臣於其家喪所主者。〕君訃於他國之君、曰「寡君不祿、敢告於執事」。夫人曰「寡小君不祿」。大子之喪、曰「寡君之適子某死」。〔君夫人不稱薨、告他國君謙也。〕大夫訃於同國適者、曰「某不祿」。訃於士、亦曰「某不祿」。訃於他國之君、曰「君之外臣寡大夫某死」。訃於適者、曰「吾子之外私寡大夫某不祿、使某實」。訃於士、亦曰「吾子之外私寡大夫某不祿、使某實」。〔適讀爲匹敵之敵、謂爵同者也。實當爲至。此讀周秦之人、聲之誤也〕士訃於同國大夫、曰「某死」。訃於士、亦曰「某死」。訃於他國之君、曰「君之外臣某死」。訃於大夫、曰「吾子之外私某死」。訃於士、亦曰「吾子之外私某死」。

⑧逆女（03-04a-3）――魯の卿が齊に赴き、夫人（齊の女）を迎えた例は以下の三例。

桓03　公子翬如齊逆女。
宣01　公子遂如齊逆女。
成14秋、叔孫僑如如齊逆女。

【傳】三年、春、王三月、壬戌、平王崩。赴以庚戌、故書之。［03-04a］

【傳】夏、君氏卒、聲子也。不赴於諸侯、不反哭于寢、不祔于姑、故不曰薨。不稱夫人、故不言葬。［03-04a］

【注】夫人喪禮有三。薨則赴於同盟之國、一也。既葬日中自墓反、虞於正寢、所謂反哭于寢、二也。卒哭而祔於祖姑、三也。若此則書曰夫人某氏薨、葬我小君某氏。此備禮之文也。其或不赴不祔、則不爲成喪。故死不稱夫人薨、葬不言葬我小君某氏。反哭則書葬、不反哭則不書葬。今聲子三禮皆闕。釋例論之詳矣。〔夫人の喪禮に三有り。薨ずれば則ち同盟の國に赴《つ》ぐるは、一なり。既に葬り日中に墓より反《かへ》り、正寢に虞《ぐ》す、謂はゆる寢に反哭するは、二なり。卒哭して祖姑に祔《ふ》するは、三なり。此の若《ごと》くすれば則ち書して、「夫人某氏薨ず」、「我が小君某氏を葬る」と曰ふ。此れ禮を備ふるの文なり。其の或は赴げず祔せざれば、則ち喪を成すと爲さず。故に死するときに「夫人薨ず」と稱せず、葬るときに「我が小君某氏を葬る」と言はず。反哭すれば則ち「葬」を書し、反哭せざれば則ち「葬」を書せず。今聲子は三禮をば皆な闕く。釋例に之れを論ずること詳かなり。〕

【疏】注の「夫人」より「詳矣」に至るまで。

○正義に曰う。僖①公八年の「致夫人」の伝に、「同に赴《つ》げざれば則ち致さず」と述べていることから、「赴」とは「同盟の国に赴ぐ」るものであることが分かる。

《禮》② 檀弓記の葬礼に、「既に封《へん》す〔墓の土盛りをする〕。有司 几筵《きえん》〔こづくえとむしろ〕を以て墓の左に舎奠《せきてん》し、反《かへ》りて日中にして虞《ぐ》す」と言い、また〈士喪礼〉③に「既に葬れば、乃ち反りて廟に哭し、遂に殯宮に適《ゆ》きて虞す」とあるのが、「既に葬れば日中に墓より反りて正寝に虞す」ることで、「正寝」とは殯宮の意である。

僖公三十三年伝④と〈檀弓記〉⑤にいずれも、「卒哭して祔《ふ》す」と言い、〈喪服小記〉⑥に「婦は祖姑に祔す」と言い、〈雑記〉⑦に「妾は妾祖姑に祔す」と言うから、「祔於姑」とは「祖姑に祔す〔あわせまつる〕」ることである。以上の三者はすべて夫人の喪礼である。

「夫人の喪礼に三有」⑧るが、史策に記載するのはその二つ、ただ「卒」と「葬」の両事のみである。「卒」についての（記載の）異なるものは、或は「夫人某氏薨」と言う。仲子・文姜がその例。或は「某氏卒」と言う。定姒・孟子がその例。「葬」についての（記載の）異なるものは、或は「葬我小君某氏」と言う。文姜・敬嬴がその例。或は「葬某氏」と言う。「定姒を葬る」がその例。或は「葬」を書かない場合がある。

「今 声子は三礼をば皆な闕《か》き、経文が普通の表現とは異なるのは、必ずや二事を闕いたので一つの表現を変えたのであろう。ただ伝文は併せて解釈しており、注では明確に配置して（注釈して）いないし、「《釈例》に之れを詳らかにす」とは言っているものの、《釈例》でもいまひとつ明確ではない。（そこで以下のように解釈してみた。）

この伝文では、上の三事が原因で下の三事となる。もしその順序に従って配列するなら、

「不赴於諸侯」であるから「不曰薨」、
「不反哭于寝」であるから「不称夫人」、
「不祔于姑」であるから「不言葬」、

というように文章が順次相連なっており、事実もやはりそのように見える。ところが下の伝文を見ると、そういう意味ではない。

定公十五年の「姒氏卒」の伝に、「夫人を称せざるは、赴げず、且つ祔せざればなり」と言い、哀公十二年の「孟子卒」の伝には、「死して赴げず、故に夫人を称せず。反哭せず、故に小君を葬るを言はず」と言う。かの二伝では、ともに「不赴」によって「不称夫人」を解し、「不反哭」によって「不書葬」を解している。そうだとすると、

「不赴」によって「薨」を言わず、
「不反哭」によって「葬」を書かない。

そして二事がそうであるなら、

「不祔」によって「夫人」を称しない、

ということは極めて明らかであるのに、伝文が右の順序になっていないのは（なぜかといえば）、死去するとただちに赴げ、葬れば反哭し、反哭した後で始めて祔する。三者は事の先後に従って表現したのである。（ところが）経文に記載する際には、「夫人」と「薨」は一つの文章の中にあるから、先ず「不称夫人」を言い、後に「不書葬」を言うのは、経文の先後に順って表現したのである。禮の本来の意義として、必ず「赴」げてから「薨」を称し、「祔」してから「夫人」を称し、「反哭」してから「葬」を書くのは、夫人は国君と同体であり、死去に際しては必ず隣国に赴告する。もしも隣国に赴告しなければ、夫人としての礼が完成しない。尊の成ると否とは、その義は赴告により、尊を成した状態は、「薨」を記録することにある。それゆえ「赴」げれば「薨」を称し、「赴」げなければ「薨」を称しないのである。

《禮》⑨の、「適は適祖姑に祔す」、「妾は妾祖姑に祔す」とあるのもまた、姑に祔しないからには、適妾の区別のしようがない。そこで祔すれば「夫人」を称し、祔しなければ「夫人」を称しない。

「既に墓に葬ったあと、寝廟に反哭する」のは、哀情の切なる極みである。既に葬っても反哭しないのは、全くその親しみを思わないものである。葬ったか葬らないかには、それほどの違いはないので、反哭しない場合には「葬」を記録しない。これはすべて臣子を懲らし、その礼を実行しなかったことを責めるものである。

人が礼を実行する場合、勤勉なるものがあり、また怠惰なものがある。だから必ずしも、廃止するときには全てを廃止してしまうとか、実行するときには全部を実行する、とは限らない。この「声子」の例は、当然「三礼をば皆な闕」けるものであり、その他の場合は、少しは実行したり、少しだけ実行しなかったりしたものであろう。

《釈例》に「夫人子氏は、赴げて反哭せず。故に葬を書せず。定姒は則ち反哭して赴げず。故に葬を書して小君を言はず」と述べている。この二例は、伝文によればその通りであり、道理の上からも疑問の無いところである。ただ、赴げて祔しない場合、祔して赴げない場合に、どのように（経文に）表現すべきかが分からない。

「薨」とは夫人死去の表現であり、「夫人」を称しなければ、必ず「薨」と称することはできない。「小君」は夫人の別の呼び方であり、「夫人」を称しなければ、必ず「小君」と称することはできない。「孟子卒す」の下の注に、「夫人を称せず、故に薨を言はず」と言うのは、「夫人」と「薨」とが相伴うものだからである。「定姒を葬る」の伝に「小君を称せざるは、喪を成さざればなり」と言い、その注に「赴げず祔せざるが故に小君を称せず」と述べている。つまり伝は「不赴」「不祔」で「不称夫人」を解釈しており、注では「不赴」「不祔」で「不称小君」を解釈しているのは、「夫人」と「小君」が相伴うものだからである。「夫人」・「薨」・「小君」の三者は相伴うもので、つきつめて分けることはできない。おそらく「赴」・「祔」の二礼については、任務として一事を実行すれば、この三文を備える、二事を廃すれば三文すべてを去る、というのであろう。なんとなれば、この伝文の配置を検討してみるに、「不赴」であるから「不曰薨」、「不祔」であるから「不称夫人」であった。つまり「夫人」を称するのは「祔」により、「赴」によらないからである。

ところが「孟子」の伝に「赴げざるが故に夫人を称せず」と言うから、「夫人」を称するのは「赴」によって、「祔」によらない。「定姒」の伝に「夫人を称せざるは、赴げず且つ祔せざればなり」と述べているのは、また二事で「夫人」を称しないことを解釈している。注に「同に赴げ姑に祔するは夫人の礼、二者皆な闕くるが故に夫人を曰はず」と述べるのは、明らかに二者ともに欠くと「夫人」を去るのである。任務として一事を実行すれば「夫人」を称し、「夫人」を称するときは必ず「薨」と記録する。「薨」と記録するときは必ず「小君」と称する。（表現が）異なるのは、反哭しなければ「葬」を記録せず、もし「葬」を記録しなければ「小君」の語は書きようがない。「仲子」の例がそれである。「同に赴げ姑に祔す」るのはともに夫人の礼である。それゆえ赴げて祔しない場合、祔して赴げない場合は、すべて「夫人某氏薨ず」と言う。

恵公にはもとより元妃がいたので、別に仲子のために廟を立てた際に、仲子は必ずしも姑に祔しなかった。おそらく同盟諸国に赴げたことで、「夫人薨ず」と称することができたのであろう。

【譯注】

①僖八年（03-04a-10）――僖公八年経に「秋、七月、禘于太廟、用致夫人」とあり、伝に「秋、禘、而致哀姜焉、非禮也。凡夫人、不薨于寢、不殯于廟、不赴于同、不祔于姑、則弗致也」と述べる。

②禮檀弓記（03-04a-10）――《禮記》檀弓下篇に以下のように見える。

既封、主人贈、而祝宿虞尸。〔鄭玄注：贈以幣送死者於壙也。於主人贈、祝先歸。〕既反哭、主人與有司視虞牲。〔日中將虞、省其牲。〕有司以几筵舍奠於墓左、反日中而虞。〔所使奠墓有司來歸、乃虞也。舍奠墓左、爲父母形體在此、禮其神也。周禮冢人、凡祭墓爲尸。〕

③士喪禮（03-04b-1）――《儀禮》既夕禮に以下のように見える。なお〈既夕禮〉は《正義》中では〈士喪禮下篇〉とも呼ばれる。

乃反哭。入升自西階東面。衆主人堂下東面北上。〔鄭玄注：西階東面、反諸其所作也。反哭者於其祖廟、不於阼階西面。西方神位。〕婦人入、大夫踊、升自阼階。〔辟主人也。〕主婦入于室、踊、出卽位、及丈夫拾踊三。〔入于室、反諸其所養也。出卽位、堂上西面也。拾更也。〕賓弔者升自西階、曰「如之何」。主人拜稽顙〔賓弔者衆賓之長也。反而亡焉、失之矣。於是爲甚、故弔之。弔者北面、主人拜於位、不北面拜賓東者、以其亦主人位也。今文無曰〕賓降、出、主人送于門外、拜稽顙。遂適殯宮、皆如啓位。拾踊三。〔啓位、婦人入升堂、丈夫卽中庭之位。〕

④僖三十三年（03-04b-1）――僖公三十三年伝「葬僖公、緩作主、非禮也。凡君薨、卒哭而祔、祔而作主、特祀於主、烝・嘗・禘於廟」。

⑤檀弓記（03-04b-2）――《禮記》檀弓下篇に「殷練而祔、周卒哭而祔。孔子善殷」、鄭玄注「期而神之人情」。

⑥喪服小記（03-04b-2）――《禮記》喪服小記篇「婦祔於祖姑、祖姑有三人、則祔於親者」、鄭玄注「謂舅之母死、而又有繼母二人也。親者謂舅所生」。

⑦雜記（03-04b-2）――《禮記》雜記上篇「婦附於其夫之所附之妃、無妃則亦從其昭穆之妃。妾附於妾祖姑、無妾祖姑、則亦從其昭穆之妾」、鄭玄注「夫所附之妃、於婦則祖姑」。

⑧夫人喪禮有三（03-04b-3）――経文に見える魯夫人の「薨」と「葬」の記事を以下に挙げる。伝文の有るものは併記した。

隱02　十有二月、乙卯、夫人子氏薨。〔無傳。桓未爲君、仲子不應稱夫人。隱讓桓以爲大子、成其母喪、以赴諸侯、故經於此稱夫人也。不反哭、故不書葬。例在三年〕

隱08　夏、四月、辛卯、君氏卒。〔隱不敢從正君之禮、故亦不敢備禮於其母。〕

【伝】夏、君氏卒、聲子也。不赴於諸侯、不反哭于寢、不祔于姑、故不曰「薨」。不稱夫人、故不言葬、不書姓。爲公故、曰「君氏」。

莊21　秋、七月、戊戌、夫人姜氏薨。〔無傳。薨寢祔姑、赴於諸侯、故具小君禮書之。〕

莊22　癸丑、葬我小君文姜。〔無傳。反哭成喪、故稱小君。〕

僖01　秋、七月、戊辰、夫人姜氏薨于夷。齊人以歸。〔傳在閔二年。不言齊人殺、諱之。書地者、明在外薨。〕

僖02　夏、五月、辛巳、葬我小君哀姜。〔無傳。反哭成喪、故稱小君。例在定十五年。〕

文04　十有一月、壬寅、夫人風氏薨。〔僖公母、風姓也。赴同祔姑、故稱夫人。〕

文05　三月、辛亥、葬我小君成風。〔無傳。反哭成喪、故曰葬我小君。〕

文16　秋、八月、辛未、夫人姜氏薨。〔僖公夫人、文公母也。〕

文17　夏、四月、癸亥、葬我小君聲姜。

【伝】夏、四月、癸亥、葬聲姜。有齊難、是以緩。

宣08　戊子、夫人嬴氏薨。〔無傳。宣公母也。〕

宣08　冬、十月、己丑、葬我小君敬嬴。〔敬謚、嬴姓也。反哭成喪、故稱葬小君。〕雨不克葬。庚寅日中而克葬。

【伝】冬、葬敬嬴、旱、無麻、始用葛茀。雨、不克葬、禮也。禮、卜葬、先遠日、避不懷也。

襄02　夏、五月、庚寅、夫人姜氏薨。

襄02　　己丑、葬我小君齊姜。〔齊謚也。三月而葬速。〕
襄04　秋、七月、戊子、夫人姒氏薨。〔成公妾、襄公母、姒杞姓〕
【伝】秋、定姒薨。不殯于廟、無櫬、不虞。匠慶謂季文子曰「子爲正卿、而小君之喪不成、不終君也。君長、誰受其咎」。
襄04　　八月、辛亥、葬我小君定姒。〔無傳。定謚也。赴同祔姑、反哭成喪、皆以正夫人禮。母以子貴。踰月而葬速。〕
襄09　　五月、辛酉、夫人姜氏薨。〔成公母。〕
襄09　秋、八月、癸未、葬我小君穆姜。〔無傳。四月而葬速。〕
昭11　　五月、甲申、夫人歸氏薨。〔昭公母、胡女、歸姓。〕
昭11　　九月、己亥、葬我小君齊歸。〔齊謚。〕
定15　秋、七月、壬申、姒氏卒。〔定公夫人。〕
【伝】秋、七月、壬申、姒氏卒。不稱夫人、不赴、且不祔也。
定15　　辛巳、葬定姒。
【伝】葬定姒、不稱小君、不成喪也。
哀12　　五月、甲辰、孟子卒。〔魯人諱娶同姓、謂之孟子。春秋不改、所以順時。〕
【伝】夏、五月、昭夫人孟子卒。昭公娶于呉、故不書姓。死不赴、故不稱夫人。不反哭、故不言葬小君。孔子與弔、適季氏。季氏不絻、放絰而拜。
⑨禮（03-05a-2）——注⑦参照。

【傳】不書姓。爲公故曰君氏。　[03-05b]
【注】不書姓辟正夫人也。隱見爲君、故特書於經、稱曰君氏、以別凡妾媵。〔姓を書せざるは正夫人を辟くればなり。隱は見《げん》に君爲《た》り、故に特に經に書し、稱して君氏と曰ひて、以て凡妾媵に別かつ。〕

【疏】注の「不書」より「妾媵」に至るまで。
○正義に曰う。「正夫人を辟く」とは、仲子を避けることをいったものである。なぜならば、妾の子が君となった場合、その母は「夫人」となることができるので、（元妃ではあっても）孟子を避ける必要はないからである。ただ隠公は譲位の（意志を持っていた）理由で、正式の君主としての礼に従わなかったため、その母〔声子〕にも夫人としての礼を備えず、仲子（桓公の母）を避けさせたのである。（このことについて）《釈例（内女夫人卒葬例）》に、
凡そ妾子 君と為れば、其の母は猶ほ夫人と為る。先君 其の母に命ぜずと雖も、母は子の貴《たっと》きを以て、適夫人 薨ずるときは、則ち尊をば臣子に加ふるを得、内外の礼は皆な夫人の如くす。故に姒氏の喪[1]には、責むるに「小君成らず」を以てす。成風の喪[2]には、王の使の会葬し、伝には「礼なり」と曰ふ。隠は桓に譲りて位を摂《と》るを以て、故に声子に礼を成さず、仮に「君氏」と称し、「以て凡妾媵に別かつ」。蓋し是れ一時の宜にして、隠の至義なり。
と述べているのが、仲子を避けた意図である。

【譯注】
①姒氏之喪（03-05b-8）——定公十五年經「辛巳、葬定姒」、伝「葬定姒、不稱小君、不成喪也」。
②成風之喪（03-05b-8）——文公五年経「三月、辛亥、葬我小君成風。王使召伯來會葬」、伝「五年、春、王使榮叔來含且賵、召昭公來會葬、禮也」。

【傳】鄭武公莊公爲平王卿士。　[03-05b]
【注】卿士王卿之執政者。言父子秉周之政。〔卿士は王の卿の執政者なり。

父子 周の政を秉《と》るを言ふ。〕

【傳】王貳于虢。 [03-05b]

【注】虢西虢公、亦仕王朝。王欲分政於虢、不復専任鄭伯。〔虢は西虢公にして、亦た王朝に仕《つか》ふ。王 政を虢に分かち、復た専らには鄭伯に任ぜざらんと欲するなり。〕

【傳】鄭伯怨王。王曰、無之。故周鄭交質。王子狐爲質於鄭、鄭公子忽爲質於周。 [03-06a]

【注】王子狐平王子。〔王子狐は平王の子なり。〕

【傳】王崩。周人將畀虢公政。 [03-06a]

【注】周人遂成平王本意。〔周人 遂に平王の本意を成す。〕

【傳】四月、鄭祭足帥師取温之麥。秋、又取成周之禾。 [03-06a]

【注】四月今二月也、秋今之夏也、麥禾皆未熟。言取者蓋芟踐之。温今河内温縣、成周洛陽縣也。〔四月は今の二月にして、秋は今の夏なれば、麥禾は皆な未だ熟せず。「取る」と言ふは蓋し之れを芟踐《さんせん》するならん。温は今の河内温縣、成周は洛陽縣なり。〕

【疏】注の「四月」より「陽縣也」に至るまで。

〇正義に曰う。ここではただ「秋」とだけ言うが、秋には三つの月が有る。もし季秋だとすれば現在の七月に相当するのに、杜預が必ず「秋は今の夏」だと分かったのは（なぜかといえば）、この伝が「武氏」の上に在るからである。経文を調べてみると、「武氏」の下に「八月、宋公和 卒す」の記事が有るため、これが七月であることが分かるということで、「今の夏」だと見なしたのであり、これは現在の五月に相当する。

　麦が熟するのは夏であるのに、「麦禾皆な未だ熟さず」と述べたのは、四月の時期に麦が未だ熟さず、七月の時期に禾が未だ熟さなかったことであり、二者が時を異にするので、「皆」と述べたのである。

【傳】周鄭交惡 [03-06a]

【注】兩相疾惡。〔兩《ふたつ》ながら相疾惡《しつを》す。〕

【傳】君子曰、信不由中、質無益也。明恕而行、要之以禮。雖無有質、誰能間之。苟有明信、澗谿沼沚之毛、 [03-06a]

【注】谿亦澗也。沼池也。沚小渚也。毛草也。〔谿《けい》も亦た澗《かん》なり。沼は池なり。沚《し》は小渚なり。毛は草なり。〕

【傳】蘋蘩蘊藻之菜 [03-06b]

【注】蘋大蓱也。蘩皤蒿也。蘊藻聚藻也。〔蘋《ひん》は大蓱《へい》なり。蘩《はん》は皤蒿《はこう》なり。蘊藻《うんそう》は聚藻なり。〕

【疏】「澗谿」より「之菜」に至るまで。

〇正義に曰う。「毛」と「菜」とは同義であるのに、（「澗谿沼沚之毛」・「蘋蘩蘊藻之菜」というように）表現を重複させたのは、「谿《けい》沼」で土地の僻陋〔遠隔の地〕を表現し、「蘋藻《ひんそう》」で菜の薄食〔そまつな食事〕を表現したため、表現が重複したのである。

〇注の「谿亦」より「之菜也」に至るまで。

〇正義に曰う。《爾雅》①釈山に「山 水を夾《はさ》むは澗《かん》なり」と言い、李巡は「山間に水有り」と注し、《釈名》②には「水の両山の間に在るを言ふ」と述べている。

〈釈水〉③に「水 川に注ぐを谿《けい》と曰ふ」と言い、李巡は「水の山より出でて川に入るなり」と注し、〈釈山〉④にはまた「山瀆《さんとく》は谿に通ずる所無し」と言い、李巡は「山中の水瀆《とく》、通ずる所無しと雖も、水の川に注ぐと同名なり」と注し、宋均⑤が「水無きを谷と曰ひ、水有るを谿と曰ふ」と述べている。そうすると、「谿」もまた山間の有水の名称であり、「澗」の類である。そこで「谿も亦た澗なり」と注釈したもの。

郵便はがき

恐縮ですが
郵便切手を
お貼り下さい

162-0801

新宿区山吹町三五三

明徳出版社行

芳名《ふりがな》	年齢　　才	男・女

住所 〒

メール
アドレス

職業	電話　（　　）

お買い求めの書店名	このカードを前に出したことがありますか はじめて　（　　）回目

書　名

愛読者カード

ご購読ありがとうございます。このカードは永く保存して，新刊のご案内や講演会等のご連絡を申し上げますので，何卒ご記入の上ご投函下さい。

この本の内容についてのご感想ご意見

この本を何でお知りになりましたか	①書店でみて，②小社新刊案内，③小社目録 ④知人の紹介 ⑤新聞・雑誌の広告（　　　　） ⑥書評をよんで（　　　　） ⑦書店にすすめられて　⑧その他（　　）

紹　介　欄

本書をおすすめしたい方をご紹介下さい。ご案内を差上げます。

「明徳出版図書目録」をご希望の方には送呈します。

□ 希望する　　□ 希望しない

「沼」は「池」の別名である。張揖[6]の《広雅》に「沼は池なり」と言い、応劭[7]の《風俗通》に「池は陂池《はち》〔ためいけ〕なり。水に従ひ也《イ》の声」と言う。「沚《シ》」は「時《シ》〔川のなかす〕」と音義が同じである。〈釈水[8]〉に「小渚を沚と曰ふ」と言い、《釈名[9]》に「沚は止なり。小水 其の上に止息すべし」と述べる。

「草」は地の「毛」である。《周禮[10]》に「宅不毛」とあるのは、邸宅内に草木が無いことなので、杜預は「毛」を「草」で解釈したのである。「草」とは下句の「蘋蘩蘊藻」がそれである。

「蘩《はん》」は陸の菜であるのに、「沼沚之毛」と言うのは、あるいは水辺から採るのであろう。すべてが水中から採るというのではない。

○注の「蘋大」より「聚藻也」に至るまで。　[03–06b]

○正義に曰う。〈釈草[11]〉に「苹《へい》〔うきくさ〕は蓱《へい》、其の大なる者は蘋《ひん》」と言い、舍人は「苹は一名を蓱、大なる者を蘋と名づく」と言い、郭璞は「水中の浮蓱。江東之れを薸《へう》と謂ふ」と注し、陸璣[12]の《毛詩義疏》に、

今の水上の浮蓱、是れなり。其の麤大《そだい》なる者、之れを蘋と謂ひ、小なる者を蓱と曰ふ。季春に始めて生じ、糝烝《さんじょう》〔むす〕して茹〔ゆびきな〕と為すべし。又た苦酒〔酢〕に淹《ひた》して就酒〔さけのさかな〕とすべし。

と述べている。

〈釈草[13]〉にはまた「蘩《はん》は皤蒿《はこう》なり」と言い、孫炎[14]は「白蒿なり」と注し、陸璣の《疏》に、

凡そ艾《がい》〔よもぎ〕の白色なるを皤蒿と為す。今の白蒿なり。春に始めて生じ、秋に及びて香美なり。生《なま》にて食すべく、又た烝すべし。一名を遊胡。北海の人、之れを旁勃と謂ふ。故に《大戴禮[15]》夏小正伝に「蘩は遊胡、遊胡は旁勃なり」と曰ふ。

と述べている。

許慎[16]の《説文》に「藻は水草。廾《きょう》に従ひ水に従ひ、巣の声。或は藻に作り、澡に従ふ」と言い、《毛詩伝[17]》に「藻は聚藻なり」と述べている。そうだとすると、この草は聚生を好む。「蘊」は「聚」と訓む。そこで「蘊藻は聚藻なり」と解したもの。陸璣の《疏》に、

水底に生ずるものに二種有り。其の一種は、葉 雞蘇《けいそ》〔やまはっか〕の如し。茎の大なること箸〔はし〕の如く、長さ四五尺。其の一種は、茎の大なること釵股《さいこ》〔かんざしのまた〕の如く、葉は蓬の如し。之れを聚藻と謂ふ。

と言い、また、

扶風の人、之れを藻聚と謂ふは発声の為《ため》なり。此の二藻は皆な食すべし。煮熟して腥気《せいき》〔なまぐささ〕を捼去《だきょ》し、米麪《べいべん》〔こめのこ〕に糝烝《さんじょう》〔むす〕して茹と為せば嘉美なり。揚州の人、饑荒のときは以て穀食に当《あ》つべし。

と述べている。

【譯注】

①爾雅釋山（03–06b–5）――《爾雅》釋山篇に「山夾水澗。陵夾水濵」とあり、郭璞注に「別山陵間有水者之名」とある。

②釋名（03–06b–5）――後漢末の劉熙撰。《釋名》は《爾雅》の篇名をほぼ踏襲するが、その字解は、文字の意味を同音もしくは近似音で解釈する、いわゆる「声訓《せいくん》」という方法で一貫させた特異な字書である。明代に郎奎金が《爾雅》《小爾雅》《廣雅》《埤雅》と併せて「五雅」として合刻した際、《釋名》を《逸雅》と改名したため、二名が並び行われた。清の畢沅《釋名疏證》八巻・王先謙《釋名疏證補》が詳細である。本疏の該当部分は〈釋水〉篇の「山夾水曰澗。澗間也。言在兩山之間也」。ちなみに《春秋正義》中に《釋名》は十四例が引用されている。

③釋水（03-06b-5）――《爾雅》釋水篇「水注川曰谿。注谿曰谷。注谷曰溝。注溝曰澮。注澮曰瀆」、郭璞注「此皆道水轉相灌注所入之處名」。

④釋山（03-06b-6）――《爾雅》釋山篇「山瀆無所通谿」、郭璞注「所謂窮瀆者、雖無所通、與水注川同名」。

⑤宋均（03-06b-7）――魏の博士宋均に「緯書」の注釈が有ったことは、《隋書》經籍志・《舊唐書》經籍志等によって明らかであるが、現在ではすべて亡佚している。本疏所引は『春秋緯説題辭』注（『太平御覧』巻六十七所引参照）。

⑥張揖廣雅（03-06b-7）――魏の博士張揖、字は稚讓、その著《廣雅》は《爾雅》の篇目を襲い、《隋書》經籍志に「廣雅　三巻　魏博士張揖撰　梁有四巻」として収録される。隋の秘書学士曹憲が音解を附し、煬帝の諱名を避けて《博雅》と改名したため、二名が並び行われたが、同一書である。清の大儒王念孫《廣雅疏證》十巻が最も詳細である。本疏の該当部分は、〈釋地〉篇の「湖、藪、陂、塘、都、甿、厈、澤、埏、衍、皐、沼、池也」。ちなみに《廣雅》は《春秋正義》中に十二例が引用されている。

⑦應劭風俗通（03-06b-8）――後漢末の應劭、字は仲遠。《後漢書》巻四十八に伝が有り、《風俗通義》《漢官儀》《漢書注》の著者として知られる。《風俗通義》は元来三十一巻であったというが、現在では十巻が伝わるのみ。索引として《風俗通義通檢》、注釈書として呉樹平《風俗通義校釋》、王利器《風俗通義校注》が有る。本疏引は逸文である。

⑧釋水（03-06b-8）――《爾雅》釋水篇「水中可居者曰洲。小洲曰渚。小渚曰沚。小沚曰坻。人所爲爲潏。〔人力所作〕」。

⑨釋名（03-06b-8）――《釋名》釋水篇「小渚曰沚。沚止也。小可止息其上也」。

⑩周禮（03-06b-8）――《周禮》地官・載師の職「凡宅不毛者有里布。凡田不耕者出屋粟。凡民無職事者出夫家之征。〔鄭司農云「宅不毛」者、謂不樹桑麻也。〕」。

⑪釋草（03-06b-10）――《爾雅》釋草篇「苹蓱〔水中浮蓱、江東謂之〕其大者蘋〔詩曰、于以采蘋〕」。

⑫陸璣毛詩義疏（03-07a-1）――呉の陸璣、字は元恪。「璣」「機」が通用するため「陸機」と表記されることも有るが、陸機、字は士衡とは別人である。阮校でも言及しているように、錢大昕は「陸機」を是とするが、ここでは、

陸機―字は士衡
陸璣―字は元恪《カク》

と見なす湯浅幸孫「潜夫論に引く〈魯詩〉について」（《中国思想史研究》第三号　一九七九年）・陳鴻森「禹貢注疏校議」（《大陸雜誌》第七十九巻第五期　一九八九年）に従う。

陸璣の著《毛詩草木鳥獸蟲魚疏》二巻は書名の示すとおり、《毛詩》中に見える草木鳥獣虫魚の解説書である。現在、輯本として「古經解彙函」本・「聚学軒叢書」本・「頤志齋叢書」本等が有る。《春秋正義》中では「毛詩義疏」「陸璣疏」と表記され、十四例の引用が見える。

⑬釋草（03-07a-1）――《爾雅》釋草篇「蘩皤蒿〔白蒿〕蒿菣〔今人呼青蒿香中炙啖者爲菣〕蔚牡菣〔無子者〕」。

⑭孫炎（03-07a-2）――魏の孫炎、字は叔然。鄭玄の門人で、その著書は《隋書》經籍志に、

禮記　三十巻　魏秘書監孫炎注
爾雅　七巻　孫炎注　梁有爾雅音　二巻　孫炎

として著録されている。《三国志》魏書・王肅伝によれば、この他に《周易》《毛詩》《春秋三伝》《国語》等の注釈書も有ったという。いずれも現在では亡佚しているが、《爾雅》の輯本としては、《玉函山房輯佚書》《漢学堂叢書》が有る。ちなみに《春秋正義》中には七十余例が引用されている。

⑮大戴禮夏小正傳（03-07a-3）――《大戴禮記》は前漢宣帝期の禮学者戴徳の編纂にかかる。その一篇〈夏小正〉は、年中農事暦に起源を持つ、いわゆる「月令」

のひとつである。本疏引は二月の経「榮菫、采蘩」、伝「菫菜也。蘩由胡。由胡者蘩母也。蘩母者旁勃也。皆豆實也、故記之」。

⑯許愼説文（03–07a–3）――《説文解字》「藻水草。從艸水巣聲。詩曰于采藻」・「藻、藻或從澡」。

⑰毛詩傳（03–07a–3）――《毛詩》召南・采蘋「于以采蘋、南澗之濱、于以采藻、于彼行潦」、〈毛傳〉「蘋大蓱也。濱涯也。藻聚藻也。行潦流潦也」。

【傳】筐筥錡釜之器、　［03–07a］

【注】方曰筐、圓曰筥、無足曰釜、有足曰錡。〔方を筐《きょう》と曰ひ、圓《ゑん》を筥《きょ》と曰ひ、足無きを釜と曰ひ、足有るを錡と曰ふ。〕

【疏】注の「方曰」より「曰錡」に至るまで。

○正義に曰う。これはすべて《詩》①毛伝・鄭箋の文章である。なお《説文》②に「筥《きょ》は牛に飯する筐《きょう》〔かご〕なり」と言い、《広雅》③に「錡《き》は釜《ふ》なり」と述べている。

【譯注】

①詩毛傳鄭箋之文（03–07a–7）――《毛詩》召南・采蘋に「于以盛之、維筐及筥、于以湘之、維錡及釜」とあり、その〈毛傳〉に「方曰筐、圓曰筥。湘亨也。錡釜屬。有足曰錡、無足曰釜」と述べ、鄭玄箋に「亨蘋藻者、於魚湆之中、是鉶羹之芼」と言う。したがって杜預注が依拠したのは〈毛傳〉のみである。《阮校》所引の浦鏜が「鄭箋」を衍文と見なすゆえんである。あるいは疏文の誤解かもしれない。

②説文（03–07a–7）――《説文解字》竹部「簾、飯牛筐也。从竹豦聲。方曰匡、圓曰簾」。

③廣雅（03–07a–7）――《廣雅》釋器「鍈、鉼、鬲、鏤、鬲、鍑、鑢、鏞、鍪、鬵、號、錡、鬴、鐈、鬲、鬷、釜也」。

【傳】潢汙行潦之水、　［03–07a］

【注】潢汙停水、行潦流潦。〔潢汙は停水、行潦は流潦なり。〕

【疏】注の「潢汙」より「流潦」に至るまで。

○正義に曰う。「停水」とは水の流れない状態のことである。「行」は道の意。雨水を「潦」と言う。道の上に集まり流れるという意。服虔は「小水を畜《たくは》ふる、之れを潢《くわう》と謂ふ。水の流れざる、之れを汙《を》と謂ふ。行潦は道路の水 是れなり」と述べている。

この水は飲食に用いるものだから、〈洞《けい》酌《しゃく》〉①の篇を引用した。「藻」は潦水が生育させるものであるが、この「潦」は決して「菜」を生育させる場所ではない。

【譯注】

①洞酌（03–07a–10）――《毛詩》大雅・洞酌篇「洞酌彼行潦、挹彼注茲、可以餴饎」、毛傳「洞遠也。行潦流潦也。餴餾也。饎酒食也」、鄭玄箋「流潦水之薄者也。遠酌取之、投大器之中、又挹之、注之於此小器、而可以沃酒食之餴者、以有忠信之德、齊絜之誠、以薦之故也。春秋傳曰、人不易物、惟德繄物」。

原文は「故引洞酌之篇」であるが、杜注はその毛傳を引用しているから、本疏のこの条には、或いは脱文が有るかもしれない。

【傳】可薦於鬼神、可羞於王公。　［03–07a］

【注】羞進也。〔羞は進むるなり。〕

【疏】「可薦」より「王公」に至るまで。
○正義に曰う。上文に「鬼神」と言い、ここに「王公」と言うのだから、これは生きている王公である。或説では、「王公」もまた「鬼神」であり、生存している王公ではない、と見なしている。（しかし）この伝文の意味は、《詩》を引用して述べており、〈洞酌〉①は天子の事を論じているのだから、王に進めるのである。〈采蘩《さいはん》〉②に「公侯の事」とあるのは、公に進めるのである。
「薦」と言い、また「羞」と言うことについては、鄭玄③が〈庖人〉に注釈して、「品物を備ふるを薦と曰ひ、滋味を致すを乃ち羞と為す」と述べている。

【譯注】
①洞酌（03-07b-2）――《毛詩》大雅・洞酌篇の序に「召康公戒成王也。言皇天親有徳、饗有道也」と述べるように、「天子の事」を論じたものである。
②采蘩（03-07b-2）――《毛詩》召南・采蘩篇の序に「夫人不失職也。夫人可以奉祭祀、則不失職矣」とある。
③鄭玄注庖人（03-07b-3）――《周禮》天官・庖人職「凡其死生鱻薨之物、以共王之膳、與其薦羞之物、及后世子之膳羞。」、鄭玄注「凡計數之。薦亦進也。備品物曰薦、致滋味乃爲羞。王言薦者、味以不褻爲尊。鄭司農云、鮮謂生肉、薨謂乾肉」。「鱻薨《せんこう》」は生肉と干し肉。

【傳】而況君子結二國之信、行之以禮、又焉用質。 [03-07b]
【注】通言盟約彼此之情、故言二國。〔彼れ此れの情を盟約するを通言す、故に二國と言ふ。〕
【傳】風有采蘩采蘋、 [03-07b]
【注】采蘩采蘋詩國風。義取於不嫌薄物。〔采蘩・采蘋は詩の國風なり。義をば薄物を嫌はざるに取る。〕
【傳】雅有行葦洞酌、 [03-07b]
【注】詩大雅也。行葦篇義取忠厚也。洞酌篇義取雖行潦、可以共祭祀也。〔詩は大雅なり。行葦の篇は義をば忠厚に取るなり。洞酌の篇は義をば行潦と雖も、以て祭祀に共すべきに取るなり。〕
【疏】「雅有行葦」。
○正義に曰う。〈采蘩《さいはん》〉〈采蘋《さいひん》〉〈洞酌《けいしゃく》〉について、上の伝に述べたものにはすべてその篇の（内容に共通する）事柄が有るが、①〈行葦《かうゐ》〉については言及していないのに、いま「行葦」と言うのは（なぜかといえば）、別に忠厚の意味を取ったもので、上文をまとめて述べたものではないのである。

【譯注】
①行葦（03-07b-7）――《毛詩》大雅・行葦篇序「行葦忠厚也。周家忠厚、仁及草木、故能内睦九族、外尊事黄耇、養老乞言、以成其福祿焉」。

【傳】昭忠信也。 [03-07b]
【注】明有忠信之行、雖薄物皆可爲用。〔忠信の行有れば、薄物と雖も皆な用を爲すべきを明らかにす。〕
【傳】武氏子來求賻、王未葬也。 [03-07b]
【疏】「武氏」より「葬也」に至るまで。
○正義に曰う。蘇氏①が次にように述べている。
考えるに、②文公九年の「毛伯来たりて金を求む」の伝に、「王命を書せざるは、未だ葬らざればなり」と述べているのに、この伝ではただ「王未だ葬らざればなり」とだけ述べて同じでないのは（なぜかといえば）、毛伯の場合は、ただ「使」と称していないことを説明しただけだから、「王命を書せず」と述べた。この「武氏子」の場合、「使」を称していないばかりではなく、さらに父の族を称しており、この二つの事がいずれも「未葬」の結果であるから、ただ「王未だ葬らざればなり」とだけ述べたのである。

【譯注】

①蘇氏（03-08a-2）――本疏は全文が蘇氏説からなる。ちなみに『玉函山房輯佚書』は本条を採録漏れ。

②文公九年（03-08a-2）――文公九年「春、毛伯來求金」、傳「毛伯衛來求金、非禮也。不書王命、未葬也」。

【傳】宋穆公疾。召大司馬孔父而屬殤公焉。曰、先君舍與夷而立寡人。

【注】先君穆公兄宣公也。與夷宣公子、卽所屬殤公。〔先君は穆公の兄の宣公なり。與夷は宣公の子、卽ち屬《しょく》する所の殤公なり。〕 [03-08a]

○「而立寡人」。

○正義に曰う。〈曲禮〉①下に「諸侯 天子に見《まみ》ゆるとき、臣 某侯某と曰ふ。其の民と言ふときは、自ら称して寡人と曰ふ」と述べている。いま臣下と言うときにも「寡人」と言うところからすると、臣下と人民に対する自称は同じであることが分かる。

《老子》②に「孤・寡・不穀」と述べているのは、王侯の謙称であるから、以下では諸侯の自称をやはり「不穀」と言うことが多い。

【譯注】

①曲禮下（03-08a-3）――《禮記》曲禮下篇に次のように見える。

諸侯見天子曰「臣某侯某」。〔鄭玄注：謂嗇夫承命告天子辭也。其爲州牧、則曰天子之老臣某侯某奉珪請覲。〕其與民言自稱曰「寡人」。〔謙也。於臣亦然。〕其在凶服曰「適子孤」。〔凶服亦謂未除喪。〕臨祭祀内事曰「孝子某侯某」、外事曰「曾孫某侯某」。〔稱國者遠辟天子。〕死曰「薨」。〔亦史書策辭。〕復曰「某甫復矣」。〔某甫且字。〕既葬見天子曰「類見」。〔代父受國。類猶象也。執皮帛象諸侯之禮見也。其禮亡。〕言諡曰「類」。〔使大夫行象聘問之禮也。言諡者序其行及諡所宜。其禮亡。〕諸侯使人使於諸侯使者、自稱曰「寡君之老」。〔繫於君以爲尊也。此謂諸侯之卿上大夫。〕

②老子（03-08a-4）――《老子》第三十九章に「故貴以賤爲本、高以下爲基。是以侯王自稱孤、寡、不穀。此非以賤爲本邪、非乎」とある。

【傳】寡人弗敢忘。若以大夫之靈、得保首領以沒、先君若問與夷、其將何辭以對。請子奉之以主社稷。寡人雖死亦無悔焉。對曰、羣臣願奉馮也。

【注】馮穆公子莊公也。〔馮は穆公の子の莊公なり。〕

【傳】公曰、不可。先君以寡人爲賢、使主社稷。若棄德不讓、是廢先君之擧也。豈曰能賢。 [03-08a]

【注】言不讓則不足稱賢。〔讓らざれば則ち賢と稱するに足らざるを言ふ。〕 [03-08a]

【傳】光昭先君之令德、可不務乎。吾子其無廢先君之功。 [03-08a]

【注】先君以擧賢爲功、我若不賢是廢之。〔先君は賢を擧ぐるを以て功と爲すに、我れ若し賢ならざれば是れ之れを廢するなり。〕

【傳】使公子馮出居於鄭。 [03-08b]

【注】辟殤公也。〔殤公を辟《さ》くるなり。〕

【傳】八月、庚辰、宋穆公卒。殤公卽位。君子曰、宋宣公可謂知人矣。立穆公、其子饗之。命以義夫。

【注】命出於義也。夫語助。〔命 義より出づるなり。「夫」は語助なり。〕 [03–08b]

【疏】「命以義夫」

○正義に曰う。「義《ギ》」は宜《ギ》〔よろし〕の意。心を用いることが方直〔まっすぐ〕で、行動が事柄の宜しきに合うこと、これを「義」と言う。宣公が穆公を立てたのは、穆公が賢者であり、必ず義理にもとづいて、自分の子を棄てないことを知っていたからである。①いまや穆公が亡くなろうとするに当たり、孔父に命じて義理をもって殤公を立てさせた。つまり穆公が命じて殤公を立てたのは、仁義の心から出た行為である。そこで杜預は「命 義より出づ」といったのである。

必ず「命以義夫（命ずるに義を以てするかな）」が、穆公が命じて殤公を立てたことを意味するものだと分かるのは、杜預注で「義に帥《したが》ひて行ふときは、則ち殤公は宜しく此の命を受くべく、宜しく此の禄を荷《にな》ふべし。公子馮は父の義に帥はず、終《つひ》に咸宜の福を傷《そこ》なふ」と述べているところからすると、明らかに殤公が穆公の命を受けることが、殷の湯王と武丁と同じく咸宜を有するからで、このことから、穆公が殤公に命じることこそ「義」であることが分かるのである。

【譯注】

①宣公之立穆公（03–08b–5）――宋の公室の世系は以下の通り。

武公 ┬ 宣公（力）―― 殤公（與夷）
　　 └ 穆公（和）―― 莊公（公子馮）

【傳】商頌曰、殷受命咸宜、百祿是荷。其是之謂乎。 [03–08b]

【注】詩頌。言殷湯武丁受命皆以義、故任荷天之百祿也。帥義而行、則殤公宜受此命、宜荷此祿。公子馮不帥父義、忿而出奔、因鄭以求入、終傷咸宜之福。故知人之稱、唯在宣公也。殷禮有兄弟相及、不必傳子孫。宋其後也、故指稱商頌。〔詩は頌なり。言ふこころは殷湯・武丁の命を受くるは皆な義を以てす、故に天の百祿を任荷するなり。義に帥《したが》ひて行なはば、則ち殤公は宜しく此の命を受くべく、宜しく此の祿を荷《にな》ふべし。公子馮 父の義に帥《したが》はず、忿《いか》りて出奔し、鄭に因りて以て入らんことを求め、終《つひ》に咸宜の福を傷《そこな》へり。故に「人を知る」の稱は、唯だ宣公にのみ在るなり。殷禮にては兄弟相及ぶこと有りて、必ずしも子孫に傳へず。宋は其の後なり、故に指して商頌を稱す。〕

【疏】「商頌」より「謂乎」に至るまで。

○正義に曰う。「商頌」①は〈玄鳥〉篇の最後の章で、殷の湯王・武丁の二王が天の命を受け、ともにその宜しきを得たため、天の百種の禄を荷《にな》うこととなったことを歌う。天の禄がすべて二人に帰したので、これを荷うことができる、という意味である。いま穆公が殤公を立てたことも、その宜しきを得たものなので、殤公はこの禄を荷うべきである。《詩》の意味はこのような場合を言うのであろうか。

○注の「詩頌」より「商頌」に至るまで。

○正義に曰う。唐虞の時代に、②契《せつ》が司徒となり、商に封ぜられた。十四世にして湯に至って天下に王者となり、そのまま商を国号とした。③後世に武丁という王があり、彼は中興の賢君であった。そこで当時、詩を作って頌《ほ》めたたえるものが有ったので、これを「商頌」と言う。湯王と武丁が天禄を荷うこと、このとができたことを誉め称えたもの。いま殤公もまた天禄を荷うこと、この《詩》の意味と同様であるので、これを引用して証拠としたのである。

（ところで）《公羊伝》④は「宋の禍は宣公 之れを為す」と述べて、（穆公が）自分の子を差し置いて弟を立て、結果的に（子である）馮に争う気持ちを起こさせたことを咎めているのは、馮の騒動を宣公の過失と見なしているからである。しかし今この伝では宣公を誉めているので、（杜預は）その事情を明らかにする。もしも「義に帥《したが》ひて行なはば、則ち殤公は宜しく此の命を受くべく、宜しく此の禄を荷《にな》ふべ」きであるが、しかし「公子馮は父の義に帥はず」、その咸宜を失ってしまったので、「故に人を知るの称は、唯だ宣公にのみ在るなり」で、ただ宣公が穆公を知っていたことを誉めただけである。馮が自ら国を争ったことは宣公の罪ではないので、これを誉めたのである。

伝に「公子馮をして出でて鄭に居らしむ」と述べていることからすると、父が出奔させたものなのに、注で「忿《いか》りて出奔す」と言うのは（なぜかといえば）、四年伝⑤に「公子馮 鄭に出奔す。鄭人 之れを納《い》れんとす」と述べ、また「衛 宋に告げて曰く、君若《も》し鄭を伐ちて以て君の害を除かば」と述べるのは、馮が鄭に出奔し、自国に帰ることを求めて宋国を害しようとしたものである。（したがって）父が鄭に居らせたのは、殤公を避けさせるためであったが、馮はかえって鄭に頼って殤公を害しようとしたのである。つまり父から言えば「之れをして出でて居らしむ」と言い、馮からいえば「忿りて出奔す」と言うのであり、（伝と注は）各々事実に従って表現したのである。〈諡法〉⑥によると、「短折して成らざるを殤と曰ふ」、「徳を布《し》き義を執るを穆と曰ふ」とある。

【譯注】

①商頌玄鳥（03-09a-2）――《毛詩》商頌・玄鳥篇の序には「玄鳥は高宗を祀るなり」とあり、本文は以下の通り（訓読は高田眞治《漢詩大系２詩經下》集英社による）。

天命玄鳥　降而生商　　天　玄鳥に命じ　降りて商を生ましむ
宅殷土芒芒　　殷土の芒芒たるに宅《お》らしむ
古帝命武湯　正域彼四方　　古《いにしへ》　帝　武湯に命じ　彼の四方に正域し
方命厥后　奄有九有　　方《あまね》く厥《そ》の后《きみ》に命じ　九有を奄有し
商之先后　受命不殆　　商の先后　命を受け殆《あやふ》からざるは
在武丁孫子　　武丁の孫子に在り
武丁孫子　武王靡不勝　　武丁の孫子　武王に勝《た》へざること靡《な》し
龍旗十乘　大糦是承　　龍旗十乘　大糦是れ承《ささ》ぐ
邦畿千里　維民所止　　邦畿千里　維れ民の止る所
肇域彼四海　四海來假　　彼の四海を肇域し　四海來《きた》り假《いた》る
來假祁祁　景員維河　　來り假ること祁祁たり　景員維れ河
殷受命咸宜　百祿是何　　殷　命を受くること咸《ことごとく》宜し　百祿是れ何《にな》ふ

②契（03-09a-4）――《史記》殷本紀によれば、商（殷）王の世系は以下の通り。この系譜が甲骨文字の出現により再確認されたのは有名である。

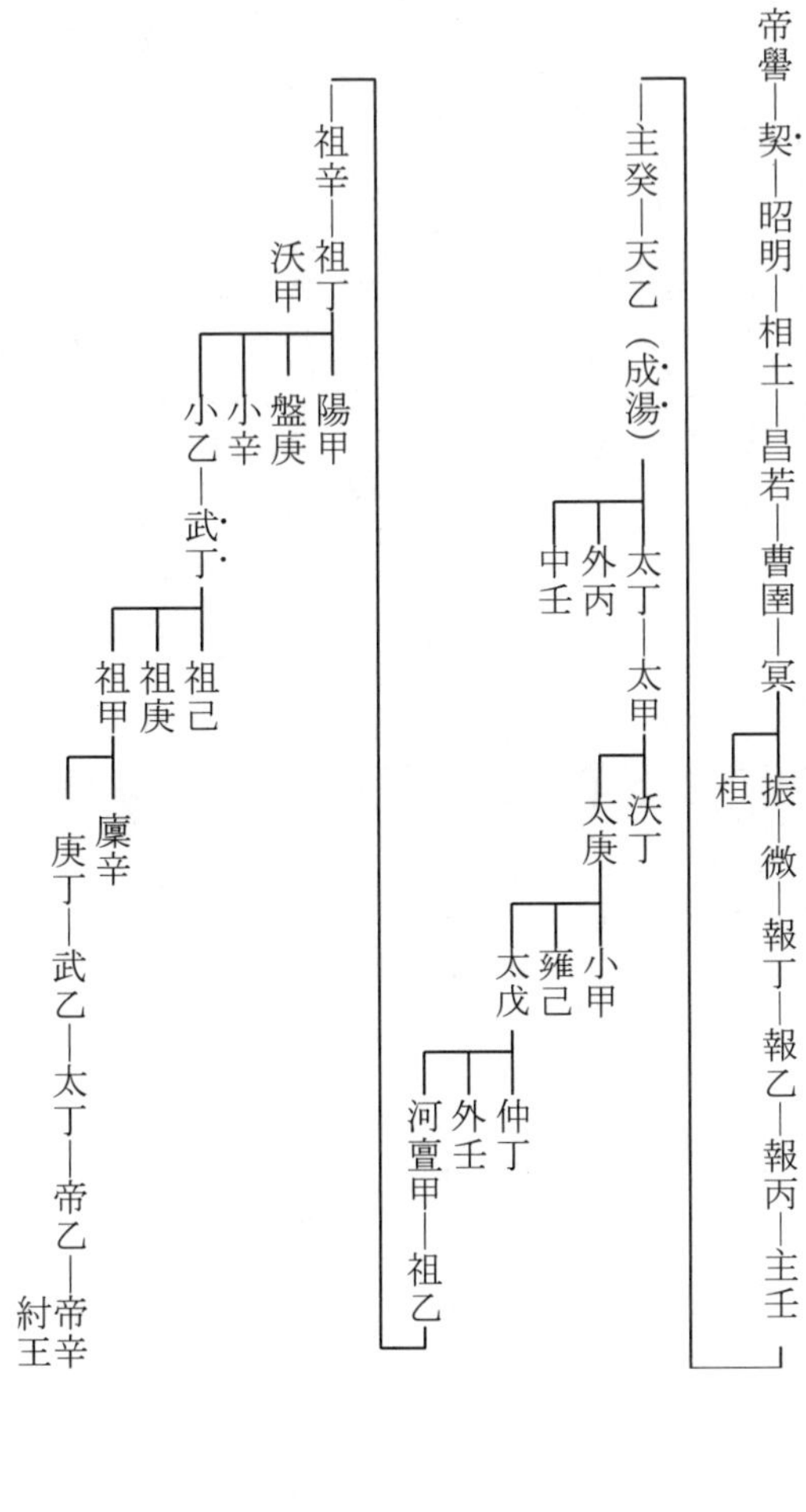

③後世有武丁者（03-09a-5）——《毛詩》商頌譜に以下のように述べる。
商者契所封之地。有娀氏之女名簡狄者、呑鳦卵而生契。堯之末年、舜舉爲司徒、有五教之功、乃賜姓而封之。世有官守、十四世至湯、則受命代夏桀、定天下。後世有中宗者。嚴恭寅畏、天命自度、治民祗懼、不敢荒寧。後有高宗者。舊勞於外、爰泊小人。作其卽位、乃或諒闇、三年不言、言乃雍。不敢荒寧、嘉靜殷邦。至于小大、無時或怨。此三王有受命中興之功、時有作詩頌之者。商德之壞、武王伐紂、乃以陶唐氏火正閼伯之墟、封紂兄微子啓爲宋公、代武庚爲商後。其封域在禹貢徐州泗濱、西及豫州盟豬之野。自後政衰、散亡商之禮樂。七世至戴公時、當宣王、大夫正考父者、校商之名頌十二篇於周太師、以那爲首、歸以祀其先王。孔子錄詩之時、則得五篇而已。乃列之以備三頌、著爲後王之義、監三代之成功、法莫大於是矣。

④公羊傳（03-09a-6）——《公羊傳》の本年の条に「繆公曰、先君之不爾逐可知矣、吾立乎此攝也。終致國乎與夷。莊公馮弑與夷。故君子大居正、宋之禍宣公爲之也」と述べるように、《左傳》とは評価が異なる。

⑤四年傳（03-09a-8）——明年伝「宋殤公之卽位也、公子馮出奔鄭。鄭人欲納之。及衛州吁立、將修先君之怨於鄭、而求寵於諸侯、以和其民。使告於宋曰『君若伐鄭、以除君害、君爲主、敝邑以賦與陳蔡從、則衛國之願也』。宋人許之」。

⑥謚法（03-09a-10）——《逸周書》謚法解「短折不成曰殤」、「布德執義曰穆」。

【傳】冬、齊鄭盟于石門、尋盧之盟也。 [03-09b]

【注】盧盟在春秋前。盧齊地、今濟北盧縣故城。〔盧の盟は春秋の前に在り。盧は齊の地、今の濟北盧縣の故城なり。〕

【傳】庚戌、鄭伯之車僨于濟。 [03-09b]

【注】既盟而遇大風。傳記異也。十二月無庚戌、日誤。〔既に盟ひて大風に遇ふ。傳は異を記するなり。十二月に「庚戌」無ければ、日の誤りなり。〕

【疏】注の「既盟」より「日誤」に至るまで。
○正義に曰う。〈釈言〉①に「僨《ふん》は僵《きやう》〔たおれる〕なり」と言い、舎人は「背踣《はいぼく》〔あおむけにたおれる〕の意なり」と注釈する。車が倒れて済水に入ったというのは、風が吹き飛ばして済水に墜ちたことで、これは非常の出来事である。そこで「伝は異を記するなり」と述べた。
〈禹貢〉②に「沇《いん》水を導き、東流して済と為り、河に入り、溢れて滎《けい》と為る」とあり、《釈例（土地名）》に「済は滎《けい》陽の巻県より、東のかた陳留を経て済陰に至り、北のかた高平を経、東のかた済北を経、東北のかた済南を経、楽安博昌県に至りて海に入る」と述べている。

考えるに、川の流れの道筋を調べてみると、古今でこれが異なる場合がある。杜預はその元来の位置を突き止めたうえで、当時に実見したものに依り、《釈例》に記載している。今は専ら杜預に依拠することとし、《水経》③の記述と異なる部分が有ろうとも、いちいち検討することはしない。

「庚戌」には月の記載が無いのに「十二月」と言うのは、経文の「盟于石門」が十二月に在るからで、これもやはり十二月であることが分かる。

経文に「十二月」と記載し、その下で「癸未、葬宋穆公」と述べている。計算すると、「庚戌」は「癸未」の前三十三日であるから、両日が一月《ひとつき》内には有りえない。そこで《長暦》④で推算するに、この年の十二月は甲子が朔であり、十一日に甲戌、二十二日に丙戌が有って、「庚戌」は有りえない。しかし月に「癸未」が有るから、月に誤りは有りえないということで、「日の誤り」であることが分かる。


【譯注】
①釋言（03-09b-3）——《爾雅》釋言「斃踣也。〔郭璞注：前覆〕僨僵也。〔卻偃〕」。

②禹貢（03-09b-3）――《尚書》禹貢篇「岷山導江、東別爲沱、又東至于澧、過九江、至于東陵、東迆北會于匯、東爲中江、入于海。導沇水、東流爲濟、入于河、溢爲滎。東出于陶、邱北、又東至于菏、又東北會于汶、又北東入于海」。

③水經（03-09b-6）――《水經》は作者不明。三国時代に著作されたとされる。揚子江・黄河以下四十余の経流（本流）とその支流の地理水道を解説している。《隋書》經籍志には「水經三巻　郭璞注」「水經六十巻　酈善長注」の二種類を著録する。善長は北魏の酈道元《れきどうげん》の字。現存するのは後者のみ。

④長歴（03-09b-7）――《春秋長曆》では、

隠公三年辛酉　十一月、甲午大　十二月、甲子小　癸未二十日

【傳】衛荘公娶于齊東宮得臣之妹、曰荘姜。　［03-09b］

【注】得臣齊大子也。大子不敢居上位、故常處東宮。〔得臣は齊の大子なり。大子は敢へて上位に居らず、故に常に東宮に處る。〕

【疏】「衛荘」より「荘姜」に至るまで。

○正義に曰う。斉国は侯爵である。《譜》に、

姜姓、太公望の後なり。其の先の四岳、禹を佐《たす》けて功有り。或は呂に封ぜられ、或は申に封ぜらる、故に太公を呂望と曰ふ。太公は周室を股肱《ここう》〔手足となってたすける〕し、成王　之れを営丘に封ず、今の臨淄は是れなり。僖公の九年は魯の隠公の元年なり。簡公の四年は獲麟の歳なり。簡公の弟平公十三年に《春秋》の伝終はる。平公は二十五年にして卒し、後二世七十年にして田氏　斉を奪ひ、太公の後は滅ぶ。

と述べている。調べてみるに、〈斉世家〉[1]では荘公が僖公を生んでいるが、この「東宮得臣」が何公の大子であるのかは不明である。また調べてみるに、《史記》[2]十二諸侯年表では衛の荘公の即位は《春秋》の以前三十五年であり、斉の僖公の即位は《春秋》以前八年である。そうすると「荘姜」は必ずや斉の僖公の息女ではなく、おそらく荘公の息女、僖公の姉妹であろう。「得臣」は大子となったが早世したため、僖公が立ったのである。「僖公の姉妹」と言わないで「得臣」に繋けたのは、彼女が適妻の娘であることを表現したものである。

「得臣」は大子であり、「常に東宮に処る」と言うのは、四時[3]〔四季〕では東が春、万物の生長する時期は春にあり、西が秋、万物の成就する時期は秋に在るからで、このことから君主は西宮に処り、大子は「常に東宮に処る」ことになる。

あるいは《易》[4]の象徴に依り、西北が乾、乾は君父であるから君が西に居り、東方が震、震は長男であるから大子が東に居るものかもしれない。

【譯注】

①齊世家（03-10a-2）――《史記》齊世家を基本に齊室の世系を整理し、本疏の説に従って「荘姜」を位置づけると、以下の通り。

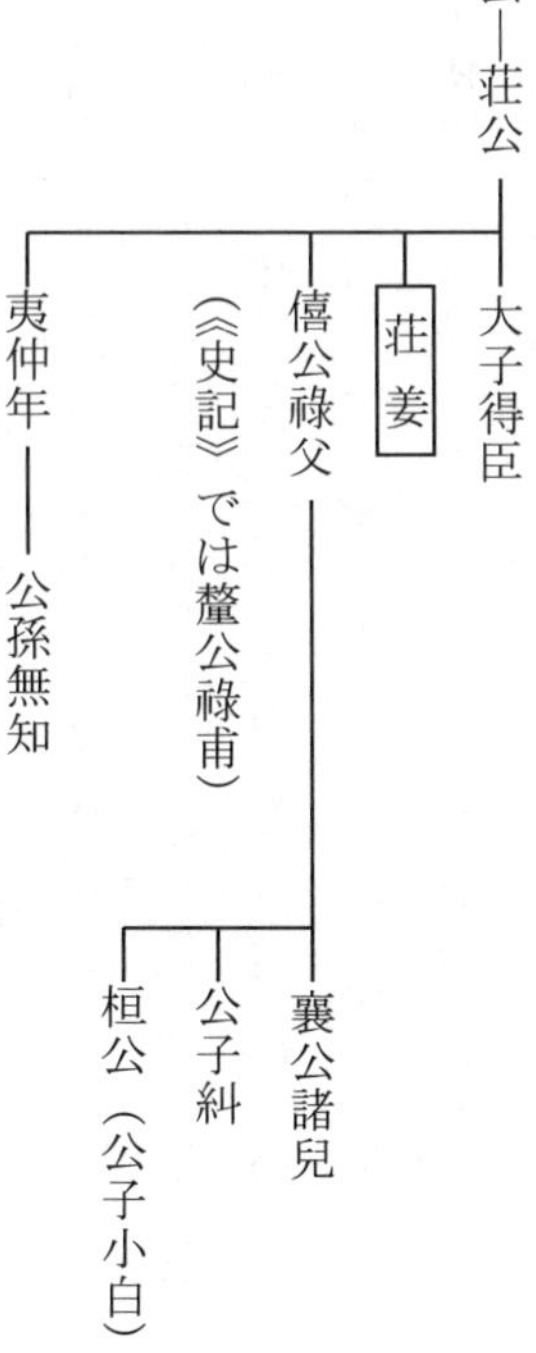

②史記十二諸侯年表（03-10a-3）――《史記》十二諸侯年表によれば、衛の荘公の元年は魯の恵公（在位四十六年）の十二年であり、《春秋》前三十五年に当たる。校勘記で指摘したように、續修四庫全書本が「二十五年」を「三十五年」に作るのが正しい。

③四時東爲春（03-10a-5）――五行説の配当による説明である。

	木	火	土	金	水
季節	春	夏	土用	秋	冬
方位	東	南	中央	西	北

○易象（03-10a-5）――《周易》説卦傳に記述する八卦の配当による説明。

	乾	坤	震	巽	坎	離	艮	兌
方位	西北	南	東	東南	北	南	東北	西
人	君父	母	長男	長女	中男	中女	少男	少女

【傳】美而無子、衛人所爲賦碩人也。 [03-10a]

【注】碩人詩、義取莊姜美于色賢于德、而不見荅、終以無子、國人憂之。

〔碩人《せきじん》の詩は、義をば莊姜は色に美にして德に賢なるも、而も荅へられず、終《つひ》に以て子無く、國人 之れを憂ふるに取る。〕

【疏】「所爲賦碩人也」

○正義に曰う。この「賦」とは自ら詩を作る意。班固①が「歌はずして誦するも亦た賦と曰ふ」と言い、鄭玄②が「賦とは或は篇を造り、或は古を誦す」と述べている。そうすると「賦」には二つの意味があることになる。この伝文と、閔公二年③に鄭人が〈清人〉を賦し、許穆夫人が〈載馳〉を賦した例は、すべて初めて詩篇を造ったもの。そのほかで「賦」と言うのは、すべて古詩を誦したものである。

【譯注】

①班固（03-10a-8）――《漢書》藝文志・詩賦略「傳曰、不歌而誦謂之賦、登高能賦可以爲大夫」。

②鄭玄（03-10a-8）――鄭玄の孫にあたる魏の鄭小同撰《鄭志》中に見える。《鄭志》は佚して伝わらないが、輯佚書として袁鈞《鄭氏佚書》・孔廣林《通德遺書所見錄》等に収録されている。清末の皮錫瑞《鄭志疏證》八卷（世界書局影印本）が詳細である。なお《毛詩正義》常棣篇小序に「鄭荅趙商云、凡賦詩者、或造篇、或誦古」として見えるのが、本疏の該当部分であろう。

③閔二年（03-10a-9）――閔公二年伝に以下のように記述されている。

・鄭人惡高克、使帥師次于河上、久而弗召。師潰而歸。高克奔陳。鄭人爲之賦清人。杜預注「清人、詩鄭風也。刺文公退臣不以道、危國亡師之本」。

・齊人使昭伯烝於宣姜。不可。強之。生齊子・戴公・文公・宋桓公夫人・許穆夫人。文公爲衛之多患也、先適齊。及敗、宋桓公逆諸河、宵濟。衛之遺民男女七百有三十人、益之以共滕之民爲五千人。立戴公以廬于曹。許穆夫人賦載馳。杜預注「載馳、詩衛風也。許穆夫人痛衛之亡、思歸唁之不可。故作詩以言志」。

【傳】又娶于陳、曰厲嬀、生孝伯、早死。 [03-10a]

【注】陳今陳國陳縣。〔陳は今の陳國陳縣なり。〕

【疏】「又娶于陳」

○正義に曰う。陳国は侯爵である。《譜》①に、「嬀《ぎ》姓、虞舜の後なり。周の興るに当り、虞遏父《ぐあつほ》なる者有りて、周の陶正と為る。武王 其の器用を利すると其の先聖の後なるとに頼り、元女の大姫を以て遏父の子の滿に妃《めあは》せて陳に封じ、姓を賜ひて嬀と曰ひ、胡公と号す。桓公の二十三年は魯の隱公の元年なり。滑公の二十一年は獲麟の歳なり。二十四年に楚 陳を滅す。」と述べている。これは桓公の時代に当たるので、二人の嬀はおそらく桓公の姉妹であろう。

【譯注】

①譜（03-10b-8）――《世族譜》の冒頭の文章は、《左傳》襄公二十五年の条に見える鄭の子産の言葉「昔虞閼父爲周陶正、以服事我先王。我先王賴其利器用也、與其神明之後也、庸以元女大姫配胡公、而封諸陳、以備三恪。則我周之自出、至于今是賴」に依拠したもの。

【傳】其娣戴嬀生桓公。莊姜以爲己子。　[03-10b]

【注】嬀陳姓也。厲・戴皆謚。雖爲莊姜子、然大子位未定。〔嬀は陳姓なり。厲・戴は皆な謚なり。莊姜の子と爲ると雖も、然れども大子の位は未だ定まらず。〕

【疏】注の「嬀陳」より「未定」に至るまで。

○正義に曰う。〈謚法〉①に「暴慢にして親しきもの無きを厲《れい》と曰ふ」、「典礼ありて愆《あやまち》無きを戴と曰ふ」とあるので、（厲・戴）ともに謚号であることが分かる。

石碏《せきしゃく》が「将《まさ》に州吁《しうく》を立てんとすれば、乃ち之れを定めよ」と言うのは、州吁を（大子として）定めることを請うたのであり、明らかに「大子の位は未だ定らざる」状態である。したがって〈衛世家〉②に「完を立てて大子と為す」と言うのは誤りである。

【譯注】

①謚法（03-10b-4）――《逸周書》謚法解「暴慢無親曰厲、殺戮無辜曰厲」、「愛民好治曰戴、典禮不塞曰戴」。

②衛世家（03-10b-5）――《史記》衛世家「莊公五年、取齊女爲夫人、好而無子。又取陳女爲夫人、生子、蚤死。陳女女弟亦幸於莊公、而生子完。完母死、莊公令夫人齊女子之、立爲大子。莊公有寵妾、生子州吁。十八年、州吁長、好兵、莊公使將。石碏諫莊公曰『庶子好兵、使將、亂自此起』。不聽。二十三年、莊公卒、大子完立、是爲桓公」。

【傳】公子州吁、嬖人之子也。　[03-10b]

【注】嬖親幸也。〔嬖《へい》は親幸なり。〕

【傳】有寵而好兵。公弗禁。莊姜惡之。石碏諫曰、臣聞愛子教之以義方、

【注】石碏衛大夫。〔石碏は衛の大夫なり。〕

【傳】弗納於邪。驕奢淫泆、所自邪也。四方之來、寵祿過也。將立州吁、乃定之矣。若猶未也、階之爲禍。　[03-10b]

【注】言將立爲大子、則宜早定。若不早定、州吁必緣寵而爲禍。〔言ふこころは將《まさ》に立てて大子と爲さんとすれば、則ち宜しく早く定むべし。若し早く定めずば、州吁は必ず寵に縁りて禍を爲さん。〕

【疏】「弗納」より「過也」に至るまで。

○正義に曰う。「驕」とは己を恃《たの》んで物事を陵《しの》ぐこと、「奢」とは夸矜《くわきょう》〔おごりたかぶる〕して上位の者を僭《おか》すこと、「淫」とは嗜欲〔むさぼりこのむ〕が度を過ごすこと、「泆《いつ》」とは放恣〔ほしいまま〕が極まりないことである。この「四者の来たる」は、「邪」よりして起こるもの。そこで服虔が「言ふこころは、此の四者の過は邪より起こる」と述べているのがそれである。（これに対して）劉炫①は、

この四者は自分自身を邪にするゆえんのものである。これを為して止めなければ、いずれ邪に至るであろうというのである。「邪」とは悪逆の

ことである。
と言う。そして劉炫はさらに、服虔を非難して、次のように述べている。邪はどんな事で、よく四過を起こすことができようか。もし邪より起きるのであれば、どうして「四者の来たるは、寵禄の過ぐればなり」と言う必要があろうか。「寵禄」がどうして邪の事で、四者がそこから来ることができようか。しかも「邪に納れしめず」と言うのは、その驕なることに縁って邪に至ることを心配したもので、先ず邪であって後に驕となるのではない。

【譯注】

①劉炫（03-11a-3）——本疏引の劉炫説について、劉文淇『左傳舊疏考正』巻一が以下のように分析しているのを参照されたい。

文淇案ずるに、これは光伯の《述議》の文章で、前半は「旧疏」の原文である。「旧疏」は「この四者の来たるは、邪よりして起こる」と考えるから、服虔説を是とする。これに対して劉炫は服説を駁正しているから、つまりこれは「旧説」を駁したもの。唐人が「劉又難服云」五字を挿入して、前後を隔絶し、光伯がただ服氏を攻撃しただけであるかのように見せて、読者を誤らせたものである。

この劉文淇の指摘は妥当であろう。翻訳は劉説に従った。なお服・劉二説を図示すれば、次のようになる。

服虔説　邪 → 驕・奢・淫・泆

劉炫説　驕・奢・淫・泆 → 邪

【傳】夫寵而不驕、驕而能降、降而不憾、憾而能眕者鮮矣。　[03-11a]

【注】如此者少也。降其身則必恨。恨則思亂、不能自安自重。〔此の如き者は少きなり。其の身を降せば則ち必ず恨む。恨めば則ち亂を思ひ、自ら安んじ自ら重んずる能はず。〕

【疏】「夫寵而」より「鮮矣」に至るまで。

○正義に曰う。君の寵愛を頼みにすれば、驕《おご》らずにいられる者はいない。そして驕矜《おご》るからには、必ずや自らその心をへり下すことはできない。強いてその心をへり下そうとすれば、恨《うら》まない者はいない。そして怨恨《うら》むからには、必ずや自らその身を重んじることはできない、ということ。

〈釈言〉[①]に「眕《しん》は重なり」とある。「恨めば則ち乱を思」い、必ず「自ら安んじ自ら重んずる能はざる」ことを言う。寵愛されれば必ず驕り、へり下れば必ず恨むというのは、その勢いとして必ずそうなるものだから、そうしないでいられる者は少ないという意味。驕りてへり下ることができず、憾《うら》んで重んずることができないのは、その心を自ら抑制できないという意味であるから、そうすることができる者は少ないという意味である。

「鮮」は「少ない」という意味で、一「鮮」が四事をまとめたもので、四事はすべて少ないことを述べたものである。

【譯注】

①釈言（03-11a-8）——《爾雅》釈言篇「眕重也」、郭璞注「謂厚重。見左傳」。

【傳】且夫賤妨貴、少陵長、遠間親、新間舊、小加大　[03-11a]

【注】小國而加兵於大國、如息侯伐鄭之比。〔小國にして兵を大國に加ふるは、「息侯 鄭を伐つ」の比《たぐひ》の如し。〕

【傳】淫破義、所謂六逆也。君義臣行、父慈子孝、兄愛弟敬、所謂六順也。

【注】臣行君之義。〔臣 君の義を行ふなり。〕　[03-11b]

【疏】「賤妨」より「破義」に至るまで。

○正義に曰う。「賤 貴を妨《さまた》ぐ」とは、位に貴賤が有ることで、「少 長を陵《しの》ぐ」とは、年に長幼が有ることである。①楚の公子申が小国の賂《まいない》をたくさん受けて、子重・子辛に迫ったのは、賤人が貴人を妨げたものである。②邾の捷菑が弟でありながら兄の位を奪おうとしたのは、年少者が年長者を陵ごうとしたものである。③斉の東郭偃と棠無咎が崔氏の家政を専らにし、崔成・崔彊を侮ったのは、疎遠なものが親戚を間《へだ》てたものである。④晋の胥童と夷羊五が君の寵愛を得て三郤を去ったのは、新臣が旧臣を間したものである。⑤息の国が鄭の国を伐ち、⑥曹の国が宋の国を侵したのは、小国が大国に兵を加えたものである。⑦陳の霊公と⑧蔡の景公の姦穢《かんわい》〔わるくけがらわしい〕の行為に度が無かったのは、邪淫が正義を破ったものである。

「妨」とは害するところが有ることであり、「陵」とは加えることであり、「間」とは両者の間にあって互いを疎遠にさせることをいう。「加」もまた加陵《しの》ぐことであり、「破」とは破散の意。「淫」と「義」とは両立せず、悪を行えば善を破るので、「破」と言った。

【譯注】

①楚公子申（03-11b-4）――襄公二年伝。

楚公子申爲右司馬、多受小國之賂、以偪子重・子辛。楚人殺之、故書曰「楚殺其大夫公子申」。

②邾捷菑（03-11b-5）――文公十四年伝。

邾文公元妃齊姜、生定公。二妃晉姫、生捷菑。文公卒、邾人立定公。捷菑奔晉。六月、同盟于新城、從於楚者服、且謀邾也。晉趙盾以諸侯之師八百乘納捷菑于邾。邾人辭曰「齊出貜且長」。宣子曰「辭順、而弗從、不祥」。乃還。

③齊東郭偃（03-11b-5）――襄公二十七年伝。

齊崔杼生成及強而寡、娶東郭姜、生明。東郭姜以孤入、曰棠無咎、與東郭偃相崔氏。崔成有疾而廢之、而立明。成請老于崔、崔子許之、偃與無咎弗予、曰「崔、宗邑也、必在宗主」。成與彊怒、將殺之、告慶封曰「夫子之身、亦子所知也、唯無咎與偃是從、父兄莫得進矣。大恐害夫子、敢以告」。慶封曰「子姑退。吾圖之」。告盧蒲嫳。盧蒲嫳曰「彼、君之讎也。天或者將棄彼矣。彼實家亂、子何病焉。崔之薄、慶之厚也」。他日又告。慶封曰「苟利夫子、必去之。難、吾助女」。九月、庚辰、崔成・崔彊殺東郭偃・棠無咎於崔氏之朝。崔子怒而出、其衆皆逃、求人使駕、不得。使圉人駕、寺人御而出、且曰「崔氏有福、止餘猶可」。遂見慶封。慶封曰「崔・慶一也。是何敢然。請爲子討之」。使盧蒲嫳帥甲以攻崔氏。崔氏堞其宮而守之。弗克、使國人助之、遂滅崔氏、殺成與強、而盡俘其家、其妻縊。嫳復命於崔子、且御而歸之。至、則無歸矣。乃縊。崔明夜辟諸大墓。辛巳、崔明來奔。慶封當國。

④晉胥童（03-11b-6）――成公十七年伝。

晉厲公侈、多外嬖。反自鄢陵、欲盡去群大夫、而立其左右。胥童以胥克之廢也、怨郤氏、而嬖於厲公。郤錡奪夷陽五田、五亦嬖於厲公。郤犨與長魚矯爭田、執而梏之、與其父母妻子同一轅。既、矯亦嬖於厲公。欒書怨郤至、以其不從己而敗楚師也、欲廢之。使楚公子茷告公曰「此戰也、郤至實召寡君、以東師之未至也、與軍帥之不具也、曰『此必敗、吾因奉孫周以事君』」。公告欒書、書曰「其有焉。不然、豈其死之不恤、而受敵使乎。君盍嘗使諸周而察之」。郤至聘于周、欒書使孫周見之。公使覘之、信。遂怨郤至。厲公田、與婦人先殺而飲酒、後使大夫殺。郤至奉豕、寺人孟張奪之、郤至射而殺之。公曰「季子欺餘」。厲公將作難、胥童曰「必先三郤。族大、多怨。去大族、不逼。敵多怨、有庸」。公曰「然」。郤氏聞之、郤錡欲攻公、曰「雖死、君必危」。郤至曰「人所以立、信・知・勇也。信不叛君、知不害民、勇不作亂。失茲三者、其誰與我。死而多怨、將安用之。君實有臣而殺之、其謂君何。我之有罪、吾死後矣。若殺不辜、將失其民、欲安、得乎。待命而已。受君之祿、是以聚黨。有黨而爭命、罪孰大焉」。壬午、胥童・夷羊五帥甲八百將攻郤氏、長魚矯請無用衆、公使清沸魋助之。抽戈結衽、而僞訟者。三郤將謀於榭、矯以戈殺駒伯・苦成叔於其位。温季曰「逃威也」。遂趨。矯及諸其車、以戈殺之。皆尸諸朝。胥童以甲劫欒書・中行偃於朝。矯曰「不殺二子、憂必及君」。公曰「一朝而尸三卿、餘不忍益也」。對曰「人將忍君。臣聞、亂在外爲姦、在内爲軌。御姦以德、御軌以刑。不施而殺、不可謂德。臣偪而不討、不可謂刑。德・刑不立、姦・軌并至、臣請行」。遂出奔狄。公使辭於二子曰「寡人有討於郤氏、郤氏既伏其辜矣、大夫無辱、其復職位」。皆再拜稽首曰「君討有罪、而免臣於死、君之惠也。二臣雖死、敢忘君德」。乃皆歸。公使胥童爲卿。公游于匠麗氏、欒書・中行偃遂執公焉。召士丐、士丐辭、召韓厥、韓厥辭、曰「昔吾畜於趙氏、孟姬之讒、吾能違兵。古人有言曰『殺老牛莫之敢尸』、而況君乎。二三子不能事君、焉用厥也」。

⑤息伐鄭（03-11b-6）――隱公十一年伝。

鄭・息有違言。息侯伐鄭、鄭伯與戰于竟、息師大敗而還。君子是以知息之將亡也、不度德、不量力、不親親、不徵辭、不察有罪。犯五不韙、而以伐人、其喪師也、不亦宜乎。

⑥曹奸宋（03-11b-6）――莊公十四年経に「春、齊人・陳人・曹人伐宋」とあり、はるか後の僖公十五年経「冬、宋人伐曹」の伝に「冬、宋人伐曹、討舊怨也」とあって、杜預は「莊十四年、曹與諸侯伐宋也」と注釈している。「曹奸宋」とはこのことを指すのであろうか。もっとも莊公十四年から僖公十五年に至るまで、宋・曹二国は以下のようにしばしば会合し、同盟しているから、僖公十四年伝並びに杜預注の妥当性が問われそうである。

僖01　齊師・宋師・曹師次于聶北、救邢。

僖01　齊師・宋師・曹師城邢。

僖01　八月、公會齊侯・宋公・鄭伯・曹伯・邾人于檉。

僖04　春、王正月、公會齊侯・宋公・陳侯・衛侯・鄭伯・許男・曹伯侵蔡。蔡潰、遂伐楚、次于陘。

僖04　冬、十有二月、公孫茲帥師會齊人・宋人・衛人・鄭人・許人・曹人侵陳。

僖05　公及齊侯・宋公・陳侯・衛侯・鄭伯・許男・曹伯會王世子于首止。

僖06　夏、公會齊侯・宋公・陳侯・衛侯・曹伯伐鄭、圍新城。

僖08　春、王正月、公會王人・齊侯・宋公・衛侯・許男・曹伯・陳世子款、盟于洮。鄭伯乞盟。

僖09　夏、公會宰周公・齊侯・宋子・衛侯・鄭伯・許男・曹伯于葵丘。

僖09　九月戊辰、諸侯盟于葵丘。

僖13　公會齊侯・宋公・陳侯・衛侯・鄭伯・許男・曹伯于鹹。

僖15　三月、公會齊侯・宋公・陳侯・衛侯・鄭伯・許男・曹伯盟于牡丘、遂次于匡。公孫敖帥師及諸侯之大夫救徐。

⑦陳靈（03-11b-6）――宣公九年伝・十年伝。

・陳靈公與孔寧・儀行父通於夏姫、皆衷其衵服、以戲于朝。泄冶諫曰「公卿宣淫、民無效焉、且聞不令。君其納之」。公曰「吾能改矣」。公告二子。二子請殺之、公弗禁、遂殺泄冶。孔子曰「詩云『民之多辟、無自立辟』。其泄冶之謂乎」。

・陳靈公與孔寧・儀行父飲酒於夏氏。公謂行父曰「徵舒似女」。對曰「亦似君」。徵舒病之。公出、自其廏射而殺之。二子奔楚。

⑧蔡景（03-11b-6）――襄公三十年伝「蔡景侯爲大子般娶于楚、通焉。大子弑景侯」。

【傳】去順效逆、所以速禍也。君人者將禍是務去。而速之、無乃不可乎。弗聽。其子厚與州吁游。禁之不可。桓公立、乃老。　[03-11b]

【注】老致仕也。四年經書州吁弑其君、故傳先經以始事。〔老は致仕なり。四年經に「州吁 其の君を弑す」と書す、故に傳は經に先んじて以て事を始む。〕

【疏】「去順效逆」。

○正義に曰う。州吁は「逆」という点では「少の長を陵《しの》ぐ」ものであり、「順」という点では「弟として不敬」であるから、「順を去り逆に效《なら》ふ」ものである。「六順」・「六逆」は事のついでに広く述べたまでで、州吁がすべてこれらを犯しているという意味ではない。

○注の「老致」より「始事」に至るまで。

○正義に曰う。《禮》①に「七十にして事を致す」とあるのは、その職掌の仕事を君に返還することをいう。伝の最初にこの記述があるので、「伝は経に先だちて以て事を始む」と述べた。以下において注釈しないものは、そのままでも了解できるものだからである。

【譯注】

①禮（03-12a-2）――《禮記》曲禮上篇「大夫七十而致事」、鄭玄注「致其所掌之事於君而告老」、また〈内則〉篇「七十致事」、鄭玄注「致其事於君而告老」。

【經】四年、春、王二月、莒人伐杞、取牟婁。　[03-12a]

【注】無傳。書取言易也。例在襄十三年。杞國本都陳留雍丘縣。推尋事跡、桓六年淳于公亡國、杞似并之、遷都淳于。僖十四年、又遷縁陵。襄二十九年、晉人城杞之淳于、杞又遷都淳于。牟婁杞邑。城陽諸縣東北有婁鄉。〔傳無し。「取」と書するは易《やす》きを言ふなり。例は襄十三年に在り。杞國は本と陳留雍丘縣に都す。事跡を推尋するに、桓六年に淳于公の國を亡ふとき、杞 之れを并せ、都を淳于に遷すに似たり。僖十四年、又た縁陵に遷る。襄二十九年、晉人の 杞の淳于に城《きづ》くとき、杞は又た都を淳于に遷す。牟婁は杞邑なり。城陽諸縣の東北に婁鄉有り。〕

【疏】「莒人入」より「牟婁」に至るまで。

○正義に曰う。《譜》に次のように述べている。

杞《き》は姒《じ》姓、夏禹の苗裔なり。武王 殷に克ち、禹の後を求め、東樓公を得て、之れを杞に封ず。今の陳留雍丘県 是れなり。九世にして成公に及び縁陵に遷る。文公 淳于に居る。成公 始めて《春秋》に見ゆ。滑《びん》公六年は獲麟の歳なり。滑公の弟の哀公三年に《春秋》の伝 終る。哀公は十年に卒す。哀公より以下 二世十三年にして、楚 杞①を滅す。

調べてみるに、杞はすでにこの歳に経文に見えており、桓公二年にも「杞侯 来朝す」という記事が有り、また荘②公二十七年にも「杞伯 来朝す」という記事が有るのに、伝にはすべて諡号がなく、またその「卒」をも記録していない。僖③公二十三年に「杞の成公卒す」とあって、その諡がやっと伝に見える。したがって、本年の杞国がはたして何という君であったのかは不明であり、成公の先祖であることが分かるだけである。

「牟婁」は杞の邑で、莒が伐ってこれを取り、以後は常に莒の邑とした。昭④公五年に「莒の牟夷 牟婁を以て来奔す」とあるのがそれである。

文⑤公三年の「秦人 晉を伐つ」の伝に「王官及び郊を取る」と称している。また襄⑥公二十三年に「斉侯 晉を伐つ」とあり、伝に「朝歌を取る」と称している。これらはともに「伐」と書いて「取」とは書いていないのに、本年伝に「伐」・「取」両方を書いているのは（なぜかといえば）、かしこの例では「伐」を告げて「取」は告げなかったのであり、ここでは、「伐」・「取」ともに告げてきたからである。

昭⑦公元年に（魯が）莒を伐って鄆を取ったことは、経に「取」と書いて「伐」

とは書いていないし、また⑧昭公十年に莒を伐って鄆を取ったことは、経に「伐」と書いて「取」とは書いていないことについては、元年は、（魯が）兵を莒に加える前に鄆が（魯軍を）迎えて降伏したので、「取」と書いて「伐」とは書かなかったのであり、十年は、晋が鄆を取ったことを理由に魯公を討ったので、「伐」と書いて「取」とは書かなかったのである。

　ある国を伐って邑を囲む場合に、「囲」を書くか否かについても、やはり赴告に従うのである。

○注の「書取」より「婁郷」に至るまで。

○正義に曰う。⑨襄公十三年の伝例に「凡そ取と書するは、易《やす》きを言ふなり」と述べているので、ここに「取」と書いてるのも、やはり「易きを言ふ」ものであったことが分かる。

⑩〈地理志〉に、「陳留郡雍丘県は故《もと》の杞国なり。武王 禹の後の東楼公を封ず」とある。これが（杜預の言う）「杞は本と陳留雍丘県」である。

⑪〈志〉にまた「北海郡に淳于県あり」とあり、応劭が注して「《春秋》の『州公 曹に如《ゆ》く』の《左氏伝》に、『淳于公 曹に如《ゆ》く』とあり。臣瓚案ずるに、州は国名、淳于は国の都《みやこ》せし所なり」と述べている。これからすれば淳于県は、漢では北海郡に属し、晋代には東莞郡に属していたことになる。だから《釈例（土地名）》で「州国は東莞淳于県に都す」と言うのは、雍丘・淳于は郡は別々だが、境界が連なっているからである。

　⑫桓公五年伝に「淳于公 曹に如《ゆ》き、其の国の危きを度《はか》り、遂に復《かへ》らず」とあり、⑬六年に「春、実に来たる」と言う。その国が必ず滅んだことは分かるけれども、どこの国が取ったかは不明である。

　⑭襄公二十九年に晋が諸侯を率いて杞に城《きづ》いており、⑮昭公元年に、祁午が趙文子の功績を数えた際に、「淳于に城く」とあることからすれば、淳于がすなわち杞国の都であったことが分かる。

⑯僖公十四年に「諸侯 縁陵に城きて杞を遷す」とあるが、どこから遷ったものかは分からないので、（杜預は）「淳于公が国を亡《うしな》い、杞がこれを併合してその地に遷居したものの如くである。僖公十四年にまた淳于より縁陵に遷り、襄公二十九年にまた縁陵から淳于に遷ったもの」と述べたのである。ただ明文が無いので、疑問としてあえて定めることはしなかったため、「事跡を推尋す」と述べたのであるが、おそらくこれが正しいであろう。

　しかしながら、淳于が杞の併合したものであることは、必ずや誤りでないとしても、淳于に遷都したことは、その事跡（を記録した文献）が無く、雍丘から縁陵に遷ったこともまた知ることができないのに、杜預が必ず、「淳于に遷都」し、また「淳于より縁陵に遷る」と述べたのは（なぜかといえば）、桓公六年に淳于公は国を亡い、襄公二十九年にさらに杞が淳于に都していることからすれば、淳于の扱いは杞の所有するものであり、また杞の都した所なので、縁陵に都する以前もやはり淳于に都したものかと考えたからである。

　国を取ることが容易である場合は、ただ「取」と言う。「邿を取る」・「⑰鄟を取る」という例がそれである。だから「伐」を上に加える必要はない。もし国を伐って邑を取る場合、その邑が小さくて有名でないときには、「伐」を上に加えなければ、どこの国の邑であることか分からないということで、容易ではあっても「伐」を上に加える。「杞を伐ちて牟婁を取る」、「⑱邾を伐ちて須句を取る」という例がそれである。

　⑲成公二年の「汶陽の田を取る」は、盟主に軍隊を要請し、兵を興《おこ》して斉を伐ったのであり、邑を得ることは困難であったのに、これまた「取」と書いているのは（なぜかといえば）、斉を伐ったことが原因で、晋が斉に汶陽の田を返還させたので、魯は兵を加えていない。そのため「取」と書いて容易である例に従ったもの。しかるに⑳劉君が、或いはこの意義を疑問として、そのまま「上に『伐』を言い、下に『取』を言うのは、容易な例ではない」と述

べて杜氏を規正するのは間違いである。

【譯注】

①桓二年（03-12a-9）――桓公二年経「杞侯來朝」。

②莊二十七年（03-12a-9）――莊公二十七年経「冬、杞伯姫來。莒慶來逆叔姫。杞伯來朝」

③僖二十三年（03-12a-10）――僖公二十三年経「冬、十有一月、杞子卒」、伝「十一月、杞成公卒。書曰子、杞夷也。不書名、未同盟也」。

④昭五年（03-12b-1）――昭公五年経「夏、莒牟夷以牟婁及防・茲來奔」。

⑤文三年（03-12b-1）――文公三年経「秦人伐晉」、伝「秦伯伐晉、濟河焚舟、取王官及郊、晉人不出。遂自茅津濟、封殽尸而還。遂霸西戎、用孟明也」

⑥襄二十三年（03-12b-1）――襄公二十三年経「秋、齊侯伐衛、遂伐晉」、伝「秋、齊侯伐衛。……大殿、商子游御夏之御寇、崔如爲右。燭庸之越駟乘。自衛將遂伐晉。……齊侯遂伐晉、取朝歌。爲二隊、入孟門、登大行」。

⑦昭元年（03-12b-2）――昭公元年経「三月、取鄆」、伝「季武子伐莒、取鄆。莒人告於會。楚告於晉曰、尋盟未退、而魯伐莒、瀆齊盟、請戮其使。……」。

⑧昭十年（03-12b-2）――昭公十年経「秋、七月、季孫意如・叔弓・仲孫貜帥師伐莒」、伝「秋、七月、平子伐莒、取郠。獻俘、始用人於亳社。臧武仲在齊聞之、曰『周公其不饗魯祭乎。周公饗義、魯無義。《詩》曰、德音孔昭、視民不佻。佻之謂甚矣、而壹用之、將誰福哉』」。

⑨襄十三年傳例（03-12b-4）――襄公十三年経「夏、取邿」、伝「夏、邿亂、分爲三。師救邿、遂取之。凡書取、言易也。用大師焉曰滅。弗地曰入」。

⑩地理志（03-12b-4）――《漢書》地理志・陳留郡の条「雍丘、故杞國也。周武王封禹後東樓公。先春秋時徙魯東北、二十一世簡公爲楚所滅」。

⑪志又云（03-12b-5）――《漢書》地理志・北海郡の「淳于」の顔師古注「應劭曰、春秋『州公如曹』、左氏傳曰『淳于公如曹』。臣瓚曰、州、國名也。淳于公國之所都」。

⑫桓五年傳（03-12b-7）――桓公五年経「冬、州公如曹」、伝「冬、淳于公如曹。度其國危、遂不復」。

⑬六年（03-12b-7）――桓公六年経「六年、春、正月、寔來」、伝「六年、春、自曹來朝。書曰、寔來、不復其國也」。

⑭襄二十九年（03-12b-8）――襄公二十九年経「仲孫羯會晉荀盈・齊高止・宋華定・衛世叔儀・鄭公孫段・曹人・莒人・滕人・薛人・小邾人城杞」、伝「晉平公杞出也、故治杞。六月、知悼子合諸侯之大夫以城杞」とあるのを指す。実際には諸侯の大夫を率いて杞に城いた。

⑮昭元年（03-12b-8）――昭公元年伝に、祁午が趙文子に語った言葉として、以下のように記述する。

宋之盟、楚人得志於晉。今令尹之不信、諸侯之所聞也。子弗戒、懼又如宋。子木之信稱於諸侯、猶詐晉而駕焉、況不信之尤者乎。楚重得志於晉、晉之恥也。子相晉國、以爲盟主、於今七年矣。再合諸侯、三合大夫、服齊・狄、寧東夏、平秦亂、城淳于〔杜預注：襄二十九年城杞之淳于、杞遷都〕、師徒不頓、國家不罷、民無謗讟、諸侯無怨、天無大災、子之力也。有令名矣、而終之以恥、午也是懼、吾子其不可以不戒。

⑯僖十四年（03-12b-8）――僖公十四年経「春、諸侯城緣陵」〔杜注：不言城杞、杞未遷也〕、伝「春、諸侯城緣陵而遷杞焉、不書其人、有闕也」。

⑰取鄟（03-13a-2）――成公六年経「取鄟」、伝「取鄟、言易也」。

⑱伐邾取須句（03-13a-3）――僖公二十二年経「春、公伐邾、取須句」、伝「春、伐邾、取須句、反其君焉、禮也」。

⑲成二年（03-13a-4）――成公二年経「取汶陽田」、伝「秋、七月、晉師及齊國佐盟于爰婁。使齊人歸我汶陽之田。公會晉師於上鄍。賜三帥先路三命之服。司馬・

司空・輿帥・候正・亞旅皆受一命之服」。

⑳劉君（03-13a-5）——本疏引の劉炫説について、劉文淇『左傳舊疏考正』巻一が以下のように分析しているのは妥当である。

文淇案ずるに、これは孔氏が光伯を規正した文章であるが、刪削せられているため、光伯の語を知る手だてはない。しかしながら、この《疏》の前半で、文公三年の「秦人、晋を伐つ」の伝には「王官及び郊を取る」と称している。また襄公二十三年に「斉侯、晋を伐つ」とあり、伝には「朝歌を取る」と称している。これらはともに「伐」と書いて「取」と書いていないのに、本年伝に「伐」「取」両方を書いているのは、かしこの例では「伐」を告げて「取」は告げなかったのであり、ここでは、「伐」「取」ともに告げてきたからである。

と述べているのは、「伐」「取」両方を書いているのを、「伐」「取」ともに告げてきたものだと見なしており、ここでの、邑が小さいので「伐」を加えた、との説とは異なる。必ずや同一人の説ではあるまい。

【經】戊申、衛州吁弑其君完。　[03-13a]

【注】稱臣弑君、臣之罪也。例在宣四年。戊申在三月十七日。有日而無月。〔臣を稱して君を弑するは、臣の罪なり。例は宣四年に在り。「戊申」は三月十七日に在り。日有れども月無し。〕

【疏】注の「稱臣」①より「無月」に至るまで。

○正義に曰う。宣公四年の伝例に、「凡そ弑君に、君を称するは君 無道なり。臣を称するは臣の罪なり」と言い、注には、

「君を称す」とは、唯だ君の名を書するのみにて、国を称して以て弑するを謂ふ。衆の共に絶つ所なるを言へるなり。「臣を称す」とは、弑する者の名を書して以て来世に示し、終《つひ》に不義と為すを謂ふなり。

と述べている。そうだとすると、ここには州吁の名を称しているのだから、「臣を称して君を弑す」るもので、これは「臣の罪」である。つまり完は無道ではなく、州吁が賊〔罪人〕だという意味である。

州吁は実際には公子であるのに、「公子」と称していないことについては、伝文に褒貶の記述が全く無く、ただ赴告の言葉が同じでなかったもので、史官（の記述の仕方）に詳略があったに過ぎない。

「公子」は氏族ではないけれども、（経文の）表現の上では「族」の部分に相当する。《春秋》において「族」を記載すると否とでは（褒貶に）大きな違いがあるので、杜預はそのことを詳しく説明している。《釈例（氏族例）》に次のように述べている。

《春秋》における諸々の「氏族」の称謂について検討してみるに、さまざまな違いが有って、先儒はすべてこれらを義例だと見なしている。（しかし、これらの違いを）外国からの赴告（の相違）に託しようとすると、その人自身がやって来る場合があって、例として合わせることのできないのに悩むこととなる。その結果②「辟陋《へきろう》」とか「未賜族」ということで説明しようとする。

弑君に族を書かないものが四例ある。州吁・無知③に公子・公孫を称していないことについて、賈氏は「君を弑して国を取ったので国を以て言った」と見なしている。しかし公子商人④の場合もまた君を弑して国を取っているのに、彼だけには公子と称している。

⑤宋の督について、賈氏は「督に君を無みする心が有ったから氏を去った」と見なしている。しかし調べてみるに伝文では本来「先づ君を弑するを書す」ということで義を表現しており、（その義は）氏（を書くか書かないか）には無いのである。

宋⑥の万について、賈氏は「まだ族を賜わっていない」と見なしている。しかし伝文では「南宮長万」と称しており、すでに南宮を氏としているので、未賜族と見なすわけにはいかない。

大夫を執えて殺した場合に氏族を書かないものが二例ある。楚⑦が得臣と宜申を殺したことについて、賈氏は「ともに（楚が）辟陋の国であるからだ」と見なしている。しかし調べてみるに楚⑧が大夫の公子測や大夫の成熊等の六・七人を殺した際には、すべて氏族を称しているのだから、ただこの二人だけを辟陋の故だと見なすわけにはいかない。

（このように）通例を作ろうとすると、このような当てはまらないものが有る。（そこで）義例が無いと考えようとすれば、今度は伝文には、「⑨之れを嘉《よ》みするが故に名いはず」・「書⑩して仲孫と曰ふは、之れを嘉みするなり」・「書⑪して崔氏と曰ふは、其の罪に非ざるなり」と述べ、また翟⑫と溺⑬の「帥師」にはいずれも「之れを疾《にく》む」と述べ、さらに「族⑭を称するは君命を尊ぶなり」・「族⑮を舍《す》つるは夫人を尊ぶなり」・「晋⑯を尊び己を罪するなり」といった表現が明らかに存在しているのである。

以上の事から推測するに、これらは仲尼の遺したものではないことが分かるのである。これらはおそらく史策の舊法ではなく、そのため凡例が無いのであろう。当時の諸国がそれぞれの意図から赴告し、あるいは来聘した使者の言葉に詳略が有った。仲尼は《春秋》を修め、そのまま因って採用して義を表現した。義を説き起こす場合には、文章を刊って定めたが、そうでない場合は、そのままに因って示したもので、全部が全部を刊正したのではない。

だから蔡⑰人が嘉みして赴告し、経文はそのままに従って「季」と称し、伝では「蔡人 之れを嘉みす」と述べた。「崔⑱氏」と書いたことについては、伝でもやはり「且つ告ぐるに族を以てす」と述べており、明らかにいずれもその本（の赴告）に従ったのである。「司馬華孫⑲ 来たりて盟ふ」と書くのも、やはり他に類例が無いので、大例でないことが分かる。

そうだとすれば、これらをまとめて推測するに、《春秋》の義では、諸侯の卿は名・氏を備えて経文に書くべきである。貶損を加える場合にはただ「人」と称する。もしも褒賞する場合には、「官」を称することもあるし、「氏」を称することもある。もしも魯の卿を貶する場合には、特に名を称する。表記の上で「魯人」と言うべきではないから、外国と区別するのである。もしも褒めることも貶することも無く、伝が発せられていないものは、すべて旧文のままにしたもので、あるいは「未賜族」であったり、あるいは時に詳略も有ったのである。経文を検討してみるに、荘⑳公以前は弑君にすべて氏族を書いておらず、閔㉑公以降ではすべて氏族を書いているから、その時の史官の（表記の仕方の）異同であって、仲尼がすべてを刊したものではないことを明らかにするに充分であろう。

これは杜預が、州吁に「公子」を称していない意味を解説したものである。杜預がそのように理解したのは（なぜかといえば）、まさしく経文の記述には必ずしも一定の例が無いからである。褒めるときに「官」を書くこともあるし、「氏」を書くこともある。貶するときに「人」と称することもあるし、族を去ることもある、というように定例がない以上、旧典ではないことは明らかである。仲尼は（義を）発起する場合には旧史を刊正し、褒貶するところが無い場合にはもとの策書に因循したのである。そして仲尼が改めた部分については、伝がその事情を説明している。（したがって）伝文で言及しない事柄については、義は無く、（書き方に違いがあるのは）まさしく史官におのずと詳略が有るに過ぎないことが分かる。

「戊申」は癸未の二十五日後で、さらに一周期〔六十日〕を満たすと、八十五日である。◎昨年の十二月「癸未、宋の穆公を葬る」ことからすれば、今年の二月に「戊申」は有り得ない。「二月」の下を承けているが、必ずや二月の日ではない。そこで《長暦》によって推算するに、この年の二月は癸亥が朔、十日が壬申、二十二日が甲申であって、「戊申」は有り得ない。三月は壬辰が朔であるから、十七日に「戊申」がある。そしてこの経文では、上に「二月」があり、下に「夏」があるから、三月の内にある。字の誤りではないから、「日有りて月無し」と述べたのである。

◉僖公二十八年の「冬」の下に月がなくて、経文に「壬申、公 王所に朝す」という記事が有り、これには日が有って月が無い。経文には類例が有るので、これもそれと同様であることが分かる。こういった例が全体で十四例有る。

【譯注】

①宣四年傳例（03-13a-7）――宣公四年伝「凡弑君稱君、君無道也。稱臣、臣之罪也」、杜預注「稱君謂唯書君名、而稱國以弑、言衆所共絶也。稱臣者謂書弑者之名、以示來世、終爲不義。改殺稱弑、辟其惡名、取有漸也。書弑之義、釋例論之備矣」。

②因以辟陋未賜族爲説（03-13b-1）――ここに引用した《釋例》では賈逵説批判を主とするが、実は杜預注自身が「辟陋」（桓公七年伝）、「未賜族」（隱公二年伝・桓公十一年伝・僖公二十五年伝）で解した例も有る。

③無知（03-13b-2）――荘公八年経「冬、十有一月、癸未、齊無知弑其君諸兒」。

④公子商人（03-13b-2）――文公十四年経「齊公子商人弑其君舍」。

⑤宋督（03-13b-3）――桓公二年経「春、王正月、戊申、宋督弑其君與夷及其大夫孔父」、伝「春、宋督攻孔氏、殺孔父而取其妻。公怒、督懼、遂弑殤公。君子以督爲有無君之心、而後動於惡、故先書弑其君」。

⑥宋萬（03-13b-3）――荘公十二年経「秋、八月、甲午、宋萬弑其君捷及其大夫仇牧」。これに先立ち荘公十一年伝に「乘丘之役〔杜預注：在十年。〕公以金僕姑射南宮長萬。〔金僕姑矢名。南宮長萬宋大夫。〕公右歂孫生搏之。〔搏取也。〕宋人請之、宋公靳之。〔戲而相愧曰靳。魯聽其得還。〕曰、始吾敬子、今子魯囚也。吾弗敬子矣。病之。〔萬不以爲戲、而以爲己病。爲宋萬弑君傳〕」とある。

⑦楚殺得臣與宜申（03-13b-4）――得臣は僖公二十八年経「楚殺其大夫得臣」。宜申は文公十年経「楚殺其大夫宜申」。

⑧楚殺大夫公子側大夫成熊之等六七人（03-13b-4）――公子側は成公十六年経「楚殺其大夫公子側」。成熊は昭公十二年経「楚殺其大夫成熊」。その他では、襄公二年経「楚殺其大夫公子申」、襄公五年経「楚殺其大夫公子壬夫」、襄公二十二年経「楚殺其大夫公子追舒」、昭公五年経「楚殺其大夫屈申」、昭公二十七年経「楚殺其大夫郤宛」等が見える。

⑨嘉之故不名（03-13b-5）――荘公二十五年経「春、陳侯使女叔來聘」、伝「春、陳女叔來聘、始結陳好也。嘉之、故不名」。

⑩書曰仲孫嘉之（03-13b-5）――閔公元年経「秋、八月、公及齊侯盟于落姑。季子來歸」、伝「秋、八月、公及齊侯盟于落姑、請復季友也。齊侯許之、使召諸陳、公次于郎以待之。季子來歸、嘉之也」。

⑪書曰崔氏非其罪（03-13b-5）――宣公十年経「己巳、齊侯元卒。齊崔氏出奔衛」、伝「夏、齊惠公卒。崔杼有寵於惠公、高・國畏其偪也、公卒而逐之、奔衛。書曰崔氏、非其罪也。且告以族、不以名」。

⑫翬（03-13b-6）――隱公四年経「秋、翬帥師會宋公・陳侯・蔡人・衛人伐鄭」、伝「秋、諸侯復伐鄭。宋公使來乞師、公辭之。羽父請以師會之、公弗許。固請而行。故書曰翬帥師、疾之也。諸侯之師敗鄭徒兵、取其禾而還」。

⑬溺（03-13b-6）――荘公三年経「春、王正月、溺會齊師伐衛」、伝「春、溺會齊師伐衛、疾之也」。

⑭稱族尊君命（03-13b-6）――成公十四年経「秋、叔孫僑如如齊逆女」、伝「秋、宣

伯如齊逆女。稱族、尊君命也」。

⑮舍族尊夫人（03-13b-6）――成公十四年経「九月、僑如以夫人婦姜氏至自齊」、伝「九月、僑如以夫人婦姜氏至自齊。舍族、尊夫人也。故君子曰、《春秋》之稱、微而顯、志而晦、婉而成章、盡而不汚、懲惡而勸善、非聖人、誰能修之」。

⑯尊晉罪己（03-13b-6）――昭公十四年経「春、意如至自晉」、伝「春、意如至自晉、尊晉罪己也。尊晉罪己、禮也」。

⑰蔡人嘉赴（03-13b-8）――桓公十七年経「六月、丁丑、蔡侯封人卒。秋、八月、蔡季自陳歸于蔡」、伝「蔡桓侯卒。蔡人召蔡季于陳。秋、蔡季自陳歸于蔡、蔡人嘉之也」。

⑱書崔氏（03-13b-8）――注⑪参照。

⑲司馬華孫來盟（03-13b-9）――文公十五年経「三月、宋司馬華孫來盟」、伝「三月、宋華耦來盟、其官皆從之。書曰宋司馬華孫、貴之也。公與之宴。辭曰『君之先臣督得罪於宋殤公、名在諸侯之策。臣承其祀、其敢辱君。請承命於亞旅』。魯人以爲敏」。

⑳自莊公以上（03-14a-1）――右に既に挙げた例であるが、まとめて並記すると以下の通り。

隠04 戊申、衛州吁弑其君完。
桓02 春、王正月、戊申、宋督弑其君與夷及其大夫孔父。
荘08 冬、十有一月、癸未、齊無知弑其君諸兒。
荘12 秋、八月、甲午、宋萬弑其君捷及其大夫仇牧。

㉑閔公以下（03-14a-1）――同様に閔公以下に見える「弑君」の記事は以下の通り。

僖10 晉里克弑其君卓及其大夫荀息。
文01 冬、十月、丁未、楚世子商臣弑其君頵。
文14 齊公子商人弑其君舍。
文16 冬、十有一月、宋人弑其君杵臼。
文18 夏、五月、戊戌、齊人弑其君商人。
文18 莒弑其君庶其。
宣02 秋、九月、乙丑、晉趙盾弑其君夷皐。
宣04 夏、六月、乙酉、鄭公子歸生弑其君夷。
宣10 癸巳、陳夏徵舒弑其君平國。
成18 庚申、晉弑其君州蒲。
襄25 夏、五月、乙亥、齊崔杼弑其君光。
襄26 春、王二月、辛卯、衛甯喜弑其君剽。
襄29 閽弑呉子餘祭。
襄30 夏、四月、蔡世子般弑其君固。
襄31 十有一月、莒人弑其君密州。
昭13 夏、四月、楚公子比自晉歸于楚、弑其君虔于乾溪。
昭19 夏、五月、戊辰、許世子止弑其君買。
昭27 夏、四月、呉弑其君僚。
定13 薛弑其君比。
哀06 齊陳乞弑其君荼。
哀14 齊人弑其君壬于舒州。

㉒往年（03-14a-4）――隠公三年経「癸未、葬宋穆公」、伝「十二月、癸未、葬宋穆公」。

㉓僖二十八年（03-14a-6）――僖公二十八年経「冬、公會晉侯・齊侯・宋公・蔡侯・鄭伯・陳子・莒子・邾子・秦人于温。天王狩于河陽。壬申、公朝于王所」。

【經】夏、公及宋公遇于清。 [03-14a]

【注】遇者草次之期、二國各簡其禮、若道路相逢遇也。清衛邑。濟北東

阿縣有清亭。〔「遇」とは草次の期にして、二國各おの其の禮を簡にし、道路に相逢遇するが若《ごと》くするなり。「清」は衛の邑なり。濟北東阿縣に清亭有り。〕

【疏】注の「遇者」より「清亭」に至るまで。

○正義に曰う。①〈曲礼下〉に「諸侯 未だ期に及ばずして相見《まみ》ゆるを遇と曰ふ。郤地《げきち》〔空き地〕に相見ゆるを会と曰ふ」と述べている。そうだとすると、「会」とは、あらかじめ空き地の場所を相談し、期日を決めて集合するもので、上下の法則〔おきて〕を訓導し、財用の節度を制定し、大衆に威を示し、各おのその礼を重んじることである。ただ一国に会合する場合であっても、二国以上に会合するかのように、すべて「会」と称する。「遇」とは、いまだ会期に及ばない場合、あるいは急に相い会見する必要が生じた場合に、各おのがその礼を簡略にし、道路で偶然逢ったかのようにする。

②この時、宋と魯とだけが「会」したのは、（期日を定めて）旧盟を温《あたた》めようとしたのであるが、いまだ会期に及ばないうちに、衛が乱を告げてきたので、二国が相い会合したもの。

もし三国が礼を簡略にした場合にも、やはり「遇」と表現する。すなわち荘③公四年に「斉侯・陳侯・鄭伯 垂に遇ふ」と言うのがそれ。〈曲礼〉に言うところの、「未だ期に及ばずして相見ゆ」とは、こういった例を指したものである。

（ところで）《周禮》④に「冬見を遇と曰ふ」のは、これとは別のものである。劉（歆）・賈（逵）が「遇とは冬遇の礼を用いる」ものだと考えているので、杜預はこれを非難する。（すなわち）《釈例（会盟朝聘例）》に、

「遇」とは、急のことで礼儀を簡略にし、道路で遭遇したかのようにするものである。《周禮》に「冬 天子に見ゆるを遇と曰ふ」とあり、劉氏がこの名称で《春秋》（の遇）を説明しているが、もとより《伝》とは相違する。

考えるに、《禮》で春を「朝」と言い、夏を「宗」と言い、秋を「観《きん》」と言い、冬を「遇」と言うのは、四時の（会合の）名称である。今《春秋》では、すべてがこれに同じというわけではない。《禮》で、冬に天子に会見するには、当然百官が礼物を備える時期である。しかるに（劉・賈は）「遇」の礼は簡易だという。《経》⑤に「季姫 鄫子と防に遇ふ」と記述しているが、これは婦人が夫を呼び寄せて、ともに（魯に）来朝したもので、これがどうして天子に会見する礼を用いたものでありえようか。すべて道理に違うものだ。

と述べているのは、《春秋》の「遇」と《周禮》の「遇」とは異なることを説明したものである。

「草次」とは「造次」と同じであり、「造次」とは倉卒〔あわただしい〕で、すべて迫促〔せまる〕されて時間的余裕が無いという意味。

【譯注】

①曲禮下（03-14a-9）――《禮記》曲禮下篇「諸侯未及期相見曰遇。相見於郤地曰會。諸侯使大夫問於諸侯曰聘。約信曰誓涖牲曰盟」、鄭玄注「及至也。郤間也・涖臨也。坎用牲臨、而讀其盟書。聘禮今存、遇會誓盟禮亡。誓之辭、尚書見有六篇」。

②此時（03-14b-1）――本年伝「春、衛州吁弑桓公而立。公與宋公爲會、將尋宿之盟。未及期、衛人來告亂」。

③荘四年（03-14b-1）――荘公四年経「夏、齊侯陳侯鄭伯遇于垂」。

④周禮（03-14b-3）――《周禮》大宗伯「春見曰朝。夏見曰宗。秋見曰覲。冬見曰遇。時見曰會。殷見曰同」、鄭玄注「此六禮者、以諸侯見王爲文。六服之内、四方以時分來。或朝春、或宗夏、或覲秋、或遇冬。名殊禮異、更遞而徧。朝猶

朝也。欲其來之早。宗尊也。欲其尊王。覲之言勤也。欲其勤王之事。遇偶也。欲其若不期而偶至。時見者言無常期。諸侯有不順服者、王將有征討之事、則既朝覲。王爲壇於國外、合諸侯而命事焉。春秋傳曰、有事而會、不協而盟、是也。殷猶衆也。十二歳、王如不巡守、則六服盡朝。朝禮既畢、王亦爲壇、合諸侯以命政焉。所命之政、如王巡守。殷見四方、四時分來、終歳則徧」。

⑤経（03-14b-4）――僖公十四年経「夏、六月、季姫及鄫子遇于防。使鄫子來朝」、伝「鄫季姫來寧。公怒、止之。以鄫子之不朝也」、杜預注「來寧不書、而後年書歸鄫、更嫁之文也。明公絕鄫昏、既來朝而還」。

【經】宋公・陳侯・蔡人・衛人伐鄭。　[03-14b]

【經】秋、翬帥師會宋公・陳侯・蔡人・衛人伐鄭。　[03-14b]

【注】公子翬魯大夫。不稱公子、疾其固請、強君以不義也。諸外大夫貶皆稱人。至於内大夫、貶則皆去族稱名。於記事之體、他國可言某人、而己國之卿佐、不得言魯人。此所以爲異也。翬・溺去族、傳曰疾之、叔孫豹則曰言違命、此其例也。〔公子翬《き》は魯の大夫なり。公子と稱せざるは、其の固く請ひ、君に強《し》ふるに不義を以てするを疾《にく》めばなり。諸もろの外大夫をば貶するに皆な「人」と稱す。内大夫に至りては、貶するときは則ち皆な族を去りて名を稱す。記事の體に於いて、他國には「某人」と言ふべきも、而も己の國の卿佐には、「魯人」と言ふを得ず。此れ異と爲す所以なり。翬・溺に族を去るは、傳に「之れを疾《にく》む」と曰ひ、叔孫豹には則ち「命に違ふを言ふ」と曰ふは、此れ其の例なり。〕

【疏】注の「他國」より「魯人」に至るまで。

○正義に曰う。調べてみるに、「鄭伯①宛《ゑん》をして來たりて祊《はう》を帰《おく》らしむ。、庚寅、我れ祊に入る」とか、「斉侯②我が北鄙を伐つ」とか、また「我③が師敗績す」とある。そうすると魯に関する事柄はすべて「我」と称することができるのだから、自国の卿佐が貶責される場合にも「我人」と称することができるはずなのに、そうしないのは（なぜかというと）、およそ「我」と言う場合、すべて上に他国の名が有って、「他」に対して「我」と称しているが、魯人が出国して他国に会する場合、上文に他国の文字がないので、冒頭から「我人」と表現することができないからである。

【譯注】

①鄭伯（03-14b-10）――隠八年経「三月、鄭伯使宛來歸祊。庚寅、我入祊」。

②齊侯（03-14b-10）――経文中の「齊侯伐我北鄙」という記事は以下の五例。

成02　春、齊侯伐我北鄙。

襄15　夏、齊侯伐我北鄙、圍成。公救成、至遇。

襄16　齊侯伐我北鄙。

襄16　秋、齊侯伐我北鄙、圍成。

襄17　秋、齊侯伐我北鄙、圍桃。高厚帥師伐我北鄙、圍防。

③我師敗績（03-14b-10）――莊公九年経「八月、庚申、及齊師戰于乾時、我師敗績」。

【經】九月、衛人殺州吁于濮。　[03-15a]

【注】州吁弑君而立、未列於會、故不稱君。例在成十六年。濮陳地水名。〔州吁は君を弑して立つも、未だ會に列せず、故に君を稱せず。例は成十六年に在り。濮は陳の地の水名なり。〕

【疏】注の「州吁」より「水名」に至るまで。

○正義に曰う。春秋時代は、王政が行われず、賞罰の権限が天子には無くなってしまった。主君を弑して国を取るということは、その罪は大きいものだけれども、（弑君者が）もしも諸侯の会合に列席してしまえば、もはや（弑君者を）討伐することはしない。そして臣子がその人を殺すという場合にも、弑君と異なるところはない。必ずしも礼法でそう定められているというのではなく、きっとその当時の風俗がそうであったのだ。①宣公が公子悪を殺して国を取り、賄賂を斉に贈って会合することを請うたが、これを伝で、「平州に会して以て公位を定む」と述べ、杜預が「簒立する者、諸侯 既に之れと会すれば、則ち復た討つを得ず。臣子 之れを殺すは、弑君と同じ。故に公は斉と会して位定まる」と注しているのは、その意味である。

（ところが）《釈例（書弑例）》にはさらに、

諸侯が簒立した場合、（他の）諸侯に会合するのが正法だとはいうものの、これは列国間の制度である。国内においては、名を策書に記録して質《ち》を委《ゆだ》ねると、その場で君臣の分が定まる。それゆえ諸もろの君となっていない者を殺した場合も、成君（を弑したとき）の場合と同義である。

と述べている。そうすると、杜預が前の注で「簒立する者、諸侯既に之れと会すれば、臣子之れを殺すは、弑君と同じ」と述べているのだから、もしもまだ諸侯に会合していない場合、臣子がこれを殺せば、弑君と同じではないことになり、《釈例》の主張と相違するように見えるのは（なぜかといえば）、《釈例》の言う「諸もろの君となっていないものを殺すのも、成君と同義である」とは、②荘公九年の「斉人殺無知」と、この年の「衛人殺州吁」の二つの例が、まだ諸侯に会していないために、爵位を記録していないが、それでも③臣下同士で殺し合った例に従っていないため、「亦た成君と同義」だと述べたのである。もしも既に諸侯に会していれば、臣下がこれを弑すると、爵位を称する。④文公十八年の「斉人弑其君商人」がそれである。

⑤曹伯負芻が大子を殺して自立し、⑥成公十五年に諸侯が戚の地で同盟したが、曹伯がこの会に列席しているのに、その後で晋人がこれを執えた。（このことについて）⑦十六年の伝に「曹人 晋に請ひて曰く、若し有罪なれば、則ち君はこれを会に列せり」と述べている。つまり会合に列席すれば君と成るのである。この州吁の場合、いまだ会合に列席していないので「君」を称していない。曹人の言葉は成例であるので、「例は成十六年に在り」と述べた。

「之れを濮に殺す」とは、水辺で死んだという意味である。《釈例》土地名では、この「濮」の下の注で「闕」と述べており、⑧哀公二十七年の伝の「濮」の下の注では「濮は陳留酸棗県より河を受け、東北して済陰を経、高平鉅野県に至りて済に入る」と述べている。かしこの「濮」はこれと名は同じだが実際は異なる。そのため杜預はここでは「闕」とは言わず、ただ「濮は陳の地の水名」とだけ述べたのである。

【譯注】

①宣公（03-15a-5）——宣公が即位した事情は、文公十八年伝に、

六月、葬文公。秋、襄仲・莊叔如齊、惠公立故、且拜葬也。文公二妃敬嬴生宣公。敬嬴嬖而私事襄仲。宣公長、而屬諸襄仲。襄仲欲立之、叔仲不可。仲見于齊侯而請之。齊侯新立、而欲親魯、許之。冬、十月、仲殺惡及視、而立宣公。

とあり、続けて宣公元年伝に、

元年、春、王正月、公子遂如齊逆女。尊君命也。三月、遂以夫人婦姜至自齊。尊夫人也。夏、季文子如齊、納賂以請會。……會于平州、以定公位〔簒立者諸侯既與之會、則不得復討。臣子殺之、與弑君同。故公與齊會而位定〕。東門襄仲如齊拜成。六月、齊人取濟西之田、爲立公故、以賂齊也。

と記述する。

②莊九年（03-15a-8）——莊公九年経「春、齊人殺無知」。

③兩下相殺之例（03-15a-9）——宣公十五年経「王札子殺召伯毛伯」、杜預注「稱

殺者名、兩下相殺之辭。兩下相殺、則殺者有罪」。なお杜預注は同年の《穀梁傳》「王札子者、當上之辭也。殺召伯毛伯不言其何也。兩下相殺也。兩下相殺不志乎春秋。此其志何也。矯王命以殺之。非忿怒相殺也。故曰、以王命殺也」にもとづく。

④文十八年（03-15a-9）——文公十八年経「夏、五月、戊戌、齊人弑其君商人」。

⑤曹伯負芻（03-15a-9）——成公十三年伝「曹人使公子負芻守、使公子欣時逆曹伯之喪。秋、負芻殺其大子而自立也。諸侯乃請討之。晉人以其役之勞、請俟他年。冬、葬曹宣公。既葬、子臧將亡、國人皆將從之。成公乃懼、告罪、且請焉。乃反、而致其邑」。

⑥成十五年（03-15a-9）——成公十五年経「癸丑、公會晉侯・衛侯・鄭伯・曹伯・宋世子成・齊國佐・邾人、同盟于戚。晉侯執曹伯歸于京師」、伝「春、會于戚、討曹成公也。執而歸諸京師。書曰晉侯執曹伯、不及其民也。凡君不道於其民、諸侯討而執之、則曰某人執某侯、不然則否」。

⑦十六年傳（03-15a-10）——成公十六年伝「曹人請于晉曰、自我先君宣公卽世、國人曰、若之何。憂猶未弭。而又討我寡君、以亡曹國社稷之鎭公子、是大泯曹也、先君無乃有罪乎。若有罪、則君列諸會矣。君唯不遺德・刑、以伯諸侯、豈獨遺諸敝邑。敢私布之」。

⑧哀二十七年傳（03-15b-2）——哀公二十七年伝「及濮、雨、不涉」、注「濮自陳留酸棗縣受河。東北經濟陰、至高平鉅野縣入濟」。

【經】冬、十有二月、衛人立晉。 [03-15b]

【注】衛人逆公子晉而立之。善其得衆、故不書入於衛、變文以示義。例在成十八年。〔衛人 公子晉を逆《むか》へて之れを立つ。其の衆を得るを善みす、故に衛に入るを書せず、文を變じて以て義を示す。例は成十八年に在り。〕

【疏】注の「衛人」より「八年」に至るまで。

○正義に曰う。①成公十八年の伝例に「凡そ其の国を去り、国逆《むか》へて之れを立つるを入と曰ふ」と述べている。この公子晋の場合、衛を去って邢に居住し、衛人が迎えてこれを君位に立てたのだから、書法からして「入」と書くべきところで、それは②斉の小白と同文となるはずである。（ところが）伝では、「書して『衛人、晋を立つ』と曰ふは、衆なればなり」と述べているのは、仲尼が「其の衆を得るを善《よ》み」したため、常例を改め「文を変じて義を示」したものである。

【譯注】

①成十八年傳例（03-15b-5）——成公十八年伝「凡去其國、國逆而立之、曰入。復其位、曰復歸。諸侯納之、曰歸。以惡曰復入」。

②齊小白（03-15b-6）——莊公九年経「夏、公伐齊納子糾。齊小白入于齊」。

【傳】四年、春、衛州吁弑桓公而立。公與宋公爲會、將尋宿之盟。未及期。衛人來告亂。 [03-15b]

【傳】夏、公及宋公遇于清。 [03-15b]

【注】宿盟在元年。〔宿の盟は元年に在り。〕

【傳】宋殤公之卽位也、公子馮出奔鄭。鄭人欲納之。及衛州吁立、將脩先君之怨於鄭、 [03-15b]

【注】謂二年鄭人伐衛之怨。〔二年の「鄭人 衛を伐つ」の怨を謂ふ。〕

【疏】注の「謂二」より「之怨」に至るまで。

○正義に曰う。二年に①（鄭が）衛を伐ったことは経文に見えているので、これと関連づけたまでで、必ずしもそれ以前に怨みが全く無かったというわけではない。

〈衛世家〉②に「桓公はその十六年になって州吁に弑された」と称していることからすると、隠公の二年は（衛の）桓公の時代に相当するので、服虔が「先君」を（宣公の父）荘公だと見なしているのは誤りである。なぜなら、宣③公は夷姜に烝《じょう》〔身分の上の女性と姦通すること〕して急子を生んだが、宣公はまた急子の妻を横取りして寿と朔とを生んだ。そして朔が兄に事を構えようとすることができ、寿が身代りとなって死ぬことができたとすれば、二人ともすでに成長している。宣公はこの年に即位し（魯の）桓公十二年に亡くなっているから、（その在位は）前後二十年である。寿が何歳の時に死亡したかは分からないが、急子が妻を娶ったのは宣公（即位）の初めにあるはずだ。もし隠公の二年に荘公がまだ生存していたとしたら、なんで父の生存中に父の妾に烝し、急子を生んだりすることができようか。《史記》は誤謬の多い書物だが、この記事は信頼できる。

【譯注】

①二年伐衛（03-16a-1）――隠公二年経「鄭人伐衛」。

②衛世家（03-16a-2）――《史記》衛世家「(桓公)十六年、州吁收聚衛亡人以襲殺桓公、州吁自立爲衛君」。

③宣公（03-16a-3）――桓公十六年伝。
初、衛宣公烝於夷姜、生急子、屬諸右公子。爲之娶於齊、而美、公取之。生壽及朔。屬壽於左公子。夷姜縊。宣姜與公子朔構急子。公使諸齊。使盜待諸莘、將殺之。壽子告之、使行。不可、曰「棄父之命、惡用子矣。有無父之國則可也」。及行、飲以酒。壽子載其旌以先、盜殺之。急子至、曰「我之求也、此何罪。請殺我乎」。又殺之。二公子故怨惠公。十一月、左公子泄・右公子職立公子黔牟。惠公奔齊。

衛の公室の複雑な系譜は以下の通り。夷姜・宣姜はそれぞれ荘公①・急子①の夫であったが、宣公が夷姜に烝し②、宣姜を横取りした②のである。

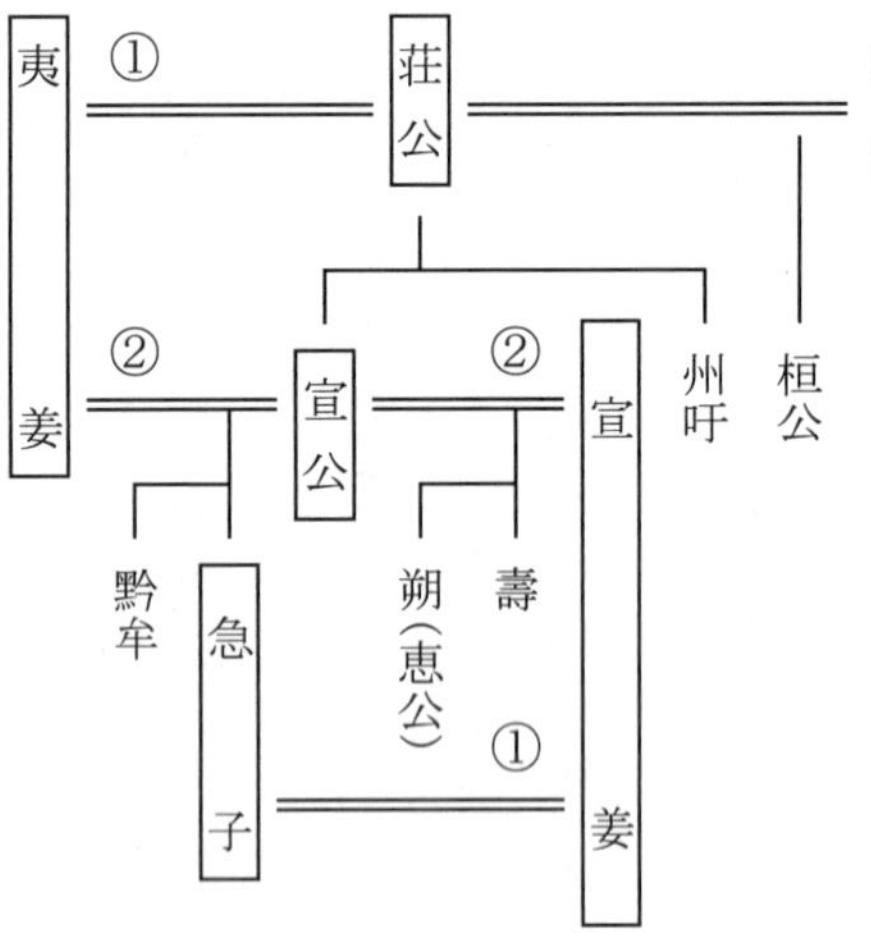

【傳】而求寵於諸侯、以和其民　[03-16a]

【注】諸簒立者、諸侯既與之會、則不復討。故欲求此寵。〔諸もろの簒立する者は、諸侯 既に之れと會すれば、則ち復た討たず。故に此の寵を求めんと欲す。〕

【傳】使告於宋曰、君若伐鄭以除君害、　[03-16a]

【注】害謂宋公子馮。〔害とは宋の公子馮を謂ふ。〕

【傳】君爲主。敝邑以賦與陳蔡從。則衛國之願也。　[03-16a]

【注】言舉國之賦調。〔國の賦調〔調発した財物〕を擧ぐるを言ふ。〕

【傳】宋人許之。於是陳蔡方睦於衛。　[03-16a]

【注】蔡今汝南上蔡縣。〔蔡は今の汝南上蔡縣なり。〕

【疏】注の「蔡今」より「蔡縣」に至るまで。

○正義に曰う。蔡国は侯爵である。《譜》に次のように述べている。
蔡は姫姓、文王の子の叔度の後なり。武王 之れを汝南上蔡に封じて蔡侯と為すも、乱を作《な》して誅せらる。其の子の蔡仲をば、成王復た之れを蔡に封ず。平侯に至りて新蔡に徙《うつ》る。昭侯 九江の下蔡に徙る。宣侯の二十八年は魯の隠公の元年なり。昭侯の子の成侯十年は獲麟の歳なり。成侯の子の声侯の四年に《春秋》の伝終る。声侯は十四年に卒し、声侯より以下二世二十八年にして、楚 蔡を滅ぼす。
また〈地理志〉①には「汝南上蔡県は故《もと》の蔡国なり。周の武王の弟叔度の封ぜられし所なり」と述べている。

【譯注】
①地理志（03-16b-2）——《漢書》地理志・汝南郡の条「上蔡、故蔡國、周武王弟叔度所封。度放、成王封其子胡。十八世徙新蔡」。

【傳】故宋公・陳侯・蔡人・衛人伐鄭。圍其東門五日而還。公問於衆仲曰、衛州吁其成乎。 [03-16b]
　【注】衆仲魯大夫。〔衆仲は魯の大夫なり。〕
【傳】對曰、臣聞以德和民、不聞以亂。 [03-16b]
　【注】亂謂阻兵而安忍。〔亂とは「兵を阻《たの》みて忍に安んず」るを謂ふ。〕
【傳】以亂、猶治絲而棼之也。 [03-16b]
　【注】絲見棼縕、益所以亂。〔絲 棼縕《ふんうん》〔みだす〕さるるは、益ます亂るる所以なり。〕
【傳】夫州吁阻兵而安忍。阻兵無衆、安忍無親。衆叛親離、難以濟矣。
　【注】恃兵則民殘、民殘則衆叛、安忍則刑過、刑過則親離。〔兵を恃《たの》めば則ち民 殘《そこな》はれ、民 殘はるれば則ち衆 叛《そむ》き、忍に安んずれば則ち刑 過ぎ、刑 過ぐれば則ち親 離る。〕
【疏】「阻兵而安忍」。
○正義に曰う。「阻」の訓みは「恃〔たのむ〕」である。「兵〔武器〕を恃《たの》ん」で勝利を求め、征伐することを止めようとせず、「(残)忍に安ん」じて残虐な事を行えば、刑罰殺戮が度を過ごすことになる。

【傳】夫兵猶火也。弗戢將自焚也。夫州吁弑其君而虐用其民。於是乎不務令德。而欲以亂成。必不免矣。 [03-17a]
【傳】秋、諸侯復伐鄭。宋公使來乞師。 [03-17a]
　【注】乞師不書非卿。〔師を乞ふをば書せざるは卿に非ざればなり。〕
【傳】公辭之 [03-17a]
　【注】從衆仲之言。〔衆仲の言に從ふ。〕
【傳】羽父請以師會之。 [03-17a]
　【注】羽父公子翬。〔羽父は公子翬なり。〕
【傳】公弗許。固請而行。故書曰、翬帥師、疾之也。 [03-17a]
【疏】「故書」より「疾之也」に至るまで。
○正義に曰う。調べてみるに、元年伝に①「邾人・鄭人 翼に盟ふ。公子豫《よ》往かんことを請ふ。公 許さず。遂に行く」とあり、かしこでは経文に記録せず、また貶責を加えていない。（ところが）ここでは公子翬《き》が行くことに対して、公はやはり許さなかったのに、経文に記録し、さらに貶責を加えているのは（なぜかといえば）、公子豫は公が許さなかったので、私的な形でこっそりと出国した。翬の場合は無理強いに公に請うたため、事はやむを得ずとして、その出国して会することを命令したため、君命であるから記録し、さらに貶責を加えたのである。

【譯注】

①元年傳（03-17a-4）――隠公元年伝「鄭共叔之亂、公孫滑出奔衛。衛人爲之伐鄭、取廩延。鄭人以王師・虢師伐衛南鄙。請師於邾、邾子使私於公子豫。豫請往、公弗許、遂行、及邾人・鄭人盟于翼。不書、非公命也」。

【傳】諸侯之師敗鄭徒兵、取其禾而還。 [03-17a]

【注】時鄭不車戰。〔時に鄭は車戰せず。〕

【傳】州吁未能和其民。厚問定君於石子。 [03-17a]

【注】石子石碏也。以州吁不安、諮其父。〔石子は石碏なり。州吁の安んぜざるを以て、其の父に諮《はか》る。〕

【傳】石子曰、王覲爲可。 [03-17a]

【疏】「王覲爲可」

○正義に曰う。王の御座処で覲《きん》礼〔天子に見《まみ》える礼〕を行う、このことが可とすべきことである。

【傳】曰、何以得覲。曰、陳桓公方有寵於王。陳衛方睦。若朝陳使請、必可得也。厚從州吁如陳。石碏使告于陳曰、衛國褊小、老夫耄矣。無能爲也。此二人者實弑寡君。敢卽圖之。 [03-17a]

【注】八十曰耄。稱國小己老、自謙以委陳、使因其往就圖之。〔八十を耄《まう》と曰ふ。國は小さく己れは老いたりと稱し、自ら謙して以て陳に委《ゆだ》ね、其の往くに因り就きて之れを圖《はか》らしめんとす。〕

【傳】陳人執之而請涖于衛。 [03-17b]

【注】請衛人自臨討之。〔衛人の自ら臨みて之れを討つを請ふ。〕

【傳】九月、衛人使右宰醜涖殺州吁于濮。石碏使其宰獳羊肩涖殺石厚于陳。君子曰、石碏純臣也。惡州吁而厚與焉。大義滅親、其是之謂乎。 [03-17b]

【注】子從弑君之賊、國之大逆、不可不除、故曰大義滅親。明小義則當兼子愛之。〔子の弑君の賊に從ふは、國の大逆なれば、除かざるべからず、故に「大義 親を滅す」と曰ふ。小義は則ち當《まさ》に子を兼ねて之れを愛すべきを明らかにす。〕

【傳】衛人逆公子晉于邢。冬、十二月、宣公卽位。 [03-17b]

【注】公子晉也。〔公子晉なり。〕

【疏】「宣公卽位」

○正義に曰う。賊が討伐されてから即位し、自ら前君を継いだので、その年を越えるのを待たなかったのである。

【傳】書曰、衛人立晉、衆也。 [03-18a]

【經】五年、春、公矢魚于棠。① [03-18a]

【注】書陳魚以示非禮也。書棠譏遠地也。今高平方與縣北有武唐亭。魯侯觀魚臺。〔「陳魚」を書するは以て非禮を示すなり。「棠」を書するは遠地なるを譏るなり。今の高平方與縣の北に武唐亭有り。魯侯の觀魚臺なり。〕

【疏】注の「書陳」より「魚亭」に至るまで。

○正義に曰う。「陳魚」とは獣物を狩猟する類であり、漁師に魚を取る道具を陳列させ、魚を取るのを見物して娯楽とすることをいうもので、すでに取った魚を陳列するという意味ではない。

実際には「観魚」であるのに「陳魚」と書いているのは（なぜかといえば）、国君の爵位は尊く重いため、蒐・狩のような大事でなければ、自ら実行すべきではない。（ところが隠）公はことさらに陳魚させてその捕獲するのを見物したわけで、主としてその陳魚を譏ったため、「陳魚と書して以て非礼を示し」たのである。伝に「非礼なり。且つ遠地なるを謂ふ」と述べているので、「棠を書するは遠地なるを譏る」ものであることが分かる。

【譯注】

①公矢魚于棠（03-18a-2）――本経文については三伝伝承の経文に違いが存在する。

左「公矢魚于棠」《伝》公將如棠觀魚者。臧僖伯諫曰……。公曰……。遂往、陳魚而觀之、僖伯稱疾不從。書曰「公矢魚于棠」、非禮也、且言遠地也。

公「公觀魚于棠」《伝》何以書、譏。何譏爾、遠也。公曷爲遠而觀魚、登來之也。百金之魚公張之、登來之者何、美大之之辭也。棠者何、濟上之邑也。

穀「公觀魚于棠」《伝》傳曰、常事曰事、非常曰觀。禮、尊不親小事、卑不尸大功。魚、卑者之事也。公觀之、非正也。

これらの違いに注目し、古代の「射魚」の習俗、ならびに《左傳》の義例について論じたものとして、陳槃「春秋「公矢魚于棠」説」（中央研究院・歴史言語研究所集刊第七本第二分　一九三六年。三訂本は『舊學舊史論叢』所収　一九八九年）が有る。

【經】夏、四月、葬衛桓公。 [03-18a]

【經】秋、衛師入郕。 [03-18a]

【注】將卑師衆但稱師。此史之常也。〔將の卑しく師の衆きは但だ「師」と稱するのみ。此れ史の常なり。〕

【經】九月、考仲子之宮。初獻六羽。 [03-18a]

【注】成仲子之宮、安其主而祭之。惠公以仲子手文娶之、欲以爲夫人、諸侯無二嫡。蓋隱公成父之志、爲別立宮也。公問羽數、故書羽。婦人無謚、因姓以名宮。〔仲子の宮を成し、其の主を安んじて之れを祭るなり。惠公 仲子の手文を以て之れを娶り、以て夫人と爲さんと欲するも、諸侯に二嫡無し。蓋し隱公は父の志を成し、爲めに別に宮を立つるなり。「公 羽数を問ふ」、故に「羽」と書す。婦人には謚無ければ、姓に因りて以て宮に名づく。〕

【疏】「九月」より「六羽」に至るまで。

○正義に曰う。三年の間は木主〔位牌〕をただ寝室に祀るだけである。宮廟が初めて完成すると、木主をその中に遷して入れ、これを祭祀して神を安んずる。祭祀には楽が奏せられるので、「初めて六羽を献ず」る。「初」は始めての意。以前には八を用いたが、今では六を用いるのである。「献」とは奏すること。声楽を奏進して神を娯《たの》しませるのである。「六羽」とは六列の舞人が羽根飾りを持って舞うことをいう。

○注の「成仲」より「名宮」に至るまで。

○正義に曰う。「考は成すなり」とは〈釈詁〉①の文章である。

「初めて六羽を献ず」と言うのは、ここで初めて献じたことを意味するもので、後に常用するようになったのではない。それが分かるのは、宣公十五②年の「初めて畝に税す」の杜注に、「そのまま常例としたので初と表現した」と述べているからで、杜預がここで「初」の意味を解釈していないから、かしこの例と同じでないことは明らかである。そういうわけで、《春秋》経文では表現が同じでも事実は異なるものが有り、このような例がそれである。

〈注〉には「祭」という表現が無いので、そのことを説明して、「仲子の宮を成し、其の主を安んじて之れを祭る」と述べた。「献」「羽」と文字が連なっていることからすれば、「考」とは祭祀して完成することを意味するのであって、始めて宮廟を築いて完成させる意味ではないことが分かる。

（杜預は）さらに宮廟を立てた意味を解説する。恵公は仲子の手に「夫人」の文様が有ったことで、そのことによって彼女を娶ったわけで、夫人にはしなかったものの、夫人にしたいとの気持ちはあった。しかし③礼制では諸侯は再婚することはなく、礼法上、「二人の適夫人はいない」ので、孟子は恵公の廟に入るが、仲子には祭りを享ける場所が無い。「蓋し隠公は父の志を成し、為《ため》に別に宮を立て」たのであろう。

④仲子は二年十二月に薨じており、四年十二月ではすでに二年である。喪が終わればただちに廟に入れるべきところ、この時になって始めて宮廟を成したのは（なぜかというと）、仲子に廟を立てるのは、本来正式な礼法ではないということで、喪服がすでに終了し、吉祭をしようとし、その主〔位牌〕の祭るべき場所がないという段階で、始めて議論してこれを立てたため、完成するのが遅くなったのである。

《伝》では「始用六佾」と述べているのに、（経文に）「佾《いつ》」を書かなくて「羽」と書いていることについては、公が「羽数を問ふ」たので、そのため「羽」と書いたのである。

婦人は礼法上、謚すべきではないので、仲子には謚が無いから、「姓に因りて宮に名づ」けたのである。

「立宮」は必ず策に記録するが、「羽」は記録すべき事柄ではないが、その（六羽を用いて）正法に復したことを善みしたために記録したのである。伝には衆仲の答えの言葉を記載し、「公 之れに従ふ」と述べているのが、その善みした意味である。

「六羽」と記録したから「考宮」と言ったもので、つまり「考」によって「献羽」したことを言う。もしも「羽」を献じなければ、「仲子の宮を立つ」と言うべきところ、それは「⑤武宮を立つ」、「煬宮を立つ」の例と同じであり、「考」と言う必要はないからである。

⑥《禮記》雑記下に「廟を成せば則ち之れに釁《ちぬ》る。路寝 成れば則ち之れを考して釁らず」と述べていることからすると、廟に釁るべく、寝には考すべきもののようであるのに、ここで廟に「考」と言っているのは（なぜかといえば）、「考」とは成就の意味である。廟は鬼神のいます所であるから、祭祀することによってこれを完成する。寝は生きている人の生活する場所であり、飲食することによって完成する。〈雑記〉注で「路寝は生人の居る所、釁らざるは之れを神とせざればなり。之れを考するは、盛食を設けて以て之れを落《ラク》す」と言うのがその意味だからである。

廟が完成してこれに釁るのは、尊んで神とするもの。おそらく木主が入る前の段階でこの釁礼を行なうのであろう。調べてみるに、〈雑記〉の釁廟の礼に、

祝宗人・宰夫・雍人、皆な爵弁純衣なり。雍人 羊を拭い、宗人 之れを視、宰夫 碑の南に北面して東上す。雍人 羊を挙げ、屋を升《のぼ》るに中よりし、屋を中にして南面し、羊を刲《さ》す。血 前に流る。乃ち降る。門・夾室には皆な雞《にはとり》を用ふ。門を先にして夾室を後にす。其の衈《じ》〔血をぬる〕するは皆な屋下に於てす。雞を割《さ》くは、門は門に當《あ》たり、夾室は室に中す。有司は皆な室に嚮《むか》ひて立つ。門は則ち有司 門に當たりて北面す。事を既《お》へ、宗人は事の畢《お》はるを告げ、乃ち皆な退く。

と記述しているのが釁廟の礼である。

ここに「考宮」・「献羽」と言うのは、おのずと主が廟に入れば祭祀してこれを完成させることであって、釁礼ではないから、かの〈雑記〉とは異なる。

それゆえ《公羊伝》⑦に「考宮とは何ぞ。考とは猶ほ入室のごとし。始めて仲子を祭るなり」と述べている。つまり祭ることが「考」であることを述べたもの。（しかるに）服虔が「宮廟が初めて完成したとき、これを祭ることを『考』と名付ける。仲子の木主を納めようとして、考成して五祀の神を致し、これを堅固にしたのである」と述べている。その意味は、「考」がすなわち「釁」であるというのである。

考えるに、〈雑記〉の釁廟の礼には、ただ鶏と羊が有るのみで、楽を用いない以上、なんで「献羽」する必要があろうか。（服虔が）「仲子の木主を納めようとして」と言うことからすれば、まだ宮廟に入っていない。そうすると、楽を演奏し、羽を献じる際に、何の神を敬事するというのであろうか。また「仲子の宮を考す」とあるのは、ただ仲子だけを祭るはずである。どうしてまた五祀の神を致すことができようか。

蘇氏が次のように述べている。

「夫人宮」と称していないのは、⑧桓宮・僖宮に公と言っていないことからすれば、仲子の場合も例として「夫人宮」と称するわけにはいかないからである。「廟」と称しないで「宮」と言うのは、《経文》の例では、⑨周公に「大廟」と称し、群公に「宮」と称しているからで、仲子も例にしたがって「宮」と称したのである。

もしそうだとすれば、調べてみるに、⑩文公十三年の「大室の屋壊る」とあって、大廟に「室」と称しているのは（なぜかといえば）、これは大廟の室の屋根が壊れたことを意味する。

《伝》文に関していえば、大廟に「宮」と称することもある。⑪「大宮の椽」がその例。群公に「廟」と称することもある。⑫「同宗は祖廟に於てし、同族は禰廟に於てす」というのがそれである。

【譯注】

①釋詁（03-18b-1）——《爾雅》釋詁下「功、績、質、登、平、明、考、就、成也」、郭璞注「功績皆有成。詩曰、質爾民人。禮記曰、年穀不登。穀梁傳曰、平者成也。事有分明、亦成濟也」。

②宣十五年（03-18b-1）——宣公十五年経「初税畝」、杜預注「公田之法、十取其一。今又履其餘畝、復十收其一。故哀公曰、二吾猶不足。遂以爲常、故曰初」。

③禮諸侯不再娶（03-18b-4）——《公羊傳》莊公十九年「媵者何、諸侯娶一國、則貳國往媵之、以姪娣從。姪者何、兄之子也。娣者何、弟也。諸侯壹聘九女、諸侯不再娶。媵不書、此何以書、爲其有遂事書。大夫無遂事、此其言遂何。聘禮、大夫受命不受辭、出竟有可以安社稷、利國家者、則專之可也」。

④仲子（03-18b-5）——隱公二年経「十有二月、乙卯、夫人子氏薨」、杜預注「無傳。桓未爲君、仲子不應稱夫人。隱讓桓以爲大子、成其母喪以赴諸侯、故經於此稱夫人也。不反哭、故不書葬。例在三年」。

⑤立武宮煬宮（03-18b-8）——成公六年経「二月辛巳、立武宮」、定公元年経「立煬宮」。

⑥禮雜記下（03-18b-8）——《禮記》雜記下篇。

成廟則釁之。其禮、祝・宗人・宰夫・雍人皆爵弁純衣。〔鄭玄注：廟新成、則必釁之、尊而神之也。宗人先請於君曰、請命以釁某廟。君諾之乃行。〕雍人拭羊、宗人視之、宰夫北面于碑南東上。〔居上者宰夫也。宰夫攝主也。拭靜也。〕雍人舉羊、升屋自中、中屋南面、刲羊、血流于前。乃降。門・夾室皆用雞。先門而後夾室。其衈皆于屋下、割雞、門當門、夾室中室。〔自由也。〕衈謂將刲割牲以釁、先滅耳旁毛薦之。耳聽聲者。告神欲其聽之。周禮有刉衈。有司皆鄉室而立。門則有司當門北面。〔有司、宰夫・祝・宗人。〕既事、宗人告事畢、乃皆退。〔告者告宰夫。〕反命于君曰、釁某廟、事畢。反命于寢。君南鄉于門内。朝服。既反命、乃退。〔君朝服者、不至廟也。〕路寢成、則考之而不釁。

釁屋者、交神明之道也。〔言路寢者、生人所居。不釁者、不神之也。考之者、設盛食以落之爾。檀弓曰、晉獻文子成室、諸大夫發焉、是也。〕凡宗廟之器、其名者成、則釁之以豭豚。〔宗廟名器、謂尊彝之屬。〕

⑦公羊傳（03-19a-4）——《公羊傳》隱公五年「考宮者何、考猶入室也、始祭仲子也。桓未君則曷爲祭仲子。隱爲桓立、故爲桓祭其母也。然則何言爾、成公意也。」。

⑧桓宮僖宮（03-19a-7）——哀公三年経「五月、辛卯、桓宮・僖宮災」。

⑨周公稱大廟（03-19a-7）——《公羊》文公十三年経「世室屋壞」、伝「世室者何、魯公之廟也。周公稱太廟、魯公稱世室、群公稱宮。此魯公之廟也、曷爲謂之世室。世室、猶世室也。世世不毀也。周公何以稱太廟于魯。封魯公以爲周公也」。《穀梁》文公十三年経「大室屋壞」、伝「大室屋壞者、有壞道也、譏不修也。大室猶世室也。周公曰大廟、伯禽曰大室、群公曰宮」。

⑩文十三年（03-19a-8）——《左傳》文公十三年経「大室屋壞」、伝「秋、七月、大室之屋壞、書不共也」。

⑪大宮之椽（03-19a-9）——桓公十四年伝「冬、宋人以諸侯伐鄭、報宋之戰也。焚渠門、入、及大逵。伐東郊、取牛首。以大宮之椽歸爲盧門之椽」。

⑫同宗於祖廟（03-19a-9）——襄公十二年伝「秋、呉子壽夢卒、臨於周廟、禮也。凡諸侯之喪、異姓臨於外、同姓於宗廟、同宗於祖廟、同族於禰廟。是故魯爲諸姫、臨於周廟。爲邢・凡・蔣・茅・胙・祭、臨於周公之廟」。

【經】 邾人・鄭人伐宋　[03-19a]

【注】 邾主兵、故序鄭上。〔邾 兵を主《つかさど》る、故に鄭の上に序す。〕

【疏】 注の「邾主」①より「鄭上」に至るまで。

〇正義に曰う。天下に道徳が行なわれている時には、諸侯は独断で征伐を行なうことはできない。しかし春秋時代には征伐が専行された場合、それが王命を受けたものではないので、主兵の国を筆頭にした。小国であっても軍隊を指揮した場合、そのまま大国の上に位置づけるのは、征伐がその国の意志により、善悪の帰するところ（がその国）であることを示そうとするからである。大夫が主となり、国君がこれに従ったとしても、やはり主兵者を上に位置づける。

僖公二十七年②の「楚人・陳侯・蔡侯・鄭伯・許男 宋を囲む」の注に、「伝③に『楚子 子玉をして宋を去らしむ』と言ひ、経に『人』と書するは、志を得ざるを恥ぢて、微者〔身分の低いもの〕を以て告ぐればなり。猶ほ諸侯の上に序するは、楚 兵を主るが故なり」と述べているのは、微人が兵を主る場合にも、やはり国君の上に序するのであり、これが史策の常法である。

①天下有道（03-19a-10）——参考：《論語》季氏篇「孔子曰、天下有道、則禮樂征伐、自天子出。天下無道、則禮樂征伐、自諸侯出。自諸侯出、蓋十世、希不失矣。自大夫出、五世、希不失矣。陪臣執國命、三世、希不失矣。天下有道、則政不在大夫。天下有道、則庶人不議」。

②僖二十七年（03-19b-1）——僖公二十七年経「冬、楚人・陳侯・蔡侯・鄭伯・許男圍宋」、杜預注「傳言楚子使子玉去宋、經書人者、恥不得志、以微者告。猶序諸侯之上、楚主兵故」。

③傳（03-19b-2）——僖公二十八年伝。

楚子入居于申、使申叔去穀、使子玉去宋、曰「無從晉師。晉侯在外十九年矣、而果得晉國。險阻艱難、備嘗之矣。民之情僞、盡知之矣。天假之年、而除其害、天之所置、其可廢乎。軍志曰『允當則歸』。又曰『知難而退』。又曰『有德不可敵』。此三志者、晉之謂矣」。子玉使伯棼請戰、曰「非敢必有功也、願以間執讒慝之口」。王怒、少與之師、唯西廣・東宮與若敖之六卒實從之

【經】螟。 [03-19b]

【注】無傳。蟲食苗心者。爲災故書。〔傳無し。蟲の苗心を食する者なり。災を爲すが故に書す。〕

【疏】注の「蟲食」より「故書」に至るまで。

○正義に曰う。〈釈虫〉①に「苗心を食するは螟《めい》、葉を食するは蟘《とく》、節を食するは賊《ぞく》、根を食するは蟊《ぼう》なり」と言い、舍人は「苗心を食する者を螟と名づく。冥冥然として知り難きを言ふ」と述べ、李巡は「禾心を食するを螟と為す。其の姦の冥冥として知り難きを言へるなり。禾葉を食するは、其の仮貣《かとく》〔かりる〕の厭くこと無きを言ふ。故に蟘と曰へるなり。其の節を食するは、其の貪狼〔どんよく〕なるを言ふ。故に賊と曰へるなり。其の根を食するは、其の税して万民の財貨を取るを言ふ。故に蟊と曰へるなり」と述べ、孫炎は「皆な政の貪るることの致す所、因りて以て名と為す」と述べ、郭璞は「虫の禾を啖食する所在を分別する名なるのみ」と注釈している。（これらによれば）李巡と孫炎は政治がもたらすもので名づけており、舍人と郭璞は虫が食べる場所で名づけている。また陸璣《疏》には、

旧説②では螟・蟘・蟊・賊は一種類の虫である。「寇賊姦宄」③の例のように、内外に分けて述べたまでである。だから犍為文学④が、「この四種の虫はすべて蝗《いなご》である。実際には同じでないので、分けて説明した」と言う。

と注している。そうだとすると、「螟」とは虫（の相違）によって名づけたものではなく、苗を食べる場所によって名づけたまでである。

【譯注】

①釋蟲（03-19b-4）――《爾雅》釋蟲篇「食苗心螟、食葉蟘、食節賊、食根蟊」、郭璞注「分別蟲啖食禾所在之名耳。皆見詩」。

②舊説（03-19b-7）――《毛詩》小雅・大田「去其螟螣、及其蟊賊、無害我田穉、田祖有神、秉畀炎火」の《毛伝》に「食心曰螟。食葉曰螣。食根曰蟊。食節曰賊。箋云、此四蟲者、恒害我田中之穉禾、故明君以正己而去之」とあるのを指すであろう。李巡はこれに拠ったもの。

③寇賊姦宄（03-19b-7）――《尚書》舜典「帝曰、皋陶、蠻夷猾夏、寇賊奸宄。汝作士、五刑有服、五服三就。五流有宅、五宅三居。惟明克允」、孔安國傳「猾亂也。夏華夏。羣行攻劫曰寇。殺人曰賊。在外曰姦。在内曰宄。言無教所致」。なお《爲孔傳》は《左傳》成公十七年「亂在外爲奸、在内爲軌」を踏まえるであろう。

④犍爲文學（03-19b-7）――《隋志》に「犍爲文學　爾雅注三卷」、《經典釋文》序録に「犍爲郡文學卒史臣舍人。漢武帝時待詔。闕中卷」とある。輯佚書では《舍人注》として採録している。「犍爲文學」として引用するのは陸璣《疏》のみのようで、本疏文も陸璣所引のこの一例のみである。

【經】冬、十有二月、辛巳、公子彄卒 [03-19b]

【注】大夫書卒不書葬。葬者臣子之事、非公家所及。〔大夫には「卒」を書するも「葬」を書せず。「葬」は臣子の事にして、公家の及ぶ所に非ず。〕

【疏】注の「大夫」より「所及」に至るまで。

○正義に曰う。〈檀弓下〉①に「君の大夫に於けるや、将《まさ》に葬らんとして、宮に弔す」という記述がある。君が自ら弔問するのに（経文にその）記録が無いのは（なぜかといえば）、喪を弔い病気を見舞うのは人君の日常のやり方であり、かりに得失があったとしても、（そのことで君を）褒貶するには及ばないものであって、このような小事は例としてすべて記録しないからである。

「葬」がもし国家の営むところであれば、これはやはり記録せざるを得ない。（しかし）大夫の「葬」はすべて臣子自らがなすところ、「公家の及ぶ所に非ざる」もので、事は国家に関わらないから、「葬」を記録するまでもないのである。

他国の君に「葬」を記録するのは、使者を派遣して会合させるので、当然君命を記録すべきだからである。

【譯注】

①檀弓下（03-19b-9）――《禮記》檀弓下篇「君於大夫、將葬、弔於宮。及出、命引之、三歩則止。如是者三、君退。朝亦如之、哀次亦如之。五十無車者、不越疆而弔人」。

【經】宋人伐鄭、圍長葛。 [03-20a]

【注】潁川長社縣北有長葛城。〔潁川長社縣の北に長葛城有り。〕

【傳】五年、春、公將如棠觀魚者。臧僖伯諫曰、凡物不足以講大事、

【注】臧僖伯公子彄也。僖謚也。大事祀與戎。〔臧僖伯は公子彄なり。僖は謚なり。大事は祀《まつり》と戎《いくさ》となり。〕

【傳】其材不足以備器用、則君不擧焉。 [03-20a]

【注】材謂皮革齒牙骨角毛羽也。器用軍國之器。〔材とは皮革・齒牙・骨角・毛羽を謂ふなり。器用は軍・國の器なり。〕

【傳】君將納民於軌物者也。故講事以度軌量謂之軌。取材以章物采謂之物。不軌不物謂之亂政。亂政亟行所以敗也。 [03-20a]

【注】言器用衆物不入法度、則爲不軌不物、亂敗之所起。〔器用・衆物法度に入らざれば、則ち「不軌」「不物」と爲り、亂敗の起こる所なるを言ふ。〕

【疏】「觀漁者」

○正義に曰う。《説文》①に「漁とは魚を捕ふるなり」と述べている。そうだとすると、魚を捕えることが「漁」である。〈天官〉②䱷人《ぎょ》が「時を以て䱷《れふ》して梁を為《つく》るを掌る。凡そ䱷には其の政令を掌る」のも、魚を捕えることを「漁」と言ったもの。つまり「漁者」とは、「獵者」と言うようなものである。

○「臧僖」より「敗也」に至るまで。

○正義に曰う。「凡そ物 以て大事を講ずるに足らず」について、「物」とは事物・旌旗・車服のたぐいをいう。もしも教戦・祭祀等の大事のために布設・陳列するのであれば、それはよい。もしそれがこまごまとした娯楽のためだとすれば、「物」を陳列したとしても、大事を講習するに堪えない。（この伝文は）ただ大事のためにではなくて物を陳列することなので、「以て大事を講ずるに足らず」と言うのである。

「其の材は以て器用を備ふるに足らず」について、「材」とは皮革・歯牙のたぐいを言う。もしも器用〔道具〕を飾るために狩猟して材を取るのであれば、それはよい。もしもそれが園遊・娯楽のためであれば、手に入れた材は器用を備え飾るに堪えない。ただ器用のためにではなくてその材を取ることなので、「以て器用を備ふるに足らず」と述べたのである。

人君は一国の主人であって、民の上に存在するのだから、自身を直《なお》くして行動するのに法を用い、民をかりたててこれを善に納れさせるべきもの、そこで「人君は将《まさ》に民を軌物に納《い》れんとする者なり」と言う。「軌」を作り「物」を作り、民をその中に納れるべきだという意味である。

民が「軌物」に帰することを述べたうえで、さらに「軌物」の意味を解説

する。すなわち、大事を講習するのに軌法・度量を準度《はか》ること、これを「軌」という。軌量を準度るとは、すなわち習戦・治兵・祭祀のたぐいがそれである。鳥獣の材を取り、物色・采飾を章明〔あきらか〕にすること、これを「物」という。物采を章明にするとは、すなわち材を取って軍国の器〔道具〕を飾ることがそれである。

劉炫③が言う、「捕魚」と「猟獣」とは、その事柄が似かよっている。この（臧僖伯の）諫言の大意は、人君は「猟獣」は観てもよいが、「捕魚」を観てはならぬということである。「凡そ物」とは、諸もろの物、鳥獣・魚鼈〔魚類〕のたぐいを広く言ったものである。「材」とは、所有する皮革・毛羽のたぐいをいう。「器」とは、車馬・兵甲など、軍事と国政に用いるものをいう。凡そこれらの諸物は、これを捕えても兵事を講習するに足りないもの、その材が器用に充備するのに足りないもの、こういうものには人君は自ら手をつけぬものである。その意味は、狩猟の坐作進退は戦陣を教えるに足り、獣の歯牙・皮革は器用に充てるに足りるので、人君はこれを観ることはできる。これに対し、捕魚は戦陣を教えるに足らず、鱗甲は器用を作るに充分ではないから、人君はこれを観るべきではない、ということである。

「人君」以下云云については、（劉炫は前説と）同様である。

今かりに人君の行動が「軌」を得なければ、挙動が道にたがうことになり、器服が「物」に相当しなければ、上下に区別が無くなる。こういう事態になった場合、これを荒乱の政治というのである。乱政がしばしば行われることは、国家が禍敗する理由である。その意味は、「漁」は事を講ずるものではないから「不軌」であり、「材」の用に充たないものは「不物」である。今、君が「漁を観る」ことは、乱国の政治であり、禍敗の本なので、君を行かせないようにするのである。

「事 軌量を度る」とは、まさしく時に順って狩猟し、軍事を教習することをいう。「材 物采を章かにす」とは、まさしく皮革を取って器物を修理製造することをいう。下文に、「四時に田猟し、治兵振旅し、以て威儀を習ふ」と言うのは、この「講事」を詳しく述べたものであり、「肉 俎に登らず、材器に登らざれば、公 射ず」と言うのは、この「章物」を詳しく述べたものであり、別に「川沢の実は君の及ぶところに非ず」と言うのは、「漁を観る」ことの不可なることを指摘して述べたもの。（このように臧僖伯の）言辞には一貫性があって、前後相呼応しているのである。

○注の「臧僖」より「與戎」に至るまで。

○正義に曰う。「僖伯」は名は彄《こう》、字は子臧《しぞう》で、《世本》に「孝公の子」と述べているのが、すなわちこの冬に「公子彄卒す」と書いている人である。〈謚法〉④に「小心畏忌を僖と曰ふ」ので、「僖」が謚であることが分かる。諸侯の子を公子と称し、公子の子を公孫と称するが、公孫の子は諸侯を開祖とすることはできないので、この段階で王父〔祖父〕の字を以て氏とする。これからすると、僖伯の孫にして始めて「臧」を氏とすることができるのに、いま「僖伯」の上に「臧」を加えているのは（なぜかといえば）、恐らく、僖伯が臧氏の開祖であるので、伝承者があとから追って述べたものであろう。

成公十三年伝⑤に「国の大事は祀《まつり》と戎《いくさ》とに在り」と述べているので、「大事は祀と戎」であることが分かる。必ず「祀」を兼ねることが分かるのは、下文に「鳥獣の肉は俎に登らず」と言うからである。（このことについて）劉⑥炫が次のように述べている。

田猟ではただ「戎」を教えるだけなのに「祀」を言うのは、狩猟（の獲物）は主として祭祀に用いるものだから、そのため「祀」をあわせて述べたもの。下の注で「俎は宗廟を祭る器なり」と言うのは、この意を示したものである。

○注の「言器」より「所起」に至るまで。

○正義に曰う。車馬・旌旗・衣服・刀剣には、すべて法度〔規準〕の無いものはない。「器用・衆物 法度に入らず」とは、広く言ったものである。器が法に当たらず、用がその物でないならば「不軌不物」となり、政治の権限が君に無ければ、「乱敗の起こる所」となるのである。

【譯注】

①説文（03-20a-9）――段注本《説文解字》「瀲、捕魚也。从水。漁、篆文瀲、从魚」。

②天官慶人（03-20a-10）――《周禮》天官・慶人「掌以時慶爲梁。春獻王鮪。辨魚物、爲鱻薨、以共王膳羞。凡祭祀・賓客・喪紀、共其魚之鱻薨。凡慶者掌其政令」。

「慶」は「漁」の古文。

③劉炫（03-20b-6）――本疏所引の劉炫説について、劉文淇『左傳舊疏考正』巻二が以下のように分析している。

文淇案ずるに、これは光伯の《述議》の文章で、前半は「旧疏」の原文である。「旧疏」は「講事」を「教戦・祭祀の大事」と解し、「凡物」とは「旌旗・車服の属」を意味するという。これに対して劉炫は「物」を「鳥獣魚鼈の属」、「講事」を「兵事を講習すること」と解しており、「旧疏」とは異なる。「人君は一国の主人であって（人君一國之主）」以下の「旧疏」は伝の「君將納民於軌物」以下の三句を解釈しているが、劉炫説もほぼこれと同じであるので、唐人はその意味を集約して、「人君以下云云同」と述べた。「旧疏」に同じだということである。「今若人君所行」以下は、光伯が伝の「不軌不物」以下の四句を解釈したもので、これは「旧疏」とは同じではない。

劉文淇説に従って、以下の全文を劉炫の文章と見なす。

④謚法（03-21a-4）――《逸周書》謚法解「有伐而還曰釐、質淵受諫曰釐、小心畏忌曰釐」。

⑤成公十三年傳（03-21a-6）――成公十三年伝に記された劉康公の言葉。「國之大事、在祀與戎。祀有執膰、戎有受脤、神之大節也」

⑥劉炫（03-21a-7）――劉文淇が以下のように分析している。

文淇案ずるに、これもやはり「旧疏」である。光伯は、「魚」は「講事」でないから「不軌」、「材」が用に充てられないのは「不物」だと見なす。この疏では器が法度に当たらないことを「不軌」、器用がその物ではないことを「不物」と解しているのであるから、光伯とは同じでない。

【傳】故春蒐、夏苗、秋獮、冬狩。 [03-21a]

【注】蒐索。擇取不孕者。苗爲苗除害也。獮殺也。以殺爲名、順秋氣也。狩圍守也。冬物畢成、獲則取之、無所擇也。〔「蒐《しゅう》」は索《えら》ぶなり。孕《はら》まざる者を擇《えら》び取る。「苗」は苗の爲めに害を除くなり。「獮《せん》」は殺すなり。殺を以て名と爲すは、秋氣に順ふなり。「狩」は圍《かこ》みて守るなり。冬は物 畢《ことごと》く成り、獲れば則ち之れを取り、擇《えら》ぶ所無きなり。〕

【疏】注の「蒐索」①より「擇也」に至るまで。

○正義に曰う。②《爾雅》釈天の四時の田猟については、その名称がこれと同じであり、解説する者はすべてこの（杜預）注の通りであるので、杜預はこれらに依拠して採用したのである。

③《周禮》大司馬の職に「中春には振旅を教へ、遂に以て蒐田す。中夏には茇舍《はっしゃ》を教へ、遂に以て苗田す。中秋には治兵を教へ、遂に以て獮田す。中冬には大閲を教へ、遂に以て狩田す」とあって、その名称はやはりこれと同じである。（ただし）鄭玄の「苗田」の解釈がここと少し異なる。（すなわち鄭玄注に）「孕任〔はらむ〕せざる者を択び取ること、苗を治むるに秀でて実らざるものを去るがごとし」と述べており、孫炎（の《爾雅》注）もまた同様である。④桓公四年の《公羊伝》に「春を苗と曰ひ、秋を蒐と曰ひ、冬を狩と曰ふ」

と述べている。三つの名称が《周禮》と異なるうえに、さらに夏時には田獮しない。（また）《穀梁伝》⑤に「四時の田は皆な宗廟の事の為めにするなり。春を田と曰ひ、夏を苗と曰ひ、秋を蒐と曰ひ、冬を狩と曰ふ」と述べているが、いずれも《周禮》と異なるのは（なぜかといえば）、まことに微言が絶え果ててしまって、曲弁がみだりに生じたことによるもの。丘明は親しく聖師〔孔子〕より伝授されたため、《左伝》だけが禮と合致するのである。しかし漢代には古文学が行なわれず、章帝⑥が多くの学者を集めて《白虎通義》⑦を著作させた際、《穀梁伝》に依拠して、次のような説を生じて、

　王者・諸侯が田獮するのはなぜか。田のために害を除き、上は宗廟に共し、下は士衆を集めて調べようとするからである。春にこれを「田」と言うのはなぜか。春は歳の本であり、本名を挙げて言ったのである。夏にこれを「苗」と言うのはなぜか。懐妊しているものを択び去るのである。秋にこれを「蒐」と言うのはなぜか。肥えた者を蒐《あつ》め索《もと》めるのである。冬にこれを「狩」と言うのはなぜか。地を守ってこれを取るのである。四時の田獮をまとめて「田」と言うのはなぜか。田のために害を除くからである。

と述べている。考えるに「苗」は懐妊の名称ではないのに、どうして「懐妊を択び去る」と言えようか。秋に獣はすべて痩せてはいないのに、どうして「肥えた者を蒐め索める」と言えようか。名称は「通義」ではあるが、義は通じない。そのため先儒はすべて《周禮》・《左伝》・《爾雅》の文章に依拠して説明している。

　⑧またその名称にも意味がある。春の獮ではあっても、獲物があればこれを取る。「孕んでいないものを択んで取る」ことはできない。夏の獮で取るのは多くはなく、「苗のために害を除く」ことはできない。季節が異なるために表現を変えたに過ぎないのである。これを「獮」と言うのは、蔡邕⑨の《月令章句》に、「獮とは捷取〔とること〕の名なり」と説明している。

【譯注】

①爾雅釋天（03-21b-2）——《爾雅》釋天「春獵爲蒐。〔郭璞注：搜索取不任者〕夏獵爲苗。〔爲苗稼除害〕秋獵爲獮。〔順殺氣也〕冬獵爲狩。〔得獸取之無所擇〕宵田爲獠。〔管子曰、獠獵畢弋。今江東亦呼獵爲獠。音遼。或曰卽今夜獵載鑪照也〕火田爲狩。〔放火燒草、獵亦爲狩〕乃立冢土、戎醜攸行。〔冢土大社。戎醜大衆〕起大事、動大衆、必先有事乎社、而後出、謂之宜。〔有事祭也。周官所謂宜乎社〕振旅闐闐。〔振旅整衆。闐闐羣行聲〕出爲治兵、尚威武也。〔幼賤在前、貴勇力〕入爲振旅、反尊卑也。〔尊老在前、復常儀也〕講武」。

②説者（03-21b-2）——杜預に先立つ《左傳》注釈家もしくは《爾雅》注釈家を指すが、具体的には不明。

③周禮大司馬職（03-21b-2）——《周禮》夏官・大司馬職。〔 〕は鄭玄注。

中春教振旅、司馬以旗致民、平列陳如戰之陳。

〔以旗者、立旗期民於其下也。兵者守國之備。孔子曰、以不教民戰、是謂棄之。兵者凶事、不可空設。因蒐狩而習之。凡師、出曰治兵、入曰振旅。皆習戰也。四時各教民以其一焉。春習振旅、兵入收衆專於農。平猶正也。〕……

遂以蒐田。有司表貉、誓民、鼓、遂圍禁、火弊、獻禽以祭社。

〔春田爲蒐。有司大司徒也。掌大田役治徒庶之政令。表貉立表而貉祭也。誓民誓以犯田法之罰也。……〕……

中夏教茇舍、如振旅之陳。羣吏撰車徒、讀書契、辨號名之用。帥以門名、縣鄙各以其名、家以號名、郷以州名、野以邑名、百官各象其事、以辨軍之夜事。其他皆如振旅。

〔茇讀如萊沛之沛。茇舍草止之也。軍有草止之法。撰讀曰算。算車徒、謂數擇之也。讀書契、以簿書校錄軍實之凡要。號名者、徽識所以相別也。郷遂

之屬謂之名、家之屬謂之號、百官之屬謂之事。在國以表朝位、有軍又象其制而爲之、被之以備死事。帥謂軍將及師帥、旅帥至伍長也。以門名者、所被徽識如其在門所樹者也。凡此言以也象也、皆謂其制同耳。軍將皆命卿。古者軍將、蓋爲營治於國門、魯有東門襄仲、宋有桐門右師、皆上卿爲軍將者也。縣鄙謂縣正。鄙師至鄰長也。家謂食采地者之臣也。郷以州名、亦謂州長至比長也。野謂公邑大夫。百官以其職從王者。此六者皆書其官與名氏焉。門則襄仲、右師明矣。郷則南郷甀、東郷爲人是也。……〕

遂以苗田、如蒐之灋、車弊獻禽以享礿。

〔夏田爲苗。擇取不孕任者、若治苗去不秀實者云。車弊驅獸之車止也。夏田主用車、示所取物希、皆殺而車止。……〕……

中秋教治兵、如振旅之陳。辨旗物之用。王載大常、諸侯載旂、軍吏載旗、師都載旜、郷遂載物、郊野載旐、百官載旟、各書其事與其號焉。其他皆如振旅。

〔軍吏諸軍帥也。師都遂大夫也。郷遂郷大夫也。或載旜、或載物衆、屬軍吏無所將也。郊謂郷遂之州長、縣正以下也。野謂公邑大夫。載旐者以其將羨卒也。百官卿大夫也。載旟者以其屬衛王也。凡旌旗有軍旅者、畫異物。無者帛而已。書當爲畫、事也、號也、皆畫以雲氣。〕

遂以獮田、如蒐田之灋。羅弊致禽以祀祊。

〔秋田爲獮。獮殺也。羅弊、罔止也。秋田主用罔、中殺者多也。皆殺而罔止。祊當爲方、聲之誤也。秋田主祭四方、報成萬物。詩曰以社以方。〕

中冬教大閲。

〔春辨鼓鐸、夏辨號名、秋辨旗物至、冬大閲簡軍實。凡頒旗物、以出軍之旗則如秋、以尊卑之常則如冬、司常左司馬時也。大閲備軍禮、而旌旗不如出軍之時、空辟實。〕……

遂以狩田、以旌爲左右和之門……

④桓四年公羊傳（03-21b-4）——桓公四年《公羊傳》「狩者何、田狩也。春曰苗、秋曰蒐、冬曰狩。常事不書、此何以書、譏。何譏爾、遠也。諸侯曷爲必田狩。一曰乾豆、二曰賓客、三百充君之庖」。

⑤穀梁傳（03-21b-4）——桓公四年《穀梁傳》「四時之田、皆爲宗廟之事也。春曰田、夏曰苗、秋曰蒐、冬曰狩。四時之田用三焉、唯其所先得、一爲乾豆、二爲賓客、三爲充君之庖」。なお以上の諸説の相違は以下の通り。

	左傳	周禮	爾雅	公羊	穀梁
春	蒐	蒐	蒐	苗	田
夏	苗	苗	苗		苗
秋	獮	獮	獮	蒐	蒐
冬	狩	狩	狩	狩	狩

⑥章帝（03-21b-6）——阮元《校勘記》が指摘するように、白虎觀に諸儒を召集したのは章帝である。《正義》編纂の段階ですでに誤っていたのか、その後に生じた誤りであるのかは不明であるが、原文の「明」字を「章」字に改める。

⑦白虎通義（03-21b-6）——後漢の章帝が建初四年（七九）に諸儒を北宮の白虎観に集め、五経の異同を講論せしめた（《後漢書》章帝紀）。その結果をまとめたものが《白虎通義》（略して《白虎通》、《白虎通德論》は誤り）、その事に当たったのが班固である。ただし、本疏所引は現行本《白虎通義》には見えない佚文である。清儒陳立の《白虎通疏證》が詳細であるが、索引としては北海道中国哲学会編《白虎通索引》（東豐書店　一九七九年）が有り、本文並びに佚文を附して便利である。ちなみに本疏所引の一条の他に《太平御覧》巻八百三十二にも引用されている。

⑧其名亦有意焉（03-21b-9）——これ以下の一段の主旨は杜預説批判に見える。あるいは前後に脱文が有るかもしれない。

⑨蔡邕月令章句（03-21b-10）——後漢末の蔡邕（一三三—一九二）、字は伯喈。六経の文字を校定し、最初の石経である「熹平石経」の作者として知られる。そ

の著《月令章句》は《隋書》経籍志に「十二巻　漢左中郎將蔡邕撰」として著録されるが、現在では亡んでいる。輯佚書としては《玉函山房輯佚書》《漢学堂叢書》《漢魏遺書鈔》が有る。

【傳】皆於農隙以講事也。

【注】各隨時事之間。〔各おの時事の間に随ふ。〕　[03-22a]

【疏】注の「各隨時事之間」。

○正義に曰う。「隙」は「間」と訓む。四仲の月〔仲春・仲夏・仲秋・仲冬〕がもとより常期であるが、その月の中から、間日〔暇な日〕を選ぶ。農繁期といえども必ず間日はあるから、「時事の間に随ふ」と述べたのである。仲冬は最も農事が暇なときであるから、大いに礼を備える。

【傳】三年而治兵、入而振旅、　[03-22a]

【注】雖四時講武、猶復三年而大習。出曰治兵、始治其事。入曰振旅、治兵禮畢、整衆而還。振整也。旅衆也。〔四時に武を講ずと雖も、猶《なほ》復三年にして大いに習ふ。出づるを「治兵」と曰ひ、始めて其の事を治む。入るを「振旅」と曰ひ、治兵の禮畢《お》はり、衆を整へて還《かへ》る。「振」は整ふるなり。「旅」は衆《おほ》きなり。〕

【疏】注の「雖四」より「衆也」に至るまで。

○正義に曰う。毎年常に「四時に武を講ず」るのであるが、「猶《なほ》復三年に一大習」するのは、あたかも四時の常祀が有っても、三年にまた禘祭するようなもので、その意味は類似する。

「出づるを治兵と曰ふ」のは、初めて出でて「始めてその事を治める」からである。「入るを振旅と曰ふ」のは、「治兵の礼が終わり、衆を整えて帰る」からである。振訊《しんじん》〔ふるう〕は整理の意味なので、「振」を「整」と見なした。「旅は衆きなり」とは、〈釈詁〉①の文章である。

「治兵」・「振旅」の坐作進退〔立ち居振る舞い〕につき、その礼はまったく同じである。違いはただ長幼の先後のみ。〈釈天〉②に「出づるを治兵と為すは、威武を尚《たっと》ぶなり。入るを振旅と為すは尊卑を反《かへ》すなり」と言い、孫炎は「出づるときに則ち幼賤 前に在るは、常法に復するなり。入るときに則ち尊老 前に在るは、勇力を貴ぶなり。」と注釈する。また荘③公八年《穀梁伝》④に「出づるを治兵と曰ふは、習戦なり」と言い、《公羊伝》は「出づるを治兵と曰ひ、入るを振旅と曰ふは、習戦なり」と述べている。これらはその礼が同じであることを述べたものである。

何休の（注釈した）《公羊伝》では、「出づるを祠兵と曰ふ」に作り、何休は「牲を殺して士卒を饗す」と述べている。（ところが）鄭玄⑤の《詩箋》に《公羊伝》を引用して、やはり「治兵」に作っているから、見た本〔テキスト〕が異なっていたのである。

この「治兵」・「振旅」もやはり四時に教習するものであるが、ただ三年の大習であるから、詳しく表現したのである。《周禮⑥〔大司馬〕》の「春に振旅を教ふ」・「秋に治兵を教ふ」とは、四時に民を教習する際に、各々その便宜に従う。つまり春には武器を止め衆を収め、農事に専心させる。秋には甲を繕《つくろ》い武器を整え、法を守らぬ輩を威《おど》す。こういうわけで表現が異なっているに過ぎない。

【譯注】

①釋詁（03-22a-6）——《爾雅》釋詁下篇「黎、庶、烝、多、醜、師、旅、衆也」、郭璞注「皆見詩」。

②釋天（03-22a-7）——《爾雅》釋天「春獵爲蒐。〔郭璞注：搜索取不任者。〕夏獵

爲苗。〔爲苗稼除害。〕秋獵爲獮。〔順殺氣也。〕冬獵爲狩。〔得獸取之無所擇。〕宵田爲獠。〔管子曰、獠獵畢弋。今江東亦呼獵爲獠。音遼。或曰卽今夜獵載鑪照也。〕火田爲狩。〔放火燒草、獵亦爲狩。〕乃立冢土、戎醜攸行。〔冢土大社。戎醜大衆。〕起大事、動大衆、必先有事乎社、而後出、謂之宜。〔有事祭也。周官所謂宜乎社。〕振旅闐闐。〔振旅整衆。闐闐羣行聲。〕出爲治兵、尚威武也。〔幼賤在前、貴勇力。〕入爲振旅、反尊卑也。〔尊老在前、復常儀也。〕講武。

③莊八年穀梁傳（03-22a-7）——莊公八年《穀梁傳》「八年、春王正月、師次于郎、以俟陳人蔡人。〔時陳蔡欲伐魯、故出師以待之〕次止也。俟待也。甲午治兵。出曰治兵、習戰也。入曰振旅、習戰也。〔振整也。旅衆也〕」。

④公羊傳（03-22a-8）——《公羊傳》「八年、春王正月、師次于郎、以俟陳人・蔡人。次不言俟、此其言俟何。〔何休注：据次于陘俟、屈完不書俟〕託不得已也。…
…甲午、祠兵。祠兵者何、出曰祠兵。〔禮兵不徒使、故將出兵、必祠於近郊、陳兵習戰、殺牲饗士卒〕入曰振旅。〔五百人曰旅〕其禮一也。皆習戰也」。

以上の通り、現行本すなわち何休解詁本は「祠兵」に作る。これを何休は右のように注釈するのであるから、疏文「休云」以下は傍線部「故將出兵、必祠於近郊、陳兵習戰」まで含めた方が妥当であろう。あるいは脱文が有ったかもしれない。なお疏文「何休公羊……是其所見本異也」までは補足説明であろう。訳文では段落を下げて示した。

⑤鄭玄詩箋（03-22a-9）——《毛詩》小雅・召芑「顯允方叔、伐鼓淵淵、振旅闐闐」、毛傳「淵淵鼓聲也。入曰振旅、復長幼也」。鄭玄箋「伐鼓淵淵、謂戰時。進士衆也。至戰止將歸、又振旅伐鼓闐闐然。振猶止也。旅衆也。春秋傳曰、出曰治兵、入曰振旅、其禮一也」。

ただし《毛詩正義》によれば、鄭玄が改めたものと見なしており、ここと主張が異なる。

此引春秋傳者、莊八年公羊文也。公羊爲「祠兵」、此言「出曰治兵」者、諸文皆作「治兵」、明彼爲誤、故經改其文而引之。必引此文者、取其禮一也。（10-1-12b）

⑥周禮（03-22a-10）——《周禮》夏官・大司馬。前掲。

【傳】歸而飲至、以數軍實、 [03-22b]

【注】飲於廟、以數車徒・器械及所獲也。〔廟に飲し、以て車徒・器械及び獲る所を數ふるなり。〕

【疏】注の「飲於」より「獲也」に至るまで。

○正義に曰う。桓公二年の伝例①に「凡そ公の行くときは宗廟に告げ、行より反《かへ》るときは飲至す」と述べており、かしこでは「飲至」が宗廟で行われるので、ここに「飲至」と言うのもやはり「廟に飲む」ことが分かる。

軍事に用いる資材といえば、ただ「車徒・器械」が有るばかりだが、猟には獲物が有り、《詩序》②に「車攻は宣王の、車馬を修め、器械を備へ、田猟に因りて車徒を選ぶを美《よみ》するなり」と述べているところからすると、この「軍実を数ふ」とは「車徒・器械及び獲る所を数ふ」るものであることが分かる。《説文》③に「械は器の総名なり」と言い、また虞喜④は「器械とは、鎧《よろい》・甲《かぶと》・兜《かぶと》・鍪《かぶと》を謂ふ」と述べている。

宣公十二年伝⑤に「楚国は日として軍実を討《をさ》めて之れを申儆《しんけい》せざるは無し」と言い、襄公二十四年伝⑥に「斉 社して軍実を蒐《あつ》め、客をして之れを観《み》しむ」と言い、二つの注では「軍実は軍器なり」と述べ、「車徒」及び「獲る所」に言及しないのは（なぜかといえば）、そこには猟のことが無いので、言及しなかったのである。

【譯注】

①桓二年傳例（03-22b-2）——桓公二年伝「冬、公至自唐、告于廟也。凡公行、告

于宗廟。反行、飲至・舍爵・策勛焉、禮也。特相會、往來稱地、讓事也。自參以上、則往稱地、來稱會、成事也」。

②詩序（03-22b-3）――《毛詩》小雅・車攻序「車攻、宣王復古也。宣王能內脩政事、外攘夷狄、復文武之境土、脩車馬、備器械、復會諸侯於東都、因田獵而選車徒焉」。

③説文（03-22b-4）――段注本《説文解字》「械、桎梏也。从木戒聲。一曰、械、器之總名。一曰、械治也。一曰、有所盛曰器、無所盛曰械」。

④虞喜（03-22a-4）――虞喜、字は仲寧。《晋書》儒林伝によれば、注述するところ十余万言有ったという。本疏は《隋書》経籍志に「志林新書三十巻」として著録されるものからの引用だと思われる。《玉函山房輯佚書》《経籍佚文》《全晋文》巻八二。

⑤宣十二年傳（03-22b-4）――宣公十二年伝に晉の欒武子が当時の楚国の内政の充実ぶりを説明した言葉の中に見える。「楚自克庸以來、其君無日不討國人而訓之、于民生之不易・禍至之無日・戒懼之不可以怠。在軍、無日不討軍實〔軍實軍器也〕、而申儆之。于勝之不可保、紂之百克而卒無後、訓之以若敖・蚡冒篳路藍縷以啓山林」。

⑥襄二十四年傳（03-22b-4）――襄公二十四年伝「齊侯既伐晉而懼、將欲見楚子。楚子使薳啓彊如齊聘、且請期。齊社、蒐軍實、使客觀之」、杜預注「祭社因閱數軍器、以示薳啓彊」。

【傳】昭文章、　［03-22b］

【注】車服・旌旗。〔車服・旌旗なり。〕

【疏】注の「車服旌旗」①。

○正義に曰う。《周禮》巾車の職に「革路には大白を建て、以て戎に就《つ》く。木路には大麾《たいき》を建て、以て田す」と言い、〈司服〉②職に「凡そ兵事には韋弁服《ゐべんぷく》、凡そ甸には冠弁服」と言い、鄭玄は「甸は田猟なり」と述べている。考えるに、田猟には当然木路に乗り、冠弁を服するはずである。ただ「三年の治兵」は習兵の大礼であるから、田車に乗り田服を身につけるべきではない。天子はおそらく革路に乗り、韋弁〔赤なめし皮のかんむり〕を服するのであろう。軍中にあっては君臣同服であるから、たぶん公卿以下もやはり兵車に乗り、兵服を着用するのであろう。

（しかし）旌旗の場合は、位の尊卑で建てるものを異にする。治兵の礼では、旗物を区別するために、必ず大白・大麾は建てない。〈大司馬〉③の職に、

中秋に治兵を教へ、旗物の用を辨ず。王は大常を載《た》つ。諸侯は旂《き》を載つ。軍吏は旗を載つ。師都は旜《せん》を載つ。郷遂は物を載つ。郊野は旐《てう》を載つ。百官は旟《よ》を載つ。遂に以て獮田《せんでん》す。

という記述があり、鄭玄は、

軍吏は諸もろの軍帥なり。師都は遂大夫なり。郷遂は郷大夫なり。或は旜を載て、或は物を載つ。衆は軍吏に属して将《ひき》ゐる所無し。郊は郷遂の州長、県正より以下を謂ふ。野は公邑の大夫を謂ふ。旐を載つるは、其の羨卒《せんそつ》〔人夫〕を将《ひき》ゐるを以てなり。百官は郷大夫なり。旟を載つるは、其の属を以て王を衛《まも》ればなり。凡そ旌旗、軍衆有る者は、異物を画き、無き者は帛のみ。

と注釈する。そうだとすると、治兵の旌旗は〈司馬〉職の文の通りのはずである。調べてみると、〈司常〉④の職に、

国の大閲に及びて、司馬を賛《たす》けて旗物を頒《わか》つ。王は大常を建て、諸侯は旂《き》を建て、孤卿は旜《せん》を建て、大夫・士は物を建つ。師都は旗を建て、州里は旟《よ》を建て、県鄙は旐《てう》を建て、道車には遂を載て、斿車には旌を載つ。

と述べている。考えるに、大閲・治兵がともに戦いを教えるものであるのに

建てるものが同じでないことについては、鄭玄⑤が、
　凡そ旌物を頒《わか》つに、出軍の旗を以てするときは、則ち秋の如くす。尊卑の常を以てするときは、則ち冬の如くす。大閲に軍令を備へて、而《しか》も旌旗の出軍の時の如くせざるは、空 実〔実戦〕を辟くればなり。

と述べている。そうだとすると、大閲に建てるのは尊卑の常であり、治兵に建てるのは出軍の礼である。

　ここの「三年の治兵」と「秋に治兵を教ふ」とは、その名称が同じである以上、建てるものは異ならないはずである。だから服虔がこの伝を解釈するのに、やはり〈司馬〉の職の文章を引用しているのであり、建てる旌旗は、秋に旗物を弁じる法を用いることは明らかである。

　考えるに、〈大司馬〉の職には「治兵を教ふ。王は大常を載つ」とあるのに、〈巾車〉で「大麾 以て田す」と言い、さらに「大白 以て戎に即く」と言うことについては、先儒は、王の田狩では、春・夏には大麾、秋・冬には大常。旌旗の用いるものは治兵の如くするが、王自身が軍するときには大白を建てる、と見なしている。


【譯注】
①周禮巾車職（03-22b-6）――《周禮》春官・巾車「王之五路。一曰玉路、鍚、樊纓十有再就、建大常、十有二斿、以祀。金路、鉤、樊纓九就、建大旂、以賓、同姓以封。象路、朱、樊纓七就、建大赤、以朝、異姓以封。革路、龍勒、條纓五就、建大白、以卽戎、以封四衛。木路、前樊鵠纓、建大麾、以田、以封蕃國」。
②司服職（03-22b-6）――《周禮》春官・司服「凡兵事、韋弁服。視朝、則皮弁服。凡甸、冠弁服。〔鄭玄注：甸田獵也。冠弁委貌。其服緇布衣。亦積素以爲裳。諸侯以爲視朝之服。詩國風曰、緇衣之宜兮、謂王服此以田。王卒食而居則玄端。〕凡凶事、服弁服。凡弔事、弁経服」。
③大司馬職（03-22b-9）――《周禮》大司馬。
中秋教治兵、如振旅之陳。辨旗物之用。王載大常、諸侯載旂、軍吏載旗、師都載旜、郷遂載物、郊野載旐、百官載旟、各書其事與其號焉。其他皆如振旅。……〔鄭玄注：軍吏諸軍帥也。師都遂大夫也。郷遂郷大夫也。或載旜、或載物遂以獮田、衆屬軍吏無所將也。郊謂郷遂之州長、縣正以下也。野謂公邑大夫。載旐者以其將羨卒也。百官卿大夫也。載旟者以其屬衛王也。凡旌旗有軍旅者、畫異物。無者帛而已。書當爲畫、事也、號也、皆畫以雲氣。〕
④司常職（03-23a-2）――《周禮》春官・司常「掌九旗之物名、各有屬、以待國事。日月爲常、交龍爲旂、通帛爲旃、雜帛爲物、熊虎爲旗、鳥隼爲旟、龜蛇爲旐、全羽爲旞、析羽爲旌。及國之大閲、贊司馬頒旗物。王建大常、諸侯建旂、孤卿建旃、大夫・士建物、師都建旗、州里建旟、縣鄙建旐、道車載旞、斿車載旌。皆畫其象焉、官府各象其事、州里各象其名、家各象其號」。
なお〈司常〉を引用した一段は、疏文としては二次的段階の文章であろう。
⑤鄭玄（03-23a-3）――《周禮》大司馬「中冬教大閲」の鄭玄注。
春辨鼓鐸、夏辨號名、秋辨旗物至、冬大閲簡軍實。凡頒旗物、以出軍之旗則如秋、以尊卑之常則如冬、司常左司馬時也。大閲備軍禮、而旌旗不如出軍之時、空辟實。

【傳】明貴賤、辨等列、　[03-23a]
【注】等列行伍。〔等列は行伍なり。〕
【傳】順少長、
【注】出則少者在前、還則在後、所謂順也。〔出づるときは則ち少者 前に在り、還《かへ》るときは則ち後に在るは、謂はゆる順なり。〕
【傳】習威儀也。鳥獸之肉不登於俎、

【注】俎祭宗廟器。〔俎は宗廟を祭る器なり。〕

【傳】皮革、歯牙、骨角、毛羽不登於器、 [03-23b]

【注】謂以飾法度之器。〔以て法度の器を飾るを謂ふ。〕

【疏】「鳥獣」より「於器」に至るまで。

○正義に曰う。《説文》①に「革は獣皮なり。其の毛を治去して之れを革更す」と述べている。そうだとすると、毛の有るものが「皮」であり、毛を取り去ったものが「革」である。《周禮》②掌皮が「秋は皮を斂《をさ》め、冬は革を斂む」るのは、それが少し異なるところから、時を区別して斂めること。しかし、離③して言えば「皮」・「革」は同じである。

頷《あご》の上の大きい歯を「牙」と言い、鳥の翼の長毛を「羽」と言う。「歯」「牙」と「毛」「羽」はそれぞれ少しずつ異なるので、連ねて言ったのである。

「俎に登《のぼ》す」とは、俎〔お膳〕に升《のぼ》せて祭祀に供えることである。「器に登す」とは、器の飾りとなることである。もろもろの器の装飾にこの材を用いるものが有ることをいう。

○注「俎祭宗廟器」。

○正義に曰う。饗宴の饌《せん》〔食物〕に俎を用いないものは無いのに、「宗廟の器」とだけ言うのは、田猟に禽を取るのは主として祭祀のためであることを明らかにしたもの。もし燕食に供するだけなら、公はやはりそれをしない。下の注の「法度の器」の意味もまた同じで、法にかなった器でなければ、公は使わない。

「登」の訓みは「升」である。服虔は、上の「登」を「升《のぼ》す」の意とし、下の「登」を「成す」の意とするが、二つの「登」が意味を異にするはずはない。しかも「器に成さず」と言うのでは言④葉にならない。さらにまた、「器」はこれらの物を装飾としているのであり、⑤なんでまたこれらを待ってはじめて成るということがあろうか。

《周禮》⑥䱷人に「凡そ祭祀には、其の魚の鱻薨《せんこう》〔鮮魚と干魚〕を共す」とあり、（《儀礼》）特⑦牲・少牢の祭祀の礼には、ともに魚が俎実となるものが有り、（また）肉が俎に登る場合には、公がこれを射るのに、（ここで）「漁を観る」ことを非礼とするのは（なぜかといえば）、ここで「俎に登さず」と言うのは、むやみに出遊して狩猟し、鳥獣を取ったとしても、元々祭祀のためではない場合のことである。「器に登さず」と言うのも、やはり盤遊〔あそび〕であって、元々材を取って器物を装飾するためではない場合のことである。今、公が「漁を観る」のは遊戯だから、これを非としたのである。

そうすると、俎に登せ、器に登せる物は、君が自ら手を下すところではあるけれども、庶羞〔ごちそう〕で雑物・細小のものに至っては、祭祀のためのものではあっても、君は射ない。《礼》⑧では「水土の品、籩豆の物、苟しくも薦むべきものは、咸《み》な在らざるは莫し」だから、どうしてこれらすべてを公自身が手づからしようか。（このことについて）劉炫⑨が次のように述べている。

ここでは、田猟の時に小鳥小獣は、公が射ないことをいう。事を講じるために田猟する場合でも、小物は射ない。ましてや「魚」は大事を講習するものではなく、軽々しく行動すべきではないものではなおさらである。俎に登せる物はすべて公の自ら射るところである、という意味ではない。

「祭祀水土」云々については、（劉炫の説も）同じである。

【譯注】

①説文（03-23b-1）――段注本《説文解字》では「革、獸皮。治去其毛曰革。革、更也。象古文革之形」。《正義》所引の文章とは異なる。

②周禮掌皮（03-23b-1）――《周禮》天官・掌皮「掌秋斂皮、冬斂革、春獻之。遂

以式法頒皮革于百工、共其毳毛爲氈、以待邦事。歳終則會其財齎」。

③散文（03-23b-2）――「散文」は「對文」に対応する表現で、《五経正義》中では、おおむね「對文則別、散文則通」という形で表現されることが多い。「双方並べた場合には異なるが、離した場合は通用する」の意。つまり「皮」「革」は双方並べて対称させると意味が異なるが、別々に離した場合は通用するということ。《五経正義》中、さらには《九経疏》にも見える常套句。たとえば「衣・裳（上衣下裳）」については、《毛詩正義》東方未明・襄公二十六年《春秋正義》・《儀礼疏》郷射礼にその用法が見えるし、また「獄・訟」については、《毛詩正義》行露・僖公二十八年《春秋正義》・《礼記正義》曲礼上・《周禮疏》大司寇に同様な指摘がある。

④不辭（03-23b-5）――文章の体をなさない、の意。

⑤寧復（03-23b-5）――「寧復」は「寧」一字と同義。《五経正義》中に見える「～復」という用法については拙稿「五經正義語彙語法箚記（二）」（広島大学文学部紀要第五七巻　一九九七年　拙著《十三經注疏の研究》所収）参照。

⑥周禮獻人（03-23b-6）――《周禮》天官・獻人「掌以時獻爲梁。春獻王鮪。辨魚物、爲鱻薧、以共王膳羞〔鮮生也。薧乾也〕。凡祭祀・賓客・喪紀、共其魚之鱻薧」。

⑦特牲少牢祭祀之禮（03-23b-6）――《儀禮》特牲饋食礼・少牢饋食礼から一例づつ挙げておこう。

・主人升入復位、俎入設于豆東、魚次腊特于俎北。主婦設兩敦黍稷于俎南西上。

・司士三人執魚腊膚俎、序升自西階、相從入設俎。羊在豆東、豕亞其北、魚在羊東、腊在豕東。

⑧禮（03-23b-8）――《禮記》郊特牲篇「籩豆之實、水土之品也。不敢用褻味而貴多品、所以交於旦明之義也」、「籩豆之薦、水土之品也、不敢用常褻味而貴多品、所以交於神明之義也、非食味之道也。先王之薦、可食也而不可耆也」、《禮記》祭統篇「凡天之所生、地之所長、苟可薦者、莫不咸在、示盡物也。外則盡物、内則盡志、此祭之心也。是故、天子親耕於南郊、以共齊盛。王后蠶於北郊、以共純服」。

⑨劉炫（03-23b-9）――本疏引の劉炫説について、劉文淇『左傳舊疏考正』巻二が以下のように分析している。妥当であろう。

文淇案ずるに、これは光伯《述議》の文章、前半は「旧疏」の原文である。（最後に）「祭祀水土云云同」とあるのは、唐人が意味を集約したもので、劉炫説が「旧疏」に同じだという意味である。その相違点について。「旧疏」では「魚」を「俎実」と解しており、「今公觀魚、乃是遊戲、故以非之」と言うのは、もしも遊戯のためでなかったら、「觀魚」を譏ることはないという意味である。だから下文の疏で「〈月令〉の『天子、親ら往きて魚を嘗む』とは、その意図は鬼神に敬事することにあり、娯楽にしようとするのではない」と述べた。これに対して光伯は、人君は獣を猟るのを観てもよいが、魚を捕えるのを観てはいけないと解したので、「魚は大事を講習するものではないのであるから、当然に軽々しく行動すべきではない」と述べたのである。ここと「凡物」の節の「旧疏」及び劉光伯は各自一説を執っているわけである。もしも前半が唐人の文章であるなら、なんで光伯が唐人の《疏》を見てこれに同調したりしようか。必ずやそうではあるまい。

【傳】則公不射、古之制也。若夫山林川澤之實、器用之資、皁隷之事、官司之守、非君所及也。　[03-24a]

【注】士臣皁、皁臣輿、輿臣隷。言取此雜猥之物、以資器備、是小臣有司之職、非諸侯之所親也。〔士の臣は皁《さう》、皁の臣は輿、輿の臣は隷なり。言ふこころは此の雑猥《ざつわい》の物を取り、以て器の備に資するは、是れ小臣・有司

の職にして、諸侯の親《みづか》らする所に非ざるなり。」

【疏】「若大」より「及也」に至るまで。

○正義に曰う。「山林の実」とは材木・樵薪《せうしん》〔まき〕の類のこと、「川沢の実」とは菱芡《りょうけん》〔ひし・おにばす〕・魚蟹《ぎょかい》の類をいう。これらはいずれも器用の材料となるものであるが、賤人の職掌とするところで、人君自身が関与すべきものではない。ここでは「観漁」を諫める意図があるけれども、広く小事について述べたものでもあるので、注では「此の雑猥の物を取り、以て器備に資するは、諸侯の親《みづか》らする所に非ざるなり」と述べたのである。「雑猥《ざつわい》」とは、諸々のこまごましたものをいう。「資」とは器物の資材で、これが有ってはじめて備わるものであって、器物に用いるもの、盛るものすべてがこれである。《穀梁伝》①に「礼にては、尊は小事を親しくせず、卑は大功を尸《つかさど》らず。魚は卑者のことなり。公の之れを観るは正に非ず」と言うのは、これと同じである。

もしそうだとすれば、〈月令〉②に「季冬、漁師に命じて始めて漁せしむ。天子親ら往きて魚を嘗《な》め、先づ寝廟に薦《すす》む」とあって、かしこでの礼では、天子が自ら出かけているのに、ここで公を譏っているのは（なぜかといえば）、かしこではその時の魚が清潔で美しいので、これを取って宗廟に薦めるため、特にそのことを重んじて、天子自身が出かけるのであり、その意図は鬼神に敬事することにあって、娯楽のためではないが、隠公の「観漁」は、その意図が遊戯にあったため、これを譏ったのである。

【譯注】

①穀梁傳（03-24a-6）――「春、公觀魚于棠。傳曰、常事曰事、非常曰觀。禮、尊不親小事、卑不尸大功。魚、卑者之事也、公觀之、非正也」。

②月令（03-24a-6）――《禮記》月令篇「季冬之月……是月也、命漁師始漁、天子親往、乃嘗魚、先薦寝廟〔天子必親往視漁、明漁非常事重之也。此時魚絜美〕」。

【傳】公曰、吾將略地焉。［03-24a］

【注】孫辭以略地。略總攝巡行之名。傳曰、東略之不知、西則否矣。〔孫辭するに「地を略す」るを以てす。「略」とは總攝・巡行するの名なり。傳に「東略するは之れ知らず、西は則ち否《しか》らず」と曰ふ。〕

【疏】注の「孫辭」より「否矣」に至るまで。

○正義に曰う。僖公九年伝①に「東略するは之れ知らず、西は則ち否《しか》らず」と言い、また十六年伝②に「鄫を謀り、且つ東略するなり」と述べている。つまり「略」とは「巡行の名」である。「公曰はく、吾れ将《まさ》に地を略せんとす」とは、辺境の地を巡察したいと述べたもので、つまり「孫辞〔いいのがれ〕」である。

もしも国境内であれば、公の遠遊を譏るはずがない。「且つ遠地を言ふ」とあるから、明らかに他境である。《釈例（蒐狩例）》に「旧説にては、棠は魯の地なり。《伝》の公の辞に、地を略せんと欲す、とあるに拠れば、則ち魯竟に非ず」と述べている。（ところが同じ）《釈例》の〈土地名〉では、「棠」は魯の部にあり、「本と宋の地なり」と述べている。おそらく宋・魯の境界であったのだろう。

【譯注】

①僖九年傳（03-24a-9）――僖公九年伝。齊桓公の主催した葵丘の会からの帰途、周の宰孔が晋の献公に語った言葉。

秋、齊侯盟諸侯于葵丘、曰「凡我同盟之人、既盟之後、言歸于好」。宰孔先歸、遇晉侯、曰「可無會也。齊侯不務德而勤遠略、故北伐山戎、南伐楚、西爲此會也。東略之不知、西則否矣。其在亂乎。君務靖亂、無勤於行」。晉侯乃還。

②十六年傳（03-24a-10）――僖公十六年伝「十二月、會于淮、謀鄫、且東略也」。

【傳】遂往。陳魚而觀之。 [03-24b]

【注】陳設張也。公大設捕魚之備而觀之。〔陳は設張するなり。公 大いに捕魚の備を設けて之れを觀る。〕

【傳】僖伯稱疾不從。書曰、公矢魚于棠、非禮也。且言遠地也。 [03-24b]

【注】矢亦陳也。棠實他竟、故曰遠地。〔「矢」も亦た陳《なら》ぶるなり。棠は實は他竟なり、故に「遠地」と曰ふ。〕

【疏】注の「矢亦陳也」。

○正義に曰う。〈釈詁〉①に「矢は陳なり」と述べている。

【譯注】

①釈詁（03-24b-5）――《爾雅》釈詁上篇「矢、雉、引、延、順、薦、劉、繹、尸、旅、陳也〔禮記曰、尸陳也。雉、順、劉皆未詳。〕」。

【傳】曲沃莊伯以鄭人邢人伐翼。 [03-24b]

【注】曲沃晉別封、成師之邑。在河東聞喜縣。莊伯成師子也。翼晉舊都、在平陽絳邑縣東。邢國在廣平襄國縣。〔曲沃《きょくよく》は晉の別封、成師の邑なり。河東聞喜縣に在り。莊伯は成師の子なり。翼は晉の舊都、平陽絳邑縣の東に在り。邢國は廣平襄國縣に在り。〕

【疏】注の「曲沃」より「國縣」に至るまで。

○正義に曰う。晉国は侯爵である。《譜》に次のように述べている。

姫姓、武王の子、唐叔虞の後なり。成王 唐を滅ぼして之れを封ず。今の大原晉陽県 是れなり。燮父《せふほ》之れを改めて晉と曰ふ。燮父の孫の成侯 徙《うつ》りて曲沃に都す。今の河東聞喜県 是れなり。穆侯 徙りて絳に都す。鄂《がく》侯の二年は魯の隠公の元年なり。定公の三十一年は獲麟の歳なり。出公の八年にして《春秋》の伝終はる。出公は十七年に卒す。出公より以下五世、八十二年にして、韓・魏・趙 晉を滅す。

〈地理志〉①に「河東聞喜県は故《もと》の曲沃なり。武帝の元鼎六年、行き過ぎて名を改む」と言い、応劭は「武帝 此に於て南越の破れしを聞き、改めて聞喜と曰ふ」と注している。〈志〉②にはまた「趙国襄陽県は故《もと》の邢国なり」と述べている。そうだとすると、漢代では趙国に属し、晉代では「広平」に属していたことになる。

【譯注】

①地理志（03-24b-9）――《漢書》地理志の「河東郡」の条「聞喜、故曲沃。晉武公自晉陽徙此。武帝元鼎六年行過、更名」、注「應劭曰、今曲沃也。秦改爲左邑。武帝於此聞南越破、改曰聞喜」。

②志（03-24b-10）――《漢書》地理志の「趙国」の条「襄國、故邢國。西山、渠水所出、東北至任入寖。又有蓼水、馮水、皆東至朝平入湡」。

【傳】王使尹氏・武氏助之。翼侯奔隨。 [03-25a]

【注】尹氏武氏皆周世族大夫也。晉内相攻伐不告亂、故不書。傳具其事、爲後晉事張本。曲沃及翼本末見桓二年。隨晉地。〔尹氏・武氏は皆な周の世族大夫なり。晉は内に相攻伐して亂を告げず、故に書せず。傳は其の事を具《そな》へ、後の晉の事の爲めに本を張る。曲沃及び翼の本末は桓二年に見ゆ。

隨は晉地なり。〕

【傳】夏、葬衛桓公。衛亂、是以緩。 [03-25a]

【注】有州吁之亂、十四月乃葬。傳明其非慢也。〔州吁の亂有りて、十四月にして乃ち葬る。傳は其の慢に非ざるを明らかにするなり。〕

【傳】四月、鄭人浸衛牧、 [03-25a]

【注】牧衛邑。經書夏四月、葬衛桓公、今傳直言夏、而更以四月附鄭人侵衛牧者、於下事宜得月、以明事之先後、故不復備擧經文。三年君氏卒、其義亦同。他皆倣此。〔「牧」は衛邑なり。經に「夏四月、衛の桓公を葬る」と書し、今傳には直《た》だ「夏」とのみ言ひ、而して更に「四月」を以て「鄭人 衛の牧を侵す」に附するは、下の事に於て宜しく月を得て、以て事の先後を明らかにすべし、故に復た備《つぶ》さには經文を擧げず。三年の「君氏卒す」は、其の義は亦た同じ。他は皆な此に倣《なら》へ。〕

【傳】以報東門之役。 [03-25a]

【注】東門役在四年。〔東門の役は四年に在り。〕

【傳】衛人以燕師伐鄭。 [03-25a]

【注】南燕國今東郡燕縣。〔南燕國は今の東郡燕縣なり。〕

【疏】注の「南燕」より「燕縣」に至るまで。

○正義に曰う。燕国には二国あって、ひとつを「北燕」と称しているので、この注では「南燕」と言って区別したもの。《世本》では燕国は姞姓である。〈地理志〉①に「東郡燕県は南燕国、姞性、黄帝の後なり」とある。小国には〈世家〉が無いので、その君主の諡号は不明で、ただ荘公二十年に②「燕仲父」が《伝》に見えるばかりである。

【譯注】

①地理志（03-25a-8）――《漢書》地理志の「東郡」の条「南燕、南燕國、姞姓、黄帝後」。

②荘二十年（03-25a-8）――荘公二十年伝「二十年、春、鄭伯和王室、不克。執燕仲父」、杜預注「燕仲父南燕伯、爲伐周故」。

【傳】鄭祭足・原繁・洩駕以三軍軍其前。使曼伯與子元潛軍軍其後。燕人畏鄭三軍、而不虞制人。 [03-25a]

【注】北制鄭邑、今河南城皐縣也。一名虎牢。〔北制は鄭の邑、今の河南城皐縣なり。一名は虎牢。〕

【傳】六月、鄭二公子以制人敗燕師于北制。 [03-25b]

【注】二公子曼伯・子元也。〔二公子は曼伯・子元なり。〕

【傳】君子曰、不備不虞、不可以師。 [03-25b]

【傳】曲沃叛王。秋、王命虢公伐曲沃、而立哀侯于翼。 [03-25b]

【注】春翼侯奔隨、故立其子光。〔春に翼侯 隨に奔る、故に其の子の光を立つ。〕

【傳】衛之亂也、虢人浸衛。故衛師入虢 [03-25b]

【注】郕國也。東平剛父縣西南有郕鄉。〔郕は國なり。東平剛父縣の西南に郕鄉有り。〕

【疏】注の「郕国」より「郕鄉」に至るまで。

○正義に曰う。《史記》①管蔡世家に「郕叔武は文王の子、武王の母弟なり」と称している。後世には見えないし、〈世家〉も無いので、その君の諡号は分からない。ただ文公十二年に②郕の大子の朱儒が魯に来奔し、書して「郕伯来奔す」と言うのが、経・伝に見えるだけであるが、それからすると郕国は伯爵である。

【譯注】

①史記管蔡世家（03-25b-6）――《史記》管蔡世家。

管叔鮮、蔡叔度者、周文王子而武王弟也。武王同母兄弟十人。母曰太姒、文王正妃也。其長子曰伯邑考、次曰武王發、次曰管叔鮮、次曰周公旦、次曰蔡叔度、次曰曹叔振鐸、次曰成叔武〔正義：括地志云、在濮州雷澤縣東南九十一里、漢郕陽縣。古郕伯、姫姓之國、其後遷於成之陽。〕、次曰霍叔處、次曰康叔封、次曰冉季載。冉季載最少。同母昆弟十人、唯發・旦賢、左右輔文王、故文王舍伯邑考而以發爲大子。及文王崩而發立、是爲武王。伯邑考既已前卒矣。

②文十二年（03-25b-6）――文公十一年伝「郕大子朱儒自安於夫鍾、國人弗徇」、十二年経「十有二年、春、王正月、郕伯來奔」、伝「十二年、春、郕伯卒、郕人立君。大子以夫鍾與郕邽來奔。公以諸侯逆之、非禮也、故書曰、郕伯來奔。不書地、尊諸侯也」。

【傳】九月、考仲子之宮、將萬焉。 [03-25b]

【注】萬舞也。〔萬は舞なり。〕

【疏】注の「万舞也」。

〇正義に曰う。考えるに《公羊伝》①に「万とは何ぞ。干舞なり。籥《やく》とは何ぞ。羽舞なり」と言うことからすると、「万」と「羽」とは同じではない。いま伝に「将《まさ》に万せんとして、羽数を衆仲に問ふ」と述べて、「万」と「羽」と同一のものとしているのは（なぜかといえば）、これを区別するのはもともと《公羊》の説であり、いま杜預がただ「万は舞なり」と言うのは、「万」が舞の総名だからである。

何休②が「仲子の廟には唯だ羽舞有るのみにて干舞無き所以は、婦人には武事無く、独《た》だ文楽を奏するのみなればなり」と述べている。

劉炫③が次のように述べている。

《公羊伝》に「万とは云云、籥とは云云」と言うのは、「羽」は文であり、「万」は武である。武には、左手に朱干《しゅかん》〔あかいたて〕を執《と》り、右手に玉戚《せき》〔ぎょくのおの〕を秉《と》る。文には、左手に籥《やく》〔ふえ〕を執り、右手に翟《てき》〔きじのはね〕を秉る。この伝の「将に万せんとして、羽を問ふ」とは、「万」と「羽」とが同じに見えるが、この時にあたって、「万」・「羽」を同時に行うのである。「将に万せんとして、羽数を問ふ」とは、「羽」がすなわち「万」だと言うのではない。経文がただ「羽」だけを書くのは、伝文と相互に表現したもの。

【譯注】

①公羊傳（03-25b-8）――宣公八年《公羊傳》「繹者何。祭之明日也。萬者何。干舞也。籥者何。籥舞也。其言萬入去籥何。去其有聲者、廢其無聲者、存其心焉爾。存其心焉爾者何。知其不可而爲之也。猶者何。通可以已也」。

②何休（03-25b-9）――本年《公羊傳》「僭天子不可言也」の何休注に「不言六佾者、言佾則干舞在其中。明婦人無武事、獨奏文樂。羽者鴻羽也。所以象文德之風化疾也」とあるのを指すのであろう。

③劉炫（03-25b-10）――劉文淇が以下のように分析している。

文淇案ずるに、前半は「旧疏」の原文、後半は光伯《述議》の文章である。「旧疏」は「万」「羽」を同一事と見なし、何休説を引用して、この「考宮」にはただ「羽舞」が有るだけであることを証明している。これに対して光伯が、「万・羽を同時に行うのである。羽がすなわち万であると言うのではない。経伝と相互に表現したもの」と述べているのは、「旧疏」とは異なる。「万者云云、籥者云云」とあるのも、「旧疏」がすでに《公羊伝》を引用しているので、唐人が省略したものである。

【傳】公問羽數於衆仲。對曰、天子用八、 [03–26a]

【注】八八六十四人。〔八八《はちはち》六十四人なり。〕

【傳】諸侯用六、 [03–26a]

【注】六六三十六人。〔六六《ろくろく》三十六人なり。〕

【疏】注の「六六三十六人」。

○正義に曰う。①何休の説がこのようである。（これに対して）服虔は「六を用ふ」とは、六八《ろくはち》四十八人、「大夫四」とは、四八《しはち》三十二人、「士二」とは、二八《にはち》十六人だと考える。杜預は、舞踊の体勢は当然方形であるはずで、行列を減らすからには、行列ごとの人数も減らすべきだと考え、何休説に賛同したのである。

或るひとの説では、②襄公十一年の「鄭人 晋侯に賂するに、女楽二八を以てす」が二佾の楽であるから、上から下まで一行はみな八人だと見なしているが、しかしこれは誤りである。かしこの伝は、晋侯が楽の半ばを減らして魏絳に賜与し、「歌鍾二肆」によって、そのまま「女楽二八」と言い、下の「楽を半ばにす」ることの張本〔伏線〕としたことを意味するのであり、「二八」を二佾としたものではない。もしも「二八」が二佾であるならば、鄭人がどうして二佾の楽を晋侯に賂い、晋侯がどうして一佾の楽を魏絳に賜うことがあろうか。

【譯注】

①何休（03–26a–4）――本年《公羊傳》注。

初者何、始也。六羽者何、舞也。〔何休注：持羽而舞〕初獻六羽、何以書、譏。何譏爾、譏始僭諸公也。〔僭齊也。下傚上之辭〕六羽之爲僭奈何。天子八佾〔佾者列也。八人爲列。八八六十四人、法八風〕諸公六〔八人爲列。六六三十六人、法六律〕諸侯四〔四人爲列。四四十六人、法四時〕諸公者何、諸侯者何。天子三公稱公、王者之後。

②襄十一年（03–26a–5）――襄公十一年伝「鄭人賂晉侯以師悝・師觸・師蠲。廣車・軘車淳十五乘、甲兵備、凡兵車百乘。歌鐘二肆、及其鎛・磬。女樂二八。晉侯以樂之半賜魏絳、曰……魏絳於是乎始有金石之樂、禮也」。

【傳】大夫四、 [03–26a]

【注】四四十六人。〔四四《しし》十六人なり。〕

【傳】士二。夫舞所以節八音而行八風。 [03–26a]

【注】二二四人。士有功賜用樂。〔二二《ににんが》四人なり。士に功有れば樂を用ふるを賜ふ。〕

【傳】夫舞所以節八音而行八風。 [03–26a]

【注】八音金・石・絲・竹・匏・土・革・木也。八風八方之風也。以八音之器、播八方之風、手之舞之、足之蹈之、節其制而序其情。〔八音は金・石・絲《し》・竹・匏・土・革・木なり。八風は八方の風なり。八音の器を以て、八方の風を播《は》し、手の之れを舞ひ、足の之れを蹈み、其の制を節して其の情を序するなり。〕

【疏】「夫舞」より「八風」に至るまで。

○正義に曰う。「舞」は楽の主体であり、「音」は「舞」の節を逐うもの。「八音」がすべて演奏されて舞曲がこれに調和するので、「舞は八音を節する所以」なのである。八方の風気は、寒暑が同じではない。楽がよく陰陽・節気を調和させると、八方の風気は、「舞」によって行われるので、「舞は八風を行ふ所以」なのである。

○注の「八音」より「其情」に至るまで。

○正義に曰う。「八音は金・石・絲・竹・匏・土・革・木なり」とは、《周禮》①大師職の文章である。鄭玄は「金は鍾鎛《しょうはく》なり。石は磬《けい》なり。土は塤《けん》なり。革は鼓鼗《こたう》なり。絲は琴瑟なり。木は柷敔《しゅくぎょ》なり。匏は笙なり。竹は管簫なり」と注釈している。

「八風は八方の風なり」について、服虔は、

　八卦の風は、乾の音は石、その風は不周。坎の音は革、その風は広莫。艮の音は匏、その風は融。震の音は竹、その風は明庶。巽の音は木、その風は清明。離の音は絲、その風は景。坤の音は土、その風は涼。兌の音は金、その風は閶闔。

と見なしている。また《易緯通卦験》②に、

　立春に調風至る。春分に明庶風至る。立夏に清明風至る。夏至に景風至る。立秋に涼風至る。秋分に閶闔《しょうかふ》風至る。立冬に不周風至る。冬至に広莫風至る。

と述べている。風の実体はひとつであるが、天の気候に従い、八節に従って、これに名前を付けたのにすぎない。（ちなみに）「調」と「融」というように、一風に二つの名前がついているが、昭公十八年伝に③「是れを融風と謂ふ」と述べているから、「調」と「融」とは同じである。

（ところで）沈氏が④、

　調べてみるに、《楽緯》⑤に云ふ「坎は冬至を主とし、楽は管を用ふ。艮は立春を主とし、楽は塤を用ふ。震は春分を主とし、楽は鼓を用ふ。巽は立夏を主とし、楽は笙を用ふ。離は夏至を主とし、楽は絃を用ふ。坤は立秋を主とし、楽は磬を用ふ。兌は秋分を主とし、楽は鍾を用ふ。乾は立冬を主とし、楽は柷敔を用ふ」。

と述べている。するとこの「八方の音」については、すでに二説が存在していることになる。どちらの説が正しいかが分からないので、ここに並べて挙げておく。

（沈氏は）さらに楽を制作した本意と、音を節し風を行う意味を（以下のように）説明する。

　八音の器で八方の風を宣播し、人々をして手を舞わせ足を踏ませる。その礼制を節して、荒淫させないようにし、人情を次序して、むすぼれないようにする。《蟋蟀》⑥の詩に「已大《はなはだ》康《たの》しむこと無かれ、職として其の居を思へ」と言うのが、（杜預注の）「其の制を節す」ることである。舜⑦が《南風》を歌って、「南風の時なるや、以て吾人の財を阜《さかん》にすべし。南風の薫ずるや、以て吾人の慍《いかり》を解くべし」と言うのは、（杜預注の）「其の情を序す」ることである。

【譯注】

①周禮大師職（03-26b-3）――《周禮》春官・大師。

大師掌六律・六同、以合陰陽之聲。陽聲。黃鐘・大蔟・姑洗・蕤賓・夷則・無射。陰聲。大呂・應鐘・南呂・函鐘・小呂・夾鐘。皆文之以五聲。宮・商・角・徵・羽。皆播之以八音。金・石・土・革・絲・木・匏・竹。〔金鍾鎛也。石磬也。土塤也。革鼓鼗也。絲琴瑟也。木柷敔也。匏笙也。竹管簫也〕

②易緯通卦驗（03-26b-5）――《易緯通卦驗》は緯書のひとつ。

	乾	坎	艮	震	巽	離	坤	兌
服虔	石	革	匏	竹	木	絲	土	金
	不周	広莫	融	明庶	清明	景	涼	閶闔
易緯	立冬	冬至	立春	春分	立夏	夏至	立秋	秋分
	不周風	広莫風	調風	明庶風	清明風	景風	涼風	閶闔風

楽緯							
乾	坎	艮	震	巽	離	坤	兌
立冬	冬至	立春	春分	立夏	夏至	立秋	秋分
柷敔	管	塤	鼓	笙	絃	磬	鍾

③昭十八年傳（03-26b-7）——昭公十八年伝「夏、五月、火始昏見。丙子、風。梓愼曰、是謂融風、火之始也。七日、其火作乎。戊寅、風甚。壬午、大甚。宋・衛・陳・鄭皆火」。

④沈氏（03-26b-7）——沈氏の文章がどこまでかが問題となる。訳者案ずるに、本来、全文が沈氏の文章で、「沈氏云」と「更説制樂之本、節音行風之意」は、唐人が付加したものであるかもしれない。ただしここでは、沈氏の言葉は《樂緯》の引用部分と、「更説制樂之本、節音行風之意」以下であると見なす《玉函山房輯佚書》の見解に従った。

⑤樂緯（03-26b-7）——《樂緯》叶圖徴の文章。《五經大義》所引は更に詳細である。

⑥蟋蟀詩（03-26b-10）——《毛詩》唐風・蟋蟀。

蟋蟀在堂、歳聿其莫、今我不樂、日月其除、
無已大康、職思其居、好樂無荒、良士瞿瞿、
蟋蟀在堂、歳聿其逝、今我不樂、日月其邁、
無已大康、職思其外、好樂無荒、良士蹶蹶、
蟋蟀在堂、役車其休、今我不樂、日月其慆、
無已大康、職思其憂、好樂無荒、良士休休、

⑦舜歌南風（03-26b-10）——《史記》樂書に「昔者舜作五弦之琴、以歌南風。夔始作樂、以賞諸侯。故天子之爲樂也、以賞諸侯之有德者也」とあり、《集解》に「鄭玄曰、南風、長養之風也、言父母之長養己也。其辭未聞也。王肅曰、南風、育養民之詩也。其辭曰、南風之薫兮、可以解吾民之慍兮」、また《索隱》に「此詩之辭出尸子及家語」と注釈する。現行本《孔子家語》辨樂篇に「昔者舜彈五絃之琴、造南風之詩、其詩曰「南風之薫兮、可以解吾民之慍兮、南風之時兮、可以阜吾民之財兮。」得其時阜盛也唯脩此化、故其興也勃焉、德如泉流、至于今王公大人述而弗忘」として見える。

【傳】故自八以下。　［03-27a］

【注】唯天子得盡物數、故以八爲列。諸侯則不敢用八。〔唯だ天子のみ物の數を盡すを得、故に八を以て列と爲す。諸侯は則ち敢へて八を用ひず。〕

【傳】公從之。於是初獻六羽、始用六佾也。　［03-27a］

【注】魯唯文王周公廟得用八、而他公遂因仍、僭而用之。今隱公特立此婦人之廟、詳問衆仲、衆仲因明大典。故傳亦因言始用六佾。其後季氏舞八佾於庭、知唯在仲子廟用六。〔魯は唯だ文王・周公の廟にのみ八を用ふるを得るに、而も他公も遂に因仍《いんじょう》し、僭して之れを用ふ。今 隱公は特に此の婦人の廟を立て、詳しく衆仲に問ひしに、衆仲 因りて大典を明らかにせんとす。故に傳も亦た因りて「始めて六佾を用ふ」と言ふ。其の後、季氏八佾を庭に舞はしむれば、唯だ仲子の廟に在りてのみ六を用ふるを知る。〕

【疏】注の「魯唯」より「用六」に至るまで。

○正義に曰う。①襄公十二年伝に、「魯は諸姫の為《ため》に周廟に臨む」と述べているのは、魯で文王の廟を建てていることである。文王は天子であるから、当然「八」を用いる。《禮記》②祭統に「昔 周公旦は天下に勲労有り。成王・康王 之れに賜ふに重祭を以てす。朱干・玉戚以て大武を舞《まは》し、八佾以て大夏を舞すは、此れ天子の楽なり。周公を康《ほ》む。故に以て魯に賜ふ」と述べ、③〈明堂位〉に「魯公に命じて世世周公を祀るに天子の礼楽を以てせしむ」と述べているのが、「周公の廟には八を用ふ」ることである。《伝》に「始めて六佾を用ふ」と述べているので、それ以前には八を用い

ていたことが分かる。

何休④が「僭《せん》は斉《せい》〔ひとしくする〕なり。下の上に傚《なら》ふの辞なり」と述べている。魯の僭儆《せんこう》〔僭越〕は必ず因るところがある。そこで（杜預は）その僭越な行為の由来するところにもとづいて、「文王・周公の廟に八佾を用いたことによって、ついには他の公の廟でもそのまま僭して用いた」と述べたのである。

いま隠公が衆仲に詳しく質問をしたので、衆仲はそのことによって大典を明らかにした。公はその言葉に従い、仲子の廟に「初めて六羽を献じ」たので、《伝》もまた「始めて六佾を用ふ」と述べた。仲子の廟に六佾を用い、他公の廟には依然として八佾を用いているという意味である。

襄公・昭公の時代になっても、魯では依然としてすべての廟に八を用いていたため、昭公二十五年⑤《公羊伝》に「昭公 子家駒に謂ひて曰く、吾れ何を僭するや、と。答へて曰く、朱干・玉戚以て大夏を舞《まは》し、八佾以て大武を舞すは、此れ皆な天子の礼なり」と称しているのであり、つまり昭公の時にも僭して八を用いていたのである。

ここに（八を）減らして正礼に従っているのに、それでもやはり経文に書いている。もしも更に非礼を僭《おか》せば、書かないはずが無い。これより以後、僭して八佾を用いていることを書いていないから、他廟でも僭して改めていないことが分かる。それゆえ杜預は自らその証拠を明らかにし、「其の後、季⑥氏 八佾を庭に舞《まは》せば、唯だ仲子の廟に在りて六を用ふるのみ」と述べたのである。

【譯注】

①襄十二年傳（03-27a-5）――襄公十二年伝「秋、呉子壽夢卒、臨於周廟、禮也。凡諸侯之喪、異姓臨於外、同姓於宗廟、同宗於祖廟、同族於禰廟。是故魯爲諸姫、臨於周廟。爲邢・凡・蔣・茅・胙・祭、臨於周公之廟」。

②禮記祭統（03-27a-5）――《禮記》祭統篇「昔者、周公旦有勛勞於天下。周公既沒、成王・康王追念周公之所以勛勞者、而欲尊魯。故賜之以重祭。外祭、則郊社是也。内祭、則大嘗禘是也。夫大嘗禘、升歌清廟、下而管象。朱干玉戚、以舞大武。八佾、以舞大夏。此天子之樂也。康周公、故以賜魯也。子孫纂之、至于今不廢、所以明周公之德而又以重其國也」。

③明堂位（03-27a-6）――《禮記》明堂位篇「成王以周公爲有勛勞於天下、是以封周公於曲阜、地方七百里、革車千乘、命魯公世世祀周公天以子之禮樂」。

④何休（03-27a-7）――本年《公羊傳》注。

初者何、始也。六羽者何、舞也。〔持羽而舞。〕初獻六羽、何以書、譏。何譏爾、譏始僭諸公也。〔僭齊也。下傚上之辭。〕六羽之爲僭奈何。天子八佾〔佾者列也。八人爲列。八八六十四人、法八風〕諸公六〔八人爲列。六六三十六人、法六律。〕諸侯四〔四人爲列。四四十六人、法四時。〕諸公者何、諸侯者何。天子三公稱公、王者之後。

⑤昭二十五年公羊（03-27a-10）――昭公二十五年《公羊傳》。

齊侯唁公于野井。「唁公」者何、昭公將弑季氏、告子家駒曰「季氏爲無道、僭於公室久矣。吾欲弑之、何如」。子家駒曰「諸侯僭於天子、大夫僭於諸侯久矣」。昭公曰「吾何僭矣哉」。子家駒曰「設兩觀、〔杜預注：禮、天子諸侯臺門、天子外闕兩觀、諸侯内闕一觀。〕乘大路、〔禮、天子大路、諸侯路車、大夫大車、士飾車。〕朱干〔干楯也。以朱飾楯〕玉戚〔戚斧也。以玉飾斧。〕以舞大夏、〔大夏、夏樂也。周所以舞夏樂者、王者始起、未制作之時、取先王之樂與已同者、假以風化天下、天下大同、乃自作樂。取夏樂者、與周倶文也。王者舞六樂于宗廟之中、舞先王之樂、明有法也。舞己之樂、明有制也。舞四夷之樂、大德廣及之也。東夷之樂曰株離、南夷之樂曰任、西夷之樂曰禁、北夷之樂曰味。〕八佾以舞大武、此皆天子之禮也」。

⑥季氏（03-27b-2）――《論語》八佾篇「孔子謂季氏、八佾舞於庭、是可忍也、孰不可忍也」。

【傳】宋人取虢田。虢人告於鄭曰、請君釋憾於宋、敝邑爲道。［03-27b］

【注】釋四年再見伐之恨。〔四年に再び伐たるるの恨みを釋《と》くなり。〕

【傳】鄭人以王師會之［03-27b］

【注】王師不書、不以告也。〔王師 書せざるは、以て告げざればなり。〕

【傳】伐宋、入其郛、以報東門之役。［03-27b］

【注】郛郭也。東門役在四年。〔郛は郭なり。東門役は四年に在り。〕

【傳】宋人使來告命。［03-27b］

【注】告命策書。〔命を告ぐれば策に書す。〕

【傳】公聞其入郛也、將救之。問於使者曰、師何及。對曰、未及國。

【注】忿公知而故問、責窮辭。〔公の知りて故《ことさ》らに問ふを忿《いか》り、責窮するの辭なり。〕

【傳】公怒、乃止。辭使者曰、君命寡人同恤社稷之難。今問諸使者曰、師未及國。非寡人之所敢知也。［03-27b］

【注】爲七年公伐虢傳。〔七年に公の虢を伐つが爲めの傳なり。〕

【傳】冬、十二月、辛巳、臧僖伯卒。公曰、叔父有憾於寡人。［03-27b］

【注】諸侯稱同姓大夫、長曰伯父、少曰叔父。有恨恨諫觀魚不聽。〔諸侯 同姓の大夫を稱するに、長を伯父と曰ひ、少を叔父と曰ふ。「恨み有り」とは「魚を観る」を諫めて聽かれざるを恨むなり。〕

【疏】注の「諸侯」より「不聽」に至るまで。

○正義に曰う。《詩》①伐木篇の〈毛伝〉に「天子 同姓の諸侯を謂ひ、諸侯同姓の大夫を謂ふに、皆な父と曰ふ。異姓には則ち舅と曰ふ」と述べている。また〈観礼②〉に天子が諸侯を呼ぶ称謂を記載して、「同姓の大国には則ち伯父と曰ふ。其の異姓には則ち伯舅と曰ふ。同姓の小邦には則ち叔父と曰ふ。其の異姓には則ち叔舅と曰ふ」と述べている。そうだとすると、諸侯の国には大小の違いがあるが、大夫には土地の大小が無いので、明らかに年の長少によって区別する。

荘③公十四年伝に「鄭の厲公 原繁を謂ひて伯父と為す」と称し、《禮記④》祭統に「衛の荘公 孔悝を呼びて叔舅と為す」と称している。（そうすると）諸侯が異姓の大夫を伯舅と呼び、同姓の大夫を叔父と呼ぶことについては、（礼の）明文は無いけれども、やはり明らかにそうであろう。

（ところで）「僖伯⑤」は孝公の子で、恵公の弟である。恵公は即位四十六年に薨じているから、子臧〔僖伯〕はこの時には年齢は幼少ではない。（しかるに年少の）「叔父」と呼んでいるのは（なぜかといえば）、隠公の実際の親族としての叔父《おじ》だからである。この注はもとより臣下を呼ぶ大法を述べたにすぎない。

【譯注】

①詩伐木篇毛傳（03-28a-2）――《毛詩》小雅・伐木篇「既有肥羜、以速諸父」、毛傳「羜未成羊也。天子謂同姓諸侯、諸侯謂同姓大夫、皆曰父。異姓則稱舅。國君友其賢臣、大夫士友其宗族之仁者」。

②觀禮（03-28a-2）――《儀禮》觀禮篇「同姓大國、則曰伯父。其異姓、則曰伯舅。同姓小邦、則曰叔父。其異姓小邦、則曰叔舅」。

③莊十四年傳（03-28a-4）――莊公十四年伝「厲公入、遂殺傅瑕。使謂原繁曰、傅瑕貳、周有常刑、既伏其罪矣。納我而無二心者、吾皆許之上大夫之事、吾願與伯父圖之。且寡人出、伯父無裏言。入、又不念寡人、寡人憾焉」。ただし原繁の出自は不明である。隠公五年伝「四月、鄭人侵衛牧、以報東門之役、衛人以

燕師伐鄭、鄭祭足・原繁・泄駕以三軍軍其前、使曼伯與子元潛軍軍其後。燕人畏鄭三軍、而不虞制人。六月、鄭二公子以制人敗燕師于北制」・桓公五年伝「曼伯爲右拒、祭仲足爲左拒、原繁・高渠彌以中軍奉公、爲魚麗之陳」として記述されているから、当時の鄭の有力な卿大夫であったと思われる。

④禮記祭統（03-28a-4）――《禮記》祭統篇「是故君子之觀於銘也、既美其所稱、又美其所爲。爲之者、明足以見之、仁足以與之、知足以利之、可謂賢矣。賢而勿伐、可謂恭矣。故衛孔悝之鼎銘曰、六月丁亥、公假于大廟〔鄭玄注：孔悝衛大夫也。公衛莊公蒯聵也。〕公曰、叔舅、乃祖莊叔、左右成公」。

⑤僖伯者孝公之子（03-28a-5）――疏文はここまで、同姓は「父」、異姓は「舅」、「伯」「叔」について、諸侯の場合は国の大小、大夫の場合は長幼によって区別することを述べてきたわけである。したがって隠公が僖伯を「叔父」と呼ぶからには、僖伯は隠公より年少でなければならない。ところが左の系図のように、僖伯は隠公より世代が上で、恵公の在位年数から考えると、隠公より年長である。これ以下の疏文はそのことの説明。結論として「実際の親族としての叔父」だと述べる。しかしこれでは前半の説明が不用となるわけで、おそらく疏文の重層性を示すものであろう。

【傳】寡人弗敢忘。葬之加一等。 [03-28a]

【注】加命服之等。〔命服の等を加ふるなり。〕

【傳】宋人伐鄭、圍長葛。以報入郛之役也。 [03-28a]

春秋左傳正義校定文　卷三

注日行至七年○正義曰、古今之言歷者、大率皆以周天爲三百六十五度四分度之一。日行比月爲遲、每日行一度、故一歲乃行一周天。月行比日爲疾、每日行十三度十九分度之七。故一月內則行一周天、又行二十九度過半、乃逐及日。言「一月一周天」者、略言之耳、其實及日之時、不啻一周天也。

日月雖共行於天、而各有道。每積二十九日過半、行道交錯而相與會集。以其一會、謂之一月。每一歲之間、凡有十二會、故一歲爲十二月。

「日食」者月掩之也。日月之道、互相出入、或月在日表、從外而入內。或月在日裏、從內而出外。道有交錯、故日食也。二十九日過半月及日者、以歷家一日分爲九百四十分、則四百七十分爲半。今月來及日、凡二十九日又四百九十九分、是過半校二十九分也。

「日有食之」、言有物來食之也。日月同處、則日被月映、而形魄不見。聖人不言日被月食、而云「日有食之」者、以其月不可見、作不知之辭。穀梁傳曰「其不言食之者何也。知其不可知、知也」、是言愼疑故不言月也。

朔則交會、故食必在朔。然而每朔皆會、應每月常食、故解之、言「日月動物、雖行度有大量、不能不小有盈縮、故有雖交會而不食者、或有頻交而食者」。自隱之元年盡哀二十七年、積二百五十五年、凡三千一百五十四月、唯三十七食、是「雖交而不食」也。襄二十一年九月・十月頻食、二十四年七月・八月頻食、是「頻交而食」也。

食無常月、「唯正陽之月、君子忌之」、以日食者陰侵陽也。當陽盛之月、不宜爲弱陰所侵、「故有伐鼓用幣之事」、餘月則否。其日食、例皆書「朔」、「己巳」之下、經無「朔」字。長歷推此、「己巳」實是朔日、而「不書朔、史失之」也。

此注作大判言耳。戰國及秦、歷紀全廢、漢來漸候天時、始造其術。劉歆三統以爲「五月二十三分月之二十而日一食」、空得食日而不得加時。漢末會稽都尉劉洪作乾象歷、始推月行遲疾、求日食加時。後代脩之、漸益微密。今爲歷者、推步日食、莫不符合。

但無頻月食法。故漢初以來、殆將千歲、爲歷者皆以爲一百七十三日餘而始一交會、未有頻月食者。今頻月而食、乃是正經、不可謂之錯誤。世考之歷術、事無不驗、不可謂之疏失。由是注不能定、故未言之也。又漢書高祖本紀、高祖卽位三年十月・十一月晦日頻食、則日有頻食之理。其解在襄二十四年。

穀梁傳曰「言日不言朔、食晦日也」、「朔日並不言、食晦夜也」、「朔日並言、食正朔也」、「言朔不言日、食旣朔也」。(03-01a・b/02a)

天王崩○正義曰、曲禮下曰「天子死曰崩、諸侯曰薨、大夫曰卒、士曰不祿、庶人曰死」、鄭玄云「異死名者、爲人褻其無知、若猶不同然也。自上顚壞曰崩。薨顚壞之聲。卒終也。不祿不終其祿。死之言澌也。精神澌盡也」、是由天子尊若山崩然、諸侯卑、取崩之聲、以爲尊卑之差也。

不書天王之名者、以海內之主、至尊之極、故敬而不敢名也。穀梁傳曰「高曰崩、厚曰崩、尊曰崩。天子之崩、以尊也。以其在民上、故崩之。其不名何也、大上故不名也」。

蘇氏云「王后崩、大子卒、不書者、赴不及魯也」。今以爲略之、例所不書也。告喪禮云「告王喪曰、天王登假」。此言「崩」者、魯史裁約爲文、不道當時赴、不言登假也。(03-02a)

○注周平至不會○正義曰、今檢杜注、無「葬」者皆顯言其「謚」。此爲無「葬」、故言「周平王」也。

仲尼脩經、當改正眞僞以爲褒貶。周人赴不以實、孔子從僞而書者、周人欲令諸侯速至、故遠其崩日以赴也、不書其實而從其僞、言人知其僞則過足章矣。故「卽傳其僞、以懲創臣子之過」。釋例曰「天王僞赴、遂用其虛、明日月闕否、亦從赴辭。君子不變其文、以愼其僞。且虛實相生、隨而長之、眞僞之情、可以兩見。承赴而書之、亦所以示將來也」。(03-02b)

君氏卒○正義曰、「君氏」者、隱公之母聲子也。謂之「君氏」者、言是君之母氏也。母之與子、氏族必異。故經典通呼母舅爲「母氏」「舅氏」、言其與己異氏也。(03-02b)

○注武氏至釋也○正義曰、「武氏」者天子大夫之姓。直云「武氏子」、不書其字、則其人未成爲大夫也。若是上士、例當書名、又不應繫之父族。謂之爲「子」、明其是大夫之子也。

又王使至魯、皆言「天王使某」。此復不言「王使」、明其不稱王命也。以此知此人父喪已終、宜嗣父位、但平王未命而崩、新王居喪、未得行其爵命、政事聽於冢宰、冢宰使之適魯、冢宰不得專命、故作自來之文。

傳言「王未葬」者、意兼兩事。王喪在殯、新王不得加臣爵位、故此人仍繫父族。王又不得命臣出行、故此人不稱「王使」。以未葬之故、闕此二事、故傳以「未葬」解之。(03-02b/03a)

注魯使至六年○正義曰、文九年「叔孫得臣如京師、葬襄王」、昭三年「叔弓如滕、葬滕成公」、如此之類、遣卿行者、皆書其使名、此不書使名、知是大夫往也。大夫奉命出使、位賤不合書名、故直書其所爲之事而已。盟則云「及某盟」、會則云「會某人」、葬則云「葬某公」、擧其所爲之事、明有使往可知也。釋例曰「先王之制、諸侯之喪、士弔、大夫送葬。及其失也、禮過於重。文襄之伯、因而抑之。諸侯之喪、大夫弔、卿共葬事。夫人之喪、士弔、大夫送葬。猶過古制。故『公子遂如晉葬襄公』、傳不言禮。『葬秦景公』、傳曰『大夫如秦葬景公』、特稱『禮也』。一以示古制、二以示書他國之葬必須魯會、三以示奉使非卿、則不書於經。此丘明之微文也」。是言大夫得正而卿過禮也。

諸侯曰「薨」、禮之正名。魯史自書君死曰「薨」。若鄰國亦同書「薨」、則與己君無別。國史自在己國、承他國赴告、爲與己君同、「故惡其薨名」、雖赴稱「薨」、皆改赴書「卒」、略外以別內也。至於書「葬」、則五等之爵皆「擧謚稱公者」、會葬者在於國外、「據彼國之辭」。彼國臣子稱君曰「公」、書使之行、不得不稱「公」也。

又云「惡其薨名改赴書」者、釋例曰「天子曰崩、諸侯曰薨、大夫曰卒、古之制也。春秋所稱、曲存魯史之義。內稱薨而書薨、所以自尊其君、則不得不略外諸侯、書卒以自異也。至於既葬、雖邾許子男之君、皆稱謚言公、各順臣子之辭、兩通其義」、是其說也。

案禮雜記赴告之辭云「君訃於他國之君曰、寡君不祿。敢告於執事」。然則赴辭本無「薨」語、而云「惡其薨名」者、以夫人薨例曰「不赴於諸侯、則不曰薨」、明其以「薨」告人、故書「薨」也。是知王侯喪者、其通國命、皆以崩薨相告。記之所稱、謂荅主人問、飾其文辭耳。若以記文無薨、卽疑不以「薨」告、記稱大夫士赴人之辭、皆云「不祿」、豈大夫無卒名也。以此知相赴、策書必以「薨」爲文。但擯者口傳赴辭、義在謙退、從士之不祿、故禮記言之。赴則必以薨、但改赴書卒耳。

史之書事、莫不在國、會葬者自可在外、書策者國内書之、而云「據彼國之辭」者、書使行之事、言使爲此事行、故文從彼稱、不謂書不在國也。卿爲君逆、謂之「逆女」、亦是書己之使、據彼稱女、與此同也。(03-03ab/04a)

注夫人至詳矣○正義曰、僖八年「致夫人」、傳曰「不赴於同則弗致」、故知「赴」者「赴於同盟之國」也。禮檀弓記葬禮云「既封、有司以几筵舍奠於墓左、反日中而虞」、士喪禮「既葬乃反哭於廟、遂適殯宮而虞」、是「既葬、日中自墓反、虞於正寢」、「正寢」卽殯宮也。

僖三十三年傳與檀弓記皆云「卒哭而祔」、喪服小記曰「婦祔於祖姑」、雜記曰「妾祔於妾祖姑」、是「祔於姑」者、「祔於祖姑」也。此三者皆夫人之喪禮。

「夫人喪禮有三」、史策所書有二、唯卒葬兩事而已。其卒之異者、或云「夫人某氏薨」、仲子・文姜之類是也。或云「某氏卒」、定姒・孟子是也。葬之異者、或云「葬我小君某氏」、文姜・敬嬴之類是也。或云「葬某氏」、「葬定姒」是也。或則不書葬也。「今聲子三禮皆闕」、經異常辭、必是闕二事、則變一文。但傳既并釋、注不顯配、雖言「釋例詳之」、例亦未甚分明。此傳故上三事、故下三事。若以次相配、則「不赴於諸侯」、故「不曰薨」、「不反哭於寢」、故「不稱夫人」、「不祔於姑」、故「不言葬」、文次相屬、事乃似然。但顧下傳、義則不爾。定十五年「姒氏卒」、傳曰「不稱夫人、不赴、且不祔也」。哀十二年「孟子卒」、傳曰「死不赴、故不稱夫人。不反哭、故不言葬小君」。彼二傳皆以「不赴」解「不稱夫人」、以「不反哭」解「不書葬」。然則由「不赴」故「不曰薨」、由「不反哭」故「不書葬」。二事既然、則由「不祔」故「不稱夫人」、斷可知矣。傳文不以次相配者、初死卽赴、葬乃反哭、反哭之後始祔。三者依事之先後爲文也。至書於經、則「夫人」與「薨」共文、故先言「不稱夫人」、後言「不書葬」。順經之先後爲文也。禮之本意、必「赴」乃稱「薨」、「祔」乃稱「夫人」、「反哭」乃書「葬」者、夫人與君同體、死必赴於鄰國。若不以赴告於鄰國、則夫人之禮不成。尊成以否、義由赴告、成尊之狀、在於書「薨」。故赴則稱薨、不赴則不稱薨也。禮「適祔於適祖姑、妾祔於妾祖姑」、亦既不祔於姑、便是適妾莫辯。故「祔」則稱「夫人」、「不祔」則不稱「夫人」也。「既葬於墓、反哭於寢」、哀之尤極、情之最切。既葬而不反哭、全是不念其親。葬與不葬、殆無以異、故不反哭、則不書「葬」也。皆所以懲臣子、責其不行禮也。

人之行禮、有勤有惰、未必廢則俱廢、行則皆行。此聲子自三禮皆闕、其餘或可一行一否。釋例曰「夫人子氏赴而不反哭、故不書葬。定姒則反哭而不赴、故書葬而不言小君」。以此二者據傳則然、理在不惑、但不知赴而不祔、祔而不反哭者、辭當云何耳。

「薨」者夫人之死號、不稱「夫人」、必不得稱「薨」也。「小君」者夫人之別號、不稱「夫人」、必不得稱「小君」也。「孟子卒」下注云「不稱夫人、故不言薨」、是「夫人」與「薨」文相將也。「葬定姒」、傳曰「不稱小君、不成喪也」、注云「不赴不祔、故不稱小君」。傳以「不赴」「不祔」解「不稱夫人」、注以「不赴」「不祔」解「不稱小君」、是「夫人」「小君」、文相將也。「夫人」也「薨」也「小君」也、三者相將之物、不可致詰。蓋「赴」「祔」二禮、課行一事、則具此三文。二事並廢、則三文皆去耳。何則、檢此傳相配、「不赴」則不曰「薨」、「不祔」則不稱「夫人」、是稱「夫人」、由「祔」不由「赴」也。孟子之傳乃云「不赴故不稱夫人」、是稱「夫人」由於「赴」、不由於「祔」也。定姒之傳云「不稱夫人、不赴且不祔」、又以二事並解不稱「夫人」。注云「赴同祔姑、夫人之禮、二者皆闕、故不曰夫人」、明是二者具闕、乃去「夫人」。課行一事則稱「夫人」、稱「夫人」則必書「薨」、書「薨」則必稱「小君」。所異者、不反哭則不書「葬」、若不書「薨」、則「小君」之文、無所施耳。卽仲子是也。赴同祔姑皆是夫人之禮、故赴而不祔、祔而不赴、則皆曰「夫人某氏薨」。惠公自有元妃、別爲仲子立廟、則仲子未必祔姑、蓋以赴同之、故得稱「夫人薨」也。(03-04ab/05b)

注不書至妾○正義曰、「辟正夫人」、謂辟仲子耳。何則、妾子爲君、則其母得爲夫人、不須辟孟子也。但公以讓位之故、不從正君之禮、故亦不備禮於其母、使之辟仲子也。釋例曰「凡妾子爲君、其母猶爲夫人。雖先君不命其母、母以子貴、其適夫人薨、則尊得加於臣子、外内之禮、皆如夫人矣。故姒氏之喪、責以小君不成。成風之喪、王使會葬、傳曰禮也。隱以讓桓攝位、故不成禮於聲子、假稱君氏、以別凡妾媵。蓋是一時之宜、隱之至義也」、是其辟仲子之意也。（05-05b）

注四月至陽縣也○正義曰、此直言「秋」、秋有三月。若是季秋、則今七月、杜必知「秋今之夏」者、以此傳在「武氏」之上。案經「武氏」之下有「八月、宋公和卒」、則知此是七月、故爲「今之夏」、謂今之五月也。麥熟在夏、而云「麥禾皆未熟」者、謂四月之時麥未熟、七月之時禾未熟、二者異時、故言「皆」也。（03-06a）

澗谿至之菜○正義曰、「毛」卽「菜」也、而重其文者、「谿沼」言地之陋、「蘋藻」言菜之薄、故文重也。

○注谿亦至毛草○正義曰、爾雅釋山云「山夾水澗」、李巡曰「山間有水」、釋名曰「言水在兩山間也」。釋水曰「水注川曰谿」、李巡曰「水出於山入於川」、釋山又云「山豄無所通谿」、李巡曰「山中水豄、雖無所通、與水注川同名」、宋均曰「無水曰谷、有水曰谿」。然則「谿」亦山間有水之名、是「澗」之類、故云「谿亦澗也」。「沼」者池之別名。張揖廣雅亦云「沼池也」。應劭風俗通云「池者陂池。從水也聲」。「沚」與時音義同。釋水曰「小渚曰沚」、釋名曰「沚止也。小水可止息其上」。「草」是地之「毛」。周禮「宅不毛」、謂宅内無草木也、故杜以「毛」爲「草」。「草」卽下句「蘋蘩蘊藻」是也。「蘩」陸菜而云「沼沚之毛」者、或采之水旁、非皆水内也。（03-06b）

○注蘋大至聚藻○正義曰、釋草曰「苹蓱、其大者蘋」、舍人曰「苹一名蓱。大者名蘋」、郭璞曰「水中浮蓱、江東謂之薸」。陸璣毛詩義疏云「今水上浮蓱是也。其麤大者謂之蘋、小者曰蓱。季春始生。可糝烝爲茹、又可苦酒淹以就酒」。釋草又云「蘩皤蒿」、孫炎曰「白蒿也」、陸璣疏曰「凡艾白色爲皤蒿。今白蒿、春始生、及秋香美。可生食、又可烝。一名遊胡。北海人謂之旁勃。故大戴禮夏小正傳曰、蘩遊胡。遊胡旁勃也」。許愼説文云「藻水草。從艹從水巢聲。或作藻從澡」。毛詩傳曰「藻聚藻也」。然則此草好聚生。「蘊」訓聚也、故云「蘊藻聚藻也」。陸璣疏云「生水底、有二種。其一種、葉如雞蘇、莖大如箸、長四五尺。其一種、莖大如釵股、葉如蓬、謂之聚藻。又云「扶風之人謂之藻聚、爲發聲也。此二藻皆可食、煮熟挼去腥氣、米麪糝烝爲茹嘉美。揚州人饑荒可以當穀食」。（03-06b/07a）

注方曰至曰錡○正義曰、此皆詩毛傳・鄭箋之文也、説文云「筥飯牛筐也」。廣雅云「錡釜也」。（03-07a）

注潢汙至流潦○正義曰、「停水」謂水不流也。「行」道也。雨水謂之「潦」。言道上聚流者也。服虔云「畜小水謂之潢。水不流謂之汙。行潦道路之水是也」。此水用爲飲食、故引泂酌之篇。藻雖潦水所生、要此潦非生菜處也。（03-07a）

可薦至王公○正義曰、上言「鬼神」、此言「王公」、是生王公也。或以爲「王公亦謂「鬼神」、非生王公也。此傳之意、取詩爲言。泂酌論天子之事、是羞於王也。采蘩云「公侯之事」、是羞於公也。言「薦」又言「羞」者、鄭玄注庖人云「備品物曰薦、致滋味乃爲羞」。（03-07b）

雅有行葦○正義曰、采蘩・采蘋・泂酌、上傳所言皆有彼篇之事、其言未及行葦、今言「行葦」者、其意別取忠厚、非以結上也。(03-07b)

武氏至葬也○正義曰、蘇氏云、案文九年「毛伯來求金」、傳曰「不書王命、未葬也」、此傳直云「王未葬」、不同者、毛伯直釋不稱使、故云「不書王命」。此「武氏子」、但不稱使、又稱父族、二事皆由未葬、故直云「王未葬也」。(03-08a)

而立寡人○正義曰、曲禮下曰「諸侯見天子曰臣某侯某。其與民言、稱曰寡人」。今與臣言亦云「寡人」、則知其對臣民自稱同也。老子曰「孤寡不穀」、王侯之謙稱、故以下諸侯自稱、亦多言「不穀」。(03-08a)

命以義夫○正義曰、「義」者宜也。錯心方直、動合事宜、乃謂之爲「義」。宣公之立穆公、知穆公之賢、必以義理、不棄其子。今穆公方卒、命孔父以義事而立殤公、是穆公命立殤公、出於仁義之中、故杜云「命出於義也」。必知「命以義夫」謂穆公命立殤公者、以杜注云「帥義而行、則殤公宜受此命、宜荷此祿。公子馮不帥父義、終傷咸宜之福」、明知殤公受穆公之命、與殷湯・武丁同有「咸宜」、是知穆公命殤公、是爲「義」也。(03-08b)

商頌至謂乎○正義曰、「商頌」玄鳥之卒章、言殷湯・武丁、此二王者受天之命、皆得其宜、故天之種之百祿、於是乎荷負之。言天祿皆歸、故得而荷負也。今穆公立殤公、亦得其宜、故殤公宜荷此祿。詩之意其是此事之謂乎。(03-09a)

注詩頌至商頌○正義曰、唐虞之代、契爲司徒、封於商。十四世至湯、王有天下、遂以商爲代號。後世有武丁者、中興賢君。時有作詩頌之者、謂之商頌。美湯與武丁能荷天祿。今殤公亦荷天祿、與詩義同、故引以證之。

公羊傳言「宋之禍、宣公爲之」、尤其舍子立弟、果令馮有爭心、以馮之爭爲宣公之過。今此傳善宣公、故申明其事。若使「帥義而行、則殤公宜受此命、宜荷此祿」、但「公子馮不帥父義」、失其咸宜、「故知人之稱、唯在宣公」、止善宣公知穆公耳。馮自爭國、非宣公之罪、故善之。傳言「使公子馮出居于鄭」、則是父使之出、注言「忿而出奔」者、四年傳曰「公子馮出奔鄭、鄭人欲納之」、又「衛告宋曰、君若伐鄭、以除君害」、是馮出奔鄭、求入、欲害宋國也。父使居鄭、欲以辟殤公、馮乃因鄭、欲以害殤公。故據父言之、則云「使之出居」、據馮言之、則云「忿而出奔」、各從其實而爲之文也。

謚法「短折不成曰殤」、「布德執義曰穆」。(03-09a)

注既盟至日誤○正義曰、釋言云「僨僵也」、舍人曰「背踣意也」。車踣而入濟、是風吹之隊濟水、非常之事、故云「傳記異也」。

禹貢「導沇水、東流爲濟、入于河、溢爲滎」。釋例曰「濟自滎陽巻縣、東經陳留至濟陰、北經高平、東經濟北、東北經濟南、至樂安博昌縣入海」。案檢水流之道、今古或殊。杜既考校元由、據當時所見、載于釋例。今一皆依杜、雖與水經乖異、亦不復根尋也。

「庚戌」無月而云「十二月」者、以經「盟于石門」在十二月、知此亦十二月也。經書「十二月」、下云「癸未、葬宋穆公」、計庚戌在癸未之前三十三日、不得共在一月。故長歷推、此年十二月甲子朔、十一日有甲戌、二十三日有丙戌、不得有庚戌。而月有癸未、則月不容誤、知「日誤」也。(03-09b)

衛莊至莊姜○正義曰、齊國侯爵。譜云「姜姓、太公望之後。其先四岳、佐禹有功。或封於呂、或封於申、故太公曰呂望也。太公股肱周室、成王封之於營丘、今臨淄是也。僖公九年魯隱公之元年也。簡公四年獲麟之歲也。簡公弟平公十三年春秋之傳終矣。平公二十五年卒、後二世七十年而田氏奪齊、太公之後滅矣」。案齊世家、莊公生僖公、東宮得臣未知何公大子。案史記十二諸侯年表、衛莊公之立在春秋前三十五年、齊僖公之立在春秋前八年。然則莊姜必非齊僖公之女、蓋是莊公之女、僖公姊妹也。得臣爲大子早死、故僖公立也。不言僖公姊妹、而繫得臣者、見其是適女也。

得臣爲大子、云「常處東宮」者、四時東爲春、萬物生長在東、西爲秋、萬物成就在西、以此君在西宮、大子常處東宮也。或可據易象、西北爲乾、乾爲君父、故君在西、東方震、震爲長男、故大子在東也。(03-10a)

所爲賦碩人也○正義曰、此「賦」謂自作詩也。班固曰「不歌而誦亦曰賦」、鄭玄云「賦者或造篇、或誦古」。然則「賦」有二義。此與閔二年「鄭人賦清人、許穆夫人賦載馳」、皆初造篇也。其餘言「賦」者、則皆誦古詩也。(03-10a)

又娶于陳○正義曰、陳國侯爵。譜云「嬀姓、虞舜之後。當周之興、有虞遏父者、爲周陶正。武王頼其利器用、與其先聖之後、以元女大姫妃遏父之子滿、封於陳、賜姓曰嬀、號胡公。桓公二十三年魯隱公之元年也。湣公二十一年獲麟之歳也。二十四年楚滅陳」。此當桓公時、二嬀蓋桓公姊妹也。(03-10b)

注嬀陳至未定○正義曰、謚法「暴慢無親曰厲」、「典禮無愆曰戴」、皆是謚也。石碏言「將立州吁、乃定之矣」、請定州吁、明大子之位未定。衛世家言「立完爲大子」非也。(03-10b)

弗納至過也○正義曰、「驕」謂恃己陵物、「奢」謂夸矜僭上、「淫」謂嗜欲過度、「泆」謂放恣無藝。此「四者之來」、從邪而起。故服虔云「言此四者過、從邪起」是也。劉炫云「此四者所以自邪己身。言爲之不已、將至於邪、邪謂惡逆之事」。劉又難服云「邪是何事、能起四過。若從邪起、何須云『四者之來、寵祿之過也』。寵祿豈是邪事、四者得從而來乎。且言『弗納於邪』、懼其縁驕以至於邪。非先邪而後驕也」。(03-11a)

夫寵而至鮮矣○正義曰、恃君寵愛、未有不驕。亦既驕矜、必不能自降其心。強降其心、未有不恨。亦既怨恨、必不能自重其身。釋言云「眕重也」。言「恨則思亂」、必「不能自安自重」也。寵而必驕、降而必憾、言其勢必自然、故言其能不然者少也。驕而不能降、憾而不能眕、言其心難自抑、故言其能然者少也。「鮮」訓「少」、以一「鮮」摠四事、言四事皆「鮮」也。(03-11a)

賤妨至破義○正義曰、「賤妨貴」、謂位有貴賤、「少陵長」、謂年有長幼。楚公子申多受小國之賂、以偪子重・子辛、是賤人而妨貴人也。邾捷菑以弟、而欲奪兄位、是年少而陵年長也。齊東郭偃・棠無咎專崔氏之政、而侮崔成・崔彊、是疎遠而間親戚也。晉胥童・夷羊五得君寵而三郤、是新臣而間舊臣也。息伐鄭、曹奸宋、是小國而加大國也。陳靈・蔡景、姦穢無度、是邪淫而破正義也。「妨」謂有所害、「陵」謂加尚之、「間」謂居其間使彼疎遠也。「加」又加陵、「破」謂破散。淫義不兩立、行惡則破善、故「破」也。(03-11b)

去順效逆○正義曰、州吁於逆則「少陵長」、於順則「弟不敬」、是「去順效逆」也。「六順」「六逆」、因事廣言、非謂州吁偏犯之也。(03-12a)

○注老致至始事○正義曰、禮「七十而致事」、言還其所掌之事於君也。傳之初始有此、故言「傳先經以始事」。餘不注、從可知也。(03-12a)

莒人至牟婁○正義曰、譜云「杞姒姓、夏禹之苗裔。武王克殷、求禹之後、得東樓公、而封之於杞。今陳留雍丘縣是也。九世及成公、遷縁陵。文公居淳于。成公始見春秋。湣公六年獲麟之歳也。湣公弟哀公三年、春秋之傳終矣。哀公十年卒。自哀公以下二世十三年而楚滅杞」。檢杞於此歳已見於經、桓二年有「杞侯來朝」、莊二十七年有「杞伯來朝」、於傳並無號謚、又不書其卒。僖二十三年「杞成公卒」、其謚乃見於傳。未知此年杞國定是何君、當是成公之父祖耳。「牟婁」杞邑、莒伐取之。自是以後、常爲莒邑。昭五年「莒牟夷以牟婁來奔」是也。

文三年「秦人伐晉」、傳稱「取王官及郊」、襄二十三年「齊侯伐晉」、傳稱「取朝歌」、並書「伐」不書「取」、此「伐」「取」兩書者、彼告「伐」不告「取」、此「伐」「取」並告故也。昭元年「伐莒取鄆」、書「取」不書「伐」、昭十年「伐莒取郠」、書「伐」不書「取」者、元年兵未加莒而鄆逆服、故書「取」不書「伐」、十年晉以取郠討公、故書「伐」不書「取」。其伐國圍邑、書圍以否、亦從告也。(03-12ab)

○注書取至婁鄉○正義曰、襄十三年傳例曰「凡書取、言易也」、知此書「取」亦「言易」也。地理志云「陳留郡雍丘縣故杞國、武王封禹之後東樓公」、是「杞本都陳留雍丘縣」也。志又云「北海郡淳于縣」、應劭曰「春秋州公如曹、左氏傳曰淳于公如曹、臣瓚案、州國名、淳于國之所都」。此淳于縣於漢屬北海郡、晉時屬東莞郡。故釋例土地名云「州國都於東莞淳于縣」、以雍丘・淳于雖郡別而竟連也。

桓五年傳稱「淳于公如曹、度其國危、遂不復」、六年「春實來」、雖知其國必滅、不知何國取之。襄二十九年「晉帥諸侯城杞」、昭元年、祁午數趙文子之功云「城淳于」、是知淳于即杞國之都也。僖十四年「諸侯城緣陵而遷杞」、不知從何而遷、故云「淳于公亡國、杞似并之、而遷居其地。僖十四年又從淳于而遷於緣陵。襄二十九年又從緣陵而遷於淳于」。以無明文、疑不敢質、故言「推尋事跡」、似當然也。

雖然淳于爲杞所并、定似不虚、而遷都淳于、未有事跡、自雍丘而遷緣陵、亦不可知矣、而杜必言「遷都淳于、又從淳于遷緣陵」者、以桓六年淳于公亡國、襄二十九年又杞都淳于、則淳于始末是杞之所有、又杞之所都、故疑未都緣陵之前、亦都淳于也。

取國易者則直言「取」、若「取邿」「取鄟」之類是也。故不須加「伐」於上。若其伐國取邑、其邑既小、不得名通、若不加「伐」於上、不知得何國之邑、是以雖易亦加「伐」文。則「伐杞取牟婁」、「伐邾取須句」之類是也。

成二年「取汶陽田」、乞師盟主、興兵伐齊、得邑既難、而亦書「取」者、因其伐齊、晉使還汶陽之田、魯不加兵、故書「取」從易也。劉君或疑此意、遂云「上言伐、下言取者、非易」、以規杜氏非也。(03-12b/13a)

注稱臣至無月○正義曰、宣四年傳例曰「凡弑君稱君、君無道也。稱臣、臣之罪也」、注云「稱君謂唯書弑君名、而稱國以弑。言衆所共絶也。稱臣者謂書弑者之名、以示來世、終爲不義」。然則此稱州吁之名、「稱臣弑君」是「臣之罪」也。言完非無道、而州吁爲賊也。

州吁實公子而不稱公子者、傳文更無褒貶、直是告辭不同、史有詳略耳。公子雖復非族、而文當族處。春秋書族以否、大有乖異、故杜備言之。

釋例曰「尋案春秋諸氏族之稱、甚多參差、而先儒皆以爲例。欲託之外赴、則患有人身自來者、例不可合、因以辟陋・未賜族爲説。弑君不書族者四事。州吁無知不稱公子・公孫。賈氏以爲『弑君取國、故以國言之』。案公子商人亦弑君取國、而獨稱公子。宋督、賈氏以爲『督有無君之心、故去氏』。案傳自以先書弑君見義、不在於氏也。宋萬、賈氏以爲『未賜族』。案傳稱南宮長萬、則爲已氏南宮、不得爲未賜族也。執殺大夫不書族者二事。楚殺得臣與宜臣、賈氏皆以爲『陋』。案楚殺大夫公子側・大夫成熊之等六七人、皆稱氏族、無爲獨於此二人陋也。欲以爲通例、則有若此之錯。欲以爲無義例、則傳曰『嘉之故不名』、『書曰仲孫、嘉之』、『書曰崔氏、非其罪』、翬溺帥師、皆曰『疾之』、『稱族、尊君命』、『舍族、尊夫人』、『尊晉罪己』之文炳然著明。以此推之、知亦非仲尼所遺也。斯蓋非史策舊法、故無凡例。當時諸國、以意而赴、其或自來聘使者、辭有詳略。仲尼脩春秋、因采以示義。義之所起、則刊而定之。不者卽因而示之、不皆刊正也。故蔡人嘉赴、而經從稱季、傳曰『蔡人嘉之』。書『崔氏』、傳亦曰『且告以族』、明皆從其本也。書『司馬華孫來盟』、亦無他比、知非大例也。然則揔而推之、春秋之義、諸侯之卿當以名氏備書於經。其加貶損、則直稱『人』。若有褒異、則或稱『官』、或稱『氏』。若內卿有貶、則特稱名。文不宜言『魯人』、故異於外也。若無褒無貶、傳所不發者、則皆就舊文、或未賜族、或時有詳略也。推尋經文、自莊公以上、諸弑君者皆不書氏、閔公以下皆書氏、亦足明時史之異同、非仲尼所皆刊也」。是杜解州吁不稱公子之意。

杜知然者、正以經之所書無常比例。褒則或書「官」、或書「氏」。貶則或稱「人」、或去「族」。既無定例、明非舊典。仲尼有所起發、則刊正舊史、無所褒貶、則因循故策。仲尼改者、傳辨其由。傳所不言、則知無義、正是史官自有詳略故耳。

「戊申」在癸未之後二十五日、更盈一周則八十五日。往年「十二月癸未、葬宋穆公」、則此年二月不得有戊申。雖承「二月」之下、未必是二月之日。故長歷推、此年二月癸亥朔、十日壬申、二十二日甲申、不得有戊申也。三月壬辰朔、則十七日有戊申也。此經上有「二月」下有「夏」、得在三月之內、不是字誤、故云「有日而無月」。僖二十八年冬下無月、而經有「壬申、公朝于王所」、有日而無月、經有比類、故知此亦同之。凡如此者有十四事。(03-13ab/14a)

注遇者至清亭〇正義曰、曲禮下云「諸侯未及期相見曰遇。相見於郤地曰會」。然則「會」者豫謀間地、克期聚集、訓上下之則、制財用之節、示威於衆、各重其禮。雖特會一國、若二國以上皆稱「會」也。「遇」者或未及會期、或暫須相見、「各簡其禮、若道路相逢遇然」。此時宋・魯特會、欲尋舊盟、未及會期、衞來告亂、故二國相遇。若三國簡禮、又曰「遇」。故莊四年「齊侯・陳侯・鄭伯遇于垂」是也。曲禮稱「未及期而相見」、指此類也。

周禮「冬見曰遇」、則與此別。劉・賈以「遇者用冬遇之禮」、故杜難之。釋例曰「遇者倉卒簡儀、若道路相逢遇者耳。周禮、諸侯冬見天子曰遇。劉氏因此名以說春秋、自與傳違。案禮、春曰朝、夏曰宗、秋曰覲、冬曰遇、此四時之名。今者春秋不皆同之。於禮冬見天子、當是百官備物之時、而云遇禮簡易。經書『季姬及鄫子遇于防』、此婦呼夫共朝、豈當復用見天子之禮。於理皆違」、是言春秋之遇與周禮冬遇異也。「草次」猶造次。造次倉卒、皆迫促不暇之意。

(03-14ab)

注他國至魯人〇正義曰、案「鄭伯使宛來歸祊。庚寅我入祊」、及「齊侯伐我北鄙」、及「我師敗績」。然魯事皆得稱「我」、則己之卿佐被貶、亦可稱「我人」、所以不然者、凡云「我」者、皆上有他國之辭、故對他稱「我」、魯人出會他國、上未有他國之文、不可發首言「我人」故也。(03-14b/15a)

注州吁至水名〇正義曰、春秋之世、王政不行、賞罰之柄、不在天子。弑君取國、爲罪雖大、若已列於諸侯會者、則不復討也。其有臣子殺之、卽與弑君無異。未必禮法當然、要其時俗如是。宣公殺惡取國、納賂於齊以請會、傳曰「會于平州、以定公位」、杜云「簒立者諸侯既與之會、則不得復討。臣子殺之、與弑君同。故公與齊會而位定」、是其義也。

釋例又云「諸侯簒立、雖以會諸侯爲正、此列國之制也。至於國內、策名委質、卽君臣之分已定。故諸殺不成君者、亦與成君同義」。然杜前注云「簒立者諸侯既與之會、臣子殺之、與弑君同」、則若未會諸侯、臣子殺之、不與弑君同、似與釋例違者、釋例所云「諸殺不成君、亦與成君同義」者、卽莊九年「齊人殺無知」、及此年「衞人殺州吁」、以其未會諸侯、故不書爵、猶不從兩下相殺之例、故云「亦與成君同義」。若既會諸侯、則臣弑稱爵。則文十八年「齊人弑其君商人」是也。曹伯負芻殺其大子而自立、成十五年「諸侯同盟于戚」、曹伯既列於會、然後晉人執之、十六年傳稱「曹人請于晉曰、若有罪則君列諸會矣」、是列會卽成君矣。此州吁未列於會、故不稱君。曹人之辭、卽是成例、故云「例在成十六年」。

「殺之於濮」、謂死於水旁也。釋例土地名、此濮下注云「闕」、哀二十七年傳、濮下注云「濮自陳留酸棗縣受河。東北經濟陰、至高平鉅野縣入濟」。彼濮與此、名同實異。故杜於此不言闕、直云「濮陳地、水名」。(03-15a/15b)

注衛人至八年○正義曰、成十八年傳例曰「凡去其國、國逆而立之曰入」。此公子晉去衛居邢、衛人迎而立之、於法正當書「入」、宜與齊小白同文。傳言「書曰衛人立晉、衆也」、是仲尼「善其得衆」、故改常例、「變文以示義」也。
(03-15b)

注謂二至之怨○正義曰、二年伐衛見經、故以屬之、未必往前更無怨也。衛世家稱「桓公十六年乃爲州吁所弑」、則隱之二年、當桓之世、服虔以先君爲莊公非也。何則、宣公烝夷姜生急子、公納急子之妻、生壽及朔。朔能構兄、壽能代死、則是年皆長矣。宣公以此年卽位、桓十二年卒、終始二十年矣。雖壽之死未知何歲、急子之娶、當在宣初。若隱之二年、莊公猶在。豈於父在之時、已得烝父妾生急子也。史記雖多謬誤、此當信然。(03-16a)

注蔡今至蔡縣○正義曰、蔡國侯爵。譜云「蔡姬姓。文王子叔度之後也。武王封之於汝南上蔡爲蔡侯、作亂見誅。其子蔡仲、成王復封之於蔡。至平侯徙新蔡。昭侯徙九江下蔡。宣侯二十八年魯隱公之元年也。昭侯之子成侯十年獲麟之歲也。成侯之子聲侯四年春秋之傳終矣。聲侯十四年卒、自聲侯以下二世二十八年而楚滅蔡」。地理志云「汝南上蔡縣故蔡國、周武王弟叔度所封」。

(03-16ab)

阻兵而安忍○正義曰、「阻」訓恃也。「恃兵」以求勝、而征伐不已、「安忍」行虐事、刑殺過度也。(03-16b)

故書至疾之也○正義曰、案元年傳「邾人鄭人盟于翼。公子豫請往、公不許、遂行」、彼則不書、又不加貶責。此公子翬之行、公亦不許、而書於經、又加貶責者、公子豫公不許、私竊而行。翬則強梁、固請公、事不獲已、令其出會、故以君命而書、又加貶責。(03-17a)

王觀爲可○正義曰、於王處行觀禮、此事是爲可也。(03-17a)

宣公卽位○正義曰、賊討乃立、自繼前君、故不待踰年也。(03-17b)

注書陳至魚臺○正義曰、「陳魚」者獸獵之類、謂使捕魚之人陳設取魚之備、觀其取魚、以爲戲樂、非謂既取得魚而陳列之也。其實「觀魚」而書「陳魚」者、國君爵位尊重、非蒐狩大事、則不當親行。公故遣陳魚而觀其捕獲、主譏其陳、故書「陳魚」、以示非禮也。傳曰「非禮也、且言遠地」、故知「書棠、譏遠地也」。
(03-18a)

九月至六羽○正義曰、三年之內、木主特祀於寢。宮廟初成、木主遷入其中、設祭以安神也。祭則有樂、故「初獻六羽」。「初」始也。往前用八、今乃用六也。「獻」者奏也。奏進聲楽、以娯神也。「六羽」謂六行之人秉羽舞也。(03-18a)

○注成仲至名宮○正義曰、「考成」釋詁文也。言「初獻六羽」者、謂初始而獻、非在後恒用。知者、案宣十五年「初税畝」、杜云「遂以爲常、故云初」、杜於此不解「初」義、明不與彼同。故春秋之經有文同事異、如此之類是也。

注以「祭」文不見、故辨之、云「成仲子宮、安其主而祭之」。以其與「獻」「羽」連文、知「考」謂祭以成之、非謂始築宮成也。又解立宮之意。惠公以仲子手有「夫人」之文、因卽娶之、雖不以爲夫人、有「欲以爲夫人」之意。禮、諸侯不再娶、於法「無二適」、孟子入惠公之廟、仲子無享祭之所。「蓋隱公成父之志、爲別立宮」。仲子以二年十二月薨、四年十二月已再期矣。喪畢卽應入廟、至此始成宮者、仲子立廟、本非正法、喪服既終、將爲吉祭、主無祭處、始議立之、故晚成也。

傳云「始用六佾」、不書「佾」而書「羽」者、以「公問羽數、故書羽」也。婦人法不當謚、仲子無謚、故「因姓以名宮」也。立宮必書於策、羽則非當所書、善其復正、故書之。傳載衆仲之對、而言「公從之」、是其善之意也。爲書「六羽」、故言「考宮」、言其因「考」以獻「羽」也。若不爲羽、當云「立仲子之宮」、如「立武宮・煬宮」然、不須言「考」也。

禮雜記下云「成廟則釁之。路寢成則考之而不釁」、似廟則當釁、寢則當考、此廟言「考」者、「考」是成就之義。廟者鬼神所居、祭祀以成之。寢則生人所宅、飲食以成之。雜記注云「路寢者生人所居、不釁者不神之也。考之者設盛食以落之」是也。廟成釁之者、尊而神之。蓋木主未入之前、已行釁禮也。案雜記釁廟之禮云「祝宗人・宰夫・雍人、皆爵弁純衣。雍人拭羊、宗人視之、宰夫北面于碑南東上、雍人擧羊、升屋自中、中屋南面、刲羊、血流于前、乃降。門夾室皆用雞。先門而後夾室。其衈皆於屋下。割雞門當門。夾室中室、有司皆鄕室而立。門則有司當門北面。既事宗人告事畢、乃皆退」、是釁廟之禮。此「考宮」「獻羽」、自爲主已入廟、則祭以成之、非釁禮、與彼異也。故公羊傳曰「考宮者何、考猶入室也。始祭仲子也」、是謂祭爲「考」也。服虔云「宮廟初成祭之、名爲考。將納仲子之主、故考成以致其五祀之神、以堅之」。其意謂「考」卽是釁也。案雜記釁廟之禮、止有雞・羊、既不用樂、何由獻羽。言「將納仲子之主」、則是仍未入宮。然則作樂獻羽、敬事何神。「考仲子之宮」、唯當祭仲子耳、又安得致五祀之神乎。

蘇氏云「不稱夫人之宮者、『桓宮』『僖宮』不言公、則仲子例不合稱夫人宮也。不稱廟而言宮者、於經例、周公稱大廟、羣公稱宮、故仲子依例稱宮也」。若然、案文十三年「大室屋壞」、大廟稱「室」者、謂大廟之室屋壞耳。若傳文、則大廟或稱「宮」、卽「大宮之椽」是也。羣公或稱「廟」、卽「同宗於祖廟、同族於禰廟」是也。(03-18a・b/19a)

注邾主至鄭上○正義曰、天下有道、諸侯不得專行征伐。春秋之時、專行征伐、以其不稟王命、故以主兵爲首。雖小國主兵、卽序於大國之上、欲見伐由其國、善惡所歸故也。雖大夫爲主、國君從之、亦序主兵於上。僖二十七年「楚人・陳侯・蔡侯・鄭伯許男圍宋」、注云「傳言『楚子使子玉去宋』。經書『人』者、恥不得志、以微者告。猶序諸侯之上、楚主兵故」、是微人主兵、亦序國君之上、史作之常法也。(03-19a・b)

注蟲食至故書○正義曰、釋蟲云「食苗心螟。食葉蟘。食節賊。食根蟊」、舍人曰「食苗心者名螟、言冥冥然難知也」、李巡曰「食禾心爲螟、言其姦冥冥難知也。食禾葉者、言其假貣無厭、故曰蟘也。食其節者、言其貪狼、故曰賊也。食其根者、言其税取萬民財貨、故曰蟊也」、孫炎曰「皆政貪所致、因以爲名」、郭璞曰「分別蟲啖食禾所在之名耳」。李巡・孫炎以政致爲名、舍人・郭璞以食處爲名。陸璣疏云「舊説、螟・蟘・蟊・賊、一種蟲也。如言寇賊姦宄、內外言之耳。故犍爲文學曰『此四種蟲皆蝗也。實不同、故分別釋之』」。然則「螟」非以蟲名、以食苗之處爲名耳。(03-19b)

注大夫至所及○正義曰、檀弓下云「君於大夫、將葬、弔於宮」。君親弔之而不書者、弔喪問疾、人君之常、假有得失、不足褒貶、如此小事、例皆不書。葬若國家所營、則亦不可不書。大夫之葬、皆臣子自爲、非公家所及、事不關國、無以得書葬也。他國之君書「葬」者、遣使往會、須書君命故耳。(03-19b/20a)

觀漁者○正義曰、説文云「漁捕魚也」。然則捕魚謂之漁。天官𩽾人「掌以時𩽾爲梁。凡𩽾者掌其政令」、是謂捕魚爲漁。「漁者」猶言獵者也。(03-20b)

○臧僖至敗也○正義曰、「凡物不足以講大事」者、「物」謂事物、旌旗・車服之屬。若其爲教戰・祭祀等大事、故布設陳列則可。如其細碎盤遊、雖陳其物、不堪足以講大事。止謂不爲大事而陳此物、故云「不足以講大事」也。「其材不足以備器用」者、「材」謂皮革・齒牙之屬。若其爲飾器用、故狩獵取材則可。如其因遊宴・戲樂、所得之材不堪足以備飾器用。止謂不爲器用而取此材、故云「不足以備器用」也。

人君一國之主、在民之上、當直己而行之以法、歐民而納之於善、故云「人君將納民於軌物者也」。言當爲軌爲物、納民於其中也。既言民歸「軌物」、更解「軌物」之名。故講習大事、以準度軌法度量、謂之爲「軌」。準度軌量、卽謂習戰・治兵・祭祀之屬是也。取鳥獸之材、以章明物色采飾、謂之爲「物」。章明物采、卽取材以飾軍國之器是也。

劉炫云、捕魚・獵獸、其事相類。此諫大意、言人君可觀獵獸、不可觀捕魚。「凡物」者廣言諸物、鳥獸・魚鼈之類也。「材」謂所有皮革・毛羽之類也。「器」謂車馬・兵甲、軍國所用之物也。凡此諸物、捕之不足以講習兵事、其材不足以充備器用、如此者則人君不親擧焉。其意言獵之坐作進退、可以教戰陳、獸之齒牙・皮革、足以充器用、人君可以觀之。捕魚不足以教戰陳、鱗甲不足以爲器用、人君不宜觀之。人君以下云々同。

今若人君所行、不得其軌、擧動不順、器服不當其物、上下無章。如是則謂之荒亂之政也。亂政數行、國家之所以禍敗也。其意言、漁非講事、是「不軌」、材不充用、是「不物」。今君「觀漁」、是爲亂國之政、禍敗之本、故不用使公行也。「事度軌量」、正謂順時狩獵、以教習戎事也。「材章物采」、正謂取其皮革、以脩造器物也。下云「四時田獵、治兵振旅、以習威儀」、覆此講事也。「肉不登俎、材不登器、則公不射」、覆此章物也。別言川澤之實、非君所及、指言不可「觀漁」。辭有首引、自相配成也。(03-20b/21a)

○注臧僖至與戎○正義曰、「僖伯」名彄、字子臧、世本云「孝公之子」、卽此冬書「公子彄卒」是也。謚法「小心畏忌曰僖」、是僖爲謚也。

諸侯之子稱公子、公子之子稱公孫、公孫之子不得祖諸侯、乃以王父之字爲氏。計僖伯之孫、始得以臧爲氏、今於「僖伯」之上已加「臧」者、蓋以僖伯是臧氏之祖、傳家追言之也。

成十三年傳曰「國之大事、在祀與戎」、故知「大事祀與戎」也。必知兼祀者、以下云「鳥獸之肉、不登於俎」故也。劉炫云「田獵止教戎、而言祀者、獵狩主以祭祀、故并祀言之」。下注云、俎祭宗廟器、見此意也」。(03-21a)

○注言器至所起○正義曰、車馬・旌旗・衣服・刀劍、無不皆有法度。「器用衆物、不入法度」、廣言之也。器不當法、用非其物、則爲不軌不物、政不在君、則亂敗之所起也。(03-21a)

注蒐索至擇也○正義曰、爾雅釋天四時之獵名與此同、説者皆如此注、故杜依用之。周禮大司馬職「中春教振旅、遂以蒐田。中夏教茇舍、遂以苗田。中秋教治兵、遂以獮田。中冬教大閱、遂以狩田」、其名亦與此同。鄭玄解苗田、與此小異。言「擇取不孕任者、若治苗去不秀實者」、孫炎亦然。

桓四年公羊傳曰「春曰苗、秋曰蒐、冬曰狩」、三名既與禮異、又復夏時不田。穀梁傳曰「四時之田、皆爲宗廟之事也。春曰田、夏曰苗、秋曰蒐、冬曰狩」、皆與禮異者、良由微言既絶、曲辯妄生。丘明親受聖師、故獨與禮合。漢代古學不行、章帝集諸學士作白虎通義、因穀梁之文、爲之生說曰「王者諸侯所以田獵何、爲田除害、上以共宗廟、下以簡集士衆也。春謂之田何、春歳之本、擧本名而言之也。夏謂之苗何、擇去懷任者也。秋謂之蒐何、蒐索肥者也。冬謂之狩何、守地而取之也。四時之田、揔名爲田何、爲田除害也」。案苗非懷任之名、何云「擇去懷任」。秋獸盡皆不瘦、何云「蒐索肥者」。雖名通義、義不通也。故先儒皆依周禮・左傳・爾雅之文、而爲之說。

其名亦有意焉。雖復春獵、獲則取之、不能擇取不孕。夏獵所取無多、不能爲苗除害。因時異而變文耳。謂之「獵」者、蔡邕月令章句云「獵者捷取之名也」。

(03-21b)

注各隨時事之間○正義曰、「隙」訓間也。四仲之月、自是常期、就其月中、簡選簡日。雖則農月、必有間時、故曰「隨時事之間」也。仲冬農之最隙、故大備禮也。(03-22a)

注雖四至衆也○正義曰、雖每年常四時講武、「猶復三年而一大習」、猶如四時常祀、三年而復爲禘祭、意相類也。

「出曰治兵」者、以其初出「始治其事」也。「入曰振旅」者、以「治兵禮畢、整衆而還」。振訊是整理之義、故「振」爲整也。「旅衆也」釋詁文。

「治兵」「振旅」、坐作進退、其禮皆同。所異者唯長幼先後耳。釋天云「出爲治兵、尚威武也。入爲振旅、反尊卑也」、孫炎曰「出則幼賤在前、貴勇力也。入則尊老在前、復常法也」。莊八年穀梁傳曰「出曰治兵、習戰也。入曰振旅、習戰也」。公羊傳曰「出曰治兵、入曰振旅、其禮一也。皆習戰也」、是其禮同也。何休公羊爲「出曰祠兵」、休云「殺牲饗士卒」、鄭玄詩箋引公羊亦作「治兵」、是其所見本異也。

此「治兵」「振旅」、亦四時教之。但於三年大習、詳其文耳。周禮「春教振旅、秋教治兵」者、四時教民、各以其宜。春卽止兵收衆、專心於農。秋卽繕甲厲兵、將威不軌。故異其文耳。(03-22a)

注飲於至獲也○正義曰、桓二年傳例曰「凡公行、告于宗廟、反行、飲至」。彼飲至在廟、知此言「飲至」、亦「飲於廟」也。軍之資實、唯有車徒・器械、獵則有所獲、詩序車攻美「宣王脩車馬、備器械」。因田獵而選車徒」、故知「數軍實」者、「數車徒器械、及所獲也」。說文云「械器之揔名」、虞喜云「器械謂鎧・甲・兜・鍪也」、宣十二年傳言「楚國無日不討軍實而申儆之」、襄二十四年傳曰「齊社蒐軍實、使客觀之」、二注並云「軍實軍器」、不言「車徒」及「所獲」者、彼無獵事、故不言也。(03-22b)

注車服旌旗○正義曰、周禮巾車職曰「革路建大白以卽戎、木路建大麾以田」、司服職曰「凡兵時韋弁服、凡甸冠弁服」、鄭玄云「甸田獵也」。計田獵當乘木路、服冠弁。但三年治兵、乃習兵大禮、不宜乘田車、服田服。天子蓋乘革路服韋弁也。在軍君臣同服、公卿以下、蓋亦乘兵車服兵服也。

其旌旗則尊卑異建。治兵之禮、爲辨旗物、必不建大白大麾。大司馬職曰「中秋教治兵、辨旗物之用。王載大常、諸侯載旂、軍吏載旗、師都載旜、鄉遂載物、郊野載旐、百官載旟、遂以獮田」、鄭玄云「軍吏諸軍師也。師都遂大夫也。鄉遂鄉大夫也。或載旜、或載物、衆屬軍吏、無所將也。郊謂鄉遂之州長縣正以下也。野謂公邑大夫。載旐者以其將羨卒也。百官卿大夫也。載旟者以其屬衛王也。凡旌旗、有軍衆者畫異物、無者帛而已」。然則治兵旌旗當如司馬職文也。案司常職云「及國之大閱、贊司馬、頒旗物。王建大常、諸侯建旗、孤卿建旜、大夫士建物、師都建旗、州里建旟、縣鄙建旐、道車載旞、斿車載旌」。計大閱治兵、俱是教戰、而旌旗之物所建不同者、鄭玄云「凡頒旗物、以出軍之旗則如秋、以尊卑之常則如冬。大閱備軍禮、而旌旗不如出軍之時。空辟實」。

然則大閲所建、尊卑之常、治兵所建、出軍之禮。
此「三年治兵」、與秋教治兵、其名既同、建當不異。故服虔解此、亦引司馬職文、明是旌旗所建、用秋辨旗物之法。案大司馬職「教治兵、王載大常」、所以巾車云「大麾以田」、又云「大白以即戎」者、先儒以爲「王田、春夏則大麾。秋冬則大常。旌旗所用、雖如治兵之時、然王若親軍、則建大白」。(03-22b/23a)

鳥獸至於器○正義曰、説文云「革獸皮治去其毛、革更之」。然則有毛爲皮、去毛爲革。周禮掌皮「秋斂皮、冬斂革」、以其小異、故別時斂之。散文則皮・革通也。頷上大齒、謂之爲「牙」。鳥翼長毛、謂之爲「羽」。齒牙毛羽、各自小異、故歷言之。「登於俎」、謂升俎以共祭。「登於器」、謂在器以爲飾。諸器之飾、有用此材者。(03-23b)

○注俎祭宗廟器○正義曰、饗燕之饌、莫不用俎、獨言「宗廟器」者、明田獵取禽、主爲祭祀。若止共饗燕、則公亦不爲。下注云「法度之器」、其義亦然、非法之器、公亦不擧。

「登」訓爲「升」。服虔以上「登」爲「升」、下「登」爲「成」、二「登」不容異訓。且云「不成於器」、爲不辭矣。又器以此物爲飾、寧復待之乃成也。

周禮𢿱人「凡祭祀共其魚之鱻薧」、特牲・少牢祭祀之禮、皆有魚爲俎實、肉登於俎、公則射之、而以「觀漁」爲非禮者、此言「不登於俎」者、謂妄出遊獵、雖取鳥獸、元不爲祭祀。「不登於器」、亦謂盤遊、元不爲取材、以飾器物。今公「觀漁」、乃是遊戲、故以非之。

然登俎登器之物、雖君所親、至於庶羞雜物細小之倫、雖爲祭祀、亦君不射。禮「水土之品、籩豆之物、苟可薦者、莫不咸在」、豈皆公親之也。劉炫云「此言田獵之時、小鳥小獸則公不射。雖講事而田、尚不射小物。況魚非講事、不宜輒擧。不謂登俎之物、皆公所親射。祭祀水土云云同」。(03-23b)

若大至及也○正義曰、「山林之實」、謂材木樵薪之類、「川澤之實」、謂菱芡魚蟹之屬。此皆器用之所資、須賤人之所守掌、非人君所宜親及之也。此雖意諫「觀漁」、而廣言小事、故注云「取此雜猥之物、以資器備、非諸侯所親也」。「雜猥」謂諸雜猥碎也。「資」謂器之資財、待此而備、器之所用及所盛皆是也。穀梁傳曰「禮尊不親小事、卑不尸大功。魚卑者之事也。公觀之、非正」、與此同也。

若然、月令「季冬命漁師始魚。天子親往嘗魚、先薦寢廟」、彼禮天子親往、此譏公者、彼以時魚絜美、取之以薦宗廟。特重其事、天子親行、意在敬事鬼神、非欲以爲戲樂、隱公「觀漁」、志在遊戲、故譏之也。(03-24a)

注孫辭至否矣○正義曰、僖九年傳曰「東略之不知、西則否矣」、又十六年傳曰「謀鄫且東略也」。「略」者「巡行之名」也。「公曰、吾將略地焉」、言欲案行邊竟、是「孫辭」也。

若國竟之内、不應譏公遠遊。「且言遠地」、明是他竟也。釋例曰「舊説棠魯地。據傳公辭欲略地、則非魯竟也」。釋例土地名、棠在魯部内云「本宋地」、蓋宋魯之界上也。(03-24ab)

注矢亦陳也○正義曰、釋詁云「矢陳也」。(03-24b)

注曲沃至國縣○正義曰、晉國侯爵。譜云「姫姓。武王子唐叔虞之後也。成王滅唐而封之、今大原晉陽縣是也。燮父改之曰晉。燮父孫成侯徙都曲沃、今河東聞喜縣是也。穆侯徙都絳。鄂侯二年魯隱公之元年也。定公三十一年獲麟之歲也。出公八年而春秋之傳終矣。出公十七年卒。自出公以下五世八十二年而韓趙魏滅晉也」。地理志云「河東聞喜縣、故曲沃也。武帝元鼎六年、行過、改名」、應劭曰「武帝於此聞南越破、改曰聞喜」。志又曰「趙國襄國縣、故邢國」。

然則於漢屬趙國、於晉屬廣平。(03-24b)

注南燕至燕縣〇正義曰、燕有二國、一稱北燕、故此注言「南燕」以別之。世本「燕國姞姓」。地理志「東郡燕縣南燕國、姞姓、黃帝之後也」。小國無世家、不知其君號謚、唯莊二十年燕仲父見傳耳。(03-25a)

注郕國至郕鄉〇正義曰、史記管蔡世家稱「郕叔武文王子、武王之母弟」。後世無所見。既無世家、不知其君號謚。唯文十二年郕大子朱儒奔魯。書曰「郕伯來奔」、見於經傳、則郕國伯爵也。(03-25b)

注萬舞也〇正義曰、案公羊傳曰「萬者何。干舞也。籥者何。羽舞也」、則「萬」「與」羽不同。今傳云「將萬焉、問羽數於衆仲」、是「萬」與「羽」爲一者、「萬」「羽」之異、自是公羊之說。今杜直云「萬舞也」、則「萬」是舞之大名也。何休云「所以仲子之廟唯有羽舞無干舞者、婦人無武事、獨奏文樂也」。

劉炫云「公羊傳曰萬者云云、籥者云云。羽者爲文、萬者爲武。武則左執朱干、右秉玉戚。文則左執籥、右秉翟。此傳將萬問羽、卽似萬羽同者、以當此時、萬羽俱作、但將萬而問羽數、非謂羽卽萬也。經直書羽者、與傳互見之」。(03-25b/26a)

注六六三十六人〇正義曰、何休說如之。服虔以用六爲六八四十八、大夫四爲四八三十二、士二爲二八十六。杜以舞勢宜方、行列既減、卽每行人數亦宜減、故同何說也。

或以襄十一年「鄭人賂晉侯、以女樂二八」、爲二佾之樂、知自上及下、行皆八人、斯不然矣。彼傳見晉侯減樂之半、以賜魏絳、因歌鍾二肆、遂言「女樂二八」、爲下「半樂」張本耳、非以二八爲二佾。若二八卽是二佾、鄭人豈以二佾之樂賂晉侯、晉侯豈以一佾之樂賜魏絳。(03-26a)

夫舞至八風〇正義曰、「舞」爲樂主、「音」逐「舞」節、「八音」皆奏、而舞曲齊之、故「舞所以節八音」也。八方風氣、寒暑不同。樂能調陰陽、和節氣、八方風氣、由舞而行、故「舞所以行八風」也。

〇注八音至其情〇正義曰、「八音爲金・石・土・革・絲・木・匏・竹」、周禮大師職文也。鄭玄云「金鍾鎛也。石磬也。土塤也。革鼓鼗也。絲琴瑟也。木柷敔也。匏笙也。竹管簫也」。

「八風八方之風」者、服虔以爲「八卦之風、乾音石、其風不周。坎音革、其風廣莫。艮音匏、其風融。震音竹、其風明庶。巽音木、其風淸明。離音絲、其風景。坤音土、其風涼。兌音金、其風閶闔」。易緯通卦驗云「立春調風至、春分明庶風至、立夏清明風至、夏至景風至、立秋涼風至、秋分閶闔風至、立冬不周風至、冬至廣莫風至」。風體一也。逐天氣、隨八節、而爲之立名耳。調與融、一風二名。昭十八年傳曰「是謂融風」、是其調融同也。

沈氏云「案樂緯云、坎主冬至、樂用管。艮主立春、樂用塤。震主春分、樂用鼓。巽主立夏、樂用笙。離主夏至、樂用絃。坤主立秋、樂用磬。兌主秋分、樂用鍾。乾主立冬、樂用柷敔」。此八方之音、既有兩說、未知孰是、故兩存焉。更說制樂之本、節音行風之意。以八音之器、宣播八方之風、使人用手以舞之、用足以蹈之。節其禮制、使不荒淫、次序人情、使不蘊結也。蟋蟀詩曰「無已大康、職思其居」、是節其制也。舜歌南風曰「南風之時兮。可以阜吾人之財兮。南風之薰兮。可以解吾人之慍兮」、是序其情也。(03-26ab/27a)

注魯唯至用六〇正義曰、襄十二年傳曰「魯爲諸姬臨於周廟」、是魯立文王之廟也。文王天子、自然用八。禮記祭統曰「昔者周公旦有勳勞於天下。成王康王賜之以重祭。朱干玉戚、以舞大舞、八佾以舞大夏。此天子之樂也。康周公、故以賜魯」、明堂位曰「命魯公世世祀周公、以天子之禮樂」、是周公之廟用八也。傳曰「始用六佾」、則知以前用八。何休云「僭齊也。下傚上之辭」。魯之僭傚、必有所因。故本其僭之所由、言由「文王周公廟用八佾。他公之廟、遂因仍僭而用之。今隱公詳問衆仲、衆仲因明大典」。公從其言、於仲子之廟、「初獻六羽」、「故傳亦因言、始用六佾」、謂仲子之廟用六佾、他公則仍用八也。至襄昭之時、魯猶皆亦用八、故昭二十五年公羊傳稱「昭公謂子家駒曰、吾何僭哉。荅曰、朱干玉戚、以舞大夏、八佾以舞大武。此皆天子之禮也」、是昭公之時、僭用八也。此減從正禮、尚書於經。若僭非禮、無容不書。自此之後、不書僭用八佾、知他廟僭而不改。故杜自明其證。「其後季氏舞八佾於庭、知唯在仲子廟用六」也。(03-27ab)

注諸侯至不聽○正義曰、詩伐木篇毛傳曰「天子謂同姓諸侯、諸侯謂同姓大夫、皆曰父。異姓則稱舅」。覲禮載天子呼諸侯之稱曰「同姓大國、則曰伯父。其異姓、則曰伯舅。同姓小邦、則曰叔父。其異姓、則曰叔舅」。然則諸侯之國有大小之異、大夫無地之大小、明以年之長少爲異。莊十四年傳稱「鄭厲公謂原繁爲伯父」。禮記祭統稱「衛莊公呼孔悝爲叔舅」。諸侯呼異姓大夫爲伯舅、同姓大夫爲伯父者、雖則無文、明亦然矣。

「僖伯」者孝公之子、惠公之弟。惠公立四十六年而薨、則子臧此時年非幼少、呼曰「叔父」者、是隱公之親叔父也。此注自言呼臣之大法耳。(03-28a)

春秋左傳正義校勘記　巻三

附釋音春秋左傳注疏巻第三　隱三年盡五年（03-01a-1）

経三年

・以歷家一日分爲九百四十分（03-01b-1）宋本「日」作「度」是也。◎正本は「日」字に作って、宋本と異なる。阮校は「度」字を是とするが、文脈からすれば「日」字が正しい。

・知其不可知也（03-01b-4）宋本下「知」字重是也。◎正本も「知」字を重ねる。要義本同じ。

・襄二十二年（03-01b-6）宋本下「二」作「一」不誤。◎正本・足利十行本・要義本も「一」字に作る。

・當陽量之月（03-01b-7）閩本・監本・毛本「量」作「長」。宋本作「盛」是也。◎正本も宋本に同じく「盛」字に作る。これが正しい。

・歷紀全差（03-01b-9）宋本作「全廢」。◎正本・足利十行本も宋本に同じく「全廢」に作る。これが正しい。

・漸益詳密（03-01b-10）宋本「詳」作「微」。◎正本も宋本に同じく「微」に作る。これに從うべきであろう。足利十行本・要義本も同じ。

・故漢朝以來（03-01b-10）閩本・監本・毛本「朝」作「興」。宋本作「初」。◎正本・足利十行本は宋本に同じく「初」字に作る。これに從うべきであろう。要義本同じ。

・皆一百七十三日有餘而始一交會（03-02a-1）浦鏜正誤「皆」下增「以爲」二字。◎浦説に從い「以爲」二字を補う。

・不可謂之錯誤世考之歷術（03-02a-1）監本・毛本「世」誤〔附校勘記は「作」字に作る〕「也」。◎宋本・正本も「世」字に作る。

・則自有頻食之理（03-02a-3）宋本「自」作「日」不誤。◎正本・足利十行本も宋本に同じく「日」字に作る。これが正しい。

・食晦夜也（03-02a-4）浦鏜云「食晦夜」三字、本作「夜食」。◎諸本「食晦夜也」に作るので、このままにしておく。

・皆言天王使矣（03-03a-1）◎阮刻本の「矣」字は「某」字の誤刻。

・此後不言王使（03-03a-1）◎阮刻本の「後」字は「復」字の誤刻。

癸未葬宋穆公（03-03a-6）史記鄭世家・漢書古今人表作「繆公」。禮記喪服小記「序以昭繆」、鄭氏注「繆」讀爲「穆」。聲之誤也。陳樹華云、凡謚法曰「繆」者、史漢多作「繆」。蓋古字叚借也

傳三年

不赴於諸侯（03-04a-5）石經・宋本・淳熙本・岳本・足利本「於」作「于」、下「哭于」「祔于」、毛本竝改「於」。纂圖本作「祔于」。

・旣封有司以几筵舍奠於墓左（03-04a-10）宋本「墓」誤「基」。◎正本・足利十行本は誤らず「墓」字に作って、宋本と異なる。

・必是〔阮刻注疏本附校勘記は「有」に誤刻〕闕一事則變一文（03-04b-5）宋本「一事」作「二事」。◎正本も宋本に同じく「二事」に作る。これが

正しい。
・初死乃赴（03-04b-9）宋本・監本・毛本「乃」作「卽」。◎正本・足利十行本も同じく「卽」字に作る。これが正しい。
・死必赴於鄰國（03-05a-1）閩本・監本・毛本「鄰」作「隣」。◎正本も同じく「隣」字に作る。
・便是適妾莫辯（03-05a-2）宋本「辯」作「辨」。◎正本は「辯」字に作って、宋本と異なる。
・課行一事則其此三文（03-05a-9）宋本亦作「課」。閩本・監本・毛本作「果」。下同。「其」各本作「具」是也。○補「其」今改「具」。◎正本は宋本に同じく「課」字に作る。
・定姒之傳（03-05b-1）浦鏜云「姒氏」誤「定姒」。
・不須辟孟子也（03-05b-6）毛本「孟」作「仲」不誤。○今依訂正。◎宋本・正本は「孟子」に作る。これが正しい。阮校は誤り。
・則尊得加於臣子（03-05b-8）宋本「得」作「德」誤。◎正本は「得」字に作って、誤らず。
麥禾皆未熟（03-06a-6）宋本「熟」作「孰」。疏同。陳樹華引博雅音云「憲案、説文解字从丮𦎧、卽孰字也。與孰誰之孰無異。唯玉篇孰字加火、未知所出」。

蘋蘩蘊藻之菜（03-06b-3）詩采蘋正義引作「蘊藻」。文選蜀都賦注引同。宋張有復古篇以「蘊」爲「薀」之俗體。
・蘋藻言菜之薄（03-06b-5）山井鼎云「蘋」作「蘊」。
・故云重也（03-06b-5）◎阮刻本の「云」字は「文」字の誤刻。但し重刊本は訂正している。
・然則谿亦山間有水之名（03-06b-7）宋本無「則」字、是也。◎正本には「則」字が有る。これが正しい。

・小渚曰沚（03-06b-8）陳樹華云、南宋本「渚」作「陼」。按今本爾雅作「陼」。釋文云「陼」字又作「渚」。
・陸機毛詩義疏（03-07a-1）宋本・毛本「機」作「璣」。案嘉定錢大昕云、古書「機」與「璣」通。馬・鄭尚書「璿璣」字皆「機」。隋書經籍志「烏程令呉郡陸機」、本從木傍。元恪與士衡同時、又同姓名。古人不以爲嫌也。自李濟翁資暇集強作解事謂、元恪名當從玉傍。晁公武讀書志承其説、以或題陸機者爲非。自後經史刊本遇元恪名、輒改從玉傍。予謂、考古者但當知草木疏爲元恪撰、非士衡撰。若其名則皆從木、而士衡名字與尚書相應。果欲依今本尚書、何不改士衡名邪。◎正本は「機」字に作るが、下文の「陸璣疏云、生水底有二種」の一例のみ「璣」字に作っている。宋本はいずれも「璣」字に作る。今、錢大昕説に従わず、

陸機―字は士衡
陸璣―字は元恪

とする湯浅幸孫「潜夫論に引く〈魯詩〉について」（《中国思想史研究》第三号　一九七九年）・陳鴻森「禹貢注疏校議」（《大陸雜誌》第七十九巻第五期　一九八九年）両説に従う。
・可糝蒸爲茹（03-07a-1）宋本「蒸」作「烝」是也。○下同。◎正本・足利十行本も宋本に同じく「烝」字に作る。
・説文曰藻水草從月從水巢聲（03-07a-3）宋本「藻」作「薻」。案説文藻云、或从澡月字。宋本作「卄」是也。◎正本・足利十行本も宋本に同じく「藻水草從卄從水巢聲」に作る。
・或作藻從藻（03-07a-3）宋本・閩本「從藻」作「從澡」是。◎正本・足利十行本も宋本に同じく「從澡」に作る。
・莖大如著（03-07a-4）宋本「著」作「箸」是也。◎正本・足利十行本も宋本に同じく「箸」字に作る。

・煮熟揉去腥氣（03–07a–5）宋本「熟」作「孰」。◎正本・足利十行本は「熟」字に作って、宋本と異なる。

・米麪糝蒸爲茹（03–07a–5）宋本「蒸」作「烝」。◎正本・足利十行本も宋本に同じく「烝」字に作る。

員日筥（03–07a–6）宋本・淳熙本・岳本・足利本「員」作「圓」。釋文同。案詩召南采蘋傳作「圓」日筥。説文簝字注云「圜日簝」。「圜」與「圓」通。「簝」卽「筥」字。義與毛傳同也。◎今字に「圓」字に改める。

・注方日至日錡（03–07a–7）宋本以下正義四節揔入「昭忠信也」注下。

・此皆毛詩傳鄭箋之文也（03–07a–7）宋本作「詩毛傳」不誤。浦鏜正誤云「鄭箋之」三字衍文。◎正本・足利十行本も宋本に同じく「詩毛傳」に作る。なお浦鏜は鄭箋に該当する文章が無いことから衍文と見なしたのであろう。

故言二國（03–07b–4）宋本「言」作「云」。

若弃德不讓（03–08a–9）閩本・監本・毛本「弃」作「棄」。石經避唐太宗諱作「弃」。

使公子馮出居於鄭（03–08b–2）石經・宋本・淳熙本・纂圖本・毛本「於」作「于」是也。

百祿是荷（03–08b–9）宋本「荷」作「何」。注同。釋文亦作「何」、云本又作「荷」。案詩作「何」字。作「何」字則與説文字義合。凡作「荷」者皆字之假借也。◎実は宋本も「荷」字に作る。阮校の失校。

・言成湯武丁（03–09a–2）宋本「成」作「殷」是也。◎正本・足利十行本も宋本に同じく「殷」字に作る。

・也二王者受天之命（03–09a–2）◎阮刻本の「也」字は「此」字の誤刻。重刊本は訂正している。

・今穆公示殤公亦得其宜（03–09a–3）宋本「示」作「立」是也。◎正本も宋本に同じく「立」字に作る。これが正しい。

・故殤公宜荷其祿（03–09a–3）◎阮刻本の「其」字は「此」字の誤刻。

・是風吹之隊濟水（03–09b–4）宋本・閩本・監本・毛本「隊」作「墜」。◎正本は「隊」字に作る。実は宋本も同じ。阮校の失校。

・溢爲〔經解本「馬」字に誤刻〕荥（03–09b–4）宋本・閩本・監本・毛本「荥」作「滎」亦非。案當作「熒」。周禮職方氏注引作「泆爲熒也」。今「熒」作「滎」衛包所改。◎正本も宋本に同じく「滎」字に作る。今「滎」字に従う。

・彼長歷推（03–09b–7）◎阮刻本の「彼」字は「故」字の誤刻。

・二十三日有丙戌（03–09b–8）◎阮刻本は「三」字を「二」字に、「有」字を「在」字に誤刻する。但し重刊本は「三」字のみ訂正している。

此大子不敢居上位故常處東宮（03–09b–9）案「此」字衍文。諸本所無。◎今「此」字を削除する。

・簡公弟平公十三年（03–10a–2）◎正本は「二」字に作るが、「三」字が正しい。

・案史記十二年諸侯年表（03–10a–3）宋本無上「年」字、是也。毛本「記」誤「計」。◎正本・足利十行本も宋本に同じく「年」字無し。

・在春秋前二十五年（03–10a–3）◎宋本は「二」字を「三」字に作る。これが正しい。

・故大子在東也（03–10a–6）宋本「東」下有「宮」字。◎正本・足利十行本には「宮」字無し。無いのが正しい。

・又娶于陳（03–10a–10）宋本以下正義二節在「莊姜以爲己子」注後。

・淫謂耆欲過度（03–11a–2）宋本「耆」作「嗜」。按「嗜」正字、「耆」假借字。◎正本・足利十行本は「耆」字に作って、宋本に異なる。今、宋本に從う。

降而不憾憾而能眕者鮮矣（03–11a–5）釋文「憾」本又作「感」。説文云「感動人心也」。俗加立心、説文所無。陳樹華云、釋文以「憾」爲正、反以「感」爲一作之字。

經四年

・應劭曰（03-12b-5）宋本「劭」作「邵」、下並同。按「邵」高也。應字仲遠、高遠義相近。改作「劭」非也。◎正本は「劭」字に作る。ただし下文（03-24b-10）では「應邵」に作り、逆に宋本は「應劭」に作る。いずれの版本にも混乱が見られる。今、阮校には従わず、「劭」字のままとする。以下も同様。

・淳于國之所都（03-12b-5）浦鏜正誤「于」下有「公」字。

・六年春寔來雖知其國必滅（03-12b-7）宋本「寔」作「實」。◎正本・足利十行本は「寔」字に作って、宋本に異なる。

・疑似并之（03-12b-9）宋本・監本・毛本「疑」作「杞」是也。◎正本・足利十行本も同じく「杞」字に作る。これが正しい。

・若然淳于爲杞所并（03-12b-10）宋本「若」作「雖」。◎正本・足利十行本も宋本に同じく「雖」字に作る。いまこれに従う。ただ文脈からすると「若」字の方が適当にも思える。待考。

・自雍丘而遷縁陵亦可知矣（03-13a-1）◎文脈からすると、「可」字の上に否定の辞が有るべきところ。意を以て「不」字を補う。

・而杜必言遷都淳于（03-13a-1）◎阮刻本は「杜」字を「且」字に誤刻する。但し重刊本は訂正している。

・上言伐下言取者（03-13a-5）宋本・監本・毛本「下」誤「不」。◎正本・足利十行本は「下」字に作って誤らず。実は宋本も「下」字に作る。阮校の失校。

戊申衛州吁弑其君完（03-13a-5）毛本「戊申」誤「庚戌」。釋文「弑」本又作「殺」、同、音試。陳樹華云、「弑」「殺」二字經傳互出。凡釋文作「殺」、分注中無本又作「弑」之文。而石經及諸刻本並作「弑」、各本注同、獨與釋文異者、要是傳本不同。陸氏未載及一作某字耳。擧此可以例推。今皆仍其舊、但爲標出、不更改從釋文。凡「適」「嫡」「禦」「御」等字放此。段玉裁曰、凡敘其事曰「殺」、正其罪名曰「弑」。「弑」者聖人正名定罪之書法、而三傳紀事多用「殺」字、後人轉寫經傳、多致淆亂、宜以此義求之。

戊申在三月十七日（03-13a-6）宋本「三月」上有「在」字。

・尋案春秋諸氏族之稱（03-13a-10）◎阮刻本は「族」字を「於」字に誤刻する。但し重刊本は訂正している。

・文不宜言魯人（03-13b-10）◎阮刻本は「宜」字を「直」字に誤刻する。

魯之卿佐（03-14b-8）岳本「魯」作「國」、連上文「而己」爲句。案岳本是也。他本「己」誤「已」。◎つまり阮校によれば、「而己國之卿佐、不得言魯人」。実は宋本も岳本に一致する。これが正しい。

・卽君臣之分已定（03-15a-7）宋本・監本・毛本「分」下有「已」字。◎正本にも同じく「已」字がある。これが正しい。

・釋例所云諸弑不成君（03-15a-8）◎諸本「弑」字に作るが、前引《釋例》ならびに文脈からすれば、「殺」字が正しい。

・亦成君同義（03-15a-8）宋本・監本・毛本「亦」下有「與」字。◎正本にも同じく「與」字がある。これが正しい。

傳四年

・終始二十矣（03-16a-4）宋本「十」下有「年」字是也。◎正本にも同じく「年」字がある。これが正しい。

・阻兵而安忍（03-16b-8）宋本此節正義在「必不免矣」之下。

・阻恃諸國之兵以求勝（03-16b-8）宋本作「阻訓恃也。恃兵以求勝」。考文同。◎正本・足利十行本も宋本に同じく「阻訓恃也。恃兵以求勝」に作る。これが正しい。

・故書至疾之也（03-17a-4）宋本此節正義在注「時鄭不車戰」之下。

・翟則強梁固請公（03-17a-5）◎阮刻本は「則」字を「師」字に誤刻する。但し重刊本は訂正している。

・王觀爲可（03-17a-9）宋本此節正義在「其是之謂乎」注下。

明小義則當兼子愛之（03-17b-8）宋本・淳熙本・岳本・足利本「常」作「當」是也。◎宋本に従い「當」字に改める。

・宣公卽位（03-17b-10）宋本此節正義在「衆也」之下。

經五年

公矢魚于棠（03-18a-2）史記作「觀漁于棠」。漢書五行志亦作「漁」。此古字段借也。説文有「魚」有「漁」。

今高平方與縣北有武唐亭魯侯觀魚臺（03-18a-3）史記正義引杜注「唐」作「棠」、「魚」作「漁」。釋例亦云「唐卽棠、本宋地」。

・其貴觀魚而書陳魚者（03-18a-4）閩本・監本・毛本「貴」作「責」亦非。宋本作「實」是也。○今依訂正。◎正本も宋本に同じく「實」字に作る。なお諸本「觀魚」に作るが、後述のように「觀漁」が正しい。

・以廟則當釁（03-18b-9）宋本「以」作「似」非也。◎正本も宋本に同じく「似」字に作る。阮校はこれを非とするが、「似」字が正しい。

・中屋南面（03-19a-2）◎阮刻本「屋」字を「至」字に誤刻する。

・弔喪問疾人道之常（03-19b-10）宋本「道」作「君」。◎正本も宋本に同じく「君」字に作る。これが正しい。要義本同じ。

傳五年

春公將如棠觀魚者（03-20a-3）釋文云、「魚者」本亦作「漁者」。◎「漁者」が正しい。後文参照。

・觀魚者（03-20a-9）宋本以下正義十四節揔入「且言遠地也」注下。◎「魚」字は「漁」字が正しい。後文参照。

・正義曰説文云漁捕魚也（03-20a-9）宋本・閩本・監本・毛本「漁」作「魚」。◎正本・足利十行本は「漁」字に作る。実は宋本も同じ。これが正しい。

・然則捕魚爲魚（03-20a-10）◎文脈からすれば、後者の「魚」字は「漁」字でなければならない。注文を引用したあとの天官𩾃人の「𩾃」字が「漁」字の古文であるから、以下の二「魚」字もまたともに「漁」字でなければならない。以下いちいち取り上げないが、これに放う。

・歐民而納之於善（03-20b-4）宋本・閩本・監本・毛本「歐」作「毆〔道光本作「毆」〕字」不誤。◎正本も同じく「毆」字に作る。

・曲辨妄生（03-21b-5）宋本「辨」作「辯」。◎正本・足利十行本は「辨」字に作って、宋本と異なる。「辯」字が正しい。

・明帝集諸學士作白虎通義（03-21b-6）困學紀聞云、章帝會諸儒於白虎觀。正義謂明帝誤。◎今「章帝」に改める。

・爲苗除害（03-21b-6）◎太平御覧巻八三二所引白虎通義は「苗」字を「田」字に作る。後文とも呼応するので、「田」字に従う。

・擇其懷任者也（03-21b-7）浦鏜正誤「其」疑「去」。盧文弨作「擇去懷任者也」。◎後文に「擇去懷任」とあることからすると、浦・盧説が正しい。

・何云蒐索取肥（03-21b-9）私見により白虎通に合わせて「蒐索肥者」に改める。

・二注並云軍器（03-22b-5）宋本・監本・毛本「器」作「實」。◎正本も同じく「實」字に作る。これが正しい。

・不言車徒（03-22b-5）宋本「不」上有「軍器」二字。◎正本にも同じく「軍器」二字が有る。これが正しい。前条と併せると、「二注並云軍實軍器、不言車徒」となる。

・小鳥小獸（03-23b-9）浦鏜正誤「鳥」作「禽」。

棠實他竟（03-24b-4）◎阮刻本「棠魯地竟」に誤刻する。

・注曲沃至國縣（03-24b-7）宋本此節正義在注「隨晉地」之下。

・應劭（03-24b-10）◎宋本・正本は「應邵」に作る。

・注南燕至燕縣（03-25a-7）宋本此節正義在「不可以師」句下。

・唯莊二十年燕仲父見傳耳（03-25a-8）閩本・監本亦脱「年」字。據宋本・毛本補。◎正本にも「年」字あり。阮刻本は脱したままである。

・注萬舞也（03-25b-8）宋本以下正義五節揔入「公從之」節注下。

節其制而序其情（03-26a-9）宋本・淳熙本・足利本「序」作「敘」。

・離音絲（03-26b-5）宋本「離」作「离」、下同。◎正本も宋本に同じく「离」字に作る。今は「離」字のままとする。

・調與融一風二名（03-26b-7）◎阮刻本「二」字を「一」字に誤刻する。但し重刊本は訂正している。

・使不薀結也（03-26b-10）閩本・監本・毛本「薀」作「蘊」。◎正本・宋本ともに「薀」字に作る。今「薀」字に従う。

詳問衆仲因明大典（03-27a-4）宋本・淳熙本・岳本・足利本重「衆仲」二字、是也。◎宋本に従い、「衆仲」二字を補う。

・此注自言呼臣之大法耳（03-28a-6）宋本・監本・毛本「言」下有「呼」字。◎正本にも「呼」字あり。

附釋音春秋左傳注疏卷第三（03-28b-1）◎正本は「春秋正義卷第三　計一万七千九百八字」に作る。

春秋左傳正義譯注　巻四

附釋音春秋左傳注疏巻第四　　隱六年盡十一年　　杜氏注　孔穎達疏

【經】六年、春、鄭人來渝平。

【注】和而不盟曰平。〔和すれども盟はざるを平と曰ふ。〕　[04-01a]

【疏】注の「和而不盟曰平」。

○正義に曰う。①宣公十五年の「宋人及楚人平（宋人 楚人と平《たひら》ぐ）」の伝にはその「盟」の言葉を記載しており、②昭公七年の「燕 斉と平ぐ」の伝にも「濡上に盟ふ」と称しているので、「平」にはすべて「盟」が有るかのように思えるのに、（ここで杜預が）「不盟」と言うのは（なぜかといえば）、「平」の実際は怨みを解いて友好するという意味の言葉であって、盟を要求するものではないからである。先の二例は「平《たいら》」いだ後になって、別に「盟《ちか》」ったのである。この年の場合と、③定公十年の「及斉平」ではいずれも伝文に「盟」の言葉は無い。④定公十一年に「及鄭平」とあり、下文ではじめて「叔還 鄭に如《ゆ》きて盟に涖《のぞ》む」と述べているのは、「平」いだ後に「盟」ったものだから、「平」は「盟」ではないことが分かるであろう。

【譯注】

①宣十五年（04-01a-4）――宣公十五年経「夏、五月、宋人及楚人平」、伝「夏、五月、楚師將去宋。……。宋人懼、使華元夜入楚師、登子反之床、……子反懼、與之盟、而告王。退三十里、宋及楚平。華元爲質。盟曰、我無爾詐、爾無我虞」。

②昭七年（04-01a-4）――昭公七年経「春、王正月、燕暨齊平」、伝「七年、春、王正月、暨齊平、齊求之也。癸巳、齊侯次于虢。燕人行成、……二月戊午、盟于濡上。燕人歸燕姫、賂以瑤甕・玉櫝・斝耳。不克而還」。

③定十年（04-01a-5）――定公十年経「十年、春、王三月、及齊平」、伝は「十年、春、及齊平」と記述するのみ。

④定十一年（04-01a-5）――定公十一年経「冬、及鄭平。叔還如鄭莅盟」、伝「冬、及鄭平、始叛晉也」。つまり定公十一年では「平」と「盟」とが別になっているということ。

【經】夏、五月、辛酉、公會齊侯盟于艾。　[04-01a]

【注】泰山牟縣東南有艾山。〔泰山牟縣の東南に艾山有り。〕

【經】秋、七月。　[04-01a]

【注】雖無事而書首月、具四時以成歳。他皆放之。〔事無しと雖も首月を書するは、四時を具《そな》へて以て歳を成せばなり。他は皆な之れに放《なら》へ。〕

【疏】注の「雖無①」より「放之」に至るまで。

○正義に曰う。《公羊伝》に「此れ事無きも何を以てか書する。《春秋》は事無しと雖も、首時 過ぐれば則ち書す。首時 過ぐれば則ち何を以てか書する。《春秋》は編年、四時〔四季〕具《そな》はりて然る後に年を為せばなり」と述べているから、この注は《公羊伝》を用いて説明したもの。

《釈例(終篇)》に「年の四時に、或は事無しと雖も、必ず空しく首月を書するは、以て時〔四季〕の変を紀し、以て暦数を明らかにすればなり」と述べている。

【譯注】

①公羊傳（04-01a-8）――本年《公羊伝》「此無事、何以書。春秋雖無事、首時過則書。首時過則、何以書。春秋編年、四時具然後爲年」。

【經】冬、宋人取長葛。〔04-01a〕

【注】秋取、冬乃告也。上有伐鄭圍長葛、長葛鄭邑可知、故不言鄭也。前年冬圍不克而還。今冬、乘長葛無備而取之。言易也。〔秋に取り、冬に乃ち告ぐるなり。上に「鄭を伐ちて長葛を圍《かこ》む」こと有れば、「長葛」の鄭邑なること知るべし、故に鄭を言はざるなり。前年の冬に圍むも克《か》たずして還《かへ》る。今冬、長葛の備へ無きに乘じて之れを取る。易きを言ふなり。〕

【疏】注の「秋取」より「易也」に至るまで。

○正義に曰く 経文には「冬」と書き、伝文には「秋」と記述している。丘明が伝文を著作した際、通例ではわけもなく経文だけを挙げたりはしない。ただ単に「秋」と書いてこの事を言うことからすれば、「秋に取りて、冬に乃ち告げ」たということが分かる。

「冬に告ぐ」るとは、「冬に始めて取る」と告げ言うのであり、だからこれを「冬」に書いたのである。もしも使者が冬にやって来て、「秋に取る」と告げ言うと、やはり「秋」と追書すべきところである。①八年伝に「冬、斉侯来たりて三国を成すを告げしむ」と言うのは、「秋」に成しとげて「冬」になって告げたものを、(経が)「秋」に書いていることからすれば、明らかにこの例は「冬に取る」と告げたので、「冬」と書いたのである。

賈・服は「長葛を鄭に繫《か》けざるは、其の邑を撫有《たも》つこと能はざるを刺《そし》る」ものだと考えている。しかし、およそ邑が他国に取られる場合は、すべて撫有することができないものであり、なんでここだけ鄭を憎んだりしようか。そこで杜預は「上に鄭を伐ちて長葛を囲むこと有る」ことから、「長葛の鄭邑なること知るべし、故に鄭を言はざるなり」と見なしたのである。

「秋に取る」と言うからには、「取」ったのは実際に「秋」のことであるが、経文では「冬」にあることから、(杜預は)そのまま「冬、備へ無きに乗ず」と述べたもの。②襄公十三年の伝例に「凡そ取と書するは、易きを言ふなり」と述べているから、この場合も、その備えが無いのに乗じて取ったことが分かる。

「長葛」を鄭に繫けない理由が、③「大都市で名の通じたもの」ではないことが杜預に分かるのは、前年に「鄭を伐ちて長葛を囲む」と述べており、長葛の文が鄭に繫《か》かっているからである。④劉炫が「大都市で名が通じたものだからだ」として、杜氏を規正するのは間違いである。

【譯注】

①八年傳（04-01b-3）――隱公八年経「秋、七月、庚午、宋公齊侯衛侯盟于瓦屋」、傳「冬、齊侯使來告成三國」。

②襄十三年傳例（04-01b-5）――襄公十三年伝「凡書取、言易也。用大師焉曰滅。弗地曰入」。

③非大都以名通（04-01b-6）――荘公三十二年伝「春、城小穀」の杜預注に「大都

以名通者、則不繫國也」とあるのを参照。

④劉炫（04-01b-6）――本条の疏文について、劉文淇《左傳舊疏考正》巻二では、「これは孔沖遠が光伯を駁正したもの。光伯のもとの《疏》文は刪削せられているため、考察する手だてがない」と述べている。つまり劉炫の具体的な主張が省略されたものだと見なす。おそらくは荘公三十二年伝の杜預注との齟齬を指摘したものであろう。

【傳】六年、春、鄭人來渝平、更成也。 [04-01b]

【注】渝變也。公之爲公子、戰於狐壤、爲鄭所執、逃歸怨鄭。鄭伐宋、公欲救宋。宋使者失辭、公怒而止。忿宋則欲厚鄭、鄭因此而來。故經書渝平、傳曰更成。〔渝は變なり。公の公子爲《た》りしとき、狐壤に戰ひ、鄭の執ふる所と爲り、逃げ歸りて鄭を怨む。鄭の宋を伐つや、公 宋を救はんと欲するも、宋の使者 辭を失ひたれば、公 怒りて止む。宋に忿《いか》れば則ち鄭に厚くせんと欲するにて、鄭は此に因りて來たる。故に經には「渝平」と書し、傳には「更成」と曰ふ。〕

【疏】傳注の「渝變」より「更成」に至るまで。

○正義に曰う。「渝《ゆ》は変なり」とは〈釈言〉①の文章である。「変へて平らぐ」とは、以前の悪い関係を変更して再び友好関係を結ぶこと。「変」とは「更」の意味、「成」とは「平」と訓むので、伝では「渝平」を「更成」と解した。

狐壤②の戦いより以来、鄭とは不和であったが、今日また和平したので、「更成」と述べた。再び狐壤以前の友好関係に復したという意味である。（これに対して）服虔は「公が鄭に執えられ、釈放されてからも和平しなかった。この年にあらためて約束をして和平を締結したので、渝平と言ったのだ」と述べている。（しかし隠公十一年）伝を調べてみると、公が尹氏に賄賂を贈って彼とともに逃げ帰ったのであって、鄭が釈放したのではないのだから、どうして釈放されて和平を締結することができようか。（服虔説は誤りである。）

【譯注】

①釋言（04-01b-9）――《爾雅》釋言篇「渝、變也」。

②狐壤（04-01b-10）――隠公十一年伝に追想記事として、「公之爲公子也、與鄭人戰于狐壤、止焉。鄭人囚諸尹氏。賂尹氏、而禱於其主鍾巫。遂與尹氏歸、而立其主」とあるのを指す。なお杜預注の「鄭伐宋」云々は、隠公五年の伝文を踏まえたものである。

【傳】翼九宗五正頃父之子嘉父逆晉侯于隨、 [04-02a]

【注】翼晉舊都也。唐叔始封、受懷姓九宗職官五正、遂世爲晉強家。五正五官之長、九宗一姓爲九族也。頃父之子嘉父晉大夫也。〔翼は晉の舊都なり。唐叔の始めて封ぜらるるや、懷姓の九宗、職官の五正を受け、遂に世《よよ》晉の強家と爲る。五正は五官の長、九宗は一姓の九族と爲るものなり。頃父の子の嘉父は晉の大夫なり。〕

【疏】注の「翼晉」①より「大夫」に至るまで。

○正義に曰う。「唐叔の始めて封ぜらるるや、懐姓の九宗、職官の五正を受く」とは、周の成王が唐を滅ぼして始めて唐叔を封じた際、懐氏一姓のうちの九族、及び先代の五官の長の子孫を賜与したということである。

「五官の長」②と言うのは、殷代に五行の官の長であったことを述べたもの。そのとき唐叔を褒賞して寵愛したため、その一族を彼に賜与したのである。

ここに「頃父の子の嘉父」と述べているのは、頃父が昔から官職に就いており、その名前が著名であるのに対し、嘉父は新たに大夫となったばかりで、まだそれほど名前が通っていない、ということで父の名に繫《か》けたのである。以後、父に繫けて表現した例が多数あるが、その意味はすべてこれと同じである。

【譯注】

①唐叔（04-02a-4）――定公五年伝に見える衛の祝佗（子魚）の言葉、「分唐叔以大路・密須之鼓・闕鞏・沽洗、懷姓九宗、職官五正。命以《唐誥》而封於夏虛、啓以夏政、疆以戎索。三者皆叔也、而有令德、故昭之以分物」を踏まえる。

②言五官之長（04-02a-5）――昭公二十九年伝に見える晉の蔡墨の言葉「夫物、物有其官、官修其方、朝夕思之。一日失職、則死及之。失官不食。官宿其業、其物乃至。若泯棄之、物乃坻伏、郁湮不育。故有五行之官、是謂五官、實列受氏姓、封爲上公、祀爲貴神。社稷五祀、是尊是奉。木正曰句芒、火正曰祝融、金正曰蓐收、水正曰玄冥、土正曰後土」を参照。

○本条前半の疏文について、劉文淇は以下のように分析している。

文淇案ずるに、これは「旧疏」である。それが分かるのは、この《疏》では「五官の長と言うのは、殷代に五行の官の長であったことを述べたもの」だと言うが、定公四年《疏》では〈曲禮〉の「司徒・司馬・司空・司士・司寇」の五官を引用して解釈しており、ここと異なるからである。（しかも）かしこの《疏》では、劉光伯はさらに「五官の長」とは昭公二十九年の蔡墨が言うところの「五行の長」のごときものだという一説を引用したうえで、手ひどくこれを非難し、「天子がなんで五行の官長を諸侯に賜うことができようか」と述べている。そうすると、この《疏》で「五行の官の長」と言うのは、必ずや唐人の文章ではあるまい。

【傳】納諸鄂。晉人謂之鄂侯。　［04-02a］

【注】鄂晉別邑。諸地名疑者、皆言有以示不審。闕者不復記其闕。他皆放此。前年桓王立此侯之子於翼、故不得復入翼、別居鄂。〔鄂《がく》は晉の別邑なり。諸もろの地名の疑はしき者は、皆な「有」と言ひて以て審《つまびら》かならざるを示す。闕《か》くる者は復《ま》た其の闕くるを記《しる》さず。他は皆な此に放《なら》へ。前年に桓王は此の侯の子を翼に立つ、故に復た翼に入るを得ず、別に鄂に居る。〕

【疏】注の「諸地」より「放此」に至るまで。

○正義に曰う。杜預が「復《ま》た其の闕《か》くるを記《しる》さず」と述べているのは、ただ「某邑」とだけ言って、下に「闕」と言わない場合のことである。たとえばこの鄂にはただ「晉の別邑なり」とだけ言うもの、また「翼侯 随に奔る」①の注に「随は晉の地なり」と言うもの、「鄭人 衛の牧を侵す」②の注に「牧は衛の邑」と言うもの、こういった例にすべて「闕」と述べていないのがそれである。

もしどこの国の地名であるかが分からなければ、そのときには「闕」と言う。「虞公 共池に出奔す」③・「公孫嬰斉 貍脤に卒す」④ではともに注で「闕」と述べているのがそれである。

また某国の土地であることが分かっていても、注に「闕」と言う場合がある。隠公十一年の「蘇忿生の十二邑」⑤で、逕に注して「闕」と言うのは、その他の邑がすべて所在が分かるのに、ただこれだけが闕けているからである。

【譯注】

①翼侯奔隨（04-02a-9）――隠公五年伝「曲沃莊伯以鄭人邢人伐翼、王使尹氏武氏助之。翼侯奔隨」、杜預注「隨晉地」。

②鄭人侵衛牧（04-02a-10）――隠公五年伝「四月、鄭人浸衛牧」、杜預注「牧衛邑」。

③虞公出奔共池（04-02a-10）――桓公十年伝「初、虞叔有玉、虞公求旃。……乃獻

之。又求其寶劍。……遂伐虞公。故虞公出奔共池」、杜預注「共池地名、闕」。

④公孫嬰齊卒于貍脤（04-02a-10）――成公七年経「壬申、公孫嬰齊卒于貍脤」、杜預注「貍脤、地闕」。

⑤隱十一年（04-02b-1）――隱公十一年伝「王取鄔・劉・蔿・邘之田于鄭、而與鄭人蘇忿生之田、温〔今温縣〕・原〔在沁水縣西〕・絺〔在野王縣西南〕・樊〔一名陽樊。野王縣西南有陽城〕・隰郕〔在懷縣西南〕・欑茅〔在脩武縣北〕・向〔軹縣西有地名向上〕・盟〔今盟津〕・州〔今州縣〕・陘〔闕〕・隤〔在脩武縣北〕・懷〔今懷縣。凡十二邑、皆蘇忿生之田〕」。〔　〕内は杜預注で、陘以外は注にその場所を明記している。

○本疏は杜預の地名に対する注釈の凡例を示したものである。

【傳】夏、盟于艾、始平于齊也。 [04-02b]

【注】春秋前、魯與齊不平。今乃弃惡結好、故言始平于齊。〔春秋の前、魯は齊と平《たひら》がず。今は乃ち惡を弃《す》て好《よしみ》を結ぶ、故に「始めて齊に平らぐ」と言ふ。〕

【傳】五月、庚申、鄭伯侵陳、大獲。往歳、鄭伯請成于陳。 [04-02b]

【注】成猶平也。〔「成」は猶ほ平のごときなり。〕

【疏】「五月庚申」。

○正義に曰う。経文を調べてみると、この「盟于艾」もやはり「五月」であるのに、伝文では省略して「月」を言わなかったが、「庚申」の日は「月」によって統《す》べるべきだから、（「鄭伯侵陳」において）別に「五月」と言ったのである。その他の類例もこれと同じ。

【傳】陳侯不許。五父諫曰、親仁善隣、國之寶也。君其許鄭。 [04-02b]

【注】五父陳公子佗也。〔五父は陳の公子佗《た》なり。〕

【傳】陳侯曰、宋衛實難。 [04-02b]

【注】可畏難也。〔畏れ難《はばか》るべきなり。〕

【傳】鄭何能爲。遂不許。君子曰、善不可失、惡不可長、其陳桓公之謂乎。長惡不悛、從自及也。 [04-02b]

【注】悛止也。從隨也。〔悛は止なり。從は隨なり。〕

【傳】雖欲救之、其將能乎。商書曰、惡之易也、如火之燎于原、不可鄉邇。 [04-02b]

【注】商書盤庚。言惡易長、如火焚原野、不可鄉近。〔商書は盤庚なり。言ふこころは惡の長じ易きこと、火の原野《や》を焚くが如く、鄉《むか》ひ近づくべからず。〕

【傳】其猶可撲滅。 [04-03a]

【注】言不可撲滅。〔言ふこころは撲滅すべからず。〕

【傳】周任有言、 [04-03a]

【注】周任周大夫。〔周任は周の大夫なり。〕

【傳】曰、爲國家者、見惡如農夫之務去草焉。芟夷蘊崇之、絕其本根、勿使能殖、則善者信矣。 [04-03a]

【注】芟刈也。夷殺也。蘊積也。崇聚也。〔芟《さん》は刈《がい》なり。夷は殺なり。蘊《うん》は積なり。崇は聚なり。〕

【傳】秋、宋人取長葛。 [04-03a]

【傳】冬、京師來告饑。公爲之請糴於宋・衛・齊・鄭、禮也 [04-03a]

【注】告饑不以王命、故傳言京師、而不書於經也。雖非王命、而公共以稱命、己國不足、旁請鄰國。故曰禮也。傳見隱之賢。〔饑を告ぐるに王命を以てせず、故に傳は「京師」と言ひ、經に書せざるなり。王命に非ずと

雖も、而も公は共《つつし》みて以て命と稱し、己れの國 足らざれば、旁《かたは》ら鄰國に請ふ。故に「禮なり」と曰ふ。傳は隱の賢なるを見《しめ》せるなり。」

【疏】注の「告饑」より「之賢」に至るまで。

〇正義に曰う。王の使者が魯国にやって来れば、すべて経文に記録すべきであるのに、ここだけ書いていないので、これを解説した。世間一般の人情から思いやると、みずからは穀物を輸出しないで、ただ他国に告げるだけだということはあり得ないので、「己れの国 足らざれば、旁《かたは》ら鄰国に請ふ。故に礼なりと曰ふ」ものであることが分かる。そして定公五年の①「粟を蔡に帰《おく》る」にも、やはり経文に記録しているのに、ここに（王の使者でありながら）記録しないのは（なぜかといえば）②、魯国は昨年に虫の災害があったため自国が飢饉の状態であり、輸出の量が多くなかったし、宋・鄭は穀物を輸出したが、そのことを魯国には告げてこなかったため、すべて経文に記録しなかったのである。

この事件は経文にその記載が無いのに、伝文が発せられているので、（杜預は）伝の意図が「隠公の賢者であることを示した」ものだと解釈したのである。諸々の無経の伝には、いずれも表現すべき意図がある。以下も③すべてこの例の通りである。

【譯注】

①定五年（04-03a-10）――定公五年経「夏、歸粟于蔡」。

②往歳（04-03a-10）――隠公五年経「（九月）螟」、杜預注「無傳。蟲食苗心者。爲災故書」。

③悉皆（04-03b-1）――「すべて」の意。同義の「悉」「皆」を重ねた言い方で、「皆悉」とも表記する。ちなみに《五経正義》中の同意重言の例として、この他に「容或・或容」「並皆・皆並」・盡皆・「復更・更復」「更別・別更」「似若・若似・如似」・「猶尚・尚猶」「親自・自親」「既已・已既」等が見えることについては拙稿「五経正義語彙語法札記（三）」（広島大学文学部紀要第58巻　一九九八年　拙著《十三經注疏の研究》所収）参照。

【傳】鄭伯如周、始朝桓王也。　[04-03b]

【注】桓王卽位、周鄭交惡。至是乃朝、故曰始。〔桓王の卽位するや、周・鄭交《こも》ごも惡《にく》む。是《ここ》に至りて乃ち朝す、故に「始めて」と曰ふ。〕

【傳】王不禮焉。周桓公言於王曰、我周之東遷、晉鄭焉依。

【注】周桓公周公黒肩也。周采地、扶風雍縣東北有周城。幽王爲犬戎所殺、平王東徙。晉文侯・鄭武公左右王室、故曰「晉鄭焉依」。〔周の桓公は周公黒肩なり。周は采地、扶風雍縣の東北に周城有り。幽王 犬戎の殺す所と爲り、平王 東に徙《うつ》る。晉の文侯・鄭の武公 王室を左右す、故に「晉・鄭に焉《こ》れ依る」と曰ふ。〕

【疏】注の「周桓」より「焉依」に至るまで。

〇正義に曰う。「桓公」とは周公黒肩のことで、その事績は桓公十八年伝に①見える。

幽王が申国の女を娶《めと》って后《きさき》にし、大子宜臼を生んだ。その後、褒姒《ほうじ》を得てこれを寵愛し、子服伯を生んだので、申后を廃して大子を追放し、褒姒を王后、伯服を大子としたため、宜臼は申に出奔した。申侯はそこで犬戎と共に幽王を攻撃し、幽王を驪山の麓で殺害した。このときに及んで、諸侯は申侯とともに宜臼を擁立した、これが平王である。西都が戎の地に迫っているため、晉の文侯と鄭の武公が平王を左右から補佐し、東のかた洛邑に遷都せしめた。《毛詩》②・《尚書》③・《国語》④・《史記》⑤にはいずれもその事を略述している。

【譯注】

①桓十八年傳（04-03b-5）——桓公十八年伝「周公欲弑莊王而立王子克。辛伯告王、遂與王殺周公黑肩。王子克奔燕。初、子儀有寵於桓王、桓王屬諸周公。辛伯諫曰、并後・匹嫡・兩政・耦國、亂之本也。周公弗從、故及」。

②毛詩（04-03b-8）——《毛詩》小序に「刺幽王也」と記述された《詩》篇は多い。以下《詩序》にその具体的記述の見えるものを挙げよう。

・車舝、大夫刺幽王也。褒姒嫉妒、無道並進、讒巧敗國、德澤不加於民。周人思得賢女以配君子、故作是詩也。

・白華、周人刺幽后也。幽王取申女以爲后、又得褒姒而黜申后。故下國化之、以妾爲妻、以孽代宗、而王弗能治。周人爲之作是詩也。

・漸漸之石、下國刺幽王也。戎狄叛之、荊舒不至、乃命將率東征、役久病於外、故作是詩也。

・苕之華、大夫閔時也。幽王之時、西戎東夷、交侵中國、師旅並起、因之以饑饉。君子閔周室之將亡、傷己逢之、故作是詩也。

③尚書（04-03b-8）——《尚書》序に「平王錫晉文侯秬鬯圭瓚、作文侯之命」とあるように、〈文侯之命〉篇は平王東遷に功績の有った晉文侯の事績を述べたものである。

④國語（04-03b-8）——《國語》の〈周語上〉・〈周語中〉と〈晉語一〉・〈晉語四〉には、以下のように平王東遷に関する記事が見える。

・幽王二年、西周三川皆震。伯陽父曰「周將亡矣。夫天地之氣、不失其序。若過其序、民亂之也。陽伏而不能出、陰迫而不能烝、於是有地震。今三川實震、是陽失其所而鎮陰也。陽失而在陰、川源必塞、源塞、國必亡。夫水土演而民用也。水土無所演、民乏財用、不亡何待。昔伊洛竭而夏亡、河竭而商亡。今周德若二代之季矣、其川源又塞、塞必竭。夫國必依山川、山崩川竭、亡之徵也。川竭、山必崩。若國亡不過十年、數之紀也。夫天之所棄、不過其紀」。是歲也、三川竭、岐山崩。十一年、幽王乃滅、周乃東遷。〈周語上〉

・富辰諫曰「不可。古人有言曰『兄弟讒鬩、侮人百里』。周文公之詩曰『兄弟鬩于牆、外禦其侮』。若是則鬩乃內侮、而雖鬩不敗親也。鄭在天子、兄弟也。鄭武莊有大勳力于平桓。我周之東遷、晉鄭是依。子頹之亂、又鄭之繇定……」。〈周語中〉

・史蘇曰「昔夏桀伐有施、有施人以妹喜女焉、妹喜有寵、于是乎與伊尹比而亡夏。殷辛伐有蘇、有蘇氏以妲己女焉、妲己有寵、于是乎與膠鬲比而亡殷。周幽王伐有褒、褒人以褒姒女焉、褒姒有寵、生伯服、于是乎與虢石甫比、逐大子宜臼而立伯服。大子出奔申。申人・鄫人召西戎以伐周。周于是乎亡。今晉寡德而安俘女、又增其寵、雖當三季之王、不亦可乎。且其兆云『挾以銜骨、齒牙爲猾』。我卜伐驪、龜往離散以應我。夫若是、賊之兆也。非吾宅也、離則有之。不跨其國、可謂挾乎。不得其君、能銜骨乎。若跨其國而得其君、雖逢齒牙、以猾其中、誰云不從。諸夏從戎、非敗而何。從政者不可以不戒、亡無日矣」。〈晉語一〉

・（晉）公子（重耳）過鄭、鄭文公亦不禮焉。叔詹諫曰「……晉鄭兄弟也、吾先君武公與晉文侯戮力一心、股肱周室、夾輔平王、平王勞而德之、而賜之盟質、曰『世相起也』。若親有天、獲三祚者、可謂大天。若用前訓、文侯之功、武公之業、可謂前訓。若禮兄弟、晉鄭之親、王之遺命、可謂兄弟。若資窮困、亡在長幼、還軫諸侯、可謂窮困。棄此四者、以徼天禍、無乃不可乎。君其圖之」。弗聽。〈晉語四〉

⑤史記（04-03b-8）——以下に挙げる《史記》周本紀を中心に、その他の諸世家中にも見える。

四十六年、宣王崩、子幽王宮湦立。幽王二年、西周三川皆震。伯陽甫曰「周將亡矣。夫天地之氣、不失其序。若過其序、民亂之也。陽伏而不能出、陰迫而不能蒸、於是有地震。今三川實震、是陽失其所而填陰也。陽失而在陰、原必塞。原塞、國必亡。夫水土演而民用也。土無所演、民乏財用、不亡何待。昔伊洛竭而夏亡、河竭而商亡。今周德若二代之季矣、其川原又塞、塞必竭。夫國必依山川、山崩川竭、亡國之徵也。川竭必山崩。若國亡不過十年、數之紀也。天之所弃、不過其紀」。是歳也、三川竭、岐山崩。三年、幽王嬖愛褒姒。褒姒生子伯服、幽王欲廢大子。大子母申侯女、而爲后。後幽王得褒姒、愛之、欲廢申后、并去大子宜臼、以褒姒爲后、以伯服爲大子。周太史伯陽讀史記曰「周亡矣」。昔自夏后氏之衰也、有二神龍止於夏帝庭而言曰「余、褒之二君」。夏帝卜殺之與去之與止之、莫吉。卜請其漦而藏之、乃吉。於是布幣而策告之、龍亡而漦在、櫝而去之。夏亡、傳此器殷。殷亡、又傳此器周。比三代、莫敢發之、至厲王之末、發而觀之。漦流于庭、不可除。厲王使婦人裸而譟之。漦化爲玄黿、以入王後宮。後宮之童妾既齔而遭之、既笄而孕、無夫而生子、懼而弃之。宣王之時童女謠曰「檿弧箕服、實亡周國」。於是宣王聞之、有夫婦賣是器者、宣王使執而戮之。逃於道、而見鄉者後宮童妾所弃妖子出於路者、聞其夜啼、哀而收之、夫婦遂亡、犇於褒。褒人有罪、請入童妾所弃女子者於王以贖罪。弃女子出於褒、是爲褒姒。當幽王三年、王之後宮見而愛之、生子伯服、竟廢申后及大子、以褒姒爲后、伯服爲大子。太史伯陽曰「禍成矣、無可奈何」。褒姒不好笑、幽王欲其笑萬方、故不笑。幽王爲熢燧大鼓、有寇至則擧熢火。諸侯悉至、至而無寇、褒姒乃大笑。幽王説之、爲數擧熢火。其後不信、諸侯益亦不至。幽王以虢石父爲卿、用事、國人皆怨。石父爲人佞巧善諛好利、王用之。又廢申后、去大子也。申侯怒、與繒、西夷犬戎攻幽王。幽王擧熢火徵兵、兵莫至。遂殺幽王驪山下、虜褒姒、盡取周賂而去。於是諸侯乃卽申侯而共立故幽王大子宜臼、是爲平王、以奉周祀。平王立、東遷于雒邑、辟戎寇。平王之時、周室衰微、諸侯彊并弱、齊楚秦晉始大、政由方伯。

【傳】善鄭以勸來者猶懼不旣。[04-03b]

【注】旣至也。〔旣《き》は至なり。〕

【傳】況不禮焉。鄭不來矣。[04-03b]

【注】爲桓五年諸侯從王伐鄭傳。〔桓五年に諸侯の 王に從ひて鄭を伐つ爲めの傳なり。〕

【經】七年、春、①王三月、叔姫歸于紀。[04-03b]

【注】無傳。叔姫伯姫之娣也。至是歸者、待年於父母國、不與嫡倶行、故書也。〔傳無し。叔姫は伯姫の娣《てい》なり。是《ここ》に至りて歸《とつ》ぐは、年を父母の國に待ち、嫡と倶には行かず、故に書するなり。〕

【疏】注の「叔姫」より「故書」に至るまで。

○正義に曰う。女《むすめ》が他国に嫁入りする際には、いずれも姪娣《てってい》〔いもうと〕が嫡女とともに同行するから、尊ぶべきは嫡女であって、嫡女（が嫁入りすること）を書いても姪娣は書かない。さてこの「叔姫」は年齢の長ずるのを待っていた女で、年頃になったので単独で行ったため、（特に）その「帰《とつ》ぐ」ことを書いたもの。

魯女が他国の卿に嫁《とつ》ぐと、すべてこれを書く。夫人の娣は、その尊いこと卿と同格であるから、その書くことはもとより常例である。しかるに賈逵は「これを書いたのは、紀が叔姫を貴《たっと》ぶことを刺《そし》ったのだ」と言うが、伝文にその事実は無いから、これは妄説である。

【譯注】

①叔姫伯姫之娣也（04-03b-10）――伯姫とは隠公二年「九月、紀裂繻來逆女。冬、十月、伯姫歸于紀」とある女性を指す。

○本疏前半では「書適不書姪娣」とあるのに、後半では「夫人之娣、尊與卿同、其書固是常例」と述べて、主張が齟齬しているように見える。後半では賈逵説批判に意を用いたためそのことに気がつかなかったのか、それとも異なる二つの旧疏を合わせたものであろうか？

【經】滕侯卒　　[04-04a]

【注】傳例曰、不書名未同盟也。滕國在沛國公丘縣東南。〔傳例に曰はく、「名を書せざるは未だ同盟せざればなり」と。滕國は沛國公丘縣の東南に在り。〕

【疏】「滕侯卒」。

○正義に曰う。〈譜〉に、

滕《とう》は姫姓、文王の子、錯叔繡《さくしゅくしゅう》の後なり。武王之れを封じて滕に居らしむ。今の沛《はい》郡公丘県 是れなり。叔繡より宣公に至るまで十七世にして乃ち《春秋》に見ゆ。隠公より以下、《春秋》の後六世にして、斉之れを滅す。

と述べている。（これに対して）《世本》には「斉の景公 滕を亡ぼす」と述べている。調べてみるに、斉の景公の卒年は、滕の隠公の前に在る。《世本》が「隠公の後にもさらに六世君となった」と言いながら、しかし「斉の景公 滕を亡ぼす」と言うのは、なんともその誤りのひどいものである。服虔も昭公四年注で「斉景 滕を亡ぼす」と述べているが、これまたよく調べもしないで謬言したものである。

〈地理志〉①に「沛郡公丘県は故《もと》の滕国なり。周の文王の子、錯叔繡の封ぜられしところ。三十一世にして斉の滅ぼす所と為る」と述べている。

【譯注】

①地理志（04-04a-7）――《漢書》地理志の沛郡公丘縣の条に「山桑、公丘、侯國。故滕國。周懿王子錯叔繡所封、三十一世爲齊所滅」とある。ちなみに顔師古注に「左氏傳云『郜・雍・曹・滕、文之昭也』。系本亦云『錯叔繡、文王子』、而此志云『懿王子』、未詳其義耳」とあるように、現行本は「懿王子」に作っている。おそらく疏文が基づいた隋・劉炫《春秋述議》が見た《漢書》は、《世本》と同様「文王子」に作っていたのであろう。

【經】夏、城中丘。　　[04-04a]

【注】城例在莊二十九年。中丘在琅邪臨沂縣東北。〔城の例は莊二十九年に在り。中丘は琅邪臨沂縣の東北に在り。〕

【經】齊侯使其弟年來聘。　　[04-04a]

【注】諸聘皆使卿執玉帛、以相存問。例在襄元年。〔諸もろの聘は皆な卿をして玉帛を執り、以て相存問せしむ。例は襄元年に在り。〕

【疏】注の「諸聘」より「元年」に至るまで。

○正義に曰う。〈聘礼〉①の「使者は圭を執《と》りて以て命を致す。束帛《そくはく》に璧を加へて以て享を致す」の鄭玄注に、「享は献なり。既に聘し又た献ずるは、恩恵を厚くする所以なり」と述べているのが、「玉帛を執りて以て相存問す」るということである。

〈玉人〉②職の「瑑《てん》・圭・璋《しゃう》・璧・琮《そう》は八寸、以て覜聘《てうへい》す」の注③に、「八寸とは、上公の臣に拠る」と述べている。〈聘礼〉④を調べてみるに、圭でもって君に聘し、璋でもって夫人に聘する。聘礼を行った後で、璧でもって君を享し、琮でもって夫人を享する。また鄭玄が〈小行人〉に注して、「卿大夫をして覜聘せしむるに、其の君の瑞を降すこと一等」と述べているから、侯伯の臣下は、圭・璋・璧・琮はすべて六寸、子男の臣下は四寸である。

また〈小行人〉⑤に「圭は馬を以てし、璋は皮を以てし、璧は帛を以てし、琮は錦を以てし、琥は繡《しう》を以てし、璜は黼《ほ》を以てす」と言い、鄭玄注には、

二王の後、天子を享する圭は馬を以てし、后《きさき》を享する璋は皮を以てす。其の余の諸侯は、天子を享する璧は帛を以てし、后を享する琮は錦を以てす。子男、大国の君を享する琥は繡を以てし、大国の夫人を享する璜は黼《ほ》を以てす。

と述べている。以上が（注にいう）「玉帛」に関する文献である。

【譯注】

①聘禮（04-04a-9）――《儀禮》聘禮「使者受圭、同面垂繅以受命。既述命、同面授上介。上介受圭屈繅、出授賈人。衆介不從、受享束帛加璧。受夫人之聘璋、享玄纁、束帛加琮、皆如初」、鄭玄注「享獻也。既聘又獻、所以厚恩惠也。帛今之璧色繒也。夫人亦有聘享者、以其與己同體、爲國小君也。其聘用璋、取其半圭也。君享用璧、夫人用琮、天地配合之象也。圭璋特達瑞也。璧琮有加往德也。周禮曰、瑑圭璋璧、琮以覜聘」。

②玉人職（04-04a-10）――《周禮》玉人「天子以巡守、宗祝以前馬。瑑圭璋八寸、璧琮八寸、以覜聘。牙璋瑑七寸、射二寸、厚寸、以起軍旅、以治兵守」。

③注（04-04a-10）――この注の文章は《周禮》玉人注には見えない。孫詒讓《周禮正義》には「案左傳隱六年孔疏引此注云、八寸者據上公之臣。今本注無此注文。疑孔約小行人注義釋之。凡聘享之玉、各降其瑞一等、上公命圭九寸、故使臣聘王用瑑圭八寸」と考証する。

④聘禮（04-04b-1）――《儀禮》聘禮の文章をまとめて記述したもの。

⑤小行人（04-04b-2）――《周禮》小行人「合六幣、圭以馬、璋以皮、璧以帛、琮以錦、琥以繡、璜以黼。此六物者、以和諸侯之好故」、鄭玄注「合同也。六幣所以享也。五等諸侯享天子用璧、享后用琮。其大各如其瑞、皆有庭實。以馬若皮。皮、虎豹皮也。用圭璋者、二王之後也。二王後尊、故享用圭璋而特之。禮器曰、圭璋特、義亦通於此。其於諸侯、亦用璧琮耳。子男於諸侯、則享用琥璜、下其瑞也。凡二王後、諸侯相享之玉、大小各降其瑞一等、及使卿大夫頫聘亦如之」。疏文はここでも鄭注をまとめ直して記述している。

【經】秋、公伐邾。［04-04b］

【經】冬、天王使凡伯來聘。［04-04b］

【注】凡伯周卿士、凡國、伯爵也。汲郡共縣東南有凡城。〔凡伯は周の卿士、凡は國、伯は爵なり。汲郡共縣の東南に凡城有り。〕

【經】戎伐凡伯于楚丘以歸。［04-04b］

【注】戎鳴鍾鼓以伐天子之使、見夷狄強觕。不書凡伯敗者、單使無衆、非戰陳也。但言以歸非執也。楚丘衛地也。在濟陰成武縣西南。〔戎は鍾鼓を鳴らして以て天子の使を伐つにて、夷狄の強觕《ぶ》なるを見《しめ》す。凡伯の敗るるを書せざるは、單使にして衆無く、戰陳に非ざればなり。但だ「以歸」とのみ言ふは「執」に非ざるなり。楚丘は衛の地、濟陰成武縣の西南に在り。〕

【疏】注の「戎鳴」より「西南」に至るまで。

○正義に曰う。伝例では「鍾鼓有るを伐と曰ふ」①が、ここに「伐」と言うからには、これが「鍾鼓を鳴らす」ものであったことが分かる。

杜預の考えでは、「以帰」と言う表現は、相手を自分に随えるだけで、囚執［とらえること］を意味する言葉ではないから、「但だ以帰とのみ言ふは、

執に非ざるなり」と述べたもの。杜預が必ず「以帰」が「執」でないことが分かるのは（なぜかといえば）、②《穀梁伝》に「以帰とは猶ほ執に愈《まさ》れり」と言い、さらに③昭公十三年に「晉人 季孫意如を執へて以《ゐ》て帰る」とあって、もし「以帰」が「執」ならば、④どうして別に「執」と言う表現を起こす必要があろうか。明らかに「以帰」とだけと言うのは「執」ではないのである。⑤定公四年の「沈子嘉を以《ゐ》て帰る」の場合、経に「之れを殺す」と言うもの、⑥哀公七年の「邾子益を以《ゐ》て来たる」の伝に「諸《これ》を負瑕に囚《とら》ふ」と言うもの、これらの例にいたっては、「囚」・「殺」の文が有る以上、あるいは「執」であるかもしれない。しかし「以帰」とだけ言って、「囚」・「殺」のことが無いものは、これは「執」ではない場合である。《春秋》には表現が同じでも、事実の異なるものが有るが、これはそういう類である。劉炫が沈子・邾子の例を引いて、「以帰とはすべて執である」と述べて杜氏を規正するのは、正しい意味ではない。

【譯注】

①傳例（04-04b-8）――荘公二十九年伝「凡師、有鐘鼓曰伐、無曰侵、輕曰襲」。

②穀梁傳（04-04b-9）――《穀梁傳》隠公七年云「凡伯者何也。天子之大夫也。國而曰伐。此一人而曰伐何也。大天子之命也。戎者衛也。戎衛者、爲其伐天子之使、貶而戎之也。楚丘、衛之邑也。以歸、猶愈乎執也」。

③昭十三年（04-04b-9）――昭公十三年経「晉人執季孫意如以歸」。

④何須（04-04b-9）――「どうして～する必要があろうか」の意。「何ぞ～するを須《もち》ひんや」と訓読する。

⑤定四年（04-04b-10）――定公四年経「夏、四月、庚辰、蔡公孫姓帥師滅沈、以沈子嘉歸、殺之」。

⑥哀七年（04-04b-10）――哀公七年経「秋、公伐邾。八月、己酉、入邾、以邾子益來」、傳「秋、伐邾、及范門、猶聞鐘聲。大夫諫、不聽。茅成子請告於呉、不許、……成子以茅叛、師遂入邾、處其公宮。衆師晝掠、邾衆保于繹。師宵掠、以邾子益來、獻于亳社、囚諸負瑕、負瑕故有繹」。

【傳】七年、春、滕侯卒。不書名、未同盟也。凡諸侯同盟、於是稱名。故薨則赴以名、　[04-05a]

【注】盟以名告神、故薨亦以名告同盟。〔盟へば名を以て神に告ぐ、故に薨ずるときにも亦た名を以て同盟に告ぐるなり。〕

【傳】告終稱嗣也。以繼好息民。　[04-05a]

【注】告亡者之終、稱嗣位之主。嗣位之主、當奉而不忘。故曰繼好。好同則和親、故曰息民。〔亡き者の終を告げ、位を嗣《つ》ぐの主を稱す。位を嗣ぐの主は、當《まさ》に奉じて忘れざるべし、故に「好《よしみ》を繼《つ》ぐ」と曰ふ。好 同じければ則ち和親す、故に「民を息《いこ》はしむ」と曰ふ。〕

【傳】謂之禮經。　[04-05a]

【注】此言凡例乃周公所制禮經也。十一年不告之例又曰「不書於策」、明禮經皆當書於策。仲尼脩春秋、皆承策爲經、丘明之傳、博采衆記、故始開凡例、特顯此二句。他皆放此。〔此れ凡例とは乃ち周公制する所の禮經なるを言へるなり。十一年の不告の例に又た「策に書せず」と曰へば、明らかに禮經は皆な當に策に書すべし。仲尼の春秋を脩むるや、皆な策を承けて經を爲り、丘明の傳するや、博く衆記を采る、故に始めて凡例を開くに、特に此の二句を顯《あきら》かにす。他は皆な此に放へ。〕

【疏】「凡諸」より「禮經」に至るまで。

○正義に曰う。「諸侯」とは①公・侯・伯・子・男の五等の総号であって、②「侯」の訓《よみ》は「君」である。五等の主は爵命に小異が有るものの、すべて国君であるから「諸侯」と総称する。

諸③もろの「凡」を発するものは、すべて周公の垂法で、史書の旧章〔古い文章〕であり、丘明が旧語〔古い文章〕を採り合わせ、史策の例を発明したもので、その意味は旧典であるけれども、言辞は丘明から出たものであって、まるごと旧語を写したものではない。「同盟すれば名を稱し、薨ずれば則ち赴ぐるに名を以てす」とは周公の旧典であり、その後の「終を告げ嗣を称す」より以下は、これは「赴」の意味を解釈したものであって、旧語ではない。

僖④公二十三年にさらに例を発して、「凡そ諸侯、同盟すれば、死するときには則ち赴ぐるに名を以てす。礼なり」と述べて、ただ「名を赴ぐ」ることを礼だと言って、「好《よしみ》を継《つ》ぐ」ことを礼だとは言わない。「好を継ぎて民を息《いこ》はしむ」とは礼の大意であって、礼の実際ではないから、明らかに丘明がこのことを述べて、「赴」の意味を解釈したものである。

　かしこでは「礼なり」と言い、ここでは「之れを礼経と謂ふ」と言うが、同じことである。この「名を赴ぐ」ることが礼の常法だという意味で、丘明の考えでは、周公がそのように述べた、ということである。

　「之れを礼経と謂ふ」とは、この年の一事を指したものではあるが、諸もろの「凡」を発したもので、すべてそうでないものはない。この年が例の初めであるので、特にこう説明したもの。
○注の「此言」より「放此」に至るまで。
○正義に曰う。「凡例」は周公が制定したものだが、その（説の）由来については出どころが無い。伝に「之れを礼経と謂ふ」と言うことからすると、先聖がこう言うのであって、丘明自身が述べたものではない。史官の策書には必ずや旧法が有るはずで、一代の大典は周公が制定したものだから、「凡例」もまた周公が制定したものだということが分かる。
　ここでは凡例を言ったあとで、「之れを礼経と謂ふ」と述べ、下⑤文では凡例を言ったあとで、「策に書せず」と述べており、このことからすると、いわゆる「礼経」はすべて策に書くべきものであることが分かる。

　伝の始めからここに至って「始めて凡例を開く」ので、「特に此の二句を顕《あきら》かにす」る。「二句」とは、「之れを礼経と謂ふ」が一句、「策に書せず」が二句である。

　そうだとすると、九⑥年の「凡そ雨ふるに、三日以往を霖《りん》と為す」を始めとしないで、遠く十⑦一年を取って、「始めて凡例を開く」のは（なぜかといえば）、九年はただこの国の雨雪の事を記録したもので、史策の旧文であって、国家の大事を赴告する例ではないからである。


【譯注】
①公侯伯子男五等之揔號（04-05a-8）——五等の爵位の実態については、本書114頁注⑪参照。
②侯訓君也（04-05a-8）——《爾雅》釋詁上「林、烝、天、帝、皇、王、后、辟、公、侯、君也」を参照。
③諸發凡者（04-05a-9）——参考：杜預《春秋經傳集解》序「其發凡以言例、皆經國之常制、周公之垂法、史書之舊章、仲尼從而脩之、以成一經之通體」。
④僖二十三年（04-05a-10）——僖公二十三年伝「十一月、杞成公卒。書曰子、杞夷也。不書名、未同盟也。凡諸侯同盟、死則赴以名、禮也。赴以名、則亦書之、不然則否、辟不敏也」。
⑤下言凡例（04-05b-5）——校勘記でも述べるように、阮校は毛本に従って「不言凡例」に校定するが、これは臆改であって、「下」字が正しい。
⑥九年（04-05b-6）——隠公九年伝「九年、春、王三月、癸酉、大雨霖以震、書始也。庚辰、大雨雪、亦如之。書時失也。凡雨自三日以往爲霖、平地尺爲大雪」。
⑦十一年（04-05b-6）——隠公十一年伝「冬、十月、鄭伯以虢師伐宋。壬戌、大敗

宋師、以報其入鄭也。宋不告命、故不書。凡諸侯有命、告則書、不然則否。師出臧否、亦如之。雖及滅國、滅不告敗、勝不告克、不書于策」。

○この凡例「[A]凡諸侯同盟、於是稱名。故薨則赴以名。[B]告終稱嗣也、以繼好息民。謂之禮經」のうち、[A]以下が周公の旧典、[B]以下は、左丘明が旧典の意味を解説したものと見なしているわけである。

【傳】夏、城中丘、書不時也。　[04-05b]

【傳】齊侯使夷仲年來聘、結艾之盟也。　[04-05b]

【注】艾盟在六年。〔艾の盟は六年に在り。〕

【傳】秋、宋及鄭平。七月、庚申、盟于宿。公伐邾、爲宋討也。　[04-05b]

【注】公拒宋而更與鄭平、欲以鄭爲援。今鄭復與宋盟、故懼而伐邾、欲以求宋。故曰爲宋討。〔公は宋を拒みて更《あらた》めて鄭と平らぎ、鄭を以て援《たすけ》と爲さんと欲す。今鄭は復《ま》た宋と盟ふ、故に懼れて邾を伐ち、以て宋に求めんと欲す。故に「宋の爲めに討つ」と曰ふ。〕

【傳】初、戎朝于周、發幣于公卿。凡伯弗賓。　[04-06a]

【注】朝而發幣於公卿。如今計獻詣公府卿寺。〔朝して幣を公卿に發す。今の計獻〔会計報告〕に公の府・卿の寺に詣《いた》るが如し。〕

【疏】注の「朝而」より「卿寺」に至るまで。

○正義に曰う。天子に朝貢し、諸国の生産物を献上する際には、（天子に謁見する前に）やはりその財幣を公府や卿寺においても開いて並べる。「如今①〔今の～の如し〕」とは、晋代に諸州が年度末に会計の役人を派遣して物品を天子に献上する際、その献上物をもって公府や卿寺に詣《いた》らせるようにすることである。

漢代以来、三公の居所を「府」と言い、九卿の居所を「寺」と言う。《風②俗通》に「府は聚なり。公卿・牧守の府は、道徳の聚《あつ》まる所なり。蔵府・私府は財貨の聚《あつ》まる所なり。寺《ジ》は司《シ》なり。庭に法度有りて、官をして止まる所あらしむるを、皆な寺と曰ふ」と言い、《釈名》③に「寺《ジ》は嗣《シ》なり。事を治むる者、其の内に相嗣続するなり」と述べている。

【譯注】

①如今（04-06a-3）――杜預が晋代の制度で説明したもの。葉政欣《春秋左氏傳杜預注釋例》（嘉新水泥公司文化基金會研究論文　一九六六年）には、「以今制明古制例」として本条と僖公二十八年の「大士」の例を挙げ、また似た例として「以今名明古名例」の五条を紹介している。

②風俗通（04-06a-4）――本疏所引の文章は現行本には見えない。

③釋名（04-06a-5）――《釋名》釋宮室「寺嗣也。治事者嗣續於其内」。

【傳】冬、王使凡伯來聘。還、戎伐之于楚丘以歸。　[04-06a]

【注】傳言凡伯所以見伐。〔傳は凡伯の伐たるる所以を言ふ。〕

【傳】陳及鄭平。　[04-06a]

【注】六年鄭侵陳大獲、今乃平。〔六年に鄭は陳を侵して大いに獲たるも、今は乃ち平らぐ。〕

【傳】十二月、陳五父如鄭涖盟。　[04-06a]

【注】涖臨也。〔涖は臨なり。〕

【傳】壬申、及鄭伯盟。歃如忘。　[04-06a]

【注】志不在於歃血。〔志は血を歃《すす》るに在らず。〕

【疏】「歃如忘」。
○正義に曰う。「歃《そう》」とは口に血を含むことである。血を歃《すす》る時になって、物事を忘れてしまったかのようであったため、注では「志は血を歃るに在らず」と述べたのである。（これに対して）服虔は「『如』は『而』なり。歃るに臨みて其の盟載の辞を忘る。精ならざるを言ふ」と述べている。（しかし）盟載の辞は簡策に記載されおり、祝史が読んで神に告げるもので、血を歃る者が自ら誦するのではないのだから、なんで「載辞を忘れる」と言えようか。しかも忘れるか否かは心中のことであり、五父がおしまいまで自分で忘れたと言っていないのに、洩伯がどうして忘れたことを知って、そのことを譏ったりしようか。（服虔説は誤っている。）

【傳】洩伯曰、五父必不免。不賴盟矣。 [04-06b]
【注】洩伯鄭洩駕。〔洩伯は鄭の洩駕なり。〕

【傳】鄭良佐如陳涖盟。 [04-06b]
【注】良佐鄭大夫。〔良佐は鄭の大夫なり。〕

【傳】辛巳、及陳侯盟。亦知陳之將亂也。 [04-06b]
【注】入其國觀其政治、故揔言之也。皆爲桓五年六年陳亂、蔡人殺陳佗傳。〔其の國に入り其の政治を觀る、故に之れを揔言するなり。皆な桓五年、六年に陳の亂れ、蔡人の陳佗を殺すが爲めの傳なり。〕

【傳】鄭公子忽在王所、故陳侯請妻之。 [04-06b]
【注】以忽有王寵故。〔忽に王寵有るを以ての故なり。〕

【傳】鄭伯許之、乃成昏。 [04-06b]
【注】爲鄭忽失齊昏援、以至出奔傳。〔鄭忽の齊の昏援を失ひ、以て出奔に至るが爲めの傳なり。〕

【經】八年、春、宋公・衛侯遇于垂。 [04-06b]
【注】垂衛地。濟陰句陽縣東北有垂亭。〔垂は衛の地なり。濟陰句陽縣の東北に垂亭有り。〕

【經】三月、鄭伯使宛來歸祊。 [04-06b]
【注】宛鄭大夫。不書氏、未賜族。祊鄭祀泰山之邑、在瑯邪費縣東南。〔宛は鄭の大夫なり。氏を書せざるは、未だ族を賜はらざればなり。祊《ほう》は鄭の泰山を祀る邑、瑯邪費縣の東南に在り。〕

【疏】注の「宛鄭」[1]より「東南」に至るまで。
○正義に曰う。内卿〔魯の卿〕を貶するときには族を去り、外卿〔外国の卿〕を貶するときには「人」と称するが、外卿に族を去る道理は無い。ところが今「宛」には族が無いし、伝文にも彼を譏る表現は無いから、「未だ族を賜はらざる」ものであることが分かる。
伝に「鄭 泰山の祀《まつり》を釈《す》てて、来たりて祊《ほう》を帰《おく》らしむ」と言うので、「祊は是れ鄭の 泰山を祀るの邑」であることが分かる。鄭国は桓公の（周室に功績が有る）ことで、邑を泰山の下に授けられており、天子が泰山を祭祀する際には、必ず随行して祭祀を手助けし、湯沐《とうもく》に供するのにここを使用する。そのため《公羊》[2]ではこれを「湯沐の邑」と言う。この邑が有るために、そこに別廟を立てているのである。

劉炫が次のように述べている。

「泰山を祀るの邑」と言うのは、泰山の傍らにこの邑が有ることを意味する。邑の内に鄭の宗廟の祀があって、それは恐らく（鄭の）桓公・武公の神を祀るものであろう。

【譯注】

①内卿貶則去族（04-06b-9）――隱公四年経「秋、翬帥師會宋公陳侯蔡人衛人伐鄭」の杜預注「公子翬、魯大夫。不稱公子、疾其固請、強君以不義也。諸外大夫、貶皆稱人。至於内大夫貶、則皆去族稱名。於記事之體、他國可言某人而已、魯之卿佐、不得言魯人。此所以爲異也。翬・溺去族、傳曰疾之、叔孫豹則曰言違命、此其例也」を参照。

②公羊（04-07a-1）――《公羊伝》隠公八年「宛者何、鄭之微者也。邴者何、鄭之湯沐之邑也。天子有事于泰山、諸侯皆從。泰山之下諸侯皆有湯沐之邑焉」。ちなみに《左伝》の「祊」字を、《公羊伝》では「邴」字に作る。

【經】庚寅、我入祊。　［04-07a］

【注】桓元年乃卒易祊田、知此入祊、未肯受而有之。〔桓元年に乃ち卒《つひ》に祊田を易《か》ふれば、此に「祊に入る」も、未だ肯《あ》へて受けて之れを有《たも》たざるを知る。〕

【經】夏、六月、己亥、蔡侯考父卒。　［04-07a］

【注】無傳。襄六年傳曰「杞桓公卒。始赴以名、同盟故也」。諸侯同盟稱名者、非唯見在位二君也。嘗與其父同盟、則亦以名赴其子、亦所以繼好也。蔡未與隱盟。蓋春秋前與惠公盟、故赴以名。〔傳無し。襄六年傳に「杞の桓公 卒す。始めて赴ぐるに名を以てするは、同盟するが故なり」と曰ふ。諸侯の同盟して名を稱するは、唯に見《げん》に在位せる二君のみに非ざるなり。嘗て其の父と同盟すれば、則ち亦た名を以て其の子に赴ぐるも、亦た「好を繼ぐ」所以なり。蔡は未だ隱と盟はず。蓋し春秋の前に惠公と盟ふ、故に赴ぐるに名を以てするならん。〕

【疏】注の「襄六」より「以名」に至るまで。

○正義に曰う。[1]同盟すれば名を赴げるということについては、もとより決まりきった例が有るのに、ここに[2]「杞桓公」を例に引いたのは（なぜかといえば）、蔡国は《春秋》（の記載が始まってより）以来、いまだ嘗て魯国と同盟していないが、（先代の）恵公と同盟したものであろうと推測したため、「杞桓公」を引いて例としたのである。

杞の桓公は魯の成公と同盟しており、（その死去に際して）その名を襄公に赴げて来たが、《伝》でこれを「同盟するが故なり」と述べていることからすると、（相手国が魯の現君主の）父と同盟していれば、その名をその子（である魯の現君主）に赴げることができるということで、蔡が恵公と同盟していたから、その名を隠公に赴げたものかと推測したのである。

同盟して互いに名を称すると、両国の国君は互いにその名を知ることになり、君が知っている以上、国内でも皆な知ることとなるということで、相手国の父君が薨じていたとしても、名を相手国の嗣子に赴げることができる。自国の君の名を以て嘗て相手国の父君と並べて称したからである。もしも父君が相手国と同盟していなければ、相手国の君が在位していても、こちらの嗣子が（死去した父の）名を赴げることができないのは、父の名が相手国の君と並べて称したことがないからである。

【譯注】

①同盟赴名自有成例（04-07a-6）――隠公七年の凡例を指す。「七年、春、滕侯卒。不書名、未同盟也。凡諸侯同盟、於是稱名。故薨則赴以名、告終稱嗣也。以繼好息民。謂之禮經」。

②杞桓公（04-07a-6）――襄公六年経「六年、春、王三月、壬午、杞伯姑容卒」、伝「六年、春、杞桓公卒。始赴以名、同盟故也」、杜預注「杞入春秋、未嘗書名。桓公三與成同盟、故赴以名」。つまり杜預注によれば、杞の桓公は魯の襄公の

父成公と三たび同盟したから、名を赴げてきたのである。なお同疏所引の《釋例》にも「釋例曰、杞伯姑容未與襄同盟、而事逮其父、用同盟之禮、蓋繼好之義也。嫌於赴非所盟之君、故傳曰始赴以名、同盟故也」とある。

【經】辛亥、宿男卒。 [04-07a]

【注】無傳。元年宋魯大夫盟于宿、宿與盟也。晉荀偃禱河、稱齊晉君名、然後自稱名、知雖大夫出盟、亦當先稱己君之名、以啓神明、故薨皆從身盟之例、當告以名也。傳例曰「赴以名則亦書之、不然則否、辟不敏也」。今宿赴不以名、故亦不書名。諸例或發於始事、或發於後者、因宜有所異同、亦或丘明所得記注、本末不能皆備故。〔傳無し。元年に宋・魯の大夫 宿に盟へば、宿は盟に與《あづか》るなり。晉の荀偃《じゅんえん》の河に禱《いの》りしとき、齊・晉の君名を稱し、然る後に自ら名を稱すれば、大夫の出で盟ふと雖も、亦た當《まさ》に先づ己の君の名を稱し、以て神明に啓《まう》すべく、故に薨には皆な身《みづか》ら盟ふの例に從ひ、當に告ぐるに名を以てすべきを知るなり。傳例に曰はく「赴ぐるに名を以てすれば則ち亦た之れを書し、然らざれば則ち否《しかせ》ざるは、不敏を辟《さ》くればなり」と。今 宿は赴ぐるに名を以てせず、故に亦た名を書せず。諸もろの例 或は始事に發し、或は後に發するは、宜しく異同する所有るべきに因り、亦た或は丘明の得る所の記注、本末 皆なは備ふる能はざるが故なり。〕

【疏】注の「元年」より「備故」に至るまで。

○正義に曰う。①例では、「盟」に国名を記録している場合、その国の君もその盟に関与している。したがって元年に②「（九月及宋人）盟于宿」とあるから、宿も盟に関与していることが分かる。魯・宋ともに微人であったため、かならずや宿の国君自身は関与していないであろうから、宿もまた大夫が盟ったことが分かる。

「盟」と「禱」とは異なるが、ともに神に告げるものである。荀偃が③（河に）禱《いの》った際に、先ず君名を称しているので、大夫が集まって盟う場合にも、各自がその国君の名を称することが分かる。臣下の盟に君名を称するのだから、国君が薨じた際には、その名を赴げたはずである。したがって宿君の卒には、当然名を魯に赴げたはずである。ところがいま「宿男」にその名の記載が無いのは、宿自体が名を赴げて来なかったもので、これは法として赴げることができないという意味ではない。そこで僖公二十三年の④伝例を引いて明らかにしたもので、名を赴げて来なければ、知っていたとしても記載できない、という意味である。諸々の国君が盟に関与していないのに、名を以て魯に赴げるものについて、注で「大夫 某に盟ふ」と言う例は、すべてこのような意味である。

（これに対して）衛冀隆⑤が杜預を非難して、

「周人は諱《いみな》を以て神に事《つか》へ」るのだから、臣子がどうして君の名を以て神に告げることができようか。また荀偃が河に禱ったのは、一時の事に過ぎず、正礼ではないのだから、なんで大夫の盟に先ず君名を称することが分かろうか。

と述べている。

杜預が必ずこのように解釈したわけは、「諱を以て神に事へ」るとは、神の名を諱んでその神に事えるという意味である。祖先を祭るのに祖先の名を諱むような類をいう。しかし山川の神は諸侯より尊いため、⑥《尚書》武成篇では（武王が）名山大川に告げて、「有道なる周王発」と言っていることからすると、荀偃が河に禱った際に、自ら君名を称したことは、道理の上からもなんら問題はない。（衛冀隆説は誤りである。）

杜預が「諸もろの例、或は始事に発し、或は後に発す」と述べていることについて、たとえば七年⑦「滕侯卒」の伝に、「凡そ諸侯、同盟すれば、是《ここ》に於て名を称す」と言い、桓公二年⑧「公至自唐」に、「凡そ公の行くや、宗廟に告ぐ」とあるのが、「或は始事に発す」る例である。宣公四年⑨の「凡そ弑君に君を称す」、とか僖公二十六年⑩の「凡そ師 能く之れを左右するを以と曰ふ」とかが、「或は後に発す」る例である。

「宜しく異同する所有るべきに因る」と述べているのは、宣公四年に鄭の公子帰生が君を弑した際、帰生に罪が無いかとの疑いが持たれること、及び宣⑪公五年に（齊の）高固がやって来て叔姫を迎えた際、婚姻を強要されたかとの疑いが持たれるため、伝がこれを明確にしているのが、その例である。

「亦た或は丘明得る所の記注、本末 皆なは備ふること能はず」と述べているのは、杜預がさらに自ら疑問に思うよう、諸例はすべて始事において発すべきであるのに、後事に発することがあるのは、記注の周公の旧凡が始事に繋《か》けていないで、後事に繋けており、丘明が伝を作成するに際し、記注の繋ける所に依拠して、そのまま例を発したのである、と。杜預のこの言葉の通りだとすると、周公の旧凡は、記注の文章の中で諸事に散在しており、丘明が伝を作成するに際して、記注の文章に従って例を発したため、先になったり後になったりしたのである。

【譯注】

①於例（04-07b-2）――後掲隠公元年経の杜預注によれば、僖公十九年「冬、會陳人蔡人楚人鄭人、盟于齊」を指すのであるが、《左氏會箋》では「凡盟以國地者、國主或與、或不與。僖十九年盟于齊、則齊與焉。僖二十七年盟于宋、則宋不與。宿男與盟與否、不可知也」と述べて、杜預に異論を呈する。

②元年「盟于宿」（04-07b-3）――隠公元年経「九月、及宋人盟于宿」、杜預注「客主無名者、皆微者也。宿小國、東平無鹽縣也。凡盟以國地者、國主亦與盟。例在僖十九年」。

③荀偃之禱（04-07b-3）――襄公十八年伝に齊との決戦を前に、晋の荀偃（中行獻子）が河神に祈った。その際、相手の齊侯の名「環」と、晉君の名「彪」を称している。「秋、齊侯伐我北鄙。中行獻子將伐齊、夢與厲公訟、弗勝。公以戈擊之、首隊於前、跪而戴之、奉之以走、見梗陽之巫皋。他日、見諸道、與之言、同。巫曰『今茲主必死。若有事於東方、則可以逞』。獻子許諾。晉侯伐齊、將濟河、獻子以朱絲系玉二瑴、而禱曰『齊環怙恃其險、負其衆庶、棄好背盟、陵虐神主。曾臣彪將率諸侯以討焉、其官臣偃實先後之。苟捷有功、無作神羞、官臣偃無敢復濟。唯爾有神裁之』。沈玉而濟」。

④僖二十三年傳例（04-07b-5）――僖公二十三年伝「凡諸侯同盟、死則赴以名、禮也。赴以名、則亦書之、不然則否、辟不敏也」。

⑤衛冀隆（04-07b-6）――衛冀隆は六朝東魏の人。《魏書》儒林伝によれば、北魏の大儒徐遵明は服氏春秋の総帥で、服学を北朝に盛行させた人物であるが、同時代人である斉郡益都の賈思伯・賈思同の兄弟は杜氏学者であり、思伯は北魏の粛宗に杜氏春秋を授け、さらに後には思同も侍講となって東魏の靜帝に同じく杜氏春秋を授けた。ところが、当時国子博士で服氏学者であった衛冀隆が上書して杜預注の六十三事を非難し、これに応じて思同が反駁すること十一条、その論難は十巻になったという。そこで詔が大学に下されて、諸儒にその是非を考究させたのであるが、賈氏・衛氏ともに没し、今に至るまで決着がついていないと、『魏書』の著者である魏収は結んでいる。

以上の諸氏の書物はいずれも亡佚したが、本条の例のように、その一部が《春秋正義》中に保存されて残存しているわけで、衛冀隆の場合、難杜九条が引用されている。拙稿「春秋正義源流小考」（《池田末利博士古稀記念東洋學論集》一九八〇年、《五經正義の研究》所収）を参照されたい。

⑥尚書武成（04-07b-7）――《尚書》武成篇は武王が殷の紂王を伐ち、その武功の

成ったことを宣言したもの。武王の名は「發」である。ただしこれは疑古文。

王若曰、嗚呼。群后、惟先王建邦啓土。公劉克篤前烈、至于大王、肇基王跡、王季其勤王家。我文考文王、克成厥勛、誕膺天命、以撫方夏。大邦畏其力、小邦懷其德。惟九年、大統未集。予小子其承厥志。厎商之罪、告于皇天後土、所過名山大川。曰『惟有道曾孫周王發、將有大正于商』。今商王受無道、暴殄天物、害虐烝民、爲天下逋逃主、萃淵藪。予小子既獲仁人、敢祗承上帝、以遏亂略。華夏蠻貊、罔不率俾、恭天成命。肆予東征、綏厥士女。惟其士女、篚厥玄黃、昭我周王。天休震動、用附我大邑周。惟爾有神、尚克相予、以濟兆民、無作神羞。

⑦七年（04-07b-8）――隱公七年経「滕侯卒」、傳曰「七年、春、滕侯卒。不書名、未同盟也。凡諸侯同盟、於是稱名、故薨則赴以名、告終稱嗣也、以繼好息民、謂之禮經」。

⑧桓二年（04-07b-9）――桓公二年経「冬、公至自唐」、伝「冬、公至自唐、告于廟也。凡公行、告于宗廟。反行、飲至・舍爵・策勛焉、禮也。特相會、往來稱地、讓事也。自參以上、則往稱地、來稱會、成事也」。

⑨宣四年（04-07b-9）――宣公四年経「夏、六月、乙酉、鄭公子歸生弑其君夷」、伝「書曰、鄭公子歸生弑其君夷、權不足也。君子曰、仁而不武、無能達也。凡弑君、稱君、君無道也。稱臣、臣之罪也」を指す。弑君の例はこれ以前に隠公四年・桓公二年・荘公八年・十二年・僖公十年・文公元年・十四年・十六年・十八年（二例）・宣公二年の十一例がある。つまり宣公四年は「或發於後」の例だということ。

⑩僖二十六年（04-07b-9）――僖公二十六年経「冬、楚人伐宋、圍緡。公以楚師伐齊、取穀」、伝「冬、楚令尹子玉・司馬子西帥師伐宋、圍緡。公以楚師伐齊、取穀。凡師、能左右之曰以。寘桓公子雍於穀、易牙奉之以爲魯援。楚申公叔侯戍之。桓公之子七人、爲七大夫於楚」を指す。ただ僖公二十六年以外で、この例に該当するのは、桓公十四年「宋人以齊人・蔡人・衛人・陳人伐鄭」と定公四年「冬、十有一月、庚午、蔡侯以呉子及楚人戰于柏舉、楚師敗績」のみである。

⑪宣五年（04-07b-10）――宣公五年経「秋、九月、齊高固來逆叔姬」、伝「秋、九月、齊高固來逆女、自爲也。故書曰逆叔姬、卿自逆也」を指す。この杜預注に「適諸侯稱女、適大夫稱字、所以別尊卑也。此春秋新例、故稱書曰、而不言凡也。不於莊二十七年發例者、嫌見逼而成昏、因明之」とあり、杜預注の指摘する荘公二十七年「莒慶來逆叔姬」、その杜預注に「無傳。慶、莒大夫。叔姬莊公女。卿自爲逆、則稱字。例在宣五年」とある。

【經】秋、七月、庚午、宋公・齊侯・衛侯盟于瓦屋。　[04-08a]

【注】齊侯尊宋使主會、故宋公序齊上。瓦屋周地。［齊侯 宋を尊びて會を主《つかさど》らしむ、故に宋公 齊の上に序す。瓦屋は周の地なり。］

【疏】注の「齊侯」より「周地」に至るまで。

○正義に曰う。《春秋》の例では、国はその大小によって順序づける。《外伝》①鄭語に「斉の荘・僖、是《ここ》に於てか小伯たり」と述べており、この年の「斉侯」がその僖公であり、この盟は宋・衛を和平させたものである。斉が会合の主催者であったのだから、斉が上に位置すべきであるが、いま宋が斉の上にあるので、特にこれを解説する。すなわち宋が斉侯を敬って、衛と先ず待ち合わせたため、「斉侯 宋を尊びて会主と為し」たのである。

「瓦屋」の位置は分からないのに「周地」であることが分かるのは（なぜかといえば）、「温に会し」て「瓦屋に盟ふ」とあり、会・盟の地が遠く離れることはありえず、温が周の地であることから、瓦屋もやはり周の地であることが分かるのである。

【譯注】

①外傳鄭語（04-08a-5）——《国語》鄭語に「幽王八年而桓公爲司徒、九年而王室始騷、十一年而斃。及平王之末、而秦・晉・齊・楚代興、秦景・襄於是乎取周土、晉文侯於是乎定天子、齊莊・僖於是乎小伯、楚蚡冒於是乎始啓濮」と述べるのは、春秋当初の時代の各国の状況を解説したもの。

【經】八月、葬蔡宣公。　[04-08a]

【注】無傳。三月而葬速。〔傳無し。三月にして葬るは速し。〕

【經】九月、辛卯、公及莒人盟于浮來。　[04-08a]

【注】莒人微者、不嫌敵公・侯、故直稱公。例在僖二十九年。浮來紀邑。東莞縣北有邳鄉。邳鄉西有公來山。號曰邳來間。〔莒人は微者なれば、公・侯に敵するに嫌《うたがひ》あらず、故に直《た》だ「公」と稱す。例は僖二十九年に在り。浮來は紀の邑なり。東莞縣の北に邳鄉有り。邳鄉の西に公來山有り。號して邳來の間と曰ふ。〕

【疏】注の「莒人」より「來間」に至るまで。

○正義に曰う。①僖公二十九年に公は王子虎や諸侯の卿に会して翟泉に盟ったが、そこでは（魯の）「公」を言わず、また卿を貶して「人」と称し、ただ「某人某人に会す」と記述しており、伝では「卿の書せざるは之れを罪すればなり。礼に在りては、卿は公・侯に会せず。伯・子・男に会するは可なり」と述べている。（ところが）この「莒人」の場合は公侯に対等に会しているので、これを解説する。莒は小国であるから、卿は当然「人」と称すべきところで、これは貶辞ではない。つまり「微者の能《よ》く公・侯に敵するに嫌《うたがひ》あらず、故に直《た》だ公と称す」るのである。

【譯注】

①僖二十九年（04-08a-10）——僖公二十九年経「夏、六月、會王人・晉人・宋人・齊人・陳人・蔡人・秦人、盟于翟泉」、伝「夏、公會王子虎・晉狐偃・宋公孫固・齊國歸父・陳轅濤涂・秦小子憖、盟于翟泉、尋踐土之盟、且謀伐鄭也。卿不書、罪之也。在禮、卿不會公侯、會伯子男可也」。この伝文は経文に「公」字が無く、諸侯の卿を「某人」と表記していることを解説したもの。

【經】螟。　[04-08b]

【注】無傳。爲災。〔傳無し。災を爲す。〕

【經】冬、十有二月、無駭卒。　[04-08b]

【注】①公不與小斂、故不書日。卒而後賜賊、故不書族。〔公 小斂《れん》に與《あづか》らず、故に日を書せず。卒して後に族を賜はる、故に族を書せず。〕

【譯注】

①公不與小斂（04-08b-2）——隱公元年の経・伝・注の文章を参照。

【経】公子益師卒。

【注】傳例曰「公不與小斂、故不書日」、所以示薄厚也。春秋不以日月爲例。唯卿佐之喪、獨託日以見義者、事之得失、既未足以褒貶人君、然亦非死者之罪、無辭可以寄文、而人臣輕賤、死日可略、故特假日以見義。

【伝】衆父卒。公不與小斂、故不書日。

【注】禮卿佐之喪、小斂大斂、君皆親臨之、崇恩厚也。始死情之所篤、禮之所崇、故以小斂爲文。至於但臨大斂、及不臨其喪、亦同不書日。

【傳】八年、春、齊侯將平宋衛。 [04-08b]

【注】平宋・衛於鄭。〔宋・衛を鄭に平らぐ。〕

【傳】有會期。宋公以幣請於衛、請先相見。 [04-08b]

【注】宋敬齊命。〔宋 齊の命を敬《つつ》しむ。〕

【傳】衛侯許之。故遇于犬丘 [04-08b]

【注】犬丘垂也。地有兩名。〔犬丘は垂なり。地に兩名有り。〕

【疏】注の「犬丘」より「兩名」に至るまで。

○正義に曰う。土地に両つの名称があり、それに新旧の改易するものについて①、伝では「実」という表現でこれを明らかにする。もし両つの名称が並存する場合には、伝は経にしたがえてこれを示す。この「犬丘」と「垂」とは両つの名称が並存している例であるため、伝は「実」と言っていない。このことについて《釈例(土地名)》に、

もしも一地にして二名があり、当時に並存していると、ただ両つの表現を互見するのみ。黒壤②・犬丘・時來③の類がそれである。それはちょうど卿大夫の名と氏が互見するようなもので、これは例ではない。

と述べている。

【譯注】

①傳則言實以明之（04-08b-6）――伝文が「実は～なり」と表現するのは、以下の四例のみである。

・昭公九年「許遷于夷」、伝「二月、庚申、楚公子棄疾遷許于夷、實城父」。

・昭公十八年「冬、許遷于白羽」、伝「冬、楚子使王子勝遷許於析、實白羽」。

・定公十年「夏、公會齊侯于夾谷」、伝「夏、公會齊侯于祝其、實夾谷」。

・定公十三年「春、齊侯衛侯次于垂葭」、伝「春、齊侯衛侯次于垂葭、實郥氏」。

②黒壤（04-08b-8）――黒壤・黄父ともに経・伝文に一見するのみ。

・文公十七年伝「晉侯蒐于黄父、遂復合諸侯于扈、平宋也」、杜預注「一名黒壤、晉地」。

・宣公七年経「冬、公會晉侯・宋公・衛侯・鄭伯・曹伯于黒壤」、伝「冬、盟于黒壤。王叔桓公臨之、以謀不睦。晉侯之立也、公不朝焉、又不使大夫聘、晉人止公于會。盟于黄父、公不與盟。以賂免。故黒壤之盟不書、諱之也」、杜預注「黄父卽黒壤」。

③時來（04-08b-8）――時來は以下の一例のみ。

・隠公十一年経「夏、公會鄭伯于時來」、杜預注「時來、郲也。滎陽縣東有釐城。鄭地也」、伝「夏、公會鄭伯于郲、謀伐許也」。

【傳】鄭伯請釋泰山之祀而祀周公、以泰山之祊易許田。三月、鄭伯使宛來歸祊、不祀泰山也。 [04-08b]

【注】成王營王城、有遷都之志、故賜周公許田以爲魯國朝宿之邑。後世因而立周公別廟焉。鄭桓公周宣王之母弟、封鄭、有助祭泰山湯沐之邑在祊。鄭以天子不能復巡狩、故欲以祊易許田、各從本國所近之宜也。恐魯以周公別廟爲疑、故云已廢泰山之祀、而欲爲魯祀周公、孫辭以有求也。許田近許之田也。〔成王は王城を營み、都を遷さんとするの志有り、故に周公に許田を賜ひて以て魯國朝宿の邑と爲す。後世因りて周公の別廟を焉《ここ》に立つ。鄭の桓公は周の宣王の母弟にして、鄭に封ぜられ、泰山を助祭する湯沐の邑の祊に在る有り。鄭は天子の復た巡狩する能はざるを以て、故に祊を以て許田に易《か》へ、各おの本國に近き所の宜に従はんと欲するなり。魯の周公の別廟を以て疑と爲さんことを恐れ、故に「已に泰山の祀を廢して、魯の爲めに周公を祀らんと欲す」と云ひ、孫辭して以て求むる有るなり。許田は許に近きの田なり。〕

【疏】注の「成王」より「之田」に至るまで。

○正義に曰う。成王①が邑を洛邑に造営したのは、ここが居土の中央であり、貢賦を納める距離が等しいので、洛邑において朝貢を受けようと考えたからである。許田は王城に近いので、周公に許田を賜わり、魯国の朝宿の邑とした。《詩》②魯頌に「常と許とに居り、周公の宇を復《かへ》さん」と述べるのは、周公が許田を得たことである。《公羊伝》③に「許田とは何ぞ。魯の朝宿の邑なり」と述べるのは、許田が魯の朝宿の邑だということである。

鄭は許田を交換して周公を祀《まつ》りたいと請うたのだから、（魯が周公の）後世に許田の中に周公の別廟を立てたことが分かる。鄭の桓公は周の宣王の母弟であるから、泰山の下にやはり祊田を受けて湯沐の邑となし、祊田の内にもまた鄭の先君の別廟が有った。そしてこの頃は、周室は既に衰微していたため、王は巡守をしなかった。鄭は王がもはや巡守しないので、泰山の祭祀が廃止されてしまった以上、祊田は無用のものになったと考え、祊を許と交換しようとしたのである。許田は鄭に近く、祊田は魯に近いため、それぞれが本国に近いという便宜に従うわけである。魯は許田に周公の祭祀を奉じているから、その田を交換すれば、その祭祀も廃止されることになるということで、（鄭は）魯が周公の別廟について疑念を持つことを恐れ、同意しないであろうことを考慮して、「泰山の祭祀を廃止したからには、魯のために周公を祀るつもりである」と言う。鄭が許田を得ても、周公の祭祀は廃絶されないという意味である。

（注に）「已に泰山の祀を廃す」と言うのは、天子がもはや巡守をせず、鄭家でもこの泰山の祭祀を助祭することを廃止しているからには、祭祀すべきものが無いので、魯のために周公を祀りたい、ということを意味する。実際のところ、廃止以来すでに久しいのに、今始めて「已に廃す」と言うのは、魯のために周公を祀ろうとしたので、「已に廃す」と述べたもので、方④便に逃げ口上を使い、魯に求めたのである。

定公四年⑤に、祝佗が（衛の）康叔の（周室から）分物を受けたことを、「有閻の土より取りて、以て王職に共し、相土の東都より取りて、以て王の東蒐に会す」と述べている。「有閻の土」とは、ちょうど魯の許田のようなものであり、「相土の東都」とは、鄭の祊邑のごときものである。鄭は京師に近いので朝宿の邑は必要ないし、魯は泰山に近いので湯沐の邑は必要ではないから、各おのがその一方だけを受けた。衛は道路がどちらにも遠いので、両方ともに保有したのである。

《禮記》⑥王制に「方伯は天子に朝する為めに、皆な湯沐の邑を天子の県内に有す」と述べている。そうだとすると、「朝宿」の邑はまた「湯沐」とも名づける。ただ、京師に向かうのは主として王に朝するためであり、王に従って巡守するのは主として助祭のためであって、祭祀には必ず沐浴するから、それぞれの事情から名づけたのであり、「朝宿」・「湯沐」は互言したものである。

《異義》⑦に「左氏説にては、諸侯に大功徳有れば、乃ち朝宿・湯沐の邑有り。公羊説に以為へらく、諸侯に皆な朝宿・湯沐の邑有り」とあって、許慎は公羊説を誤りだと考えているので、杜預の見方もやはり許慎に従ったのである。《公羊伝》⑧に、

> 此れ魯の朝宿の邑なれば、則ち曷為《なんす》れぞ之れを許田と謂ふ。周田を取るを諱《ゐ》めばなり。周田を取るを諱めば、則ち曷為れぞ之れを許田と謂ふ。之れを許に繋《か》くればなり。曷為れぞ之れを許に繋くるや。許に近ければなり。

と述べている。杜預が「許に近き田」と言うのは、《公羊伝》を用いて説明したもの。杜預が《公羊伝》に依拠したのは、邑が実際に許に近いところから、許田と名づけたものだからである。劉君⑨はまるっきり根拠もなく、ただ

「別に許邑が有り、それがすでに許と名がついていたのである。許国に近いから始めて許と名づけたものではない」と述べて、杜氏を規正するのは、正しい意味ではない。

【譯注】

①成王營邑於洛（04-09a-4）――参考：《史記》周本紀「成王在豐、使召公復營洛邑、如武王之意。周公復卜申視、卒營築、居九鼎焉。曰、此天下之中、四方入貢道里均。作召誥 、洛誥」。

②詩魯頌（04-09a-5）――《毛詩》魯頌・閟宮序「頌僖公能復周公之宇也」とあり、本文に「天錫公純嘏、眉壽保魯、居常與許、復周公之宇」とある。

③公羊傳（04-09a-5）――《公羊伝》桓公元年「鄭伯以璧假許田。其言以璧假之何。易之也。易之則其言假之何。爲恭也。曷爲爲恭。有天子存則諸侯不得專地也。許田者何。魯朝宿之邑也。諸侯時朝乎天子、天子之郊諸侯皆有朝宿之邑焉。此魯朝宿之邑也、則曷爲謂之許田。諱取周田也。諱取周田則曷爲謂之許田。繫之許也。曷爲繫之許。近許也。此邑也、其稱田何。田多邑少稱田、邑多田少稱邑」。

④方便（04-09b-1）――「方便」は仏教語であり、《十三経注疏》中では、《春秋正義》に二例、《禮記正義》と《穀梁疏》に一例、また《論語義疏》に一例見える。現代語の用法とほぼ同じ。

⑤定四年（04-09b-1）――定公四年伝に衛の祝佗が周の封建の事情を語った言葉の中に見える。「分康叔以大路・少帛・綪茷・旃旌・大呂、殷民七族、陶氏・施氏・繁氏・錡氏・樊氏・饑氏・終葵氏。封畛土略、自武父以南及圃田之北竟、取於有閻之土以共王職。取於相土之東都以會王之東蒐。聃季授土、陶叔授民、命以《康誥》而封於殷虛。皆啓以商政、疆以周索」。

⑥禮記王制（04-09b-3）――《禮記》王制篇「方伯爲朝天子、皆有湯沐之邑於天子之縣內、視元士」。

⑦異義（04-09b-4）――《五經異義》については、本書162頁注②。なお《禮記》王制篇疏所引の《五經異義》には、

公羊説、諸侯朝天子、天子之郊、皆有朝宿之邑。從泰山之下、皆有湯沐之邑。左氏説、諸侯有功德於王室、京師有朝宿之邑、泰山有湯沐之邑。魯周公之後、鄭宣王母弟、此皆有湯沐邑。其餘則否。許愼謹按、京師之地、皆有朝宿邑。周千八百諸侯、盡京師地、不能容之、不合事理之宜。

とあり、疏文は続けて「是許愼不從公羊之說。鄭无駮、當從許説」と述べる。

⑧公羊傳（04-09b-7）――注③参照。

【傳】夏、虢公忌父始作卿士于周。　［04-09b］

【注】周人於此遂畀之政。〔周人 此に於て遂に之れに政を畀《あた》ふ。〕

【傳】四月、甲辰、鄭公子忽如陳逆婦嬀。辛亥、以嬀氏歸。甲寅、入于鄭。陳鍼子送女。先配而後祖。鍼子曰、是不爲夫婦。誣其祖矣。非禮也。何以能育。　［04-09b］

【注】鍼子陳大夫。禮逆婦必先告祖廟而後行。故楚公子圍稱告莊・共之廟也。鄭忽先逆婦而後告廟、故曰先配而後祖。〔鍼子《しんし》は陳の大夫なり。禮にては婦を逆《むか》ふるに必ず先づ祖廟に告げて而る後に行く。故に楚の公子圍は「莊・共の廟に告ぐ」と稱するなり。鄭忽は先づ婦を逆へて而る後に廟に告ぐ、故に「先づ配して後に祖す」と曰ふ。〕

【疏】注の「鍼子」より「後祖」に至るまで。

○正義に曰う。「先配後祖」については異説が多い。賈逵は「配」を「夫婦と成る」ことだと解し、「礼斉《ととの》ふも未だ配せず、三月に廟見して然る後に配す」と見なしている。考えるに、〈昏礼〉①によると、親迎の夜に、衽席《じんせき》〔しとね〕を相連ねるから、士礼は三箇月を待たない。②禹が塗山氏に娶り、四日

で立ち去ったが、啓が生まれたいう事実があり、これまた三箇月経たないで配しているから、これは賈逵の謬論である。

鄭衆は「配」を「牢食を同じくする」ことだと解し、「先づ食して後に祖を祭る。敬神の心無きが故に其の祖を誣《し》ふと曰ふ」と見なしている。考えるに、〈昏礼〉によると、婦人が既に門に入ると、すぐに同牢の饌を設けるから、その間に祭祀の事は無い。つまり先ず祭祀したあとで食するということは、礼文献にその文章が無いのだから、これは鄭衆の謬論である。

鄭玄③は「祖」を「道を祓《はら》ふ祭り」だと解し、「先づ配匹を為して而る後に道を祖す。未だ去らずして配を行ふを言ふ」と見なしている。考えるに、伝では既に「鄭に入る」と言い、そのあとで「先づ配して後に祖す」と言うのだから、どうしてこれが「未だ去らざる」ことであろうか。もしも未だ去らないで先ず配したのなら、鍼子《しんし》が陳にいる時に譏ったことになり、どうして「送女」と言う必要があろうか。

以上の三説はすべて意味が滞るものだから、杜預は楚④の公子囲の告廟の事を引用して、「鄭忽は先づ婦を逆《むか》へて而る後に廟に告ぐ、故に先づ配して後に祖すと曰ふ」と述べたもの。

考えるに、このとき忽の父は生存していたのだから、廟に告げるか否かは荘公の事であるはずなのに、ここで忽を譏るのは（なぜかといえば）、楚の公子囲もやはり人臣であるのに、自ら几筵《きえん》〔肘掛けと敷物〕を布《し》いて荘王・共王の廟に告げており、そのとき君命を承けたとは言っていないから、嫁を迎える者は父に命を受けるけれども、自ら廟に告げることが分かる。しかも忽は先ず配匹を為して、その後で祖に告げた。その祖に告げたことを見て、はじめてこれを譏るのだから、忽が自ら祖に告げたことが分かる。

あるいは、鄭伯が忽のために嫁を娶り、先ず迎えて後に廟に告げ、鍼子がこれを見て譏ったのであって、公子囲が廟に告げたのは専権して勝手にふるまったものに過ぎず、正礼ではないのかもしれない。

【譯注】

①昏禮（04-10a-4）――《儀禮》士昏禮の式次第を要約して記述したもので、引用文ではない。後文の昏禮も同様である。

②禹娶塗山（04-10a-5）――《尚書》益稷「予創若時、娶于涂山、辛、壬、癸、甲。啓呱呱而泣、予弗子、惟荒度土功」、また《史記》夏本紀「禹曰、予娶塗山、辛、壬、癸、甲、生啓予不子、以故能成水土功」を参照。

③鄭玄（04-10a-6）――《鄭志》春秋志の文章と思われる。《鄭志》については本書250頁注②参照。ちなみに《禮記》曾子問篇疏所引では以下の通り。

又隱八年鄭公子忽先配而後祖、鄭以祖爲祖道之祭。應先爲祖道、然後配合。今乃先爲配合而後乃爲祖道之祭。如鄭此言、是皆當夕成昏也。若賈服之義、大夫以上無問舅姑在否、皆三月見祖廟之後、乃始成昏。故譏鄭公子忽先爲配匹乃見祖廟、故服虔注云、季文子如宋致女、謂成昏。是三月始成昏、與鄭義異也。

④楚公子圍告廟之事（04-10a-8）――昭公元年伝に見える。

元年、春、楚公子圍聘于鄭、且娶於公孫段氏。伍擧爲介。將入館、鄭人惡之、使行人子羽與之言、乃館於外。既聘、將以衆逆。子産患之、使子羽辭曰「以敝邑褊小、不足以容從者、請墠聽命」。令尹命大宰伯州犁對曰「君辱貺寡大夫圍、謂圍將使豐氏撫有而室。圍布几筵、告於莊・共之廟而來。若野賜之、是委君貺於草莽也、是寡大夫不得列於諸卿也。不寧唯是、又使圍蒙其先君、將不得爲寡君老、其蔑以復矣。唯大夫圖之」。

【傳】齊人卒平宋・衛于鄭。秋、會于恩、盟于瓦屋、以釋東門之役。禮也。

【注】會温不書、不以告也。定國息民、故曰禮也。平宋衛二國忿鄭之謀。鄭不與盟、故不書。〔温に會するをば書せざるは、以て告げざればなり。國を定め民を息《いこ》はしむ、故に「禮なり」と曰ふ。宋・衞二國の鄭を忿《いか》るの謀を平らぐ。鄭は盟に與《あづか》らず、故に書せず。〕 [04-10b]

【傳】八月、丙戌、鄭伯以齊人朝王、禮也。 [04-10b]

【注】言鄭伯不以虢公得政而背王、故禮之也。齊稱人、略從國辭。上有七月庚午、下有九月辛卯、則八月不得有丙戌。〔言ふこころは鄭伯 虢公の政を得るを以てして王に背かず、故に之れを「禮」とするなり。齊に「人」と稱するは、略して國辭に從ふ。上に「七月庚午」有り、下に「九月辛卯」有れば、則ち八月には「丙戌」有るを得ず。〕

【疏】注の「言鄭」より「丙戌」に至るまで。

○正義に曰う。①庚午の後十六日で丙戌、二十一日で辛卯が有り、七月に庚午が有り、九月に辛卯が有るので、その間に一箇月は入りきれないので、「八月に丙戌有るを得ず」である。さらにはるかに一周すれば、丙戌は庚午を去ること七十七日だから、八月にやはり丙戌は有り得ないので、明らかに「丙戌」とあるのは日付の誤りである。

《長暦》で推算するに、七月は丁卯が朔、四日が庚午、二十日に至ると丙戌。九月は丙寅が朔、二十六日が辛卯、その月二十一日が丙戌。八月は小月で丁酉が朔、十日が丙午、二十日が丙辰、二日が戊戌、十四日が庚戌、二十六日が壬戌であるから、「丙」「戌」二字のいずれが誤りであるのかは分からない。ただ「日の誤り」とだけ言わないで、上下を検討したのは、伝に明文に有ることによって明言したもの。他の例もこれと同様である。

【譯注】

①庚午之後十六日而有丙戌（04-10b-5）――左に「干支表」を掲げる。

1甲子	2乙丑	3丙寅	4丁卯	5戊辰	6己巳	**7庚午**	8辛未	9壬申	10癸酉
11甲戌	12乙亥	13丙子	14丁丑	15戊寅	16己卯	17庚辰	18辛巳	19壬午	20癸未
21甲申	22乙酉	**23丙戌**	24丁亥	25戊子	26己丑	27庚寅	**28辛卯**	29壬辰	30癸巳
31甲午	32乙未	33丙申	34丁酉	35戊戌	36己亥	37庚子	38辛丑	39壬寅	40癸卯
41甲辰	42乙巳	43丙午	44丁未	45戊申	46己酉	47庚戌	48辛亥	49壬子	50癸丑
51甲寅	52乙卯	53丙辰	54丁巳	55戊午	56己未	57庚申	58辛酉	59壬戌	60癸亥

【傳】公及莒人盟于浮來、以成紀好也。 [04-10b]

【注】二年紀・莒盟于密爲魯故。今公尋之、故曰以成紀好也。〔二年、紀・莒の密に盟ふは魯の爲めの故なり。今 公之れを尋ぬ、故に「以て紀の好を成す」と曰ふなり。〕

【傳】冬、齊侯使來告成三國。 [04-11a]

【注】齊侯冬來告、稱秋和三國。〔齊侯は冬に來たり告ぐるも、秋に三國を和すと稱す。〕

【傳】公使衆仲對曰、君釋三國之圖、以鳩其民、君之惠也。寡君聞命矣。敢不承受君之明德。 [04-11a]

【注】鳩集也。〔鳩は集なり。〕

【傳】無駭卒。羽父請謚與族。公問族於衆仲。衆仲對曰、天子建德、 [04-11a]

【注】立有德以爲諸侯。〔有徳を立てて以て諸侯と爲す。〕

【傳】因生以賜姓、 [04-11a]

【注】因其所由生以賜姓、謂若舜由嬀汭、故陳爲嬀姓。〔其の由りて生まるる所に因りて以て姓を賜ふとは、舜の嬀汭《ぎぜい》に由る、故に陳をば嬀姓と爲すが若《ごと》きを謂ふ。〕

【疏】注の「因其」より「嬀姓」に至るまで。

○正義に曰う。〈陳世家〉①に、

陳の胡公滿は虞帝舜の後なり。昔 舜の庶人為《た》りし時、嬀汭《ぎぜい》に居り、其の後 因りて氏姓と為し、嬀氏を姓とす。武王 殷に克ち、嬀滿を得て之れを陳に封ず。

という記述があり、これが（杜預注のいう）「舜は嬀汭に由るが故に陳をば嬀姓と為す」である。

調べてみるに、《世本》では帝舜は姚姓であり、哀公元年伝②に「虞思 少康に妻《めあは》すに二姚を以てす」と称しているから、舜以降もまだ姚を姓としている。昭公八年伝③に「胡公に及ぶまで淫ならず。故に周 之れに姓を賜ふ」と称しているので、胡公が初めて嬀を姓としたものであって、《史記》が胡公以前にすでに嬀を姓としたと見なすのは間違いである。

【譯注】

①陳世家（04-11a-6）――《史記》陳杞世家「陳胡公滿者、虞帝舜之後也。昔舜爲庶人時、堯妻之二女、居于嬀汭、其後因爲氏姓、姓嬀氏。舜已崩、傳禹天下、而舜子商均爲封國。夏后之時、或失或續。至于周武王克殷紂、乃復求舜後、得嬀滿、封之於陳、以奉帝舜祀、是爲胡公」。

②哀元年傳（04-11a-7）――哀公元年伝の、楚の伍子胥の言葉の中に見える。

伍員曰「不可。臣聞之『樹德莫如滋、去疾莫如盡』。昔有過澆殺斟灌以伐斟鄩、滅夏后相、後緡方娠、逃出自竇、歸于有仍、生少康焉。爲仍牧正、惎澆能戒之。澆使椒求之、逃奔有虞、爲之庖正、以除其害。虞思於是妻之以二姚、而邑諸綸、有田一成、有衆一旅」。

③昭八年傳（04-11a-8）――昭公八年伝の、晉の史趙の言葉の中に見える。

晉侯問於史趙曰「陳其遂亡乎」。對曰「未也」。公曰「何故」。對曰「陳、顓頊之族也、歲在鶉火、是以卒滅。陳將如之。今在析木之津、猶將復由。且陳氏得政于齊而後陳卒亡。自幕至于瞽瞍無違命、舜重之以明德、寘德於遂。遂世守之。及胡公不淫、故周賜之姓、使祀虞帝。臣聞盛德必百世祀。虞之世數未也、繼守將在齊、其兆既存矣」。

【傳】胙之土而命之氏。 [04-11a]

【注】報之以土、而命氏曰陳。〔之れに報ゆるに土を以てし、而して氏を命じて陳と曰ふ。〕

【疏】注の「報之」より「曰陳」に至るまで。

○正義に曰う。①「胙《そ》」の訓は「報《むくい》」である。有徳の人には必ず美《よ》き報が有る。「之れに報ゆるに土を以てす」とは、国君として封建し、氏を名づけることである。つまり諸侯の氏は国名がそれである。〈周語〉②に「帝 禹の徳を嘉《よ》みし、姓を賜ひて姒《じ》と曰ひ、氏を有夏と曰ふ。四岳に国を胙《むく》い、姓を賜ひて姜と曰ひ、氏を有呂と曰ふ」と述べるのも、やはり姓を賜いて嬀と言い、氏を命じて陳と言うのと、その事情は同じである。

「姓」③は「生」である。これを祖先として子孫を次々と生ませて、以下百世に及ぶとも、この姓は変わらない。

「族」④は「屬」である。その子孫とあい連属するが、その傍系の別属は各自で氏を立てる。《禮記》⑤大伝に「之れに繫《か》くるに姓を以てして別《わか》たず。百世にして婚姻通ぜざるは、周道然《しか》るなり」と言うのは、子孫が姓を共にすべきことを述べたもの。その上文に「庶姓は上に別れて、戚は下に単《つ》く」と言うのは、子孫が氏を別にすべきことを述べたものである。

⑥「氏」は「家」と同義。伝に「⑦子晳氏に盟ふ」と言い、「⑧瘈狗《けいく》〔狂犬〕を逐《お》ひて華臣氏に入る」と称している。このような類はすべて「家」を「氏」と見なしている。

「氏」「族」は同一であり、何に従って言うかの違いだけである。《釈例（氏族例）》に「別かちて之れを称すれば、之れを氏と謂ひ、合はせて之れを言へば、則ち族と曰ふ」と述べている。《釈例》に言う「別合」とは、たとえば、⑨宋の華元・華喜はともに戴公に出自し、向・魚・鱗・蕩はいずれも桓公に出自するが、単独にその人を挙げる場合には華氏・向氏といい、その宗族を併せて指す場合には戴族・桓族と呼ぶようなもので、これが「別合」の異《ことなり》である。

⑩《禮記》で「庶姓」と言うのは、始祖を正姓とし、高祖を庶姓とするもので、これまた氏族の別名である。

「姓」は天子より受け、「族」は時君から受ける。天下は広大であり、兆民〔万民〕は衆多であるから、君が賜うところすべてに族が有るというわけではない。人君が姓を賜い族を賜う場合、この姓この族の始祖となるというに過ぎない。その賜わらない場合は、各自が父の族姓に従うもので、人ごとに賜うというのではないのである。⑪〈晋語〉に、「黄帝の子二十五人、其の姓を得る者十二人」と称しているが、天子の子ですら姓を得ないのだから、ましてやそのほかの人の場合はなおさらのこと。⑫当然その父の族に従うまでである。

黄帝の子は兄弟が姓を異にし、周の子孫はすべて同じく姫を姓とすることについては、（文化が）古今同じでなく、質素〔じみ〕と文華〔はなやか〕が代々入れ替わるからである。周代は文華を尊び、子孫を相親しませようとしたため、姓を別にさせず、姓を賜うこともまた少なく、ただ外姓の嬀満の例だけである。

族を賜わる者は、大功徳が有って、代々祭祀を享《う》けるはずの者にして始めて賜わる。大功徳が無く、その興隆と衰亡とに任せる者は、これに賜うことはない。賜わらない場合、公の同姓は、おそらく各自がその祖を氏としたのであろう。異姓の場合は、旧族で名のることができるものが有っても、その禄を代々受け継がなければ、賜うべきではない。

（ここで）衆仲は天子が諸侯を封建することができるところから、「士を胙《むく》い氏を命ず」と述べたもので、諸侯の身分に依拠して言った。（これに対して）王朝の大夫で国君として封建されないものも、やはり王がこれに族を賜うはずである。なぜなら、春秋時代には⑬尹氏・⑭武氏の例があって、明らかに天子が賜うこと、諸侯の臣下の場合と異なるところが無いからである。

この「無駭」の場合は、卿の羽父が彼のために族を請うたのだから、おそらく卿となってはじめて族を賜わるのであって、大夫以下は賜らないことがあるのだろう。

諸侯の臣下は、卿がその極みであり、最高位を極めたからには、道理として家を建てるはずである。（しかし）もしもその父や祖父が卑賤であり、この人が新たに卿位に升った場合、その位が仲間とかけ離れ、その一族の因るところがなくなってしまうため、自身は未だ族を賜らず、称すべき族はない。魯の⑮挟・⑯鄭の宛はともにいまだ族を賜わらないため、単に名を称するだけである。

あるいは、その人自身の才能でもって挙用され、にわかに卿位に升ったものの、功績人徳はまだ薄いため、いまだ家を立てるには充分でなく、卿ではあるが、とうとう族を賜らなかったのかもしれない。

羽父が無駭のために「族を請う」たことからすると、すべて当時の命令によるもので、例としてそれができるというのではないことが分かる。また華督⑰は生前に華氏を立てているから、できないことを恐れて早く求めたものであることが分かる。

以上のことからすると、明らかにとうとう族の無い者が有る。魯の翬⑱・挟⑲・柔・溺⑳は、その名が経文に見えるが、その後に子孫はみえないので、あるいは族を得なかったのかもしれない。

士会㉑の一族で、秦に残った者が劉氏となったこと、伍員㉒の子が斉で王孫氏となったこと、《外伝》㉓に、知果が知伯のまさに滅びるであろうことを予想し、自らその族を別にして輔氏となしたと称していること、このような例は自身が族を作っているもので、君の賜うものではない。《釈例(氏族例)》に、「子孫繁衍し、枝は布《し》き葉は分かれ、始めは其の本を承け、末は其の別を取る。故に其の流は百姓万姓に至る」と言うのは、もとより百姓万姓になることを述べたもので、必ずしもすべてが君の賜うものではない。

〈晋語(四)〉㉔に「炎帝は姜を姓とす」と称していることからすると、伯夷は炎帝の後であるから、当然姜がその本姓であるはずなのに、「姓を賜ひて㉕姜と曰ふ」と言うのは（なぜかといえば）、黄帝の子孫で姓を別にしたのは一つではない。自ら姜姓を伯夷に賜い、さらに一姓の祖とさせたものであって、旧姓に因ったものではないのである。あたかも后稷が別に姫を姓とするのが、黄帝の姓に因ったものではないのと同様である。

【訳注】

①胙訓報也（04-11a-10）——《爾雅》に見えない訓詁である。ちなみに《經典釋文》には「胙才故反、報也」とある。

②周語（04-11b-1）——《國語》周語下に周の大子晉が靈王を諫めた言葉に、「帥象禹之功、度之于軌儀、莫非嘉績、克厭帝心。皇天嘉之、祚以天下、賜姓曰姒、氏曰有夏、謂其能以嘉祉殷富生物也。祚四嶽國、命以侯伯、賜姓曰姜、氏曰有呂、謂其能爲禹股肱心膂、以養物豐民人也」と言う。

③姓者生也（04-11b-2）——参考：鄭玄〈喪大記〉注「姓之言生也」、〈曲禮〉注「姓之言生也」、昭公十一年杜預注「姓生也」、《説文解字》「姓、人所生也」。

④族者屬也（04-11b-2）——参考：成公十六年伝疏「劉炫云、族者屬也」。

⑤禮記大傳（04-11b-3）——《禮記》大傳「四世而緦、服之窮也。五世袒免、殺同姓也。六世、親屬竭矣。其庶姓別於上、而戚單於下、昏姻可以通乎。繫之以姓而弗別、綴之以食而弗殊、雖百世而昏姻不通者、周道然也」。

⑥氏猶家也（04-11b-4）——参考：宣公十一年傳疏「正義曰、禮以王父字爲氏、徵舒以夏爲氏、知子夏是字、少西是名。言少西氏者、氏猶家也。言將討少西之家」。襄公九年傳疏「正義曰、史記五帝本紀云、帝堯爲陶唐氏、是堯有天下、以陶唐爲代號也。氏猶家也」。襄公二十六年傳疏「正義曰、夫人氏者、氏猶家也。言夫人家之馬也」。昭公二年傳疏「正義曰、大史之官職掌書籍、必有藏書之處。若今之秘閣也。觀書於大史氏者、氏猶家也」。

⑦子皙氏（04-11b-4）——襄公三十年伝「壬寅、子産入。癸卯、子石入。皆受盟于子皙氏。乙巳、鄭伯及其大夫盟于大宮、盟國人于師之梁之外」。

⑧逐瘈狗入於華臣氏（04-11b-4）——襄公十七年伝「十一月甲午、國人逐瘈狗。瘈狗入於華臣氏、國人從之。華臣懼、遂奔陳」。

⑨若宋之華元華喜皆出戴公（04-11b-5）——宋の公室の系図は以下の通り。清の常茂徠《增訂春秋世族源流圖考》による。戴公から出自した華氏等が「戴族」と呼ばれ、桓公から出自した魚氏等が「桓族」と呼ばれた。

ちなみに華元は公子説から数えて四代目の孫に当たり、華喜は五代目に当たる。ただし、両者は華氏の中でもさらに枝分かれした、それぞれ別系統の華氏である。

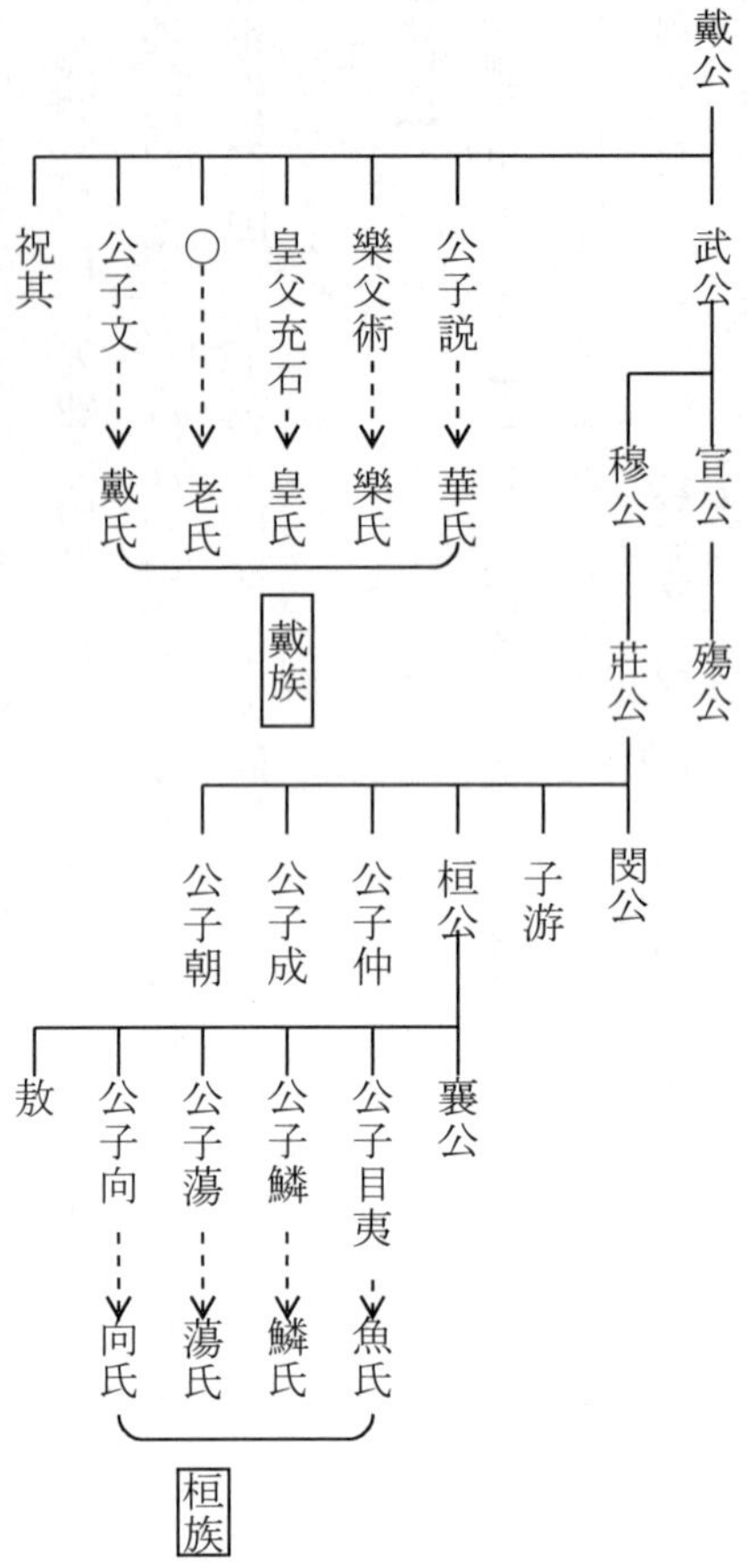

⑩記謂之庶姓者（04-11b-6）――《禮記》大傳を指す。

⑪晉語（04-11b-8）――《國語》晉語四「司空季子曰、同姓爲兄弟。黄帝之子二十五人、其同姓者二人而已、唯青陽與夷鼓皆爲己姓。青陽、方雷氏之甥也。夷鼓、彤魚氏之甥也。其同生而異姓者、四母之子別爲十二姓。凡黄帝之子、二十五宗、其得姓者十四人爲十二姓。姫・酉・祁・己・滕・箴・任・荀・僖・姞・儇・依是也。唯青陽與蒼林氏同于黄帝、故皆爲姫姓。同徳之難也如是」。

⑫固當（04-11b-9）――「固當」の用法については、本書125頁注⑤参照。

⑬尹氏（04-12a-2）――成公十六年経「公會尹子・晉侯・齊國佐・邾人伐鄭」、杜預注「尹氏卿士、子爵」。

⑭武氏（04-12a-2）――隠公三年経「秋、武氏子來求賻」、杜預注「武氏子天子大夫之嗣也」。

⑮魯挾（04-12a-4）――隠公九年経「挾卒」、杜預注「挾、魯大夫、未賜族者也」。

⑯鄭宛（04-12a-4）――隠公八年経「三月、鄭伯使宛來歸祊。庚寅、我入祊」、杜預注「宛、鄭大夫。不書氏、未賜族也」。

⑰華督（04-12a-5）――桓公二年伝「二年、春、宋督攻孔氏、殺孔父而取其妻。公怒、督懼、遂弑殤公。君子以督爲有無君之心、而後動於惡、故先書弑其君。會于稷、以成宋亂、爲賂故、立華氏也」。華督は戴公の子である公子説の子、つまり公孫に当たる。

⑱魯之翬（04-12a-6）――隠公四年経「秋、翬帥師會宋公・陳侯・蔡人・衛人伐鄭」。

⑲柔（04-12a-6）――桓公十一年経「柔會宋公・陳侯・蔡叔盟于折」。

⑳溺（04-12a-6）――莊公三年経「三年、春、王正月、溺會齊師伐衛」。

㉑士會之帑（04-12a-6）――文公十三年伝に見える。ちなみに士会の子孫で秦に残った一族が劉氏となったというこの記事は、劉氏漢朝を意識したものではないかというのが、後世、《左傳》成立にからめてしばしば問題となったところである。

晉人患秦之用士會也、夏、六卿相見於諸浮。趙宣子曰「隨會在秦、賈季在狄、難日至矣、若之何」。中行桓子曰「請復賈季、能外事、且由舊勳」。郤成子曰「賈季亂、且罪大、不如隨會。能賤而有恥、柔而不犯。其知足使也。且無罪」。乃使魏壽餘僞以魏叛者、以誘士會。執其帑於晉、使夜逸。請自歸于秦、秦伯許之。履士會之足於朝、秦伯師于河西、魏人在東。壽余曰「請東人之能與夫二三有司言者、吾與之先」。使士會。士會辭曰「晉人虎狼也。若背其言、臣死、妻子爲戮、無益於君、不可悔也」。秦伯曰「若背其言、所不歸爾帑者、有如河」。乃行。繞朝贈之以策、曰「子無謂秦無人、吾謀適不用也」。既濟、魏人譟而還。秦人歸其帑。其處者爲劉氏。

㉒伍員之子（04-12a-7）――哀公十一年伝に見える。伍員（伍子胥）が自分の将来を見据え、その子を齊に残そうとしたもの。上記の「其處者爲劉氏」が竄入ではないと主張する際の資料の一つとされた。

呉將伐齊、越子率其衆以朝焉、王及列士皆有饋賂。呉人皆喜、唯子胥懼、曰「是豢呉也夫」。諫曰「越在我、心腹之疾也、壤地同、而有欲於我。夫其柔服、求濟其欲也、不如早從事焉。得志於齊、猶獲石田也、無所用之。越不爲沼、呉其泯矣。使醫除疾、而曰『必遺類焉』者、未之有也。《盤庚》之誥曰

『其有顚越不共、則劓殄無遺育、無俾易種于茲邑』、是商所以興也。今君易之、將以求大、不亦難乎」。弗聽。使於齊、屬其子於鮑氏、爲王孫氏。反役、王聞之、使賜之屬鏤以死。將死、曰「樹吾墓檟、檟可材也。呉其亡乎。三年、其始弱矣。盈必毀、天之道也」。

㉓外傳（04-12a-7）――《國語》晉語九に見える。

智宣子將以瑤爲後、智果曰「不如宵也」。宣子曰「宵也佷」。對曰「宵之佷在面、瑤之佷在心。心佷敗國、面佷不害。瑤之賢於人者五、其不逮者一也。美鬢長大則賢、射御足力則賢、伎藝畢給則賢、巧文辯惠則賢、彊毅果敢則賢。如是而甚不仁。以其五賢陵人、而以不仁行之、其誰能待之。若果立瑤也、智宗必滅」。弗聽。智果別族于太史爲輔氏。及智氏之亡也、唯輔果在。

㉔晉語（04-12a-9）――《國語》晉語四「司空季子曰……昔少典娶于有蟜氏、生黄帝・炎帝。黄帝以姬水成、炎帝以姜水成。成而異德、故黄帝爲姬、炎帝爲姜、二帝用師以相濟也、異德之故也」

㉕賜姓曰姜（04-12a-9）――注②所引《國語》周語下。

【傳】諸侯以字、 [04-12a]

【注】諸侯位卑、不得賜姓。故其臣因氏其王父字也。〔諸侯の位は卑《いや》しれば、姓を賜ふを得ず。故に其の臣は因りて其の王父の字を氏とするなり。〕

【傳】爲諡因以爲族。 [04-12b]

【注】或便卽先人之諡、稱以爲族。〔或は便ち先人の諡《おくりな》に卽《つ》き、稱して以て族と爲す。〕

【疏】「諸侯」より「爲族」に至るまで。

○正義に曰う。杜預の考えでは、「諸侯以字〔諸侯は字を以てす〕」とは、先人の字を賜いて族とすることを言う。「為諡因以為族〔諡を為《つく》り因りて以て族と為す〕」とは、族を賜うのに先人の字を用いるのではあるが、或いは先人がつけた諡を用い、それによって族とすることもあるという意味。諡を族とした者は、①衛の斉悪・②宋の戴悪といった例がそれである。ところが劉君は「諡を族とした者はひとりもいない」と述べて、いたずらに杜氏を規正しているが、正しい意義ではない。

死後に族を賜わるのが正法ではあるが、春秋時代は非礼にして生前に族を賜わった者もいる。③華督がそれである。このことについては《釈例（氏族例）》が、

旧説に以為《おも》へらく「大夫の功徳有る者は、則ち生きながら族を賜ふ」とは非なり。④鄭の祭仲の、祭の封人為《た》るも、後に升りて卿と為り、経に「祭仲」と書し、生きながら族を賜はるに似たるに至りては、伝を検するに既に華氏に同じきの文無ければ、則ち「祭」は是れ仲の旧氏なり。

と述べている。

「諸侯は字を以てす」の「字《あざな》」には二種類がある。⑤〈檀弓〉に「幼にして名づけ、冠して字し、五十に伯・仲を以てするは、周道なり」と述べている。そうだとすると、⑥二十歳に加冠の字が有り、さらにまた伯・仲・叔・季の長幼の字とするものが有り、二者ともに氏とすることができるのである。

服虔は「公の母弟は則ち長幼の字を以て氏と為し、適統を貴《たっと》ぶ。伯・仲・叔・季 是れなり。庶公子は則ち字を配するを以て氏と為し、公族を尊ぶ。展氏・臧氏 是れなり」と述べている。調べてみるに、⑦鄭の子人は鄭の厲公の実弟であり、⑧桓公十四年の「鄭伯 其の弟の語をして来たり盟はしむ」と言うのがその人である。しかし彼はその後に子人氏となっており、仲・叔を以て字としていないことからすると、服虔は「公の母弟は長幼を以て氏と為す」と言うけれども、事実は必ずしもそうなってはいないのである。

杜預が考えるに⑨慶父〔慶仲〕・叔牙は荘公の異母弟であるから、おのずと

仲・叔は母弟の族ではないことになる。二十歳の字を用いたり、長幼の字を用いたりすることがあるのは、たぶん当時の君の命令から出たものであろう。⑩叔肸は「叔」を称して「孫」を称していないが、しかし三桓は皆な「孫」を称して、ともに長幼の字を氏としており、おのずと同じではない。⑪臧氏は「孫」を称して、⑫展氏は「孫」を称してはおらず、ともに二十歳の字を氏としていながら、おのずと同じではない。そうだとすると、「孫」を称するのと称しないのとは、たぶんその家の考えから出たものであって、必ずしも君の賜うものではないのであろう。

「字を以て族と為す」とは、公の曽孫が王父〔祖父〕の字を以て族とすることをいう。（後の杜預注にいうように）諸侯の子は「公子」と言い、「公子」の子は「公孫」と称する。「公子」・「公孫」とは「公」に繫《か》けた一般的な言い方であって、これは族ではない。しかし貶責することがある場合には、やはり族と同様である。⑬成公十四年の、「叔孫僑如 斉に如《ゆ》きて女を逆《むか》ふ」の伝に、「族を称するは君命を尊べばなり」と言い、「僑如 夫人姜氏を以て斉より至る」の伝に、「族を舎《す》つるは夫人を尊べばなり」と言う。ところが⑭宣公元年に「公子遂 斉に如きて女を逆ふ」、「遂、夫人を以て至る」とあるのは、その事は僑如の場合とまさに同じであるのに、伝にはただ「君命を尊べばなり」・「夫人を尊べばなり」と言うのみで、「族を称す」・「族を舎つ」とは言っていないのである。氏族でない以上、君賜を待たず、自ら（「公子」・「公孫」と）称するのである。

「公孫」の子に至っては、もはや「公曽孫」と言うことはできない。「無駭」等の場合、生前はただ名だけで通用し、その死亡するに及んでは、これに族を賜いて、王父の字を族とするのである。この「無駭」は公の曽孫であり、公の曽孫であれば必ず族が有るはずだから、曽孫であることによって表現して、「王父の字を用いる」と述べたのである。

公の曽孫は、正法では死後に族を賜わるのではあるが、未だ死んでいないうちに族の有るものもいる。⑮叔孫得臣がそれである。公子・公孫はその身に族を賜わる道理は無い。経に⑯「季友」・⑰「仲遂」・⑱「叔肸」と書いているのは、いずれも字を名に配して連言したもので、だから杜預注ではすべて、「字なり」と述べている。

⑲蕩伯姫の場合は公子蕩の妻であり、公子伯姫と言うことはできないので、夫の字に繫けて蕩伯姫と言うもので、「蕩」は当時の氏ではない。⑳伝に「叔孫氏を立つ」と言い、㉑臧僖伯・臧哀伯・㉒叔孫戴伯といった連中の場合は、すべて伝承者が後から追言したに過ぎない。㉓公孟彄の場合は、《世本》では「霊公の子、字は公孟、名は彄」と見なしており、季友・仲遂と同じように字を名に配したものである。劉炫はこれらの意味に考えが及ばず、むやみに杜預の過失を規正するのは間違いである。劉炫の解釈のとおりだとすると、生前に族を賜わるという表現の証拠はどこにあるというのだろう。

公の曽孫・玄孫以外、また異姓に及ぶまで、新たに升りて卿となるものが有る場合、君がこれに族を賜うのは、たぶんこの卿の字をもって、そのままこの族とするのであろう。

《世本》を調べてみるに、㉔宋督は戴公の孫で、好父説の子である。そして華父は督の子であるから、計算すると督は公孫であって、未だ族を賜わるべきではなく、死後にして始めて族を賜わるはずである。そこで杜預は、「督の未だ死せずして族を賜わるは、督の妄なり」と述べたのであり、沈（文阿）もまた、「督の子にして方《はじ》めて族有るべきのみ」と述べている。

【譯注】

①衛齊惡（04-12b-3）——昭公元年経「叔孫豹會晉趙武・楚公子圍・齊國弱・宋向戌・

衛齊惡・陳公子招・蔡公孫歸生・鄭罕虎・許人・曹人于虢」。なお《春秋釋例》世族譜の衛国・齊氏の条に、「齊子昭伯之子也。齊子無子、戴公以其子惡爲之後。齊惡、齊子四世孫」とある。

②宋戴惡（04-12b-3）――昭公八年伝「九月、楚公子棄疾帥師奉孫呉圍陳、宋戴惡會之」、杜預注「戴惡宋大夫」。

③華督（04-12b-4）――桓公二年伝「二年、春、宋督攻孔氏、殺孔父而取其妻。公怒、督懼、遂弑殤公。君子以督爲有無君之心、而後動於惡、故先書弑其君。會于稷、以成宋亂、爲賂故、立華氏也」、杜預注「督未死而賜族、督之妄也」。なお04-12a-5注⑰参照。

④鄭祭仲（04-12b-4）――桓公十一年経「九月、宋人執鄭祭仲。突歸于鄭。鄭忽出奔衛」、杜預注「祭氏、仲名也」。伝「初、祭封人仲足有寵於莊公、莊公使爲卿。爲公娶鄧曼、生昭公。故祭仲立之」、杜預注「祭鄭地。陳留長垣縣東北有祭城。封人守封疆者、因以所守爲氏」。

⑤檀弓（04-12b-5）――《禮記》檀弓上篇「幼名、冠字、五十以伯仲、周道然也」。

⑥二十有加冠之字（04-12b-6）――〈曲禮〉上篇「男女異長。男子二十、冠而字。父前、子名。君前、臣名。女子許嫁、笄而字」。

⑦鄭子人（04-12b-7）――桓公十四年経「夏五、鄭伯使其弟語來盟」、伝「夏、鄭子人來尋盟、且修曹之解」、杜預注「子人卽弟語也。其後爲子人氏」。

⑧桓十四年（04-12b-7）――注⑦参照。

⑨慶父叔牙（04-12b-8）――桓公を中心とした魯の公室の系図は以下の通り。

桓公
├莊公
│├僖公（母＝成風）
│└閔公（母＝叔姜）
├公子慶父（共仲）……………………………孟孫氏
├公子牙（叔牙）―公孫茲（叔孫戴伯）―叔孫得臣……叔孫氏
└公子友（成季）……………………………………季孫氏

・莊公二年経「夏、公子慶父帥師伐於餘丘〔莊公時年十五、則慶父莊公庶兄〕」。

・莊公八年伝「夏、師及齊師圍郕。郕降于齊師。仲慶父請伐齊師」。

・莊公三十二年経「秋、七月、癸巳、公子牙卒〔牙、慶父同母弟僖叔也〕」。

・莊公三十二年伝「公疾、問後於叔牙。對曰、慶父材。問於季友。對曰、臣以死奉般。公曰、鄕者牙曰、慶父材。成季使以君命命僖叔、待于鍼巫氏、使鍼季酖之、曰、飲此、則有後於魯國。不然、死且無後。飲之、歸、及逵泉而卒。立叔孫氏。八月、癸亥、公薨于路寢。子般卽位、次于黨氏。冬、十月、己未、共仲使圉人犖賊子般于黨氏〔共仲慶父〕。成季奔陳。立閔公」。

⑩叔肸（04-12b-9）――叔肸に「孫」を付した名称は見えないが、その子の子叔嬰齊は「公孫嬰齊如晉〔嬰齊叔肸子〕」として成公六年伝に見える。

⑪臧氏稱孫（04-12b-10）――臧氏は春秋以前の魯の孝公（隠公の祖父）から出自する。注⑳系図参照。

⑫展氏不稱孫（04-12b-10）――展氏も孝公に出自する。注⑳系図参照。

⑬成十四年（04-13a-2）――成公十四年経「叔孫僑如如齊逆女」、傳曰「稱族尊君命也」。「僑如以夫人婦姜氏至自齊」、傳曰「舍族尊夫人也」。

⑭宣元年（04-13a-3）――宣公元年経「公子遂如齊逆女。三月、遂以夫人婦姜至自齊」、伝「元年、春、王正月、公子遂如齊逆女。尊君命也。三月、遂以夫人婦姜至自齊。尊夫人也」。

⑮叔孫得臣（04-13a-6）――叔孫得臣は公子牙の孫、すなわち桓公の曾孫であるが、公子牙の死後、すでに叔孫氏が立てられた。注⑳参照。

⑯季友（04-13a-6）――僖公十六年経「三月、壬申、公子季友卒」、杜預注「稱字者貴之」。公子友（季友・成季）は桓公の子である。注⑨参照。

⑰仲遂（04-13a-6）――宣公八年経「辛巳、有事于太廟、仲遂卒于垂。壬午、猶繹。萬入、去籥」、杜預注「稱字時君所嘉、無義例」。公子遂（仲遂）は莊公の子である。

⑱叔肸（04-13a-6）――宣公十七年経「冬、十有一月、壬午、公弟叔肸卒」、杜預注「傳例曰、公母弟也」、伝「冬、公弟叔肸卒。公母弟也。凡大子之母弟、公在曰公子、不在曰弟。凡稱弟皆母弟也」、杜預注「此策書之通例也。庶弟不得稱公弟、而母弟或稱公子。若嘉好之事、則仍舊史之文。惟相殺害、然後據例以示義、所以篤親親之恩、崇友于之好。釋例論之備矣」。叔肸は文公の子であり、宣公の母弟に当たる。

⑲蕩伯姫（04-13a-6）――僖公二十五年経「宋蕩伯姫來逆婦」、杜預注「伯姫魯女。爲宋大夫蕩氏妻也」。

⑳其傳云立叔孫氏（04-13a-7）――莊公三十二年伝「公疾、問後於叔牙。對曰、慶父材。問於季友。對曰、臣以死奉般。公曰、鄉者牙曰慶父材。成季使以君命命僖叔、待于鍼巫氏、使鍼季酖之、曰、飲此、則有後於魯國。不然、死且無後。飲之、歸、及逵泉而卒。立叔孫氏」。

孝公┬惠公――隱公
　　├公子彄―臧孫達(哀伯)―臧孫辰(文仲)―臧孫許(宣叔)
　　└公子展―○――展無駭――展禽（柳下惠）

㉑臧僖伯・臧哀伯（04-13a-7）――注⑳参照。

㉒叔孫戴伯（04-13a-7）――注⑨参照。

㉓公孟彄（04-13a-8）――公孟彄は衛の霊公の子。初出は定公十二年経「衛公孟彄帥師伐曹」で、その杜預注に「彄、孟縶子」と述べて、食い違いがあることについては、その《正義》に

世族譜云「孟縶無子、靈公以其子彄爲之後也」。爲後則爲其子、故云「孟縶子」。此實公孫而不稱公孫者、縶字公孟、故卽以公孟爲氏。劉炫謂「公孟生得賜族、故彄卽以族告」。

と説明する。つまり、ここでは劉炫説は否定されていない。

㉔宋督（04-13a-10）――注③参照。

【傳】官有世功、則有官族。邑亦如之。　［04-13b］

【注】謂取其舊官舊邑之稱以爲族。皆稟之時君。〔其の舊官・舊邑の稱を取りて以て族と爲すを謂ふ。皆な之れを時君に稟《う》く。〕

【疏】注の「謂取」より「時君」[1]に至るまで。

○正義に曰う。「旧官」とは晋の士氏、「旧邑」とは韓[2]・魏[3]・趙[4]のごときもので、これは君が賜うのではなければ、族とすることはできない。その官とか邑とかに居ると、公命を必要としないかとの疑いがあるため、「皆な之れを時君に稟《う》く」と述べたもの。これは同姓・異姓すべてそうだという意味である。服虔はただ異姓を言うのみだと見なし、さらに宋[5]の司城や韓・魏を例として引用している。しかし韓と司城とは異姓ではなく、しかも司城はもともと楽氏であって、司城を氏としたのではないのである。

【譯注】

①晉之士氏（04-13b-3）――《國語》晉語八「宣子問於訾祏、訾祏對曰、昔隰叔子違周難於晉國、生子輿爲理、以正於朝、朝無姦官」、韋昭注「隰叔、杜伯之子。違、避也。宣王殺杜伯、隰叔避害適晉。子輿、士蔿之字。理、士官也」。

②韓（04-13b-3）――《史記》韓世家に「韓之先與周同姓、姓姬氏。其後苗裔事晉、得封於韓原、曰韓武子。武子後三世有韓厥、從封姓爲韓氏」と言うが、桓公三年伝に「春、曲沃武公伐翼、次于陘庭。韓萬御戎。梁弘爲右」として見え、すでに韓氏を名乗っているようである。また韓厥は《左傳》では韓萬の玄孫に当たる。

曲沃桓叔―韓萬(韓武子)―○―韓簡―○―韓厥(韓獻子)

③魏（04-13b-3）――魏氏は晉の獻公に仕えた畢萬を祖とするが、その間の事情を

閔公元年伝に「晉侯作二軍、公將上軍、大子申生將下軍。趙夙御戎、畢萬爲右、以滅耿・滅霍・滅魏。還、爲大子城曲沃、賜趙夙耿、賜畢萬魏、以爲大夫」と述べる。ただし畢萬を魏氏と記載する例は無く、その孫の魏犨（魏武子）・魏壽餘になって魏氏を名乗っている。

④趙氏（04–13b–3）――《史記》趙世家によれば、周の穆王の時、造父に趙城を賜い、趙氏としたという。この造父より十一世の孫の趙夙が閔公元年伝に初見する。その弟の趙衰（趙成子）が公子重耳（後の文公）の亡命に従ったことはよく知られている。

⑤宋司城（04–13b–4）――文公七年伝に「夏、四月、宋成公卒。於是公子成爲右師、公孫友爲左師、樂豫爲司馬、鱗矔爲司徒、公子蕩爲司城、華御事爲司寇」とあり、翌年の経文に「宋人殺其大夫司馬。宋司城來奔」とある司城は、公子蕩の孫の蕩意諸を指す。宋ではこの他にも樂氏が樂喜以降、司城とも名乗っている。

樂喜（司城）―〇―樂祁（司城子梁）―樂溷―樂茷（司城茷）

【傳】公命以字爲展氏。 [04–13b]

【注】諸侯之子稱公子、公子之子稱公孫、公孫子以王父字爲氏。無駭公子展之孫、故爲展氏。〔諸侯の子は「公子」と稱し、「公子」の子は「公孫」と稱し、「公孫」の子は王父の字を以て氏と爲す。無駭は公子展の孫なり、故に展氏と爲す。〕

【經】九年、春、天王使南季來聘。 [04–13b]

【注】無傳。南季天子大夫也。南氏、季字也。〔傳無し。南季は天子の大夫なり。南は氏、季は字なり。〕

【經】三月、癸酉、大雨震電。庚辰、大雨雪。 [04–13b]

【注】三月今正月。〔三月は今の正月なり。〕

【疏】「大雨震電」。

〇正義に曰う。《説文》①に「震は劈歴《へきれき》物を震《ふる》ふもの」、「電は陰陽、激《う》ちて曜《ひか》るなり」と述べており、《河図》②に「陰陽相薄《せま》るを雷と為し、陰 陽を激《う》つを電と為す」と述べている。そうだとすると、震とは雷の劈歴〔なりひびき〕で、電とは雷光〔いなびかり〕である。

僖公十五年③の「夷伯の廟を震す」④とは、劈歴が破壊したもので、雷の甚だしいものが震である。それゆえ何休は「震は雷なり」と述べた。

〇「大雨雪」。

〇正義に曰う。《説文》⑤に「雨とは水の雲より下るなり」と述べている。そうだとすると、「雨」とは天上から水が下るものの名称である。雨《あめ》が天から降るのが見えることから、上より下るものをそのまま「雨《ふる》」で表現することとなった。「雨螽⑥〔螽《むし》ふる〕」もまた「雨」と称しているので、降雪も「雨雪〔雪ふる〕」と称するのである。

「平原⑦ 水を出だすを大水と為す」では、ただ「大水」とだけ書き、（本年伝では）「平地に尺あるを大雪と為す」のに、（ここでは）「大雪」とだけ書くのではなく、「大雨雪《おほいにゆきふる》」と言うのは（なぜかといえば）、水は天から地面に入り、地上に出てはじめて多となるもので、その地上に多いのを見、その出水の大なるのを言うので、「大雨水」とは表現しない。雪の場合は、天から降り、降ってそのまま地上に残るものであり、その天上から降るのを見、その降った雪の多いことを言うので、「大雨雪」⑧と表現する。水は俯《うつむ》いて見、雪は仰いで見るので、表現が異なる。「大雨雹」の場合も雪と同様である。

【譯注】

①説文（04-13b-8）――《説文解字》雨部「電、陰陽激燿也。从雨从申」、「震、劈歷震物者。从雨辰聲。春秋傳曰、震夷伯之廟」。

②河圖（04-13b-8）――《河圖》は緯書の一つで、《周易》繫辞伝に「河出圖、洛出書、聖人則之」と言うように、《洛書》と並称されることが多い。安井香山・中村璋八《重修緯書集成巻六（河圖・洛書）》（明徳出版社　一九七八年）では、《河圖括地象》以下四十三種が輯佚されているが、本疏引は《河圖始開圖》に収められている。

③僖十五年（04-13b-9）――僖公十五年経「己卯、晦、震夷伯之廟」。

④何休（04-13b-9）――本年《公羊伝》何休注「震雷電者陽氣也。有聲名曰雷、無聲名曰電」。

⑤説文（04-13b-10）――《説文解字》雨部「雨、水従雲下也。一象天、冂象雲水、霝其閒也」。

⑥雨螽（04-13b-10）――文公三年経「雨螽于宋」。

⑦平原出水爲大水（04-14a-1）――桓公元年経「秋、大水」、伝「秋、大水。凡平原出水爲大水」。

⑧大雨雹（04-14a-3）――以下の三例がある。僖公二十九年経「秋、大雨雹」、昭公三年経「冬、大雨雹」、昭公四年経「四年、春、王正月、大雨雹」。

【經】挾卒。　［04-14a］

【注】無傳。挾魯大夫、未賜族。〔傳無し。挾は魯の大夫、未だ族を賜はらず。〕

【經】夏、城郎。秋、七月。　［04-14a］

【經】冬、公會齊侯于防。　［04-14a］

【注】防魯地、在琅邪華縣東南。〔防は魯の地、琅邪華縣の東南に在り。〕

【傳】九年、春、王三月、癸酉、大雨霖以震、書始也。　［04-14a］

【注】書癸酉、始雨日。〔癸酉を書するは、始めて雨ふるの日なり。〕

【傳】庚辰、大雨雪、亦如之。書時失也。　［04-14a］

【注】夏之正月、微陽始出、未可震電。既震電、又不當大雨雪。故皆爲時失。〔夏《カ》の正月に、微陽始めて出づるも、未だ震電すべからず。既に震電すれば、又た當《まさ》に大いに雪雨《ふ》るべからず。故に皆な「時の失」と爲す。〕

【傳】凡雨自三日以往爲霖。　［04-14a］

【注】此解經書霖也。而經無霖字、經誤。〔此れ經に「霖《りん》」と書するを解するなり。而るに經に「霖」字無きは、經の誤なり。〕

【疏】注の「此解」より「經誤」に至るまで。

○正義に曰う。伝は「凡」例を発して経を解するのだから、もしも経に「霖」字が無いなら、伝が（「霖」字について凡例を）発するはずがないということで、「経の誤り」であることが分かる。

そうだとすると、経文は当然伝文に「大雨霖以震」と述べる通りであったはずで、「大雨震電」と記述するはずがなく、これは（後人が）経文に「霖以」二字を脱し、勝手[1]に「電」を加えたのである。

【譯注】

①妄加電也（04-14a-9）――前の注に「未可震電、既震電」と述べているので、杜預は必ずしも疏文のように「電」字を加えたものと考えてはいなかったかもしれない。

【傳】平地尺爲大雪。夏、城郎、書不時也。　［04-14a］

【傳】宋公不王。 [04-14b]

【注】不共王職。〔王職に共せず。〕

【傳】鄭伯爲王左卿士、以王命討之、伐宋。宋以入郛之役怨公、不告命。

【注】入郛在五年。公以七年伐邾、欲以説宋、而宋猶不和也。〔「郛に入る」は五年に在り。公は七年を以て邾を伐ち、以て宋に説かんと欲すれども、而も宋は猶ほ和せざるなり。〕

【傳】公怒絶宋使。 [04-14b]

【傳】秋、鄭人以王命來告伐宋。 [04-14b]

【注】遣使致王命也。伐宋未得志、故復更告之。〔使を遣《つか》はせて王命を致すなり。宋を伐つも未だ志を得ず、故に復た更に之れを告ぐ。〕

【傳】冬、公會齊侯于防、謀伐宋也。 [04-14b]

【傳】北戎侵鄭。鄭伯禦之。患戎師曰、彼徒我車、懼其侵軼我也。 [04-14b]

【注】徒歩兵也。軼突也。〔徒は歩兵なり。軼《てつ》は突なり。〕

【傳】公子突曰、使勇而無剛者嘗寇而速去之。 [04-14b]

【注】公子突鄭厲公也。嘗試也。勇則能往、無剛不恥退。〔公子突は（後の）鄭の厲公なり。嘗は試なり。勇なれば則ち能く往き、剛無ければ退くを恥ぢず。〕

【傳】君爲三覆以待之。 [04-14b]

【注】覆伏兵也。〔覆は伏兵なり。〕

【傳】戎輕而不整、貪而無親、勝不相讓、敗不相救。先者見獲、必務進、進而遇覆、必速奔。後者不救、則無繼矣。乃可以逞。 [04-14b]

【注】逞解也。〔逞は解なり。〕

【疏】「先者」より「以逞」に至るまで。

○正義に曰う。「寇《あだ》を嘗《こころ》みて速やかに去る」のは、戎が必ず追って来ることを知っているからである。（戎が）その逃げるものを追えば、必ず獲物がある。つまり「獲」とは鄭人を獲えることをいう。先頭にいるものが追って獲物があるのを見ると、もはや後を顧みることなく、必ず速やかに進むことに努める。つまり「進」とはその後続をうち棄てて我れ先に進むことである。進行して覆兵に遭えば、必ずや速やかに引き返して奔走し、後続の者が救わなければ、これは継続が無いことになる。継続が無ければ敗りやすい。こうすることによって、なんとか患いを解くことができる（という意味である）。

（これに対して）服虔①は、

「先者見獲（先んずる者獲《と》へらる）」とは、必ず往きて救わないことを言う。各自努めて進むとは、利をむさぼることを言う。

と述べている。その「見獲」とは、きっと戎が鄭に獲えられることだと考えたのであろう。（しかし）鄭人が速やかに逃げてこれを誘うのだから、どうして戎を獲えることができようか。（服虔がいうように）先に進んだものがすでに鄭に獲えられたのなら、重ねて進むものもやはり捕虜となるはずなのに、「各自努めて進む」のは、何を貪ろうとし、「利を貪る」と言うのであろうか。②これは解釈しようが無いもので、理由も無く解釈して乱すものである。

【譯注】

①服虔（04-15a-3）——服虔が「先者見獲」の「見」字を受動の助辞と解するのに対し、疏文は動詞「見る」と解するわけである。

②此則不言可解（04-15a-5）——原文「此則不言可解、無故以解亂之」は分かりにくい。あるいは「此言則不可解、無故以解之」の誤りであるかもしれない。

【傳】從之。戎人之前遇覆者奔。祝聃逐之。 [04-15a]

【注】祝聃鄭大夫。〔祝聃は鄭の大夫なり。〕

【傳】衷戎師、前後擊之、盡殪　[04-15a]

【注】爲三部伏兵、祝聃帥勇而無剛者、先犯戎而速奔、以遇二伏兵、至後伏兵起、戎還走、祝聃反逐之。戎前後及中、三處受敵。故曰衷戎師。殪死也。〔三部の伏兵を爲し、祝聃は勇にして剛無き者を帥《ひき》ゐ、先づ戎を犯して速かに奔り、以て二伏兵に遇ひ、後の伏兵の起こるに至り、戎は還走し、祝聃反《かへ》りて之れを逐《お》ふ。戎は前後及び中、三處に敵を受く。故に「戎師を衷《うち》にす」と曰ふ。殪《えい》は死なり。〕

【疏】注の「爲三」より「死也」に至るまで。

○正義に曰う。「前後及び中の三処に敵を受く」について、「前」とは第一の伏兵がその前を迎え撃つことである。「後」とは祝聃と後の伏兵がその後を逐《お》うことである。「中」とは第二の伏兵がその中を撃つことである。「戎師を衷《うち》にす」とは、戎の師が三伏兵の中に居ることである。「殪《えい》は死なり」とは〈釈①詁〉の文章である。

【譯注】

①釋詁（04-15a-10）――《爾雅》釋詁下「崩、薨、無祿、卒、徂落、殪、死也」

【傳】戎師大奔。　[04-15a]

【注】後駐軍不復繼也。〔後の駐軍は復たとは繼がざるなり。〕

【傳】十一月、甲寅、鄭人大敗戎師。　[04-15a]

【注】此皆春秋時事。雖經無正文、所謂①必廣記而備言之、將令學者原始要終、尋其枝葉、究其所窮。他皆放之。〔此れ皆な春秋の時の事なり。經に正文無しと雖も、謂はゆる「必ず廣く記して之れを備言し、將《まさ》に學者をして始を原《たづ》ね終を要《もと》め、其の枝葉を尋ね、其の窮まる所を究《きは》めしめんとす」るものなり。他は皆な之れに放へ。〕

【疏】「十一月」より「戎師」に至るまで。

○正義に曰う。これは上の伝に説いている「撃戎」の事である。史官はその戦いの実状を知ったうえで、はじめてこれをまとめて文章にする。経文に述べることはすべてこの類である。（ただこの事件は）経文に記録していないので、経文に準じた表現（「十一月、甲寅、鄭人大敗戎師」）でまとめたもの。

【譯注】

①所謂（04-15b-1）――杜預自身の《春秋經傳集解》序に見えるもので、《左傳》の文章の特徴・性格を説明している。

【經】十年、春、王二月、公會齊侯・鄭伯于中丘。　[04-15b]

【注】傳言正月會、癸丑盟。釋例推經傳日月、癸丑是正月二十六日、知經二月誤。〔傳には「正月に會し、癸丑に盟ふ」と言ふ。釋例にて經傳の日月を推すに、「癸丑」は是れ正月二十六日なれば、經の「二月」は誤なるを知る。〕

【經】夏、翬帥師會齊人・鄭人伐宋　[04-15b]

【注】公子翬不待公命、而貪會二國之君。疾其專進、故去氏。齊・鄭以公不至、故亦更使微者從之伐宋。不言及、明翬專行、非鄧之謀也。及例在宣七年。〔公子翬《き》は公命を待たずして、貪《むさぼ》りて二國の君に會す。其の專ら進むを疾《にく》む、故に「氏」を去る。齊・鄭は公の至らざるを以て、故に亦た更に微者をして之れに從ひて宋を伐たしむ。「及」と言はざるは、翬の專行せるにて、鄧の謀に非ざるを明らかにするなり。「及」の例は宣七年に在り。〕

【疏】注の「公子」より「七年」に至るまで。

○正義に曰う。伝に「羽父 先づ斉侯・鄭伯に会す」と称しているのは、「公命を待たざる」ことである。「貪《むさぼ》りて二国の君に会」し、自ら名誉を求めたので、当時の史官は「其の専ら進むを疾《にく》むが故に貶して公子を去」った。「公子」はその意義が「氏」と同じであるので、「氏」で表現したもの。

（二月の）「中丘」の会には、思うに君主自身が行ったのであろうが、いま斉・鄭に「人」と称しているのは、「微者をして之れに従はしめ」たのであろう。

[1]凡例では「師出づるに、謀《はかりごと》に与《あづ》かるを及と曰ふ」が、伝に「鄧に盟ふは師期〔出兵の期日〕を為すなり」と称しており、公が謀議に関与しているからには、思うに当然「及」と書くべきところであるのに、いま「会」と言うのは、翬《き》が勝手に行動したもので、鄧の謀によるものではないことを明らかにしたもの。（このことについて）《釈例（侵伐襲例）》に、

王が命じて宋を伐ったが、羽父は君を正さず、速やかに進行して先に二国に会合して自ら名誉を求めたため、貶してその族を去った。斉は侯伯であり、鄭もまた王の卿士である。二君は王命を奉じて宋を伐とうとしたが（魯君は来ず）、羽父の専ら進むを憎んで、微者とともに伐たせた。軍を動員したが功績は無かったので、成敗は無いのである。

と述べている。

[4]考えるに四年[2]では、翬が固く請うて行ったため、貶してその族を去った。ここではただ「羽父 先づ斉侯・鄭伯に会す[3]」と言うだけで、「固く請ふ」の表現が無いのに貶しており、また公子豫が邾人・鄭人に会した際に、公命を待たなかったため、経文には書いていないが、この翬もやはり公命を待たないのに経文に書いているのは（なぜかといえば）、翬は四年伝で「固く請ふ」と称しているから、明らかにこの「先会」にも固く請うたのである。伝文は四年で表現を詳しくしたため、ここでは省略したもの。公子豫が邾人・鄭人に会したのは、もともと公や卿ではないから書かなかったが、ここの場合は、公が斉・鄭に中丘に会して、すでに師期〔出兵の期日〕を決めたのであり、翬もまた公に先に会することを請うたもので、「先に会した」のは君命なので、書いたのである。

【譯注】

①於例師出與謀曰及（04-15b-9）――宣公七年伝「夏、公會齊侯伐萊、不與謀也。凡師出、與謀曰及、不與謀曰會」。

②四年（04-16a-1）――隠公四年経「秋、翬帥師會宋公・陳侯・蔡人・衛人伐鄭」、伝「秋、諸侯復伐鄭。宋公使來乞師、公辭之。羽父請以師會之、公弗許。固請而行。故書曰翬帥師、疾之也」。

③公子豫（04-16a-2）――隠公元年伝「鄭共叔之亂、公孫滑出奔衛。衛人爲之伐鄭、取廩延。鄭人以王師虢師伐衛南鄙。請師於邾、邾子使私於公子豫。豫請往、公弗許、遂行、及邾人・鄭人盟于翼。不書、非公命也」。

④案四年云々（04-16a-1）――これ以下の疏文の理解のために、右に挙げた諸例と重複するが、以下に議論の対象となった三例を挙げよう。

・[A]隠元年経（無し）

伝「豫請往、公弗許、遂行、及邾人・鄭人盟于翼。不書、非公命也」。

・[B]隠四年経「秋、翬帥師會宋公・陳侯・蔡人・衛人伐鄭」。

伝「羽父請以師會之、公弗許。固請而行。故書曰翬帥師、疾之也」。

・[C]隠十年経「夏、翬帥師會齊人・鄭人伐宋」。

伝「夏、五月、羽父先會齊侯・鄭伯伐宋」。

この疏文は、右の三例の異なりを、問答の形で説明するのが主旨であるが、問答の対応がわかりにくい文章となっている。

第一問　案四年[B]「翬固請而行」、故貶去其氏、

此[C]直言「羽父先會齊侯鄭伯」、無「固請」之文、亦貶之者、

第二問　又[A]「公子豫會邾人鄭人」、以不待公命、而經不書、

此[C]翬亦不待公命、而經書者、

第一答　翬於四年傳[B]稱「固請」、

明此[C]先會亦固請也。傳於四年其文已詳、故於此而略耳。

第二答　[A]豫會邾人鄭人、本非公卿、故不書。

此[C]則「公會齊鄭于中丘」、已爲師期、翬又請公先會、先會則是君命、故以書之。

【經】六月、壬戌、公敗宋師于菅　[04-16a]

【注】齊·鄭後期、故公獨敗宋師。書敗、宋未陳也。敗例在莊十一年。菅宋地。〔齊·鄭は期に後る、故に公は獨り宋師を敗る。「敗」と書するは、宋の未だ陳せざればなり。①「敗」の例は莊十一年に在り。菅は宋の地なり。〕

【疏】注の「齊鄭」より「宋地」に至るまで。

〇正義に曰う。伝を調べてみるに、「公は斉侯・鄭伯に老桃で会合」し、その後で「公が宋師を敗った」のだから、老桃の会合は宋と戦うことを謀ったものであることが分かる。かしこでは公とともに戦を謀ったのに、公だけが宋師を敗ったので、「斉・鄭が期に後《おく》れ」たものであることが分かる。

【譯注】

①敗例（04-16a-5）――荘公十一年伝「凡師、敵未陳曰敗某師」。

【經】辛未、取郜、辛巳、取防。　[04-16a]

【注】鄭後至、得郜·防二邑、歸功于魯、故書取、明不用師徒也。濟陰成武縣東南有郜城。高平昌邑縣西南有西防城。〔鄭は後《おく》れて至り、郜・防の二邑を得、功を魯に歸す、故に「取」と書し、師徒を用ひざるを明らかにするなり。濟陰成武縣の東南に郜城有り。高平昌邑縣の西南に西防城有り。〕

【經】秋、宋人·衛人·入鄭。宋人·蔡人·衛人伐載、鄭伯伐取之。[04-16a]

【注】三國伐載、鄭伯因其不和、伐而取之。書伐、用師徒也。書取、克之易也。載國、今陳留外廣縣東南有載城。〔三國は載を伐つも、鄭伯は其の和せざるに因り、伐ちて之れを取る。「伐」と書するは、師徒を用ふればなり。「取」と書するは、克つことの易ければなり。載は國、今の陳留外廣縣の東南に載城有り。〕

【疏】注の「三國」より「載城」①に至るまで。

〇正義に曰う。調べてみるに伝例に「邑に克《か》つに師徒を用ひざるを取と曰ふ」とある。そうだとすると、「取」とは邑に克つことが容易であることによる表現であるのに、今ここでは克って軍隊をも手に入れたのに、やはり「取」と称するのは（なぜかといえば）、「取」が邑に克つことによる表現であるとはいうものの、克って師衆を手に入れることの容易なものにもまた「取」と言うのである。こういうわけで②荘公十一年の注に、「威力の兼備すること羅網《らまう》〔あみ〕の掩覆《えんぷく》〔おおいかくす〕する所の若《ごと》く、一軍皆な禽制せらる」と述べたのである。もし前の敵が容易なものでなかったとしたら、どうして覆《おお》いてこれを取ることができようか。だから《釈例（滅取入例）》に「取るが如く、攜《たづさ》ふるが如し」と言ったのである。

そうだとすると、およそ「取」と言うのはすべて容易なことの表現である。劉君が「取る」とは容易なことを示す表現ではないとして、杜氏を規正するのは間違いである。沈氏もまた「今日 囲み、明日 取る。故に易きを知る」と述べている。③《公羊伝》に「其の伐ちて之れを取ると言ふは何ぞ。易けれ

ばなり」と述べているのが、杜預の用いた意義である。④〈地理志〉に「梁国の甾《サイ》県は故《もと》の載《サイ》国なり」と言い、応劭は「章帝 改めて考城と曰ふ」と述べている。むかしは「甾」・「載」は音声が近かった。だから⑤鄭玄が《詩箋》で、「俶載」を「熾菑」と読んでいるのは、その音声が大体同じであったからで、そのため漢代には載国に甾県を立て、これが晋代には陳留郡に属していたのである。

【譯注】

①傳例（04-16b-1）――昭公四年伝「九月、取鄫、言易也。莒亂、著丘公立而不撫鄫、鄫叛而來、故曰取。凡克邑、不用師徒曰取」。

②莊十一年注（04-16b-3）――莊公十一年伝「凡師、敵未陳曰敗某師、皆陳曰戰、大崩曰敗績。得俊曰克、覆而敗之曰取某師、京師敗曰王師敗績于某」、杜預注「覆謂威力兼備、若羅網所掩覆、一軍皆見禽制、故以取爲文」。

③公羊傳（04-16b-5）――隠公十年《公羊伝》「宋人蔡人衛人伐載、鄭伯伐取之。其言伐取之何、易也。其易奈何、因其力也。因宋人、蔡人、衛人之力也」。

④地理志（04-16b-6）――《漢書》地理志の梁國の部「甾、故載國。莽曰嘉穀」、應劭曰「章帝改曰考城」。

⑤鄭玄詩箋（04-16b-6）――《毛詩》小雅・大田「以我覃耜、俶載南畝」、鄭玄箋「俶讀爲熾、載讀爲菑栗之菑」。

【經】冬、十月、壬午、齊人・鄭人入郕。 [04-16b]

【傳】十年、春、王正月、公會齊侯・鄭伯于中丘。癸丑、盟于鄧、爲師期。

【注】尋九年會于防、謀伐宋也。公既會而盟、盟不書、非後也。蓋公還告會而不告盟。鄧魯地。〔九年に「防に會し、宋を伐つを謀る」を尋ぬるなり。公既に會して盟ふも、盟をば書せざるは、後《おく》れたるに非ざるなり。蓋し公 還《かへ》りて會を告げて盟を告げざりしなり。鄧は魯の地なり。〕

【疏】注の「尋九」より「魯地」に至るまで。

○正義に曰う。①九年伝に「防に会して宋を伐つを謀る」と称しており、未だ宋を伐つに及んでいないのに、さらにこの会合をするのは、師が宋を伐つ時期を決めるためであるから、これが防の会を尋ねるものであることが分かる。

（この会・盟について）《釈例（会盟朝聘例）》では、②鄧に盟い、③犖に盟い、④戚に盟った際、公がその会合に出席していながら、（経文に）盟の記録が無いのは、道理から推して、会合は盟約の前にあるのだから、盟約に遅れたのではないことが分かる。おそらく公が帰国して、会を告げても盟を告げなかったからであろう。

と述べている。

【譯注】

①九年傳（04-16b-10）――隠公九年伝「冬、公會齊侯于防、謀伐宋也」。

②盟于鄧（04-17a-1）――本年伝に見える。ただし経には鄧の盟の記事は無い。以下も同様である。

③盟于犖（04-17a-1）――僖公元年伝「秋、楚人伐鄭、鄭卽齊故也。盟于犖、謀救鄭也」。経文は「八月、公會齊侯宋公鄭伯曹伯邾人于檉」、杜預注「檉宋地、陳國陳縣西北有檉城。公及其會、而不書盟、還不以盟告」。

④盟于戚（04-17a-1）――襄公五年伝「九月、丙午、盟于戚、會呉、且命戍陳也。穆叔以屬鄫爲不利、使鄫大夫聽命于會」。経文は「公會晉侯宋公陳侯衛侯鄭伯曹伯莒子邾子滕子薛伯齊世子光呉人鄫人于戚」、杜預注「穆叔使鄫人聽命於會、故鄫見經。不復殊呉者、呉來會于戚」。

【傳】夏、五月、羽父先會齊侯・鄭伯伐宋。 [04-17a]

【注】言先會、明非公本期、釋翬之去族。〔「先づ會す」と言ふは、公の本より期するものに非ざるを明らかにし、翬《き》の族を去るを釋せるなり。〕

【傳】六月、戊申、公會齊侯・鄭伯于老桃。 [04-17a]

【注】會不書、不告於廟也。老桃宋地。六月無戊申。戊申五月二十三日。日誤。〔會をば書せざるは、廟に告げざればなり。老桃は宋の地なり。六月に戊申無し。戊申は五月二十三日なり。日の誤なり。〕

【疏】注の「會不」より「日誤」に至るまで。

○正義に曰う。「六月に戊申無し」とは、下に「辛巳、取防」の記事が有って、やはり六月のうちに在り、戊辛は辛巳の前三十三日に在るから、一月《ひとつき》中に共には在りえないし、上に「五月」が有り、いま別に「六月」と言うから、これは「日の誤」で、月は誤っていないことが分かる。

ところで《長暦》の推算では、六月は丙辰朔、三日戊午、五日庚申である。（戊午・庚申のうち）どちらの日が正しいのかは分からない。

【傳】壬戌、公敗宋師于菅。庚午、鄭師入郜。辛未、歸于我。庚辰、鄭師入防。辛巳、歸于我。 [04-17a]

【注】壬戌六月七日、庚午十五日、庚辰二十五日。鄭伯後期、而公獨敗宋師。故鄭頻獨進兵以入郜・防、入而不有、命魯取之、推功上爵、讓以自替、不有其實。故經但書魯取以成鄭志、善之也。〔壬戌は六月七日、庚午は十五日、庚辰は二十五日なり。鄭伯は期に後《おく》れ、而して公は獨り宋師を敗る。故に鄭は頻《しき》りに獨り兵を進めて以て郜・防に入り、入れども有せず、魯に命じて之れを取らしめ、功を上爵に推し、讓りて以て自ら替《かは》り、其の實を有せず。故に經は但だ魯の「取る」を書して以て鄭の志を成し、之れを善みするなり。〕

【傳】君子謂鄭莊公於是乎可謂正矣。以王命討不庭、 [04-17a]

【注】下之事上、皆成禮於庭中。〔下の上に事ふるは、皆な禮を庭中に成す。〕

【傳】不貪其土、以勞王爵。正之體也。 [04-17b]

【注】勞者敘其勤以答之。諸侯相朝、逆之以饔餼、謂之郊勞。魯侯爵尊、鄭伯爵卑、故言以勞王爵。〔「勞」とは其の勤を敘して以て之れに答ふるなり。諸侯の相朝するや、之れを逆ふるに饔餼《ようき》を以てす、之れを郊勞と謂ふ。魯侯は爵尊《たか》く、鄭伯は爵卑《ひく》し、故に「以て王爵を勞す」と言ふ。〕

【疏】注の「勞者」より「王爵」に至るまで。

○正義に曰う。〈聘礼〉①では「賓 近郊に至れば、君 卿をして朝服し、束帛を用ひて労《ねぎら》はしむ」、〈覲礼〉②では「郊に至れば、王 人をして皮弁して璧を用ひて労はしむ」、そして《周禮》③司儀に「諸公 相い賓と為《な》るとき、主君郊労す」と述べて、いずれも「饔餼《ようき》を以て労ふ」とは言っていない。考えるに礼文献の饔餼とは、すでに会見したあとに大礼を致すもので、郊外で設けるべきものではない。杜預の考えでは、熟食④〔煮たもの〕を饔と言い、生牲〔生きた動物〕を餼と言うが、客を郊外で労《ねぎら》うのには、必ず牲饌〔犠牲の動物の料理〕が有ることから、ここでもやはり「饔餼」と述べたのであり、大礼の饔餼のことではないのである。

労の礼について、〈大行人〉⑤に、「上公は三労」と言うのは、近郊の労が一、遠郊の労が二、竟首〔国境〕の労が三である。「侯伯は再労」とは、竟首を去る。「子男は一労」とは、遠郊を去る。凡そ近郊の労は、すべて君自身が出かけて行き、遠郊は卿を使い、竟首は大夫を使う。

〈掌客〉⑥にもまた「上公は五積、皆な飧牽に眂《なぞら》ふ。侯伯は四積、子男は三積」と述べているのは、賓客が国境内に入った後に致積《ちし》〔道中に必要な物資をおくること〕の礼がある。積は牽引するものではあるが、やはり熟したものが有ることもあり、郊外で積を致す場合もあるので、これを「郊労」と言う。

沈氏は〈聘礼〉⑦注の「其の郊の遠近は、上公は遠郊五十里、侯伯三十里、子男は十里、近郊は各おの之れを半ばにす」と言うのに依拠している。

【譯注】

①聘禮（04-17b-3）――《儀禮》聘禮の郊勞の条「賓至于近郊、張旜、君使下大夫請行、反、君使卿朝服、用束帛勞」。

②覲禮（04-17b-3）――《儀禮》覲禮「覲禮、至于郊、王使人皮弁用璧勞、侯氏亦皮弁迎于帷門之外、再拜、使者不荅拜、遂執玉、三揖至于階、使者不讓」。

③周禮司儀（04-17b-3）――《周禮》秋官司儀職「凡諸公相爲賓。主國五積、三問。皆三辭、拜受。皆旅擯、再勞。三辭、三揖。登、拜受、拜送。主君郊勞、交擯、三辭。車逆、拜辱。三揖、三辭。拜受、車送、三還、再拜。致館亦如之。致飧、如致積之禮。及將幣、交擯、三辭。車逆、拜辱。賓車進、答拜。三揖、三讓。每門止一相、及廟、唯上相入。賓三揖三讓、登、再拜授幣。賓拜送幣、每事如初、賓亦如之。及出、車送、三請三進、再拜。賓三還三辭、告辟。致饔餼、還圭、饗食、致贈、郊送、皆如將幣之儀。賓之拜禮、拜饔餼、拜饗食。賓繼主君、皆如主國之禮。諸侯諸伯諸子諸男之相爲賓也、各以其禮。相待也、如諸公之儀」。

④孰食曰饔、生牲曰餼（04-17b-4）――桓公十四年伝「春、會于曹。曹人致餼、禮也」の杜預注「熟曰饔、生曰餼」を参照。

⑤大行人（04-17b-5）――《周禮》大行人の文章を抜粋して引用する。

以九儀辨諸侯之命、等諸臣之爵、以同邦國之禮而待其賓客。上公之禮。執桓圭九寸、繅藉九寸、冕服九章、建常九斿、樊纓九就、貳車九乘、介九人、禮九牢。其朝位、賓主之間九十歩、立當車軹。擯者五人。廟中將幣、三享。王禮再裸而酢、饗禮九獻、食禮九舉、出入五積、三問三勞。諸侯之禮。執信圭七寸、繅藉七寸、冕服七章、建常七斿、樊纓七就、貳車七乘、介七人、禮七牢。朝位、賓主之間七十歩、立當前疾。擯者四人。廟中將幣、三享。王禮壹裸而酢、饗禮七獻、食禮七舉、出入四積、再問再勞。諸伯執躬圭、其他皆如諸侯之禮。諸子、執穀璧五寸、繅藉五寸、冕服五章、建常五斿、樊纓五就、貳車五乘、介五人、禮五牢。朝位、賓主之間五十歩、立當車衡。擯者三人。廟中將幣、三享。王禮壹裸不酢、饗禮五獻、食禮五舉、出入三積、壹問壹勞。諸男執蒲璧、其他皆如諸子之禮。

⑥掌客（04-17b-6）――《周禮》掌客「上公五積、皆眡飧牽。……侯伯四積、……子男三積」。

⑦聘禮注（04-17b-7）――《儀禮》聘禮「及郊、又展如初」、鄭玄注「其郊之遠近、上公遠郊五十里、侯伯三十里、子男十里、近郊各半之」。

【傳】蔡人・衛人・郕人不會王命。 [04-17b]

【注】不伐宋也。〔宋を伐たざるなり。〕

【傳】秋、七月、甲寅、鄭師入郊、猶在郊。 [04-17b]

【注】鄭師還駐兵於遠郊。〔鄭師 還《かへ》りて兵を遠郊に駐す。〕

【傳】宋人・衛人入鄭。 [04-17b]

【注】宋・衛奇兵、乘虛入鄭。〔宋・衛の奇兵 虛に乘じて鄭に入る。〕

【傳】蔡人從之伐戴。 [04-17b]

【注】從宋・衛伐戴也。〔宋・衛に從ひて戴を伐つなり。〕

【傳】八月、壬戌、鄭伯圍戴、癸亥、克之、取三師焉。 [04-18a]

【注】三國之軍在戴、故鄭伯合圍之。師者軍旅之通稱。〔三國の軍は戴に

在り、故に鄭伯 合して之れを圍《かこ》む。師は軍旅の通稱なり。〕

【疏】注の「三國」より「通稱」に至るまで。

○正義に曰う。三国の軍が戴城の下に在ったので、鄭伯は合わせてこれを包囲した。（経に）戴を包囲したことを言わないのは、本来の意図が三師を囲むことにあって、戴を囲むことではないからである。（また経に）三師を包囲したことを言わないのは、今日包囲して明日これを奪取したというように、①包囲した期間が長くはないため、「取」を告げて、「囲」を告げなかったからである。

三国について経ではすべて「人」と称しているが、例②では「将が卑《いや》しく師が少ない」ことであるのに、伝で「三師」と言うので、これを説明して、「師は軍旅の通称なり」と述べた。

【譯注】

①經以取告（04-18a-3）――校勘記で指摘したように、「今日圍、明日取、圍之不久經、以取告、不以圍告」と句読する。

②例爲將卑師少（04-18a-4）――《公羊伝》隠公五年「秋、衛師入盛。曷爲或言率師或不言率師。將尊師衆、稱某率師。將尊師少、稱將。將卑師衆、稱師。將卑師少、稱人。君將不言率師、書其重者也」。

【傳】宋・衛既入鄭、而以伐戴召蔡人。 [04-18a]

【注】伐戴乃召之。〔戴を伐ちて乃ち之れを召す。〕

【傳】蔡人怒、故不和而敗。 [04-18a]

【注】言鄭取之易也。〔鄭の取ることの易きを言ふなり。〕

【傳】九月、戊寅、鄭伯入宋。 [04-18a]

【注】報入鄭也。九月無戊寅。戊寅八月二十四日。〔鄭に入るに報ゆるなり。九月には戊寅無し。戊寅は八月二十四日なり。〕

【疏】注の「報入」より「四日」に至るまで。

○正義に曰う。「九月には戊寅無し」について、経に「十月壬午」があり、《長暦》で推算すると、壬午は十月二十九日、戊寅は壬午の四日前であるから、九月には戊寅は有り得ない。上文に「八月」、下文に「冬」が有るので、誤は日付にあることになる。

【傳】冬、齊人・鄭人入郕、討違王命也。 [04-18a]

【經】十有一年、春、滕侯・薛侯來朝。 [04-18a]

【注】諸侯相朝、例在文十五年。〔諸侯の相朝する、例は文十五年に在り。〕

【疏】「十有一年」より「來朝」に至るまで。

○正義に曰う。「十」の下に「有」と言うことについて、干宝①が、

十で盈《み》てると（一から）更に始まる。奇〔あまり〕は盈数に従うので、「有」と言う。経は文を備えるが、伝は省略するので、伝では「有」を言わない。

と述べている。

桓公七年②では穀伯と鄧侯に別々にその「来朝」を言っているのに、ここで兼ねて言うのは（なぜかといえば）、かしこでは別に朝礼を行なったが、ここでは同時に朝礼を行なった。同時に朝礼を行なうと長者を先にすべきだということで、その先後を争ったのである。

【譯注】

①干寶（04-18b-1）――干寶は晉の人。その伝は《晉書》巻八十二に見える。著書に《晉紀》《捜神記》がある。本疏所引は彼の《左傳》注で、《隋書》経籍志に「春秋左氏傳函義十五巻」として著録されているものを指すが、現在では亡佚している。《玉函山房輯佚書》には本疏と《通典》所引の二条を採録するのみである。

②桓七年（04-18b-2）――桓公七年経「夏、穀伯綏來朝、鄧侯吾離來朝」。

【經】夏、五月、公會鄭伯于時來。 [04-18b]

【注】時來郲也。熒陽縣東有釐城。鄭地也。〔時來は郲なり。熒陽縣の東に釐城有り。鄭の地なり。〕

【經】秋、七月、壬午、公及齊侯鄭伯入許。 [04-18b]

【注】與謀曰及。還使許叔居之、故不言滅也。許潁川許昌縣。〔與《とも》に謀るを「及」と曰ふ。還《ま》た許叔をして之れに居らしむ、故に「滅」と言はざるなり。許は潁川許昌縣なり。〕

【疏】注の「與謀」より「昌縣」に至るまで。

○正義に曰う。「与《とも》に謀るを及と曰ふ」とは宣公七年の伝例①である。伝に「郲に会して許を伐つを謀る」と称しているのは、公が相談に関与したことである。

（許国について）《譜》に次のように述べている。

許は姜姓、斉と祖を同じくし、堯の四嶽の伯夷の後なり。周の武王其の苗裔の文叔を許に封ず。今の潁川許昌是れなり。霊公②葉に徙《うつ》り、悼公③夷に遷る。一名は城父なり。又た析④に居る。一名は白羽なり。許男斯は容城に処る。文叔より荘公に至るまでの十一世にして、始めて《春秋》に見ゆ。元公の子の結の元年は獲麟の歳なり。戦国の初に当り、楚之れを滅す。

〈地理志〉⑤には「潁川郡許県は故《もと》の許国、文叔の封ぜられし所なり。二十四世にして楚の滅ぼす所と為る」と言う。漢代には許県とのみ名付けられていたが、魏武⑥が相となるや、許昌と改めた。

【譯注】

①宣七年傳例（04-18b-5）――宣公七年伝「夏、公會齊侯伐萊、不與謀也。凡師出、與謀曰及、不與謀曰會」。

②靈公徙葉（04-18b-7）――成公十五年経「許遷于葉」、伝「許靈公畏偪于鄭、請遷于楚。辛丑、楚公子申遷許于葉」。

③悼公遷夷（04-18b-7）――昭公九年経「許遷于夷」、伝「二月、庚申、楚公子棄疾遷許于夷、實城父。取州來淮北之田以益之、伍擧授許男田。然丹遷城父人於陳、以夷濮西田益之。遷方城外人於許」。

④又居析（04-18b-7）――昭公十八年経「冬、許遷于白羽」、伝「楚左尹王子勝言於楚子曰、許於鄭、仇敵也、而居楚地、以不禮於鄭。晉・鄭方睦、鄭若伐許、而晉助之、楚喪地矣。君盍遷許。許不專於楚、鄭方有令政、許曰、餘舊國也。鄭曰、餘俘邑也。葉在楚國、方城外之蔽也。土不可易、國不可小、許不可俘、讎不可啓、君其圖之。楚子説。冬、楚子使王子勝遷許於析、實白羽」。

⑤許男斯處容城（04-18b-7）――定公四年経「許遷于容城」。

⑥地理志（04-18b-8）――《漢書》地理志の潁川郡の条「許、故國、姜姓、四岳後、大叔所封、二十四世爲楚所滅也」。

⑦魏武作相改曰許昌（04-18b-9）――参考：《三国志》魏書武帝紀の興平十八年の条「魏國置丞相已下、卿百寮、皆如漢初諸侯王之制」。文帝紀の黄初二年の条「壬午、復潁川郡一年田租、改許縣爲許昌縣、以魏郡東部爲陽平郡、西部爲廣平郡」。

【經】冬、十有一月、壬辰、公薨。　[04-18b]

【注】實弑書薨、又不地者、史策所諱也。〔實は弑せらるるに「薨」と書し、又た地いはざるは、史策の諱む所なればなり。〕

【疏】注の「實弑」より「諱也」に至るまで。

○正義に曰う。他国の君主が弑されたときには「弑」と書き、魯君が弑された場合には「薨」と書く。また①公が薨ずると、例として薨じた場所を書くが、この公はそれを言わないので、このことについて解説し、魯の史官の策書が諱むべきものだと述べたのである。主君が弑されたことを言うに忍びないし、また死骸のあった場所を言うには忍びないので、これらを諱んで書かないため、夫子〔孔子〕もそのまま因ったもので、伝文に「書して曰はく」と言わないから、旧史に諱んだものであることが分かる。

②董狐が趙盾の弑君を書いたことについて、仲尼が良史だと批評したことからすると、君が弑されたことを書かないのは、史官として良くないことなのに、夫子がその文章を改めることなく、そのまま因ったのは（なぜかといえば）、人臣たる者が心の底から君を愛すると、君のためにその過ちを諱む場合があるし、あるいは気持ちとして賊を憎んでその賊の名を明らかにする場合もあり、事績は同じではないが、いずれも国のためにすることであって、聖賢は両方の事に通じており、これによって仁道は一つの方法ではないことを示そうとしたのである。③僖公元年伝に「国悪を諱むは礼なり」と述べており、仲尼が董狐を善みしたことから、史官は必ず直書すべきであることが分かるし、丘明が悪を諱むことを礼だとしたことから、史官もやはり諱むべきものであることが分かる。（このことについて）《釈例（崩薨卒例）》に、

臣下が主君に仕えること、あたかも子が父に仕えるがごとくする。微諫して意志を表し、膝元にいたり言葉を飾り、その是《ぜ》を執りてその非《ひ》を諫めるが、必ずしも容《い》れられることを求めない。思うに将然〔未来〕を匡救〔ただしすくう〕し、その已然〔過去〕に将順しようとするもので、それゆえに隠諱の義が有る。（しかし）激節の士に至ってはそうではない。④南史が簡策を執って重ねて進んだこと、⑤鬻拳《いくけん》が君を脅迫して自ら足切りの刑にしたこと、董狐が法のままに書いて隠さなかったこと、⑥晏嬰が端衣して引直（?）したこと等、聖人賢者がやはり記録に留めてこれを善みしているのは、正義の教訓を広め、大いなる道を博めるためである。⑦「殷に三仁有り」と言うのも、こういうことを言ったものである。

という記述があるが、これは聖賢が両通する意味を述べたものである。⑧鄭伯髡頑・⑨楚子麇・⑩齊侯陽生の例の場合、いずれも実際には弑されているのに、「卒」を魯に赴げてきたことからすると、他国の臣下にも国悪を諱むことが有り、このことはただに魯史のみではないのである。

【譯注】

①公薨例皆地（04-18b-10）――経文の「公薨」の例は以下の通り。隠公と閔公を除いて、すべて薨じた場所の記述がある。

隠11	冬、十有一月、壬辰、公薨
桓18	夏、四月、丙子、公薨于齊
荘32	八月、癸亥、公薨于路寝
閔02	秋、八月、辛丑、公薨
僖33	乙巳、公薨于小寝
文18	春、王二月、丁丑、公薨于臺下
宣18	冬、十月、壬戌、公薨于路寝
成18	己丑、公薨于路寝

襄31　夏、　六月、辛巳、公薨于楚宮
昭32　十有二月、己未、公薨于乾侯
定15　壬申、公薨于高寝

②董狐書趙盾弑君（04-19a-1）――宣公二年伝「乙丑、趙穿攻靈公於桃園。宣子未出山而復。大史書曰、趙盾弑其君、以示於朝。宣子曰、不然。對曰、子爲正卿、亡不越竟、反不討賊、非子而誰。宣子曰烏呼。我之懷矣、自詒伊戚、其我之謂矣」。史官の直書の例として、以下の南史とともに必ず取り上げられるものである。

③僖元年傳（04-19a-3）――僖公元年伝「元年、春、不稱卽位、公出故也。公出復入、不書、諱之也。諱國惡、禮也」。

④南史執簡而累進（04-19a-5）――襄公二十五年伝「大史書曰、崔杼弑其君。崔子殺之。其弟嗣書、而死者二人。其弟又書、乃舍之。南史氏聞大史盡死、執簡以往。聞既書矣、乃還」。

⑤鬻拳劫君而自刖（04-19a-6）――莊公十九年伝「十九年、春、楚子禦之、大敗於津。還、鬻拳弗納、遂伐黄。敗黄師于踖陵。還、及湫、有疾。夏、六月庚申、卒。鬻拳葬諸夕室。亦自殺也、而葬於絰皇。初、鬻拳強諫楚子。楚子弗從。臨之以兵、懼而從之。鬻拳曰、吾懼君以兵、罪莫大焉。遂自刖也。楚人以爲大閽。謂之大伯。使其後掌之。君子曰、鬻拳可謂愛君矣。諫以自納於刑、刑猶不忘納君於善」。

⑥晏嬰端委而引直（04-19a-6）――昭公十五年伝「晏平仲端委立于虎門之外、四族召之、無所往」。

⑦殷有三仁（04-19a-6）――《論語》微子篇「微子去之、箕子爲之奴、比干諫而死、孔子曰、殷有三仁焉」。仁者三様の身の処し方を示す。

⑧鄭伯髡頑（04-19a-7）――襄公七年経「十有二月、公會晉侯・宋公・陳侯・衛侯・曹伯・莒子・邾子于鄬。鄭伯髡頑如會、未見諸侯、丙戌、卒于鄵」、伝「楚子囊圍陳、會于鄬以救之。鄭僖公之爲大子也、於成之十六年與子罕適晉、不禮焉。又與子豐適楚、亦不禮焉。及其元年朝于晉、子豐欲愬諸晉而廢之、子罕止之。及將會于鄬子駟相、又不禮焉。侍者諫、不聽。又諫、殺之。及鄵、子駟使賊夜弑僖公、而以瘧疾赴于諸侯。簡公生五年、奉而立之」。

⑨楚子麇（04-19a-7）――昭公元年経「冬、十有一月、己酉、楚子麇卒」、伝「冬、楚公子圍將聘于鄭、伍擧爲介。未出竟、聞王有疾而還。伍擧遂聘。十一月己酉、公子圍至、入問王疾、縊而弑之、遂殺其二子幕及平夏。右尹子干出奔晉、宮廏尹子皙出奔鄭。殺大宰伯州犂于郟。葬王於郟、謂之郟敖」。

⑩齊侯陽生（04-19a-7）――哀公十年経「三月、戊戌、齊侯陽生卒」、伝「齊人弑悼公、赴于師」。

【傳】十一年、春、滕侯、薛侯來朝。爭長。　[04-19a]

【注】薛魯國薛縣。〔薛は魯國の薛縣なり。〕

【疏】注の「薛魯國薛縣」。

○正義に曰う。（薛国について）〈譜〉には以下のように述べている。薛《せつ》は任姓である。黄帝の苗裔の奚仲《けいちゅう》が封ぜられて薛侯となった。今の魯国薛県がそれである。奚仲が邳に遷ったが、仲虺が薛に居残って湯王の左相となった。そして武王がまたその子孫を封じて薛侯とした。斉の桓公が諸侯に覇者となった際、降格されて伯爵となった。献公が始めて魯と同盟した。小国には記録が無く、世代を知ることはできないし、誰に滅ぼされたのかも分からない。

〈地理志〉①に「魯国薛県は夏の車正の奚仲の国都であり、後に邳に遷ったが、湯王の相である仲虺がここに居残った」と述べている。

【譯注】

①地理志（04-19b-1）――《漢書》地理志の魯国の条「薛、夏車正奚仲所國。後遷于邳、湯相仲虺居之」。

【傳】薛侯曰、我先封。滕侯曰、我周之卜正也。 [04-19b]

【注】薛祖奚仲、夏所封、在周之前。〔薛の祖の奚仲は、夏の封ぜし所にして、周の前に在り。〕

【疏】注の「薛祖」より「之前」に至るまで。

○正義に曰う。定公元年伝に①「薛《せつ》の皇祖奚仲《けいちゅう》 薛に居りて以て夏の車正と為る」と述べているのは、「夏の封ぜし所」である。

【譯注】

①定元年傳（04-19b-2）――定公元年伝「薛宰曰、薛之皇祖奚仲居薛、以爲夏車正、奚仲遷于邳、仲虺居薛、以爲湯左相。若復舊職、將承王官、何故以役諸侯」。

【傳】滕侯曰、我周之卜正也。 [04-19b]

【注】卜正卜官之長。〔卜正は卜官の長なり。〕

【疏】注の「卜正卜官之長」。

○正義に曰う。《周禮》①春官では大卜は下大夫二人であり、その下に卜師・卜人・亀人・筮人がおり、大卜はその長官である。「正」②の訓は「長」であるから、これを「卜正」と言ったもの。

【譯注】

①周禮春官（04-19b-4）――《周禮》春官の序官によれば以下の通り。

大卜、下大夫二人。
卜師、上士四人。
卜人、中士八人、下士十有六人。府二人、史二人、胥四人、徒四十人。
龜人、中士二人。府二人、史二人、工四人、胥四人、徒四十人。
菙氏、下士二人。史一人、徒八人。
占人、下士八人。府一人、史二人、徒八人。
筮人、中士二人。府一人、史二人、徒四人。

②正訓長也（04-19b-4）――《爾雅》釋詁下「育、孟、耆、艾、正、伯、長也」。

【傳】薛庶姓也。我不可以後之。 [04-19b]

【注】庶姓非周之同姓。〔庶姓は周の同姓に非ず。〕

【疏】注の「庶姓」より「同姓」に至るまで。

○正義に曰う。《周禮》①司儀の職に「王儀を詔す。南郷〔南向き〕して諸侯に見ゆ。庶姓を土揖し、異姓を時揖し、同姓を天揖す」と称しており、鄭玄は「庶姓は親無き者なり。異姓は昏姻する者なり」と注釈しているのは、「庶姓は同姓に非ざる」ことである。

【譯注】

①周禮司儀職（04-19b-6）――《周禮》司儀「掌九儀之賓客擯相之禮、以詔儀容・辭令・揖讓之節。將合諸侯、則令爲壇三成、宮、旁一門。詔王儀。南鄉見諸侯、土揖庶姓、時揖異姓、天揖同姓。及其擯之、各以其禮。公于上等、侯伯于中等、子男于下等。其將幣亦如之、其禮亦如之。王燕、則諸侯毛」、鄭玄注「庶姓無親者也。土揖推手小下之也。異姓昏姻也。時揖平推手也。衛將軍文子曰、獨居

思仁、公善言義。其聞詩也、一曰三復白圭之玷、是南宮縚之行也。夫子信其仁、以爲異姓。謂妻之也。天揖推手小擧之」。右の鄭玄注によれば、「土揖」は両手を胸より少し下げる敬礼、「時揖」は胸の高さまで、「天揖」は胸より少し上げる敬礼である。

【傳】公使羽父請於薛侯曰、君與滕君辱在寡人。周諺有之曰、山有木、工則度之、賓有禮、主則擇之。 [04-19b]

【注】擇所宜而行之。〔宜しとすべき所を擇《えら》びて之れを行ふ。〕

【傳】周之宗盟、異姓爲後。 [04-19b]

【注】盟載書皆先同姓。例在定四年。〔盟の載書は皆な同姓を先にす。例は定四年に在り。〕

【疏】「周之」より「爲後」に至るまで。

○正義に曰う。賈逵は「宗」を「尊」と見なし、服虔は「宗盟」を同宗の盟と見なしており、また孫毓①は「宗伯の属官が盟詛の言葉を掌《つかさど》るので宗盟と言う」と考えているが、杜預には明確な解釈が無い。

（このことについて検討してみるに）盟の尊卑には当然定法があるはずで、「尊盟」と言うことはできない。《周禮》②司盟の官は司寇（秋官）の属であって、宗伯（春官）の属ではない。（したがって）服虔の説のみがその主旨を得ている。しかるに孫毓は服虔を非難して、

同宗の盟であるなら、異性が関与することは無いのだから、なんで先後を論じようか。もし異姓同姓を通じて同盟を共にするのであれば、どうして宗を称しようか。

と述べているが、③これは誤りである。天子が諸侯に盟う場合、彼らに王室を補助させようとするもので、異性を切り離して同姓だけと盟うということは未だ聞いたことがない。ただ周人は親族を貴び、先ず同姓を位置づけて宗族に篤くしたということで、そのためこれを「宗盟」と言ったのである。つまり魯人がこの言葉を述べたのは、宗を重んじる意義を表したもの。（孫氏は）この「宗盟」の文字面をとらえて、「異姓の関与することは無い」と即断するが、しかしそうだとすると、④「公が族と燕するときは、異姓が賓となる」わけであるが、やはり「族燕」と言うから、（孫氏の説からいえば）異姓が有り得ないことになる。孟軻⑤の言う「《詩》を説く者は辞《ことば》を以て意を害《そこな》はず」とは、このようなことを意味しているのである。

「異姓を後と為す」とは、王官の伯が降りて諸侯に臨み、王命を以て盟う場合のことである。春秋時代は（諸侯が）かわるがわるに斉盟をつかさどり、その場合はもはや姫姓を先にはしなかった。践土⑥の盟で、その盟載の書に「王、若《ここ》に曰く、晋の重・魯の申」と言うのは、王命を用いて盟ったもの。召⑦陵の会では劉子が出席しており、祝佗が践土の例を引合いにしたのは、王官の者がいるがためである。宋⑧の盟では、楚の屈建が晋の趙武に先んじているから、明らかに大国が前にあって、姫性を先にしない。もしも姫姓が常に先んずるのであれば、楚は競い得ないであろう。しかも「周の宗盟」と言うのは、ただ周だけがそうだというのである。それゆえ《釈例（班序譜）》に「周と限定して言うのは、王官の宰が臨んで盟う場合を指したものである。そのほかの雑盟は、必ずしもそうではない」と述べているのは、そのほかの盟では姫姓を先にしないことを言うものである。「盟」には同姓を先にするが、「朝」は各々その爵位に従う。それゆえ鄭康成⑨が《禮記》に注釈して、「朝覲爵同じきは位を同じくす」と述べている。

もしそうだとすると、調べてみるに《観礼》⑩に「諸侯、朝するに前《さきだ》ちて皆な舎を朝に受く。同姓は西面して北を上とし、異姓は東面して北を上とす」と述べてあり、鄭玄は「諸侯と言へば、明らかに来朝する者衆《おほ》し。其の入観

するを顧るに、並ぶを得ざるのみ。同姓異姓を分別するは、之れを受くるに将《まさ》に先後有らしめんとするなり」と注している。もしこの言葉の通りだと、朝覲も爵位によらないかに見えることについては、朝覲は実際に「爵同じきは位を同じくす」るもので、爵位が同じものの中で、同姓を先にし異姓を後にするのである。「盟」の場合は、爵位が同じでなくても、同姓を先にする。（このことについて）《禮記》⑪に、

周公 諸侯を明堂に朝せしむるの位は、三公は中階の前に北面東上し、諸侯の位は、阼階の東に西面北上す。諸伯の国は、西階の西に東面北上す。諸子の国は、門の東に北面東上す。諸男の国は、門の西に北面東上す。

とあり、〈観礼〉⑫では「方明の壇に於てす」る。鄭玄が諸侯の王に会見する位を説明するのに、やはり〈明堂位〉を引いているが、これは諸侯がすべて見《まみ》える場合、すべて爵位を以てクラス分けし、同姓異姓を分別しないとはいえ、その受礼の時には、爵位が同じであれば、やはり同姓を先にする。

王官の伯が諸侯の盟に臨む場合は、諸侯が勢ぞろいしてしたとしても、常に同姓を先にする。それゆえここで「宗盟」と言ったのである。宗を重んじることに取って喩えたものに過ぎない。譬喩を取る場合、わずかにその一辺を挙げるものである。（この後の伝文のいうように）「寡人若《も》し薛に朝すれば、敢て諸々の任と歯《なら》ばず」であり、かの国に朝すれば、当然主国の宗より下るべきである。諸侯が集まって盟う場合には、必ずしも盟主の宗を先にするのではない。

【譯注】

①孫毓（04-20a-1）――孫毓は晋の人。著書として《隋志》に「毛詩異同評十巻、晋長沙太守孫毓撰」、「春秋左氏傳義注十八巻孫毓注」、「晋汝南太守孫毓集六巻」として著録されているが、いずれも亡佚している。左伝注は《玉函山房輯佚書》中に本書所引を含めて六条を採録する。

②周禮司盟之官（04-20a-1）――《周禮》秋官序官「司盟、下士二人。府一人、史二人、徒四人」。

③斯不然矣（04-20a-2）――《玉函山房輯佚書》が「斯不然矣」までを孫毓の言葉と見なしているのは誤りで、これは疏文の判断の語。ちなみに李学勤標点本は誤っていない。なお「斯不然矣」は《尚書正義》に三例、《毛詩正義》に一六例、そして《春秋正義》に五例見えることからすると、あるいは劉炫《述議》の用語かもしれない。拙稿「五經正義讀解通論（二）」（『東洋古典學研究』第21集 二〇〇六年 《五經正義研究論攷》研文出版 二〇一三年所収）参照。

④公與侯燕、則異姓爲賓（04-20a-4）――《禮記》文王世子「若公與族燕、則異姓爲賓、膳宰爲主人、公與父兄齒。族食、世降一等。其在軍、則守於公禰」を踏まえたもの。

⑤孟軻（04-20a-4）――《孟子》萬章上「故説詩者、不以文害辭、不以辭害志。以意逆志、是爲得之。如以辭而已矣」。詩を説明するには、文字にとらわれて句の意味をとりそこなってはならない。句の意味にとらわれて作者の意図をとりそこなってはならない、の意。

⑥踐土之盟（04-20a-6）――踐土の盟は僖公二十八年経「五月、癸丑、公會晉侯・齊侯・宋公・蔡侯・鄭伯・衛子・莒子、盟於踐土」を指すが、後の定公四年伝には、衛の祝佗が「晉文公爲踐土之盟、衛成公不在、夷叔、其母弟也、猶先蔡。其載書云『王若曰晉重・魯申・衛武・蔡甲午・鄭捷・齊潘・宋王臣・莒期』。藏在周府」と回想する記事を載せている。

⑦召陵之會（04-20a-6）――定公四年経「三月、公會劉子・晉侯・宋公・蔡侯・衛侯・陳子・鄭伯・許男・曹伯・莒子・邾子・頓子・胡子・滕子・薛伯・杞伯・小邾子・齊國夏于召陵、侵楚」。

⑧宋之盟（04-20a-7）――襄公二十七年経には「夏、叔孫豹會晉趙武・楚屈建・蔡公孫歸生・衛石惡・陳孔奐・鄭良霄・許人・曹人于宋」、「秋、七月、辛巳、豹及諸侯之大夫盟于宋」とあって、経文では趙武が屈建に先んずるが、伝文によれば屈建の強要によって、屈建が先行したことになっている。

晉・楚爭先。晉人曰「晉固爲諸侯盟主、未有先晉者也」。楚人曰「子言晉・楚匹也、若晉常先、是楚弱也。且晉・楚狎主諸侯之盟也久矣、豈專在晉」。叔向謂趙孟曰「諸侯歸晉之德旨、非歸其尸盟也。子務德、無爭先。且諸侯盟、小國固必有尸盟者、楚爲晉細、不亦可乎」。乃先楚人。書先晉、晉有信也。

⑨鄭康成注禮記（04-20a-9）――《禮記》檀弓上「唯天子之喪、有別姓而哭」、鄭玄注「使諸侯同姓異姓庶姓相從、而爲位別於朝覲來時、朝覲爵同同位」。

⑩覲禮（04-20a-9）――《儀禮》覲禮「諸侯前朝、皆受舍于朝。同姓西面北上、異姓東面北上」、鄭玄云「言諸侯明來朝者衆矣。顧其入覲、不得並耳。……分別同姓異姓、受之將有先後也。春秋傳曰、寡人若朝于薛、不敢與諸任齒、則周禮先同姓」。

⑪禮記（04-20b-1）――《禮記》明堂位「昔者周公朝諸侯于明堂之位。天子負斧依南鄉而立。三公、中階之前、北面東上。諸侯之位、阼階之東、西面北上。諸伯之國、西階之西、東面北上。諸子之國、門東、北面東上。諸男之國、門西、北面東上。九夷之國、東門之外、西面北上。八蠻之國、南門之外、北面東上。六戎之國、西門之外、東面南上。五狄之國、北門之外、南面東上。九采之國、應門之外、北面東上」。

⑫覲禮（04-20b-3）――《儀禮》覲禮「諸侯覲于天子、爲宮方三百歩、四門壇十有二尋、深四尺、加方明于其上。方明者、木也。方四尺。設六色。東方青、南方赤、西方白、北方黑、上玄下黃。設六玉。上圭下璧、南方璋、西方琥、北方璜、東方圭」。

【傳】寡人若朝于薛、不敢與諸任齒。 [04-20b]

　【注】薛任姓。齒列也。〔薛は任姓なり。齒は列なり。〕

【疏】注の「薛任姓齒列也」。

○正義に曰う。《世本》氏姓篇に「任姓は謝・章・薛・舒・呂・祝・終・泉・畢・過」だと言うのは、この十国がすべて任姓だという意味。《禮記》①文王世子に「古者《いにしへ》年を齡と謂ふ。齒も亦た齡なり」と述べている。そうだとすると「齒」は年齢の別名である。人は年齢によって順序づけるし、列は爵位で順序づける。列もまた齒と名づけるので、「齒は列なり」と述べたもの。

【譯注】

①禮記文王世子（04-20b-7）――《禮記》文王世子「文王曰、非也。古者謂年齡、齒亦齡也。我百爾九十、吾與爾三焉」。

【傳】君若辱貺寡人、則願以滕君爲請。薛侯許之、乃長滕侯。 [04-20b]

【傳】夏、公會鄭伯于郲、謀伐許也。鄭伯將伐許。五月、甲辰、授兵於大宮。

　【注】大宮鄭祖廟。〔大宮は鄭の祖廟なり。〕 [04-21a]

【傳】公孫閼與潁考叔爭車。 [04-21a]

　【注】公孫閼鄭大夫。〔公孫閼は鄭の大夫なり。〕

【傳】潁考叔挾輈以走。 [04-21a]

　【注】輈車轅也。〔輈《ちう》は車轅なり。〕

【疏】「挾輈以走」。

○正義に曰う。宗廟の中で車を授けるが、まだ馬を車に付けていないので、手でさし挟んで走ったのである。輈《ちゅう》は轅《ながえ》のこと。《方言》①に「楚・衛にては轅を謂ひて輈と為す」と述べている。
　服虔が「考叔が車の轅を挟み、馬に鞭《むち》って走った」と述べているが、昔は兵車は一本の轅で、服馬がこれを挟む。もし馬がすでに轅につながれているのなら、もはやこれを挟むことなどできない。しかも「馬に鞭って走る」のであれば、人が走っても追いつけるものではない。子都がどうして車に乗って追いかけたりしようか。（服虔の説は間違いである。）

【譯注】
①方言（04-21a-3）――《方言》第九「轅、楚衛謂轅爲輈」。《方言》は前漢末の揚雄（前五三―後一八）の著。当時の「方言」を採録したもので、《隋書》経籍志に「方言十三巻　揚雄撰　郭璞注」として著録され、現存する。周祖謨《方言校箋》（一九五〇年）が周到である。

【傳】子都抜棘以逐之。 [04-21a]
　【注】子都公孫閼。棘戟也。〔子都は公孫閼なり。棘《きょく》は戟《ほこ》なり。〕
【傳】及大逵弗及。子都怒。 [04-21a]
　【注】逵道方九軌也。〔逵は道に九軌を方《なら》ぶるなり。〕
【疏】注の「逵道方九軌」。
○正義に曰う。①〈冬官考工記〉匠人に「国を営むに、経《たて》の涂《みち》は九軌」とある。「軌」は車の轍《わだち》であり、王城内の道の広さが九車を並べるほどだという意味である。
②《爾雅》釈宮に「一達 之れを道路と謂ふ。二達 之れを岐旁と謂ふ。三達 之れを劇旁と謂ふ。四達 之れを衢と謂ふ。五達 之れを康と謂ふ。六達 之れを荘と謂ふ。七達 之れを劇驂と謂ふ。八達 之れを崇期と謂ふ。九達 之れを逵と謂ふ」と述べており、《爾雅》の注釈者はすべて、四道が交わり出て、さらに傍らに通じる道が有るものだと考えている。それゆえ劉炫は規過して、「逵」を九道が交出するものだと見なしたのである。
（これに対して）いま杜預が「道に九軌を方《なら》ぶ」と言うのは、思うに九出の道は世間に稀なもので、城内にこのような道が有るはずがなく、また〈考工記〉に「九軌」が有ることから、「逵」を「軌」に当てたもので、九軌を並べて入れ、すべてが前進し得るなら、これもやはり九達の意味だというのである。だから李巡が《爾雅》に注釈してもやはり「並軌」の意義を採用している。
　さらにまた、道に九軌を並べるのは天子の制度であり、諸侯の国すべてに有るというわけではない。ただ鄭城の内だけにこの道があるので、伝文では鄭国について常に「逵」と言っている。そのため③桓公十四年に「渠門を焚きて大逵に及ぶ」、④荘公二十八年に「衆車 純門より入りて逵市に及ぶ」、⑤宣公十二年に「皇門より入りて逵路に至る」とある。劉君は諸国にはすべて逵道が有るものだと見なして、杜氏を規正するが、その意味は誤である。

【譯注】
①冬官考工記匠人（04-21a-7）――《周禮》冬官考工記匠人「匠人營國。方九里、旁三門。國中九經九緯、經涂九軌。左祖右社、面朝後市、市朝一夫。夏後氏世室、堂修二七、廣四修一。五室、三四歩、四三尺。九階。四旁兩夾、窗白盛。門堂三之二、室三之一。殷人重屋、堂修七尋、堂崇三尺、四阿、重屋。周人明堂、度九尺之筵、東西九筵、南北七筵、堂崇一筵。五室、凡室二筵。室中度以幾、堂上度以筵、宮中度以尋、野度以歩、涂度以軌。廟門容大扃七個、闈門容小扃參个、路門不容乘車之五個、應門二徹參个。內有九室、九嬪居之。外有九

室、九卿朝焉。九分其國以爲九分、九卿治之。王宮門阿之制五雉、宮隅之制七雉、城隅之制九雉。經涂九軌、環涂七軌、野涂五軌。門阿之制、以爲都城之制。宮隅之制、以爲諸侯之城制。環涂以爲諸侯經涂、野涂以爲都經涂」。

②爾雅釋宮（04-21a-7）――《爾雅》釋宮云「一達謂之道路。二達謂之歧旁。三達謂之劇旁。四達謂之衢。五達謂之康。六達謂之莊。七達謂之劇驂。八達謂之崇期。九達謂之逵」、郭璞注「四道交出、復有旁通」。

③桓十四年（04-21b-1）――桓公十四年伝「冬、宋人以諸侯伐鄭、報宋之戰也。焚渠門、入、及大逵〔渠門鄭城門。逵道方九軌〕。伐東郊、取牛首。以大宮之椽歸爲盧門之椽」。

④莊二十八年（04-21b-2）――莊公二十八年伝「秋、子元以車六百乗伐鄭、入于桔柣之門。子元鬬御彊鬬梧耿之不比爲旆、鬬班王孫游王孫喜殿。衆車入自純門、及逵市〔杜預注：純門鄭外郭門也。逵市郭内道上市也〕。縣門不發」。

⑤宣十二年（04-21b-2）――宣公十二年伝「楚子退師。鄭人修城。進復圍之、三月、克之。入自皇門、至于逵路〔杜預注：塗方九軌曰逵〕。鄭伯肉袒牽羊以逆」。

○本条の疏文に対し、劉文淇は以下のように分析している。長文であるが、唐人《正義》の編集作業の一端を分析したものなので、以下に紹介する。

文淇案ずるに、唐人は《隋書》経籍志を著作し、「李巡の爾雅注はすでに亡んだ」と述べているから、《疏》中所引の李巡注はすべて唐人の筆に成るものではない。ところがこの《疏》では劉光伯を駁するのに李巡注を引用しているので、唐人が李巡注を見ることができたかに見えるが、実はそうではない。

陸徳明《経典釈文》は陳の至徳元年に著作されたもので、その時にはまだ李巡注を見ることができた。だから《毛詩》・《爾雅》の《釈文》では李巡注を引用すること最も詳細である。また《毛詩正義》は光伯の《述議》を本にしたものであるが、李巡注を引用することがやはり多い。いま《爾雅釈文》を調べてみるに、「逵」字の下には李巡「並軌」説を記載していない。《詩》兔罝の《釈文》に「逵は九達の道なり。杜預注《春秋》に『塗 九軌を方ぶ』と云ふ」と述べ、この《伝》の《釈文》に「爾雅に云ふ『九達之れを逵と謂ふ』と。杜『道方九軌』と云ふは、此れ考工記に依る」と述べるが、ともに李巡の注を引用しない。さらに《毛詩疏》にも、「爾雅『九達之れを逵と謂ふ』の郭璞注には『四道交ごも《こも》出で、復《ま》た旁通有る者』と言う。莊公二十八年伝『逵市に及ぶ』の杜預注に、『逵は九軌を並ぶ』と言うのは、《爾雅》とは合わない」という記述があって、やはり李巡に「並軌」説が有るのを引用していない。もしも本当にこの説が有るのなら、《詩疏》や《釈文》ではどうしてただ李巡を引くだけにしないで、傍ら杜預を引いたりしようか。しかも《詩疏》では杜預説と《爾雅》とが合わないと明言しているではないか。もしも「並軌」の訓みを李巡より引き出したのであれば、《爾雅》と合わぬと言うはずがない。

さらに考えるに、《公羊》定公八年伝「孟衢に至る」の《疏》に、「〈釈宮〉の『四達之れを衢と謂ふ』の李巡注に、『四達して各々至る所有るを衢という』とあり、孫氏が『交はり通じて四出す』と言うのがそれである」という記述がある。つまり李巡は「四達を衢と謂ふ」と解釈して、四達して各々至る所があるものだと見なしているのであって、孫炎説と異ならない。そうすると「九達を逵と謂ふ」について、李巡もまた必ずや諸家の説と同じであったのだ。つまり「道方九軌」説については、実に杜預のみがこの異説を唱えたのであり、必ずや李巡にこの謬論は無かったことがはっきりと分かる。【自注：襄公二十八年伝「慶氏の木百車を莊に得」の《疏》に、「〈釈宮〉に『六達之れを莊と謂ふ』と言う。爾雅の注釈者はすべて『六道旁出』と見なしている。杜預は九達を九軌を並べると見なしているので、莊を六軌とした」という記述がある。また昭公十年伝「又た諸を莊に敗る」の《疏》に、「〈釈宮〉

に『六達之れを荘と謂ふ』と言う。旧説ではすべて『六道旁出』と見なし、杜預はすべて一達を一軌と見なす」という記述がある。この二つの《疏》によっても、一達を一軌と見なすのが杜元凱に始まるものであり、爾雅の注釈者はすべてそうではないことがはっきりと分かる。】唐人は専ら光伯を攻撃するのに急で、つとめて論争に勝つことを期したため、とうとうかかる偽作をほどこし、後人を欺いてしまったのである。

また《疏》中所引の〈考工記〉や《爾雅》はすべて唐人の文章ではない。そのことが分かるのは、「説爾雅者皆以爲四道交出、復有旁通」と述べているからには、《爾雅》の注釈者には他に異義は無いはずである。しかるに下文には「李巡が《爾雅》に注釈してもまた並軌の意義を採用している」とあって、上文と相反している。この《疏》が同一人の説ではないことが明らかで、しかも《爾雅》の注釈者がすべて「逵」を「九道交出」と見なしており、未だかつて「並軌」説を取るものの無いことも明白である。

光伯の杜預注に対するや、最初にその説を申解し、後半で反駁する場合がある。唐人はその規杜の部分はすべて刪節し、その申杜の部分は常にそのままこれを採用し、駁正の文章としたのであるが、しかしまた勝手に文章を隔絶させてしまい、とうとうごちゃごちゃとして乱れてしまったものが多い。

【傳】秋、七月、公會齊侯・鄭伯入許。庚辰、傅于許。 [04-21b]

【注】傅于許城下。〔許の城の下に傅《つ》く。〕

【傳】潁考叔取鄭伯之旗蝥弧以先登。 [04-21b]

【注】蝥弧旗名。〔蝥弧《ぼうこ》は旗の名なり。〕

【疏】注の「蝥弧旗名」①。

○正義に曰う。《周禮》に「諸侯は旂《き》を建て、孤卿は旜《せん》を建つ」とあり、《左伝》では鄭に蝥弧②《ぼうこ》、斉に霊姑銔③《れいこひ》が有り、いずれも諸侯の旗である。また趙簡④子に蜂旗が有るのは、卿の旗である。その名は当時付けたものであるが、その意味は分からない。

【譯注】

①周禮（04-21b-5）――《周禮》春官・司常「王建大常、諸侯建旂、孤卿建旜、大夫士建物、師都建旗、州里建旟、縣鄙建旐、道車載旞、斿車載旌」

②鄭有蝥弧（04-21b-5）――本年伝。

③齊有靈姑銔（04-21b-6）――昭公十四年伝「公卜使王黑以靈姑銔率、吉、請斷三尺焉而用之」。

④趙簡子有蜂旗（04-21b-6）――哀公二年伝に見える。
鄭人擊簡子中肩、斃于車中、獲其蠭旗。大子救之以戈。鄭師北、獲温大夫趙羅。大子復伐之、鄭師大敗、獲齊粟千車。趙孟喜曰「可矣」。傅叟曰「雖克鄭、猶有知在、憂未艾也」。初周人與范氏田、公孫尨税焉、趙氏得而獻之。吏請殺之。趙孟曰「爲其主也、何罪」。止而與之田。及鐵之戰、以徒五百人宵攻鄭師、取蠭旗於子姚之幕下。

【傳】子都自下射之、顛。 [04-21b]

【注】顛隊而死。〔顛隊《てんつい》して死す。〕

【傳】瑕叔盈又以蝥弧以登。 [04-21b]

【注】瑕叔盈鄭大夫。〔瑕叔盈は鄭の大夫なり。〕

【傳】周麾而呼曰、君登矣。 [04-21b]

【注】周偏也。麾招也。〔周は偏なり。麾《き》は招なり。〕

【傳】鄭師畢登。壬午、遂入許。許莊公奔衛。 [04-21b]

【注】奔不書、兵亂遁逃、未知所在。〔奔を書せざるは、兵 亂れて遁逃し、未だ所在を知らざればなり。〕

【傳】齊侯以許讓公。公曰、君謂許不共。［04–21b］

【注】不共職貢。〔職貢を共せず。〕

【傳】故從君討之。許既服其罪矣。雖有君命、寡人弗敢與聞。乃與鄭人。鄭伯使許大夫百里奉許叔以許東偏。［04–22a］

【注】許叔許莊公之弟。東偏東鄙也。〔許叔は許の莊公の弟なり。東偏は東鄙なり。〕

【傳】曰、天禍許國。鬼神實不逞于許君、而假手于我寡人。［04–22a］

【注】借手于我寡德之人以討許。〔手を我が寡德の人に借りて以て許を討つ。〕

【傳】寡人唯是一二父兄不能共億。［04–22a］

【注】父兄同姓羣臣。共給、億安也。〔父兄は同姓の羣臣なり。共は給、億は安なり。〕

【傳】其敢以許自爲功乎。寡人有弟不能和協。而使餬其口於四方。［04–22a］

【注】弟共叔段也。餬鬻也。段出奔在元年。〔弟は共叔段なり。餬《こ》は鬻《いく》なり。段の出奔は元年に在り。〕

【疏】注の「弟共」より「元年」に至るまで。

○正義に曰う。莊公の弟が四方に逃亡しているというのだから、これがただ「共叔段」だけであることが分かる。

①《説文》に「餬は寄食なり」と述べているのは、この伝に「餬口四方〔口を四方に餬《のり》す〕」と述べているので、「寄食」と言ったもの。

②昭公七年伝に「是れに饘《かゆ》し、是れに鬻《かゆ》し、以て余の口を餬《のり》せん」と言い、③〈釈言〉に「餬《こ》は饘《せん》なり」と述べていることからすると、「餬」は饘《せん》・鬻《いく》の別名である。今人も薄い鬻《かゆ》を物に塗ることを「餬紙」・「餬帛」と言うことからすると、「餬」とは鬻《かゆ》で口を養う意味であるから、「其の口を餬す」と言ったのである。

【譯注】

①説文（04–22a–9）――《説文解字》食部「餬、寄食也。从食胡聲」。

②昭七年傳（04–22a–10）――昭公七年伝に魯の孟僖子が孔子の先祖に言及して「故其鼎銘云、一命而僂、再命而傴、三命而俯、循墻而走、亦莫餘敢侮。饘於是、鬻於是、以餬餘口」と述べている。

③釋言云（04–22a–10）――《爾雅》釋言「餬、饘也」。

【傳】其況能久有許乎。吾子其奉許叔以撫柔此民也。吾將使獲也佐吾子。［04–22b］

【注】獲鄭大夫公孫獲。〔獲は鄭の大夫公孫獲なり。〕

【傳】若寡人得没于地、［04–22b］

【注】以壽終。〔壽を以て終ふるなり。〕

【傳】天其以禮悔禍于許。［04–22b］

【注】言天加禮於許而悔禍之。〔言ふこころは天 禮を許に加へて之れを悔禍す。〕

【傳】無寧茲。許公復奉其社稷。［04–22b］

【注】無寧寧也。茲此也。〔無寧は寧なり。茲は此なり。〕

【傳】唯我鄭國之有請謁焉、如舊昏媾［04–22b］

【注】謁告也。婦之父曰昏、重昏曰媾。〔謁は告なり。婦の父を昏と曰ひ、昏を重ぬるを媾と曰ふ。〕

【疏】注の「謁告」より「曰媾」に至るまで。

○正義に曰う。「謁は告なり」とは〈釈詁〉①の文章、「婦の父を昏と曰ふ」とは②〈釈親〉の文章である。「媾」と「昏」とは同じなので、③先儒はみな「昏を重ぬるを媾と曰ふ」と見なしている。

【譯注】

①釋詁（04-22b-7）――《爾雅》釋詁上「命、令、禧、畛、祈、請、謁、訊、誥、告也」。

②釋親（04-22b-7）――《爾雅》釋親「婿之父爲姻、婦之父爲婚」。

③先儒（04-22b-7）――たとえば《説文解字》に「媾、重婚也。从女冓聲。易曰、匪寇婚媾」とある。

【傳】其能降以相從也。 [04-22b]

【注】降降心也。〔降は心を降すなり。〕

【傳】無滋他族、實偪處此、以與我鄭國爭此土也。吾子孫其覆亡之不暇、而況能禋祀許乎。 [04-22b]

【注】絜齊以享、謂之禋。祀謂許山川之祀。〔絜齊《けっさい》して以て享する、之れを禋《いん》と謂ふ。祀とは許の山川の祀を謂ふ。〕

【疏】注の「絜齊」より「之祀」に至るまで。

○正義に曰う。〈釈詁〉①に「禋《いん》は祭なり」と言い、孫炎が「禋は絜敬《けっけい》の祭なり」と注釈し、また〈周語〉②に「意を精にして享するは禋なり」と述べているのが、つまり「絜斉して以て享する、之れを禋と謂ふ」ことである。「享」③の訓は「献」である。清潔に斉戒して酒食を以て神に献じるという意味である。

《禮》④では諸侯は領地内の山川を祭祀する。もし許の田を受ければ、当然許の山川を祭るはずだから、「祀とは許の山川の祀を謂ふ」ものであることが分かる。

【譯注】

①釋詁（04-23a-1）――《爾雅》釋詁下「禋、祀、祠、烝、嘗、禴、祭也」。

②周語（04-23a-1）――《國語》周語上に周の内史過の言葉として、「虢必亡矣、不禋於神而求福焉、神必禍之。不親於民而求用焉、人必違之。精意以享、禋也。慈保庶民、親也。今虢公動匱百姓以逞其違、離民怒神而求利焉、不亦難乎」とある。

③享訓獻也（04-23a-1）――《爾雅》釋詁下「珍、享、獻也」。

④禮（04-23a-2）――《禮記》王制「諸侯祭名山大川之在其地者」。

【傳】寡人之使吾子處此、不唯許國之爲、亦聊以固吾圉也」。 [04-23a]

【注】圉邊垂也。〔圉は邊垂なり。〕

【疏】注の「圉邊垂也」。

○正義に曰う。〈釈詁〉①に「圉は垂なり」と言い、舎人②が「圉は辺垂〔くにざかい〕なり」と注釈している。

【譯注】

①釋詁（04-23a-4）――《爾雅》釋詁下「疆、界、邊、衛、圉、垂也」。

②舎人（04-23a-4）――《爾雅疏》所引では「圉拒邊垂也」に作る。

【傳】乃使公孫獲處許西偏、曰、凡而器用財賄無寘於許。我死乃亟去之。吾先君新邑於此。 [04-23a]

【注】此今河南新鄭。舊鄭在京兆。〔此は今の河南新鄭なり。舊鄭は京兆に

在り。」

【疏】注の「此今」より「京兆」に至るまで。

○正義に曰う。〈地理志〉①に「河南郡新鄭県は《詩》の鄭国にして、鄭の桓公の子、武公の国せし所なり」という記述があるから、「新たに此に邑す」ると言うのが「河南の新鄭」であることが分かる。しかも〈志〉②にはまた、「京兆鄭県は周の宣王の弟、鄭の桓公の邑なり」と言うから、「旧鄭は京兆に在」ったことが分かる。〈志〉③にはさらに、

もともと周の宣王の弟友は周の司徒となり、采邑を宗周の畿内に食《は》んだ、これが鄭の桓公である。桓公が史伯に問うて言うことには、「王室には災難が多い。いずこに行けば死から免れることができるであろうか」と。そこで史伯が桓公のために謀り、虢・鄶の土地を取り、妻子と財産とを預けたところ、虢・鄶はこれを受け取った。三年後、周の幽王が敗走し、桓公も死んだ。その子の武公は平王とともに東に遷り、ついに虢・鄶の地を定めた。

という記述がある。そうだとすると、《伝》に「先君新たに此に邑す」と言うのは、武公が始めてこの地に居住したことを意味するものである。（ところが）《史記》④鄭世家に「虢・鄶は自ら十邑を分かちて桓公に献じ、桓公竟《つひ》に之れに国す」と称している。考えるに、〈鄭語〉⑤では桓公は始めて謀っただけで、まだ取ってはいない。武公が始めてここに国を作ったのであり、桓公ではない。また虢・鄶を全滅させたもので、邑を献上したのではない。馬遷の言葉はすべて誤りである。

昭公十六年伝⑥に「子産 韓宣子に謂ひて曰く、我が先君桓公 商人《しやうひと》と皆な周より出で、以て此の地を艾殺《がいさつ》〔草木を伐採し、動物を殺す〕して共に之れに処る」と述べているのは、妻子と財産とを預けた時のことであり、商人がそのとき（妻子が）共に行っただけで、桓公自身が新鄭に行ったのではない。

【譯注】

①地理志（04-23a-8）――《漢書》地理志の河南郡の条、「新鄭、詩鄭國。鄭桓公之子武公所國、後爲韓自平陽徙都之」。

②志（04-23a-8）――《漢書》地理志の京兆尹の条「鄭周宣王弟鄭桓公邑、有鐵官」。

③志（04-23a-9）――《漢書》地理志の鄭国の条は詳細である。

鄭國、今河南之新鄭、本高辛氏火正祝融之虚也。及成皋、滎陽、潁川之崇高・陽城、皆鄭分也。本周宣王弟友爲周司徒、食采於宗周畿内、是爲鄭。鄭桓公問於史伯曰「王室多故、何所可以逃死」。史伯曰「四方之國、非王母弟甥舅則夷狄、不可入也、其濟・洛・河・潁之間乎。子男之國、虢・鄶爲大、勢與險、宻侈貪冒、君若寄帑與賄、周亂而敝、必將背君。君以成周之衆、奉辭伐罪、亡不克矣」。公曰「南方不可乎」。對曰「夫楚、重黎之後也。黎爲高辛氏火正、昭顯天地、以生柔嘉之材。姜・嬴・荊・芈、實與諸姫代相干也。姜、伯夷之後也。嬴、伯益之後也。伯夷能禮於神以佐堯、伯益能儀百物以佐舜、其後皆不失祠、而未有興者、周衰將起、不可偪也」。桓公從其言、乃東寄帑與賄、虢・鄶受之。後三年、幽王敗、桓公死、其子武公與平王東遷、卒定虢・鄶之地、右雒左泲、食溱・洧焉。土陿而險、山居谷汲、男女亟聚會、故其俗淫。

④史記鄭世家（04-23b-1）――《史記》鄭世家は以下の通り。

鄭桓公友者、周厲王少子而宣王庶弟也。宣王立二十二年、友初封于鄭。……（鄭桓）公曰「周衰、何國興者」。（太史伯）對曰「齊、秦、晉、楚乎。夫齊、姜姓、伯夷之後也。伯夷佐堯典禮。秦、嬴姓、伯翳之後也。伯翳佐舜懷柔百物。及楚之先、皆嘗有功於天下。而周武王克紂後、成王封叔虞于唐、其地阻險、以此有德與周衰並、亦必興矣」。桓公曰「善」。於是卒言王、東徙其民雒東、而虢・鄶果獻十邑、竟國之。

⑤鄭語（04-23b-2）――《國語》鄭語は以下の通り。

桓公爲司徒、甚得周衆與東土之人、問於史伯曰「王室多故、余懼及焉、其何所可以逃死」。史伯對曰「王室將卑、戎・狄必昌、不可偪也。當成周者、南有荊蠻・申・呂・應・鄧・陳・蔡・隨・唐、北有衞・燕・狄・鮮虞・潞・洛・泉・徐・蒲、西有虞・虢・晉・隗・霍・楊・魏・芮、東有齊・魯・曹・宋・滕・薛・鄒・莒、是非王之支子母弟甥舅也、則皆蠻・荊・戎・狄之人也。非親則頑、不可入也。其濟・洛・河・潁之閒乎。是其子男之國、虢・鄶爲大、虢叔恃勢、鄶仲恃險、是皆有驕侈怠慢之心、而加之以貪冒。君若以周難之故、寄孥與賄焉、不敢不許。周亂而弊、是驕而貪、必將背君、君若以成周之衆、奉辭伐罪、無不克矣。若克二邑、鄔・弊・補・舟・依・鞣・歷・華、君之土也。若前華後河、右洛左濟、主芣・騩而食溱・洧、修典刑以守之、是可以少固」。公曰「南方不可乎」。對曰「夫荊子熊嚴生子四人、伯霜・仲雪・叔熊・季紃。叔熊逃難於濮而蠻、季紃是立、薳氏將起之、禍又不克。是天啓之心也、又甚聰明和協、蓋其先王。臣聞之、天之所啓、十世不替。夫其子孫必光啓土、不可偪也。且重・黎之後也、夫黎爲高辛氏火正、以淳燿敦大、天明地德、光照四海、故命之曰祝融、其功大矣。夫成天地之大功者、其子孫未嘗不章、虞・夏・商・周是也。虞幕能聽協風、以成樂物生者也。夏禹能單平水土、以品處庶類者也。商契能和合五教、以保于百姓者也。周棄能播殖百穀蔬、以衣食民人者也。其後皆爲王公侯伯。祝融亦能昭顯天地之光明、以生柔嘉材者也、其後八姓於周未有侯伯。佐制物於前代者、昆吾爲夏伯矣、大彭・豕韋爲商伯矣。當周未有。己姓昆吾・蘇・顧・溫・董、董姓鬷夷・豢龍、則夏滅之矣。彭姓彭祖・豕韋・諸稽、則商滅之矣、禿姓舟人、則周滅之矣。妘姓鄔・鄶・路・偪陽、曹姓鄒・莒、皆爲采衞、或在王室、或在夷狄、莫之數也。而又無令聞、必不興矣。斟姓無後。融之興者、其在芈姓乎。芈姓夔越不足命也。蠻芈蠻矣、唯荊實有昭德、若周衰、其必興矣。姜・嬴・荊・芈、實與諸姫代相干也。姜、伯夷之後也、嬴、伯翳之後也。伯夷能禮於神以佐堯者也、伯翳能議百物以佐舜者也。其後皆不失祀而未有興者、周衰其將至矣」。……公曰「若周衰、諸姫其孰興」。對曰「臣聞之、武實昭文之功、文之祚盡、武其嗣乎。武王之子、應・韓不在、其在晉乎。距險而鄰於小、若加之以德、可以大啓」。公曰「姜・嬴其孰興」。對曰「夫國大而有德者近興、秦仲・齊侯、姜・嬴之雋也、且大、其將興乎」。公說、乃東寄帑與賄、虢・鄶受之、十邑皆有寄地。〔韋昭注：十邑、謂虢・鄶・鄔・蔽・補・舟・依・柔・歷・華也。後桓公之子武公、竟取十邑之地而居之、今河南新鄭是也。賈侍中云「寄地、寄止」。〕

⑥昭十六年傳（04-23b-2）――昭公十六年伝に晉の韓起が鄭に赴いた際の子産との対話の中で、子産が述べた言葉。

韓子請諸子產曰「日起請夫環、執政弗義、弗敢復也。今買諸商人、商人曰『必以聞』、敢以爲請」。子產對曰「昔我先君桓公與商人皆出自周〔杜預注：鄭本在周機內、桓公東遷、並與商人俱。〕、庸次比耦、以艾殺此地、斬之蓬・蒿・藜・藋、而共處之。世有盟誓、以相信也、曰『爾無我叛、我無強賈、毋或蓋奪。爾有利市寶賄、我勿與知』。恃此質誓、故能相保以至于今。今吾子以好來辱、而謂敝邑強奪商人、是教敝邑背盟誓也、毋乃不可乎。吾子得玉、而失諸侯、必不爲也。若大國令、而共無藝、鄭鄙邑也、亦弗爲也。僑若獻玉、不知所成。敢私布之」。韓子辭玉、曰「起不敏、敢求玉以徼二罪。敢辭之」。

なお杜預注の《正義》には、

世本云「鄭桓公封棫林」、卽漢之京兆鄭縣是也。本在周之西都畿內也。鄭語稱史伯爲桓公謀、使桓公寄帑與賄於虢鄶之國。桓公從之、其子武公遂滅虢・鄶而國之。當桓公東遷帑賄之時、并與商人俱來也。

とあり、本疏と同様の主旨である。

○極めて単純化して考えると、

《国語》鄭語 → 《史記》鄭世家
《国語》鄭語 → 《漢書》地理志

という関係であろうが、《左伝》の原義はむしろ《史記》に近いものではないか。

【傳】王室而既卑矣。周之子孫日失其序。 ［04-23b］

　【注】鄭又周之子孫。〔鄭も又た周の子孫なり。〕

【傳】夫許、大岳之胤也。 ［04-23b］

　【注】大岳神農之後、堯四岳也。胤繼也。〔大岳は神農の後、堯の四岳なり。胤は繼なり。〕

【疏】注の「大岳」より「繼也」に至るまで。

○正義に曰う。〈周語〉①に、「共工・伯鮌《こん》の二者がともに黄・炎の後だ」と称しているのは、鮌が黄帝の子孫であり、共工が炎帝の子孫であることを述べたもので、炎帝とは神農の別号である。

〈周語〉にはまた「堯が禹に治水を命じ、共の従孫の四岳がこれを佐《たす》けた。四岳に国を胙《たま》い、命じて侯伯と為し、姓を賜《たま》いて姜と言い、氏を有呂と言う」と称しており、賈逵②は「共は共工、従孫とは同姓の末嗣の子孫である。四岳は官名、大岳であり、四岳の祭祀を司《つかさ》どる。姜は炎帝の姓で、その後に変わった。四岳に至り、帝がまたこれに祖先の姓を賜い、炎帝の後を継がせた」と注釈している。このことから、「大岳は神農の後、堯の四岳」であることが分かる。岳の祭祀を司ることで、これを尊んで「大岳」と称する。許国はその後裔である。

「胤は継なり」とは〈釈詁〉③の文章で、舎人が「胤は世を継ぐなり」と注している。

【譯注】

①周語（04-23b-6）――本疏は《國語》周語下の文章を要約して解説したものである。〈周語〉では靈王を諫めた大子晉の言葉を以下のように記述する。

昔共工棄此道也、虞于湛樂、淫失其身、欲壅防百川、墮高堙庳、以害天下。皇天弗福、庶民弗助、禍亂並興、共工用滅。其在有虞、有崇伯鮌、播其淫心、稱遂共工之過、堯用殛之于羽山。其後伯禹念前之非度、釐改制量、象物天地、比類百則、儀之于民、而度之于群生、共之從孫四嶽佐之、高高下下、疏川導滯、鍾水豐物、封崇九山、決汩九川、陂鄣九澤、豐殖九藪、汨越九原、宅居九隩、合通四海。故天無伏陰、地無散陽、水無沈氣、火無災燀、神無閒行、民無淫心、時無逆數、物無害生。帥象禹之功、度之于軌儀、莫非嘉績、克厭帝心。皇天嘉之、胙以天下、賜姓曰姒、氏曰有夏、謂其能以嘉祉殷富生物也。胙四嶽國、命以侯伯、賜姓曰姜、氏曰有呂、謂其能爲禹股肱心膂、以養物豐民人也。此一王四伯、豈緊多寵。皆亡王之後也。唯能釐擧嘉義、以有胤在下、守祀不替其典。有夏雖衰、杞・鄫猶在。申・呂雖衰、齊・許猶在。唯有嘉功、以命姓受祀、迄于天下。及其失之也、必有慆淫之心閒之。故亡其氏姓、踣斃不振。絕後無主、湮替隸圉。夫亡者豈緊無寵。皆黄・炎之後也。

②賈逵（04-23b-7）――この賈逵は《左伝注》ではなく、《隋志》に「春秋外傳國語二十巻　賈逵注」として著録されるものであろう。《玉函山房輯佚書》には《國語解詁》として輯佚している。

③釋詁（04-23b-9）――《爾雅》釋詁上「紹、胤、嗣、續、纂、緌、績、武、係、繼也」。

【傳】天而既厭周德矣。吾其能與許爭乎。 ［04-23b］

【傳】君子謂鄭莊公於是乎有禮。禮、經國家、定社稷、序民人、利後嗣者也。許無刑而伐之、服而舍之、 ［04-24a］

　【注】刑法也。〔刑は法なり。〕

【疏】「禮經」より「嗣者也」に至るまで。

〇正義に曰う。「經」とは紀理［おさめる］するという意味。《詩》①に「経営」「経始」と言うのがその例である。国家は礼でなければ治まらず、社稷は礼を得て始めて安泰となる。それゆえ礼は国家を経理し、社稷を安定させる手立てである。礼を民に教えると、親戚一族の者は和睦し、礼で位を守るなら、その余沢は子孫にまで及ぶ。したがって礼とは人民を秩序づけ、後嗣に利益を与える手立てである。

「経国家」とは、〈詩序(関雎)〉②に「夫婦を経す」と述べている例と同じである。


【譯注】
①詩之經營經始也（04-24a-3）――《毛詩》中の「経営」「経始」の例は以下の通り。
《毛詩》小雅・北山
陟彼北山、言采其杞、偕偕士子、朝夕從事、王事靡盬、憂我父母、
溥天之下、莫非王土、率土之濱、莫非王臣、大夫不均、我從事獨賢、
四牡彭彭、王事傍傍、嘉我未老、鮮我方將、旅力方剛、經營四方、
《毛詩》小雅・何艸不黄
何艸不黄、何日不行、何人不將、經營四方、
何艸不玄、何人不矜、哀我征夫、獨爲匪民、
《毛詩》大雅・江漢
江漢浮浮、武夫滔滔、匪安匪遊、淮夷來求、
既出我車、既設我旟、匪安匪舒、淮夷來鋪、
江漢湯湯、武夫洸洸、經營四方、告成于王、
四方既平、王國庶定、時靡有爭、王心載寧、
《毛詩》大雅・靈臺
經始靈臺、經之營之、庶民攻之、不日成之、
經始勿亟、庶民子來、王在靈囿、麀鹿攸伏、
②詩序（04-24a-4）――《毛詩》關雎序「故正得失、動天地、感鬼神、莫近於詩。先王以是經夫婦、成孝敬、厚人倫、美教化、移風俗」。

【傳】度德而處之、量力而行之、相時而動、無累後人。 [04-24a]
【注】我死乃亟去之、無累後人。［我れ死すれば乃ち亟《すみや》かに之れを去り、後人を累《わずら》はす無かれ。］
【傳】可謂知禮也。 [04-24a]
【傳】鄭伯使卒出豭、行出犬鷄、以詛射潁考叔者。 [04-24a]
【注】百人爲卒、二十五人爲行。行亦卒之行列。疾射潁考叔者、故令卒及行間皆詛之。［百人を「卒」と爲し、二十五人を「行」と爲す。行も亦た卒の行列なり。潁考叔を射る者を疾《にく》む、故に卒及び行間をして皆な之れを詛《のろ》はしむ。］
【疏】注の「百人」①より「詛之」に至るまで。
〇正義に曰う。《周禮》夏官序の制軍の法では、百人を「卒」となし、二十五人を「両」となしているのに、ここに「二十五人を行と為す」と述べているのは（なぜかといえば）、伝が先ず「卒」を言い、後に「行」を言っており、豭《か》［おすいのこ］は犬よりも大きいところから、「行」の人数が「卒」よりも少ないことが分かるし、軍法では、百人の下には二十五人を両とする単位が有るだけで、さらに〈大司馬〉②の属官の行司馬は中士であり、軍の属官もやはり中士であるところから、《周禮》の「両」がこの「行」に相当することが分かる。そして《周禮》の「行」は「軍の行列」の意味だから、この「行も亦た卒の行列」であることが分かるのである。

「詛」は盟の細目で、犠牲を殺して神に告げ、これに殃咎《おうきゅう》〔とが〕を加えさせるもの。「潁考叔を射る者を疾《にく》む、故に卒及び行間をして皆な之れを祝詛《しうそ》せしめ」、神に殺させようとしたのである。

一卒のうちに一豭《か》を用いたうえに、さらに一行の間に鶏または犬を用い、重ねて祝詛〔のろう〕せしめた。「犬鶏」とは鶏もしくは犬を用いることで、鶏と犬とを併用することではない。なんとなれば、盟詛の例では一牲を用いて二種類は用いないからである。

豭《か》は豕《いのこ》の牡《おす》のことである。《爾雅》②釈獣に「豕、牝を豝《は》と曰ふ」とあり、豝は牝《めす》であるから、豭が牡であることが分かる。祭祀の例では牝を用いない。しかも宋人③が宋朝のことを「艾豭」と言ったのは、明らかにおすぶたに喩えたものである。

【譯注】

①周禮夏官序（04-24a-9）――《周禮》夏官の序官。

惟王建國、辨方正位、體國經野、設官分職、以爲民極。乃立夏官司馬、使帥其屬而掌邦政、以佐王平邦國。政官之屬。大司馬、卿一人。小司馬、中大夫二人。軍司馬、下大夫四人。輿司馬、上士八人。行司馬、中士十有六人、旅下士三十有二人。府六人、史十有六人、胥三十有二人、徒三百有二十人。凡制軍、萬有二千五百人爲軍。王六軍、大國三軍、次國二軍、小國一軍。軍將皆命卿。二千有五百人爲師、師帥皆中大夫。五百人爲旅、旅帥皆下大夫。百人爲卒、卒長皆上士。二十五人爲兩、兩司馬皆中士。五人伍、伍皆有長。一軍則二府・六史・胥十人・徒百人。

②爾雅釋獸（04-24b-3）――《爾雅》釋獸「豕、子豬、豶、豶、幺幼、奏者豱、豕生三豵、二師、一特、所寢檜、四豴皆白、豥、其跡刻、絕有力豟、牝豝」。

③宋人謂宋朝爲艾豭（04-24b-4）――定公十四年「衛侯爲夫人南子召宋朝。會于洮、大子蒯聵獻盂于齊、過宋野。野人歌之曰、既定爾婁豬、盍歸吾艾豭。大子羞之」。

【傳】君子謂鄭莊公失政刑矣。政以治民、刑以正邪。既無德政、又無威刑。是以及邪、［04-24b］

【注】大臣不睦、又不能用刑於邪人。〔大臣は睦まず、又た刑を邪人に用ふる能はず。〕

【傳】邪而詛之、將何益矣。［04-24b］

【傳】王取鄔・劉［04-24b］

【注】二邑在河南緱氏縣。西南有鄔聚、西北有劉亭。〔二邑は河南緱氏縣に在り。西南に鄔聚有り、西北に劉亭有り。〕

【傳】蔿・邘之田于鄭、［04-24b］

【注】蔿・邘鄭二邑。〔蔿・邘は鄭の二邑なり。〕

【傳】而與鄭人蘇忿生之田、［04-25a］

【注】蘇忿生周武王司寇蘇公也。〔蘇忿生は周武王の司寇、蘇公なり。〕

【疏】注の「蘇忿」より「公也」に至るまで。

○正義に曰う。成公十一年伝①に「昔 周の商に克つや、諸侯をして封を撫せしむ。蘇忿生 温を以て司寇と為る」と言い、《尚書》②立政に「周公 大史に告げて曰く、司寇蘇公」と称しているのが、それである。

【譯注】

①成十一年傳（04-24b-10）――成公十一年伝の、周の劉康公と單襄公の言葉の中に見える。

晉郤至與周爭鄇田、王命劉康公・單襄公訟諸晉。郤至曰「溫、吾故也、故不敢失」。劉子・單子曰「昔周克商、使諸侯撫封、蘇忿生以溫爲司寇、與檀伯達封于河。蘇氏卽狄、又不能於狄而奔衛。襄王勞文公而賜之温、狐氏・陽氏先處之、而後及子。若治其故、則王官之邑也、子安得之」。晉侯使郤至勿敢爭。

②尚書立政（04-24b-10）――《尚書》立政篇「周公若曰、太史、司寇蘇公。式敬爾由獄、以長我王國。茲式有愼、以列用中罰」。

【傳】温 [04-25a]

【注】今温縣。〔今の温縣なり。〕

【傳】原 [04-25a]

【注】在沁水縣西。〔沁水縣の西に在り。〕

【傳】絺 [04-25a]

【注】在野王縣西南。〔野王縣の西南に在り。〕

【傳】樊 [04-25a]

【注】一名陽樊。野王縣西南有陽城。〔一名は陽樊。野王縣の西南に陽城有り。〕

【傳】隰郕 [04-25a]

【注】在懷縣西南。〔懷縣の西南に在り。〕

【傳】欑茅 [04-25a]

【注】在脩武縣北。〔脩武縣の北に在り。〕

【傳】向 [04-25a]

【注】軹縣西有地名向上。〔軹縣の西に地の向上と名づくる有り。〕

【傳】盟 [04-25a]

【注】今盟津。〔今の盟津なり。〕

【傳】州 [04-25a]

【注】今州縣。〔今の州縣なり。〕

【傳】陘 [04-25a]

【注】闕。〔闕く。〕

【傳】隤 [04-25a]

【注】在脩武縣北。〔脩武縣の北に在り。〕

【傳】懷。 [04-25a]

【注】今懷縣。凡十二邑、皆蘇忿生之田。欑茅・隤屬汲郡、餘皆屬河內。〔今の懷縣なり。凡そ十二邑は、皆な蘇忿生の田なり。欑茅・隤は汲郡に屬し、餘は皆な河內に屬す。〕

【傳】君子是以知桓王之失鄭也。恕而行之、德之則也、禮之經也。己弗能有、而以與人、人之不至、不亦宜乎。 [04-25a]

【注】蘇氏叛王、十二邑王所不能有。爲桓五年從王伐鄭張本。〔蘇氏は王に叛き、十二邑は王の有《たも》つ能はざる所なり。桓五年、王に從ひて鄭を伐つ爲めに本を張る。〕

【傳】鄭息有違言、 [04-25a]

【注】以言語相違恨。〔言語を以て相違恨す。〕

【傳】息侯伐鄭。鄭伯與戰于竟。息師大敗而還。 [04-25a]

【注】息國汝南新息縣。〔息國は汝南新息縣なり。〕

【疏】注の「息國」より「息縣」に至るまで。

○正義に曰う。《世本》では息国は姫姓である。この「息侯 鄭を伐つ」とは、その「親に親しまない」ことを責めたものだから、鄭国と同じ姫姓であることが分かる。①莊公十四年伝では楚の文王が息を滅ぼしているが、息の初代の君が誰の子で、何時封建されたのかも分からない。

②〈地理志〉に「汝南郡に新息県有り。故《もと》の息国なり」とあり、応劭が「其の後 東に徙《うつ》るが故に新を加へて云ふ」と注釈している。もしも「其の後 東

に従る」のであるなら、当然「故《もと》の息」と言うべきところ、どうしてかえって「新」字を加えるのであろうか。おそらくもともと他処からここに移ってきたのであろう。

【譯注】

①莊十四年傳（04-25b-1）――莊公十四年伝「蔡哀侯爲莘故、繩息嬀以語楚子（文王）。楚子如息、以食入享、遂滅息。以息嬀歸、生堵敖及成王焉、未言」。

②地理志（04-25b-1）――《漢書》地理志の汝南郡の条「新息、莽曰新德」、注「孟康曰、故息國。其後徙東、故加新云」。顔師古注所引では孟康であるが、あるいは孟康が応劭を踏襲したものであろうか。

【傳】君子是以知息之將亡也。不度德、 [04-25b]

【注】鄭莊賢。〔鄭の莊は賢なり。〕

【傳】不量力、 [04-25b]

【注】息國弱。〔息國は弱し。〕

【傳】不親親、 [04-25b]

【注】鄭・息同姓之國。〔鄭・息は同姓の國なり。〕

【傳】不徵辭、不察有罪、 [04-25b]

【注】言語相恨、當明徵其辭以審曲直、不宜輕鬭。〔言語もて相恨《うら》むは、當《まさ》に明らかに其の辭を徵して以て曲直を審《つまびら》かにすべく、宜しく輕がるしく鬭《たたか》ふべからず。〕

【傳】犯五不韙而以伐人。其喪師也、不亦宜乎。 [04-25b]

【注】韙是也。〔韙《ゐ》は是《ぜ》なり。〕

【傳】冬、十月、鄭伯以虢師伐宋。壬戌、大敗宋師、以報其入鄭也。

【注】入鄭在十年。〔鄭に入るは十年に在り。〕

【傳】宋不告命、故不書。凡諸侯有命、告則書。不然則否。 [04-25b]

【注】命者國之大事政令也。承其告辭、史乃書之于策。若所傳聞行言、非將君命、則記在簡牘而已、不得記於典策。此蓋周禮之舊制。〔命とは國の大事・政令なり。其の告辭を承くれば、史は乃ち之れを策に書す。傳聞する所の行言、君命を將《もち》ゐるに非ざるが若《ごと》きは、則ち記して簡牘に在るのみにて、典策に記するを得ず。此れ蓋し周禮の舊制ならん。〕

【傳】師出臧否亦如之。 [04-25b]

【注】臧否謂善惡得失也。滅而告敗、勝而告克、此皆互言、不須兩告乃書。〔臧否は善惡得失を謂ふなり。滅びて敗を告げ、勝ちて克を告ぐるは、此れ皆な互ひに言ふにて、兩告を須《ま》ちて乃ち書することをせざるなり。〕

【傳】雖及滅國、滅不告敗、勝不告克、不書于策。 [04-26a]

【疏】「凡諸」より「于策」に至るまで。

○正義に曰う。この伝は、宋が敗戦を告げて来なかったことに因んでこの例を発したものではあるが、ここに「諸侯有命」と述べているのは、ただ伐たれた場合の告命のためばかりではない。それゆえ注に「命は国の大事・政令なり」と述べたのは、諸々の大事、つまり崩卒・会盟・戦伐・克取、君臣の乖離、水火の災害（の告命）のことである。

経に他国の事件を記録しているのは、すべて使者が来て告げると書くのであり、告げて来なければ書かない。使者が来たりて「告ぐれば則ち書す」と言うのは、その国が事実を告げて来ても、その告辞を改めて書く場合があり、その国が虚偽を告げて来ても、その虚言にそのまま従って書く場合もある。このように文辞を作って褒貶し、善悪を明示する際に、告辞に依拠することが多いとはいうものの、必ずしもすべてが告辞に依るというのではない。（たとえば）①衛の献公が出奔した事件について、伝では「孫林父と甯殖が己の君を追い出したが、その名前は諸侯の策書に明記されている」と称しているが、経に記録するに及んでは、「衛侯 斉に出奔す」と述べている。このような例が、告辞を改めたものである。②晋人が秦を破った事件について、伝では「師を潜《ひそ》め、夜に蜂起して秦を令狐に破った」と称しているが、秦は実際にはまだ陣立てしていなかったし、晋とは（正式に）戦っていない。晋人が前言にそむいたことを諱んで、勝手に（正式の）戦争したと告げてきたのである。ところが経に記録するに及んでは、「晋人 秦人と令狐に戦ふ」と記述している。このような例が、虚言に因ったものである。虚偽のままに因ったり、あるいは事実を改めたりすることが有っても、結局（その目的）は勧戒することに帰するわけで、告辞を得たうえで書くのである。

「然《しか》らざれば則ち否せず」とは、（他国の人々の）言動を伝聞し、実際にその事実を知ってはいても、（当該の国が）わざわざ使者を派遣して告げて来るのでなければ、知っていても書かないのは、誤謬に対して慎重で、不審なことを避ける態度である。（たとえば）③楚が六蓼を滅ぼした際、臧文仲が嘆きの言葉を述べているから、魯国がこの事件を知らなかったわけではないのに、君命によって告げて来なかったため、経に書かなかったのである。

「師の出づるの臧否《ざうひ》も亦た之《かく》の如し」とは、伝が兵を加えられたことに因って例を発しているので、（逆に）軍隊を出して他人を伐つ場合には、必ずしも告げる必要が無いかとの疑いがあるため、重ねてこれを明らかにしたもの。

「国を滅ぼすに及ぶと雖も」とは、すでに侵・伐によって例を発したうえに、さらに滅国は重大事であるから告命を待たないかとの疑いがあるため、重ねて明らかにしたのである。

「策に書せず」と言うのは、告命の大事はすべて国の史官の正策に書くことを明らかにしたもので、仲尼が修定してするのは、すべて正式な策書の文章に因ったことを示した。

○注の「臧否」より「乃書」に至るまで。

○正義に曰う。ここで「勝敗」と言わないで「臧否」と述べたのは、「臧否」という言葉が、単に「勝敗」を意味するだけではないことを明らかにしたもので、したがってこれが「善悪得失」であり、道理には曲直があり、軍隊には強弱があることをまとめて述べたものであることが分かる。

④「狄 邢を伐つ」の類は、狄が告げることができたのではなく、⑤「楚 庸を滅す」の類も、庸が告げることができたものではない。それゆえ「敗」・「克」は互言したもので、「両告を須《ま》ちて乃ち書することをせざる」ものである。しかも⑥哀公元年伝に「呉 越に入る。書せざるは、呉 慶を告げず、越 敗を告げざればなり」と述べて、呉・越を並言していることからも、両告を待たないことが分かるであろう。

【譯注】

①衛獻公之出奔也（04-26a-5）——襄公十四年経には「己未、衛侯出奔齊」とあるが、襄公二十年伝は以下の通りである。

衛甯惠子疾、召悼子曰「吾得罪於君、悔而無及也。名藏在諸侯之策、曰『孫林父甯殖出其君』。君入、則掩之。若能掩之、則吾子也。若不能、猶有鬼神、吾有餒而已、不來食矣」。悼子許諾、惠子遂卒。

②晉人之敗秦也（04-26a-6）——文公七年経には「戊子、晉人及秦人戰于令狐。晉先蔑奔秦」とあるが、伝は以下の通りである。

秦康公送公子雍于晉、曰「文公之入也無衛、故有呂・郤之難」。乃多與之徒衛。穆嬴日抱大子以啼于朝、曰「先君何罪。其嗣亦何罪。舍適嗣不立而外求君、將焉寘此」。出朝、則抱以適趙氏、頓首於宣子曰「先君奉此子也而屬諸子曰

『此子也才、吾受子之賜。不才、吾唯子之怨』。今君雖終、言猶在耳、而棄之、若何」。宣子與諸大夫皆患穆嬴、且畏偪、乃背先蔑而立靈公、以禦秦師。箕鄭居守。趙盾將中軍、先克佐之。荀林父佐上軍。先蔑將下軍、先都佐之。步招御戎、戎津爲右。及堇陰。宣子曰「我若受秦、秦則賓也。不受、寇也。既不受矣、而復緩師、秦將生心。先人有奪人之心、軍之善謀也。逐寇如追逃、軍之善政也」。訓卒、利兵、秣馬、蓐食、潛師夜起。戊子、敗秦師于令狐、至于刳首。

莊公十一年伝に「凡師、敵未陳曰敗某師、皆陳曰戰、大崩曰敗績。得儁曰克、覆而敗之曰取某師、京師敗曰王師敗績于某」と言うように、互いに陣立てをした戦いの場合は「戦」、この伝文に「潛師夜起」とあるような夜襲は「敵未陳曰敗某師」に該当するということ。

③楚滅六蓼（04-26a-9）——文公六年伝に見えるが、経文にはその記述が無いということ。

六人叛楚卽東夷。秋、楚成大心仲歸帥師滅六。冬、楚公子燮滅蓼。臧文仲聞六與蓼滅、曰「皐陶庭堅不祀忽諸。德之不建、民之無援、哀哉」。

④狄伐邢（04-26b-2）——莊公三十二年経「狄伐邢」。

⑤楚滅庸（04-26b-2）——文公十六年経「楚人秦人巴人滅庸」、その伝は以下の通り。

楚大饑、戎伐其西南、至于阜山、師于大林。又伐其東南、至于陽丘、以侵訾枝。庸人帥羣蠻以叛楚、麇人率百濮聚於選、將伐楚。於是申・息之北門不啓。楚人謀徙於阪高。蔿賈曰「不可。我能往、寇亦能往、不如伐庸。夫麇與百濮、謂我饑不能師、故伐我也。若我出師、必懼而歸。百濮離居、將各走其邑、誰暇謀人」。乃出師。旬有五日、百濮乃罷。自廬以往、振廩同食。次于句澨。使廬戢梨侵庸、及庸方城。庸人逐之、囚子揚窗。三宿而逸、曰「庸師衆、群蠻聚焉、不如復大師、且起王卒、合而後進」。師叔曰「不可。姑又與之遇以驕之。彼驕我怒、而後可克、先君蚡冒所以服陘隰也」。又與之遇、七遇皆北、唯裨・鯈・魚人實逐之。庸人曰「楚不足與戰矣」。遂不設備。楚子乘馹、會師于臨品、分爲二隊、子越自石溪、子貝自仞以伐庸。秦人・巴人從楚師。群蠻從楚子盟、遂滅庸。

⑥哀元年傳（04-26b-3）——哀公元年伝は以下の通り。

吳王夫差敗越于夫椒、報檇李也。遂入越。越子以甲楯五千保于會稽、使大夫種因吳大宰嚭以行成。吳子將許之。伍員曰「不可。……」。弗聽。退而告人曰「越十年生聚、而十年教訓、二十年之外、吳其爲沼乎」。三月、越及吳平。吳入越、不書、吳不告慶、越不告敗也。

【傳】羽父請殺桓公、將以求大宰。　　[04-26b]

【注】大宰官名。〔大宰は官名なり。〕

【疏】注の「大宰官名」。

○正義に曰う。《周禮》[1]では天子の六卿のうち、天官が大宰である。諸侯の場合は六を併合して三とし、官職を兼ねる。昭公四年伝[2]に「季孫 司徒と為り、叔孫 司馬と為り、孟孫 司空と為る」と称していることからすると、魯の三卿には大宰の官職は無い。この「羽父」は名が経に見えているからすでに卿であるのに、さらに「大宰を求め」たのは（なぜかといえば）、思うに魯に特にこの官職を設置させ、自分に栄誉を与えさせようとしたものではあるまいか。以後に大宰についての記述は全く無いので、魯では結局この官職を立てなかったことが分かる。

【譯注】

①周禮（04-26b-5）——《周禮》天官序官「惟王建國、辨方正位、體國經野、設官分職、以爲民極。乃立天官冢宰、使帥其屬而掌邦治、以佐王均邦國。治官之屬。

大宰、卿一人」。

②昭四年傳（04-26b-5）――昭公四年伝の季孫の言葉の中に見える。

十二月、癸丑、叔孫不食。乙卯、卒。牛立昭子而相之。公使杜泄葬叔孫、豎牛賂叔仲昭子與南遺、使惡杜泄於季孫而去之。杜泄將以路葬、且盡卿禮。南遺謂季孫曰「叔孫未乘路、葬焉用之。且冢卿無路、介卿以葬、不亦左乎」。季孫曰「然」。使杜泄舍路。不可、曰「夫子受命於朝而聘于王、王思舊勛而賜之路、復命而致之君。君不敢逆王命而復賜之、使三官書之。吾子爲司徒〔杜預注：謂季孫也。書名定位號〕、實書名。夫子爲司馬、與工正書服〔謂叔孫也。服車服之器、工正所書〕。孟孫爲司空以書勳〔勳功也〕。今死而弗以、是棄君命也。書在公府而弗以、是廢三官也。若命服、生弗敢服、死又不以、將焉用之」。

【傳】公曰、爲其少故也。吾將授之矣。 ［04-26b］

【注】授桓位。〔桓に位を授くるなり。〕

【傳】使營菟裘。吾將老焉。 ［04-26b］

【注】菟裘魯邑、在泰山梁父縣南。不欲復居魯朝、故別營外邑。〔菟裘《ときゅう》は魯の邑、泰山梁父の縣の南に在り。復た魯朝に居らんと欲せず、故に別に外邑を營む。〕

【傳】羽父懼。反譖公于桓公而請弑之。公之爲公子也、與鄭人戰于狐壤、止焉。 ［04-26b・27a］

【注】內諱獲、故言止。狐壤鄭地。〔內には獲へらるるを諱む、故に止と言ふ。狐壤は鄭の地なり。〕

【傳】鄭人囚諸尹氏。 ［04-27a］

【注】尹氏鄭大夫。〔尹氏は鄭の大夫なり。〕

【傳】賂尹氏而禱於其主鍾巫。 ［04-27a］

【注】主尹氏所主祭。〔主とは尹氏の主祭する所なり。〕

【傳】遂與尹氏歸而立其主。 ［04-27a］

【注】立鍾巫於魯。〔鍾巫を魯に立つ。〕

【傳】十一月、公祭鍾巫、齊于社圃。 ［04-27a］

【注】社圃園名。〔社圃は園名なり。〕

【傳】館于寪氏。 ［04-27a］

【注】館舍也。寪氏魯大夫。〔館は舍なり。寪《ゐ》氏は魯の大夫なり。〕

【傳】壬辰、羽父使賊弑公于寪氏。立桓公而討寪氏、有死者。 ［04-27a］

【注】欲以弑君之罪加寪氏、而復不能以正法誅之。傳言進退無據。〔弑君の罪を以て寪《ゐ》氏に加へんと欲するも、而も復た正法を以て之れを誅する能はず。傳は進退 據る無きを言ふ。〕

【疏】「討寪氏有①死者」。

○正義に曰う。劉炫が言う、羽父が賊を放って公を弑せしめたのだから、公は寪《い》氏が弑したのではないが、公が寪氏の館に居て死んだため、そのまま寪氏が君を弑したのだと偽ったのである。正法をもって寪氏を誅しようとすると、君は寪氏が弑したのではない。それゆえ寪氏の家を討っても死者が僅かに出ただけであるとは、すべてを誅したわけではない、という意味である。

○注の「欲以」より「無據」に至るまで。

○正義に曰う。劉炫が言う、「君を弑するの罪を以て寪氏に加へんと欲す」ると、君は寪氏が弑したのではなく、「而も復た正法を以て之れを誅すること能はず」である。ここに言う「正法」とは、その一族を滅ぼしその館《やかた》を汚すことを意味する。伝はこのことが「進退拠ること無」きものだと述べたのである。「進」んで寪氏を誅しようとすれば、実際には寪氏が君を弑したのではないし、「退」いて寪氏を許そうとすれば、君を弑した人が無くなってしまうということで、これが「進退拠ること無し」ということである。

【譯注】

①劉炫（04-27a-7）——本条の疏文に見える二つの「劉炫」について、劉文淇は以下のように分析している。

文淇案ずるに、これは光伯の《述議》の文章である。宋本では「正義曰」の三字が無いが、これこそ旧本の形式を伝えたものであるはずで、たまたま「正義曰」を加えるのを落としたものにすぎない。この例も唐人が「旧疏」の姓名を削去し、「正義曰」に書き換えたことを証するに足るものである。つまりこれはたまたま「劉炫云」を削り漏らしたもの。

文淇案ずるに、これはすべて光伯の《述議》の文章である。やはり唐人が劉炫の名を削り漏らしたもの。《疏》中ではこのような例は極めて少ない。唐人は「光伯に拠りて本とした」にもかかわらず、《疏》中に光伯説を引用するのは、規過の百余条以外では、これまたわずかに百数十条有るばかりである。どうして「拠りて以て本と為した」書物が有りながら、引用することがこれほど寥寥たるものでありえようか。唐人が劉炫の姓名を削り去ったのである。この例のように削っていないかに見えるものも僅かである。

【傳】不書葬、不成喪也。　［04-27a］

【注】桓弑隱簒位、故喪禮不成。〔桓は隱を弑して位を簒《うば》ふ、故に喪禮成らず。〕

春秋左傳正義校定文　卷四

注和而不盟曰平〇正義曰、宣十五年「宋人及楚人平」、傳載其盟辭、昭七年「燕曁齊平」、傳稱「盟于濡上」、似「平」皆有「盟」、而云「不盟」者、「平」實解怨和好之辭、非要「盟」也。彼自既「平」之後、別爲「盟」耳。此與定十年「及齊平」、皆無盟辭、定十一年「及鄭平」、下乃云「叔還如鄭涖盟」、「平」後乃「盟」、知「平」非「盟」也。(04-01a)

注雖無至放此〇正義曰、公羊傳曰「此無事、何以書。春秋雖無事、首時過則書。首時過則、何以書。春秋編年、四時具然後爲年」、此注用公羊爲説。釋例曰「年之四時、雖或無事、必空書首月、以紀事變、以明曆數也」。(04-01a)

注秋取至易也〇正義曰、經書「冬」、傳言「秋」。丘明爲傳、例不虚擧經文。獨以「秋」言此事、明是以「秋取、冬乃告」也。「冬告」者、告言「冬始取」耳、故書之於「冬」。若其使以冬至、告言「秋取」、亦當追書於「秋」。八年傳曰「冬、齊侯使來告成三國」、秋成冬告、書之於「秋」、明此以冬取告、故書於「冬」也。

賈・服以爲「長葛不繫鄭者、刺不能撫有其邑」。凡邑爲他國所取、皆是不能撫有之、何故於此獨爲惡鄭。故杜以爲「上有伐鄭圍長葛」、則「長葛鄭邑可知、故不言鄭也」。

既言「秋取」、取實在秋、因經文在冬、遂言「冬乘無備」。襄十三年傳例曰「凡書取、言易也」。知此乘其無備、而取之也。

杜知「長葛」不繫鄭、非大都以名通者、以前年云「伐鄭圍長葛」、「長葛」之文繫於鄭故也。劉炫以大都名通、而規杜氏非也。(04-01b)

傳注渝變至更成〇正義曰、「渝變也」釋言文。變平者、變更前惡、而復爲和好。變卽更之義、成則平之訓、故傳解「渝平」、謂之「更成」。

自狐壤以來、與鄭不和、今日復和、故曰「更成」。言更復狐壤以前之好也。服虔云「公爲鄭所獲、釋而不結平。於是更爲約束、以結之。故曰渝平」。案傳、公賂尹氏、而與之逃歸、非鄭所釋、安得釋而結平也。(04-01b/02a)

注翼晉至大夫〇正義曰、「唐叔始封、受懷姓九宗、職官五姓」者、謂周成王滅唐、始封唐叔、以懷氏一姓九族、及是先代五官之長子孫賜之。言「五官之長」者、謂於殷時爲五行官長。今褒寵唐叔、故以其家族賜之耳。今云「頃父之子嘉父」者、以頃父舊居職位、名號章顯、嘉父新爲大夫、未甚著見、故繫之於父。諸繫父爲文者、義皆同此也。(04-02a)

注諸地至放此〇正義曰、杜言「不復記其闕」者、謂但言某邑而已、下不云「闕」。若鄂直云「晉別邑」、及「翼侯奔隨」、注云「隨晉地」、「鄭人侵衛牧」、注云「牧衛邑」、如此之類、皆不言「闕」、是也。若不知何國之地者、則言「闕」。若「虞公出奔共池」、「公孫嬰齊卒于貍脤」、並注云「闕」是也。亦有雖知某國之地、注亦云「闕」。則隱十一年「蘇忿生十二邑」、注陘云「闕」者、以餘邑皆知所在、唯此獨闕故也。（04-02ab）

五月庚申○正義曰、案經「盟于艾」、亦在五月、傳略不言月、「庚申」之日、須月以統之、故別言「五月」。他皆放之此。（04-02b）

注告饑至之賢○正義曰、王使至魯、皆應書經、此獨不書、故解之。以人情恕之、不得自不輸粟、空告他人、故知「己國不足、旁請鄰國、故曰禮也」。定五年「歸粟于蔡」、尚書於經、此不書者、魯以往歲螟災、故己國饑困、所輸不多、宋・鄭輸粟、不復告魯、故皆不書。

此事無經而發、故解傳意「見隱之賢」。諸無經之傳、皆意有所見。悉皆放之。（04-03ab）

注周桓至焉依○正義曰、「桓公」是周公黒肩、事見桓十八年傳也。幽王娶申女爲后、生大子宜臼。後得褒姒嬖之、生子伯服、廢申后逐大子、以褒姒爲后、伯服爲大子、宜臼奔申。申侯乃與犬戎、共攻幽王、殺幽王於驪山之下。於是諸侯乃與申侯、共立宜臼、是爲平王。以西都偪戎、晉文侯・鄭武公夾輔平王、東遷洛邑。毛詩・尚書・國語・史記、皆略有其事。（04-03b）

注叔姫至故書○正義曰、女嫁於他國、皆有姪娣、與適倶行、則所尊在適、書適不書姪娣。「叔姫」待年之女、年滿特行、故書其歸。

魯女嫁於他國之卿、皆書之。夫人之娣、尊與卿同、其書固是常例。賈云「書之者、刺紀貴叔姫」、傳無其事、是妄説也。（04-04a）

滕侯卒○正義曰、譜云「滕姫姓、文王子錯叔繡之後。武王封之居滕。今沛郡公丘縣是也。自叔繡至宣公、十七世乃見春秋。隱公以下、春秋後六世、而齊滅之」。世本云「齊景公亡滕」。案齊景之卒、在滕隱之前。世本言「隱公之後、仍猶六世爲君」、而云「齊景亡滕」、爲謬何甚。服虔昭四年注亦云「齊景亡滕」、是不考校、而謬言之。

地理志云「沛郡公丘縣、故滕國也。周文王子錯叔繡所封。三十一世爲齊所滅」。（04-04a）

注諸聘至元年○正義曰、聘禮「使者執圭以致命、束帛加璧、以致享」、鄭玄云「享獻也。既聘又獻、所以厚恩惠也」、是「執玉帛、以相存問」也。

玉人職云「琢・圭・璋・璧・琮八寸。以覜聘」、注云「八寸者、據上公之臣」。案聘禮、圭以聘君、璋以聘夫人。既行聘之後、璧以享君、琮以享夫人。又鄭玄注小行人云「使卿大夫覜聘、降其君瑞一等」、則侯伯之臣、圭璋璧琮皆六寸、子男之臣皆四寸。又小行人云「圭以馬、璋以皮、璧以帛、琮以錦、琥以繡、璜以黼」、鄭玄注云「二王之後、享天子圭以馬、享后璋以皮。其餘諸侯、享天子璧以帛、享后琮以錦。子男享大國之君、琥以繡、享大國夫人璜以黼」、是玉帛之文也。（04-04ab）

注戎鳴至西南○正義曰、傳例「有鍾鼓曰伐」、此既言「伐」、知其「鳴鍾鼓」也。杜意言「以歸」者、以彼隨己而已、非囚執之辭、故云「但言以歸非執」也。杜知「以歸非執」者、穀梁傳云「以歸猶愈乎執也」、又昭十三年「晉人執季孫意如以歸」、若「以歸」是執、何須別起「執」文。明直言「以歸」者非「執」也。

至如定四年「以沈氏嘉歸」、經云「殺之」、哀七年「以邾子益來」、傳云「囚諸負瑕」、既有囚殺之文、容或是「執」。若直言「以歸」、無囚殺之事者、則非執者也。春秋有文同事異、此即其類也。劉君引沈子・邾子云「以歸者皆執」、以規

杜氏、非其義也。(04-04b/05a)

凡諸至禮經○正義曰、「諸侯」者、公・侯・伯・子・男、五等之揔號、侯訓君也。五等之主、雖爵命小異、而俱是國君、故揔稱「諸侯」也。

諸發「凡」者、皆周公之垂法、史書之舊章、丘明采合舊語、以發明史例、雖意是舊典、而辭出丘明、非全寫舊語。「同盟稱名、薨則赴以名」、是周公之舊典、其「告終稱嗣」以下、乃是解釋赴意、非舊語也。

僖二十三年又發例曰「凡諸侯同盟、死則赴以名禮也」、直言「赴名」是禮、不言「繼好」是禮。「繼好息民」是禮之大意、非禮之實、明是丘明言此、以解「赴名」之意。彼云「禮也」、此云「謂之禮經」、其事一也。言謂此赴名爲禮之常法、丘明之意、言周公謂之然也。「謂之禮經」、雖指此一事、諸發凡者、莫不盡然。以此爲例之初、故特言之。(04-05a/05b)

○注此言至放此○正義曰、凡例是周公所制、其來亦無所出。以傳言「謂之禮經」、則是先聖謂之、非丘明自謂之也。史之書策、必有舊法、一代大典、周公所制、故知凡例亦是周公所制。

此言凡例、則云「謂之禮經」、下言凡例、則云「不書於策」、以此明所謂「禮經」、皆當書策。從傳之首、至此「始開凡例」、故「特顯此二句」。「二句」者「謂之禮經」是一句、與「不書于策」爲二句也。然則九年「凡雨自三日以往爲霖」、不以爲始、而遠取十一年云「始開凡例」者、以九年唯記當國雨雪之事、史策舊文、非是赴告國家大事之例。(04-05b)

注朝而至卿寺○正義曰、朝於天子、獻國之所有、亦發陳財幣於公卿之府寺。「如今」者如晉時諸州年終、遣會計之吏、獻物於天子、因令以物詣公府・卿寺然。

自漢以來、三公所居、謂之「府」、九卿所居、謂之「寺」。風俗通曰「府聚也。公卿・牧守府、道德之所聚也。藏府・私府、財貨之所聚也。寺司也。庭有法度、令官所止、皆曰寺」、釋名曰「寺嗣也。治事者相嗣續於其内」。(04-06a)

歃如忘○正義曰、「歃」謂口含血也。當歃血之時、如似遺忘物然、故注云「志不在於歃血」也。服虔云「如而也。臨歃而忘其盟載之辭。言不精也」。盟載之辭、在於簡策、祝史讀以告神、非歃者自誦之、何言「忘載辭」也。且忘否在心、五父終不自言己忘、洩伯安知其忘而譏之。(04-06a/06b)

注宛鄭至東南○正義曰、内卿貶則去族、外卿貶則稱「人」、外無去族之理。今「宛」無族、傳無譏文、故知「未賜族」也。

傳言「鄭釋泰山之祀、使來歸祊」、知「祊是鄭祀泰山之邑」。鄭以桓公之故、受邑泰山之下、天子祭泰山、必從助祭、使共湯沐焉。故公羊謂之「湯沐之邑」。既有此邑、因立別廟。

劉炫云「言『祀泰山之邑』者、謂泰山之旁有此邑。邑内有鄭宗廟之祀、蓋祀桓武之神」。(04-06b/07a)

注襄六至以名○正義曰、同盟赴名、自有成例、而引「杞桓公」者、蔡自春秋以來、未與魯盟、疑與惠公同盟、故引杞桓爲例。

杞桓與成公同盟、而以名赴襄公、傳曰「同盟故也」、則與其父盟、得以名赴其子、故疑蔡與惠盟、故以名赴隱也。同盟稱名、則兩君相知、君既知之、則國内皆知、故彼父雖薨、得以名赴彼子。以此名嘗與彼父對稱故也。若父不與彼盟、彼君雖在、此子不得以其名赴、以此名未與彼君對稱故也。(04-07a)

注元年至備故○正義曰、於例盟以國地、則地主與之。元年「盟于宿」、知宿與盟也。魯・宋俱是微人、宿君必不親與、知宿亦大夫盟也。

盟・禱雖異、俱是告神。荀偃之禱、先稱君名、知大夫聚盟、亦各稱君名。臣盟既稱君名、則君薨得以名赴。宿君之卒、宜以名赴魯。今宿男不名、自不以名赴、非法不得也。故引僖二十三年傳例以明之、言其赴不以名、雖知亦不得書也。諸君不親盟而以名赴魯、注云「大夫盟於某」者、義皆出此。

衛冀隆難杜云「周人以諱事神、臣子何得以君之名告神。又荀偃禱河、一時之事耳、非正禮也、何得知大夫盟先稱君名乎」。杜必爲此解者、「以諱事神」、謂諱神之名以事其神。若祭祖而諱祖之類。山川之神尊於諸侯、故尚書武成告名山大川、云「有道周王發」、則荀偃禱河、自稱君名、於理何怪。

杜云「諸例或發於始事、或發於後」者、若七年「滕侯卒」、傳曰「凡諸侯同盟、於是稱名」、及桓二年「公至自唐、凡公行告于宗廟」、是「或發於始事」也。宣四年「凡弑君稱君」、及僖二十六年「凡師能左右之曰以」、是「或發於後」也。云「因宜有所異同」者、宣四年鄭公子歸生弑君、嫌歸生無罪、及宣五年高固來逆叔姬、嫌見偪成昏、故傳因以明之、是也。云「亦或丘明所得記注、本末不能皆備」者、但杜又自疑以爲、諸例皆應從始事而發、在後發者、以記注周公舊凡不繫於始事、繫於後事、丘明作傳、因記注所繫、遂以發之。如杜此言、則周公舊凡、於記注之文、散在諸事、丘明作傳、因記注之文發例、故或先或後也。(04-07b/8a)

注齊侯至周地○正義曰、春秋之例、國以大小爲序。外傳鄭語云「齊莊僖於是乎小伯」、此「齊侯」卽僖公也、此盟平宋・衛也。齊爲會主、則齊宜在上、今宋在齊上、故特解之。由宋敬齊侯、與衛先遇、故「齊侯尊宋、使爲會主」。「瓦屋」既闕、知是「周地」者、以其「會于溫」、「盟于瓦屋」、會盟不得相遠、溫是周地、知瓦屋亦周地也。(04-8a)

注莒人至來間○正義曰、僖二十九年、公會王子虎及諸侯之卿、盟于翟泉、沒「公」不言、貶卿稱「人」、直言「會某人某人」、傳曰「卿不書、罪之也。在禮、卿不會公・侯、會伯・子・男可也」。此「莒人」乃對會公・侯、故解之。莒是小國、卿當稱人、非貶辭也。「微者不嫌能敵公・侯、故直稱公」也。(04-8a/8b)

注犬丘至兩名○正義曰、地有兩名、新舊改易者、傳則言「實」以明之。若二名俱存者、傳則錯經以見之。此「犬丘」與「垂」、兩名俱存、故傳不言「實」。釋例曰「若一地二名、當時並存、則直兩文互見。黑壤・犬丘・時來之屬、是也。猶卿大夫名氏互見非例也」。(04-8b)

注成王至之田○正義曰、成王營邑於洛、以爲居土之中、貢賦路均、將於洛邑受朝。許田近於王城、故賜周公許田、以爲魯國朝宿之邑。詩魯頌曰「居常與許、復周公之宇」、是周公得許田也。公羊傳曰「許田者何。魯朝宿之邑也」、是許田爲魯朝宿之邑。

鄭請易許田、而求祀周公、故知後世因在許田之中而立周公別廟焉。鄭桓公以周宣王之母弟、故於泰山之下、亦受祊田以爲湯沐之邑、祊邑內亦有鄭先君別廟。此時周室既衰、王不巡守。鄭以天子不復巡守、則泰山之祀既廢、祊無所用、故欲以祊易許。許田近鄭、祊田近魯、各從本國所近之宜也。魯以許田奉周公之祀、易其田、則廢其祀、恐魯以周公別廟爲疑、慮將不許、云已廢泰山之祀、而欲爲魯祀周公。言鄭得許田、周公之祀不絕也。云「已廢泰山之祀」者、謂天子不復巡守、鄭家已廢此助祭泰山祭祀之事、無所祭祀、故欲爲魯祀周公。其實廢來已久、今始云「已廢」者、欲爲魯祀周公故、云「已廢」耳、方便遜辭、以求於魯也。

定四年祝佗言康叔之受分物、云「取於有閻之土、以共王職、取於相土之東都、以會王之東蒐」。「有閻之土」猶魯之許田也、「相土之東都」猶鄭之祊邑也。鄭近京師、無假朝宿、魯近泰山、不須湯沐、各受其一。衛以道路並遠、故兩皆有之。

禮記王制曰「方伯爲朝天子、皆有湯沐之邑於天子之縣内」。然則朝宿之邑、亦名湯沐。但向京師主爲朝王、從王巡守、主爲助祭、祭必沐浴、隨事立名、朝宿湯沐、亦互言之耳。

異義「左氏説、諸侯有大功德、乃有朝宿・湯沐之邑。公羊説以爲、諸侯皆有朝宿湯沐之邑」、許愼以公羊爲非、則杜意亦從許愼也。公羊傳曰「此魯朝宿之邑也、則曷爲謂之許田。諱取周田也。諱取周田、則曷爲謂之許田。繫之許也。曷爲繫之許。近許也」。杜言「近許之田」、是用公羊爲説。杜依公羊之傳、邑實近許、故以許爲名。劉君更無所馮、直云「別有許邑、邑自名許、非由近許國始名爲許」、以規杜氏、非其義也。(04-9a/9b)

注鍼子至後祖○正義曰、「先配後祖」、多有異説。賈逵以「配爲成夫婦也。禮齊而未配、三月廟見、然後配」。案昏禮、親迎之夜、衽席相連、是士禮不待三月也。禹娶塗山、四日即去、而有啓生焉、亦不三月乃配、是賈之謬也。

鄭衆以「配爲同牢食也。先食而後祭祖、無敬神之心、故曰誣其祖也」。案昏禮、婦既入門、即設同牢之饌、其間無祭祀之事。先祭乃食、禮無此文、是鄭之妄也。

鄭玄以「祖爲軷道之祭也。先爲配匹、而後祖道、言未去而行配」。案傳既言「入于鄭」、乃云「先配而後祖」、寧是未去之事也。若未去先配、則鍼子在陳譏之、何須云「送女」也。此三説皆滯、故杜引楚公子圍告廟之事、言「鄭忽先逆婦、而後告廟、故曰先配而後祖」。

此時忽父見在、計告廟以否、當是莊公之事、而譏忽者、楚公子圍亦人臣矣、而自布几筵、告於莊共之廟、不言稟君之命、知逆者雖受父命、當自告廟。且忽先爲配匹、而後告祖、見其告祖、方始譏之、知忽自告祖也。或可鄭伯爲忽娶妻、先逆而後告廟、鍼子見而譏之、「公子圍告廟」者、專權自由耳、非正也。

(04-10a/10b)

注言鄭至丙戌○正義曰、庚午之後十六日而有丙戌、二十一日而有辛卯、七月有庚午、九月有辛卯、其間不容一月、是「八月不得有丙戌」。更遙一周、則丙戌去庚午七十七日、八月亦不得有丙戌、是明「丙戌」爲日誤。長厤推、七月丁卯朔、四日庚午、至二十日是丙戌、九月丙寅朔、二十六日辛卯、其月二十一日是丙戌。八月小、丁酉朔、十日丙午、二十日丙辰、二月戊戌、十四日庚戌、二十六日壬戌、未知「丙戌」二字孰爲誤也。不直云「日誤」、而檢上下者、因傳明文、故顯言之。他皆放此。(04-10b)

注因其至嬀姓○正義曰、陳世家云「陳胡公滿者虞帝舜之後也。昔舜爲庶人時、居于嬀汭。其後因爲氏姓、姓嬀氏。武王克殷、得嬀滿封之於陳」、是「舜由嬀汭、故陳爲嬀姓」也。案世本「帝舜姚姓」、哀元年傳稱「虞思妻少康以二姚」、是自舜以下猶姓姚也。昭八年傳曰「及胡公不淫、故周賜之姓」、是胡公始姓嬀耳、史記以爲胡公之前巳姓嬀非也。(04-11a)

注報之至曰陳○正義曰、「胙」訓報也。有德之人、必有美報。「報之以土」、謂封之以國、名以爲之氏。諸侯之氏、則國名是也。周語曰「帝嘉禹德、賜姓曰姒、氏曰有夏。胙四岳國、賜姓曰姜、氏曰有呂」、亦與賜姓曰嬀、命氏曰陳、其事同也。

「姓」者生也。以此爲祖、令之相生、雖下及百世、而此姓不改。「族」者屬也。與其子孫共相連屬、其旁支別屬、則各自立氏。禮記大傳曰「繫之以姓而弗別。百世而昏姻不通者、周道然也」、是言子孫當共姓也。其上文云「庶姓別於上、而戚單於下」、是言子孫當別氏也。

「氏」猶家也。傳稱「盟于子皙氏、逐瘈狗、入於華臣氏」。如此之類、皆謂家爲

「氏」。「氏」「族」一也、所從言之異耳。釋例曰「別而稱之、謂之氏、合而言之、則曰族」。例言「別合」者、若宋之華元・華喜、皆出戴公、向・魚・鱗・蕩共出桓公、獨擧其人、則云華氏・向氏、并指其宗、則云戴族・桓族、是其「別合」之異也。

記謂之「庶姓」者、以始祖爲正姓、高祖爲庶姓、亦氏族之別名也。「姓」則受之於天子、「族」則稟之於時君。天下之廣、兆民之衆、非君所賜皆有族者、人君之賜姓賜族、爲此姓此族之始祖耳。其不賜者、各從父之姓族、非復人人賜也。晉語稱「黄帝之子二十五人、其得姓者十二人」、天子之子、尚不得姓、況餘人哉。固當從其父耳。黄帝之子、兄弟異姓、周之子孫、皆姓姫者、古今不同、質文代革、周代尚文、欲令子孫相親、故不使別姓、其賜姓者亦少、唯外姓媯滿之徒耳。賜族者有大功德、宜世享祀者、方始賜之。無大功德、任其興衰者、則不賜之。不賜之者、公之同姓、蓋亦自氏祖字。其異姓、則有舊族可稱、不世其祿、不須賜也。

衆仲以天子得封建諸侯、故云「胙土命氏」、據諸侯言耳。其王朝大夫、不封爲國君者、亦當王賜之族。何則春秋之世有尹氏・武氏之徒、明亦天子賜之、與諸侯之臣、義無異也。此「無駭」是卿、羽父爲之「請族」、蓋爲卿乃賜族、大夫以下或不賜也。

諸侯之臣、卿爲其極、既登極位、理合建家。若其父祖微賤、此人新升爲卿、以其位絶等倫、其族不復因、故身未被賜、無族可稱。魯挾・鄭宛、皆未賜族、故單稱名也。或身以才擧、暫升卿位、功德猶薄、未足立家、則雖爲卿、竟不賜族。羽父爲無駭「請族」、知其皆由時命、非例得之也。華督生立華氏、知其恐慮不得、故早求之也。由此而言、明有竟無族者。魯之翬・挾・柔・溺、名見於經、而其後無聞、是或不得族也。其士會之帑、處秦者爲劉氏、伍員之子、在齊爲王孫氏、外傳稱知果知伯之將滅、自別其族爲輔氏、如此之類、皆是身自爲之、非復君賜。釋例曰「子孫繁衍、枝布葉分、始承其本、末取其別、故其流至於百姓萬姓」、其言自有百姓萬姓、未必皆君賜也。

晉語稱「炎帝姓姜」、則伯夷炎帝之後、姜自是其本姓、而云「賜姓曰姜」者、黄帝之後、別姓非一、自以姜姓賜伯夷、更使爲一姓之祖耳、非復因舊姓也。猶后稷別姓姫、不是因黄帝姓也。(04-11a/11b)

諸侯至爲族〇正義曰、杜意「諸侯以字」、言賜先人字爲族也。「爲謚因以爲族」、謂賜族雖以先人之字、或用先人所爲之謚、因將爲族。以謚爲族者、衛齊惡・宋戴惡之類是也。而劉君乃稱「以謚爲族、全無一人」、妄規杜氏、非其義也。死後賜族、乃是正法、春秋之世、亦有非禮生賜族者、華督是也。釋例曰「舊説以爲大夫有功德者、則生賜族、非也。至於鄭祭仲爲祭封人、後升爲卿、經書祭仲、似生賜族者、檢傳既無同華氏之文、則祭者是仲之舊氏也」。

「諸侯以字」、字有二等。檀弓曰「幼名冠字、五十以伯仲、周道也」。然則二十有加冠之字、又有伯・仲・叔・季爲長幼之字、二者皆可以爲「氏」矣。服虔云「公之母弟、則以長幼爲氏貴適統、伯・仲・叔・季是也。庶公子則以配字爲氏尊公族、展氏・臧氏是也」。案鄭子人者、鄭厲公之弟、桓十四年「鄭伯使其弟語來盟」卽其人也。而其後爲子人氏、不以仲叔爲氏、則服言「公之母弟以長幼爲氏」、其事未必然也。杜以慶父・叔牙與莊公異母、自然仲叔非母弟族矣。其或以二十之字、或以長幼之字、蓋出自時君之命也。叔肸稱叔不稱孫、而三桓皆稱孫、俱氏長幼之字、自不同也。臧氏稱孫、展氏不稱孫、俱氏二十之字、自不同也。然則稱孫與不稱孫、蓋出其家之意、未必由君賜也。

「以字爲族」者、謂公之曾孫以王父之字爲族也。諸侯之子稱公子、公子之子稱公孫。公子・公孫、繫公之常言、非族也。其或貶責、則亦與族同。成十四年「叔孫僑如如齊逆女」、傳曰「稱族尊君命也」、「僑如以夫人婦姜氏至自齊」、傳曰「舍族尊夫人也」、宣元年「公子遂如齊逆女」、「遂以夫人至」、事與僑如正同、其傳直云「尊君命」「尊夫人」、不言「稱族」「舍族」。既非氏族、則不待君賜、自稱之矣。
至於公孫之子、不復得稱公曾孫。如無駭之輩、直以名行、及其死也、則賜之族、以其王父之字爲族也。此「無駭」是公之曾孫、公之曾孫、必須有族、故據曾孫爲文、言「以王父字」耳。公之曾孫、正法死後賜族、亦有未死則有族者、則叔孫得臣是也。公子公孫、於身必無賜族之理。經書季友・仲遂・叔肸者、皆是以字配名、連言之。故杜預注並云「字也」。其蕩伯姬者公子蕩之妻、不可言公子伯姬、故繫於夫字、言「蕩伯姬」、蕩非當時之氏。其傳云「立叔孫氏」、臧僖伯・臧哀伯・叔孫戴伯之徒、皆傳家據後追言之耳。其公孟彄、世本以爲「靈公之子、字公孟、名彄」、與季友仲遂相似、倶以字配名。劉炫不達此旨、妄規杜過非也。必如劉解生賜族之文、證在何處。
其公之曾孫・玄孫以外、爰及異姓有新升爲卿、君賜之族、蓋以此卿之字、卽爲此族。案世本、宋督是戴公之孫、好父説之子、華父是督之字、計督是公孫耳、未合賜族、應死後其子乃賜族、故杜云「督未死而賜族、督之妄也」。沈亦云「督之子方可有族耳」。(04-12b/13a/13b)

注謂取至時君〇正義曰、「舊官」謂若晉之士氏、「舊邑」若韓・魏・趙氏、非是君賜、則不得爲族。嫌其居官邑不待公命、故云「皆稟之時君」。此謂同姓異姓皆然也。服虔止謂異姓、又引宋司城・韓・魏爲證。韓與司城非異姓、司城又自爲樂氏、不以司城爲族也。(04-13b)

大雨震電〇正義曰、説文云「震劈歷震物者」。「電陰陽激曜也」、河圖云「陰陽相薄爲雷。陰激陽爲電」。然則「震」是雷之劈歷、「電」是雷光。僖十五年「震夷伯之廟」、是劈歷破之、雷之甚者爲震。故何休云「震雷也」。(04-13b)

大雨雪〇正義曰、説文云「雨水從雲下也」。然則「雨」者天上下水之名。既見雨從天下、自上下者、因卽以「雨」言之。「雨螽」亦稱爲「雨」、故下雪稱「雨雪」也。「平原出水爲大水」、直書「大水」、「平地尺爲大雪」、不直書「大雪」、而云「大雨雪」者、水則從天入地、出地乃爲多、見其在地之多、言其出水之大、故不言「大雨水」。「雪」則自天而下、下卽委之於地、見其自上而下、言其下雪之多、故言「大雨雪」。水則俯視、雪則仰觀、故立文有異。其「大雨雹」、亦與雪同。(04-13b/14a)

注此解至經誤〇正義曰、傳發「凡」以解經、若經無「霖」字、則傳無由發、故知「經誤」。然則經當如傳言「大雨霖以震」、不當云「大雨震電」、是經脱「霖以」二字、而妄加「電」也。(04-14a)

先者至以逞〇正義曰、「嘗寇速去」、知戎必逐之。逐其去者、必有所獲。「獲」謂獲鄭人也。在先者見逐有所獲、不復顧後、必務在速進。「進」謂棄其後者、獨自先進。進而遇覆、必速迴奔走、後者不救、則是無繼續矣。無繼則易敗。如是乃可以解患。服虔云「『先者見獲』、言必不往相救、各自務進、言其貪利也」。其言「見獲」者、當謂戎被鄭獲也。鄭人速去以誘之、安得獲戎也。在先者已被鄭獲、重進者將復爲虜、各自務進、欲何所貪、而云「貪利」也。此則不言可解、無故以解亂之。(04-15a)

注爲三至死也〇正義曰、「前後及中三處受敵」者、「前」謂第一伏逆其前也。「後」謂祝聃與後伏逐其後也。「中」謂第二伏擊其中也。「衷戎師」者、謂戎師在三伏之中。「殪死也」、釋詁文。(04-15a)

十一月至戎師〇正義曰、此卽上傳所説擊戎之事。史官得其戰狀、乃裁約爲之辭。經之所陳、皆是此類。既不書經、故準經爲文以摠之。(04-15b)

注公子至七年〇正義曰、傳稱「羽父先會齊侯・鄭伯」、是「不待公命」也。「貪會二國之君」、自求其名、時史疾其專進、故貶去公子。公子義與氏同、故以「氏」言之。中丘之會、計君自親行、今齊・鄭稱「人」、是「使微者從之」也。於例「師出、與謀曰及」、傳稱「盟于鄧爲師期」、公既與謀、計當書「及」、今乃言「會」、明其以翬專行、非鄧之謀。釋例曰「王命伐宋、羽父不匡君、以速進而先會二國、自以爲名、故貶去其族。齊爲侯伯、鄭伯又爲王卿士、二君奉王命以討宋、惡羽父之專進、故使與微者同伐。動而無功、故無成敗也」。案四年「翬固請而行」、故貶去其氏、此直言「羽父先會齊侯鄭伯」、無「固請」之文、亦貶之者、又「公子豫會邾人・鄭人」、以不待公命、而經不書、此翬亦不待公命、而經書者、翬於四年傳稱「固請」、明此先會亦固請也。傳於四年其文已詳、故於此而略耳。豫會邾人鄭人、本非公卿、故不書、此則「公會齊・鄭于中丘」、已爲師期、翬又請公先會、先會則是君命、故以書之。(04-15b/16a)

注齊鄭至宋地〇正義曰、案傳「公會齊侯・鄭伯于老桃」、然後「公敗宋師」、則知老桃之會、謀與宋戰。彼與公謀戰、而公獨敗宋師、知「齊・鄭後期」也。(04-16a)

注三國至戴城〇正義曰、案傳例「克邑不用師徒曰取」。然則「取」者據克邑之易。今此克得軍師、亦稱「取」者、但「取」者雖據克邑之文、其克得師衆而易者亦曰「取」。是以莊十一年注云「威力兼備、若羅網所掩覆、一軍皆見禽制」。若非前敵之易、何能覆而取之。故釋例曰「如取如攜」。然則凡言「取」者、皆易辭。劉君以「取」之非易、而規杜氏非也。沈氏亦云「今日圍、明日取、故知易也」。公羊傳曰「其言伐取之何、易也」、是杜所用之義。

地理志云「梁國甾縣故載國」、應劭曰「章帝改曰考城」。古者「甾」「載」聲相近、故鄭玄詩箋讀「俶載」爲「熾菑」、是其音大同、故漢於載國立甾縣、於晉屬陳留。(04-16b)

注尋九至魯地〇正義曰、九年傳稱「會于防謀伐宋」、未及伐宋、而更爲此會、爲師伐宋之期、知是尋防會也。釋例曰「盟于鄧、盟于犖、盟于戚、公既在會而不書盟者、以理推之、會在盟前、知非後盟也。蓋公還告會、而不告盟」。(04-16b/17a)

注會不至日誤〇正義曰、「六月無戊申」者、下有「辛巳、取防」、亦在六月之内、戊申在辛巳之前三十三日、不得共在一月、上有「五月」、今別言「六月」、知「日誤」、月不誤。長歴推、六月丙辰朔、三日戊午、五日庚申、未知二者孰是。(04-17a)

注勞者至王爵〇正義曰、聘禮「賓至于近郊、君使卿朝服、用束帛勞」、覲禮「至于郊、王使人皮弁用璧勞」、周禮司儀曰「諸公相爲賓、主君郊勞」、皆不言以饔餼勞。案禮饔餼乃是既相見、致大禮、不應於郊以設之。杜意蓋以孰食曰「饔」、生牲曰「餼」、以勞客於郊、必有牲饌、故以「饔餼」言之、非謂大禮之饔餼也。勞禮、大行人云「上公三勞」、近郊勞一也、遠郊勞二也、竟首勞三也。「侯伯再勞」、去竟首。「子男一勞」、去遠郊。凡近郊勞、皆君自行、遠郊使卿、竟首使大夫。掌客又云「上公五積、皆眂飧牽。侯伯四積、子男三積」、是賓入竟之後、有致積之禮。積雖是牽、亦或有孰、或在郊致積、故謂之「郊勞」。沈依聘禮注「其郊之遠近、上公遠郊五十里、侯伯三十里、子男十里、近郊各半之」。(04-17b)

注三國至通稱〇正義曰、三國之軍、在戴城下、故鄭伯合圍之。不言圍戴者、本意圍三師、不圍戴也。不言圍三師者、今日圍、明日取、圍之不久經、以取告、不以圍告。三國經皆稱人、於例爲「將卑師少」、而傳言「三師」、故辯之。「師」者軍旅之通稱。(04-18a)

注報入至四日〇正義曰、「九月無戊寅」者、經有「十月壬午」、長厤推「壬午」十月二十九日、「戊寅」在壬午之前四日耳、故九月不得有戊寅。上有「八月」、下有「冬」、則誤在日也。(04-18a)

十有一年至來朝〇正義曰、「十」下言「有」者、干寶云「十盈則更始。以奇從盈數、故言有也。經備文、傳從略、故傳不言有」。桓七年、穀伯・鄧侯別言「來朝」、此兼言「來朝」者、彼別行禮、此同行禮、由同時行禮、當長者在先、故爭之。(04-18b)

注與謀至昌縣〇正義曰、「與謀曰及」、宣七年傳例也。傳稱「會于郲謀伐許」、是公與謀也。

譜云「許姜姓、與齊同祖、堯四嶽伯夷之後也。周武王封其苗裔文叔于許。今潁川許昌是也。靈公徙葉、悼公遷夷、一名城父、又居析、一名白羽。許男斯處容城。自文叔至莊公十一世、始見春秋。元公子結元年、獲麟之歲也。當戰國初、楚滅之」。地理志云「潁川郡許縣故許國、文叔所封、二十四世爲楚所滅也」。漢世名許縣耳、魏武作相改曰許昌。(04-18b)

注實弑至諱也〇正義曰、他君見弑、則書「弑」、魯君見弑、則書「薨」。「公薨」例皆地、此公又不地、故解之、言魯史策書所諱也。不忍言君之見弑、又不忍言其僵尸之處、諱而不書、故夫子因之、傳不言「書曰」、知是舊史諱之也。董狐書趙盾弑君、仲尼謂之良史、不書君弑、則是史之不良、夫子不改其文、而因之者、爲人臣者、或心實愛君、爲諱愆過、或志在疾惡、故章賊名、雖事跡不同、而俱是爲國、聖賢兩通其事、欲見仁非一涂。僖元年傳曰「諱國惡禮也」、以仲尼之善董狐、知爲史必須直也、以丘明之禮諱惡、知爲史又當諱也。釋例曰「臣之事君、猶子事父。微諫見志、造膝詭辭、執其是而諫其非、不必其得。蓋匡救將然、而將順其已然、故有隱諱之義焉。至於激節之士、則不然。南史執簡而累進、董狐書法而不隱、鬻拳劫君而自刖、晏嬰端委而引直、聖賢亦錄而善之、所以廣義訓博大道。殷有三仁、此之謂也」、是言聖賢兩通之意也。鄭伯髡頑・楚子麇・齊侯陽生之徒、俱實見弑、而以卒赴魯、是他國之臣、亦有諱國惡者、非獨魯史也。(04-18b/19a)

注薛魯國薛縣〇正義曰、譜云「薛任姓。黃帝之苗裔、奚仲封爲薛侯。今魯國薛縣是也。奚仲遷于邳、仲虺居薛、以爲湯左相。武王復以其胄爲薛侯。齊桓霸諸侯、黜爲伯。獻公始與魯同盟。小國無記、世不可知、亦不知爲誰所滅」。地理志云「魯國薛縣、夏車正奚仲所國。後遷于邳、湯相仲虺居之」。(04-19a/19b)

注薛祖至之前〇正義曰、定元年傳曰「薛之皇祖奚仲居薛、以爲夏車正」、是「夏所封」也。(04-19b)

注卜正卜官之長〇正義曰、周禮春官太卜、下大夫二人、其下有卜師・卜人・龜人・筮人、大卜爲之長。「正」訓長也。故謂之「卜正」。(04-19b)

注庶姓至同姓〇正義曰、周禮司儀職云「詔王儀、南鄉見諸侯、土揖庶姓、時揖異姓、天揖同姓」、鄭玄云「庶姓無親者也。異姓昏姻者也」、是「庶姓非同姓」也。(04-19b)

周之至爲後〇正義曰、賈逵以「宗」爲「尊」、服虔以「宗盟」爲同宗之盟、孫毓以爲「宗伯屬官、掌作盟詛之載辭、故曰宗盟」、杜無明解。盟之尊卑、自有定法、不得言尊盟也。周禮司盟之官、乃是司寇之屬、非宗伯也。唯服之言得其旨也。而孫毓難服云「同宗之盟、則無與異姓、何論先後。若通共同盟、則何稱於宗」、斯不然矣。天子之盟諸侯、令其奬王室、未聞離逖異姓、獨與同宗者也。但周人貴親、先敍同姓、以其篤於宗族、是故謂之「宗盟」。魯人之爲此言、見其重宗之義。執其「宗盟」之文、卽云「無與異姓」、然則「公與族燕、則異姓爲賓」、復言族燕、不得有異姓也。孟軻所云「説詩者不以辭害意」、此之謂也。

「異姓爲後」者、謂王官之伯、降臨諸侯、以王命而盟者耳。其春秋之世、狎主齊盟者、則不復先姫姓也。踐土之盟、其載書云「王若曰、晉重魯申」、是用王命而盟也。召陵之會、劉子在焉、故祝佗引踐土爲比、爲有王官故也。宋之盟、楚屈建先於趙武、明是大國在前、不先姫姓。若姫姓常先、則楚不得競也。且言「周之宗盟」、是唯周乃然。故釋例曰「斥周而言、指謂王官之宰臨盟者也。其餘雜盟、未必皆然」、是言餘盟不先姫姓。盟則同姓在先、朝則各從其爵。故鄭康成注禮記云「朝覲爵同同位」。

若然案覲禮曰「諸侯前朝、皆受舍于朝。同姓西面北上、異姓東面北上」、鄭玄云「言諸侯明來朝者衆矣。顧其入覲、不得並耳。分別同姓異姓、受之將有先後也」。若如此言、則似朝覲不以爵者、但朝覲實以「爵同同位」、就爵同之中、先同姓後異姓。若盟則爵雖不同、先同姓也。禮記「周公朝諸侯于明堂之位、三公中階之前、北面東上。諸侯之位、阼階之東、西面北上。諸伯之國、西階之西、東面北上。諸子之國、門東、北面東上。諸男之國、門西、北面東上」、觀禮「於方明之壇」。鄭言諸侯見王之位、亦引明堂位爲説。是則諸侯揔見、皆以爵爲班、雖不分別同姓異姓、其受禮之時、爵同者猶先同姓也。其王官之伯、臨諸侯之盟、雖羣后咸在、常先同姓、故此言「宗盟」耳。取重宗之事以喩已也。取譬之事、聊舉一邊。「寡人若朝于薛、不敢與諸任齒」。朝於彼國、自可下主國之宗。諸侯聚盟、不肯先盟主之宗也。(04-19b/20a/20b)

注薛任姓齒列也〇正義曰、世本氏姓篇云「任姓、謝・章・薛・舒・呂・祝・終・泉・畢・過」、言此十國皆任姓也。禮記文王世子曰「古者謂年齡、齒亦齡也」。然則「齒」是年之別名。人以年齒相次。列以爵位相次、列亦名爲齒、故云「齒列也」。(04-20b)

挾輈以走〇正義曰、廟内授車、未有馬駕、故手挾以走輈轅也。方言云「楚衛謂轅爲輈」。服虔云「考叔挾車轅、箠馬而走」。古者兵車一轅、服馬夾之。若馬已在轅、不可復挾。且「箠馬而走」、非捷歩所及。子都豈復乘車逐之。(04-21a)

注逵道方九軌也〇正義曰、冬官考工記匠人「營國經涂九軌」。「軌」車轍、謂王城之内道廣並九車也。爾雅釋宮云「一達謂之道路。二達謂之歧旁。三達謂之劇旁。四達謂之衢。五達謂之康。六達謂之莊。七達謂之劇驂。八達謂之崇期。九達謂之逵」、説爾雅者皆以爲「四道交出復有旁通」。故劉炫規過以「逵」爲九道交出也。今以爲「道方九軌」者、蓋以九出之道、世俗所希、不應城内得有此道、以記有九軌、故以「逵」當之。言並容九軌、皆得前達、亦是九達之義。故李巡注爾雅亦取並軌之義。又涂方九軌、天子之制、諸侯之國、不得皆有。唯鄭城之内、獨有其涂、故傳於鄭國每言「逵」也。故桓十四年「焚渠門入及大逵」、莊二十八年「衆車入自純門及逵市」、宣十二年「入自皇門、至于逵路」。劉君以爲「國國皆有逵道」、以規杜氏、其義非也。(04-21a/21b)

注蝥弧旗名○正義曰、周禮「諸侯建旂、孤卿建旜」。而左傳鄭有蝥弧、齊有靈姑銔、皆諸侯之旗也。趙簡子有蜂旗、卿之旗也。其名當時爲之、其義不可知也。(04-21b)

注弟共至元年○正義曰、莊公之弟、逃於四方、故知唯是共叔段也。説文云「餬寄食也」、以此傳言「餬口四方」、故以「寄食」言之。昭七年傳云「饘於是、鬻於是、以餬余口」、釋言云「餬饘也」、則「餬」是饘・鬻別名。今人以薄鬻塗物、謂之餬紙・餬帛、則「餬」者以鬻食口之名、故云「餬其口」也。(04-22a/22b)

注謁告至曰媾○正義曰、「謁告也」、釋詁文、「婦之父曰昏」、釋親文也。「媾」與「昏」同文、故先儒皆以爲「重昏曰媾」。(04-22b)

注絜齊至之祀○正義曰、釋詁云「禋祭也」、孫炎曰「禋絜敬之祭」、周語曰「精意以享禋也」、是「絜齊以享謂之禋」。「享」訓獻也。言絜清齊敬、以酒食獻神也。禮「諸侯祭山川之在其地者」。若其受許之土、則當祭許山川、故知「祀謂許山川之祀」。(04-23a)

注圉邊垂也○正義曰、釋詁云「圉垂也」、舍人曰「圉邊垂也」。(04-23a)

注此今至京兆○正義曰、地理志云「河南郡新鄭縣、詩鄭國、鄭桓公之子武公所國」、是知「新邑於此」、謂「河南新鄭」也。且志又云「京兆鄭縣、周宣王弟鄭桓公邑」、是知「舊鄭在京兆」也。志又云「本周宣王弟友爲周司徒、食采於宗周畿內、是爲鄭桓公。桓公問於史伯曰、王室多故、何所可以逃死。史伯爲桓公謀、取虢鄶之地、令寄帑與賄、而虢鄶受之。後三年幽王敗、桓公死。其子武公、與平王東遷、卒定虢鄶之地」。然則傳云「先君新邑於此」、謂武公始居此也。史記鄭世家稱「虢鄶自分十邑、獻於桓公。桓公竟國之」。案鄭語、桓公始謀、未取之也。武公始國、非桓公也。全滅虢鄶、非獻邑也。馬遷之言皆謬耳。昭十六年傳「子産謂韓宣子曰、我先君桓公、與商人皆出自周、以艾殺此地、而共處之」者、謂寄帑與賄之時、商人卽與俱行耳。非桓公身至新鄭。(04-23a/23b)

注大岳至繼也○正義曰、周語稱「共工伯鮌二者、皆黄・炎之後」、言鮌爲黄帝之後、共工爲炎帝之後。炎帝則神農之別號。周語又稱「堯命禹治水、共之從孫四岳佐之。胙四岳國、命爲侯伯、賜姓曰姜、氏曰有呂」、賈逵云「共共工也。從孫同姓末嗣之孫。四岳官名大岳也。主四岳之祭焉。姜炎帝之姓。其後變易、至於四岳、帝復賜之祖姓、以紹炎帝之後」。以此知「大岳」是「神農之後、堯四岳」也。以其主岳之祀、尊之故稱「大岳」。許國是其後也。

「胤繼也」釋詁文、舍人云「胤繼世也」。(04-23b)

禮經至嗣者也○正義曰、「經」謂紀理之。若詩之「經營」「經始」也。國家非禮不治、社稷得禮乃安。故禮所以經理國家、安定社稷。以禮教民、則親戚和睦、以禮守位、則澤及子孫。故禮所以次序民人、利益後嗣。「經國家」猶詩序之言「經夫婦」也。(04-24a)

注百人至詛之○正義曰、周禮夏官序、制軍之法、百人爲卒、二十五人爲兩、此言「二十五人爲行」者、以傳先「卒」後「行」、「豭」大於「犬」、知「行」之人數少於「卒」也。軍法、百人之下、唯有二十五人爲兩耳、又大司馬之屬官、行司馬是中士、軍之屬官、兩司馬亦中士、知周禮之兩、卽此行是也。周禮之行、謂軍之行列、知「此行亦卒之行列」也。「詛」者盟之細。殺牲告神、令加之殃咎。「疾射潁考叔者、令卒及行閒祝詛之」、欲使神殺之也。一卒之內、已用一豭、又更令一行之間、或用雞、或用犬、重祝詛之。「犬雞」者、或雞或犬、非雞犬並用。何則盟詛例用一牲不用二也。「豭」謂豕之牡者。爾雅釋獸「豕牝曰豝」、豝者是牝、知「豭」者是牡。祭祀例不用牝、且宋人謂宋朝爲艾豭、明以雄猪喩也。(04-24a/24b)

注蘇忿至公也○正義曰、成十一年傳曰「昔周克商、使諸侯撫封、蘇忿生以溫爲司寇」、尚書立政稱「周公告大史曰、司寇蘇公」、是其事也。(04-24b/25a)

注息國至息縣○正義曰、世本「息國姫姓」。此「息侯伐鄭」、責其「不親親」、知與鄭國同姫姓也。莊十四年傳楚文王滅息、其初則不知誰之子、何時封也。地理志「汝南郡有新息縣、故息國也」、應劭云「其後東徙、故加新云」。若其後東徙、當云「故息」、何以反加「新」字乎。蓋本自他處而徙此也。(04-25a/25b)

凡諸至于策○正義曰、此傳雖因宋不告敗、而發此例、其言「諸侯有命」、非獨爲被伐之命。故注云「命者國之大事政令也」、謂諸是大事、崩卒・會盟・戰伐・克取、君臣乖離、水火災害。

經書他國之事、皆是來告則書、不告則否。「來告則書」者、或彼以實告、改其告辭而書之、或彼以虛告、因其虛言而記之。立文褒貶、章示善惡、雖復依告者多、不必盡皆依告。衛獻公之出奔也、傳稱「孫林父・甯殖出其君」、名在諸侯之策」、及其書經、則云「衛侯出奔齊」。如此之類、是改告辭也。晉人之敗秦也、傳稱「潛師夜起、以敗秦于令狐」、秦實未陳、不與晉戰。晉人諱背前言、妄以「戰」告、及其書經乃言「晉人及秦人戰于令狐」。如此之類、是因虛言也。雖復或因其虛、或改其實、終是歸於勸戒、得告乃書也。

「不然則否」者、雖復傳聞行言、實知其事、但非故遣來告、知亦不書、所以愼謬誤、辟不審。若楚滅六・蓼、臧文仲歎而爲言、魯非不知、但無命來告、故不書也。

「師出臧否亦如之」者、傳因被兵發例、嫌出師伐人、不必須告、故重明之。「雖及滅國」者、既據侵・伐發例、又嫌滅國事、重不待告命、故更明之。言「不書于策」者、明告命大事、皆書於國史正策、以見仲尼脩定、悉因正策之文。

(04-26a/26b)

○注臧否至乃書○正義曰、不言「勝敗」而言「臧否」者、明其「臧否」之言、非徒勝敗之謂、故知是「善惡得失」。揔謂理有曲直、兵有彊弱也。

「狄伐邢」之類、非狄能告也。「楚滅庸」之徒、非庸能告也。故知敗克「互言」、「不須兩告乃書」也。且哀元年傳曰「吳入越、不書吳不告慶、越不告敗也」。吳越並言、知其不待兩告。(04-26b)

注大宰官名○正義曰、周禮天子六卿、天官爲大宰。諸侯則并六爲三、而兼職焉。昭四年傳稱「季孫爲司徒、叔孫爲司馬、孟孫爲司空」、則魯之三卿無大宰也。「羽父」名見於經、已是卿矣、而復「求大宰」、蓋欲令魯特置此官、以榮己耳。以後更無大宰、知魯竟不立之。(04-26b)

討寪氏有死者○正義曰、劉炫云「羽父遣賊弑公、公非寪氏所弑、公在寪氏而死、遂誣寪氏弑君。欲以正法誅之、君非寪氏所弑。故討寪氏之家、僅有死者而已。言不揔誅之」。(04-27a)

○注欲以至無據○正義曰、劉炫云「『欲以弑君之罪加寪氏』、則君非寪氏所弑、『而復不能以正法誅之』。『正法』謂滅其族、汙其宮也。傳言此者『進退無據』。進誅寪氏、則實非寪氏弑君、退舍寪氏、則無弑君之人、是其『進退無據』也」。

(04-27a)

春秋左傳正義校勘記　巻四

附釋音春秋左傳注疏巻第四　隱六年盡十一年（04-01a-1）

宋本「春秋正義巻第四」◎正本は「春秋正義巻第四　隱公／國子祭酒上護軍曲阜縣開國子臣孔穎達等奉／勅撰」に表記する。

經六年

鄭人來渝平（04-01a-3）惠棟云、「渝」讀爲「輸」。二傳作「輸」。廣雅云「輸更也」。釋詛楚文「變輸盟刺」、謂變更盟刺耳。「渝」更也。「平」成也。故經書「渝平」、傳云「更成」。杜氏訓「渝」爲「變」、必俗儒傳寫之訛。案「渝」「輸」古通用。爾雅云「渝變也」。杜氏用雅訓、變亦更之意也。◎阮刻本は「平」字を「年」字に誤刻する。道光本は訂正。

也皆放之（04-01a-7）宋本・淳熙本・岳本・纂圖本・足利本「也」作「他」。淳熙本・纂圖本「放」作「倣」。◎宋本に従い「他」字に改める。

・劉炫以大都名通（04-01b-6）◎阮刻本は「大都通名」に誤刻する。

傳六年

・注翼晉至大夫（04-02a-4）宋本以下正義二節揔入「納諸鄂」節注下。

・公孫嬰齊卒于貍服（04-02a-10）宋本「服」作「脤」是。◎正本が「服」に作るのは誤り。宋本が正しい。

・蘇忿生十二邑注陘云闕者（04-02b-1）此本「二」字脱。依宋本・毛本補。閩本・監本・考文作「一」非也。◎正本も宋本・毛本と同様「二」字に作る。

・五月庚申（04-02b-4）宋本此節正義在注「崇聚也」之下。

商書曰惡之易也如火之燎于原不可鄉邇（04-02b-10）此與莊十四年所引同。「如」尚書作「若」、「鄉」作「嚮」。釋文云「鄉」本又作「嚮」、同也。按「鄉」正字、「嚮」「向」皆俗字。今尚書作「嚮」、乃衛包所改。

經七年

例在襄元年（04-04a-9）宋本・足利本「九」作「元」、正義同。◎阮刻本は「九」字、標起止も「注諸聘至九年」に作るが、いずれも誤り。足利十行本以来の誤刻。

在濟陰城武縣西南（04-04b-7）宋本・岳本「城」作「成」、與水經注所引合。漢書地理志・續漢郡國志亦並作「成武」。此本作「城」非也。◎今「成」字に改める。

傳七年

告終嗣也（04-05a-5）石經・宋本・岳本・足利本「終」下有「稱」字是也◎今「稱」字を補う。

當奉而不亡（04-05a-5）阮刻本の「亡」字は「忘」字の誤刻。道光本は訂正。

・下言凡例（04-05b-5）毛本「下」作「不」字。按作「不」是也。「言凡例」「不言凡例」猶「合凡例」「不合凡例」。○今訂正。◎正本も「下」字に作る。阮校は「不」字に作る毛本を是とするが、これは毛本の誤刻であることに気づかない曲解であって、「下」字が正しい。

・注朝而至卿寺（04–06a–2）宋本此節正義在注「傳言凡伯所以見伐」之下。

・公卿牧守府（04–06a–4）按當作「公卿牧守曰府」。各本少「曰」字。◎正本を始め諸本にも「曰」字は無い。阮校に従う必要はなかろう。

・令官所止皆曰寺（04–06a–5）毛本「令」作「今」。「令」字是也。謂漢時稱謂如此。◎正本・宋本も「令」字に作る。阮校は「今」字に作るべきだとするが、「令」字が正しい。

歃如忘（04–06a–8）説文引作「歃而忘」。惠棟云、服虔曰「如」而也。臨歃而忘其盟載之辭。古「如」「而」字多通用。

忘不在於歃血（04–06a–8）諸本「忘」作「志」是也。纂圖本・閩本・監本・毛本「血」下衍「也」字。◎今「志」字に訂正する。

・歃如忘（04–06a–9）宋本此節正義在「乃成昏」注下。

・雖歃而忘其盟載之辭（04–06a–10）◎阮刻本の「雖」字は「臨」字の誤刻。重刊本では訂正している。

以忽爲王寵故（04–06b–5）宋本・淳熙本・岳本・足利本「爲」作「有」。毛本「故」作「妻」。◎今「有」字に訂正する。

經八年

・注宛鄭至東南（04–06b–8）宋本此節正義在「庚寅」節注下。

蔡侯考父卒（04–07a–3）◎阮刻本は「蔡侯」を「蔡叔」に誤刻する。

・若父與彼盟（04–07a–8）盧文弨校本「父」下增「不」字。◎「不」字に作る版本は無いが、文脈からして有った方がよい。盧説に従って「不」字を補う。ちなみに汪文臺《十三經注疏校勘記識誤》は、「案盧校非。此父謂先君、下文此子謂死君也」と述べて盧説を退ける。

・之宿亦大夫盟也（04–07b–3）◎阮刻本の「之」字は「知」字の誤刻。重刊本は訂正している。

・故尚書武成告名山川云（04–07b–7）宋本・監本・毛本「山」下有「大」字、是也。◎正本にも「大」字が有る。これが正しい。

傳八年

・若一地二名當時並存（04–08b–7）案釋例作「若二名當時並存」。宋本・閩本・監本・毛本「存」作「有」。◎正本は「若一地二名當時並存」に作る。実は宋本も「存」字に作る。阮校の失校。

・許愼以公羊爲非則杜意亦從許愼也（04–09b–5）案此本「公羊爲非」十二字重衍。◎今十二字を削除する。足利十行本以来の誤刻。

・注因其至嬀姓（04–11a–6）宋本以下正義三節捴入「公命以字爲展氏」注下。

・或身以才舉者升卿位（04–12a–5）宋本「者」作「暫」。◎正本・要義本も宋本と同様「暫」字に作る。これが正しい。

・知其皆由時命非例得之也（04–12a–5）浦鏜正誤「時」疑「特」。

諸侯以字爲謚因以爲族（04–12a–10）案鄭康成讀「諸侯以字爲謚」句、見哀十六年正義。杜讀「諸侯以字」爲句非。仁和孫志祖云、禮記檀弓「魯哀公誄孔子」、鄭注云「誄其行以爲謚也。尼父因其字以爲之謚」、明用左傳此語。又儀禮少牢饋食禮注云「大夫或因字爲謚。傳云、魯無駭卒、請謚與族。公命之以字爲展氏」是也。史記五帝本紀集解引駁五經異義作「諸侯以字爲氏」。「氏」乃「謚」字傳寫之訛。

或使卽先人之謚稱以爲族（04–12b–1）宋本・淳熙本・岳本・足利本「使」作「便」是也。◎今「便」字に従う。

・經書祭仲以生賜族者（04–12b–5）宋本「以」作「似」。◎正本・要義本も宋本と同様「似」字に作る。これが正しい。

・周道然也（04–12b–6）◎阮刻本の「周道然也」は「周道也然」の誤刻。

・注謂取至時君（04–13b–2）宋本此節正義在「諸侯至爲族」〔附校勘記は「初」

字に誤刻。但し重刊本は訂正」」節之下。

経九年

天子使南季來聘（04-13b-6）石經・宋本・岳本・足利本「子」作「王」是也。◎阮校に従って「王」字に訂正する。

防魯地在琅邪縣東南（04-14a-4）宋本・淳熙本・岳本・足利本「邪」下有「華」字、與釋文合。◎今「華」字を補う。

傳九年

・注此解至經誤（04-14a-8）宋本此節正義在「平地尺爲大雪」之下。

故復往告之（04-14b-4）宋本・淳熙本・岳本・足利本「往」作「更」是也。◎阮校に従って「更」字に訂正する。

・先者至以逞（04-15a-1）宋本以下正義三節揔入「十一月」節注下。

・必無在速進（04-15a-2）案ずるに前文「必有所獲、獲謂……」から推して、本来「必無在速進、進謂……」と作っていたはずのところ、「進」字を脱したのであろう。私見を以て「進」字を補う。あるいは「速」字が「進」字の誤りであるかもしれない。

經十年

濟陰城武縣東南有郜城（04-16a-8）岳本作「成武」是也。◎岳本に従う。本校勘記〔04-04b-7〕参照。

伐戴（04-16a-9）諸本作「戴」。陳樹華云、昭廿三年正義引亦作「戴」。石經初刻作「戴」、後改「載」。傳文同。案作「載」與釋文合。公羊・穀梁同。此本正義並作「載」是也。説詳釋文校勘記。◎正本・足利十行本の疏文は「載」字に作る。したがって阮校の指摘するように、十行本系統の疏文は「載」字であるが、宋本は「戴」字に作る。今、疏文に合わせて「載」字に改める。

・故鄭元詩箋讀俶載爲熾菑（04-16b-5）宋本・監本・毛本「載」作「戴」。「菑」監・毛作「甾」非。◎正本は「載」字に作る。これが正義本であろう。

傳十年

・亦饔飱言之（04-17b-5）◎正本・宋本・足利十行本は「亦」字を「以」字に作る。これが正しい。

承虛入鄭（04-17b-10）岳本・足利本「承」作「乘」。◎今「乘」字に訂正する。

・注三國至通稱（04-18a-2）宋本此節正義在「蔡人怒」節注下。

・經以取告不以圍告（04-18a-3）閩本・監本・毛本「經」作「徑」。◎「經以取告」では文意が通らないので、閩本以下は「徑（ただ）」字に改めたのであろう。今、「經」字を上に属し、「圍之不久經」と句読する。あるいは「經」は衍字かもしれない。

經十一年

陽縣東有釐城（04-18b-3）宋本・淳熙本・岳本・足利本「滎」作「熒」。○補案「熒陽」作「熒」是也。此本多誤从水。今並訂正。校不悉出。◎阮校に従って「熒」字に改める。

・造膝跪辭（04-19a-4）宋本「跪」作「詭」是也。◎正本・足利十行本も宋本と同様「詭」字に作る。これが正しい。

・執其是而諫其非（04-19a-4）◎阮刻本は「是」字を「事」字に誤刻する。

傳十一年

・注薛魯國薛縣（04-19a-9）宋本以下正義六節揔入「乃長滕侯」句下。

・薛之皇祖奚仲（04-19b-2）阮刻本は「仲」字を「中」字に誤刻する。

・注庶姓至同姓（04-19b-2）宋本無「同」字、作「至姓也」。案各本注文皆無「也」字。◎正本も宋本と同様「注庶姓至姓也」に作る。

・異姓婚姻者也（04-19b-6）宋本「婚」作「昏」。○各本「異」下有「姓」字、此本脱。◎正本・足利十行本も宋本と同様「昏」字に作る。また「姓」字を脱しない。

・公與侯燕（04-20a-4）◎阮刻本の「侯」字は「族」字の誤刻。

・北面西上（04-20b-2）◎阮刻本の「西」字は「東」字の誤刻。

・世本姓氏姓篇云（04-20b-7）◎阮刻本の「姓氏姓」の上の「姓」字は衍字。

・故云齒也（04-20b-8）◎諸本は「故云齒列也」に作る。したがって阮刻本は「列」字を脱する。

・詩鄭桓公之子武公所國（04-23a-8）宋本「詩」下有「鄭國」二字、與漢書合。◎正本にも「鄭國」二字が有る。これが正しい。

・豕牡曰豝（04-24b-4）◎阮刻本の「牡」字は「牝」字の誤刻。

在沁水縣西（04-25a-1）陳樹華云、郡國志作「沁水西北有原城」。水經注作「沁水縣西北有原城」。史記晉世家正義作「河内沁水縣西北有原城」。並與今左傳注不合。案春秋釋地亦作「河内沁水縣西北有原城」。然據閻若璩・胡朏明並云「説地理之書多有舉西以該北、舉東以該南者」。

隰郕（04-25a-3）惠棟云、司馬彪曰「懷有隰城」。劉昭引傳亦作「城」。陳樹華云、僖二十五年傳作「隰城」。按「郕」省爲「成」、「成」誤爲「城」。古書内往往如此。

此皆互告不須兩告乃書（04-26a-1）宋本・淳熙本・岳本上「告」作「言」是也。
◎いま「言」字に訂正する。

・謂諸國大事（04-26a-3）◎阮刻本の「國」字は「是」字の誤刻。

・注大宰官名（04-26b-4）宋本以下正義三節摠入「不書葬」節注下。

館于寪氏（04-27a-4）史記魯世家作「蔿氏」。錢大昕云「蔿」「薳」古通用。孟僖子有薳氏之簉、其即寪氏之族乎。

而復不能以正法誅之（04-27a-6）阮刻本は「以」字を脱する。

・正義曰劉炫云羽父遣賊弑公（04-27a-7）宋本無「正義曰」三字。「弑公」監本毛本作「殺」非。◎正本も宋本と同様「正義曰」の三字が無い。一見すると、これは缺字のようであるが、この箇所に関していえば、三字の無いのが実は本来の「正義」の姿である。このことについては清儒劉文淇の『左傳舊疏考正』巻二を参照されたい。

附釋音春秋左傳注疏巻第四（04-27b-2）◎正本は「春秋正義巻第四／計一万二千五百三十四字」に作る。

春秋左傳正義譯注　巻五

附釋音春秋左傳注疏卷第五　桓元年盡二年

杜氏注　孔穎達疏

桓公　[05-01a]

【疏】正義に曰う。〈魯世家〉①によれば、桓公の名は允、恵公の子、隠公の弟で、母は仲子。（周の）桓王九年に即位し、荘王三年に薨じている。《世本》②では、桓公の名は「軌」であり、〈世族譜〉③も同様に「軌」と見なしている。〈謚法〉④では「土を辟《ひら》き遠きを服するを桓と曰ふ」が、謚法は一種類ではなく、（ここでは）その一例を挙げたに過ぎないし、（桓公が）本来どのような行いによってこの謚が付けられたのかは分からない。以後の例はすべてこれと同様である。

この年、歳星〔木星〕は玄枵《げんきょう》⑤（の方角）に在った。

【譯注】

①魯世家（05-01a-4）――この〈魯世家〉はほぼ《左傳》隠公元年の条に基づく。

桓公の母は宋女の仲子、隠公の母は声子で、いずれも正夫人ではなく、隠公は桓公の庶兄にあたる。ただし《左傳》では桓公の名を記述していない。

四十六年、惠公卒、長庶子息攝當國、行君事、是爲隱公。初、惠公適夫人無子、公賤妾聲子生子息。息長、爲娶於宋。宋女至而好、惠公奪而自妻之。生子允。登宋女爲夫人、以允爲太子。及惠公卒、爲允少故、魯人共令息攝政、不言即位。

②世本（05-01a-4）――右の〈魯世家〉の《集解》所引の徐廣も「一作軌」と言い、《索隠》にも「系本亦作軌也」と見える。

③世族譜（05-01a-4）――《世族譜》は《世本》に拠ったのであろう、「隱公　息姑、即位十一年。桓公　太子軌、即位十八年」と見える。

④謚法（05-01a-4）――《逸周書》謚法解「辟土服遠曰桓、克敬勤民曰桓、辟土兼國曰桓」。疏文「謚法非一、略擧一耳云々」について、魯の桓公には謚法に該当するような事績が無いことから、このような表現になったのであろう。

⑤玄枵（05-01a-4）――北方の星の名、十二次のひとつ。歳星〔木星〕が玄枵《げんきょう》（子《ね》の方角、すなわち北）の位置に在った。

子	丑	寅	卯	辰	巳	午	未	申	酉	戌	亥
玄枵	星紀	析木	大火	壽星	鶉尾	鶉火	鶉首	實沈	大梁	降婁	娵訾
北			東			南			西		

【經】元年、春、王正月、公即位。　[05-01a]

【注】嗣子位定於初喪、而改元必須踰年者、繼父之業、成父之志、不忍有變於中年也。諸侯每首歲、必有禮於廟。諸遭喪繼位者、因此而改元正位、百官以序。故國史亦書即位之事於策。桓公簒立而用常禮、欲自

同於遭喪繼位者、釋例論之備矣。〔嗣子の位は初喪に定まるに、而も元を改むること必須《かなら》ず年を踰ゆべきは、父の業を繼ぎ、父の志を成すに、中年に變ずること有るに忍びざればなり。諸侯は首歳毎《ごと》に、必ず廟に禮する有り。諸もろの喪に遭ひて位を繼ぐ者は、此に因りて元を改め位を正し、百官以て序あり。故に國史も亦た即位の事を策に書す。桓公は簒立すれども常禮を用ひ、自ら喪に遭ひて位を繼ぐ者に同じくせんと欲するは、釋例に之れを論ずること備はれり。〕

【疏】注の「嗣子」より「備矣」に至るまで。

○正義に曰う。〈顧命〉①に「乙丑、成王崩ず。齊侯の呂伋をして二干戈を以て子釗を南門の外に逆《むか》へ、延《みちび》きて翼室に入り、恤《うれひ》に宅《お》りて宗たらしむ」と言い、孔安国は「明室は路寝なり。之れを延きて憂に居らしめ、天下の宗主為らしむ」と述べている。天子が崩御すると、嗣子の位が定まるのだから、諸侯の場合もそうなるはずである。（このことについて）《釈例（公即位例）》に「《尚書》顧命は天子が殯《ひん》〔かりもがり〕にいる場合の遺制である。これからして諸侯の礼を類推することができる」と述べているから、「嗣子の位が初喪に定まる」ことが分かる。

（しかし）孝子は生前の通りに死者に事《つか》えるから、（明けた翌年の）歳の初日に必ず宗廟に朝事し、そのことによって改めて元年とする。（このことについて）《釈例（公即位例）》②に次のように述べている。

③襄公二十九年の経文に「春、王正月、公在楚」と書き、伝には「廟に朝正せざるを釈するなり」と述べている。そうだとすると「諸侯は歳首毎《ごと》に必ず廟に禮する」ものである。いま「喪に遭って位を継ぐ者」は、常に新年の正月に、やはり「元を改め位を正す」ことによって、百官が秩序づけられるので、国史もまた即位の事実を策に書い」て、そのことを表現する。これが新君の常礼である。（ところが）桓公の隠公に対する関係は、本来君臣の義が無い。考えるに、隠公が死去すれば、桓公はただちに改元④すべきであり、年を越えてそこではじめて即位の礼を行う必要はない。それはちょうど晋の厲公が弑され⑤、悼公が（そのまま）即位改元したのと同様である。ところが、いま（そうしなかったのは）桓公は⑥実際には簒立したのであるが、その罪を寪氏に着せて、弑君の賊の謀議とは無関係だと偽って述べ、「常礼を用い、自ら喪に遭って位を継いだ者と同様にしよう」としたのであり、そして事実その位に即いた以上、国の史官はその事実を記録したし、仲尼もそのまま依拠して改めなかったが、そのことがかえって（桓）公が実際には簒立し、自ら常礼と同様にしようとしたことを明らかにしたもので、やはりこれもまた桓公の簒立を示すに足るものである。

【譯注】

①顧命（05-01a-9）――《尚書》顧命篇は、成王の崩御に際し、召公・畢公に命じ、諸侯を率いて嗣子康王を相《たす》けさせようとしたものだという。

惟四月、哉生魄、王不懌。……越翼日乙丑、王崩。太保命仲桓南宮毛、俾爰齊侯呂伋、以二干戈虎賁百人逆子釗於南門之外、〔孔安國傳：臣子皆侍左右、將正太子之尊、故出於路寢門外、使桓毛二臣各執干戈、於齊侯呂伋索虎賁百人、更新逆門外、所以殊之。伋爲天子虎賁氏。〕延入翼室、恤宅宗。〔明室路寢。延之使居憂、爲天下宗主。〕丁卯、命作冊度。〔三日命史爲冊書法度、傳顧命於康王。〕

②釋例（05-01b-1）――《釋例》公即位例の引用であり、現行本では「釋不朝正于廟也」までとするが、杜預注「釋例論之備矣」並びに文脈から考えて、疏文最後までと見なした。

③襄二十九年（05-01b-1）――襄公二十九年「春、王正月、公在楚」、伝「公在楚、

釋不朝正于廟也」。

④合改元（05-01b-3）――「合」は「當〔まさに～べし〕」と同じ用法であるが、「當」よりはやや弱く、「可」よりは強いようである。

⑤晉厲被弑（05-01b-4）――成公十八年伝によると、正月に厲公が弑され、二月に悼公が即位している。

春、王正月、庚申、晉欒書中行偃使程滑弑厲公、葬之于翼東門之外、以車一乘。使荀罃士魴逆周子于京師而立之、生十四年矣。大夫逆于清原。……庚午、盟而入、館于伯子同氏。辛巳、朝于武宮。逐不臣者七人。……二月、乙酉朔、晉悼公卽位于朝。始命百官、施舍已責、逮鰥寡、振廢滯、匡乏困、救災患、禁淫慝、薄賦斂、宥罪戾、節器用、時用民、欲無犯時。

なお「改元」については02-06b-2注⑬参照。

⑥桓雖實簒立（05-01b-4）――桓公簒立の事情は隠公十一年伝に見える。

【經】三月、公會鄭伯于垂、鄭伯以璧假許田　［05-01b］

【經】夏、四月、丁未、公及鄭伯盟于越　［05-01b］

【注】公以簒立、而脩好於鄭。鄭因而迎之、成禮於垂、終易二田、然後結盟。垂犬丘、衛地也。越近垂地名。鄭求祀周公、魯聽受祊田、令鄭廢泰山之祀。知其非禮、故以璧假爲文。時之所隱。〔公は簒立するを以てして、好《よしみ》を鄭に脩む。鄭は因りて之れを迎へ、禮を垂に成し、終《つひ》に二田を易《か》へ、然る後に盟を結ぶ。「垂」は犬丘、衛の地なり。「越」は垂に近き地の名なり。鄭は周公を祀《まつ》らんことを求め、魯は祊田を受けんことを聽き、鄭をして泰山の祀を廢せしむ。其の非禮なるを知り、故に璧もて假《か》るを以て文を爲《つく》る。時の隱す所なり。〕

【疏】注①の「公以」より「所隱」に至るまで。

○正義に曰う。垂の地で会礼を成し、許田を交換した後で盟約を締結したので、「会」を先にし、「仮田」がこれに次ぎ、その後に「盟」を書いたのである。

「之れを迎へて禮を垂に成す」と述べているから、「垂」は（魯と鄭の中間に在る）衛の地である。沈（文阿）の考えは以下の通り。公が鄭伯を垂に迎えたのである。当時の史官の隠諱するものだと分かるのは、伝に「書曰」と言わないので、仲尼の新意ではなかったことが分かるからである。

【譯注】

①注公以至所隱（05-01b-9）――校勘記に指摘するように、阮刻本は「注公以至爲文時之所隱」に作る。十行本の方が長文の標起止の例である。

【經】秋、大水。　［05-02a］

【注】書災也。傳例曰凡平原出水爲大水。〔災を書するなり。傳例に曰はく「凡そ平原に水を出だすを大水と爲す」と。〕

【經】冬、十月。　［05-02a］

【傳】元年、春、公卽位、脩好于鄭。鄭人請復祀周公、卒易祊田。［05-02a］

【注】事在隱八年。〔事は隱八年に在り。〕

【傳】公許之。三月、鄭伯以璧假許田、爲周公祊故也。　［05-02a］

【注】魯不宜聽鄭祀周公、又不宜易取祊田。犯二不宜以動、故隱其實、不言祊、稱「璧假」、言若進璧以假田、非久易也。〔魯は宜しく鄭の周公を祀るを聽くべからず、又た宜しく祊の田を易《か》へ取るべからず。二の不宜

を犯して以て動く、故に其の實を隱し、「祊」を言はず、「璧もて假《か》る」と稱し、璧を進めて以て田を假るにて、久しく易ふるには非ざるが若《ごと》くに言へるなり。」

【疏】注の「魯不」より「易也」に至るまで。

○正義に曰う。祊《ほう》の地は許より地味が薄いため、これに璧玉を加えて許田と交換したもので、一時的に借りたものではない。ところがいま経文では「璧仮」と表現しているので、伝は「周公の祊の為めの故なり」と述べて、経の「璧仮」の言葉を解説したのである。そして注はさらに伝の意図を（次のように）解説する。周公は鄭の祖先ではないのだから、「魯は宜しく鄭の周公を祀るを聴くべからず」、天子が魯に許田を賜与したのだから、義としてこれを後世に伝授すべく、「宜しく祊田を易へて取るべからず」、この一事によって、「二不宜を犯して以て動」いたため、史官は「其の実を諱」んで、祊と許とを交換したとは言わないで、璧玉を贈ることによって田を借りたと表現した。つまり璧玉を魯に進呈して、一時的に許田を借用したもので、永遠に交換したものではないかのようにして見せたという意味で、これは①「国悪を諱む」ためである。

「祊を以て仮る」と言わないで、「璧を以て仮る」と述べたのは、この璧玉が実際に魯のものとなったからである。ただ、諸侯同士の交際には圭璧を執って信命（使者に持たせてやる命令）を致す道理が有り、ここで「璧を以て仮る」と述べるとすると、あたかも璧玉を進めて使者の口上を述べたかのように見える。それゆえ「璧」は言えても、「祊」は言えない。なぜなら、祊・許はともに地名であり、土地を以て土地を借りたといえば、交換したという道理が明らかで、もはや隠諱しがたいからである。

【譯注】

①諱國惡（05-02a-9）——僖公元年伝「春、不稱卽位、公出故也。公出復入、不書、諱之也。諱國惡、禮也」。

【傳】夏、四月、丁未、公及鄭伯盟于越、結祊成也。 [05-02b]

【注】結成易二田之事也。傳以經不書祊、故獨見祊。〔二田を易ふるの事を結成するなり。傳は經に祊と書せざるを以て、故に獨り祊を見《しめ》すのみ。〕

【傳】盟曰、渝盟無享國。 [05-02b]

【注】渝變也。〔渝《ゆ》は變《へん》なり。〕

【疏】注の「渝變也」。

○正義に曰う。（注は）《釈言》①の文章である。

伝にその盟約の文句を記載しているのは、易田が悪事であるのに、それを変改しないことを誓ったことで、最後まで後悔する気持ちの無いことを表したものであり、これは深く魯を憎むがためである。

この時、許田はすでに鄭の所有となっているのに、《詩》②で僖公を頌〔ほめたたえる〕して「常と許とに居り、周公の宇を復す」と言うのは、おそらく僖公の時代にまた許を取り戻したのであろう。

（哀公八年に）「齊人③ 讙及び闡を取る」とあり、これを返還するに及んでは、経文にやはりそのことを記録している。（ところが）これ以後、鄭人が許田を返還した記事が無いのは（なぜかといえば）、この経に「仮」と書いているのは、しばらくの間は鄭に貸してはいるが、土地は依然として魯のものであるかのようにしてみせるということを意味しており、鄭人が返還してきたことは書きようがなかったからである。

【譯注】

①釋言（05–02b–3）――《爾雅》釋言「渝、變也」。

②詩頌僖公（05–02b–4）――魯頌閟宮篇「天錫公純嘏、眉壽保魯、居常與許、復周公之宇、魯侯燕喜、令妻壽母、宜大夫庶士、邦國是有」。なお〈詩序〉は「閟宮、頌僖公能復周公之宇」と説明する。

③齊人取讙及闡（05–02b–5）――哀公八年経「夏、齊人取讙及闡」、「（冬）齊人歸讙及闡」。

○この疏文は詳しく見ると四段落から成るが、伝・注の説明としては第一ないし第二段落で充分である。第三段落は、《左伝》と《詩》との矛盾を調整しようとしたもので、第四段落は、さらにその補足説明という構成になっている。

【傳】秋、大水。凡平原出水爲大水。 [05–02b]

【注】廣平曰原。〔廣く平らかなるを原と曰ふ。〕

【疏】「凡平原」より「大水」に至るまで。

○正義に曰う。〈洪範〉①に「水を潤下と曰ふ」と述べるのは、雨が上から降ってきて、土地を浸し潤すという意味。下の地面に堤防を築けば、溜り水を留まらせることができるが、「平原」の高地には水が有るはずはない。「凡そ平原 水を出だす」ことを「大水と為す」と言う、その「平原 水を出だす」とは、水が土地にしみ込まずに、地上に出たままの状態を言うもので、泉が湧き出るのではない。

○注の「廣平曰原」。

○正義に曰う。〈釈地〉②の文章である。李巡が「土地の寛博にして平正なる、之れを名づけて原と曰ふを謂ふ」と注釈している。

【譯注】

①洪範（05–02b–7）――《尚書》洪範篇「一五行。一曰水、二曰火、三曰木、四曰金、五曰土。水曰潤下、火曰炎上、木曰曲直、金曰從革、土爰稼穡。潤下作鹹、炎上作苦、曲直作酸、從革作辛、稼穡作甘」。

②釋地（05–02b–8）――《爾雅》釋地「邑外謂之郊、郊外謂之牧、牧外謂之野、野外謂之林、林外謂之坰、下溼曰隰、大野曰平、廣平曰原、高平曰陸、大陸曰阜、大阜曰陵、大陵曰阿、可食者曰原」。

【傳】冬、鄭伯拜盟。 [05–02b]

【注】鄭伯若自來、則經不書。若遣使、則當言鄭人、不得稱鄭伯。疑繆誤。〔鄭伯若《も》し自ら來たるとすれば、則ち經には書せず。若し使を遣はすとすれば、則ち當に「鄭人」と言ふべく、「鄭伯」と稱するを得ず。疑ふらくは繆誤ならん。〕

【疏】注の「鄭伯」より「繆誤」に至るまで。

○正義に曰う。①六年伝に「魯 其の班を為し、鄭を後にす」と言い、注に「魯親《みづか》ら齊の餼《き》〔おくりもの〕を班《わか》てば、則ち亦た大夫をして齊を戍《まも》らしむ。経に書せざるは、蓋し史の欠文ならん」と述べている。そうだとすると、経文に書いていないものにも、もとより欠文の類も有る。（ところで）この注ではこの（伝文「鄭伯拜盟」と記述している）事を疑問視しているのに、「欠文」だと言わず、「繆誤」だと言うのは（なぜかといえば）、軍隊が出て征伐すると、その貴賤を問わずすべて記録するもので、経文に書かないのは必ずや文章が欠落したものである。またもしその事が重大であれば、使者が卑賤であってもやはり記録する。「鄭人來たりて渝《か》へて平ぐ」②、「齊人 讙及び闡を取る」③と言うのが、その例である。ところがこの「拜盟」の事は軽く、もしその使者が卑賤であれば、書く必要はないところから、杜預は「若《も》し使をして来たらしむれば、伝は当《まさ》に鄭人と云ふべし。疑ふらくは伝の繆誤ならん」と述べたのである。

　実はこれは鄭伯であるが、（魯）公に会わなかったがために書かなかったものでもない、ということが分かるのは（なぜかといえば）、魯・鄭二国は親密であり、それは土地を交換して結盟したほどで、鄭伯が拜盟して魯に来たからには、魯君が会わないはずが無い④ということで、実はこれが鄭伯ではなく、ただ（身分の低い）鄭人にすぎなかったことが分かるのである。

【譯注】

①六年傳（05-02b-10）――桓公六年伝「北戎伐齊、齊侯使乞師于鄭。鄭大子忽帥師救齊。六月、大敗戎師、獲其二帥大良少良、甲首三百、以獻於齊。於是諸侯之大夫戍齊、齊人饋之餼、使魯爲其班、後鄭。〔杜預注：班次也。魯親班齊饋、則亦使大夫戍齊矣。經不書、蓋史闕文。〕鄭忽以其有功也、怒、故有郎之師」。

②鄭人來渝平（05-03a-2）――隱公六年経「六年、春、鄭人來渝平」。

③齊人歸讙及闡（05-03a-2）――哀公八年経「夏、齊人取讙及闡」、「（冬）齊人歸讙及闡」。

④無容（05-03a-4）――この「容」字は「或」字に通じ、推測・可能性を表す。「無容」とは「～するはずがない」の意。

【傳】宋華父督見孔父之妻于路。　[05-03a]

【注】華父督宋戴公孫也。孔父嘉孔子六世祖。〔華父督は宋の戴公の孫なり。孔父嘉は孔子六世の祖なり。〕

【疏】注の「華父」より「世祖」に至るまで。

○正義に曰う。《世本》①を調べてみるに、「華父督は宋戴公の孫、好父説の子」と言い、「孔父嘉 木金父を生み、木金父 祁父を生む。其の子 魯に奔りて防叔と為る。防叔 伯夏を生み、伯夏 叔梁紇を生み、叔梁紇 孔子を生む」と述べているから、「孔父嘉は孔子六世の祖」である。

【譯注】

①世本（05-03a-6）――《毛詩》商頌・那疏所引の《世本》には、孔氏について、「宋湣公生弗甫何、弗甫何生宋父、宋父生正考甫、正考甫生孔父嘉、爲宋司馬。華督殺之、而絕其世。其子木金父降爲士、木金父生祁父、祁父生防叔。爲華氏所偪、奔魯爲防大夫、故曰防叔。防叔生伯夏、伯夏生叔梁紇、叔梁紇生仲尼」と述べているから、孔子は遠く宋の公室に連なることになる。

【傳】目逆而送之曰、美而豔。　[05-03a]

【注】色美曰豔。〔色の美しきを豔《えん》と曰ふ。〕

【疏】「目逆」より「而豔」に至るまで。

○正義に曰う。まだやって来ないうちは「目で迎え」、通り過ぎた後は「目で送る」ということで、いずれも「目」であるから、「目」を冒頭に冠した。「美」とはその姿形と容貌の美しさを言い、「豔《えん》」とはその顔色の好もしさをいうので、「美にして豔」と述べて、二通りの表現をしたのである。「色の美なるを豔と曰ふ」とは《詩》①毛伝の文章である。

【譯注】

①詩毛傳文（05-03a-9）――《毛詩》小雅・十月之交篇「棸子内史、蹶維趣馬、楀維師氏、豔妻煽方處」の《毛伝》「豔妻褒姒。美色曰豔。煽熾也」。

【經】二年、春、王正月、戊申、宋督弑其君與夷及其大夫孔父。[05-03b]

【注】稱督以弑、罪在督也。孔父稱名者、内不能治其閨門、外取怨於民、身死而禍及其君。〔督を稱して以て弑するは、罪 督に在ればなり。孔父に名を稱するは、内 其の閨門を治むる能はず、外 怨を民に取り、身は死して禍 其の君に及ぼせばなり。〕

【疏】「宋督」より「孔父」に至るまで。

○正義に曰う。およそ「其〔その〕」と言うのは、その人自身が所有するものをいう。君は臣にとっての君であるから、臣がその君を弑した場合には、「弑其君①〔其の君を弑す〕」と言い、臣は君にとっての臣であるから、君が臣を殺した場合には、「殺其大夫②〔其の大夫を殺す〕」と言い、子もまた君にとっての子であるから、「殺其世子③〔其の世子を殺す〕」と言う。

「国」を称し、「人」を称して殺した場合にもまた「其」と言うのは、「人」と「国」とはともに一国全体を挙げての表現であり、「君」と「大夫」とはともにその国の人々の所有するものであるから、やはり「其」と言う。もしも二人の臣下が殺しあった場合は、死者は殺した者の所有ではないから、双方とも「名氏」を書いて、「其」と言うことはできない。「王札子④ 召伯・毛伯を殺す」と言うのがその例である。

（さて）「与夷」は督の君であるから、「其の君を弑す」と言うのはよいが、「孔父」は督の大夫ではないのに、「及其大夫〔其の大夫に及ぶ〕」と言うのは（なぜかといえば）、君と共に死んだので、君に依拠して表現したもの。「宋督弑其君〔宋督 其の君を弑す〕」と言うのは、督に依拠して表現し、上の方《かた》「其の君を弑し」たのである。「及其大夫孔父〔其の大夫孔父に及ぶ〕」と言うのは、君に依拠して表現し、下の方《かた》「其の大夫に及」んだのであり、与夷の大夫に及ぶという意味であって、督の大夫ではない。「仇牧⑤」・「荀息⑥」の例も、その意味は同じである。

○注「稱督」より「其君」に至るまで。

○正義に曰う。宣公四年⑦の伝例に「君を弑するに君を称するは、君の無道なり。臣を称するは、臣の罪なり」と述べているので、「督を称して以て弑するは、罪 督に在り」ということが分かる。

諸もろの「父」というものには、それが「字」である場合もあるが、春秋時代では斉侯禄父⑧・蔡侯考父・季孫行父・衛孫林父等の人々がいて、彼らの場合はいずれも「名」であるため、杜預は「孔父」を名と見なした。文公七年⑨「宋人 其の大夫を殺す」の《伝》に、「名を称せざるは、衆《おほ》ければなり。且つ其の罪に非ざるを言ふ」と述べている。「名」を言わないのがその人の罪ではないものとすると、「名」を称するものはすべて有罪であることが分かる。杜預は「孔父」を名と見なした以上、よってその罪を犯した実状を論じなければならない。（すなわち）「内 其の閨門《けいもん》〔寝室の門＝家庭〕を治むること能はず」、妻を道路に往来させて、華督に妻を見せる結果となったし、また「外 怨みを民に取」り、君をしばしば攻戦させ、国人がこれを恨む結果となった。そして「身は死して、禍ひ其の君に及ぶ」結果となったということで、「名」を書いて「孔父」を罪したのである。（このことについて）《釈例（書弑例）》に、

経文に「宋督 其の君与夷を弑し、其の大夫孔父に及ぶ」と記述しているが、仲尼と丘明はただその先か後かということで義を示しただけで、ここに孔父を善みする表現は無い。孔父といえば、国政を治めては、民に怨まれるようなことを実施し、自分の家庭を治めては、閨闈《けいゐ》〔婦人の部屋＝家庭〕を教導することも無く、自身が真っ先に殺され、禍いをとうとう君にまで及ぼしたのだから、全く善みすべき行為は無い。仇牧の場合は、警戒もしないで賊に遭遇したうえに、殺されて忠義の行為は無

い。晋の荀息の場合は、君との約束を守ろうとしたが、本来その約束自体に大節が無い。（しかるに）先儒はいずれもそのまま善例に加えているが、やはり妥当ではない。経文[10]に臣下で君弑事件に巻き込まれた記述が三例（孔父・仇牧・荀息）有るが、ただ君弑と臣殺とが連続したまでで、事実に即して表現したにすぎない。仲尼は、督に君を無みする心が有ったものと見なし、改めて一事を書いただけであり、他の例が有るわけではない。

と述べている。これは、孔父の行為に善みするものが無いので、名を書いてこれを罪したという意味である。

調べてみるに、《公羊》[11]・《穀梁》[12]の両伝ならびに先儒[13]はすべて、孔父を善みしたので「字」を書いたものだと考えている。[14]そうでないことが分かるのは、[15]「宋人 其の大夫司馬を殺す」の《伝》に、「節を握りて以て死す。故に其の官を書す」と述べており、また[16]「宋人 其の大夫を殺す」の《伝》では、罪が無いので名を書かないものだと見なしている。そしてこの孔父の死については、《伝》には善みする事柄が無いので、杜氏の考えでは「父」を名と見なしたのである。斉侯禄父・宋公茲父といった人々と同じく、「父」が名であるからには、「孔」は氏だということ。それはちょうど仇牧・荀息が殺されて二人ともに名氏を書いているのと同じである。たぶん孔父の先祖が「孔」を氏としたので、《伝》に「督 孔氏を攻む」と言ったのであろう。[17]婦人が外出する場合は、礼では必ずその顔面を覆い隠すものである。ところが孔父の妻の外出するや、他人にその容色の美しさを見せてしまったのは、「其の閨門を治むること能はず」ということ。また殤公の攻戦を好むことについても、孔父は死に伏しても諫争すべきであるのに、なんとそのまま君の非に従ってしまったのは、「怨みを百姓に取る」ということである。事はすべて孔父の行為が原因であり、とうとう「禍いが君にまで及んだ」のである。それは（楚の）公子[18]比が脅迫されて位に立ち、弑君の罪を加えられたことに似ている。杜君はその悪行を数え上げたので、名を書いて責めたと見なした。しかるに劉君[19]はこの主旨に考えが及ばず、いたずらに規過をなすのは間違いである。

【譯注】

①弑其君（05-03b-2）——隠公四年経「戊申、衛州吁弑其君完」等。

②殺其大夫（05-03b-3）——僖公七年経「鄭殺其大夫申侯」等。

③殺其世子（05-03b-3）——僖公五年経「春、晋侯殺其世子申生」他一例。

④王札子殺召伯毛伯（05-03b-4）——宣公十五年経「王札子殺召伯毛伯」。

⑤仇牧（05-03b-6）——荘公十二年経「秋、八月、甲午、宋萬弑其君捷及其大夫仇牧」、伝「十二年、秋、宋萬弑閔公于蒙澤。遇仇牧于門、批而殺之。遇大宰督于東宮之西、又殺之。立子游。群公子奔蕭、公子御説奔亳。南宮牛・猛獲帥師圍亳」。

⑥荀息（05-03b-6）——僖公十年経「晉里克弑其君卓及其大夫荀息」。伝文はその前年の僖公九年の条に見える。

九月、晉獻公卒。里克・丕鄭欲納文公、故以三公子之徒作亂。初、獻公使荀息傅奚齊。公疾、召之曰「以是藐諸孤、辱在大夫、其若之何」。稽首而對曰「臣竭其股肱之力、加之以忠貞。其濟、君之靈也。不濟、則以死繼之」。公曰「何謂忠貞」。對曰「公家之利、知無不爲、忠也。送往事居、耦俱無猜、貞也」。及里克將殺奚齊、先告荀息曰「三怨將作、秦・晉輔之、子將何如」。荀息曰「將死之」。里克曰「無益也」。荀叔曰「吾與先君言矣、不可以貳。能欲復言而愛身乎。雖無益也、將焉辟之。且人之欲善、誰不如我。我欲無貳、而能謂人已乎」。冬、十月、里克殺奚齊于次。書曰「殺其君之子」、未葬也。荀息將死之、人曰「不如立卓子而輔之」。荀息立公子卓以葬。十一月、里克殺公子卓于朝。荀息死之。君子曰「詩所謂『白圭之玷、尚可磨也。斯言之玷、不可爲也』。荀息有焉」。

⑦宣四年傳例（05-03b-7）——宣公四年伝「書曰、鄭公子歸生弑其君夷、權不足也。君子曰、仁而不武、無能達也。凡弑君、稱君、君無道也。稱臣、臣之罪也」。

⑧齊侯祿父（05-03b-8）——齊侯祿父以下は次のように見える。

・桓公十四年経「冬、十有二月、丁巳、齊侯祿父卒」。

・隠公八年経「夏、六月、己亥、蔡侯考父卒」。

・文公六年経「夏、季孫行父如陳。秋、季孫行父如晉」。

・成公七年経「衛孫林父出奔晉」、成公十四年経「夏、衛孫林父自晉歸于衛」等。

⑨文七年（05-03b-8）——文公七年経「宋人殺其大夫」、伝「夏、四月、宋成公卒。於是公子成爲右師、公孫友爲左師、樂豫爲司馬、鱗矔爲司徒、公子蕩爲司城、華御事爲司寇。昭公將去群公子、……穆襄之族率國人以攻公、殺公孫固公孫鄭于公宮。六卿和公室、樂豫舍司馬以讓公子卬。昭公即位而葬。書曰、宋人殺其大夫、不稱名、衆也。且言非其罪也」。

⑩經書臣蒙君弑者有三（05-04a-2）——孔父、仇牧、荀息の三人を指す。後述のように《公羊伝》はこの三人に特別な書法を見出している。

・春、王正月、戊申、宋督　弑其君與夷及其大夫孔父

・秋、　八月、甲午、宋萬　弑其君捷　及其大夫仇牧

・　　　　　　　　　晉里克弑其君卓　及其大夫荀息

⑪公羊（05-04a-4）——《公羊伝》桓公二年「及者何、累也。弑君多矣。舍此無累者乎、曰、有。仇牧、荀息皆累也。舍仇牧、荀息無累者乎、曰、有。有則此何以書、賢也。何賢乎孔父、孔父可謂義形於色矣。其義形於色奈何。督將弑殤公。孔父生而存則殤公不可得而弑也。故於是先攻孔父之家。殤公知孔父死己必死、趨而救之。皆死焉。孔父正色而立於朝、則人莫敢過而致難於其君者。孔父可謂義形於色矣」、何休解詁「賢者不名、故孔父稱字。督未命之大夫、故國氏之」、また「父者字也。禮、臣死君字之、以君得字之、知先攻孔父之家」。

⑫穀梁（05-04a-4）——《穀梁伝》桓公二年「孔、氏、父、字謚也。或曰、其不稱名蓋爲祖諱也。孔子故宋也」。

⑬先儒（05-04a-4）——具体的には不明である。

⑭知不然者（05-04a-4）——「なぜそうでないことが分かるのかといえば」の意で、前文に引用した文献や人物の説に対して異論を述べる際の、発語の言葉。《春秋正義》中に頻出する。02-09b-2注③既述。また拙稿「五經正義讀解通論（二）」（『東洋古典學研究』第21集　二〇〇六年　《五經正義研究論攷》研文出版　二〇一三年所収）を参照されたい。

⑮宋人殺其大夫司馬（05-04a-4）——文公八年経「宋人殺其大夫司馬。宋司城來奔」、伝「宋襄夫人、襄王之姉也、昭公不禮焉。夫人因戴氏之族、以殺襄公之孫孔叔・公孫鍾離及大司馬公子卬、皆昭公之黨也。司馬握節以死、故書以官。司城蕩意諸來奔、效節於府人而出。公以其官逆之、皆復之。亦書以官、皆貴之也」。

⑯宋人殺其大夫（05-04a-4）——注⑨。

⑰婦人之出（05-04a-6）——参考：《禮記》内則篇「女子出門、必擁蔽其面、夜行以燭、無燭則止。道路。男子由右、女子由左」。

⑱公子比（05-04a-7）——昭公十三年経に「夏、四月、楚公子比自晉歸于楚、弑其君虔于乾溪」とあるように、経文上では公子比が君を弑した表現になっているが、実際には楚霊王は自殺した。この間の事情を杜預注では、「比去晉而不送、書歸者、依陳蔡以入。言陳蔡猶列國也。比歸而靈王死、故書弑其君。靈王無道而弑稱臣、比非首謀而反書弑、比雖脅立、猶以罪加也。靈王死在五月、又不在乾谿。楚人生失靈王、故本其始禍以赴之」と説明している。

⑲劉君（05-04a-8）——劉炫の主張の具体的内容は不明である。劉文淇《左傳舊疏考正》巻二には以下のような分析が見える。

文淇案ずるに「皆以善孔父而書字」より以上は光伯の文章であり、「知不然

者」以下が唐人の駁劉の言葉である。必ずそうだと分かるのは、上文で「春秋の世には斉侯禄父・蔡侯考父・季孫行父・衛孫林父等の人々がいる」と述べて、「父」を名とし得ることを証明し、さらに「宋人殺其大夫」の《伝》を引用して、名を称するのは罪有ることを示しているからである。これはすべて杜預の意義を申解したもの。そしてさらに《公羊》・《穀梁》の「孔父を善みして字を書く」という見解を後に引用するのは別の一解である。そして唐人もやはり禄父等を引いて光伯を駁している。もしも異人の説でないなら、所引の「宋人殺其大夫」の《伝》、齊侯禄父等や、杜預のいわゆる「内不能治其閨門、外取怨於民」について、重ねて言及する必要はないはずである。

包君慎言が言う「考えるに、『善孔父而書字』より以前はすべて劉炫の申杜の文章であり、『書字』より以下には駁杜の文章が有ったはずである。しかし孔氏は劉炫を駁しようとしたため、これを記録していない。しかし文末に『劉君はこの主旨に考えが及ばず、いたずらに規過をなす』と述べているのであるから、『書字』の語は劉炫が《公羊》・《穀梁》と先儒の語を引用して杜失を糾正したものである、したがってその上文が劉炫の文章であることはますます明白である」と。

【經】滕子來朝。 [05-04a]

【注】無傳。隱十一年稱侯、今稱子者、蓋時王所黜。〔傳無し。隱十一年には侯と稱し、今は「子」と稱するは、蓋し時王の黜《しりぞ》くる所ならん。〕

【疏】注の「隱十」①より「所黜」に至るまで。

○正義に曰う。杞が夷礼を行なったことを、伝ではその度に説明しているのに、ここでは伝を発していないのだから、夷礼を行なったものではない。これ以後に滕は常に子爵を称しているところから、「時王の黜《しりぞ》くる所」ではないかと疑ったのである。

当時は周の桓王の御代《みよ》であり、東周は微弱なりとはいえ、依然として天下の宗主であり、②依然として郳に命じて諸侯とすることができたのだから、明らかに滕を子爵に黜《しりぞ》けることはできたのである。

【譯注】

①杞行夷禮（05-04a-9）――杞は桓公二年経に「秋、七月、杞侯來朝」と見えるように侯爵であったが、《左伝》によれば杞が夷礼を用いたがために、子爵に降格されたという。

・僖23年経「冬、十有一月、杞子卒」。

伝「十一月、杞成公卒。書曰子、杞夷也。不書名、未同盟也」。

・僖27年経「二十有七年、春、杞子來朝」。

伝「二十七年、春、杞桓公來朝。用夷禮、故曰子。公卑杞、杞不共也」。

②尚得命郳爲諸侯（05-04a-10）――郳は《春秋》冒頭の隱公元年経に「三月、公及郳儀父盟于蔑」、伝に「三月、公及郳儀父盟于蔑、郳子克也。未王命、故不書爵」と見えるように、五等の爵位を持たない附庸の国であったが、莊公十六年経になって「郳子克卒」として記述されている。これについて杜預は「克は儀父の名なり。子と稱するは、蓋し齊桓 王に命を請ひ、以て諸侯と爲せしならん」と解説する。

【經】三月、公會齊侯陳侯鄭伯于稷、以成宋亂。 [05-04b]

【注】成平也。宋有弑君之亂、故爲會欲以平之。稷宋地。〔「成」は平なり。宋に弑君の亂有り、故に會を爲して以て之れを平げんと欲す。稷は宋の地なり。〕

【疏】注の「成平」より「宋地」に至るまで。

○正義に曰う。「成は平なり」とは《釈詁》①の文章である。宣公十五年伝②の「晉侯 兵を稷に治む」とは、兵を治めて秦の侵攻を防御しようとしたもので、晋の国境を出ていないことは明らかであるから、（杜預は）かしこの「稷」を河東の稷山だと見なした。（しかし）ここでは宋を平定しようとしたのだから、ここの「稷」を「宋地」と見なしたのである。

【譯注】

①釋詁（05-04b-2）――《爾雅》釋詁下「功、績、質、登、平、明、考、就、成也」。

②宣十五年傳（05-04b-2）――宣公十五年伝「秋、七月、秦桓公伐晉、次于輔氏。壬午、晉侯治兵于稷、以略狄土、立黎侯而還」、杜預注「略取也。稷晉地、河東聞喜縣西有稷山」。

【經】夏、四月、取郜大鼎于宋。戊申、納于大廟。　[05-04b]

【注】宋以鼎賂公。大廟周公廟也。始欲平宋之亂、終於受賂、故備書之。戊申五月十日。〔宋は鼎を以て公に賂《まひな》ふ。大廟は周公の廟なり。宋の亂を平げんと欲するに始まり、賂を受くるに終はる、故に備《つぶ》さに之れを書す。戊申は五月の十日なり。〕

【疏】注の「宋以」より「十日」に至るまで。

○正義に曰う。《禮記》①明堂位に「魯君は季夏六月、禘礼を以て周公を大廟に祀る」と称し、文公十三年《公羊伝》②に「周公には大廟と称す」と述べているから、「大廟は周公の廟」だということが分かる。

最初は宋の乱を平定しようとして稷に会合したのであるが、おしまいには宋の罪を許し、宋からの賄賂を受け取ったため、その得失のすべてを記録したもの。（つまり）最初に「成宋乱」と書き、終りに「取郜鼎」と書いているのが、「之れを備《つぶ》さに書」いたことである。鄭衆・服虔はいずれも「成宋乱」を「宋の乱を成就する」ことだと見なしているので、（杜預は）この言葉でそれを正したのである。

《長暦》③によると、この年は四月庚午朔であるから、四月に「戊申」は無く、五月は己亥が朔、十日で「戊申」を得るから、これは日付が有って月の記録が無い例である。

【譯注】

①禮記明堂位（05-04b-6）――《禮記》明堂位「成王以周公爲有勛勞於天下、是以封周公於曲阜、地方七百里、革車千乘、命魯公世世祀周公天以子之禮樂。是以魯君、孟春乘大路、載弧韣。旗十有二旒、日月之章。祀帝于郊、配以后稷。天子之禮也。季夏六月、以禘禮祀周公於大廟、牲用白牡」。

②文十三年公羊傳（05-04b-6）――《公羊伝》文公十三年「世室者何、魯公之廟也。周公稱大廟、魯公稱世室、羣公稱宮。此魯公之廟也」。

③長歴（05-04b-8）――《春秋長曆》では以下の通り。

桓公二年辛未　正月辛丑小　二月庚午大　三月庚子大　四月庚午小　五月己亥大　六月己巳小

【經】秋、七月、杞侯來朝。　[05-04b]

【注】公即位而來朝。〔公 即位して來朝す。〕

【經】蔡侯・鄭伯會于鄧。　[05-04b]

【注】潁川召陵縣西南有鄧城。〔潁川召陵縣の西南に鄧城有り。〕

【疏】注の「潁川」より「鄧城」に至るまで。

○正義に曰う。賈逵・服虔は「鄧」を国と見なし、「蔡・鄭が鄧の国都で会合した」と述べている。（これに対して）《釈例（土地名）》①ではこの潁川郡の鄧城を蔡国の地と見なし、鄧国については義陽郡の鄧県に比定している。（杜預説の根拠は）鄧は小国で、蔡の国を去ること遠路であり、蔡・鄭が遠くその国都で会合するはずはなく、また蔡・鄭は楚の国威を恐れて初めてこの会合を持ったのだから、なんでかえってわざわざ楚に近い小国で会合し、これとの援助を取り付けるはずがあろうか。そういうわけで、これは鄧国ではないことが分かるのである。

【譯注】
①釋例（05-05a-1）――《釋例（土地名）》では以下の通り。
蔡地　桓二年鄧　潁川召陵縣西南有鄧城。
鄧地　桓七年鄧　義陽鄧縣。

【經】九月、入杞。 [05-05a]
【注】不稱主帥、微者也。弗地曰入。〔主帥を稱せざるは、微者なればなり。地いはざるを「入」と曰ふ。〕

【經】公及戎盟于唐。冬、公至自唐。 [05-05a]
【注】傳例曰告于廟也。特相會故致地也。凡公行、還不書至者、皆不告廟也。隱不書至、謙不敢自同於正君、書勞策勳。〔傳例に「廟に告ぐるなり」と曰ふ。特《ひと》り相會するが故に地を致すなり。凡そ公の行くに、還《かへ》りて至るを書せざるは、皆な廟に告げざるなり。隱（公）に至るを書せざるは、謙して敢へて自ら正君に同じくして勞を書し勳を策《しる》すことをせざればなり。〕
【疏】注の「傳例」より「策勳」に至るまで。

○正義に曰う。《釈例（公行至例）》に、凡そ盟には一百五例が有り、公行〔公が出国すること〕は一百七十六例、そのうち「至る〔帰国すること〕」を記録するのは八十二例であり、「至る」を記録しない九十四例は、いずれも廟に帰国の報告をしなかったものである。（しかし）隠公が告げなかったのは謙譲したのである。その他の公が告げなかったのは礼に怠慢な行為であると称しているのが、（杜預の）「告げず」・「書せず」の意味である。

「隠公が至るを書かないのは謙譲したもの」だと分かるのは、隠公は譲位の賢君であるから、かならずや宗廟をおろそかにはしないはずで、たとい①宗廟に対して怠慢な行為があったとしても、ほんの一時的に礼を失した程度で、隠公の身を終えるまで全くその「至る」ことを書かないというわけは有り得ないからである。謙譲の気持ちから、労力は惜しまないが、功績は記録せず、「敢て自ら正君に同じくして労を書し勲を策《しる》すことをせざる」がために「至る」を告げなかった、ということが分かる。

【譯注】
①假使（05-05a-6）――《五経正義》に見える仮定や縦与（仮設）の用法として、假令・縱令・設令・若令・假使・縱使・設使・若使等があることについては拙稿「五經正義語彙語法箚記（四）」（広島大学文学部紀要第59巻　一九九九年《十三經注疏の研究》所収）を参照されたい。

【傳】二年、春、宋督攻孔氏、殺孔父而取其妻。公怒。督懼。遂弑殤公。君子以督爲有無君之心、而後動於惡。 [05-05a]
【注】雖有君若無也。〔君有りと雖も無きが若《ごと》きなり。〕

【傳】故先書弑其君。會于稷以成宋亂。爲賂、故立華氏也。　[05-05b]

【注】經稱「成宋亂」者、蓋以魯君受賂立華氏、貪縱之甚、惡其指斥、故遠言始與齊・陳・鄭爲會之本意也。傳言「爲賂故立華氏」、明經本書「平宋亂」、爲公諱。諱在受賂立華氏也。猶「璧假許田」、「爲周公祊故」。所謂「婉而成章」。督未死而賜族、督之妄也。〔經に「宋の亂を成《たひら》ぐ」と稱するは、蓋し魯君の賂を受けて華氏を立つることは、貪縱の甚しく、其の指斥するを惡《にく》むを以て、故に遠く始めて齊・陳・鄭と會を爲すの本意を言へるならん。傳に「賂の爲めの故に華氏を立つ」と言ふは、經に本と「宋の亂を成ぐ」と書すること、公の爲めに諱むにて、諱むは賂を受けて華氏を立つるに在るを明らかにするなり。猶ほ「璧もて許の田を假る」は、「周公・祊の爲めの故」のごとし。謂はゆる「婉にして章を成す」なり。督の未だ死せずして族を賜はるは、督の妄なり。〕

【疏】「君子」より「其君」に至るまで。

○正義に曰う。伝にしばしば言及する「君子」[1]とは、当時の賢者であったり、あるいは仲尼を指していたり、あるいはまた言葉は左丘明の意図から出たものであるけれども、これを賢者に託したりすることがあるなど様々であるが、これらはいずれも道理を明らかにすることを期しただけであって、あれこれと（その使い分けによって）義例としたものではない。ただ河陽の狩[2]猟・趙[3]盾の弑君・泄[4]冶の罪については、道理の所在に疑点があり、聖人〔孔子〕の証言が必要であったため、特に「仲尼」と称して明らかにしたもので、そのほかはこれをすべて「君子」に託した。「君子」とは、上位に居り、下民を子《いつくし》むことができる者であり、有徳者の美称だという意味である。

ここに「先書弑君」と言うのは仲尼の「新意」であるのに、「仲尼」と言わず「君子」と言うのは（なぜかといえば）、君子たる人の考えがすべてそうであり、仲尼に限らないことを表そうとしたのである。

督には君を無視する気持ちが有ったから、「先づ君を弑するを書い」たとは（どういうことかといえば）、人に君たるものは権力を執行し、人に臣たるものはその権威を畏れつつしみ、あらゆる事は君命を受けて行動し、勝手に臣下同士が殺し合うことなどはしないものである。ところが督が勝手に孔父を殺してその妻を奪ったということは、君を厭う気持ちが無かったとはいえ、君を敬う意志も全く無かったのであり、不臣の行為を働こうとする気持ちが心中にあることすでに久しく、公の怒りに遭って始めて毒害を起こそうとしたのではない。だからもしも先ず「孔父」を書いて、後に「弑君」を書くと、孔父を殺したあとで始めて悪心が芽生えたかのように見えてしまう。そこで今先ず「弑君」を書き、後に「孔父」を書くのは、（督に）最初から君を軽んずる気持ちが有ったことを明示し、不義の極みを顕著にするためである。

○注の「經稱」より「妄也」に至るまで。

○正義に曰う。伝に「為賂故立華氏」と言うのは、経文の「以成宋乱」という表現を解釈したものである。「成宋亂」とは、賊臣を殺して宋国を安定させようとすること。ところが今や賄賂を受けて華氏を立てたのは、乱を平定することではないのに、伝がそのまま経文を解釈しているので、注ではその意味を引伸して通じたのである。「以成宋亂」とは、四国が会合した本来の意図であるが、会合するに及んで、最初の意図に反し、宋督を討伐しないばかりではなく、あろうことか更に華氏を立ててしまった。（したがって）宋の乱は実際には平定されていないのに、経文に「平宋亂」と書いているのは（なぜかといえば）、思うに、魯君が賄賂を受け取って華氏を立て、財貨をむさぼり賊を自由にさせたことが、悪事の甚だしきものだということで、当時の史官が具体的に指摘するのをはばかり、四国が会合し、賊を許して財貨を受け取ったことを明言できなかったのであり、そういうわけで会合を持った本意を遠回しに述べたのであろう。その意味は、稷に会合して宋の乱を平定しようとしたということ。伝は経文が事実ではないことから、なぜ譏んだのかを解説したのであって、譏むべき事柄は、賄賂を受けて華氏を立てたことである。「為周公祊故」という表現がここの場合と同じなので、（杜預は）同類で以て明らかにしたもの。

⑤そうだとすると、考えるに、「⑥為周公祊故」の場合は「故」字が下に在って上を結んでいるから、ここでも「為賂立華氏故」と言うべきところであるのに、どうしてここではかえって「故」字が「立華氏」の上、「為賂」の下に在るのかというと、「周公祊故」は文字が少なく、「故」字が下に在っても、まとめて結ぶことができるのに対して、ここの場合は文句が長く緩やかであるので、まとめて結ぶことができないということで、先ず賄賂のためにするという悪事の重きを挙げて「賂の為めの故なり」と述べ、そのあとで始めて「立華氏」と述べて、その事情を詳しく説明したわけである。

⑦今の「定本」には「故」字が有る。晋・宋の古いテキストには往々にして「故」字を欠くものが有るが、これは間違いである。

⑧襄公三十年に諸侯の卿が澶淵に会合して、宋に救援物資を送ることを相談したが、まもなくそれが取りやめになったが、「宋の災の故なり」と経文に書いているのは、それをとがめたものである。しかしここに「宋の乱を成ぐ」と書いているのが、賄賂を受け取ったことを譏って四国をとがめたものではないと分かるのは（なぜかといえば）、澶淵の会合では、卿を貶して「人」と称していることが、そのとがめた表現であるが、ここでは君の爵位を列序しており、貶責する表現が無く、過失をとがめる状態ではないので、譏んだがためにその会合の本来の意図にもとづけて、平常文に従ったことが分かる。

⑨文公十七年に晋が諸侯を扈に会合させたのは、宋の乱を平定しようとしたものだが、やがて討伐することなく、賄賂を受け取って帰国してしまったのは、その事情がこの年と全く同じであるのに、かしこの経文には「諸侯 扈に会す」と書き、伝に「書して諸侯と曰ふは、功無ければなり」と述べているのに対し、この年にも功績が無かったのに「諸侯 稷に会す」と言わないで、諸国を列序しているのは（なぜかといえば）、扈の会合は晋が覇者となって諸侯を会合させたものであるが、乱を討伐しようとして、かえって賄賂を受けて帰国したことが、ちょうど⑩僖公十四年の「諸侯 縁陵に城《きづ》く」の場合に、斉の桓公が覇者でありながら、工事を終了させなかったことと同様だということで、貶して「諸侯」と称したものであり、ここでは斉・陳・鄭それぞれが乱を平定しようとしたので、貶責の表現にしなかったのである。

公のために譏んだものでもなく、諸侯を貶したものでもないことが分かるのは、⑪狄泉の盟に譏んだ例が、「公」の表現を取らなかっただけで、その他はすべて貶責しているからである。ここでも、もし必ず（公のために）譏むのであれば、ただ「公」を書かないだけでよく、どうして諸国（の大夫）を貶責しないはずがあろうか。

⑫宣公四年に「公及齊侯平莒及郯」とあって、「成」「平」は同義であるのに、かしこでは「平」と言い、ここで「成」と言うのは（なぜかといえば）、史官は一人ではなく、措辞の仕方も同一ではないこと、あたかも「⑬曁」と「及」の例と同様に、全く違いが無いからである。（杜預序に）いわゆる「⑭史に文質が有って、必ずしも（仲尼が）書き改めなかった」例である。⑮文公十三年伝に、「衛侯・鄭伯 晋に平がんことを請ふ。公皆な之れを成ぐ」と称していることからも、「成」「平」に意味の違いが無いことが分かる。

【譯注】

①君子（05-05b-5）――《左伝》に見える「君子」をどのように見なすかは、従来《左伝》書の成立過程を論じる際に、しばしば取り上げられた事柄である。この部分は《春秋正義》の「君子」観がうかがえる疏文である。

②河陽之狩（05–05b–6）――僖公二十八年、晋の文公が城濮の役で楚に大勝し、霸業の成ったことを示すために、周王を河陽に呼び寄せた。それを経文では「天王狩于河陽、壬申、公朝于王所」と記録する。そのことを孔子が批評したわけである。その伝文は以下の通り。

是會也、晉侯召王、以諸侯見、且使王狩。仲尼曰、以臣召君、不可以訓。故書曰「天王狩于河陽」、言非其地也、且明德也。

またその杜預注は以下の通り。

隱其召君之闕、欲以明晉之功德。河陽之狩・趙盾之弑・泄冶之罪、皆違凡變例、以起大義、危疑之理、故特稱仲尼以明之。

③趙盾之弑（05–05b–6）――宣公二年、晋の趙盾は霊公の淫行を諫言したが容れられず、逆に霊公に殺されかかる。からくも難を逃れた趙盾は亡命しようと謀るが、国外に出る前に一族の趙穿が霊公を弑してしまった。その事件を晋の大史が「趙盾弑其君」と記録したという事件である。そのことを孔子が以下のように批評する。

経：秋、九月、乙丑、晉趙盾弑其君夷皋。

伝：乙丑、趙穿攻靈公於桃園。宣子未出山而復。大史書曰「趙盾弑其君」、以示於朝。宣子曰「不然」。對曰「子爲正卿、亡不越竟、反不討賊、非子而誰」。宣子曰「烏呼。我之懷矣、自詒伊慼、其我之謂矣」。孔子曰「董狐、古之良史也、書法不隱。趙宣子、古之良大夫也、爲法受惡。惜也、越竟乃免」。宣子使趙穿逆公子黑臀于周而立之。壬申、朝于武宮」。

④泄冶之罪（05–05b–6）――宣公九年、陳の霊公の淫行を諫めた泄冶が、霊公に殺された事件を孔子が批評する。

経：陳殺其大夫泄冶。

伝：陳靈公與孔寧・儀行父通於夏姫、皆衷其衵服、以戲于朝。泄冶諫曰「公卿宣淫、民無效焉、且聞不令。君其納之」。公曰「吾能改矣」。公告二子。二子請殺之、公弗禁、遂殺泄冶。孔子曰「詩云、民之多辟、無自立辟、其泄冶之謂乎」。

⑤然案（05–06a–5）――《五経正義》の用例から推すと、「若」字を補い「若然」に作るべきであろうか。そしてこの「若然」は下文の「何以～者」に呼応する。問答体の残滓と見なすべきものであろう。

⑥爲周公祊故（05–06a–5）――桓公元年伝「元年、春、公卽位、修好于鄭。鄭人請復祀周公、卒易祊田。公許之。三月、鄭伯以璧假許田、爲周公祊故也」。

⑦今定本（05–06a–7）――《五経正義》所引の定本に関し、これが唐の顔師古のものとする通説が誤りであることについては、清儒劉文淇《左傳舊疏考正》序並びに拙稿「五經正義所引定本考」（日本中国学会報第三十七集　一九八五年《五經正義の研究》所収）を参照されたい。

⑧襄三十年（05–06a–7）――襄公三十年経「晉人・齊人・宋人・衛人・鄭人・曹人・莒人・邾人・滕人・薛人・杞人・小邾人、會于澶淵、宋災故」、伝「爲宋災故、諸侯之大夫會、以謀歸宋財。冬、十月、叔孫豹會晉趙武・齊公孫蠆・宋向戌・衛北宮佗・鄭罕虎及小邾之大夫會于澶淵。既而無歸於宋、故不書其人。君子曰『信其不可不愼乎。澶淵之會、卿不書、不信也夫。諸侯之上卿、會而不信、寵名皆棄、不信之不可也如是。詩曰、文王陟降、在帝左右、信之謂也。又曰、淑愼爾止、無載爾僞、不信之謂也』。書曰『某人某人會于澶淵、宋災故』、尤之也。不書魯大夫、諱之也」。

⑨文十七年（05–06a–9）――文公十七年経「諸侯會于扈」、伝「晉侯蒐于黃父、遂復合諸侯于扈、平宋也。公不與會、齊難故也。書曰『諸侯』、無功也」。なおこれに先立ち文公十五年経「冬、十有一月、諸侯盟于扈」、伝「冬十一月、晉侯・宋公・衛侯・蔡侯・陳侯・鄭伯・許男・曹伯盟于扈、尋新城之盟、且謀伐齊也。齊人賂晉侯、故不克而還。於是有齊難、是以公不會。書曰『諸侯盟于扈』、無能爲故也」。

⑩僖十四年（05-06b-1）——僖公十四年経「春、諸侯城縁陵」、伝「十四年、春、諸侯城縁陵而遷杞焉、不書其人、有闕也」、杜預注「澶淵之會、既而無歸。大夫不書、而國別稱人。今此揔曰諸侯、君臣之辭。不言城杞、杞未遷也」。

⑪狄泉之諱（05-06b-2）——僖公二十九年経「夏、六月、會王人・晉人・宋人・齊人・陳人・蔡人・秦人、盟于翟泉」、伝「夏、公會王子虎・晉狐偃・宋公孫固・齊國歸父・陳轅濤涂・秦小子憖、盟于翟泉、尋踐土之盟、且謀伐鄭也。卿不書、罪之也。在禮、卿不會公侯、會伯子男可也」、杜預注「魯侯諱盟天子大夫。諸侯大夫又違禮盟公侯。王子虎違禮下盟、故不言公會、又皆稱人」。

⑫宣四年（05-06b-2）——宣公四年経「春、王正月、公及齊侯平莒及郯。莒人不肯。公伐莒、取向」

⑬曁之與及（05-06b-3）——「曁」の例は以下の二例のみである。

・昭公七年經「春、王正月、曁齊平」、杜預注「曁與也。燕與齊平也」。

・定公十年経「宋公之弟辰曁仲佗石彄出奔陳」、杜預注「曁與也」。

右の二例の杜預注では「曁」字を「與」字で解しているから、本疏文は隠公元年《公羊傳》「會・及・曁、皆與也」に拠ったのであろう。なお《五経正義》中には「A之與B」という表現がよく見られる。「AとBとは」の意。

⑭史有文質（05-06b-3）——杜預《経伝集解》序、本書42頁参照。

⑮文十三年傳（05-06b-3）——文公十三年伝「冬、公如晉朝、且尋盟。衛侯會公于沓、請平于晉。公還、鄭伯會公于棐、亦請平于晉。公皆成之」。

【傳】宋殤公立十年十一戰。　[05-06b]

【注】殤公以隱四年立、十一戰、皆在隱公世。〔殤公は隱四年を以て立ち、十一戰は、皆な隱公の世に在り。〕

【疏】注の「殤公」より「公世」に至るまで。

○正義に曰う。服虔が次のように述べている。

与夷は魯の隠公四年に即位し、一①戦目の「鄭を伐ちて其の東門を囲む」、二②戦目の「其の禾を取る」は隠公四年、三③戦目の「郜田を取る」、四戦目の「邾・鄭 其の郛に入る」、五④戦目の「鄭を伐ちて長葛を囲む」はともに隠公五年、六⑤戦目の「鄭伯 王命を以て宋を伐つ」は隠公九年、七⑥戦目の「公 宋師を菅に敗る」、八⑦戦目の「宋・衛 鄭に入る」、九戦目の「宋人・蔡人・衛人 戴を伐つ」、十⑧戦目の「戊寅、鄭伯 宋に入る」はすべて隠公十年、十一⑨戦目の「鄭伯 虢師を以て大いに宋師を敗る」が隠公十一年である。

つまり「皆な隠公の世に在る」のである。

【譯注】

①一戦（05-06b-5）——隠公四年伝「於是陳・蔡方睦於衛、故宋公・陳侯・蔡人・衛人伐鄭、圍其東門、五日而還」。

②再戦（05-06b-6）——隠公四年伝「秋、諸侯復伐鄭。宋公使來乞師、公辭之。羽父請以師會之、公弗許。固請而行。故書曰、翬帥師、疾之也。諸侯之師敗鄭徒兵、取其禾而還」。

③三戦・四戦（05-06b-6）——隠公五年伝「宋人取邾田。邾人告於鄭曰、請君釋憾於宋、敝邑爲道。鄭人以王師會之、伐宋、入其郛、以報東門之役」。

④五戦（05-06b-6）——隠公五年伝「宋人伐鄭、圍長葛、以報入郛之役也」。

⑤六戦（05-06b-6）——隠公九年伝「宋公不王、鄭伯爲王左卿士、以王命討之。伐宋。宋以入郛之役怨公、不告命。公怒、絶宋使」。

⑥七戦（05-06b-7）——隠公十年伝「六月、戊申、公會齊侯・鄭伯于老桃。壬戌、公敗宋師于菅」。

⑦八戦・九戦（05-06b-7）——隠公十年伝「蔡人・衛人・郕人不會王命。秋、七月、

庚寅、鄭師入郊、猶在郊。宋人・衛人入鄭、蔡人從之伐戴」。

⑧十戰（05-06b-7）――隱公十年伝「九月、戊寅、鄭伯入宋」。

⑨十一戰（05-06b-7）――隱公十一年伝「冬、十月、鄭伯以虢師伐宋。壬戌、大敗宋師、以報其入鄭也」。

○ちなみに《史記》微子世家・集解所引の賈逵説は次のようである。

一戰、伐鄭、圍其東門。二戰、取其禾。三戰、取邾田。四戰、邾鄭伐宋、入其郛。五戰、伐鄭、圍長葛。六戰、鄭以王命伐宋。七戰、魯敗宋師于菅。八戰、宋・衛入鄭。九戰、伐戴。十戰、鄭入宋。十一戰、鄭伯以虢師大敗宋。

《左伝》注の継承関係として、賈逵から服虔、服虔から杜預への流れを象徴するかのような例である。すなわち劉文淇《春秋左氏傳舊注疏證》が指摘するように、賈逵注に無い年を補った分、服虔注が詳細になっており、杜預注はその服虔注を隠括するという形である。

【傳】民不堪命。孔父嘉爲司馬、督爲大宰。故因民之不堪命。先宣言曰、司馬則然。 [05-06b]

【注】言公之數戰、則司馬使爾。嘉孔父字。〔言ふこころは公の數《しば》しば戰ふは、則ち司馬爾《しか》らしむるなり。嘉は孔父の字なり。〕

【傳】已殺孔父而弑殤公。召莊公于鄭而立之、以親鄭。 [05-06b]

【注】莊公公子馮也。隱三年出居于鄭。馮入宋不書、不告也。〔莊公は公子馮なり。隱三年に出でて鄭に居る。馮の宋に入るをば書せざるは、告げざればなり。〕

【傳】以郜大鼎賂公。 [05-07a]

【注】郜國所造器也、故繫名於郜。濟陰成武縣東有北郜城。〔郜國の造る所の器なり、故に名を郜に繫《か》く。濟陰成武縣の東に北郜城有り。〕

【疏】注の「郜國」より「郜城」に至るまで。

○正義に曰う。《穀梁伝》①に「郜鼎は郜の為《つく》る所なり。孔子曰く、名は主人に従ふ、と。故に郜の大鼎と曰ふ」と述べ、《公羊伝》②に「器は名に従ひ、地は主人に従ふ」と述べている。③その意味するところは、器物はもとの持主の名に従い、土地は後に属する主人の名に従う、ということだから、「郜国の造る所なるが故に名を郜に繫《か》く」るものであることが分かる。

劉君④は杜注に「郜国、済陰成武県東南に北郜城有り」、「郜は宋の邑、済陰成武県の東南に郜城有り」と言うのを非難して、「ともに成武県の東南であり、たがいに去ることあまり遠くないのに、なんで作ったのが郜国であったり、宋国であったりするであろうか」と述べている。つまり劉炫は南郜・北郜ともに宋邑で、さらに別に郜国が有るとして、杜氏を規正するのである。

そうでないことが分かるのは、⑤許田と許国とが相い隔たることあまり遠くないことからすれば、郜国と郜邑とについても、なんで近いということが妨げとなろうか。しかも杜預が「有」と言うのは、すべて疑問の表現であり、なんで杜預の疑問を捉えてその過誤を規正することができようか。劉炫の解釈のとおりだとすれば、郜国はいったい何処に在るというのだろう。

【譯注】

①穀梁傳（05-07a-3）――桓公二年《穀梁伝》曰「郜鼎者郜之所爲也。曰宋、取之宋也。以是爲討之鼎也。孔子曰、名從主人、物從中國。故曰郜大鼎也」。

②公羊傳（05-07a-4）――桓公二年《公羊伝》「此取之宋、其謂之郜鼎何、器從名、地從主人。器何以從名、地何以從主人。器之與人、非有卽爾。宋始以不義取之、故謂之郜鼎」。

③其意言（05-07a-4）――上に引用した文献や注釈の内容をまとめて述べる際に用

いる常用語。《春秋正義》に多く、次いで《毛詩正義》そして《尚書正義》に見えるところからすると、あるいは劉炫《五経述議》の用語であるかもしれない。拙稿「五經正義讀解通論（二）」（『東洋古典學研究』第21集　二〇〇六年
《五經正義研究論攷》研文出版　二〇一三年所収）参照。

④杜注（05-07a-5）――ここでは本年の杜預注と、さらに隠公十年経「六月、壬戌、公敗宋師于菅。辛未、取郜、辛巳、取防」、杜預注「鄭後至得郜・防二邑、歸功于魯、故書取明不用師徒也。濟陰城武縣東南有郜城。高平昌邑縣西南有西防城」を指す。おそらく劉炫の文章が省略されているのであろう、文意が取りにくいものとなっている。

⑤許田許國（05-07a-6）――許田・許国に対する杜預注は以下の通り。

許田――隠公八年伝「鄭伯請釋泰山之祀而祀周公、以泰山之祊易許田」。
杜預注「許田、近許之田也」。

許國――隠公十一年経「秋、七月、壬午、公及齊侯鄭伯入許」。
杜預注「許、潁川許昌縣也」。

【傳】齊・陳・鄭皆有賂。故遂相宋公。　[05-07a]

【傳】夏、四月、取郜大鼎于宋、戊申、納于大廟、非禮也。臧哀伯諫曰、

【注】臧哀伯魯大夫、僖伯之子。〔臧哀伯は魯の大夫、僖伯の子なり。〕

【傳】君人者將昭德塞違、以臨照百官、猶懼或執之。故昭令德以示子孫。是以清廟茅屋、　[05-07b]

【注】以茅飾屋著儉也。清廟肅然清靜之稱也。〔茅を以て屋を飾るは儉を著《あらは》すなり。清廟は肅然清靜の稱なり。〕

【疏】「君人」より「子孫」に至るまで。

○正義に曰う。「君人〔人に君たり〕」とは、人々のために君となることをいう。「昭徳〔徳を昭《あき》らかにす〕」とは、善なる徳を昭明にし、徳をますます明らかにすることをいう。「塞違〔違へるを塞ぐ〕」とは、邪悪を塞《ふさ》ぎ、命令違反を無くすることをいう。

「徳」は「得」で、内では心に得、外では物から得ることをいう。心に在るものが「徳」であり、それを外に施すのが「行」である。（つまり）「徳」は「行」の未だ発せられていないものであり、「徳」は心に在るから、見たり聞いたりすることはできないため、聖王は法則《きまり》を設けることによって、外物でそれを表現した。「倹」とか「度」「数」「文」「物」「声」「明」はいずれも「昭徳」に関する事柄であるので、伝でそれらの事についてはすべて「昭」を言っており、これはその「徳を昭らかにする」のである。

「不敢易紀律」以上はすべて「昭徳」の事を述べるだけで、「塞違」の事が全く無い。そして「滅徳立違」以下に「違徳」の事を述べる。「徳」と「違」とはその義が並立せず、「徳」が明らかであれば「違」が絶たれるので、「昭徳」の下に「塞違」を言う。そして「違」が立てば「徳」が滅ぶから、「立違」の上に「滅徳」を言う。「立違」とは違命の臣下を取り立てるという意味だから、「塞違」が違命の人を遏絶《あつぜつ》〔たちきる〕する意味だということが分かる。

「国家之敗」とは邦国が滅ぶことだから、「猶ほ之れを失ふこと或《あ》るを懼る」とは国家を失うのを恐れる意味だということが分かる。（かくばかり）この諫言には首尾一貫性が有るので、道理が互いに発明しあうのである。

○注の「以茅」より「之稱」に至るまで。

○正義に曰う。〈冬官考工記〉①に「葺屋《しゅうおく》」「瓦屋《がおく》」といった言葉があるので、屋根を覆うものには、草ぶきや瓦ぶきが有ったのだろう。伝に「清廟茅屋」と言うから、その屋根にはきっと茅を用いたはずである。ただ茅で屋根を覆うことについては、ここ以外（の文献）には全く明文が無い。

《禮記》〈明堂位〉②には、

節〔柱の頂上〕を山〔山形〕にし、梲《せつ》〔梁の上の短柱、うだち〕を藻にし、複廟〔二層のやね〕・重檐《えん》〔二重ののき〕あり、刮楹《くわつえい》〔みがいた柱〕・達郷〔見通せる窓と戸〕あり、反坫《てん》〔爵を返す坫〕は尊より出で（南に置き）、崇坫〔たかい坫〕に圭を康《あ》げ、疏屏あるは、天子の廟の飾なり。

という記述があり、その装飾はあらゆる物を備えて文飾を尽くしているから、茅で屋根を覆うはずはないのに、ここで「茅」が有り得るのは（なぜかといえば）、杜預が「茅を以て屋を飾るは倹を著《あらは》すなり」と言うのは、茅で飾り付けをするだけで、たくさんの茅を用いて屋根を覆い尽くすという意味ではないのである。ちょうど童子の垂髪とか蔽膝③〔ひざあて〕のようなもので、昔のやり方を残していることを示したものに過ぎない。

《白虎通》④に、

王者が宗廟を立てるのはなぜか。生きている者をたよりにして死者に奉仕し、死者を敬うことあたかも生きている者のごとくする。それゆえ廟を宗《たつと》ぶことで奉仕する、これが孝子の心情である。「宗」とは「尊」、「廟」とは「貌」の意味であり、先祖の「尊貌」に象《かたど》ったものである。

という記述がある。そうだとすると、尊貌に象った祭祀の場所は、その建物を荘厳にし、そこへ出入する者を簡《えら》び、その場所は粛然として清静であるところから、「清廟」と称する。つまり「清廟」は「宗廟」の美名である。《詩》⑤の〈清廟〉篇は文王を祭祀する歌であるから、鄭玄は文王で解釈している。つまり天徳は清明で、文王がこれに象ったため「清廟」と称した、というのである。しかしここでは諸廟を広く指したもので、文王には限らないわけだから、（杜預は）「清静」で解釈した。

【譯注】

①冬官考工記（05-07b-7）――《周禮》考工記・匠人職「凡任、索約大汲其版、謂之無任。葺屋參分、瓦屋四分。囷窖倉城、逆墻六分。堂涂十有二分。竇、其崇三尺。墻厚三尺、崇三之」。

②明堂位（05-07b-8）――《禮記》明堂位「山節藻梲、復廟重檐、刮楹達郷、反坫出尊、崇坫康圭、疏屏、天子之廟飾也」。

③童子垂髪・蔽膝（05-07b-10）――「垂髪」については、昭公九年傳「豈如弁髦、而因以敝之（童子の前髪のように、たちまち切り落としてよいものではない）」、杜預注「童子垂髦、始冠必三加冠成禮、而棄其始冠、故言弁髦因以敝之」、その疏に「玉藻亦云『始冠緇布冠、自諸侯下達、冠而敝之可也』。鄭玄云『本大古耳、非時王之法服也』。是言本古而暫冠、既加而卽弃、是禮成而弃其始冠、故云『弁髦而因以敝之』也」とある。

また「蔽膝」については、本年伝疏（422頁）所引鄭玄詩箋（小雅・采菽）に「芾《ふつ》は大古の膝を蔽ふの象なり。冕服は之れを芾と謂ひ、その他の服は之れを韠と謂ふ。韋〔なめしがわ〕を以て之れを為る」とある。

④白虎通（05-07b-10）――本疏所引は逸文である。

⑤詩頌清廟（05-08a-2）――《毛詩》周頌・清廟序「清廟祀文王也。周公既成洛邑、朝諸侯率、以祀文王焉」、鄭玄箋「清廟者祭有清明之德者之宮也、謂祭文王也。天德清明、文王象焉、故祭之而歌此詩也。廟之言貌也。死者精神不可得而見、但以生時之居立宮室、象貌爲之耳。成洛邑居攝五年時」。

【傳】大路越席、　[05-08a]

【注】大路玉路、祀天車也。越席結草。〔大路は玉路、天を祀る車なり。越席は草を結ぶ。〕

【疏】注の「大路」より「越席結草」に至るまで。

○正義に曰う。「路」の訓みは「大」である。君の在《いま》す場所は「大」と名づけ、門には「路門」①と言い、寝室には「路寝」②と言い、車には「路車」③と言うので、人君の車は、おしなべて「路」を名とするのである。

④《周禮》巾車は王の五路を掌《つかさど》り、鄭玄は「王の在《いま》すを路と曰ふ」と述べるが、そこでは天子の車を解説したため、「王在《いま》す」といったまでで、実際のところ、諸侯の車もまた「路」と言う。

「大路」とは「路」の最大のものであり、〈巾車〉に言う「五路」のうち、「玉路」が最大であるため、杜預は「玉路」を「大路」に当てたのである。また〈巾車〉に「玉路は錫《やう》〔おもがい〕・樊《はん》〔たてがみかざり〕・纓《えい》〔むながい〕、十有再就、大常十有二斿《いう》〔はたあし〕を建て、以て祀《まつ》る」と述べているので、「天を祀る車」と解したのである。

「越席」とは、蒲《がま》を編んで席《むしろ》を作り、玉路の中央に置いて茵藉《いんせき》〔しきもの〕とするもので、その倹約であることを示すものである。

⑤経書・伝文に「大路」に言及するものは多いが、注釈者はすべてその⑥文字面を勘案して説をたてている。（たとえば）《尚書》⑦顧命に、器物を陳列する際に大輅《たいろ》・綴輅《てつ》・先輅・次輅が有り、孔安国は、玉・金・象牙で車を装飾するものと考えている。あまねくこれらの路を陳列するので、《周禮》によって順序づけたのであろう。

⑧僖公二十八年に王が晋の文公に大輅の服を賜わっており、⑨定公四年に祝佗が「先王が魯・衛・晋に大路を分かった」と述べているが、杜注はこれらをいずれも「金路」だと考えている。⑩《周禮》の「金路」は同姓を封ずるが、「玉路」は同姓に賜うことができないことから、これらがいずれも「金路」だということが分かるのである。

⑪襄公十九年（伝）に、「王 鄭の子蟜に賜ふに大路を以てす」とあり、⑫二十四年（伝）に、「王 叔孫豹に賜ふに大路を以てす」とあって、二箇所の注はともに「大路は天子の賜ふ所の車の総名なり」と述べている。これは、⑬《周禮》に「孤〔孤卿〕は夏篆《かてん》に乗り、卿は夏縵《かまん》に乗る」とあり、《釈例（爵命例）》では、穆叔・子蟜に賜うたものを革・木の二路に当てているので、（ここでは）杜預は「大路」を賜車の総名と見なしているのである。

（これに対して）服虔は「大路は木路なり」と述べている。杜預がそうだと考えないのは、「大路は越席」とは、ちょうど「清廟は茅屋」と対になった表現であり、清廟の華やかさも、茅で屋根を飾ることで倹約であることを示し、玉路の美しさも、越席で質素であることを示したものだからである。もしも「大路」が木製だとしたら、「越席」と各おの一物となるが、どうして「清廟」と「茅屋」とがまた別物となろうか。それゆえ杜預は「大路」を「玉路」と見なすのであり、「玉路」でありながら「越席」を施すことで、はじめて倹約を示すことができるのである。だからこそ沈氏が、「玉路は文なりと雖も亦た越席を以て倹なるをしめす」と述べているのである。しかるに劉君はほしいままに異義を捏造し、「大路」は「木路」だとして、いたずらに杜氏を規正するのは誤りである。

【譯注】

①路門（05-08a-5）——《周禮》に三例見える。
・春官・小宗伯「大斂小斂、帥異族而佐、縣衰冠之式于路門之外」。
・夏官・司士「王族故士虎士、在路門之右、南面東上。大僕大右、大僕從者、在路門之左、南面西上」。
・冬官・匠人「路門不容乗車之五个」。

②路寝（05-08a-5）——以下の諸経書に見える。《春秋経》は一例のみを挙げる。
・毛詩・魯頌・閟宮「路寝孔碩、新廟奕奕」。
・禮記・玉藻「君日出而視之、退適路寝聽政」。

・禮記・雜記下「路寢成、則考之而不釁」。
・禮記・喪大記「夫人卒於路寢、大夫世婦卒於適寢」。
・春秋・莊公三十二年經「八月、癸亥、公薨于路寢」。

③路車（05-08a-5）――以下の《毛詩》《禮記》に見える。
・毛詩・秦風・渭陽「我送舅氏、曰至渭陽、何以贈之、路車乘黄」。
・毛詩・小雅・采芑「四騏翼翼、路車有奭」。
・毛詩・小雅・采菽「路車乘馬、又何予之」。
・毛詩・大雅・崧高「王遣申伯、路車乘馬」。
・毛詩・大雅・韓奕「乘馬路車、籩豆有且」。
・禮記・郊特牲「先王之薦、可食也、而不可耆也、卷冕路車、可陳也、而不可好也」。
・禮記・玉藻「禮不盛、服不充、故大裘不裼、乘路車不式」。

④周禮巾車（05-08a-5）――《周禮》春官・巾車「掌公車之政令、辨其用與其旗物而等敘之、以治其出入。王之五路。一曰玉路、鍚・樊・纓、十有再就、建大常、十有二斿、以祀」、鄭玄注「王在焉曰路。玉路以玉飾諸末」。なお玉路以下、金路・象路・革路・木路と続く。

⑤經傳言大路（05-08a-7）――たとえば《禮記》月令「天子居大廟大室、乘大路」、《左傳》襄公十九年「六月、晉侯請於王。王追賜之大路、使以行禮也」等。

⑥觀文爲説（05-08a-8）――しかるべき字書に見える訓詁ではなく、「文字面を勘案して解釈したもの」という意味。《春秋正義》の三例のほかは、《尚書正義》に二例、《毛詩正義》に二例見える。類似の用法として「望文爲義」があり、これは《周禮疏》に六例、《儀禮疏》に三例見える。拙稿「五經正義讀解通論（四）」（『東洋古典學研究』第24集　二〇〇七年　《五經正義研究論攷》研文出版　二〇一三年所収）を参照されたい。

⑦尚書顧命（05-08a-8）――《尚書》顧命篇「大輅在賓階面〔孔安國傳：大輅玉、綴輅金、面前皆南向〕、綴輅在阼階面、先輅在左塾之前、次輅在右塾之前〔先輅象、次輅木〕」。

⑧僖二十八年（05-08a-9）――僖公二十八年伝「己酉、王享醴、命晉侯宥。王命尹氏及王子虎・内史叔興父策命晉侯爲侯伯、賜之大輅之服・戎輅之服〔杜預注：大輅金輅、戎輅戎車。二輅各有服。〕、彤弓一・彤矢百、玈弓矢千、秬鬯一卣、虎賁三百人」。

⑨定四年（05-08a-9）――定公四年伝に、衛の祝佗（子魚）が語った言葉の中に見える。

子魚曰「以先王觀之、則尚德也。昔武王克商、成王定之、選建明德、以蕃屏周。故周公相王室、以尹天下、於周爲睦。分魯公以大路・大旂〔杜預注：大路金路、錫同姓諸侯車也。〕、夏后氏之璜、封父之繁弱、殷民六族、條氏・徐氏・蕭氏・索氏・長勺氏・尾勺氏、使帥其宗氏、輯其分族、將其類醜、以法則周公。用卽命于周。是使之職事于魯、以昭周公之明德。分之土田陪敦・祝・宗・卜・史、備物・典策、官司・彝器。因商奄之民、命以伯禽而封於少皡之虚。分康叔以大路・少帛・綪茷・旃旌・大呂、殷民七族、陶氏・施氏・繁氏・錡氏・樊氏・饑氏・終葵氏。封畛土略、自武父以南及圃田之北竟、取於有閻之土以共王職。取於相土之東都以會王之東蒐。聃季授土、陶叔授民、命以《康誥》而封於殷虚。皆啓以商政、疆以周索。分唐叔以大路・密須之鼓・闕鞏・沽洗、懷姓九宗、職官五正。命以《唐誥》而封於夏虚、啓以夏政、疆以戎索。……」。

⑩周禮（05-08a-9）――《周禮》春官・巾車。注④所引はさらに次のように続く。

金路、鉤、樊纓九就、建大旂、以賓、同姓以封。象路、朱、樊纓七就、建大赤、以朝、異姓以封。革路、龍勒、條纓五就、建大白、以卽戎、以封四衛。木路、前樊鵠纓、建大麾、以田、以封蕃國。

⑪襄十九年（05-08a-10）――襄公十九年伝「六月、晉侯請於王。王追賜之大路使以行、禮也」、杜預注「大路天子所賜車之揔名。以行葬禮。傳言大夫有功、則賜

服路」。

⑫二十四年（05–08a–10）——襄公二十四年伝「穆叔如周、聘且賀城。王嘉其有禮也、賜之大路」、杜預注「大路天子所賜車之揔名」。

⑬周禮（05–08b–1）——《周禮》春官・巾車「孤乘夏篆、卿乘夏縵、大夫乘墨車、士乘棧車、庶人乘役車」。

【傳】大羹不致、 [05–08b]

【注】大羹肉汁、不致五味。〔大羹《たいかう》は肉汁、五味を致さず。〕

【疏】「大羹」より「五味」に至るまで。

○正義に曰う。〈郊特牲〉①に「大羹《たいかう》の和せざるは、其の質を貴《たつと》べばなり」と言い、《儀禮》②の〈士虞〉・〈特牲〉ではともに「大羹湇《きふ》」を設けており、鄭玄は「大羹湇は煮肉の汁なり。和せざるは其の質を貴べばなり。之れを設くるは尸を敬ふ所以なり」と注釈しているから、祭祀の礼には「大羹」がある。「大羹」とは太古に初めて肉を食べた者が、これを煮ただけで、五味を用いて調理していないものである。神を祭るのにこれを設けるのは、敬《つつし》んで本来の形を忘れないためである。

《禮記》に「大羹は和せず」と言うから、「不致」とは「五味を致さざる」ものであることが分かる。「五味」とは〈洪範〉③に言う「酸・苦・辛・鹹・甘」のことである。

【譯注】

①郊特牲（05–08b–5）——《禮記》郊特牲篇「大羹不和、貴其質也。大圭不琢、美其質也。丹漆雕几之美、素車之乘、尊其樸也、貴其質而已矣」。

②儀禮士虞特牲（05–08b–5）——《儀禮》士虞禮「尸祭鉶嘗鉶、泰羹湇自門入、設于鉶南、胾四、豆設于左」、鄭玄注「湇肉汁也」。〈特牲禮〉「設大羹湇于醢北」、鄭玄注「大羹湇肉汁也。不和貴其質。設之所以敬尸也。不祭不嚌、大羹不爲、神非盛者也。士虞禮曰、大羹湇自門入。今文湇皆爲汁」。

③洪範（05–08b–7）——《尚書》洪範篇「五行。一曰水、二曰火、三曰木、四曰金、五曰土。水曰潤下、火曰炎上、木曰曲直、金曰從革、土爰稼穡。潤下作鹹、炎上作苦、曲直作酸、從革作辛、稼穡作甘」。

【傳】粢食不鑿、 [05–08b]

【注】黍・稷曰粢。不精鑿。〔黍・稷を粢《し》と曰ふ。精鑿せざるなり。〕

【疏】注の「黍稷」より「精鑿」に至るまで。

○正義に曰う。《爾雅》①〈釈草〉に「粢《し》は稷なり」と言い、舎人が「粢は一名稷、稷は粟なり」、郭璞が「今の江東の人、粟を呼びて粢と為す」と注釈し、また〈士虞記〉②に「明斉」と言い、鄭玄が「今文には明粢と曰ふ。粢は稷なり」と注釈している。そうだとすると、「粢」は稷の別名である。ただ「稷」が穀物の代表であるので、「粢」は穀物の総名でもある。

《周禮》③小宗伯に「六粢の名物を辨ず」とあり、鄭玄が「六粢とは黍・稷・稲・粱・麦・苽なり」と注釈しているのは、穀物をすべて粢と名づけたのである。祭祀に穀物を用いる場合、黍・稷が多いので、「黍・稷を粢と曰ふ」と述べたもの。

飯《めし》を「食《し》」と言う。伝に「粢食は鑿《しらげ》ず」と言うのは、黍・稷を飯にする際に細かくはしない、という意味である。《九章算術》④の「粟の率は五十、鑿は二十四」とは、粟の五斗を二斗四升に精米するという意味で、これが米の実《み》の精鑿である。

【譯注】

①釋草（05–08b–9）――《爾雅》釋草「粢、稷」、郭璞注「今江東人、呼粟爲粢」。

②士虞記（05–08b–9）――《儀禮》士虞禮「明齊溲酒」、鄭玄注「明齊新水也。言以新水溲釀此酒也。郊特牲曰、明水涚齊貴新也。或曰、當爲明視爲兔腊也。今文曰明粢。粢稷也。皆非其次。今文溲爲醙」。

③周禮小宗伯（05–08b–10）――《周禮》小宗伯「辨六齍之名物與其用、使六宮之人共奉之」、鄭玄注「齍讀爲粢。六粢謂六穀、黍・稷・稻・粱・麥・苽」。

④九章算術（05–09a–1）――《九章算術》は先秦以来の数学的知識を集大成した書物であるが、著者は不明である。《隋書》経籍志には十種類あまりの《九章算術》関連書が著録されており、そのうちの「九章算術十巻　劉徽撰」とあるのが現存する。劉徽は三国魏の人というが、伝未詳。微波榭刊本（四部叢刊本）が最も流布する。《正義》が見たのが何であったかは明らかにしがたいが、現行本巻二粟米に「粟米之法。粟率五十、糲米三十、粺米二十七、糳米二十四、御米二十一、……」とある。

【傳】昭其儉也。　[05–09a]

【注】此四者皆示儉。〔此の四者は皆な儉を示す。〕

【傳】衮冕黻珽、　[05–09a]

【注】衮畫衣也。冕冠也。黻韋韠、以蔽膝也。珽玉笏也。若今吏之持簿。〔衮《こん》は畫《ゑが》ける衣なり。冕《べん》は冠なり。黻《ふつ》は韋韠《ゐひつ》、以て膝を蔽《おほ》ふなり。珽《てい》は玉笏《こつ》なり。今の吏の持簿の若《ごと》し。〕

【疏】注の「衮畫」より「持簿」に至るまで。

○正義に曰う。「画衣」とは龍を衣に画《えが》くことをいう。祭①服は玄《くろ》い上衣に纁《うすあか》い下裳《はかま》である。《詩》②に「玄衮《げんこん》」と言うのは、玄衣に衮《こん》龍を画いたものである。

「衮」とは巻くという意味で、龍の首《かしら》が巻然としているということ。〈玉③藻〉に「龍巻して祭る」と言う記述があるから、龍首が巻いていることが分かる。

《尚書》④益稷に「帝曰く、予古人の象を観、日・月・星辰・山・龍・華蟲を会〔絵〕と作し、宗彝《い》・藻・火・粉米・黼《ほ》・黻《ふつ》を絺繡《ちしう》〔ししゅう〕せんと欲す」と述べている。「古人の象を観る」とは、衣服に象《かたど》られた「日月」より「黼黻」に至るまでの十二物の、すべて衣服に施されたものを観るという意味である。

「華蟲」以上には「会を作す」と言い、「宗彝」以下には「絺繡」と言うから、両者とも衣服に在るけれども、その施し方は同じではない。〈冬⑤官考工記〉では「画繢《くわい》」と「繡布」の彩《いろど》りは順序を異にしているから、上衣には絵を画き、下衣には刺繡することが分かるということで、鄭⑥玄は《禮》注や《詩》箋で「衣は繢《えが》きて裳は繡す」と述べている。以上のことから、「衮」とは文様を画くものだということが分かるということで、「衮は衣に画くなり」と述べたのである。

衮衣以下の章数については、鄭⑦玄が〈司服〉に注して、「有虞氏は十二章、日・月より以下である。周代になって、日・月・星辰を旗に画くようになった。そして龍を山より上にし、火を宗彝の上にした。冕服は九章より以下である」と述べている。この鄭玄の言うとおりだとすると、九章とは、龍が一、山が二、華蟲が三、火が四、宗彝が五で、これらが上衣、藻が六、粉米が七、黼が八、黻が九で、これらが下衣に在ることになる。鷩冕《べつべん》は、龍・山を去った華蟲以下の七章、華蟲が一、火が二、宗彝が三で、これらが上衣、その他の四章は下衣である。毳冕《せいべん》は、華蟲・火を去った宗彝以下の五章、宗彝が一、藻が二、粉米が三で、これらが上衣、その他の二章は下衣である。希冕は、宗彝・藻を去った粉米以下の三章、粉米が一で、これが上衣、その他の二章は下衣である。玄冕は、その上衣に絵が無く、下衣に黻を刺繍するだけである。

[8]杜預が昭公二十五年の「九文」を数えるのに、「宗彝」をその中にいれていないところからすると、鄭玄とは解釈が異なるのであろう。

「冠」とは頭にかぶるものの総称で、「冕」とは冠の中の別名であるから、「冠は冕なり」と述べた。《世本》に「黄帝が冕を作った」という記述があり、[9]宋仲子が「冕は冠の旒《りゅう》〔たまだれ〕が有るもの」だと注している。礼文献が完全には残っていないので、その形状・制度の詳細は明らかにし難い。[10]《周禮》弁師に「王の五冕を掌る。皆な玄冕、朱裏」という記述があるが、ただ玄・朱を言うのみで、材料については述べていない。[11]《論語》に「麻冕は礼なり」とあるのは、おそらく木が本体、布でこれを覆い、上が玄、下が朱であるのは、天地の色に象ったものであろう。その長短・広狭については、経・伝に記述が無い。

[12]阮諶《げんしん》の《三禮圖》・[13]《漢禮器制度》に、「冕制は、皆な長さ尺六寸、広さ八寸。天子以下皆な同じ」だと述べている。沈氏は[14]董巴の《輿服志》に「広さ七寸、長さ尺二寸」と言い、[15]応劭の漢官儀に「広さ七寸、長さ八寸」と言うのを引用する。そして[16]沈氏はさらに、「広さ八寸、長さ尺六寸とは、天子の冕。広さ七寸、長さ尺二寸とは、諸侯の冕。広さ七寸、長さ八寸とは、大夫の冕である。ただ古禮で残っているものは欠けており、どの説が正しいのかが分からないので、つぶさにこれらを記録しておく」と述べている。

[17]司馬彪の《漢書》輿服志に、「孝明帝の永平二年、初めて有司に詔《みことのり》し、《周官》《禮記》《尚書》の文より采《と》りて冕を制す。皆な前円後方、裏を朱にし上を玄にす。前垂は四寸、後垂は三寸。天子は白の玉珠にして十二旒、諸侯は青の玉珠にして七旒、卿大夫は黒の玉珠にして五旒、皆な前有りて後無し」という記述がある。これらは（いずれも）漢代の制度である。

その古礼については、[18]鄭玄が〈弁師〉に注して、

天子の衮冕は五采の繅《そう》〔たれひも〕を以てす。前後に各々十二斿、斿に五采の玉十有二有り。鷩冕《べつべん》は前後に九斿、毳冕《せいべん》は前後に七斿、希冕は前後に五斿、玄冕は前後に三斿、皆な五采の玉十有二なり。上公の衮冕は三采の繅。前後に九斿、斿に三采の玉九有り。侯伯の鷩冕は三采の繅、前後に七斿、斿に三采の玉七有り。子男の毳冕は五采の繅、前後に五斿、斿に三采の玉五有り。孤卿以下は皆な二采の繅、二采の玉、其の斿及び玉は各々命数に依るのみ。

と述べている。

「冕」と名づける理由は、冕《べん》は俛《べん》〔うつむく〕である。後ろが高く前は下がり、うつむきかがむ姿勢から名を取ったもの。思うに、上位にあるものは得てして驕矜《きょうきょう》〔おごりたかぶる〕になりやすいところから、位が高くなればなるほど、その気持ちをますます低くさせようとして、この服を制度化したもので、貴者をして賤者にへりくだらせようという考えからであろう。

「黻《ふつ》」「韠《ひつ》」は制度は同じであるが、名称は異なる。[19]鄭玄の《詩》箋に「芾《ふつ》は大古の膝を蔽《おお》ふの象なり。冕服は之れを芾と謂ひ、その他の服は之れを韠と謂ふ。韋〔なめしがわ〕を以て之れを為《つく》る」と注しているので、「黻は韋韠なり」と述べたのである。《詩》に「赤芾 股に在り」とあるから、芾は股〔もも〕をおおう布なので、「以て膝を蔽ふなり」と述べたのである。

[20]鄭玄の《易緯乾鑿度》注に、「古は田漁して食らひ、因りて其の皮を衣とす。先づ其の前を蔽ふを知り、後に後ろを蔽ふを知る。後王は之れに易ふるに布帛を以てす。而して独り其の前を蔽ふを存するは、古道を重んじて本を忘れざるなり」と述べている。これは「黻」「韠」の由来を説明したもの。

《易》[21]下繋辞に「包犠氏の天下に王たるや、網罟《こ》を作為し、以て佃《かり》し以て漁《すなど》る」

という記述があるから、（鄭玄のいう）「田漁して食らふ」のは、伏犠氏の時代である。〈禮運〉[22]に上古の時代を説明して、「昔者 先王は鳥獣の肉を食らひ、其の羽皮を衣とす」と述べているのが、「田漁して食らひ、その皮を着た」ことである。さらに「後聖作《をこ》ること有り、其の麻絲を治め、以て布帛を為る」と述べ、また《易》[23]繋辞に「黄帝・堯・舜、衣裳を垂れて天下治まる」と述べている。そうすると「これを布帛に変えた」のは、黄帝から始まることになる。つまり衣裳を垂れ布帛を着るのは、必ずや黄帝からである。

その「膝を蔽ふの象を存した」のが、何時、誰によって始められたのかは分からない。

《禮記》[24]明堂位の「有虞氏は韍《ふつ》を服す」という記述は、舜が初めて黻《ふつ》を作ったことを述べたものだが、これは祭服を尊んで名称を異にしたものに過ぎず、必ずしもこの時初めて「象を存した」と言うのではない。

（鄭玄箋の）「冕服は之れを黻と謂ふ」ことが分かるのは、《易》[25]に「朱紱は方《まさ》に来たらんとす。用て享祀するに利《よろ》し」と述べているからである。（鄭玄箋の）「他の服は之れを韠《ひつ》と謂ふ」ことが分かるのは、〈士冠禮〉[26]を調べてみるに、士は皮弁・玄端を服し、ともに韠を服しているから、「他の服は之れを韠と謂ふ」とは、冕を主とした言い方で、冕を「他」と言うのではないのに対し、これは両服〔祭服と他服〕ともに表現しようとしたもので、それゆえ（杜預は）黻を「韋韠」と見なしたのである。「黻」と「韠」とは、祭服と他服との異名にすぎず、その形状・制度は同じである。

〈玉藻〉[27]に玄端の服の「韠」を説明して、「韠は、君は朱、大夫は素、士は爵韋〔赤黒いなめしがわ〕」と述べており、冒頭に「韠」を言い、句末に「韋」を言うところからすると、明らかにすべて韋で作るのである。

いったい韠はすべて裳〔下衣〕の色に象る。「君は朱、大夫は素」と言うところからすると、韠の尊卑はただ色に違いが有るだけで、その他の飾りは無い。

（これに対して）「黻」には文様の飾りがある。〈明堂位〉[24]に「有虞氏は韍《ふつ》を服し、夏后氏は山、殷は火、周は龍章」とあり、鄭玄が、

「韍」は冕服の韠なり。舜始めて之れを作り、以て祭服を尊ぶ。禹・湯より周に至り、増すに画文を以てす。後王いよいよ飾る。山は其の仁の仰ぐべきに取る。火は其の明に取る。龍は其の変化に取る。天子はこれを備へ、諸侯は火より以下、卿大夫は山、士は韎韋〔あかねぞめのなめしがわ〕のみ。

と述べているのが、「黻」の飾りを説明したものである。

〈玉藻〉[28]に「韠、下の広さは二尺、上の広さは一尺、長さは三尺、其の頸〔中央部〕は五寸、肩〔両すみ〕と革帯とは博さ二寸」とあり、鄭玄の「頸五寸も亦た広さを謂ふ。頸は中央、肩は両角、皆な上は革帯に接して之れに繋く。肩と革帯とは広さ同じ」と述べているのが、韠の制度を説明したもの。

諸文献には以上の他に「韍」の制度に言及するものが無いが、すべて「韠」の意味であり、明らかにその制度は同じである。経・伝[29]に「黻」に作ったり、「韍」に作ったり、さらに「韠」に作ったりするが、音・義ともに同じである。

徐広[30]の《車服儀制》に「古の韍は今の蔽膝の若し。戦国には兵〔武器〕を連ぬ。韍は兵の飾りに非ざるを以て、之れを去る。漢の明帝は復た韍を制す。天子は赤皮の蔽膝なり。蔽膝は古の韍なり」という記述がある。そうだとすると、漢の時代には蔽膝には依然として赤皮を用いていたことになる。魏晋以来、絳紗〔あかいろのうすぎぬ〕を用いて作っているが、これが古今の違いである。絲を用いることから、「紱」字に作るものがある。

天子の笏《こつ》は玉で作るから、「珽は玉笏なり」と述べた。《管子》[31]に「天子は

玉笏を執り、以て日に朝す」という記述があるが、これが「玉笏」が有ったことを示す文章である。礼文献で「笏」に言及するものには、〈玉藻〉㉜に「凡そ君前に指し画くこと有るときは笏を用ふ。造《いた》りて命を君前に受くれば、則ち笏に書く」という記述がある。また《釈名》㉝に「笏は忽なり。君 命ずる有れば則ち其の上に書く。忽忘〔わすれること〕に備ふるなり。或いは簿と曰ふ。簿を以て物を疏《しる》すべきなり」と言い、徐広《車服儀制》に「古は貴賤皆な笏を執る。即ち今の手板なり」と述べている。そうだとすると、笏と簿とは手板の異名である。《蜀志》㉞に「秦密 大守に見《まみ》え、簿を以て頰を撃つ」とあるから、漢魏以来いずれも手板を執ったのである。それゆえ「今の吏の持簿の如し」と述べたもの。

〈玉藻〉㉜に「笏は畢《ことごと》く用ふるなり。因りて飾る」と言うのは、貴賤ことごとく笏を用い、飾りの違いによって尊卑を示すという意味である。その上文に「笏、天子は球玉を以てし、諸侯は象を以てし、大夫は魚須〔さめのひげ〕を以て竹を文《かざ》る。士は竹もて本とし、象するも可なり」とあり、鄭玄が「球は美玉なり。文は猶ほ飾のごときなり。大夫・士は竹を飾りて以て笏と為す。敢へて君と並びて純物を用ひず」と注しているのが尊卑の違いである。

大夫・士の笏がともに竹を用い、大夫は魚須で飾り、士は象の骨で飾って、あえて単一の物を使用しないのは、人君より下すからである。

材料が異なる以上、その制度もまた異なる。〈玉藻〉㉟に「天子の斑を搢《さしはさ》むは、天下に方正にするなり。諸侯は荼《しょ》、前は詘《かが》み後ろは直《なほ》きは、天子に譲るなり。大夫の、前も詘み後ろも詘むは、譲らざる所無きなり」とあり、鄭玄は、

之れを斑と謂ふ。斑の言たる挺然《ていぜん》〔ぴんと立つ〕として屈する所無く、前後皆な方正なるなり。荼とは舒懦〔ゆっくりとおそい〕として畏るる所前に在るを謂ふ。其の首を円く殺《そ》ぐは、天子に屈すればなり。大夫は、上に天子有り、下に己が君有り。故に首末皆な円く、前後皆な譲る。

と見なしているのが形制の違いである。

その長さについては、諸侯以下、天子と異なる。

斑は一名、大圭と言う。《周禮》㊱典瑞に「王 大圭を晉《さしはさ》み て以て日に朝す」と言うのが、それである。

〈冬官考工記〉㊲に、「大圭は長さ三尺、天子之れを服す」と言うから、天子の斑は長さ三尺である。〈玉藻〉に「笏の度は二尺有六寸」と言うから、天子より短い。おそらく諸侯より以下の長さはみなそうなのであろう。

【譯注】

①祭服玄衣纁裳（05–09a–4）——参考：《禮記》禮器篇「禮有以文爲貴者。天子龍卷、諸侯黼、大夫黻、士玄衣纁裳。天子之冕、朱綠藻、十有二旒、諸侯九、上大夫七、下大夫五、士三、此以文爲貴也」。

②詩（05–09a–5）——《毛詩》采菽「玄袞及黼」、伝「玄袞卷龍也。白與黑謂之黼」。

③玉藻（05–09a–5）——《禮記》玉藻篇「天子玉藻、十有二旒、前後邃延、龍卷以祭」、鄭玄注「玄表纁裏龍卷、畫龍於衣」。

④尚書益稷（05–09a–5）——《尚書》益稷篇「帝曰、予欲觀古人之象、日・月・星・辰・山・龍・華蟲作會、宗彝・藻・火・粉・米・黼・黻・絺・繡、以五采彰施于五色、作服、汝明」。

⑤冬官考工記（05–09a–7）——《周禮》考工記「畫繢之事。雜五色。東方謂之青、南方謂之赤、西方謂之白、北方謂之黑、天謂之玄、地謂之黃。青與白相次也、赤與黑相次也、玄與黃相次也。青與赤謂之文、赤與白謂之章、白與黑謂之黼、黑與青謂之黻、五采備謂之繡」。

⑥鄭玄禮注及詩箋（05–09a–8）——《毛詩》王風・大車「大車檻檻、毳衣如菼」、鄭箋「毳衣之屬、衣繢而裳繡、皆有五色焉。其青者如離」。ただし鄭玄の禮注に

は見えない。

⑦鄭玄注司服（05-09a-9）――《周禮》司服「王之吉服、祀昊天上帝、則服大裘而冕。祀五帝亦如之。享先王則袞冕。享先公饗射、則鷩冕。祀四望山川、則毳冕。祭社稷五祀、則希冕。祭羣小祀則玄冕」の鄭玄注は以下の通り。

六服同冕者、首飾尊也先。公謂后稷之後、大王之前、不窋至諸盩。饗射饗食、賓客與諸侯射也。羣小祀、林澤墳衍四方百物之屬。鄭司農云、大裘羔裘也。袞卷龍衣也。鷩禪衣也。毳罽衣也。玄謂書曰「予欲觀古人之象、日・月・星辰・山・龍・華蟲作繢、宗彝・藻火・粉米・黼・黻、希繡」。此古天子冕服十二章。舜欲觀焉。華蟲五色之蟲。繢人職曰「鳥獸蛇、雜四時五色以章之謂」是也。希讀爲絺。或作黹、字之誤也。王者相變、至周而以日・月・星辰、畫於旌旗、所謂「三辰旂旗、昭其明也」。而冕服九章、登龍於山、登火於宗彝、尊其神明也。九章、初一曰龍、次二曰山、次三曰華蟲、次四曰火、次五曰宗彝、皆畫以爲繢、次六曰藻、次七曰粉米、次八曰黼、次九曰黻、皆希以爲繡、則袞之衣五章、裳四章、凡九也。鷩畫以雉、謂華蟲也。其衣三章、裳四章、凡七也。毳畫虎蜼、謂宗彝也。其衣三章、裳二章、凡五也。希刺粉米、無畫也。其衣一章、裳二章、凡三也。玄者衣無文、裳刺黻而已。是以謂玄焉。凡冕服皆玄衣纁裳。

⑧杜昭二十五年（05-09b-2）――昭公二十五年「爲九文・六采・五章、以奉五色」の杜預注「謂山・龍・華蟲・藻・火・粉米・黼・黻也。華若草華。藻水草。火畫火。粉米若白米。黼若斧。黻若兩巳相戾。傳曰、火龍黼黻、昭其文也」を指す。いま鄭玄と杜預の違いを対照してみよう。

鄭玄　龍―山―華蟲―火―宗彝―藻―米―黼―黻

杜預　山―龍―華―蟲―藻―火―粉―米―黼―黻

この条の《正義》は、ことさらに杜預を弁護しているようには見えない。

⑨宋仲子（05-09b-3）――後漢の宋忠（衷）、字は仲子。《隋書》経籍志に「世本四巻　宋衷撰」と見えるのは《世本》の注釈書である。

⑩周禮弁師（05-09b-4）――《周禮》弁師「掌王之五冕、皆玄冕・朱里・延・紐・五采繅十有二就」。

⑪論語（05-09b-4）――《論語》子罕篇「子曰、麻冕禮也。今也純儉、吾從衆」、集解「孔安國曰、冕緇布冠也。古者績麻三十升布以爲之。純絲也。絲易成、故從儉」。

⑫阮諶三禮圖（05-09b-5）――《隋書》経籍志に「三禮圖九巻　鄭玄及後漢侍中阮諶等撰」とあるのを指すが、現存しない。現在《玉函山房輯佚書》《漢魏遺書鈔》《黄氏逸書考》等に輯佚されている。

⑬漢禮器制度（05-09b-5）――前漢の高祖劉邦の下で礼法を定めたという叔孫通の撰と伝えられる。《玉函山房輯佚書續編》《漢魏遺書鈔》《平津館叢書》《後知不足齊叢書》等に収録されている。

⑭董巴輿服志（05-09b-6）――《隋書》経籍志に「大漢輿服志一巻　魏博士董巴撰」とあるのを指す。現在では亡佚しており、輯本も無い。

⑮應劭漢官儀（05-09b-6）――後漢末の應劭、字は仲遠。《後漢書》巻四十八に伝が有り、《風俗通義》《漢官儀》《漢書注》の著者として知られる。《漢官儀》は《隋書》経籍志に「漢官儀十巻　應劭撰」として著録されるが、現存しない。《漢魏遺書鈔》《平津館叢書》《後知不足齊叢書》等に収録されている。

⑯沈又云（05-09b-6）――沈氏の言葉がどこまでかが問題である。《玉函山房輯佚書》が「大夫之冕」までと見なしているが、劉文淇説により下句「故備載焉」までと見なした。沈氏自身が諸説を引用したと考えるからである。或いはこの後の二段も沈氏説かもしれない。さらに言えば、この沈氏説は《正義》序にいわゆる「以沈氏補焉」部分であり、恐らく前半は劉炫説であろう。劉炫説では「其長短廣狹、則經傳無文」であった。劉文淇は以下のように分析している。

文淇案ずるに、これはすべて沈氏説である。沈氏は阮諶・董巴・応劭等の説を引用し、自己の見解を加えた。その「広さ八寸、長さ尺六寸とは、天子の冕」と言うのは、《三禮圖》・《漢禮器制度》の説、「広さ七寸、長さ尺二寸とは、諸侯の冕」と言うのは董巴の説、「広さ七寸、長さ八寸とは、大夫の冕である」と言うのは応劭の説、のそれぞれに依拠したものである。唐人は阮諶の説に「天子以下同じ」という語があり、下の沈氏説と異なるのを見て、「沈引」二字を加えて勝手に隔ててしまい、前半を自己の説のごとくにしたのである。しかしながら沈氏の言う「長さ尺二寸、長さ八寸」が董巴・応劭の説であるからには、「長さ尺有六寸、広さ八寸」と言うのも、もとより阮諶の説を指すことは明白である。

⑰司馬彪漢書輿服志（05-09b-7）――晋の司馬彪、字は紹統。その著に《續漢書》があるが、現存しない。《七家後漢書》に収録される。ただし現行本の正史《後漢書》（南朝宋の范曄撰）は「志」を欠くため、司馬彪《續漢書》で補っている。その《後漢書》輿服志下に以下のように見える。

冕冠、垂旒、前後邃延、玉藻。孝明皇帝永平二年、初詔有司、采周官・禮記・尚書皐陶篇、乘輿服從歐陽氏説、公卿以下從大小夏侯氏説。冕皆廣七寸、長尺二寸、前圓後方、朱綠裏、玄上、前垂四寸、後垂三寸、係白玉珠爲十二旒、以其綬采色爲組纓。三公諸侯七旒、青玉爲珠。卿大夫五旒、黑玉爲珠。皆有前無後、各以其綬采色爲組纓、旁垂黈纊。郊天地、宗祀、明堂、則冠之。衣裳玉佩備章采、乘輿刺繡、公侯九卿以下皆織成、陳留襄邑獻之云。

⑱鄭玄注弁師（05-09b-9）――《周禮》弁師とその鄭玄注は以下の通り。

弁師掌王之五冕、皆玄冕朱裏、延紐五采、繅十有二就、皆五采、玉十有二、玉笄朱紘。〔鄭玄注：繅雜文之名也。合五采絲、爲之繩、垂於延之前後各十二、所謂邃延也。就成也。繩之每一帀而貫五采玉、十二斿則十二玉也。每就間蓋一寸。朱紘以朱組爲紘也。紘一條屬兩端於武。繅不言皆、有不皆者。此爲鷩衣之冕十二斿、則用玉二百八十八。鷩衣之冕繅九斿、用玉二百一十六。毳衣之冕七斿、用玉百六十八。希衣之冕五斿、用玉百二十。玄衣之冕三斿、用玉七十二。〕

諸侯之繅斿九就、瑉玉三采、其餘如王之事。繅斿皆就、玉瑱・玉笄。〔侯當爲公、字之誤也。三采、朱・白・蒼也。其餘謂延組皆玄覆朱裏、與王同也。出此則異。繅斿皆就、皆三采也。每繅九成、則九旒也。公之冕用玉百六十二。玉瑱塞耳者。故書瑉作璑。鄭司農云、繅當爲藻。繅古字也。藻今字也。同物同音。璑惡玉名。〕

王之皮弁、會五采玉璂・象邸・玉笄。〔故書會作膾。鄭司農云、讀如馬會之會、謂以五采束髮也。士喪禮曰、檜用組乃笄。檜讀與膾同、書之異耳。説曰、以組束髮乃著笄、謂之檜。沛國人謂反紒爲膾。璂讀如綦、車轂之綦。玄謂、會讀如大會之會。會縫中也。璂讀如薄借綦之綦。綦結也。皮弁之縫中、每貫結五采玉十二以爲飾、謂之綦。詩云、會弁如星、又曰、其弁伊綦、是也。邸下柢也。以象骨爲之。〕

王之弁絰、弁而加環絰。〔弁絰王弔所服也。其弁如爵弁而素、所謂素冠也。而加環絰。環絰者大如緦之麻絰、纏而不糾。司服職曰、凡弔事弁絰服。〕

諸侯及孤卿・大夫之冕、韋弁・皮弁・弁絰、各以其等爲之、而掌其禁令。〔各以其等、繅斿玉璂如其命數也。冕則侯伯繅七就、用玉九十八。子男繅五就、用玉五十。繅玉皆三采。孤繅四就、用玉三十二。三命之卿、繅三就、用玉十八。再命之大夫藻再就、用玉八。藻玉皆朱綠。韋弁・皮弁、則侯伯璂飾七、子男璂飾五、玉亦三采。孤則璂飾四。三命之卿、璂飾三。再命之大夫、璂飾二。玉亦二采。弁絰之弁、其辟積如冕繅之就然。庶人弔者素委貌。一命之大夫、冕而無旒。士變冕爲爵弁。其韋弁・皮弁之會無結飾、弁絰之弁不辟積。禁令者不得相僭踰也。玉藻曰、君未有命、不敢卽乘服。不言冠弁、冠弁兼於韋弁・皮弁矣。不言服弁、服弁自天子以下、無飾無等。〕

⑲鄭玄詩箋（05-10a-3）――《毛詩》小雅・采菽篇「赤芾在股、邪幅在下、彼交匪

紼、天子所予」、毛伝「諸侯赤芾・邪幅。幅偪也。所以自偪束也。紼綏也」、鄭玄箋「芾大古蔽膝之象也。冕服謂之芾。其他服謂之韠、以韋爲之。其制上廣一尺、下廣二尺、長三尺、其頸五寸、肩革帶博二寸。脛本曰股。邪幅如今行縢也。偪束其脛、自足至膝、故曰在下。彼與人交接、自偪束如此、則非有解怠紓緩之心、天子以是故賜予之」。

⑳鄭玄易緯乾鑿度注（05-10a-4）——《易緯乾鑿度》は緯書の中では比較的まとまった分量で残っている。本疏所引の鄭玄注は、《毛詩》小雅・采菽疏にも引用されており、「古者田漁而食、因衣其皮、先知蔽前、後知蔽後、後王易之以布帛、而猶存其蔽前者、重古道而不忘本也」に作る。《毛詩疏》の「猶」字が勝るかとも思われるが、《左傳疏》に「猶」字に作る版本が無いので、「獨」字のままとする。

㉑易下繫辭（05-10a-6）——《周易》繫辭傳下「古者包犧氏之王天下也、仰則觀象於天、俯則觀法於地、觀鳥獸之文與地之宜、近取諸身、遠取諸物。於是始作八卦、以通神明之德、以類萬物之情。作結繩而為罔罟、以佃以漁、蓋取諸離」。

㉒禮運（05-10a-6）——《禮記》禮運篇「昔者先王、未有宮室、冬則居營窟、夏則居橧巢。未有火化、食草木之實、鳥獸之肉、飲其血、茹其毛。未有麻絲、衣其羽皮。後聖有作、然後脩火之利、范金、合土、以爲臺榭宮室牖戶、以炮、以燔、以亨、以炙、以爲醴酪、治其麻絲、以爲布帛、以養生送死、以事鬼神上帝」。

㉓易繫辭（05-10a-7）——《周易》繫辭傳下「黃帝堯舜垂衣裳而天下治、蓋取諸乾坤」。

㉔禮記明堂位（05-10a-8）——《禮記》明堂位篇「有虞氏服韍、夏后氏山、殷火、周龍章」、鄭玄注「韍冕服之韠也。舜始作之、以尊祭服。禹湯至周、增以畫文、後王彌飾也。山取其仁可仰也。火取其明也。龍取其變化也。天子備焉。諸侯火而下、卿大夫山、士韎韋而已。韍或作黻」。

㉕易（05-10a-9）——《周易》困・九二「困于酒食、朱紱方來、利用享祀、征凶无咎」。

㉖士冠禮（05-10a-10）——《儀禮》士冠禮「皮弁、服素積、緇帶、素韠、玄端、玄裳、黃裳、雜裳、可也、緇帶爵韠」。

㉗玉藻（05-10b-1）——《禮記》玉藻篇「韠、君朱、大夫素、士爵韋」、鄭玄注「此玄端服之韠也。韠之言蔽也。凡韠以韋爲之、必象裳色、則天子・諸侯玄端朱裳、大夫素裳、唯士玄裳黃裳雜裳也。皮弁服皆素韠」。

㉘玉藻（05-10b-4）——《禮記》玉藻篇「韠、下廣二尺、上廣一尺、長三尺、其頸五寸、肩革帶博二寸」、鄭玄注「頸五寸亦謂廣也。頸中央肩兩角、皆上接革帶、以繫之、肩與革帶廣同。凡佩繫於革帶」。

㉙經傳作「黻」（05-10b-6）——前揭のように「韍」は《禮記》明堂位、「芾」は《毛詩》小雅・采菽篇。

㉚徐廣車服儀制（05-10b-6）——徐廣は晋の人、字は野民。南朝宋に入って中散大夫に任ぜられた。《晉書》卷八十二・《宋書》卷五十五、また《南史》卷三十三。本疏所引は《隋書》経籍志に「車服雜注一卷　徐廣撰」として著録されるものを指すであろう。ちなみに《晉書》等では「車服儀注」と記載されている。佚書。

㉛管子（05-10b-8）——《管子》は春秋時代初期、齊の桓公を霸者たらしめた宰相として著名な管仲の言行を集めた体裁を取るが、戦国時代に管仲に仮託して齊で編纂されたものであるというのが通説である。そして現行本の形に成るのは漢代まで下るとされる。なお本疏所引は佚文であろう。

㉜玉藻（05-10b-9）——《禮記》玉藻篇「笏、天子以球玉、諸侯以象、大夫以魚須文竹、士竹本、象可也。〔鄭玄注：球美玉也。文猶飾也。大夫・士飾竹以爲笏、不敢與君並用純物也。〕見於天子與射、無說笏。入大廟說笏、非古也。小功不說笏、當事免則說之。既搢必盥、雖有執於朝、弗有盥矣。凡有指畫於君前、用笏。造受命於君前、則書於笏。笏畢用也。因飾焉、笏度二尺有六寸、其中博三

寸、其殺六分而去一」。

㉝釋名（05-10b-9）――《釋名》釋書契「簿言可以簿疏密也。笏忽也。君有教汲所啓曰、則書其上、備忽忘也」。

㉞蜀志（05-10b-10）――《三國志》蜀書・秦宓傳「纂曰、仲父何如。宓以簿擊頰、曰、願明府勿以仲父之言假於小草……」。

㉟玉藻（05-11a-4）――《禮記》玉藻篇「天子搢珽、方正於天下也〔鄭玄注：此亦笏也。謂之珽、珽之言珽然、無所屈也。或謂之大圭。圭長三尺、杼上終葵首、終葵首者、於杼上又廣其首、方如椎頭、是謂無所屈後則恒直。相玉書曰、珽玉六寸、明自炤〕。諸侯荼、前詘後直、讓於天子也〔荼讀爲舒遲之舒。舒儒者所畏在前也。詘謂圜殺其首、不爲椎頭。諸侯唯天子詘焉。是以謂笏爲荼〕。大夫前詘後詘、無所不讓也〔大夫奉君命出入者也。上有天子、下有己君、又殺其下而圜〕」。

㊱周禮典瑞（05-11a-6）――《周禮》春官・典瑞職「王晉大圭、執鎭圭、繅藉五采五就、以朝日」、鄭玄注「繅有五采文、所以薦玉。木爲中榦、用韋衣而畫之。就成也。王朝日者、示有所尊、訓民事君也。天子常春分朝日、秋分夕月。覲禮曰、拜日於東門之外」。

㊲冬官考工記（05-11a-7）――《周禮》考工記・玉人職「大圭長三尺、杼上終葵首、天子服之」、鄭玄注「王所搢大圭也。或謂之珽。終葵椎也。爲推於其杼上、明無所屈也。杼䋹也。相王書曰、珽玉六寸、明自炤」。

○なお本疏は《毛詩正義》小雅・采菽の条とほぼ一致する。

【傳】帶裳幅舄、　[05-11a]

【注】帶革帶也。衣下曰裳。幅若今行縢者。舄複履。〔帶は革帶なり。衣の下を裳と曰ふ。幅《ひょく》は今の行縢《がうとう》の若《ごと》き者なり。舄《せき》は複履なり。〕

【疏】注の「帶革」より「複履」に至るまで。

○正義に曰う。下文に出てくる「鞶《はん》」が紳帯〔おおおび〕であるから、この「帯」は「革帯」であることが分かる。〈玉藻〉①の「革帯の博さは二寸」の鄭玄注に「凡そ佩(玉)は革帯に繫《か》く」と注釈し、また《白虎通》②に「男子に鞶革有るは、金革〔戦争〕の事有るを示す」と述べている。そうだとすると、革事〔戦争〕が有ることを示すために、革で帯を作る。帯は佩玉のためのものである。

昭公十二年伝③に「裳は下の飾りなり」と述べている。経・伝では通例として「上衣下裳」であるから、「衣の下を裳と曰ふ」と述べた。

「幅《ひょく》」と「行縢《ごうとう》」とは古今の異名であるから、「今の行縢の若し」と述べた。《詩》④に「邪幅は下に在り」と言い、〈毛伝〉では「幅は偪なり。自ら偪束〔しばりつける〕する所以なり」と述べ、〈鄭箋〉には「邪幅は今の行縢の如きものなり。其の脛を偪束して、足より膝に至る」と述べている。

「縢」の訓は「緘〔しばる〕」である。そうすると、行くに際して足を縛るところから「行縢」と名づけ、邪〔よこ〕にまといくくるので「邪幅」と名づけたもの。

舄《せき》は屨《く》〔くつ〕を小さく区別した言い方である。鄭玄⑤の《周禮》屨人《くじん》の注に、「複下〔二重底〕を舄と曰ひ、禪《たん》下〔一重底〕を屨と曰ふ」と述べている。そうだとすると、舄と屨とには、底に禪・複の違いが有り、屨は総名であるから、「舄は複履なり」と述べたもので、その底を二重にするという意味である。

鄭玄はさらに「天子・諸侯は吉事に皆な舄す」と注している。

赤舄は冕服の舄、白舄は皮弁の舄、黒舄は玄端の舄である。

士の場合は、みな屨を履《は》く。纁屨は爵弁の屨、白屨は皮弁の屨、黒屨は玄端の屨である。

卿・大夫が冕を服する場合、やはり赤舃で、その他の服は屨である。

王后の場合、褘《き》衣〔白質に五色の文のある雉を画いた服〕に玄舃、褕狄《ようてき》〔青質に五色の文のある雉〕に青舃、闕狄《けってき》〔彩色しない雉〕に赤舃、鞠衣〔あさぎいろ〕に黄屨、展衣〔白色〕に白屨、褖衣〔黒色〕に黒屨である。

諸侯の夫人及び卿大夫の妻の場合は、狄を着用すべき時にはすべて舃であるが、そのほかはすべて屨を履く。

その舃《せき》の飾りには相対[6]する色を用いる。たとえば赤舃に黒飾りがそれである。屨の飾りには隣どうしの色を用いる。白屨に黒飾りがそれである。

【譯注】

①玉藻（05-11a-9）――《禮記》玉藻篇「韠、下廣二尺、上廣一尺、長三尺、其頸五寸、肩革帶博二寸」、鄭玄注「頸五寸亦謂廣也。頸中央肩兩角、皆上接革帶、以繫之、肩與革帶廣同。凡佩繫於革帶」。

②白虎通（05-11a-9）――《白虎通》衣裳篇。

③昭十二年傳（05-11a-10）――昭公十二年傳。
南蒯枚筮之、遇坤之比曰「黃裳元吉」、以爲大吉也。示子服惠伯曰「卽欲有事、何如」。惠伯曰「吾嘗學此矣、忠信之事則可、不然、必敗。外強內溫、忠也。和以率貞、信也、故曰『黃裳元吉』。黃、中之色也。裳、下之飾也。元、善之長也。中不忠、不得其色。下不共、不得其飾。事不善、不得其極。外內倡和爲忠、率事以信爲共、供養三德爲善、非此三者弗當。且夫易不可以占險、將何事也。且可飾乎。中美能黃、上美爲元、下美則裳、參成可筮。猶有闕也、筮雖吉、未也」。

④詩（05-11b-1）――《毛詩》小雅・采菽篇「赤芾在股、邪幅在下、彼交匪紓、天子所予〔諸侯赤芾・邪幅。幅偪也。所以自偪束也。紓緩也。箋云、芾大古蔽膝之象也。冕服謂之芾。其他服謂之韠、以韋爲之。其制上廣一尺、下廣二尺、長三尺、其頸五寸、肩革帶博二寸。脛本曰股。邪幅如今行縢也。偪束其脛、自足至膝、故曰在下。彼與人交接、自偪束如此、則非有解怠紓緩之心、天子以是故賜予之〕」。

⑤鄭玄周禮屨人注（05-11b-2）――《周禮》天官・屨人職「屨人掌王及后之服屨、爲赤舃・黑舃・赤繶・黃繶・青句・素屨・葛屨」、鄭玄注「屨自明矣。必連言服者、著服各有屨也。複下曰舃、禪下曰屨。古人言屨、以通於複。今世言屨以通於禪。俗易語反與舃屨有絇有繶有純者飾也。鄭司農云、赤繶黃繶以赤黃之絲爲下緣。士喪禮曰、夏葛屨、冬皮屨、皆繶緇純。禮家說繶、亦謂以采絲礫其下。玄謂凡屨舃各象其裳之色。士冠禮曰、玄端黑屨、青絇繶純、素積白屨、緇絇繶純、爵弁纁屨、黑絇繶純、是也。王吉服有九、舃有三等。赤舃爲上、冕服之舃。詩云、王錫韓侯、玄袞赤舃、則諸侯與王同。下有白舃・黑舃。王后吉服六、唯祭服有舃。玄舃爲上、褘衣之舃也。下有青舃・赤舃、鞠衣以下皆屨耳。句當爲絇、聲之誤也。絇繶純者同色。今云赤繶黃繶青絇、雜互言之、明舃屨衆多、反覆以見之。凡舃之飾、如繢之次。赤繶者、王黑舃之飾。黃繶者、王后玄舃之飾。青絇者、王白舃之飾。言繶必有絇純、言絇亦有繶純。三者相將。王及后之赤舃皆黑飾。后之青舃白飾。凡屨之飾、如繡次也。黃屨白飾、白屨黑飾、黑屨青飾。絇謂之拘。著舃屨之頭、以爲行戒繶。縫中紃純、緣也。天子諸侯、吉事皆舃。其餘唯服冕、衣翟、著舃耳。士爵弁纁屨、黑絇繶純、尊祭服之屨。飾從繢也。素屨者非純吉。有凶去飾者、言葛屨、明有用皮時」。

⑥對方・比方（05-11b-6）――「對方」は相対する方角、「比方」は隣の方角の意。

東（青）
｜
北（黒）―中（黄）―南（赤）
｜
西（白）

【傳】衡紞紘綖、　[05-11b]

【注】衡維持冠者。紞冠之垂者。紘纓従下而上者。綖冠上覆。〔衡《かう》は冠を維持する者なり。紞《たん》は冠の垂るる者なり。紘《くわう》は纓の下よりして上る者なり。綖《えん》は冠の上の覆《おほひ》なり。〕

【疏】注の「衡維」より「上覆」に至るまで。

○正義に曰う。この四者はすべて冠の飾りである。

[1]《周禮》追師に、「王后の首服を掌り、衡《かう》〔こうがい〕・笄《けい》〔かんざし〕を追《をさ》む」とあり、鄭司農は「衡は冠を維持するものなり」、鄭玄は「祭服に衡有り。副〔かもじ〕の両旁に垂れて耳に当たる。其の下、紞《たん》〔ひも〕を以て瑱《てん》〔みみだま〕を縣《か》く」と注している。かしこでは婦人の首服に「衡」が有るところからすると、男子の首服もやはり同様であろう。冠はこれによって支えることができるから、「冠を維持するもの」と述べたもの。

「追」とは玉を治めることであり、王后の衡は玉で作るところから、追師がこれを職掌とする。（これに対して）[2]弁師は王の五冕《べん》を職掌とする。弁〔かんむり〕にも冕〔礼式かんむり〕にも玉笄を用いるので、天子の衡にも玉を用いる。諸侯以下の場合、衡に何を用いるのかは未詳である。

「紞《たん》」は瑱《てん》を懸けるひもで、冠の両わきに垂れているので、「冠の垂るる者」と述べた。

[3]〈魯語〉に「敬姜曰く、王后親《みづか》ら玄紞を織る」と称しているから、紞は先ず糸を織ってから作る。現在の絛縄《とうじょう》〔ひらひも・さなだひも〕のようなものである。[4]鄭玄の《詩》箋に、「充耳とは瑱《てん》を縣くる所以の者を謂ふ。或いは名づけて紞《たん》と為す。之れを織るに、人君は五色、臣は則ち三色なり」と述べているのがそれである。

絛《とう》は必ず色をまじえるのに、〈魯語〉ではただ「玄」とだけ言うのは、玄は天の色であるから、特にこう言ったもので、玄色だけだという意味ではない。

「紘《こう》」と「纓《えい》」はともに組紐で作り、冠を人の頭に固定するものである。「纓」は二本の組紐を用いて両方に付け、顎の下で結んで、その余りを下に垂らす。「紘」は一本の組紐を下から曲げて上げ、両端を（冠の）両わきに付け、その余りを下に垂らす。このように紘・纓は同類であるから、互いに挙げて表現して、「紘は纓の下よりして上がるもの」と述べたのである。

弁師は王の五冕を掌るが、これらはすべて玉笄・朱紘である。[5]〈祭義〉に「諸侯は冕して青紘」と称し、[6]〈士冠禮〉に「緇布冠には、青の組纓、皮弁の笄・爵弁の笄には、緇の組紘あり」と称し、鄭玄が「笄有るものは、組を屈して紘と為し、垂を飾りと為す。笄無きものは、纓して其の絛《とう》を結ぶ」と注している。つまり笄が有る場合は紘のはたらきをあまり必要としないから、下から上へと付ける。笄が無い場合は纓のはたらきを必要とするから、上から下ろして結ぶ。冕・弁にはともに笄が有るから紘を用い、緇布冠には笄が無いから纓を用いるのである。

[3]〈魯語〉に「公侯の夫人は紘・綖を織る」と称しているから、紘もやはり織って作ることが分かる。〈士冠禮〉に組纓・組紘と言っているので、天子・諸侯の紘もやはり組紐を用いることが分かるのである。

「綖《えん》は冠上の覆《おほひ》」だと述べているのは、冕は木を本体とし、玄衣でそのうえを覆うところから、「綖」と名づけたもの。[7]《論語》・[8]《尚書》にはともに「麻冕」と称しているから、布を用いるべきものであることが分かる。そして弁師は王の五冕を掌るが、これらがすべて玄冕であるから、その色は玄を用いることが分かる。

[7]孔安国の《論語》注に、「績麻〔つむいだ麻〕三十升の布、以て冕を為る」

と述べているのが、すなわちこの「綖」である。鄭玄の⑨〈玉藻〉注に、「延は冕上の覆ひなり」と述べているのに対して、ここ（の杜注）に「冠上の覆ひ」と述べているのは、冠・冕は名称が通じており、この注では「衡」「綖」ともに冠で説明しているからで、実際にはすべて冕の飾りである。

【譯注】

①周禮追師（05-11b-8）――《周禮》天官・追師職「掌王后之首服、爲副・編・次、追衡・笄、爲九嬪及外内命婦之首服、以待祭祀・賓客。喪紀、共笄絰亦如之」、鄭玄注「鄭司農云、追冠名。士冠禮記曰、委貌周道也。章甫殷道也。牟追夏后氏之道也。追師掌冠冕之官、故并主王后之首服。副者婦人之首服。祭統曰、君卷冕立于阼。夫人副褘立于東房。衡維持冠者。春秋傳曰、衡紞紘綖。玄謂副之言覆、所以覆首爲之飾、其遺象若今歩繇矣。服之以從王祭祀。編編列髮爲之其遺象若今假紒矣服之以桑也△次次第髮長短爲之所謂髲・服之以見王王后之燕居亦纚笄・而已追猶治也詩云追琢其璋。王后之衡笄、皆以玉爲之。唯祭服有衡、垂于副之兩旁當耳、其下以紞縣瑱。詩云、玼兮玼兮、其之翟也、鬒髮如雲、不屑髢也、玉之瑱也、是之謂也」。

②弁師（05-11b-10）――《周禮》夏官・弁師職「掌王之五冕、皆玄冕・朱里・延・紐・五采繅十有二就、皆五采玉十有二、玉笄朱紘。諸公之繅九就、瑉玉三采、其餘如王之事。繅斿皆就、玉瑱玉笄。王之皮弁、會五采玉璂、象邸玉笄。王之弁絰、弁而加環絰。諸侯及孤卿大夫之冕・韋弁・皮弁・弁絰、各以其等爲之、而掌其禁令」。

③魯語（05-12a-1）――《國語》魯語下に公父文伯の母（敬姜）の言葉の中に見える。

王后親織玄紞〔韋昭注：説云、紞、冠之垂前後者。昭謂、紞、所以懸瑱當耳者也〕、公侯之夫人加之以紘綖〔既織紞、復加之紘綖也。冕曰紘。紘、纓之無緌者也。從下而上、不結。綖、冕上覆之者也〕、卿之内子爲大帶、命婦成祭服、列士之妻加之以朝服、自庶士以下、皆衣其夫。

④鄭玄詩箋（05-12a-2）――《毛詩》齊風・著「俟我於著乎而、充耳以素乎而」、毛伝「俟待也。門屏之閒曰著。素象瑱」、鄭玄箋「我嫁者自謂也。待我於著、謂從君子而出、至於著君子揖之時也。我視君子、則以素爲充耳、謂所以懸瑱者、或名爲紞、織之、人君五色、臣則三色而已、此言素者、目所先見而云」。

⑤祭義（05-12a-5）――《禮記》祭義篇「君子反古復始、不忘其所由生也、是以致其敬、發其情、竭力從事、以報其親、不敢弗盡也。是故昔者天子爲藉千畝、冕而朱紘、躬秉耒。諸侯爲藉百畝、冕而青紘、躬秉耒、以事天地・山川・社稷・先古、以爲醴酪齊盛、於是乎取之、敬之至也」。

⑥士冠禮（05-12a-5）――《儀禮》士冠禮「緇布冠缺項、青組纓屬于缺。緇纚廣終幅、長六尺。皮弁笄、爵弁笄、緇組紘、纁邊」、鄭玄注「缺讀如有頍者弁之頍。緇布冠無笄者、著頍圍髮際結項中、隅爲四綴以固冠也。……笄今之簪。有笄者屈組爲紘、垂爲飾。無笄者、纓而結其絛。纁邊組側赤也。同篋謂此上凡六物。隋方曰篋」。

⑦論語（05-12a-8）――《論語》子罕篇「子曰、麻冕禮也。今也純儉。吾從衆。〔孔安國曰、冕緇布冠也。古者績麻三十升布以爲之。純絲也。絲易成、故從儉。〕拜下禮也。今拜乎上泰也。雖違衆、吾從下」。〔王肅曰、臣之與君行禮者、下拜然後成禮。時臣驕泰、故於上拜。今從下、禮之恭也。〕

⑧尚書（05-12a-8）――《尚書》顧命篇「王麻冕黼裳、由賓階隮。卿士・邦君、麻冕蟻裳、入卽位。太保・太史・太宗、皆麻冕彤裳」。

⑨鄭玄玉藻注（05-12a-9）――《禮記》玉藻篇「天子玉藻、十有二旒、前後邃延、龍卷以祭」、鄭玄注「祭先王之服也。雜記曰、藻天子以五采藻爲旒、旒十有二、前後邃延者、言皆出冕前後而垂也。天子齊肩、延冕上覆也。玄表纁裏龍卷、畫龍於衣」。

【傳】昭其度也。

【注】尊卑各有制度。〔尊卑に各おの制度有り。〕 [05–12b]

【疏】注の「尊卑各有制度」。

○正義に曰う。以上の十二物はすべて「制度」を明確にするもの。臧哀伯が思い付くままに言及したものだから、その言葉に順序次第の意味は無い。

①鄭玄の〈観禮〉注に、「上公の袞《こん》には升龍無し。天子には升龍有り、降龍有り」と述べているが、これが「袞」に「度」の有るものである。

「冕」については、公が袞より以下、侯伯は「鷩」より以下であるが、これが「冕」に「度」の有るものである。

「黻」については、諸侯が火より以下、卿大夫は山であるが、これが「黻」に「度」の有るものである。

「珽」は（材料が）玉と象牙で同じでなく、長短もまた異なっているが、これが「珽」に「度」の有るものである。

袞冕・鷩冕の「裳」は四章、毳冕・希冕は二章であるが、これが「裳」に「度」の有るものである。

②鄭玄の〈屨人〉注に、「王の吉服、舃《せき》に三等有り。赤舃を上と為し、冕服の舃は、下に白舃・黒舃有り。王后の祭服、舃に三等有り。玄舃を上と為し、褘衣の舃は、下に青舃・赤舃有り」と述べているが、これが「舃」に「度」の有るものである。

「紞」は人君が五色、臣は三色であるが、これが「紞」に「度」の有るものである。

天子が朱紘、諸侯は青紘であるが、これが「紘」に「度」の有るものである。

「帯・幅・衡・綖」（の度）については言及する文献は無い。

（この）伝に「其の度を昭らかにす」と述べているのは、「尊卑に各おの制度有る」ことを明らかにしたものである。

【譯注】

①鄭玄観禮注（05–12b–1）――《儀禮》観禮「侯氏裨冕、釋幣于禰」、鄭玄注「將觀質明時也。裨冕者、衣裨衣而冠冕也。裨之爲言埤也。天子六服、大裘爲上、其餘爲裨、以事尊卑服之、而諸侯亦服焉。上公袞無升龍、侯伯鷩、子男毳、孤絺、卿大夫玄。此差司服所掌也」。また「天子袞冕、負斧依」、鄭玄注「袞衣者裨之上也。繢之繡之爲九章、其龍天子有升龍、有降龍。衣此衣而冠冕、南鄉而立、以俟諸侯見」。

②鄭玄屨人注（05–12b–3）――《周禮》天官・屨人職「屨人掌王及后之服屨、爲赤舃・黑舃・赤繶・黄繶・青句・素屨・葛屨」、鄭玄注「屨自明矣。必連言服者、著服各有屨也。複下曰舃、禪下曰屨。古人言屨、以通於複。今世言屨以通於禪。俗易語反與舃屨有絇有繶有純者飾也。鄭司農云、赤繶黄繶以赤黄之絲爲下緣。士喪禮曰、夏葛屨、冬皮屨、皆繶緇純。禮家説繶、亦謂以采絲礫其下。玄謂凡屨舃各象其裳之色。士冠禮曰、玄端黑屨、青絇繶純、素積白屨、緇絇繶純、爵弁纁屨、黑絇繶純、是也。王吉服有九、舃有三等。赤舃爲上、冕服之舃。詩云、王錫韓侯、玄袞赤舃、則諸侯與王同。下有白舃・黑舃。王后吉服六、唯祭服有舃。玄舃爲上、褘衣之舃也。下有青舃・赤舃、鞠衣以下皆屨耳。句當爲絇、聲之誤也。絇繶純者同色。今云赤繶黄繶青絇、雜互言之、明舃屨衆多、反覆以見之。凡舃之飾、如繢之次。赤繶者、王黑舃之飾。黄繶者、王后玄舃之飾。青絇者、王白舃之飾。言繶必有絇純、言絇亦有繶純。三者相將。王及后之赤舃皆黑飾。后之青舃白飾。凡屨之飾、如繡次也。黄屨白飾、白屨黑飾、黑屨青飾。絇謂之拘。著舃屨之頭、以爲行戒繶。縫中紃純、緣也。天子諸侯、吉事皆舃。其

餘唯服冕、衣翟、著舄耳。士爵弁纁屨、黒絇繶純、尊祭服之屨。飾從繢也。素屨者非純吉。有凶去飾者、言葛屨、明有用皮時」。

【傳】藻率鞞鞛、 ［05–12b］

【注】藻率以韋爲之、所以藉玉也。王五采、公侯伯三采、子・男二采。鞞佩刀削上飾、鞛下飾。〔藻率《さうりつ》は韋《ゐ》を以て之れを爲《つく》り、玉を藉《し》く所以なり。王は五采、公・侯・伯は三采、子・男は二采なり。鞞《へい》は佩刀の削《さや》の上の飾、鞛《ほう》は下の飾なり。〕

【疏】注の「藻率」より「下飾」に至るまで。

○正義に曰う。鄭玄の〈観禮〉①注に「繅《さう》は玉を藉《し》く所以なり。韋を以て衣《おほ》ふ。広〔よこ〕袤《ぼう》〔たて〕は各おの其の玉の大小の如し」と言い、また〈典端〉②注には「繅に五采の文有り。玉を薦む所以なり。木を中幹と為し、韋《ゐ》を用ひ衣《おほ》ひて之れを画く」と述べている。ここに「韋を以て之れを為《つく》る」と言うのは、木の上の韋〔なめし革〕を指したもので、実際には木が本体である。

礼の文献で「繅」に言及するものは、すべて「玉」と表現をともにしている。〈大行人〉③ではこれを「繅藉《そうしゃ》」と言い、〈曲禮〉④では単に「藉」と称しているので、「玉を藉《し》く所以」であることが分かる。

〈大行人〉に「公は桓圭九寸を執り、繅藉九寸」とあるので、大小が各おのその玉のそれと同じであることが分かる。〈大行人〉注に「繅藉は五采の韋を以て板を衣《おほ》ふ。若し玉を奠《お》けば則ち以て之れを藉《し》く」と述べているのは、玉を奠《お》く場合には必ず繅が有り、これを用いて玉を藉くところから、その大小が玉と同じなのである。

〈典端〉②の職に、「王は鎮圭を執り、繅藉は五采五就、以て日に朝す。公は桓圭を執り、侯は信圭を執り、伯は躬圭を執り、繅は皆な三采三就、子は穀璧を執り、男は蒲璧を執り、繅は皆な二采再就、以て王に朝覲・宗遇・会同す」と述べているが、これがつまり「王は五采、公・侯・伯は三采、子・男は二采」だということである。

およそ「五采」と言うのは、すべて玄・黄・朱・白・蒼の五色を言い、「三采」とは朱・白・蒼を言い、「二采」とは朱・緑を言う。また「就」とは「成」である。つまり五就とは五めぐり、一めぐりごとに一就〔ひとつがら〕となるわけである。

礼の文献で「繅」に言及するものは、その数は多いとはいうものの、〈典端〉・〈大行人〉・〈聘禮〉⑤・〈観禮〉等ではすべて「繅」と単言したり、或いは「繅藉」と言い、いまだ「繅率」と言うものは無いので、服虔は「藻」を「藻を画く」と解し、「率」を刷巾〔てぬぐい〕と解している。（これに対して）杜預が「藻率」を一物と見なすのは、思うに物を拭う巾に「率」と名づけるものが無く、服虔が礼文献に「刷巾」が有るというが、⑥その事の出典も無く、しかもここで臧哀伯がこれを「数を昭かにす」と言うのだから、⑦もとより礼の大なるものであるはずで、⑧どうして物を拭う巾を挙げて、「藻藉」と同類のものとするはずがあろうか。そういうわけで、「藻率」はまさしく「藻」を二字で表現したものだということが分かる。そして「藻」が「藻藉」と称し得るならば、どうして「藻率」と名づけることができないであろうか。

〈玉藻〉⑨に「帯」の制度を説明して、「士は練帯〔ねりぎぬのひとえの大帯〕して率〔ふちどり〕し、下辟〔末端をかがる〕す。凡帯《はんたい》は率有りて箴《しん》功〔はりしごと〕無し」とあり、鄭玄は「士以下は皆な襌なり。合はさずして繂《りつ》積〔糸でかがる〕す。今の幧頭《さうとう》〔ずきん〕を作るが如く之れを為るなり」と言う。そうすると、ひとえにして合わせず、その縁を縷率《るりつ》するのを、「率」と言うのである。ここでは韋でもって木をおおい、おそらくまたその縁を繂積〔かがる〕するので、「率」と称するのであろう。⑩鄭司農の〈典端〉注にも「繅を読みて藻率の藻と為す」とあるので、「藻率」をともに「藻」と見なしているようである。

《詩》[11]に、「鞞琫《へいほう》刀を容《い》る」と言うので、「鞞」鞛」が「佩刀の削〔さや〕の飾り」であることが分かる。〈少儀〉[12]に、「刀は穎〔にぎり〕を授け、削は拊〔つか〕を授く」と言う、この「削」は刀の類であるから、刀と連言した。「鞞《へい》」「鞛《ほう》」の二名であるから、明らかに装飾に上下の違いが有る。「鞞」が先、「鞛」が後であるから、「鞞」が上の飾りで、「鞛」が下の飾りであることが分かる。劉君は、〈毛詩伝〉に「下を鞞と曰ひ、上を鞛と曰ふ」と言うのを根拠にして杜氏を規正している。しかし「鞞」・「鞛」は上になったり下になったりするのであって、いずれも該当[13]する経典の文章が無いわけだから、杜預の過失を規正することはできない。

【譯注】

①鄭玄觀禮注（05–12b–7）——《儀禮》覲禮「侯氏裨冕、釋幣于禰、乘墨車、載龍旂、弧韣乃朝、以瑞玉有繅」、鄭玄注「墨車大夫制也。乘之者入天子之國、車服不可盡同也。交龍爲旂、諸侯之所建。弧所以張縿之弓也。弓衣曰韣。瑞玉謂公桓圭、侯信圭、伯躬圭、子穀璧、男蒲璧。繅所以藉玉、以韋衣木、廣袤各如其玉之大小、以朱白蒼爲六色。今文玉爲圭、繅或爲璪」。

②典瑞注（05–12b–8）——《周禮》春官・典瑞職とその鄭玄注は以下の通り。

王晉大圭、執鎭圭、繅藉五采五就、以朝日。〔鄭玄注：繅有五采文、所以薦玉。木爲中榦、用韋衣而畫之。就成也。王朝日者、示有所尊、訓民事君也。天子常春分朝日、秋分夕月。覲禮曰、拜日於東門之外。故書鎭作瑱。鄭司農云、晉讀爲搢紳之搢、謂插於紳帶之間、若帶劍也。瑱讀爲鎭。玉人職曰、大圭長三尺、杼上、終葵首、天子服之。鎭圭尺有二寸、天子守之。繅讀爲藻率之藻。五就五帀也。一帀爲一就。〕公執桓圭、侯執信圭、伯執躬圭、繅皆三采三就。子執穀璧、男執蒲璧、繅皆二采再就。以朝覲・宗遇・會同于王。

③大行人（05–12b–9）——《周禮》秋官・大行人「以九儀辨諸侯之命、等諸臣之爵、以同邦國之禮而待其賓客。上公之禮、執桓圭九寸、繅藉九寸、冕服九章、建常九斿、樊纓九就、貳車九乘、介九人、禮九牢。其朝位、賓主之間九十歩、立當車軹。擯者五人、廟中將幣、三享。王禮再祼而酢、饗禮九獻、食禮九擧、出入五積、三問三勞。諸侯之禮、執信圭七寸、繅藉七寸、冕服七章、建常七斿、樊纓七就、貳車七乘、介七人、禮七牢。朝位、賓主之間七十歩、立當前疾。擯者四人、廟中將幣、三享。王禮壹祼而酢、饗禮七獻、食禮七擧、出入四積、再問再勞。諸伯執躬圭、其他皆如諸侯之禮。諸子、執穀璧五寸、繅藉五寸、冕服五章、建常五斿、樊纓五就、貳車五乘、介五人、禮五牢。朝位、賓主之間五十歩、立當車衡。擯者三人、廟中將幣、三享。王禮壹祼不酢、饗禮五獻、食禮五擧、出入三積、壹問壹勞。諸男執蒲璧、其他皆如諸子之禮」、鄭玄注「繅藉以五采韋衣板。若奠玉則以藉之」。

④曲禮（05–12b–9）——《禮記》曲禮下篇「執玉、其有藉者則裼。無藉者則襲」、鄭玄注「藉藻也。裼・襲文質相等耳」。

⑤聘禮・覲禮（05–13a–3）——《儀禮》聘禮「賈人西面坐、啓櫝、取圭垂繅、不起而授宰。宰執圭屈繅、自公左授使者。使者受圭、同面垂繅以受命。既述命、同面授上介。上介受圭屈繅、出授賈人」、また《儀禮》覲禮「同姓西面北上、異姓東面北上。侯氏裨冕、釋幣于禰、乘墨車、載龍旂、弧韣乃朝、以瑞玉有繅」。

⑥事無所出（05–13a–5）——典拠とすべき経典類に記述が無い、という意味。後出の「無正文」と同様。《毛詩正義》に四例、《春秋正義》に六例見える。

⑦固應（05–13a–5）——《五経正義》中に見える当然・義務を表す用法として固應・固當・固宜・當須・須當・必須・宜須・應須・當合・合當・當應・應當・必當・必應・宜應・正當等があることについては、拙稿「五經正義語彙語法箚記（三）」（広島大学文学部紀要第58巻　一九九八年《十三經注疏の研究》所収）

を参照されたい。

⑧寧當（05-13a-5）――ここでは「寧」は反語を表す。「なんぞまさに…べけんや」と訓む。「寧當」の用例は《春秋正義》《尚書正義》に見える。

⑨玉藻（05-13a-6）――《禮記》玉藻「天子素帶朱里終辟、而素帶終辟、大夫素帶辟垂、士練帶、率下辟、居士錦帶、弟子縞帶。〔鄭玄注：而素帶終辟、謂諸侯也。諸侯不朱裏、合素爲之、如今衣帶爲之、下天子也。大夫亦如之。率繂也。士以下皆襌、不合而繂積、如今作幧頭爲之也〕并紐約、用組・三寸、長齊於帶、紳長制、士三尺、有司二尺有五寸。子游曰、參分帶下、紳居二焉、紳韠結三齊。大夫大帶四寸。雜帶、君朱綠。大夫玄華、士緇辟、二寸、再繚四寸。凡帶有率無箴功、肆束及帶勤者、有事則收之、走則擁之」。

⑩鄭司農（05-13a-7）――注②参照。

⑪詩（05-13a-8）――《毛詩》大雅・公劉篇「何以舟之、維玉及瑤、鞞琫容刀」の《毛傳》に「獻小山別於大山也。舟帶也。瑤言有美德也。下曰鞞、上曰琫。言德有度數也。容刀言有武事也」とある。

⑫少儀（05-13a-8）――《禮記》少儀「刀卻刃授穎。削授拊。凡有刺刃者、以授人則辟刃」。

⑬無正文（05-13a-10）――該当する経文が無い、の意。《九経疏》頻出の用語である。特に三禮疏に多い。同様の表現として「無明文」という用語がある。拙稿「五經正義讀解通論（三）」（『東洋古典學研究』第22集　二〇〇六年　《五經正義研究論攷》研文出版　二〇一三年所収）を参照。

【傳】鞶厲游纓、　[05-13b]

【注】鞶紳帶也。一名大帶。厲大帶之垂者。游旌旗之游。纓在馬膺前、如索帬。〔鞶《はん》は紳帶なり。一に大帶と名づく。厲《れい》は大帶の垂るる者なり。游《りゅう》は旌旗の游なり。纓《えい》は馬の膺《むね》の前に在りて、索帬《さくくん》の如し。〕

【疏】注の「鞶紳」より「索帬」に至るまで。

○正義に曰う。《易》①訟卦の上九に「或いは之れに鞶帶《はんたい》を錫《たま》ふ」とあるから、「鞶」が帯であることが分かる。帯で腰を束《たば》ね、その余りを垂らして飾りとする、これが「紳」である。上文にあった（「帶裳幅舃」の）「帶」は革帯であるから、「鞶は紳帶なり」と述べて、上の「帶」と区別したのである。〈玉②藻〉に帯を説明して、「大夫は大帶」と称しているのが、「一名大帶」（の根拠）である。

《詩》③毛伝に、「厲《れい》は帯の垂るるものなり」と述べているので、毛説を採用して「厲は大帯の垂るるもの」だと見なしたのである。大帯の垂れた部分を「紳」と名付けているのに、また「厲」とも名付けるのは（なぜかといえば）、紳は帯の名、厲は垂れた様子（から名付けたもの）である。《詩》に「垂帶而厲〔帯を垂らして厲たり〕」と称しているから、厲は垂れた様子である。

〈玉藻〉に、「天子は素帯・朱裏にして終辟〔すべてをかがる〕す。諸侯は素帯にして朱裏せず。大夫は玄華〔黒と黄〕にして垂を辟〔かがる〕す。帯は皆な博さ四寸。士の帯は博さ二寸、再繚〔ふたまき〕すれば四寸、緇辟〔くろいとでかがる〕下に垂る」と称している。

賈逵・服虔等の「鞶厲《はんれい》」の説明はすべて杜預と同じであるが、鄭玄だけが異なっている。《禮記》④内則の注では、鞶を小囊《しょうのう》〔ちいさいふくろ〕と見なし、厲を「裂繻」〔人名。裂いたきぬの意〕の「裂」の音で読んでいる。つまり鞶囊は必ず絹布を割き、これを縁取りして飾りとする、という意味である。考えるに、《禮記》④に「男は鞶革し、女は鞶絲す」と称しているから、鞶は帯の別称で、そのまま鞶を帯の名としたものであり、これは革を帯にし糸を帯にすることを言っただけであって、鞶は囊〔ふくろ〕の名称ではない。《禮記》⑤にはまた、「婦 舅姑に事《つか》ふるに鞶袠《はんちつ》を施す」と称しており、この袠《ちつ》は嚢の別名で、今人は書物を包むものを袠と呼んでいるが、これは帯につけ嚢につけることを言うもので、鞶はやはり嚢ではない。もしも鞶を小嚢とすると、袠はなんの道具だというのであろうか。もし袠もまた嚢だとすると、二つの嚢を帯にするはずがない。このことから「鞶」を「紳帯」とするのが、実を得たものであることが分かる。

「游《りゅう》〔はたあし〕」は旗の垂れる部分で、旆《はい》〔はた〕の別名である。九旗⑥にはそれぞれ名称があるが、旌旗がその総号なので、「旌旗の游」だと述べたのである。

調べてみるに、〈巾車〉⑦に「王は大常十有二斿を建つ」とあり、〈大行人〉⑧に「上公は九斿、公伯は七斿、子男は五斿」と述べている。そして孤卿は旜《せん》を建て、大夫・士は物を建てる。斿はそれぞれの命数と同じである。鳥旟は七斿、熊旗は六斿、亀旐は四斿である。そのため〈考工記〉⑨に「鳥旟七斿は以て鶉火(星)に象る。熊旗六斿は以て伐（星）に象る。亀旐四斿は以て営室に象る」と述べている。

鄭司農⑦の〈巾車〉注に「礼家の説に曰く、纓《えい》は当胸〔むねあて〕、削革を以て之れを為る」、鄭玄注⑦に「纓は今の馬鞅《あう》〔くび革〕なり」と述べている。つまり「纓」は馬の前に在る。服虔は「纓は索帬《さくくん》〔なわのむながい〕の如し。今の乗輿大駕〔天子の車馬〕に之れ有り」と述べる。そうだとすると、漢魏以来、大駕の馬の胸に索帬が有るのは、纓の名残りなので、「索帬の如し」と述べたのである。

調べてみるに、〈巾車〉の「玉路は樊〔たてがみかざり〕・纓〔むながい〕、十有再就〔就は「がら」〕」の鄭玄注に、「樊及び纓は皆な五采の罽《けい》〔毛織物〕を以て之れを飾る」、また「金路の樊・纓は九就、象路の樊・纓は七就、革路の絛《たう》・纓は五就なり」の鄭玄注に、「其の樊及び纓は、絛絲〔ひらひも〕を以て之れを飾る」、また「木路は翦〔浅黒の〕樊・鵠〔白色の〕纓なり」の鄭玄注に、「浅黒を以て韋を飾りて樊と為し、鵠色もて韋を飾りて纓と為す。就の数を言はざるは、飾と革路と同じければなり」と述べている。

【譯注】

①易訟卦上九（05–13b–1）——《周易》訟・上九「或錫之鞶帯、終朝三褫之」。

②玉藻（05–13b–2）——現行の《禮記》玉藻篇は以下の通りであるが、鄭玄注に述べるように乱れがあり、本疏所引玉藻篇とは異なる。

（諸侯）而素帯、終辟。大夫素帯、辟垂。士練帯、率、下辟。居士錦帯、弟子縞帯、并紐約用組。〔鄭玄注：「而素帯終辟」、謂諸侯也。諸侯不朱裏、合素爲之。如今衣帯爲之、下天子也。大夫亦如之。率繂也。士以下皆禪、不合而繂積、如今作幧頭爲之也。辟讀如裨冕之裨。裨謂以繒采飾其側。人君充之、大夫裨其紐及末、士裨其末而已。居士道藝處士也。此自「而素帯」亂脱在是耳、宜承「朱裏終辟」。〕韠、君朱、大夫素、士爵韋。圜、殺、直。天子直。公侯前後方。大夫前方後挫角。士前後正。韠、下廣二尺、上廣一尺、長三尺、其頸五寸、肩革帯博二寸。大夫大帯四寸。雜帯、君朱綠、大夫玄華、士緇辟二寸、再繚四寸。凡帯有率無箴功。一命緼韍幽衡、再命赤韍幽衡、三命赤韍葱衡。天子素帯朱裏終辟。〔謂大帯也。〕

③詩毛傳（05–13b–3）——《毛詩》小雅・都人士「彼都人士、垂帯而厲、彼君子女、卷髮如蠆」、毛伝「厲帯之垂者」。

④禮記内則注（05–13b–5）——《禮記》内則「子能食食、教以右手。能言、男唯女俞。男鞶革、女鞶絲」、鄭玄注「俞然也。鞶小囊、盛帨巾者。男用韋、女用繒。有飾縁之、則是鞶裂與。詩云、垂帯如厲。紀子帛、名裂繻、字雖今異、意實同也」。

⑤禮記又云（05–13b–7）——《禮記》内則「婦事舅姑、如事父母。雞初鳴、咸盥漱、櫛縰、笄總、衣紳。左佩紛帨・刀・礪・小觿・金燧、右佩箴・管・線・纊、施縏袠、

大觿・木燧・衿纓、綦屨」、鄭玄注「鞶小囊也。鞶袠言施。明爲箴管線纊有之」。

⑥九旗（05–13b–8）——《周禮》春官・司常に見える。

司常掌九旗之物名、各有屬、以待國事。日月爲常、交龍爲旂、通帛爲旜、雜帛爲物、熊虎爲旗、鳥隼爲旟、龜蛇爲旐、全羽爲旞、析羽爲旌。及國之大閲、贊司馬頒旗物。王建大常、諸侯建旂、孤卿建旜、大夫・士建物、師都建旗、州里建旟、縣鄙建旐、道車載旞、斿車載旌。

⑦巾車（05–13b–9）——《周禮》春官・巾車並びに鄭玄注は以下の通り。

掌公車之政令、辨其用與其旗物而等敘之、以治其出入。王之五路、一曰玉路、錫・樊・纓、十有再就、建大常十有二斿、以祀。〔鄭玄注：王在焉曰路。玉路以玉飾諸末。錫馬面當盧、刻金爲之。所謂鏤錫也。樊讀如鞶帶之鞶、謂今馬大帶也。鄭司農云、纓謂當胷。士喪禮下篇曰、馬纓三就。禮家説曰、纓當胷。以削革爲之。三就三重三匝也。玄謂、纓今馬鞅。王路之樊及纓、皆以五采罽飾之、十二就。就成也。大常九旗之畫日月者。正幅爲縿、斿則屬焉〕。金路、鉤・樊・纓九就、建大旂、以賓、同姓以封。象路、朱・樊・纓七就、建大赤、以朝、異姓以封。革路、龍勒、條纓五就、建大白、以卽戎、以封四衛。〔革路鞔之以革而漆之、無他飾。龍駹也。以白黑飾韋。雜色爲勒。條讀爲絛。其樊及纓、以絛絲飾之、而五成。不言樊字、蓋脱爾。以此言絛、知玉路・金路・象路飾樊纓、皆不用金玉象矣。大白殷之旗、猶周大赤。蓋象正色也。〕木路、前樊・鵠纓、建大麾、以田、以封蕃國。〔木路不鞔以革漆之而已。前讀爲緇翦之翦。翦淺黑也。木路無龍勒、以淺黑飾韋爲樊、鵠色飾韋爲纓。不言就數、飾與革路同。大麾不在九旗中、以正色言之、則黑夏后氏所建。〕

⑧大行人（05–13b–9）——《周禮》秋官・大行人「以九儀辨諸侯之命、等諸臣之爵、以同邦國之禮而待其賓客。上公之禮、執桓圭九寸、繅藉九寸、冕服九章、建常九斿、樊纓九就、貳車九乘、介九人、禮九牢。其朝位、賓主之間九十歩、立當車軹。擯者五人、廟中將幣、三享。王禮再祼而酢、饗禮九獻、食禮九擧、出入五積、三問三勞。諸侯之禮、執信圭七寸、繅藉七寸、冕服七章、建常七斿、樊纓七就、貳車七乘、介七人、禮七牢。朝位、賓主之間七十歩、立當前疾。擯者四人、廟中將幣、三享。王禮壹祼而酢、饗禮七獻、食禮七擧、出入四積、再問再勞。諸伯執躬圭、其他皆如諸侯之禮。諸子、執穀璧五寸、繅藉五寸、冕服五章、建常五斿、樊纓五就、貳車五乘、介五人、禮五牢。朝位、賓主之間五十歩、立當車衡。擯者三人、廟中將幣、三享。王禮壹祼不酢、饗禮五獻、食禮五擧、出入三積、壹問壹勞。諸男執蒲璧、其他皆如諸子之禮」。

⑨考工記（05–13b–10）——《周禮》考工記・輈人「良輈環灂、自伏兔不至軓七寸、軓中有灂、謂之國輈。軫之方也、以象地也。蓋之圜也、以象天也。輪輻三十、以象日月也。蓋弓二十有八、以象星也。龍旗九斿、以象大火也。鳥旟七斿、以象鶉火也。熊旗六斿、以象伐也。龜蛇四斿、以象營室也。弧旌枉矢、以象弧也」。

【傳】昭其數也。　[05–14a]

【注】尊卑各有數。〔尊卑に各おの數有り。〕

【疏】注「尊卑各有數」。

○正義に曰う。藻に五采・三采の違いが有るのが、「藻率」に「数」が有ることである。

①〈毛詩伝〉に容刀〔かざりたち〕の装飾を説明して、「天子は玉の琫《ほう》〔こいぐち〕にして珧《えう》〔はまぐりの甲〕の珌《ひつ》〔こじり〕し、諸侯は璗《たう》〔白金〕の琫にして鏐《りう》〔黄金〕の珌す」と述べているから、「鞞鞛」に「数」が有る。

②〈玉藻〉に「紳の長さの制は、士は三尺、有司は二尺有五寸」と述べており、また大夫以上は、帯の広さ四寸、士は広さ二寸であるから、「鞶厲」に「数」が有る。

③玉路は十二斿、金路は九斿であるから、「游」に「数」が有る。

玉路は纓十二就、金路は纓九就であるから、「纓」に「数」が有る。

「数」と「度」は大同小異で、「度」とは制限があることを言い、「数」とは多少があることである。その尊卑に節度・数量があることを述べたものである。

【譯注】

①毛詩傳（05-14a-5）――《毛詩》小雅・瞻彼洛矣「瞻彼洛矣、維水泱泱、君子至止、鞞琫有珌」、毛伝「鞞容刀鞞也。琫上飾、珌下飾也。天子玉琫而珧珌、諸侯璗琫而璆珌、大夫璙琫而璙珌」。

②玉藻（05-14a-6）――《禮記》玉藻「天子素帶朱里終辟、而素帶終辟、大夫素帶辟垂、士練帶、率下辟、居士錦帶、弟子縞帶。并紐約、用組・三寸、長齊於帶、紳長制、士三尺、有司二尺有五寸。子游曰、參分帶下、紳居二焉、紳韍結三齊。大夫大帶四寸。雜帶、君朱綠。大夫玄華、士緇辟、二寸、再繚四寸。凡帶有率無箴功、肆束及帶勤者、有事則收之、走則擁之」。

③玉路十二斿（05-14a-7）――《周禮》春官・巾車。

巾車掌公車之政令、辨其用與其旗物而等敘之、以治其出入。王之五路、一曰玉路、鍚・樊・纓、十有再就、建大常十有二斿、以祀。金路、鉤・樊・纓九就、建大旗、以賓、同姓以封。象路、朱・樊・纓七就、建大赤、以朝、異姓以封。革路、龍勒、條纓五就、建大白、以即戎、以封四衛。

【傳】火龍黼黻、 [05-14a]

【注】火畫火也。龍畫龍也。白與黑謂之黼、形若斧。黑與青謂之黻、兩己相戾。〔火は火を畫《えが》くなり。龍は龍を畫くなり。白と黒となる之れを黼《ほ》と謂ひ、形は斧《おの》の若し。黒と青となる之れを黻《ふつ》と謂ひ、兩の己の相戾《そむ》く（かたち）なり。〕

【疏】注の「火畫」より「相戾」に至るまで。

○正義に曰う。〈考工記〉①に画繢《がかい》〔ぬいとり模様〕のことを、「火は円を以てす」と記述しており、鄭司農が「円形を為して火に似たるなり」と言い、鄭玄が「形は半環の如く然り」と注している。〈考工記〉にはまた「水は龍を以てす」と言い、鄭玄は「龍は水物なり」と述べている。水を画く場合、あわせて龍を画くもので、つまり衣服に「火を画き、龍を画く」ことが有るということである。

「白と黒となる、之れを黼《ふ》と謂ふ。黒と青となる、之れを黻《ふつ》と謂ふ」とは、〈考工記〉の文章である。「形は斧の若し」、「両つの己（の字形）の相戾《そむ》くなり」とは、②このように言い伝えられているものである。③孔安国の〈虞書伝〉にもまた「黼は斧の形の若し。黻は両つの己の相背《そむ》くを為す」と述べているのは、旧説ではそうだったからである。

④周代の袞冕は九章であるのに、この伝でただ「火・龍・黼・黻」の四章だけを言うのは、省略して意義を明らかにしたので、ぜんぶを挙げて表現しなかったもの。

衣服にぬいとり画くものは、「龍」が「火」よりも先んずるのに、ここで「火」の方が「龍」に先んじていることからすると、ここでの表現が順序通りではないことが分かる。

【譯注】

①考工記（05-14a-9）――《周禮》考工記「畫繢之事、雜五色。東方謂之青、南方謂之赤、西方謂之白、北方謂之黑、天謂之玄、地謂之黄。青與白相次也、赤與黑相次也、玄與黄相次也。青與赤謂之文、赤與白謂之章、白與黑謂之黼、黑與青謂之黻、五采備謂之繡。土以黄、其象方、天時變。火以圜〔鄭玄注：鄭司農

云、爲圜形似火也。玄謂形如半環然、在裳〕、山以章、水以龍〔龍水物、在衣〕、鳥・獸・蛇〔所謂華蟲也。在衣蟲之毛鱗有文采者〕、雜四時五色之位以章之、謂之巧。凡畫繢之事、後素功」。

②相傳爲説（05-14b-1）――依拠すべき具体的経典は見出せないが、先儒が相い伝えてきた説で、それなりに根拠がある、という場合に使用する《五経正義》中の用語。類似のものとして「相傳説耳」・「相傳説也」・「相傳説然」等が見える。拙稿「五經正義讀解通論（三）」（『東洋古典學研究』第22集　二〇〇六年　《五經正義研究論攷》研文出版　二〇一三年所収）を参照されたい。

③孔安國虞書傳（05-14b-1）――《尚書》益稷篇「帝曰、予欲觀古人之象、日・月・星・辰・山・龍・華蟲作會、宗彝・藻・火・粉・米・黼・黻・絺・繡〔孔安國傳：藻水草有文者。火爲火字。粉若粟冰、米若聚米、黼若斧形、黻爲兩己相背。葛之精者曰絺。五色備曰繡〕、以五采彰施于五色、作服、汝明」。

④周世袞冕九章（05-14b-2）――本年伝「袞冕黻珽」の節を参照。

【傳】昭其文也。 [05-14b]

【注】以文章明貴賤。〔文章を以て貴賤を明らかにす。〕

【傳】五色比象、昭其物也。 [05-14b]

【注】車服・器械之有五色、皆以比象天地四方、以示器物不虚設。〔車服・器械の五色有るは、皆な以て天地四方に比象し、以て器物の虚しくは設けざるを示す。〕

【疏】注の「車服」より「虚設」に至るまで。

○正義に曰う。〈考工記〉①に「画繢の事は五色を雑《まじ》ふ。東は青、南は赤、西は白、北は黒、天は玄、地は黄なり」と述べているのが、「天地四方に比象す」ることである。

「比象」するものが六有るのに、「五」と言うのは（なぜかといえば）、「玄」が赤と黒の中間色で、別の色というわけではないからである。

昭公二十五年伝②に「九文・六采」とあって、采色に六あることを述べているから、注では「天地四方」の六事を当てた。

五行の色は五色であって、これに天の色を加えると六になるので、一方では五色、一方では六采で示したもの。

「昭其物〔其の物を昭らかにす〕」とは、「物は虚しくは設けず」、必ずかたどるところが有ることを示し、「其の物」はすべて五色にかたどるところから、「五色」で明らかにしたのである。

【譯注】

①考工記（05-14b-4）――《周禮》考工記「畫繢之事、雜五色。東方謂之青、南方謂之赤、西方謂之白、北方謂之黑、天謂之玄、地謂之黃。青與白相次也、赤與黑相次也、玄與黃相次也。青與赤謂之文、赤與白謂之章、白與黑謂之黼、黑與青謂之黻、五采備謂之繡」。

②昭二十五年傳（05-14b-5）――昭公二十五年伝「是故爲禮以奉之、爲六畜・五牲・三犧、以奉五味。爲九文〔杜預注：謂山・龍・華・蟲・藻・火・粉米・黼・黻也。華若草華。藻水草。火畫火。粉米若白米。黼若斧。黻若兩己相戾。傳曰、火龍黼黻、昭其文也。〕・六采〔畫繢之事、雜用天地四方之色。青與白、赤與黑、玄與黃、皆相次、謂之六色。〕・五章、以奉五色。爲九歌・八風・七音・六律、以奉五聲」。

【傳】鍚鸞和鈴、昭其聲也。 [05-14b]

【注】鍚在馬額、鸞在鑣、和在衡、鈴在旂。動有鳴聲。〔鍚《やう》は馬の額《ひたひ》に在り、鸞《らん》は鑣《くつわづら》に在り、和《くわ》は衡《よこぎ》に在り、鈴は旂《き》に在り。動けば鳴聲有る

なり。」

【疏】注の「錫在」より「鳴聲」に至るまで。

○正義に曰う。鄭玄の①〈巾車〉注に「錫《やう》は馬面の当盧〔おもかざり〕なり。金を刻して之れを為《つく》る。謂はゆる鏤錫《ろうやう》なり」と言い、《詩》②箋に「眉の上を錫と曰ひ、金を刻して之れを飾る。今の当蘆なり」と述べている。そうだとすると、「錫」は眉の上にあるので、「馬の額に在り」と注したのである。《詩》③に「輶車鸞鑣《いうしやらんへう》」と称しているから、「鸞の鑣《へう》〔くつばみ〕に在る」ことが分かる。鑣は馬の口の両わきにあり、衡〔くびき〕は服馬の頸《くび》の上にある。「鸞」も「和」も鈴であって、着ける場所によって名称を異にしているに過ぎない。

《爾雅》④釈天に旌旗を説明して、「鈴有るを旂《き》と曰ふ」とあり、李巡が「鈴を以て旂の端に置く」と注しているのは、つまり「鈴は旂に在る」ことである。

「錫は馬の額に在り、鈴は旂に在り」に関しては、先儒に異説は全く無いが、「鸞」・「和」の場所については、旧説で見解が異なる。〈毛詩伝〉⑤には「軾〔よこぎ〕に在るを和と曰ひ、鑣に在るを鸞と曰ふ」と述べており、《韓詩⑥内伝》には「鸞は衡に在り、和は軾に在り」と述べているので、鄭玄の⑦〈經解〉注では《韓詩》説を取っており、〈秦詩⑧〉箋で「鸞を鑣に置くは、乗車に異にするなり」と述べている。その意味するところでは、乗車の鸞は衡に在り、田車〔狩猟用〕の鸞は鑣に在るということ。ところが〈商頌・列祖⑨〉箋ではまた「鸞は鑣に在り」と述べていることについては、たぶん決定できかねて、二つの説に従ったものであろう。

〈考工記⑩〉を調べてみるに、「輪の崇〔たかさ〕、車の広〔ひろさ〕、衡の長〔ながさ〕、参つ一の如し」であるから、衡の容れることのできるのは二頭の服馬〔ながえをはさむ両馬〕だけである。しかし《詩⑪》の文句にはいつも「八鸞」と言うのは、馬に二鸞が有ることを意味するはずで、鸞がもしも衡に在るのであれば、衡には両馬のみであるから、どうして「八鸞」を置くことができようか。このことから、鸞は必ず鑣に在り、鸞が鑣に在る以上、和は衡に在るはずだということが分かる。

（ところで）経・伝では和の数に言及していないので、和の数が幾つあるのかは分からない。

四者はすべて金属で作るから、「動けば則ち皆な鳴声が有る」のである。

【譯注】

①鄭玄巾車注（05-14b-9）――《周禮》春官・巾車「掌公車之政令、辨其用與其旗物而等敍之、以治其出入。王之五路、一曰玉路、錫、樊纓十有再就、建大常、十有二斿、以祀。〔鄭玄注：王在焉曰路。玉路以玉飾諸末。錫馬面當盧、刻金爲之。所謂鏤錫也。樊讀如鞶帶之鞶、謂今馬大帶也。鄭司農云、纓謂當胷。士喪禮下篇曰、馬纓三就。禮家説曰、纓當胷。以削革爲之。三就三重三匝也。玄謂、纓今馬鞅。王路之樊及纓、皆以五采罽飾之、十二就。就成也。大常九旗之畫日月者。正幅爲縿、斿則屬焉〕。金路、鉤、樊纓九就、建大旂、以賓、同姓以封。象路、朱、樊纓七就、建大赤、以朝、異姓以封。革路、龍勒、條纓五就、建大白、以卽戎、以封四衛。木路、前樊鵠纓、建大麾、以田、以封蕃國」。

②詩箋（05-14b-9）――《毛詩》大雅・韓奕「鉤膺鏤錫、鞹鞃淺幭、鞗革金厄」、鄭箋「鉤膺樊纓也。眉上曰錫、刻金飾之、今當盧也」。

③詩（05-14b-10）――《毛詩》秦風・駟驖「輶車鸞鑣、載獫歇驕」、鄭箋「輕車驅逆之車也。置鸞於鑣、異於乘車也」。

④爾雅釋天（05-15a-1）――《爾雅》釋天「長尋曰旐、繼旐曰旆、注旄首曰旌、有鈴曰旂〔縣鈴於竿頭、畫蛟龍於旒〕、錯革鳥曰旟、因章曰旃、旌旂」。

⑤毛詩傳（05-15a-2）――《毛詩》小雅・蓼蕭「既見君子、鞗革忡忡、和鸞雝雝、

萬福攸同」、毛伝「鞗轡也。革轡首也。忡忡垂飾貌。在軾曰和、在鑣曰鸞」。
⑥韓詩内傳（05-15a-2）——前漢初、文帝・惠帝時代の韓嬰の伝えた《詩》を韓詩という。《隋書》経籍志に「韓詩二十二巻　漢常山大傅韓嬰撰、薛氏章句。韓詩外傳十巻」と著録されるが、《韓詩内傳》は現存しない。《玉函山房輯佚書》《漢魏遺書鈔》《黄氏逸書考》等に輯佚されている。
⑦鄭玄經解注（05-15a-2）——《禮記》經解「行歩、則有環佩之聲。升車、則有鸞和之音」、鄭玄注「鸞・和皆鈴也。所以爲車行節也。韓詩内傳曰、鸞在衡、和在軾前、升車則馬動、馬動則鸞鳴、鸞鳴則和應。居處朝廷與燕也。進退行歩與升車也」。
⑧秦詩箋（05-15a-2）——注③参照。
⑨商頌烈祖之箋（05-15a-3）——《毛詩》商頌・烈祖「約軧錯衡、八鸞鶬鶬、以假以享、我受命溥、將自天降康、豐年穰穰」、毛伝「八鸞鶬鶬、言文德之有聲也。假大也」、鄭箋「約軧轂飾也。鸞在鑣、四馬則八鸞。假升也。享獻也。將猶助也」。
⑩考工記（05-15a-4）——《周禮》考工記・輿人「輿人爲車。輪崇、車廣、衡長、參如一、謂之參稱。參分車廣、去一以爲隧」。
⑪詩辭（05-15a-4）——《毛詩》中に「八鸞」は以下の四例が見える。
・小雅・采芑「約軧錯衡、八鸞瑲瑲」。
・大雅・烝民「四牡彭彭、八鸞鏘鏘、王命仲山甫、城彼東方、
四牡騤騤、八鸞喈喈」。
・大雅・韓奕「百兩彭彭、八鸞鏘鏘」。
・商頌・烈祖「約軧錯衡、八鸞鶬鶬」。
◎「考工記」以下は補足的な疏文である。

【傳】三辰旂旗、昭其明也。　［05-15a］
【注】三辰、日・月・星也。畫於旂旗、象天之明。〔三辰は日・月・星なり。旂旗に畫きて、天の明に象る。〕
【疏】注の「三辰」より「之明」に至るまで。
○正義に曰う。〈春官〉[①]の神士は三辰の法を掌《つかさど》るが、鄭玄もやはり日・月・星を「辰」だと見なしている。「辰」とは「時〔時刻や季節〕」の意味である。「日」は昼を照らし、「月」は夜を照らし、「星」は天を運行し、夕暮れと夜明けにたがいに入れ替わって正確であるところから、民に早晩を示す手だてとなり、民はそれによって時刻や季節を測ることができるから、三者を「辰」と見なすのである。
「三辰」は天の光明であって、天下を照臨しているから、「旂旗に画《えが》き、天の明に象る」のである。

（《周禮》司常では）九旗に画く物について、日・月を「常（の旗）」とし、星を画くことを言わないのは（なぜかといえば）、たぶん大常〔天子の旗〕の上には、さらに星も画くのであろう。《穆天子伝》[②]に「天子 盛姫を葬り、日・月・七星を建つ」と称しているのは、たぶん北斗七星を画いたのであろう。

調べてみるに、〈司常〉[③]では「交龍を旂とし、龍虎を旗とし」て、三辰を画かないのに、ここで「三辰旂旗」と言うのは（なぜかといえば）、「旂旗」は九旗の総名で、大常を含んでいるから、これを挙げて述べたのである。


【譯注】
①春官神士（05-15a-7）——《周禮》春官・家宗人「凡以神士者、掌三辰之法、以猶鬼神示之居、辨其名物」、鄭玄注「猶圖也。居謂坐也。天者羣神之精、日・月・星辰、其著位也」。
②穆天子傳（05-15a-9）——《穆天子傳》は、晉の太康元年（二八〇）に戦国時代

の魏襄王の墓を発掘した際に発見された古書群のひとつで、これらは汲冢書と呼ばれるが、そのほとんどが亡佚した中で、幸いにも現存する書物である。これが《隋書》経籍志に「穆天子傳六巻　汲冢書　郭璞注」として著録されている。その内容は周穆王が天下を周遊し、西の方《かた》、西王母に、南の方、盛姫に出逢うというもので、最古の小説書とも見なされている。

　ちなみに顧実《穆天子傳西征講疏》が注釈として詳細であるが、顧氏は事実を記録した文献とする立場を取っている。これに対して先師御手洗勝教授「穆天子傳成立の背景」(『東方學』第二十六集　一九六三年)は、《穆天子傳》成立の背景にシャーマニズムの存在を指摘している。

本疏所引は巻六「甲辰、天子南葬盛姫於樂池之南。天子乃命盛姫□之喪視皇后之葬法、亦不邦後於諸侯。河濟之間共事、韋穀黄城三邦之事輦喪、七萃之士抗者卽車。曾祝先喪、大匠御棺。日月之旗、七星之文、鼓鐘以葬、龍旗以□、鳥以建鼓、獸以建鐘、龍以建旗」を指すであろう。

③司常 (05–15a-9) ——《周禮》春官・司常「掌九旗之物名、各有屬、以待國事。日月爲常、交龍爲旂、通帛爲旜、雜帛爲物、熊虎爲旗、鳥隼爲旟、龜蛇爲旐、全羽爲旞、析羽爲旌」。

【傳】夫德儉而有度、登降有數、 [05–15ba]

　【注】登降謂上下尊卑。〔登降は上下・尊卑を謂ふ〕。

【傳】文物以紀之、聲明以發之、以臨照百官、百官於是乎戒懼而不敢易紀律。今滅德立違、 [05–15b]

　【注】謂立華督違命之臣。〔華督のごとき命に違ふの臣を立つるを謂ふ。〕

【傳】而寘其賂器於大廟、以明示百官。百官象之、其又何誅焉。國家之敗、由官邪也。官之失德、寵賂章也。郜鼎在廟、章孰甚焉。武王克商遷九鼎于雒邑、 [05–15b]

【注】九鼎殷所受夏九鼎也。武王克商、乃營雒邑、而後去之、又遷九鼎焉。時但營雒邑、未有都城。至周公乃卒營雒邑、謂之王城。卽今河南城也。故傳曰成王定鼎于郟鄏。〔九鼎は殷の夏より受くる所の九鼎なり。武王 商に克《か》ち、乃ち雒《らく》邑を營み、而る後に之れを去り、又た九鼎を遷す。時に但だ雒邑を營むのみにて、未だ都城有らず。周公に至りて乃ち卒に雒邑を營み、之れを王城と謂ふ。卽ち今の河南城なり。故に傳に「成王 鼎を郟鄏に定む」と曰ふ。〕

【疏】注の「九鼎」より「郟鄏」に至るまで。

○正義に曰う。宣公三年伝①によれば、この「九鼎」が夏家より殷家に伝授された九鼎であることが分かる。(九鼎について)《戦国策(東周)》②には、

　斉が周を救援して九鼎を求めた。顔率が斉王に向かって言うことには、むかし周が殷を討伐して九鼎を奪ったが、そのとき一鼎を九万人が引っ張った。九鼎だから八十一万人が引いたことになる。

と称している。鼎の人数は虚言かもしれないが、要するにその鼎が九つ有ったことから「九鼎」と称したことが分かるであろう。

　武王が九鼎を洛邑に遷してここを都としようとしたことが分かるのは(なぜかといえば)、鼎は帝王が重んずべきもので、代々伝えて宝器としてきたものであり、殷を伐って天下を大いに定めた日に、もとより西周に遷し置くこともできたのであるが、思いのほか九鼎を洛邑に遷し置いたことから、本意としてここ洛邑に都しようと考えていたことが分かるからである。また《尚書》③洛誥において、周公が洛邑を営んだことを述べていることから、武王には遷都の意志が有っただけで、周公の時になってやっと洛邑に営んだことが分かる。

〈地理志〉④に「河南県は故《もと》の郟鄏の地なり。武王 九鼎を遷す。周公 太平

を致し、営みて以て都と為す。是れ王城為《た》り。平王に至りて之に居る」と述べている。（杜預が）「即ち今の河南城」だと言うのは、晋代にもやはり河南県であったからである。

「成王　鼎を定む」とは、宣公三年の伝文である。

【譯注】

①宣三年傳（05–15b–9）――宣公三年傳に見える、有名な「鼎の軽重を問う」一段である。

楚子伐陸渾之戎、遂至於雒、觀兵于周疆。定王使王孫滿勞楚子。楚子問鼎之大小・輕重焉。對曰「在德不在鼎。昔夏之方有德也、遠方圖物、貢金九牧、鑄鼎象物、百物而爲之備、使民知神奸。故民入川澤・山林、不逢不若。螭魅罔兩、莫能逢之。用能協于上下、以承天休。桀有昏德、鼎遷于商、載祀六百。商紂暴虐、鼎遷于周。德之休明、雖小、重也。其奸回昏亂、雖大、輕也。天祚明德、有所厎止。成王定鼎于郟鄏、卜世三十、卜年七百、天所命也。周德雖衰、天命未改。鼎之輕重、未可問也」。

②戰國策稱（05–15b–9）――《戰國策》東周策の惠王の条の内容をまとめて述べたものである。

秦興師臨周而求九鼎、周君患之、以告顏率。顏率曰「大王勿憂、臣請東借救於齊」。顏率至齊、謂齊王曰「夫秦之爲無道也、欲興兵臨周而求九鼎、周之君臣、內自畫計、與秦、不若歸之大國。夫存危國、美名也。得九鼎、厚寶也。願大王圖之」。齊王大悅、發師五萬人、使陳臣思將以救周、而秦兵罷。齊將求九鼎、周君又患之。顏率曰「大王勿憂、臣請東解之」。顏率至齊、謂齊王曰「周賴大國之義、得君臣父子相保也、願獻九鼎、不識大國何塗之從而致之齊」。齊王曰「寡人將寄徑於梁」。顏率曰「不可。夫梁之君臣欲得九鼎、謀之暉臺之下、少海之上、其日久矣。鼎入梁、必不出」。齊王曰「寡人將寄徑於楚」。對曰「不可。楚之君臣欲得九鼎、謀之於葉庭之中、其日久矣。若入楚、鼎必不出」。王曰「寡人終何塗之從而致之齊」。顏率曰「弊邑固竊爲大王患之。夫鼎者、非效醯壺醬甀耳、可懷挾提挈以至齊者、非效鳥集烏飛、兔興馬逝、灕然止於齊者。昔周之伐殷、得九鼎、凡一鼎而九萬人輓之、九九八十一萬人、士卒師徒、器械被具、所以備者稱此。今大王縱有其人、何塗之從而出。臣竊爲大王私憂之」。齊王曰「子之數來者、猶無與耳」。顏率曰「不敢欺大國、疾定所從出、弊邑遷鼎以待命」。齊王乃止。

③尚書洛誥（05–16a–2）――《尚書》洛誥・序に「召公既相宅、周公往營成周、使來告卜、作洛誥」とあるように、〈洛誥〉篇は新たに洛邑を建設する周の心構えを述べたものである。

④地理志（05–16a–2）――《漢書》地理志の河南郡の条、「河南縣、故郟鄏地。周武王遷九鼎。周公致太平、營以爲都、是爲王城。至平王居之」。

【傳】義士猶或非之。　[05–16a]

【注】蓋伯夷之屬。〔蓋し伯夷の屬ならん。〕

【疏】注の「蓋伯夷之屬」。

○正義に曰う。《史記》[1]伯夷列伝に、

伯夷・叔斉は孤竹の君主の二人の息子である。国を他の兄弟に譲り、一緒に周に亡命しようとした。しかし周にやって来たその折り、西伯が亡くなり、（息子の）武王は東方の殷の紂王を伐とうとするところであった。そこで伯夷・叔斉は武王の馬をさし押さえて諫めて言うことには、「父君が亡くなって葬儀も終わっていないのに戦争をしようとするのは、孝といえましょうか。臣下の身で主君を伐とうとするのは、仁といえましょうか」と。側近の者がこれを殺そうとすると、太公が「この人たち

は義人である」と言って、助けてその場を立ち去らせた。やがて武王は殷を平げたのであるが、伯夷・叔斉はそれを恥ずべきことと見なし、周の扶持を食むことをせず、首陽山に隠遁し、薇《わらび》を食べて暮らした。そして次のような歌を作った。「彼の西山に登り、爰《ここ》に薇を采《と》る。暴を以て暴に易《か》へ、其の非なるを知らず」。
という記述がある。諸文献の説を調べてみるに、武王を非難した人物は彼らだけなので、「伯夷の属」であることが分かる。

【譯注】
①史記伯夷列傳（05-16a-4）――ここでは《史記》伯夷列傳の文章を節略して引用している。
伯夷・叔齊、孤竹君之二子也。父欲立叔齊、及父卒、叔齊讓伯夷。伯夷曰「父命也」。遂逃去。叔齊亦不肯立而逃之。國人立其中子。於是伯夷・叔齊聞西伯昌善養老、盍往歸焉。及至、西伯卒、武王載木主、號爲文王、東伐紂。伯夷・叔齊叩馬諫曰「父死不葬、爰及干戈、可謂孝乎。以臣弑君、可謂仁乎」。左右欲兵之。太公曰「此義人也」。扶而去之。武王已平殷亂、天下宗周、而伯夷・叔齊恥之、義不食周粟、隱於首陽山、采薇而食之。及餓且死、作歌。其辭曰「登彼西山兮、采其薇矣、以暴易暴兮、不知其非矣。神農・虞・夏忽焉沒兮。我安適歸矣。于嗟徂兮、命之衰矣」。遂餓死於首陽山。

【傳】而況將昭違亂之賂器於大廟。其若之何。公不聽。周内史聞之曰、臧孫達其有後於魯乎。君違、不忘諫之以德。　[05-16a]

【注】内史周大夫官也。僖伯諫隱觀魚、其子哀伯諫桓納鼎。積善之家、必有餘慶。故曰其有後於魯。〔内史は周の大夫の官なり。僖伯は隱の觀魚を諫め、其の子の哀伯は桓の納鼎を諫む。積善の家には必ず餘慶有り。故に「其れ魯に後有らん」と曰ふ。〕

【疏】注の「内史」より「於魯」に至るまで。
○正義に曰う。《周禮》[①]春官の内史は中大夫であるから、「周の大夫の官」である。
「積善の家には必ず余慶有り」[②]とは、《易》文言伝の文章である。

【譯注】
①周禮春官（05-16b-1）――《周禮》序官「内史、中大夫一人、下大夫二人、上士四人、中士八人、下士十有六人、府四人、史八人、胥四人、徒四十人」。
②易文言（05-16b-2）――《周易》坤・文言傳「積善之家、必有餘慶、積不善之家、必有餘殃。臣弑其君、子弑其父、非一朝一夕之故。其所由來者漸矣。由辯之不早辯也」。

【傳】秋、七月、杞侯來朝、不敬。杞公歸、乃謀伐之。　[05-16a]

【傳】蔡侯鄭伯會于鄧、始懼楚也。　[05-16a]

【注】楚國今南郡江陵県北紀南城也。楚武王始僣號稱王、欲害中國。蔡鄭姫姓近楚、故懼而會謀。〔楚國は今の南郡江陵県の北の紀南城なり。楚の武王は始めて號を僣して王と稱し、中國を害せんと欲す。蔡・鄭は姫姓にして楚に近し、故に懼れて會し謀る。〕

【疏】注の「楚國」より「會謀」に至るまで。
○正義に曰う。〈地理志〉[①]に「南郡の江陵県は故《もと》の楚の郢都なり。楚の文王丹陽より此に徙《うつ》る」と言い、《世本》[②]に「楚の鬻熊《いくゆう》丹陽に居る。武王郢に徙る」と言い、宋仲子は「丹陽は南郡枝江県に在り。今の南郡江陵県の北に郢城有り」と注しており、《史記》③に「文王 都を郢に徙す」と称しているから、〈地理志〉は《史記》に依拠して説をなしたのである。

この時は楚の武王の時代に当たる。〈譜〉に、

楚は芊《び》姓、顓頊《せんぎょく》の後なり。其の後に鬻熊《いくゆう》有りて、周の文王に事《つか》ふるも早く卒す。成王 其の曽孫の熊繹《ゆうえき》を楚に封じ、子・男の田を以て丹陽に居らしむ。今の南郡枝江 是れなり。熊達 始めて武王と称す。武王十九年は魯の隠公の元年なり。武王 郢に居る。今の江陵 是れなり。昭王 鄀に従る。恵王八年は獲麟の歳なり。恵王二十一年に《春秋》の伝終はる。恵王は五十七年に卒す。恵王より以下十一世、二百九年にして、秦之れを滅す。

と述べ、また〈楚世家〉に、

武王 随人をして王室に請ひて吾が号を尊ばしむ。（周）王 聴かず。還《かへ》りて楚に報ず。楚王 怒りて乃ち自立して、楚の武王と為る。

と称しているのが、つまり「楚の武王 始めて号を僭《おか》して王と称す」ることである。劉炫④が「武と号したのだから、武は謚号ではない」と述べている。

【譯注】

①地理志（05-16b-5）――《漢書》地理志・南郡の条「江陵（縣）、故楚郢都。楚文王自丹陽徙此。後九世平王城之、後十世秦拔我郢、徙陳。莽曰江陸」。

②世本（05-16b-5）――《世本》・宋仲子ともに本疏引。

③史記（05-16b-6）――《史記》楚世家。

（武王）三十五年、楚伐隨。隨曰「我無罪」。楚曰「我蠻夷也。今諸侯皆爲叛相侵、或相殺。我有敝甲、欲以觀中國之政、請王室尊吾號」。隨人爲之周、請尊楚、王室不聽、還報楚。三十七年、楚熊通怒曰「吾先鬻熊、文王之師也、蚤終。成王擧我先公、乃以子男田令居楚、蠻夷皆率服、而王不加位、我自尊耳」。乃自立爲武王、與隨人盟而去。於是始開濮地而有之。五十一年、周召隨侯、數以立楚爲王。楚怒、以隨背己、伐隨。武王卒師中而兵罷。子文王熊貲立、始都郢。

④劉炫（05-16b-10）――本疏について劉文淇は次のように分析している。

文淇案ずるに、「旧疏」が《史記》を引用し、光伯はこれを申明した。光伯が「号して武となったのだから、武は謚号ではない」と言うのは、《史記》の「乃ち自立して楚の武王と為る」の語に拠って知り得たものである。

【傳】九月、入杞、討不敬也。 [05-17a]

【傳】公及戎盟于唐、脩舊好也。 [05-17a]

【注】惠・隱之好。〔惠・隱の好なり。〕

【傳】冬、公至自唐、告于廟也。凡公行告于宗廟、反行飲至舍爵策勳焉、禮也。 [05-17a]

【注】爵飲酒器也。既飲置爵、則書勳勞於策。言速紀有功也。〔爵は飲酒の器なり。既に飲して爵を置けば、則ち勲労を策に書す。速かに功有るを紀《しる》すを言ふなり。〕

【疏】「冬公」より「禮也」に至るまで。

○正義に曰う。「凡そ公行〔公が出国すること〕」とは、朝聘することもあり、会合することもあり、同盟することもあり、討伐することもあって、これらすべてが「公行」である。

いったい孝子①が親に奉仕するその仕方は、出かけるときには必ずその事を告げ、帰ると必ずお目通りをし、親が亡くなった場合にも生きていた当時と同様に奉仕するから、出国するには必ず宗廟に報告し、帰国すると必ず「至る〔帰ってきたこと〕」を報告する。「禰廟《でいびょう》に告ぐ」と言わないで、「宗廟に

告ぐ」と言うのは、諸廟すべてに告げるのであって、ただに禰〔父の廟〕だけではないからである。

《禮記》[2]曾子問に、

諸侯 天子に適《ゆ》くには必ず祖に告げ、禰に奠《てん》し〔幣をそなえる〕、祝史に命じて宗廟に告げしむ。諸侯相見ゆるには必ず禰に告げ、祝史に命じて五廟に告げしむ。反れば必ず親ら祖禰に告げ、乃ち祝史に命じて至るを前に告げし所の者に告げしむ。

と称している。これによって判断するに、諸侯が天子に朝するときには、自身が祖禰〔祖父と父の廟〕に告げ、祝史がそのほかの廟に告げる。隣国に朝するときには、自身が禰に告げ、祝史がそのほかの廟に告げる。

その行程が遠い場合にも、自身が祖に告げるから、帰国するに及んでは、「祖禰に告ぐ」と述べたもので、明らかに出る時にもやはり祖に告げるのである。

出る時に「祖」を言わないことについては、鄭玄[2]が「道の近きは、或は以て親ら祖に告げざるべし」と述べているから、明らかに遠路の場合もやはり自身が祖に告げるのである。自身がするしないに拘らず、諸廟にはすべて告げるので、まとめてここでは「宗廟に告ぐ」と言うのである。

〈曾子問〉[2]に「凡そ告ぐるには制幣〔一丈八尺の幣帛〕を用ふ。反るときも亦之《かく》の如くす」と述べているところからすると、出入にはすべて幣《へい》〔ぬさ〕を供えて告げるのである。ただし出る時には告げるとそのまま出かけるが、帰った時にはそのことを告げ、それが終わるとさらに飲至するので、行くに際しては「廟に告ぐ」と言い、帰ると「飲至」と言って、「至」に飲が有って「行」に飲が無いことを示したのである。「飲至」とは、その「行」って無事に帰り「至」ったことを喜び、そのため廟中で酒を飲んで楽しむのである。

襄公[3]十三年伝に、「公 晋より至る。孟献子 労を廟に書す。礼なり」と述べている。「労を書す」ることと「勲を策す」ることとは同一である。爵〔さかづき〕を置いてから勲功を策書に記録するのだから、「策勲」は当然廟において行うということで、「飲至」も廟で行うことが分かる。

かしこの例の「公 晋より至る」とは、朝問から帰って廟に告げたもの。この「公 唐より至る」とは、盟約から帰って廟に告げたものである。桓公[4]十六年の「公 鄭を伐つより至る」の伝に、「飲至の礼を以てすればなり」と述べているのは、討伐より帰って廟に告げたのである。三者の伝にすべて「礼」と言うから、朝・会・盟・伐の廟に告げる礼は同じであることが分かる。伝が凡例を反復した理由である。

朝より帰って至るを告げ、献子が労を記録していることからすると、「策勲」はただ討伐の勲功だけではなく、平常の事柄であっても、国家や民衆を安寧にすることがあれば、その功績を廟に記録する場合もある。

公が外国行きから帰国したことを報告する際には、必ず祝いの会食をし、御先祖にあきらかに報告し、功績が有れば、爵を置いて勲功を記録し、功績が無ければ帰国したことを報告するだけではあるが、廟に告げないということは無い。つまり「行」から帰れば必ず告げるものであるが、しかし《春秋》に、「公行」は一百七十六、「至」を記録するものわずかに八十二で、そのほかは記録が無いのは（なぜかといえば）、《釈例(公行至例)》で、

凡そ公の行、至るを書せざるもの九十有四は、皆な廟に告げざるなり。隠公の告げざるは謙なり。余公の告げざるは礼に慢《おこ》たるなり。

と説明している。

「礼に慢たる」とは、おおまかな例を挙げて言ったもので、中には心情的には怠慢ではなく、告げないほうが適当な場合も有ったであろう。もしその「行」に恥辱が有って、栄誉とするに足りないような場合は、公自身が己れ

を責めて罪し、廟には告げないので、これは礼に怠慢であったのではない。

もしも事柄が本当に恥ずべきであるのに恥じず、「行」より帰って廟に告げると、史官はやはりこれを書き留める。宣公五年伝に「公 斉に如《ゆ》く。高固 斉侯をして公を止めしめて叔姫を請ふ。夏、公 斉より至るとは、過ちを書するなり」という記述がある。これについて《釈例》に、

執えられて止め置かれたという恥辱は、国の尊厳を損ない、列位を傷つけたもので、先君や社稷を汚した行為である。当然、公自身が己を責めて罪し、めでたい礼を用いないで、この事を終えるべきである。ところが宣公は斉に行き、止め置かれて婚姻を隣国の臣下と結び、飲至の礼を行なった。そこで伝では「過ちを書するなり」と言うのである。

と説明している。これは告げるべきでないのに告げたがために、これを書いてその過ちを示したのである。《釈例》にはまた、

⑥「桓公の喪 斉より至る」について、これは死亡して（遺体が）帰り、廟に「至る」を告げたことを書いたもの。荘公が礼に違い、⑦「斉に如きて社を観」、飲至の礼を用いた。これは礼を失しても「至る」を書いたもの。⑧宣公が黒壌の会合で、賄賂を贈ることで（晋の責めを）免れたが、そのことを諱んで盟を記録せず、しかも「至る」を書いているが、やはり諱んで止められたことを廟に告げなかった。⑨「襄公 晋より至る」とは、これは帰国したことを栄誉として「至る」を書いたもの。⑩「昭公 斉より至りて鄆に居る」とは、これは当然告げるべくして「至る」を書いたものである。このように諸々の「至る」を書いたものは、すべて廟に報告し、その帰国を啓上したものである。事実のままに言うこともあれば、諱みはばかることもある。伝は（桓公十六年の）「伐」において飲至の礼を表現し、宣公（五年）において過ちを書くという譏りを表現し、（襄公十三年の）「朝」において飲至の礼を表現した。この三例を挙げてその他の「行」を包含させたのである。

と述べている。

⑪僖公十六年に、公が諸侯に淮に会したが、帰国しないで項の地を取ったので、斉がそのことを討伐と見なして公を抑留した。⑫十七年の秋に、夫人声姜が公の事で斉侯に卞《べん》の地で会って、それでやっと公は帰国できたのであるが、「公 会より至る」と書いたのは、止められたことは諱んで、「会」（から帰国した）と廟に報告した。それゆえ伝では「猶ほ諸侯の事有るがごとくし、且つ之れを諱むなり」と述べている。これは止められたことは諱んで、「会」を以て報告したものである。

諸侯の「盟」約は必ず「会」合の後にあるのに、すべて「公 会より至る」と書いて、「公 盟より至る」と書かないのは（なぜかといえば）、「盟」は「会」に因って実施するもので、最初は「会」をするということで諸侯を集め、公は「会」に行くことを廟に報告するわけだから、帰った際にも「会より至る」と報告する。つまり同時に「盟」についても報告するのではあるが、「盟より至る」と書かないのは、行くときに「盟」については報告していないからである。

⑬僖公二十八年に、公が諸侯に温の地に会し、そのまま許国を囲んだが、経⑭には「公 許を囲むより至る」と書いている。また⑮襄公十年に、公が諸侯に柤の地で会し、そのまま偪陽を滅ぼしたが、経には「公 会より至る」と書いて、両者が同じでない。（このことについては）《釈例》が、

およそこれに類することは、事件が近接しており、最初の事で致すこともあり、終りの事で致すこともあって、たぶん当時の史官の記録の仕方の相違にすぎず、そこに義例は無いであろう。

と説明している。

⑯定公十二年の「公 成〔魯の地名〕を囲むより至る」は、公の「行」が国

境を出ていないのに、やはり廟に告げていることについては、《釈例》が、

陪臣が命令権を行使し、大都が国都に並ぶほどで、仲由が三都を取り壊す計画を建てたのに、成人《せいひと》がこれに従わず、ために公自身が討伐したのであり、国境を越えないものの、衆人を動員して軍隊を編成したわけで、その事を重大視して、その出入をすべて廟に報告したのである。

と説明している。

○注の「爵飲」より「功也」に至るまで。

○正義に曰う。《韓詩》[17]説に、

一升を爵と言う。爵とは尽〔つくす〕、足〔たる〕の意。二升を觚《こ》と言う。觚とは寡〔すくない〕の意。飲酒は少なかるべしということ。三升を觶《し》と言う。觶とは適〔かなう〕の意。飲酒は自適せよということ。四升を角と言う。角とは觸〔ふれる〕の意。飲酒が自適せず、罪過に抵触するということ。五升を散と言う。散とは訕〔そしる〕の意。飲酒を自ら節することができないで、人に誹謗されるということ。これをまとめて爵と言い、その中身を觴《しょう》と言う。觴とは餉〔めし〕の意である。

と述べている。そうすると、飲酒の器には五種類の名が有り、「爵」と総称する。調べてみるに、〈燕禮〉では爵に觚・觶を用いているから、この飲至の爵は觚・觶を用いるに過ぎない。

人君たるものが、賞与するのにその月を越えないのは、民に善事をなすことの利点を速やかに示そうとするためであり、だから爵を置くとただちに功労を策書に記録するのは、「速やかに功有るを紀《しる》すを言ふ」ものである。

【譯注】

①孝子之事親也（05-17a-4）――参考：《禮記》曲禮上「夫爲人子者。出必告、反必面、所游必有常、所習必有業」。また〈中庸〉篇「事死如事生、事亡如事存、孝之至也」。

②禮記曾子問（05-17a-5）――《禮記》曾子問「孔子曰、諸侯適天子、必告于祖、奠于禰。冕而出視朝、命祝史告於社稷・宗廟・山川。乃命國家五官而後行、道而出。告者、五日而遍、過是、非禮也。凡告、用牲幣。反亦如之。諸侯相見、必告于禰〔鄭玄注：道近或可以不親告祖〕、朝服而出視朝。命祝史告于五廟・所過山川。亦命國家五官、道而出。反、必親告于祖禰。乃命祝史告至于前所告者、而後聽朝而入」。

③襄十三年傳（05-17a-10）――襄公十三年経「春、公至自晉」、伝「公至自晉。孟獻子書勞于廟、禮也」。杜預注「書勳勞於策也。桓二年傳曰『公至自唐、告於廟也。凡公行、告於宗廟、反行飲至、舍爵策勳焉、禮也』。桓十六年傳又曰『公至自伐鄭、以飲至之禮也』。然則還告廟、及飲至、及書勞、三事偏行一禮、則亦書至。悉闕乃不書至。傳因獻子之事、以發明凡例、釋例詳之」。本疏のこの部分は杜預注に基づいていることは明白であろう。

④十六年（05-17b-2）――桓公十六年経「秋、七月、公至自伐鄭」、伝「秋、七月、公至自伐鄭、以飲至之禮也」。

⑤宣五年傳（05-17b-7）――宣公五年経「五年、春、公如齊。夏、公至自齊」、伝「春、公如齊、高固使齊侯止公、請叔姫焉。夏、公至自齊、書過也」。

⑥桓公之喪（05-17b-9）――桓公十八年経「夏、四月、丙子、公薨于齊。丁酉、公之喪至自齊」。

⑦如齊觀社（05-17b-10）――莊公二十三年経「夏、公如齊觀社。公至自齊」、伝「夏、公如齊觀社、非禮也」。

⑧宣公黒壤之會（05-17b-10）――宣公七年経「冬、公會晉侯・宋公・衛侯・鄭伯・曹伯于黒壤」、伝「冬、盟于黒壤。王叔桓公臨之、以謀不睦。晉侯之立也、公不朝焉、又不使大夫聘、晉人止公于會。盟于黄父、公不與盟。以賂免。故黒壤之盟不書、諱之也」、宣公八年経「春、公至自會」。

⑨襄公至自晉（05-18a-1）――注③参照。
⑩昭公至自齊居于鄆（05-18a-1）――昭公二十七年経「春、公如齊。公至自齊、居于鄆」、伝「春、公如齊。公至自齊、處于鄆、言在外也」。
⑪僖十六年（05-18a-2）――僖公十六年経「冬、十有二月、公會齊侯・宋公・陳侯・衛侯・鄭伯・許男・邢侯・曹伯于淮」、伝「十二月、會于淮、謀鄫、且東略也。城鄫、役人病、有夜登丘而呼曰、齊有亂。不果城而還」。
⑫十七年（05-18a-3）――僖公十七年経「夏、滅項。秋、夫人姜氏會齊侯于卞。九月、公至自會」、伝「師滅項。淮之會、公有諸侯之事、未歸、而取項。齊人以爲討、而止公。秋、聲姜以公故、會齊侯于卞。九月、公至。書曰『至自會』、猶有諸侯之事焉、且諱之也」。
⑬僖二十八年（05-18a-6）――僖公二十八年経「冬、公會晉侯・齊侯・宋公・蔡侯・鄭伯・陳子・莒子・邾子・秦人于溫。天王狩于河陽。壬申、公朝于王所。晉人執衛侯、歸之于京師。衛元咺自晉復歸于衛。諸侯遂圍許」。
⑭經（05-18a-6）――僖公二十九年経「公至自圍許」。
⑮襄十年（05-18a-6）――襄公十年経「春、公會晉侯・宋公・衛侯・曹伯・莒子・邾子・滕子・薛伯・杞伯・小邾子・齊世子光會呉于柤。夏、五月甲午、遂滅偪陽。公至自會」。
⑯定公十二年（05-18a-7）――定公十二年経「十有二月、公圍成。公至自圍成」、杜預注「無傳。國内而書至者、成彊若列國、興動大衆、故出入皆告廟」。
⑰韓詩説（05-18a-9）――《韓詩》伝承者の説という意味で、必ずしも韓嬰を指すものではないが、《玉函山房輯佚書》では「韓詩説　韓嬰撰」として収録する。ちなみに《毛詩》周南・巻耳正義所引では、許慎《五経異義》所引となっている。

異義韓詩説「一升曰爵。爵盡也、足也。二升曰觚。觚寡也。飲當寡少。三升曰觶。觶適也。飲當自適也。四升曰角。角觸也。不能自適、觸罪過也。五升曰散。散訕也。飲不自節、爲人謗訕。摠名曰爵。其實曰觴。觴者餉也。觥亦五升、所以罰不敬。觥廓也。所以著明之貌。君子有過、廓然著明、非所以餉、不得名觴」。詩毛説「觥大七升」。許慎謹案、觥罰有過、一飲而盡。七升爲過多。

【傳】特相會、往來稱地、讓事也。　[05-18b]

【注】特相會、公與一國會也。會必有主、二人獨會、則莫肯爲主、兩讓會事不成、故但書地。〔「特《ひと》り相會す」とは、公一國と會するなり。會には必ず主有るも、二人獨り會すれば、則ち肯《あへ》て主と爲る莫《な》く、兩つながら讓りて會事は成らず、故に但だ地を書するのみなり。〕

【傳】自參以上則往稱地、來稱會、成事也。　[05-18b]

【注】成會事。〔會事を成す。〕

【傳】初、晉穆侯之夫人姜氏以條之役生大子、命之曰仇。　[05-18b]

【注】條晉地。大子文侯也。意取於戰相仇怨。〔條は晉の地なり。大子は文侯なり。意は戰ひて相仇怨するに取る。〕

【傳】其弟以千畝之戰生、命之曰成師。[05-18b]

【注】桓叔也。西河界休縣南有地名千畝。意取能成其衆。〔桓叔なり。西河界休縣の南に地の千畝と名づくる有り。意は能く其の衆を成すに取る。〕

【疏】「千畝之戰」。
○正義に曰う。〈周本紀〉①を調べてみるに、宣王の三十九年に、王が姜戎と千畝で戦っているから、この戦争から取って子の名としたのである。

【譯注】
①周本紀（05-18b-8）――《史記》周本紀「宣王不脩籍於千畝。虢文公諫曰不可、

王弗聽。三十九年、戰于千畝、王師敗績于姜氏之戎」。

【傳】師服曰、異哉、君之名子也。 [05-19a]

【注】師服晉大夫。〔師服は晉の大夫なり。〕

【傳】夫名以制義、 [05-19a]

【注】名之必可言也。〔之れを名づくること必ず言ふべきなり。〕

【傳】義以出禮、 [05-19a]

【注】禮從義出。〔禮は義より出づ。〕

【傳】禮以體政、 [05-19a]

【注】政以禮成。〔政は禮を以て成る。〕

【傳】政以正民。是以政成而民聽。易則生亂。 [05-19a]

【注】反易禮義、則亂生也。〔禮義に反易すれば、則ち亂 生ずるなり。〕

【疏】「夫名」より「生亂」に至るまで。

○正義に曰う。口から出たものが「名」であり、事の宜しきに合うものが「義」である。人が言葉に出したものを事宜に合わせるので、「名は以て義を制す」と述べた。義によりそって行動することが、礼法を生み出す手段であるから、「義は以て礼を出だす」と述べた。礼を履行することが政教を形作る方法であるから、「礼は以て政を体す」と述べた。礼を用いた政治で下民を正すから、「政は以て民を正す」と述べたのである。

ところがいま晋侯がその子に名づける方法は、事の宜しきを得ず、これでは礼教の生まれようがない。政治に礼を用いないでは、人民それぞれに勝手な心が生じるから、「始めて乱を兆《きざ》す」と見なしたのである。

【傳】嘉耦曰妃、怨耦曰仇、古之命也。 [05-19a]

【注】自古有此言。〔古より此の言有り〕。

【傳】今君命大子曰仇、弟曰成師。始兆亂矣。豈其替乎。 [05-19a]

【注】穆侯愛少子桓叔、倶取於戰以爲名、所附意異、故師服知桓叔之黨必盛於晉以傾宗國、故因名以諷諫。〔穆侯は少子の桓叔を愛し、倶に戰に取りて以て名を爲すも、附する所の意は異り、故に師服は桓叔の黨の必ず晉に盛んとなりて以て宗國を傾くるを知る、故に名に因りて以て諷諫す。〕

【疏】注の「穆侯」より「諷諫」に至るまで。

○正義に曰う。大子と桓叔はともに戦争にちなんで名前を付けられたが、「付けられた意味が異なる」。「仇」は「戦争で仇怨しあうことに取った」ものであり、「成師」は「師衆〔もろびと〕を編成することができることに取った」ものである。名前から意味を取り出すとすると、大子には怨仇が多いのに対して、成師には徒衆が有るということになる。穆侯がもともとこの名前を付けたときには、必ずしも最初からこの意味を持たせたわけではなかろう。しかし少子を寵愛することは、その当時から明らかであったし、師服は桓叔が将来盛んになることが分かっていたので、この道理を推測して生み出し、その名前を解説することにかこつけて諷諫し、幹《みき》〔大子〕を強めて枝《えだ》〔成師〕を弱めさせようとしたのである。

このように人臣が君主を規諫する際に、そのきっかけが無ければ、何に依拠して自分の意志を言葉にして表現できようか。人が名前を付けると必ず将来にその応験が有ることを言ったものではない。しかるに何休[1]が、「左氏は後に興亡有るは、名を立つるの善悪に由る」と見なし、后稷が棄と名づけられたことを引合いに出して《膏肓》をなし、左氏を非難しているのであるが、それは間違いである。

【譯注】

①何休（05-19a-10）――何休《左氏膏肓》の文章。

【傳】惠之二十四年、晉始亂。故封桓叔于曲沃。　[05-19b]

【注】惠魯惠公也。晉文侯卒、子昭侯元年、危不自安、封成師爲曲沃伯。〔惠は魯の惠公なり。晉の文侯卒し、子の昭侯の元年、危ぶみて自ら安んぜず、成師を封じて曲沃伯と爲す。〕

【傳】靖侯之孫欒賓傅之。　[05-19b]

【注】靖侯桓叔之高祖父。言得貴寵公孫爲傅相。〔靖侯は桓叔の高祖父なり。貴寵の公孫を得て傅相と爲すを言ふ。〕

【疏】注の「靖侯」より「傅相」に至るまで。

○正義に曰う。①〈晉世家〉を調べてみるに、靖侯が僖侯を生み、僖侯が献侯を生み、献侯が穆侯を生み、穆侯が桓叔を生んでいるから、「靖侯」は桓叔の高祖である。史書・伝文では「祖」をすべて「祖父」と言うから、「高祖」を「高祖父」と言ったもので、高祖の父という意味ではない。

特に「靖侯の孫」と言うから、伝の意味は「貴寵の公孫を得て傅相と為すを言ふ」ものであることが分かる。この人以後そのまま欒氏となったのは、たぶん父の字が欒だったからであろう。

【譯注】

①晉世家（05-19b-4）――《史記》晉世家は以下の通り。

十八年、靖侯卒、子釐侯司徒立。釐侯十四年、周宣王初立。十八年、釐侯卒、子獻侯籍立。獻侯十一年卒、子穆侯費王立。穆侯四年、取齊女姜氏爲夫人。七年、伐條。生大子仇。十年、伐千畝、有功。生少子、名曰成師。晉人師服曰「異哉、君之命子也。大子曰仇、仇者讎也。少子曰成師、成師大號、成之者也。名、自命也。物、自定也。今適庶名反逆、此後晉其能毋亂乎」。二十七年、穆侯卒、弟殤叔自立、大子仇出奔。殤叔三年、周宣王崩。四年、穆侯大子仇率其徒襲殤叔而立、是爲文侯。文侯十年、周幽王無道、犬戎殺幽王、周東徙。而秦襄公始列爲諸侯。三十五年、文侯仇卒、子昭侯伯立。昭侯元年、封文侯弟成師于曲沃。曲沃邑大於翼。翼、晉君都邑也。成師封曲沃、號爲桓叔。靖侯庶孫欒賓相桓叔。桓叔是時年五十八矣、好德、晉國之衆皆附焉。君子曰「晉之亂其在曲沃矣。末大於本而得民心、不亂何待」。

【傳】師服曰、吾聞國家之立也、本大而末小。是以能固。故天子建國、

【注】立諸侯也。〔諸侯を立つるなり。〕

【傳】諸侯立家、　[05-19b]

【注】卿大夫稱家臣。〔卿大夫を家臣と稱す。〕

【傳】卿置側室、　[05-19b]

【注】側室衆子也。得立此一官。〔側室は衆子なり。此の一官を立つるを得。〕

【疏】注の「側室」より「一官」に至るまで。

○正義に曰う。①《禮記》文王世子に「公 若《も》し疆を出づるの政有れば、庶子は公宮を守り、正室は大廟を守る」という記述があり、鄭玄は「正室は適子なり」と注釈している。正室が適子であるから、「側室」は「衆子」であることが分かる。適子の側《そば》にいるという意味である。

②文公十二年伝に、「趙に側室有り、穿《せん》と曰ふ」と述べているので、卿はこの官を立てることができるのである。卿の家臣の数は多いのに、ただ「此の一官を立つ」と言うのは（なぜかといえば）、そのほかの諸官は職務が国〔公室〕に連《つなが》っており、場合により抜擢して用いるもので、異姓でもすべてなり

得るのに対し、「側室」の一官は必ず同族を用いるからで、つまり卿の恩恵の及ぶところ、ただその宗室の事を治めるばかりなので、特にこう述べたのである。

③〈世族譜〉を調べてみるに、趙穿は趙夙の庶孫であるから、趙盾には従兄弟〔いとこ〕の子に当たるが、盾の「側室」となったという。そうすると、その宗族の庶子・庶孫等の中から選んでこれに任命するもので、必ずしも卿の実弟を立てるのではない。

【譯注】

○禮記文王世子（05–19b-8）——《禮記》文王世子「公若有出疆之政〔鄭玄注：謂朝覲會同也〕、庶子以公族之無事者守於公宮、正室守大廟〔正室適子也。大廟大祖之廟〕、諸父守貴宮貴室〔謂守路寢〕、諸子諸孫守下宮下室〔下宮親廟也。下室燕寢。或言宮、或言廟、通異語〕」。

○文十二年傳（05–19b-9）——文公十二年伝に秦に亡命していた晉の士会の言葉の中に見える。

對曰、趙氏新出其屬、曰臾駢。必實爲此謀。將以老我師也〔杜預注：臾駢・趙盾屬大夫。新出佐上軍〕。趙有側室曰穿、晉君之壻也〔側室枝子。穿趙夙庶孫〕。

○世族譜（05–20a-1）——趙氏の系譜は以下の通り。

公明 ┬ 趙夙 ── ○ ── 趙穿
　　 └ 趙衰 ── 趙盾 ── 趙朔 ── 趙武

【傳】大夫有貳宗、　[05–20a]

【注】適子爲小宗、次者爲貳宗、以相輔貳。〔適子を小宗と爲し、次者を貳宗と爲し、以て相輔貳す。〕

【疏】注の「適子」より「輔貳」に至るまで。

○正義に曰う。①礼制には大宗・小宗の別が有る。

天子・諸侯の庶子を「別子」と言う。異姓で族を受けて後世の始祖となる者については、代々嫡子が継承して、百代経っても遷らない、これを「大宗」と言う。父の後となるものの諸弟がこれを宗とし、五世になると遷る、これを「小宗」と言う。

五世にして遷るとは、高祖より以下、喪服の（及ぶ範囲が）まだ絶たないことで、高祖の嫡を継ぐものは、緦服の内では、ともにこれを宗とする。曾祖の嫡を継ぐものは、小功の内で、ともにこれを宗とする。祖を継ぎ、禰を継いで、宗の及ぶところは、やはりそうする。それゆえ鄭玄の〈喪服小記〉注に「小宗に四つある。高祖を継いだり、曾祖を継いだり、祖を継いだり、また禰を継いだりする。すべて五世に至ると遷る」と述べている。緦服が極まった以上、宗として敬しないので、疎遠になると、次々と遷るのである。

《禮記》②大伝に、

百世を経ても遷らない宗があり、五世にして遷る宗がある。百世を経ても遷らないのは別子の後である。別子の出るところを継ぐのを宗とするものは、百世を経ても遷らないものである。高祖を継ぐのを宗とするものは、五世を経て遷るものである。

という記述があるが、これが大宗・小宗の別である。

大夫自身は「適子を小宗と為す」から、その「次者を貳宗と為」し、相助けるということで副貳とし、やはりこれを立ててこの官とするのである。

杜預が、（この例が）大宗でなく「小宗」を言ったものだと分かったのは、大夫は必ずしもすべてが大宗でなく、小宗となるものの多いところから、そう言ったのである。もし大夫自身が大宗であっても、やはりただ「貳宗」の官を立てることができるだけである。

《禮記》は公族によって説明したもので、そのため「別子を祖と為す」と言い、主として諸侯の庶子を説明したのである。しかし実際には、異姓が族を受けても、その継ぐものはやはり大宗であるけれども、《禮記》がこのことに言及しなかったに過ぎない。（このことについて）沈（文阿）が、

「適子を小宗と為す」とは、大夫自身が小宗となるという意味。「次なる者を貳宗と為す」とは、大夫の庶弟をいう。貳宗は側室と同例であるから、すべて官名で、五宗とは別のものである。

と述べている。

【譯注】

①禮有大宗小宗（05–20a–3）――参考：《禮記》喪服小記。

別子爲祖〔鄭玄注：諸侯之庶子別爲後世爲始祖也。謂之別子者、公子不得禰先君〕、繼別爲宗〔別子之世長子爲其族人爲宗、所謂百世不遷之宗〕、繼禰者爲小宗〔別子庶子之長子爲其昆弟爲宗也。謂之小宗者、以其將遷也〕、有五世而遷之宗、其繼高祖者也〔謂小宗也。小宗有四。或繼高祖、或繼曾祖、或繼祖、或繼禰、皆至五世則遷〕。是故祖遷於上、宗易於下、尊祖故敬宗、敬宗所以尊祖禰也〔宗者祖禰之正體〕。庶子不祭祖者、明其宗也〔明其尊宗以爲本也。禰則不祭矣。言不祭祖者、主謂宗子庶子俱爲適士得立祖禰廟者也。凡正體在乎上者、謂下正猶爲庶也〕。

②禮記大傳（05–20a–7）――《禮記》大伝「別子爲祖、繼別爲宗、繼禰者爲小宗。有百世不遷之宗、有五世則遷之宗。百世不遷者、別子之後也。宗其繼別子者、百世不遷者也。宗其繼高祖者、五世則遷者也。尊祖故敬宗。敬宗、尊祖之義也」。

【傳】士有隷子弟、 〔05–20b・21a〕

【注】士卑、自以其子弟爲僕隷。〔士は卑《いや》しければ、自ら其の子弟を以て僕隷と爲す。〕

【傳】庶人工商各有分親。皆有等衰。 〔05–20b・21a〕

【注】庶人無復尊卑、以親疏爲分別也。衰殺也。〔庶人には復た尊卑無く、親疏を以て分別を爲すなり。衰《さい》は殺《さい》なり。〕

【傳】是以民服事其上、而下無覬覦。 〔05–20b・21a〕

【注】下不冀望上位。〔下は上位を冀望せず。〕

【傳】今晉甸侯也、而建國本既弱矣。其能久乎。 〔05–20b・21a〕

【注】諸侯而在甸服者。〔諸侯にして甸服に在る者なり。〕

【疏】注の「諸侯」より「服者」に至るまで。

○正義に曰う。周公は九州を拡大して万里にまで領土を広げ、これを「九服」に制度化した。周の畿内の封域は千里四方、その外部五百里ごとを一服という。侯・甸・男・采・衛・要の六服を中国とし、夷・鎮・蕃の三服を夷狄とする。〈大司馬〉①ではこれを「九畿」と言うが、これは期限が有るという意味である。また〈大行人〉②ではこれを「九服」と言うが、これは王に服事するという意味である。

計算すると、甸服の内側は京師〔みやこ〕を去ることまだ千里であるが、晉は王城から隔たること千里以上であるのに、「甸服に在り」得るのは（なぜかといえば）、《周禮》はその（形式的な）法を設定したまでであり、土地の形状は図面のように正方形ではあり得ないので、必ずしもどの服も右の数字通りではないからである。

〈地理志〉③に「最初、洛邑と宗周とは同じ封畿であった。したがって東西が長く、南北が短く、長短合わせて千里であった」という記述があるように、

王畿は正方形ではなかった。〈地理志〉にはまた「東都〔洛邑〕は六百里四方である」と述べており、これを半分にすると三百里であり、その外に侯服の五百里があって、合わせて八百里となる。計算上、晋の都は太原に在って、洛邑を去ること八百里近くである。畿内が正方形でないからには、（その外の）服も少しは変改したであろうから、晋は「甸服に在る」ことになる。

【譯注】

①大司馬謂之九畿（05-20b-8）――《周禮》大司馬職「乃以九畿之籍、施邦國之政職。方千里曰國畿、其外方五百里曰侯畿、又其外方五百里曰甸畿、又其外方五百里曰男畿、又其外方五百里曰采畿、又其外方五百里曰衛畿、又其外方五百里曰蠻畿、又其外方五百里曰夷畿、又其外方五百里曰鎭畿、又其外方五百里曰蕃畿」。

②大行人謂之九服（05-20b-8）――《周禮》大行人職「邦畿方千里。其外方五百里謂之侯服、歲壹見、其貢祀物。又其外方五百里謂之甸服、二歲壹見、其貢嬪物。又其外方五百里謂之男服、三歲壹見、其貢器物。又其外方五百里謂之采服、四歲壹見、其貢服物。又其外方五百里謂之衛服、五歲壹見、其貢材物。又其外方五百里謂之要服、六歲壹見、其貢貨物。九州之外謂之蕃國、世壹見、各以其所貴寶爲摯」。

《周禮》職方氏職「乃辨九服之邦國、方千里曰王畿、其外方五百里曰侯服、又其外方五百里曰甸服、又其外方五百里曰男服、又其外方五百里曰采服、又其外方五百里曰衛服、又其外方五百里曰蠻服、又其外方五百里曰夷服、又其外方五百里曰鎭服、又其外方五百里曰藩服」。

	大司馬	大行人	職方氏
方千里	國畿	邦畿	王畿
方五百里	侯畿	侯服	侯服
方五百里	甸畿	甸服	甸服
方五百里	男畿	男服	男服
方五百里	采畿	采服	采服
方五百里	衛畿	衛服	衛服
方五百里	蠻畿	要服	蠻服
方五百里	夷畿		夷服
方五百里	鎭畿	（九州之外）	鎭服
方五百里	蕃畿	蕃國	藩服

③地理志（05-20b-9）――《漢書》地理志・周地の条は以下の通り。本疏所引の〈地理志〉の後者は本文ではない。

昔周公營雒邑、以爲在于土中、諸侯蕃屏四方、故立京師。至幽王淫褒姒、以滅宗周、子平王東居雒邑。其後五伯更帥諸侯以尊周室、故周於三代最爲長久。八百餘年至於赧王、乃爲秦所兼。初雒邑與宗周通封畿〔師古曰、宗周、鎬京也。方八百里、八八六十四、爲方百里者六十四也。雒邑、成周也。方六百里、六六三十六、爲方百里者三十六。二都得百里者百、方千里也。故詩云、邦畿千里〕、東西長而南北短、短長相覆爲千里。至襄王以河内賜晉文公、又爲諸侯所侵、故其分墜小。

【傳】惠之三十年、晉潘父弒昭侯而納桓叔、不克。 [05-21a]

【注】潘父晉大夫也。昭侯文侯子。〔潘父は晉の大夫なり。昭侯は文侯の子なり。〕

【傳】晉人立孝侯。 [05-21a]

【注】昭侯子也。〔昭侯の子なり。〕

【傳】惠之四十五年、曲沃莊伯伐翼、弑孝侯。 [05–21a]

【注】莊伯桓叔子。翼晉國所都。〔莊伯は桓叔の子なり。翼は晉國の都する所なり。〕

【傳】翼人立其弟鄂侯。鄂侯生哀侯。 [05–21a]

【注】鄂侯以隱五年奔隨。其年秋、王立哀侯于翼。〔鄂侯は隱五年を以て隨に奔る。其の年の秋、王 哀侯を翼に立つ。〕

【傳】哀侯侵陘庭之田。 [05–21a]

【注】陘庭翼南鄙邑。〔陘庭は翼の南鄙の邑なり。〕

【傳】陘庭南鄙啓曲沃伐翼。 [05–21a]

春秋左傳正義校定文　卷五

[疏]〇正義曰、魯世家、桓公名允、惠公之子、隱公之弟、仲子所生。以桓王九年卽位、莊王三年薨。世本「桓公名軌」、世族譜亦爲「軌」。謚法「辟土服遠曰桓」、謚法非一、略擧一耳、亦不知本以何行而爲此謚。他皆放此。是歳歳在玄枵。(05-01a)

[疏]注嗣子至備矣〇正義曰、顧命曰「乙丑、成王崩、使齊侯呂伋以二干戈逆子釗于南門之外、延入翼室、恤宅宗」、孔安國云「明室路寢。延之使居憂、爲天下宗主」。天子初崩、嗣子定位、則諸侯亦當然也。釋例曰「尚書顧命、天子在殯之遺制也。推此亦足以準諸侯之禮矣」、是知「嗣子位定於初喪」。孝子緣生以事死、歳之首日、必朝事宗廟、因卽改元。釋例曰「襄二十九年經書『春、王正月、公在楚』、傳曰『釋不朝正于廟也』。然則諸侯每歳首、必有禮於廟。今遭喪繼位者、每新年正月、亦改元正位、百官以序、故國史因書卽位於策、以表之。此新君之常禮也。桓之於隱、本無君臣之義。計隱公之死、桓公卽合改元、不假踰年方行卽位。猶如晉厲被弑、悼公卽位改元。今桓雖實簒立、歸罪寪氏、詐言不與賊謀、而用常禮、自同於遭喪繼位者、亦既實卽其位、國史依實書之、仲尼因而不改、反明公實簒立、而自同於常、亦足見桓之簒也」。(05-01a・01b)

[疏]注公以至所隱〇正義曰、成會禮於垂、既易許田、然後盟以結之、故先「會」次「假田」、然後書「盟」也。言「迎之成禮於垂」者、「垂」是衛地。沈以爲「公迎鄭伯於垂。知時史之所隱諱者、傳不言『書曰』、知非仲尼新意也」。(05-01b・02a)

[疏]注魯不至易也〇正義曰、祊薄於許、加之以璧、易取許田、非假借之也。今經乃以「璧假」爲文、故傳言「爲周公祊故」、解經「璧假」之言也。注又解傳之意、周公非鄭之祖、「魯不宜聽鄭祀周公」、天子賜魯以許田、義當傳之後世、「不宜易取祊田」、於此一事、「犯二不宜以動」、故史官諱其實、不言以祊易許、乃稱以璧假田。言若進璧於魯、以權借許田非久易然、所以諱國惡也。不言「以祊假」、而言「以璧假」者、此璧實入於魯。但諸侯相交、有執圭璧致信命之理、今言「以璧假」、似若進璧以致辭然。故「璧」猶可言、「祊」則不可言也。何則祊・許俱地、以地借地、易理已章、非復得爲隱諱故也。(05-02a・02b)

[疏]注渝變也〇正義曰、釋言文也。傳載其盟辭者、以易田惡事而誓不變改、見其終無悔心、所以深惡魯也。此時許田已入於鄭、而詩頌僖公云「居常與許、復周公之宇」、蓋僖公之時、復得之也。「齊人取讙及闡」、及其歸也、經復書之。自此以後、不書鄭人來歸許田者、此經書「假」、言若暫以借鄭、地仍魯物、不得書鄭人歸之。(05-02b)

[疏]凡平原至大水〇正義曰、洪範云「水曰潤下」、言雨自上而下、浸潤於土。陂鄣下地、可使水潦停焉、「平原」高地、則不宜有也。「凡平原出水」、則「爲大水」、「平原出水」、言水不入於土、而出於地上、非湧泉出也。(05-02b)

〇注廣平曰原〇正義曰、釋地文也。李巡曰「謂土地寬博而平正、名之曰原」。(05-02b)

[疏]注鄭伯至繆誤○正義曰、六年傳云「魯爲其班後鄭」、注云「魯親班齊饋、則亦使大夫戍齊矣。經不書、蓋史闕文」。然則經所不書、自有闕文之類。注旣疑此事、不云「闕文」、而云「繆誤」者、師出征伐、貴賤皆書、經所不書、必是文闕。若其事重、使人雖賤亦書。「鄭人來渝平」、「齊人歸讙及闡」是也。今以「拜盟」事輕、若其使賤、則例不合書、故杜云「若遣使來、傳當云鄭人、疑傳繆誤」。知非實是鄭伯、爲不見公不書者、以魯・鄭相親、易田結好、鄭伯旣拜盟而來、魯君無容不見、故知非實是鄭伯、止是鄭人而已。(05-02b・03a)

[疏]注華父至世祖○正義曰、案世本云「華父督宋戴公之孫、好父説之子」、「孔父嘉生木金父、木金父生祁父。其子奔魯爲防叔。防叔生伯夏、伯夏生叔梁紇、叔梁紇生仲尼」、是孔父嘉爲「孔子六世祖」。(05-03a)

[疏]目逆至而豔○正義曰、未至則「目逆」、旣過則「目送」、俱是目也、故以「目」冠之。「美」者言其形貌美、「豔」者言其顔色好、故曰「美而豔」爲二事之辭。「色美曰豔」、詩毛傳文也。(05-03a)

[疏]宋督至孔父○正義曰、凡言「其」者、是其身之所有。君是臣之君、故臣弑君、則云「弑其君」、臣是君之臣、故君殺臣、則云「殺其大夫」、子亦君之子、故云「殺其世子」。稱「國」稱「人」以殺、亦言「其」者、人與國、並擧一國之辭、君與大夫、皆是國人所有、故亦言「其」也。若兩臣相殺、死者非殺者所有、則兩書名氏、不得言「其」。則「王札子殺召伯・毛伯」是也。

「與夷」是督之君、言「弑其君」可、孔父非督之大夫、而言「及其大夫」者、與君倶死、據君爲文。言「宋督弑其君」、據督爲文、而上「弑其君」也。言「及其大夫孔父」、據君爲文、而下「及其大夫」、言及與夷之大夫、非督之大夫也。仇牧・荀息、其意亦同。(05-03b)

○注稱督至其君○正義曰、宣四年傳例曰「弑君稱君、君無道也。稱臣臣之罪也」、故知「稱督以弑罪在督也」。諸言「父」者、雖或是字、而春秋之世、有齊侯祿父・蔡侯考父・季孫行父・衛孫林父、乃皆是名、故杜以「孔父」爲名。

文七年「宋人殺其大夫」、傳曰「不稱名衆也。且言非其罪也」。不名者非其罪、則知稱名者皆有罪矣。杜旣以「孔父」爲名、因論爲罪之狀。「内不能治其閨門」、使妻行於路、令華督見之。「外取怨於民」、使君數攻戰、而國人恨之。「身死而禍及其君」、故書名以罪孔父也。釋例曰「經書『宋督弑其君與夷及其大夫孔父』、仲尼・丘明唯以先後見義、無善孔父之文。孔父爲國政、則取怨於民、治其家、則無閨閫之教、身先見殺、禍遂及君、旣無所善。仇牧不警而遇賊、又死無忠事。晉之荀息、期欲復言、本無大節。先儒皆隨加善例、又爲不安。經書臣蒙君弑者有三、直是弑死相及、卽實爲文。仲尼以督爲有無君之心、改書一事而已、無他例也」。是以孔父行無可善、書名罪之也。

案公羊・穀梁及先儒皆以善孔父而書字。知不然者、案「宋人殺其大夫司馬」、傳稱「握節以死、故書其官」。又「宋人殺其大夫」、傳以爲無罪不書名。今孔父之死、傳無善事、故杜氏之意、以父爲名。言若齊侯祿父・宋公茲父之等、父旣是名、孔則爲氏。猶仇牧・荀息被殺、皆書名氏。蓋孔父先世以孔爲氏、故傳云「督攻孔氏」也。

婦人之出、禮必鄣蔽其面。孔父妻行、令人見其色美、是「不能治其閨門」。又殤公之好攻戰、孔父須伏死而爭、乃從君之非、是「取怨於百姓」。事由孔父、遂禍及其君、似公子比劫立加弑君之罪。杜君積累其惡、故以書名責之。劉君不達此旨、妄爲規過非也。(05-03b・04a)

[疏]注隱十至所黜○正義曰、杞行夷禮、傳每發之、此不發傳、非爲夷禮。自是以下、滕常稱「子」、故疑爲「時王所黜」。於時周桓王也、東周雖則微弱、猶

爲天下宗主、尚得命邾爲諸侯、明能黜滕爲子爵。(05-04a)

[疏]注成平至宋地〇正義曰、「成平」釋詁文也。宣十五年傳「晉侯治兵于稷」、治兵欲以禦秦、明其不出晉竟、故以「稷」爲河東之稷山。此欲平宋、故以「稷」爲宋地。(05-04b)

[疏]注宋以至十日〇正義曰、禮記明堂位稱「魯君季夏六月、以禘禮祀周公於大廟」、文十三年公羊傳曰「周公稱大廟」、故知「大廟周公廟」也。「始欲平宋亂」、故會于稷、終舍宋罪、而受其賂、故得失「備書之」。始書「成宋亂」、終書「取郜鼎」、是其「備書之」也。鄭衆・服虔皆以「成宋亂」爲成就宋亂、故以此言正之。長歷此年四月庚午朔、其月無戊申、五月已亥朔、十日得戊申、是有日而無月也。(05-04b)

[疏]注潁川至鄧城〇正義曰、賈・服以「鄧」爲國、言「蔡・鄭會於鄧之國都」。釋例以此潁川鄧城爲蔡地、其鄧國則義陽鄧縣是也。以「鄧」是小國、去蔡路遠、蔡・鄭不宜遠會其都、且蔡・鄭懼楚始爲此會、何當反求近楚小國、而與之結援、故知非鄧國也。(05-04b・05a)

[疏]注傳例至策勳〇正義曰、釋例曰「凡盟有一百五、公行一百七十六、書『至』者八十二、其不書『至』者九十四、皆不告廟也。隱公之不告、謙也。餘公之不告、慢於禮也」、是言「不告」「不書」之意也。知「隱不書至爲謙」者、以隱是讓位賢君、必不慢於宗廟、假使惰慢宗廟、止可時或失禮、不應終隱之身、竟不書至。知其以謙之故、勞非所憚、勳無可紀、「不敢自同於正君、書勞策勳」、故不告至也。(05-05a)

[疏]君子至其君〇正義曰、諸傳言「君子」者、或當時賢者、或指斥仲尼、或語出丘明之意、而託諸賢者、期於明理而已、不復曲爲義例。唯河陽之狩、趙盾之弑、泄冶之罪、危疑之理、須取聖證、故特稱「仲尼」以明之、其餘皆託諸「君子」。「君子」者言其可以居上位子下民、有德之美稱也。此言「先書弑君」、則是仲尼新意、不言仲尼、而言「君子」者、欲見君子之人意皆然、非獨仲尼也。

「督有無君之心」、而「先書弑君」者、君人執柄、臣人畏威、每事稟命而行、不敢妄相殺害。督乃專殺孔父、而取其妻、非有忌君之心、全無敬上之意、不臣之迹、在心已久、非爲公怒始興毒害。若先書「孔父」、後書「弑君」、便似既殺孔父、始有惡心。今先書「弑君」、後書「孔父」、見其先有輕君之心、以著不義之極故也。(05-05b)

〇注經稱至妄也〇正義曰、傳言「爲賂故立華氏」、解經「以成宋亂」之言也。「成宋亂」者、欲殺賊臣定宋國。今乃受貨賂、立華氏、非是平亂之狀、而傳以解經、故注申通其義。「以成宋亂」者、是四國爲會之本謀、及其既會、違背前謀、非徒不討宋督、乃更爲立華氏。宋亂實不平、而經書「平宋亂」者、蓋以魯君受賂立華氏、貪貨縱賊、爲惡之甚、時史惡其指斥、不可言四國爲會、縱賊取財、故遠言爲會之本意。言會于稷、欲以平宋亂也。傳以經文不實、解其諱之所由、所諱者諱其受賂立華氏故也。「爲周公祊故」、文與此同、故以類相明。

然案「爲周公祊故」、「故」字在下而向上結之、此亦應云「爲賂立華氏故也」、何以此文「故」字乃在「立華氏」之上、「爲賂」之下者、「以周公祊故」、其文約少、得以「故」字在下、摠而結之、此則文句長緩、不可摠而結之、先擧「爲賂」惡重、所以云「爲賂故也」、然後始言「立華氏」、備詳其事。

今定本有「故」字。檢晉・宋古本、往往無「故」字者妄也。

襄三十年、諸侯之卿會于澶淵、謀歸宋財、既而無歸、書曰「宋災故」尤之也、此書「成宋亂」、知非譏受賂尤四國者、澶淵之會、貶卿稱人、是尤之文、此則具序君爵、辭無貶責、非尤過之狀、知爲諱故、而本其會意、從其平文也。

文十七年、晉會諸侯于扈、欲以平宋之亂、既而不討、受賂而還、其事與此正同、而經書「諸侯會于扈」、傳曰「書曰諸侯、無功也」、此亦無功、不言「諸侯會于稷」、而歷序諸國者、扈之會、晉爲伯會諸侯以討亂、乃受賂而還、猶如僖十四年「諸侯城緣陵」、齊桓爲伯、城而不終、故貶稱「諸侯」、此則齊・陳・鄭自相平亂、故不加貶文。

知不爲公諱、不貶諸侯者、以狄泉之諱、唯沒公文、其餘皆貶、此若必諱、唯須沒公而已、何須不貶諸國。宣四年「公及齊侯平莒及郯」、「成」「平」同義、而彼言「平」、此言「成」者、史官非一、置辭不同、猶「暨」之與「及」、更無他義。所謂「史有文質、不必改」也。文十三年傳稱「衛侯・鄭伯請平于晉、公皆成之」、是知「成」「平」義無異也。(05-05b・06a・06b)

[疏]注殤公至公世〇正義曰、服虔云「與夷、隱四年即位、一戰『伐鄭圍其東門』、再戰『取其禾』、皆在隱四年。三戰『取邾田』、四戰『邾鄭入其郛』、五戰『伐鄭圍長葛』、皆在隱五年。六戰『鄭伯以王命伐宋』、在隱九年。七戰『公敗宋師于菅』、八戰『宋衛入鄭』、九戰『宋人蔡人衛人伐戴』、十戰『戊寅、鄭伯入宋』、皆在隱十年。十一戰『鄭伯以虢師大敗宋師』、在隱十一年」、是「皆在隱公世」也。(05-06b)

[疏]注郜國至郜城〇正義曰、穀梁傳曰「郜鼎者郜之所爲也。孔子曰、從主人、故曰郜大鼎也」、公羊傳曰「器從名、地從主人」。其意言器從本主之名、地從後屬主人、是知「郜國所造、故繫名於郜」。

劉君難杜注「郜國濟陰成武縣東南有北郜城」、「郜宋邑濟陰成武縣東南有郜城」、「俱是成武縣東南、相去不遠、何得所爲郜國、所爲宋邑」。劉以南郜・北郜、並宋邑、別有郜國、以規杜氏。知不然者、以許田・許國相去非遙、則郜國・郜邑、何妨相近。且杜言「有」者、皆是疑辭、何得執杜之疑、以規其過。如劉所解、郜國竟在何處。(05-07a)

[疏]君人至子孫〇正義曰、「君人」謂與人爲君也。「昭德」謂昭明善德、使德益章聞也。「塞違」謂閉塞違邪、使違命止息也。「德」者得也。謂內得於心、外得於物。在心爲「德」、施之爲「行」。「德」是「行」之未發者也、而「德」在於心、不可聞見、故聖王設法、以外物表之。「儉」與「度」「數」「文」「物」「聲」「明」、皆是「昭德」之事、故傳每事皆言「昭」、是昭其德也。自「不敢易紀律」以上、言「昭德」耳、都無「塞違」之事。自「滅德立違」以下、言「違德」之事。「德」之與「違」、義不並立、「德」明則「違」絕、故「昭德」之下言「塞違」。「違」立則「德」滅、故「立違」之上言「滅德」。「立違」謂建立違命之臣、知「塞違」謂遏絕違命之人也。「國家之敗」謂邦國喪亡、知「猶懼或失之」、謂恐失國家。此諫辭有首尾、故理互相見。(05-07b)

〇注以茅至之稱〇正義曰、冬官考工記有「葺屋」「瓦屋」、則屋之覆蓋、或草或瓦。傳言「清廟茅屋」、其屋必用茅也。但用茅覆屋、更無他文。

明堂位曰「山節藻梲、複廟重檐、刮楹達鄉、反坫出尊、崇坫康圭、疏屏、天子之廟飾也」。其飾備物盡文、不應以茅爲覆、得有茅者、杜云「以茅飾屋著儉也」、以茅飾之而已、非謂多用其茅、揔爲覆蓋。猶童子垂髦及蔽膝之屬、示其存古耳。

白虎通曰「王者所以立宗廟何、緣生以事死、敬亡若存、故以宗廟而事之、此孝子之心也。宗者尊也。廟者貌也。象先祖之尊貌」。然則象尊之貌、享祭之所、嚴其舍宇、簡其出入、其處肅然清靜、故稱「清廟」。「清廟」者宗廟之大稱。

詩頌清廟者、祀文王之歌、故鄭玄以文王解之。言天德清明、文王象焉、故稱「清廟」。此則廣指諸廟、非獨文王、故以「清靜」解之。(05-07b・08a)

[疏]注大路至越席結草〇正義曰、「路」訓大也。君之所在、以大爲號、門曰路門、寢曰路寢、車曰路車。故人君之車、通以「路」爲名也。周禮巾車「掌王之五路」、鄭玄云「王在焉曰路」、彼解天子之車、故云「王在」耳、其實諸侯之車、亦稱爲「路」。「大路」路之最大者、巾車五路、玉路爲大、故杜以「玉路」爲「大路」。巾車云「玉路、錫・樊・纓、十有再就、建大常十有二斿以祀」、故云「祀天車」也。

「越席」結蒲爲席、置於玉路之中以茵藉、示其儉也。

經傳言「大路」者多矣、注者皆觀文爲説。尚書顧命陳列器物、有大輅・綴輅・先輅・次輅、孔安國以爲「玉・金・象以飾車」。以其徧陳諸路、故以周禮次之。僖二十八年、王賜晉文公以大輅之服、定四年、祝佗言先王分魯・衛・晉以大路、注皆以爲「金路」。以周禮金路、同姓以封、玉路不可以賜、故知皆金路也。襄十九年、王賜鄭子蟜以大路、二十四年、王賜叔孫豹以大路、二注皆云「大路天子所賜車之揔名」。以周禮「孤乘夏篆、卿乘夏縵」、釋例以所賜穆叔子蟜、當是革木二路、故杜以「大路」爲賜車之揔名。

服虔云「大路木路」。杜不然者、以「大路越席」、猶如「清廟茅屋」。清廟之華、以茅飾屋示儉、玉路之美、以越席示質。若大路是木、則與「越席」各爲一物、豈「清廟」與「茅屋」、又爲別乎。故杜以「大路」爲玉路。於玉路而施「越席」、是方可以示儉。故沈氏云「玉路雖文、亦以越席示儉」。而劉君横生異義、以「大路」爲木路、妄規杜氏非也。(05-08a・08b)

[疏]注大羹至五味〇正義曰、郊特牲云「大羹不和、貴其質也」、儀禮士虞・特牲皆設「大羹湆」、鄭玄云「大羹湆煮肉汁也。不和貴其質。設之所以敬尸也」、是祭祀之禮有「大羹」也。「大羹」者大古初食肉者煮之而已、未有五味之齊。祭神設之、所以敬而不忘本也。記言「大羹不和」、故知「不致」者「不致五味」。「五味」卽洪範所云「酸・苦・辛・鹹・甘」也。(05-08b)

[疏]注黍稷至精鑿〇正義曰、釋草云「粢稷」、舍人曰「粢一名稷。稷粟也」、郭璞云「今江東人、呼粟爲粢」、士虞記云「明齊」、鄭云「今文曰明粢、粢稷也」。然則「粢」是稷之別名。但「稷」是諸穀之長、「粢」亦諸穀揔名。周禮小宗伯「辨六粢之名物」、鄭玄云「六粢謂黍・稷・稻・粱・麥・苽」、是諸穀皆名「粢」也。祭祀用穀、黍稷爲多、故云「黍稷曰粢」。

飯謂之「食」。傳云「粢食不鑿」、謂以黍稷爲飯不使細也。九章筭術「粟率五十鑿二十四」、言粟五斗爲米二斗四升、是則米之精鑿。(05-08b・09a)

[疏]注袞畫至持簿〇正義曰、「畫衣」謂畫龍於衣。祭服玄衣纁裳。詩稱「玄袞」、是玄衣而畫以袞龍。「袞」之言卷也、謂龍首卷然。玉藻曰「龍卷以祭」、知謂龍首卷也。尚書益稷云「帝曰、予欲觀古人之象、日・月・星辰・山・龍・華蟲作會、宗彝・藻・火・粉米・黼・黻絺繡」。言「觀古人之象」、謂觀衣服所象日・月以至黼黻十二物、皆衣服之所有也。

「華蟲」以上言「作會」、「宗彝」以下言「絺繡」、則二者雖在於服、而施之不同。冬官考工記「畫繢」與「繡布」采異次、知在衣則畫之、在裳則刺之、故鄭玄禮注及詩箋皆云「衣繢而裳繡」。以此知「袞」是畫文、故云「袞畫衣」也。

袞衣以下章數、鄭玄注司服云「有虞氏十二章、自日月而下、至周而日・月・星辰畫於旌旗、又登龍於山、登火於宗彝。冕服自九章而下」。如鄭此言、九章者、龍一・山二・華蟲三・火四・宗彝五在衣。藻六・粉米七・黼八・黻九在裳。鷩冕者去龍去山、自華蟲而下七章、華蟲一・火二・宗彝三在衣、餘四章在裳。毳冕者去華蟲、去火五章、自宗彝而下、宗彝一・藻二・粉米三在衣、餘二章在裳。希冕者去宗彝、去藻三章、自粉米而下、粉米一在衣、餘二章在裳。玄冕者其衣無畫、裳上刺黻而已。杜昭二十五年數九文、不取宗彝、則與鄭異也。

「冠」者首服之大名、「冕」者冠中之別號、故云「冕冠」也。世本云「黃帝作冕」、宋仲子云「冕冠之有旒者」。禮文殘缺、形制難詳。周禮弁師「掌王之五冕」、皆玄冕朱裏、止言玄朱而已、不言所用之物。論語云「麻冕禮也」、蓋以木爲幹、而用布衣之、上玄下朱、取天地之色。其長短廣狹、則經傳無文。阮諶三禮圖・漢禮器制度云「冕制皆長尺六寸、廣八寸。天子以下皆同」。沈引董巴輿服志云「廣七寸、長尺二寸」、應劭漢官儀云「廣七寸、長八寸」。沈又云「廣八寸、長尺六寸者、天子之冕。廣七寸、長尺二寸者、諸侯之冕。廣七寸、長八寸者、大夫之冕」。但古禮殘缺、未知孰是、故備載焉。司馬彪漢書輿服志云「孝明帝永平二年、初詔有司采周官・禮記・尚書之文制冕。皆前圓後方、朱裏玄上、前垂四寸、後垂三寸。天子白玉珠十二旒、三公・諸侯青玉珠七旒、卿大夫黑玉珠五旒。皆有前無後」。此則漢法耳。其古禮鄭玄注弁師云「天子袞冕、以五采繅、前後各十二旒、旒有五采、玉十有二。鷩冕前後九旒。毳冕前後七旒。希冕前後五旒。玄冕前後三旒。旒皆五采、玉十有二。上公袞冕三采繅、前後九旒、旒有三采玉九。侯伯鷩冕三采繅、前後七旒、旒有三采玉七。子男毳冕三采繅、前後五旒、旒有三采玉五。孤卿以下皆二采繅、二采玉、其旒及玉、各依命數耳」。謂之「冕」者、冕俛也。以其後高前下、有俛俯之形、故因名焉。蓋以在上位者、失於驕矜、欲令位彌高而志彌下、故制此服、令貴者下賤也。

「韍」「韠」制同而名異。鄭玄詩箋云「芾大古蔽膝之象也。冕服謂之芾。其他服謂之韠、以韋爲之」、故云「韍韋韠」也。詩云「赤芾在股」、則芾是當股之衣、故云「以蔽膝」也。鄭玄易緯乾鑿度注云「古者田漁而食、因衣其皮、先知蔽前、後知蔽後、後王易之以布帛、而獨存其蔽前者、重古道而不忘本也」、是説「韍」「韠」之元由也。

易下繫辭曰「包犧氏之王天下也、作爲網罟、以佃以漁」、則田漁而食、伏犧時也。禮運説上古之時云「昔者先王食鳥獸之肉、衣其羽皮」、是「田漁而食、因衣其皮」也。又曰「後聖有作治其麻絲、以爲布帛」、易繫辭曰「黃帝堯舜垂衣裳而天下治」。然則易之布帛、自黃帝始也。垂衣裳、服布帛、初必始於黃帝。其存蔽膝之象、未知始自何代也。禮記明堂位云「有虞氏服韍」、言舜始作韍也、尊祭服而異其名耳、未必此時始存象也。知「冕服謂之韍」者、易云「朱紱方來、利用享祀」、知「他服謂之韠」者、案士冠禮「士服皮弁玄端、皆服韠」、是他服謂之韠。以冕爲主、非冕謂之他、此欲以兩服相形、故謂「韍」爲「韋韠」。「韍」之與「韠」、祭服他服之異名耳、其體制則同。玉藻説玄端服之韠云「韠、君朱、大夫素、士爵韋」、發首言「韠」、句末言「韋」、明皆以韋爲之。凡「韠」皆象裳色。言「君朱大夫素」、則尊卑之韠、直色別而已、無他飾也。其「韍」則有文飾焉。明堂位曰「有虞氏服韍、夏后氏山、殷火、周龍章」、鄭玄云「韍、冕服之韠也。舜始作之、以尊祭服。禹湯至周、增以畫文、後王彌飾也。山取其仁可仰也。火取其明也。龍取其變化也。天子備焉。諸侯火而下、卿大夫山、士韎韋而已」、是説「韍」之飾也。玉藻曰「韠、下廣二尺、上廣一尺、長三尺、其頸五寸、肩革帶博二寸」、鄭玄云「頸五寸亦謂廣也。頸中央肩兩角、皆上接革帶、以繫之、肩與革帶廣同」、是説「韠」之制也。記・傳更無韍制、皆是韠義、明其制與韠同。經傳作「韍」、或作「韍」、或作「芾」、音義同也。徐廣車服儀制曰「古者韍如今蔽膝。戰國連兵、以韍非兵飾去之。漢明帝復制韍。天子赤皮蔽膝。蔽膝古韍也」。然則漢世、蔽膝猶用赤皮、魏晉以來、用絳紗爲之、是其古今異也。以其用絲、故字或有爲「紱」者。

天子之笏、以玉爲之、故云「珽玉笏也」。管子云「天子執玉笏以朝日」、是有玉笏之文也。禮之有笏者、玉藻云「凡有指畫於君前用笏。造受命於君前、則書於笏」、釋名曰「笏忽也。君有命則書其上、備忽忘也。或曰簿、可以簿疏物也」、徐廣車服儀制曰「古者貴賤皆執笏、即今手板也」。然則「笏」與「簿」、手板之異名耳。蜀志稱「秦密見大守以簿擊頰」、則漢魏以來、皆執手板。故云「若今吏之持簿」。

玉藻云「笏畢用也。因飾焉」、言貴賤盡皆用笏、因飾以示尊卑。其上文云「笏天子以球玉、諸侯以象、大夫以魚須文竹。士竹本象可也」、鄭玄云「球美玉也。文猶飾也。大夫士飾竹以爲笏、不敢與君並用純物」、是其尊卑異也。大夫與士、笏俱用竹、大夫以魚須飾之、士以象骨爲飾、不敢純用一物、所以下人君也。用物既殊、體制亦異。玉藻云「天子搢珽、方正於天下也。諸侯荼、前詘後直、讓於天子也。大夫前詘後詘、無所不讓也」、鄭玄以爲「謂之珽、珽之言挺然無所屈、前後皆方正也。荼讀舒懦、所畏在前也。圜殺其首、屈於天子也。大夫上有天子、下有己君、故首末皆圜、前後皆讓」、是其形制異也。其長則諸侯以下、與天子又異。「珽」一名大圭。周禮典瑞云「王晉大圭、以朝日」是也。冬官考工記「大圭長三尺、天子服之」、是天子之珽、長三尺也。玉藻云「笏度二尺有六寸」、短於天子、蓋諸侯以下度分皆然也。

(05-09a・09b・10a・10b・11a)

[疏]注帶革至複履○正義曰、下有「鞶」是紳帶、知此「帶」爲「革帶」。玉藻「革帶博二寸」、鄭云「凡佩繫于革帶」。白虎通云「男子有鞶革者、示有金革之事」。然則示有革事、故用革爲帶。帶爲佩也。昭十二年傳云「裳下之飾也」。經傳通例、皆上衣下裳、故云「衣下曰「裳」。

「幅」與行縢、今古之異名、故云「若今行縢」。詩云「邪幅在下」、毛傳曰「幅偪也。所以自偪束也」。鄭箋云「邪幅如今行縢也。偪束其脛、自足至膝」。縢訓緘也。然則行而緘足、故名行縢。邪纏束之、故名邪幅。

「舃」者屨之小別。鄭玄周禮屨人注云「複下曰舃、禪下曰屨」。然則舃之與屨、下有禪複爲異。履是摠名、故云「舃複履」、謂其複下也。鄭玄又云「天子諸侯、吉事皆舃」。赤舃者冕服之舃、白舃者皮弁之舃、黑舃者玄端之舃、其士皆著屨。纁屨者爵弁之屨、白屨者皮弁之屨、黑屨者玄端之屨。其卿大夫服冕者、亦赤舃、餘服則屨。其王后、褘衣玄舃、褕狄青舃、闕狄赤舃、鞠衣黃屨、展衣白屨、褖衣黑屨。其諸侯夫人及卿大夫之妻、合衣狄者皆舃、其餘皆屨。其舃之飾、用對方之色、赤舃黑飾是也。屨之飾用比方、白屨黑飾是也。

(05-11a・11b)

[疏]注衡紞至上覆○正義曰、此四物者皆冠之飾也。周禮追師「掌王后之首服、追衡笄」、鄭司農云「衡維持冠者」、鄭玄云「祭服有衡、垂于副之兩旁當耳、其下以紞縣瑱」。彼婦人首服有衡、則男子首服亦然。冠由此以得支立、故云「維持冠者」。

「追」者治玉之名、王后之衡、以玉爲之、故追師掌焉。弁師掌王之五冕、弁及冕皆用玉笄、則天子之衡、亦用玉。其諸侯以下、衡之所用、則未聞。

「紞」者縣瑱之繩、垂於冠之兩旁、故云「冠之垂者」。魯語「敬姜曰、王后親織玄紞」、則「紞」必織線爲之、若今之絛繩。鄭玄詩箋云「充耳謂所以縣瑱者。或名爲紞。織之人君五色、臣則三色」是也。絛必雜色、而魯語獨言玄者、以玄是天色、故特言之、非謂純玄色也。

「紘」「纓」皆以組爲之、所以結冠於人首也。「纓」用兩組、屬之於兩旁、結之於頷下、垂其餘也。「紘」用一組、從下屈而上屬之於兩旁、垂其餘也。「紘」「纓」同類、以之相形、故云「紘纓從下而上者」。

弁師掌王之五冕、皆玉笄朱紘。祭義稱「諸侯冕而青紘」、士冠禮稱「緇布冠、青組纓。皮弁笄、爵弁笄、緇組纓」、鄭玄云「有笄者屈組爲紘、垂爲飾。無笄者、纓而結其絛」。以其有笄者、用紘力少、故從下而上屬之、無笄者用纓力多、故從上而下結之。冕弁皆有笄、故用紘。緇布冠無笄、故用纓也。魯語稱「公侯夫人織紘綖」、知「紘」亦織而爲之。士冠禮言組纓・組紘、知天子諸侯之紘、亦用組也。

「綖冠上覆」者、冕以木爲幹、以玄布衣其上、謂之「綖」。論語・尚書皆云「麻冕」、知其當用布也。弁師掌王之五冕、皆玄冕、知其色用玄也。孔安國論語注言「績麻三十升布以爲冕」、卽是綖也。鄭玄玉藻注云「延冕上覆也」、此云「冠上覆」

者、「冠」「冕」通名、故此注「衡」及「綖」、皆以冠言之、其實悉冕飾也。

(05-11b・12a)

[疏]注尊卑各有制度○正義曰、此上十二物者、皆是明其「制度」。哀伯思及、則言無次第也。鄭玄覲禮注云「上公袞無升龍、天子有升龍有降龍」、是「袞」有度也。「冕」則公自袞以下、侯伯自鷩以下、是「冕」有度也。「黻」則諸侯火以下、卿大夫山、是「黻」有度也。「珽」則玉象不同、長短亦異、是「珽」有度也。「袞冕」鷩冕、裳四章、毳冕希冕、裳二章、是「裳」有度也。鄭玄屨人注云「王吉服、舄有三等、赤舄爲上、冕服之舄、下有白舄・黑舄、王后祭服、舄有三等、玄舄爲上、褘衣之舄、下有青舄・赤舄」、是「舄」有度也。「紞」則人君五色、臣則三色、是「紞」有度也。天子朱紘、諸侯青紘、是「紘」有度也。其「帶幅衡綖」、則無以言之。傳言「昭其度也」、明其「尊卑各有制度」。(05-12b)

[疏]注藻率至下飾○正義曰、鄭玄覲禮注云「繅所以藉玉、以韋衣木、廣袤各如其玉之大小」、典瑞注云「繅有五采文、所以薦玉。木爲中榦、用韋衣而畫之」。此言「以韋爲之」、指木上之韋、其實木爲榦也。

禮之言「繅」、皆有玉共文。大行人謂之「繅藉」、曲禮單稱「藉」、故知「所以藉玉」也。大行人云「公執桓圭九寸、繅藉九寸」、知大小各如其玉也。大行人注云「繅藉以五采韋衣板、若奠玉則以藉之」、是由有奠之時、須有繅以之藉玉、故小大如玉耳。典瑞職曰「王執鎭圭、繅藉五采五就、以朝日。公執桓圭、侯執信圭、伯執躬圭、繅皆三采三就。子執穀璧、男執蒲璧、繅皆二采再就、以朝覲・宗遇・會同于王」、是「王五采、公侯伯三采、子男二采」也。凡言「五采」者、皆謂玄・黄・朱・白・蒼、三采朱・白・蒼、二采朱・綠、就成也。五就謂五帀。每一帀爲一就也。

禮之言「繅」、其文雖多、典瑞・大行人・聘禮・覲禮皆單言「繅」、或云「繅藉」、未有言「繅率」者、故服虔以「藻」爲畫」、「率」爲刷巾。杜以「藻率」爲一物者、以拭物之巾、無名率者、服言「禮有刷巾」、事無所出、且哀伯謂之「昭數」、固應禮之大者、寧當舉拭物之巾、與藻藉爲類、故知「藻率」正是藻之複名。「藻」得稱爲「藻藉」、何以不可名爲「藻率」也。玉藻說帶之制曰「士練帶、率下辟。凡帶有率無箴功」、鄭玄云「士以下皆禪、不合而繂積、如今作幧頭爲之也」。然則禪而不合、縷率其邊、謂之爲「率」。此以韋衣木、蓋亦繂積其邊、故稱「率」也。鄭司農典瑞注「讀繅爲藻率之藻」、似亦「藻率」共爲「藻」也。

詩曰「鞞琫容刀」、故知「鞞鞛」佩刀削之飾也。少儀云「刀授穎削授拊」、削是刀之類、故與刀連言之。「鞞鞛」二名、明飾有上下、先鞞後鞛、故知「鞞」爲上飾、「鞛」爲下飾。劉君以毛詩傳「下曰鞞、上曰琫」、而規杜氏。但「鞞鞛」或上或下、俱是無正文、不可以規杜過也。(05-12b・13a)

[疏]注鞶紳至索帬○正義曰、易訟卦上九「或錫之鞶帶」、知「鞶」卽帶也。以帶束要、垂其餘以爲飾、謂之紳。上帶爲革帶、故云「鞶紳帶」、所以別上帶也。玉藻說帶云「大夫大帶」、是「一名大帶」也。

詩毛傳云「厲帶之垂者」、故用毛說、以爲「厲大帶之垂者」也。大帶之垂者、名之爲「紳」、而復名爲「厲」者、「紳」是帶之名、「厲」是垂之貌。詩稱「垂帶而厲」、是「厲」爲垂貌也。

玉藻稱「天子素帶朱裏終辟、諸侯素帶不朱裏、大夫玄華辟垂、帶皆博四寸、士帶博二寸、再繚四寸、緇辟下垂」。賈・服等說鞶厲、皆與杜同、唯鄭玄獨異。禮記內則注以「鞶」爲小囊、讀「厲」如裂繻之裂、言鞶囊必裂繒、緣之以爲飾。案禮記稱「男鞶革、女鞶絲」、鞶是帶之別稱、遂以鞶爲帶名、言其帶革帶絲耳、鞶非囊之號也。禮記又云「婦事舅姑、施縏袠」、袠是囊之別名、今人謂裹書之物爲袠、言其施帶施囊耳、其縏亦非囊也。若以「縏」爲小囊、則袠是何器。若袠亦是囊、則不應帶二囊矣。以此知「鞶」卽是「紳帶」爲得其實。

「游」是旐之垂者、旆之別名。九旗雖各有名、而旌旗爲之揔號、故云「旌旗之游」也。案巾車「王建大常十有二斿」、又大行人云「上公九斿、侯伯七斿、子男五斿」。其孤卿建旜、大夫士建物、其斿各如其命數。其鳥旟則七斿、熊旗則六斿、龜旐則四斿、故考工記云「鳥旟七斿、以象鶉火。熊旗六斿、以象伐。龜旐四斿、以象營室」是也。

鄭司農巾車注云「禮家說曰、纓當胷、以削革爲之」、鄭玄云「纓今馬鞅」、是「纓在馬膺前」也。服虔云「纓如索帬。今乘輿大駕有之」。然則漢魏以來、大駕之馬、膺有索帬、是纓之遺象、故云「如索帬」也。案巾車「玉路樊纓十有再就」、鄭玄注云「樊及纓皆以五采罽飾之」、「金路樊纓九就、象路樊纓七就、革路絛纓五就」、鄭玄云「其樊及纓以絛絲飾之」、「木路翦樊鵠纓」、鄭玄云「以淺黑飾韋爲樊、鵠色飾韋爲纓、不言就數、飾與革路同」。(05-13b・14a)

[疏]注尊卑各有數○正義曰、藻有五采・三采之異、是「藻率」有數也。毛詩傳説容刀之飾云「天子玉琫而珧珌、諸侯璗琫而鏐珌」、是「鞞鞛」有數也。玉藻云「紳長制。士三尺、有司二尺有五寸」、又「大夫以上帶廣四寸、士廣二寸」、是「鞶厲」有數也。玉路十二斿、金路九斿、是「游」有數也。玉路纓十有二就、金路纓九就、是「纓」有數也。

「數」之與「度」、大同小異、「度」謂限制、「數」謂多少、言其尊卑有節數也。

(05-14a)

[疏]注火畫至相戾○正義曰、考工記記畫繢之事云「火以圜」、鄭司農云「爲圜形似火也」、鄭玄云「形如半環然」。又曰「水以龍」、鄭玄云「龍水物、畫水者并畫龍」、是衣有「畫火」「畫龍」也。「白與黑謂之黼、黑與青謂之黻」、考工記文也。其言「形若斧」「兩己相戾」、相傳爲說。孔安國虞書傳亦云「黼若斧形、黻爲兩己相背」、是其舊說然也。周世袞冕九章、傳唯言「火・龍・黼・黻」四章者、略以明義、故文不具舉。衣之所畫、龍先於火、今火先於龍、知其言不以次也。

(05-14a・14b)

[疏]注車服至虛設○正義曰、考工記云「畫繢之事、雜五色。東青、南赤、西白、北黑、天玄、地黃」、是其「比象天地四方」也。比象有六、而言「五」者、玄在赤黑之間、非別色也。

昭二十五年傳云「九文・六采」、言采色有六、故注以「天地四方」六事當之。五行之色爲五色、加天色則爲六、故五色六采互相見也。「昭其物」者、以「示物不虛設」、必有所象、「其物」皆象五色、故以「五色」明之。(05-14b)

[疏]注鍚在至鳴聲○正義曰、鄭玄巾車注云「鍚馬面當盧、刻金爲之。所謂鏤鍚也」、詩箋云「眉上曰鍚、刻金飾之、今當盧也」。然則「鍚」在眉上、故云「在馬額」也。詩稱「輶車鸞鑣」、知「鸞在鑣」也。鑣在馬口兩旁、衡在服馬頸上、「鸞和」亦「鈴」也、以處異故異名耳。爾雅釋天說旌旗、「有鈴曰旂」、李巡曰「以鈴置旐端」、是「鈴在旂」也。

「鍚」在馬額、「鈴」在旂、先儒更無異說。其「鸞和」所在、則舊說不同。毛詩傳曰「在軾曰和、在鑣曰鸞」、韓詩內傳曰「鸞在衡、和在軾前」、鄭玄經解注取韓詩爲說、秦詩箋云「置鸞於鑣、異於乘車也」。其意言乘車之鸞在衡、田車之鸞在鑣。及商頌烈祖之箋又云「鸞在鑣」、是疑不能定、故兩從之也。案考工記「輪崇、車廣、衡長參如一」、則衡之所容、唯兩服馬耳。詩辭每言「八鸞」、當謂馬有二鸞、鸞若在衡、衡唯兩馬、安得置八鸞乎。以此知「鸞必在鑣」、鸞既在鑣、則和當在衡。

經・傳不言和數、未知和有幾也。四者皆以金爲之、故「動則皆有鳴聲」也。

(05-14b・15a)

[疏]注三辰至之明○正義曰、春官神士「掌三辰之法」、鄭玄亦以爲日・月・星也謂之辰。「辰」時也。日以照晝、月以照夜、星則運行於天、昏明遞帀而正、所以示民早晩、民得以爲時節、故三者皆爲辰也。「三辰」是天之光明、照臨天下、故「畫於旌旗、象天之明」也。

九旗之物、唯日月爲常、不言畫星者、蓋大常之上、又畫星也。穆天子傳稱「天子葬盛姬、建日月七星」、蓋畫北斗七星也。案司常「交龍爲旂、熊虎爲旗」、不畫三辰、而云「三辰旂旗」者、「旂旗」是九旗之總名、可以統大常、故舉以爲言也。(05-15a)

[疏]注九鼎至郟鄏○正義曰、據宣三年傳、知「九鼎」是殷家所受夏九鼎也。戰國策稱「齊救周、求九鼎。顏率謂齊王曰、昔周伐殷而取九鼎。一鼎九萬人挽之。九鼎八十一萬人挽之」。挽鼎人數、或是虛言、要知其鼎有九、故稱「九鼎」也。

知武王遷九鼎於洛邑、欲以爲都者、鼎者帝王所重、相傳以爲寶器、戎衣大定之日、自可遷置西周、乃徙九鼎、處于洛邑、故知本意欲以爲都。又以尚書洛誥説周公營洛邑、則知武王但有遷意、周公乃卒營之。地理志云「河南縣故郟鄏地也。武王遷九鼎焉。周公致太平營以爲都、是爲王城。至平王居之」。言「卽今河南城」者、晉時猶以爲河南縣。「成王定鼎」、宣三年傳文。(05-15b・16a)

[疏]注蓋伯夷之屬○正義曰、史記伯夷列傳曰「伯夷・叔齊、孤竹君之二子也。讓國俱逃歸周。及至西伯卒、武王東伐紂。伯夷・叔齊叩馬諫曰、父死不葬、爰及干戈、可謂孝乎。以臣伐君、可謂仁乎。左右欲兵之、太公曰、此義人也。扶而去之。武王既平殷、夷・齊恥之、不食周粟、隱於首陽山、采薇而食之。作歌曰、登彼西山兮、爰采薇矣、以暴易暴兮、不知其非矣」。檢書傳之説、非武王者唯此人、故知是「伯夷之屬」。(05-16a)

[疏]注内史至於魯○正義曰、周禮春官内史中大夫、是「周大夫官」也。「積善之家、必有餘慶」、易文言文也。(05-16a)

[疏]注楚國至會謀○正義曰、地理志云「南郡江陵縣故楚郢都。楚文王自丹陽徙此」、世本云「楚鬻熊居丹陽、武王徙郢」、宋仲子云「丹陽在南郡枝江縣」。今南郡江陵縣北有郢城」、史記稱「文王徙都于郢」、地理志依史記爲説。

此時當楚武王也。譜云「楚芈姓、顓頊之後也。其後有鬻熊、事周文王、早卒。成王封其曾孫熊繹於楚、以子・男之田、居丹陽。今南郡枝江是也。熊達始稱武王。武王十九年、魯隱公之元年也。武王居郢、今江陵是也。昭王徙都、惠王八年、獲麟之歲也。惠王二十一年春秋之傳終矣。惠王五十七年卒。自惠王以下十一世二百九年而秦滅之」。楚世家稱「武王使隨人請王室尊吾號。王弗聽。還報楚。楚王怒乃自立爲楚武王」、是「楚武王始僭號稱王」也。劉炫云「號爲武、武非謚也」。(05-16a)

[疏]冬公至禮也○正義曰、「凡公行」者、或朝、或會、或盟、或伐皆是也。孝子之事親也、出必告、反必面、事死如事生、故出必告廟、反必告至。不言「告禰廟」、而言「告宗廟」者、諸廟皆告、非獨禰也。禮記曾子問曰「諸侯適天子、必告于祖、奠于禰。命祝史告于宗廟。諸侯相見、必告于禰、命祝史告于五廟。反必親告于祖禰、乃命祝史告至于前所告者」。由此而言、諸侯朝天子、則親告祖禰、祝史告餘廟。朝鄰國則親告禰、祝史告餘廟。其路遠者、亦親告祖、故于其反也、言「告于祖禰」、明出時亦告祖也。出時不言「祖」者、鄭玄云「道近或可以不親告祖」、明道遠者、亦親告祖矣。雖親與不親、而諸廟皆告、故揔言「告于宗廟」也。

曾子問曰「凡告用制幣、反亦如之」、則出入皆以幣告也。但出則告而遂行、反則告、訖又飲至、故行言「告廟」、反言「飲至」、以見至有飲而行無飲也。「飲至」者、嘉其行至、故因在廟中飲酒爲樂也。

襄十三年傳曰「公至自晉。孟獻子書勞于廟、禮也」。書勞・策勳、其事一也。舍爵乃策勳、策勳當在廟、知「飲至」亦在廟也。彼「公至自晉」、朝還告廟也。此「公至自唐」、盟還告廟也。十六年「公至自伐鄭」、傳曰「以飲至之禮」、伐還告廟也。三者傳皆言「禮」、知朝・會・盟・伐、告廟禮同、傳所以反覆凡例也。朝還告至、而獻子書勞、則策勳者、非唯討伐之勳、雖常事有以安國寧民、或亦書功于廟也。

公行告至、必以嘉會、昭告祖禰、有功則舍爵策勳、無功則告事而已、無不告也。反行必告、而春秋公行一百七十六、書至者唯八十二耳、其餘不書者、釋例曰「凡公之行、不書至者九十有四、皆不告廟也。隱公之不告、謙也。餘公之不告、慢於禮也」。「慢於禮」者、擧大例言耳、其中亦應有心實非慢、而不宜告者。若行有恥辱、不足爲榮、則克躬罪己、不以告廟、非爲慢於禮也。若事實可恥、而不以爲恥、反行告廟、則史亦書之。宣五年傳曰「公如齊、高固使齊侯止公、請叔姫焉。夏、公至自齊、書過也」。釋例曰「執止之辱、厭尊毀列、所以累其先君、忝其社稷、固當克躬罪己、不以嘉禮自終。宣公如齊、既已見止、連昬於鄰國之臣、而行飲至之禮。故傳曰、書過也」、是不應告而告、故書之以示過也。釋例又曰「『桓公之喪至自齊』、此則死還告廟、而書至者也。莊公違禮、『如齊觀社』、用飲至之禮、此則失禮之書至者也。宣公黑壤之會以賂免、諱不書盟、而復書至、亦諱不以見止告廟也。『襄公至自晉』、此則榮還而書至者也。『昭公至自齊居于鄆』、此則宜告而書至者也。諸書至皆告廟啓反、或卽實而言、或有所諱辟、傳於伐見飲至之禮、於宣見書過之譏、於朝見書勞于廟。擧此三者、以包其他行也」。僖十六年、公會諸侯于淮、未歸而取項、齊人以爲討、而止公。十七年秋、聲姜以公故會齊侯于卞、公始得歸、而書「公至自會」、是諱其見止、而以會告廟。故傳曰「猶有諸侯之事焉、且諱之」、是諱止而以會告也。

諸侯盟者、必在會後、皆書「公至自會」、不言「公至自盟」者、以盟是因會而爲之、初必以會徵衆、公行以會告廟、故還以會告。至雖并以盟告、亦不云「至自盟」、爲行時不以盟告故也。僖二十八年、公會諸侯于溫、遂圍許、經書「公至自圍許」。襄十年、公會諸侯于柤、遂滅偪陽、經書「公至自會」、二文不同、釋例曰「諸若此類、事勢相接、或以始致、或以終致。蓋時史之異耳、無他義也」。定十二年「公至自圍成」、行不出竟、而亦告廟者、釋例曰「陪臣執命、大都偶國、仲由建墮三都之計、而成人不從、故公親伐之、雖不越境、動衆興兵、大其事、故出入皆告于廟也」。（05-17a・17b・18a）

○注爵飲至功也○正義曰、韓詩説「一升曰爵。爵盡也、足也。二升曰觚。觚寡也。飲當寡少。三升曰觶。觶適也。飲當自適。四升曰角。角觸也。飲不自適、觸罪過也。五升曰散。散訕也。飲不自節、爲人謗訕也。摠名曰爵。其實曰觴。觴餉也」。然則飲酒之器、其名有五、而摠稱爲爵。案燕禮、爵用觚・觶。此飲至之爵、不過用觚・觶而已。

爲人君者、賞不踰月、欲民速覩爲善之利、故舍爵卽書勞於策、「言速紀有功」也。（05-18a・18b）

［疏］千畝之戰○正義曰、案周本紀「宣王三十九年、王與姜戎戰于千畝」、取此戰事以爲子名也。（05-18b）

［疏］夫名至生亂○正義曰、出口爲「名」、合宜爲「義」。人之出言、使合於事宜、故云「名以制義」。杖義而行、所以生出禮法、故云「義以出禮」。復禮而行、所以禮成政教、故云「禮以體政」。以禮爲政、以正下民、故云「政以正民」。今晉侯名子、不得其宜、禮教無所從出。政不以禮、則民各有心、故爲「始兆亂」也。（05-19a）

[疏]注穆侯至諷諫○正義曰、大子與桓叔、雖並因戰爲名、而「所附意異」。「仇」取於戰相仇怨、「成師」取能成師衆。緣名求義、則大子多怨仇、而「成師」有徒衆。穆侯本立此名、未必先生此意。但寵愛少子、於時已著、師服知桓叔將盛、故推出此理、因解其名、以爲諷諫、欲使之強榦弱枝耳。

人臣規諫、若無端緒、馮何致言、以申己志。非謂人之立名、必將有驗。而何休謂「左氏後有興亡、由立名善惡」、引后稷名棄爲膏肓、以難左氏、非也。

(05-19a)

[疏]注靖侯至傳相○正義曰、案晉世家、靖侯生僖侯、僖侯生獻侯、獻侯生穆侯、穆侯生桓叔、「靖侯」是「桓叔之高祖」也。史傳稱祖、皆云祖父、故謂高祖爲「高祖父」、非高祖之父也。特云「靖侯之孫」、則知傳意「言其得貴寵、公孫爲傳相」也。此人之後、遂爲欒氏、蓋其父字欒。(05-19b)

[疏]注側室至一官○正義曰、禮記文王世子云「公若有出疆之政、庶子守公宮、正室守大廟」、鄭玄云「正室適子也」。正室是適子、故知「側室」是「衆子」。言其在適子之旁側也。

文十二年傳曰「趙有側室曰穿」、是卿得立此官也。卿之家臣、其數多矣、獨言「立此一官」者、其餘諸官、事連於國、臨時選用、異姓皆得爲之、其「側室」一官、必用同族、是卿廕所及、唯知宗事、故特言之。案世族譜、趙穿是夙之庶孫、於趙盾爲從父昆弟之子、而爲盾「側室」。然選其宗之庶者而爲之、未必立卿之親弟。(05-19b・20a)

[疏]注適子至輔貳○正義曰、禮有大宗・小宗。天子諸侯之庶子、謂之別子。及異姓受族、爲後世之始祖者、世適承嗣、百世不遷、謂之大宗。爲父後者、諸弟宗之、五世則遷、謂之小宗。五世遷者、謂高祖以下、喪服未絕、其繼高祖之適、則緦服之內、共宗之。其繼曾祖之適、則小功之內、共宗之。繼祖繼禰、所宗及亦然。故鄭玄喪服小記注云「小宗有四。或繼高祖、或繼曾祖、或繼祖、或繼禰、皆至五世則遷」。以緦服既窮、不相宗敬、故疏卽遞遷也。

禮記大傳曰「有百世不遷之宗、有五世則遷之宗。百世不遷者、別子之後也。宗其繼別子之所自出者、百世不遷者也。宗其繼高祖者、五世則遷者也」、是言大宗・小宗之別也。大夫身是「適子爲小宗」、故其「次者爲貳宗」、以相輔助爲副貳、亦立之爲此官也。

杜知非大宗而云「小宗」者、以其大夫不必皆是大宗、據爲小宗者多、故杜言之也。若大夫身爲大宗、亦止得立貳宗官耳。禮記據公族爲説、故言「別子爲祖」、主説諸侯庶子耳。其實異姓受族、亦爲始祖其繼者、亦是大宗、但記文不及之耳。沈云「『適子爲小宗』、謂是大夫之身爲小宗。『次者爲貳宗』、謂大夫庶弟。貳宗以側室爲例、皆是官名與五宗別」。(05-20a・20b)

[疏]注諸侯至服者○正義曰、周公斥大九州、廣土萬里、制爲九服。邦畿方千里、其外每五百里、謂之一服。侯・甸・男・采・衛・要六服爲中國、夷・鎮・蕃三服爲夷狄。大司馬謂之「九畿」、言其有期限也。大行人謂之「九服」、言其服事王也。如其數計、甸服内畔、尚去京師千里、晉距王城、不容此數、而得「在甸服」者、周禮設法耳、土地之形、不可方平如圖、未必每服、皆如其數也。

地理志云「初雒邑與宗周通封畿。東西長、南北短。短長相覆爲千里」、是王畿不正方也。志又云「東都方六百里」、半之爲三百里、外有侯服五百里、爲八百里。計晉都在大原、去洛邑近八百里也。畿既不方、服必差改、故晉「在甸服」也。(05-20b・21a)

春秋左傳正義校勘記　巻五

附釋音春秋左傳注疏巻第五　桓元年盡二年（05–01a–1）

宋本「春秋正義巻第五」。石經「春秋經傳集解桓公第二盡十八年」。釋文自此巻以下無「春秋經傳集解」六字。餘並同。◎正本には「春秋正義巻第五　桓公／國子祭酒上護軍曲阜縣開國子臣孔穎達等奉／勅撰」の表記が三行に亘る。

桓公

經元年

・尚書顧命（05–01a–10）◎阮刻本は「尚書」は「商書」に誤刻する。

・今遭喪繼立者（05–01b–2）宋本作「繼位」。◎正本・要義本は「繼立」に作って、宋本と異なる。今、宋本に従う。

・注公以至爲文時之所隱（05–01b–9）宋本・閩本・監本・毛本作「公以至所隱」。◎正本も宋本と同様「公以至所隱」に作る。これに従う。ちなみに足利十行本は阮刻本に一致する。

・知非仲尼非意也（05–02a–1）宋本・監本・毛本下「非」作「新」。正德本・閩本作「本」是也。◎正本も宋本と同様「新」字に作る。阮校は「本」字を是とするが、「新」字が正しい。足利十行本が「非」字に誤り、正德十行本の段階で「本」字に誤ったもの。

書灾也（05–02a–1）宋本・淳熙本・岳本・纂圖本「灾」作「災」。◎今「災」字に従う

傳元年

・言雨自上而下浸潤於土（05–02b–7）「土」諸本誤作「上」。◎正本・宋本は「土」字に作って誤らず。

疑謬誤（05–02b–10）宋本「謬」作「繆」。

・鄭伯至繆誤（05–02b–10）閩本・監本・毛本「繆」作「謬」。◎「繆」「謬」字について、諸本は以下の通り。「繆」字が正しい。今「繆」字に従う。

	正本	宋本	足本	阮本
注文		繆	謬	謬
標起止	繆	繆	繆	謬
疏文一	繆	繆	繆	繆
疏文二	繆	繆	繆	繆

・魚親班齊饋（05–02b–10）閩本・監本・毛本「親」誤「稱」。

・若使（05–03a–2）◎阮刻本の「使」字は「其」字の誤刻。

美而艶（05–03a–7）釋文作「豔」。石經凡「豔」字皆作「艶」。淳熙本同。◎今「豔」字に従う。疏文も同じ。

經二年

・禮必擁蔽其面（05–04a–6）宋本「擁」作「鄣」。案禮記内則鄭注云、擁猶障也。◎正本も宋本と同様「鄣」字に作る。要義本・足利十行本も同じ。今「鄣」字に従う。

・及殤公之好戰（05–04a–7）◎阮刻本の「及」字は「又」字の誤刻。

・似公子比刼立加弒君之罪（05–04a–8）◎諸本「刼」字に作り、正本のみ

「刧」字に作る。「刼」字は「刧」字の俗字体で、「刧」字は「劫」字（おびやかす）に通じるということで、今、正本「刧」字に従う。

・自是以下滕當稱子（05–04a–10）宋本・監本・毛本「當」作「常」。◎正本も宋本と同様「常」字に作る。これが正しい。

傳二年

・君子至其君（05–05b–5）宋本此節正義在「故先書弑其君」句下。

・或語出邱明之意而託諸賢者（05–05b–5）宋本「託」作「記」非。◎正本・足利十行本は「託」字に作って、誤らず。

・洩冶之罪（05–05b–6）宋本「洩」作「泄」。◎正本・足利十行本も宋本と同様「泄」字に作る。今これに従う。

・○注經稱至妄也（05–05b–10）宋本「○」作「疏」。此節正義在注「督之妄也」下。◎八行本と十行本（附釋音本）との相異による。

・濟陰成武縣東有北郜城（05–07a–3）宋本・岳本「城」作「成」。案續漢郡國志作「成」、「郜」上無「北」字。釋例亦無「北」字。◎今「成」字に従い、「北」字はそのままとする。

・郜國濟陰成武縣東南（05–07a–5）宋本・監本・毛本作「城武」非也。◎正本は「成武」に作って、誤らず。

・清廟肅然清靜之稱也（05–07b–2）宋本・岳本・足利本「淨」作「靜」是也。案疏文作「靜」。宋本・岳本無「也」字。◎今「靜」字に従う。

・疏君人至子孫（05–07b–2）宋本此節正義在「故昭令德以示子孫」之下。

・○注以茅至之稱（05–07b–7）宋本「○」作「疏」。此節正義宋本在注「肅然清靜之稱」下。◎正本も宋本と同様「疏」字に作る。

・傳言清廟茅屋（05–07b–8）宋本「言」作「曰」。◎正本は「言」字に作って、宋本と異なる。「言」字が正しい。

・明堂位曰山節藻梲複廟重檐（05–07b–8）禮記明堂位「複」作「復」字。案「復」「複」古今字。

・敬亡若存（05–08a–1）盧文弨校本「若」下有「事」字。

・大路至越席結草（05–08a–4）宋本無「越席」二字。◎正本も宋本と同様「注大路至結草」字に作る。十行本の方が長い標起止の例。

・路之最大者（05–08a–6）宋本「路」上有「大路」二字、是也。◎正本も宋本と同様「大路」二字が有る。要義本同じ。これが正しい。

・六粢謂黍稷稻粱麥苽（05–08b–10）宋本・監本・毛本「粱」作「粢」非也。◎正本「粱」字に作って、誤らず。宋本は実は「粱」字に誤る。阮校の失校。

・自華蟲而下七章（05–09a–10）◎阮刻本は「七章」を「十章」に誤刻する。

・古禮鄭元注弁師云（05–09b–9）宋本「古」上有「其」字。◎正本には「其」字が無く、宋本と異なる。今「其」字を補う。

・玉有十二（05–09b–10）◎阮刻本の「玉有十二」は「玉十有二」の誤刻。

・旒有二采（05–10a–1）宋本「二」作「三」不誤。◎正本も宋本と同様「三」字に作る。要義本同じ。これが正しい。

・有虞氏服韍（05–10b–2）諸本「韍」字に作るが、上引明堂位並びに文脈からして、「韍」字に作るのが正しい。私見を以て「韍」字に改める。

・記傳更無韍制（05–10b–6）宋本・毛本作「無韍制」。按「蔽膝」之正字作「韍」从韋。其作「韍」从黹者假借字也。◎正本は「韍」字に作り、実は宋本も同じ。阮校の失校。

・或曰笏可以簿疏物也（05–10b–10）宋本「笏」作「簿」。案釋名書契作「簿」、「可」上有「言」字。◎正本は「笏」字に作る。要義本同じ。しかし文脈からすれば「簿」字が正しい。

・上竹本象可也（05–11a–2）◎阮刻本の「上」字は「士」字の誤刻。

・珽之言珽然無所屈（05–11a–5）「珽然」之「珽」、當作「挺」。◎阮校に従う。

・下有巳君（05-11a-5）宋本「巳」作「己」是也。◎正本が「巳」字に作るのは誤り。阮刻本は「己」字に作る。

・毛傳曰幅偪也所以自偪束也（05-11b-1）監本・毛本「偪」作「偪」。案毛傳作「偪」。◎正本は「偪」字に作る。阮刻本同じ。

・偪束其脛（05-11b-2）宋本・監本・毛本「偪」作「偪」。◎正本は「偪」字に作る。阮刻本も同じ。実は宋本も「偪」字に作る。阮校の失校。

・論語尚書皆云（05-12a-8）◎阮刻本は「尚書」は「商書」に誤刻する。

・其實悉冕冕飾也（05-12a-10）宋本・監本・毛本「冕」字不重、是也。◎正本も宋本と同様「冕」字を重ねない。

・王治祭服（05-12b-4）◎阮刻本の「治」字は「后」字の誤刻。

・禮之言藻（05-13a-3）◎諸本「藻」字に作るが、文脈からすれば「繅」字に作るべきであろう。私見を以て「繅」字に改める

・典端大行人聘禮覲禮皆單言繅（05-13a-4）宋本「繅」作「藻」。◎正本・要義本は「繅」字に作って、宋本と異なる。今「繅」字に従う。

・以拭物之巾無名率者（05-13a-4）監本「拭」作「栻」非。下同。案孔仲遠誤也。依説文「帥佩巾也」、卽「帨」字。古「率」「帥」通用。故儀禮注云「古文帥作率」。服虔云「禮有刷巾」、其語亦見説文。凡儀禮言「帨」者、卽左傳之「率」也。

・鄭玄云上以下皆韠（05-13a-6）◎阮刻本の「上」字は「士」字の誤刻。重刊本では訂正している。

・士以下皆韠不合而率積（05-13a-6）監本・毛本「韠」作「禪」非。下同。「率」宋本作「綷」。◎正本も宋本と同様「綷」字に作る。これが正しい。

・削授柎（05-13a-8）宋本「柎」作「拊」、與禮記少儀合。◎正本は「柎」字に作って宋本と異なる。要義本は「拊」字に作る。今「拊」字に従う。

・今人謂裏書之物謂袠（05-13b-7）◎阮刻本の「裏」字は「裹」字の誤刻。

・天子玉琫而珧珌諸侯璗琫而璆珌（05-14a-6）説文云、琫佩刀上飾、珌佩〔經解本「珮」字に誤刻〕刀下飾。天子以玉、諸侯以金。惠棟云、爾雅者六經之訓詁也。其釋器云、黄金謂之璗、其美者謂之鏐、是「璆珌」當作「鏐珌」也。◎今、惠棟説に従い「鏐」字に従う。

・是游有數也（05-14a-7）宋本・閩本・監本・毛本「游」作「斿」。◎正本は「游」字に作って、宋本と異なる。今「游」字に従う。

・春官神士掌三辰之法（05-15a-7）案周禮「士」作「仕」。毛本誤「士」。◎「仕」字に作る版本は無いので、今「士」字に従う。

・昏明遞市而王（05-15a-7）宋本・監本・毛本「市」作「帀」不誤。閩本作「布」。「王」宋本・監本・毛本作「正」是也。◎正本・要義本も宋本に同じく「帀」字・「正」字に作って、誤らず。

・故畫於旌旗（05-15a-8）◎阮刻本は「於」字は「以」字に誤刻する。なお注文では「旂旗」に作るから、この「旌旗」は誤りである可能性が高いが、「旂」字に作る版本は無いので、今「旌」字のままとする

遷九鼎于雒邑（05-15b-6）釋文云「雒」本亦作「洛」。書召誥傳引作「洛」。周禮冢宰正義・文選任彦昇奏彈劉整注引並同。陳樹華云、漢書地理志河南郡有洛陽縣。師古曰「魚豢云漢火德忌水、故洛去水而加隹」。段玉裁云、此本不經之談、而顔氏信之、且傅會之云。如魚氏説、則光武以後改爲「雒」字也。魏志「黄初元年幸洛陽」、裴注引魏畧曰「詔以漢火行也、火忌水、故洛去水而加隹、魏以行次爲土、土水之牡也。水得土而乃流、土得水而乃柔、故除隹加水、變雒爲洛」。裴氏引魏畧於此者、正謂黄初元年幸洛陽乃有此詔。前此皆用雒、後此皆用洛。魚氏錄魏詔云爾、則魏文帝之失也。漢以前皆用雒、非漢去水加隹也。

時但營洛邑（05-15b-7）宋本・淳熙本・纂圖本・毛本作「雒」與傳文合。◎今「雒」

字に改める。

・又以尚書洛誥説 (05-16a-2) ◎阮刻本は「尚書」を「商書」に誤刻する。

・朝鄰國 (05-17a-7) 監本・毛本「鄰」作「隣」。◎正本は「隣」字、宋本は「鄰」字に作る。今宋本に従う。

・策勳當在廟 (05-17b-1) ◎阮刻本は「當」字を「常」字に誤刻する。

・行不出竟 (05-18a-7) 閩本・監本・毛本「竟」作「境」。◎正本・宋本は「竟」字に作る。阮刻本は「境」字に作る。今「竟」字に従う。

・飲不自適 (05-18a-10) ◎阮刻本は「飲」字を「次」字に誤刻する。

命之曰仇 (05-18b-5) 漢書五行志中引作「名之曰仇」。案「名」卽「命」也。説文云「名自命也」。閔元年傳「今名之大以從盈數」。史記魏世家引「名」作「命」。禮記祭法「黄帝正名百物」、國語魯語作「成命百物」。史記天官書「免七命」、索隱曰「謂免星凡有七名也」。是「命」「名」古同聲同義。

・欲使之強榦弱枝耳 (05-19a-9) 宋本「榦」作「幹」。案當作「榦」。◎正本も宋本と同じく「幹」字に作る。

・於趙盾爲從父昆弟 (05-20a-1) 浦鏜據文十二年正義、「昆弟」下補「之子」二字、是也。◎今、浦鏜説に従い「之子」二字を補う。

適子爲小宗次子爲貳宗 (05-20a-2) 釋文云「小宗」本或作爲「大宗」誤。纂圖本・閩本・監本・毛本作「次子」、宋本・淳熙本・岳本・足利本作「次者」。◎今「次者」に従う。

鄂國以隱五年奔隨 (05-21a-5) 宋本・淳熙本・岳本・纂圖本・足利本「國」作「侯」。◎今「侯」字に従う。

附釋音春秋左傳注疏卷第五 (05-21a-10) ◎正本は「春秋正義卷第五・計一万三千三百七十五字」に作る。

春秋左傳正義譯注　巻六

附釋音春秋左傳注疏巻第六　桓三年盡六年

杜氏注　孔穎達疏

【經】三年、春、正月、公會齊侯于嬴。　［06-01a］

【注】經之首時必書王、明此歷天王之所班也。其或廢法違常、失不班歷、故不書王。嬴齊邑、今泰山嬴縣。〔經の首時に必ず「王」を書するは、此の歴は天王の班《わか》つ所なるを明らかにするなり。其の或いは法を廢して常に違ひ、失ひて歴を班たざるは、故《もと》より「王」を書せず。嬴《えい》は齊の邑、今の泰山嬴縣なり。〕

【疏】注の「經之①」より「書王」に至るまで。

○正義に曰う。桓公元年・二年・十年・十八年の四年のすべてには、春に「王」（字の記述が）が有るのに、九年の春には「王」も無く「月」も無く、その他の十三年には、春に「月」は有るものの、すべてに「王」が無い。（このことについて）《穀梁伝②》は、

桓に「王」無きに、其の「王」を曰ふは何ぞや。始めを謹めばなり。其の「王」無しと曰ふは何ぞや。桓は弟にして兄を弑し、臣にして君を弑するも、天子は定むること能はず、諸侯は救ふこと能はず、百姓は去ること能はず。以為へらく、王を無みするの道、遂に以て焉《ここ》に至るべきのみ、と。元年に「王」有るは、桓を治むる所以なり。

と述べ、また二年に「王」が有ることについては、「与夷の卒を正すなり」と言い、また十年に「王」が有ることについては、「終生の卒を正すなり」と言い、さらにまた十八年に「王」を書くことについては、范甯③が注して、「此の年に王を書するは、王法を以て桓を治むるの事を終ふればなり」と述べており、先儒にはこの《穀梁伝》の説を採用するものが多い。（たとえば）賈逵④は「王を書せざるは、君を弑し、祊田⑤を易《か》へ⑥、宋の乱を成し、王を無みすればなり。元年は桓を治め、二年は督を治め、十年は曹伯を正し、十八年は桓を治むるを終ふ」と述べている。

（これに対して）杜預は、「正」は「王正〔周王の正月〕」であり、暦は王から出るものであるから、王者が暦を頒布すると、史官はそこで「王」と書くものだ、と考えた。つまり「此の暦は天王の班《わか》つ所なるを明らかにする」ものである。「其の或いは法を廃し常に違ひ、失して歴を班たざる」ときは、諸侯の史官は「王」を書くことができない。つまりこの十三年に「王」が無いのは、すべて「王が暦を頒布しなかった」という意味である。

劉炫⑦が規過して言うことには、しかしながら、天王が「過失によって暦を頒布しなかった」ので、経に「王」を書かなかったのだとすれば、なんともこれは国の大事であって、どうして伝文にその常に異なった表現の無いことがあろうか。また昭公二十三年以後には、王室に子朝の乱⑧が有ったが、経にはすべて「王」を書いているけれども、なんで王室が依然としてよく暦を頒布することができたであろうか。また襄公二十七年⑨（伝）に「（十一月、乙亥、朔、日之れを食すること有り。辰は申に在り。司歴過《あやま》ちて）再び閏を失ふ」とあ

り、杜預は「魯の司歴、頓《にはか》に両閏を置く」と述べ、さらに⑩哀公十三年の「十二月、螽あり」について、杜預は「季孫 仲尼の言を聞くと雖も、而《しか》も歴を正さず」と述べている。杜預の注する通りだとすると、暦が天王の頒布するものである以上、魯人がなんで勝手に改変することができようか。また⑪王子朝が楚に亡命し、その年に王室がやっと定まったのであるが、王位は依然として未だ定まらず、諸侯は誰を奉ずべきか分からないという状況であったのに、それでもなお暦を頒布することができる誰人がいるというのであろうか。⑫昭公二十三年の秋になって、やっと「天王 狄泉に居る」と書いているのだから、その春にはまだ王がいなかった。その時点で王がいなくては、暦の出しようが無いのに、どういうわけでその年にもまた「王」を書いているのだろうか。

もしも《春秋》の暦が必ず天王の頒布するものであるなら、周の錯失は魯には無関係であって、魯人が或いはこれを知ったとしても、たやすくこれを改正することができるはずはない。襄公二十七年《伝》に、「司歴の過なり。再び閏を失へり」と言うのは、周の司歴であろうか、それとも魯の司歴であろうか。しかるに杜預の⑬《釈例（経伝長暦）》は、「魯の司歴 始めて其の謬を覚り、頓《にはか》に両閏を置きて、以て天正に応ず」と述べている。もしも暦が王の頒布するものであるならば、当然もっぱら王命（の是非）を論ずべきであり、どうして敢て専断して閏月を置き、歳年を改易したりしようか。⑭哀公十二年に、「十二月、螽あり。仲尼曰く、火（星）猶ほ西に流る。司歴の過なり」とあることについて、杜預は⑮《釈例（経伝長暦）》において、さらに「季孫此の言を聞くと雖も、猶ほ即ち改めず。明年に復た螽ありて、是に於て始めて悟る。十四年の春に乃ち閏を置き、以て時歴を補正せんと欲す」と述べている。すでに暦が王の頒布するものだと述べていながら、そのうえにまた魯人がたやすく改めると称し、これを改めて王に憚らないのであるなら、なんでまた王暦を必要としようか。杜預のこの言葉は自己矛盾である。このことで説を立てたとしても通じ難い。

さらに考えるに、《春秋》経文の欠文は甚だ多く、その事は一種類ではない。⑯夫人に「氏」が有って「姜」の無いもの、⑰「姜」が有って「氏」の無いもの、また⑱「大雨霖す」、⑲「廧咎如 潰《つい》ゆ」といった類がそれである。ここに「王」の無いものは、まさしく欠文なのである。（以上劉炫説）

⑳いま刪定して、ここに「王」を書かないのは経の欠文ではなく、必ず「失ひて暦を班たず」と考えるべきものだと分かるのは（なぜかといえば）、杜預が依拠するものは、経書に明文が無いとはいうものの、もしも必ず欠文だとするならば、ただ一例か両例くらいのはずで、一公の内の十四年にすべて「王」字が欠けるというようなことは有り得ないからである。杜預は㉑《周禮》に、「告朔を邦国・都鄙に頒《わか》つ」という一文が有り、（経書に）成文が有るので、この説を立てたのである。ただしかし、斉桓・晋文以前は天子を翼《たす》け戴いており、王室は衰微したとはいうものの、それでもなおよく暦を頒つことができたのではあるが、霊王・景王以後には王室が衰微し、暦は諸侯が作る場合もあったが、しかしその時も遙かに天子の正朔を受けていたのである。子朝の乱が有りながら、経文に依然として「王」を書いているわけは、人のできないことを責めなかったものである。それはあたかも㉒「大夫の卒」に、公が病気であるとか外国にいるとかで小斂《れん》に与《あずか》らなくても、やはり同じく「日」付けを書くのと同様である。そうだとすると、「司歴の過」は魯の史官が改めたもので、このことから言えば、なんの責めるべきことが有ろうか。劉君はこの主旨を検討せずに、勝手に異同の説を生じて杜預の過失を規正するのは、恐らくは正しい義ではなかろう。

【譯注】

①桓公元年……（06–01a–5）――桓公元年から十八年までの経文を抜粋する。

元年、春、王正月、公即位。

二年、春、王正月、戊申、宋督弑其君與夷及其大夫孔父。

三年、春、正月、公會齊侯于嬴。

四年、春、正月、公狩于郎。

五年、春、正月、甲戌・己丑、陳侯鮑卒。

六年、春、正月、寔來。

七年、春、二月、己亥、焚咸丘。

八年、春、正月、己卯、烝。

九年、春、紀季姜歸于京師。

十年、春、王正月、庚申、曹伯終生卒。

十有一年、春、正月、齊人・衛人・鄭人盟于惡曹。

十有二年、春、正月。

十有三年、春、二月、公會紀侯・鄭伯。己巳、及齊侯・宋公・衛侯・燕人戰。齊師・宋師・衛師・燕師敗績。

十有四年、春、正月、公會鄭伯于曹。

十有五年、春、二月、天王使家父來求車。

十有六年、春、正月、公會宋公・蔡侯・衛侯于曹。

十有七年、春、正月、丙辰、公會齊侯・紀侯、盟于黄。

十有八年、春、王正月、公會齊侯于濼。公與夫人姜氏遂如齊。

②穀梁傳（06–01a–6）――「王」の有無について《穀梁傳》は次のように説明する。

桓公元年「春、王正月、公即位。桓無王、其曰王何也。謹始也。其曰無王何也。桓、弟弑兄、臣弑君、天子不能定、諸侯不能救、百姓不能去、以爲無王之道遂可以至焉爾。元年有王所以治桓也。繼故不言即位、正也。繼故不言即位之爲正、何也。曰、先君不以其道終、則子弟不忍即位也。繼故而言即位、則是與聞乎弑也。繼故而言即位、則是爲與聞乎弑何也。曰、先君不以其道終、已正即位之道而即位、是無恩於先君也」。

桓公二年「二年、春、王正月、戊申、宋督弑其君與夷及其大夫孔父。桓無王、其曰王何也。正與夷之卒也」。

桓公十年「十年、春、王正月、庚申、曹伯終生卒。桓無王、其曰王何也。正終生之卒也」。

③范甯注（06–01a–8）――《穀梁傳》桓公十八年「春、王正月、公會齊侯于濼」の范甯注「此年書王、以王法終治桓之事」。

④弑君（06–01a–9）――隱公元年伝。

羽父請殺桓公、將以求大宰。公曰「爲其少故也、吾將授之矣。使營菟裘、吾將老焉」。羽父懼、反譖公于桓公而請弑之。公之爲公子也、與鄭人戰于狐壤、止焉。鄭人囚諸尹氏。賂尹氏、而禱於其主鍾巫。遂與尹氏歸、而立其主。十一月、公祭鍾巫、齊于社圃、館于寪氏。壬辰、羽父使賊弑公于寪氏、立桓公、而討寪氏、有死者。不書葬、不成喪也。

⑤易祊田（06–01a–9）――桓公元年伝「元年、春、公即位、修好于鄭。鄭人請復祀周公、卒易祊田。公許之。三月、鄭伯以璧假許田、爲周公祊故也」。

⑥成宋亂（06–01a–9）――桓公二年経「三月、公會齊侯・陳侯・鄭伯于稷、以成宋亂。夏、四月、取郜大鼎于宋。戊申、納于太廟」。

⑦劉炫規過（06–01b–1）――後の補説参照。

⑧王室有子朝之亂（06–01b–1）――昭公二十三年経に「天王居于狄泉。尹氏立王子朝」とあり、その伝に、

夏、四月、乙酉、單子取訾、劉子取墻人・直人。六月、壬午、王子朝入于尹。癸未、尹圉誘劉佗殺之。丙戌、單子從阪道、劉子從尹道伐尹。單子先至而敗、劉子還。己丑、召伯奐・南宮極以成周人戍尹。庚寅、單子・劉子・樊齊以王如劉。甲午、王子朝入于王城、次于左巷。秋、七月、戊申、鄩羅納諸莊宮。尹

辛敗劉師于唐。丙辰、又敗諸鄩。甲子、尹辛取西闈。丙寅、攻蒯、蒯潰。

とあるように、この年に始まった王子朝の乱は、定公八年に至ってやっとおさまる。

二月、己丑、單子伐穀城、劉子伐儀栗。辛卯、單子伐簡城、劉子伐盂、以定王室。

ところが、昭公二十四年以降の経文には、二十五年・二十七年・二十九年以外はすべて「王」の記載がある。

⑨襄二十七年（06-01b-2）――襄公二十七年伝「十一月、乙亥朔、日有食之。辰在申、司歴過也。再失閏矣」、杜預注「謂斗建指申。周十一月今之九月。斗當建戌而在申、故知再失閏也。文十一年、三月、甲子至今年七十一歳、應有二十六閏。今長厤推得二十四閏、通計少再閏。釋例言之詳矣」。また襄公二十八年経「春無冰」、杜預注「前年知其再失閏、頓置兩閏以應天正。故此年正月建子得以無冰爲災而書」。

⑩哀十三年（06-01b-2）――哀公十三年経「十有二月、螽」、杜預注「無傳。前年季孫雖問仲尼之言、而不正厤、失閏至此年、故復十二月螽、實十一月也」。

⑪子朝奔楚（06-01b-3）――昭公二十六年経「冬、十月、天王入于成周。尹氏・召伯・毛伯以王子朝奔楚」。

⑫昭二十三年（06-01b-4）――昭公二十三年経「秋、七月、莒子庚輿來奔。戊辰、呉敗頓・胡・沈・蔡・陳・許之師于雞父。胡子髡・沈子逞滅、獲陳夏嚙。天王居于狄泉。尹氏立王子朝」。

⑬釋例（06-01b-6）――《春秋釋例》經傳長暦・襄公二十七年の条。

魯之司歴、漸失其閏、至此年日食之月、以儀審望、知斗建之在申。斗建在申、乃是周家九月也。而其時歴稱十一月、故知再失閏也。于是始覺其謬、遂頓置兩閏、以應天正、以敍事期。

⑭哀十二年（06-01b-7）――哀公十二年伝「冬、十二月、螽、季孫問諸仲尼。仲尼曰、丘聞之、火伏而後蟄者畢。今火猶西流、司歴過也」。

⑮釋例（06-01b-7）――《春秋釋例》經傳長暦・哀公十二年の条。

諸儒皆以爲時實周之九月、而書十二月、謂之再失閏。若如其言、乃成三失、非但再也。今以長厤推春秋、此十二月乃夏之九月、實周之十一月也。此年當有閏、而今不置閏、此爲失一閏月耳。十二月不應螽、故季孫怪之、仲尼以斗建在戌、火星尚未盡没、據今猶見、故言猶西流、明夏之九月尚可有螽也。季孫雖聞仲尼此言、猶不卽改、明年十二月復螽、於是始悟、十四年春乃置閏、欲以補正時厤也。傳於十五年書閏月、蓋置閏正之、欲明十四年之閏、於法當在十二年也。

⑯夫人有氏無姜（06-01b-9）――僖公元年経「十有二月、丁巳、夫人氏之喪至自齊」、杜預注「僖公請而葬之、故告於廟而書喪至也。齊侯既殺哀姜、以其尸歸、絶之於魯。僖公請其喪而還。不稱姜、闕文」。

⑰有姜無氏（06-01b-9）――宣公元年経「公子遂如齊逆女。三月、遂以夫人婦姜至自齊」、杜預注「稱婦有姑之辭。不書氏、史闕文」。

⑱大雨霖（06-01b-9）――隠公九年経「三月、癸酉、大雨、震電。庚辰、大雨雪」、伝「九年、春、王三月、癸酉、大雨霖以震、書始也。庚辰、大雨雪、亦如之。書時失也。凡雨自三日以往爲霖、平地尺爲大雪」、杜預注「此解經書霖也、而經無霖字、經誤」。

⑲廧咎如潰（06-01b-9）――成公三年経「晉郤克衛孫良夫伐廧咎如」、伝「晉郤克衛孫良夫伐廧咎如、討赤狄之餘焉。廧咎如潰、上失民也」、杜預注「此傳釋經之文、而經無廧咎如潰。蓋經闕此四字」。

⑳今删定知（06-01b-10）――この用法については拙稿「五經正義讀解通論（一）」（『東洋古典學研究』第20集　二〇〇五年　《五經正義研究論攷》研文出版　二〇一三年所収）また後の補説を参照されたい。

㉑周禮（06-02a-1）――《周禮》春官・大史「掌建邦之六典、以逆邦國之治。掌法

以逆官府之治、掌則以逆都鄙之治。凡辨法者考焉、不信者刑之。凡邦國都鄙及萬民之有約劑者藏焉、以貳六官、六官之所登。若約劑亂、則辟法。不信者刑之。正歳年以序事、頒之于官府及都鄙、頒告朔于邦國」。

㉒猶如大夫之卒（06–02a–3）――隠公元年経「公子益師卒」の杜預注に、

傳例曰、公不與小斂、故不書日、所以示薄厚也。春秋不以日月爲例。唯卿佐之喪、獨託日以見義者、事之得失、既未足以褒貶人君、然亦非死者之罪、無辭可以寄文、而人臣輕賤、死日可略、故特假日以見義。

とある。本書150頁参照。

○劉炫規過の文章は、「今刪定知～」の前までであるが、清儒劉文淇《左傳舊疏校正》は、この条を次のように分析している。

文淇案ずるに、「今刪定」以下は唐人が劉炫を駁した文章で、その前は光伯の原文である。光伯には、先ず杜預の義を申釈し、後に自己の見解でこれを規《ただ》す例が有るが、これはその類である。ここに「然天王失不班歴」と言う「然」とは、上文を承けて述べるもので、発端の語詞ではない。唐人が勝手に「劉炫規過云」五字を加えたため、文章の筋道をさまたげることとなった。王謨《漢魏遺書鈔》では、光伯の「規過」を輯佚するに際し、その通じ難いことを知って、とうとう「然」字を刪去しているが、それはこの箇所が唐人の竄改したものであることに気づいていなかったからである。

【經】夏、齊侯・衛侯胥命于蒲。［06–02a］

【注】申約言以相命而不歃血也。蒲衛地、在陳留長垣縣西南。〔約言を申べて以て相命じて血を歃《すす》らざるなり。蒲は衛の地、陳留長垣縣の西南に在り。〕

【經】六月、公會杞侯于郕。［06–02a］

【經】秋、七月、壬辰、朔、日有食之、既。［06–02a］

【注】無傳。既盡也。歴家之説謂、日光以望時遙奪月光、故月食。日月同會、月奄日、故日食。食有上下者、行有高下。日光輪存而中食者相奄密、故日光溢出。皆既者、正相當而相奄間疏也。然聖人不言月食日、而以自食爲文、闕於所不見。〔傳無し。「既」は盡なり。歴家の説に謂ふ、日光 望時を以て遙《はるか》に月光を奪ふ、故に月食す。日月 同會し、月 日を奄《おほ》ふ、故に日食す。食に上下有るは、行に高下有ればなり。日の光の輪の存して中の食する者は、相奄ふこと密なり、故に日光溢出す。皆既《つ》くる者は、正に相當たりて相奄ふこと間疏なるなり。然れども聖人 月 日を食すと言はずして、自ら食するを以て文を爲すは、見ざる所を闕《か》けばなり。〕

【疏】注の「既盡」より「不見」に至るまで。

○正義に曰う。「食して既《つ》く」とは、日光が尽きることであるから、「既は尽なり」と述べた。

月自体に光は無く、日が照らすのを待ってはじめて光が生じるのであり、半分照らすと弦月〔半月〕となり、全部を照らすと望月〔満月〕となる。望は日光に照らされたものであるのに、かえって（日が）月光を奪うことが有り得るのは（なぜかといえば）、暦法家の説では、日に真正面に当たる衝〔つきあたりの通路〕に大きさが太陽ほどのものがあって、これを闇虚《あんきょ》と言い、闇虚が月に当たると、月はその光を減ずるため、月食となるからである。張①衡の《霊憲》に、

日に真正面に当たる衝では、光が常に合わない。これを闇虚と言う。星の場合は星の光は微かとなり、月に遭遇すると月が食する。

という記述がある。これは日が「月光を奪ふが故に月食す」ることを述べたものである。

（しかし）もしも日が月光を奪うものであるなら、望のたびごとにいつも食するはずなのに、望にも食しないことが有るのは（なぜかといえば）、その道の度数が異なることによるからである。日・月はその道を異にし、一定の時をおいて交わり、交わると互いに侵犯しあうので、日・月はかわるがわる食する。交が望の前にあると、朔には日食があり、望には月食がある。交が望の後にあると、望には月食があり、後月の朔には日食がある。交がちょうど朔にあると、皆既日食となり、前後の望には食しない。交がちょうど望にあると、皆既月食となり、前後の朔には食しない。おおむね一百七十三日余りで日・月の道が始めて一交する。交でなければ相侵犯しないので、朔・望に常に食が有るとは限らないのである。

道が正しく交わらなければ、日が月を斜めに照らすので、月光はいよいよ盛んとなる。もしも道が正しく交わると、日の衝が月に当たるので、月光はたちまち減じてしまう。ちょうど火が水を斜めに照らし、日が鏡を斜めに照らすように、水や鏡の光が傍ら他の物を照らすようなものである。もしも鏡が真正面に日に当たり、水が真正面に火に当たると、水や鏡の光は他の物を照らすことはできない。日が月の光を奪うのも、ちょうどこれと同じ原理である。

「日・月同会」し、道の度数が相交わり、月が日の光を掩うので日食があり、日が月の光を奪うので月食がある。つまり月食は日光の衝《あた》るもの、日食は月体が映ずる〔影となる〕ものであるから、日食は常に朔にあり、月食は常に望にある、ということになる。

「食に上下有るは、行に高下有ればなり」とは、月が日の南にあって、南から入って食すると、南下北高であるから、食は下から起きる。月が日の北にあって、北から入って食すると、食が高いところから始まる。つまり「行に高下有る」ことから、食（の起こり方）が同じではないのである。だから《異義》②には、「月 高ければ則ち食は上より虧《か》け、月 下なれば則ち其の食は下より虧《か》く」と述べている。

日・月の本体は、大小がちょうど等しい。「相掩ふこと密」である場合には、二体が相近く、正面でその形を照らすので、光が溢れ出て真ん中を食することができる。「相掩ふこと疏」である場合には、二体がたがいに遠く、月は（地に）近いが日は遠い。人からこれらを望むと、月の照らすものが広いので、日光はもはや見ることができなくて、皆既日食となるのである。

日食とは実際には月が映じた〔影となった〕ものである。しかし日が在るところには月体は見えない。そこで聖人は「月が来たりて日を食す」とは表現しないで、「物の之れを食する有り」と言う。つまり「自ら食するを以て文を為すは、見ざる所を欠く」のである。

【譯注】

①張衡靈憲（06–02a–10）――《靈憲》は後漢の張衡（七八―一三九）字は子平の著書。後漢までの天文学知識に基づいた形而上学的宇宙論であるという（橋本敬三『中国天文学・数学集』朝日出版社　一九八〇年）。《隋志》に《靈憲》一巻が著録されているが、現在では佚書である。《全上古三代秦漢三国六朝文》《玉函山房輯佚書》等所収。

②異義（06–02b–8）――《五経異義》については、本書162頁注②を参照。

【經】公子翬如齊逆女。　［06–03a］

【注】禮君有故、則使卿逆。〔禮にては君に故《こと》有れば、則ち卿をして逆《むか》へしむ。〕

【疏】注の「禮君」より「卿逆」に至るまで。

○正義に曰う。天子の尊貴であることは並ぶものがないから、自身は親迎せず、卿に迎えさせ、上公に臨ませる。（これに対して）諸侯の場合は親迎するが、差障りがあるときには卿に迎えさせることができる。

（桓公）八年の①「祭公 王后を紀より逆《むか》ふ」の伝に「礼なり」と述べているのが、人を使うべきもので、天子は親迎しないということである。また襄②公十五年伝に「官師 単《ぜん》の靖公に従ひ、王后を斉より逆ふ。卿の行かざるは礼に非ざるなり」と述べているから、天子の礼では、卿に迎えさせて上公に臨ませるべきものであることが分かる。

（諸侯の場合は）《禮記》③に、

哀公が「冕《べん》服〔礼装用のかんむりと礼服〕をつけて親迎するのは、はなはだ重大に過ぎはしないか」と問うたところ、孔子が「二姓〔両国〕の好《よしみ》を合わせて先聖の後を継ぎ、それによって天地・宗廟・社稷の（祭祀にはその）主人となろうというのに、わが君はどうしてはなはだ重大に過ぎると仰せられるか」と応えた。

という記述がある。これは（孔子が）哀公の問いに答えた言葉で、魯国の公室のことを指して述べているから、諸侯の正礼では親迎すべきものなのである。

荘④公二十四年の「公 斉に如《ゆ》きて女を逆ふ」について、⑤左丘明がこれに伝を書いていないのは、それが礼を得たものだからである。文公四年の「婦姜を斉に逆ふ」の伝に、「卿の行かざるは礼に非ざるなり」と述べているのは、卿の行かないことを非礼と見なしているのだから、「君に故《こと》有れば、卿をして逆へしむ」ることができるということが分かる。

【譯注】

①八年（06-03a-2）——桓公八年経「祭公來、遂逆王后于紀」、伝「祭公來、遂逆王后于紀、禮也」。

②襄十五年傳（06-03a-3）——襄公十五年経「劉夏逆王后于齊」、伝「官師從單靖公逆王后于齊。卿不行、非禮也」、杜預注「官師劉夏也。天子官師非卿也。劉夏獨過魯告婚、故不書單靖公。天子不親婚、使上卿逆、而公監之、故曰卿不行非禮」。

③禮記哀公問（06-03a-3）——《禮記》哀公問篇。

公曰「寡人愿有言。然冕而親迎、不已重乎」。孔子愀然作色而對曰「合二姓之好、以繼先聖之後、以爲天地宗廟社稷之主、君何謂已重乎」。

④莊二十四年（06-03a-5）——莊公二十四年経「夏、公如齊逆女」、杜預注「無傳。親逆、禮也」。

⑤文四年（06-03a-5）——文公四年経「夏、逆婦姜于齊」、伝「逆婦姜于齊、卿不行、非禮也。君子是以知出姜之不允於魯也、曰、貴聘而賤逆之、君而卑之、立而廢之、棄信而壞其主、在國必亂、在家必亡。不允宜哉。詩曰『畏天之威、于時保之』、敬主之謂也」。

【經】九月、齊侯送姜氏于讙。 [06-03a]

【注】讙魯地、濟北蛇丘縣西有下讙亭。已去齊國、故不言女、未至於魯、故不稱夫人。〔讙は魯の地、濟北蛇丘縣の西に下讙亭有り。已に齊國を去る、故に「女《むすめ》」と言はず、未だ魯に至らず、故に「夫人」と稱せず。〕

【經】公會齊侯于讙。 [06-03a]

【注】無傳。〔傳無し。〕

【經】夫人姜氏至自齊。 [06-03a]

【注】無傳。告於廟也。不言翬以至者、齊侯送之、公受之於讙。〔傳無し。廟に告ぐるなり。翬《ゐ》以て至ると言はざるは、齊侯 之れを送り、公

之れを謹に受くればなり。〕

【經】冬、齊侯使其弟年來聘。 [06–03a]

【經】有年。 [06–03a]

【注】無傳。五穀皆熟、書有年。〔傳無し。五穀皆な熟すれば、「年《みのり》有り」と書す。〕

【疏】「有年」。

〇正義に曰う。「年」①は「稔《ねん》〔みのる〕」と訓む。「歳」を「年」と言うのは、その歳《とし》に穀物が一度熟するという意味から取ったもの。そのため穀物が収穫されて、農産物のすべてが倉庫に入れられ（農作業がすべて終了し）、その歳が例年以上に豊作であると、史官は「有年」と策書に記録する。

ここに「有年」と書き、宣公十六年②に「大有年」と書いていることについて、《穀梁伝》③では「五穀皆な熟するを有年と為し」、「五穀大いに熟するを大有年と為す」と述べており、杜預は《穀梁》から取って説明しているわけであるが、その意味はまさしくそうであるはずだ。

《周禮》④疾医の「五穀を以て病を養ふ」の鄭玄注に、「五穀とは麻・黍・稷・麦・豆なり」と述べているのは、つまり〈月令〉⑤の五時に食する穀物のことである。

賈逵が「桓は悪なるも而《しか》も年の豊かなること有るは、之れを異とすればなり。『有』と言ふは、其の宜しく有るべきところに非ず」と述べている。（しかし）考えてみるに、昭公元年伝⑥に「国に道無くして年穀の和熟するは、天之れを賛《たす》くるなり」と述べているのは、その年が豊作であるのは天が賛助するものだと見なしていることを言うもので、なにも妖《あや》しい異変ではない。君の行為が悪であったなら、（君の）恩沢が下々に流れないのに、たまたま豊年であると、たちまち異変と見なすというのは、無道の世の中には、ただ大飢饉だけが起こるはずであって、豊年が有ってはならない、ということであり、これは上天が人民を佑助《たす》けるという本意ではない。しかも（賈逵の）「有と言ふは宜しく有るべからず」とは、伝文にそのような説は無いのである。（このことについては）《釈例（終篇）》に次のように述べている。

劉⑦・賈・許は、「有年」・「大有年」という経文、「鸜鵒《くよく》⑧〔九官鳥〕来たりて巣くふ有りとは、無き所を書するなり」という伝文によって、「経に諸もろ言うところの有とは、すべて有ってはならないという表現である」と見なしている。（しかし）経に「螟《めい》」⑨も「螽《しゅう》」も「有」とは書いていないし、伝も魯に鸜鵒がいないことに対して伝文を発していることからすると、「有」字を例とはしていない。（また）経に「十有一年」や「十有一月」と書いているのが、この年は有ってはならぬとか、この月が有ってはならぬ、という意味であるはずがない。「螟」と「螽」はいずれもに非常の災害であるから、これまた有るはずのものだと見なすことはできないのである。

【譯注】

①年訓爲稔（06–03a–10）――《廣雅》釋詁「稔、年也」。また襄公二十七年伝「不及五稔」、杜預注「稔、年也」。

②宣十六年（06–03b–1）――宣公十六年経「冬、大有年」。

③穀梁傳（06–03b–1）――《穀梁傳》桓公三年「有年。五穀皆熟爲有年也」、宣公十六年「冬、大有年。五穀大熟爲大有年」。

④周禮疾醫（06–03b–2）――《周禮》天官・疾醫「以五味五穀五藥養其病。以五氣五聲五色視其死生」、鄭玄注「養猶治也。病由氣勝負而生。攻其贏、養其不足者。五味、醯・酒・飴蜜・薑・鹽之屬。五穀、麻・黍・稷・麥・豆也。五藥、草・木・蟲・石・穀也。其治合之齊、則存乎神農子儀之術云」。

⑤月令（06-03b-2）――《禮記》月令篇に見える五時に食する穀物は以下の通り。

春	食麥與羊
夏	食菽與雞
中央	食稷與牛
秋	食麻與犬
冬	食黍與彘

⑥昭元年傳（06-03b-3）――昭公元年伝。

后子見趙孟。趙孟曰「吾子其曷歸」。對曰「鍼懼選於寡君、是以在此、將待嗣君」。趙孟曰「秦君何如」。對曰「無道」。趙孟曰「亡乎」。對曰「何爲。一世無道、國未艾也。國於天地、有與立焉。不數世淫、弗能斃也」。趙孟曰「夭乎」。對曰「有焉」。趙孟曰「其幾何」。對曰「鍼聞之、國無道而年穀和熟、天贊之也。鮮不五稔」。

⑦劉賈許（06-03b-5）――《釋例》中に引用された先儒《左傳》注で、「劉」とは劉歆、「賈」とは賈逵、「許」とは後漢の許淑を指す。本書70頁参照。

⑧鸜鵒（06-03b-5）――昭公二十五年経「有鸜鵒來巣」、その傳は以下の通りである。

「有鸜鵒來巣」、書所無也。師己曰「異哉。吾聞文・成之世、童謠有之曰『鸜之鵒之、公出辱之。鸜鵒之羽、公在外野、往饋之馬。鸜鵒跦跦、公在乾侯、徵褰與襦。鸜鵒之巣、遠哉遙遙、稠父喪勞、宋父以驕。鸜鵒鸜鵒、往歌來哭』。童謠有是。今鸜鵒來巣、其將及乎」。

⑨螟螽（06-03b-5）――「螟」・「螽」の記事は以下の通り。いずれも害虫であるが、「有螟」「有螽」と表現していないということ。

隠05　螟。

隠08　螟。

荘06　螟。

桓05　螽。

僖15　八月、螽。

文03　雨螽于宋。伝「秋、雨螽于宋、隊而死也」。

文08　螽。

宣06　秋、八月、螽。

宣13　秋、螽。

宣15　秋、螽。

襄07　八月、螽。

哀13　九月、螽。

哀12　冬、十有二月、螽。

哀13　十有二月、螽。

○類似したものとして《公羊伝》《穀梁伝》には「立者不宜立」「用者不宜用」という義例が見える。ちなみに《説文解字》には「有、不宜有也。春秋傳曰、日月有食之。从月又聲」とある。〔段注：日下之月衍字〕

【傳】三年、春、曲沃武公伐翼、次于陘庭。韓萬御戎、梁弘爲右、［06-03b］

【注】武公曲沃莊伯之子也。韓萬莊伯弟也。御戎僕也。右戎車之右。〔武公は曲沃莊伯の子なり。韓萬は莊伯の弟なり。御は戎僕なり。右は戎車の右なり。〕

【疏】注の「武公」より「之右」に至るまで。

○正義に曰う。「武公は莊伯の子」、「韓萬は莊伯の弟」とは、《世本》・〈世家〉①の文章である。

②《周禮》の戎僕は「戎車を駆《ぎょ》するを掌《つかさど》り」、戎右は「戎車の兵革使《へいかくし》を掌る」から、「御」は「戎僕」であり、「右」は「戎車の右」であることが分かる。

【譯注】

①世家（06-03b-10）——《史記》晉世家による。

哀侯二年曲沃莊伯卒、子稱代莊伯立、是爲曲沃武公。哀侯六年、魯弑其君隱公。哀侯八年、晉侵陘廷。陘廷與曲沃武公謀、九年、伐晉于汾旁、虜哀侯。晉人乃立哀侯子小子爲君、是爲小子侯。小子元年、曲沃武公使韓萬殺所虜晉哀侯。曲沃益彊、晉無如之何。〔集解：賈逵曰、韓萬、曲沃桓叔之子、莊伯弟。〕晉小子之四年、曲沃武公誘召晉小子殺之。周桓王使虢仲伐曲沃武公、武公入于曲沃、乃立晉哀侯弟緡爲晉侯。晉侯緡四年、宋執鄭祭仲而立突爲鄭君。晉侯十九年、齊人管至父弑其君襄公。晉侯二十八年、齊桓公始霸。曲沃武公伐晉侯緡、滅之、盡以其寶器賂獻于周釐王。釐王命曲沃武公爲晉君、列爲諸侯。於是盡併晉地而有之。曲沃武公已卽位三十七年矣、更號曰晉武公。晉武公始都晉國、前卽位曲沃、通年三十八年。武公稱者、先晉穆侯曾孫也、曲沃桓叔孫也。桓叔者、始封曲沃。武公、莊伯子也。自桓叔初封曲沃以至武公滅晉也、凡六十七歳、而卒代晉爲諸侯。武公代晉二歳、卒。與曲沃通年、卽位凡三十九年而卒。子獻公詭諸立。

②周禮戎僕戎右（06-03b-10）——《周禮》夏官・戎僕「掌馭戎車。掌王倅車之政、正其服。犯軷、如玉路之儀。凡巡守及兵車之會、亦如之。掌凡戎車之儀」、《周禮》戎右「掌戎車之丘革使〔鄭玄注：使謂王使。以兵有所誅斬也〕、詔贊王鼓、傳王命于陳中。會同、充革車。盟、則以玉敦辟盟、遂役之。贊牛耳・桃茢」。

【傳】逐翼侯于汾隰。　[06-04a]

【注】汾隰汾水邊。〔汾隰《ふんしふ》は汾水の邊《ほとり》なり。〕

【疏】注の「汾隰汾水邊」。

○正義に曰う。《釈例（土地名・水名）》に「汾水は大原の故《もと》の汾陽県の東南より出で、晉陽県の西南に至り、西河の平陽を経、河東汾陰県に至りて河に入る」と述べている。

《爾雅》①釈地に「下湿を隰《しふ》と曰ふ」と述べているから、「汾隰は汾水の辺《ほとり》」であることが分かる。

【譯注】

①爾雅釋地（06-04a-2）——《爾雅》釋地「下溼曰隰、大野曰平、廣平曰原、高平曰陸、大陸曰阜、大阜曰陵、大陵曰阿、可食者曰原、陂者曰阪、下者曰隰」。

【傳】驂絓而止。　[06-04a]

【注】驂騑馬。〔驂《さん》は騑《ひ》馬なり。〕

【疏】注の「驂騑馬」。

○正義に曰う。《説文》①に「騑《ひ》は驂《さん》なり。旁馬〔そえうま〕なり」と言うから、「騑」「驂」は同一である。最初に馬に駕する〔車に馬を付ける〕場合、二頭の馬で輈《ながえ》を挟ませるだけである。もう一頭を駕する場合は、両服馬とあわせて参〔三〕となるので、これを「驂」と言う。さらにもう一頭を駕すると、その場合はこれを「駟《し》」と言う。だから《説文》に「驂は三馬を駕するなり」、「駟は一乗なり」と述べている。両服馬を主体とし、次第に増やしてこれを参としたので、両旁の二馬を、そのまま「驂」と名づけたので、一乗をまとめて挙げるときには、これを「駟」と言い、その騑馬〔そえうま〕を指すときには、これを「驂」と言う。

《詩》②に「両驂　舞ふが如し」と称しているのは、二馬ともに「驂」と称しているもの。《禮記》③に「驂を説《と》きて之に賻《ふ》せしむ」と称しているのは、一馬でも「驂」と称しているものである。これは（そえうまの）その最初が参であったことにもとづいて、そのまま名称としたものである。

驂馬が衡《よこぎ》の外にあって、むながいを挽《ひ》いてつねに木に繫《つな》がれているのは、頸《くび》が衡に当たっていないことによる。

「騑」と名づけたのは、駟馬に騑騑《ひひ》たる〔行きて止まらないさま〕様子があるからで、〈少儀〉④に「騑騑翼翼たり」と言うのが、それである。


【譯注】
①説文（06–04a–4）――《説文解字》「騑驂也。旁馬也。从馬非聲」、「驂駕三馬也。从馬參聲」、「駟一乘也。从馬四聲」。
②詩（06–04a–6）――《毛詩》鄭風・大叔于田「大叔于田、乘乘馬、執轡如組、兩驂如舞、叔在藪、火烈具舉」。
③禮記（06–04a–6）――《禮記》檀弓上篇「孔子之衛、遇舊館人之喪、入而哭之哀。出、使子貢説驂而賻之〔鄭玄注：騑馬曰驂〕。子貢曰、於門人之喪、未有所説驂、説驂於舊館、無乃已重乎。夫子曰、予鄉者入而哭之、遇於一哀而出涕。予惡夫涕之無從也。小子行之」。
④少儀（06–04a–7）――《禮記》少儀篇「言語之美、穆穆皇皇。朝廷之美、濟濟翔翔。祭祀之美、齊齊皇皇。車馬之美、匪匪翼翼。鸞和之美、肅肅雍雍」。

【傳】夜獲之。及欒共叔。 [06–04a]

【注】共叔桓叔之傅、欒賓之子也。身傅翼侯、父子各殉所奉之主、故并見獲而死。〔共叔は桓叔の傅《ふ》、欒賓《らんひん》の子なり。身は翼侯に傅たりて、父子各おの奉ずる所の主に殉ず、故に并びに獲《とら》はれて死す。〕

【傳】會于嬴、成昏于齊也。 [06–04a]

【注】公不由媒介、自與齊侯會而成昏、非禮也。〔公の 媒介に由らずして、自ら齊侯と會して昏を成すは、非禮なり。〕

【疏】注の「公不」より「禮也」に至るまで。
○正義に曰う。この「成昏」とは文姜を聘《めと》ったことを言う。《詩》①に魯の桓公が文姜（の勝手気まま）を禁止することができなかったことを刺《そし》って、「妻を取ること之れを如何せん。媒〔なかうど〕に匪《あら》ざれば得ず。既に曰《ここ》に得たり。曷《なん》ぞ又た（その邪意を）極むる」と述べているのは、桓公が媒酌人を通して文姜を得たことを意味するものであるのに、ここで「媒に由らず」と言うのは（なぜかといえば）、公自身が齊侯に会したもので、必ずや媒酌人は無かったからである。《詩》は正法をあげて上《かみ》を刺ったが、伝は事実に依拠して経文を解説したから、このように同じではないのである。

【譯注】
①詩（06–04a–10）――《毛詩》齊風・南山詩序「南山刺襄公也。鳥獸之行、淫乎其妹。大夫遇是惡、作詩而去之」、鄭玄注「襄公之妹、魯桓公夫人文姜也。襄公素與淫通。及嫁、公謫之。公與夫人如齊、夫人愬之襄公。襄公使公子彭生乘公而搚殺之。夫人久留於齊、莊公卽位後乃來、猶復會齊侯于禚于祝丘、又如齊師。齊大夫見襄公行惡如是、作詩以刺之。又非魯桓公不能禁制夫人而去之」。齊の襄公はその妹の文姜を魯の桓公に嫁がせたものの、その後も兄妹相姦の関係にあった。〈南山〉詩はこれを刺ったものだというのが、〈詩序〉の解釈である。詩の本文は「析薪如之何、匪斧不克、取妻如之何、匪媒不得〔鄭玄箋：此言取妻必待媒乃得也〕、既曰得止、曷又極止」。
○疏文の説明にもかかわらず、《詩》（鄭玄）と《傳》（杜預）との齟齬は調停されていない。

【傳】夏、齊侯・衛侯胥命于蒲、不盟也。 ［06-04a］

【傳】公會杞侯于郕、杞求成也。 ［06-04a］

【注】二年、入杞、故今來求成。〔二年、杞に入る、故に今 來たりて成《たひらぎ》を求む。〕

【傳】秋、公子翬如齊逆女、脩先君之好、故曰公子。 ［06-04a］

【注】昏禮雖奉時君之命、其言必稱先君、以爲禮辭。故公子翬逆女、傳稱脩先君之好、公子遂逆女、傳稱尊君命、互擧其義。〔昏禮は時君の命を奉ずと雖も、其の言には必ず先君を稱して、以て禮辭と爲す。故に公子翬《き》の女を逆《むか》ふるや、傳に「先君の好《よしみ》を脩む」と稱し、公子遂の女を逆ふるや、傳に「君命を尊ぶ」と稱するは、互ひに其の義を擧ぐるなり。〕

【疏】注の「昏禮」より「其義」に至るまで。

○正義に曰う。「①公子遂 女を逆ふ」の伝に、「君命を尊ぶなり」と言うのが、「時君の命を奉ず」ることである。ここに「先君の好《よしみ》を修む」と言うのが、「先君を称して辞と為す」ことである。翬《き》も遂もともに女を逆《むか》えたのであるが、伝文ではそれぞれその一例を述べたもので、つまり「互《たが》ひに其の義を挙ぐ」ることである。

〈昏禮〉②の納采〔女を採択する意〕の辞には、「某〔だれそれ〕に先人の礼有り。某やをして納采を請はしむ」と言い、その納徴〔婚約成立〕の辞には、「某に先人の礼有り。某やをして納徴を請はしむ」と言う。これは婿《むこ》側の言葉である。主人が賓〔客人〕を醴《れい》〔あまざけ〕する辞には、「子〔そこもと〕は事《こと》の為めの故に某の室に至る。某に先人の礼有り。請ふ従者に醴せん」と言う。これは嫁《よめ》側の言葉である。かしこは士の礼であるから、「先人」を称した。もし諸侯であれば「先君」を称する。これらのことから、「其の言には必ず先君を称して以て礼辞と為す」ことが分かる。

【譯注】

①公子遂逆女（06-04b-6）――宣公元年経「公子遂如齊逆女。三月、遂以夫人婦姜至自齊」、伝「元年、春、王正月、公子遂如齊逆女。尊君命也。三月、遂以夫人婦姜至自齊。尊夫人也」。

②昏禮（06-04b-7）――《儀禮》士昏禮に見える昏辞・納徴の辞・醴辞は次の通り。「昏辭曰、吾子有惠、貺室某也。某有先人之禮、使某也請納采。對曰、某之子惷愚、又弗能教。吾子命之、某不敢辭」。「納徵曰、吾子有嘉命、貺室某也。某有先人之禮、儷皮束帛、使某也請納徵。致命曰、某敢納徵。對曰、吾子順先典、貺某重禮、某不敢辭、敢不承命」。「醴曰、子爲事故至於某之室、某有先人之禮、請醴從者。對曰、某既得將事矣、敢辭。先人之禮、敢固以請。某辭不得命、敢不從也」。

ちなみに〈士昏禮〉の六禮は「納采」「問名」「納吉」「納徵」「請期」「親迎」。

【傳】齊侯送姜氏、非禮也。凡公女嫁于敵國、姊妹則上卿送之、以禮於先君。公子則下卿送之。於大國、雖公子亦上卿送之。於天子、則諸卿皆行、公不自送。於小國、則上大夫送之。 ［06-04b］

【疏】「凡公」より「送之」に至るまで。

○正義に曰う。婚姻は敵国〔対等の国〕の者どうしで夫婦となるものだから、先ず敵国の場合を述べ、その後で大国・小国の場合について、その異同を区別して述べたもの。

「（公の）姉妹〔先君の公女〕」を敵国に嫁入りさせる場合でも、やはり上卿が送り届けるのだから、大国には必ず上卿が行く。かつ姉妹の場合に「先君に礼を尽くす」のは、嫁入りする相手の国の軽重にはかかわらず、たとえ小国であっても、やはり上卿に送らせるのである。

「小国に於ては則ち上大夫 之れを送る」とある文章は、「公子〔公女〕」の下を承けており、これは「公子」を送ることであって、「姉妹」を送るのではない。

①《周禮》の序官には中大夫が有るだけで、「上大夫」は無い。②《禮記》王制に「諸侯の上大夫は卿なり」と言い、鄭玄が「上大夫を卿と曰ふ」と注しているから、上大夫が即ち卿であり、そのほかに上大夫は無いのに、ここで「上大夫」と言うのは（なぜかといえば）、③諸侯の制度では三卿・五大夫であり、五人のうちをさらにまた分けて上下とするからである。

④成公三年伝に、「次国の上卿は、大国の中に当たり、中は其の下に当たり、下は其の上大夫に当たる。小国の上卿は、大国の下卿に当たり、中は其の上大夫に当たり、下は其の下大夫に当たる」という記述があり、これは大夫を分けて上下としたものである。

【譯注】

①周禮序官（06-05a-5）——《周禮》には「上大夫」という表現は無い。たとえば「天官序官」は以下の通り。

治官之屬。大宰、卿一人。小宰、中大夫二人。宰夫、下大夫四人。上士八人、中士十有六人、旅下士三十有二人。府六人、史十有二人、胥十有二人、徒百有二十人。

②禮記王制（06-05a-6）——《禮記》王制篇「王者之制祿爵、公・侯・伯・子・男、凡五等。諸侯之上大夫卿、下大夫、上士・中士・下士、凡五等」、鄭玄注「二五象五行剛柔十日、祿所受食、爵秩次也。上大夫曰卿」。

③諸侯之制（06-05a-7）——《禮記》王制篇「大國、三卿、皆命於天子。下大夫五人、上士二十七人。次國、三卿、二卿命於天子、一卿命於其君。下大夫五人、上士二十七人。小國、二卿、皆命於其君。下大夫五人、上士二十七人」、鄭玄注「命於天子者、天子選用之。如今詔書除吏矣。小國亦三卿、一卿命於天子、二卿命於其君。此文似誤脱耳。或者欲見畿内之國二卿與」。

これを図表化すると以下のようになる。卿の（ ）内は天子の命卿の数。下大夫はいずれも5人であり、疏文ではこれをさらに上下に分けたと見なすわけである。

	卿	下大夫	上士
大国	3(3)	5	27
次国	3(2)	5	27
小国	2	5	27

④成三年傳（06-05a-7）——成公三年傳に臧宣叔の言葉として「次國之上卿、當大國之中、中當其下、下當其上大夫。小國之上卿、當大國之下卿、中當其上大夫、下當其下大夫。上下如是、古之制也」とある。

大国	上卿	中卿	下卿	上大夫	下大夫
次国		上卿	中卿	下卿	
小国			上卿	中卿	下卿

○凡例によれば、公女（広義）すなわち公の姉妹・公子（狭義の公女）を送り届ける役回りは以下のようになる。

	天子	大国	敵国	小国
姉妹	諸卿	上卿	上卿	上卿
公子	諸卿	上卿	下卿	上大夫

【傳】冬、齊仲年來聘、致夫人也。 [06-05a]

【注】古者女出嫁、又使大夫隨加聘問、存謙敬、序殷勤也。在魯而出、則曰致女、在他國而來、則總曰聘。故傳以致夫人釋之。〔古者《いにしへ》女《むすめ》の出でて嫁《とつ》ぐとき、又た大夫をして隨ひて聘問を加へしむるは、謙敬を存し、殷勤を序するなり。魯に在りて出づるときは、則ち「女を致す」と曰ひ、他國に在りて來たるときは、則ち總じて「聘」と曰ふ。故に傳は「夫人を致す」を以て之れを釋す。〕

【疏】注の「古者」より「釋之」に至るまで。

○正義に曰う。経に「来聘」と書いて、伝に「夫人を致す」と述べているのは、聘礼を行なって夫人を致したことであるので、「大夫をして随ひて聘問を加へしめ」ることが、「謙敬を存し、殷勤を序する」礼法をわきまえたものだということが分かる。①その意味は、（夫人が）宗廟に対して充分に奉仕することができない場合は、これを連れて帰ろうということである。

②成公九年の「季孫行父 宋に如《ゆ》きて女を致す」は、この例と事柄が同じであるのに表現が異なるので、これを区別して「魯に在りて出づるときは、則ち『女を致す』と曰ふ。他国に在りて来たるときは、則ち総じて『聘』と日ふ」と述べたのであり、これは内を詳しく外を略した表現である。伝はその同じでないかとの疑いがあるため、「夫人を致す」で解釈したのである。

【譯注】

①其意言（06-05b-1）――「その意味は～ということである」という慣用句。拙稿「五經正義讀解通論（二）」（『東洋古典學研究』第21集　二〇〇六年　《五經正義研究論攷》研文出版　二〇一三年所収）参照。

②成九年（06-05b-1）――成公九年経「夏、季孫行父如宋致女」。

【傳】芮伯萬之母芮姜、惡芮伯之多寵人也。故逐之出居于魏。［06-05b］

【注】爲明年秦侵芮張本。芮國在馮翊臨晉縣。魏國河東河北縣。〔明年秦の芮《ぜい》を侵す爲めに本を張る。芮國は馮翊臨晉縣に在り。魏國は河東河北縣なり。〕

【疏】注の「爲明」より「北縣」に至るまで。

○正義に曰う。①〈地理志〉に「馮翊臨晋県の芮《ぜい》郷は故《もと》の芮国なり」、「河東郡河北県は《詩》の魏国なり」と述べている。《世本》では、芮・魏はともに姫姓である。

②《尚書》顧命には、成王がまさに崩じようとした際、芮伯が卿士となったことが記載されているが、その名前も諡も見えない。魏の初封については、それが誰であったか分からない。

③閔公元年に、晋の献公が魏を滅ぼしているが、芮については、誰が滅ぼしたのかも分からない。

【譯注】

①地理志（06-05b-5）――《漢書》地理志の左馮翊に「臨晉、故大荔、秦獲之、更名。有河水祠。芮郷、故芮國。莽曰監晉」とあり、また河東郡「河北、詩魏國。晉獻公滅之、以封大夫畢萬、曾孫絳徙安邑也」とある。

②尚書顧命（06-05b-6）――《尚書》顧命篇「惟四月哉生魄、王不懌。甲子、王乃洮頮水、相被冕服、憑玉几。乃同召太保奭・芮伯・彤伯・畢公・衛侯・毛公〔孔安國傳：同召六卿下至御治事。太保・畢・毛稱公、則三公矣。此先後六卿次第、冢宰第一、召公領之、司徒第二、芮伯爲之、宗伯第三、彤伯爲之、司馬第四、畢公領之、司寇第五、衛侯爲之、司空第六、毛公領之。召・芮・彤・畢・衛・毛皆國名。入爲天子公卿。〕師氏・虎臣・百尹・御事」。

③閔元年（06-05b-6）――閔公元年伝「晉侯作二軍、公將上軍、太子申生將下軍。

趙夙御戎、畢萬爲右、以滅耿・滅霍・滅魏。還、爲太子城曲沃、賜趙夙耿、賜畢萬魏、以爲大夫」。

【經】四年、春、正月、公狩于郎。 〔06-05b〕

【注】冬獵曰狩。行三驅之禮、得田狩之時、故傳曰書時禮也。周之春、夏之冬也。田狩從夏時。郎非國内之狩地、故書地。〔冬の獵を「狩」と曰ふ。三驅《く》の禮を行ひ、田狩の時を得たり、故に傳に「時の禮あるを書す」と曰ふなり。周の春は夏の冬なり。田狩は夏の時に從ふ。郎は國内の狩地に非ず、故に地を書す。〕

【疏】注の「冬獵」より「書地」に至るまで。

○正義に曰う。「冬の獵を狩と曰ふ」とは《爾雅》[1]釈天の文章である。

《易》[2]比卦の九五の「王 三駆《く》を用ふ。前禽を失ふ」に、鄭玄[3]が、

王者が蒐狩〔かり〕することによって軍事演習をする際、禽獣を駆ってこれを射るのに、三度で止めるのは、軍礼に則《のっと》ったものである。「前禽を失ふ」とは、禽獣が前から向かって来る場合は、これを迎え射つことはしないという意味。傍らを走り去るものもまた射たない。ただ背を向けて逃げるもののみ、後から射つが、命中しなければ止める。これがその「失ふ」理由である。用兵の方法も同様にする。降伏するものは殺さないし、奔走するものは禦《ふせ》がないのは、ともに相手が己に敵対しないからであり、これが仁恩や威厳を養う道を加えることである。

と注しているのは、「三駆」のことを説明したものである。

狩猟の礼にはこの「三駆」が有るだけなので、三駆の正礼を行ない、田猟の常時を得たので、伝に「時の礼あるを書するなり」と述べたことが分かる。その時宜を得たことを善みしたのだから、明らかに礼にはすべて違反しなかったのである。

周正の春の正月建子は、夏正の仲冬である。《周禮》[4]大司馬は、「中冬に大閲を教へ、遂に以て狩田す」るから、「田狩は夏時に従ふ」のである。（このことについては）《釈例（蒐狩例）》に次のように述べている。

三王は正朔を異にするも、而も「夏の数は天を得たり」〔昭公十七年伝〕と為す。周代に在りと雖も、時を言ひ事を挙ぐるに於ては、皆な夏正に拠る。故に公は春を以て狩するも、而も伝に「時の礼あるを書するなり」と曰ふ。

隠[5]公五年の「公 魚を棠に矢《つら》ぬ」の伝に、「遠地を言ふなり」と述べており、また僖[6]公二十八年の「天王 河陽に狩す」の伝に、「其の地に非ざるを言ふなり」と述べており、地名を挙げるのが、すべてそれがふさわしい土地ではないことを言うものだから、この「郎は国内の狩地に非ず、故に地を書す」るものであることが分かる。

国内の狩地では、「大野」がその例である。哀[7]公十四年伝に「西のかた大野に狩す」と述べているが、経文には「大野」の記述はない。明らかに平常の土地であるから記述しなかったのである。以上のことから言えば、「禚に[8]狩す」、「紅」[9]及び「比蒲」[10]、「昌間」[11]に蒐すの例は、すべて平常の土地ではないので、その地名を書いたのである。

田狩する土地が必ず一定の常地でなければならないのは、昔は人間の数は多いが土地は狭く、ただ山沢の間だけにやっと農耕地以外の土地が有るばかりであったため、天子や諸侯は、必ずその封域内で不用の空き地を選んで田狩したのである。

僖[12]公三十三年伝に、「鄭の原圃有るは、猶ほ秦の具囿有るがごとし」と述べているから、諸国にはそれぞれ決められた狩猟の土地が有ったのである。その常地と違う場所ですると、居住民に害を及ぼすことになるので、土地の

名を書いて譏るのである。

【譯注】

①爾雅釋天（06-05b-10）――《爾雅》釋天「春獵爲蒐、夏獵爲苗、秋獵爲獮、冬獵爲狩、宵田爲獠、火田爲狩」。

②易比卦九五（06-05b-10）――《周易》比・九五「顯比。王用三驅。失前禽。邑人不誡吉」。

③鄭玄（06-05b-10）――《周禮》士師注所引の鄭玄《周易》注は、本疏所引と少し異なるが、本疏所引の方が正しいようである。ただし、「皆爲敵不敵己」の上の「敵」字は衍字の疑いがあるが、このまま「皆な敵の己に敵せざるが爲めなり」と訓じておく。

[左]王者　　習兵於蒐狩、　　驅禽而射之、三則已、　法軍禮也。
[周]王因天下顯習兵于蒐狩焉。驅禽而射之、三則已、發軍禮。
[左]失前禽者、謂禽在前來者不逆而射之。旁去又不射、唯背走者順而射之、
[周]失前禽者、謂禽在前來者不逆而射、　旁去又不射、惟其走者順而射之、
[左]不中則已、是其所以失之。
[周]不中亦已、是皆所　失。
[左]用兵之法亦如之。降者不殺、奔者不禦、皆爲敵不敵己、加以仁恩養威之道。
[周]用兵之法亦如之。降者不殺、奔者不禁、背　敵不殺、　以仁恩養威之道。

④周禮大司馬（06-06a-3）――《周禮》大司馬「中冬教大閱。前期、群吏戒衆庶、修戰法。……遂以狩田、以旌爲左右和之門、群吏各帥其車徒以敘和出、左右陳車徒、有司平之」。

⑤隱五年（06-06a-5）――隱公五年経「春、公矢魚于棠」、伝「春、公將如棠觀魚者。臧僖伯諫曰……公曰、吾將略地焉。遂往、陳魚而觀之、僖伯稱疾不從。書曰『公矢魚于棠』、非禮也、且言遠地也」。

⑥僖二十八年（06-06a-5）――僖公二十八年経「天王狩于河陽。壬申、公朝于王所」、伝「是會也、晉侯召王、以諸侯見、且使王狩。仲尼曰、以臣召君、不可以訓。故書曰『天王狩于河陽』、言非其地也、且明德也」。

⑦哀十四年（06-06a-6）――哀公十四年経「春、西狩獲麟」、伝「春、西狩於大野」。

⑧狩于禚（06-06a-7）――莊公四年経「冬、公及齊人狩于禚」、杜預注「無傳。公越竟與齊微者俱狩、失禮可知」。

⑨蒐于紅（06-06a-7）――昭公八年経「秋、蒐于紅」、杜預注「革車千乘、不 言大者、經文闕也。紅魯地、沛國蕭縣西有紅亭、遠疑」。

⑩比蒲（06-06a-7）――以下の三例がある。
昭公11年「大蒐于比蒲」、伝「大蒐于比蒲、非禮也」。
定公13年「大蒐于比蒲」。
定公14年「大蒐于比蒲」。

⑪昌間（06-06a-7）――昭公二十二年経「大蒐于昌間」。

⑫僖三十三年傳（06-06a-8）――僖公三十三年傳に、鄭に進軍してきた秦軍に対し、鄭の穆公が皇武子に言わせた口上の中に見える。「吾子淹久於敝邑、唯是脯資・餼牽竭矣、爲吾子之將行也、鄭之有原圃、猶秦之有具囿也、吾子取其麋鹿、以閑敝邑、若何」。

【經】夏、天王使宰渠伯糾來聘。　［06-06a］

【注】宰官、渠氏、伯糾名也。王官之宰當以才授位。而伯糾攝父之職、出聘列國、故書名以譏之。國史之記、必書年以集此公之事、書首時以成此年之歲。故春秋有空時而無事者。今不書秋冬首月、史闕文。他皆放此。［「宰」は官、「渠」は氏、「伯糾」は名なり。王官の宰は當《まさ》に才を以て位を授くべし。而るに伯糾は父の職を攝《と》り、出でて列國

に聘す、故に名を書して以て之れを譏る。國史の記は、必ず年を書して以て此の公の事を集め、首時を書して以て此の年の歳を成す。故に《春秋》には空しく時《ときしる》して事無き者有り。今 秋・冬の首月を書せざるは、史の闕文なり。他は皆な此に放《なら》へ。」

【疏】注の「宰官」より「放此」に至るまで。

○正義に曰う。《周禮》①天官には大宰・小宰・宰夫があるから、「宰は官」であることが分かる。伝に「父在《い》ますが故に名いふ」と述べているから、「伯糾は名」であり、おのずと「渠は氏」であることが分かる。

《周禮》の大宰は卿、小宰は中大夫、宰夫は下大夫であるが、「伯糾」が何の宰であるかは分からない。これを貶すると名を書くことからすれば、法としては字を書くべきところである。ただ中・下大夫は例としてはともに字を書くから、この宰の高下はやはり推定できないので、注ではただ「王官の宰」とだけ言って、小宰とか宰夫とか指さなかったのは、疑わしい場合に慎重な態度を取ったものである。

《詩》②に「済済たる多士」と称し、《書》③に「庶官を曠《むな》しくする無かれ」と戒《いまし》めている。政治④をするのに（要点が）三つ有るが、人材を選ぶのが急務である。つまり「王官の宰は、当《まさ》に才を以て位を授くべき」ものなのに、いまその父親が官にありながら息子に職務を代行させるとは、王者が爵位を軽侮することであり、遭人則可⑤（?）。「故に名を書して以て譏っ」たのである。

糾が出て聘する、その事自体は王の命令によるものなのに、ここで糾を貶するのは（なぜかといえば）、王は糾に任務を授けるべきではなかったし、糾も使者を受けるべきではなかったということで、両者ともに過ちがあるので、糾を貶することがやはり王を責める手段でもあった。これは「宰咺」⑥の例と同様である。

《春秋》は編年の書物であり、（春・夏・秋・冬の）四時がすべて揃ってはじめて「年」となり得るのであり、この年に「秋・冬」が無いから、これが「史の欠文」であることが分かる。旧史に最初から欠けているので、仲尼はそのまま因ったのである。

《膏肓》で何休は、

《左氏》では、宰の渠伯糾は父が存命であるので名を言ったというが、仍⑦叔の子はどうして名を言わないのか。また仍叔の子については、父が存命であるから「子」と称したと見なしているが、伯糾は父が存命であるのにどうして「子」と称しないのか。（これは矛盾である。）

という見解を示している。鄭玄がこれを箴《しん》〔批判〕して、

仍叔の子はその幼弱を譏ったので「子」と略称して名前を言わなかった。伯糾については、聘事に堪え得たのであり、私的に会見したのは、また子道を失ったものではないから、名を言い、字も言ったのである。

と述べている。鄭氏の批判は杜預と同意見であるが、「伯糾に名を言い、字も言った」と言うのは、杜預の考えではない。

【譯注】

①周禮天官（06-06b-1）――《周禮》天官・序官「治官之屬。大宰、卿一人。小宰、中大夫二人。宰夫、下大夫四人」。

②詩（06-06b-4）――《毛詩》大雅・文王「王國克生、維周之楨、濟濟多士、文王以寧」、また周頌・清廟「於穆、肅雝顯相、濟濟多士、秉文之德」。

③書（06-06b-4）――《尚書》皐陶謨「兢兢業業、一日二日萬幾。無曠庶官、天工人其代之」。

④爲政有三（06-06b-4）――参考：昭公七年伝「士文伯曰……故政不可不愼也。務三而已、一曰擇人、二曰因民、三曰從時」。

⑤遭人則可（06-06b-5）――よく読めない。テキストに問題があるかもしれない。

待考。

⑥宰咺（06–06b–6）――隠公元年経「秋、七月、天王使宰咺來歸惠公仲子之賵」、伝「秋、七月、天王使宰咺來歸惠公仲子之賵。緩、且子氏未薨、故名」。本書174頁の疏文参照。

⑦仍叔之子（06–06b–7）――桓公五年経「天王使仍叔之子來聘」、杜預注「仍叔天子之大夫。稱仍叔之子、本於父字、幼弱之辭也。譏使童子出聘」。

【傳】四年、春、正月、公狩于郎。書時、禮也。　［06–06b］

【注】郎非狩地、故唯時合禮。〔郎は狩地に非ず、故に唯だ時のみ禮に合ふなり。〕

【疏】注の「郎非」より「合禮」に至るまで。

○正義に曰う。春秋時代には狩猟はたびたび行なわれたものなのに、経文に見えるものが数事も無いのは、まさしく時宜を得てしかるべき土地を得た場合に、「常事は書かない」という原則によったからである。

「獲麟」①が大野で地を得ているから、その地〔大野〕を書いていないことからすると、地と時の双方を得た場合には、例として地も時も記録しないということが分かる。（したがって）ここに「公 郎に狩す」と書いたのは、必ずや譏刺することが有ったはずであり、その譏刺する意図は常地を失ったことに在る。ただ伝は「棠」②と「河陽」③ですでに「其の地に非ざるを言ふ」と述べているので、しかるべき土地でないのを責めることの道理はすでに示されているのに対し、この「狩」は時を得ており、時をも併せて刺駁したかとの恐れがあるので、合礼のことを指摘すれば、非礼のことは自明となるということで、注でその意味を引伸して、「郎は狩地に非ず。唯だ時のみ礼に合ふ」と言うのは、時は合礼、地は非礼だからである。

《公羊伝》④に「常事は書せざるに、此に何を以てか書する。譏ればなり。何をか譏る。遠ければなり」と述べている。《公羊》の説では、諸侯の遊戯は郊外を越えることはできないということで、「遠近」の語が有る。《左氏》にはこの義は無いものの、要するに「遠」と言うのもやはり常地を失ったことを譏るものである。

【譯注】

①獲麟（06–07a–2）――哀公十四年経「春、西狩獲麟」、伝「春、西狩於大野、叔孫氏之車子鉏商獲麟、以爲不祥、以賜虞人。仲尼觀之、曰麟也。然後取之」。つまり経文には「大野」の記述が無いということ。

②棠（06–07a–3）――隠公五年経「春、公矢魚于棠」、伝「書曰、公矢魚于棠、非禮也、且言遠地也」。

③河陽（06–07a–3）――僖公二十八年経「天王狩于河陽」、伝「仲尼曰、以臣召君、不可以訓。故書曰、天王狩于河陽、言非其地也、且明德也」。

④公羊傳（06–07a–4）――《公羊傳》桓公四年「春、正月、公狩于郎。狩者何、田狩也。春曰苗、秋曰蒐、冬曰狩。常事不書、此何以書。譏。何譏爾。遠也。諸侯曷爲必田狩、一曰乾豆、二曰賓客」、何休注「以其地遠、禮諸侯田狩不過郊」。ちなみに本疏文の冒頭に「常事不書」とあるのは、この《公羊傳》の義例によったものであることが分かる。

【傳】夏、周宰渠伯糾來聘。父在、故名。　［06–07a］

【傳】秋、秦師侵芮、敗焉、小之也。　［06–07a］

【注】秦以芮小輕之、故爲芮所敗。〔秦は芮の小なるを以て之れを輕んず、故に芮の敗る所と爲る。〕

【傳】冬、王師・秦師圍魏、執芮伯以歸。　[06-07a]

【注】三年芮伯出居魏。芮更立君。秦爲芮所敗、故以芮伯歸、將欲納之。

〔三年、芮伯出でて魏に居る。芮は更《あらた》めて君を立つ。秦は芮の敗る所と爲る、故に芮伯を以《ゐ》て歸り、將《まさ》に之れを納《い》れんと欲す。〕

【經】五年、春、正月、甲戌、己丑、陳侯鮑卒。　[06-07a]

【注】未同盟而書名者、來赴以名故也。甲戌前年十二月二十一日、己丑此年正月六日。陳亂故再赴。赴雖日異、而皆以正月起文、故但書正月。愼疑審事、故從赴兩書。〔未だ同盟せずして名を書するは、來りて赴《つ》ぐるに名を以てするが故なり。「甲戌」は前年の十二月二十一日、「己丑」は此の年の正月六日なり。陳亂るるが故に再び赴ぐ。赴ぐること日は異なりと雖も、而も皆な「正月」を以て文を起こす、故に但だ「正月」を書するのみ。疑を愼み事を審らかにす、故に赴に從ひて兩つながら書す。〕

【疏】注の「未同」より「兩書」に至るまで。
○正義に曰う。僖公①二十三年伝の例に、「赴《つ》ぐるに名を以てすれば、則ち亦た之れを書す」と述べている。経・伝を調べてみるに、魯はいまだ陳と同盟していないのに、ここに「鮑」の名を書いているので、「来たり赴ぐるに名を以てするが故」だと分かる。
（ところで）②隠公八年の「蔡侯考父卒す」の注では、「蓋し春秋の前に、恵公と盟ふ、故に赴ぐるに名を以てせしならん」と述べている。《史記》③年表を調べてみるに、隠公の元年は陳桓公の二十三年であるから、陳桓公もやはり恵公と同盟した可能性はあるのに、ここで「未だ同盟せず」と述べたのは（なぜかといえば）、蔡侯の卒年は恵公時代を去ることまだ近く、そのため恵公と同盟したかと疑ったのであるが、この（陳侯の）例は年月が恵公を去ることもはや遠く、しかも隠公時代より以来、陳・魯はいまだ友好関係を結んでいないし、恵公時代にも同盟は無かったかのように思えるので、「未同盟」で解釈したのである。
④《長暦》で推算するに、「甲戌」、「己丑」は別々の月であるのに、赴告した者がいずれも「正月」だと言ったので、その日付を二つとも書いて、ともに「正月」と言ったもの。もしもそれぞれの月で赴げたとすれば、やはり月を二つ書いたはずである。しかしこれは年を異にする事柄で、もしも両方の月を赴げたなら、当然、四年に「十二月、甲戌、陳侯鮑卒」、五年に「己丑、陳侯鮑卒」と言うべきところである。

【譯注】
①僖二十三年傳例（06-07b-1）――僖公二十三年経「冬、十有一月、杞子卒」、伝「十一月、杞成公卒。書曰子、杞夷也。不書名、未同盟也。凡諸侯同盟、死則赴以名、禮也。赴以名、則亦書之、不然則否、辟不敏也」。
②隱八年（06-07b-2）――隠公八年経「夏、六月、己亥、蔡侯考父卒」、注云「蓋春秋前、與惠公盟、故赴以名」。
③史記年表（06-07b-2）――《史記》十二諸侯年表。
④長厤（06-07b-4）――《春秋長暦》によれば、「桓公四年　十二月甲寅大」「桓公五年　正月甲申大　閏甲寅大」であるから、「甲戌」は十二月二十一日、「己丑」は正月六日となる。

【經】夏、齊侯・鄭伯如紀。　[06-07b]

【注】外相朝皆言如。齊欲滅紀、紀人懼而來告、故書。〔外の相朝するは

皆な「如」と言ふ。齊 紀を滅ぼさんと欲し、紀人 懼《おそ》れて來たり告ぐ、故に書す。」

【疏】注の「外相」より「故書」に至るまで。

○正義に曰う。伝に「朝」と言い、経に「如」と言うから、「如」は「朝」であることが分かる。下文の「州公如曹」がこれと同類だから、「外の相朝するは皆な如〔行く〕と曰ふ」と注したのである。

魯が出でて朝聘するにも、例としてやはり「如」と言うのに、ここにただ「外の朝」とだけ言ったのは（なぜかといえば）、経①に「公朝王所」という例が有り、すべてが「公如」と言うわけではないので、ただ「外」とだけ言ったのである。

「朝」「聘」でありながらこれを「如」と言うことについては、《爾雅》②釈詁に「如は往なり」と述べている。「朝」③は両君が相い見《まみ》え、両楹《えい》〔堂上にある柱〕の間に揖譲することであり、「聘」は卿を派遣して隣国を通問し、圭を執って君命を致すということで、（それぞれの）礼を行なう事に拠って表現したものである。

魯の君臣が出でて他国に行く場合、「行」き始めのことはその時に策書に記録するが、未だその礼を成就できるか否かは分からない。経文④には途中で引き返したことがよく記録されているが、これは未だ礼が成就されなかったものであるから、ただ「如」とだけ記述する。相手の国に出かけたことを言うだけで、必ずしも朝・聘（の礼）を成就するとは限らないのである。

「公朝王所」の場合は、朝が終ってそこではじめて記録したもので、そのため「朝」を指して述べた。この例で斉・鄭が紀に朝した際にも、やはり朝が終ってそこで告げてきたはずであるが、外を略するので、「如」と表現したのである。

外国が互いに朝しあうことは例として書かないのに、ここだけに書いているのは（なぜかといえば）、伝に「以て紀を襲はんと欲す。紀人 之れを知る」と言うからで、明らかに「懼れて魯に告ぐるが故に書した」ものである。

【譯注】

①經（06-07b-8）――僖公二十八年経「公朝于王所」、「壬申、公朝于王所」。

②爾雅釋詁（06-07b-9）――《爾雅》釋詁上「如、適、之、嫁、徂、逝、往也」。

③朝者兩君相見（06-07b-9）――参考：《釋例》会盟朝聘例「稱朝者兩君相見、揖讓兩楹之間、聘者使問于鄰國、必皆使卿尊君命也」。

④經毎有在塗乃復（06-07b-9）――以下のような例がある。

・宣08　夏、六月、公子遂如齊、至黄乃復。
・襄19　晉士丐帥師侵齊、至穀、聞齊侯卒、乃還。
・昭02　冬、公如晉、至河乃復。
・昭12　公如晉、至河乃復。
・昭13　公如晉、至河乃復。
・昭21　公如晉、至河乃復。
・昭23　冬、公如晉、至河、有疾、乃復。
・定03　三年、春、王正月、公如晉、至河、乃復。

【經】天王使仍叔之子來聘。　[06-08a]

【注】仍叔天子之大夫。稱仍叔之子、本於父字、幼弱之辭也。譏使童子出聘。〔「仍叔《じょうしゅく》」は天子の大夫なり。「仍叔の子」と稱するは、父の字《あざな》に本づけるにて、幼弱の辭なり。童子をして出でて聘せしむるを譏る。〕

【疏】注の「仍叔」より「出聘」に至るまで。

○正義に曰う。天子の大夫は例としてすべて字《あざな》を書く。「仍《じょう》」は氏で、「叔」

は字だから、「天子の大夫」であることが分かる。

《公羊》①・《穀梁》②はともに「仍叔之子」を父が老いたため父に代わって政治に従事したと見なしている。《左氏》がただ「弱〔年少〕なり」とだけ言うのは、その幼弱であることを述べたもので、父が存命であるとは言わないことからすると、父に代わって位を嗣いだもので、父は存命ではないのである。

「伯糾」③は自身がまだ官に就いていないで、父の仕事を代行したので、名を称して貶した。この「仍叔の子」は、すでに位を嗣いでいるのだけれども、まだ政治に従事するには堪えないということで、父に繋《か》けてそのことを譏ったのである。王が「童子をして出でて聘せしむるを譏」ったもの。

蘇氏④が《公羊》・《穀梁》の義を用いて、「父が年老いたため来聘したもので、父が没したのではない」と見なしているが、あるいはそういう意味であった可能性が大きい。

【譯注】

①公羊（06–08a–4）――《公羊傳》「天王使仍叔之子來聘。仍叔之子者何、天子之大夫也。其稱仍叔之子何、譏。何譏焉、譏父老子代從政也」。

②穀梁（06–08a–4）――《穀梁傳》「天王使任叔之子來聘。任叔之子者、錄父以使子也。故微其君臣而著其父子。不正父在子代仕之辭也」。

③伯糾（06–08a–5）――桓公四年経「夏、天王使宰渠伯糾來聘」、伝「夏、周宰渠伯糾來聘。父在、故名」。

④蘇氏（06–08a–5）――この条の蘇氏の解釈は、明らかに前半の疏文の主張とは異なる。《正義》編集の際に付加された可能性が大きいであろう。

【經】葬陳桓公。 [06–08a]

【注】無傳。〔傳無し。〕

【經】城祝丘。 [06–08a]

【注】無傳。齊鄭將襲紀故。〔傳無し。齊・鄭 將《まさ》に紀を襲はんとするが故なり。〕

【經】秋、蔡人・衛人・陳人從王伐鄭。 [06–08a]

【注】王自爲伐鄭之主、君臣之辭也。王師敗不書、不以告。〔王自ら鄭を伐つの主と爲るは、君臣の辭なり。王師の敗るるをば書せざるは、以て告げざればなり。〕

【經】大雩。 [06–08a]

【注】傳例曰書不時也、失龍見之時。〔傳例に「時ならざるを書するなり」と曰ふは、龍見の時を失へばなり。〕

【經】螽。 [06–08a]

【注】無傳。蚣蝑之屬。爲災故書。〔傳無し。蚣蝑《しょうしょ》の屬なり。災を爲すが故に書す。〕

【疏】注の「蚣蝑」より至「故書」に至るまで。

○正義に曰う。〈釈蟲〉①に「蜤螽《ししゅう》〔キリギリス〕は蚣蝑《しょうしょ》なり」と言い、楊雄②の《方言》に「舂黍《しょうしょ》 之れを蚣蝑と謂ふ」と言い、また陸璣③の《毛詩疏》に、幽州の人、之れを舂箕《しょうき》と謂ふ。舂箕は即ち舂黍にして蝗《くわう》〔いなご〕の類なり。長くして青く、股鳴する者なり。或いは謂ふ、蝗に似て小斑黒あり、其の股の状は蝳瑁《たいまい》の叉《さ》〔かんざし〕の如し。五月中、両股を以て相切して声を作《な》し、十数歩に聞こゆ。

と述べている。《爾雅》④にはさらにまた蟿《けい》螽〔しょうりょうばった〕・土螽〔つちばった〕が有り、樊光が「皆な蚣蝑の属なり」と注している。そうだとすると、螽の種類は多いので、「属」で包括したのであろう。

伝[5]に「凡そ物 災を為さざれば書せず」と称しているから、これは「災を為すが故に書す」るものであることが分かる。

【譯注】

①釋蟲（06-08a-10）――《爾雅》釋蟲「蝗螽、蠜、草螽、負蠜、蜇螽、蜙蝑、蟿螽、蜈蚸、土螽、蠰谿」。

②楊雄方言（06-08a-10）――《方言》第十一「舂黍謂之蜇蝑」。

③陸璣毛詩疏（06-08a-10）――陸璣《毛詩疏》については本書242頁注⑭を参照。

④爾雅（06-08b-1）――注①。

⑤傳（06-08b-2）――荘公二十九年伝「秋、有蜚、爲災也。凡物、不爲災、不書」。

【經】冬、州公如曹。 [06-08b]

【注】不書奔、以朝出也。爲下寔來書也。曹國今濟陰定陶縣。〔奔を書せざるは、朝を以て出づればなり。下の「寔《まこと》に來たる」爲めに書するなり。曹國は今の濟陰定陶縣なり。〕

【疏】「州公如曹」。

○正義に曰く《周禮》[1]では、「公の地は封疆方五百里、侯は四百里、伯は三百里。子は二百里、男は一百里」である。また隠公五年の《公羊伝》[2]に、「天子の三公は公と称し、王者の後は公と称す。其の余の大国は侯と称し、小国は伯・子・男と称す」と述べている。そうだとすると、三公のほかに爵位で「公」を称するのは、唯だ（夏・殷の）二王の後の杞と宋だけである。（しかるに）ここの「州公」と、僖公五年[3]の「晋人 虞公を執《とら》ふ」という「虞公」とは、ともに小国でありながら「公」と称しているのは（なぜかといえば）、鄭[4]玄が〈王制〉の注で、

殷の地は三等、百里、七十里、五十里なり。武王は殷に克《か》ち、五等の爵を制すと雖も、而も殷の三等の地に因る。周公の 礼を制するに及びてや、大国は五百里、小国は百里なり。因る所の殷の諸侯も亦た功を以て之れを黜陟《ちゅっちょく》〔昇任と降格〕す。其の満たざる者は皆な之れが地を益して百里と為す。是《ここ》を以て周の世に爵は尊くして国は小、爵は卑くして国は大なる者有り。

と見なしている。爵位が高く国土の小さいものとは、たぶんこの「州公」「虞公」を指すのであろう。

（しかしながら）考えてみるに、「虞」は商に勝って始めて封じたものであり、殷の余国ではないのだから、鄭玄の言葉はここに通用させることはできない。杜預の解釈でもやはりはっきりとは述べていない。ただ〈世族譜〉[5]だけが、「虞は姫姓。武王 商に克《か》ち、虞仲の庶孫を封じて虞仲の後と為し、中国に処りて西呉と為る。後世 之れを虞公と謂ふ」と述べており、服虔は、「春秋の前、黜陟の法を以て、爵を進めて公と為す」と注しているが、（これらの諸説のうち）どれが正しいものかは分からない[6]。

或[7]いは嘗て三公の官であったもので、たとえば虢公のような類であったために「公」と称したものかもしれない。明文が無いので[8]、ここに諸説を備言する。

劉炫[9]が服虔を非難して言うことには、周の法では、二王の後にしてはじめて「公」と称することができるのであり、周公・太公の勲功、斉桓・晋文の覇業といえども、爵位はただ侯に通じるのみで、いまだそれより上等に升らない。「州」はいかなる功績が有って公爵に遷ることができたというのであろうか。もし爵位が「公」と称し得るものならば、領地もまた当然広いはずである。どうして爵位は上公で、土地がまだ小国のままだということがあろうか。もし土地が兼併されて退けられたものなら、爵位もまた減等されるは

ずである。どうして領地はすでに削られて小さくなっているのに、爵位が依然として高いということがあろうか。これは道理の通じないものである〔以上劉炫説〕。

【疏】注の「不書」より「陶縣」に至るまで。

○正義に曰う。「如」は「朝〔朝貢〕」である。「朝」が目的で出国したのだから、「奔」と書くことはできない。外国の「朝」は書かないのだが、魯にやって来たことで、その本来の目的を書いたのである。

《世本》では、「州国」は姜姓、「曹国」は伯爵である。《譜》に、

曹は姫姓、文王の子、叔振鐸の後なり。武王 之れを陶丘に封ず。今の済陰定陶県、是れなり。桓公三十五年は魯の隠公の元年なり。伯陽立ちて十五年、魯の哀公の八年にして宋、曹を滅す。

と言い、⑩《地理志》に「済陰郡定陶県は《詩》⑪の曹国」と言うのがそれである。

【譯注】

①周禮（06-08b-3）――《周禮》夏官・職方氏「凡邦國千里、封公以方五百里、則四公。方四百里、則六侯。方三百里、則十一伯。方二百里、則二十五子。方百里、則百男。以周知天下」。

②隠五年公羊傳（06-08b-3）――《公羊傳》隠公五年「諸公者何、諸侯者何、天子三公稱公、王者之後稱公、其餘大國稱侯、小國稱伯子男。天子三公者何、天子之相也。天子之相則何以三、自陝而東者周公主之、自陝而西者召公主之、一相處乎內。始僭諸公放於此乎、前此矣。前此則曷爲始乎此、僭諸公猶可言也、僭天子不可言也」。

③僖五年（06-08b-4）――僖公五年経「冬、晉人執虞公」。

④鄭玄王制注（06-08b-5）――《禮記》王制篇「天子之田方千里、公侯田方百里、伯七十里、子男五十里。不能五十里者、不合於天子、附於諸侯曰附庸。天子之三公之田視公侯、天子之卿視伯、天子之大夫視子男、天子之元士視附庸」の鄭玄注に、

此地殷所因、夏爵三等之制也。殷有鬼侯・梅伯、春秋變周之文、從殷之質、合伯子男以爲一、則殷爵三等者、公侯伯也。異畿內謂之子。周武王初定天下、更立五等之爵、增以子男、而猶因殷之地、以九州之界尚狹也、周公攝政致大平、斥大九州之界、制禮成武王之意。封王者之後爲公。及有功之諸侯大者、地方五百里、其次侯四百里、其次伯三百里、其次子二百里、其次男百里。所因殷之諸侯、亦以功黜陟之。其不合者、皆益之地爲百里焉。是以周世有爵尊而國小、爵卑而國大者。唯天子畿內不增。以祿羣臣不主爲治民。

とあるが、本疏所引通りの文章は見あたらない。節略して引用したのであろう。

⑤世族譜（06-08b-9）――《世族譜》巻四十五之下。

虞國姫姓。周太王之子太伯之弟仲雍爲虞仲、嗣太伯之後。武王克商、封虞仲之庶孫、以爲虞仲之後、爲西呉。後世謂之虞公。僖公五年、晉滅之。

⑥未知孰是（06-08b-10）――本来『五經正義』は経義の統一を目的として編纂されたものであるから、経書の解釈を一是に定める必要があることは言うまでもない。しかしながら、『五經正義』中には、複数の説を列挙した後、どの説が正しいのかの判断を下さない場合がある。その際に用いられる言葉が「未知孰是」である。拙稿「五経正義讀解通論（四）」（『東洋古典學研究』第24集　二〇〇七年　《五經正義研究論攷》研文出版　二〇一三年所収）を参照されたい。

⑦或可（06-08b-10）――「或可」の用法については、拙稿「五経正義讀解通論（二）」（『東洋古典學研究』21集　二〇〇六年　《五經正義研究論攷》研文出版　二〇一三年所収）を参照されたい。

⑧以其無文、故備言之（06-08b-10）――「無正文」「無明文」の用法については拙稿「五経正義讀解通論（三）」（『東洋古典學研究』第22集　二〇〇六年　《五經

正義研究論攷》研文出版　二〇一三年所収）を参照されたい。

⑨劉炫難服（06-08b-10）——《玉函山房輯佚書》は《春秋攻昧》の文章と見なすが、これは《春秋述議》である。劉文淇は以下のように分析する。

文淇案ずるに、前半は「旧疏」の原文、後半は光伯の《述議》である。「旧疏」では服虔説を引用するが、自己の見解を決めかねたため、「未知孰是、故備言之」と述べたのである。これに対して光伯が、直接服虔説を退けているのは、「旧疏」の曖昧な態度とは異なる。すなわち光伯が服虔を難ずるのは、「旧疏」に従わないからである。唐人は「難服」の二字を加えて、これを区別したに過ぎない。もしも前半が唐人の筆に成るものであるなら、服虔説を引用しながら、これを疑って決定することができないのに、さらに光伯の服虔説非難を引用するのはどうしてであろうか。

⑩地理志（06-09a-4）——《漢書》地理志・濟陰郡「定陶、故曹國、周武王弟叔振鐸所封。禹貢陶丘在西南。陶丘亭」。ただし、「詩曹國」という一句は見あたらない。

⑪詩（06-09a-4）——参考までに《詩譜》曹譜に「曹者禹貢兗州陶丘之北地名。周武王既定天下、封弟叔振鐸於曹、今曰濟陰定陶是也」とある。そしてその疏文では以下のようにあって、本疏所引の《漢書》地理志に一致する。

曹世家云「曹叔振鐸者周武王母弟也。武王克殷、封叔振鐸於曹」。地理志云「濟陰定陶、詩風曹國」、是鄭所引之文也。

【傳】五年、春、正月、甲戌、己丑、陳侯鮑卒、再赴也。於是陳亂。文公子佗殺大子免而伐之。[06-09a]

【注】佗桓公弟五父也。稱文公子、明佗非桓公母弟也。免桓公大子。〔佗は桓公の弟の五父なり。「文公の子」と称するは、佗の桓公母弟に非ざるを明らかにするなり。免は桓公の大子なり。〕

【傳】公疾病而亂作。國人分散、故再赴。

【疏】「公疾病」。①

○正義に曰う。鄭玄の《論語（子罕）》注に、「病とは疾の益ます困《きは》まるを謂ふ」と述べている。

【譯注】

①鄭玄論語注（06-09a-9）——王素《唐寫本論語鄭氏注及其研究》（文物出版社　一九九一年）によれば、「伯希和二五一〇號寫本」では「病謂病益困也」に作るが、もとより王氏が注記するように、本疏所引「病謂疾益困也」が正しい。刊本以前の写本は貴重ではあるが、伝存文献が元の形を残そうとした努力を過小評価してはならない例といえよう。

【傳】夏、齊侯・鄭伯如紀、欲以襲之。紀人知之。[06-09a]

【傳】王奪鄭伯政。鄭伯不朝。[06-09b]

【注】奪不使知王政。〔奪ひて王政を知らしめざるなり。〕

【疏】「奪不使知王政」。

○正義に曰う。隠公三年伝①に「王　虢に貳《じ》す」と称しているのは、政治を虢公に分担させ、もはや鄭伯に専任させまいとしたことである。平王が崩御するに及んで、周人は虢公に政治を任せようとしたので、たちまち周と鄭とが互いに憎み合うようになったが、まだ虢公に与えてはいなかった。八年伝②に「虢公忌父　始めて周に卿士と為る」と述べているから、ここで始めて政治を任せて鄭伯とともに王政を分担したのである。また九年伝③には「鄭伯　王の左卿士と為る」と述べている。そうだとすると、（この時）虢公は右卿士となって鄭伯とともに王室を両方から輔佐したのである。そしてこの年に「王鄭伯の政を奪ふ」と述べているのは、すべて鄭から奪って虢に与え、もはや鄭伯に王政を知らしめなかったのであり、そのため鄭伯は積年の怨恨から、もはや王に朝見しなくなったのである。

【譯注】

①隱三年傳（06-09b-2）――隠公三年伝「鄭武公・莊公爲平王卿士。王貳于虢。〔杜預注：虢西虢公、亦仕王朝。王欲分政於虢、不復專任鄭伯。〕鄭伯怨王。王曰、無之。故周・鄭交質。王子狐爲質於鄭、鄭公子忽爲質於周。王崩、周人將畀虢公政。四月、鄭祭足帥師取温之麥。秋、又取成周之禾。周・鄭交惡」。

②八年傳（06-09b-3）――隠公八年伝「夏、虢公忌父始作卿士于周」、杜預注「周人於此遂畀之政」。

③九年傳（06-09b-3）――隠公九年伝「鄭伯爲王左卿士、以王命討之、伐宋」。

【傳】秋、王以諸侯伐鄭。鄭伯禦之。王爲中軍、虢公林父將右軍、蔡人衛人屬焉。 [06-09b]

【注】虢公林父王卿士。〔虢公林父は王の卿士なり。〕

【傳】周公黒肩將左軍、陳人屬焉。 [06-09b]

【注】黒肩周桓公也。〔黒肩は周の桓公なり。〕

【傳】鄭子元請爲左拒以當蔡人衛人、 [06-09b]

【注】子元鄭公子。拒方陳。〔子元は鄭の公子なり。拒は方陳なり。〕

【傳】爲右拒以當陳人。曰陳亂。民莫有鬬心。若先犯之必奔。王卒顧之必亂。蔡衛不枝。固將先奔、 [06-09b]

【注】不能相枝持也。〔相枝持する能はざるなり。〕

【傳】既而萃於王卒、可以集事」。從之。 [06-10a]

【注】萃聚也。集成也。〔萃《すい》は聚なり。集は成なり。〕

【傳】曼伯爲右拒。 [06-10a]

【注】曼伯檀伯。〔曼伯は檀伯なり。〕

【疏】注の「曼伯檀伯」。

○正義に曰う。十五年伝に①「鄭伯 櫟人に因りて檀伯を殺す」と言い、昭公②十一年伝に（その事件の回想談として）「鄭の京・櫟は実に曼伯を殺す」と言うから、（曼伯と檀伯とが）同一人であることが分かる。

【譯注】

①十五年傳（06-10a-3）――桓公十五年伝「秋、鄭伯因櫟人殺檀伯、而遂居櫟」、杜預注「檀伯、鄭守櫟大夫也」。

②昭十一年傳（06-10a-3）――昭公十一年伝「鄭京・櫟實殺曼伯、宋蕭・亳實殺子游、齊渠丘實殺無知、衛蒲・戚實出獻公。若由是觀之、則害於國。末大必折、尾大不掉、君所知也」、杜預注「曼伯、檀伯也。厲公得櫟、又幷京」。

【傳】祭仲足爲左拒。原繁高渠彌以中軍奉公爲魚麗之陳。先偏後伍、伍承彌縫。 [06-10a]

【注】司馬法、車戰二十五乘爲偏。以車居前、以伍次之、承偏之隙、而彌縫闕漏也。五人爲伍。此蓋魚麗陳法。〔司馬法にては、車戰は二十五乘を「偏」と爲す。車を以て前に居《お》き、伍を以て之に次し、偏の隙を承けて、闕漏を彌縫するなり。五人を「伍」と爲す。此れ蓋し魚麗の陳法ならん。〕

【疏】注の「司馬」より「陳法」に至るまで。

○正義に曰う。①《史記》に、

斉の景公の時、田穰苴《でんじょうしょ》なる人物がおり、用兵に巧みであった。景公は彼を尊重して大司馬の位を授けた。その後六国の時〔戦国時代〕に及び、斉威王は兵を用いて武力を行使する際に、穰苴の兵法を大いに手本とした。そこで大夫に昔の司馬の兵法を遡って論じさせ、穰苴の兵法をその中に附載し、凡て一百五十篇にまとめ、これを《司馬法》②と名づけた。「車戦二十五乗を偏と為す」とはこの《司馬法》の文章である。「五人を伍と為す」とは《周禮》③司馬の序官の文章である。

【譯注】

①史記（06-10a-7）――本疏は以下の《史記》司馬穰苴列傳を要約したもの。

司馬穰苴者、田完之苗裔也。齊景公時、晉伐阿・甄、而燕侵河上、齊師敗績。景公患之。晏嬰乃薦田穰苴曰「穰苴雖田氏庶孼、然其人文能附衆、武能威敵、願君試之」。景公召穰苴、與語兵事、大説之、以爲將軍、將兵扞燕晉之師。穰苴曰「臣素卑賤、君擢之閭伍之中、加之大夫之上、士卒未附、百姓不信、人微權輕、願得君之寵臣、國之所尊、以監軍、乃可」。於是景公許之、使莊賈往。穰苴既辭、與莊賈約曰「旦日日中會於軍門」。穰苴先馳至軍、立表下漏待賈。賈素驕貴、以爲將己之軍而己爲監、不甚急。親戚左右送之、留飲。日中而賈不至。穰苴則仆表決漏、入、行軍勒兵、申明約束。約束既定、夕時、莊賈乃至。穰苴曰「何後期爲」。賈謝曰「不佞大夫親戚送之、故留」。穰苴曰「將受命之日則忘其家、臨軍約束則忘其親、援枹鼓之急則忘其身。今敵國深侵、邦内騷動、士卒暴露於境、君寢不安席、食不甘味、百姓之命皆懸於君、何謂相送乎」。召軍正問曰「軍法期而後至者云何」。對曰「當斬」。莊賈懼、使人馳報景公、請救。既往、未及反、於是遂斬莊賈以徇三軍。三軍之士皆振慄。久之、景公遣使者持節赦賈、馳入軍中。穰苴曰「將在軍、君令有所不受」。問軍正曰「馳三軍法何」。正曰「當斬」。使者大懼。穰苴曰「君之使不可殺之」。乃斬其僕、車之左駙、馬之左驂、以徇三軍。遣使者還報、然後行。士卒次舍井竈飲食問疾醫藥、身自拊循之。悉取將軍之資糧享士卒、身與士卒平分糧食。最比其羸弱者、三日而後勒兵。病者皆求行、爭奮出爲之赴戰。晉師聞之、爲罷去。燕師聞之、度水而解。於是追擊之、遂取所亡封内故境而引兵歸。未至國、釋兵旅、解約束、誓盟而後入邑。景公與諸大夫郊迎、勞師成禮、然後反歸寢。既見穰苴、尊爲大司馬。田氏日以益尊於齊。已而大夫鮑氏・高・國之屬害之、譖於景公。景公退穰苴、苴發疾而死。田乞・田豹之徒由此怨高・國等。其後及田常殺簡公、盡滅高子・國子之族。至常曾孫和、因自立爲齊威王、用兵行威、大放穰苴之法、而諸侯朝齊。齊威王使大夫追論古者司馬兵法、而附穰苴於其中、因號曰司馬穰苴兵法。

②司馬法（06-10a-9）――《隋志》に「梁有司馬法三卷」と記述するように、唐代にはすでに完本は無かったようである。《春秋正義》自身も「其書既亡、未見其本」（17-13b）と述べているが、《春秋正義》中には二十三条の引用がある。

③周禮司馬序官（06-10a-9）――《周禮》大司馬・序官「凡制軍、萬有二千五百人爲軍。王六軍、大國三軍、次國二軍、小國一軍。軍將皆命卿。二千有五百人爲師、師帥皆中大夫。五百人爲旅、旅帥皆下大夫。百人爲卒、卒長皆上士。二十五人爲兩、兩司馬皆中士。五人爲伍、伍皆有長。一軍則二府・六史・胥十人・徒百人」。

【傳】戰于繻葛。 [06-10a]

【注】繻葛鄭地。〔繻葛は鄭地なり。〕

【傳】命二拒曰、旝動而鼓。 [06-10a]

【注】旝旃也。通帛爲之。蓋今大將之麾也。執以爲號令。〔旝《くわい》は旃《せん》なり。

通帛〔無地の赤い布〕にて之れを爲《つく》る。蓋し今の大將の麾《き》〔さいはい〕なり。

執りて以て號令を爲す。〕

【疏】注の「旝旃」より「號令」に至るまで。

○正義に曰う。「旝《かい》」が「旃《せん》」であることについては、①その出典は無く、注釈者が②そのように言い伝えてきたもの。

③成公二年伝に、張侯が「師の耳目は吾が旗鼓に在り。進退は之に従ふ」と言っているから、軍に在る兵士は、大将の旗を視て進退するのである。いまここで「二拒に命じ」て、「旝《かい》動きて鼓」せしめるのは、旗の動きを望んで、太鼓を打って兵を進めるのだから、明らかに「旝」は観ることができる物である。また「旝」字は「㫃」に従い、旌旗の類であるから、「旝」の「旃」であることが分かる。

④《周禮》司常では「通帛を旝《せん》と為す」から、「通帛にて之れを為《つく》る」と注しており、それは通じて一枚の絳帛《こうはく》〔あかいきぬ〕を用いるもので、絵の飾りは無いことを意味している。

⑤鄭玄が「凡そ旌旗、軍衆有る者は異物を画《ゑが》き、無き者は帛のみ。郷・遂大夫は、或は旝《せん》〔＝旃〕を載せ、或は物を載す。衆は軍吏に屬し、将《ひき》ゐる所無し」と述べている。鄭玄の考えの通りだと、将は旃《せん》を建てることができないのに、ここに軍で旃を建てることができるのは（なぜかといえば）、⑥僖公二十八年伝に「城濮の戦に、晋の中軍、沢に風ふき、大旆《はい》の左旃を失ふ」と称しているからで、つまり戦争には必ず「旃」の有ることが分かるということで、「旝」を「旃」と見なしたのである。

鄭玄のこの言葉は、もともと治兵〔軍事演習〕の時を言ったものであり、出軍して建てるものは廃止しないで、戦陣の上ではやはり「旃」を用いて指麾する。

今時の軍隊でも、やはり旌麾《せいき》で号令する。そこで「蓋し今の大将の麾《き》〔さしづばた〕にして、執りて以て号令を為す」と注したのである。

（ところが）賈逵は「旝」を「発石」、一名「飛石」なるものと見なしており、⑦《范蠡兵法》の飛石を作ることを引用してこれを証明している。そして⑧《説文》にもやはり「大木を建てて石を其の上に置き、発するに機〔ばねじかけ〕を以てし、以て敵を追《う》つ」と述べているのは、この賈逵と同説である。

さて考えるに、《范蠡兵法》に飛石のことが記載されているけれども、これを「旝」と名づけるとは言っていないのである。また発石は旌旗の類ではない。《説文》がこれを「㫃」部に載せていながら、これを飛石で解釈すると、同類でないものになってしまう。しかも三軍の兵士は、人数も多く（その布陣の）距離も遠いのだから、発石が動いたとしても、どうしてこれを見て、「二拒」にこれに従って太鼓を打つ時機を知らせることができようか。注の「旃」と見なす説が長じているので、これに従う。

【譯注】

①事無所出（06-10b-1）――『五經正義』が先儒の旧説のみならず、依拠した注釈に対しても批判的な場合に発する評語として、「事無所出」を始め「無正文」・「無明文」・「無明證」・「無明據」・「無所據」等の例が有ることについては、拙稿「五経正義讀解通論（四）（『東洋古典學研究』第24集　二〇〇七年　《五経正義研究論攷》研文出版　二〇一三年所収）参照。

②相傳爲説（06-10b-1）――《爾雅》のごとき由緒正しい字書にその訓詁の根拠を求めることはできないものの、歴代の注釈家がそのように解釈しており、それなりに妥当性を持つものだ、という《五経正義》の肯定的評価を示す用法。拙稿「五経正義讀解通論（三）（『東洋古典學研究』第22集　二〇〇六年　《五経正義研究論攷》研文出版　二〇一三年所収）を参照。

③成二年傳（06-10b-1）――成公二年伝「張侯曰、師之耳目、在吾旗鼓、進退從之。

此車一人殿之、可以集事。若之何其以病敗君之大事也。擐甲執兵、固卽死也、病未及死、吾子勉之」。

④周禮司常（06-10b-3）――《周禮》春官・司常「掌九旗之物名、各有屬、以待國事。日月爲常、交龍爲旂、通帛爲旃、雜帛爲物、熊虎爲旗、鳥隼爲旟、龜蛇爲旐、全羽爲旞、析羽爲旌。及國之大閲、贊司馬頒旗物。王建大常、諸侯建旂、孤卿建旜、大夫・士建物、師都建旗、州里建旟、縣鄙建旐、道車載旞、斿車載旌」。

⑤鄭玄（06-10b-3）――《周禮》夏官・大司馬「中秋教治兵、如振旅之陳。辨旗物之用。王載大常、諸侯載旂、軍吏載旗、師都載旜、鄉家載物、郊野載旐、百官載旟、各書其事與其號焉。其他皆如振旅」の鄭玄注に「軍吏諸軍帥也。師都遂大夫也。鄉遂鄉大夫也。或載旜、或載物、衆屬軍吏、無所將也。……凡旌旗有軍旅者、畫異物、無者帛而已。書當爲畫、事也號也、皆畫以雲氣」とある。

⑥僖二十八年傳（06-10b-5）――僖公二十八年伝「城濮之戰、晉中軍風于澤、亡大旆之左旃。祁瞞奸命、司馬殺之、以徇于諸侯、使茅茷代之」。

⑦范蠡兵法（06-10b-7）――范蠡は戦国末の越の将軍。《漢書》藝文志・兵書略に「范蠡二篇。越王句踐臣也」と著録されるものを指すが、《隋書》經籍志にはすでに見えないので、六朝時代までは存していたと思われる。ちなみに《春秋正義》中にはこの一条が引用されるのみである。

⑧説文（06-10b-8）――《説文解字》㫃部「旝、旌旗也。从㫃會聲。詩曰、其旝如林。春秋傳曰、旝動而鼓。一曰、建大木、置石其上、發㠯機、㠯槌敵」。

【傳】蔡・衛・陳皆奔。王卒亂。鄭師合以攻之。王卒大敗。祝聃射王中肩。王亦能軍。 [06-10b]

【注】雖軍敗身傷、猶殿而不奔。故言能軍也。〔軍は敗れ身は傷つくと雖も、猶ほ殿〔しんがり〕して奔らず。故に「能く軍す」と言ふなり。〕

【傳】祝聃請従之。公曰、君子不欲多上人。況敢陵天子乎。苟自救也。社稷無隕、多矣。 [06-11a]

【注】鄭於此收兵自退也。〔鄭は此に於て兵を收めて自ら退くなり。〕

【傳】夜。鄭伯使祭足勞王、且問左右。 [06-11a]

【注】祭足卽祭仲之字、蓋名仲、字仲足也。勞王問左右、言鄭志在苟免、王討之非也。〔祭足は卽ち祭仲の字、蓋し名は仲、字は仲足なり。王を勞《ねぎら》ひ左右を問ふは、鄭の志は苟しくも免るるに在りて、王討の非なるを言ふなり。〕

【疏】注の「祭足」より「非也」に至るまで。

○正義に曰う。隱公元年伝に①「祭仲」と称し、上文に「祭仲足」と言い、ここに「祭足」と言い、（桓公）十一年伝に②「祭封人仲足」と言うように、この人物は名・字が互見しているけれども、どれが字でどれが名であるのかが分からない。《公羊》③は「仲」を字と見なしており、《左氏》④の先儒もやはり字だと見なしている。ただ《春秋》の例では、諸侯の卿は、これを嘉みするときは字を書く。（桓公）十一年経に⑤「祭足」と書いているが、事に嘉みすべきものは無く、注の意図では「仲」を名としているので、「名は仲、字は仲足」と述べたのである。（そのことについて）《釈例（執大夫行人例）》に、伯・仲・叔・季はもとより人の字の一般的なものであるが、しかし古今では名とするものもやはり有る。しかるに《公羊》は守株の態度で、専ら祭氏は「仲」が字だと見なした。そしてこれを字だといったものの、これを善みしたという文章が無いので、そこで「権」を行なったことに託したのである。（しかし）人臣でありながら「権」を行い君を放逐したことを善みするとは、人倫を乱し大いなる教えを壊すものである。《左氏》を説くものは、その不可であることが分かっているので、これを変更して「鄭人之れを嘉《よ》みし、字を以て告ぐるが故に字を書す」と述べた。

これは告命の例が有ることによって、かりそめにも免れようとするもので、いまだ《春秋》の実態ではない。「宰渠伯糾」⑥・「蕭叔大心」⑦はともに伯・叔を名としているのだから、この「仲」もまた名なのである。伝にはまた「祭仲足」と述べており、一部の「仲」を称したり、一部の「足」と称したりすることもあるので、たぶん名が「仲」、字が「足」なのであろう。

と述べているのは、その「仲」と名づけた意味を説明したものである。

　凡そ伝に記載されている事柄には必ずしかるべき意味がある。ここで丁寧に鄭のことを説明しているのは、鄭の「志は苟しくも免るるに在る」ことを述べたものであり、その意味するところは「王が討ったことの非」であることを述べたものであることが分かる。

【譯注】

①隱元年傳（06-11a-5）――隱公元年伝「初、鄭武公娶于申、曰武姜、生莊公及共叔段。……及莊公卽位、爲之請制。……請京、使居之、謂之京城大叔。祭仲曰、都、城過百雉、國之害也」。

②十一年傳（06-11a-6）――桓公十一年伝「初、祭封人仲足有寵於莊公、莊公使爲卿。爲公娶鄧曼、生昭公。故祭仲立之」。

③公羊（06-11a-6）――《公羊傳》桓公十一年「九月、宋人執鄭祭仲。祭仲者何、鄭相也。何以不名、賢也。何賢乎祭仲、以爲知權也」。

④左氏先儒（06-11a-6）――具体的に誰を指しているのかは不明である。ちなみに桓公十一年経疏には「劉君以祭仲是字、鄭人嘉之、妄規杜氏」とある。

⑤十一年經（06-11a-7）――桓公十一年経「九月、宋人執鄭祭仲。突歸于鄭。鄭忽出奔衛」。ここでも杜預注は「祭氏、仲名」と述べる。

⑥宰渠伯糾（06-11a-10）――桓公四年伝「夏、周宰渠伯糾來聘。父在、故名」。

⑦蕭叔大心（06-11a-10）――莊公十二年伝「冬、十月、蕭叔大心及戴・武・宣・穆・莊之族、以曹師伐之。殺南宮牛于師、殺子游于宋、立桓公」、杜預注「叔蕭、大夫名」。

○杜預注「言鄭志在苟免王討之非也」に対する阮校に「足利本後人記云、非、異本作罪」とあるように、「王討之非」は「王討之罪」であるかもしれない。そうすると「鄭の志は苟しくも王討の罪を免るるに在るを言ふなり」と訓むことになる。ただ疏文に「言其志在苟免、知其意言王討之非也」とあるように、二句に分けていることからすると、少なくとも疏文の見た杜預注は「非」であったのだろう。

【傳】仍叔之子弱也。　［06-11b］

【注】仍叔之子來聘。童子將命、無速反之心、久留在魯。故經書夏聘、傳釋之於末秋。〔仍叔の子 來聘す。童子 命を將《おこな》ひ、速《すみやか》に反るの心無く、久しく留りて魯に在り。故に經には「夏、聘す」と書し、傳は之れを末秋に釋せるなり。〕

【疏】注の「仍叔」より「末秋」に至るまで。

○正義に曰う。この「子」が来聘したことについて、伝は聘した意図を述べてはいないけれども、おそらく鄭を討つ計画があったので、そのことを魯に報告させたのであろう。

　経文では（仍叔の子の件が）「伐鄭」の上に在るのに、伝では「伐鄭」の下に在るので、明らかにそこに必ずや深い意味が有るはずだということで、注ではその意味を尋ねて、「童子 命を将《おこな》ひ、速やかに反るの心無く、久しく留まりて魯に在り。故に経は『夏、聘す』と書し、伝は之れを末秋に釈す」と見なし、この人物が夏にやって来て、秋の末に帰ったことを識ったのである。

　下句でさらに「秋、大いに雩す」と言うから、秋はまだ末ではないのに、注で「末秋」というのは（なぜかといえば）、上に「秋、王 諸侯を以て鄭を伐つ」ことが有って、この「仍叔」の文が秋の事柄の末に在るので、「末秋」といったのである。下文に更に「秋」を言うのは、もとより（大雩すべき）「天時を明らかにせんと欲」するために、更に別に「秋」と言ったのである。

【傳】秋、大雩。書不時也。　[06-11b]

【注】十二公傳、唯此年及襄二十六年有兩秋。此發雩祭之例、欲顯天時以指事、故重言秋、異於凡事。〔十二公の傳、唯だ此の年及び襄二十六年のみ兩「秋」有り。此れ雩祭の例を發するに、天時を顯《あきら》かにして以て事を指さんと欲し、故に重ねて「秋」を言へるにて、凡事に異にす。〕

【疏】注の「十二」より「凡事」に至るまで。

○正義に曰う。上にすでに「秋、王 諸侯を以て鄭を伐つ」と言っているのに、ここでまた「秋」を言うので、これを解説する。「雩祭の例を発す」るに当たり、雩祭の月を明言する必要があったので、（大雩すべき）天時を明言し、（桓公の）怠慢の事実をはっきりと指摘しようとして、重ねて「秋」を言い、「凡事〔平常の事柄〕」と異にしたのである。「凡事」は事あるごとに重ねて時を挙げる必要はないのである。

①襄公二十六年に重ねて「秋」を言うことについては、かしこの注にすでに「中間に「初」有り。「秋」を言はざれば、則ち楚客の過ぐること他年に在るに嫌《うたが》ひあり。」と説明している。

【譯注】

①襄二十六年（06-11b-9）――襄公二十六年伝にも以下のように「秋」字が再度見えるが、中間に「初〔そのむかし〕」の語が有るということ。

秋、七月、齊侯・鄭伯爲衛侯故如晉、晉侯兼享之。……初、宋芮司徒生女子、赤而毛、棄諸堤下、共姬之妾取以入、名之曰棄。長而美。……秋、楚客聘於晉、過宋。太子知之、請野享之、公使往。……

杜預注「已有秋、復發傳者、中間有初、不言秋、則嫌楚客過在他年」。

【傳】凡祀、啓蟄而郊、　[06-11b]

【注】言凡祀通下三句天地宗廟之事也。啓蟄夏正建寅之月、祀天南郊。〔「凡祀」と言ふは下の三句の天地宗廟の事を通ずるなり。「啓蟄」は夏正建寅の月にて、天を南郊に祀る。〕

【疏】注の「言凡」より「南郊」に至るまで。

○正義に曰う。「下の三句」とは「雩」「嘗」「烝」のことである。「雩」は「天」を祭るものであり、「嘗」「烝」は「宗廟」を祭るものであって、ここには地を祭るものは無いのに、「地」を祭ることを言うのは（なぜかといえば）、「天」に関連して「地」を連言したまでである。①《周禮（大宗伯）》に「天神に祀と曰ひ、地祇に祭と曰ひ、人鬼に享と曰ふ」②のは、並べて言えば別々に三名であり、離して言えばまとめて一つの名称である。

③礼制では諸侯は天を祭ることはできないが、魯は周公の（王室に功績が有る）ことから、上帝を郊祀することできるので、この「雩」もまた帝を祀るのである。

④古典籍のすべてで魯が「地」を祭ることを言わないので、おそらく「地」は祭らなかったのであろう。魯が「地」は祭らないのに、注に「天地」と言うのは（なぜかといえば）、「凡」を発して例を言う場合、魯史の経文に因る

のだけれども、しかし「凡」の論じるところは、総て天子及び諸国を包含するものだからである。つまり⑤「凡そ公女、天子に嫁げば、諸卿は皆な行く」とか、⑥「王には小童と曰ふ」とかいう例がそれである。ここの「凡祀」と言うのもやはり天子や諸国のことを包含するので、「地を祭る」と言う表現が有るわけで、そういうことから杜預も（「天地宗廟の事」というように）連言したもの。

（また）《釈例（郊雩烝嘗例）》に、

「凡祀」に郊・雩・烝・嘗を挙ぐれば、則ち天神・地祇・人鬼の祭は皆な通ず。其の他の羣祀をば録せざるは、知るべければなり。礿祠及び地祇は、経に其の事無きが故に備言せず。亦た文を約して以て相ひ包むなり。

と述べているが、礿祀の祭りも、時期を過ぎれば、やはりまた書くのであって、ただ時期を過ぎるものが無いので、経に書かなかったのに過ぎない。⑦《夏小正》に「正月、啓蟄《ちつ》す」と言い、その伝に「始めて蟄《ちつ》を発するを言ふなり」とある。⑧それゆえ漢氏の始めは、「啓蟄」を正月中とし、「雨水」を二月節とした。大初以後に及んで、（二十四）気の名称を改め、「雨水」を正月中とし、「驚蟄」を二月節とし、これは今に至るまで継続して改めていない。今の暦は、正月の「雨水」は中、四月の「小満」は中、八月の「秋分」は中、十月の「小雪」は中であり、杜預注はすべてこの四句を「建寅」・「建巳」・「建酉」・「建亥」の月と見なしているから、「啓蟄」は「雨水」に、「龍見」は「小満」に、「始殺」は「秋分」に、「閉蟄」は「小雪」にそれぞれ当たることになる。

晋の時代の暦でもまた「雨水」を正月中としていたのであるが、しかし《釈例》に「歴法にては、正月節は立春、啓蟄は中気為り」と述べているのは、伝文に「啓蟄」の文字が有ることに因って、遠く漢初の気名を取り、伝と暦とを合致させようとしたのである。その外の三者は強いて名を同じくさせることはできない。その方法は同じではないのだけれども、道理はやはり異ならない。そのため《釈例》に、

案ずるに、暦法に啓蟄・驚蟄有れども龍見・始殺・閉蟄は無し。古人の名づくる所に比ぶるに同じからず。然れども其の法は、推すに異なること有るを得ず。⑨伝に「火伏して後に蟄するもの畢はる」と曰ふは、此れ十月に始めて蟄するなり。十一月に至れば則ち遂に之れを閉づること、猶ほ二月の驚蟄の、既に啓するの後、遂に驚きて走り出づるがごとく、始めて蟄するの後、又た自ら閉塞するなり。

と述べているのである。これは「啓蟄」が正月中で「閉蟄」が十月中であることをいうものである。

注で「閉蟄」を十月中としているのに、《釈例》では「十一月、遂に之れを閉づ」と述べているのは（なぜかといえば）、正月の半ばに蟄蟲が戸を啓《ひら》き、二月初に驚きて走り出で、十月半ばに蟄蟲が閉じ始め、十一月初に遂に閉じるからである。

伝文に四者（郊・雩・嘗・烝）を称するのに、皆な中気を挙げているのは、これらがこの中気に至ってこの祭を卜することを言うからで、次月の初気まではまだ祭祀の期限であるが、次月の中気になると、その場合には時期過ぎとなる。

すでに「閉蟄」を建亥の月と見なしたうえに、さらに「十一月に則ち遂に之れを閉づ」と言うのは、「閉蟄」以後「冬至」以前はすべて「烝」祭することができることを表そうとしたものである。それゆえ《釈例》に、

⑩孟献子曰く「啓蟄して郊し、郊して後に耕す」と。耕とは春分を謂ふ。啓蟄を得て当《まさ》に郊を卜すべく、応《まさ》に春分を過ぐべからざるを言へるなり。

と述べているのである。「春分」以前にすべて「郊」することができるのであれば、「冬至」以前にも皆な「烝」することができるのである。

《釈例》にはまた、

僖[11]公・襄[12]公の夏四月に郊を卜するは、但だ其の宜しく卜すべき所に非ざるを譏るにて、其の四月に郊すべからざるを譏らざるなり。

と述べている。建卯の月でもまだ郊することができるのだから、建子の月でもまだ烝することができることが分かる。まさしく節が退いて月が進み、いまだ後月の中気に渉《わた》らないことによるものである。

伝文がもともと「月」を挙げて期限としないで、「候」を挙げて言うことについては、《釈例》が、

凡そ十二月にして節気に二十四有り。共に三百六十六日に通じ、分かちて四時と為し、之れを間するに閏月を以てす。故に節末は未だ必ずしも恒《つね》には其の月の初めに在らずして、中気も亦た恒には其の月の半ばに在らず。是《ここ》を以て伝は天宿の気節を挙げて文を為《つく》り、月を以て正と為さざるなり。

土功の作《おこ》すことは日月を必とせず。故に亦た「龍見えて務を畢《お》ふるは、事を戒むるなり。火 見えて用を致し、水 昏に正しくして栽し、日至にして畢《お》はる」と言ふは、此れ其の大準なり。

と述べている。これは、およそ天時を候《うかが》うのに、すべて「月」を節としないのは、くいちがいがあるからだという主旨である。

《周禮》の場合は天象を挙げないので、「月」をもって規準としている。〈大[13]司馬〉の職に「中夏に禽を献じて以て享礿し、中冬に禽を献じて以て享烝す」と述べているのは、四時の祭は、仲月に後《おく》れることはできないことを言うもので、孟月に祭ることができないと言うのではない。

《釈例》に「《周禮》に宗廟を祭るに四仲を以てするは、蓋し其の下限を言へるなり」と述べている。下限が仲月に至るまでであるなら、上限は孟月より起きる。「烝」が建亥の月より起きると、「嘗」は建申の月より起きる。この伝に「始殺して嘗す」と言うのは、「建酉の月」のことで、これもまた下限である。もしも「仲」が下限であるなら、周の正月に「烝」祭することができるのである。

《春秋》の例では、常を得たものは書かないのが原則であるのに、(桓公)八[14]年に「正月、烝す」と書いていることについては、《釈例》が、

経に「正月烝」と書するは、仲月の時を得たるなり。其の夏五月に復た烝するは、此れ烝するを過ぐると為す。若し但だ「夏五月烝」と書するのみなれば、則ち唯だ其の時に非ざるを知るべきのみ。故に先づ「正月烝」を発して、継ぎて「五月烝」を書して、以て時に非ざるを書し、並びに再び烝することの瀆なるを明らかにするなり。

と述べている。しかしながら、仲月が時を過ぎるとはいっても、月・節には進むことが有り、退くことが有る。もしも節が進み月が退くと、それは非礼である。この「秋、大いに雩す」るのは建午の月である。しかるに伝に「不時(時ならず)」と言うのは、明らかにその中気に渉《わた》るからこれを譏ったのである。(このことについて)《釈例》に、

龍星の体、畢《ことごと》く見ゆるは、立夏の月と謂ふ。此の月を得れば則ち当《まさ》に祀を卜すべし。過ぎて次節に渉れば則ち「過」を以て書す。故に「秋に雩するは、時ならざるを書す」るなり。此れ周の立秋の節に渉るなり。

と述べている。「立秋の節に渉る」と言うのは、立秋の月の中気節に渉ることである。「過ぎて次節に渉る」とは、やはり中節をいうのであって、初節をいうものではない。もしも始めて初節に渉ればこれを譏らない。

この伝の注のいうように、必ず「建寅の月」になってはじめて「天を郊する」となると、周の孟春には未だ郊することはできない。(ところが)[15]《禮記》明堂位に「魯君 孟春には大輅の乗り、弧韣を載せ、以て帝を郊に祀る。季夏六月、禘礼を以て周公を太廟に祀る」と述べている。季夏は周の六月であ

るから、孟春は周の正月である。また〈雑記〉⑯に「孟献子曰く、正月日至には以て上帝に事有るべし。七月日至には以て祖に事有るべし。七月にして禘するは、献子 之れを為す」と述べている。これらの《禮記》の文の通りだとすると、魯の郊は周の孟春にするのに、伝に「啓蟄して郊す」と言うのは（なぜかといえば）、《禮記》⑰は後人の記録したもので、その言は当たっていることもあり、そうでないこともあって、いまだ必ずしも言うところがすべて正礼ではないからである。

襄公七年伝に「孟献子曰く、啓蟄して郊す」とあり、《禮記》《左伝》ともに「献子」と称しているのに、《禮記》では「日至」と言い、《左伝》では「啓蟄」と言う。一人に両説であるから、必ずや誤りが有るはずである。もしも「七月にして禘するは、献子 之れを為す」のであれば、その時に当然「七月禘」が有ったはずである。烝・嘗は「過ぐれば則ち書す」るのだから、「禘」の過ぎるものもまた当然書くはずである。なんで献子の時に「七月禘」を書いていないであろうか。このことからも、献子に本来この言葉は無かったことが分かる。《禮記》が是であり、《左伝》が非だとは言えないのである。

〈明堂位〉に「正月の郊」を言うのは、おそらく春秋の末に、魯がだんだん僭侈して、天子が冬至に天を祭るの見て、安易に正月に帝を祀ったのであろう。記録する者がその本来の礼を察せず、そのまま正月が常礼だと考えたのである。

〈明堂位〉は後世の書物であり、その末章⑱に「魯の君臣は未だ嘗て相弑せざるなり。礼楽・刑法・政俗は未だ嘗て相変ぜざるなり」と述べている。しかし、春秋の世では、三君〔隠公・莊公・閔公〕が弑せられ、「髽《ざ》〔くくりがみのまま〕して弔」し〔《禮記》檀弓上〕、「士に誄《るい》〔追悼文〕有」ること〔《禮記》檀弓上〕など、風俗の変化したことは多いのである。それでもこういうことが無いと言っており、この言葉がすでに偽りである以上、「郊」のこともまた信じ難いものである。このことからも、《禮記》に「孟春」と言うのが、正礼でないことが分かるのである。

鄭玄⑲が書物に注釈する際に、多く讖緯を採用している。以下は鄭玄の考え。

天神に六つ有り、地祇に二つ有る。天に天皇大帝が有り、また五方の帝が有る。地に崑崙の山神が有り、また神州の神が有る。（《周禮》）⑳〈大司楽〉の「冬至に圜丘に祭る」とは、天皇大帝を北辰の星に祭るのである。《禮記》〈月令〉㉑の、四時に気を四郊に迎えて祭るのは、五徳の帝を大微宮中の五帝坐の星に祭るのである。《春秋緯文耀鉤》㉒に「大微宮に五帝坐の星有り。蒼帝、其の名を霊威仰と曰ふ。赤帝を赤熛怒と曰ふ。黄帝を含樞紐と曰ふ。白帝を白招拒と曰ふ。黒帝を汁光紀と曰ふ」とある。五徳の帝とはこれをいう。「夏正郊天」については、その感じる所の帝を祭るのである。周人は木徳であるから、霊威仰を祭る。魯には冬至の祭は無く、ただ霊威仰を祭るだけである。

鄭玄だけがこういう説を立てているが、先儒のことごとくはそうではない。それゆえ王肅㉓は《聖証論》を著作し、多くの文献を引用して証明し、「郊は則ち圜丘、圜丘は則ち郊なり。天体は唯一なり。安《いづ》くんぞ六天有るを得んや」と主張するのである。晋の武帝は王肅の外孫である。泰始の初めに、南北の郊祭を一地一天に定めたのは、この王肅の義を採用したもの。杜君は晋朝に仕える身であるから、ともに王肅説を遵守し、《集解》・《釈例》では全く二天の有ることを言わない。そうだとすると、杜預の考えでは、天子が冬至に天を祭るもの、魯人が「啓蟄して郊す」るものも、やはり一天であり、ただ時を異にする祭祀であるに過ぎない。この注ではただ「天を南郊に祀る」と言い、霊威仰に言及しないのは、明らかに鄭玄とは異なる。

劉炫は「夏正の郊天は、后稷を配する。冬至に天を圜丘を祭るのは、帝嚳を配する」と述べている。

【譯注】

①周禮（06-12a-1）――《周禮》春官・大宗伯「掌建邦之天神・人鬼・地示之禮、以佐王建保邦國。……凡祀大神、享大鬼、祭大示」。

②對則（06-12a-2）――「對則」の用法については拙稿「五經正義讀解通論（一）」（『東洋古典學研究』第20集　二〇〇五年　《五經正義研究論攷》研文出版　二〇一三年所収）を参照されたい。

③禮（06-12a-2）――《禮記》王制篇に「天子祭天地、祭四方、祭山川、祭五祀、歳遍。諸侯方祀、祭山川、祭五祀、歳遍。大夫祭五祀、歳遍。士祭其先」とあるように、「天」を祭ることができるのは天子だけである。また明堂位篇には、周公について次のように見える。

　成王以周公爲有勛勞於天下、是以封周公於曲阜、地方七百里、革車千乘、命魯公世世祀周公天子以之禮樂。是以魯君、孟春乘大路、載弧韣。旗十有二旒、日月之章。祀帝于郊、配以后稷。天子之禮也。

④書傳（06-12a-2）――《春秋正義》中に見える「書傳」が「文献」「古典」を意味することについては、拙稿「引書からみた五經正義の成り立ち―書傳・書傳略説・洪範五行傳を通して―」（《新居浜工業高等専門学校紀要》第25巻　一九八九年　《五經正義の研究》所収）を参照されたい。

⑤凡公嫁女於天子（06-12a-3）――桓公三年伝「侯送姜氏于讙、非禮也。凡公女嫁于敵國、姊妹、則上卿送之、以禮於先君。公子、則下卿送之。於大國、雖公子、亦上卿送之。於天子、則諸卿皆行、公不自送。於小國、則上大夫送之」。

⑥王曰小童（06-12a-4）――僖公九年伝「九年、春、宋桓公卒。未葬而襄公會諸侯、故曰子。凡在喪、王曰小童、公侯曰子」。

⑦夏小正（06-12a-6）――《大戴禮記》夏小正「正月、啓蟄。言始發蟄也」。

⑧故漢氏之始（06-12a-6）――《禮記》月令篇「東風解凍、蟄蟲始振、魚上冰、獺祭魚、鴻雁來」、鄭玄注「皆記時候也。振動也。夏小正、正月啓蟄陟、負冰。漢始亦以驚蟄爲正月中。此時魚肥美、獺將食之、先以祭也。鴈自南方來、將北反其居。今月令、鴻皆爲候」を参照。なおこの条の《禮記正義》には以下のように述べる。

　「夏小正」大戴禮之篇名。云「正月啓蟄」者、證經中「蟄蟲始振」、始振則啓蟄也。云「魚陟負冰」者、陟升也。謂魚從水下升於冰上而負冰、證經中「魚上冰」。云「漢始亦以驚蟄爲正月中」者、以漢之時、立春爲正月節、驚蟄爲正月中氣、雨水爲二月節、春分爲二月中氣。至前漢之末、以雨水爲正月中、驚蟄爲二月節。故律厤志云「正月立春節、雨水中。二月驚蟄節、春分中」、是前漢之末劉歆作三統厤、改驚蟄爲二月節。鄭以舊厤正月啓蟄、啓卽驚也。故云「漢始亦以驚蟄爲正月中」。但蟄蟲正月始驚、二月大驚、故在後移驚蟄爲二月節、雨水爲正月中、凡二十四氣。按三統厤正月節立春、雨水中。二月節驚蟄、春分中。三月節穀雨、清明中。四月節立夏、小滿中。五月節芒種、夏至中。六月節小暑、大暑中。七月節立秋、處暑中。八月節白露、秋分中。九月節寒露、霜降中。十月節立冬、小雪中。十一月節大雪、冬至中。十二月節小寒、大寒中」。按通卦驗及今厤、以清明爲三月節、穀雨爲三月中、餘皆與律厤志並同。

⑨傳（06-12b-1）――哀公十二年伝「冬、十二月、螽、季孫問諸仲尼。仲尼曰、丘聞之、火伏而後蟄者畢。今火猶西流、司厤過也」、杜預注「火心星也。火伏在今十月」。

⑩孟獻子曰（06-12b-5）――襄公七年伝「孟獻子曰、吾乃今而後知有卜筮。夫郊祀后稷、以祈農事也。是故啓蟄而郊、郊而後耕。今既耕而卜郊、宜其不從也」。

⑪僖公（06-12b-6）――僖公三十一年経「夏、四月、四卜郊、不從、乃免牲。猶三望」、伝「夏、四月、四卜郊、不從、乃免牲、非禮也。猶三望、亦非禮也。禮不卜常祀、而卜其牲日。牛卜日曰牲。牲成而卜郊、上怠慢也。望、郊之細也、

不郊、亦無望可也」。

⑫襄公（06-12b-6）——襄公七年経「夏、四月、三卜郊、不從、乃免牲」、襄公十一年経「夏、四月、四卜郊、不從、乃不郊」。

⑬大司馬職（06-12b-10）——《周禮》大司馬。

中春教振旅、司馬以旗致民、平列陳、如戰之陳。……

中夏教茇舍、如振旅之陳。群吏撰車徒、讀書契、辨號名之用、帥以門名、縣鄙各以其名、家以號名、鄉以州名、野以邑名、百官各象其事、以辨軍之夜事。其他皆如振旅。遂以苗田如搜之法、車弊、獻禽以享礿。

中秋教治兵、如振旅之陳。……

中冬教大閱。……中軍以鼙令鼓、鼓人皆三鼓、群司馬振鐸、車徒皆作。遂鼓行、徒銜枚而進。大獸公之、小禽私之、獲者取左耳。及所弊、鼓皆駭、車徒皆譟。徒乃弊、致禽饁獸于郊。入、獻禽以享烝。

⑭八年（06-13a-3）——桓公八年経「春、正月己卯、烝」、「夏、五月丁丑、烝」。

⑮禮記明堂位（06-13a-8）——注③。

⑯雜記（06-13a-3）——《禮記》雜記下「孟獻子曰、正月日至、可以有事於上帝。七月日至可以有事於祖。七月而禘、獻子爲之」。

⑰禮記後人雜錄（06-13a-10）——意外なことであるが、全般的に「五経正義」の《禮記》評価は低い。《禮記》はあくまでも《禮経》の〈記〉なのである。拙稿「五經正義の禮記評価—讀五經正義札記(十二)」(『東洋古典學研究』第27集　二〇〇九年　《五經正義研究論攷》研文出版　二〇一三年所収）参照。

⑱其末章（06-13b-4）——《禮記》明堂位「凡四代之服・器・官、魯兼用之。是故、魯王禮也、天下傳之久矣。君臣、未嘗相弑也。禮樂刑法政俗、未嘗相變也、天下以爲有道之國。是故、天下資禮樂焉」、鄭玄注「禮、天子之禮也。傳、傳世也。資、取也。此蓋盛周公之德耳。春秋時、魯三君弑、又士之有誄由莊公始。婦人髽而弔、始於臺駘。云君臣未嘗相弑、政俗未嘗相變、亦近誣矣。資或爲飲」。

⑲鄭玄注書、多用讖緯（06-13b-5）——「五経正義」の「緯書」に対する評価は、拙著『五經正義の研究』第三章「引書から見た五經正義の成り立ち—所引の緯書を通して—」を参照。

⑳大司樂（06-13b-6）——《周禮》大司樂「冬日至、於地上之圜丘奏之、若樂六變、則天神皆降、可得而禮矣」。また大宗伯の鄭玄注に「冬至於圜丘所祀、天皇大帝」、「此禮天以冬至、謂天皇大帝在北極者也」と見える。

㉑月令（06-13b-6）——《禮記》月令篇とその鄭玄注。

立春之日、天子親帥三公九卿諸侯大夫、以迎春於東郊。〔迎春、祭蒼帝靈威仰於東郊之兆也。〕

立夏之日、天子親帥三公九卿　大夫、以迎夏於南郊。〔迎夏、祭赤帝赤熛怒於南郊之兆也。〕

立秋之日、天子親帥三公九卿諸侯大夫、以迎秋於西郊。〔迎秋者、祭白帝白招拒於西郊之兆也。〕

立冬之日、天子親帥三公九卿　大夫、以迎冬於北郊。〔迎冬者、祭黑帝叶光紀於北郊之兆也。〕

㉒春秋緯文耀鉤（06-13b-7）——《春秋正義》では緯書の引用は少なく、全て十一例で、《春秋緯文耀鉤》は本疏所引を併わせて二例のみである。

㉓王肅作聖證論（06-13b-9）——魏の王肅（一九五—二五六）の伝記は《三国志》魏書に見えるが、《聖證論》について、「肅集聖證以譏短（鄭）玄、（孫）叔然駁而釋之」と記述しているように、鄭玄説に異を唱えた経学文献である。現在では佚して伝わらない。《春秋正義》所引はこの一例のみであるが、《禮記正義》が多く二十二例を引用し、次いで《毛詩正義》が八例引用している。

○本条の鄭玄説以下の後半部分について、劉文淇は以下のように考証している。

文淇案ずるに、前半は「旧疏」の原文、後半は光伯の《述議》の文章である。「旧疏」では、「鄭玄だけがこういう説を立てているが、先儒のことごとくはそうではない」と述べ、さらに王肅説を引用して「郊は即ち圜丘、圜丘は即ち郊なり」と述べ、鄭康成の「六天説」を徹底的に非難している。これに対して劉炫は「旧疏」と異なり、「夏正の郊天は、后稷を配する。冬至に天を圜丘に祭るのは、帝・を配する」と述べている。おそらく鄭玄説を申釈して、郊と圜丘とを合わせて一つにすることはできないことを明らかにしたものであろう。もしも前半が唐人の説であるなら、すでに鄭玄説を前に引用したうえで、「杜預は晋朝に仕える身であるから、ともに王肅説を遵守した」と述べるが、鄭玄説とは異なることを明言しながら、さらに劉炫説を引用して鄭玄を申釈するのはどういうわけであろうか。

【傳】龍見而雩、 [06-14a]

【注】龍見建巳之月。蒼龍宿之體、昏見東方、萬物始盛、待雨而大。故祭天、爲遠百穀祈膏雨。〔龍見は建巳の月なり。蒼龍の宿の體、昏に東方に見え、萬物始めて盛んにして、雨を待ちて大なり。故に天を祭り、遠く百穀の爲めに膏雨を祈る。〕

【疏】注の「龍見」より「膏雨」に至るまで。

○正義に曰う。天官〔天文書〕では、東方の星はすべて蒼龍の宿〔星宿〕である。「見」とは昏〔くれがた〕に現れるはずだという意味。

「雩」[1]は「遠」という意味である。「遠く百穀の為に膏雨を祈る」の「遠」とは、あらかじめ秋の収穫のためにすることで、その意図が深遠だという意味である。穀物の種類は多いので、《詩》[2]ではつねに「百穀」と表現するが、これはちょうどよい数を挙げたもの。雨が物を潤すこと脂膏〔あぶら〕のようであるので、甘雨を「膏雨」と呼ぶ。襄公十九年伝[3]に「百穀の膏雨を仰ぐ」と言うのがそれである。

伝ではただ「雩」とだけ言うのに、経文では「大雩」と書いているのは（なぜかといえば）、賈逵は「大と言うのは山川の雩と区別したのだ」と述べている。おそらく諸侯は山川を雩するが、魯は上帝を雩することができるところから、これを「大」と称したのであろう。〈月令〉[4]に「帝に大雩し、盛楽を用ふ」という記述があり、これが帝に雩するのに「大雩」と称している例である。

この「龍見えて雩す」るのは、必ず「建巳の月」に在るのに、〈月令〉で「仲夏」の章に記載しているのは（なぜかといえば）、鄭玄が「雩の正しい時期は四月にすべきもの。およそ周の秋の三ヶ月間に旱《かん》〔ひでり〕があれば、やはり雩祀を修めて雨を求める。そのことによって正式の雩をこの月に著わしているのは、誤ったものである」と述べている。杜君は〈月令〉が秦法であり、周典ではない、と見なしている。（これに対して）穎子厳[5]は「龍見」を五月と見なした。（このことについて）《釈例（郊雩烝嘗例）》に、

〈月令〉という書物は呂不韋の手に出るもので、その著作意図は秦の制度を作ることにあるから、これは（由緒正しい）古典ではない。穎氏はこれに依拠して龍見が五月だと考えているが、五月の時点では、龍星はすでに見える時期を過ぎている。これは天宿をむりやりに呂不韋の〈月令〉に合わせようとしたもので、依拠すべきでないものに依拠したものであり、安定した考えでないうえに、さらに《左氏伝》の「秋、大いに雩するは、時ならざるを書す」と称している記述にも違っている。この「秋」は穎氏の言う五月であるのに、その「不時」の文章を忘れて雩祭をしようとするものである。

と述べているのは、〈月令〉が伝とは合し得ないことを主張するものである。鄭玄[6]の《禮(記)》注に、「雩の言たる吁《く》〔なげく〕なり。言ふこころは吁嗟《くさ》し哭泣して雨を求むるなり」と述べている。しかし郊・雩はともに穀を祈る

のに、なんでただ雩だけが吁嗟することであろうか。旱して雩祀を修めるのに、「吁嗟」と言うのはまあよい。（しかし）四月の平常の雩祭では、そのときにまだ旱してはいないのだから、なんですでに「吁嗟」する必要があろうか。賈逵・服虔が「雩」を「遠」と見なしているので、杜預はこの説に従ったのである。

【譯注】

①雩之言遠也（06-14a-4）——阮校が言及する《論語》邢疏所引の杜預注によれば、この「雩之言遠也」も杜預注の文章である。もしそうだとすると、本疏のこの部分は注文「雩之言遠也。爲遠百穀祈膏雨」を引用したうえで、逐字的に「遠」「百穀」「膏雨」を解説していることになる。

②詩毎言百穀（06-14a-5）——《毛詩》には「百穀」という表現が以下のように見える。

豳風・七月「亟其乘屋、其始播百穀」。
大雅・信南山「既霑既足、生我百穀」。
大雅・太田「播厥百穀、既庭且碩」。
周頌・噫嘻「率時農夫、播厥百穀」。
周頌・載芟「播厥百穀、實函斯活」。
周頌・良耜「播厥百穀、實函斯活」。

③襄十九年傳（06-14a-5）——襄公十九年傳の魯の季武子の言葉の中に見える。

季武子如晉拜師、晉侯享之。范宣子爲政、賦黍苗。季武子興、再拜稽首、曰、小國之仰大國也、如百穀之仰膏雨焉。若常膏之、其天下輯睦、豈唯敝邑」。賦六月。

④月令（06-14a-6）——《禮記》月令「仲夏之月、日在東井、昏亢中、旦危中。其日丙丁。其帝炎帝、其神祝融。……是月也、命樂師修鞀鞞鼓、均琴瑟管簫、執干戚戈羽、調竽笙篪簧、飭鐘磬柷敔。命有司爲民祈祀山川百源、大雩帝、用盛樂。乃命百縣、雩祀百辟卿士有益於民者、以祈穀實」、鄭玄注「陽氣盛而常旱。山川百源、能興雲雨者也。衆水始所出爲百源。必先祭其本、乃雩。雩、吁嗟求雨之祭也。雩帝謂爲壇南郊之旁、雩五精之帝、配以先帝也。自鞀鞞至柷敔、皆作曰盛樂。凡他雩用歌舞而已。百辟卿士、古者上公若句龍后稷之類也。春秋傳曰、龍見而雩。雩之正、當以四月。凡周之秋三月之中而旱、亦脩雩禮以求雨、因著正雩此月、失之矣。天子雩上帝、諸侯以下雩上公。周冬及春夏雖旱、禮有禱無雩」。

⑤穎子嚴（06-14a-8）——後漢の穎容については、本書67頁参照。

⑥鄭玄禮注（06-14b-1）——《禮記》祭法「雩宗、祭水旱也」、鄭玄注「雩禜亦謂水旱壇也。雩之言吁嗟也」、また注④〈月令〉注。

【傳】始殺而嘗、　［06-14b］

【注】建酉之月、陰氣始殺、嘉穀始熟。故薦嘗於宗廟。〔建酉の月、陰氣始めて殺し、嘉穀始めて熟す。故に嘗を宗廟に薦《すす》む。〕

【疏】注の「建酉」より「宗廟」に至るまで。

○正義に曰う。「嘗」とは宗廟に薦《すす》める際に、新穀を嘗《な》めることから名づけたものだから、必ず「嘉穀の熟す」るのを待ってはじめて行なうものだということが分かる。《詩》①に、「八月、其れ穫《か》る」と称しており、嘉穀を刈《か》り穫《と》るのは八月だから、「始殺」は「建酉の月、陰気始めて殺す」ものであることが分かる。

《釈例》に《詩》②の「蒹葭蒼蒼、白露③霜と為る」を引用して、始めて百草を殺すことを証明している。〈月令〉では孟秋に白露が降り、季秋に霜が始めて降りる。そうだとすると、七月に白露があり、八月に露が結び、九月になってやっと霜が降りる。時節の寒気が次第にすすみ、一歳の行事が次第に完成する。八月には嘉穀が熟し、薦めるべき穀物が備わるので、「建酉の月、嘗を宗廟に薦め」るのである。

考えるに〈月令〉では孟秋に「農 乃ち穀を登《すす》む。天子 新を嘗め、先づ寝廟に薦め」るから、七月に穀物が熟するかのように見えるので、七月に嘗祭すべきであるのに、「建酉の月」になってやっと嘗祭すると言うのは（なぜかといえば）、上下の文章から推しはかるに、「始祭」して嘗祭するのは実際には建申の月に起こすのであるが、いま「建酉」と言うのは、その下限を述べたものだからである。

そうだとすると、杜預がただ「嘗祭」の箇所だけに下限を挙げたのは（なぜかといえば）、秋の穀物が初めて熟し、孝子の祭祀には必ずこの新物を待つところから、特に下限を挙げて述べたのである。

④哀公十三年に子服景伯が呉の大宰に向かって、「魯は十月上辛の日に上帝・先公を祭祀し、季辛に至ってこれを終えます」と述べている。これは呉を脅迫して述べた言葉であるが、やはり（夏正の）八月に嘗祭するという証拠である。なんとなれば、このとき呉と会合したのは夏であり、魯公が帰国したのが秋であって、景伯がこれを言ったのは秋の初めだからである。もしも嘗祭が建申の月にあるなら、「九月」と言うはずで、遠く「十月」を指すはずがない。つまり十月が嘗祭の常期であることが分かるのであり、周の十月は建酉の月である。

「建酉」は下限にすぎない。もしも節が進み月が退き、孟秋に穀物が成熟すると、やはり孟秋に嘗祭することができる。そこで《釈例》に「周の禮の四仲月は其の下限を言ふ」と述べている。

もしも建申に嘗祭することができるのであれば、どうして《釈例》にまた、「始めて殺して嘗する」は、建酉の月を謂ふ。「蒹葭蒼蒼、白露、霜と為る」。

と述べ、さらに「始殺」がただ「建酉の月」であると見なすのかといえば、賈逵・服虔が「始殺」はただ孟秋に拠るだけで、建酉の月に通じないと見なすので、《釈例》では賈・服を論破してこのように述べたのである。

これより先であれば不可である。十四年⑤の「八月、乙亥、嘗す」とは建未の月である。そこで注には「その時に先んずるも亦た過ちなり」と述べている。

【譯注】

①詩（06-14b-4）――《毛詩》豳風・七月「四月秀葽、五月鳴蜩、八月其穫、十月隕蘀」。

②詩（06-14b-4）――《毛詩》秦風・蒹葭「蒹葭蒼蒼、白露爲霜、所謂伊人、在水一方」。

③月令（06-14b-5）――《禮記》月令篇。

孟秋之月、日在翼、昏建星中、旦畢中。其日庚辛。其帝少皞、其神蓐收。其蟲毛。其音商、律中夷則。其數九。其味辛、其臭腥。其祀門、祭先肝。涼風至、白露降、寒蟬鳴。鷹乃祭鳥、用始行戮。……是月也、農乃登穀。天子嘗新、先薦寢廟。命百官、始收斂。

季秋之月、日在房、昏虛中、旦柳中。其日庚辛。其帝少皞、其神蓐收。其蟲毛。其音商、律中無射。其數九。其味辛、其臭腥。其祀門、祭先肝。鴻雁來賓、爵入大水爲蛤。鞠有黄華、豺乃祭獸戮禽。……是月也、霜始降、則百工休。乃命有司曰。寒氣總至、民力不堪、其皆入室。

④哀十三年（06-14b-8）――哀公十三年伝「景伯曰『何也立後於魯矣、將以二乘與六人從、遲速唯命』。遂囚以還。及戶牖、謂太宰曰『魯將以十月上辛有事於上帝・先王、季辛而畢、何世有職焉、自襄以來、未之改也。若不會、祝宗將曰、

呉實然、且請魯不共、而執其賤者七人、何損焉』。大宰嚭言於王曰『無損於魯、而只爲名、不如歸之』。乃歸景伯」。

⑤十四年（06-15a-2）――桓公十四年経「秋、八月、壬申、御廩災。乙亥、嘗」、杜預注「先其時亦過也。既戒日致齊、御廩雖災、苟不害嘉穀、則祭不應廢、故書以示法也」。

【傳】閉蟄而烝。 [06-15a]

【注】建亥之月、昆蟲閉戸、萬物皆成、可薦者衆、故烝祭宗廟。釋例論之備矣。〔建亥の月、昆蟲 戸を閉ぢ、萬物皆な成り、薦むべき者衆《おほ》し、故に宗廟に烝祭す。釋例 之れを論ずること備はれり。〕

【疏】注の「建亥」より「備矣」に至るまで。

○正義に曰う。（哀公十二年）伝①に「火伏して後、蟄するもの畢《おは》る」と称しており、《周禮》②に「季秋、火を内《い》る」とあるところからすると、火〔大火星〕は季秋に入り、孟冬に伏する。つまり蟲は孟冬に蟄するから、閉蟄は「建亥の月」であることが分かる。

〈王制〉③に「昆蟲 未だ蟄せざれば以て火田せず」と言い、鄭玄が「昆は明なり。明蟲は陽を得て生じ、陰を得て蔵《かく》る」と注している。陰陽とは寒暖のこと。また〈祭統〉注に「昆蟲とは温生寒死の蟲を謂ふ」と述べているのは、蟄蟲《ちっちゅう》のことを昆蟲と言ったものである。

〈月令〉④の仲春の箇所で、「蟄蟲 咸《み》な動き、戸を啓《ひら》きて始めて出づ」と述べている。出るときに「啓戸」と言うので、蟄するときは「閉戸」と言う。

《爾雅》⑤釋詁に「烝は衆なり」と述べているから、「万物皆な成り、薦むべきものの衆」いため、この祭祀を「烝」と名づけたことが分かる。

【譯注】

①傳（06-15a-5）――哀公十二年伝「冬、十二月、螽。季孫問諸仲尼。仲尼曰、丘聞之、火伏而後蟄者畢。今火猶西流、司麻過也」。

②周禮（06-15a-5）――《周禮》夏官・司爟「掌行火之政令、四時變國火以救時疾。季春出火、民咸從之。季秋内火、民亦如之。時則施火令。凡祭祀、則祭爟。凡國失火、野焚萊、則有刑罰焉」。

③王制（06-15a-5）――《禮記》王制「昆蟲未蟄、不以火田、不麑、不卵、不殺胎、不殀夭、不覆巣」、鄭玄注「昆明也。明蟲者得陽而生、得陰而藏」。

④祭統注（06-15a-6）――《禮記》祭統「昆蟲之異、草木之實、陰陽之物備矣」、鄭玄注「昆蟲謂溫生寒死之蟲也」。

⑤月令（06-15a-7）――《禮記》月令「仲春之月、日在奎、昏弧中、旦建星中。……」。仲春云「是月也、日夜分。雷乃發聲、始電、蟄蟲咸動、啓戸始出」。

⑥爾雅釋詁（06-15a-7）――《爾雅》釋詁下「黎、庶、烝、多、醜、師、旅、衆也」。

【傳】過則書。 [06-15a]

【注】卜日有吉否。過次節則書、以譏慢也。〔日を卜するに吉否有り。次節を過ぐれば則ち書し、以て慢を譏るなり。〕

【疏】注の「卜日」より「慢也」に至るまで。

○正義に曰う。祭祀（の日取り）は必ず卜しなければならないが、卜すると吉と否とが生じる。吉でなければ改めて次旬を卜すべきであるから、一日を期限とすることはできない。しかし卜は三回を越さないから、一月《ひとつき》に限定する。次月の節に亘ると、その場合はそのことを書いてその怠慢を譏る。

【傳】冬、淳于公如曹。度其國危、遂不復。 [06-15a]

【注】淳于州國所都也。城陽淳于縣也。國有危難、不能自安、故出朝而遂不還。〔淳于は州國の都する所なり。城陽淳于縣なり。國に危難有りて、自ら安んずる能はず、故に出でて朝して遂に還らず。〕

【經】六年、春、正月、寔來。 [06-15b]

【注】寔實也。不言州公者、承上五年冬經如曹、間無異事、省文從可知。〔寔《しょく》は實〔まこと〕なり。「州公」と言はざるは、上の五年冬の經の「曹に如《ゆ》く」を承け、間に異事無く、文を省くも從《よ》りて知るべければなり。〕

【經】夏、四月、公會紀侯于成。 [06-15b]

【注】成魯地、在泰山鉅平縣東南。〔成は魯の地、泰山鉅平縣の東南に在り。〕

【經】秋、八月、壬午、大閲。 [06-15b]

【注】齊爲大國、以戎事徵諸侯之戍、嘉美鄭忽。而忽欲以有功爲班、怒而訴齊。魯人懼之、故以非時簡車馬。〔齊は大國爲《た》れば、戎事を以て諸侯の戍《まもり》〔守備兵〕を徵し、鄭忽《こつ》を嘉美す。而して忽は有功を以て班を爲さんと欲し、怒りて齊に訴ふ。魯人 之れを懼る、故に非時を以て車馬を簡《えら》ぶ。〕

【疏】「大閲」。

○正義に曰う。「公①郎に狩す」・「公②禚に狩す」では、ともに「公」を書いているのに、「大蒐③」「大閲④」に「公」を書いていないのは（なぜかというと）、《周⑤禮》では、それが四時の教戦〔軍事訓練〕であっても、そのまま継続して田猟するのであるが、しかし「蒐」とは車馬を点検することで、それによって必ずしもすべてが田猟するわけではないし、田猟も禽獣を追うが、必ずしもすべて車馬を点検するわけではないからである。なんとなれば、怠慢な君主は「外⑥に禽荒を作す」〔外では田猟にふける〕のに、どうして教戦するのを待って、そこで始めて田猟したりなどしようか。「公⑦斉人と禚に狩す」とは、思うに隣国とともに田猟するのだから、必ずや民に戦いを教えるはずがない。「魚⑧を棠に矢《つら》ぬ」ることが教戦の事ではなく、君主が遊戯〔あそび〕をするものであって、しかも「公」と明言しているところからすると、「郎」や「禚」に狩するのもやはり君主が遊戯をするものであるということで、特に「公」と書い（て譏っ）たのである。

「大蒐」「大閲」は国の常礼であるから、公自身がその場にいたとしても、遊戯ではないのだから、このような場合は、例として「公」を書かない。定⑨公十四年に「比蒲に大いに蒐」した際、「邾子が来たりて公に会」したが、公自身が蒐にいたのに、経には「公」を書いていないのだから、その法としては書くべきでないものだということが分かる。それが国家の大事であり、公の私欲によるものではないからである。

しかも比蒲・昌間は、すべて蒐地を挙げているが、ここでは地名を言わないのは、おそらく城内で簡閲したもので、必ずしも田猟したのではあるまい。昭⑩公十八年に鄭人が兵を簡《けみ》して「大蒐」したのは城内で実施されたものであるから、これもやはり（国都の）城内であったにちがいない。

○注の「齊爲」より「車馬」に至るまで。

○正義に曰う。「大閲」の礼は仲冬に実施する。（ところが）いま農繁期に閲兵するのは、必ずやそうする理由が有るはずなのに、伝にその意味を述べていないので、注ではその意味を検討した。（すなわち）当時は四隣の国々と魯国とには怨恨関係はなく、また征伐した所も全くない。諸侯が斉を守ったことは経に見えないが、伝では鄭忽が（魯に対して）怒ったことを「大閲」の上文に記述しており、十⑪年に及んで鄭と斉・衛が来たりて郎に戦ったということから、この「大閲」は鄭忽と斉人を恐れたがために「非時を以て車馬を閲し」たことが分かるのである。

【譯注】

①公狩于郎（06-15b-5）――桓公四年経「春、正月、公狩于郎」。

②公狩于禚（06-15b-5）――莊公四年経「冬、公及齊人狩于禚」。

③大蒐（06-15b-5）――「大蒐」は以下の四例。

・昭11　大蒐于比蒲。

・昭22　大蒐于昌間。

・定13　大蒐于比蒲。

・定14　大蒐于比蒲。邾子來會公。

④大閲（06-15b-5）――本年。

⑤周禮（06-15b-6）――《周禮》夏官・大司馬。

中春教振旅、司馬以旗致民、平列陳、如戰之陳。……遂以搜田、有司表貉、誓民。……

中夏教茇舍、如振旅之陳。……遂以苗田如搜之法、車弊、獻禽以享礿。

中秋教治兵、如振旅之陳。……遂以獮田如搜之法、羅弊、致禽以祀祊。

中冬教大閲。前期、群吏戒衆庶修戰法。……遂以狩田。

⑥外作禽荒（06-15b-6）――参考：《尚書》五子之歌「其二曰、訓有之。內作色荒、外作禽荒。甘酒嗜音、峻宇雕墻。有一于此、未或不亡（其の二に曰はく、訓へに之れ有り。內には色荒を作し、外には禽荒を作す。酒を甘《この》み音を嗜《たしな》み、宇を峻《たか》くし墻に雕《えが》く。此に一つ有れば、未だ亡びざるもの或《あ》らず）」。

⑦公及齊人狩于禚（06-15b-7）――注②。

⑧矢魚于棠（06-15b-8）――隱公五年経「春、公矢魚于棠」。

⑨定十四年（06-15b-8）――注③。

⑩昭十八年（06-15b-10）――昭公十八年伝「七月、鄭子産爲火故、大爲社、祓禳於四方、振除火災、禮也。乃簡兵大蒐、將爲蒐除。子大叔之廟在道南、其寢在道北、其庭小、過期三日、使除徒陳於道南廟北」。

⑪十年（06-16a-2）――桓公十年伝「冬、齊・衛・鄭來戰于郎、我有辭也。初、北戎病齊、諸侯救之、鄭公子忽有功焉。齊人餼諸侯、使魯次之。魯以周班後鄭。鄭人怒、請師於齊。齊人以衛師助之、故不稱侵伐。先書齊・衛、王爵也」。

【經】蔡人殺陳佗。　[06-16a]

【注】佗立踰年、不稱爵者、簒位未會諸侯也。傳在莊二十二年。〔佗は立ちて年を踰《こ》ゆるも、爵を稱せざるは、位を簒《うば》ひて未だ諸侯に會せざればなり。傳は莊二十二年に在り。〕

【疏】注の「佗立」より「二年」に至るまで。

○正義に曰う。「陳佗を殺」したことについて、伝にはその文章が無いのに、（注に）「伝無し」と言わないのは（なぜかといえば）、伝文でこの事件を記述するのは①莊公二十二年のことであり、全くその文章が無いというわけではないので、「伝無し」とは言わなかったのである。

【譯注】

①莊公二十二年（06-16a-4）――莊公二十二年伝「陳厲公、蔡出也、故蔡人殺五父而立之」、杜預注「五父、陳佗也。殺陳佗在桓六年」。

【經】九月、丁卯、子同生。　[06-16a]

【注】桓公之子莊公也。十二公唯子同是適夫人之長子、備用大子之禮、故史書之於策。不稱大子者、書始生也。〔桓公の子の莊公なり。十二公唯だ子同のみ是れ適夫人の長子にして、大子の禮を備用す、故に史 之れを

策に書す。「大子」と稱せざるは、始めて生まるるときを書すればなり。」

【疏】注の「桓公」より「生也」に至るまで。

○正義に曰う。礼法においては適妻の長子が大子となるべきなので、「大子の礼」を用いて（誕生祝いを）挙行した。正式な礼法を用いて挙行したということで、史官は策書に記録したのである。

古人が大子を立てることについては、その礼制の記述が文献には無いのだけれども、おそらくはやはりその子が成長するのを待って、特に礼と命とを加えるのであろう。当今の臨軒して〔天子が正座に御せず、平台に御すること〕策拝する〔策書をもって命ずる〕ようなものである。

生まれたその時には、すぐさま大子とすることはできない。正礼を備え用いたことによってその誕生を記録するが、まだ命を得ていないところから、「大子」とは言わないのである。

杜預が「十二公 唯だ子同のみ是れ適夫人の長子なり」と言い、また①「文公・哀公は、其の母 並びに明文無ければ、未だ其の母の是れ適なると否とを知らず」と述べている。たぶん父がまだ君とならない時にすでに生まれていたので、たとえ適子ではあっても、やはり書かなかったのであろう。

《釈例（終篇）》には「公衡②の年に拠れば、成公は又た穆姜の生む所に非ず」と言い、杜預のこの注では、「子同は是れ適夫人の長子にして、大子の礼を備用するが故に史之れを書す」と述べている。そうだとすると、適夫人の長子であっても、大子の礼を用いなければ、やはり書かないのである。

【譯注】

①又云（06-16a-8）――文脈からすると杜預の言であるはずだが、該当するものが見あたらない。待考。

②公衡（06-16a-9）――成公が即位して二年目の年に、成公の公子である公衡が楚の人質となっているところからすると、その即位以前に公衡は生まれていた、というのである。成公二年伝に以下のように見える。

冬、楚師侵衛、遂侵我師于蜀。使臧孫往。……楚侵及陽橋、孟孫請往賂之以執斫・執針・織紝、皆百人、公衡爲質、以請盟。楚人許平」、杜預注「公衡、成公子」。

【經】冬、紀侯來朝。 [06-16a]

【傳】六年、春、自曹來朝。書曰寔來、不復其國也。 [06-16b]

【注】亦承五年冬傳淳于公如曹也。言奔則來行朝禮、言朝則遂留不去、故變文言寔來。〔亦た五年の冬の傳「淳于公 曹に如《ゆ》く」を承くるなり。「奔」と言はんとすれば則ち來たりて朝禮を行ひ、「朝」と言はんとすれば則ち遂に留まりて去らず、故に文を變じて「寔《まこと》に來る」と言ふ。〕

【傳】楚武王侵隨、 [06-16b]

【注】隨國今義陽隨縣。〔隨國は今の義陽隨縣なり。〕

【疏】注の「隨國」より「隨縣」に至るまで。

○正義に曰う。《世本》では、随国は姫姓であるが、始封の君が誰であるかは分からない。

随はこの年に伝に見え、僖公二十年①の経に「楚人 随を伐つ」と記録されているが、これより以後はそのまま楚の私属となり、諸侯の会同に関与していない。定公四年②に至り、呉が（楚の都）郢に侵入した際、昭王は随に出奔したが、随人が王を逃がしてやって、その結果、王は楚国に復帰した。楚人はこれを徳として、随を諸侯に列せしめたのである。哀公元年③に随侯が経文に見えているが、その後、誰に滅ぼされたのかは分からない。

【譯注】

①僖二十年經（06-16b-4）――僖公二十年経「冬、楚人伐隨」。

②定四年（06-16b-5）――定公四年伝に、呉が楚に侵攻した詳細が記述されている。

十一月、庚午、二師陳于柏擧。……楚人爲食、呉人及之、奔。食而從之、敗諸雍澨。五戰、及郢。……庚辰、呉入郢、以班處宮。……楚子涉睢、濟江、入于云中。……鬬辛與其弟巣以王奔隨。呉人從之、謂隨人曰「周之子孫在漢川者、楚實盡之。天誘其衷、致罰於楚、而君又竄之、周室何罪。君若顧報周室、施及寡人、以獎天衷、君之惠也。漢陽之田、君實有之」。楚子在公宮之北、呉人在其南。子期似王、逃王、而己爲王、曰「以我與之、王必免」。隨人卜與之、不吉、乃辭呉曰「以隨之辟小、而密邇於楚、楚實存之。世有盟誓、至于今未改。若難而棄之、何以事君。執事之患不唯一人、若鳩楚竟、敢不聽命」。呉人乃退。

③哀元年（06-16b-6）――哀公元年経「楚子・陳侯・隨侯・許男圍蔡」、杜預注に「隨世服於楚、不通中國。呉之入楚、昭王奔隨、隨人免之、卒復楚國。楚人德之、使列於諸侯、故得見經。定六年、鄭滅許此、復見者、蓋楚封之」とある。これによれば、本疏の後半がほぼこの杜預注に基づいていることが分かる。

【傳】使薳章求成焉。 [06-16b]

【注】薳章楚大夫。〔薳章は楚の大夫なり。〕

【傳】軍於瑕以待之。 [06-16b]

【注】瑕隨地。〔瑕は隨地なり。〕

【傳】隨人使少師董成。 [06-16b]

【注】少師隨大夫。董正也。〔少師は隨の大夫なり。董は正なり。〕

【傳】鬬伯比言於楚子曰、吾不得志於漢東也、我則使然。 [06-16b]

【注】鬬伯比楚大夫、令尹子文之父。〔鬬伯比は楚の大夫、令尹子文の父なり。〕

【傳】我張吾三軍、而被吾甲兵、以武臨之、彼則懼而協以謀我、故難間也。漢東之國、隨爲大。隨張必弃小國。 [06-16b]

【注】張自侈大也。〔張は自ら侈大《しだい》するなり。〕

【傳】小國離、楚之利也。少師侈、請求羸師以張之。 [06-17a]

【注】羸弱也。〔羸《えい》は弱なり。〕

【傳】熊率且比曰、季梁在。何益。 [06-17a]

【注】熊率且比楚大夫。季梁隨賢臣。〔熊率且比は楚の大夫なり。季梁は隨の賢臣なり。〕

【傳】鬬伯比曰、以爲後圖。少師得其君。 [06-17a]

【注】言季梁之諫、不過一見從、隨侯卒當以少師爲計、故云以爲後圖。二年、蔡侯鄭伯會于鄧、始懼楚。楚子自此遂盛、終於抗衡中國。故傳備言其事、以終始之。〔言ふこころは季梁の諫めは、一たび從はるるに過ぎず。隨侯は卒《つひ》に當《まさ》に少師を以て計を爲さんとすべし、故に「以て後圖と爲さん」と云ふ。二年、蔡侯・鄭伯 鄧に會し、始めて楚を懼る。楚子は此より遂に盛んとなり、中國に抗衡するに終はる。故に傳は備《つぶさ》に其の事を言ひ、以て之れを終始す。〕

【疏】「以爲」より「其君」に至るまで。

○正義に曰う。この計略は、今のところ効果は無いけれども、将来のための図謀〔計画〕とするものだという意味。つまり「言ふこころは季梁の諫めは一たび從はるるに過ぎざるのみ」であり、少師がそのうち隨君の寵愛を得て、必ずや将来隨君はその計略を用いるはずであり、もしも少師の計略を用いるなら、この計画はねらい通りになるのだから、（今は）弱体を示しておいて後日の利益をねらうことを請うたのである。

【傳】王毀軍而納少師。［06-17a］

【注】從伯比之謀。〔伯比の謀に從ふ。〕

【傳】少師歸、請追楚師。隨侯將許之。［06-17a］

【注】信楚弱也。〔楚の弱きを信ずるなり。〕

【傳】季梁止之曰、天方授楚。楚之羸、其誘我也。君何急焉。臣聞小之能敵大也、小道大淫。所謂道、忠於民而信於神也。上思利民、忠也。祝史正辭、信也。［06-17a］

【注】正辭不虛稱君美。〔「辭を正す」とは虛《いつは》りて君の美を稱することをせざるなり。〕

【傳】今民餒而君逞欲、［06-17b］

【注】逞快也。〔逞《てい》は快なり。〕

【傳】祝史矯擧以祭。臣不知其可也。［06-17b］

【注】詐稱功德、以欺鬼神也。〔詐《いつは》りて功德を稱し、以て鬼神を欺くなり。〕

【疏】「天方授楚」①。

○正義に曰う。楚の先君である熊繹《ゆうえき》が初めて楚に封ぜられ、蛮夷の土地に在って、子・男の爵位の土地を食《は》んでいたが、この君の代に至って始めて強盛となり、隣国を威力で服従させたのは、あたかも天の助けが有ったかのようであるというので、「天 方《まさ》に楚に授く」と述べたのである。

○「臣聞」より「可也」に至るまで。

○正義に曰う。〔季梁の言葉に〕 臣《わたくし》はこのように聞いております。小国が大国に伍し得るのは、必ず小国が「道」を得ており、大国が淫辟〔かたよりみだれるさま〕な場合であり、そのようなときに始めて敵対し得るものであります②。その意味するところは、随はまだ「有道」ではないし、楚もまだ淫辟ではないのだから、随は楚に敵対することはできない、ということである。そして随がまだ「有道」ではないことを述べたうえで、さらに「有道」とはいかなる事であるのかを説明する。「道」とは道路のごときもの、行動が正しさを失っていないことを「道」と名づける。これを人君の場合にあてはめるなら、民を治め神に奉仕し、それぞれにふさわしい所を得させる、そうであってこそ始めて「道あり」と称し得るのである。それゆえに「謂はゆる道ありとは、民に忠恕にして、神に誠信」であることだと述べたのであり、これは「忠信」の意味を重ねて説明したものである。

文字の成り立ちからいうと、「中心」③が「忠」で、つまり中心《まごころ》から物をいつくしむという意味。「人言」が「信」で、つまりその人の言葉が虚妄ではないという意味である。

為政者として上位にある者が、民に利をもたらそうと思念し、民の安楽で満足することを求める、これがここで言う「忠」である。そして祝官や史官が、その言葉を正しく述べ、鬼神を欺かない、これがここで言う「信」である。ところが今や随の国民はすべて飢えているのに、君は情欲を遂げることを快いこととしているのは、民を利することを思念しないもので、これは不忠である。また祝官や史官が「君の功徳を詐称し」て鬼神を祭祀しているのは、言辞を正していないもので、これは不信である。忠も無く信も無いのだから「道あり」とは言い得ない。小国でありながら無道であっては、どうして大国に敵対し得ようか。君がこれに敵対しようとしても、「臣は其の可なるを知らず」とは、君が楚に下ることを求めたのである。

【譯注】

①楚之先君熊繹（06-17b-5）――《史記》楚世家に以下のように記述する。

周文王之時、季連之苗裔曰鬻熊。鬻熊子事文王、蚤卒。其子曰熊麗。熊麗生熊狂、熊狂生熊繹。熊繹當周成王之時、擧文・武勤勞之後嗣、而封熊繹於楚蠻、封以子男之田、姓芈氏、居丹陽。楚子熊繹與魯公伯禽・衛康叔子牟・晉侯燮・齊太公子呂伋倶事成王。

また昭公十二年傳に楚王の言葉にも、「昔我先王熊繹與呂汲・王孫牟・燮父・禽父并事康王、四國皆有分、我獨無有。今吾使人於周、求鼎以爲分、王其與我乎」とある。

②其意言（06-17b-7）――「其意言」とは、主として上に引用した文献の意味を要約する際に用いられる《五経正義》の常用語。ただしここでは季梁の言葉を敷衍して説明する。なお拙稿「五經正義讀解通論（二）」（『東洋古典學研究』第21集　二〇〇六年　《五經正義研究論攷》研文出版　二〇一三年所収）を参照されたい。

③中心爲忠（06-17b-9）――《毛詩正義》皇皇者華の条でも、「然於文、中心爲忠、人言爲信」と見える。

【傳】公曰、吾牲牷肥腯、粢盛豐備、何則不信。［06-18a］

【注】牲牛羊豕也。牷純色、完全也。腯亦肥也。黍稷曰粢、在器曰盛。

〔「牲」は牛・羊・豕なり。「牷《せん》」は純色、完全なるなり。「腯《とつ》」も亦た肥なり。黍稷を「粢」と曰ひ、器に在るを「盛」と曰ふ。〕

【疏】注の「牲牛」より「曰盛」に至るまで。

○正義に曰う。諸侯は祭祀に大牢を用い、祭祀は三牲を主とするから、ここに言う「牲」とは三牲の「牛・羊・豕」であることが分かる。

《周禮》①牧人は「祭祀の牲牷《せん》を共するを掌《つかさど》る」が、祭祀には純色を用いるので、牷が「純色」であること分かる。「完全」とは毛並《けなみ》・本体ともに全て備わっているという意味である。

〈曲禮〉②に「豚を腯肥《とつひ》と曰ふ」と述べており、肥・腯が連なっているので、「腯も亦た肥」であることが分かる。「肥腯」と重ねるのは、古人の用法に③も元来複語〔重複した字句〕が有ったからである。

服虔が「牛・羊を肥と曰ひ、豕を腯と曰ふ」と述べている。（しかし）調べてみるに（上掲の）《禮記》では豚にも「肥」と称しており、牛・羊だけではないのである。

「粢《し》」は黍稷の別名であるが、穀物類の総称でもある。祭祀に用いる穀実には黍稷が多いので、「黍稷を粢と曰ふ」と述べた。「粢」とは穀物の実をいう。「盛」とは器に盛ることをいうので、「器に在るを盛と曰ふ」と述べたのである。

【譯注】

①周禮牧人（06-18a-4）――《周禮》地官・牧人「掌牧六牲而阜蕃其物、以共祭祀之牲牷」、鄭玄注「六牲謂牛馬羊豕犬雞。鄭司農云、牷純也。玄謂牷體完具」。

②曲禮（06-18a-5）――《禮記》曲禮「凡祭宗廟之禮。牛曰一元大武、豕曰剛鬣、豚曰腯肥、羊曰柔毛、雞曰翰音、犬曰羹獻、雉曰疏趾」、鄭玄注「號牲物者、異於人用也。元頭也。武迹也。腯亦肥也。春秋傳作腯。腯充貌也」。

③古人自有複語（06-18a-5）――「複語」とは、同じ意味の字を重ねて熟語としたものである。そしてこの「古人自有複語」という表現は《五經正義》では本条ともう一例、《尚書》無逸篇「自朝至于日中昃、不遑暇食、用咸和萬民」の条の疏文に「遑亦暇也。重言之者、古人自有複語、猶云艱難也」に見える。

ちなみに六朝時代には複音節語彙が増加する傾向にあり、その一つとして同意重言の熟語が挙げられるであろう。そして同意重言は漢字の性格のしからしむるところでもあって、この「古人自有複語」とは、すでに古代にその萌芽があったという六朝人の指摘である。後に清儒王引之《經義述聞》がこの表現を多用している。拙稿「五經正義讀解通論（六）」（『東洋古典學研究』第21集　二〇一〇年　《五經正義研究論攷》研文出版　二〇一三年所収）参照。

【傳】對曰、夫民、神之主也。［06-18a］

【注】言鬼神之情、依民而行也。〔言ふこころは鬼神の情は、民に依りて行はるるなり。〕

【傳】是以聖王先成其民、而後致力於神。故奉牲以告曰、博碩肥腯。謂其民力之普存也。［06-18a］

【注】博廣也。碩大也。〔博は廣なり。碩《せき》は大なり。〕

【傳】謂其畜之碩大蕃滋也。謂其不疾瘯蠡也。謂其備腯咸有也。［06-18a］

【注】雖告神以博碩肥腯、其實皆當兼此四謂。民力適完、則六畜既大而滋、皮毛無疥癬、兼備而無有所闕。〔神に告ぐるに博碩《せき》肥腯《とつ》を以てすと雖も、其の實皆な當に此の四謂を兼ぬべし。民力適完なるときは、則ち六畜既に大にして滋、皮毛に疥癬《かいせん》無く、兼ね備へて闕くる所有る無し。〕

【傳】奉盛以告曰、絜粢豐盛。謂其三時不害而民和年豐也。［06-18b］

【注】三時春夏秋。〔三時は春・夏・秋なり。〕

【傳】奉酒醴以告曰、嘉栗旨酒。［06-18b］

【注】嘉善也。栗謹敬也。〔嘉は善なり。栗は謹敬なり。〕

【傳】奉酒醴以告曰、嘉栗旨酒。謂其上下皆有嘉徳而無違心也。所謂馨香無讒慝也。［06-18b］

【注】馨香之遠聞。〔馨《けい》は香の遠聞するなり。〕

【傳】故務其三時、脩其五教、［06-18b］

【注】父義、母慈、兄友、弟恭、子孝也。〔父は義、母は慈、兄は友、弟は恭、子は孝なり。〕

【傳】親其九族、以致其禋祀。［06-18b］

【注】禋絜敬也。九族謂外祖父・外祖母・從母子、及妻父・妻母・姑之子・姉妹之子・女子之子、并己之同族。皆外親有服而異族者也。〔禋《いん》は絜敬《けっけい》なり。九族とは外祖父・外祖母・從母子及び妻の父・妻の母・姑の子・姉妹の子・女子の子、并びに己の同族を謂ふ。皆な外親にして服有れども族を異にする者なり。〕

【傳】於是乎民和而神降之福。故動則有成。今民各有心、而鬼神乏主。

【注】民飢餒也。〔民の飢餒するなり。〕

【傳】君雖獨豐、其何福之有。君姑脩政而親兄弟之國、庶免於難。隨侯懼而脩政。楚不敢伐。［06-19a］

【疏】「對曰夫民」より「於難」に至るまで。

○正義に曰う。「鬼神の情意は人に依拠して行われる」ものだから、「夫れ民は神の主なり」と述べた。民が和睦することによって神は悦ぶことから、「聖王は先づ其の民を成して、而《しか》る後に力を神に致す」のである。その意味は、民を養って生活を成就せしめ、その後で孝享〔まつり〕を致すということであり、このことから、神に告げる言辞《ことば》には、それぞれ百姓を成就する意味が有る。祭祀に用いるものには、犠牲と食物と酒が有るだけだが、聖人は言葉を修飾して、嘉《よ》き名を立てて神に告げるのである。季梁はその告辞を挙げて、その告辞の意味を解説したのである。（以下はその説明）

「故に牲を奉じて以て神に告げて曰く、博碩肥腯《はくせきひとつ》」とは、祭るべき犠牲が大きくてよく肥えていることを意味するばかりではなく、むしろ民の畜産するものがことごとく肥充〔肥え太ること〕していることを述べるものである。いずれもが「博碩肥腯」でありうる理由は、四種の「謂」に由るので、かさねて四種の事柄について説明する。

「四謂」とは、第一に民の力が普遍《あまね》く安らかに存することによって、第二の、家畜が「碩大滋息」であることをもたらすことをいう。「民力普《あまね》く存す」ることが、これをもたらす理由は、民に労役が無く、家畜を養うことが時宜を得ることによるもので、そのため六畜は「碩大」でよく繁殖して「滋息」するからである。

「民力普く存す」ることとは、さらに第三の「疾病疥癬《かいせん》有らざる」ことをもたらす。そうなる理由は、「民力普く存す」れば、身体に疲労や苦労が無いので、養っている六畜は、飲食させることが道理に叶い、掃除が規則通りであるため、皮毛や身体に疥癬とか疾病が無いからである。

「民力普く存す」ることは、さらに第四の「備腯 咸《ことごと》く有る」ことをもたらす。そうなる理由は、「民力普《あま》ねく存す」れば、人々はみな逸楽して種々に家畜を養うので、色々な犠牲のための動物が備わるからである。

「盛を奉じて以て神に告げて曰く、絜粢《けっし》豊盛」とは、祭るべき食物が清潔で豊多であることを意味するばかりではなく、むしろ民の食糧もみな豊多であることを述べるものである。「豊絜」と言うのは、春・夏・秋の三時の要節〔ふしめ〕に、政治が民にとって障害とならず、耕耘に力を尽して自ら生産に従事させることができるので、百姓〔民衆〕が和睦して年歳〔みのり〕が豊かであることをいう。

「酒醴を奉じて以て神に告げて曰く、嘉栗《かりつ》旨酒」とは、祭る酒が栗善《りつぜん》〔けがれがない〕で美味であることを意味するばかりではなく、むしろ百姓の生活の実情が上下ともに善美なことをいうものである。「嘉旨」と言うのは、その国内の上下の群臣及び人民が、いずれも善徳が有って上に対して違う心が無いことである。もし民心が和睦していなければ、酒食は腥《なまぐさ》く穢《けが》れる。上下がともに善であるから、酒食が馨《けい》香〔こうばしいかおり〕である。酒食が馨香で、腥羶《せいせん》〔なまぐささ〕臭穢《しゅうあい》〔けがれ〕が無いこと（だけ）を言うのではなく、むしろ民の徳が馨香で、讒諛《ざんゆ》〔そしったりへつらったりすること〕邪悪が無いことを意味するのである。

「謂はゆる馨香」とは、上の三者をまとめたもの。こういうわけで、王者が神の心を悦ばそうとするならば、先ず民の心を和睦するのであり、それゆえ「其の三時に務め」、農業を廃業させないようにし、「其の五教を修め」、家内の道徳を協和させ、「其の九族に親み」、内外に怨みが無いようにし、その後にその潔《きよ》らかでうやうやしい祭祀を神明に致すのである。「是に於いて民俗は大いに和して、神 之れに福を降す。故に動けば則ち成る有り」て、戦えば勝利しないことはないのである。

ところが「今 民に各おの心有り」て、或るものは主人に従おうとし、或るものは主人に叛こうとして、上に違う心が無いとはなし得ない状態である。「而して鬼神、主に乏《とぼ》し」く、百姓は飢え、民力は彫《しぼ》み竭《つ》き、年歳《みのり》が豊かであるとはなし得ない状態である。民が和睦していない以上、神の心は悦ばず、「君 独り豊かなりと雖も、其れ何の福か之れ有らん」。神の 福《さいわい》としないものは、民が味方しないものであり、こういう状況で大国に敵対しようとしても、必ずやその軍隊を喪失するであろう。だから「君は且《しば》らく政を修め」、その民人を 慈《いつくし》み、「而して兄弟の国に親み」てこれを外援とする、このようであるならば、なんとか禍難を免れることができるであろう。

「牲」の「肥碩」であることを告げるのは、民の家畜が多いことを言い、「粢」の「豊絜」であることを告げるのは、民の食糧が多いことを言うのに、「酒」の「嘉旨」であることを告げるのが、民の酒が多いことを言うのではなくて、民の徳の善であることを言うのは（なぜかといえば）、酒と食とはいずれも米・粟から作り、「盛」ですでに「年豊」と言ったので、「酒」では表現を変えて「嘉徳」と言ったもので、重ねて「民が和する」ことの意味を明らかにしたのである。

○注の「雖告」より「所闕」に至るまで。

○正義に曰う。劉炫①が言う、杜預は、（伝の）「博碩肥腯《はくせきひとつ》」とは犠牲の体《からだ》つきによって述べたものだが、季梁が推してこの道理を取り出したことが、事実ではない疑いがあるため、「其の実、皆な当《まさ》に此の四謂を兼ぬべし」と述べた。また「民力普存」は家畜の形貌ではないが、季梁がこれでもって実情を解説したので、さらに引伸して、「民力適《まさ》に完《まった》き」ときであれば、六畜を生養することができ、その結果「六畜既に大にして滋息」する、と述べたのである。

「博碩」とは家畜の形状の大きいことを言い、「蕃滋」とはその繁殖の多いことをいう。「碩大」・「蕃滋」はともに複語〔同意重言〕である。「瘯蠡《ぞくら》」とは家畜の小病であるから、「疥癬」の病と解したのである。「不疾」とはこの病を患《わずら》わないというような意味である。〔以上劉炫説〕

○注の「嘉善」より「敬也」に至るまで。

○正義に曰う。「嘉は善なり」とは〈釋詁〉②の文章である。

杜預が「栗」を「謹敬」と訓じているのは、善《よ》く敬《つつし》んで酒を作るという意味である。考えるに、《詩》③の「実に穎、実に栗」は畑仕事と関係が有るので、「栗」は「穂の貌《かたち》」であるが、ここの「栗」は「嘉善旨酒」と相類するものだから、「栗」は「謹敬」の気持ちである。すなわち《論語》④に「民をして戦栗せしむ」という記述とこれとがよく似ている。劉炫が「栗」を「穂の貌《かたち》」と見なして杜預の過失を規しているが、道理の上からおそらくは間違いであろう。

○注の「父義」より「子孝」に至るまで。

○正義に曰う。父と母とは子供に対していずれも「慈」愛するのであるが、しかし父は教訓〔おしえ〕を主とし、母は撫養〔いっくしみ〕を主とし、撫養の根本は恩愛にあるから、母に「慈」を名づけ、教訓は愛《いつくし》んで教えを加えるから、父に「義」を称した。「義」とは「宜」である。「之れに教ふるに義方〔正道〕」〔隠公三年伝〕を用い、その宜しきを得させるのである。

弟が兄に対するのも、やはり「友」であるべきだが、兄弟は親しみ合うものの、そこには長幼・尊卑の順序が有るから、「弟」を分けて取り出し、これを「共」にさせたのであり、その兄を敬って友愛するという意味である。

○注の「禋絜」より「族者也」に至るまで。

○正義に曰う。〈釈詁〉⑤に「禋《いん》は敬なり」と述べているので、「禋」を「絜《けつ》敬」と見なした。隠公⑥十一年の注に「絜斉して以て享する、之れを禋と謂ふ」と述べる、その意味はこれと同じである。

漢代の儒者には、「九族」について二通りの説が有る。《異義》⑦に、

今《禮戴》・《尚書》欧陽説にては、『九族』とは乃ち異姓の属有る者なり。「父族」の四。五属〔五等の喪服―斬衰・齊衰・大功・小功・緦麻〕の内を一族と為す。父の女昆弟の人に適《ゆ》く者と其の子とを一族と為す。己の女昆弟の人に適く者と其の子とを一族と為す。己の女子子の人に適く者と其の子とを一族と為す。「母族」の三。母の父姓を一族と為す。母の母姓を一族と為す。母の女昆弟の人に適く者と其の子とを一族と為す。「妻族」の二。妻の父姓を一族と為す。妻の母姓を一族と為す。古《尚書》説にては、『九族』とは、高祖より玄孫に至る、凡て九、皆な同姓なり。（許慎）謹みて案ずるに、礼⑧にては、礼にては、緦麻三月以上は恩の及ぶ所なり。礼にては、妻の父母の為めに服有れば、明らかに「九族」中に在り。「九族」は但だに同姓に施すのみなるを得ず。

と述べている。（これに対して）鄭玄⑨が反駁して、

玄の聞くや、婦人は宗に帰す。女子は人に適《ゆ》くと雖も、字は猶ほ姓に繋《か》く。明らかに父兄と異族と為るを得ず。其の子は則ち然り。〈昏禮〉⑩の期を請ふ辞に曰く、「唯だ是れ三族に之れ虞《うれ》ひ不《な》し」とは、今の三族に

未だ億度せざるの事〔死喪〕有らざるに及びて婦を迎へんと欲するなり。此に云ふ所の三族の如きは、当《まさ》に異姓有るべからず。異姓は其の服は皆な緦麻なり。《禮》⑪雑記下に「緦麻の服は、女を嫁し婦を取るを禁ぜず」とあるは、是れ異姓は族中に在らずと為すこと明らかなり。《周⑫禮》小宗伯は三族の別名を掌り、《喪服小記》⑬に族の義を説きて曰く「親親は三を以て五と為し、五を以て九と為す」と。此を以て之れを言へば、高祖より玄孫に至ること、昭然として察《あきらか》なるを知る。

と述べている。これからすると鄭玄は古文《尚書》説に従って、「九族」を高祖より玄孫に至るまでとしたのである。

（しかし）この注の主張は、やはり《禮戴》・欧陽等の説である。鄭玄の駁論に、「女子は父兄と異族為ることを得ず」と言うので、その母を略し去って、ただその子だけを取り、服の重いものを先にしたまでである。その意味はやはり変わらない。

（杜預が）古学と鄭説に従わないのは（なぜかといえば）、ここに「其の九族に親しむ」と言い、《詩》に九族が親しまないのを刺《そし》るのが、必ずや九族が疎遠となり、恩情がもはや薄くなったところから、その親しまないことを刺り、そのよく親しむのを褒めたものだからである。高祖から父に至るまでは、自分が稟承《ひんしょう》〔うけつぐこと〕するものである。子より玄孫に至るまでは、自分が生育するものである。人間としてこれらに対して、誰が親しまなかったり、そのよく親しむことを褒めたりするものがあろうか。《詩》の「其の九族を棄つ」ることを刺ることが、なんでまた上は父母を捨て、下は子孫を棄てることであろうか。もしも「其の九族を棄つ」るということが、その高祖から出たり、曾祖から出たりした者を棄てるということであるならば、なんでまた曾孫より出たり、玄孫より出たりする者を棄てるということがありえようか。また鄭玄は「婚礼では必ず三十にして娶る」と考えるのだから、人は九十で始めて曾孫が有ることになり、高祖と玄孫とが相い及ぶ道理は無いわけで、そうすると族は結局のところ九は無いことになるから、どうして九族が有ってこれに親しむことができようか。「三族」「九族」は族の名が同じとはいっても、三・九の数は異なる。「三族」を引用して「九族」を非難するのは、筋違いである。もし三を縁故として九に及べば、三・九は（世代が？親疎が？）異ならない。もしも高祖が死に、玄孫が死ぬと、また当然に婚礼をすることができない。それならなんで「九族の不虞」といわないのであろうか。このことからしても、「九族は皆な外親の服有りて族を異にする者」であることが分かるのである。

【譯注】

①劉炫（06-19b-8）――劉炫の言葉は以下の全文と見なす。

②釋詁（06-20a-1）――《爾雅》釋詁上「儀、若、祥、淑、鮮、省、臧、嘉、令、類、綝、彀、攻、穀、介、徽、善也」。

③詩（06-20a-2）――《毛詩》大雅・生民「實方實苞、實種實褎、實發實秀、實堅實好、實穎實栗、即有邰家室（實に方 實に苞、實に種 實に褎、實に發 實に秀、實に堅 實に好、實に穎 實に栗、有邰の家室に即く）」。なお《毛傳》には「栗、其實栗栗然」、《鄭箋》には「栗、成就也」とある。

④論語（06-20a-2）――《論語》八佾篇「哀公問社於宰我。宰我對曰、夏后氏以松、殷人以柏、周人以栗。曰、使民戰栗也。子聞之曰、成事不説、遂事不諫、既往不咎」。

⑤釋詁（06-20a-5）――《爾雅》釋詁下「儼、恪、祇、翼、諲、恭、欽、寅、熯、敬也」。

⑥隱十一年注（06-20a-5）――隱公十一年伝「吾子孫其覆亡之不暇、而況能禋祀許乎」、杜預注「絜齊以享、謂之禋、祀謂許山川之祀」。

⑦異義（06-20a-6）――阮校が指摘するように、《毛詩正義》葛藟篇の条にも引用されており、若干の相違が見られる。

⑧禮（06-20a-9）――《儀禮》喪服・緦麻三月章「妻之父母。傳曰、何以緦、從服也」。

⑨鄭（06-20a-10）――鄭玄《駁五經異義》。

⑩昏禮（06-20a-10）――《儀禮》士昏禮・請期章「請期、曰、吾子有賜、命某既申受命矣。惟是三族之不虞、使某也請吉日」、鄭玄注「三族謂父昆弟・己昆弟・子昆弟。虞度也。不億度謂卒有死喪、此三族者、己及子皆爲服期。期服則踰年、欲及今之吉也。雜記曰、大功之末、可以冠子嫁子」。

⑪禮雜記下（06-20b-1）――《禮記》雜記下「大功之末、可以冠子、可以嫁子。父、小功之末、可以冠子、可以嫁子、可以取婦。己雖小功、既卒哭、可以冠、取妻。下殤之小功、則不可」。

⑫周禮小宗伯（06-20b-2）――《周禮》小宗伯「掌三族之別、以辨親疏。其正室皆謂之門子。掌其政令」、鄭玄注「三族謂父子孫人屬之正名。喪服小記曰、親親以三爲五、以五爲九。正室適子也。將代父當門者也。政令謂役守之事」。

⑬喪服小記（06-20b-2）――《禮記》喪服小記「親親、以三爲五、以五爲九。上殺、下殺、旁殺、而親畢矣」、鄭玄注「己上親父、下親子三也。以父親祖、以子親孫五也。以祖親高祖以孫親玄孫九也。殺謂親益疏者、服之則輕」。

○「九族」説を整理してみると以下の通りである。

今文説―父族4・母族3・妻族2　許愼・杜預

古文説―高祖・曾祖父・祖父・父・己・子・孫・曾孫・玄孫　鄭玄

【傳】夏、會于成。紀來諮謀齊難也。　[06-20b]

【注】齊欲滅紀、故來謀之。〔齊は紀を滅ぼさんと欲す、故に來たりて之れを謀る。〕

【傳】北戎伐齊。齊侯使乞師于鄭。鄭大子忽帥師救齊。六月、大敗戎師、獲其二帥大良小良、甲首三百、以獻於齊。　[06-21a]

【注】甲首被甲者首也。〔甲首は甲を被る者の首《かしら》なり。〕

【傳】於是諸侯之大夫戍齊。齊人饋之餼、　[06-21a]

【注】生曰餼。〔生を餼《き》と曰ふ。〕

【傳】使魯爲其班。後鄭。　[06-21a]

【注】班次也。魯親班齊饋、則亦使大夫戍齊矣。經不書、蓋史闕文。〔班は次〔順位〕なり。魯 親《みづか》ら齊の饋《き》を班《わか》てば、則ち亦た大夫をして齊を戍《まも》らしめたり。經に書せざるは、蓋し史の闕文ならん。〕

【疏】注の「班次」より「闕文」に至るまで。

○正義に曰う。①劉炫が言う、戍〔守備〕に在って饋《き》〔おくりもの〕を受けとり、斉が魯にその順序をつけさせたのだから、魯人がその場にいたことは明白である。

ところで②襄公五年に陳を戍《まも》ったことは経に書いてあるから、この「斉を戍った」ことをもまた当然書くべきであるのに、いま経に書いていないのは、おそらく「史の欠文」であろう。史策がもともと欠けていたため、仲尼も書くことができなかったのである。

③十年にこのことを説明して、「北戎 斉を病《や》ましむ。諸侯 之れを救ふ」と述べている。或いは魯もまた往って救ったのかもしれないが、ただ伝文に魯の事の証拠がないので、魯が必ず救わなかったはずで、このことを解釈する必要はないであろう。

【譯注】

①劉炫（06-21a-6）――劉炫の言葉はこの疏の全文であろう。

②襄五年（06-21a-6）――襄公五年経「冬、戍陳」。

③十年（06-21a-7）――桓公十年伝「冬、齊・衛・鄭來戰于郎、我有辭也。初、北戎病齊、諸侯救之、鄭公子忽有功焉。齊人餼諸侯、使魯次之。魯以周班後鄭。鄭人怒、請師於齊。齊人以衛師助之、故不稱侵伐。先書齊・衛、王爵也」。

【傳】鄭忽以其有功也、怒。故有郎之師。 [06-21a]

【注】郎師在十年。〔郎の師は十年に在り。〕

【傳】公之未昏於齊也、齊侯欲以文姜妻鄭大子忽。大子忽辭。人問其故。大子曰、人有各耦。齊大非吾耦也。詩云、自求多福、 [06-21a]

【注】詩大雅文王。言求福由己、非由人也。〔詩は大雅文王なり。言ふこころは福を求むるは己に由りて、人に由るに非ざるなり。〕

【傳】在我而已。大國何爲。君子曰、善自爲謀、 [06-21b]

【注】言獨絜其身、謀不及國也。〔言ふこころは獨り其の身を潔《きよ》くするのみにて、謀 國に及ばざるなり。〕

【傳】及其敗戎師也、齊侯又請妻之。 [06-21b]

【注】欲以他女妻之也。〔他女を以て之に妻《めあは》さんと欲するなり。〕

【傳】固辭。人問其故。大子曰、無事於齊吾猶不敢。今以君命、奔齊之急而受室而歸、是以師昏也。民其謂我何。 [06-21b]

【注】言必見怪於民也。〔言ふこころは必ず民に怪しまるるなり。〕

【傳】遂辭諸鄭伯。 [06-21b]

【注】假父之命以爲辭也。爲十一年鄭忽出奔衛傳也。〔父の命を假《か》りて以て辭と爲すなり。十一年、鄭忽の衛に出奔する爲めの傳なり。〕

【傳】秋、大閲。簡車馬也。 [06-21b]

【傳】九月、丁卯、子同生。以大子生之禮擧之、接以大牢。 [06-21b]

【注】大牢牛羊豕也。以禮接夫人、重適也。〔大牢は牛・羊・豕なり。禮を以て夫人に接するは、適を重んずるなり。〕

【疏】注の「大牢」より「適也」に至るまで。

○正義に曰う。「大牢」は牢の大がかりなものであり、三牲の「牛・羊・豕」のすべてが備わるのを「大牢」と言う。《儀禮》①少牢饋食禮では羊・豕を少牢というから、犠牲《いけにえ》の多少で「大」「少」と称しているのである。《詩》②公劉に「豕を牢に執る」と言い、《周禮》③充人に「祭祀の牲牷を繫《つな》ぐを掌る。五帝を祀《まつ》るときは則ち牢に繫《つな》ぐ。之れを芻《まぐさか》ふこと三月」とあるところからすると、「牢」とは犠牲の動物を飼う場所であり、そのことにちなんで名としたもの。鄭玄の④《詩箋》に「繫《つな》ぎて養ふを牢と曰ふ」と言うのはその意味である。

《禮記》⑤内則に「国君の世子生まるれば、君に告げ、接するに大牢を以てす」という文章は「三日にして子を負ふ」の上にあるから、三日のうちに接するのであろう。《記》に「凡そ子に接するには日を択《えら》ぶ」と言い、鄭玄が「三日の内と雖も、必ず其の吉を選ぶ」と注しているのは、三日のうちに吉日を択んで接し、子のために母に接するのだから、《記》には「接子」と言ったものであり、この伝で「挙之」の下にすぐ「接するに大牢を以てす」と述べるのも、やはり「接子」で表現したものである。実際には母に接するから、「礼を以て夫人に接するは、適を重んずればなり」と述べたのである。

鄭玄が「接は読んで捷《せふ》と為す。捷は勝なり。其の母に食《は》ましめ、虚を補ひ気を強めしむるを謂ふ」と述べている。（したがって）ここに「礼を以て之れに接す」と言うのは、鄭玄とは説が異なる。

〈内則〉にまた「子に接するに、庶人は特豚、士は特豕、大夫は少牢。国君は、世子には大牢、其の冢子に非ざれば、則ち皆な一等を降す」と述べている。

【譯注】

①儀禮少牢饋食之禮（06–21b–10）――《儀禮》少牢饋食禮「主人朝服即位于廟門之外、東方南面宰宗人西面北上、牲北首東上。司馬刲羊、司士擊豕、宗人告備乃退」。

②詩公劉（06–21b–10）――《毛詩》大雅・公劉「執豕于牢、酌之用匏、食之飲之、君之宗之」、鄭玄箋「公劉既登堂、負扆而立、羣臣適其牧羣、搏豕於牢中、以爲飲酒之殽、酌酒以匏爲爵。言忠敬也」。

③周禮充人（06–21b–10）――《周禮》地官・充人「掌繫祭祀之牲牷、祀五帝、則繫于牢、芻之三月」。

④鄭玄詩箋（06–22a–1）――《毛詩》小雅・瓠葉序鄭玄注「牛羊豕爲牲、繫養者曰牢、熟曰饔、腥曰餼、生曰牽」。

⑤禮記内則（06–22a–1）――《禮記》内則「子生、男子設弧於門左、女子設帨於門右。三日、始負子、男射女否。國君世子生、告於君、接以大牢、宰掌具。〔鄭玄注：接讀爲捷。捷勝也。謂食其母使補虚強氣也。〕三日、卜士負之、吉者宿齊朝服寢門外、詩負之、射人以桑弧蓬矢六、射天地四方、保受乃負之、宰醴負子、賜之束帛、卜士之妻・大夫之妾、使食子。凡接子、擇日、〔雖三日之内、尊卑必皆選其吉焉。〕冢子則大牢、庶人特豚、士特豕、大夫少牢、國君世子大牢、其非冢子、則皆降一等」。

【傳】卜士負之、士妻食之。公與文姜宗婦命之。　［06–22a］

【注】禮世子生三日、卜士負之、射人以桑弧蓬矢射天地四方、卜士之妻、爲乳母。〔禮にては世子生まれて三日、士を卜して之れを負《お》はしめ、射人桑弧・蓬矢を以て天地四方を射、士の妻を卜して、乳母と爲す。〕

【疏】注の「禮世」より「乳母」に至るまで。

○正義に曰う。「四方」まではすべて〈内則〉①の文章である。〈内則〉にはさらに「士の妻・大夫の妾を卜して、子を食《やしな》はしむ」と述べている。「食」とは授乳の意味で、そのことから「乳母」と呼ぶ。

鄭玄は「桑弧・蓬矢は、大古に本づく。天地・四方は、男子の事有る所なり。士の妻・大夫の妾は、時に自ら子有る者を謂ふ」と述べている。定本ではただ「射四方」と言うのみで、「天地」が無い。考えるに、《禮》には「桑弧・蓬矢六」と言うのだから、いま「天地」が無いのは（四方だけでは四でよいから）誤りである。

賈逵が「桑は木中の衆《おほ》きもの。蓬は草中の亂るるもの。其の長大にして衆を統《す》べて亂を治むるに取る」と述べている。

【譯注】

①内則（06–22a–7）――《禮記》内則「國君世子生、告於君、接以大牢、宰掌具。三日、卜士負之、吉者宿齊朝服寢門外、詩負之、射人以桑弧蓬矢六、射天地四方、〔鄭玄注：詩之言承也。桑弧・蓬矢本大古也。天地四方男子所有事也。〕保受乃負之、宰醴負子、賜之束帛、卜士之妻・大夫之妾、使食子。〔食子不使君妾、適妾有敵義、不相褻以勞辱事也。士妻大夫之妾謂時自有子〕」。

【傳】公與文姜宗婦命之。　［06–22b］

【注】世子生三月、君夫人沐浴於外寢、立於阼階西郷。世婦抱子、升自西階。君命之乃降。蓋同宗之婦。〔世子生まれて三月、君夫人 外寢に沐浴し、阼階に立ちて西に郷《むか》ふ。世婦は子を抱き、西階より升る。君 之れに命じて乃ち降る。蓋し同宗の婦ならん。〕

【疏】注の「世子」より「之婦」に至るまで。

○正義に曰う。「乃降る」以上はすべて〈内則〉①の文章である。鄭玄は「子西階より升《のぼ》れば、則ち人君は世子に路寝〔正殿〕に見《まみ》ゆるなり。妾子に見ゆるには側室に就《つ》く。凡そ子生まるれば皆な側室〔わきべや〕に就く」と注している。側室に生まれ、路寝で対面するので、外から階を升るのである。

②襄公二年「齊姜を葬る」の伝に「齊侯 諸姜宗婦をして来たりて葬を送らしむ」と述べている。「諸姜」が同姓の女なので、「宗婦」が「同宗の婦」であることが分かる。公は夫人とともに命じるので、宗婦を夫人の側に侍らせたもの。

【譯注】

①内則（06-22b-1）――《禮記》内則「世子生、則君沐浴朝服、夫人亦如之、皆立於阼階西鄉、世婦抱子升自西階、君名之、乃降」、鄭玄注「子升自西階、則人君見世子於路寝也。見妾子就側室。凡子生皆就側室。」、諸侯夫人朝於君次而褖衣也」。

②襄二年（06-22b-2）――襄公二年経「己丑、葬我小君齊姜」、伝「齊侯使諸姜・宗婦來送葬」、杜預注「宗婦同姓大夫之婦。婦人越疆送葬非禮」。

【傳】公問名於申繻。對曰、名有五。有信、有義、有象、有假、有類。

【注】申繻魯大夫。〔申繻は魯の大夫なり。〕

【傳】以生名爲信。 [06-22b]

【注】若唐叔虞・魯公子友。〔唐叔虞・魯の公子友の若《ごと》し。〕

【傳】以徳命爲義。 [06-22b]

【注】若文王名昌、武王名發。〔文王に昌と名づけ、武王に發と名づくるが若《ごと》し。〕

【疏】注の「若文」より「名發」に至るまで。

○正義に曰う。〈周本紀〉①に「大王 季歴の昌を生みて聖瑞有るを見、乃ち言ひて曰く、我が世〔よつぎ〕に当《まさ》に興る者有るべくんば、其れ昌に在らんか」と称しているから、大王が昌に瑞兆の有るのを見て、将来に興起するはずだと考え、これに「昌」と名づけ、昌に周を盛んにしてほしいと願ったのである。

（武王の）「徳」をはかって「発」と命名したことについては、それを記述するものが無い。服虔が「大王の 徳を度《はか》りて文王に命じて昌と曰ひ、文王の 武王に命じて発と曰ふが若きを謂ふ」と述べているから、このことについての旧説②が有るかに思われる。旧説③では、文王が武王の生まれるのを見て、必ずや兵を発して暴を誅するであろうと考えたので、「発」と名づけた、と見なしている。

【譯注】

①周本紀（06-22b-6）――《史記》周本紀。古公有長子曰太伯、次曰虞仲。太姜生少子季歴、季歴娶太任、皆賢婦人、生昌、有聖瑞。古公曰「我世當有興者、其在昌乎」。長子太伯・虞仲知古公欲立季歴以傳昌、乃二人亡如荊蠻、文身斷髮、以讓季歴。

②舊説（06-22b-8）――参考：《論衡》詰術篇。其立名也、以信以像以假以類。以生名爲信、若魯公子友生、文在其手曰友也。以徳名爲義、若文王爲昌武王爲發也。以類名爲像、若孔子名丘也。取於物爲假、若宋公名杵臼也。取於父爲類、有似類於父也。

③舊説（06-22b-8）――この「旧説」も誰の説であるかは分からないが、疏文とし

ては上の「旧説」に続けた付加的な部分であろう。

【傳】以類命爲象。

【注】若孔子首象尼丘。〔孔子の首《あたま》 尼丘に象《かたど》るが若《ごと》し。〕 [06–22b]

【疏】注の「若孔」より「尼丘」に至るまで。

○正義に曰う。〈孔子世家〉①に「叔梁紇 顏氏と尼丘に禱《いの》りて孔子を得たり。孔子生まれて首《あたま》の上に汙頂《うちょう》〔くぼみ〕あり、故に因りて名を丘と曰ひ、仲尼を字《あざな》とす」という記述が有る。これが「尼丘に象る」ということである。

【譯注】

①孔子世家（06–22b–9）――《史記》孔子世家。

孔子生魯昌平郷陬邑。其先宋人也、曰孔防叔。防叔生伯夏、伯夏生叔梁紇。紇與顏氏女野合而生孔子、禱於尼丘得孔子。魯襄公二十二年而孔子生。生而首上圩頂、故因名曰丘云、字仲尼、姓孔氏。

【傳】取於物爲假。

【注】若伯魚生人有饋之魚、因名之曰鯉。〔伯魚の生まるるとき人の之に魚を饋《おく》る有り、因りて之に名づけて鯉と曰ふが若し。〕 [06–22b]

【疏】注の「若伯」より「曰鯉」に至るまで。

○正義に曰う。《家語》①本姓篇に、「孔子 年十九にして宋の并官氏に娶る。一歳にして伯魚を生む。伯魚生まれしとき、魯の昭公 鯉魚を以て孔子に賜ふ。孔子 君の賜を栄とし、因りて子に名づけて鯉と曰ひ、伯魚を字とす」という記述がある。この注に昭公の賜物だと言わず、「人の之れに饋《おく》るもの有り」と述べたのは（なぜかといえば）、《家語》の通りだと、伯魚が生まれたのは昭公九年のことであるが、昭公は凡庸な君であって、しかも孔子はまだ若く、（昭公が）必ずしも聖人を尊重してその生まれた子供を礼遇することはできなかったであろうからである。（だから魚を賜わったという）その意味を取って、その（贈った）人を明言しなかったのは、その人が昭公ではあるまいと疑ったがためである。

【譯注】

①家語本姓篇（06–23a–1）――現行本《孔子家語》本姓篇は以下の通り。

徵在既往廟見、以夫之年大、懼不時有勇、而私禱尼丘之山以祈焉、生孔子、故名丘、字仲尼。孔子三歳而叔梁紇卒、葬於防。至十九、娶于宋之幵官氏、一歳而生伯魚、魚之生也、魯昭公以鯉魚賜孔子、榮君之賜、故因以名曰鯉、而字伯魚、魚年五十、先孔子卒。

【傳】取於父爲類。

【注】若子同生有與父同者。〔子同の生まるるや父と同じき者有るが若し。〕 [06–23a]

【傳】不以國、

【注】國君之子、不自以本國爲名也。〔國君の子は、自ら本國を以て名と爲さざるなり。〕 [06–23a]

【疏】注の「國君」より「名也」に至るまで。

○正義に曰う。下文に「国を以てすれば則ち名を廃す」と言うのは、国名は変更できないので、当然、名を廃止して諱まないはずだからである。（しかし）他国の名を名とした場合は、名を廃止する必要はない。しかも春秋時代には晋侯周①・衛侯鄭②・陳侯呉③・衛侯晋④といった人々が、すべて他国の名を名としており、これらのことからすると「国を以てせず」とは、国君の子が自国の名を名とすることができないという意味だということが分かる。（同様に）「山川を以てせず」と言うのも、やはり国内の山川のことである。下文に「山川を以てすれば主を廃す」と言うのは、国内の主とする祭祀を廃止することである。もしも他国の山川であれば、その主とするところではないのだから、廃止する必要はない。

これは公の質問にことよせて、このようなきまりを返答したものである。〈曲禮〉⑤にも「子に名づくるには国を以てせず、日月を以てせず、隠疾を以てせず、山川を以てせず」という記述があることからすると、諸もろの「不以」と言うのは、臣下人民もやはりそうすることはできないのである。この注で「国（を以てせず）」を言うから、特に「国君の子」と述べたに過ぎないのであって、実際には国君の子でなくても、やはり国名を名とすることはできない。（しかし）その「廃名」「廃礼」と言うのに該当するのは、ただ国君の子だけである。臣下人民の名については、国家は彼らのためには廃止しない。

そうだとすると、臣下人民の名もやはり「山川を以てせざる」ものなのに、孔子は魯人、尼丘は魯の山でありながら、「丘」を名とすることができたのは（なぜかといえば）、たぶんその形象が有ったことで、特に「類を以て命じ」たもので、一般的な例ではないのであろう。

【譯注】

①晋侯周（06-23a-5）——襄公十五年経「冬、十有一月癸亥、晋侯周卒」。

②衛侯鄭（06-23a-6）——宣公九年経「冬、十月癸酉、衛侯鄭卒」。

③陳侯呉（06-23a-6）——定公四年経「春、王二月癸巳、陳侯呉卒」。

④衛侯晉（06-23a-6）——桓公十二年経「丙戌、衛侯晉卒」。

⑤曲禮（06-23a-8）——《禮記》曲禮上「名子者不以國、不以日月、不以隱疾、不以山川」、鄭玄注「此在常語之中爲後難諱也。春秋傳曰、名終將諱之。隱疾衣中之疾也。謂若黑臀・黑肱矣。疾在外者、雖不得言、尚可指摘。此則無時可辟。俗語云、隱疾難爲醫」。

【傳】不以官、不以山川、不以隱疾、

【注】隱痛、疾患也。辟不祥也。［06-23a］〔隠は痛、疾は患なり。不祥を辟《さ》くるなり。〕

【疏】注の「隠痛」より「祥也」に至るまで。

○正義に曰う。鄭玄①が「隠疾とは衣中の疾なり。黒臀②・黒肱③の若《ごと》きを謂ふ。疾の外に在る者は、言ふを得ずと雖も、尚ほ指摘すべし。此は則ち時として辟《さ》くべきこと無し。俗語に『隠疾は医を為し難し』と云ふ」と述べている。

調べてみるに、〈周語〉④で単襄公が「吾れ聞く、成公の生まれんとするや、其の母、神、其の臀《しり》に規《か》くに黒を以てして、晋国を有《たも》たしめんと曰ふを夢む、故に之に命じて黒臀と曰ふ」と述べている。この場合と叔虞⑤・季友⑥の場合とは（ともに将来を手相によって予言されたが）、なんの違いがあって、「名とし得ず」と言うのであろうか。しかも黒臀・黒肱はもともと疾病ではないので、この例から「隠疾」を証明しようとするのは、そのふさわしい例ではない。《詩》⑦に「隠憂有るが如し」と称しているから、「隠」は「痛」である。痛疾を名前とするのは不祥の甚だしいものだから、「不祥を辟《さ》く」と見なしたのである。

【譯注】

①鄭玄（06-23b-2）——上条の注⑤参照。ちなみに〈曲禮〉疏文は以下の通り。

正義曰、案宣二年「晋使趙穿迎公子黒臀於周而立之」。周語單子云「吾聞晉成公之生夢神規其臀以黑、使有晉國、此天所命也。有由而得爲名」。昭元年、楚公子黑肱、昭三十一年邾黑肱得爲名。或亦有由、或亂世而不能如禮。云「名終將諱之」者、案桓六年「九月丁卯、子同生。公問名於申繻。申繻對曰、名有五、有信有義有象有假有類、以名生爲信」、杜注云「若唐叔虞・魯公子友以德命爲義、若文王名昌・武王名發以類命爲象、若仲尼首象尼丘取於物爲假、若伯魚生人有饋之魚、因名之曰鯉、取於父爲類、若魯莊公與桓公同日生、名之曰同也」。按傳文云「不以官、不以畜牲、不以器幣」、此記文畧耳。傳云「以官則廢職、以山川則廢主、以畜牲則廢祀、以器幣則廢禮。晉以僖侯廢司徒、宋以武公廢司空、先君獻武廢二山」、杜注云「司徒改爲中軍、司空改爲司城。魯獻公名具、武公名敖」。按國語「范獻子聘魯問具敖之山、魯人以郷名對。獻子云、何不云具敖乎。對曰、先君獻武之所諱也」。此等所以皆爲名、者以其不能如禮、故申繻言之。「周人以諱事神」者、謂周人諱神之名而事神、其名終没爲神之後、將須諱之、故不可以爲名也。

②黑臀（06-23b-2）――宣公二年傳に「宣子使趙穿逆公子黑臀于周而立之。壬申、朝于武宮」とあるように、「黑臀」は晉の成公の名である。

③黑肱（06-23b-2）――「黑肱」については魯の成公、楚の公子黑肱、字は子皙、邾の黑肱、鄭の公孫黑肱の四人が見える。

④周語（06-23b-3）――《國語》周語下。

襄公有疾、召頃公而告之、曰「……成公之歸也、吾聞晉之筮之也、遇乾之否、曰『配而不終、君三出焉』。一既往矣、後之不知、其次必此。且吾聞成公之生也、其母夢神規其臀以墨、曰『使有晉國、三而畀驩之孫』。故名之曰黑臀、於今再矣。襄公曰驩、此其孫也。而令德孝恭、非此其誰」。

⑤叔虞（06-23b-3）――昭公元年傳。

子産曰「昔高辛氏有二子、伯曰閼伯、季曰實沈、……其季世曰唐叔虞。當武王邑姜方震大叔、夢帝謂己『餘命而子曰虞、將與之唐、屬諸參、而蕃育其子孫』。及生、有文在其手曰『虞』、遂以命之。及成王滅唐、而封大叔焉、故參爲晉星。由是觀之、則實沈、參神也。……」。

⑥季友（06-23b-3）――閔公二年傳。

成季之將生也、桓公使卜楚丘之父卜之、曰「男也、其名曰友、在公之右。間于兩社、爲公室輔。季氏亡、則魯不昌」。又筮之、遇大有之乾、曰「同復于父、敬如君所」。及生、有文在其手曰「友」、遂以命之。

⑦詩（06-23b-4）――《毛詩》邶風・柏舟「汎彼柏舟、亦汎其流、耿耿不寐、如有隱憂」、毛傳「耿耿猶儆儆也。隱痛也」。

［06-23b］

【傳】不以畜牲、

【注】畜牲六畜。〔畜牲は六畜なり。〕

【疏】注の「畜牲六畜」。

○正義に曰う。《爾雅》①釈畜では馬・牛・羊・豕・狗・鶏の下に、「六畜」と題しているので、鄭衆・服虔はともに六畜を「馬・牛・羊・豕・犬・鶏」と見なしている。《周禮》②の牧人は「六牲を牧するを掌る」が、鄭玄もまた馬・牛等の六者を当てている。そうだとすると、「畜・牲」は同一物で、これを飼育すると「畜」となり、祭祀に供用すると「牲」となるということで、併せて「六畜」で「六牲」を解釈したのである。

【譯注】

①爾雅釋畜（06-23b-5）――《爾雅》釋畜は馬屬・牛屬・羊屬・狗屬・雞屬を「六畜」と見なしており、「豕」は〈釋獸〉篇に分類されている。

②周禮牧人（06-23b-6）――《周禮》地官・牧人「掌牧六牲而阜蕃其物、以共祭祀之牲牷」、鄭玄注「六牲謂牛・馬・羊・豕・犬・雞。鄭司農云、牷純也。玄謂牷體完

具」。

【傳】不以器幣。 [06-23b]

【注】幣玉帛。〔幣は玉帛なり。〕

【疏】注の「幣玉帛」。

○正義に曰う。《周禮》①小行人に「六幣を合はす。圭は馬を以てし、璋は皮を以てし、璧は帛を以てし、琮は錦を以てし、琥は繡を以てし、璜は黼を以てす」とある。そうだとすると、「幣は玉帛なり」とは、この圭・璋・璧・琮・帛・錦・繡・黼の類を言うことになる。

「幣」を「玉帛」とすると、「器」とは単なる玉器ではない。(そこで)服虔は「俎豆・罍彝・犧象の属は皆な以て名とすべからざるなり」と見なしている。

【譯注】

①周禮小行人(06-23b-7) ――《周禮》秋官・小行人「合六幣。圭以馬、璋以皮、璧以帛、琮以錦、琥以繡、璜以黼。此六物者、以和諸侯之好故」。

【傳】周人以諱事神。名終將諱之。 [06-23b]

【注】君父之名、固非臣子所斥。然禮既卒哭、以木鐸徇曰、舍故而諱新、謂舍親盡之祖、而諱新死者。故言以諱事神也。終將諱之、自父至高祖、皆不敢斥言也。〔君父の名は、固《もと》より臣子の斥《さ》す所に非ず。然れども禮にては既に哭を卒《お》ふれば、木鐸《ぼくたく》を以て徇《とな》へて曰はく、「故《ふる》きを舍《す》てて新しきを諱む」と、親《しん》盡くるの祖を舍《す》てて、新たに死する者を諱むを謂ふ。故に「諱を以て神に事《つか》ふ」と言ふなり。終はれば將《まさ》に之れを諱まんとするは、父より高祖に至るまで、皆な敢へて斥言せざるなり。〕

【疏】「周人」より「諱之」に至るまで。

○正義に曰う。殷代以前にはまだ諱法は無く、諱名は周代に始まる。周人は(死者を)尊んで神とするから、その人のために名を諱む。この諱法によって明神に対して敬虔な気持ちで奉仕するので、「周人は諱を以て神に事《つか》ふ」と言う。

子が生まれると三ヶ月でその子のために名を立て、生を終えるとしばらくは必ず諱むべきものだから、当然あらかじめ避けるものが有るはずである。下文の諸もろの「廃す」のための張本〔伏線〕である。

「終はれば将《まさ》に諱まんとす」とは、死後になってから諱むことをいう。

○注の「君父」より「斥言」に至るまで。

○正義に曰う。「君父の名は、固《もと》より臣子の斥《さ》す所に非ず」とは、君父が生存中でも、臣子はその名を指し言うことはできない、という意味である。《禮》①に「父の前にては子は名いひ、君の前にては臣は名いふ」と称しており、鄭玄が「至尊に対しては大小と無く皆な相ひ名いふ」と述べているから、父に対するときは、弟でも兄を名で呼ぶことができるし、君に対するときは、子でも父を名で呼ぶことができるわけであるが、しかしこれ以外ではできない。

文公十四年伝②に「斉の公子元は懿公の政を為すを順とせず、終《つひ》に公と曰はず、夫の己氏《かき》と曰ふ」という記述があり、注に「猶ほ某甲《だれそれ》と言ふがごとし」と述べているのは、君を名指しで呼んだものである。(しかし)この例は不順であったからその名を言ったもので、平常では君を指し言わないことが分かる。

成公十六年伝③に「欒書《らんしょ》将《まさ》に晋侯を載せんとす。鍼《しん》曰く、書《しょ》よ退け。国に大任有り。焉《いづく》んぞ之れを専らにするを得ん」という記述があり、注に「君前

に在るが故に子 其の父に名いふ」と述べている。かしこの例は君に対面していたので父親を名で呼んだのであって、平常では父を指し言わないことが分かる。（以上の例は）その名を指し言わない例であるけれども、まだこれは諱ではない。

④〈曲禮〉に「哭を卒《お》ふれば乃ち諱む」と称しており、鄭玄は「鬼神の名を敬するなり。諱は辟くるなり。生者は名を相ひ辟けず。⑤衛侯の名は悪なるも、大夫に⑥石悪なるもの有りて君臣同名なるも、春秋は非とせず」と注しているのは（なぜかといえば）、まだ諱名ではないから、君と同名であり得る。ただ君に言及する際にだけ、君名を指し言わなかったに過ぎない。

生前に指し言わないことを述べているのに、死後さらに諱を加えるのは、諱をなすことの節度を表そうとしたもので、だから（注に）「然れども」と述べて表現した。

「禮にては既に哭を卒《お》ふれば、木鐸《ぼくたく》を以て徇《とな》へて曰く、故を舍《す》てて新を諱め、と」、「寝門より庫門に至る」とは、すべて⑦《禮記》檀弓の文章である。その文章を引用したうえで、さらにその意味を解説して、「親《しん》 尽くるの祖を舍《す》てて、新たに死する者を諱むを謂ふ」と述べたのである。「親 尽く」とは、高祖の父の喪服（の期限）が絶え、廟が壊され、親しみの感情が尽きることをいう。

「卒哭」の後は、鬼神〔先祖〕として奉仕するので、「諱を以て神に事ふ」と述べ、さらに「終はれば将《まさ》に諱まんとす」を解説する。諱むべき世代数につき、「父より上、高祖に至るまでは皆な敢へて斥言せず」とあるのは、これは天子・諸侯の礼の場合である。⑧〈曲禮〉に「父母に事《つか》ふるに逮《およ》べば、則ち王父母を諱む。父母に事ふるに逮ばざれば、則ち王父母を諱まず」とあり、鄭玄は「此は庶人を謂ふ。適子以上は廟にて祖に事ふ。父母に事ふるに逮ばずと雖も、猶ほ祖を諱む」と述べている。廟を立てて奉仕するのだから、諱まなくてよいはずは無い。天子・諸侯は親廟を四つ立てるから、高祖以下はすべて諱み、親が尽きればこれを措く。

「諱を以て神に事ふ」と言うからには、神名は必ず諱む。（ところで）文王の名は昌で、武王はの名は発である。⑨《詩》の雝は大祖に禘《てい》し、文王の廟を祭る詩である。その経文に「克《よ》く厥《そ》の後を昌《さかん》にす」と言う。周公が礼を制定したわけであるが、（《周禮》）⑩醢人には「昌本の菹」が有る。⑪〈七月〉の《詩》は周公の作である。その経文に「一の日、觱発《ひっぱつ》〔風が寒い〕たり」と言い、⑫〈烝民〉の《詩》に「四方爰《ここ》に発す」と言う。以上すべて諱んでいない例であるのに、ここに諱むことを言うのは（なぜかといえば）、古人の諱とは、時に臨んで言葉に諱むことが有るに過ぎず、経典を制作する場合には、そのまま述べて諱まない。⑬〈曲禮〉に「詩・書は諱まず、文に臨めば諱まず」と述べるのは、《詩》や《書》を作る際には辟諱しないという意味である。

《詩》を作るのに諱まないことから、祭祀にも名を歌うことができる。⑭《尚書》牧誓に「今 予《よ》発」と言い、⑮〈武成〉に「周王発」と言うのは、武王が名を称して衆に告げ、史官が記録して諱まなかったものであり、法では諱むべきものではないことが分かる。⑯〈金縢〉に「元孫某」といって、ここだけ諱んでいるのは、成王が金縢の書を開いて自身が読んだので、その父の名を諱んで、口頭では改めて「某」と言ったもの。読んだ後で、史官が記録するに当たっては、王が読んだ通り、そのまま「某」としたのである。

〈武成〉〈牧誓〉の場合は、衆人に宣告したもので、宣告が終ると記録した。そのためそのままにして改めなかったのである。

むかしは名を諱んでも、字は諱まなかった。⑰礼制では王父の字を氏とするから、明らかに諱むことはできなかったのである。⑱屈原が「朕が皇考を伯庸と曰ふ」と言うのが、諱まなかった証拠である。

【譯注】

①禮（06-24a-5）――《禮記》曲禮上「男女異長。男子二十、冠而字。父前、子名。君前、臣名。女子許嫁、笄而字」、鄭玄注「對至尊、無大小、皆相名」。

②文十四年傳（06-24a-6）――文公十四年伝「齊公子元不順懿公之爲政也、終不曰公、曰夫己氏」、注云「猶言某甲」。

③成十六年傳（06-24a-7）――成公十六年伝「欒書將載晉侯。鍼曰、書退。國有大任、焉得專之。且侵官、冒也。失官、慢也。離局、奸也。有三罪焉、不可犯也」。乃掀公以出於淖」、注云「在君前、故子名其父。大任謂元帥之職」。欒書の子の欒鍼が「書、退け」と父の名を言ったこと。

④曲禮（06-24a-8）――《禮記》曲禮上「卒哭乃諱。禮、不諱嫌名。二名不偏諱」、鄭玄注「敬鬼神之名也。諱辟也。生者不相辟名。衞侯名惡、大夫有石惡、君臣同名、春秋不非」。

⑤衞侯惡（06-24a-9）――昭公七年経「秋、八月、戊辰、衞侯惡卒」。

⑥石惡（06-24a-9）――襄公二十七年経「夏、叔孫豹會晉趙武・楚屈建・蔡公孫歸生・衞石惡・陳孔奐・鄭良霄・許人・曹人于宋」。

⑦禮記檀弓文（06-24a-10）――《禮記》檀弓下「虞而立尸、有几筵。卒哭而諱、生事畢而鬼事始已。既卒哭、宰夫執木鐸以命于宮曰、舍故而諱新。自寢門至于庫門。二名不偏諱、夫子之母名徵在。言在不稱徵、言徵不稱在」。

⑧曲禮（06-24b-2）――《禮記》曲禮上「卒哭乃諱。禮、不諱嫌名。二名不偏諱。逮事父母、則諱王父母。不逮事父母、則不諱王父母」、鄭玄注「逮及也。謂幼孤不及識父母恩、不至於祖名。孝子聞名心瞿、諱之由心。此謂庶人。適士以上、廟事祖、雖不逮事父母、猶諱祖」。

⑨詩雝（06-24b-4）――《毛詩》周頌・雝篇序「雝、禘大祖也」、鄭玄注「禘大祭也。大於四時、而小於祫。大祖謂文王」、[経]「假哉皇考、綏予孝子、宣哲維人、文武維后、燕及皇天、克昌厥後」。

⑩醢人（06-24b-5）――《周禮》天官・醢人「掌四豆之實。朝事之豆、其實韭菹・醓醢、昌本・麋臡、菁菹・鹿臡、茆菹・麇臡」、鄭玄注「醓肉汁也。昌本昌蒲根、切之四寸爲菹。三臡亦醢也」。

⑪七月之詩（06-24b-5）――《毛詩》豳風・七月「七月流火、九月授衣、一之日觱發、二之日栗烈、無衣無褐、何以卒歲、三之日于耜、四之日舉趾」。

⑫烝民詩（06-24b-5）――《毛詩》大雅・烝民「出納王命、王之喉舌、賦政于外、四方爰發」。

⑬曲禮（06-24b-6）――《禮記》曲禮上「詩書不諱、臨文不諱。廟中不諱」

⑭尚書牧誓（06-24b-7）――《尚書》牧誓「今予發、惟恭行天之罰。今日之事、不愆于六步・七步、乃止齊焉。夫子勖哉」。

⑮武成（06-24b-7）――《尚書》武成「予小子其承厥志。厎商之罪、告于皇天后土、所過名山大川。曰惟有道曾孫周王發、將有大正于商」。

⑯金縢（06-24b-8）――《尚書》金縢「公乃自以爲功、爲三壇同墠。爲壇於南方、北面周公立焉、植璧秉珪、乃告太王・王季・文王。史乃冊祝曰、惟爾元孫某、遘厲虐疾、若爾三王、是有丕子之責于天、以旦代某之身」。

⑰禮（06-24b-9）――参考：《公羊傳》成公十五年「爲人後者爲之子也。爲人後者爲其子則其稱仲何、孫以王父之字爲氏也」。なお《春秋正義》が《公羊傳》の文章を「禮」と称することについては、拙稿「讀五經正義札記（二）」（『東洋古典學研究』第9集　二〇〇〇年　《十三經注疏の研究》所収）を参照。

⑱屈原（06-24b-9）――《楚辭》離騷經第一「帝高陽之苗裔兮、朕皇考曰伯庸。攝提貞于孟陬兮、惟庚寅吾以降」。

【傳】故以國則廢名。　［06-24b］

【注】國不可易、故廢名。〔國は易《か》ふべからず、故に名を廢す。〕

【疏】注の「國不」より「廢名」に至るまで。

○正義に曰う。国名は天子から受けるものであるから、たやすく変更することはできない。もしも国を名にすると、（その君が）亡くなって以後は、名を廃止して諱まない。もしもいまだ亡くなる以前に、誤って本国を名とした場合は、その名を改める。

ところで、晋の先君である唐叔①は「唐」に封ぜられ、燮父はこれを「晋」と称した。もしも「国は易ふべからず」であるのに、晋が改めることができたのは（なぜかといえば）、おそらく王が命じて改めさせたのであろう。

【譯注】

①唐叔（06-25a-2）――《史記》晉世家を参照。

晉唐叔虞者、周武王子而成王弟。初、武王與叔虞母會時、夢天謂武王曰「余命女生子、名虞、余與之唐」。及生子、文在其手曰虞、故遂因命之曰虞。武王崩、成王立、唐有亂、周公誅滅唐。成王與叔虞戲、削桐葉爲珪以與叔虞、曰「以此封若」。史佚因請擇日立叔虞。成王曰「吾與之戲耳」。史佚曰「天子無戲言。言則史書之、禮成之、樂歌之」。於是遂封叔虞於唐。唐在河汾之東、方百里、故曰唐叔虞。姓姫氏、字子于。唐叔子燮、是爲晉侯。晉侯子寧族、是爲武侯。武侯之子服人、是爲成侯。成侯子福、是爲厲侯。厲侯之子宜臼、是爲靖侯。靖侯已來、年紀可推。自唐叔至靖侯五世、無其年數。

また杜預《世族譜》晉国の条（隠公五年疏所引）に次のように見える。

姫姓。武王子唐叔虞之後也。成王滅唐而封之、今大原晉陽縣是也。燮父改之曰晉。燮父孫成侯徙都曲沃、今河東聞喜縣是也。穆侯徙都絳。鄂侯二年魯隱公之元年也。定公三十一年獲麟之歳也。出公八年而春秋之傳終矣。出公十七年卒。自出公以下五世八十二年而韓趙魏滅晉也。

【傳】以官則廢職。以山川則廢主。　［06-25a］

【注】改其山川之名。〔其の山川の名を改む。〕

【疏】注の「改其山川之名」。

○正義に曰う。「廃主」とは、その主とする所の山川の名を廃止することをいうもので、その主とする所の祭祀そのものは廃止しない。そのことが分かるのは、漢の文帝の諱は恒であるので、北嶽①〔恒山〕を改めて常山とし、名を諱んでも嶽（の祭祀）は廃止していないことが、それである。

劉炫②が次のように述べている。

「廃主」とは、その主とする所の山川を廃止し、もう二度と祭祀に供しないことを言うもので、だからその山川の名を改める必要がある。魯が二山〔具山・敖山〕を改めたことが、その事例である。

【譯注】

①改北嶽爲常山（06-25a-4）――《尚書正義》（舜典）と《左傳正義》（昭公四年）所引の《爾雅》郭璞注を参照。ただしこれは現行本《爾雅》注には見えない。

・《尚書（舜典）》正義曰、釋山云「河南華、河東岱、河北恒、江南衡」、李巡云「華西岳華山也。岱東岳泰山也。恒北岳恒山也。衡南岳衡山也」、郭璞云「恒山一名常山。避漢文帝諱」。

・《左傳（昭四）》正義曰、釋山云「河南華、河東岱、河北恒、江南衡」、李巡曰「華西嶽華山也。岱東嶽泰山也。恒北嶽恒山也。衡南嶽衡山也」、釋例土地名云「東岳泰山奉高縣泰山也。南岳長沙湘南縣衡山也。西岳弘農華陰縣西南華山也。北岳中山曲陽縣西北恒山也」。郭璞注「恒山名常山、辟漢文帝諱耳」。

また《漢書》地理志・常山郡「高帝置。莽曰井關。屬冀州」の注に、「張晏曰、恆山在西、避文帝諱、故改曰常山」とある。

②劉炫（06-25a-4）——「廢主」の解釈が前半の疏文と劉炫とでは異なる。前半が旧疏、それを批判するのが劉炫説という構成である。

東＝泰山

北＝恒山　　中＝崇山　　南＝衡山

西＝華山

【傳】以畜牲則廢祀。　[06-25a]

【注】名豬則廢豬、名羊則廢羊。〔豬《ちょ》〔いのこ〕と名づくれば則ち豬を廢し、羊と名づくれば則ち羊を廢す。〕

【傳】以器幣則廢禮。晉以僖侯廢司徒。　[06-25a]

【注】僖侯名司徒、廢爲中軍。〔僖侯は司徒と名づくれば、廢して中軍と爲す。〕

【疏】「廢祀」「廢禮」。

○正義に曰う。祭祀は「牲」を主とするから、犠牲が無ければ祭祀は廃止されることになる。「器幣」はそれでもって礼を行うから、器物が少ないと礼が欠けることになる。祭祀に器物を使用するけれども、一器少ないというだけでは祭祀は廃止されない。①ただ諸もろの礼にはすべて器物を使用するので、「廃礼」という語でしめくくったのである。

【譯注】

①且諸禮（06-25a-7）——この文脈上「且」字ではよく意味が通じない。あるいは「但」字の誤りであるかもしれない。

【傳】宋以武公廢司空。　[06-25a]

【注】武公名司空、廢爲司城也。〔武公の名は司空なれば、廢して司城と爲すなり。〕

【傳】先君獻武廢二山。　[06-25a]

【注】二山具敖也。魯獻公名具、武公名敖、更以郷名山。〔「二山」は具・敖なり。魯の獻公の名は具、武公の名は敖なれば、更《あらた》めて郷を以て山に名づく。〕

【疏】注の「二山」より「名山」に至るまで。

○正義に曰う。〈晉語〉①に「范献子 魯に聘し、具・敖の山を問ふ。魯人其の郷を以て対《こた》ふ。献子曰く、具・敖と為さざるか、と。対へて曰く、先君献・武の諱なり」と述べているのが、ここで言う「郷を以て山に名づ」けることである。

ところで、《禮》②に「故《ふる》きを舍《す》てて新しきを諱む」と称しているから、親属関係が尽きるとそれ以上は諱まない。計算してみるに、献子が魯に来聘したのは、昭公の世であり、献・武の諱はすでに久しく廃止されているのに、なおも郷を以て応対したのは（なぜかといえば）、諱むべき時に、その山の名前を改め、諱がすでに廃止されたとしても、もう二度と山に前の名をつけなかったので、もともと名を改めたことによって、その郷を以て答えたのである。それはちょうど「司徒」「司空」が時代を長く経ても、もとの名に復しないのと同じである。

そうだとすると、献子がこのことを質問したのは礼を失したものではないのに、（〈晋語〉に）「其の二諱を名いふ」と言って自らとがめたのは（なぜかといえば)、《禮》③では、「国に入りては禁を問ひ、門に入りては諱を問ふ」からで、献子が魯国に入って問わなかったため、これを恥と考えたのである。

【譯注】

①晉語（06-25a-10）――《國語》晉語九「范獻子聘於魯、問具山敖山、魯人以其鄉對。獻子曰、不爲具敖乎。對曰、先君獻武之諱也。獻子歸、遍戒其所知曰、人不可以不學。吾適魯而名其二諱、爲笑焉、唯不學也。人之有學也、猶木之有枝葉也。木有枝葉、猶庇廕人、而況君子之學乎」。

②禮（06-25b-1）――《禮記》檀弓下篇「卒哭而諱、生事畢而鬼事始已。既卒哭、宰夫執木鐸以命于宮曰、舍故而諱新。自寢門至于庫門。二名不偏諱、夫子之母名徵在。言在不稱徵、言徵不稱在」。

③禮（06-25b-3）――《禮記》曲禮上篇「卒哭乃諱。禮、不諱嫌名。二名不偏諱。逮事父母、則諱王父母。不逮事父母、則不諱王父母。君所無私諱、大夫之所有公諱。詩書不諱、臨文不諱。廟中不諱。夫人之諱、雖質君之前、臣不諱也。婦諱不出門。大功小功不諱。入竟而問禁、入國而問俗、入門而問諱」。

【傳】是以大物不可以命。公曰、是其生也與吾同物。命之曰同。［06-25b］

【注】物類也。謂同日。〔物は類なり。同日を謂ふ。〕

【疏】注の「物類也謂同日」。

○正義に曰う。〈魯世家〉①に「桓公六年、夫人 子を生む。桓公と同日なり。故に之れに名づけて同と曰ふ」と述べているから、「同物」が「同日」だということが分かる。

「物は類なり」と言うのは、これを区別して「類」によって命名したと見なしたのである。

【譯注】

①魯世家（06-25b-3）――《史記》魯世家「（桓公）六年、夫人生子、與桓公同日、故名曰同。同長、爲太子」。

【傳】冬、紀侯來朝。請王命以求成于齊。公告不能。

【注】紀微弱不能自通於天子、欲因公以請王命、公無寵於王、故告不能也。〔紀は微弱にして自ら天子に通ずる能はざれば、公に因りて以て王命を請はんと欲するも、公は王に寵無し、故に能はずと告ぐるなり。〕

春秋左傳正義校定文　卷六

[疏]注經之至嬴縣〇正義曰、桓公元年・二年・十年・十八年、凡四年、於春有「王」、九年春無「王」無「月」、其餘十三年、雖春有「月」、悉皆無「王」。穀梁傳曰「桓無王、其曰王、何也。謹始也。其曰無王、何也。桓弟弑兄、臣弑君、天子不能定、諸侯不能救、百姓不能去、以爲無王之道、遂可以至焉爾。元年有王、所以治桓也」、二年有「王」、「正與夷之卒也」、十年有「王」、「正終生之卒也」、十八年書「王」、范甯注云「此年書王、以王法終治桓之事」、先儒多用穀梁之說。賈逵云「不書王、弑君、易祊田、成宋亂、無王也。元年治桓、二年治督、十年正曹伯、十八年終治桓」。

杜以「正」是王正、厤從王出、故以爲王者班厤、史乃書「王」。「明此厤天王之所班也。其或廢法違常、失不班厤」、則諸侯之史、不得書「王」。言此十三年無「王」、皆王「不班厤」故也。

劉炫規過云「然天王失不班厤、經不書王、乃是國之大事、何得傳無異文。又昭二十三年以後、王室有子朝之亂、經皆書王、豈是王室猶能班厤。又襄二十七年『再失閏』、杜云『魯之司厤、頓置兩閏』、又哀十三年『十二月螽』、杜云『季孫雖聞仲尼之言、而不正厤』。如杜所注、厤既天王所班、魯人何得擅改。又子朝奔楚、其年王室方定、王位猶且未定、諸侯不知所奉、復有何人尚能班厤。昭二十三年秋乃書『天王居于狄泉』、則其春未有王矣。時未有王、厤無所出、何故其年亦書王也。若春秋之厤、必是天王所班、則周之錯失、不關於魯、魯人雖或知之、無由輒得改正。襄二十七年傳稱『司厤過再失閏』者、是周司厤也、魯司厤也。而杜釋例云『魯之司厤、始覺其謬、頓置兩閏、以應天正』。若厤爲王班、當一論王命、寧敢專置閏月、改易歲年。哀十二年『十二月、螽』、仲尼曰『火猶西流、司厤過也』、杜於釋例又云『季孫雖聞此言、猶不卽改、明年復螽、於是始悟、十四年春乃置閏、欲以補正時厤』。既言厤爲王班、又稱魯人輒改、改之不憚於王、亦復何須王厤。杜之此言、自相矛楯。以此立說、難得而通。又案春秋經之闕文甚多、其事非一。亦如夫人有氏無姜、有姜無氏、及大雨霖・廧咎如潰之類也。此無『王』者、正是闕文耳」。

今刪定知此不書「王」、非是經之闕文、必以爲「失不班厤」者、杜之所據、雖無明文、若必闕文、止應一事兩事而已、不應一公之内、十四年並闕王字。

杜以周禮有「頒告朔于邦國都鄙」、以有成文、故爲此說。但齊桓・晉文以前、翼戴天子、王室雖微、猶能班厤。至靈王・景王以後、王室卑微、厤或諸侯所爲、亦遙稟天子正朔。所以有子朝之亂、經仍稱「王」、不責人所不得也。猶如大夫之卒、公疾在外、雖不與小斂、亦同書日之限。然則司厤之過、魯史所改、據此而言、有何可責。劉君不尋此旨、橫生異同、以規杜過、恐非其義也。

(06-01a・01b/02a)

[疏]注既盡至不見〇正義曰、「食既」者謂日光盡也、故云「既盡也」。月體無光、待日照而光生、半照卽爲弦、全照乃成望。望爲日光所照、反得奪月光者、厤家之說、當日之衝有大如日者、謂之闇虛、闇虛當月、則月必滅光、故爲月食。張衡靈憲曰「當日之衝、光常不合、是謂闇虛。在星則星微、遇月則月食」、是言日「奪月光、故月食」也。

若是日奪月光、則應每望常食、而望亦有不食者、由其道度異也。日月異道、有時而交、交則相犯、故日月遞食。交在望前、朔則日食、望則月食。交在望後、望則月食、後月朔則日食。交正在朔、則日食既、前後望不食。交正在望、則月食既、前後朔不食。大率一百七十三日有餘而道始一交、非交則不相侵犯、故朔望不常有食也。

道不正交、則日斜照月、故月光更盛。道若正交、則日衝當月、故月光卽滅。譬如火斜照水、日斜照鏡、則水鏡之光、旁照他物。若使鏡正當日水正當火、則水鏡之光、不能有照、日之奪月亦猶是也。「日月同會」、道度相交、「月揜日光、故日食」、「日奪月光、故月食」。言月食是日光所衝、日食是月體所映、故日食常在朔、月食常在望也。

「食有上下者、行有高下」、謂月在日南、從南入食、南下北高、則食起於下。月在日北、從北入食、則食發於高。是「其行有高下」、故食不同也。故異義云「月高則其食虧於上、月下則其食虧於下也」。

日月之體、大小正同。相揜密者、二體相近、正映其形、故光得溢出而中食也。相揜疏者、二體相遠、月近而日遠、自人望之、則月之所映者廣、故日光不復能見、而日食既也。日食者實是月映之也。但日之所在、則月體不見、聖人不言「月來食日」、而云「有物食之」、「以自食爲文、闕於所不見」也。

(06-02a・02b)

[疏]注禮君至卿逆〇正義曰、天子尊無與敵、不自親逆、使卿逆而上公臨之。諸侯則親逆、有故得使卿。八年「祭公逆王后于紀」、傳曰「禮也」、是當使人天子不親逆也。襄十五年傳曰「官師從單靖公逆王后于齊。卿不行、非禮也」、是知天子之禮、當使卿逆而上公臨之也。禮記哀公問曰「冕而親迎、不已重乎。孔子對曰、合二姓之好、以繼先聖之後、以爲天地宗廟社稷之主、君何謂已重乎」。此對哀公、指言魯事、是諸侯正禮當親逆也。莊二十四年「公如齊逆女」、丘明不爲之傳、以其得禮故也。文四年「逆婦姜于齊傳」、曰「卿不行、非禮也」。以卿不行爲非禮、知「君有故」得「使卿逆」也。(06-03a)

[疏]有年〇正義曰、「年」訓爲稔。謂歲爲年者、取其歲穀一熟之義。故禾稼既收、農功畢入、以其歲豐於常、故史書「有年」於策。此書「有年」、宣十六年書「大有年」、穀梁傳曰「五穀皆熟爲有年。五穀大熟爲大有年」、杜取穀梁爲説、其義亦當然也。周禮疾醫「以五穀養病」、鄭玄云「五穀、麻・黍・稷・麥・豆」、卽月令五時所食穀也。

賈云「桓惡而有年豐、異之也。言有非其所宜有」。案昭元年傳曰「國無道而年穀和熟、天贊之也」、是言歲豐爲佐助之、非妖異之物也。君行既惡、澤不下流、遇有豐年、輒以爲異、是則無道之世唯宜有大饑、不宜有豐年、非上天佑民之本意也。且「言有不宜有」、傳無其説。釋例曰「劉賈許因『有年』『大有年』之經、『有鸜鵒來巣、書所無』之傳、以爲經諸言『有』、皆不宜有之辭也。據經螟・螽不書有、傳發於魯之無鸜鵒、不以『有』字爲例也。經書十有一年・十有一月、不可謂不宜有此年、不宜有此月也。螟・螽俱是非常之災、亦不可謂其宜有也」。(06-03a・03b)

[疏]注武公至之右〇正義曰、「武公莊伯子」、「韓萬莊伯弟」、世本・世家文也。周禮戎僕「掌馭戎車」、戎右「掌戎車之兵革使」、故知「御」爲「戎僕」、「右」是「戎車之右」也。(06-03b)

[疏]注汾隰汾水邊〇正義曰、釋例曰「汾水出大原故汾陽縣、東南至晉陽縣、西南經西河平陽、至河東汾陰縣入河」。爾雅釋地云「下溼曰隰」、知「汾隰汾水邊」也。(06-04a)

[疏]注驂騑馬○正義曰、説文云「騑驂、旁馬」、是「騑」「驂」爲一也。初駕馬者、以二馬夾轅而已。又駕一馬、與兩服爲參、故謂之「驂」。又駕一馬、乃謂之「駟」。故説文云「驂駕三馬也」、「駟一乘也」。兩服爲主、以漸參之、兩旁二馬、遂名爲「驂」、故揔舉一乘、則謂之「駟」、指其騑馬、則謂之「驂」。詩稱「兩驂如舞」、二馬皆稱「驂」。禮記稱「説驂而賻之」、一馬亦稱「驂」。是本其初參、遂以爲名也。驂馬在衡外、挽靷每結於木、由頸不當衡故也。名「騑」者、以駟馬有騑騑之容、故少儀云「騑騑翼翼」是也。(06-04a)

[疏]注公不至禮也○正義曰、此「成昏」謂聘文姜也。詩刺魯桓公不能禁制文姜、云「取妻如之何、匪媒不得、既曰得止、曷又極止」、言桓公以媒得文姜、此云「不由媒」者、公親會齊侯、必無媒也。詩舉正法以刺上、傳據實事以解經、故不同耳。(06-04a・04b)

[疏]注昏禮至其義○正義曰、「公子遂逆女」、伝「言尊君命」、是「奉時君之命」也。此言「脩先君之好」、是「稱先君爲辭」也。翬・遂俱是逆女、傳文各言其一、是「互舉其義」。昏禮納采辭曰「某有先人之禮、使某也請納采」、其納徵辭曰「某有先人之禮、使某也請納徵」、是男家辭也。主人醴賓辭曰「子爲事故至於某之室、某有先人之禮、請醴從者」、是女家辭也。彼士禮也、故稱「先人」。若諸侯則稱「先君」。以此知「其言必稱先君、以爲禮辭」。(06-04b)

[疏]凡公至送之○正義曰、昏以相敵爲耦、先以「敵國」爲文、然後於「大國」「小國」、辨其所異。「姊妹」於敵國、猶上卿送之、於大國則上卿必矣。且姊妹「禮於先君」、不以所嫁輕重、雖則小國、亦使上卿送也。「於小國、則上大夫送之」、文承「公子」之下、謂送公子、非送姊妹也。

周禮序官唯有中大夫、無上大夫也。禮記王制曰「諸侯之上大夫卿」、鄭玄云「上大夫曰卿」、則上大夫即卿也、又無上大夫矣、而此云「上大夫」者、諸侯之制、三卿五大夫、五人之中、又復分爲上下。成三年傳曰「次國之上卿當大國之中、中當其下、下當其上大夫。小國之上卿當大國之下卿、中當其上大夫、下當其下大夫」、是分大夫爲上下也。(06-05a)

[疏]注古者至釋之○正義曰、經書「來聘」、傳言「致夫人」、是行聘禮而致之也、故知「使大夫隨加聘問」、得所以「存謙敬序殷勤」也。其意言不堪事宗廟、則欲以之歸也。

成九年「季孫行父如宋致女」、與此事同而文異、故辨之云「在魯而出則曰致女。在他國而來、則揔曰聘」、是詳内略外之文。傳嫌其不同、故以「致夫人」釋之。(06-05a・05b)

[疏]注爲明至北縣○正義曰、地理志云「馮翊臨晉縣芮鄉故芮國也」、「河東郡河北縣詩魏國也」。世本「芮」「魏」皆姫姓。尚書顧命、成王將崩、有芮伯爲卿士、名謚不見。「魏」之初封、不知何人。閔元年晉獻公滅魏、「芮」則不知誰滅之。(06-05b)

[疏]注冬獵至書地○正義曰、「冬獵曰狩」、爾雅釋天文也。易比卦九五「王用三驅、失前禽」、鄭玄云「王者習兵於蒐狩、驅禽而射之、三則已、法軍禮也。失前禽者、謂禽在前來者不逆而射之。旁去又不射、唯背走者順而射之、不中則已、是其所以失之。用兵之法亦如之。降者不殺、奔者不禦、皆爲敵不敵己、加以仁恩養威之道」、是説「三驅」之事也。狩獵之禮、唯有三驅、故知行三驅之正禮、得田獵之常時、故傳曰「書時禮也」。善其得時、明禮皆無違矣。

周之春正月建子、卽是夏之仲冬也。周禮大司馬「中冬教大閱、遂以狩田」、是「田狩從夏時」也。釋例曰「三王異正朔、而夏數爲得天。雖在周代、於言時舉事、皆據夏正。故公以春狩、而傳曰『書時禮也』」。

隱五年「公矢魚于棠」、傳曰「言遠地也」、僖二十八年「天王狩于河陽」、傳曰「言非其地也」、舉地名者、皆言其非地、故知此「郎非國內之狩地、故書地」也。若國內狩地、大野是也。哀十四年傳曰「西狩於大野」、經不書「大野」、明其得常地、故不書耳。由此而言、則「狩于禚」・「蒐于紅」及「比蒲」「昌閒」、皆非常地、故書地也。田狩之地、須有常者、古者民多地狹、唯在山澤之閒、乃有不殖之地。故天子諸侯、必於其封內、擇隙地而爲之。僖三十三年傳曰「鄭之有原圃、猶秦之有具囿也」、是其諸國各有常狩之處。違其常處、則犯害居民、故書地以譏之。(06-05b/06a)

[疏]注宰官至放此○正義曰、周禮天官有大宰・小宰・宰夫、知「宰」是官也。傳言「父在故名」、知「伯糾」是名、自然「渠」爲氏矣。周禮大宰卿、小宰中大夫、宰夫下大夫、未知「伯糾」是何宰也。貶之乃書名、則於法當書字。但中下大夫、例皆書字、則此宰高下、猶未可量、故注直言「王官之宰」、不指小宰・宰夫、愼疑故也。

詩稱「濟濟多士」、書戒「無曠庶官」。爲政有三、擇人爲急。「王官之宰、當以才授位」、今其父居官、而使子攝職、是王者輕侮爵位、遭人則可、「故書名以譏之」。

「糾」之出聘、事由於王、而貶「糾」者、王不應授糾、糾不應受使、二者俱有其過、貶糾亦所以責王、如「宰咺」之比也。

春秋編年之書、四時畢具、乃得爲年、此無秋・冬、知是「史闕文」也。舊史先闕、故仲尼因之。膏肓何休以爲「左氏宰渠伯糾、父在故名、仍叔之子、何以不名。又仍叔之子、以爲父在稱子、伯糾父在何以不稱子」。鄭箴之云「仍叔之子者、譏其幼弱、故略言子、不名之。至於伯糾、能堪聘事、私覿又不失子道、故名且字也」。鄭氏所箴與杜同、云「伯糾名且字」、非杜義。(06-06b)

[疏]注郎非至合禮○正義曰、春秋之世、狩獵多矣、見於經者、無數事焉、良由得時得地、則常事不書故也。以「獲麟」在於大野得地、則不書其地、知地・時並得、則例皆不書。此書「公狩于郎」、必是有所譏刺、所刺之意、在於失常地也。但傳於「棠」與「河陽」、已云「言非其地」、則非地之責、於理已見。而此「狩」得時、恐并時亦刺駮、出合禮而非禮自明、故注申其意、言「郎非狩地、唯時合禮」、以時合禮、地非禮也。

公羊傳曰「常事不書、此何以書。譏。何譏。爾遠也」。公羊說諸侯遊戲不得過郊、故有遠近之言、左氏無此義、要言「遠」者、亦是譏其失常地也。

(06-07a)

[疏]注未同至兩書○正義曰、僖二十三年傳例曰「赴以名則亦書之」。檢經・傳、魯未與陳盟、而書鮑名、知其「來赴以名故」也。隱八年「蔡侯考父卒」、注云「蓋春秋前、與惠公盟、故赴以名」。案史記年表、隱之元年是陳桓公之二十三年、則桓公亦得與惠公盟、而云「未同盟」者、以蔡侯之卒去惠尚近、故疑與惠公盟、此去惠公年月已遠、且自隱公以來、陳魯未嘗交好、於惠公之世、亦似無盟、故以「未同盟」解之也。

以長厤推之、知「甲戌」「己丑」別月、而赴者並言正月、故兩書其日、而共言「正月」。若其各以月赴、亦應兩書其月。但此異年之事、設令兩以月赴、則當以四年云「十二月、甲戌、陳侯鮑卒」、五年「正月、己丑、陳侯鮑卒」。

(06-07b)

[疏]注外相至故書○正義曰、傳言「朝」經言「如」、知「如」卽「朝」也。

下文「州公如曹」、與此相類、故云「外相朝皆言如」也。魯出朝聘、例亦言「如」、獨言「外朝」者、經有「公朝王所」、以不盡云「公如」、故獨云「外」也。「朝聘」而謂之「如」者、爾雅釋詁云「如往也」。「朝」者兩君相見、揖讓兩楹之間、「聘」者使卿通問鄰國、執圭以致君命、據行禮而爲言也。魯之君臣、出適他國、始行卽書於策、未知成禮以否。經每有在塗乃復、是禮未必成、故直云「如」。言其往彼國耳、不果必成朝聘也。「公朝王所」、則朝訖乃書、故指「朝」言之。此齊・鄭朝紀、亦應朝訖乃告、但略外故言「如」耳。外相朝、例不書、而此獨書者、傳言「欲以襲紀、紀人知之」、明其「懼而告魯故書」也。(06-07b/08a)

[疏]注仍叔至出聘○正義曰、天子大夫、例皆書字。「仍」氏「叔」字、知是「天子大夫」也。公羊・穀梁皆以「仍叔之子」爲父老代父從政。左氏直云「弱也」、言其幼弱、不言父在、則是代父嗣位、非父在也。「伯糾」身未居官、攝行父事、故稱名以貶之。此子雖已嗣位、而未堪從政、故繫父以譏之、譏王「使童子出聘」也。蘇氏用公羊・穀梁之義、以爲「父老來聘、非父沒」、義或當然。(06-08a)

[疏]注蚣蝑至故書○正義曰、釋蟲云「蜇螽蜙蝑」、楊雄方言云「春黍謂之蚣蝑」、陸璣毛詩疏云「幽州人謂之春箕。春箕卽春黍、蝗類也。長而青、股鳴者。或謂似蝗而小班黑、其股狀如瑇瑁叉。五月中、以兩股相切作聲。聞十數步」。爾雅又有「蠜螽土螽」、樊光云「皆蜙蝑之屬」。然則螽之種類多、故言「屬」以包之。傳稱「凡物不爲災不書」、知此「爲災故書」。(06-08a・08b)

[疏]州公如曹○正義曰、周禮「公之地、封疆方五百里、侯四百里、伯三百里、子二百里、男一百里」。隱五年公羊傳曰「天子三公稱公、王者之後稱公、其餘大國稱侯、小國稱伯子男」。然則三公之外爵稱「公」者、唯二王之後杞與宋耳。此「州公」及僖五年「晉人執虞公」、並是小國、而得稱「公」者、鄭玄王制注以爲「殷地三等、百里・七十里・五十里。武王克殷、雖制五等之爵、而因殷三等之地。及周公制禮、大國五百里、小國百里、所因殷之諸侯、亦以功黜陟之。其不滿者、皆益之地爲百里焉。是以周世有爵尊而國小、爵卑而國大者」。言「爵尊國小」、蓋指此「州公」「虞公」也。

案「虞」是克商始封、非爲殷之餘國、鄭玄之言、不可通於此矣。杜之所解、亦無明言。唯世族譜云「虞姫姓。武王克商、封虞仲之庶孫、以爲虞仲之後、處中國、爲西呉。後世謂之虞公」、服虔云「春秋前以黜陟之法進爵爲公」、未知孰是。或可嘗爲三公之官、若虢公之屬故稱公也。以其無文、故備言之。劉炫難服云「周法、二王之後乃得稱公、雖復周公・大公之勳、齊桓・晉文之霸、位止通侯、未升上等。州有何功、得遷公爵。若其爵得稱公、土亦應廣、安得爵爲上公、地仍小國。若地被兼黜、爵亦宜減、安得地既削小、爵尚尊崇。此則理之不通也」。(06-08b/09a)

○注不書至陶縣○正義曰、「如」者朝也。以朝出國、不得書「奔」。外朝不書、以因來向魯、故書其本也。

世本、州國姜姓、曹國伯爵。譜云「曹姫姓、文王子、叔振鐸之後也。武王封之陶丘、今濟陰定陶縣是也。桓公三十五年魯隱公之元年也。伯陽立十五年、魯哀公之八年、而宋滅曹」、地理志云「濟陰郡定陶縣、詩曹國」是也。(06-09a)

[疏]公疾病○正義曰、鄭玄論語注云「病謂疾益困也」。(06-09a)

[疏]注奪不使知王政○正義曰、隱三年傳稱「王貳于虢」、謂欲分政於虢、不復專任鄭伯也。及平王崩、周人將畀虢公政、卽周・鄭交惡、未得與之。八年

傳曰「虢公忌父始作卿士于周」、於是始與之政、共鄭伯分王政矣。九年傳曰「鄭伯爲王左卿士」。然則虢公爲右卿士、與鄭伯夾輔王也。此年「王奪鄭伯政」、全奪與虢、不使鄭伯復知王政、故鄭伯積恨、不復朝王。(06-09b)

[疏]注曼伯檀伯〇正義曰、十五年傳曰「鄭伯因櫟人殺檀伯」、昭十一年傳曰「鄭京櫟實殺曼伯」、知一人也。(06-10a)

[疏]注司馬至陳法〇正義曰、史記稱「齊景公之時有田穰苴、善用兵。景公尊之、位爲大司馬。六國時、齊威王用兵行威、大放穰苴之法、乃使大夫追論古者司馬兵法、而附穰苴其中、凡一百五十篇、號曰司馬法」。「車戰二十五乘爲偏」、是彼文也。「五人爲伍」、周禮司馬序官文也。(06-10a)

[疏]注旝旃至號令〇正義曰、「旝」之爲「旃」、事無所出、説者相傳爲然。成二年傳、張侯曰「師之耳目、在吾旗鼓、進退從之」、是在軍之士、視將旗以進退也。今「命二拒」、命「旝動而鼓」、望旗之動、鼓以進兵、明「旝」是可觀之物。又「旝」字從㫃、旌旗之類、故知「旝」爲「旃」也。周禮司常「通帛爲旜」、故云「通帛爲之」、謂通用一絳帛無畫飾也。

鄭玄云「凡旌旗、有軍衆者畫異物、無者帛而已。鄉遂大夫、或載旜、或載物。衆屬軍吏、無所將」。如鄭之意、則將不得建旃、而此軍得有「旃」者、僖二十八年傳曰「城濮之戰、晉中軍風于澤、亡大旆之左旃」、是知戰必有旃、故以「旝」爲「旃」也。鄭氏之言、自謂治兵之時、出軍所建不廢、戰陳之上、猶自用旃指麾。今時爲軍、猶以旌麾號令、故云「蓋今大將之麾、執以爲號令」也。

賈逵以「旝」爲發石、一曰飛石、引范蠡兵法、作飛石之事以證之。説文亦云「建大木、置石其上、發以機以追敵」、與賈同也。案范蠡兵法、雖有飛石之事、不言名爲「旝」也。發石非旌旗之比。説文載之㫃部、而以飛石解之、爲不類矣。且三軍之衆、人多路遠、發石之動、何以可見而使二拒準之爲擊鼓候也。注以「旃」説爲長、故從之。(06-10b)

[疏]注祭足至非也〇正義曰、隱元年傳稱「祭仲」、上云「祭仲足」、此云「祭足」、十一年傳云「祭封人仲足」、此人雖名字互見、而不知孰字孰名。公羊以「仲」爲字、左氏先儒亦以爲字。但春秋之例、諸侯之卿、嘉之乃書字。十一年經書「祭仲」、而事無可嘉、注意以「仲」爲名、故云「名仲字仲足」。釋例曰「伯・仲・叔・季、固人字之常、然古今亦有以爲名者。而公羊守株、專謂祭氏以仲爲字。既謂之字、無辭以善之、因託以行權。人臣而善其行權逐君、是亂人倫壞大教也。説左氏者知其不可、更云『鄭人嘉之、以字告、故書字』。此爲因有告命之例、欲以苟免、未是春秋之實也。宰渠伯糾・蕭叔大心、皆以伯・叔爲名、則仲亦名也。傳又曰『祭仲足』、或偏稱仲、或偏稱足、蓋名仲字足也」、是辨其名仲之意也。

凡傳所記、事必有意存焉。此丁寧説鄭、言其「志在苟免」、知其意言「王討之非」也。(06-11a・11b)

[疏]注仍叔至末秋〇正義曰、此「子」來聘、傳雖不言聘意、蓋爲將伐鄭、而遣告魯也。經在「伐鄭」之上、傳在「伐鄭」之下、明其必有深意。故注者原之、以爲「童子將命、無速反之心。久留在魯、故經書夏聘、傳釋之於末秋」、譏其夏至而秋末反也。

下句更言「秋、大雩」、則秋未爲末、注云「末秋」者、上有「秋、王以諸侯伐鄭」、此「仍叔」之文、在秋事之末、故云「末秋」也。下文更云「秋」者、自爲「欲顯天時」、更別言「秋」。(06-11b)

[疏]注十二至凡事〇正義曰、上既言「秋、王以諸侯伐鄭」、而此復言「秋」、故解之。方「發雩祭之例」、須辨雩祭之月、欲顯言天時、以指怠慢之事、故重言「秋」、異於「凡事」。「凡事」則不須每事重舉時也。襄二十六年重言「秋」者、彼注自釋「中間有初、不言秋、則嫌楚客過在他年」。(06-11b)

[疏]注言凡至南郊〇正義曰、「下三句」謂「雩」「嘗」「烝」也。「雩」是祭天、「嘗」「烝」祭宗廟、此無祭地、而言祭「地」者、因天連言地耳。

周禮「天神曰祀、地祇曰祭、人鬼曰享」、對則別爲三名、散則摠爲一號。禮諸侯不得祭天、魯以周公之故、得郊祀上帝、故「雩」亦祀帝。書傳皆不言魯得祭地、蓋不祭地也。魯不祭地、而注言「天地」者、以發凡言例、雖因魯史經文、然凡之所論、摠包天子及諸國。則「凡公女嫁於天子、諸卿皆行」、及「王曰小童」之例是也。此「凡祀」亦摠包天子及諸國、則有祭地之文、故杜連言之。釋例云「凡祀、舉郊・雩・烝・嘗、則天神・地祇・人鬼之祭皆通。其他羣祀不錄可知也。礿祠及地祇、經無其事、故不備言、亦約文以相包也」。礿祠之祭、過則亦書、但無過時者、故經不書耳。

夏小正曰「正月啓蟄」、其傳曰「言始發蟄也」。故漢氏之始、以啓蟄爲正月中、雨水爲二月節。及大初以後、更改氣名、以雨水爲正月中、驚蟄爲二月節、以迄于今、踵而不改。今厤正月雨水中、四月小滿中、八月秋分中、十月小雪中、注皆以此四句爲建寅・建巳・建酉・建亥之月、則「啓蟄」當雨水、「龍見」當小滿、「始殺」當秋分、「閉蟄」當小雪。

晉世之厤、亦以雨水爲正月中、而釋例云「厤法正月節立春、啓蟄爲中氣」者、因傳有「啓蟄」之文、故遠取漢初氣名、欲令傳與厤合。其餘三者、不可強同其名。雖則不同其法、理亦不異。故釋例云「案厤法有啓蟄・驚蟄、而無龍見・始殺・閉蟄。比古人所名不同。然其法推不得有異。傳曰『火伏而後蟄』者、畢此謂十月始蟄也。至十一月則遂閉之、猶二月之驚蟄、既啓之後、遂驚而走出、始蟄之後、又自閉塞也」。是言「啓蟄」爲正月中、「閉蟄」爲十月中也。注以「閉蟄」爲「十月」、而釋例云「十一月遂閉之」者、以正月半蟄蟲啓戸、二月初則驚而走出、十月半蟄蟲始閉、十一月初則遂閉之。傳稱四者皆舉中氣、言其至此中氣則卜此祭、次月初氣、仍是祭限、次月中氣、乃爲過時。既以「閉蟄」爲建亥之月、又言「十一月則遂閉之」、欲見閉蟄以後冬至以前、皆得烝祭也。故釋例云「孟獻子曰、啓蟄而郊、郊而後耕。耕謂春分也。言得啓蟄當卜郊、不應過春分也」。春分以前皆得郊、則冬至以前、皆得烝也。釋例又曰「僖公・襄公、夏四月卜郊、但譏其非所宜卜、而不譏其四月不可郊也」。以建卯之月猶可郊、知建子之月猶可烝也。正由節卻月前、未涉後月中氣故耳。

傳本不舉月爲限、而舉候以言者、釋例曰「凡十二月而節氣有二十四、共通三百六十六日、分爲四時、間之以閏月。故節未必恒在其月初、而中氣亦不得恒在其月之半。是以傳舉天宿氣節爲文、而不以月爲正也」。「土功作者、不必日月、故亦言『龍見而畢務、戒事也。火見而致用、水昬正而栽、日至而畢』、此其大準也」。是言凡候天時皆不以月爲其節、有參差故也。若周禮不舉天象、故以月爲正。大司馬職曰「中夏獻禽以享礿、中冬獻禽以享烝」、言四時之祭、不得後仲月、非謂孟月不得祭也。釋例曰「周禮祭宗廟以四仲、蓋言其下限也」。下限至於仲月、則上限起於孟月。烝起建亥之月、則嘗起建申之月。此言「始殺而嘗」、謂「建酉之月」、亦是下限也。若仲是下限、則周之正月得爲烝祭。春秋之例、得常不書、而八年書「正月烝」者、釋例云「經書正月烝、得仲月之時也。其夏五月復烝、此爲過烝。若但書夏五月烝、則唯可知其非時、故先發正月之烝、而繼書五月烝、以示非時、並明再烝瀆也」。然仲月雖不過時、而月節有前有卻。若使節前月卻、卽爲非禮。此「秋、大雩」是建午之月耳。而傳言「不時」、明涉其中氣、故譏之。釋例云「龍星之體畢見、謂立夏之月。得此月則當卜祀。過涉次節、則以過而書。故『秋、雩、書不時』、此涉周之立秋節也」。言「涉立秋節」者、謂涉立秋之月中氣節也。「過涉次節」、亦謂中節非初節也。若始渉初節、則不譏之矣。

如此傳注、必是建寅之月方始郊天、周之孟春未得郊也。禮記明堂位曰「魯君孟春乘大輅、載弧韣、以祀帝於郊。季夏六月、以禘禮祀周公於太廟」。季夏周之六月、卽孟春是周之正月矣。又雜記云「孟獻子曰、正月日至可以有事於上帝。七月日至可以有事於祖。七月而禘、獻子爲之」。如彼記文、則魯郊以周之孟春、而傳言「啓蟄而郊」者、禮記後人所錄、其言或中或否、未必所言皆是正禮。襄七年傳「孟獻子曰、啓蟄而郊」。禮記・左傳倶稱獻子、而記言「日至」、傳言「啓蟄」、一人兩説、必有謬者。若「七月而禘、獻子爲之」、時應有七月禘矣。烝・嘗過則書、禘過亦應書。何以獻子之時、不書七月禘也。是知獻子本無此言、不得云禮記是而左傳非也。明堂位言「正月郊」者、蓋春秋之末、魯稍僭侈見、天子冬至祭天、便以正月祀帝。記者不察其本、遂謂正月爲常。明堂位後世之書、其末章云「魯君臣未嘗相弑也。禮樂刑法政俗未嘗相變也」。春秋之世、三君見弑、髽而弔、士有誄、俗變多矣。尚云無之、此言旣誣、則郊亦難信。以此知記言孟春非正禮也。

鄭玄注書、多用讖緯。言「天神有六、地祇有二。天有天皇大帝、又有五方之帝。地有崐崘之山神、又有神州之神。大司樂『冬至祭於圜丘』者、祭天皇大帝北辰之星也。月令『四時迎氣於四郊所祭』者、祭五德之帝。大微宮中、五帝坐星也。春秋緯文耀鉤云『大微宮有五帝坐星。蒼帝其名曰靈威仰。赤帝曰赤熛怒。黃帝曰含樞紐。白帝曰白招拒。黑帝曰汁光紀』。五德之帝謂此也。其夏正郊天、祭其所感之帝焉。周人木德、祭靈威仰也。魯無冬至之祭、唯祭靈威仰耳」。唯鄭玄立此爲義、而先儒悉不然。故王肅作聖證論、引羣書以證之、言「郊則圜丘。圜丘卽郊。天體唯一、安得有六天也」。晉武帝王肅之外孫也。泰始之初、定南北郊祭、一地一天、用王肅之義。杜君身處晉朝、共遵王説。集解・釋例都不言有二天。然則杜意、天子冬至所祭、魯人「啓蟄而郊」、猶是一天、但異時祭耳。此注直云「祀天南郊」、不言靈威仰、明與鄭異也。

劉炫云「夏正郊天、后稷配也。冬至祭天圜丘、以帝嚳配也」。

(06-12a・12b/13a・13b/14a)

[疏]注龍見至膏雨○正義曰、天官東方之星盡爲蒼龍之宿。「見」謂合昏見也。「雩」之言遠也。「遠爲百穀祈膏雨」、「遠」者豫爲秋收、言意深遠也。穀之種類多、故詩每言「百穀」、舉成數也。雨之潤物、若脂膏然、故謂甘雨爲「膏雨」。襄十九年傳曰「百穀之仰膏雨」是也。

傳直言「雩」、而經書「大雩」者、賈逵云「言大別山川之雩」。蓋以諸侯雩山川、魯得雩上帝、故稱「大」。月令云「大雩帝、用盛樂」、是雩帝稱大雩也。此「龍見而雩」、定在建巳之月、而月令記於仲夏章者、鄭玄云「雩之正當以四月。凡周之秋三月之中而旱、亦脩雩祀而求雨、因著正雩於此月、失之矣」。杜君以爲月令秦法、非是周典。穎子嚴以龍見卽是五月。釋例曰「月令之書出自呂不韋。其意欲爲秦制、非古典也。穎氏因之以爲龍見五月、五月之時、龍星已過於見。此爲強牽天宿以附會呂不韋之月令、非所據而據、旣以不安、且又自違左氏傳稱『秋、大雩、書不時』。此秋卽穎氏之五月、而忘其『不時』之文、而欲以雩祭」、是言月令不得與傳合也。

鄭玄禮注云「雩之言吁也。言吁嗟哭泣以求雨也」。「郊」「雩」倶是祈穀、何獨「雩」爲吁嗟。旱而脩雩、言吁嗟可矣。四月常雩、於時未旱、何當已吁嗟也。賈・服以「雩」爲遠、故杜從之也。(06-14a・14b)

[疏]注建酉至宗廟○正義曰、「嘗」者薦於宗廟、以嘗新爲名、知必待嘉穀熟、乃爲之也。詩稱「八月其穫」、穫刈嘉穀、在於八月、知「始殺」爲「建酉之月、陰氣始殺」也。釋例引詩「蒹葭蒼蒼、白露爲霜」、以證始殺百草也。月令「孟秋、白露降、季秋、霜始降」。然則七月有白露、八月露結、九月乃成霜、時寒乃漸、歳事稍成。八月嘉穀熟、所薦之物備、故以「建酉之月、薦嘗

於宗廟」。

案月令「孟秋、農乃登穀、天子嘗新、先薦寢廟」、則似七月穀熟矣、七月當嘗祭、而云「建酉之月」乃嘗祭者、以上下準之、「始殺」嘗祭、實起於建申之月、今云「建酉」者、言其下限。然杜獨於嘗祭擧下限者、以秋物初熟、孝子之祭、必待新物、故特擧下限而言之。

哀十三年子服景伯謂呉大宰曰「魯將以十月上辛有事於上帝先公、季辛而畢」。彼雖恐呉之辭、亦是八月嘗祭之驗也。何則、於時會呉在夏、公至在秋、景伯言然之時、秋之初也。若嘗在建申、當言九月、不應遠指十月。知十月是嘗祭之常期、周之十月、是「建酉之月」也。

「建酉」是下限耳。若節前月卻、孟秋物成、亦可以孟秋嘗祭。故釋例云「周禮四仲月、言其下限」。若建申得嘗、何以釋例又云「始殺而嘗、謂建酉之月。蒹葭蒼蒼、白露爲霜」、又以始殺唯建酉之月者、以賈・服始殺唯據孟秋、不通建酉之月、故釋例破賈・服、而爲此言也。先此則不可。十四年「八月、乙亥嘗」、乃是建未之月、故注云「先其時亦過也」。(06-14b/15a)

[疏]注建亥至備矣〇正義曰、傳稱「火伏而後蟄者畢」、周禮「季秋內火」、則火以季秋入、而孟冬伏。是蟲以孟冬蟄、故知「閉蟄」是「建亥之月」也。王制云「昆蟲未蟄、不以火田」、鄭玄云「昆明也。明蟲者得陽而生、得陰而藏」。陰陽卽寒溫也。祭統注云「昆蟲謂溫生寒死之蟲也」、是蟄蟲謂之昆蟲也。月令仲春云「蟄蟲咸動、啓戸始出」。出言「啓戸」、故蟄言「閉戸」。爾雅釋詁云「烝衆也」、知「萬物皆成、可薦著衆」、故名此祭爲「烝」。(06-15a)

[疏]注卜日至慢也〇正義曰、祭必當卜、卜有吉否。不吉則當改卜次旬、故不可期以一日。卜不過三、故限以一月。過渉次月之節、則書之以譏其慢。

(06-15a)

[疏]大閱〇正義曰、「公狩于郎」「公狩于禚」皆書「公」、「大蒐」「大閱」不書「公」者、周禮雖四時教戰、而遂以田獵、但蒐閱車馬、未必皆因田獵、田獵從禽、未必皆閱車馬。何則、怠慢之主、外作禽荒、豈待教戰方始獵也。「公及齊人狩于禚」、乃與鄰國共獵、必非自教民戰。以「矢魚于棠」非教戰之事、主爲遊戲、而斥言「公」、則「狩于郎」「禚」、亦主爲遊戲、故特書「公」也。

「大蒐」「大閱」、國之常禮、公身雖在、非爲遊戲、如此之類、例不書「公」。定十四年「大蒐于比蒲。邾子來會公」、公身在蒐、而經不書「公」、知其法所不書。以其國家大事、非公私欲故也。且比蒲・昌間、皆擧蒐地、此不言地者、蓋在國簡閱、未必田獵。昭十八年、鄭人簡兵大蒐在於城內、此亦當在城內。

(06-15b)

〇注齊爲至車馬〇正義曰、大閱之禮在於仲冬。今農時閱兵、必有所爲、傳不言其意、故注者原之。於時四鄰與魯無怨、又竟無征伐之處。諸侯戍齊、經所不見、而傳說鄭忽怒事於「大閱」之上、及十年鄭與齊衛來戰于郎、知此「大閱」是懼鄭忽而畏齊人、「故以非時簡車馬」也。(06-16a)

[疏]注佗立至二年〇正義曰、「殺陳佗」、傳無文、不言「無傳」者、以傳說此事在莊二十二年、不是全無其事、故不言「無傳」。(06-16a)

[疏]注桓公至生也〇正義曰、適妻長子、於法當爲大子、故以大子之禮擧之。由擧以正禮、「故史書於策」。古人之立大子、其禮雖則無文、蓋亦待其長大、特加禮命。如今之臨軒策拜。始生之時、未得卽爲大子也。以其備用正禮、故書其生、未得命、故不言大子也。

杜云「十二公唯子同是適夫人之長子」、又云「文公・哀公、其母並無明文、未知其母是適以否」。蓋其父未爲君之前已生、縱令是適、亦不書也。釋例云「據公衡之年、成公又非穆姜所生」、杜此注云「子同是適夫人之長子。備用大子之禮、故史書之」。然則雖適夫人之長子、不用大子之禮、亦不書也。(06-16a)

[疏]注隨國至隨縣○正義曰、世本「隨國姫姓」、不知始封爲誰。「隨」以此年見傳、僖二十年經書「楚人伐隨」、自是以後遂爲楚之私屬、不與諸侯會同。至定四年、呉入郢、昭王奔隨、隨人免之、卒復楚國。楚人德之、使列諸侯。哀元年「隨侯」見經、其後不知爲誰所滅。(06-16b)

[疏]以爲至其君○正義曰、言此計今雖無益、以爲在後圖謀也。言「季梁之諫、不過一見從」耳、「少師得其君心」、君將必用其計、若用少師、則此謀必合、故請示弱以希後日之利。(06-17a)

[疏]天方授楚○正義曰、楚之先君熊繹始封於楚、在蠻夷之間、食子・男之地、至此君始彊盛、威服鄰國、似有天助、故云「天方授楚」。(06-17b)

○臣聞至可也○正義曰、臣聞、小國之能敵大國也、必小國得道、大國淫辟、如是乃得爲敵也。其意言、隨未有道、而楚未爲淫辟、隨不能敵楚也。既言隨未有道、更説有道之事。「道」猶道路、行不失正、名之曰「道」。施於人君、則治民事神、使之得所、乃可稱爲「道」矣。故云「所謂道者忠恕於民、而誠信於神」也、此覆説忠信之義。

於文中心爲「忠」、言中心愛物也。人言爲「信」、謂言不虚妄也。在上位者、思利於民、欲民之安飽、是其「忠」也。祝官・史官、正其言辭、不欺誑鬼神、是其「信」也。今隨國民皆飢餒、而君快情欲、是不思利民、是不忠也。祝史詐稱功德、以祭鬼神、是不正言辭、是不信也。無忠無信、不可謂道。小而無道、何以敵大。君欲敵之、「臣不知其可也」、欲君之下楚也。(06-17b/18a)

[疏]注牲牛至曰盛○正義曰、諸侯祭用大牢、祭以三牲爲主、知「牲」爲三牲「牛・羊・豕」也。周禮牧人「掌共祭祀之牲牷」、祭用純色、故知「牷」謂「純色」。「完全」言毛體全具也。曲禮曰「豚曰腯肥」、肥・腯共文、知「腯」亦「肥」也。重言「肥腯」者、古人自有複語耳。服虔云「牛・羊曰肥、豕曰腯」。案禮記「豚」亦稱「肥」、非獨牛・羊也。「粢」是黍稷之別名、亦爲諸穀之摠號。祭之用米、黍稷爲多、故云「黍稷曰粢」。「粢」是穀之體也。「盛」謂盛於器、故云「在器曰盛」。(06-18a)

[疏]對曰夫民至於難○正義曰、「鬼神之情、依人而行」、故云「夫民神之主也」。以民和乃神説、故「聖王先成其民、而後致力於神」。言養民使成就、然後致孝享、由是告神之辭、各有成百姓之意。祭之所用、有牲有食有酒耳、聖人文飾辭義、爲立嘉名以告神。季梁舉其告辭、解其告意。

「故奉牲以告神曰、博碩肥腯」者、非謂所祭之牲廣大肥充而已、乃言民之畜産盡肥充。皆所以得「博碩肥腯」者、由四種之謂、故又申説四種之事。「四謂」者、第一謂「民力普徧安存」、故致第二畜之「碩大滋息」。「民力普存」、所以致之者、由民無勞役、養畜以時、故六畜碩大、蕃多滋息。「民力普存」、又致第三「不有疾病疥癬」。所以然者、由「民力普存」、身無疲苦、故所養六畜、飲食以理、埽刷依法、故皮毛身體無疥癬疾病。「民力普存」、又致第四「備腯咸有」。所以然者、由「民力普存」、人皆逸樂、種種養畜、羣牲備有也。

「奉盛以告神曰、絜粢豐盛」者、非謂所祭之食、絜淨豐多而已、乃言民之糧食盡豐多也。言「豐絜」者、謂其春・夏・秋三時、農之要節、爲政不害於民、得使盡力耕耘、自事生産、故百姓和而年歳豐也。

「奉酒醴以告神曰、嘉栗旨酒」者、非謂所祭之酒栗善味美而已、乃言百姓之情、上下皆善美也。言「嘉旨」者、謂其國内上下羣臣及民皆有善德、而無違上之心。若民心不和、則酒食腥穢。由上下皆善、故酒食馨香。非言酒食馨香、無腥膻臭穢、乃謂民德馨香、無讒誣邪惡也。

「所謂馨香」、揔上三者。由是王者將説神心、先和民志、故「務其三時」、使農無廢業、「脩其五教」、使家道協和、「親其九族」、使内外無怨、然後致其絜敬之祀於神明矣。「於是民俗大和、而神降之福、故動則有成」、戰無不克。「今民各有心」、或欲從主、或欲叛君、不得爲無違上之心。「而鬼神乏主」、百姓飢餒、民力彫竭、不得爲年歳豐也。民既不和、則神心不説、「君雖獨豐、其何福之有」。神所不福、民所不與、以此敵大、必喪其師。「君且修政」、撫其民人、「而親兄弟之國」、以爲外援、如是則庶幾可以免於禍難也。

告「牲肥碩」、言民畜多、告「粢豐絜」、言民食多。告「酒嘉旨」、不言民酒多、而言「民德善」者、酒之與食、倶以米粟爲之、於「盛」已言「年豐」、故於「酒」變言「嘉德」、重明「民和」之意。(06-19a・19b)

○注雖告至所闕○正義曰、劉炫云「杜以『博碩肥腯』、據牲體而言、季梁推此出理、嫌其不實、故云『其實皆當兼此四謂』。又『民力普存』、非畜之形貌、而季梁以之解情、又申之民力適完、則得生養六畜、故六畜既大而滋息也。『博碩』言其形狀大、『蕃滋』言其生乳多。『碩大』『蕃滋』皆複語也。『瘯蠡』畜之小病、故以爲『疥癬』之疾也。『不疾』者猶言不患此病也」。(06-19b/20a)

○注嘉善至敬也○正義曰、「嘉善」釋詁文也。杜訓「栗」爲「謹敬」、言善敬爲酒。案詩「實穎實栗」、與田事相連、故「栗」爲穗貌。此「栗」與「嘉善旨酒」相類、故「栗」爲謹敬之心。卽論語云「使民戰栗」、與此相似。劉炫以「栗」爲穗貌而規杜過、於理恐非。(06-20a)

○注父義至子孝○正義曰、父母於子並爲慈、但父主教訓、母主撫養、撫養在於恩愛、故以「慈」爲名、教訓愛而加教、故以「義」爲稱。「義」者宜也。「教之義方」、使得其宜。

弟之於兄、亦宜爲友、但兄弟相於、乃有長幼尊卑、故分出其弟、使之爲「共」、言敬其兄而友愛。(06-20a)

○注禋絜至族者也○正義曰、釋詁云「禋敬也」、故以「禋」爲「絜敬」。隱十一年注云「絜齊以享、謂之禋」、意亦與此同也。

漢世儒者、説「九族」有二。異義「今禮戴・尚書歐陽説、『九族』乃異姓有親屬者。父族四。五屬之内爲一族。父女昆弟適人者、與其子爲一族。己女昆弟適人者、與其子爲一族。己之女子子適人者、與其子爲一族。母族三。母之父姓爲一族。母之母姓爲一族。母女昆弟適人者、與其子爲一族。妻族二。妻之父姓爲一族。妻之母姓爲一族。古尚書説、『九族』者、從高祖至玄孫凡九、皆同姓。謹案、禮緦麻三月以上、恩之所及。禮爲妻父母有服、明在九族中。九族不得但施於同姓」。鄭駁云「玄之聞也、婦人歸宗女子雖適人、字猶繫姓、明不得與父兄爲異族。其子則然。昬禮請期辭曰『唯是三族之不虞』、欲及今三族未有不億度之事而迎婦也。如此所云三族、不當有異姓。異姓其服皆緦麻。禮雜記下『緦麻之服、不禁嫁女取婦』、是爲異姓不在族中明矣。周禮小宗伯掌三族之別名、喪服小記説族之義曰『親親以三爲五、以五爲九』。以此言之、知高祖至玄孫昭然察矣」。是鄭從古尚書説、以「九族」爲高祖至玄孫也。此注所云、猶是禮戴・歐陽等説。以鄭玄駁云「女子不得與父兄爲異族」、故簡去其母、唯取其子、以服重者爲先耳、其意亦不異也。

不從古學與鄭説者、此言「親其九族」、詩刺不親九族、必以「九族」者疏遠、恩情已薄、故刺其不親、而美其能親耳。高祖至父、己之所稟承也。子至玄孫、己之所生育也。人之於此、誰或不親而美其能親也。詩刺棄其九族、豈復上遺父母、下棄子孫哉。若言棄其九族謂棄其出高祖出曾祖者、然則豈亦棄其出曾孫出玄孫者乎。又鄭玄爲昬必三十而娶、則人年九十、始有曾孫、其高祖玄孫無相及之理、則是族終無九、安得九族而親之。三族・九族、族名雖同、而三・九數異。引三族以難九族、爲不相値矣。若緣三及九、則三・九不異。設使高祖喪玄孫死、亦應不得爲昬禮、何不言「九族之不虞」也。以此知「九族皆外親有服而異族者」也。(06-20a・20b)

[疏]注班次至闕文○正義曰、劉炫云「在戍受饋、而使魯爲班、明魯人在矣。襄五年『戍陳』書經、此『戍齊』亦宜書、今不書經、疑史闕文。以史策本闕、仲尼不得書之。十年説此云『北戎病齊、諸侯救之』。或可魯亦往救、但傳無魯事之驗、魯必不救、不須解之」。(06–21a)

[疏]注大牢至適也○正義曰、「大牢」牢之大者、三牲「牛・羊・豕」具爲大牢。儀禮少牢饋食之禮以羊・豕爲少牢、以牲多少、稱大少也。詩公劉曰「執豕于牢」、周禮充人「掌繫祭祀之牲牷、祀五帝則繫于牢、芻之三月」、是「牢」者養牲之處、故因以爲名。鄭玄詩箋云「繫養曰牢」、是其義也。

禮記内則曰「國君世子生、告于君、接以大牢」、文在「三日負子」之上、則三日之内接之矣。記云「凡接子擇日」、鄭云「雖三日之内、必選其吉焉」、是三日之内、擇日接之、爲子接母、故記稱「接子」、此傳「擧之」之下、即云「接以大牢」、亦以「接子」爲文。其實接母、故云「以禮接夫人重適」也。鄭玄云「接讀爲捷。捷勝也。謂食其母、使補虚強氣也」。此言「以禮接之」、則與鄭異也。内則又云「接子、庶人特豚、士特豕、大夫少牢、國君世子大牢。其非冢子、則皆降一等」。(06–21b/22a)

[疏]注禮世至乳母○正義曰、「四方」以上、皆内則文也。内則又云「卜士之妻大夫之妾、使食子」。「食」謂乳也、故以「乳母」言之。鄭玄云「桑弧蓬矢、本大古也。天地四方、男子所有事也。士妻大夫之妾、謂時自有子者」。定本直云「射四方」、無「天地」。案禮云「桑弧蓬矢六」、今無「天地」誤也。賈逵云「桑者木中之衆、蓬者草中之亂、取其長大統衆而治亂」。(06–22a)

[疏]注世子至之婦○正義曰、「乃降」以上、皆内則文也。鄭玄云「子升自西階、則人君見世子於路寢也。見妾子就側室。凡子生皆就側室」。以其生於側室、見於路寢、故從外而升階也。襄二年「葬齊姜」、傳曰「齊侯使諸姜宗婦來送葬」。諸姜是同姓之女、知「宗婦」是「同宗之婦」也。公與夫人共命之、故使宗婦侍夫人。(06–22b)

[疏]注若文至名發○正義曰、周本紀稱「大王見季歷生昌有聖瑞、乃言曰、我世當有興者、其在昌乎」、則是大王見其有瑞、度其當興、故名之曰昌、欲令昌盛周也。其度德命發、則無以言之。服虔云「謂若大王度德命文王曰昌、文王命武王曰發」、似其有舊説也。舊説以爲「文王見武王之生、以爲必發兵誅暴、故名曰發」。(06–22b)

[疏]注若孔至尼丘○正義曰、孔子世家云「叔梁紇與顔氏禱於尼丘、得孔子。孔子生而首上汙頂、故因名曰丘、字仲尼」、是其「象尼丘」也。(06–22b)

[疏]注若伯至曰鯉○正義曰、家語本姓篇云「孔子年十九、娶於宋并官氏。一歳而生伯魚。伯魚生、魯昭公以鯉魚賜孔子。孔子榮君之賜、因名子曰鯉、字伯魚」。此注不言昭公賜、而云「人有饋之」者、如家語、則伯魚之生、當昭公九年、昭公庸君、孔子尚少、未必能尊重聖人、禮其生子。取其意、而遺其人、疑其非昭公故。(06–23a)

[疏]注國君至名也○正義曰、下云「以國則廢名」、以國不可易、須廢名不諱。若以他國爲名、則不須自廢名也。且春秋之世、晉侯周・衛侯鄭・陳侯呉・衛侯晉之徒、皆以他國爲名、以此知「不以國」者、謂國君之子、不得自以本國爲名。

「不以山川」者、亦謂國内之山川。下云「以山川則廢主」、謂廢國内之所主祭也。若他國山川、則非其主不須廢也。
此雖因公之問、而對以此法。曲禮亦云「名子者不以國、不以日月、不以隱疾、不以山川」、則諸言「不以」者、臣民亦不得以也。此注以其言「國」、故特云「國君子」耳、其實雖非國君之子、亦不得以國爲名。其言「廢名」「廢禮」之徒、唯謂國君之子。若使臣民之名、國家不爲之廢也。
然則臣民之名、亦不以山川、而孔子魯人、尼丘魯山、得以「丘」爲名者、蓋以其有象、故特「以類命」、非常例也。(06–23a)

[疏]注隱痛至祥也〇正義曰、鄭玄云『隱疾』衣中之疾也。謂若黑臀・黑肱矣。疾在外者、雖不得言、尚可指擿。此則無時可辟。俗語云、隱疾難爲醫」。案周語單襄公曰「吾聞成公之生也、其母夢神、規其臀以黑、曰使有晉國、故命之曰黑臀」。此與叔虞・季友復何以異、而云不得名也。且黑臀・黑肱、本非疾病、以證「隱疾」、非其類也。詩稱「如有隱憂」、是「隱」爲痛也。以痛疾爲名、則不祥之甚、故以爲「辟不祥」。(06–23b)

[疏]注畜牲六畜〇正義曰、爾雅釋畜、於馬・牛・羊・豕・狗・雞之下、題曰「六畜」、故鄭衆・服虔皆以「六畜」爲馬・牛・羊・豕・犬・雞。周禮牧人「掌牧六牲」、鄭玄亦以馬・牛等六者爲之。然則「畜」「牲」一物、養之則爲「畜」、共用則爲「牲」、故并以「六畜」解「六牲」。(06–23b)

[疏]注幣玉帛〇正義曰、周禮小行人「合六幣。圭以馬、璋以皮、璧以帛、琮以錦、琥以繡、璜以黼」。然則「幣玉帛」者、謂此圭・璋・璧・琮、帛・錦・繡・黼之屬也。以「幣」爲「玉帛」、則「器」者非徒玉器。服虔以爲「俎豆・罍彝・犧象之屬、皆不可以爲名也」。(06–23b)

[疏]周人至諱之〇正義曰、自殷以往、未有諱法、「諱」始於周。周人尊神之、故爲之諱名。以此諱法敬事明神、故言「周人以諱事神」。子生三月、爲之立名、終久必將諱之、故須豫有所辟。爲下諸「廢」張本也。「終將諱之」、謂死後乃諱之。(06–24a)

〇注君父至斥言〇正義曰、「君父之名、固非臣子所斥」、謂君父生存之時、臣子不得指斥其名也。禮稱「父前子名、君前臣名」、鄭玄云「對至尊、無大小、皆相名」、是對父則弟可以名兄、對君則子可以名父、非此則不可也。文十四年傳曰「齊公子元不順懿公之爲政也、終不曰公、曰夫己氏」、注云「猶言某甲」、是斥君名也。彼以「不順」、故斥其名、知平常不斥君也。成十六年傳曰「欒書將載晉侯、鍼曰、書退。國有大任、焉得專之」、注云「在君前故子名其父」。彼以對君、故名其父、知平常不斥父也。雖不斥其名、猶未是爲諱。曲禮曰「卒哭乃諱」、鄭玄云「敬鬼神之名也。諱辟也。生者不相辟名。衛侯名惡、大夫有石惡、君臣同名、春秋不非」、是其未爲之諱、故得與君同名。但言及於君、則不斥君名耳。既言生已不斥、死復爲之加諱、欲表爲諱之節、故言「然」以形之。
「禮既卒哭、以木鐸徇曰、舍故而諱新」、「自寢門至於庫門」、皆禮記檀弓文也。既引其文、更解其意、「謂舍親盡之祖、而諱新死者」也。「親盡」謂高祖之父服絕、廟毀而親情盡也。卒哭之後、則以鬼神事之、故言「以諱事神」、又解「終將諱之」。所諱世數、「自父上至高祖、皆不敢斥言」、此謂天子諸侯禮也。曲禮曰「逮事父母、則諱王父母。不逮事父母、則不諱王父母」、鄭玄云「此謂庶人。適士以上、廟事祖、雖不逮事父母、猶諱祖」。以其立廟事之、無容不爲之諱也。天子諸侯立親廟四、故高祖以下、皆爲諱、親盡乃舍之。既言「以諱事神」、則是神名必諱。文王名昌、武王名發。詩雝「禘大祖」、祭文王之廟也。其經曰「克昌厥後」。周公制禮、醢人有「昌本之菹」、七月之詩、周公所作、經曰「一之日觱發」、烝民詩曰「四方爰發」。皆不以爲諱、而得言之者、古人諱者、臨時言語有所辟耳。至於制作經典、則直言不諱。曲禮曰「詩・書不諱、臨文不諱」、是爲詩爲書不辟諱也。由作詩不諱、故祭得歌之。尚書牧誓云「今予發」、武成云「周王發」、武王稱名告衆、史官錄而不諱、知於法不當諱也。金縢云「元孫某」、獨諱者、成王啓金縢之書、親自讀之、諱其父名、口改爲某、既讀之後、史官始錄、依王所讀、遂即云「某」。武成・牧誓則宣諸衆人、宣訖則錄、故因而不改也。古者諱名不諱字。禮以王父字爲氏、明其不得諱也。屈原云「朕皇考曰伯庸」、是不諱之驗也。(06–24a・24b)

[疏]注國不至廢名〇正義曰、國名受之天子、不可輒易。若以國爲名、終卒之後、則廢名不諱。若未卒之前、誤以本國爲名、則改其所名。晉之先君唐叔封唐、燮父稱晉。若「國不可易」、而晉得改者、蓋王命使改之(06–25a)

[疏]注改其山川之名〇正義曰、「廢主」謂廢其所主山川之名、不廢其所主之祭。知者、漢文帝諱恒、改北嶽爲常山、諱名不廢嶽、是也。劉炫云「廢主謂廢其所主山川、不復更得共祀、故須改其山川之名。魯改二山、是其事也」。(06–25a)

[疏]廢祀廢禮〇正義曰、「祀」以「牲」爲主、無牲則祀廢。「器幣」以行禮、器少則禮闕。祀雖用器、少一器而祀不廢、且諸禮皆用器幣、故以「廢禮」揔之。(06–25a)

[疏]注二山至名山〇正義曰、晉語云「范獻子聘於魯、問具敖之山。魯人以其鄉對。獻子曰、不爲具敖乎。對曰、先君獻武之諱也」、是其「以鄉名山」也。禮稱「舍故而諱新」、親盡不復更諱。計獻子聘魯、在昭公之世、獻武之諱久已舍矣、而尚以鄉對者、當諱之時、改其山號、諱雖已舍、山不復名、故依本改名、以其鄉對。猶司徒・司空、雖歷世多、而不復故名也。然獻子言之、不爲失禮、而云「名其二諱」、以自尤者、禮「入國而問禁、入門而問諱」。獻子入魯不問、故以之爲慙耳。(06–25a・25b)

[疏]注物類也謂同日〇正義曰、魯世家云「桓公六年夫人生子、與桓公同日、故名之曰同」、是知「同物」爲「同日」也。言「物類」者、辨此以爲「類」命也。(06–25b)

春秋左傳正義校勘記　巻六

附釋音春秋左傳注疏卷第六　桓三年盡六年（06-01a-1）宋本「春秋正義卷第六」◎正本には「春秋正義卷第六　桓公／國子祭酒上護軍曲阜縣開國子臣孔穎達等奉／勅撰」の表記が三行に亘る。

經三年

・以王法終始治桓之事（06-01a-8）閩本・監本・毛本無「始」字。案「始」字當有。穀梁注疏本並脱。◎正本・足利十行本・要義本にも「始」字は無い。これに対して宋本には有って、阮校は宋本に言及しないものの、有るのを是とするが、やはり無いのが正しい。

・又哀十三年十二月螽（06-01b-2）宋本「三」作「二」非也。◎正本は「三」字に作って誤らず。実は宋本も「三」字に作る。阮校の失校。

・哀十三年十二月螽（06-01b-7）宋本「三」作「二」。◎正本も宋本と同様「二」字に作る。これが正しい。足利十行本以来の誤刻。

傳三年

・至河東汾陽縣入河（06-04a-2）宋本作「汾陰」。案水經注云、漢書謂之汾陰脽、即其地也。◎正本・足利十行本は宋本と異なり「汾陽」に作る。文脈から考えていま「汾陰」に従う。

・又駕一馬與兩服爲三（06-04a-4）◎阮刻本は「與」字を「以」字に誤刻する。

・騑騑翼翼是也（06-04a-7）禮記「騑騑」作「匪匪」。此因鄭注匪讀如四牡騑騑、遂改作「騑」。

經四年

・皆爲敵不敵己（06-06a-2）◎文脈から考えると、上の「敵」字は衍字の疑いがあるが、今はこのままとする。

・皆無違矣（06-06a-3）浦鏜正誤「矣」作「失」。

・則犯害去白故書地以譏之（06-06a-9）閩本・監本・毛本「去白」作「民物」亦非。宋本作「居民」。○今依宋本。◎正本も宋本と同様「居民」に作る。これが正しい。

傳四年

故書時合禮（06-06b-10）岳本「書」作「唯」非。陳樹華云、天放菴翻岳本改作「書」不誤。◎《左氏會箋》本は「故唯時合禮也」に作る。今はこれに従う。

・駮出合禮（06-07a-3）宋本・毛本作「合理」。◎正本は「合禮」に作る。これが正しい。実は宋本も「合禮」字に作る。阮校の失校。

・以時合禮地非禮也（06-07a-4）宋本「地」上有「知」字。毛本「合禮」作「合理」非。◎正本は宋本と異なり「知」字無し。無いのが正しい。

經五年

・下文周公如曹（06-07b-7）宋本「周」作「州」不誤。◎正本も宋本と同様「州」字に作る。これが正しい。

・魯出朝聘例言如（06-07b-8）宋本・監本・毛本「例」下有「亦」字。◎正本は宋本と異なり「亦」字が無い。これは有るのが正しい。

・未知成禮與否（06-07b-10）◎正本・宋本・足利十行本ともに「與」字を「以」字に作る。二字は通用するが、今「以」字に従う。これが古い用法である。
・釋蟲云蛗螽蚣蝑（06-08a-10）◎阮刻本の「蛗」字を正本は「蛗」字に作る。これが正しい。
・楊雄方言云（06-08a-10）宋本・毛本「楊」作「揚」非也。案廣韻揚字下不言姓。楊字注云、出宏農天水二望。漢書本傳云、其先食采於楊、因氏焉。◎正本は「楊」字に作って、誤らず。阮刻本同じ。実は宋本も「楊」字に作る。阮校の失校。
・陸機毛詩疏云（06-08a-10）宋本「機」作「璣」非。◎正本は「機」字に作る。実は宋本も「機」字に作っており、これは阮校の失校。ただし「陸璣」が正しいことは既述。
・其股狀如瑇瑁叉（06-08b-1）浦鏜正誤「叉」作「文」。案廣雅疏證引作「文」。段玉裁曰、此當作「叉」。「叉」者今之釵字。或爲「叉」、或爲「文」、皆非。◎正本も「叉」字に作る。阮刻本は段玉裁の校訂に従い、「叉」字に訂正する。今「叉」字に従う。
・聞十數歩爾雅又有蠜螽土螽（06-08b-1）毛本「土」誤「上」。◎なお浦鏜は「十數歩」を「數十歩」の誤りと見なす。或いはこれが正しいかも知れないが、今はこのままとする。
爲下實來書也（06-08b-3）宋本作「寔來」與傳合。◎今「寔」字に改める。
・地理志（06-09a-5）宋本「志」下有「云」字。◎正本にも宋本と同様「云」字有り。これが正しい。

傳五年

・此年王奪鄭伯政（06-09b-4）阮刻本は「年」字を「言」字に誤刻する。
・周禮司常通帛爲旝（06-10b-3）宋本作「通帛爲旜」是也。○今依訂正。◎正本も宋本と同様「旜」字に作る。
・衆屬軍史無所將（06-10b-4）宋本「史」作「吏」不誤。○今依訂正。◎正本は「吏」字に作って、宋本と異なる。「吏」字が正しい。
・發其機以追敵（06-10b-7）宋本亦作「追」。閩本・監本・毛本作「磓」。「其機」諸本作「以機」。◎正本・宋本・足利十行本、いずれも「發以機以追敵」に作る。上の「以」字を「其」字に作るのは、閩本以降の誤り。いま正本等に従う。なお要義本は「追」字を「磓」字に作る。
言鄭志在苟免王討之非也（06-11a-5）足利本後人記云「非」異本作「罪」。
仍叔之子（06-11b-1）石經「子」字下增「來聘」二字、非唐刻也。
・則秋未爲末（06-11b-5）閩本・監本・毛本「未」誤「末」。◎実は足利十行本の段階で既に誤っている。
欲顯天時以指事（06-11b-7）阮刻本は「指」字を「相」字に誤刻する。
・地祇曰祭（06-12a-2）宋本「祇」作「祇」是也。下同。◎正本も宋本と同様「祇」字に作る。
・然凡之所論摠包天子及諸國（06-12a-3）閩本・監本・毛本「國」作「地」誤。◎なお「天子」について、阮刻本は「天地」に誤る。
・凡公嫁女于天子（06-12a-4）◎浦鏜は「嫁女」を「女嫁」の誤倒と見なす。今これに従う。
・非謂孟月不得烝也（06-13a-1）閩本・監本・毛本「烝」作「烝」。宋本作「祭」是也。◎正本も宋本と同様「祭」字に作る。これが正しい。
・而傳言不時明渉其中節（06-13a-5）宋本「節」作「氣」。◎正本も宋本と同様「氣」字に作る。
・載孤䡍（06-13a-8）◎阮刻本の「䡍」字は「韣」字の誤刻。
・魯無冬至之祭（06-13b-8）◎阮刻本は「魯」字を「曾」字に誤刻する。
・唯鄭元立此爲義（06-13b-9）案文獻通考祀后土門引作「立爲此義」。

遠爲百穀祈膏雨（06−14a−3）論語先進正義引杜注云「雩之言遠也。遠爲百穀祈膏雨也」。按邢氏所引爲完。「雩之言遠」者、凡從于之字有迂遠之義也。

・凡周之秋五月之中而旱〔附校勘記は「早」字に誤刻〕（06−14a−5）諸本作「五月」。惠棟校本作「三月」。按依月令注作「三」是也。「秋三月」三字連讀、謂夏正之五月六月七月。◎惠校に従い「三月」に作る。

・此爲強牽天宿以附會不韋之月令（06−14a−10）宋本「不韋」上有「呂」字。◎正本にも宋本と同様「呂」字が有る。これが正しい。

・何當也吁嗟也（06−14b−2）上「也」字、閩本・監本・毛本作「言」。宋本作「已」。◎正本も宋本と同様「已」字に作る。これが正しい。

・釋例引（06−14b−4）◎阮刻本は「引」字を「曰」字に誤刻する。

・是蟲以孟冬蟄（06−15a−5）監本・毛本「是」作「昆」不誤。◎正本・宋本・足利十行本・要義本は「是」字に作る。したがって阮校に従わず「是」字に作る。

・盟蟲者得陽而生（06−15a−6）宋本・監本・毛本「盟」作「明」不誤。◎正本が「盟」字に作るのは誤り。

・卜日至慢也（06−15a−8）◎諸本いずれも同じであるが、これは注の標起止であるから「注卜日至慢也」に作るべきである。

・旬則不可期以一日（06−15a−9）◎阮刻本の「則」字は「故」字の誤刻。旬讀は「旬」字で切らなければならない。

經六年

不言州公者承上五年冬經如曹（06−15b−2）監本「年」誤「筆」。三年書「公會杞侯於郕」、此作「紀侯」、疑傳寫之誤。

・國之之常禮（06−15b−8）閩本・監本・毛本「國之之」作「國家之」。宋本作「國之常禮」是也。◎正本が「國之之常禮」に作って宋本と異なるのは、誤りである。宋本に従う。

・郲子家會公（06−15b−9）宋本・監本・毛本「家」作「來」是也。◎正本も宋本と同様「來」字に作る。

・令農時閱兵（06−16a−1）宋本・閩本・監本・毛本「令」作「今」。◎正本が「令」字に作って宋本と異なるのは、誤りである。

傳例在莊二十二年（06−16a−3）宋本無「例」字、是也。◎「例」字を削除する。

傳六年

書曰實來（06−16b−2）韓奕正義云「春秋桓六年、州公寔來、而左傳作實來」。惠棟云「寔」當作「實」。石經傳作「寔」、宋本同、誤也。陳樹華云、案傳解經不容立異、且公羊・穀梁皆作「寔來」。「寔」訓是「是」、杜注乃云「寔實也」。詩正義似未足據、非也。案錢大昕云、孔氏所據乃服虔本、非杜本也。覲禮「伯父實來」、注「今文實作寔」、是「實」卽「寔」之古文。春秋公羊・穀梁爲今文、左氏爲古文、故二傳作「寔來」、左氏作「實來」。杜氏改從二傳、失古文之舊矣。

故變文言實來（06−16b−3）岳本・纂圖本・閩本・監本・毛本「實」作「寔」。◎今「寔」字に改める。

彼則懼而協來謀我（06−17a−1）石經・宋本・淳熙本・岳本・纂圖本・監本・毛本「來」作「以」不誤。◎今「以」字に従う。

・天方授楚（06−17b−5）宋本此節正義在「君何急焉」之下。

・至此君始疆盛（06−17b−6）宋本・閩本・毛本「彊盛」不誤。◎正本・足利十行本は「疆盛」に作って、宋本と異なる。今「彊」字に従う

・○臣聞至可也（06−17b−6）宋本「○」作「疏」。此節正義在注「詐稱功徳以欺鬼神」之下。◎正本は一字分を空白にして、宋本と異なる。

粢盛豐備（06−18a−2）案惠棟云、禹廟殘碑作「資盛」。説文作「齋」云「稷也」。又云「齋或從次、作粢字」。按凡經典言「粢盛」皆「粢盛」之誤。「齍」「齋」「粢」

三字古通用。爲祭祀之黍稷。「餈粢」二字同用爲周禮之粉餈。不知何時淆亂、而莫有正之者。

・肥腯其聞（06-18a-5）宋本・閩本「其」作「共」是也。◎正本も宋本と同様「共」字に作る。

・古人自有複語耳（06-18a-5）監本・毛本「複」作「復」非。

是以聖王先成民而後致力於神（06-18a-8）毛本「民」誤「名」。詩旱麓篇・思齊篇正義引傳文「民」上並有「於」字。◎本疏引では「聖王先成其民」に作る。これが正しいのではあるまいか。

謂民力之普存也（06-18a-9）詩我將篇正義引傳文「謂」下有「其」字。◎後文から類推するに、「其」字が有るのが正しい。今これに從う。

謂其不疾瘯蠡也（06-18a-10）釋文云「瘯」本又作「蔟」、同。「蠡」葉抄釋文引説文作「絫」云「族絫皮肥也」。錢大昕云、説文疒部瘰字注云「畜産疫病也」。此「瘯蠡」之正字、「蠡」「瘰」聲相近、故假借爲「蠡」耳。「瘯」亦俗字。當爲「族」。六畜之疫曰「族瘰」。或作「族絫」。「絫」「瘰」亦聲相近。

兄友弟恭（06-18b-7）宋本・淳熙本「恭」作「共」。

禋祀敬也（06-18b-8）岳本無「也」字。足利本後人記云「禋」下異本有「祀」字。

民饑餒也（06-18b-10）釋文亦作「饑」。宋本・足利本作「飢」。◎「飢」字が正しい。

・夫民至於難（06-19a-3）宋本作「對曰夫民至於難」。閩本・監本・毛本「夫」誤「今」。〔附校勘記は「夫誤今」の三字を闕く。〕◎正本も宋本と同様「對曰夫民至於難」に作る。これに從う。

・季梁推此出理（06-19b-9）宋本・閩本・監本・毛本作「推出此理」。◎正本は「推此出理」に作る。阮刻本同じ。実は宋本も「推此出理」に作る。阮校の失校。

・嫌其不寔故云其寔皆當兼此四謂（06-19b-9）宋本「寔」並作「實」是也。◎正本も宋本と同様「實」字に作る。

・但兄弟相敬（06-20a-4）宋本「敬」作「於」。◎正本も宋本と同様「於」字に作る。これに從う。「相於」は「あいしたしむ」の意。

・言敬其兄而友愛（06-20a-5）浦鏜正誤云、「友愛」下疑脱「其弟」二字。

・尚書歐陽説九族乃異姓有屬者（06-20a-6）宋本「乃」作「反」。詩葛藟正義引「屬」上有「親」字。◎正本・要義本は「乃」字に作る。実は宋本も「乃」字に作る。阮校の失校。

・婚禮（06-20a-10）◎正本・宋本・足利十行本は「昏禮」に作る。これに從う。

・異姓其服皆緦（06-20b-1）宋本「緦」下有「麻」字。◎正本には「麻」字無し。今、宋本に從って「麻」字を補う。

齊使乞師于鄭（06-21a-1）石經・宋本・淳熙本・岳本・纂圖本「齊」下有「侯」字。山井鼎云、足利本後人記云「異本作齊侯使」。◎今「侯」字を補う。

・其寔接母（06-22a-3）宋本「寔」作「實」不誤。◎正本も宋本と同様「實」字に作る。これに從う。

・則皆降等（06-22a-5）宋本「降」下有「一」字。◎正本にも宋本と同様「實」字が有る。これに從う。

射天地四方（06-22a-6）宋本・淳熙本・足利本無「天地」二字、與定本合。孔沖遠云「今天地無誤也」。◎孔沖遠は「定本」を誤りと見なしているから、孔氏の依拠した底本には「天地」二字が有ったのである。

以名生爲信（06-22b-5）論衡詰術篇「生」字在「名」字上。按「以生名」「以德名」「以類名」語言一例。論衡爲長。

・娶於宋并官氏（06-23a-1）監本・毛本「并」作「幵」、宋本作「幷」。段玉裁云、作「并」與漢禮器碑合。◎正本は「并」字に作る。

・謂廢主謂廢國内之所主（06-23a-7）宋本無「謂廢主」三字、是也。◎正

本にも宋本と同様「謂廢主」三字は無い。これに従う。

・且隱爲痛也（06–23b–4）宋本「且」作「是」是也。◎正本も宋本と同様「是」字に作る。阮刻本同じ。

・尚可指摘（06–23b–2）◎阮刻本の「摘」字は「擿」字の誤刻。

・鄭元亦以馬牛等六者爲之（06–23b–6）浦鏜正誤「爲」疑「當」字誤。

・以幣以幣爲玉帛（06–23b–8）宋本「以幣」字不重、是。◎正本は誤って「以幣」字を重ねる。

周人以諱事神名終將諱之（06–23b–9）釋文以「周人以諱事神名」絕句、云「衆家多以名字屬下句」。陳樹華云、淮南子曰「祝則名君」。高誘注云「周人以諱事神、敬之至也」。詩公劉正義引王基曰「周人以諱事神」。書盤庚正義引亦以「神」字絕句。禮記曲禮鄭注引春秋傳曰「名終將諱之」。武進臧琳經義雜記云「名終將諱之」者、卽曲禮所謂「卒哭乃諱」是。

・今予發（06–24b–7）◎阮刻本は「予」字を「子」字に誤刻する。

・口改爲某（06–24b–8）◎阮刻本は「口」字を「曰」字に誤刻する。

・不復更得其祀（06–25a–4）宋本「其」作「共」。◎正本も宋本と同様「共」字に作る。これが正しい。

・廢礼廢禮（06–25a–4）宋本・閩本・監本・毛本「礼」作「祀」不誤。此節正義、宋本在「以器幣則廢禮」之下。◎正本も宋本と同様「祀」字に作る。これが正しい。

・而不復故名也（06–25b–2）◎阮刻本は「故」字を「改」字に誤刻する。

附釋音春秋左傳注疏卷第六（06–25b–9）◎正本では通例この箇所に「春秋正義卷第六／計〇〇字」に作る一文が記載されるべきところ、この巻にはそれが無い。あるいは影印時のミスであるかもしれない。

春秋左傳正義譯注　巻七

附釋音春秋左傳注疏巻第七　　桓七年盡十八年

杜氏注　　孔穎達疏

【經】七年、春、二月、己亥、焚咸丘。　[07-01a]

【注】無傳。焚火田也。咸丘魯地、高平鉅野縣南有咸亭。譏盡物故書。

〔傳無し。焚は火田なり。「咸丘」は魯の地、高平鉅野縣の南に咸亭有り。物を盡くすを譏るが故に書す。〕

【疏】注の「焚火」より「故書」に至るまで。

○正義に曰う。「咸丘」は地名である。土地を焚《や》くのは明らかに田猟〔かり〕のためにするものであるから、「焚《ふん》」とは「火田〔やきがり〕」だということが分かる。

「蒐狩〔かり〕」と言わないのは、「火田」が蒐狩の方法ではなく、ただその「焚」いたことを書くだけで、焚くことによって「物を尽くす」ことを譏ったからである。（このことについて）《釈例(蒐狩例)》に、

咸丘は魯地であるが、蒐狩する決まった場所ではない。経に蒐狩を言わず、ただ「咸丘を焚《やきがり》す」とだけ称しているのは、火田は物を焼き尽くすもので、蒐狩の義ではないことを言ったものだ。

と述べているのは、火田が狩の方法ではないため「狩」と書かなかった、という意味である。「狩」が法に則らない場合には、たとえしかるべき土地であってもやはり譏るのであり、しかるべき土地でないことはもはや譏らない。ここに「咸丘」というように土地の名を言っているので、土地もまたしかるべき土地ではなかったことが分かるのである。

《禮記》[1]王制に「昆蟲 未だ蟄《ちつ》〔あなごもり〕せざれば、以て火田せず」と述べていることからすると、蟄した後には「火田」することができるのである。また《爾雅》[2]釈天にも「火田して狩を為す」と述べているから、礼法としては火田することができると思えるのに、ここで「焚」を譏っているのは（なぜかといえば）、《爾雅》の注釈家のうち李巡・孫炎はいずれも「火を放ち草を焼き、其の下風を守る」と述べており、《周禮》[3]羅氏の「蜡《さ》（祭）には則ち羅襦《らじゅ》を作《もち》ふ」の鄭玄注に、「襦は細密の羅〔あみ〕なり。此の時蟄する者畢《お》はれり。羅罔《らまう》を以て囲みて禽を取るべきなり。今の俗に火を放ち羅を張るは、其の遺教なり」と述べている。そうだとすると、以上に言う「火田」とは、ただ一かたまりの草むらを焚いて、その風下に網を張るだけで、沢全体を焚くことではない。《禮》[4]の「天子は合囲せず〔四方から包囲しない〕、諸侯は群を掩はず〔不意に襲わない〕」とあるものでさえ、やはり一群を取り尽くさないのだから、どうして沢全体をすべて焚くことができようか。（こういうことからも）「物を尽くすを譏るが故に書す」るものであることが分かるのである。（これに対して）沈氏は、[5]

《周禮》[6]の『仲春、火弊《や》む』とは、夏（の暦）の仲春のことであり、今のこの周（の暦）の二月は、やはり夏の季冬に当たるのだから、その「物を尽くす」のを譏ったのだ。

と見なしているが、これでも意味は通じる。

【譯注】

①禮記王制（07-01a-6）――《禮記》王制篇「獺祭魚、然後虞人入澤梁。豺祭獸、然後田獵。鳩化爲鷹、然後設罻羅。草木零落、然後入山林。昆蟲未蟄、不以火田」、鄭玄注「取物必順時候也。梁絕水取魚者。罻小網也。昆明也。明蟲者得陽而生、得陰而藏」。

②爾雅釋天（07-01a-7）――《爾雅》釈天「火田爲狩」、郭璞注「放火燒草獵亦爲狩」。

③周禮羅氏（07-01a-8）――《周禮》夏官・羅氏「蜡則作羅襦」、鄭玄注「作猶用也。鄭司農云、蜡謂十二月大祭萬物也。郊特牲曰、天子大蜡、謂歲十二月合聚萬物而索饗之。襦細密之羅。襦讀爲繻有衣袽之繻。玄謂蜡建亥之月。此時火伏蟄者畢矣。豺既祭獸、可以羅網圍取禽也。王制曰、豺祭獸然後田。又曰、昆虫已蟄、可以火田。今俗放火張羅、其遺教」。

④禮（07-01a-6）――《禮記》王制「天子不合圍、諸侯不掩羣〔爲盡物也〕。天子殺則下大綏、諸侯殺則下小綏」。

⑤沈氏（07-01a-9）――《春秋正義》序にいわゆる「其有疎漏、以沈氏補焉」ものの典型である。

⑥周禮（07-01a-10）――《周禮》夏官・大司馬「中春教振旅。司馬以旗致民、平列陳、如戰之陳、辨鼓鐸鐲鐃之用。王執路鼓、諸侯執賁鼓、軍將執晉鼓、師帥執提、旅帥執鼙、卒長執鐃、兩司馬執鐸、公司馬執鐲、以教坐作進退疾徐疏數之節。遂以蒐田。有司表貉、誓民、鼓、遂圍禁、火弊、獻禽以祭社」。

【經】夏、穀伯綏來朝。鄧侯吾離來朝。　[07-01b]

【注】不總稱朝者、各自行朝禮也。穀國在南鄉筑陽縣北。〔「朝」と總稱せざるは、各自に朝禮を行へばなり。穀國は南鄉筑陽縣の北に在り。〕

【傳】七年、春、穀伯・鄧侯來朝。名、賤之也。　[07-01b]

【注】辟陋小國賤之、禮不足故書名。以春來、夏乃行朝禮、故經書夏。

〔辟陋の小國なれば之れを賤《いや》しみ、禮の足らざるが故に名を書す。春來たり、夏に乃ち朝禮を行ふを以て、故に經は「夏」と書す。〕

【疏】注の「辟陋」より「書夏」に至るまで。

○正義に曰う。伝ではただ「之れを賤《いや》しむ」と言うだけで、賤しんだ意味については言及していない。穀・鄧は南方の諸侯で、楚に近い小国だという点から考えて、明らかに「辟陋の小国」であることから「之れを賤しんだ」のである。「之れを賤しん」だとは、その朝する礼法に不備があったから「名を書いた」ことである。《曲禮》[1]に「諸侯は生くるに名いはず」と述べているが、いま生前に名を書いているのは、彼らを附庸になぞらえようとしたもので、ただ実際には附庸ではないから爵位はそのまま書いたもの。「介の葛盧」[2]に「來」と言い「朝」と言わないのは、全く朝礼を行うことができなかったからであるが、この例の場合は朝礼を行なったが、ただ礼が不備であったに過ぎない。

伝では「春」、経では「夏」に記述されていることについて、経は実際に朝した時期を書いたのであり、そのため「春」に来朝したけれども、「夏」になってはじめて書いたのである。

《世本》によると「鄧」は曼姓であり、荘公十六年[3]に楚の文王が滅ぼしている。「穀」が何姓であり、誰が滅ぼしたのかについては分からない。

（ところで）服虔注は、

穀・鄧は楚に近接しているのに、仁者に親しみ隣国に善《よ》くして自国を固めるということをせず、結局は楚に滅ぼされてしまったが、同好の救援もなく、（また朝した相手の魯の）桓公も賢兄〔隠公〕を弑した悪事の持ち主だということで、賤《いや》しんで名を言ったのである。

と述べている。（これを承けて）④衛冀隆が杜預説を非難して、

⑤伝に「外援を要結し、隣国に好事し、以て社稷を衛《まも》る」と言い、また⑥「有礼に服するは社稷の衛《まもり》なり」と述べている。穀・鄧は南方に位置し、その地は（五岳のうちでは南の）⑦衡岳に属しているのに、（近くの）強国楚を棄てて遠く悪人（である桓公）に朝し、結局滅亡に至ったということで、名を書いて賤しんだのである。杜預は先儒を批判する際に、ひとえに丘明の伝に依拠すると自ら述べているが、「辟陋」の語は伝には本もと無いのだから、杜預はいったい何に準拠して穀・鄧の「辟陋」が分かったのであろうか。（ところで）⑧伝には別に莒が「辟陋」だと称しているが、しかし経にはこれを貶した表現はない。穀・鄧が辟陋であっても、どうして名を書くであろうか。この杜預の義は通じない。

と述べている。（これに対して）⑨秦道静が釈明して次のように述べている。

⑩杞の桓公が来朝した際、夷礼を用いたので「子」と書いたし、⑪杞の文公が来盟した際、伝に「之れを賤しむ」と述べており、明らかに夷礼を行なったことを賤しんだのである。そうだとすると、穀・鄧の二君は、土地は荊蛮に隣接しており、その来朝に名を書いているのだから、明らかにその「辟陋」を賤しんだのである。これは伝に理屈の上からする例が有るもので、だから杜預はこれに依拠したのである。（また）もしも魯の桓公が悪人だから必ず朝聘すべきではない、というのであれば、どうして⑫伯糾の来聘に、その父が存命であることを譏り、⑬仍叔の子にはその幼弱であることを譏ったりしようか。さらに⑭魯が斉の贈物を頒布したことは、《春秋》の善みするものであって、魯の桓公の有礼を称賛し、（斉・衛・鄭）三国が来たりて魯を伐ったことを責めているのに、「遠く悪人に朝した」と言うのは、穏当な言葉ではない。

【譯注】

①曲禮（07-01b-5）——《禮記》曲禮下「天子不言出、諸侯不生名」。

②介葛盧（07-01b-6）——僖公二十九年経「春、介葛盧來」、杜預注「介、東夷國也。在城陽黔陬縣。葛盧、介君名也。不稱朝、不見公、且不能行朝禮、雖不見公、國人賓禮之、故書」。また経「冬、介葛盧來」、伝「冬、介葛盧來、以未見公、故復來朝、禮之加燕好」、杜預注「燕、燕禮也。好、好貨也。一歳再來故加之」。

③莊十六年（07-01b-7）——莊公十六年伝の記事に見える。

楚文王伐申、過鄧。鄧祁侯曰「吾甥也」。止而享之。騅甥・聃甥・養甥請殺楚子。鄧侯弗許。三甥曰「亡鄧國者、必此人也。若不早圖、後君噬齊。其及圖之乎。圖之、此爲時矣」。鄧侯曰「人將不食吾餘」。對曰「若不從三臣、抑社稷實不血食、而君焉取餘」。弗從。還年、楚子伐鄧。十六年、楚復伐鄧、滅之。

④衛冀隆（07-01b-8）——衛冀隆については本書335頁注⑤参照。

⑤傳（07-01b-8）——文公元年伝「穆伯如齊、始聘焉、禮也。凡君卽位、卿出并聘、踐修舊好、要結外援、好事鄰國、以衛社稷、忠・信・卑讓之道也。忠、德之正也。信、德之固也。卑讓、德之基也」。

⑥又云（07-01b-8）——僖公三十三年伝「齊國莊子來聘、自郊勞至于贈賄、禮成而加之以敏。臧文仲言於公曰、國子爲政、齊猶有禮、君其朝焉。臣聞之、服於有禮、社稷之衛也」。

⑦衡岳（07-01b-9）——衡岳は五岳（嶽）のひとつ。五岳の配当は以下の通り。

東 泰山
北 恒山　中 嵩山　南 衡山
西 崋山

⑧傳（07-01b-10）――成公九年経「楚公子嬰齊帥師伐莒。庚申、莒潰。楚人入鄆」、その伝の「君子」の評語の中に「陋」の表現が見える。

冬、十一月、楚子重自陳伐莒、圍渠丘。渠丘城惡、衆潰、奔莒。戊申、楚入渠丘。莒人囚楚公子平。楚人曰「勿殺、吾歸而俘」。莒人殺之。楚師圍莒。莒城亦惡、庚申、莒潰。楚遂入鄆、莒無備故也。君子曰「恃陋而不備、罪之大者也、備豫不虞、善之大者也。莒恃其陋、而不修城郭、浹辰之間、而楚克其三都、無備也夫。詩曰『雖有絲麻、無棄菅蒯。雖有姫姜、無棄蕉萃。凡百君子、莫不代匱』。言備之不可以已也」。

⑨秦道靜（07-02a-1）――秦道靜は六朝東魏の人。《魏書》賈思伯伝によれば、服虔派の衛冀隆の駁論に反撃したのが賈思伯・賈思同であり、この二人を承けてさらに衛冀隆に反駁を加えたのが魏郡の姚文安と楽陵の秦道靜であったという。もちろん彼等の説の全貌は衛冀隆の難杜と同様、現在に伝わらないが、《春秋正義》中に以下のように残存しているのは、貴重というべきである。

隠 8　衛冀隆 04-07b ↑（正義）
桓 7　衛冀隆 07-01b ↑ 秦道靜07-02a
8　衛氏 07-02b ↑ 秦氏07-02b
14　衛氏 07-17a ↑ 秦氏07-17a
文 11　衛冀隆 19B01b ↑（正義）
宣 8　衛氏 22-06a ↑ 秦氏22-06a
成 11　衛冀隆 27-03a ↑（蘇氏）
襄 9　衛氏 30-31a ↑ 秦氏（・蘇氏）30-31a
16　衛冀隆 33-02b ↑（正義）

⑩杞桓公來朝（07-02a-1）――僖公二十七年経「春、杞子來朝」、伝「春、杞桓公來朝。用夷禮、故曰子。公卑杞、杞不共也」。

⑪杞文公來盟（07-02a-1）――襄公二十九年経「杞子來盟」、伝「杞文公來盟、書曰子、賤之也」。

⑫伯糾來聘（07-02a-2）――桓公四年経「夏、天王使宰渠伯糾來聘」、伝「夏、周宰渠伯糾來聘。父在、故名」。

⑬仍叔之子（07-02a-3）――桓公五年経「天王使仍叔之子來聘」、伝「仍叔之子、弱也」。

⑭魯班齊饋（07-02a-3）――桓公六年伝、また桓公十年経・伝を参照。

桓06 伝　北戎伐齊、齊侯使乞師于鄭。鄭大子忽帥師救齊。六月、大敗戎師、獲其二帥大良・少良、甲首三百、以獻於齊。於是諸侯之大夫戍齊、齊人饋之餼、使魯爲其班、後鄭。鄭忽以其有功也、怒、故有郎之師。

桓10 経　冬、十有二月丙午、齊侯・衛侯・鄭伯來戰于郎。
杜預注：改侵伐而書來戰、善魯之用周班、惡三國討有辭。

伝　冬、齊・衛・鄭來戰于郎、我有辭也。初、北戎病齊、諸侯救之、鄭公子忽有功焉。齊人餼諸侯、使魯次之。魯以周班後鄭。鄭人怒、請師於齊。齊人以衛師助之、故不稱侵伐。先書齊・衛、王爵也。

【傳】夏、盟・向求成于鄭。既而背之。　[07-02a]

【注】盟・向二邑名。隱十一年王以與鄭、故求與鄭成。〔盟・向は二邑の名なり。隱十一年に王 以て鄭に與《あた》ふ、故に鄭と成《たいら》がんことを求む。〕

【疏】注の「盟向」より「鄭成」に至るまで。

○正義に曰う。この「盟」「向」の邑には必ずや本拠とする主人がいたはずである。（したがって）「成《たいらぎ》〔和議〕を鄭に求む」と言うのは、その主人が「成を求め」たのである。

「隠①公十一年に王が鄭に与えた」ことについて、伝では王がこれらを保有できなかったと称している。そうだとすると、鄭もこれらを手に入れたものの、やはり保有できなかったので、今になって始めて「成」を求めたのである。「既にして之に背《そむ》く」とは、（盟・向が）鄭に背いて王に帰属したのであり、そこで王はこれを郟に遷したもの。もしも主人が王に帰属したのでなければ、王はこれを遷しようがないからである。


【譯注】
①隠十一年（07–02a–6）――隠公十一年伝「王取鄔・劉・蒍・邘之田于鄭、而與鄭人蘇忿生之田、温・原・絺・樊・隰郕・欑茅・向・盟・州・陘・隤・懷。君子是以知桓王之失鄭也、恕而行之、徳之則也、禮之經也。己弗能有、而以與人、人之不至、不亦宜乎」。

【傳】秋、鄭人齊人衛人伐盟向。王遷盟向之民于郟。［07–02a］
【注】郟王城。〔郟は王城なり。〕
【傳】冬、曲沃伯誘晉小子侯殺之。［07–02a］
【注】曲沃伯武公也。小子侯哀侯子。〔曲沃伯は武公なり。小子侯は哀侯の子なり。〕
【經】八年、春、正月、己卯、烝。［07–02a］
【注】無傳。此夏之仲月、非爲過而書者、爲下五月復烝見瀆也。例在五年。〔傳無し。此れ夏の仲月［十一月］にして、過ぐるものと爲すに非ずして書するは、下の「五月」に復た「烝」して瀆《けが》さるるが爲めなり。例は五年に在り。〕

【疏】「八年春正月己卯烝」。
○正義に曰う。衛氏①が杜預を非難して、
上の五年の②（伝文の凡例）「閉蟄して烝す」とは十月のことであり、この「正月烝す」とは時期を過ごして烝したもの。《春秋》には一度貶することで二つの事を起こすものがある。「武③氏の子来たりて賻《ふ》〔葬儀の贈り物〕を求む」の場合は、一つには天王が賻《ふ》を求めたことを責め、二つには魯が供物を奉らなかったことを責めたもの。この「正月烝す」の場合、一つには時期を過ごしたことを責め、二つには瀆《けが》されたことを責めたものであって、どうしてそれが誤りであって、時を「過ぐると為すに非ざる」ものだと言うのであろうか。

と述べている。（これに対して）秦氏が釈明して、次のように述べている。

考えるに、《周禮》④の四時の祭祀はすべて四仲の月〔二・五・八・十一月〕を用いる。この「正月」は夏の仲冬〔十一月〕であるから、どうして烝することができず、「過時」だと言うのであろうか。また伝にも「過時」の表現は無いのだから、明らかにただ再度烝して瀆《けが》したためだということが分かる（つまり杜預が正しい）。


【譯注】
①衛氏（07–02b–1）――私見によれば、衛氏の言葉の最後の一句「而云非爲過時者」は、本来「而云非爲過時者何也」であったかもしれない。
②五年（07–02b–2）――桓公五年伝「秋、大雩。書不時也。凡祀、啓蟄而郊〔杜預注：言凡祀、通下三句、天地宗廟之事也。啓蟄、夏正建寅之月、祀天南郊。〕、龍見而雩、始殺而嘗、閉蟄而烝〔建亥之月（譯者注：夏正十月）、昆蟲閉戸、

萬物皆成、可薦者衆。故烝祭宗廟。釋例論之備矣〕。過則書〔卜日有吉否、過次節、則書以譏慢也〕」。

③武氏子來求賻（07–02b–2）――隱公三年経「秋、武氏子來求賻」、伝「武氏子來求賻、王未葬也」。その杜預注には「武氏子天子大夫之嗣也。平王喪在殯、新王未得行其爵命、聽於冢宰。故傳曰王未葬、釋其所以稱父族、又不稱使也。魯不共奉王喪、致令有求。經直文以示不敬、故傳不復具釋也」とあって、衛氏が主張する二点のうち、杜預は「魯不共奉王喪、致令有求」と注釈するばかりで、もう一点の天王が賻を求めたこと自体については言及してない。思うに衛氏は《公羊伝》の、

武氏子來求賻、何以書、譏。何譏爾、喪事無求。求賻、非禮也。蓋通于下。

あるいはまた《穀梁伝》の、

歸死者曰賵。歸生者曰賻。曰歸之者正也。求之者非正也。周雖不求、魯不可以不歸。魯雖不歸、周不可以求之。求之爲言、得不得未可知之辭也。交譏之。

に基づくものであろう。

④周禮（07–02b–4）――《周禮》夏官・大司馬。

中春教振旅、司馬以旗致民、平列陳、如戰之陳。……遂以蒐田、……火弊、獻禽以祭社。

中夏教茇舍、如振旅之陳。……遂以苗田如蒐之灋、車弊、獻禽以享礿。

中秋教治兵、如振旅之陳。……遂以獮田如蒐之灋、羅弊、致禽以祀祊。

中冬教大閱。……遂以狩田、……徒乃弊、致禽饁獸于郊。入、獻禽以享烝。

【經】天王使家父來聘。［07–02b］

【注】無傳。家父天子大夫、家氏、父字。〔傳無し。家父は天子の大夫、家は氏、父は字なり。〕

【經】夏、五月、丁丑、烝。［07–02b］

【注】無傳。〔傳無し。〕

【經】秋、伐邾。［07–02b］

【注】無傳。〔傳無し。〕

【經】冬、十月、雨雪。［07–02b］

【注】無傳。今八月也。書時失。〔傳無し。今の八月なり。時の失を書す。〕

【經】祭公來、遂逆王后于紀。［07–02b］

【注】祭公諸侯爲天子三公者。王使魯主昬、故祭公來、受命而迎也。天子無外、故因稱王后。卿不書、擧重略輕。〔祭公は諸侯の 天子の三公と爲る者なり。王 魯をして昬を主《つかさど》らしむ、故に祭公 來たり、命を受けて迎ふるなり。天子は外無し、故に因りて王后と稱す。卿を書せざるは、重きを擧げて輕きを略するなり。〕

【疏】注の「祭公」より「略輕」に至るまで。

○正義に曰う。隱公元年伝に「祭伯」①と言い、今になって「公」と称しているので、その「天子の三公と為る」者であることが分かる。《公羊伝》②にもやはり「祭公とは何ぞ。天子の三公なり」と述べている。

周から紀に向かうには魯を経由しない。たとい魯を通過させることがあったとしても、もとより道を借りて行くはずで、「来」と言う必要はないのである。そして「遂」③とは上の事が原因となって下の事を生ずることを示す語であり、その人が「来」たことを書いた上に、さらに「遂に逆《むか》ふ」と言うのだから、先ず「来」たりて魯君にお目見えし、その後で紀に向かったわけで、そういう点から「王 魯をして昬を主《つかさど》らしむ、故に祭公来たりて、魯の命を受けて往き迎ふ」るものであることが分かるのである。

およそ婚姻はすべて賓客と主人とが同等で、相対して礼を行なうもので

ある。だから天子が王女を諸侯に嫁入りさせるときは、(他の) 諸侯を主人とし、夫の家と礼を行なわせる。また天子が王后を諸侯より聘《よめとり》するときも、やはり (他の) 諸侯を主人とし、后家と礼を行なわせる。そして王女を嫁入りさせるときは、王女を魯に送り、魯に (取り仕切らせて) 王女を相手国に嫁入りさせ、王后を迎えるときは、魯を主人にし、魯が使者を遣わし行って迎えるということをさせるので、ここでも「祭公は魯の命を受けた」のである。

　王女を嫁入りさせるときには、王姫④が魯までやって来て、その後で夫家に至る。⑤王后の婚姻の場合、后が魯までやって来ないのは (なぜかといえば)、王姫が魯に至り、夫の家の迎えを待って礼を行なうところから、魯にやって来る必要があるのに対し、后の場合は、王が命じた時点ですでに礼は成るわけで、魯には為すべき事が無いということで、ただちに京師に嫁ぐのである。

「逆《むか》」えるときに「王后」と称するのは、王の命を受けた時点で后礼はすでに成っているからである。「帰《とつ》」ぐときに「季姜⑥」と称するのは、「父母の尊を申べる」もので、子の尊は父母に加えないことを意味する。父母の家からまさに王に帰《とつ》ごうとする時点では、父母の家の立場から表現するので、「帰」において「父母の尊を申べる」のである。

　公は単身では行かず、必ず卿が同行するのであるが、「卿 書せざるは、重き (公) を挙げて軽き (卿) を略す⑦」るからである。卿が同行しなかったのではないことが分かるのは、伝に「礼なり」と述べているからである。

(このことについて)《釈例 (内外君臣逆女例)》に、

　襄⑧十五年「劉夏 王后を齊より逆ふ」の伝に「卿の行かざるは礼に非ざるなり」と曰へば、祭公の紀に如くは、時に亦た卿有るを知る。卿をば書せざるは、重きを挙げて軽きを略す。猶ほ鞌・邲の戦ひに、唯だ郤克・林父を書するのみなるがごとし。此れ天子 公卿を使ふの文なり。

と述べているのは、杜預がこれらの文章を集約して、公の行には必ず卿が従うことを知ったことである。

(ところで)《異義⑨》に、

　公羊説では天子より庶民に至るまですべて親迎する。左氏説では、王者は至尊、敵対するものが無いのだから、親迎しない。

とあり、鄭玄がこれに反駁して、

　文王⑩が渭浜に親迎したのが、つまり天子の親迎である。天子は尊いけれども、后に対するその関係は夫婦である。夫婦は判合〔半分づつのものが一つになること〕、礼は同じで一体であり、いわゆる「無敵」が、どうしてこれに当てはまるであろうか。《禮記⑪》に哀公が問うて言うことには、「冕して親迎するは已《はなは》だ重からずや」と。孔子が答えて言う「二姓の好《よしみ》を合はせ、以て先聖の後を継ぎ、以て天地宗廟社稷の主と為る。君何ぞ已《はなは》だ重しと謂ふや」と。ここで「先聖の後を継ぎ、以て天地の主と為る」と述べているのは、これが天子のことでなくて誰のことだと言うのか。

と述べている。つまり鄭玄は天子は親迎すべきだと見なしているのである。(しかし) この注の意味するところでは、やはり天子は親迎すべきではないと見なしているのは (なぜかといえば)、この時に祭公が后を迎え、伝に「礼なり」と言い、劉夏が后を迎えた際に、卿が行かなかったことを譏っており、いずれも王自身が行かなかったことを譏ってはいないことからすると、明らかに王は親迎すべきではないのである。文王が大姒を迎えたときは、公子の身分であり、それは殷の世であったのだから、これを根拠にして天子の礼とすることはできない。孔子が哀公に答えたのは、もとより魯国の礼法を論じたもの。魯は周公の子孫なので、上帝を郊祀することができるということで、「先聖天地」といった言葉で説明したのであって、その意図するところは天子の礼を説いたものではないのである。しかも鄭玄の《禮記》注では、自身が「先聖」を「周公」と見なしているのに、《異義》を駁するに及んでは、「天子」と見なしているわけで、（《左伝》成公八年に）いわゆる「其の徳を二三にし［あれこれと態度を変える］」て、自身に定見が無いものである。

【譯注】

①隱元年（07-02b-8）――隱公元年経「冬、十有二月、祭伯來」、杜預注「祭伯諸侯爲王卿士者。祭國、伯爵也。傳曰非王命也、釋其不稱使」。つまりこの時点では、祭伯は三公ではないということである。

②公羊（07-02b-9）――《公羊傳》隱公元年「祭伯者何、天子之大夫也。何以不稱使、奔也。奔則曷爲不言奔、王者無外。言奔則有外之辭」。ちなみに杜預注「天子無外」は、この《公羊傳》に基づくものである。

③王姫（07-03a-3）――たとえば、莊公元年経「夏、單伯送王姫。秋、筑王姫之館于外」の杜預注に、「無傳。單伯天子卿也。單采地、伯爵也。王將嫁女於齊、既命魯爲主、故單伯送女、不稱使也。王姫不稱字、以王爲尊、且別於内女也。天子嫁女於諸侯、使同姓諸侯主之、不親昏、尊卑不敵」とあるのを参照。

④王后（07-03a-4）――参考：宣公六年伝「冬、召桓公逆王后于齊」、杜預注「召桓公王卿士。事不關魯、故不書。爲成二年王甥舅張本」。

⑤季姜（07-03a-4）――翌年の桓公九年経「春、紀季姜歸于京師」、杜預注「季姜桓王后也。季字、姜紀姓也。書字者、伸父母之尊」を参照。

⑥襄十五年（07-03a-5）――襄公十五年経「劉夏逆王后于齊」、伝「官師從單靖公逆王后于齊。卿不行、非禮也」。

⑦傳（07-03a-5）――本年伝。

⑧鞌邲之戰（07-03a-6）――鞌の役は成公二年、邲の役は宣公十二年のことであり、経と伝とでは記録する人物に詳略があるということ。

・成02 経「六月癸酉、季孫行父・臧孫許・叔孫僑如・公孫嬰齊帥師會晉郤克・衛孫良夫・曹公子首及齊侯戰于鞌、齊師敗績」。
伝「郤克將中軍、士燮佐上軍、欒書將下軍、韓厥爲司馬、以救魯・衛」。

・宣12 経「夏、六月乙卯、晉荀林父帥師及楚子戰于邲、晉師敗績」。
伝「夏、六月、晉師救鄭。荀林父將中軍、先縠佐之。士會將上軍、郤克佐之。趙朔將下軍、欒書佐之。趙括・趙嬰齊爲中軍大夫、鞏朔・韓穿爲上軍大夫、荀首・趙同爲下軍大夫。韓厥爲司馬」。

⑨異義（07-03a-7）――許愼《五經異義》を指す。

⑩文王（07-03a-8）――《毛詩》大雅・大明序によれば、「大明、文王有明德、故天復命武王也」とあり、その本文に「大邦有子、俔天之妹、文定厥祥、親迎于渭、造舟爲梁、不顯其光」とある。この婦人が大姒であり、文王が渭水のほとりに迎えたという。また大姒については、〈大雅・思齊〉篇にも「思齊大任、文王之母、思媚周姜、京室之婦、大姒嗣徽音、則百斯男」と見える。ちなみに劉向『列女傳』巻一母儀傳・周室三母には、以下のように見える。

大姒者武王之母、禹後有莘姒氏之女。仁而明道。文王嘉之、親迎於渭、造舟爲梁。及入、大姒思媚大姜・大任、旦夕勤勞、以進婦道。大姒號曰文母、文王治外、文母治内。大姒生十男。長伯邑考、次武王發、次周公旦、次管叔鮮、次蔡叔度、次曹叔振鐸、次霍叔武、次成叔處、次康叔封、次聃季載。大姒教誨十子、自少及長、未嘗見邪僻之事。及其長、文王繼而教之、卒成武王周公之德。君子謂大姒仁明而有德。詩曰「大邦有子、俔天之妹、文定厥祥、親迎于渭、造舟爲梁、不顯其光」。又曰「大姒嗣徽音、則百斯男」。此之謂也。

⑪禮記哀公問（07-03a-8）――《禮記》哀公問篇。

孔子對曰「古之爲政、愛人爲大。所以治愛人、禮爲大。所以治禮、敬爲大。敬之至矣、大昏爲大。大昏至矣。大昏既至、冕而親迎、親之也。親之也者、親之也。是故、君子興敬爲親。舍敬、是遺親也。弗愛不親。弗敬不正。愛與敬、其政之本與」。公曰「寡人願有言。然冕而親迎、不已重乎」。孔子愀然作色而對曰「合二姓之好、以繼先聖之後、以爲天地宗廟社稷之主、君何謂已重乎」。公曰「寡人固、不固、焉得聞此言也。寡人欲問、不得其辭、請少進」。孔子曰「天地不合、萬物不生。大昏、萬世之嗣也、君何謂已重焉」。

【傳】八年、春、滅翼。 [07–03b]

【注】曲沃滅之。〔曲沃 之れを滅す。〕

【傳】隨少師有寵。楚鬬伯比曰、可矣。讎有釁不可失也。 [07–03b]

【注】釁瑕隙也。無徳者寵、國之釁也。〔釁《きん》は瑕隙《かげき》〔すきま〕なり。徳無き者に寵あるは、國の釁なり。〕

【傳】夏、楚子合諸侯于沈鹿。黄隨不會。使薳章讓黄。 [07–03b]

【注】沈鹿楚地。黄國今弋陽縣。責其不會。〔沈鹿は楚の地なり。黄國は今の弋陽縣なり。其の會せざるを責む。〕

【傳】楚子伐隨。軍於漢淮之間。季梁請下之。弗許而後戰。 [07–03b]

【注】下之請服也。〔「之に下る」とは服せんことを請ふなり。〕

【疏】「漢淮之間」。

○正義に曰う。「漢」「淮」は二つの川の名称で、「漢・淮の間」とは、漢水の北、淮水の南のことである。

〈禹貢〉[①]に「嶓冢《はちょう》 漾《やう》を導き、東流して漢と為《な》る。又た東して滄浪の水と為り、三澨《さんぜい》を過ぎて大別に至り、南して江に入る」と言い、孔安国は「泉始めて山を出でて漾水と為り、東南に流れて沔《べん》水と為り、漢中に至り東行して漢水と為る」と注し、《釈例(土地名・水名)》に「漢は一名沔水。武都沮県に出で、東のかた漢中魏興を経て南陽に至り、東南して襄陽を経、江夏安陸縣に至りて江に入る」と述べている。

〈禹貢〉にはまた「淮を導くに、桐柏よりす。東して泗・沂に会し、東して海に入る」と言い、《釈例》には「淮は義陽平氏県の桐柏山に出で、東北して汝陰・淮南・譙国・沛国・下邳を経て、広陵県に至りて海に入る」と述べている。

【譯注】

①禹貢（07–03b–8）――《尚書》禹貢「嶓冢導漾、東流爲漢、〔孔安國伝：泉始出山爲漾水、東南流爲沔水、至漢中東行爲漢水。〕又東爲滄浪之水、過三澨、至于大別、南入于江、東匯澤爲彭蠡、東爲北江、入于海。岷山導江、東別爲沱、又東至于灃、過九江、至于東陵、東迆北會于匯、東爲中江、入于海。導沇水、東流爲濟、入于河、溢爲滎、東出于陶丘北、又東至于荷、又東北會于汶、又北東入于海。導淮自桐柏、東會于泗・沂、東入于海。導渭自鳥鼠同穴、東會于灃、又東會于涇、又東過漆沮、入于河。導洛自熊耳、東北會于澗・瀍、又東會于伊、又東北入于河」。

【傳】所以怒我而怠寇也。少師謂隨侯曰、必速戰。不然將失楚師。隨侯禦之。望楚師。 [07–04a]

【注】遙見楚師。〔遙かに楚師を見る。〕

【傳】季梁曰、楚人上左。君必左。 [07–04a]

【注】君楚君也。〔君は楚君なり。〕

【傳】無與王遇。且攻其右。右無良焉必敗。偏敗、衆乃攜矣。少師曰、不

當王。非敵也。弗從。 [07-04a]

【注】不從季梁謀。〔季梁の謀に從はず。〕

【傳】戰于速杞。隨師敗績。隨侯逸。 [07-04a]

【注】速杞隨地。逸逃也。〔速杞は隨地なり。逸は逃なり。〕

【傳】鬬丹獲其戎車、與其戎右少師。 [07-04a]

【注】鬬丹楚大夫。戎車君所乘兵車也。戎右車右也。寵之故以爲右。〔鬬丹は楚の大夫なり。戎車は君の乘る所の兵車なり。戎右は車右なり。之れを寵するが故に以て右と爲す。〕

【傳】秋、隨及楚平。楚子將不許。鬬伯比曰、天去其疾矣。 [07-04a]

【注】去疾謂少師見獲而死。〔疾を去るとは少師の獲へられて死するを謂ふ。〕

【傳】隨未可克也。乃盟而還。 [07-04a]

【傳】冬、王命虢仲立晉哀侯之弟緡于晉。 [07-04a]

【注】虢仲王卿士、虢公林父。〔虢仲は王の卿士、虢公林父なり。〕

【傳】祭公來、遂逆王后于紀。禮也。 [07-04b]

【注】天子娶於諸侯、使同姓諸侯爲之主。祭公來受命於魯、故曰禮。〔天子諸侯に娶《めと》れば、同姓の諸侯をして之が主爲《た》らしむ。祭公來たりて命を魯に受く、故に「禮」と曰ふ。〕

【經】九年、春、紀季姜歸于京師。 [07-04b]

【注】季姜桓王后也。季字、姜紀姓也。書字者伸父母之尊。〔季姜は桓王の后《きさき》なり。季は字、姜は紀の姓なり。字を書するは父母の尊を伸ぶるなり。〕

【疏】注の「季姜」より「之尊」に至るまで。

○正義に曰う。①当時は桓王であるから、「桓王の后《きさき》」だと言ったのである。《公羊伝》②に「其の紀の季姜と称するは何ぞ。我より紀と言ふ。父母の子に於けるや、天王の后と為ると雖も、猶ほ吾が季姜と曰ふ」と述べているのが、つまり「父母の尊を申べる」ことである。

《公羊伝》にはさらに、「京師とは何ぞ。天子の居なり。京とは何ぞ。大なり。師とは何ぞ。衆なり。天子の居は必ず衆大の辞を以て之れを言ふ」と述べている。

【譯注】

①時當桓王（07-04b-4）――《史記》周本紀によれば、周桓王は、魯の隠公四年に即位し、魯の桓公十五年に没している。つまり本年は桓王の十七年に当たる。

②公羊傳（07-04b-5）――本年《公羊傳》「春、紀季姜歸于京師。其辭成矣、則其稱紀季姜何、自我言紀。父母之於子、雖爲天王后、猶曰吾季姜。京師者何、天子之居也。京者何、大也。師者何、衆也。天子之居必以衆大之辭言之。其稱紀季姜何。自我言紀。父母之於子、雖爲天王后、猶曰吾季姜」。

【經】夏、四月。 [07-04b]

【經】秋、七月。 [07-04b]

【經】冬、曹伯使其世子射姑來朝。 [07-04b]

【注】曹伯有疾、故使其子來朝。〔曹伯に疾有り、故に其の子をして來朝せしむ。〕

【疏】注の「曹伯」より「來朝」に至るまで。

○正義に曰う。「朝」の礼は君自身が行うべきものであって、大子を使うべきではない。（伝によれば、大子を）①供応する際に、大子が嘆声を発し、明年になって曹伯が卒していることから、曹伯に「疾ひ有るが故に大子をして来朝せしめ」たことが分かる。

大子には「朝」と称すべきではないが、父の仕事を代行したため、「朝」と言ったのである。

②諸々の経に「世子」とか「③衛世叔申」と称しているが、経に「世」字に作るものを、伝ではすべて「大」に作っている。してみると古代では「世」と「大」とは、その字義が通じたのである。

【譯注】

①當享（07-04b-8）――本年伝に「享曹大子、初獻樂奏而歎。施父曰、曹大子其有憂乎。非歎所也」とあり、十年経に「十年、春、王正月、庚申、曹伯終生卒」とある。

②諸經稱世子（07-04b-9）――ちなみに「世子」という表現は、実は経書のうち、三禮（ただし《儀禮》は一例のみ）と《春秋》以外には見えない。以下、経「世子」と伝「大子（大子）」との対応例をあげる。

・桓09―經（曹）世子射姑　伝―曹大子
・桓15―經（鄭）世子忽　桓06伝―大子忽
・僖05―經（晉）世子申生　伝―大子申生
・僖05―經（王）世子　伝―王大子鄭
・僖07―經（鄭）世子華　伝―大子華
・文01―經（楚）世子商臣　僖33伝―大子商臣
・宣18―經（衛）世子臧　伝―大子臧
・襄03―經（齊）世子光　襄01伝―大子光
・襄05―經（鄫）世子巫　伝―大子巫
・襄26―經（宋）世子痤　伝―大子痤
・襄30―經（蔡）世子般　伝―大子般
・昭04―經（宋）世子佐　伝―大子佐
・昭08―經（陳）世子偃師　襄25伝―大子偃師
・昭11―經（蔡）世子有　伝―隱大子
・昭19―經（許）世子止　伝―大子止
・定14―經（衛）世子蒯聵　定15伝―大子蒯聵

③衛世叔申（07-04b-9）――衛の世叔申は昭公三十二年経に「冬、仲孫何忌會晉韓不信・齊高張・宋仲幾・衛世叔申・鄭國參・曹人・莒人・薛人・杞人・小邾人城成周」として見えるが、この年の伝を含めて「大叔申」なる表記は見えず、ただ哀公十一年伝に「大叔懿子」と表記されている。訳者おもうに本疏に挙げるべきは、「世叔儀」「世叔齊」の例ではなかろうか。

・襄29―經（衛）世叔儀　襄14伝―大叔儀
・昭32―經（衛）世叔申　哀11伝―大叔懿子
・哀11―經（衛）世叔齊　伝―大叔齊

【傳】九年、春、紀季姜歸于京師。凡諸侯之女行、唯王后書。　［07-04b］

【注】爲書婦人行例也。適諸侯、雖告魯猶不書。〔婦人の行を書するが爲めの例なり。諸侯に適《ゆ》くは、魯に告ぐと雖も猶ほ書せず。〕

【傳】巴子使韓服告于楚、請與鄧爲好。　［07-05a］

【注】韓服巴行人。巴國在巴郡江州縣。〔韓服は巴の行人なり。巴國は巴郡江州縣に在り。〕

【疏】注の「韓服」より「州縣」に至るまで。

○正義に曰う。巴が「使」者としたものだから、「巴の行人」と述べた。「行人」とは使人〔外交の使者〕を言う。

〈地理志〉[1]では巴郡はもとの巴国であり、江州はその治下の県である。昭[2]公十三年に楚の共王が巴姫と璧を埋めているから、巴国は姫姓である。この年に伝に見え、文公十六年に[3]（巴が）秦・楚とともに庸を滅ぼして以後は（経・伝）に見えないから、たぶん楚が滅ぼしたのであろう。

【譯注】

①地理志（07–05a–3）――《漢書》地理志には「巴郡〔秦置。屬益州〕。戸十五萬八千六百四十三、口七十萬八千一百四十八。縣十一。江州、臨江、枳、閬中、墊江、朐忍、安漢、宕渠、魚復、充國、涪陵」とある。ちなみに王先謙《漢書補注》は「王念孫曰、左傳正義云『地理志巴郡故巴國』。據此則『巴郡秦置』下、當有『故巴國』三字」と述べている。

②昭十三年（07–05a–3）――昭公十三年伝「初、共王無冢適、有寵子五人、無適立焉。乃大有事于群望、而祈曰『請神擇於五人者、使主社稷』。乃遍以璧見於群望、曰『當璧而拜者、神所立也、誰敢違之』。既、乃與巴姫密埋璧於大室之庭、使五人齊、而長入拜。康王跨之、靈王肘加焉、子干・子皙皆遠之。平王弱、抱而入、再拜、皆厭紐。鬬韋龜屬成然焉、且曰、棄禮違命、楚其危哉」。

③文十六年（07–05a–3）――文公十六年経「楚人・秦人・巴人滅庸」。

【傳】楚子使道朔將巴客以聘於鄧。 [07–05a]

【注】道朔楚大夫。巴客韓服。〔道朔は楚の大夫なり。巴客は韓服なり。〕

【傳】鄧南鄙鄾人攻而奪之幣、 [07–05a]

【注】鄾在今鄧縣南、沔水北。〔鄾は今の鄧縣の南、沔水の北に在り。〕

【傳】殺道朔及巴行人。楚子使薳章讓於鄧。鄧人弗受。 [07–05a]

【注】言非鄾人所攻。〔鄾人の攻むる所に非ざるを言ふ。〕

【傳】夏、楚使鬬廉帥師及巴師圍鄾。 [07–05a]

【注】鬬廉楚大夫。〔鬬廉は楚大夫なり。〕

【傳】鄧養甥・鄧甥帥師救鄾。三逐巴師不克。 [07–05a]

【注】二甥皆鄧大夫。〔二甥は皆な鄧の大夫なり。〕

【疏】「三逐巴師不克」。

○正義に曰う。「三たび巴師を逐《お》ふ」とは、鄧の師が巴師を逐うことである。「克たず」とは、楚・巴が鄧に勝つことができなかったことであり、そのため鬬廉が権謀を設けて誘ったのである。

【傳】鬬廉衡陳其師於巴師之中以戰而北。 [07–05b]

【注】衡横也。分巴師爲二部、鬬廉横陳於其間、以與鄧師戰、而僞北。北走也。〔「衡」は横なり。巴の師を分かちて二部と爲し、鬬廉は其の間に横陳し、以て鄧師と戰ひ、而して僞りて北《に》ぐ。北は走〔にげる〕なり。〕

【傳】鄧人逐之。背巴師而夾攻之。 [07–05b]

【注】楚師僞走、鄧師逐之、背巴師、巴師攻之、楚師自前還與戰。〔楚師僞りて走《に》げ、鄧師 之れを逐ひ、巴の師を背にするとき、巴師 之れを攻め、楚師は前より還《かへ》りて與に戰ふ。〕

【傳】鄧師大敗。鄾人宵潰。 [07–05b]

【注】宵夜也。〔宵は夜なり。〕

【傳】秋、虢仲・芮伯・梁伯・荀侯・賈伯伐曲沃。 [07–05b]

【注】梁國在馮翊夏陽縣。荀・賈皆國名。〔梁國は馮翊の夏陽縣に在り。荀・賈は皆な國名なり。〕

【疏】注の「梁國」より「國名」に至るまで。

○正義に曰う。〈地理志〉①に「馮翊夏陽県は故《もと》の少梁なり」と述べているから、「梁」は夏陽に在った。

僖②公十七年伝に「恵公の梁に在るや、梁伯 之れに妻《めあ》はす。梁嬴 孕《はら》みて期を過ぐ」という記述があり、国に嬴を配しているからには、梁は嬴姓である。

《世本》では荀・賈はともに姫姓である。僖③公十九年に秦人が梁を滅ぼしているが、荀・賈については誰が滅ぼしたのか分からない。晋④の大夫に荀氏・賈氏がいるところからすると、おそらく晋が滅ぼして大夫に領地を賜ったものであろう。

【譯注】

①地理志（07−05b−6）――《漢書》地理志第八上「左馮翊、戸二十三萬五千一百一、口九十一萬七千八百二十二。縣二十四。高陵、櫟陽、翟道、池陽、夏陽〔故少梁、秦惠文王十一年更名。禹貢梁山在西北、龍門山在北。有鐵官。莽曰冀亭。〕衙、粟邑、谷口、蓮勺、鄜、頻陽、臨晉、重泉、郃陽、祋祤、武城、莽曰桓城。沈陽、褱德、徵、雲陵、萬年、長陵、陽陵、雲陽」。

②僖十七年傳（07−05b−7）――僖公十七年伝「夏、晉大子圉爲質於秦、秦歸河東而妻之。惠公之在梁也、梁伯妻之。梁嬴孕、過期。卜招父與其子卜之。其子曰、將生一男一女。招曰、然。男爲人臣、女爲人妾。故名男曰圉、女曰妾。及子圉西質、妾爲宦女焉」。

③僖十九年（07−05b−7）――僖公十九年経「梁亡」、伝「梁亡、不書其主、自取之也。初、梁伯好土功、亟城而弗處。民罷而弗堪、則曰、某寇將至、乃溝公宮。曰、秦將襲我。民懼而潰、秦遂取梁」。

④晉大夫（07−05b−8）――晉の大夫「荀氏」については、たとえば陳厚耀『春秋世族譜』によれば、以下の通り。

荀氏　荀息 ─ ○ ┬ 荀林父 ─ 荀庚 ─ 荀偃 ─ 荀呉 ─ 荀寅
　　　　　　　　└ 荀首 ─ 荀罃 ─ ○ ─ 荀盈 ─ 荀躒

賈氏については、賈華（僖公六年伝）と賈佗（文公六年伝）が見えるのみ。

【傳】冬、曹大子來朝。賓之以上卿、禮也。　〔07−05b〕

【注】諸侯之適子、未誓於天子、而攝其君、則以皮帛繼子・男、故賓之以上卿、各當其國之上卿。〔諸侯の適子、未だ天子に誓はずして、其の君を攝れば、則ち皮帛を以て子・男を繼ぐ。故に「之れを賓するに上卿を以て」し、各おの其の國の上卿に當つるなり。〕

【疏】注の「諸侯」より「上卿」に至るまで。

○正義に曰う。「継子男」以上は《周禮》①典命職の文章である。鄭玄が「誓とは猶ほ命のごときなり。誓と言ふは、天子 既に命じて以て之れが嗣と為せば、樹子は易《か》へざるを明らかにするなり」と述べている。

《釈例（会盟朝聘例）》に

《周禮》②に「諸侯の適子 天子に誓へば、則ち其の君の礼より下すこと一等なり。未だ誓はざれば、則ち皮帛を以て子男を継ぐ」とある。これは公・侯・伯・子・男の世子が出国して会合したり朝聘したりする儀礼を述べたもの。「誓う」とは、天子に告げて正式に世子となり、天子の報命を受けるものである。「未だ誓はず」とは、国内では正式だが、まだ天子に告げていないものである。曹の世子は未だ誓わないで来朝したため、「之れを賓するに上卿を以て」した。諸侯の上卿に比定したことである。子男の末席を継ぐと、命数が相当するからである。

と述べているのは、曹の大子が未だ誓っていないことを言ったものである。

「之れを賓するに上卿を以て」したとは、賓客の礼で待遇するに際し、上卿の礼と同等にしたという意味である。卿礼の飧饔や積膳の数は、《掌客》③や《聘禮》④にほぼ記載されている。

伝に「未誓」のことを言わないのに、曹大子が必ず「未誓」だと分かるのは（なぜかといえば）、もし誓っているとすると、その君より一等を下すだけである。侯・伯の子であれば子男の扱いにして、ただの上卿の礼で接待することはできない。《釈例》では世子のことを総論したので、「諸侯の上卿に比す」と述べたが、ここでは曹国のことを具体的に指しているので、はっきりと区別して、「各おの其の国の上卿の如くす」と述べたのである。僖公二十九年伝⑤に「礼に在りては卿は公侯に会せず、伯・子・男に会するは可なり」と言い、昭公二十三年伝⑥に「列国の卿は小国の君に当たるは、固《もと》より周制なり」と述べている。そうだとすると、小国の君でやっと大国の卿に相当するわけだから、諸国の世子は大国の卿に相当するはずがないので、「各おの其の国の上卿の如くす」と述べたのである。

何休の《膏肓》は、

左氏が人子でありながら父の位に安んじて処るとするのは、最も衰世救失の宜しき行為ではない。義の点からして《左氏》の短所である。

と見なしている。これを鄭玄が箴して、

必ず言うとおりだとすると、父が年を取ったり病気になったりしたときは、いったい誰が政治を取り仕切り、王事に関与するのであろうか。

と述べており、また蘇（寛）⑦も、

天子に誓うと君より一等下し、未だ誓わなければ子・男を継ぎ、いずれもその君より下すのだから、どうして父の位に安んじて居ることになろうか。

と述べている。

【譯注】

①周禮典命職（07-05b-10）――《周禮》春官・典命「凡諸侯之適子、誓於天子、攝其君、則下其君之禮一等。未誓、則以皮帛繼子男」、鄭玄注「誓猶命也。言誓者明天子既命以爲之嗣、樹子不易也。春秋桓九年、曹伯使其世子射姑來朝、行國君之禮、是也。公之子如侯伯而執圭、侯伯之子如子男而執璧、子男之子與未誓者、皆次小國之君、執皮帛而朝會焉。其賓之皆以上卿之禮焉」。

②周禮（07-06a-1）――注①。

③掌客（07-06a-4）――《周禮》秋官・掌客「掌四方賓客之牢禮・餼獻・飲食之等數與其政治。王合諸侯而饗禮、則具十有二牢、庶具百物備。諸侯長、十有再獻。王巡守・殷國、則國君膳以牲犢、令百官百牲皆具、從者三公視上公之禮、卿視侯伯之禮、大夫視子男之禮、士視諸侯之卿禮、庶子壹視其大夫之禮……」。

④聘禮（07-06a-4）――《儀禮》聘禮「宰夫朝服設飧、飪一牢、在西鼎九、羞鼎三、腥一牢、在東鼎七、堂上之饌八、西夾六、門外米禾皆二十車、薪芻倍禾。上介飪一牢、在西鼎七、羞鼎三、堂上之饌六、門外米禾皆十車、薪芻倍禾、衆介皆少牢」等。

⑤僖二十九年傳（07-06a-6）――僖公二十九年伝「夏、公會王子虎・晉狐偃・宋公孫固・齊國歸父・陳轅濤涂・秦小子慭、盟于翟泉、尋踐土之盟、且謀伐鄭也。卿不書、罪之也。在禮、卿不會公侯、會伯子男可也」。

⑥昭二十三年傳（07-06a-6）――昭公二十三年伝「叔孫曰、列國之卿當小國之君、固周制也。邾又夷也。寡君之命介子服回在、請使當之、不敢廢周制故也。乃不果坐」。

⑦蘇（07-06a-9）――浦鏜《十三經注疏正字》によれば、本条の「蘇」字を「所」字に改めるべきだという。浦説に従うと、鄭玄箴の文章は最後までということになる。「所」字に作るテキストが無いので、浦氏の臆改とも考えられるの

であるが、「蘇」一字が不安定であるため、その可能性も棄てがたい。

【傳】享曹大子、初獻樂奏而歎。 [07-06a]

【注】酒始獻。〔酒始めて獻ず。〕

【傳】施父曰、曹大子其有憂乎。非歎所也。 [07-06a]

【注】施父魯大夫。〔施父は魯大夫なり。〕

【疏】「非歎所也」。

○正義に曰う。服虔①が、

（伝文に）「古《いにしへ》②の享食を為すは、威儀を観、禍福を省《み》る所以なり」、「喪③無くして戚《いた》めば、憂ひ必ず讎《むか》ふ」とある。いま大子が音楽の演奏を聴いて嘆息したのは、父がいままさに死のうとしていて、その兆候が先ず現れたものである。

と述べている。

【譯注】

①服虔（07-06b-2）——この疏全文が服虔注の文章である。ちなみに『春秋正義』中に引用された服虔注は四〇〇例を越えるが、『正義』の全文が服虔の文章から成るものが16例有る。

②古之爲享食（07-06b-2）——成公十四年伝に見える衛の甯殖の言葉。

甯子曰「苦成家其亡乎。古之爲享食也、以觀威儀・省禍福也、故詩曰『兕觵其觩、旨酒思柔。彼交匪傲、萬福來求』。今夫子傲、取禍之道也」。

③無喪而戚（07-06b-2）——僖公五年伝に見える晉の士蔿の言葉。

士蔿稽首而對曰「臣聞之、無喪而戚、憂必讎焉。無戎而城、讎必保焉。寇讎之保、又何愼焉。守官廢命、不敬。固讎之保、不忠。失忠與敬、何以事君。詩云『懷徳惟寧、宗子惟城』。君其修徳而固宗子、何城如之。三年將尋師焉、焉用愼」。

【經】十年、春、王正月、庚申、曹伯終生卒。 [07-06b]

【注】未同盟而赴以名。〔未だ同盟せずして赴ぐるに名を以てす。〕

【經】夏、五月、葬曹桓公。 [07-06b]

【注】無傳。〔傳無し。〕

【經】秋、公會衛侯于桃丘、弗遇。 [07-06b]

【注】無傳。衛侯與公爲會期、中背公更與齊鄭、故公獨往而不相遇也。桃丘衛地、濟北東阿縣東南有桃城。〔傳無し。衛侯は公と會期を爲すも、中ごろ公に背《そむ》きて更《あらた》めて齊・鄭に與《くみ》す、故に公獨り往きて相遇はざるなり。桃丘は衛地、濟北東阿縣の東南に桃城有り。〕

【經】冬、十有二月、丙午、齊侯・衛侯・鄭伯來戰于郎。 [07-06b]

【注】改侵・伐而書來戰、善魯之用周班、惡三國討有辭。〔侵・伐を改めて「來戰」と書するは、魯の周班を用ふるを善みし、三國の 有辭〔言い分がある〕を討つを惡《にく》めばなり。〕

【疏】注の「改侵」より「有辭」に至るまで。

○正義に曰う。《周禮》①大司馬に「九伐の法を以て邦國を正す。賢を賊《そこな》ひ民を害《そこな》へば、則ち之れを伐つ。固を負《たの》んで服せざれば、則ち之れを侵す」とある。そうだとすると、侵・伐とは師旅〔軍隊〕が罪を討伐する名称である。魯②は周の礼に従って頒布したのだから、魯は有礼である。三国は有礼を伐ったのだから、「有辭を討つ」ことである。《春秋》は「魯の周班を用ふるを善み」し、三国に「伐」たせなかったので、「侵・伐を改めて『来たり戦ふ』と書」いた。三国が勝手にやって来て戦おうとしたが、魯がこれ

と戦わなかったかのようにした、という意味である。（このことについて）《釈例（侵伐襲例）》が、

「齊侯・衛侯・鄭伯　來たりて郎に戰ふ」とは、夫子が魯人の周班を取ったことを善みし、三国が有礼を伐ったことを憎んだものであり、それゆえ王爵を正して周制を表し、侵・伐を去って無罪を示した。これこそ聖人が王室を助けまいらせ、大教を厚く崇《たっと》ぶやりかたであるということで、常例とは違う表現にして、特にこのことを示したのである。

と述べているのは、その意味である。

【譯注】

①周禮大司馬（07-06b-8）――《周禮》夏官・大司馬「以九伐之灋正邦國。馮弱犯寡、則眚之。賊賢害民、則伐之。暴内陵外、則壇之。野荒民散、則削之。負固不服、則侵之。賊殺其親、則正之。放弑其君、則殘之。犯令陵政、則杜之。外内亂、鳥獸行、則滅之」。

②魯以周禮爲班（07-06b-9）――以下の桓公六年伝並びに本年伝。

於是諸侯之大夫戍齊、齊人饋之餼、使魯爲其班。後鄭。鄭忽以其有功也、怒、故有郎之師。

【傳】十年、春、曹桓公卒。 [07-07a]

【注】終施父之言。〔施父の言を終ふるなり。〕

【傳】虢仲譖其大夫詹父於王。 [07-07a]

【注】虢仲王卿士、詹父屬大夫。〔虢仲は王の卿士、詹父は屬大夫なり。〕

【疏】注の「虢仲」より「大夫」に至るまで。

○正義に曰う。《周禮》①ではどの卿の下にも、すべて大夫がいる。伝に「其の大夫を譖《しん》す〔うったえる〕」と言うのが、（周の朝廷で）己〔虢仲〕の下に所属する（周の）大夫であって、虢の大夫ではないことが分かるのは（なぜかといえば）、もし虢国の大夫であれば虢仲がみずから罪を加えることができるわけで、これを王に譖する必要はないであろうし、かつもしこれが虢人であれば、王師を率いて虢を伐つはずがないからである。

【譯注】

①周禮（07-07a-4）――《周禮》序官の文章を抜粋すれば以下の通り。

・治官之屬。大宰、卿一人。小宰、中大夫二人。宰夫、下大夫四人。上士八人、中士十有六人、旅下士三十有二人。府六人、史十有二人、胥十有二人、徒百有二十人。

・教官之屬。大司徒、卿一人。小司徒、中大夫二人。郷師、下大夫四人。上士八人、中士十有六人、旅下士三十有二人。府六人、史十有二人、胥十有二人、徒百有二十人。

・禮官之屬。大宗伯、卿一人。小宗伯、中大夫二人。肆師、下大夫四人。上士八人、中士十有六人、旅下士三十有二人。府六人、史十有二人、胥十有二人、徒百有二十人。

・政官之屬。大司馬、卿一人。小司馬、中大夫二人。軍司馬、下大夫四人。輿司馬、上士八人。行司馬、中士十有六人、旅下士三十有二人。府六人、史十有六人、胥三十有二人、徒三百有二十人。

・刑官之屬。大司寇、卿一人。小司寇、中大夫二人。士師、下大夫四人。郷士、上士八人、中士十有六人、旅下士三十有二人。府六人、史十有二人、胥十有二人、徒百有二十人。

【傳】詹父有辭。以王師伐虢。夏、虢公出奔虞。　[07–07a]

【注】虞國在河東大陽縣。〔虞國は河東大陽縣に在り。〕

【疏】注の「虞國」より「陽縣」に至るまで。

○正義に曰う。〈譜〉に、

虞は姫姓である。周の大王の子で、大伯の弟の仲雍が虞仲であり、彼が大伯の後を嗣いだ。武王が商に勝ったのち、虞仲の庶孫を封じて虞仲の後とし、中国に居処させて西呉とした。後世これを虞公と言う。

僖公五年に晉が虞を滅ぼした。

と言い、〈地理志〉に「河東大陽県、周の武王 大伯の後を此に封ずるは、是れ虞公為《た》り」とある。①〈地理志〉に「大伯の後」と言うのは、仲雍が大伯を嗣いだからである。

【譯注】

①地理志（07–07a–8）——《漢書》地理志第八上。

河東郡、〔秦置。莽曰兆陽。有根倉・溼倉。〕戸二十三萬六千八百九十六、口九十六萬二千九百一十二。縣二十四。安邑、大陽、〔呉山在西、上有呉城。周武王封太伯後於此、是爲虞公、爲晉所滅。有天子廟。莽曰勤田。〕猗氏、解、蒲反、河北、左邑、汾陰、聞喜、濩澤、端氏、臨汾、垣、皮氏、耿鄕、長脩、平陽、襄陵、彘、楊、北屈、蒲子、絳、狐讘、騏。

○周初の王室の系図を示せば、以下の通り。

周大王 ┬ 大伯（泰伯）
　　　 ├ 仲雍（虞仲）
　　　 └ 季歴 ─ 昌（文王）─ 發（武王）

【傳】秋、秦人納芮伯萬于芮。　[07–07a]

【注】四年圍魏所執者。〔四年に魏を圍《かこ》みて執ふる所の者なり。〕

【傳】初、虞叔有玉。　[07–07a]

【注】虞叔虞公之弟。〔虞叔は虞公の弟なり。〕

【疏】注の「虞叔虞公之弟」。

○正義に曰う。①祭叔が祭公の弟であるからには、この「虞叔」もやはり「虞公の弟」であることが分かる。

【譯注】

①祭叔（07–07a–10）——荘公二十三年経に「祭叔來聘」とあり、その杜預注に「無傳。穀梁以祭叔爲祭公來聘魯。天子内臣不得外交、故不言使、不與其得使聘」とあり、その《正義》に次のように見える。

傳不言爲祭公來聘、杜言「爲祭公來聘」者、但「祭叔」連「祭」爲文、必是祭人、虞叔是虞公之弟、此祭叔或是祭公之弟、故以爲「爲祭公來聘」。

したがって虞叔が虞公の弟であり、祭叔が祭公の弟であることを示す資料は無いことが分かる。

【傳】虞公求旃、　[07–07a]

【注】旃之也。〔旃は之なり。〕

【傳】弗獻。既而悔之曰、周諺有之。匹夫無罪、懐璧其罪。　[07–07b]

【注】人利其璧、以璧爲罪。〔人は其の璧を利とし、璧を以て罪と爲す。〕

【疏】「匹夫無罪」。

○正義に曰う。士大夫以上には妾・媵がいるが、庶民は夫妻が相匹する〔つれあう〕だけであり、その名称が定まっている以上、（匹夫か匹婦）片方だけでも通じるということで、文献①では通じてこれを「匹夫」「匹婦」と表現している。

【譯注】

①書傳（07-07b-3）――本条の場合の「書伝」は文献・古典等を意味している。なお《五經正義》中に見える「書伝」という表記については、拙稿「引書からみた五経正義の成り立ち―書伝・書伝略説・洪範五行伝を通して―」（『新居浜工業高等専門学校紀要』第25巻　一九八九年　『五經正義の研究』所収）を参照されたい。

○ちなみに〈堯典〉疏に本疏とほぼ同文が見える。

堯典疏　言「匹夫」者、士大夫已上、則有妾媵。庶人無妾媵、惟夫妻相匹、其名既定、雖單亦通謂之匹夫匹婦。

本疏　士大夫以上、則有妾媵。庶人惟夫妻相匹、其名既定、雖單亦通、故書傳通謂之匹夫匹婦也。

【傳】吾焉用此。其以賈害也。［07-07b］

【注】賈買也。〔賈は買なり。〕

【傳】及獻之、又求其寶劍。叔曰、是無厭也。無厭將及我。［07-07b］

【注】將殺我。〔将に我を殺さんとす。〕

【傳】遂伐虞公。故虞公出奔共池。［07-07b］

【注】共池地名、闕。〔共池は地名なるも、闕く。〕

【傳】冬、齊・衛・鄭來戰于郎。我有辭也。初北戎病齊。［07-07b］

【注】在六年。〔六年に在り。〕

【傳】諸侯救之。鄭公子忽帥師有功焉。齊人餼諸侯、使魯次之。魯以周班後鄭。鄭人怒、請師于齊。齊人以衛師助之。故不稱侵伐。［07-07b］

【注】不稱侵・伐而以戰爲文、明魯直諸侯曲。故言我有辭、以禮自釋。交綏而退、無敗績。〔侵・伐を稱せずして「戰」を以て文を爲《つく》るは、魯の直にして諸侯の曲なるを明らかにす。故に「我に辭有り」と言ひ、禮を以て自ら釋く。交《こも》ごも綏《すい》して退き、敗績無し。〕

【傳】先書齊・衛、王爵也。［07-08a］

【注】鄭主兵而序齊・衛下者、以王爵次之也。春秋所以見魯猶秉周禮。〔鄭 兵を主りて齊・衛の下に序するは、王爵を以て之れを次するなり。春秋 魯の猶ほ周禮を秉《と》るを見《しめ》す所以なり。〕

【疏】注の「鄭主」より「周禮」に至るまで。

○正義に曰う。伝に「先づ斉・衛を書す」と述べているところからすれば、斉・衛が先ではなく、鄭を先に書くべきである。《春秋》の例では、兵を主《つかさど》るものを先に書くものであり、この場合、鄭人が兵を主ったのだから、鄭を先にすべきところなのに、斉・衛を先に序しているのは（なぜかといえば）、王の爵位では齊・衛は侯爵であり、鄭伯より尊いということから、王爵の尊卑で順序づけたからである。

　それでは主兵の例に依らないで、王爵で順序づけたのは（なぜかといえば）、魯が諸侯の守備兵に（齊の贈物を）頒布した際、王爵で順序づけたからで、鄭の忽は自分の功績をたのんで（魯の処置を不当だと考え）怒りを抱き、そのためこの戦いを招いたということから、特に常例を改めて、やはり王爵で順序づけ、「魯の猶ほ周禮を秉《と》る①」ことを明示したのである。

【譯注】

①魯猶秉周禮（07-08a-5）――閔公元年伝に、齊の仲孫湫が魯を批評した言葉の中に見える。

仲孫歸、曰「不去慶父、魯難未已」。公曰「若之何而去之」。對曰「難不已、將自斃、君其待之」。公曰「魯可取乎」。對曰「不可。猶秉周禮。周禮、所以本也。臣聞之『國將亡、本必先顚、而後枝葉從之』。魯不棄周禮、未可動也。君其務寧魯難而親之。親有禮、因重固、間攜貳、覆昏亂、霸王之器也」。

【經】十有一年、春、正月、齊人・衛人・鄭人盟于惡曹。 [07–08a]

【注】惡曹地闕。〔惡曹の地は闕く。〕

【經】夏、五月、癸未、鄭伯寤生卒。 [07–08a]

【注】同盟於元年、赴以名。〔元年に同盟し、赴ぐるに名を以てす。〕

【經】秋、七月、葬鄭莊公。 [07–08a]

【注】無傳。三月而葬速。〔傳無し。三月にして葬むるは速し。〕

【經】九月、宋人執鄭祭仲。 [07–08a]

【注】祭氏、仲名。不稱行人、聽迫脅以逐君、罪之也。行人例在襄十一年。釋例詳之。〔「祭」は氏、「仲」は名なり。「行人」と稱せざるは、迫脅を聴きて以て君を逐《お》へば、之れを罪するなり。行人の例は襄十一年に在り。釋例に之れを詳《つまびら》かにす。〕

【疏】注の「祭氏」より「詳之」に至るまで。

○正義に曰う。①荘公二十五年の「陳侯 女叔をして来聘せしむ」の伝に、「之れを嘉みするが故に名いはず」と言うのは、諸侯の卿は、嘉みする場合にはじめて名をいわないことであるから、法としては当然に名を書くべきところである。（しかし）「祭仲」の行為には嘉みすべきものが無く、「仲」が「字」ではないことが分かるので、「祭は氏、仲は名」だと述べたのである。

「祭仲」は鄭の卿であり、宋に赴いて執えられたのだから、必ず行人（使者）として宋に至ったのである。行人として使いして執えられた場合には、例では「行人」と称するから、ここでは、「鄭の行人を執ふ」と言うべきなのに、「行人」と称しないのは（なぜかといえば）、彼は宋の脅迫を聴き入れ、その君を追い出したのであり、このことを罪するから、「行人」と称しないのである。②昭公八年の「楚人 陳の行人干徴師を執へて之れを殺す」の伝に、「罪は行人に在らざるなり」と述べており、その人に罪が無い場合に「行人」と称することからすれば、「祭仲」その人に罪があるので、「行人」の称を去ったことが分かる。（このことについて）《釈例（執大夫行人例）》に、

祭仲の宋に如《ゆ》くは、会に非ず聘に非ず。誘はるるに与《あづか》りて、行人を以て命に応《こた》ふるも、節に死すること能はず、偽を挟みて以て其の君を簒《うば》ふ。故に経に「行人」と称せずして以て之れを罪せるなり。

と述べているのは、「仲」を罪する意味を説明したものである。

③襄公十一年の「楚人 鄭の行人良霄を執ふ」の伝に、「書して『行人』と曰ふは、使人を言ふなり」と言うのは、これは変例である。伝に「祭仲を誘ひて之れを執ふ」と称していることからすると、本来は行人ではないから、経にそれを言わないのである。

（しかるに）杜預が必ず「行人を以て命に応《こた》へ、之れを罪するが故に行人を称せざる」ものであることが分かるのは（なぜかといえば）、祭仲がもしも宋に至らなければ、宋人がどうして執えることができようか。出かけていって宋に至った以上は、事に因って行ったのであり、すでに事に因って行った以上は、とりもなおさず使人の例である。杜預は伝文に「誘」と称するので、その本意を述べて、「聘に非ず会に非ず、宋の迫脅を聴く。故に行人と称せずして之れを罪す」と言ったのである。この経との「④斉人 鄭詹を執ふ」と、その文章に何の異なることがあろうか。

（これに対して）劉君は「祭仲は字で、鄭人がこれを嘉みした」として、みだりに杜氏を規正している。もし劉炫の言う通りなら、「その君を逐《お》ふを

罪す」と言う以上、どうして嘉みして字を称すると言うのだろう。杜預は「蕭叔」⑤が字でないから、「祭仲」が名であることが分かったのである。「仲」に名を書いて罪とするものである以上、「行人」と称しないのは、その貶責するものである。しかし劉君は、「祭仲は本来は行人ではない」と言うが、何の依拠するものが有るのか分からない。

【譯注】

①莊二十五年（07-08a-10）――莊公二十五年経「春、陳侯使女叔來聘」、伝「春、陳女叔來聘、始結陳好也。嘉之、故不名」。

②昭八年（07-08b-2）――昭公八年経「楚人執陳行人干徵師殺之」、伝「夏、四月、辛亥、哀公縊。干徵師赴于楚、且告有立君。公子勝愬之于楚。楚人執而殺之。公子留奔鄭。書曰、陳侯之弟招殺陳世子偃師、罪在招也。楚人執陳行人干徵師殺之、罪不在行人也」。なお経文の杜預注にも「稱行人、明非行人罪」とある。

③襄十一年（07-08b-4）――襄公十一年経「楚人執鄭行人良宵」、伝「九月、諸侯悉師以復伐鄭、……、曰孤以社稷之故、不能懷君。君若能以玉帛綏晉、不然、則武震以攝威之、孤之願也。楚人執之。書曰行人、言使人也」、杜預注「書行人、言非使人之罪也」。

④齊人執鄭詹（07-08b-7）――莊公十七年経「春、齊人執鄭詹」、伝「春、齊人執鄭詹、鄭不朝也」。経文の杜預注には「不稱行人罪之也。行人例在襄十一年」とある。

⑤蕭叔（07-08b-8）――莊公二十三年経「蕭叔朝公」、杜預注「無傳。蕭附庸國、叔名。就穀朝公、故不言來。凡在外朝、則禮不得具嘉禮不野合」。ちなみに通例では「伯・仲・叔・季」は字である。

○上文に「則本非行人、故經不言」（08b-5）とあるのは、最後の「劉云祭仲本非行人」（08b-8）に遙かに呼応しているようである。そうすると、その中間は《正義》の劉炫批判の文章が割り込んだ形となっていることが分かる。ただ劉炫の文章が充分には記述されておらず、その主旨はこの疏文からは読み取れない。

【經】突歸于鄭。　［07-08b］

【注】突厲公也。爲宋所納、故曰歸。例在成十八年。不稱公子從告也。文連祭仲、故不言鄭。〔突は厲公なり。宋の納るる所と爲る、故に「歸」と曰ふ。例は成十八年に在り。公子と稱せざるは告に從へばなり。文「祭仲」に連なる、故に鄭を言はず。〕

【疏】注の「突厲」より「言鄭」に至るまで。

○正義に曰う。成公十八年の伝例に①「諸侯 之れを納るるを歸と曰ふ」と述べているので、これが「宋の納る所と為るが故に帰と曰ふ」ものであることが分かる。

「突」は実際には公子であるのに「公子を称せず」、伝にも褒貶の例が無いところから、告げる者の言葉に従ったものであることが分かる。告げる者が公子と言わなかったから、公子と称しなかったのである。

（桓公）十五年の②「許叔 許に入る」、十七年の③「蔡季 蔡に帰る」はいずれも字《あざな》を国に繋《か》けているのに、「突」を「鄭」に繋けないのは（なぜかといえば）、「文 祭仲に連なり」、「祭仲」の上にすでに「鄭」字があるので、上の「鄭」の表現をうけて「鄭」を言わなかったのである。

「宋人が仲を執え」、「突」を納れたことについては一事として連書したため、「突」は上文を受けることができるが、「鄭忽が衛に出奔した」ことについては、鄭人が別に告げてきたので、上文に連続させなかった。

【譯注】

①成十八年傳例（07-08b-10）――成公十八年伝「凡去其國、國逆而立之曰入。復其位曰復歸。諸侯納之曰歸。以惡曰復入」。

②十五年（07-09a-1）――桓公十五年経「許叔入于許」。

③十七年（07-09a-1）――桓公十七年経「秋、八月、蔡季自陳歸于蔡」。

[07-09a]

【經】鄭忽出奔衛。

【注】忽昭公也。莊公既葬、不稱爵者、鄭人賤之、以名赴。〔忽は昭公なり。莊公既に葬むらるるも、爵を稱せざるは、鄭人 之れを賤《いや》しみ、名を以て赴ぐればなり。〕

【疏】注の「忽昭」より「名赴」に至るまで。

○正義に曰う。僖公九年伝に①「宋の桓公卒す。未だ葬らずして襄公 諸侯に会す。故に子と曰ふ」、また「里克 奚齊を次に殺す。書して『其の君の子を殺す』と曰ふは、未だ葬らざればなり」という記述がある。これらの例では未だ葬らないので父に繫けたのであるから、すでに葬れば君となることが分かる。この「莊公は既に葬」っているのだから、「鄭伯出奔す」と書くべきところ、いま「忽」の名を書いているので、「鄭人之れを賤《いや》しみ、名を以て赴げ」たものであることが分かる。その賤しんだ意味については、忽②の復帰した条で説明する。

【譯注】

①僖九年傳（07-09a-4）――関連する僖公九年の経・伝文は以下の通り。

経 春、三月丁丑、宋公御説卒。
夏、公會宰周公・齊侯・宋子・衛侯・鄭伯・許男・曹伯于葵丘。

伝 春、宋桓公卒。未葬而襄公會諸侯、故曰子。凡在喪、王曰小童、公侯曰子。

経 冬、晉里克殺其君之子奚齊。

伝 冬、十月、里克殺奚齊于次。書曰殺其君之子、未葬也。

②説在忽之復歸（07-09a-5）――桓公十五年経「五月、鄭伯突出奔蔡。鄭世子忽復歸于鄭」の条の杜預注並びに疏文39頁を参照。
ちなみに「説は～に在り」という表現は、《春秋正義》ではここに一見するのみである。他では《毛詩正義》《公羊疏》に頻見する。

[07-09a]

【經】柔會宋公・陳侯・蔡叔盟于折。

【注】無傳。柔魯大夫、未賜族者。蔡叔蔡大夫、叔名也。折地闕。〔傳無し。柔は魯の大夫の、未だ族を賜はらざる者なり。蔡叔は蔡の大夫、叔は名なり。折の地は闕く。〕

【疏】注の「柔魯」より「地闕」に至るまで。

○正義に曰う。「柔」に族を称していないことが、無駭①の場合と同様であり、称すべき族の無いことから、「未だ族を賜はらざる」ものであることが分かる。

また「蔡叔」もまた賞賛すべき善事は無いことから、「叔」が名であることが分かる。「叔」にもやはり族が無いのは、おそらく未だ族を賜わらないものであろう。

【譯注】

①無駭（07-09a-7）――隱公二年経「無駭帥師入極」、杜預注「無駭魯卿。極附庸小國。無駭不書氏、未賜族。賜族例在八年」。

【經】公會宋公于夫鍾。 [07–09a]

【注】無傳。夫鍾郕地。〔傳無し。夫鍾は郕の地なり。〕

【經】冬、十有二月、公會宋公于闞。 [07–09a]

【注】無傳。闞魯地、在東平須昌縣東南。〔傳無し。闞は魯の地、東平須昌縣の東南に在り。〕

【傳】十一年、春、齊・衛・鄭・宋盟于惡曹。 [07–09b]

【注】宋不書、經闕。〔宋をば書せざるは、經の闕なり。〕

【疏】注の「宋不書經闕」。

○正義に曰う。丘明が伝文を作成したのは、本来経文を解釈するためであり、経・伝の文章が同じでない場合は、すべて伝文の方が事実である。いま伝に「宋」が有るのに経に「宋」が無いので、これは経の欠文であることが分かる。

「宋」は大国であるのに、伝では「鄭」の下に位置しているのは、史文がもともと欠けていたのを、伝は先ず経に記載が有るものを挙げて、その後で欠けたものを加えたから、後に「宋」を言ったのであって、会盟の序列で「宋」が下位にあることを意味するものではない。（ところが）服虔は「宋を書せざるは、宋 盟に後《おく》れたればなり」と見なしている。しかし宋が盟に遅れたものならば、盟に本来宋は無いはずで、伝が「斉・衛・鄭・宋が此の盟をした」と言うことはできない。伝の上下には、例として意味もなく経文を挙げないものであり、伝にこの盟を挙げたのは、経に「宋」を欠いていたからである。

【傳】楚屈瑕將盟貳軫。 [07–09b]

【注】貳軫二國名。〔貳・軫は二國の名なり。〕

【傳】鄖人軍蒲騷、將與隨・絞・州・蓼伐楚師。 [07–09b]

【注】鄖國在江夏、雲杜縣東南有鄖城。蒲騷鄖邑。絞國名。州國在南郡華容縣東南。蓼國今義陽棘陽縣東南湖陽城。〔鄖國は江夏に在り、雲杜縣東南に鄖城有り。蒲騷は鄖の邑なり。絞は國名なり。州國は南郡華容縣の東南に在り。蓼國は今の義陽棘陽縣東南の湖陽城なり。〕

【傳】莫敖患之。 [07–09b]

【注】莫敖楚官名、即屈瑕。〔莫敖は楚の官名、即ち屈瑕なり。〕

【傳】鬭廉曰、鄖人軍其郊必不誡。且日虞四邑之至也。 [07–09b]

【注】虞度也。四邑隨・絞・州・蓼也。邑亦國也。〔虞は度なり。四邑は隨・絞・州・蓼なり。邑も亦た國なり。〕

【疏】注の「邑亦国也」。

○正義に曰う。《書》①に「洛邑に宅《お》らんと欲す」と言い、伝に常に「敝邑」②と言うのがそれである。

【譯注】

①書（07–10a–1）——《尚書》召誥序「成王在豐、欲宅洛邑、使召公先相宅、作召誥」。

②敝邑（07–10a–1）——自国を称するときの謙称。《左傳》中に四十八例見える。いま隠公四年伝の例をあげる。

宋殤公之卽位也、公子馮出奔鄭。鄭人欲納之。及衛州吁立、將修先君之怨於鄭、而求寵於諸侯、以和其民。使告於宋曰「君若伐鄭、以除君害、君爲主、敝邑以賦與陳・蔡從、則衛國之願也」。宋人許之。

【傳】君次於郊郢以禦四邑。 [07-10a]

【注】君謂屈瑕也。郊郢楚地。〔君は屈瑕を謂ふなり。郊郢は楚の地なり。〕

【疏】注の「君謂屈瑕也」。

○正義に曰う。《禮》①坊記に「礼にては、君は天と称せず。大夫は君と称せず。民の惑はんことを恐るればなり」と述べている。そうだとすると、大夫は「君」と称することはできないのに、ここで屈瑕を呼ぶのに「君」と称しているのは（なぜかといえば）、楚は②王号を僭《おか》し、県尹を公と称するので、卿を「君」と呼んだのである。

大夫は正法では、「主」と呼ぶべきである。昭③公元年伝に「医和　趙文子に謂ひて曰く、主　晋国に相たり」とあるのがそれである。④祁盈の臣が祁盈のことを「君」と言うもの、⑤伯有の臣が伯有のことを「公」と言うもの、これらは家臣がその主人を称したものにすぎない。

【譯注】

①禮坊記（07-10a-2）――《禮記》坊記「子云、天無二日、土無二王、家無二主、尊無二上、示民有君臣之別也。春秋不稱楚越之王喪、禮君不稱天、大夫不稱君、恐民之惑也」。

②楚僭王號（07-10a-3）――楚が王号を称したいきさつについては、《史記》楚世家に、

武王三十五年、楚伐隨。隨曰「我無罪」。楚曰「我蠻夷也。今諸侯皆爲叛相侵、或相殺。我有敝甲、欲以觀中國之政、請王室尊吾號」。隨人爲之周、請尊楚、王室不聽、還報楚。三十七年、楚熊通怒曰「吾先鬻熊、文王之師也、蚤終。成王擧我先公、乃以子男田令居楚、蠻夷皆率服、而王不加位、我自尊耳」。乃自立爲武王、與隨人盟而去。於是始開濮地而有之。

として見えるが、《左傳》にはこれに該当する記述は無い。ただ桓公六年伝に、「楚武王侵隨、使薳章求成焉、軍於瑕以待之。隨人使少師董成」とあるように、《左傳》においても楚君は王号を名乗っている。また県尹を「公」と呼んだ例としては、文公十年伝に見える「期思公復遂」が最初であろう。

③昭元年傳（07-10a-4）――昭公元年伝で、秦の醫和が晉の趙孟に答えた言葉。

趙孟曰「誰當良臣」。對曰「主是謂矣。主相晉國、於今八年、晉國無亂、諸侯無闕、可謂良矣。和聞之、國之大臣、榮其寵祿・任其大節。有菑禍興、而無改焉、必受其咎」。

④祁盈（07-10a-4）――昭公二十八年伝。晋の祁盈の家臣が祁盈を「君」と称している。

晉祁勝與鄔臧通室。祁盈將執之、訪於司馬叔游。叔游曰「鄭書有之『惡直醜正、實蕃有徒』。無道立矣、子懼不免。詩曰『民之多辟、無自立辟』。姑已、若何」。盈曰「祁氏私有討、國何有焉」。遂執之。祁勝賂荀躒、荀躒爲之言於晉侯。晉侯執祁盈。祁盈之臣曰「鈞將皆死、憖使吾君聞勝與臧之死也以爲快」。乃殺之。夏、六月、晉殺祁盈及楊食我。食我、祁盈之黨也、而助亂、故殺之、遂滅祁氏・羊舌氏。

⑤伯有（07-10a-4）――襄公三十年伝。鄭の伯有の家臣が伯有を「公」と称している。

鄭伯有耆酒、爲窟室、而夜飲酒撃鐘焉。朝至、未已。朝者曰「公焉在」。其人曰「吾公在壑穀」。皆自朝布路而罷。既而朝、則又將使子晳如楚、歸而飲酒。

【傳】我以鋭師宵加於鄖。鄖有虞心而恃其城。 [07-10a]

【注】恃近其城。〔其の城に近きを恃む。〕

【疏】「鄍有虞心」。

○正義に曰う。鄍人は日々四邑が救援にやって来るのを心待ちにし、彼らが自国と軍勢を合わせることを願って、外国の援軍を心頼みする気持ちが有り、さらにまた自ら城に近いことを恃《たの》んでいるので、闘志が無い。

【傳】莫有鬭志。若敗鄍師、四邑必離。莫敖曰、盍請濟師於王。 [07-10a]

【注】盍何不也。濟益也。〔盍は何不なり。濟は益なり。〕

【傳】對曰、師克在和不在衆。商周之不敵、君之所聞也。 [07-10a]

【注】商紂也。周武王也。傳曰武王有亂臣十人、紂有億兆夷人。〔商は紂なり。周は武王なり。傳に曰はく「武王に亂臣十人有り、紂に億兆の夷人有り」と。〕

【疏】注の「商紂」より「夷人」に至るまで。

○正義に曰う。《古文尚書》①泰誓に「受に億兆の夷人有り。離心離徳。予に乱臣十人有り。同心同徳」と述べおり、昭公二十四年②《伝》にこれを引用して、「亦た離徳有り」とあって、すでに本文とは少しく異なっており、この注では「予」を改めて「武王」とし、さらにまたその先後を倒置しているのは、文章表現の都合〔便文〕③でそうしたまでであって、「伝に曰はく」とは言うけれども、《伝》の本文のままではない。

（これに対して）劉炫④が「商・周の（人数が）対等しないことを証明しようとしたから、少ないのを先にし、多いのを後にしたのであって、便文ではない」と述べている。

【譯注】

①古文尚書泰誓（07-10a-10）――偽古文《尚書》泰誓中篇「天其以予乂民、朕夢協朕卜、襲于休祥、戎商必克、受有億兆夷人、離心離德、予有亂臣十人、同心同德。雖有周親、不如仁人。天視自我民視、天聽自我民聽。百姓有過、在予一人」。

②昭二十四年傳（07-10b-1）――昭公二十四年伝に見える周の萇弘が引用したもの。
春、王正月、辛丑、召簡公・南宮嚚以甘桓公見王子朝。劉子謂萇弘曰「甘氏又往矣」。對曰「何害。同德度義。大誓曰、紂有億兆夷人、亦有離德。余有亂臣十人、同心同德、此周所以興也。君其務德、無患無人」。戊午、王子朝入于鄔。

③便文（07-10b-2）――「便文」の用法については、拙稿「五經正義讀解通論（五）」（『東洋古典學研究』第25集 二〇〇八年 《五經正義研究論攷》研文出版 二〇一三年所収）を参照されたい。

④劉炫（07-10b-2）――本疏文について劉文淇は次のように分析している。
文淇案ずるに、これは光伯《述議》の文章で、前半は「旧疏」の原文である。「旧疏」では、「さらにまたその先後を倒置しているのは、便文である」と言うが、光伯は「便文ではない」と述べており、これは「旧疏」の説を承けたうえで、これを駁正したもの。もしも前半が唐人の文章であるなら、光伯がどうして逆に（後代の）唐人に「便文」の語が有ることを知って、あらかじめ「便文ではない」と述べて、異説を唱えたりしようか。必ずやそうではあるまい。

【傳】成軍以出、又何濟焉。莫敖曰卜之。對曰、卜以決疑。不疑何卜。遂敗鄍師於蒲騷、卒盟而還。 [07-10b]

【注】卒盟貳軫。〔卒に貳軫に盟ふ。〕

【傳】鄭昭公之敗北戎也、 [07-10b]

【注】在六年。〔六年に在り。〕

【傳】齊人將妻之。昭公辭。祭仲曰、必取之。君多内寵、子無大援、將不立。三公子皆君也。弗從。 [07–10b]

【注】子突・子亹・子儀之母皆有寵。〔子突・子亹・子儀の母は皆な寵有り。〕

【傳】夏、鄭莊公卒。初、祭封人仲足有寵於莊公。 [07–10b]

【注】祭鄭地、陳留長垣縣東北有祭城。封人守封疆者、因以所守爲氏。〔祭は鄭の地、陳留長垣縣の東北に祭城有り。封人は封疆を守る者、因りて守る所を以て氏と爲す。〕

【傳】莊公使爲卿。爲公娶鄧曼、生昭公。故祭仲立之。 [07–10b]

【注】曼鄧姓。〔曼は鄧姓なり。〕

【傳】宋雍氏女於鄭莊公、曰雍姞、生厲公。 [07–11a]

【注】雍氏、姞姓、宋大夫也。以女妻人曰女。〔雍は氏、姞は姓、宋の大夫なり。女《むすめ》を以て人に妻《めあは》すを女と曰ふ。〕

【傳】雍氏宗有寵宋莊公。故誘祭仲而執之、 [07–11a]

【注】祭仲之如宋、非會非聘、見誘而以行人應命。〔祭仲の宋に如《ゆ》くは、會に非ず聘に非ず、誘はれて行人を以て命に應ず。〕

【疏】注の「祭仲」より「應命」に至るまで。

○正義に曰う。伝に「誘ひて之れを執ふ」と言うことからすると、祭仲は誘われて宋に行き、宋で執えられたのである。執えられたのは会においてではないので、「会に非ず」と言うことが分かる。また誘われて行ったのだから、「聘に非ず」ということが分かる。ただ誘われたということで、行人の資格で相手の宋の命に応じたのである。（つまりここでいう）「行人」とは宋に行ったことを意味するにすぎない。（このことについて）劉炫が、

　杜預は（祭仲を）行人と称しなかった意義を見出そうとしたので、行人という表現を用いたのである。

と述べている。

【傳】曰、不立突、將死。亦執厲公而求賂焉。祭仲與宋人盟、以厲公歸而立之。 [07–11a]

【傳】秋、九月、丁亥、昭公奔衛。己亥、厲公立。

【經】十有二年、春、正月。 [07–11a]

【經】夏、六月、壬寅、公會紀侯莒子盟于曲池。 [07–11a]

【注】曲池魯地、魯國汶陽縣北有曲水亭。〔曲池は魯の地、魯國汶陽縣の北に曲水亭有り。〕

【經】秋、七月、丁亥、公會宋公・燕人盟于穀丘。 [07–11a]

【注】穀丘宋地。燕人南燕大夫。〔穀丘は宋の地なり。燕人は南燕の大夫なり。〕

【經】八月、壬辰、陳侯躍卒。 [07–11b]

【注】無傳。厲公也。十一年與魯大夫盟於折。不書葬、魯不會也。壬辰七月二十三日、書於八月、從赴。〔傳無し。厲公なり。十一年、魯の大夫と折に盟ふ。「葬」を書せざるは、魯 會せざればなり。「壬辰」は七月二十三日なるに、八月に書するは、赴に從ふ。〕

【疏】注の「厲公」より「從赴」に至るまで。

○正義に曰う。「躍」が「厲公」であるとは、《世本》の文章である。[1]荘公二十二年伝に「陳の厲公は蔡の出〔甥〕なり。故に蔡人 五父を殺して之れを立つ」と称しており、その五父とは佗のこと。[2]六年に佗を殺して厲公が立ったのである。（ところが）[3]〈陳世家〉では佗と五父とを別人と見

なし、

蔡人 佗の為に五父及び桓公の大子免を殺して佗を立つ、是れ厲公為《た》り。立ちて七年、大子免の三弟、躍・林・杵臼、共に厲公を弑し、而して躍立つ、是れ利公為り。利公立ちて五月にして卒し、林立つ、是れ莊公為り。

と述べている。伝文を調べてみるに、五父と佗とは同一人物であるのに、〈世家〉は二人と見なしているわけである。

（そこで）経文④を調べてみるに、蔡人が佗を殺したのは、桓公の卒した明年で、佗が「立ちて七年」ではありえない。佗は六年に殺され、躍が今年に卒しているのだから、躍が「立ちて五月」ではありえない。佗を厲公だとしたうえで、さらに勝手に躍を利公と見なしているが、《世本》には利公などもともと存在しないのだから、すべて馬遷の妄説である。（晋の）束晳⑤が「馬遷は一人の人物を二人としており、これは無を有とするものだ」と述べているのは、このことを指したものである。

「壬辰は七月二十三日」である。（ところが）上に「七月」が有り、これを「八月」の下に書いている。このような例について、注ではすべて「日の誤り」だというのが通例であるが、ここで「赴に従ふ」と言うのは（なぜかといえば）、結局は通じ難いので、二つの解釈をしようとしたからであろう。

五年⑥の「正月、甲戌、己丑、陳侯鮑卒す」について、「甲戌」は正月の日付ではないが、「正月」で文を起こしており、伝で「再び赴ぐ」と言うのは、（使者が）正月で赴げてきたものである。かしこの例は十二月の日付を正月になって魯に赴げたと見なしたものだから、赴げる者が前月の日付を後月に従って赴げる場合も有ることが分かる。そういうわけで、この注によって別の意味を示したのである。

【譯注】

①莊二十二年傳（07-11b-3）――莊公二十二年伝「陳厲公蔡出也。故蔡人殺五父而立之、生敬仲」、なお杜預注に「五父陳佗也。殺陳佗在桓六年」とある。

②六年（07-11b-3）――桓公六年経「蔡人殺陳佗」。なお襄公二十五年伝に鄭の子産の言葉として、「桓公之亂、蔡人欲立其出、我先君莊公奉五父而立之、蔡人殺之、我又與蔡人奉戴厲公」とある。

③陳世家（07-11b-4）――《史記》陳杞世家。

二十三年、平公卒、子文公圉立。文公元年、取蔡女、生子佗。十年、文公卒、長子桓公鮑立。桓公二十三年、魯隱公初立。二十六年、衛殺其君州吁。三十三年、魯弑其君隱公。三十八年正月甲戌己丑、桓公鮑卒。桓公弟佗、其母蔡女、故蔡人爲佗殺五父及桓公大子免而立佗、是爲厲公。桓公病而亂作、國人分散、故再赴。……厲公取蔡女、蔡女與蔡人亂、厲公數如蔡淫。七年、厲公所殺桓公大子免之三弟、長曰躍、中曰林、少曰杵臼、共令蔡人誘厲公以好女、與蔡人共殺厲公而立躍、是爲利公。利公者、桓公子也。利公立五月卒、立中弟林、是爲莊公。莊公七年卒、少弟杵臼立、是爲宣公。

④案經蔡人殺佗（07-11b-6）――注②参照。

⑤束晳（07-11b-7）――晋の束晳（二六一―三〇〇）、字は廣微。その伝は《晉書》巻五一に見える。本疏引を《玉函山房輯佚書》は《五經通論》として著録している。ちなみに《春秋正義》中にはもう一例束晳の引用がある（56-03b）。

⑥五年正月（07-11b-9）――桓公五年経「春、正月甲戌・己丑、陳侯鮑卒」、伝「春、正月甲戌・己丑、陳侯鮑卒。再赴也。於是陳亂、文公子佗殺大子免而代之。公疾病而亂作、國人分散、故再赴」。

○《五經正義》の《史記》評価は決して高くない。本条と十六年伝（07-22a）はその例である。このことについては拙稿「五經正義の史記評価―讀五經正義札記

（十）―」（『東洋古典學研究』第26集　二〇〇八年　《五經正義研究論攷》研文出版　二〇一三年所収）を参照されたい。

【經】公會宋公于虛。十有一月、公會宋公于龜。　[07-12a]

【注】虛宋地、龜宋地。〔虛は宋の地、龜は宋の地なり。〕

【經】丙戌、公會鄭伯盟于武父。　[07-12a]

【注】武父鄭地、陳留濟陽縣東北有武父城。〔武父は鄭の地、陳留濟陽縣の東北に武父城有り。〕

【經】丙戌、衛侯晉卒。　[07-12a]

【注】無傳。重書丙戌非義例、因史成文也。未同盟而赴以名。〔傳無し。重ねて「丙戌」を書するは義例に非ず、史の成文に因るなり。未だ同盟せずして赴ぐるに名を以てす。〕

【疏】注の「重書」より「以名」に至るまで。

○正義に曰う。《春秋》のうちで、ただここだけに（「丙戌」の）日付を二度書いている。そのほかにも当然一日に両事が有って、各々その日付を書いた場合が有るはずであるが、しかしその例が全く無いので、もはやこれ以上のことは分からない。考えるに、赴告の体裁として、本来どれにも日付を告げたはずで、史官が策書に記録する際、やはりそれぞれの日付けを書いたはずである。ただ他国からの赴告には詳略の違いがあり、魯の史官の記録が「多く旧章に違ひ」〔《集解》序〕、日付を書くものと書かないものとに、もはやきちんとした規準を無くしてしまった。仲尼が経を書くに及んでは、日月の有無に褒貶の意味をもたせず、簡略なもの詳細なものがあっても、それは重要なことではないので、日月の詳略はすべて旧文のままに拠ったのである。この場合のように、「重ねて丙戌を書するは是れ義例に非ざる」もので、旧史が重ねているため、「史の成文に因った」にすぎない。

【經】十有二月、及鄭師伐宋、丁未、戰于宋。　[07-12a]

【注】既書伐宋、又重書戰者、以見宋之無信也。莊十一年傳例曰、皆陳曰戰。尤其無信、故以獨戰爲文。〔既に「宋を伐つ」と書し、又た重ねて「戰」を書するは、以て宋の信無きを見《しめ》すなり。莊十一年の傳例に曰はく「皆陳するを戰と曰ふ」と。其の信無きを尤《とが》め、故に獨り戰ふを以て文を爲《つく》る。〕

【疏】注の「既書」より「爲文」に至るまで。

○正義に曰う。《春秋》の例で「戦」に「伐」を言わないのは、その伐ったことは自明だから、これを省略したのである。

「伐」とは有罪を討伐するという意味の言葉であり、「戦」と言い、さらに「伐」と言うのは、いずれも伐たれた相手の国を罪するもの。この例では「既に『宋を伐つ』と書し、又た重ねて『戦』と書するは、以て宋の信無きを見《しめ》す」ものである。つまり鍾鼓を打ち鳴らしてその罪を宣言し、これを伐ったのに、相手が罪に服さないで、かえって我が国と戦うというのは、深く相手を責める手段である。

①莊公二十八年の「斉人伐衛、衛人及斉人戦」とあり、この文もかしこの例と同様にして「及宋人戦」と言うべきところ、ここでただ「戦于宋」と言うのは（なぜかといえば）、「其の信無きを尤《とが》め、故に独り戦ふを以て文を為《つく》る」もの。「②皆陳するを戦と曰ふ」が、「戦」とは対等しているという表現であるので、「宋と戦ふ」と言わないのは、宋を魯と対等にさせなかったからである。

③十年の「郎」の戦いでは我が国が有礼、相手が無礼であり、齊・鄭には

我が国を罪する言い分が無く、我と彼とを対等にさせず、彼が自らやって来て「独りで戦った」という表現にした。この戦いも我が国が有信であって宋が無信、我が国に宋を責めるべき言い分が有り、宋に敢えて我が国と対等にさせず、我が国は自ら「独りで戦う」という表現にした。「郎」の戦いでは我が国に正当な言い分が有ったので、「戦」と言い「伐」を言わなかった。この戦いは宋に正当な言い分が無いので、「伐」と言い「宋と戦う」とは言わない。両者は表現がともに「独戦」であるが、その意味は彼〔郎の宋〕此〔この年の魯〕に存し、ともに善悪に違いが有って、対等にさせることができないのである。

【譯注】
①荘二十八年（07-12b-1）――荘公二八年経「春、王三月、甲寅、齊人伐衛。衛人及齊人戰、衛人敗績」。
②皆陳曰戰（07-12b-2）――荘公十一年伝「夏、宋爲乘丘之役故、侵我。公禦之。宋師未陳而薄之、敗諸鄑。凡師、敵未陳曰敗某師、皆陳曰戰、大崩曰敗績。得儁曰克、覆而敗之曰取某師、京師敗曰王師敗績于某」。
③十年郎之戰（07-12b-2）――桓公十年経「冬、十有二月、丙午、齊侯・衛侯・鄭伯來戰于郎」、伝「冬、齊・衛・鄭來戰于郎、我有辭也。初、北戎病齊、諸侯救之、鄭公子忽有功焉。齊人餼諸侯、使魯次之。魯以周班後鄭。鄭人怒、請師於齊。齊人以衛師助之、故不稱侵伐。先書齊・衛、王爵也」。

【傳】十二年、夏、盟于曲池、平杞莒也。 ［07-12b］
【注】隱四年莒人伐杞。自是遂不平。〔隱四年に莒人 杞を伐ち、是れより遂に平がず。〕

【傳】公欲平宋鄭。秋、公及宋公盟于句瀆之丘。 ［07-12b］
【注】句瀆之丘卽穀丘也。宋以立厲公、故多責賂於鄭。鄭人不堪、故不平。〔句瀆之丘は卽ち穀丘なり。宋 厲公を立つるを以て、故に多く賂を鄭に責《せ》む。鄭人は堪へず、故に平がず。〕
【傳】宋成未可知也。故又會于虛。冬、又會于龜。宋公辭平。故與鄭伯盟于武父。 ［07-12b］
【注】宋公貪鄭賂、故與公三會而卒辭、不與鄭平。〔宋公は鄭の賂を貪る、故に公と三たび會すれども卒《つひ》に辭し、鄭と平がず。〕
【傳】遂帥師而伐宋、戰焉。宋無信也。君子曰、苟信不繼、盟無益也。詩云、君子婁盟、亂是用長。無信也。 ［07-13a］
【注】詩小雅。言無信故數盟、數盟則情疏。情疏而憾結、故云長亂。〔詩は小雅なり。言ふこころは信無きが故に數《しば》しば盟ひ、數しば盟へば則ち情は疏なり。情は疏にして憾《うら》み結ばる、故に「亂を長ず」と云ふ。〕
【傳】楚伐絞、軍其南門。莫敖屈瑕曰、絞小而輕。輕則寡謀。請無扞采樵者以誘之。 ［07-13a］
【注】扞衛也。樵薪也。〔扞は衛なり。樵は薪なり。〕
【傳】從之。絞人獲三十人。 ［07-13a］
【注】獲楚人也。〔楚人を獲ふるなり。〕
【傳】明日、絞人爭出、驅楚役徒於山中。楚人坐其北門而覆諸山下、
【注】坐猶守也。覆設伏兵而待之。〔坐は猶ほ守のごときなり。覆は伏兵を設けて之れを待つ。〕
【傳】大敗之。爲城下之盟而還。 ［07-13a］
【注】城下盟諸侯所深恥。〔城下の盟は諸侯の深く恥づる所なり。〕
【疏】注の「城下」①より「深恥」に至るまで。
○正義に曰う。宣公十五年の「楚 宋を囲む」の伝に、（宋の）華元が（楚

の）子反に告げた言葉として、「敝邑は子を易《か》へて食《くら》ひ、骸を析《さ》きて以て爨《かし》ぐ。然りと雖も、城下の盟は、国を以て斃《たふ》るること有るも、従ふ能はず」というのを記載している。たとえ国が滅んだとしても、城下の盟には従うことは肯んじないということで、これがその「深く恥」じるものである。

必ずこのように深く恥じるのは（なぜかといえば）、諸侯は当然のことながら「②四鄰に好事し、以て社稷を衛《まも》り」、「③時を相《み》て動き、力を量《はか》りて行なふ」べきであるのに、いまやかえって怨みを強敵に構えた結果、敵兵が城下にまで至り、当方の力が尽きて勢いがくじけ、降伏を求めて盟を受けるというのは、不知の甚だしいものであり、隣国の物笑いとなるであろうということで、深く恥じるのである。

【譯注】

①宣十五年（07-13a-9）――宣公十四年経「秋、九月、楚子圍宋」、その後の様子は宣公十五年伝に以下の通り。

宋人使樂嬰齊告急于晉、……夏、五月、楚師將去宋、申犀稽首於王之馬前曰「毋畏知死而不敢廢王命、王棄言焉」。王不能答。申叔時僕、曰「築室、反耕者、宋必聽命」。從之。宋人懼、使華元夜入楚師、登子反之床、起之曰「寡君使元以病告、曰『敝邑易子而食、析骸以爨。雖然、城下之盟、有以國斃、不能從也。去我三十里、唯命是聽』」。子反懼、與之盟、而告王。退三十里、宋及楚平。華元爲質。盟曰「我無爾詐、爾無我虞」。

②好事四鄰（07-13b-1）――文公元年伝の凡例に見える言葉。

凡君卽位、卿出并聘、踐修舊好、要結外援、好事鄰國、以衛社稷、忠・信・卑讓之道也。忠、德之正也。信、德之固也。卑讓、德之基也。

③相時而動（07-13b-1）――隠公十一年伝に見える君子の言葉。

君子謂鄭莊公於是乎有禮。禮、經國家、定社稷、序民人、利後嗣者也。許無刑而伐之、服而舍之、度德而處之、量力而行之、相時而動、無累後人、可謂知禮矣。

【傳】伐絞之役、楚師分渉於彭。　［07-13b］

【注】彭水在新城昌魏縣。〔彭水は新城昌魏縣に在り。〕

【疏】注の「彭水」より「魏縣」に至るまで。

○正義に曰う。《釈例（土地名・水名）》に「彭水は新城昌魏県に出で、東北して南鄉の筑陽県に至りて漢に入る」と述べている。

【傳】羅人欲伐之、使伯嘉諜之。三巡數之。　［07-13b］

【注】羅熊姓國、在宜城縣西山中。後徙南郡枝江縣。伯嘉羅大夫。諜伺也。巡徧也。〔羅は熊姓の國、宜城縣の西山中に在り。後に南郡枝江縣に徙《うつ》る。伯嘉は羅の大夫なり。諜は伺なり。巡は徧なり。〕

【疏】注の「羅熊」より「徧也」に至るまで。

○正義に曰う。「羅は熊姓」とは《世本》の文章である。

《①説文》に「諜は軍中の反間なり」と述べているのは、詐《いつ》わって敵国の人となり、その軍中に入りこんで、その間隙を伺い、帰って主人に報告することで、そのためここで「諜」を「伺」と訓じたのであり、②兵書ではこれを「反間」と言う。

「巡は徧なり」とは、巡回してあまねく行きめぐるという意味である。

【譯注】

①説文（07-13b-6）――《説文解字》「諜、軍中反間。从言枼聲」。

②兵書（07-13b-6）――たとえば《孫子》用間篇第十三に次のように見える。

故用間有五。有郷間・有内間・有反間・有死間・有生間。五間倶起、莫知其道、是謂神紀、人君之寶也。郷間者、因其郷人而用之。内間者、因其官人而用之。反間者、因其敵間而用之。死間者、爲誑事于外、令吾間知之、而傳于敵。生間者、反報也。

【經】十有三年、春、二月、公會紀侯・鄭伯。己巳、及齊侯・宋公・衛侯・燕人戰。齊師・宋師・衛師・燕師敗績。［07-13b］

【注】大崩曰敗績。例在莊十一年。或稱人、或稱師、史異辭也。衛宣公未葬、惠公稱侯、以接鄰國、非禮也。〔大崩を敗績と曰ふ。例は莊十一年に在り。或は「人」と稱し、或は「師」と稱するは、史の異辭なり。衛の宣公は未だ葬むられざるに、惠公に「侯」と稱し、以て鄰國に接するは、禮に非ざるなり。〕

【疏】「公會」より「敗績」に至るまで。

○正義に曰う。伝に「宋 多く賂を鄭に求む。故に紀・魯及び齊を以て宋・衛・燕と戦ふ」と称している。そうだとすると、この戦いの原因は、もともと宋・鄭二国が怨み合っていたことにあるのだから、それぞれが同好の国を連ねてはいるものの、当然宋・鄭を主体とすべきところ、その序列が紀を鄭の上に、宋を齊の下に位置づけているのは（なぜかといえば）、もし魯国が関与していなくて、隣国自身が行動した場合、主兵を先にするが、もし魯国が同行すれば、そのことを魯の史官が記録するに際しては、当然魯を主とすべきであり、主兵の国を先にすることはできないし、また主兵を先にしない以上、国の大小で順序づけるということで、紀が鄭に先んじたのである。

そして宋が斉を主とさせたのは、ちょうど隠公四年[1]に、州吁が鄭を伐った際、宋を主としたのと同じであり、そのため斉が宋に先んじたのであり、この場合は、公が会に出席していたので、主兵を先にせず、尊卑で順序づけたため、紀が鄭の先に位置したのである。

もしもそうだとすると、莊[2]公二十六年の「宋人・齊人に会して徐を伐つ」に、杜預は「宋が兵を主《つかさど》ったので斉の上に序した」と述べており、そこでは魯が会に居りながら主兵を先にしているのは（なぜかといえば）、そこでは魯の身分の低い者であり、会合した国の数も少なかったが、この場合は、公自身が会に居り、戦いに関与した国々も列挙されて多いということで、かしこの例とは同じではないのである。

「戦」には「将」（の名）を称し、「敗」には「師」を称するのが、史策の常法である。史官がそうする理由は、「師」は「将」が率いるものであり、「戦」では「将」が誰であるかを重要視するし、「敗」れるとは全「師」が総崩れになることだから、当然「師」を挙げて「敗」と表現すべきである。もしその「敗」戦にもまた「将」を書くと、将がひとりで敗れたことになり、「師」の大崩したことが表現できないというわけで、「戦」には「将」を称し、「敗」には「師」を称する。「師」全体がことごとく敗れたのであり、ただ「将」個人だけが敗れたのではない、という意味である。

この例の「燕人」とは「将」を意味している。楚子が目に怪我を負ったときには、「[3]楚子敗積す」と称したが、ここでもし「燕人敗積す」と言うと、燕の将自身が傷ついたことになる。こういうわけで「師敗る」と称せざるを得ない。ただ莊[4]公二十八年の「衛人敗積す」だけが、例外である。

○注の「大崩」より「禮也」に至るまで。

○正義に曰う。「史の異辞」と言うのは、莊公二十八年の「衛人 齊人と戦ふ。衛人敗積す」と区別したものである。ここの「敗」に「師」を称して、かしこの「敗」に「人」と称しているのが、つまり「史の異辞」である。史官は一人ではないから、表現の仕方がそれぞれ異なるわけで、褒貶の例ではない。

（ただし）この二例を道理のうえからみると、「師」が正しく「人」は正しくないのであるが、（《春秋》では）これを義例とはしないので、それぞれ元の（史官の）表現のままに従うべきである。

杜預の考えは、埋葬を済ませると正式に君となるのであって、たとえ年を越えても〔踰年〕、やはり埋葬が終わるのを待つのだから、恵公を「非礼」と見なしたのである。（そのことについて）《釈例（喪稱例）》に

　父が未だ葬られず、喪服を身に着けてはいても、年を越えればその国内では、即位して「君」を称する。伐鄭の役の⑤宋公・衛侯がそれである。《春秋》で魯の事件を記録する際、すべて年を越えて即位し「公」を称するのは、君の居ない空白期間があってはならないからで、そうすると他国もまた同様であったことが分かる。そうすると、父が未だ葬られていないことによって、その国内ではその尊を伸ばし得るけれども、隣国と交渉するということになると、礼制に違反することになるのである。

と称しているのは、先君がまだ葬られていなければ、爵位を称して正式な君となって他国と交渉することはできない、という意味である。

杜預が「礼制に違反する」と述べているが、礼制にも実はそのような明文は無い。調べてみるに、⑥文公八年の八月に天王が崩じており、⑦九年の「春、毛伯来たりて金を求む」の伝に、「王命を書せざるは、未だ葬らざればなり」と述べている。そこでは踰年未葬のため「王命使〔王 使に命ず〕」と称することができないのだから、これはその礼制上、まだそうすることができない。このことから隣国に接するときは、礼制に違反するものであることが分かるのである。

【譯注】

①隱四年（07-14a-3）――隱公四年経「戊申、衛州吁弑其君完。夏、公及宋公遇于清。宋公・陳侯・蔡人・衛人伐鄭」を指すが、杜預注はこのことについて言及しない。ちなみに《左氏會箋》に「是役雖州吁請求之、宋公爲主、故君臣分班、以王爵敍之、此春秋常例也」と解説する。

②莊二十六年（07-14a-4）――莊公二十六年経「秋、公會宋人・齊人伐徐」、杜預注「宋序齊上、主兵」。

③楚子敗績（07-14a-7）――成公十六年経「甲午、晦、晉侯及楚子鄭伯戰于鄢陵。楚子・鄭師敗績」、杜預注「楚師未大崩、楚子傷目而退、故曰楚子敗績」。

④莊二十八年（07-14a-8）――莊公二十八年経「春、王三月甲寅、齊人伐衛。衛人及齊人戰、衛人敗績」。ただしここで杜預注は「衛人」に言及しない。

⑤宋公衛侯（07-14b-1）――成公二年経「八月壬午、宋公鮑卒。庚寅、衛侯速卒」、三年経「春、王正月、公會晉侯・宋公・衛侯・曹伯伐鄭〔宋・衛未葬而稱爵以接鄰國、非禮也〕。辛亥、葬衛穆公。二月、公至自伐鄭。甲子、新宮災。三日哭。乙亥、葬宋文公」。

⑥文八年（07-14b-3）――文公八年経「秋、八月戊申、天王崩」。

⑦九年（07-14b-3）――文公九年経「春、毛伯來求金」、伝「毛伯衛來求金、非禮也。不書王命、未葬也」。

【經】三月　葬衛宣公。　[07-14b]

【注】無傳。〔傳無し。〕

【經】夏、大水。　[07-14b]

【注】無傳。〔傳無し。〕 [07-14b]

【經】秋、七月。冬、十月。 [07-14b]

【傳】十三年、春、楚屈瑕伐羅。鬬伯比送之。還謂其御曰、莫敖必敗。擧趾高、心不固矣。 [07-14b]

【注】趾足也。〔趾《し》は足なり。〕

【傳】遂見楚子曰、必濟師。 [07-14b]

【注】難言屈瑕將敗、故以益師諷諫。〔屈瑕の將《まさ》に敗れんとするを言ひ難し、故に師を益すを以て諷諫す。〕

【傳】楚子辭焉。 [07-14b]

【注】不解其旨、故拒之。〔其の旨を解せず、故に之れを拒む。〕

【傳】入告夫人鄧曼。鄧曼曰、大夫其非衆之謂。 [07-14b]

【注】鄧曼楚武王夫人。言伯比意不在於益衆也。〔鄧曼は楚の武王の夫人なり。言ふこころは伯比の意は衆を益すことに在らざるなり。〕

【傳】其謂君撫小民以信、訓諸司以德、而威莫敖以刑也。莫敖狃於蒲騷之役、將自用也。 [07-15a]

【注】狃忕也。蒲騷役在十一年。〔狃《ちう》は忕《たい》なり。蒲騷の役は十一年に在り。〕

【傳】必小羅君。若夫鎭撫、其不設備乎。夫固謂君訓衆而好鎭撫之。

【注】撫小民以信也。〔小民を撫するには信を以てするなり。〕

【傳】召諸司而勸之以令德。 [07-15a]

【注】訓諸司以德也。〔諸司に訓《おし》ふるには德を以てするなり。〕

【傳】見莫敖而告諸天之不假易也。 [07-15a]

【注】諸之也。言天不借貸慢易之人。威莫敖以刑也。〔諸は之なり。言ふこころは天は慢易の人に借貸せざるなり。莫敖を威するに刑を以てするなり。〕

【傳】不然、夫豈不知楚師之盡行也。楚子使賴人追之、不及。 [07-15a]

【注】賴國在義陽隨縣。賴人仕於楚者。〔賴國は義陽隨縣に在り。賴人は楚に仕ふる者なり。〕

【疏】「大夫」より「行也」に至るまで。

○正義に曰う。大夫の伯比が「濟衆〔衆を濟《ま》せ〕」と言ったのは、「衆を益す」ということを意味するものではない。ここでの伯比の意図は、君はよろしく小人・士卒を慰撫するには言葉が信実であるべきで、諸もろの役人・長官を教訓するには令徳を用いるべきであり、そして莫敖を威懼するには刑罰を用いるべきだ、ということのはずである。

「莫敖は蒲騷の役に狃《な》る」[1]と言う「狃《じゅう》」とは、慣れること。蒲騷の役での勝利に慣れ、そのまま常に勝利するものと過信し、今度は我意を用いて諫めを聞き入れず、必ずや羅国を軽視して無能と見なすはずだから、君がもし言辞《ことば》と刑罰でおさえて慰撫しなければ、莫敖は敵への備えをおろそかにするのではなかろうか。

「夫」とは伯比のこと。伯比の考えは、もとより当然君が民衆〔兵卒〕を教訓し、よく言辞《ことば》でこれらを鎮撫し、軍の役人〔士官〕たちを召し、彼らを善徳を用いて勧め、（将軍の）莫敖に逢って、上天の意志は慢心する人に容赦はせず、慢心した人には勝利を与えない、ということを告げよ、という意味のはずで、言わんとするのは必ずいましめおそれるべきだということである。その考えはこのようであるはずだ。もしそうでないなら、ここで伯比が「どうして楚の全軍の出陣した事実を知らないで」、そのうえさらに「師を益す」ことを請うたりしようか。

○注の「狃忕也」。

○正義に曰う。《説文》[2]に「狃《ちう》は狎《かふ》なり」、「忕《たい》は習なり」と述べてあり、郭璞[3]は「貫は忕なり。今の俗語 皆な然り」と述べているから、「狃」「忕」はともに慣習〔なれる〕の意味である。慣れで勝利を得ると、目前の敵を軽視し、我意をふるって、もはや慎重な態度を取ろうとしなくなる。

【譯注】

①莫敖狃於蒲騷之役（07–15a–10）――蒲騒の役は桓公十一年伝に見える。
楚屈瑕將盟貳・軫。鄖人軍於蒲騷、將與隨・絞・州・蓼伐楚師。莫敖患之。鬬廉曰「鄖人軍其郊、必不誡。且日虞四邑之至也。君次於郊郢、以禦四邑、我以鋭師宵加於鄖。鄖有虞心而恃其城、莫有鬬志。若敗鄖師、四邑必離」。莫敖曰「盍請濟師於王」。對曰「師克在和、不在衆。商・周之不敵、君之所聞也。成軍以出、又何濟焉」。莫敖曰「卜之」。對曰「卜以決疑。不疑、何卜」。遂敗鄖師於蒲騷、卒盟而還。

②説文（07–15b–4）――《説文解字》「狃、犬性忕也。从犬丑聲」、「狎、犬可習也。从犬甲聲」、「忕、習也。从心大聲」。

③郭璞（07–15b–4）――《爾雅》釈詁下「閑、狎、串、貫、習也」、郭璞注「串厭串、貫貫忕也。今俗語皆然」。

【傳】莫敖使徇于師曰、諫者有刑。 [07–15b]

【注】徇宣令也。〔徇《じゅん》は令を宣《の》ぶるなり。〕

【傳】及鄢、亂次以濟、 [07–15b]

【注】鄢水在襄陽宜城縣入漢。〔鄢水は襄陽宜城縣に在りて漢に入る。〕

【疏】注の「鄢水」より「入漢」に至るまで。

○正義に曰う。《釈例(土地名・水名)》に「鄢水は新城沶郷県に出で、東南して襄陽を経、宜城県に至りて漢に入る」と述べている。

【傳】遂無次。且不設備。及羅、羅與盧戎兩軍之。 [07–15b]

【注】盧戎南蠻。〔盧戎は南蠻なり。〕

【傳】大敗之。莫敖縊于荒谷。羣帥囚于冶父、 [07–15b]

【注】縊自經也。荒谷・冶父皆楚地。〔縊は自經なり。荒谷・冶父は皆な楚地なり。〕

【傳】以聽刑。楚子曰、孤之罪也。皆免之。 [07–15b]

【傳】宋多責賂於鄭、 [07–16a]

【注】立突賂。〔突を立つる賂なり。〕

【傳】鄭不堪命。故以紀・魯及齊與宋・衛・燕戰。不書所戰、後也。 [07–16a]

【注】公後地期、而及其戰、故不書所戰之地。〔公 地期に後《おく》るるも、而も其の戰には及ぶ、故に戰ふ所の地を書せず。〕

【疏】注の「公後」より「之地」に至るまで。

○正義に曰う。両つの敵対する国が戦争をしようとするときには、必ずあらかじめ戦争する場所を期〔約束〕するものである。公がまだ紀・鄭に会見するまえに、紀・鄭がすでに斉・宋と先ず戦期を設けており、公は期を設けるのに間に合わず、ただその戦争に間に合っただけなので、「戦」を言っても戦った地名を書かなかった。この地は公が期した場所ではないので、書かなかったという意味である。（なお）《釈例〔戦敗例〕》に、[1]桓公十三年では戦に「所」を書いていない。「所」とは戦を期した場所である。公は戦に会してその期に後れたが、それでもなんとか諸侯と成敗を共にすることができたので、具体的に諸国を書いたが、地は書かなかった。[2]成公十六年伝に「戦の日、斉の国佐 師に至る」と述べているのは、この類である。そうだとすると、諸もろの戦に「日」を書く場合、「日」はそのまま「月」に従う。計算上この経では、「二月、己巳、公 紀侯・鄭伯に会す」と言うべきところ、いま「己巳」を「鄭伯」の下に退けたのは、《春秋》の例では、公が出国して会する場合、例として「月」を書くことが多く、要盟・戦敗は、例として「日」を書くことが多いので、そのため「己巳」の文は「公 紀侯・鄭伯に会す」の下に在るのである。十二年[③]の「十二月、鄭師と宋を伐つ。丁未、宋に戦ふ」もまたこの類である。

と述べている。（これに対して）服虔は、

「日」を下にするは、公の至りて後に戦日を定むればなり。

と述べている。（しかし）「地」と「日」とは当然同時に期を設けるはずである。公が「地」を期するのに間に合わなかったからには、どうして日を期することに及ぶことができようか。（このことについて）劉炫[④]は次のように述べている。

公が紀・鄭に会することは、廟に告げて行くもので、行くその最初の時点で「会」と書いた。その戦争の日付については、戦争が終わってそこで廟に告げる。史官はその文を連書するとはいっても、その本来の主旨を存する。「己巳」は戦争の日付であるから、「日」を下にして「戦」に付載したのである。

【譯注】

①桓十三年（07-16a-5）——本年のこと。

②成十六年傳（07-16a-6）——成公十六年伝「戰之日、齊國佐・高無咎至于師、衛侯出于衛、公出于壞隤」。

③十二年（07-16a-6）——桓公十二年経「十有二月、及鄭師伐宋。丁未、戰于宋」。

④劉炫（07-16a-9）——劉炫の説は、前半の《釈例》の杜預説とも服虔説とも異なるものである。本疏に対して劉文淇は次のように考証している。

文淇案ずるに、これは光伯《述議》の文章で、前半は「旧疏」の原文である。旧説では「要盟・戦敗は、例として多く『日』を以てす」と言うが、劉炫は「その戦争の日付については、戦争が終わってそこで廟に告げる」と述べて、旧説には従っていないのである。

【傳】鄭人來請脩好。 [07-16a]

【經】十有四年、春正月、公會鄭伯于曹。 [07-16b]

【注】脩十二年武父之好。以曹地、曹與會。〔十二年の武父の好を脩む。曹を以て地すれば、曹は會に與《あづか》るなり。〕

【經】無冰。 [07-16b]

【注】無傳。書時失。〔傳無し。時の失を書す。〕

【經】夏、五。 [07-16b]

【注】不書月、闕文。〔月を書せざるは、闕文なり。〕

【經】鄭伯使其弟語來盟。 [07-16b]

【經】秋、八月、壬申、御廩災。 [07-16b]

【注】御廩藏公所親耕以奉粢盛之倉也。天火曰災。例在宣十六年。〔御廩は公 親《みづか》ら耕して以て粢盛《しせい》を奉ずる所を藏する倉なり。天火を災と曰ふ。例は宣十六年に在り。〕

【疏】注の「御廩」より「六年」に至るまで。

○正義に曰う。伝に「御廩に災あり、乙亥、嘗するは、害あらざるを書するなり」と称しているので、明らかに「嘗」に用いるのは「御廩」に所蔵するものである。《禮記》[①]祭義に「天子 千畝を藉《せき》〔ふむ。米を作ること。藉田《せきでん》〕

するを為し、諸侯は百畝。躬《みづか》ら耒《らい》を秉《と》り、以て天地・山川・社稷・先古に事《つか》ふるは、敬の至りなり」と言い、《穀梁伝》②に「天子は親《みづか》ら耕して以て粢盛《しせい》を共す。王后は親ら蠶《さん》〔かいこを飼う〕して以て祭服を共す。国に良農・工女無きに非ざるなり。以為へらく、人の尽くす所、其の祖禰に事《つか》ふるは、己が自親《みづか》らする所を以てするに若《し》かざるなり」と言い、〈月令〉③に「季秋、乃ち冢宰に命じて、帝藉の収を神倉に蔵せしむ」とあり、鄭玄が「粢盛の委〔かこい米〕を重んずるなり。帝藉の耕す所は千畝なり。祭祀の穀を蔵するが故に神倉と為す」と注している。これらの諸文から、「御廩は公の親《みづか》ら耕して以て粢盛《しせい》を奉ずる所を蔵するの倉」であることが分かる。

「廩《ひん》」は倉の別名である。《周禮》④廩人では倉人の長官である。その職に「大祭祀には、則ち其の接盛を共す」とあり、鄭玄は「接は読んで扱《さふ》と為す。扱《を》さめて以て舂人《しょうじん》に授く。大祭祀の穀は、藉田の収にして神倉に蔵する者にて、以て小用に給せず」と注しているのは、つまり公が自ら耕した穀物は、祭祀に共するのになぞらえ、倉廩に蔵するので、これを「御廩」というのである。

その屋根を焼いたものの穀物には損害が無かった。そのため「害せざるを書す」と述べたのである。

【譯注】

①禮記祭義（07-16b-5）――《禮記》祭義「君子反古復始、不忘其所由生也、是以致其敬、發其情、竭力從事、以報其親、不敢弗盡也。是故昔者天子爲藉千畝、冕而朱紘、躬秉耒。諸侯爲藉百畝、冕而青紘、躬秉耒、以事天地・山川・社稷・先古、以爲醴酪齊盛、於是乎取之、敬之至也」。

②穀梁傳（07-16b-6）――《穀梁傳》「秋、八月、壬申、御廩災。乙亥、嘗。御廩之災不志。此其志何也。以爲唯未易災之餘而嘗、可也。志不敬也。天子親耕、以共粢盛。王后親蠶、以共祭服。國非無良農工女也。以爲人之所盡、事其祖禰、不若以己所自親者也。何用見其未易災之餘而嘗也。曰、甸粟而内之三宮。三宮米而藏之御廩。夫嘗必有兼甸之事焉。壬申、御廩災。乙亥、嘗。以爲未易災之餘而嘗也」。

③月令（07-16b-7）――《禮記》月令「季秋之月、日在房、昏虚中、旦柳中。其日庚辛。……是月也、申嚴號令。命百官貴賤無不務内、以會天地之藏、無有宣出。乃命冢宰、農事備收、擧五穀之要、藏帝藉之收於神倉、祗敬必飭」、鄭玄注「重粢盛之委也。帝藉所耕千畝也。藏祭祀之穀爲神倉。祗亦敬也」。

④周禮廩人（07-16b-8）――《周禮》地官の廩人は、舍人・倉人・司祿・司稼・舂人・饎人・槁人の上官である。

凡邦有會・同・師・役之事、則治其糧與其食。大祭祀、則接盛。〔鄭玄注：接讀爲一扱再祭之扱。扱以受舂人舂之。大祭祀之穀、藉田之收藏於神倉者也。不以給小用〕

【經】乙亥、嘗。

【注】先其時亦過也。既戒日致齊、御廩雖災、苟不害嘉穀、則祭不應廢。故書以示法。〔其の時に先んずるも亦た過ちなり。既に日を戒め致齊すれば、御廩に災ありと雖も、苟しくも其れ嘉穀に害せざれば、則ち祭は應《まさ》に廢すべからず。故に書して以て法を示す。〕　［07-16b］

【疏】注の「先其」より「示法」に至るまで。

○正義に曰う。八月建未はまだ「始殺」①〔十月〕ではないので、「其の時に先んずるも亦た過ちなり」と述べたのである。《周禮》②大宰の「五帝を祀るに、期に前《さき》だつこと十日、執事を帥《ひき》ゐて日を卜し、遂に戒む。先王を享するも亦た之《かく》の如し」の鄭玄注に、「十日は、散齊〔外寝でするものいみ。あらいみ〕七日、致齊〔内寝でするものいみ。まいみ〕三日を容《い》る」と述べている。

「壬申」は「乙亥」の三日前で、致齊の初日である。「既已《すで》に日を戒め致齊すれば、御廩に災ありと雖も、苟しくも其れ嘉穀を害せず」、祭祀に共すべき穀物の有る場合は、「則ち祭は応《まさ》に廃すべからず。故に書して以て法を示す」のである。もしも穀物に損害が有ると、当然廃止すべきなのは、かりそめにも他の穀物で代用することはできないからである。

「時に先んずるも亦た過ち」であり、過ちであるからには当然書く。しかし過ちを書くことにはすでに成例があるので、伝は「害せず」と指摘して述べたのである。それゆえ沈氏が、

杜預は時に先んずるのも過ちで、過ちであれば書くべきだと考えているのに、伝がどうして専ら「害せず」とだけ言うのかといえば、ここの丘明の意図では、もしも時に先んじるのでなければ、災いが有って害が無くてもやはり書く。もしも御廩に災いが有ったのでなければ、時に先んじてもやはり書く。進退ともに例を明らかにしたのである。

と述べている。（これに対して）服虔は、

魯が壬申に被災し、乙亥になって嘗したのは、（嘉穀に被害は有ったものの）災害を恐れとしなかったからである。

と述べているので、（これを受けた）衛氏が杜預を非難して、

もしこれを救済して防ぎ、嘉穀に被害が無かったのであれば、伝には当然「救火〔火事救援活動〕」の文章が有ったはずである。たとえば「宋[3]に災あり」に、伝が「救火」のことを記載しているように。ところが今はただ「害せず」とだけ言うのだから、明らかに災害を災害としなかったのである。

と述べている。[4]杜預が必ず「嘉穀を害せず」と考えたことについては、秦氏が（衛氏に）答えて、

伝が「救火」のことを記載しないのは、伝が経文を指して釈する場合、略してその要点のみを挙げるものであるから、「救火」のことを記載しなかった。宋[5]・鄭の災に至っては、簡牘〔記録〕に詳しく記載しており、その詳略は等しくないのだから、その非難は当たらない。

と述べている。

【譯注】

①始殺（07-17a-2）――桓公五年伝「秋、大雩。書不時也。凡祀、啓蟄而郊、龍見而雩、始殺而嘗、閉蟄而烝。過則書」、杜預注「建酉之月、陰氣始殺、嘉穀始熟、故薦嘗於宗廟」。

②周禮大宰（07-17a-2）――《周禮》大宰「祀五帝、則掌百官之誓戒、與其具脩。前期十日、帥執事而卜日、遂戒。及執事、眡滌濯、及納亨、贊王牲事。及祀之日、贊玉幣爵之事。祀大神示、亦如之。享先王亦如之。贊玉几玉爵、大朝覲會同、贊玉幣、玉獻、玉几、玉爵」、鄭玄注「前期、前所諏之日也。十日、容散齊七日、致齊三日。執事、宗伯大卜之屬。既卜、又戒百官以始齊」。

③宋災（07-17a-6）――襄公九年経「春、宋災」、伝「春、宋災、樂喜爲司城以爲政、使伯氏司里。火所未至、徹小屋、涂大屋、陳畚局。具綆缶、堪器。量輕重、蓄水潦、積土涂。巡丈城、繕守備、表火道。使華臣具正徒、令隧正納郊保、奔火所。使華閱討右官、官庀其司。向戌討左、亦如之。使樂遄庀刑器、亦如之。使皇鄖命校正出馬、工正出車、勞兵、庀武守。使西鉏吾庀府守、令司宮・巷伯儆宮。二師令四鄉正敬享、祝宗用馬于四墉、祀盤庚于西門之外」。

④杜必爲不害嘉穀者（07-17a-7）――私見によれば、この一句も衛氏難杜の文章であり、本来は「杜必爲不害嘉穀者非也」とあって、秦氏はこれを受けて反論したものと思われるが、ここでは「杜必爲不害嘉穀者」を《正義》の地の文

と見なして訳した。

⑤宋鄭之災（07-17a-8）――昭公十八年経に「夏、五月、壬午、宋・衛・陳・鄭災」とあり、伝文には特に鄭国の救火の詳細な状況を記録している。

鄭之未災也、里析告子産曰「將有大祥、民震動、國幾亡。吾身泯焉、弗良及也。國遷、其可乎」。子産曰「雖可、吾不足以定遷矣」。及火、里析死矣、未葬、子産使輿三十人遷其柩。火作、子産辭晉公子・公孫于東門、使司寇出新客、禁舊客勿出於宮。使子寬・子上巡群屏攝、至于大宮。使公孫登徙大龜、使祝史徙主祏於周廟、告於先君。使府人・庫人各儆其事。商成公儆司宮、出舊宮人、寘諸火所不及。司馬・司寇列居火道、行火所焮。城下之人伍列登城。明日、使野司寇各保其徵、郊人助祝史除於國北、禳火于玄冥・回禄、祈于四鄘。書焚室而寛其征、與之材。三日哭、國不市。使行人告於諸侯。宋・衛皆如是。陳不救火、許不弔災。君子是以知陳・許之先亡也。

【經】冬、十有二月、丁巳、齊侯禄父卒。 [07-17a]

【注】無傳。隱六年盟於艾。〔傳無し。隱六年に艾に盟ふ。〕

【經】宋人以齊人・衛人・蔡人・陳人伐鄭。 [07-17a]

【注】凡師、能左右之曰以。例在僖二十六年。〔凡そ師、能く之れを左右するを「以」と曰ふ。例は僖二十六年に在り。〕

【傳】十四年、春、會于曹。曹人致餼、禮也。 [07-17b]

【注】熟曰饔、生曰餼。〔熟を饔《よう》と曰ひ、生を餼《き》と曰ふ。〕

【疏】注の「熟曰饔生曰餼」。

○正義に曰う。《周禮》①の外・内饔《よう》はともに割烹〔料理〕のことを掌どる。②亨人《ほうじん》は外・内饔の亨〔にる〕・爨《さん》〔めしをたく〕・煮〔ゆでる〕を給する。饔とは煮肉の名称であるから、「熟を饔と曰ふ」ことが分かる。哀公二十四年伝に③「晋人が臧石に牛を餼《き》した」と称しているのは、生きた牛を賜わったものであるから、「生を餼と曰ふ」ことが分かる。さらに〈聘禮〉④では、饔餼五牢、飪一牢、腥二牢、餼二牢を致すが、飪が熟肉で、腥が生肉であるから、「餼」はまだ殺していないものであることが分かる。

鄭玄は「生牲を餼と曰ふ」と見なしているのであるが、ただ〈瓠葉〉⑤箋だけに「腥を餼と曰ふ」と述べている。これは牽を牽行〔ひかれていく〕と見なしたため、「餼」をすでに殺した犠牲としたもので、これは定解ではない。定解ではやはり生を「餼」という。伝で言う諸もろの「餼」とは、すべて生きたものを賓客に致すのである。

【譯注】

①周禮外内饔（07-17b-2）――《周禮》外饔「掌外祭祀之割亨、共其脯・修・刑・膴、陳其鼎俎、實之牲體・魚・臘。凡賓客之飧饔・饗食之事、亦如之」、内饔「掌王及後・世子膳羞之割亨煎和之事、辨體名肉物、辨百品味之物。王舉、則陳其鼎俎、以牲體實之」。

②亨人（07-17b-2）――《周禮》亨人「掌共鼎鑊、以給水火之齊。職外・内饔之爨亨煮、辨膳羞之物」。

③哀二十四年傳（07-17b-3）――哀公二十四年伝「夏、四月、晉侯將伐齊、使來乞師、……臧石帥師會之、取廩丘。……晉師乃還。餼臧石牛。大史謝之、曰以寡君之在行、牢禮不度、敢展謝之」、杜預注「生曰餼」。

④聘禮（07-17b-3）――《儀禮》聘禮「君使卿韋弁、歸饔餼五牢〔鄭玄注：牲、殺曰饔、生曰餼〕。上介請事、賓朝服禮辭。有司入陳。饔、飪一牢、鼎九、設于西階前、陪鼎當内廉、東面北上、上當碑南陳、牛羊豕魚腊腸胃同鼎。膚鮮魚鮮腊設扃鼏。膷臐膮蓋陪牛羊豕。腥二牢、鼎二七、無鮮魚鮮腊、設于阼階前

西面南陳、如飪鼎二列。……饌二牢〔饌、生也〕、陳于門西．北面東上」。

⑤瓠葉箋（07-17b-4）——《毛詩》小雅・瓠葉序「瓠葉大夫刺幽王也。上棄禮而不能行、雖有牲牢饔餼、不肯用也。故思古之人不以微薄廢禮焉」、鄭玄箋「牛羊豕爲牲、繫養者曰牢、熟曰饔、腥曰餼、生曰牽。不肯用者、自養厚而薄於賓客」。ちなみにその疏文は以下の通りで、鄭玄説を祖述する。

箋云牛羊豕至賓客○正義曰、孝經云「三牲之養」、則牲兼三畜、故「牛羊豕曰牲」也。公劉曰「執豕于牢」、地官充人「掌繫祭祀之牲牷。祀五帝則繫於牢、芻之三月」。牢者牲所居之處、故「繫養者爲牢」也。天官内外饔皆掌割亨之事。亨人掌外内饔之爨亨煮。饔是煮肉之名、故「熟曰饔」。饔既爲熟、則餼非熟矣。僖三十三年左傳曰「餼牽竭矣」、餼與牽相對、是牲可牽行、則餼是已殺。殺又非熟、故知「腥曰餼」、謂生肉未煮者也。既有饔餼、遂因解牽。使肉之別名、皆盡於此。此與牽・饔相對、故「餼爲腥」、其實餼亦生。哀二十四年左傳云「晉師乃還、餼臧石牛」、是以生牛賜之也。論語及聘禮注云「牲生曰餼」、而不與牽・饔相對、故爲生也。(15-3-03b)

【傳】夏、鄭子人來尋盟。且脩曹之會。 [07-17b]

【注】子人卽弟語也。其後爲子人氏。〔子人は卽ち弟の語なり。其の後 子人氏と爲る。〕

【傳】秋、八月、壬申、御廩災。乙亥、嘗。書不害也。 [07-17b]

【注】災其屋、救之則息、不及穀、故曰書不害。〔其の屋に災し、之れを救へば則ち息《や》み、穀に及ばず、故に「害あらざるを書す」と曰ふ。〕

【傳】冬、宋人以諸侯伐鄭、報宋之戰也。 [07-17b]

【注】在十二年。〔十二年に在り。〕

【傳】焚渠門、入及大逵、伐東郊、取牛首。 [07-17b]

【注】渠門鄭城門。逵道方九軌。東郊鄭郊。牛首鄭邑。〔渠門は鄭の城門なり。逵《き》は道に九軌を方《なら》ぶ。東郊は鄭の郊なり。牛首は鄭の邑なり。〕

【傳】以大宮之椽歸爲盧門之椽。 [07-17b]

【注】大宮鄭祖廟。盧門宋城門。告伐而不告入取、故不書。〔大宮は鄭の祖廟なり。盧門は宋の城門なり。伐を告げて入・取を告げず、故に書せず。〕

【經】十有五年、春、二月、天王使家父來求車。 [07-18a]

【經】三月、乙未、天王崩。 [07-18a]

【注】無傳。桓王也。〔傳無し。桓王なり。〕

【經】夏、四月、己巳、葬齊僖公。 [07-18a]

【注】無傳。〔傳無し。〕

【經】五月、鄭伯突出奔蔡。 [07-18a]

【注】突既簒立、權不足以自固、又不能倚任祭仲、反與小臣造賊盜之計。故以自奔爲文、罪之也。例在昭三年。〔突は既に簒立するも、權は以て自ら固くするに足らず、又た祭仲に倚任する能はず、反《かへ》つて小臣と賊盜の計を造《な》す。故に自ら「奔る」を以て文を爲り、之れを罪するなり。例は昭三年に在り。〕

【疏】注の「突既」より「三年」に至るまで。

○正義に曰う。およそ諸侯が出奔する場合は、すべて逐《お》われて出るもので、自ら出るものではない。旧史では臣が主君を逐ったという書き方をするが、仲尼は《春秋》を修めて、主君が「自ら固む」ることができなかったことを責めて、すべて「自奔」の表現にする。そういうわけで、この注では突の悪事を追求して、その「之れを罪す」る意味を述べたのである。（このこ

とについて）《釈例(王侯夫人出奔例)》に、

諸侯の奔亡はすべて逐《お》われてなんとか死を免れたもので、自分の意志で出国したものではない。伝に①「衛の孫林父・寧殖 其の君を出だすは、名 諸侯の策に在り」と称しているが、これは（君を放逐した）臣の名を赴告したことを示す一文である。（しかし）仲尼の経文で、②これを変更して放逐した首謀者の名を没して、「自奔」で表現するのは、その自らの地位を安定強固にすることができなかったことを責めたもので、罪を犯したのは追放した臣ばかりではない。

と述べているのは、罪を犯したという点が多くあり、ただ逐うた者だけが悪いのではないという事を言うものである。君が君たることができなければ、臣も臣たることはできないし、臣が君を逐うたという罪は自明であるから、その臣の名を没して、ただ君の罪だけを明示する。罪がすべて臣にあるのではないことを言うのである。

③衛の献公は出奔しても名を言わなかったが、鄭伯突と④北燕伯欵と⑤蔡侯朱等にすべて名を書いているのは、それぞれの国の告辞に従ったものである。そういうことから《釈例(王侯夫人出奔例)》に、

衛は名を赴げて来なかったが、燕は名を赴げて来た。赴告に従って記録したもので、その義は相手に在って魯には無い。

と述べているのは、その自らの地位を安定強固にすることができなかったことを責めるという意味である。「自奔」はすなわち自身の罪であり、名を言うか言わないかについては、義例を明示しないから、赴告のままに従うのである。

昭公三年伝に「書して『北燕伯欵 齊に出奔す』と曰ふは、之れを罪するなり」と言うのは、変例である。

【譯注】

①傳（07-18a-7）――襄公二十年伝に、衛の甯惠子が臨終にあたって回想した言葉を以下のように記述している。

衛甯惠子疾、召悼子曰「吾得罪於君、悔而無及也。名藏在諸侯之策、曰『孫林父・甯殖出其君』。君入、則掩之。若能掩之、則吾子也。若不能、猶有鬼神、吾有餒而已、不來食矣」。悼子許諾、惠子遂卒。

ところがこの後の注③所引の経文に明らかなように、そこでは衛侯自身が出奔した記述となっている。

②更没逐者主名（07-18a-8）――「主」字は、あるいは「之」字の誤りであるかもしれない。

③衛獻公出奔（07-18a-9）――襄公十四年経「己未、衛侯出奔齊」、杜預注「諸侯之策書孫甯逐衛侯。春秋以其自取奔亡之禍、故諸侯失國者、皆不書逐君之賊也。不書名從告」。

④北燕伯欵（07-18a-9）――昭公三年経「北燕伯款出奔齊」、杜預注「不書大夫逐之而言奔、罪之也。書名從告」。また伝「燕簡公多嬖寵、欲去諸大夫而立其寵人。冬、燕大夫比以殺公之外嬖。公懼、奔齊。書曰北燕伯款出奔齊、罪之也」。

⑤蔡侯朱（07-18a-9）――昭公二十一年経「冬、蔡侯朱出奔楚」、杜預注「朱爲大子則失位、遂微弱爲國人所逐、故以自出爲文」。

【經】鄭世子忽復歸于鄭。　[07-18b]

【注】忽實居君位、故今還以復其位之例爲文也。稱世子者、忽爲大子、有母氏之寵宗卿之援、有功於諸侯、此大子之盛者也。而守介節、以失大國之助、知三公子之彊、不從祭仲之言、修小善、絜小行、從匹夫之仁、忘社稷之大計。故君子謂之善自爲謀。言不能謀國

也。父卒而不能自君、鄭人亦不君之。出則降名以赴、入則逆以大子之禮。始於見逐、終於見殺、三公子更立、亂鄭國者、實忽之由。復歸例在成十八年。〔忽は實に君位に居る、故に今還《かへ》るとき其の位に復するの例を以て文を爲るなり。「世子」と稱するは、忽は大子爲りしとき、母氏の寵・宗卿の援有り、諸侯に功有りて、此れ大子の盛んなる者なり。而るに介節を守り、以て大國の助を失ひ、三公子の彊を知るも、祭仲の言に從はず、小善を修め、小行を絜《きよ》くし、匹夫の仁に從ひ、社稷の大計を忘る。故に君子は之れを「善く自ら謀を爲す」と謂ふ。言ふこころは國を謀る能はざるなり。父卒して自ら君たること能はず、鄭人も亦た之れを君とせず。出づるときは則ち降して名いひて以て赴げ、入るときは則ち逆ふるに大子の禮を以てす。逐はるるに始まり、殺さるるに終はり、三公子更《こも》ごも立ち、鄭國を亂る者は、實に忽に之れ由る。復歸の例は成十八年に在り。〕

【疏】注の「忽實」より「八年」に至るまで。

〇正義に曰う。①成公十八年伝に「其の位に復するを復帰と曰ふ」と述べている。忽は本来すでに「君位に居」たのであるが、その後出奔したので、「故に今還《かへ》るときに其の位に復するの例を以て文を為る」のである。経文に「復帰」と言うのだから、明らかに復位の例であるのに、注に（わざわざ）こう述べたのは、忽の出奔には「鄭伯」と称しなかったし、帰国に「世子」と言うのも、やはり君号ではなく、君でないのに「復帰」と称するのは、復位ではないかとの疑いがあるので、これを説明したのである。

礼②では父が生存中は「世子」と称する。忽は③父を喪って今にいたるまですでに五年だから、「世子」と称すべきものではないということで、こう称する意図を追求したのである。（すなわち忽は）鄧曼が生んだ公子で、のちに立って世子となったのは、「母氏の寵有り」である。「宗卿」とは同姓の卿。祭仲の娘を④雍姫と言うから、祭仲は姫姓で、同宗の卿である。⑤斉を救援して戎を敗ったのは「功有り」である。「而るに介節を守る」とは、取るに足りぬ片意地な節義を守って、斉の公女を娶らなかったことをいう。経に「鄭忽出奔す」と書いて、「鄭伯」と称していないのは、「降して名いひて以て赴ぐ」ることである。いま「世子　復帰す」と称するのは、「逆ふるに大子の礼を以てす」るものである。

「逆ふるに大子の礼を以てす」るとは、突は庶子であって無道のゆえに出奔したことから、新たに君を選ぶとすれば、忽に勝るものはいない。もともと世子であったということで、迎えて帰国させた。つまり世子であったがために帰国できたのである。そして鄭では世子の名で赴告し、かつての君としては赴告しなかった。当時の史官はその告辞に従い、「世子」と書いた。そして実際にはもとの位に復したので、「復帰」と書いた。

しかし忽が君であったときは、自ら堅固にすることができず、「逐《お》はるるに始まり、殺さるるに終り、三公子の更ごも立ち」て君となり、「鄭国を乱る者は、実に忽に之れ由る」ものである。

《釈例（王侯夫人出奔例）》もほぼこの注とまったく同様。その末文に「故に仲尼因りて以て義を示す」と述べているのは、旧史の文章に因って「世子」と称し、鄭人がもともと君としては認めないことを示した、という意味である。

⑥忽は隠公時代にはつねに「公子」と称していたが、（桓公）六年に「大子」と称しているのは、斉を救援した際にはすでに大子となっていたからである。

【譯注】

①成十八年傳（07-18b-6）――成公十八年伝「凡去其國、國逆而立之、曰入。復其

位曰復歸。諸侯納之曰歸。以悪曰復入」。

②禮（07-18b-8）――参考：《公羊傳》荘公三十二年「冬、十月、乙未、子般卒。子卒云子卒、此其稱子般卒何。君存稱世子、君薨稱子某、既葬稱子、踰年稱公」。なお《五經正義》が「禮」と表記するものについては、拙稿「讀五經正義札記（二）」（『東洋古典學研究』第９集　二〇〇〇年　『十三經注疏の研究』所収）も参照されたい。

③忽（07-18b-6）――　桓公十一年の経・伝を参照。

④雍姫（07-18b-9）――桓公十五年伝に見える。

祭仲專、鄭伯患之、使其壻雍糾殺之。將享諸郊。雍姫知之、謂其母曰「父與夫孰親」。其母曰「人盡夫也、父一而已、胡可比也」。遂告祭仲曰「雍氏舍其室而將享子於郊、吾惑之、以告」。祭仲殺雍糾、尸諸周氏之汪。公載以出、曰「謀及婦人、宜其死也」。夏、厲公出奔蔡。

⑤救齊敗戎（07-18b-9）――桓公六年伝に見える。

⑥隱公之世（07-19a-3）――隱公時代に忽を記載する伝文は以下の通り。

・三年　鄭武公・莊公爲平王卿士。王貳于虢。鄭伯怨王。王曰「無之」。故周・鄭交質。王子狐爲質於鄭、鄭公子忽爲質於周。

・七年　鄭公子忽在王所、故陳侯請妻之、鄭伯許之、乃成婚。

・八年　四月甲辰、鄭公子忽如陳逆婦嬀。辛亥、以嬀氏歸。甲寅、入于鄭。陳鍼子送女、先配而後祖。

【經】許叔入于許。　［07-19a］

【注】許叔莊公弟也。隱十一年鄭使許大夫奉許叔、居許東偏。鄭莊公既卒、乃入居位。許人嘉之、以字告也。叔本不去國、雖稱入、非國逆例。〔許叔は莊公の弟なり。隱十一年、鄭 許の大夫をして許叔を奉じ、許の東偏に居らしむ。鄭の莊公 既に卒し、乃ち入りて位に居る。許人 之れを嘉みし、字を以て告ぐるなり。叔は本より國を去らざれば、「入」と稱すと雖も、國逆の例に非ざるなり。〕

【疏】注の「許叔」より「逆例」に至るまで。

○正義に曰う。「入」とは外から入ったという表現で、別の場所から来るという意味。許の東の偏地から許国に入るもので、外国より入るものではない。①鄭の荘公は（魯の桓公の）十一年に卒しているのに、許叔がいま始めて「入る」のは（なぜかといえば）、おそらく鄭突が復帰させないようにしたが、忽が位に就いてから、「②仁者に親しみ隣国に善くし」、許を存続することによって許人に恩徳を施し、彼らが己の援助となることを願ったもので、そのためこの年に始めて「入」ることができたのであろう。

③小白・④陽生の「入」にはいずれも「名」を称しているのに、ここの「許叔」には「字」を称しているので、「許人 之れを嘉みし、字を以て告ぐ」と説明したのである。杜預がこれが「字」であることが分かるのは、⑤「蔡季 蔡に帰る」・⑥「季子 来帰す」にもやはり「字」を書いているので、これが字だと分かったのである。

⑦杜預は伝例に「凡そ其の国を去り、国 逆へて之れを立つるを『入』と曰ふ」と述べていることで、これもやはり国逆の例と見なすかと疑ったのである。《釈例（帰入納例）》に、

　諸もろの例で、外国に「入」と称するのは、ただ外より内に入るという意味が有るだけで、これは記事の常辞であって、義に取る所は無い。⑧賈氏が「夫人姜氏の入る」場合でも、すべて例としている。

というのがそれである。先儒が国逆と見なしていることから、許叔は本もと国を去っていないので、国逆の正例ではない、と述べたのである。国逆の正例は、国を去ることに由来するものである。（しかし）許叔は本もと国

を去ったのではないのだから、「国逆の例に非ず」と述べたもの。

しかし実際のところ、許が始めて国を復興し、許叔が帰ることができたので、君臣上下がともどもに歓び、同じ心で迎えたのであるから、その実情からすると国逆の道理がある。だから《釈例》に「許叔に国逆の文有り。但だ国逆の正例に非ざるのみ」と述べている。劉君がこの主旨を理解せず、みだりに杜預の過失を規正するのは間違いである。

【譯注】

①鄭荘公（07-19a-6）――桓公十一年経「夏、五月癸未、鄭伯寤生卒。秋、七月、葬鄭荘公」。

②親仁善隣（07-19a-7）――隠公六年伝の陳の五父の語。「五父諫曰、親仁善鄰、國之寶也。君其許鄭」。

③小白（07-19a-7）――荘公九年経「春、齊人殺無知。公及齊大夫盟于蔇。夏、公伐齊、納子糾。齊小白入于齊」、杜預注「二公子各有黨、故雖盟而迎子糾、當須伐乃得入。又出在小白之後。小白稱入、從國逆之文、本無位」。

④陽生（07-19a-7）――哀公六年経「齊陽生入于齊」、杜預注「爲陳乞所逆、故書入」。

⑤蔡季（07-19a-8）――桓公十七年経「六月丁丑、蔡侯封人卒。秋、八月、蔡季自陳歸于蔡。癸巳、葬蔡桓侯」、伝「蔡桓侯卒。蔡人召蔡季于陳」、杜預注「嘉之故以字告也」。

⑥季子（07-19a-8）――閔公元年経「秋、八月、公及齊侯盟于落姑。季子來歸」、杜預注「季子公子友之字。季子忠於社稷、爲國人所思、故賢而字之。齊侯許納、故曰歸」、伝「秋、八月、公及齊侯盟于落姑、請復季友也。齊侯許之、使召諸陳、公次于郎以待之。季子來歸、嘉之也」。

⑦傳例（07-19a-6）――成公十八年伝「凡去其國、國逆而立之、曰入。復其位曰復歸。諸侯納之曰歸。以惡曰復入」。

⑧夫人姜氏（07-19a-9）――荘公二十四年経「八月丁丑、夫人姜氏入」。

【經】公會齊侯于艾。 ［07-19b］

【經】邾人・牟人・葛人來朝。 ［07-19b］

【注】無傳。三人皆附庸之世子也。其君應稱名、故其子降稱人。牟國在今泰山牟縣。葛國在梁國寧陵縣東北。〔傳無し。三人は皆な附庸の世子なり。其の君は應《まさ》に名を稱すべし、故に其の子は降して「人」と稱す。牟國は今の泰山牟縣に在り。葛國は梁國寧陵縣の東北に在り。〕

【疏】注の「三人」より「東北」に至るまで。

○正義に曰う。三国にいずれも「人」と称し、合同で礼を行なっているから、三国の尊卑が同じであることが分かる。そして邾子[1]がまだ王命を得ていないことから、牟・葛の二国も「附庸」であることが分かるのである。「郳《げい》[2]の黎來《りらい》 來朝す」では、附庸に名を書いている。ここでもし君自身が来朝していれば、その場合はやはり「応《まさ》に名を称すべき」である。もしも臣下を派遣して来聘させたのであれば、さらに「朝」と称することはできない。「曹伯[3] 其の世子射姑を来朝せしむ」とあるから、世子に「朝」を称する義例が有る。（以上の事から）この「三人は皆な附庸の世子」であり、父の仕事を代行して来朝したものであることが分かるのである。

諸侯の卿は「名」を称し、大夫は降して「人」と称するのは、「人」は「名」に対して一等降るからである。附庸の場合は「其の君は応《まさ》に名を称すべし、故に其の子は降して人を称す」るのである。（このことについて）《釈例（会盟朝聘例）》に、

王[4]の世子には名を言わないが、諸侯の世子には名を言う。「王の世子

首止に会す」・「曹の世子射姑 来朝す」がそれである。附庸の世子には
人と称する。「邾人・牟人・葛人来朝す」がそれである。
と称しているのは、世子の称謂の等級を説明したものである。
〈地理志〉[⑤]では「泰山郡牟県は故《もと》の牟国」、「陳留郡に寧陵県」が在り、応劭は「故《もと》の葛伯の国なり」と述べている。そうだとすると、（杜預の）晋代では「梁国」に所属していたのである。

【譯注】
①以邾子未得王命（07-19b-4）――隠公元年経「三月、公及邾儀父盟于蔑」、杜預注「附庸之君、未王命、例稱名。能自通于大國、繼好息民、故書字貴之。名例在莊五年。邾今魯國鄒縣也。蔑姑蔑、魯地。魯國卞縣南有姑城」。
②郳黎來（07-19b-5）――莊公五年経「秋、郳犁來來朝」、杜預注「附庸國也。東海昌慮縣東北有郳城。犁來名」、伝「秋、郳犁來來朝。名、未王命也」、杜預注「未受爵命爲諸侯、傳發附庸稱名例也。其後數從齊桓以尊周室、王命以爲小邾子」。
③曹伯（07-19b-5）――桓公九年経「冬、曹伯使其世子射姑來朝」、杜預注「曹伯有疾、故使其子來朝」。
④會王世子（07-19b-7）――僖公五年経「公及齊侯・宋公・陳侯・衛侯・鄭伯・許男・曹伯會王世子于首止」、杜預注「惠王大子鄭也。不名而殊會、尊之也」。
⑤地理志（07-19b-5）――《漢書》地理志第八上二。
泰山郡〔高帝置。屬兗州〕、戸十七萬二千八十六、口七十二萬六千六百四。縣二十四。奉高、博、茬、盧、肥成、虵丘、剛、柴、蓋、梁父、東平陽、南武陽、萊蕪、鉅平、嬴、牟〔故國〕〔應劭曰、附庸也。師古曰、春秋桓十五年、牟人來朝、卽此也〕、華、寧陽、乘丘、富陽、桃山、桃郷、式。
陳留郡〔武帝元狩元年置。屬兗州〕、戸二十九萬六千二百八十四、口一百五十萬九千五十。縣十七。陳留、黄、成安、寧陵〔莽曰康善〕〔孟康曰、故葛伯國、今葛郷是〕、雍丘、酸棗、東昏、襄邑、外黄、封丘、長羅、尉氏、傿、長垣、平丘、濟陽、浚儀。

【經】秋、九月、鄭伯突入于櫟。　[07-19b]
【注】櫟鄭別都也。今河南陽翟縣。未得國、直書入、無義例也。〔櫟は鄭の別都なり。今の河南陽翟縣なり。未だ國を得ざれば、直《た》だ「入」と書し、義例無きなり。〕
【經】冬、十有一月、公會宋公・衛侯・陳侯于衮、伐鄭　[07-20a]
【注】衮宋地、在沛國相縣西南。先行會禮、而後伐也。〔衮は宋の地、沛國相縣の西南に在り。先づ會禮を行ひて、而る後に伐つなり。〕
【疏】注の「先行會禮」。
○正義に曰く、与に謀っていないから「会」と言った、というものではないことが分かるのは、「衮に于《お》いて」と言っているところから、これが「会礼を行なった」ものであることが分かるからである。もしも「地」を言わずに、ただ「会」とだけ言うのであれば、「不与謀」の例である。召陵の会[①]の杜預注に「召陵に於いて、先づ会礼を行なふ」と述べているのは、ここと同例である。[②]

【譯注】
①不與謀例（07-20a-2）――宣公七年伝「夏、公會齊侯伐萊、不與謀也。凡師出、與謀曰及、不與謀曰會」。
②召陵會（07-20a-3）――定公四年経「三月、公會劉子・晉侯・宋公・蔡侯・衛侯・陳子・鄭伯・許男・曹伯・莒子・邾子・頓子・胡子・滕子・薛伯・杞伯・小邾子・齊國夏于

召陵、侵楚」、杜預注「於召陵先行會、禮入楚竟、故書侵」。

【傳】十五年、春、天王使家父來求車、非禮也。諸侯不貢車服、 [07–20a]

【注】車服上之所以賜下。〔車服は上の下に賜ふ所以なり。〕

【傳】天子不私求財。 [07–20a]

【注】諸侯有常職貢。〔諸侯には常の職貢有り。〕

【傳】祭仲專。鄭伯患之。使其壻雍糾殺之、將享諸郊。雍姫知之。謂其母曰、父與夫孰親。其母曰、人盡夫也。父一而已。胡可比也。 [07–20a]

【注】婦人在室則天父、出則天夫。女以爲疑、故母以所生爲本解之。〔婦人は室に在れば則ち父を天とし、出づれば則ち夫を天とす。女 以て疑ひを爲す、故に母は生ずる所を本と爲すを以て之れを解す。〕

【傳】遂告祭仲曰、雍氏舍其室而將享子於郊。吾惑之、以告。祭仲殺雍糾、尸諸周氏之汪。 [07–20a]

【注】汪池也。周氏鄭大夫。殺而暴其尸、以示戮也。〔汪は池なり。周氏は鄭の大夫なり。殺して其の尸《しかばね》を暴《さら》し、以て戮《りく》を示すなり。〕

【傳】公載以出、 [07–20b]

【注】愍其見殺、故載其尸共出國。〔其の殺さるるを愍《いた》む、故に其の尸を載せて共に國を出づ。〕

【傳】曰謀及婦人、宜其死也。夏、厲公出奔蔡。六月、丁亥、昭公入。 [07–20b]

【傳】許叔入于許。 [07–20b]

【傳】公會齊侯于艾、謀定許也。 [07–20b]

【傳】秋、鄭伯因櫟人殺檀伯而遂居櫟。 [07–20b]

【注】檀伯鄭守櫟大夫。〔檀伯は鄭の櫟を守る大夫なり。〕

【傳】冬、會于袲、謀伐鄭、將納厲公也。弗克而還。 [07–20b]

【經】十有六年、春、正月、公會宋公蔡侯衛侯于曹 [07–20b]

【經】夏、四月、公會宋公衛侯陳侯蔡侯伐鄭 [07–20b]

【注】春既謀之、今書會者、魯諱議納不正。蔡常在衛上、今序陳下、蓋後至。〔春に既に之れを謀るに、今「會」と書するは、魯 不正を納《い》れんと議《はか》るを諱めばなり。蔡は常に衛の上に在るに、今 陳の下に序するは、蓋し後《おく》れて至りしならん。〕

【疏】注の「春既」より「後至」に至るまで。

○正義に曰う。①宣公七年の伝例に「与《とも》に謀るを及と曰ひ、与に謀らざるを会と曰ふ」と述べている。ここは「春に既に之れを謀る」例だから、「及」と言うべきなのに、「今 会と書す」るのは（なぜかといえば）、魯が諸侯とともに集まって「不正」の人を納れようと議論したことを「諱」んだがために、謀に与らない表現に従ったのである。（このことについて）《釈例（及会例）》が、

魯はすでに春に曹に会して、鄭を伐つことを謀り、そのまま夏に師を興《おこ》したのに、これを変更して謀に与らない表現にしたのは、厲公が大子忽の位を簒ったのに、謀ってこれを納れるのは正しい行為ではないということで、これを諱んで謀に与らない例に従ったからである。

と言うのは、その意味である。

諸侯の序列は国の大小で次第づける。〈班序譜〉②に、

隠公から荘公十四年に至るまでの十三年間に、征伐・盟会するものす③べて十六国である。当時は覇主もおらず、会同は行なわれず、秩序を成すことが無かったため、この間に蔡と衛は④七度会合しているが、六度は衛が上に在る。

と称している。つまりここだけが陳の下に位置しているので、「蓋し後《おく》れて至りしならん」と見なしたのである。

【譯注】

①宣七年傳例（07-20b-10）――宣公七年伝「夏、公會齊侯伐萊、不與謀也。凡師出、與謀曰及、不與謀曰會」。

②班序譜（07-21a-2）――《釋例》班序譜第二十二のこと。

③凡十六國（07-21a-2）――十六の国名を挙げると以下の通り。

隱01	三月、公及邾儀父盟于蔑。	邾
隱01	夏、五月、鄭伯克段于鄢。	鄭
隱01	九月、及宋人盟于宿。	宋
隱02	二年、春、公會戎于潛。	戎
隱02	夏、五月、莒人入向。	莒
隱02	九月、紀裂繻來逆女。	紀
隱02	鄭人伐衛。	衛
隱04	四年、春、王二月、莒人伐杞、取牟婁。	杞
隱04	宋公・陳侯蔡人衛人伐鄭。	陳・蔡
隱06	夏、五月辛酉、公會齊侯盟于艾。	齊
隱10	秋、宋人衛人入鄭。宋人蔡人衛人伐。鄭伯伐取之。	戴
桓12	秋、七月丁亥、公會宋公燕人盟于穀丘。	燕
莊14	十有四年、春、齊人・陳人・曹人伐宋。	曹
莊14	夏、單伯會伐宋。	單

④凡七會（07-21a-3）――七会を挙げると以下の通り。

隱04　宋公・陳侯・蔡人・衛人伐鄭。
隱04　秋、翬帥師會宋公・陳侯・蔡人・衛人伐鄭。
隱10　秋、宋人・衛人入鄭。宋人・蔡人・衛人伐戴。鄭伯伐取之。
桓05　秋、蔡人・衛人・陳人従王伐鄭。
桓14　宋人以齊人・蔡人・衛人・陳人伐鄭。
桓16　十有六年、春、正月、公會宋公・蔡侯・衛侯于曹。
桓16　夏、四月、公會宋公・衛侯・陳侯・蔡侯伐鄭。

【經】秋、七月、公至自伐鄭。　[07-21a]

【注】用飲至之禮故書。〔飲至の禮を用ふるが故に書す。〕

【經】冬、城向。　[07-21a]

【注】傳曰書時也、而下有十一月。舊説因謂傳誤。此城向亦倶是十一月。但本事異、各隨本而書之耳。經書夏叔弓如滕。五月葬滕成公、傳云五月叔弓如滕、卽知但稱時者、未必與下月異也。又推校此年、閏在六月、則月却而節前、水星可在十一月而正也。詩云、定之方中、作于楚宮。此未正中也。功役之事、皆總指天象、不與言歷數同也。故傳之釋經、皆通言一時、不月別。〔傳に「時を書するなり」と曰ふも、而も下に「十一月」有り。舊説は因りて傳の誤りと謂ふ。此の「向に城《きづ》く」も亦た倶に是れ十一月なり。但だ本事異なれば、各おの本に隨ひて之れを書するのみ。經に「夏、叔弓 滕に如《ゆ》く。五月、滕の成公を葬る」と書し、傳は「五月、叔弓 滕に如く」と云へば、即ち但だ「時」を稱するは、未だ必ずしも下月と異ならざるを知るなり。又た此の年を推し校《はか》るに、閏は六月に在れば、則ち月却《しりぞ》きて節前《すす》み、水星は十一月に在りて正すべきなり。詩に「定の方《まさ》に中せんとするや、楚宮を作る」と云へば、此れ未だ正中せざるなり。功役の事は、皆な總て天象を指し、歷數を言ふと同じからざる

なり。故に傳の經を釋するや、皆な通じて一時を言ひ、月ごとに別かたず。」

【疏】注の「傳曰」より「月別」に至るまで。

○正義に曰う。杜預はこの「城向」が下（の「十有一月衛侯朔出奔晋」）と同月であるところから、「叔弓 滕に如《ゆ》く」①の経・伝の異同を検討すると、「如滕」と「葬」とが同月なので、ここの「城向」と「出奔」とが同月であることが分かったのである。「但だ本事 既に異なれば、各おの本に随ひて之れを書」したもので、下に「月」が有り、ここに「月」が無いだけで、実際には同じく十一月なのである。

ただしかし、十一月に水星は昏〔くれがた〕にはなおいまだ正中しないので、また暦数を推校して、この年は「月は卻《しりぞ》きて節は前《すす》む。水星は十一月に在りて正すべし」と考える。また、「方〔いままさに〕」とはまだ至らないという表現なので、「定之方中」②を、まさに中に向かおうとして実はいまだ正中していないものだと考える。つまり十一月には土功を興すことができるのであり、「時を書す」とは、《伝》の誤りではない。（これに対して）劉炫が規過して次のように述べている。

考えるに、〈周語〉③に「辰角 見えて雨畢《おは》り、天根 見えて水涸れ、駟 見えて霜を隕《ふ》らし、火 見えて清風 寒を戒む。故に先王の教へに曰く、雨 畢りて道を除《はら》ひ、水 涸れて梁を成し、霜を隕らして冬裘具《そな》はり、清風 至りて城郭を修む、と。故に夏令に曰く、九月、道を除ひ、十月、梁を成し、営室の中する、土功其れ始まる」と述べている。先儒は、建戌の月に霜が始めて降り房星が見え、霜が降った後に、寒風が至り心星が見える、と考えている。鄭玄④が「辰星 見ゆとは九月の本のこと、天根 見ゆとは九月の末のことである。天根とは氐星をいう」と述べるのがそれである。おのずと「火見ゆ」とは建亥の月〔夏正十月〕である。また《春秋》の「楚丘に城く」⑤は正月である。しかるに杜預は、《詩》の「定之方中（定の方《まさ》に中せんとす）」と言うのを引用して、「未だ正中せず」と考える。「定星」がなんで正月にまだ正中しないことがあろうか。これらの諸文によれば、火星が見えて土功を興すのは必ず建亥の月にあるので、建戌の月〔夏正九月〕に土功を興す道理は決して無い。しかるに杜預が、建戌の月に「向に城く」ことができると考えるのは、誤りである。

今〈周語〉の文章を検討してみるに、単子は陳が除道しないのを見たので、譏ってこの言葉を述べたのであり、そのため挙げた時節がすべて早月に在るのである。〈月令〉⑥では、孟冬に天子が始めて裘する〔皮衣を着る〕が、単子は「霜が降りて冬裘が具はる」と述べている。九月にすでに裘するのは、その早いものである。しかも〈周語〉の文章は通常の節気によるもので、九月になって除道し、十月になって土功を興す。杜預は、この年に閏月が六月にあるので、建戌の月の二十一日ですでに建亥の節気を得ると考えたのであり、十月の節気は九月の中にあるのだから、どうして土功の事ができないことがあろうか。諸侯が「楚丘に城いた」のは、もとより正月であり、衛人が初めて宮室を作ったのは、必ずやそれ以前にあるはずである。杜預の「定星がまさに正中しようとする」と言うのが、道理上なんの不都合があろうか。劉君は広く〈周語〉の文まで引用して杜預を規正するが、杜預の「月は卻《しりぞ》きて節は前《すす》む」と言うことを、なんで非難する必要があろうか。

【譯注】

①叔弓如滕（07-21a-8）——昭公三年経「夏、叔弓如滕。五月、葬滕成公」、伝「五月、叔弓如滕、葬滕成公、子服椒爲介」。

②定之方中（07-21a-10）――《毛詩》鄘風・定之方中「定之方中、作于楚宮」、毛伝「定營室也。方中昬正四方。楚宮楚丘之宮也。仲梁子曰、初立楚宮也」、鄭玄箋「楚宮謂宗廟也。定星昬中而正、於是可以營制宮室、故謂之營室。定星昬中而正、謂小雪時。其體與東壁連、正四方」。

③周語（07-21b-1）――《国語》周語中。

單子歸、告王曰「陳侯不有大咎、國必亡」。王曰「何故」。對曰「夫辰角見而雨畢、天根見而水涸、本見而草木節解、駟見而隕霜、火見而清風戒寒。故先王之教曰『雨畢而除道、水涸而成梁、草木節解而備藏、隕霜而冬裘具、清風至而修城郭宮室』。故夏令曰『九月除道、十月成梁』。其時儆曰『收而場功、偫而畚梮、營室之中、土功其始。火之初見、期於司里』。此先王所以不用財賄、而廣施德於天下者也。今陳國火朝覿矣、而道路若塞、野場若棄、澤不陂障、川無舟梁、是廢先王之教也」。

④鄭玄（07-21b-3）――《禮記》月令・仲秋の条「是月也、日夜分、雷始收聲。蟄蟲壞戸、殺氣浸盛、陽氣日衰、水始涸」、鄭玄注「又記時候也。雷始收聲在。地中動内物也坏益也。蟄蟲益戸謂稍小之也。涸竭也。此甫八月中雨氣未止、而云水竭非也。周語曰、辰角見而雨畢、天根見而水涸。又曰、雨畢而除道、水涸而成梁。辰角見九月本也天。根見九月末也。王居明堂禮曰、季秋除道致梁、以利農也」。

⑤城楚丘（07-21b-3）――僖公二年経「春、王正月、城楚丘」、伝「春、諸侯城楚丘而封衛焉。不書所會、後也」。

⑥月令（07-21b-6）――《禮記》月令・孟冬の条「是月也、天子始裘」。

○本疏文に対し、劉文淇《左傳舊疏考正》巻二は以下のように考証している。

文淇案ずるに、「今以爲周語之文」以下は唐人が光伯を駁した文章で、その前はすべて光伯の文章である。光伯は先ず杜預の義を申釈し、後でこれを反駁している。本来では「炫以爲」に作っていたはずで、「劉規過」の三字は唐人が増加し、前を自己の説であるかに見せたものにすぎない。劉炫が「《春秋》の『楚丘に城く』は正月である」と言うのは、《詩》の「作于楚宮」と同じ月にあるということ。これに対して孔氏は、「諸侯が楚丘に城いたのは、もとより正月であり、衛人が初めて宮室を作ったのは、必ずやそれ以前にあるはずである」と見なしている。いま《詩》❯風の《疏》を調べてみると、

この「定之方中」は小雪の時節であるから、周の十二月のこと。《春秋》の「正月城楚邱」の《穀梁伝》に、「衛に城きづくと言はざるは、衛の未だ遷らざればなり」と述べていることからすると、諸侯は先ず衛のためにその城を築き、文公がその中に宮室を建てたのである。建城が正月であったとすると、作室もまた正月にあった。しかるに（〈詩序〉に）「時を得る」ものだというのは、〔荘二十九年〕《左伝》に「凡そ土功は、水昏に正して栽し、日至りて畢はる」と述べていることからすると、冬至以前はすべて土功の時節である。暦を調べてみると、僖公二年の閏の余りが十七日であるから、閏は正月の後にある。正月の初めにはまだ冬至ではないので、「時を得る」ものである。

という記述がある。《詩疏》の言うところは劉炫の義と合し、孔説とは異なっている。《詩疏》もやはり劉炫（の《毛詩述義》）を本にしているので、《詩疏》のこの部分も光伯の筆に成ることが分かる。

【經】十有一月、衛侯朔出奔齊。 ［07-21b］

【注】惠公也。朔讒構取國、故不言二公子逐、罪之也。〔惠公なり。朔は讒構〔事を構えて人をおとしいれる〕して國を取る、故に二公子逐《お》ふと言はざるは、之れを罪すればなり。〕

【傳】十六年、春、正月、會于曹、謀伐鄭也。 [07–22a]

【注】前年冬謀納厲公不克、故復更謀。〔前年の冬に厲公を納《い》れんことを謀りて克《あた》はず、故に復た更に謀る。〕

【傳】夏、伐鄭。秋、七月、公至自伐鄭、以飲至之禮也。 [07–22a]

【傳】冬、城向、書時也。 [07–22a]

【傳】初、衛宣公烝於夷姜、生急子。 [07–22a]

【注】夷姜宣公之庶母也。上淫曰烝。〔夷姜は宣公の庶母なり。上に淫するを烝と曰ふ。〕

【疏】注の「夷姜」より「曰烝」に至るまで。

○正義に曰う。晋の献公①が齊姜に烝し、恵公②が賈君に烝したのは、すべて父君の妾に淫したものだから、これもやはり父の妾であることが分かるので、そのため「庶母」と注した。

成公二年伝③に「楚の荘王 夏姫を以て連尹襄老に与ふ。襄老 死し、其の子黒要 焉《これ》に烝す」と称しているのは、母に淫することを「烝」④と言ったものだから、「烝」とは「上淫」であることが分かる。たぶん「烝」を「進」と訓じたもので、自ら進んで淫したという意味であろう。

《世家》⑤に「初め宣公は夫人夷姜を愛す」と述べているが、烝淫しているのに夫人と呼ぶことになるので、これは馬遷の誤りである。

【譯注】

①晉獻公 (07–22a–5) ——莊公二十八年伝「晉獻公娶于賈、無子。烝於齊姜、生秦穆夫人及大子申生。又娶二女於戎、大戎狐姫生重耳、小戎子生夷吾」、杜預注「齊姜武公妾」。

②惠公 (07–22a–5) ——僖公十五年伝「晉侯之入也、秦穆姫屬賈君焉、且曰、盡納群公子。晉侯烝於賈君、又不納群公子、是以穆姫怨之」、杜預注「晉侯入在九年。穆姫申生姉、秦穆夫人。賈君晉獻公次妃、賈女也」。

③成二年傳 (07–22a–6) ——成公二年伝「楚之討陳夏氏也、莊王欲納夏姫。申公巫臣曰「不可。……」。王乃止。子反欲取之、巫臣曰「是不祥人也。……」。子反乃止。王以予連尹襄老。襄老死於邲、不獲其尸。其子黑要烝焉」。

④訓烝爲進 (07–22a–6) ——參考：《爾雅》釈詁下「羞、餞、迪、烝、進也」。

⑤世家 (07–22a–7) ——《史記》衛康叔世家「(宣公) 十八年、初、宣公愛夫人夷姜、夷姜生子伋、以爲大子、而令右公子傅之」。ちなみに《史記會注考證》は、「左傳云、宣公烝於夷姜、生急子。杜預注云、夷姜宣公之庶母、此謂之夫人謬也」と述べている。

【傳】屬諸右公子。爲之娶於齊而美。公取之、生壽及朔。屬壽於左公子。

【注】左右媵之子、因以爲號。〔左右の媵の子なれば、因りて以て號と爲す。〕 [07–22a]

【疏】注の「左右」より「爲號」に至るまで。

○正義に曰う。公子には礼法として左右の称謂は無いので、これは明らかに母にちなんで号としたもの。《公羊》①に「諸侯 一国に取《めと》れば、則ち二国往きて之れに媵す」と称しており、二媵がいるところから、分けて左右としたのである。《公羊》②を説く者は、右媵が左媵より貴いというが、或いはそういう意味かも知れない。この左右の公子は、おそらく宣公の兄弟であろう。

【譯注】

①公羊 (07–22a–10) ——《公羊傳》莊公十九年「秋、公子結媵陳人之婦于鄄、遂及齊侯・宋公盟。媵者何、諸侯娶一國、則二國往媵之、以姪娣從。姪者何、

兄之子也。娣者何、弟也。諸侯壹聘九女、諸侯不再娶」。

②説公羊者（07-22a-10）――参考：隠公元年「立適以長、不以賢。立子以貴、不以長」の何休注に「禮、嫡夫人無子立右媵。右媵無子、立左媵。左媵無子、立嫡姪娣。嫡姪娣無子、立右媵姪娣。右媵姪娣無子、立左媵姪娣」とある。何休によれば、右媵が左媵より貴いことになる。

【傳】夷姜縊。 [07-22b]

【注】失寵而自經死。〔寵を失ひて自ら經死す。〕

【傳】宣姜與公子朔構急子。 [07-22b]

【注】宣姜宣公所取急子之妻。構會其過惡。〔宣姜は宣公の取る所の急子の妻なり。其の過惡を構會するなり。〕

【傳】公使諸齊。使盜待諸莘、將殺之。 [07-22b]

【注】莘衞地、陽平縣西北有莘亭。〔莘は衞地、陽平縣西北に莘亭有り。〕

【傳】壽子告之。使行、不可。曰、棄父之命、惡用子矣。 [07-22b]

【注】行去也。惡安也。〔行は去なり。惡は安（いづくんぞ）なり。〕

【傳】有無父之國則可也。及行、飲以酒。壽子載其旌以先。盜殺之。急子至曰、我求之也。此何罪。請殺我乎。又殺之。二公子故怨惠公。十一月、左公子洩・右公子職立公子黔牟。 [07-22b]

【注】黔牟羣公子也。〔黔牟は羣公子なり。〕

【疏】「載其旌」

○正義に曰う。代わって「其の旌を載《た》て」るのだから、旌《はた》に記識〔めじるし〕が有ったのである。〈世家〉①に「大子に白旄《はくぼう》〔白い旄牛の尾を竿首につけた旗〕を与へて盗に告げて曰はく、白旄を見れば之れを殺せ」という記述がある。あるいは白旄を旌にしていたのかもしれない。ただ馬遷はこの伝文を敷衍してこのように説明したもので、その言葉はいたって鄙俗であり、必ずしも信頼できないのではあるが。

【譯注】

①世家（07-22b-10）――《史記》衛康叔世家。

十八年、初、宣公愛夫人夷姜、夷姜生子伋、以爲大子、而令右公子傳之。右公子爲大子取齊女、未入室、而宣公見所欲爲大子婦者好、説而自取之、更爲大子取他女。宣公得齊女、生子壽・子朔、令左公子傅之。大子伋母死、宣公正夫人與朔共讒惡大子伋。宣公自以其奪大子妻也、心惡大子、欲廢之。及聞其惡、大怒、乃使大子伋於齊而令盜遮界上殺之、與大子白旄、而告界盜見持白旄者殺之。且行、子朔之兄壽、大子異母弟也、知朔之惡大子而君欲殺之、乃謂大子曰「界盜見大子白旄、即殺大子、大子可毋行」。大子曰「逆父命求生、不可」。遂行。壽見大子不止、乃盜其白旄而先馳至界。界盜見其驗、即殺之。壽已死、而大子伋又至、謂盜曰「所當殺乃我也」。盜并殺大子伋、以報宣公。宣公乃以子朔爲大子。十九年、宣公卒、大子朔立、是爲惠公。

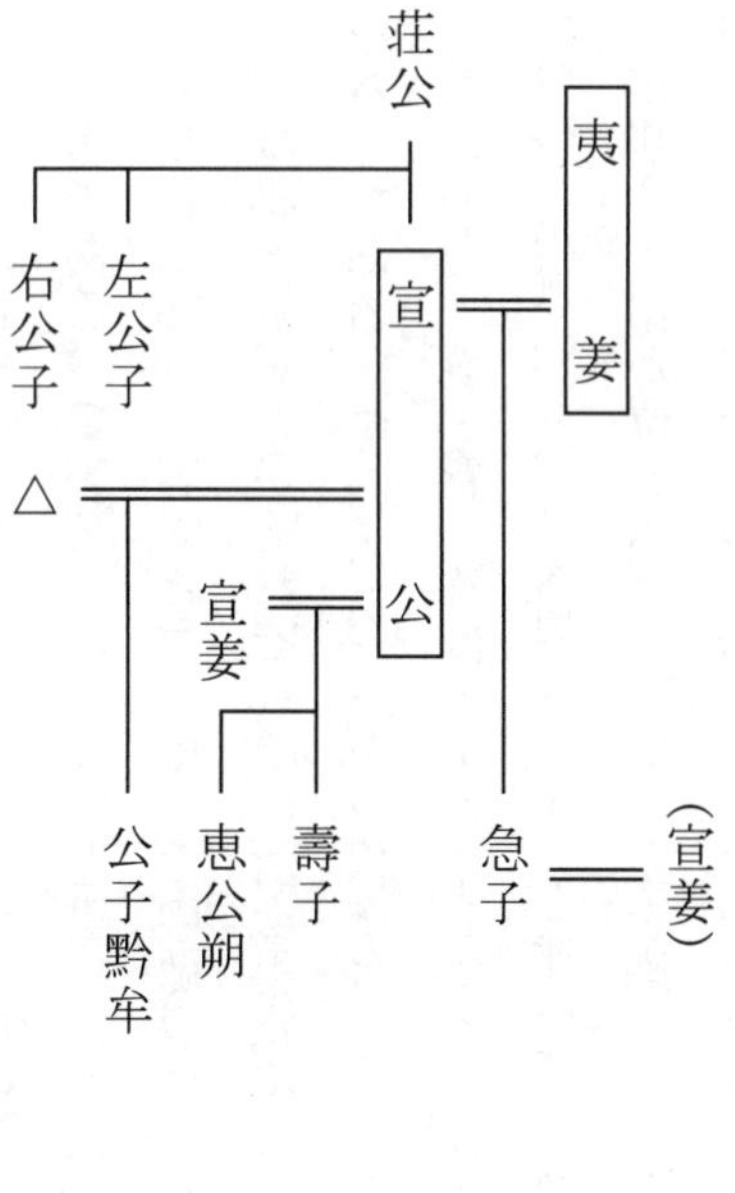

【傳】恵公奔齊。 [07–23a]

【經】十有七年、春、正月、丙辰、公會齊侯紀侯盟于黄。 [07–23a]

【注】黄齊地。〔黄は齊地なり。〕

【經】二月、丙午、公及邾儀父盟于趡。 [07–23a]

【注】趡魯地。稱字、義與蔑盟同。二月無丙午、丙午三月四日也。日月必有誤。〔趡は魯地なり。字を稱するは、義 蔑の盟と同じ。二月には「丙午」無く、「丙午」は三月四日なり。日月に必ずや誤り有るべし。〕

【經】夏、五月、丙午、及齊師戰于奚 [07–23a]

【注】奚魯地。皆陳曰戰。〔奚は魯地なり。皆陳するを戰と曰ふ。〕

【經】六月、丁丑、蔡侯封人卒 [07–23a]

【注】十一年、大夫盟于折。〔十一年、大夫 折に盟ふ。〕

【經】秋、八月、蔡季自陳歸于蔡 [07–23a]

【注】季蔡侯弟也。言歸爲陳所納。〔季は蔡侯の弟なり。歸と言ふは陳の納るる所と爲ればなり。〕

【經】癸巳、葬蔡桓侯 [07–23a]

【注】無傳。稱侯蓋謬誤。三月而葬速。〔傳無し。侯と稱するは蓋し謬誤ならん。三月にして葬むるは速し。〕

【疏】注の「稱侯蓋謬誤」。

○正義に曰う。五等の（爵位を持つ）諸侯は、「卒」には各おのその爵位を書き、「葬」には諡名を挙げて「公」と称するのが、（《春秋》の）常礼である。（ところが）ここでは貶責が無いのに「侯と称す」るだけなので「蓋し謬誤ならん」と述べたのである。（このことについて）《釈例（弔贈葬例）》に、

（諸侯が）「卒」して外国に赴告する場合、すべて王の爵位で名を称するのは、人の死を慎しんで考え、あえて（周の）大典に違うことはしないからである。（《春秋》に）「葬」を書くにあたっては、すべてその主人の私称に従う。客人と主人は、その敬意にそれぞれもとづく所があり、謙譲と敬意とがそれぞれその所を得た場合、その後で二国の礼が成るのである。（ところが）「蔡の桓侯を葬る」だけに「公」を称していないので、劉・賈・許は「桓が卒して季が帰ったのは、臣子（としての礼）が無いという表現である」と述べている。（しかし）蔡侯には子が無く、弟が位を承け、群臣は主を廃することなく、社稷も充分に祭られており、それゆえ伝には「蔡人之れを嘉みす」と称しているのであって、貶すべきものではない。杞伯に「子」を称したことについては、①伝は三たび説明しているのだから、蔡侯に貶すべき点が有るなら、伝はやはり当然説明するはずである。（ということで、これは）史書の謬誤であり、欠文の疑いが有る。

と称しているのが、（誤謬ではないかと）疑った意味である。

【譯注】

①傳爲三發（07–23b–1）――杞は本来侯爵だったようであるが、以下の三例では「杞子」と書かれており、伝はそのたびに説明を加えている。

・僖公23年経「冬、十有一月、杞子卒」。
　伝「十一月、杞成公卒。書曰子、杞夷也。不書名、未同盟也」。

・僖公27年経「春、杞子來朝」。
　伝「春、杞桓公來朝。用夷禮、故曰子。公卑杞、杞不共也」。

・襄公29年経「杞子來盟」。
　伝「杞文公來盟、書曰子、賤之也」。

【經】及宋人・衛人伐郕。 [07-23b]

【經】冬、十月、朔、日有食之。 [07-23b]

【注】甲乙者歷之紀也。晦朔者日月之會也。日食不可以不存晦朔。晦朔須甲乙而可推。故日食必以書朔日爲例。〔甲乙は歷の紀なり。晦朔は日月の會なり。日食は以て晦朔を存せざるべからず。晦朔は甲乙を須《ま》ちて推すべし。故に日食は必ず朔・日を書するを以て例と爲す。〕

【傳】十七年、春、盟于黄、平齊紀且謀衛故也。 [07-23b]

【注】齊欲滅紀、衛逐其君。〔齊は紀を滅ぼさんと欲し、衛は其の君を逐ふ。〕

【傳】及邾儀父盟于趡、尋蔑之盟也。 [07-23b]

【注】蔑盟在隱元年。〔蔑の盟は隱元年に在り。〕

【傳】夏、及齊師戰于奚、疆事也。 [07-23b]

【注】爭疆界也。〔疆界を爭ふなり。〕

【傳】於是齊人侵魯疆。疆吏來告公曰、疆埸之事、愼守其一而備其不虞。

【注】虞度也。不度猶不意也。〔虞は度なり。度《はか》らずとは猶ほ意《おも》はざるがごときなり。〕

【疏】「疆埸」より「不虞」に至るまで。

○正義に曰う。「疆埸《きょうえき》」とは境界のことである。これを境にして主人を易えるので、「埸《えき》」と名づけたもの。

封境を守る者は、自身が出かけて往って人を侵すことはできないが、人がやって来て自国を侵すことをさせないようにし、慎重にその一家の所有する領地を守り、思いがけない出来事に備えるのである。

【傳】姑盡所備焉。事至而戰。又何謁焉。 [07-23b]

【注】齊背盟而來、公以信待、故不書侵伐。〔齊は盟に背《そむ》きて來たり、公は信を以て待つ、故に侵伐を書せず。〕

【傳】蔡桓侯卒。蔡人召蔡季于陳。 [07-24a]

【注】桓侯無子、故召季而立之。季内得國人之望、外有諸侯之助、故書字以善得衆、稱歸以明外納。〔桓侯には子無し、故に季を召して之れを立つ。季は内に國人の望を得、外に諸侯の助有り、故に字を書して以て衆を得るを善みし、「歸」と稱して以て外納なるを明らかにす。〕

【傳】秋、蔡季自陳歸于蔡、蔡人嘉之也。 [07-24a]

【注】嘉之故以字告。〔之れを嘉みするが故に字を以て告ぐ。〕

【傳】伐邾、宋志也。 [07-24a]

【注】邾宋爭疆、魯從宋志、背埸之盟。〔邾・宋 疆を爭ひ、魯は宋志に從ひ、埸の盟に背《そむ》く。〕

【傳】冬、十月、朔、日有食之。不書日、官失之也。天子有日官。諸侯有日御。日官居卿以厎日、禮也。 [07-24a]

【注】日官日御典歷數者。日官天子掌歷者。不在六卿之數、而位從卿、故言居卿也。厎平也。謂平歷數。〔日官・日御は歷數を典《つかさど》る者なり。日官は天子の歷を掌る者なり。六卿の數に在らざるも、而も位は卿に從ふ、故に「卿に居る」と言ふなり。厎は平なり。歷數を平ぐるを謂ふ。〕

【疏】注の「日官」より「歷數」に至るまで。

○正義に曰う。《周禮》[1]大史は「歲年を正して以て事を序し、告朔を邦国に頒《わか》つを掌る」。そうだとすると「天子の歷を掌る者」とは、大史のことである。

大史は下大夫であって卿ではないから、「六卿の数には在らず」である。（ところが）伝に「居卿」と述べているのは、これを尊んで卿と同等にしたのであり、それゆえ卿ではないが「而も位は卿に従ふ、故に卿に居ると言ふ」ことが分かる。

「歴数を平らかにす」るとは、歴数〔こよみ〕を作り、その遅速を平均にし、邦国に頒布することを掌ることである。晦朔・弦望はその交会に期日が有り、日月・五星はその行道に度数が有り、これらを歴《けみ》して数えるから「歴数」と言うのである。

【譯注】

①周禮大史（07-24a-6）――《周禮》春官序官「大史、下大夫二人、上士四人。小史、中士八人、下士十有六人。府四人、史八人、胥四人、徒四十人」、大史「掌建邦之六典、以逆邦國之治。掌灋以逆官府之治、掌則以逆都鄙之治。凡辨灋者考焉、不信者刑之。凡邦國都鄙及萬民之有約劑者藏焉、以貳六官、六官之所登。若約劑亂、則辟灋。不信者刑之。正歳年以序事、頒之于官府及都鄙、頒告朔于邦國」。

【傳】日御不失日、以授百官于朝。 [07-24a]

【注】日官平歴以班諸侯、諸侯奉之、不失天時、以授百官。〔日官は歴を平げて以て諸侯に班《わか》ち、諸侯は之れを奉じて、天時を失はず、以て百官に授く。〕

【傳】初、鄭伯將以高渠彌以卿。昭公惡之。固諫不聽。昭公立。懼其殺己也。辛卯、弒昭公而立公子亹。 [07-24b]

【注】公子亹昭公弟。〔公子亹は昭公の弟なり。〕

【傳】君子謂昭公知所惡矣。公子達曰 [07-24b]

【注】公子達魯大夫。〔公子達は魯の大夫なり。〕

【疏】「君子」より「惡矣」に至るまで。

○正義に曰う。君を弒することは人臣としての極めて悪しき行為である。昭公はその人物を憎み、その人物が果たせるかな大悪を行なったということは、「昭公は悪《にく》む所を知っていた」のであり、昭公の憎んだことが不当ではなかったことを言う。

（ちなみに）《韓子》①では次のように見なしている。

君子が「悪む所を知る」と言ったのは、その知恵の聡明さを多とするものではなくて、決心して断行しなかったことを疑問視したものである。それほどまではっきりと知っていたのなら、はやく処罰するに越したことはないのに、とうとう死に及んでしまったことを言ったのであって、それゆえに「悪む所を知る」と言って、権力が無かったことを示しているのである。昭公はその人を悪むことを知りながら、処罰を実行できず、渠彌に憎悪を抱かせ、死罪を恐れて伸《の》るか反《そ》るかの僥幸を求める行動を取らせたため、昭公は弒を免れなかったのであり、人君に対して断乎として決断させるべく戒めたのである。

○注の「公子達魯大夫」。

○正義に曰う。これが鄭人でないことが分かるのは、もしも鄭人であれば、「君子」の前で言うはずで、伝が先ず「君子」の議論を載せ、後に「子達」の言葉を述べているのだから、子達が君子の言葉を聞いた後に評論したのである。臧文仲②が蓼・六が滅ぼされたのを聞いたことと、その事柄がよく似ているので、子達が魯人であることが分かる。

【譯注】

①韓子（07-24b-6）――《韓子》難四に以下のように見えるが、正確に引用したものではあるまい。《正義》で「～以爲」と表記された場合、文章を集約して記述するのが通例である。

或曰、公子圉之言也不亦反乎。昭公之及於難者、報惡晩也。然則高伯之晩於死者、報惡甚也。明君不懸怒、懸怒則臣罪輕擧以行計、則人主危。故靈臺之飮、衛侯怒而不誅、故褚師作難。食黿之羹、鄭君怒而不誅、故子公殺君。君子之擧知所惡、非甚之也、曰知之若是其明也、而不行誅焉、以及於死、故知所惡、以見其無權也。人君非獨不足於見難而已、或不足於斷制。今昭公見惡稽罪而不誅、使渠彌含憎懼死以徼幸、故不免於殺、是昭公之報惡不甚也。

②臧文仲（07-24b-9）――文公五年伝に「冬、楚公子燮滅蓼。臧文仲聞六與蓼滅、曰、皐陶・庭堅不祀忽諸。徳之不建、民之無援、哀哉」とあるのを指す。ちなみに臧文仲は魯人であり、楚の行為を批評したのである。

【傳】高伯其爲戮乎。復惡已甚矣。　[07-24b]

【注】復重也。本爲昭公所惡、而復弑君、重爲惡也。〔復は重なり。本《もと》昭公の惡む所と爲りて、復た君を弑するは、重ねて惡を爲すなり。〕

【經】十有八年、春、王正月、公會齊侯于濼。　[07-25a]

【注】濼水在濟南歷城縣。西北入濟。〔濼《れき》水は濟南歷城縣に在り。西北して濟に入る。〕

【經】公與夫人姜氏遂如齊。　[07-25a]

【注】公本與夫人倶行、至濼、公與齊侯行會禮。故先書會濼。既會而相隨至齊、故曰遂。〔公は本《もと》夫人と倶《とも》に行き、濼に至りて、公 齊侯と會禮を行ふ。故に先づ「濼に會する」を書す。既に會して相隨ひ齊に至る、故に「遂」と曰ふ。〕

【疏】「公與」より「如齊」に至るまで。

○正義に曰う。僖公十一年①に「公及夫人会齊侯于陽穀〔公 夫人と齊侯に陽穀に会す〕」とあり、そこでは「及」と言うのに、ここで「及」を言っていないことについては、《公羊伝》②は「公に何を以てか及夫人と言はざる。夫人 外すればなり」と述べている。夫人が齊侯に淫して公を疎外したため、「及」を言わなかったという意味である。《穀梁伝》③には「及夫人と言はざるは何ぞや。夫人の伉《たかぶ》るを以て、称数《かぞへあ》げざるなり」と述べている。夫人が驕りたかぶって及ぶことができず、ために措いて数えなかったという意味である。（これに対して）杜預には明解が無い。伝に申繻の言葉を載せ、公が男女「相瀆《あいけが》」したことを譏っているから、おそらく男女の別を汚したため、果たせるかな大禍を招いたとして、当時の史官がその男女の別無きを譏ったため、「及」と書かなかったのではあるまいか。

○注の「公本」より「曰遂」に至るまで。

○正義に曰う。伝文によると、会合に向かう時に夫人と同行し、濼水のほとりまでやって来たことが分かるが、「及夫人会〔夫人と会す〕」と言っていないのは（なぜかといえば）、夫人は公に随行したに過ぎず、会合の時には夫人は関与していないし、会合の後に随行して齊に向かったため、「如斉」の上に始めて「夫人」を書いたもの。公は本来「会」のために行ったから、「遂〔そのまま続けて〕」と言ったのである。

【譯注】

①僖十一年（07-25a-4）――僖公十一年経「夏、公及夫人姜氏會齊侯於陽穀」。

②公羊傳（07–25a-4）――桓公十八年《公羊傳》「春、王正月、公會齊侯于濼。公夫人姜氏遂如齊。公何以不言及夫人、夫人外也。夫人外者何、内辭也。其實夫人外公也」。

③穀梁傳（07–25a-5）――桓公十八年《穀梁傳》「春、王正月、公會齊侯于濼。公與夫人姜氏遂如齊。濼之會、不言及夫人何也。以夫人之伉、弗稱數也」。

【經】夏、四月、丙子、公薨于齊。 [07–25a]

【注】不言戕、諱之也。戕例在宣十八年。〔戕《しやう》（ころす）と言はざるは、之れを諱めばなり。戕の例は宣十八年に在り。〕

【經】丁酉、公之喪至自齊。 [07–25a]

【注】無傳。告廟也。丁酉五月一日。有日而無月。〔傳無し。廟に告ぐるなり。「丁酉」は五月一日なり。日有れども月無し。〕

【經】秋、七月。 [07–25a]

【經】冬、十有二月、己丑、葬我君桓公。 [07–25a]

【注】無傳。九月乃葬緩慢也。〔傳無し。九月にして乃ち葬むるは緩慢なり。〕

【傳】十八年、春、公將有行、遂與姜氏如齊。 [07–25b]

【注】始議行事。〔始めて 行く事を議す。〕

【傳】申繻曰、女有家、男有室、無相瀆也。謂之有禮。易此必敗。

【注】女安夫之家、夫安妻之室。違此則爲瀆。今公將姜氏如齊、故知其當致禍亂。〔女は夫の家に安んじ、夫は妻の室に安んず。此に違へば則ち瀆《とく》と爲る。今 公は姜氏を將《もつ》て齊に如《ゆ》く、故に其の當《まさ》に禍亂を致すべきを知る。〕

【疏】「女有家男有室」。

○正義に曰う。沈氏が次のように述べている。

卿大夫に「家」と称する。「家」とは内外を通じた総名である。戸内を「室」と言う。ただ男子は一家の主人であり、その職は内外を主どるので「家」と言い、婦人は閨内〔おくむき〕を主どるので「室」と言う。

劉炫が次のように述べている。

〈釈宮〉[①]に「宮 之れを室と謂ひ、其の内 之れを家と謂ふ」とある。そうすると「家」と「室」とは、その意味に違いはない。男女の別を示そうとしたため、「室」を女につけたのであって、実際には「室」・「家」は同じである。

【譯注】

①釋宮（07–25b-6）――《爾雅》釋宮「宮謂之室、室謂之宮、牖戸之間謂之扆、其内謂之家、東西牆謂之序」。

○《春秋正義》序で「今 勅を奉じて刪定するに、（劉炫に）據りて以て本と爲す。其の疎漏有るは、沈氏を以て焉《これ》を補ふ。若し兩義俱に違ふときは、即ち特に短見を申ぶ」と述べるように、《春秋正義》は劉炫《春秋述義》を基本に、その不備を沈文阿《春秋左氏経伝義略》で補ったものである。しかし沈氏説は唐人が引用したものばかりではなく、劉炫が引用した沈氏説も有ったであろうことが、本疏文の構成から予想される。かつて旧稿「春秋正義源流小考」（『池田末利博士古稀記念東洋学論集』一九八〇年『五經正義の研究』所収）で指摘したことがあるので、参照されたい。

【傳】公會齊侯于濼、遂及文姜如齊。齊侯通焉。公謫之。以告。 〔07-25b〕

【注】謫譴也。夫人告齊侯。〔謫《たく》は譴《けん》（とがめる）なり。夫人 齊侯に告ぐ。〕

【傳】夏、四月、丙子、享公、 〔07-25b〕

【注】齊侯爲公設享燕之禮。〔齊侯 公の爲《ため》に享燕の禮を設く。〕

【傳】使公子彭生乘公。公薨于車。 〔07-25b〕

【注】上車曰乘。彭生多力、拉公幹而殺之。〔車に上るを「乘」と曰ふ。彭生は多力なれば、公の幹を拉《とりひし》ぎて之れを殺す。〕

【疏】注の「上車」より「殺之」に至るまで。

○正義に曰う。莊[1]公元年の《公羊伝》に「夫人 公を斉侯に譖《しん》〔讒言〕す。斉侯 怒り、之れと飲酒し、其の出づるに於て、公子彭生をして之れを送らしめ、其の乗るに於て、幹〔せぼね〕を搚《くじ》きて之れを殺す」と述べており、何休は「搚《けふ》とは折る声なり」と注している。また〈齊[2]世家〉に「襄公 力士彭生をして魯君を車に抱き上げしめ、因りて魯の桓公を摺殺《らふさつ》せしむ。車を下りれば則ち死せり」と述べている。「搚《けふ》」・「摺《らふ》」・「拉《らふ》」は音も義も同じである。

【譯注】

①莊元年公羊傳（07-26a-1）――莊公元年《公羊傳》「夫人孫于齊。孫者何、孫猶孫也。内諱奔謂之孫。夫人固在齊矣、其言孫于齊何、念母也。正月以存君、念母以搚主事。夫人何以不稱姜氏、貶。曷爲貶、與弑公也。其與弑公奈何。夫人譖公於齊侯。公曰、同非吾子、齊侯之子也。齊侯怒。與之飲酒。於其出焉、使公子彭生送之。於其乘焉、搚幹而殺之。念母者所善也。則曷爲於其念母焉貶、不與念母也」、何休注「搚折聲也。扶上車、以手搚折其幹」。

②齊世家（07-26a-2）――《史記》齊太公世家「襄公使力士彭生抱上魯君車、因摺殺魯桓公、下車則死矣」。

【傳】魯人告于齊曰、寡君畏君之威、不敢寧居。來脩舊好。禮成而不反、無所歸咎、惡於諸侯。請以彭生除之。 〔07-26a〕

【注】除恥辱之惡也。〔恥辱の惡を除くなり。〕

【傳】齊人殺彭生。 〔07-26a〕

【注】不書非卿也。〔書せざるは卿に非ざればなり。〕

【傳】秋、齊侯師于首止。 〔07-26a〕

【注】陳師首止、討鄭弑君也。首止衛地、陳留襄邑縣東南有首鄉。〔師を首止に陳し、鄭 君を弑するを討つなり。首止は衛地、陳留襄邑縣東南に首鄉有り。〕

【傳】子亹改之。高渠彌相。 〔07-26a〕

【注】不知齊欲討己。〔齊の己を討たんと欲するを知らざるなり。〕

【傳】七月、戊戌、齊人殺子亹而轘高渠彌。 〔07-26a〕

【注】車裂曰轘。〔車裂を轘《かん》と曰ふ。〕

【疏】注の「車裂曰轘」。

○正義に曰う。襄[1]公二十二年伝に「観起を四竟に轘《かん》〔くるまざき〕す」と称し、さらに「観起 車裂せらる」と述べているのが、このことである。《周禮》[2]滌狼氏に「僕右に誓ふを殺と曰ひ、馭に誓ふを車轘と曰ふ」とある。そうだとすると周法にはこの刑罰が有ったのである。

【譯注】

①襄二十二年傳（07-26a-9）――襄公二十二年伝に再度見える。
楚観起有寵於令尹子南、未益祿而有馬數十乘。楚人患之、王將討焉。子南之子棄疾爲王御士、王每見之、必泣。棄疾曰「君三泣臣矣、敢問誰之罪也」。

王曰「令尹之不能、爾所知也。國將討焉、爾其居乎」。對曰「父戮子居、君焉用之。泄命重刑、臣亦不爲」。王遂殺子南於朝、轘觀起於四竟。子南之臣謂棄疾「請徙子尸於朝」。曰「君臣有禮、唯二三子」。三日、棄疾請尸。王許之。既葬、其徒曰「行乎」。曰「吾與殺吾父、行將焉入」。曰「然則臣王乎」。曰「棄父事讎、吾弗忍也」。遂縊而死。復使薳子馮爲令尹、公子齮爲司馬、屈建爲莫敖。有寵於薳子者八人、皆無祿而多馬。他日朝、與申叔豫言、弗應而退。從之、入於人中。又從之、遂歸。退朝、見之、曰「子三困我於朝、吾懼、不敢不見。吾過、子姑告我、何疾我也」。對曰「吾不免是懼、何敢告子」。曰「何故」。對曰「昔觀起有寵於子南、子南得罪、觀起車裂、何故不懼」。自御而歸、不能當道。至、謂八人者曰「吾見申叔、夫子所謂生死而肉骨也。知我者如夫子則可。不然、請止」。辭八人者、而後王安之。

②周禮滌狼氏（07-26a-9）――《周禮》秋官・滌狼氏。

掌執鞭以趨辟。王出入、則八人夾道、公則六人、侯伯則四人、子男則二人。凡誓、執鞭以趨於前、且命之。誓僕右曰「殺」、誓馭曰「車轘」、誓大夫曰「敢不關、鞭五百」、誓師曰「三百」、誓邦之大史曰「殺」、誓小史曰「墨」

【傳】祭仲逆鄭子于陳而立之。［07-26a］

【注】鄭子昭公弟子儀也。〔鄭子は昭公の弟の子儀なり。〕

【傳】是行也、祭仲知之。故稱疾不往。人曰、祭仲以知免。仲曰、信也。［07-26b］

【注】時人譏祭仲失忠臣之節。仲以子亹爲渠彌所立、本既不正、又不能固位安民、宜其見除。故卽而然譏者之言、以明本意。〔時人は祭仲の忠臣の節を失ふを譏る。仲は以《おも》へらく、子亹 渠彌の立つる所と爲ること、本より既に正しからず、又た位を固め民を安んずること能はざれば、宜なるかな其の除かるること、と。故に卽《つ》きて譏る者の言を然《しか》りとし、以て本意を明らかにす。〕

【傳】周公欲弑莊王而立王子克。［07-26b］

【注】莊王桓王大子。王子克莊王之弟子儀。〔莊王は桓王の大子。王子克は莊王の弟の子儀なり。〕

【傳】辛伯告王。遂與王殺周公黑肩。王子克奔燕。［07-26b］

【注】辛伯周大夫。〔辛伯は周大夫なり。〕

【傳】初、子儀有寵於桓王。桓王屬諸周公。辛伯諫曰、並后、匹嫡、兩政、耦國、［07-26b］

【注】妾如后。庶如嫡。臣擅命。都如國。〔妾は后の如し。庶は嫡の如し。臣 命を擅《ほしいまま》にす。都は國の如し。〕

【傳】亂之本也。周公弗從、故及。［07-26b］

【注】及於難也。〔難に及ぶなり。〕

春秋左傳正義校定文　卷七

［疏］注焚火至故書〇正義曰、「咸丘」地名。以火焚地、明爲田獵、故知「焚」是「火田」也。
不言蒐狩者、以火田非蒐狩之法、而直書其「焚」、以譏其盡物也。釋例曰「咸丘魯地、非蒐狩常處。經不言蒐狩、但稱『焚咸丘』、言火田盡物、非蒐狩之義」、是言火田非狩法、故不書狩。狩既非法、雖得地亦譏、不復譏其失地。地「咸丘」、知地亦非也。
禮記王制云「昆蟲未蟄、不以火田」、則是已蟄得火田也。又爾雅釋天云「火田爲狩」、似法得火田、而譏其焚者、說爾雅者李巡・孫炎皆云「放火燒草、守其下風」、周禮羅氏「蜡則作羅襦」、鄭云「襦細密之羅。此時蟄者畢矣、可以羅罔圍取禽也。今俗放火張羅、其遺教」。然則彼「火田」者、直焚其一叢一聚、羅守下風、非謂焚其一澤也。禮「天子不合圍、諸侯不掩羣」、尚不盡取一羣、豈容并焚一澤。知其「譏盡物故書」也。
沈氏以「周禮、仲春火弊、謂夏之仲春、今周之二月、乃夏之季冬、故譏其盡物」、義亦通也。(07-01a)

［疏］注辟陋至書夏〇正義曰、傳直云「賤之」、不言賤意。以穀・鄧是南方諸侯、近楚小國、明以「辟陋小國」故「賤之」也。「賤之」者、以其朝禮不足、故書名也。曲禮云「諸侯不生名」、今生書其名、欲比之附庸、但實非附庸、故仍書其爵。「介葛盧」言「來」、不言「朝」、全不能行朝禮、此則行朝禮、但禮不足耳。
傳在「春」、經在「夏」、經書實朝之日、故「春」來、至「夏」乃書之。
世本鄧爲曼姓、莊十六年、楚文王滅之。穀則不知何姓、是誰滅之。
服注云「穀・鄧密邇於楚、不親仁善鄰、以自固、卒爲楚所滅、无同好之救、桓又有弑賢兄之惡、故賤而名之」。衛冀隆難杜云「傳曰『要結外援、好事鄰國、以衛社稷』、又云『服於有禮、社稷之衛』。穀・鄧在南、地屬衡岳、以越棄彊楚、遠朝惡人、卒至滅亡、故書名以賤之。杜駁論先儒、自謂一準丘明之傳、今『辟陋』之語、傳本無文。杜何所準馮、知其『辟陋』。傳又稱莒之辟陋、而經無貶文。穀・鄧辟陋、何以書名。此杜義不通」。
秦道靜釋云「『杞桓公來朝、用夷禮、故曰子』、杞文公來盟、傳云『賤之』、明賤其行夷禮也。然則穀・鄧二君、地接荊蠻、來朝書名、明是賤其『辟陋』也。此則傳有理例、故杜據而言之。若必魯桓惡人、不合朝聘、何以『伯糾來聘』、譏其父在、『仍叔之子』、譏其幼弱。又魯班齊饋、春秋所善、美魯桓之有禮、責三國之來伐、而言『遠朝惡人』、非其辭也」。(07-01b/02a)

［疏］注盟向至鄭成〇正義曰、此「盟」「向」之邑、必有主據之。言「求成于鄭」、是主「求成」也。「隱十一年、王以與鄭」、傳稱「王不能有」。然則鄭雖得之、亦不能有、故今始「求成」。「既而背之」、是背鄭歸王、故「王遷于郟」。若主不歸王、則王無由得遷之也。(07-02a)

〔疏〕八年春正月已卯烝〇正義曰、衛氏難杜云「上五年『閉蟄而烝』、謂十月。此『正月烝』、則是過時而烝。春秋有一貶而起二事者。若『武氏子來求賻』、一責天王求賻、二責魯之不共。此『正月烝』、一責過時、二責見瀆、何爲不可、而云『非爲過時』者」。秦氏釋云「案周禮四時之祭、皆用四仲之月。此『正月』則夏之仲冬、何爲不得烝而云『過時』也。又傳無『過時』之文、明知直爲再烝而瀆也」。(07-02b)

〔疏〕注祭公至略輕〇正義曰、隱元年云「祭伯」、今而稱「公」、知其「爲天子三公」。公羊亦云「祭公者何、天子之三公也」。

從周向紀、不由魯國、縦令因使過魯、自當假道而去、不須言「來」也。凡言「遂」者、因上事生下事之辭。既書其「來」、又言「遂逆」、是先來見魯君、然後向紀、知「王使魯主昏、故祭公來受魯命而往迎」也。

凡昏姻皆賓主敵體、相對行禮。天子嫁女於諸侯、使諸侯爲主、令與夫家爲禮。天子聘后於諸侯、亦使諸侯爲主、令與后家爲禮。嫁女則送女於魯、令魯嫁女與人、迎后則令魯爲主、使魯遣使往逆、故「祭公受魯命」也。嫁王女者、王姫至魯、而後至夫家。其王后昏、后不來至魯者、以王姫至魯、待夫家之逆以爲禮、故須至魯、后則王命已成、於魯無事、故卽歸京師。

於「逆」稱「王后」、擧其得王之命、后禮已成。於「歸」稱「季姜」、申父母之尊、言子尊不加於父母。從父母之家、而將歸於王、據父母之家爲文、故於「歸」申父母之尊也。

公不獨行、必有卿從、「卿不書、擧重略輕」也。知「非卿不行」者、以傳云「禮也」。釋例曰「襄十五年『劉夏逆王后于齊』、傳曰『卿不行非禮也』」、知祭公如紀、時亦有卿。「卿不書、擧重略輕」、猶鞌・邲之戰、唯書郤克・林父。此天子使公卿之文」、是杜約彼文、知公行必卿從也。

異義「公羊説、天子至庶人、皆親迎。左氏説、王者至尊、無敵體之義、不親迎」。鄭玄駁之曰「文王親迎於渭濱、卽天子親迎也。天子雖尊、其於后則夫婦也。夫婦判合、禮同一體、所謂無敵、豈施於此哉。禮記哀公問曰『冕而親迎、不已重乎』。孔子對曰『合二姓之好、以繼先聖之後、以爲天地宗廟社稷之主、君何謂之已重乎』。此言繼先聖之後爲天地之主、非天子則誰乎」、是鄭以天子當親迎也。此注之意、猶以爲天子不親迎者、以此時祭公迎后、傳言「禮也」、劉夏逆后、譏卿不行、皆不譏王不親行、明是王不當親也。文王之迎大姒、身爲公子、迎在殷世、未可據此以爲天子禮也。孔子之對哀公、自論魯國之法。魯周公之後、得郊祀上帝、故以「先聖」「天地」爲言耳、其意非説天子禮也。且鄭玄注禮、自以「先聖」爲周公、及駁異義、則以爲天子、二三其德、自無定矣。(07-02b・03a/03b)

〔疏〕漢淮之間〇正義曰、「漢」「淮」二水名、「漢・淮之間」、漢北淮南。禹貢云「嶓冢導漾、東流爲漢。又東爲滄浪之水、過三澨、至于大別、南入于江」、孔安國云「泉始出山爲漾水、東南流爲沔水、至漢中東行爲漢水」。釋例曰「漢一名沔水。出武都沮縣、東經漢中魏興、至南陽、東南經襄陽、至江夏安陸縣入江」。禹貢又云「導淮自桐柏、東會于泗・沂、東入于海」。釋例曰「淮出義陽平氏縣桐柏山、東北經汝陰・淮南・譙國・沛國・下邳、至廣陵縣入海也」。(07-03b)

〔疏〕注季姜至之尊〇正義曰、時當桓王、故云「桓王后」也。公羊傳曰「其稱紀季姜何。自我言紀。父母之於子、雖爲天王后、猶曰吾季姜」、是「申父母之尊」也。公羊又曰「京師者何。天子之居也。京者何。大也。師者何。衆也。天子之居、必以衆大之辭言之」。(07-04b)

[疏]注曹伯至來朝○正義曰、「朝」禮當君自親行、不應使大子也。當享而大子歎、明年而曹伯卒、知其「有疾、故使大子來朝」也。大子不合稱「朝」、攝行父事、故言「朝」也。

諸經稱「世子」及「衛世叔申」、經作「世」字、傳皆爲「大」。然則古者「世」之與「大」、字義通也。(07-04b)

[疏]注韓服至州縣○正義曰、以巴所使、故言「巴行人」。「行人」謂使人也。地理志、巴郡故巴國、江州是其治下縣也。昭十三年「楚共王與巴姫埋璧」、則巴國姫姓也。此年見傳、文十六年「與秦楚滅庸」、以後不見、蓋楚滅之。(07-05a)

[疏]三逐巴師不克○正義曰、「三逐巴師」、謂鄧師逐巴師也。「不克」謂楚巴不能克鄧、故鬬廉設權以誘之。(07-05a)

[疏]注梁國至國名○正義曰、地理志云「馮翊夏陽縣、故少梁也」、是「梁在夏陽」也。僖十七年傳曰「惠公之在梁也、梁伯妻之。梁嬴孕過期」。既以國配嬴、則「梁」爲嬴姓。世本「荀」「賈」皆姫姓。僖十九年「秦人滅梁」、「荀」「賈」不知誰滅之。晉大夫有荀氏・賈氏、蓋晉滅之以賜大夫。(07-05b)

[疏]注諸侯至上卿○正義曰、「繼子・男」以上、皆周禮典命職文也。鄭玄云「誓猶命也。言誓者、明天子既命以爲之嗣、樹子不易也」。釋例曰「周禮『諸侯之適子誓於天子、則下其君禮一等。未誓則以皮帛繼子・男』。此謂公・侯・伯子・男之世子出會朝聘之儀也。誓者告於天子、正之以爲世子、受天子報命者也。未誓謂在國正之、而未告天子者也。曹之世子未誓而來、故『賓之以上卿』、謂比於諸侯之上卿、繼子・男之末、命數相準故也」、是言曹大子由未誓之故。「賓之以上卿」、謂以賓客待之、同上卿之禮也。卿禮、殯饔積膳之數、掌客・聘禮略有其事。

傳不言「未誓」、知曹大子必「未誓」者、若誓則下其君一等而已。侯・伯之子當如子・男、不得徒以上卿之禮待之也。釋例摠論世子、故言「比於諸侯之上卿」、此指説曹國、故分明辨之、云「各如其國之上卿」。僖二十九年傳曰「在禮卿不會公・侯、會伯・子・男可也」。昭二十三年傳曰「列國之卿當小國之君、固周制也」。然則小國之君、乃當大國之卿、小國之世子、必不得當大國之卿、故知「各如其國之上卿」耳。

何休膏肓以爲「左氏以人子安處父位、尤非衰世救失之宜。於義左氏爲短」。鄭箴云「必如所言、父有老耄罷病、孰當理其政預王事也」、蘇云「誓於天子、下君一等、未誓繼子・男、並是降下其君、寧是安居父位」。(07-05b/06a)

[疏]非歎所也○正義曰、服虔云「『古之爲享食、所以觀威儀、省福禍』、『無喪而戚、憂必讎焉』。今大子臨樂而歎、是父將死、而兆先見也」。(07-06b)

[疏]注改侵至有辭○正義曰、周禮大司馬「以九伐之法正邦國。賊賢害民則伐之。負固不服則侵之」。然則侵・伐者師旅討罪之名也。魯以周禮爲班、則魯有禮矣。三國伐有禮、是「討有辭」矣。春秋「善魯之用周班」、不使三國得伐之、故「改侵伐而書來戰」。言若三國自來戰、而魯人不與戰也。釋例曰「『齊侯・衛侯・鄭伯來戰于郎』、夫子善魯人之秉周班、惡三國之伐有禮、故正王爵、以表周制、去侵・伐以見無罪。此聖人之所以扶奬王室、敦崇大教、故詭常例、以特見之」、是其義也。(07-06b/07a)

[疏]注虢仲至大夫○正義曰、周禮毎卿之下、皆有大夫。傳言「譖其大夫」、知是屬己之大夫、非虢大夫者、若虢國大夫、虢仲自得加罪、無爲譖之於王、

且其若是虢人、不得以王師伐虢故也。(07-07a)

[疏]注虞國至陽縣○正義曰、譜云「虞姫姓也。周大王之子大伯之弟仲雍是爲虞仲、嗣大伯之後。武王克商、封虞仲之庶孫以爲虞仲之後、處中國爲西呉。後世謂之虞公。僖五年、晉滅之」。地理志「河東大陽縣、周武王封大伯後於此、是爲虞公」。志言「大伯後」者、以仲雍嗣大伯故也。(07-07a)

[疏]注虞叔虞公之弟○正義曰、祭叔既爲祭公之弟、知「虞叔」亦是「虞公之弟」。(07-07a)

[疏]匹夫無罪○正義曰、士大夫以上、則有妾・媵、庶人惟夫妻相匹、其名既定、雖單亦通、故書傳通謂之「匹夫」「匹婦」也。(07-07b)

[疏]注鄭主至周禮○正義曰、傳言「先書齊・衛」、則齊・衛不合先書、當先書鄭也。春秋之例、主兵者先書、此則鄭人主兵、鄭宜在先、而先序齊・衛者、「王爵」齊・衛爲侯、尊於鄭伯、故以「王爵」尊卑爲序也。不依主兵之例、而以王爵序者、魯班諸侯之戍、以王爵爲次、鄭忽負功懷怒、致有此師、故特改常例、還以「王爵」次之、見「魯猶秉周禮」故也。(07-08a)

[疏]注祭氏至詳之○正義曰、莊二十五年「陳侯使女叔來聘」、傳曰「嘉之故不名」、是諸侯之卿、嘉之乃不名、則於法當書名。祭仲行無可嘉、知仲非其字、故云「祭氏、仲名」也。祭仲鄭卿、而至宋見執、必是行至宋也。行使被執、例稱「行人」、此當云「執鄭行人」、而不稱「行人」者、聽宋迫脅、以逐出其君、罪之故不稱「行人」。昭八年「楚人執陳行人干徵師殺之」、傳曰「罪不在行人也」、以罪不在則稱「行人」、知祭仲罪在其身、故去「行人」也。釋例曰「祭仲之如宋、非會非聘、與於見誘、而以行人應命、不能死節、挾僞以簒其君、故經不稱行人、以罪之」、是説罪仲之意。襄十一年「楚人執鄭行人良霄」、傳曰「書曰行人、言使人也」、是變例也。傳稱「誘祭仲而執之」、則本非行人、故經不言。

杜必知「以行人應命、罪之故不稱行人」者、祭仲若不至宋、宋人何得執之。既往至宋、卽是因事而行、亦既因事而行、便爲使人之例。杜以傳文稱「誘」、故序其本意、言「非聘非會、聽宋迫脅、故不稱行人罪之」。經與「齊人執鄭詹」、文亦何異。

劉君以「祭仲是字、鄭人嘉之」、妄規杜氏。就如劉言、既云「罪其逐君」、何以嘉而稱字。杜以蕭叔非字、故知祭仲是名、仲既書名爲罪、則不稱行人、是其貶責。劉云「祭仲本非行人」、未知有何所據。(07-08a・08b)

[疏]注突厲至言鄭○正義曰、成十八年傳例曰「諸侯納之曰歸」、知此「爲宋所納故曰歸」也。「突」實公子、而「不稱公子」、傳無褒貶之例、知從告者之辭。告者不言公子、故不稱也。

十五年「許叔入于許」、十七年「蔡季歸于蔡」、皆以字繫國、「突」不繫「鄭」者、以「文連祭仲」、「祭仲」之上、已有「鄭」字、蒙上「鄭」文、故「不言鄭」也。

以「宋人執仲」「納突」、乃是一事連書、故「突」得蒙上文、其「鄭忽奔衛」、則鄭人別告、故不連上文。(07-08b/09a)

[疏]注忽昭至名赴○正義曰、僖九年傳曰「宋桓公卒。未葬而襄公會諸侯、故曰子」、「里克殺奚齊于次。書曰殺其君之子、未葬也」。彼以「未葬」故繫父、知既葬則成君。此「莊公既葬」、則忽成君矣、宜書「鄭伯出奔」、今書「忽」之名、知「鄭人賤之以名赴」也。其賤之意、説在忽之復歸。(07-09a)

[疏]注柔魯至地闕○正義曰、以「柔」不稱族、與無駭相類、是無族可稱、知其「未賜族」也。亦以「蔡叔」無善可嘉、知「叔」是名。「叔」亦無族、蓋亦未賜族也。(07-09a)

[疏]注宋不書經闕○正義曰、丘明作傳、本以解經、經・傳不同、皆傳是其實。今傳有「宋」、而經無「宋」、知是經之闕文。

宋爲大國、傳處鄭下、是史文舊闕。傳先擧經之所有、乃以闕者實之、故後言「宋」耳、非謂盟之序列、「宋」在下也。服虔以爲「不書宋、宋後盟」。宋若後盟、盟本無宋、傳不得言齊・衛・鄭・宋爲此盟也。傳之上下、例不虛擧經文、擧此盟者、爲經闕宋故也。(07-09b)

[疏]注邑亦國也○正義曰、書云「欲宅洛邑」、傳每云「敝邑」是也。(07-10a)

[疏]注君謂屈瑕也○正義曰、禮坊記云「禮君不稱天、大夫不稱君、恐民之惑也」。然則大夫不得稱「君」、此謂屈瑕爲「君」者、楚僭王號、縣尹稱公、故呼卿爲「君」。大夫正法、當呼爲「主」。昭元年傳「醫和謂趙文子曰、主相晉國」、是其事也。祁盈之臣謂祁盈爲「君」、伯有之臣謂伯有爲「公」、是家臣稱其主耳。(07-10a)

[疏]鄖有虞心○正義曰、「鄖人日虞四邑之至」、冀其與己合勢、有虞度外援之心、而又自恃近城、故無鬭志。(07-10a)

[疏]注商紂至夷人○正義曰、古文尚書泰誓曰「受有億兆夷人、離心離德、予有亂臣十人、同心同德」、昭二十四年傳引之云「亦有離德」、已與本小殊、此注改「予」爲「武王」、又倒其先後者、便文耳、雖言「傳曰」、非傳本文。劉炫云「欲以證商周之不敵、故先少而後多、非便文」。(07-10a・10b)

[疏]注祭仲至應命○正義曰、傳言「誘而執之」、則祭仲被誘如宋、在宋見執。執不在會、知「非會」也。被誘而往、知「非聘」也。直爲見誘而以行人應彼宋命也。「行人」謂行往宋耳。劉炫云「杜欲成不稱『行人』之義、故以『行人』言之」。(07-11a)

[疏]注厲公至從赴○正義曰、「躍」爲「厲公」、世本文也。莊二十二年傳曰「陳厲公蔡出也。故蔡人殺五父而立之」、五父卽佗。六年殺佗而厲公立也。陳世家以佗與五父爲二人、言「蔡人爲佗殺五父及桓公大子免而立佗、是爲厲公。立七年大子免之三弟躍・林・杵臼、共弑厲公而躍立、是爲利公。利公立五月卒、林立、是爲莊公」。案傳五父・佗一人、而世家以爲二人。案經「蔡人殺佗」在桓公卒之明年、不得爲佗「立七年」也。佗以六年見殺、躍以此年始卒、不得爲躍「立五月」也。既以佗爲厲公、又妄稱躍爲利公、世本本無利公、皆是馬遷妄說。束晳言「馬遷分一人以爲兩人、以無爲有」、謂此事也。

「壬辰」是「七月二十三日」。上有「七月」書於「八月」之下。如此類者、注皆謂之「日誤」、今云「從赴」者、以其終不可通、蓋欲兩解故也。以「五年、正月、甲戌已丑、陳侯鮑卒」、甲戌非正月之日、而以正月起文、傳言「再赴」、是赴以正月也。彼以十二月之日爲正月赴魯、知赴者或有以前月之日、從後月而赴、故因此以示別意。(07-11b)

[疏]注重書至以名○正義曰、春秋之中、唯此重書日。其餘亦應有一日兩事

各書日者、但更無其日、不可復知。計赴告之體、本應皆以日告、史官書策、復應各書其日。但他國之告、或有詳略、魯史記注多違舊章、致使日與不日無復定準。及其仲尼書經、不以日月褒貶、或略或詳、非此所急、故日月詳略、皆依舊文。此「重書丙戌、非是義例」、以舊史所重、故「因史成文」耳。(07-12a)

[疏]注既書至爲文〇正義曰、春秋之例、「戰」不言「伐」、以其伐可知、故略其文也。「伐」者討有罪之辭、言「戰」又言「伐」者、皆是罪彼所伐之國。此既書「伐宋」、又重書「戰」者、以見宋之無信。言以鍾鼓聲其罪而伐之、彼不服罪、而反與我戰、所以深責之也。

莊二十八年「齊人伐衛、衛人及齊人戰」、此文亦當如彼、宜云「及宋人戰」、今直言「戰于宋」者、「尢其無信、故以獨戰爲文」。「皆陳曰戰」、「戰」是敵辭、不言「及宋戰」、不使宋得敵也。十年郎之戰、我有禮、彼無禮、齊・鄭無辭以罪我、不令我與彼敵、彼自「獨戰」爲文。此戰我有信、而宋無信、我有辭以責宋、不使宋敢敵我、我自「獨戰」爲文。郎戰我有辭、故言「戰」不言「伐」。此戰宋無辭、故言「伐」不言「與宋戰」。二者雖文皆「獨戰」、而義存彼此、俱是善惡有殊、不得相敵故也。(07-12a・12b)

[疏]注城下至深恥〇正義曰、宣十五年「楚圍宋」、傳稱「華元謂子反曰、敝邑易子而食、析骸以爨。雖然城下之盟、有以國斃、不能從也」。寧以國斃、不肯從城下之盟、是其「深恥」也。必爲「深恥」者、諸侯當好事四鄰、以衛社稷、相時而動、量力而行、今乃構怨彊敵、兵臨城下、力屈勢沮、求服受盟、是其不知之甚、將爲鄰國所笑、故深恥之。(07-13a/13b)

[疏]注彭水至魏縣〇正義曰、釋例云「彭水出新城昌魏縣、東北至南鄉筑陽縣入漢」。(07-13b)

[疏]注羅熊至徧也〇正義曰、「羅熊姓」、世本文也。說文云「諜、軍中反間也」、謂詐爲敵國之人、入其軍中、伺候間隙、以反報其主、故此訓諜爲「伺」、而兵書謂之反間也。「巡徧也」、謂巡遶徧行之。(07-13b)

[疏]公會至敗績〇正義曰、傳稱「宋多責賂於鄭、故以紀・魯及齊與宋・衛・燕戰」。然則此戰之興、本由宋・鄭相怨、雖復各連同好、當以宋・鄭爲主、其序紀在鄭上、宋處齊下者、若魯人不與、而鄰國自行、則以主兵爲先、若與魯同行、魯史所記、則當以魯爲主、不得復先主兵、亦既不先主兵、卽以大小爲序、故紀先鄭也。宋使齊爲主、猶隱四年、州吁伐鄭、使宋爲主、故齊先宋。此以公在會、故不以主兵爲先、尊卑爲序、故紀在鄭先。

若然莊二十六年「會宋人齊人伐徐」、杜云「宋主兵、故序齊上」、彼魯亦在、而先主兵者、彼是魯之微人、所會之國又少、此則公自在會、及所戰之國、歷序又多、故不與彼同也。

「戰」稱「將」、「敗」稱「師」、是史策之常法也。史所以然者、「師」是將之所帥、戰則舉將爲重、敗則羣師盡崩、固當舉師言「敗」。若其敗還書將、則是將身獨敗、無以見師之大崩、故「戰」則稱「將」、「敗」則稱「師」。言其衆師盡敗、非獨將身敗也。此「燕人」謂將也。楚子傷目、故稱「楚子敗績」。此若云「燕人敗績」、則是燕將身傷、以此不得不稱「師敗」。唯莊二十八年「衛人敗績」、違常文耳。(07-14a)

〇注大崩至禮也〇正義曰、言「史異辭」者、決莊二十八年「衛人及齊人戰、衛人敗績」也。此「敗」稱「師」、而彼「敗」稱「人」、是「史異辭」也。史非一人、立辭自異、非褒貶之例也。此二者於理則「師」是而「人」非、但不以爲義、故合各從其本耳。

杜以既葬爲成君、雖則踰年、猶待葬訖、故以惠公爲非禮。釋例曰「父雖未葬、喪服在身、踰年則於其國内卽位稱君。伐鄭之役、宋公・衛侯是也。春秋書魯事、皆踰年卽位稱公、不可曠年無君、則知他國亦同然。據父未葬、於其國内、雖得伸其尊、若以接鄰國、則違禮失制也」、是言先君未葬、則不得稱爵成君以接鄰國也。

杜言「違禮失制」、禮制亦無明文。案文八年「八月、天王崩」、九年「春、毛伯來求金」、傳曰「不書王命、未葬也」。彼以踰年未葬不得稱「王命使」、是其禮制未可。以此知接鄰國、則違禮制也。(07–14a・14b)

[疏]大夫至行也○正義曰、大夫伯比言「濟衆」者、其非「益衆」之謂也。其此伯比之意、當謂君宜撫慰小人士卒以言信也、教訓諸司長率以令德、而威懼莫敖以刑罰也。

「莫敖狃於蒲騷之役」、「狃」貫也。貫於蒲騷之得勝、遂恃勝以爲常、將自用其心、不受規諫、必輕小羅國以爲無能、君若不以言辭刑罰鎭重撫慰之、莫敖其將不設備乎。「夫」謂伯比。伯比之意、固當謂君教訓衆民、而好以言辭鎭撫之、召軍之諸司、而勸勉之以善德、見莫敖而告之道上天之意不借貸慢易之人、不使慢易之人得勝、言其必須敬懼也。其意當如此耳。若其不然、此伯比「豈不知楚師之盡行也」、而更請「益師」乎。(07–15a・15b)

○注狃忕也○正義曰、說文云「狃狎也」、「忕習也」。郭璞云「貫忕也。今俗語皆然」。則「狃」「忕」皆貫習之義。以貫得勝、則輕易前敵、「將自用」其意、不復持重。(07–15b)

[疏]注鄢水至入漢○正義曰、釋例曰「鄢水出新城沶鄉縣、東南經襄陽、至宜城縣入漢」。(07–15b)

[疏]注公後至之地○正義曰、兩敵將戰、必豫期戰地。公未見紀・鄭、紀・鄭已與齊宋先設戰期、公不及設期、唯及其戰、故言「戰」而不書所戰之地。言此地非公所期、故不書也。釋例曰「桓十三年、戰不書所。所者期戰所在之地也。公會戰而後其期、猶及諸侯共其成敗、故備書諸國、而不書地。成十六年傳曰『戰之日、齊國佐至於師』、此其類也。然則諸戰書日者、日卽從月。計此經當云『二月、己巳、公會紀侯鄭伯』、今退『己巳』於『鄭伯』之下者、春秋之例、公之出會、例多以月、要盟・戰敗、例多以日、故『己巳』之文在『公會紀侯鄭伯』之下。十二年『十二月、及鄭師伐宋、丁未、戰于宋』、亦其類也」。

服虔云「下日者、公至而後定戰日」。地之與日、當同時設期、公既不及期地、安得及期日也。劉炫云「公會紀鄭、告廟而行、始行卽書會也。其戰之日、則戰罷乃告廟。史官雖連并其文、而存其本旨。『己巳』是戰日、故下日以附戰」。(07–16a)

[疏]注御廩至六年○正義曰、傳稱「御廩災。乙亥、嘗、書不害也」、明「嘗」之所用、是「御廩」之所藏也。禮記祭義云「天子爲藉千畝、諸侯百畝、躬秉耒以事天地山川社稷先古、敬之至也」、穀梁傳曰「天子親耕、以共粢盛。王后親蠶、以共祭服。國非無良農工女也。以爲人之所盡、事其祖禰、不若以己所自親者也」、月令「季秋乃命冢宰、藏帝藉之收於神倉」、鄭玄云「重粢盛之委也。帝藉所耕千畝也。藏祭祀之穀、故爲神倉」。以此諸文、知「御廩藏公所親耕以奉粢盛之倉」也。

「廩」卽倉之別名。周禮廩人爲倉人之長、其職曰「大祭祀則共其接盛」、鄭玄云「接讀爲扱。扱以授舂人。大祭祀之穀、藉田之收、藏於神倉者。不以給小用」、是公所親耕之粟、擬共祭祀、藏於倉廩、故謂之「御廩」。災其屋、而不損其穀、故曰「書不害」也。(07–16b)

[疏]注先其至示法○正義曰、八月建未、未是始殺、故云「先其時亦過」也。周禮大宰「祀五帝、前期十日、帥執事而卜日、遂戒。享先王亦如之」、鄭玄云「十日者容散齊七日、致齊三日」。「壬申」在「乙亥」之前三日、是致齊之初日也。「既已戒日致齊、御廩雖災、苟其不害嘉穀」、有穀可以共祭祀、「則祭不應廢、故書以示法」也。若害穀則當廢、不可苟用他穀故也。先時亦過、過則當書。但書「過」已有成例、故傳指言「不害」。故沈氏云「杜以先時亦過、過則當書、傳何以專言不害、此丘明之意。若非先時、有災不害亦書。若非御廩有災、先時亦書、進退明例也」。服虔云「魯以壬申被災、至乙亥而嘗、不以災害爲恐」、故衛難杜云「若救之則息、不害嘉穀、則傳當有救火之文。若如『宋災』、傳舉救火。今直言『不害』、明知不以災爲害」。杜必爲不害嘉穀者、秦氏荅云「傳所以不載救火者、傳以指釋經文、略舉其要、所以不載救火。至於宋鄭之災、彼由簡牘備載、詳畧不等、不可相難也」。(07-17a)

[疏]注熟曰饔生曰餼○正義曰、周禮外内饔、皆掌割亨之事。亨人給外内饔之爨・亨・煮。饔者煮肉之名、知「熟曰饔」。哀二十四年傳稱「晉人餼臧石牛」、以生牛賜之、知「生曰餼」。又聘禮致饔餼五牢、飪一牢、腥二牢、餼二牢、飪是熟肉、腥是生肉、知「餼」是未殺。鄭玄以爲「生牲曰餼」、唯瓠葉箋云「腥曰餼」。欲以牽爲牽行、故「餼」爲已殺、非定解也。定解猶以生爲「餼」。傳諸言「餼」者、皆致生物於賓也。(07-17b)

[疏]注突既至三年○正義曰、凡諸侯出奔、皆被逐而出、非自出也。舊史書臣以逐君、仲尼脩春秋、責其不能「自固」、皆以「自奔爲文」。以故此注迹突之惡、言其「罪之」之意。釋例曰「諸侯奔亡、皆迫逐而苟免、非自出也。傳稱『衛孫林父甯殖出其君、名在諸侯之策』、此以臣名赴告之文也。仲尼之經、更沒逐者主名、以自奔爲文、責其不能自安自固、所犯非徒所逐之臣也」、言其所犯處多、非徒逐者獨惡、君不能君、故臣亦不臣、臣之逐君、其罪已著、沒其臣名、獨見君罪。言罪不純在其臣故也。

衛獻公出奔不名、鄭伯突及北燕伯欵・蔡侯朱等皆書名者、從彼告辭。故釋例曰「衛赴不以名、而燕赴以名。隨赴而書之、義在彼不在此也」。言責其不能自安自固。自奔卽是身罪、名與不名、不復著義、故從告也。昭三年傳曰「書曰『北燕伯欵出奔齊』、罪之也」、是變例也。(07-18a・18b)

[疏]注忽實至八年○正義曰、成十八年傳曰「復其位曰復歸」。忽本既居君位、然後出奔、「故今還以復位之例爲文」也。經言「復歸」、明是復位之例、注言此者、以忽之出奔不稱「鄭伯」、歸言「世子」、又非君號、非君而稱「復歸」、嫌其不是復位、故明之。

禮「父在稱世子」。忽父之喪於今五年、世子非所當稱、故迹其稱之意。鄧曼所生、立爲世子、是「有母氏之寵」也。「宗卿」謂同姓之卿。祭仲之女曰雍姫、則祭仲姫姓、是「同宗卿」也。救齊敗戎、是「有功」也。「而守介節」、謂守瑣瑣狷介之節、不娶齊女也。經書「鄭忽出奔」、不稱「鄭伯」、是「降名以赴」也。今稱「世子復歸」、是「逆以大子之禮」也。「逆以大子之禮」者、以突是庶子、無道出奔、更欲擇君、莫踰於忽。以本是世子、故迎之使還。爲是世子、所以得歸。鄭以世子名告、不以嘗爲君告。時史因其告辭、書曰「世子」、實復本位、書曰「復歸」。而忽之爲君、不能自固、「始於見逐、終於見殺、三公子更立爲君、亂鄭國者、實忽之由」。釋例與此注盡同。其末云「故仲尼因以示義」、言因舊史之文、即稱「世子」、示鄭人本有不以爲君之義。忽於隱公之世、毎稱「公子」、六年稱「大子」、則救齊之時、巳立爲大子故也。(07-18b/19a)

[疏]注許叔至逆例○正義曰、「入」者自外之辭、本其所自之處。言其自許東偏而入于許國、非從外國入也。鄭莊公以十一年卒、許叔今始「入」者、蓋鄭突不使其復、忽既得位、親仁善鄰、存許以德許人、冀其爲己之援、故此年始得「入」也。

小白・陽生入、皆稱名、此「叔」稱字、故云「許人嘉之、以字告也」。杜知是字者、以「蔡季歸於蔡」、「季子來歸」、亦以書字、故知之也。

杜以傳例云「凡去其國、國逆而立之曰入」、嫌此亦爲國逆之例。釋例曰「諸在例、外稱入直是自外入內、記事常辭、義无所取。賈氏雖夫人姜氏之入、皆以爲例」。由先儒以爲國逆、故言許叔本不去國、非國逆之正例。國逆正例、據去國而來。許叔本非去國、故云「非國逆例」。其實許始復國、許叔得還、上下交歡、同心迎逆、指其實事有國逆之理、故於釋例云「許叔有國逆之文、但非國逆正例耳」。劉君不達此旨、妄規杜失非也。(07–19a・19b)

[疏]注三人至東北○正義曰、三國俱稱「人」、合行禮、知其尊卑同也。以郳子未得王命、知牟・葛之等是「附庸」。「郳黎來來朝」、附庸書名。此若君自親來、則亦應稱名。若遣臣來聘、又不得稱「朝」。「曹伯使世子射姑來朝」、是世子有稱朝之義。知此「三人皆附庸世子」、攝行父事而來朝也。

諸侯之卿稱名、大夫降稱「人」、是「人」之於「名」、例差一等。若附庸、「其君應稱名、故其子降稱人」。釋例曰「王之世子不名、諸侯世子則名。『會王世子于首止』、『曹世子射姑來朝』是也。附庸世子稱人。『邾人・牟人・葛人來朝』是也」、是言世子稱謂之等級也。地理志「泰山郡牟縣故牟國也」。「陳留郡寧陵縣」。應劭曰「故葛伯國」。然則於晉屬「梁國」也。(07–19b)

[疏]注先行會禮○正義曰、知非「不與謀言會」者、以言「于袲」、故知此「行會禮」也。若不言地、直言「會」、則是「不與謀」例也。召陵會、杜注云「於召陵先行會禮」、與此同也。(07–20a)

[疏]注春既至後至○正義曰、宣七年傳例云「與謀曰及、不與謀曰會」。此「春既謀」之例、當言「及」、今書「會」者、魯諱與諸侯聚議納不正之人、故從不與謀之文。釋例曰「魯既春會于曹、以謀伐鄭、夏、遂興師、而更從不與謀之文者、厲公簒大子忽之位、謀而納之、非正故諱之、從不與謀之例」、是其義也。

諸侯之序、以大小爲次。班序譜稱「自隱至莊十四年四十三歲、征伐盟會者凡十六國。時無霸主、會同不并、無有成序、其間蔡與衛凡七會、六在衛上」。唯此處在陳下、故以爲「蓋後至」也。(07–20b/21a)

[疏]注傳曰至月別○正義曰、杜以「城向」與下同月、故撿「叔弓如滕」經傳之異、「如滕」與「葬」同月、知此「城向」與「出奔」同月。「但本事既異、各隨本而書之」、下有月而此無月耳、其實同是十一月也。但十一月水星昏猶未正、故復推挍歷數、此年月却節前、水星可在十一月而正。又「方」者未至之辭、故以定之方中爲方欲向中、而實未正中。十一月可以興土功、「書時」非傳誤也。

劉炫規過以爲「案周語云『辰角見而雨畢、天根見而水涸、駟見而隕霜、火見而清風戒寒。故先王之教曰、雨畢而除道、水涸而成梁、隕霜而冬裘具、清風至而脩城郭。故夏令曰、九月除道、十月成梁、營室之中、土功其始』。先儒以爲建戌之月、霜始降、房星見、霜降之後、寒風至、而心星見。鄭玄云『辰角見謂九月本、天根見謂九月末、天根謂氐星』是也。自然火見、是建亥之月。又春秋『城楚丘』、是正月、而杜引詩云『定之方中』、未正中也。定星豈正月未正中乎。據此諸文、則火見土功、必在建亥之月、則建戌之月、必無土功之理。而杜以爲『建戌之月得城向』者非也」。今以爲周語之文、單子見陳不除道、故譏爲此言、故所舉時節、並在早月也。月令「孟冬天子始裘」、單子云「隕霜而冬裘具」。九月已裘、是其早也。且周語之文、據尋常節氣、九月而除道、十月而興土功。杜以此年閏在六月、則建戌之月二十一日已得建亥節氣、是十月節氣在九月之中、土功之事、何爲不可。「諸侯城楚丘」、自在正月。衛人初作宮室、必在其前。杜云「定星方欲正中」、於理何失。劉君廣引周語之文以規杜、杜以「月却節前」、何須致難。(07-21a・21b)

[疏]注夷姜至曰烝○正義曰、晉獻公烝於齊姜、惠公烝於賈君、皆是淫父之妾、知此亦父妾、故云「庶母」也。成二年傳稱「楚莊王以夏姬予連尹襄老。襄老死、其子黑要烝焉」、淫母而謂之烝、知「烝」是「上淫」。蓋訓「烝」爲進、言自進與之淫也。世家云「初宣公愛夫人夷姜」、烝淫而謂之夫人、馬遷謬耳。(07-22a)

[疏]注左右至爲號○正義曰、公子法無左右、明其因母爲號。公羊稱「諸侯取一國、則二國往媵之」、以有二媵、故分爲左右。説公羊者言「右媵貴於左媵」。義或當然。此左右公子、蓋宣公之兄弟也。(07-22a・22b)

[疏]載其旌○正義曰、代之而「載其旌」、蓋旌有志識故也。世家云「與大子白旄、而告盜曰、見白旄者殺之」、或當以白旄爲旌。但馬遷演此文、而爲之説、其辭至鄙、未必其言可信也。(07-22b)

[疏]注稱侯蓋誤○正義曰、五等諸侯、卒則各書其爵、葬則舉謚稱公、禮之常也。此無貶責而獨稱「侯」、故云「蓋謬誤」也。釋例曰「卒而外赴者、皆王爵而稱名、愼死考終、不敢違大典也。書葬者皆從主人私稱。客・主之人、敬各有本、謙敬各得其所、而後二國之禮成也。『葬蔡桓侯』、獨不稱公、劉・賈・許曰『桓卒而季歸、無臣子之辭也』。蔡侯無子、以弟承位、羣臣無廢主、社稷不乏祀、故傳稱『蔡人嘉之』、非所貶也。杞伯稱「子」、傳爲三發、蔡侯有貶、傳亦宜説。史書謬誤、疑有闕文」、是其疑之意也。(07-23a/23b)

[疏]疆場至不虞○正義曰、「疆場」謂界畔也。至此易主、故名曰「場」。典封疆者、不得已往侵人、無使人來侵己、謹愼守其一家之所有、以備不意度之事。(07-23b)

[疏]註日官至歴數○正義曰、周禮大史「掌正歳年以序事、頒告朔于邦國」。然則「天子掌歴者」謂大史也。大史下大夫非卿、故「不在六卿之數」。傳言「居卿」、則是尊之若卿、故知非卿「而位從卿、故言居卿」也。

「平歴數」者、謂掌作歴數、平其遲速、而頒於邦國也。晦朔弦望、交會有期、日月五星、行道有度、厤而數之、故曰「厤數」也。(07-24a)

[疏]君子至惡矣○正義曰、弑君者人臣之極惡也。昭公惡其人、其人果行大惡、是「昭公知所惡矣」、言昭公惡之不妄也。韓子以爲「君子言『知所惡』者、非多其知之明、而嫌其心不斷也。曰知之若是其明也、而不如早誅焉、以及於死、故言『知所惡』、以見其無權也。昭公知其惡、而不能行其誅、致使渠彌含憎、懼死以徼幸、故昭公不免於弑、戒人君使彊於斷也」。(07-24b)

○注公子達魯大夫○正義曰、知非鄭人者、若是鄭人、當在「君子」之前言之、傳先載「君子」之議、後陳子達之言、是達聞其言而評之。與臧文仲聞蓼六之滅、其事相類、故知是魯人也。(07-24b)

[疏]公與至如齊○正義曰、僖十一年「公及夫人會齊侯于陽穀」、彼言「及」、此不言「及」者、公羊傳曰「公何以不言及夫人。夫人外也」。言夫人淫於齊侯、而踈外公、故不言「及」也。穀梁傳曰「不言及夫人、何也。以夫人之伉不稱數也」。言夫人驕伉不可及、故舍而不數也。杜無明解。傳載申繻之言、譏公男女相瀆、蓋以相褻瀆之故、果致大禍、時史譏其男女無別、故不書「及」也。(07-25a)

○注公本至曰遂○正義曰、據傳文、知其饗會之時、卽與夫人俱行、至於濼水之上、不言「及夫人會」者、夫人從公行耳、其會之時、夫人不與、既會乃相隨饗齊、故「如齊」之上始書「夫人」。公自因會而行、故言「遂」耳。(07-25a)

[疏]女有家男有室○正義曰、沈氏云「卿大夫稱家。家者内外之大名。戸内曰室。但男子一家之主、職主内外、故曰家。婦人主閨内之事、故爲室也」。劉炫云「釋宮云『宮謂之室、其内謂之家』、則家之與室、義無以異。欲見男女之別、故以室屬之、其實室・家同也」。(07-25b)

[疏]注上車至殺之○正義曰、莊元年公羊傳曰「夫人譖公於齊侯。齊侯怒、與之飲酒、於其出焉、使公子彭生送之、於其乘焉、搚幹而殺之」、何休云「搚折聲也」。齊世家云「襄公使力士彭生抱上魯君車、因摺殺魯桓公、下車則死矣」。「搚」「摺」「拉」音義同也。(07-26a)

[疏]注車裂曰轘○正義曰、襄二十二年傳稱「轘觀起於四竟」、又曰「觀起車裂」、是其事也。周禮滌狼氏「誓僕右曰殺、誓馭曰車轘」。然則周法有此刑也。(07-26a)

春秋左傳正義校勘記　巻七

附釋音春秋左傳注疏卷第七　桓七年盡十八年（07-01a-1）宋本「春秋正義卷第七」。◎正本には「春秋正義卷第七　桓公／國子祭酒上護軍曲阜縣開國子臣孔穎達等奉／勅撰」の表記が三行に亘る。

經七年

・不復譏其失地地咸邱（07-01a-6）宋本・監本・毛本次「地」字作「也」。◎正本は「地」字に作って宋本等と異なるが、「地」字が正しい。「咸邱に地いふ」の意。

傳七年

・今僻陋之語傳本無文（07-01b-10）宋本「僻」作「辟」、與注合。◎正本も宋本と同様「辟」字に作る。

・注盟向至鄭成（07-02a-5）宋本此節正義在注「郟王城」之下。

經八年

・武氏子來求賻（07-02b-2）阮刻本「賻」字を誤刻する。

・以爲天地之主非天子則誰乎（07-03a-9）宋本作「以爲天地宗廟社稷之主、君何謂之已重乎。此言繼先聖之後爲天地之主、非天子則誰乎」。◎正本も宋本と同様「以爲天地宗廟社稷之主君何謂之已重乎此言繼先聖之後爲天地之主非天子則誰乎」に作る。十行本の段階で一行分二十三字を脱したのである。

・明是王不當親也（07-03b-1）浦鏜正誤云「親」下當脱「迎」字。

傳八年

・注韓服至州縣（07-05a-3）宋本以下正義二節摠入「鄧師大敗」節注下。

經九年

傳九年

・此年傳文十六年與秦楚滅庸（07-05a-4）宋本「年」下有「見」字。◎正本にも宋本と同様「見」字が有る。これが正しい。要義本は「見」字を闕く。

・未誓於天子而攝其君（07-05b-9）山井鼎云、足利本後人記云「異本君下有事字」。

・正以爲世子（07-06a-6）◎要義本では「正」字の下に「之」字がある。いま要義本に従う。

・蘇云誓於天子下君一等（07-06a-9）浦鏜正誤「蘇」改作「所」。

經十年

・惡三國之伐在檀（07-06b-10〜07-07a-1）閩本・監本・毛本「三」誤「二」。「在檀」宋本・監本・毛本作「有禮」。閩本亦誤「在檀」。◎正本・足利十行本・要義本は宋本と同様「有禮」に作る。これが正しい。

・此聖人之所以扶獎王室（07-07a-1）宋本「獎」作「𢌬」。◎正本・足利十行本も宋本と同様「𢌬」字に作る。正字通によれば、「獎」が正字、「𢌬」は俗字である。いま「獎」字に従う。

・故詭常例以特見之（07–07a–1）閩本・監本・毛本「詭」作「改」。◎阮刻本も「改」字に作るが、正本・宋本・足利十行本・要義本ともに「詭」字に作る。これが正しい。閩本等は後文（07–08a–4）に「故特改常例」とあるのに拠ったのかもしれない。

傳十年

・注虞叔虞公之弟（07–07a–10）宋本以下正義二節摠入注文「共池地名闕」注之下。

乃獻又求其寶劍（07–07b–4）石經・宋本・淳熙本・岳本・足利本「獻」下有「之」字。◎今「之」字を補う。

經十一年

夫鍾成地（07–09a–9）◎阮刻本の「成」字は「郕」字の誤刻。足利十行本は誤らず。

傳十一年

・大夫正法當呼爲王（07–10a–4）◎阮刻本の「王」字は「主」字の誤刻。重刊本では訂正している。正本・足利十行本も「王」字に誤る。

・鄖人日虞四邑之至（07–10a–6）◎阮刻本の「曰」字は「日」字の誤刻。すでに正本・足利十行本でも「曰」字に誤る。宋本は誤らず。

・此注改予爲武王（07–10b–1）宋本改「改」作「引」。按「武王有亂臣十人」叔孫穆子語、見襄二十八年傳。孔疏云、引予爲武王者非也。惟襄廿八年不引「紂有億兆夷人」之句。而昭廿四年、萇宏所引有之。杜注隱括其辭耳。◎正本・足利十行本は「改」字に作る。これが正しい。

經十二年

・杵日（07–11b–5）◎阮刻本の「日」字は「臼」字の誤刻。重刊本では訂正している。

傳十二年

情疏而憾結（07–13a–3）釋文「亦」作「而」。岳本作「則」非也。◎會箋本では「情疏」を重ねず、「數盟則情疏而憾結」に作る。或いはこれが正しいかもしれない。

・注彭水至魏縣（07–13b–3）宋本以下正義二節摠入篇末。

・説文云軍中反間也（07–13b–6）宋本「云」下有「諜」字、是也。閩本・監本・毛本作「諜説文云」非也。◎正本も宋本と同様「諜」字が有る。

經十三年

傳十三年

狃忕也（07–15a–2）案「忕」字从心大聲。諸本誤多一點。唐初説文有之。今本説文改爲「怈」。聞之段玉裁云。◎正本・宋本以下すべて「忲」字に誤るが、阮校そして會箋本に従い「忕」字に訂正する。

蒲騷在十一年（07–15a–3）宋本・淳熙本・足利本下有「役」字。◎いま「役」字を補う。

賴人仕於楚者（07–15a–8）案「者」下脱一「○」。

・大夫至行也（07–15a–9）宋本以下正義三節摠入「皆免之」之下。

・非益衆之謂也（07–15a–9）宋本「非」上有「其」字。◎正本も宋本と同様「其」字有り。これが正しい。

經十四年

公所親耕以奉粢盛之倉也（07–16b–4）宋本・岳本「公」上有「藏」字、與疏合。山井鼎云、足利本「所」上有「藏」字。「所」乃「公」字之誤。岳本脱「也」字。◎今「藏」字を補う。

既戒日致齊御廩雖灾（07–16b–10）毛本亦誤「曰」。諸本作「曰」。宋本・淳熙本・足利本「廩」上有「御」字。「灾」宋本・淳熙本作「災」同。◎今「御」字を補い、「災」字に改める。

傳十四年

經十五年

又不能倚任祭仲（07–18a–5）「蔡」諸本作「祭」、此本誤。

・爲是世子（07–19a–1）◎阮刻本は「子」字を「于」字に誤刻する。

・杜知是字者以蔡季子來歸（07–19a–8）宋本「以蔡」下有「季歸於蔡」四字。此等皆迴非他宋本之所能及。◎正本にも宋本と同様「季歸於蔡」四字が有る。これが正しい。

傳十五年

經十六年

・天根謂氏星（07–21b–3）◎阮刻本の「氏」字は「氐」字の誤刻。

傳十六年

・注夷姜至曰烝（07–22a–5）宋本以下正義三節揔入「惠公奔齊」之下。

失寵而自縊死（07–22b–1）宋本・淳熙本・岳本・纂圖本・足利本亦作「經」。◎今「經」字に改める。

經十七年

夏五月丙午及齊師戰于奚（07–23a–4）石經・宋本無「夏」字、與序疏合。

皆陳曰戰（07–23a–5）◎阮刻本「皆」字を「背」字に誤刻する。

・注稱侯蓋誤（07–23a–8）宋本「蓋」下有「謬」字、是也。〔附校勘記には「是也」二字無し〕◎正本にも宋本と同様「謬」字有り。

・卒而外赴者皆王爵而稱名（07–23a–9）宋本「王」作「正」是也。◎正本は「王」字に作って、宋本と異なる。「王」字で意味は通じる。阮刻本は「正」字に訂正済みであるが、「王」字に従うべきであろう。

・非貶所也（07–23b–1）◎私見により「非所貶也」に改める。

・史書謬誤疑在闕文（07–23b–1）宋本「在」作「有」不誤。◎正本・足利十行本は「在」字に作って、宋本と異なる。阮刻本は「有」字に訂正済み。

晦朔須甲乙而可推（07–23b–3）諸本作「推」。此誤作「椎」。今訂正。

傳十七年

・疆場至不虞（07–23b–9）毛本「場」誤「亦」。此節正義在注「故不書侵伐」之下。

日官居卿以底日禮也（07–24a–9）石經・宋本・岳本作「厎」是也。顧炎武云、五經無「底」字、皆是「厎」字。唯左傳襄二九年「處而不底」、昭元年「勿使有所壅閉湫底」、音丁禮反。今説文「厎」字有下一畫誤、字當從氏、非也。説詳宣三年傳。◎今「厎」字に改める。

・注日官至厤數（07–24a–6）此節正義、閩本・監本・毛本在注「厎平也謂平厤數」之下。宋本入注「以授百官」之下。

・君子至惡矣（07–24b–5）宋本以下正義二節揔入篇末。

・故知是魯人也（07–24b–9）宋本無「是」字。◎正本・足利十行本には「是」字が有って、宋本と異なる。有るのが正しい。

復惡已甚矣（07–24b–9）惠棟云、韓非子「復惡」作「報惡」。鄭注周禮大司寇云「復猶報也」。杜訓爲「重」失之。

經十八年

不言戕諱之也戕例在宣十八年（07–25a–9）宋本・淳熙本「戕」作「戕」不誤。釋文亦作「戕」。◎今「戕」字に改める。

傳十八年

・注上車至殺之（07–26a–1）宋本此節正義在注「不書非卿」之下。

・注車裂曰轘（07–26a–9）宋本此節正義在「是行也」節注下。

附釋音春秋左傳注疏卷第七（07–26b–10）◎正本は「春秋正義卷第七／計一万五百五十九字」に作る。

野間 文史（のま ふみちか）

略歴 1948年愛媛県生まれ
広島大学名誉教授
二松學舍大学特別招聘教授

著書 『五經正義の研究』、『春秋学―公羊伝と穀梁伝』、『十三經注疏の研究』、『春秋左氏伝―その構成と基軸』、『五経正義研究論攷―義疏学から五経正義へ』（共に研文出版）、『馬王堆出土文献訳注叢書　春秋事語』（東方書店）『儀禮索引』『周禮索引』（共に中国書店）、『春秋正義の世界』（溪水社）、『春秋正義を読み解く』（東洋古典学研究会）ほか

ISBN978-4-89619-021-2

春秋左傳正義譯注　第一冊
（序・隱公・桓公篇）

平成二十九年　九月十九日　初版印刷
平成二十九年　十月　十　日　初版発行

訳注者　野間文史
発行者　小林眞智子
発行所　㈱明徳出版社
〒162-0801　東京都新宿区山吹町三五三
（本社・東京都杉並区南荻窪一-二五-三）
電話　〇三-三二六六-〇四〇一
振替　〇〇一九〇-七-五八六三四
印刷・製本　㈱明徳